2026 기본서

공무원전 직렬 대비

한세훈
행정법총론

구조에 대한 이해
회독을 거듭할수록 느끼는 자신감

한세훈 편저

1

안녕하세요 한세훈입니다.

수험생에게 가장 이로운 책은 빠른 합격을 돕는 책이라고 생각합니다. 즉, 수험생은 제한된 시간을 효율적으로 배분하여 학습해야 하기 때문에 책은 효율적이어야 합니다. 책이 효율적이라는 것은 적당한 양으로 최대 효율을 발휘하는 것을 의미하고 가독성이 좋아야 한다는 의미입니다. 이 책은 최대한 많은 회독을 위해 고안되었습니다. 반복 회독을 위해 특별히 가독성에 신경을 썼고, 적절하게 오엑스를 배치했으며, 수험에 필수적인 내용들은 효율적으로 정리하고자 애썼습니다. 지나치게 양이 많은 책은 정리하기도 어렵고 설령 정리를 했다 해도 여러 번 돌려서 보기 어렵습니다. 결국 당락을 가르는 것은 회독이며, 회독이 안되면 어떤 책으로 공부하더라도 합격하기 어렵습니다. 마지막으로 지금 이 책을 읽는 수험생 여러분, 꼭 합격의 영광이 함께 하시길 바랍니다. 강사가 아무리 열심히 수업한들, 아무리 좋은 책이든 결국 여러분의 불굴의 노력이 합격으로 이끄는 것입니다. 저는 그 노력이 헛되지 않도록 노력하는 사람일 뿐입니다. 여러분의 진지한 도전에 제 책이 함께하길 바라면서 글을 마칩니다. 감사합니다.

편저자 **한세훈**

Contents

PART 1 행정법 서론

chapter 1 행정 10

제1절 권력분립과 행정 ···10
제2절 통치행위 ··14
제3절 행정의 분류 ···23

chapter 2 행정법 25

제1절 행정법의 의의와 특수성 ·································25
제2절 행정법의 지도원리 ···29
제3절 법치행정의 원리 ··31

chapter 3 행정법의 법원과 효력 43

제1절 행정법의 법원 ··43
제2절 행정법의 효력 ··52

chapter 4 행정법의 일반원칙 61

제1절 비례의 원칙 ···61
제2절 신뢰보호의 원칙 ··69
제3절 평등의 원칙 ···85

제4절 자기구속의 원칙 ···90
제5절 부당결부금지의 원칙 ···94
제6절 성실의무와 권한 남용금지의 원칙 ·································97

chapter 5 행정상 법률관계   102

제1절 공법관계와 사법관계 ···102
제2절 행정법관계의 당사자 ···113
제3절 공권과 공의무 ···121

chapter 6 행정법상의 법률요건과 법률사실   134

제1절 법률요건과 법률사실 ···134
제2절 사무관리와 부당이득 ···145

chapter 7 사인의 공법행위   151

제1절 사인의 공법행위 일반 ···152
제2절 사인의 공법행위로서 신고 ···158
제3절 신청 ···174

chapter 8 특별권력관계   177

Contents

PART 2 행정작용법

chapter 1 행정입법　　　　　　　　　　　　　　　188

제1절　행정입법 개설 ···188
제2절　법규명령 ···190
제3절　행정규칙 ···209
제4절　형식과 실질의 불일치 ·····························220
제5절　자치법규 ···228

chapter 2 행정행위　　　　　　　　　　　　　　　232

제1절　행정행위 개설 ···232
제2절　기속행위와 재량행위 ·······························237
제3절　불확정개념과 판단여지 ····························248
제4절　수익적 행정행위와 부담적 행정행위, 복효적 행정행위 ·······253
제5절　법률행위적 행정행위와 준법률행위적 행정행위 ···············257
제6절　행정행위의 부관 ·····································294
제7절　행정행위의 성립요건, 효력발생요건 ············313
제8절　행정행위의 효력 ·····································321
제9절　행정행위의 하자 ·····································332
제10절 행정행위의 폐지(취소·철회), 실효 ············361
제11절 단계적 행정행위 ·····································376

chapter 3　기타 행정의 주요 행위형식　　380

제1절　행정행위의 확약 …………………………………………………380
제2절　행정계획 …………………………………………………………384
제3절　공법상 계약 ………………………………………………………399
제4절　공법상 합동행위 …………………………………………………405
제5절　행정상 사실행위 …………………………………………………406
제6절　행정지도 …………………………………………………………409
제7절　비공식적 행정작용 ………………………………………………414
제8절　행정의 자동결정 …………………………………………………415
제9절　사법형식의 행정작용 ……………………………………………416

한세훈
행정법총론

PART 1
행정법 서론

chapter 1 행정
chapter 2 행정법
chapter 3 행정법의 법원과 효력
chapter 4 행정법의 일반원칙
chapter 5 행정상 법률관계
chapter 6 행정법상의 법률요건과 법률사실
chapter 7 사인의 공법행위
chapter 8 특별권력관계

CHAPTER 1 행정

제1절 권력분립과 행정

I 행정개념의 성립

- 행정은 근대 입헌주의 국가의 등장과 권력분립의 원칙, 법치주의를 전제로 성립하였다. 즉, 행정의 관념은 정치제도의 역사적 발전과정에서 성립된 개념이다.
- 권력분립의 원칙은 국가권력을 입법권, 행정권, 사법권으로 나누고 권력 상호 간 견제와 균형을 이루고자 한다. 또한, 법치주의는 자의적인 행정권 행사를 저지한다.

01 헌법의 구체화법인 행정법의 대상으로서 행정은 권력분립원리에 따라 확립된 개념이다. (O | X)
[15행정사]

II 행정의 의의

1. 형식적 의미의 행정과 실질적 의미의 행정

- 형식적 의미의 행정은 어떤 내용의 국가작용이든 그 작용을 하는 기관을 기준으로 판단한다. 즉, 국회가 하면 형식적 의미의 입법, 법원이 하면 형식적 의미의 사법, 행정기관이 하면 형식적 의미의 행정으로 이해한다.
- 실질적 의미의 행정은 국가작용의 내용, 성질, 기능을 파악하여 입법작용, 사법작용, 행정작용으로 나눈다. 이러한 실질적 의미의 행정개념에 대해서는 다양한 견해가 대립한다.

정답 01 O

2. 실질적 의미의 행정에 대한 학설 대립

긍정설	적극설 (양태설)	"행정은 법 아래에서 법의 규율을 받으면서 국가목적의 적극적 실현을 통하여 행하여지는 통일성·계속성을 가진 형성적 국가 작용이다."
	소극설	입법작용과 사법작용을 제외한 나머지가 행정작용
부정설 (기관양태설)		내용상 특성을 고려한 개념 정의는 불가능한 것으로 보면서 사법은 병렬적 독립적 기관복합체, 입법은 합의제, 행정은 상명하복의 기관계층제(담당 기관의 조직 형태를 보고 구별)
개념징표설		행정의 개념은 정의할 수 없고 그 개념징표를 확인할 수 있다. • 행정은 <u>적극적·미래지향적</u> 작용이다. • 행정은 <u>행정주체의</u> 작용이다. • 행정은 <u>공익실현을</u> 목적으로 한다. • 행정은 <u>구체적</u> 사안에 대한 규율이다. • 행정은 <u>다양한 형식에</u> 의하여 행하여진다. • 행정은 공동체에서 <u>사회형성을</u> 담당한다.

01 행정은 적극적·미래지향적 형성작용이다. (O | X)   [18서울시9급]

3. 소극설을 통한 해결

1) 입법은 일반적·추상적 법 정립작용(입법작용)
- 일반적이라는 것은 불특정 다수인을 의미하고 추상적이라는 것은 불특정 다수의 사안을 의미한다. 반대로 개별적이라는 것은 특정인을 의미하고 구체적이라는 것은 특정 사안을 의미한다.
- 입법은 불특정 다수인과 불특정 다수의 사안을 규율하는 것이므로 일반적·추상적 성격을 가지고 있다. 그 예로는, 대통령령·총리령·부령의 제정, 조례·규칙의 제정, 대법원규칙의 제정, 국회규칙의 제정 등이 있다.

2) 사법은 수동적이고 과거지향적인 법 판단 작용(사법작용)
법률상 분쟁에 관하여, 당사자의 쟁송 제기를 전제로 독립한 심판기관이 무엇이 법인가를 판단·선언하고 법을 적용하는 분쟁해결 작용이다. 그 예로는, 행정심판의 재결, 소청심사위원회의 결정, 토지수용위원회의 이의재결, 통고처분 등이 있다.

3) 입법작용과 사법작용을 제외한 나머지가 행정작용
- 일반적·추상적 규범 정립 작용(입법작용)과 수동적이고 과거지향적인 법 판단(사법작용)을 제외한 나머지를 행정작용으로 이해한다.
- 행정작용의 예로는, 과세처분, 건물철거명령, 행정상 강제집행, 건축허가, 귀화허가, 행정재산의 사용·수익허가, 운전면허 등이 있다.

정답 01 O

4) 입법 · 행정 · 사법 그 어디에도 속하지 않는 제4의 국가작용으로서 통치행위

통치행위는 고도의 정치적 성격을 가지고 있는 국가작용으로서 사법심사의 대상이 되기 곤란하고 입법·행정·사법 그 어디에도 해당하지 아니한다. 그 예로는, 긴급명령·긴급재정경제명령, 비상계엄 선포 등이 있다.

---

01 비상계엄의 선포는 실질적 의미의 행정에 속한다. (O | X) [15지방직7급]
02 대법원규칙 제정은 실질적 의미의 행정에 해당한다. (O | X) [10경북 교행]
03 대통령령의 제정은 실질적 의미의 입법에 속한다. (O | X) [15지방직7급]
04 통고 처분은 실질적 의미의 행정에 속한다. (O | X) [15지방직7급]

정답 01 X 02 X 03 O 04 X

핵심 기출문제

01

실질적 의미의 행정에 해당하는 것으로만 묶인 것은? [15국가직7급]

㉠ 비상계엄의 선포	㉡ 집회의 금지 통고
㉢ 행정심판의 재결	㉣ 일반 법관의 임명
㉤ 대통령령의 제정	㉥ 통고처분

① ㄱ, ㄷ ② ㄴ, ㄷ
③ ㄴ, ㄹ ④ ㅁ, ㅂ

해설

01 | ㉠ (×) 입법·행정·사법 어디에도 속하지 않는 제4의 국가작용인 통치행위
㉡ (○) 실질적 의미의 행정
㉢ (×) 실질적 의미의 사법
㉣ (○) 실질적 의미의 행정
㉤ (×) 실질적 의미의 입법
㉥ (×) 실질적 의미의 사법

정답 01 ③

제2절 통치행위

I 개설

1. 개념
- 고도의 정치적 성격을 가지고 있는 국가기관의 행위로서, 사법심사의 대상으로 하기에 부적합한 행위를 말한다.
- 통치행위는 입법·행정·사법 어디에도 해당하지 않는 제4의 국가작용이다.

2. 논의의 전제

국가작용에 관하여는 일반적으로 사법심사가 인정된다는 전제하에서, 국가의 공권력 행사에 대하여 행정소송으로 다툴 수 있다는 개괄주의와 국가배상제도가 완비되어 있는 국가에서 사법심사가 제한되는 영역을 인정할 수 있는가와 관련된 논의이다. 따라서 행정소송에서 개괄주의와 국가배상제도의 완비 등이 통치행위에 대한 논의의 전제가 된다.

---

01 행정소송 사항에 대한 개괄주의 및 국가배상책임이 제도적 전제로 인정되어 있어야만 통치행위를 논할 실익이 있다. (O | X) [04서울시9급]

3. 통치행위에 대한 외국의 논의
- 프랑스에서는 최고행정재판소(꽁세유데타, Conseil d'Etat)의 판례를 통해 정치성이 강한 사건에 대하여 사법심사를 제한하였고 이것을 발전시킨 이론이 통치행위 이론(최초의 논의)이다.
- 독일에서는 2차 세계대전 전까지는 열기주의를 취하여 통치행위의 논의가 없었으나 그 후 개괄주의가 채택되면서 학설과 이론을 통해 발전(조약체결, 의회 해산 등을 통치행위로 봄)하였다.
- 영국에서는 국왕의 대권(국왕의 선전 포고 등)에 대하여는 사법심사를 할 수 없다는 이론에서 발전하였다.
- 미국에서는 Luther v. Borden 사건(미국의 한 주에서 생겨난 반란 정부와 기존 정부가 서로 합법 정부라고 주장하면서 연방대법원에 제소한 사건)이래, 정치적 문제에는 법원이 판단하지 않는다는 원칙과 관련하여 발전하였다.
- 일본에서는 점미지 사건(중의원 해산 사건), 사천사건(미·일 안보조약 체결)에서 통치행위의 개념을 인정한 바 있다.

정답 01 O

Ⅱ 통치행위의 인정 여부

1. 통치행위의 인정에 대한 학설의 논의

인정설	권력분립설	권력분립의 원칙상, 정치적 책임이 없는 법원에서 고도의 정치문제에 대한 사법심사는 불가능
	사법자제설	모든 국가작용은 사법심사가 가능하지만 사법의 정치화를 방지하기 위하여 스스로 자제
	기타	재량행위설(자유재량행위로서 사법심사의 대상이 아님) 대권행위설(국왕의 대권행사는 사법심사의 대상이 아님)
부정설		개괄주의와 법치주의의 철저한 관철

01 통치행위는 고도의 정치적 결단에 의한 국가의 행위로 사법심사의 대상으로 할 수 있는가에 대하여 논란이 있다. (O | X) [13서울시7급]

02 통치행위에 관한 사법자제설은 사법심사가 가능함에도 사법의 정치화를 방지하기 위하여 법원 스스로 자제 한다는 견해이다. (O | X) [13서울시7급]

2. 통치행위의 주체와 판단의 주체

1) **통치행위의 주체** : 행정부와 국회는 통치행위의 주체에 속하나, 법원의 소극적 성격을 고려할 때, **사법부의 통치행위는 상상하기 어렵다.**

03 통치행위는 정부에 의해 이루어지는 것이 일반적이며, 국회에 의해 이루어질 수도 있다. (O | X) [18소방직]

04 통치행위의 주체는 통상 정부가 거론되나 국회와 사법부에 의한 통치행위를 인정하는 것이 일반적이다. (O | X) [13서울시9급]

2) **판단 주체** : 통치행위는 오로지 사법부만에 의하여 판단된다.

> **관련 판례**
>
> 통치행위의 개념을 인정한다고 하더라도 과도한 사법심사의 자제가 기본권을 보장하고 법치주의 이념을 구현하여야 할 법원의 책무를 태만히 하거나 포기하는 것이 되지 않도록 그 인정을 지극히 신중하게 하여야 하며, 그 판단은 오로지 사법부만에 의하여 이루어져야 한다(대판 2004.3.26. 2003도7878).

05 통치행위의 개념을 인정한다고 하더라도 과도한 사법심사의 자제가 기본권을 보장하고 법치주의 이념을 구현하여야 할 법원의 책무를 태만히 하거나 포기하는 것이 되지 않도록 그 인정을 지극히 신중하게 하여야 하며, 그 판단은 오로지 사법부만에 의하여 이루어져야 한다. (O | X) [13지방직9급]

정답 01 O 02 O 03 O 04 X 05 O

3. 인정범위

- 일반적으로 통치행위라고 보는 예 : 비상계엄의 선포, 국민투표의 실시, 사면권 행사, 남북정상회담 개최, 국군의 외국에 파병 결정, 헌법 제64조 제4항의 국회의원의 징계 등 국회의 자율권에 해당하는 행위

> 헌법 제64조 ② 국회는 의원의 자격을 심사하며, 의원을 징계할 수 있다.
> ③ 의원을 제명하려면 국회재적의원 3분의 2 이상의 찬성이 있어야 한다.
> ④ 제2항과 제3항의 처분에 대하여는 법원에 제소할 수 없다.

- 통치행위가 아니라고 보는 예 : 대통령의 서훈취소, 지방의회의원의 징계, 선거

관련 판례 통치행위가 아니라는 판례

1. 서훈취소는 통치행위에 해당하지 아니한다.
   서훈취소는 서훈수여의 경우와는 달리 이미 발생된 서훈대상자 등의 권리 등에 영향을 미치는 행위로서 관련 당사자에게 미치는 불이익의 내용과 정도 등을 고려하면 사법심사의 필요성이 크다. 따라서 기본권의 보장 및 법치주의의 이념에 비추어 보면, 비록 서훈취소가 대통령이 국가원수로서 행하는 행위라고 하더라도 법원이 사법심사를 자제하여야 할 고도의 정치성을 띤 행위라고 볼 수는 없다 (대판 2015.4.23. 2012두26920).
2. 지방의회의원 징계의결은 그로 인해 의원의 권리에 직접 법률효과를 미치는 행정처분의 일종으로서 행정소송의 대상이 된다(대판 1993.11.26. 93누7341).

---

01 서훈취소는 대통령이 국가원수로서 행하는 행위이지만 통치행위는 아니다. (O | X) [23국가직9급]

4. 판례

헌법재판소와 대법원 모두 통치행위를 인정하고 있다.

1) 헌법재판소 결정례

관련 판례

1. 대통령의 금융실명거래및비밀보장에관한긴급재정경제명령(대통령 긴급재정경제명령 제16호)은 고도의 정치적 결단이지만 국민의 기본권인 재산권, 알권리, 청원권을 침해와 직접 관련이 된다고 보아 사법심사를 인정한 사례
   대통령의 긴급재정경제명령은 국가긴급권의 일종으로서 고도의 정치적 결단에 의하여 발동되는 행위이고 그 결단을 존중하여야 할 필요성이 있는 행위라는 의미에서 이른바 통치행위(統治行爲)에 속한다고 할 수 있으나, 통치행위를 포함하여 모든 국가작용은 국민(國民)의 기본권적 가치를 실현하기 위한 수단이라는 한계를 반드시 지켜야 하는 것이고, 헌법재판소는 헌법의 수호와 국민의 기본권 보장을 사명으로 하는 국가기관이므로 비록 고도의 정치적 결단에 의하여 행해지는 국가작용이라고 할지라도 그것이 국민의 기본권 침해와 직접 관련되는 경우에는 당연히 헌법재판소의 심판대상이 된다(헌재 1996.2.29. 93헌마186).

정답 01 O

CHAPTER 1 행정

2. **대통령이 한미연합 군사훈련(2007년 전시증원연습)을 하기로 한 결정은 통치행위가 아니다.**
   위 훈련은 한미연합사령부의 창설 및 1979. 2. 15. 한미연합연습 양해각서의 체결 이후 연례적으로 실시되어 왔고, 특히 이 사건 연습은 대표적인 한미연합 군사훈련으로서, 피청구인이 2007. 3.경에 한 이 사건 연습결정이 새삼 국방에 관련되는 고도의 정치적 결단에 해당하여 사법심사를 자제하여야 하는 통치행위에 해당된다고 보기 어렵다(헌재 2009.5.28. 2007헌마369).

3. **신행정수도의 이전 문제 그 자체는 고도의 정치적 결단은 아니지만 수도이전의 문제를 국민투표에 부칠지 여부에 관한 대통령의 의사결정은 통치행위**
   신행정수도의 이전문제는 그 자체로는 고도의 정치적 결단은 아니지만, 신행정수도의 건설이나 수도이전의 문제를 국민투표에 부칠지 여부에 관한 대통령의 의사결정은 고도의 정치적 결단에 해당하고 그것이 국민의 기본권침해(중요사항에 관한 국민투표)와 직접관련이 있으므로 사법심사의 대상이 된다(헌재 2004.10.21. 2004헌마 554·556병합).

4. **자이툰부대 이라크 파병결정은 고도의 정치적 결단을 요하는 문제로서 헌법재판소가 사법적 기준만으로 심판하는 것은 자제되어야 한다**(헌재 2004.4.29. 2003헌마814).

5. **대통령의 사면권 행사는 통치행위라는 취지의 판시**
   사면은 형의 선고의 효력 또는 공소권을 상실시키거나, 형의 집행을 면제시키는 국가원수의 고유한 권한을 의미하며, 사법부의 판단을 변경하는 제도로서 권력분립의 원리에 대한 예외가 된다. 또한 선고된 형 전부를 사면할 것인지 또는 일부만을 사면할 것인지를 결정하는 것은 사면권자의 전권사항에 속하는 것이고, 징역형의 집행유예에 대한 사면이 병과된 벌금형에도 미치는 것으로 볼 것인지여부는 사면권자의 의사인 사면의 내용에 대한 해석문제에 불과하다 할 것이다(헌재 2000.6.1. 97헌바74).

6. **개성공단 전면중단 조치가 고도의 정치적 결단을 요하는 문제이기는 하나, 조치 결과 개성공단 투자 기업인 청구인들에게 기본권 제한이 발생하였고, 국민의 기본권 제한과 직접 관련된 공권력의 행사는 고도의 정치적 고려가 필요한 행위라도 헌법과 법률에 따라 결정하고 집행하도록 견제하는 것이 헌법재판소 본연의 임무이므로, 그 한도에서 헌법소원심판의 대상이 될 수 있다**(헌재 2022.1.27. 2016헌마364).

7. **헌법재판소는 유신헌법에 근거한 긴급조치를 국가긴급권 행사로 보아 헌법재판소의 심판대상으로 보았다.**
   헌법 제107조 제1항, 제2항은 법원의 재판에 적용되는 규범의 위헌 여부를 심사할 때, '법률'의 위헌 여부는 헌법재판소가, 법률의 하위 규범인 '명령·규칙 또는 처분' 등의 위헌 또는 위법 여부는 대법원이 그 심사권한을 갖는 것으로 권한을 분배하고 있다. 이 조항에 규정된 '법률'인지 여부는 그 제정 형식이나 명칭이 아니라 규범의 효력을 기준으로 판단하여야 하고, '법률'에는 국회의 의결을 거친 이른바 형식적 의미의 법률은 물론이고 그 밖에 조약 등 '형식적 의미의 법률과 동일한 효력'을 갖는 규범들도 모두 포함된다. 따라서 최소한 법률과 동일한 효력을 가지는 이 사건 긴급조치들의 위헌 여부 심사권한도 헌법재판소에 전속한다(헌재 2013.3.21. 2010헌바132 등).

01 헌법재판소는 긴급재정·경제명령등 모든 국가작용은 마땅히 헌법에 기속되어야 하므로 통치행위의 관념은 인정할 수 없다고 하였다. (O | X) [04서울시9급]

02 통치행위가 국민의 기본권 침해와 직접 관련이 있는 경우는 헌법소원의 대상이 될 수 있다. (O | X) [13서울시7급]

03 국민의 기본권 침해와 직접 관련되는 경우라도 그 국가작용이 고도의 정치적 결단에 의하여 행해진다면 당연히 헌법재판소의 심판대상이 되지 않는다. (O | X) [20군무원9급]

정답 01 X 02 O 03 X

PART 1 행정법 서론

01 선고된 형의 전부를 사면할 것인지 또는 일부만을 사면할 것인지를 결정하는 것은 사면권자의 전권사항에 속하는 것이고, 징역형의 집행유예에 대한 사면이 병과된 벌금형에도 미치는 것으로 볼 것인지 여부는 사면의 내용에 대한 해석문제에 불과하다. (O | X) [22군무원9급]

2) 대법원 판례

관련 판례

1. **남북정상회담 개최는 통치행위이므로 사법심사의 대상이 되지 않는다. 다만, 남북정상회담 개최과정에서 사업권의 대가 명목으로 대북송금행위를 한 행위는 사법심사의 대상이 된다.**
   남북정상회담의 개최는 고도의 정치적 성격을 지니고 있는 행위라 할 것이므로 특별한 사정이 없는 한 그 당부를 심판하는 것은 사법권의 내재적·본질적 한계를 넘어서는 것이 되어 적절하지 못하지만, 남북정상회담의 개최과정에서 재정경제부장관에게 신고하지 아니하거나 통일부장관의 협력사업 승인을 얻지 아니한 채 북한측에 사업권의 대가 명목으로 송금한 행위 자체는 헌법상 법치국가의 원리와 법 앞에 평등원칙 등에 비추어 볼 때 사법심사의 대상이 된다(대판 2004.3.26. 2003도7878).

2. **① 계엄선포 요건의 당부당이나 구비 여부는 사법심사의 대상이 아니다. 그러나 ②비상계엄의 선포와 확대가 국헌문란의 목적(내란죄나 내란 목적 살인죄의 구성요건)을 위한 것인 경우, 법원은 그 자체가 범죄행위에 해당하는지에 대하여 사법심사를 할 수 있다(12.12 군사 반란과 관련하여 내란죄 등에 관한 사법심사가 가능하다고 보는 대법원의 판시).**
   대통령의 비상계엄의 선포나 확대 행위는 고도의 정치적·군사적 성격을 지니고 있는 행위라 할 것이므로, 그것이 누구에게도 일견하여 헌법이나 법률에 위반되는 것으로서 명백하게 인정될 수 있는 등 특별한 사정이 있는 경우라면 몰라도, 그러하지 아니한 이상 그 계엄선포의 요건 구비 여부나 선포의 당·부당을 판단할 권한이 사법부에는 없다고 할 것이나, 비상계엄의 선포나 확대가 국헌문란의 목적을 달성하기 위하여 행하여진 경우에는 법원은 그 자체가 범죄행위에 해당하는지의 여부에 관하여 심사할 수 있다(대판 1997.4.17. 96도3376).

3. **계엄선포의 요건 구비 여부나 선포의 당·부당을 심사하는 것은 사법권의 내재적 본질적 한계를 넘어서는 것이 된다.**
   대통령의 계엄선포행위는 고도의 정치적, 군사적 성격을 띠는 행위라고 할 것이어서, 그 선포의 당, 부당을 판단할 권한은 헌법상 계엄의 해제요구권이 있는 국회만이 가지고 있다 할 것이고 그 선포가 당연무효의 경우라면 모르되, 사법기관인 법원이 계엄선포의 요건 구비여부나, 선포의 당, 부당을 심사하는 것은 사법권의 내재적인 본질적 한계를 넘어서는 것이 되어 적절한 바가 못된다(대판 1979.12.7. 79초70).

4. **대통령에 대한 탄핵심판 사건에서 비상계엄 선포의 요건 구비 여부를 사법심사 한 사건**
   계엄의 선포에 관해서는 헌법 제77조 및 계엄법에서 그 요건과 절차, 사후통제 등에 대하여 규정하고 있고, 탄핵심판절차는 고위공직자가 권한을 남용하여 헌법이나 법률을 위반하는 경우 그 권한을 박탈함으로써 헌법질서를 지키는 헌법재판이라는 점을 고려하면, 비록 이 사건 계엄 선포가 고도의 정치적 결단을 요하는 행위라 하더라도 탄핵심판절차에서 그 헌법 및 법률 위반 여부를 심사할 수 있다고 봄이 상당하다(헌재 2025.4.4. 2024헌나8).

정답 01 O

CHAPTER 1 행정

5. 군사시설보호구역의 설정·변경·해제는 통치행위이다(대판 1983.6.14. 83누43).
6. **대법원은 긴급조치의 위헌성에 대한 판단권이 대법원에 속한다고 보았다.**
   유신헌법에 근거한 긴급조치는 국회의 입법권 행사라는 실질을 전혀 가지지 못한 것으로서, 헌법재판소의 위헌심판대상이 되는 '법률'에 해당한다고 할 수 없고, 긴급조치의 위헌 여부에 대한 심사권은 최종적으로 대법원에 속한다. 구 대한민국헌법(유신헌법) 제53조에 근거하여 발령된 <u>대통령 긴급조치 제1호는 그 발동 요건을 갖추지 못한 채 목적상 한계를 벗어나 국민의 자유와 권리를 지나치게 제한함</u>으로써 헌법상 보장된 국민의 기본권을 침해한 것이므로, 긴급조치 제1호가 해제 내지 실효되기 이전부터 <u>유신헌법에 위배되어 위헌</u>이고, 나아가 긴급조치 제1호에 의하여 침해된 각 기본권의 보장 규정을 두고 있는 <u>현행 헌법에 비추어 보더라도 위헌</u>이다. 결국 이 사건 재판의 전제가 된 긴급조치 제1호 제1항, 제3항, 제5항을 포함하여 긴급조치 제1호는 헌법에 위배되어 무효이다(대판 2010.12.16. 2010도5986전합).

01 고도의 정치적 성격을 지니는 남북정상회담 개최과정에서 정부에 신고하지 아니하거나 협력사업승인을 얻지 아니한 채 북한 측에 사업권의 대가 명목으로 송금한 행위 자체는 사법심사의 대상이 된다. (O | X) [17지방직9급, 15국가직9급]

02 대통령의 서훈취소는 통치행위가 아니다. (O | X) [16교육행정직9급]

03 외국에의 국군 파견결정은 그 성격상 국방 및 외교에 관련된 고도의 정치적 결단을 요하는 문제로서, 헌법과 법률이 정한 절차가 지켜진 것이라면 대통령과 국회의 판단은 존중되어야 하고 사법적 기준만으로 이를 심판하는 것은 자제되어야 한다. (O | X) [17지방직9급, 15국가직9급]

04 헌법재판소에 따르면 긴급재정·경제명령도 국민의 기본권 침해와 직접 관련되는 경우에는 당연히 헌법소원의 대상이 된다. (O | X) [17서울시9급]

05 계엄선포와 그 확대행위가 국헌문란의 목적을 달성하기 위하여 행하여진 경우에는 법원은 그 자체가 범죄행위에 해당하는지 여부에 관하여 심사할 수 있다. (O | X) [15국가직9급]

06 대통령의 특별사면은 통치행위이다. (O | X) [16교육행정직9급]

07 사면은 형의 선고의 효력 또는 공소권을 상실시키거나 형의 집행을 면제시키는 국가원수의 고유한 권한을 의미하며, 사법부의 판단을 변경하는 제도로서 권력분립의 원리에 대한 예외가 된다. (O | X) [14경찰]

08 대통령이 한미연합 군사훈련의 일종인 2007년 전시증원연습을 하기로 한 결정은 국방에 관련되는 고도의 정치적 결단에 해당하여 사법심사를 자제하여야 하는 통치행위에 해당한다. (O | X) [11경찰]

09 대법원은 유신헌법상 긴급조치가 법률이 아니므로 대법원이 심사권을 가진다고 판시하였다. (O | X) [18소방직]

Ⅲ 통치행위의 한계

1. 헌법에 의한 구속

통치행위라고 하더라도 헌법상 원칙을 지켜야 한다. 따라서 자유민주주의, 국민주권주의를 존중하여야 하며 행정법상의 일반원칙을 준수하여야 한다. 또한 개별법에 통치행위의 행사방법이 규정되어 있는 경우(예 계엄법)에는 그에 따라야 한다.

정답 01 O 02 O 03 O 04 O 05 O 06 O 07 O 08 X 09 O

2. 가분행위 이론
통치행위로부터 분리될 수 있는 작용은 사법심사가 가능하다.

3. 정치적 법률분쟁의 문제
다소 정치성을 가지고 있는 정치적 법률분쟁은 법원의 심사 대상이다. 고도의 정치성을 가지는 통치행위와 구별된다.

4. 정치적 통제
국민의 선거 등에 의한 정치적 통제는 가능하다.

---

01 통치행위를 포함하여 모든 국가작용은 국민의 기본권적 가치를 실현하기 위한 수단이라는 한계를 반드시 지켜야 하는 것은 아니다. (O | X) [18소방직]

5. 통치행위와 국가배상·손실보상

1) 국가배상
통치행위와 관련해서, 손해배상은 인정되기 어렵지만 불가능한 것은 아니다. 판례도 누구에게도 일견하여 헌법이나 법률에 위반되는 것으로 명백하게 인정될 수 있는 등의 특별한 사정이 있는 경우에는 통치행위라도 법원의 심리가 가능하다고 보는 입장이다(대판 1997.4.17. 96도3376). 그리고 최근 통치행위에 해당하는 긴급조치(제1호, 제4호, 제9호)와 관련하여 사법심사의 대상성을 인정하고, 국가배상책임까지도 인정한 판례가 있다.

> **관련 판례** 긴급조치에 대하여 사법심사를 하고 국가의 피해자에 대한 국가배상책임을 인정한 사건
>
> 긴급조치 제9호의 발령부터 적용·집행에 이르는 일련의 국가작용은, 전체적으로 보아 공무원이 직무를 집행하면서 객관적 주의의무를 소홀히 하여 그 직무행위가 객관적 정당성을 상실한 것으로서 위법하다고 평가되고, 긴급조치 제9호의 적용·집행으로 강제수사를 받거나 유죄판결을 선고받고 복역함으로써 개별 국민이 입은 손해에 대해서는 국가배상책임이 인정될 수 있다(대판 2022.8.30. 2018다212610전합).

2) 손실보상
견해가 대립하나, 적법한 통치행위로 인해서 개인에게 재산상 특별한 희생이 발생한 경우, 법률이 정한 바에 따라서 손실보상이 행해져야 할 것이다.

정답 01 X

핵심 기출문제

01

통치행위에 대한 판례의 입장으로 옳지 않은 것은? [17지방직9급]

① 고도의 정치적 성격을 지니는 남북정상회담개최과정에서 정부에 신고하지 아니하거나 협력사업 승인을 얻지 아니한 채 북한측에 사업권의 대가명목으로 송금한 행위 자체는 사법심사의 대상이 된다.
② 기본권 보장의 최후 보루인 법원으로서는 사법심사권을 행사함으로써, 대통령의 긴급조치권 행사로 인하여 우리나라 헌법의 근본이념인 자유민주적 기본질서가 부정되는 사태가 발생하지 않도록 그 책무를 다하여야 한다.
③ 신행정수도건설이나 수도이전문제는 그 자체로 고도의 정치적 결단을 요하므로 사법심사의 대상에서 제외되고, 그것이 국민의 기본권 침해와 관련되는 경우에도 헌법재판소의 심판대상이 될 수 없다.
④ 외국에의 국군 파견결정은 그 성격상 국방 및 외교에 관련된 고도의 정치적 결단을 요하는 문제로서, 헌법과 법률이 정한 절차가 지켜진 것이라면 대통령과 국회의 판단은 존중되어야 하고 사법적 기준만으로 이를 심판하는 것은 자제되어야 한다.

02

통치행위에 관한 판례의 내용으로 가장 옳지 않은 것은? [22군무원9급]

① 외국에의 국군의 파견결정과 같이 성격상 외교 및 국방에 관련된 고도의 정치적 결단이 요구되는 사안에 대한 국민의 대의기관의 결정이 사법심사의 대상이 되지 아니한다.
② 선고된 형의 전부를 사면할 것인지 또는 일부만을 사면할 것인지를 결정하는 것은 사면권자의 전권사항에 속하는 것이고, 징역형의 집행유예에 대한 사면이 병과된 벌금형에도 미치는 것으로 볼 것인지 여부는 사면의 내용에 대한 해석문제에 불과하다.
③ 남북정상회담의 개최과정에서 재정경제부장관에게 신고하지 아니하거나 통일부장관의 협력사업 승인을 얻지 아니한 채 북한 측에 사업권의 대가 명목으로 송금한 행위는 사법심사의 대상이 되지 아니한다.
④ 비록 서훈취소가 대통령이 국가원수로서 행하는 행위라고 하더라도 법원이 사법심사를 자제하여야 할 고도의 정치성을 띤 행위라고 볼 수는 없다.

해설

01 ① (○) 남북정상회담의 개최는 고도의 정치적 성격을 지니고 있는 행위라 할 것이므로 특별한 사정이 없는 한 그 당부를 심판하는 것은 사법권의 내재적·본질적 한계를 넘어서는 것이 되어 적절하지 못하지만, 남북정상회담의 개최과정에서 재정경제부장관에게 신고하지 아니하거나 통일부장관의 협력사업 승인을 얻지 아니한 채 북한측에 사업권의 대가 명목으로 송금한 행위 자체는 헌법상 법치국가의 원리와 법 앞에 평등원칙 등에 비추어 볼 때 사법심사의 대상이 된다(대판 2004.3.26. 2003도7878).
② (○) 통치행위의 개념을 인정하더라도 과도한 사법심사의 자제가 기본권을 보장하고 법치주의 이념을 구현하여야 할 법원의 책무를 태만히 하거나 포기하는 것이 되지 않도록 그 인정을 지극히 신중하게 하여야 한다(대판 2010.12.16. 2010도5986).
③ (×) 신행정수도건설이나 수도이전의 문제가 정치적 성격을 가지고 있는 것은 인정할 수 있지만, 그 자체로 고도의 정치적 결단을 요하여 사법심사의 대상으로 하기에는 부적절한 문제라고까지는 할 수 없다(헌재 2004헌마554, 566).
④ (○) 자이툰부대 이라크 파병결정은 고도의 정치적 결단을 요하는 문제로서 헌법재판소가 사법적 기준만으로 심판하는 것은 자제되어야 한다는 판례(헌재 2004.4.29. 2003헌마814).

02 ① (○) 자이툰부대 이라크 파병결정은 고도의 정치적 결단을 요하는 문제로서 헌법재판소가 사법적 기준만으로 심판하는 것은 자제되어야 한다는 판례(헌재 2004.4.29. 2003헌마814).
② (○) 선고된 형 전부를 사면할 것인지 또는 일부만을 사면할 것인지를 결정하는 것은 사면권자의 전권사항에 속하는 것이고, 징역형의 집행유예에 대한 사면이 병과된 벌금형에도 미치는 것으로 볼 것인지 여부는 사면권자의 의사인 사면의 내용에 대한 해석문제에 불과하다 할 것이다(헌재 2000.6.1. 97헌바74).
③ (×) 남북정상회담의 개최는 고도의 정치적 성격을 지니고 있는 행위라 할 것이므로 특별한 사정이 없는 한 그 당부를 심판하는 것은 사법권의 내재적·본질적 한계를 넘어서는 것이 되어 적절하지 못하지만, 남북정상회담의 개최과정에서 재정경제부장관에게 신고하지 아니하거나 통일부장관의 협력사업 승인을 얻지 아니한 채 북한측에 사업권의 대가 명목으로 송금한 행위 자체는 헌법상 법치국가의 원리와 법 앞에 평등원칙 등에 비추어 볼 때 사법심사의 대상이 된다(대판 2004.3.26. 2003도7878).
④ (○) 서훈취소는 서훈수여의 경우와는 달리 이미 발생된 서훈대상자 등의 권리 등에 영향을 미치는 행위로서 관련 당사자에게 미치는 불이익의 내용과 정도 등을 고려하면 사법심사의 필요성이 크다. 따라서 기본권의 보장 및 법치주의의 이념에 비추어 보면, 비록 서훈취소가 대통령이 국가원수로서 행하는 행위라고 하더라도 법원이 사법심사를 자제하여야 할 고도의 정치성을 띤 행위라고 볼 수는 없다(대판 2015.4.23. 2012두26920).

정답 01 ③ 02 ③

제3절 행정의 분류

주체에 의한 분류	국가행정	국가가 직접 그 기관에 의하여 행하는 행정
	자치행정	지방자치단체, 기타 공공단체가 주체로 되어 행하는 행정
	위임행정	국가 또는 공공단체가 그 사무를 다른 공공단체나 그 기관 또는 사인에게 위임하여 행하는 행정
효과에 의한 분류	침익행정	국민의 자유 또는 권익을 제한하는 행정
	수익행정	새로운 권리·이익을 부여하거나 이미 부과된 의무나 부담을 해제하여 주는 행정
	복효적행정	침해적 성질과 수익적 성질을 모두 갖추고 있는 경우의 행정
수단에 의한 분류	권력행정	개인에 대하여 일방적으로 명령·강제 하거나, 개인의 법적 지위를 일방적으로 형성·변경·소멸시키는 행정
	비권력행정	행정지도 등 강제성을 띠지 않는 행정을 비권력적 행정
형식에 의한 분류	공법형식 행정	공법에 근거하여 공법에 의한 규율을 받는 행정
	사법형식 행정	사법에 근거하여 사법에 의한 규율을 받는 행정
내용에 의한 분류	질서행정	사회공공의 안녕과 질서를 유지하기 위한 행정
	급부행정	사회보장행정, 자금지원 행정 등 행정주체가 사회공공의 복리증진을 위한 행정
	조달행정	국가·지방자치단체가 필요로 하는 인적·물적 수단을 확보하며 관리하는 행정
	유도행정	국민의 경제적·사회적 지역적 생활을 일정한 방향으로 이끌어가며 촉진하기 위한 행정
	공과행정	조세나 부담금 등을 부과·징수하여 필요한 자금을 조달하는 행정
	계획행정	일정한 목표를 달성하기 위해서 행정수단을 종합하는 행정

기타 분류 : 법의 기속 여부에 따라 기속행정·재량행정으로 나뉘고, 목적에 따라 국가의 존립과 활동을 직접 목적으로 하는 국가행정(외무, 재무, 군사, 사법행정 등)과 사회의 질서 유지와 복리를 위한 사회목적 행정으로 나뉜다(경찰, 복리행정 등).

핵심 기출문제

01

행정의 주체·대상·상대방에 대한 효과·수단 또는 형식 등에 의한 분류에 있어서 같은 분류기준에 의한 종류끼리만 묶인 것은?　　　　　　　　　　　　　　　　　　　　　　[16국가직9급]

① 복효(적)행정 - 위임(적)행정 - 국고(적)행정
② 권력(적)행정 - 자치(적)행정 - 위임(적)행정
③ 권력(적)행정 - 공과(적)행정 - 국고(적)행정
④ 수익(적)행정 - 침익(적)행정 - 복효(적)행정

02

행정법의 대상인 행정에 대한 설명으로 가장 옳지 않은 것은?　　　　　　　[18서울시9급]

① 행정은 적극적 미래지향적 형성작용이다.
② 국가행정과 자치행정은 행정주체를 기준으로 행정을 구분한 것이다.
③ 행정법의 대상이 되는 행정은 실질적 행정에 한한다.
④ 행정은 그 법 형식을 기준으로 하여 공법형식의 행정과 사법형식의 행정으로 구분할 수 있다.

해설

01 ㅣ ④ (○) 효과에 의한 분류로 묶여 있다.
02 ㅣ ① (○) 개념징표설에 따른 개념 정의이다.
　　　　② (○) 행정은 행정주체에 따라 국가행정, 자치행정, 위임행정으로 나눌 수 있다.
　　　　③ (×) 행정법의 대상은 실질적 행정외에도 형식적 행정도 포함된다. 예를 들어, 행정청이 소속 공무원에 대하여 징계를 하는 것은, 행정처분으로서 행정소송의 대상이 된다. 소속 공무원에 대한 징계는 실질적 의미의 행정이자 형식적 의미의 행정에 해당한다.
　　　　④ (○) 행정은 그 형식에 따라 공법형식의 행정과 사법형식의 행정으로 나눌 수 있다.

정답　01 ④　02 ③

CHAPTER 2 행정법

제1절 행정법의 의의와 특수성

I 행정법의 의의와 행정법의 성립

1. 행정법의 의의와 관련한 일반적인 내용

- 행정법이란 행정의 조직·작용·구제에 관한 국내공법이다.

행정조직법	국가·지방자치단체 등 행정주체의 기관 설치 및 그 권한, 기관 상호 간의 관계에 관한 법
행정작용법	행정주체가 행정객체의 권리와 의무에 대한 행정작용을 함에 있어서 필요한 근거를 규정한 법
행정구제법	행정작용과 관련된 개인의 권리 침해에 대한 구제에 관한 법

- 행정에 관한 모든 법 중에서 사법을 제외한 법(공법)
- 행정법은 국내법을 의미한다. 다만, 국내에서 제정된 법에 한정되는 것은 아니다. 헌법도, 헌법에 의하여 체결·공포된 조약과 일반적으로 승인된 국제법규는 국내법과 같은 효력을 가진다고 명시하고 있다(헌법 제6조).

  01 헌법에 의하여 체결·공포된 조약과 일반적으로 승인된 국제법규는 국내법과 동일한 효력을 갖는다. (O | X) [11지방직9급]

2. 행정법의 성립과 발전

1) 대륙법계의 행정법

- 대륙법계 국가에서는 법치국가사상(국가의 모든 작용은 국민의 대표기관인 의회가 제정한 법률에 의한다는 사상)과 행정제도(공법과 사법의 구별을 전제로 공법관계에 관한 재판을 담당하는 행정재판소의 존재)의 발달을 통해 사법(私法)과 다른 공법(公法)의 존재가 인정되었다.
- 행정국가주의(사법법원(司法法院)으로 독립하여 행정사건을 전담하는 행정권 내부의 재판소가 존재하는 국가)를 취하고 있다. 프랑스에서 행정재판소가 출범하게 된 배경은 대혁명 이후 행정사건에 대한 사법법원(司法法院)의 간섭을 배제하기 위한 필요성과 관련이 있다. 다만, 현재는 행정재판의 전문성을 그 주된 논거로 한다.

정답 01 O

PART 1 행정법 서론

- 프랑스는 공역무 중심으로, 독일은 공권력 중심으로 발전했다. 따라서 프랑스의 행정법이 독일의 행정법보다 구체적이고 범위가 넓다.

  01 대륙법계는 공법과 사법(私法)의 구별을 강조하면서 행정사건은 사법(司法)법원이 아닌 별도의 법원(재판소)의 관할에 속하도록 하고 있다. (O | X) [11국가직9급]

  02 프랑스에서 행정법원(재판소, Conseil d'Etat)이 출범하게 된 배경은 대혁명 이후 행정사건에 대한 사법(司法)법원의 간섭을 배제하기 위한 필요성과 관련이 있다. (O | X) [11국가직9급]

2) 영·미법계의 행정법

- 보통법의 지배와 특별법으로서의 행정법
  국가와 국민, 국민과 국민 모두에 보통법이 적용된다는 원칙. 다만, 20세기에 와서 행정위원회의 권한 행사 절차를 사법심사하기 위한 법으로 행정법이 탄생하게 되었다. 즉 영미법계 국가에서도 오늘날 행정법의 특수성은 인정되고 있으나 보통법의 특별법 정도로 인식되고 있는 것이지 대륙법계와 같은 공법과 사법의 구별이 있는 것이 아니다. 따라서 행정사건을 관할하는 별도의 행정재판소가 없고 통상의 사법법원의 관할하는 사법국가주의를 취하고 있다.
- 영미법계에서 행정법은 절차 위주로 발전하였다.

  03 공법과 사법(私法)의 구별을 강조하지 않는 영미법계 국가에서는 오늘날 행정법의 특수성은 인정되지 않으며, 행정기관의 결정에 대한 재판권은 통상의 사법(司法)법원이 행사한다고 한다. (O | X) [11국가직9급]

3) 우리나라의 행정법

우리나라는 공법과 사법을 구별하는 대륙법계를 기본으로 한다. 즉 행정법을 사법과 구별되는 공법으로 본다. 다만 행정소송과 관련하여 우리나라는 별도의 행정재판소가 없고 통상의 사법법원의 관할로 한다는 점에서 영미법계의 제도를 일부 수용하고 있다(사법국가주의).

  04 우리나라의 행정법은 전통적으로 대륙법계의 영향을 받아 행정에 특유한 공법으로서의 성격을 강조하고 있으면서도 행정사건은 별도의 행정법원(재판소)이 아닌 사법(司法)법원의 관할에 속한다. (O | X) [11국가직9급]

정답 01 O 02 O 03 X 04 O

Ⅱ 행정법의 의의 및 특수성

1. 개설

- 행정법은 행정의 원칙과 기본사항을 규정하고 있는 행정기본법과 무수히 많은 개별법으로 구성되어 있다. 즉, 민법이나 상법과 같이 단일 법전이 존재하는 것은 아니다.
- 행정기본법은 행정의 원칙과 기본사항을 규정한 법이며, 원칙적으로 모든 행정작용에 적용된다. 다만, 개별 행정 분야의 특수성을 고려하여 다른 법률에 행정기본법에서 정한 기준, 방법 등과 다른 내용의 규정이 있는 경우에는 그 규정이 우선 적용된다.

> 행정기본법 제1조(목적) 이 법은 행정의 원칙과 기본사항을 규정하여 행정의 민주성과 적법성을 확보하고 적정성과 효율성을 향상시킴으로써 국민의 권익 보호에 이바지함을 목적으로 한다.
> 동법 제5조(다른 법률과의 관계) ① 행정에 관하여 다른 법률에 특별한 규정이 있는 경우를 제외하고는 이 법에서 정하는 바에 따른다.
> ② 행정에 관한 다른 법률을 제정하거나 개정하는 경우에는 이 법의 목적과 원칙, 기준 및 취지에 부합되도록 노력하여야 한다.

01 행정법은 그 대상인 행정의 다양성과 전문성 등으로 인하여 단일법전화되어 있지 않다. (O | X) [20군무원7급]

2. 행정법의 내용상 특수성

- 사법은 로마법 이래로 확립되어 있다. 그러나 행정법은 역사가 짧고 형성 중의 법이다.
- 공익우선성 : 기본적으로 공익의 보호를 목적으로 하고 공익의 사익에 대한 우월성을 인정한다. 다만, 그 우월성은 절대적인 우월성을 의미하는 것은 아니므로 행정이 추구하는 공익과 그로 인하여 침해되는 사익은 이익형량을 통하여 비례관계가 유지되어야 한다.
- 공익의 의미 : 공익은 절대적 개념 또는 선험적 개념이 아니라 시대의 구체적 상황 속에 판단되는 상대적 개념으로 공동체 구성원의 전체 이익을 의미한다.
- 집단성과 평등성 : 행정법은 다수인을 규율하는 것이 원칙이고 그들 상호 간에 법적 평등이 보장되도록 한다.

02 공익과 사익의 구별은 실정법을 떠나서 보편타당하게 존재하는 선험적 구별이다. (O | X) [10군무원9급]

3. 행정법의 형식상 특수성

- 행정법은 단일 법전이 없고 헌법, 법률, 대통령령, 총리령, 부령, 조례, 규칙, 일반적으로 승인된 국제법규, 조약 등 그 형식이 다양하다.
- 국민의 예측가능성 보장을 위하여 보통 성문법이다.

정답 01 O 02 X

PART 1 행정법 서론

4. 행정법의 규정성질상 특수성

- **획일성·강행성**: 다수의 국민에 대한 획일적 규율과 강제적 규율을 내용으로 한다.
- **기술성·수단성**: 행정은 공익을 위해 능률적·효율적 결과의 실현을 도모한다. 행정과정에서 발생하는 저항과 마찰을 공정한 이해조정을 통해 해결하기 위해서 기술적·수단적 성격을 가진다.('헌법은 사라져도 행정법은 남아 있다.'-오토 마이어)
- **단속규범성**: 강행규정에 위반한 민사상의 행위는 효력 규정성을 가지고 있어서 그 위반행위는 효력이 없다. 반면, 행정법상 강행규정은 단속규범을 특징으로 한다. 따라서 위반행위에 대한 행정벌 등의 제재나 행정상 강제집행은 가능하지만 그 위반행위 자체의 법률상 효력은 유효임이 원칙이다. 다만, 강행규정의 취지에 따라 법률상 효력도 없다고 볼 수 있는 경우도 있다.

관련 판례

1. 구 주택건설촉진법 위반 행위의 사법상 효력은 유효하다.
   구 주택건설촉진법에 의하면 국민주택에 관하여는 분양한 때로부터 일정한 기간 동안 전매행위가 금지되어 있기는 하나 이는 매수인이 분양 사업주체에게 그 전매 사실로써 대항할 수 없다는 것이지 전매 당사자 사이의 전매계약의 사법상의 효력까지 무효로 한다는 취지는 아니다(대판 1997.6.27. 95다47343).
2. 외국환관리법(현 외국환거래법)의 제한규정을 위반한 행위가 민법상 불법행위나 무효행위가 되는 것은 아니다(대판 1987.2.10. 86다카1288).
3. 구 담배사업법위반 행위는 그 입법취지를 고려하여 사법상으로도 무효이다.
   구 담배사업법 제12조 제1항은, 한국담배인삼공사가 제조한 담배는 공사가 위 법 소정의 도매업자 또는 소매인에게 이를 판매하여야 한다고 규정하고 있는바, 같은 법 제1조가 규정하고 있듯이, 담배사업법은 "원료용 잎담배의 생산 및 수매와 제조, 담배의 제조 및 담배의 판매 등에 관한 사항을 정함으로써 담배산업의 건전한 발전을 도모하고 국민경제에 이바지하게 함을 목적"으로 제정된 것으로서, 그 입법 취지에 비추어 볼 때 위 제12조 제1항은 강행규정으로 보아야 할 것이고 이에 위반한 행위는 그 효력이 없다고 보아야 할 것이다(대판 2001.5.29. 2001다1782).
4. 부동산 중개수수료에 관한 위와 같은 규정들은 중개수수료 약정 중 소정의 한도를 초과하는 부분에 대한 사법상의 효력을 제한하는 이른바 강행법규에 해당하고, 따라서 구 부동산중개업법 등 관련 법령에서 정한 한도를 초과하는 부동산 중개수수료 약정은 그 한도를 초과하는 범위 내에서 무효이다(대판 2007.12.20. 2005다32159).

---

01 주택건설촉진법의 규정을 위반하여 주택을 공급한 자에게 과태료를 부과한다고 하여 그 사법적 효력까지 부인된다고 볼 수는 없다. (O | X) [08국가직9급]

02 허가를 받아 행하여야 할 행위를 허가 없이 한 경우에는 행정상의 강제집행이나 행정벌의 대상이 되지만 행위 자체의 법률적 효력은 부인되지 않는다는 것이 일반적인 설명이다. (O | X) [07국회직8급]

03 무허가 행위는 제재의 대상이 될 뿐 사법상 효과에는 원칙적으로 영향이 없지만 일정한 경우 사법상 효과에까지 영향을 미치는 경우도 있다. (O | X) [06국가직7급]

정답 01 O 02 O 03 O

제2절 행정법의 지도원리

I 개설

- 행정법은 기본적으로 각 시대의 헌법에 의하여 규정된다. 즉 헌법은 국가의 기본질서와 가치를 천명한 최고규범이고 행정법은 그러한 헌법의 정신과 이념을 구체화한 법이다.
- 베르너(F. Werner)는 행정법을 '행정법은 구체화된 헌법', 마우러(H. Maurer)는 '행정법은 활동하는 헌법'으로 표현하며, 행정법이 헌법의 정신과 이념을 구체화한 법임을 강조하였다.

01 독일의 법학자인 프리츠 베르너(Fritz Werner)는 '행정법은 구체화된 헌법'이라고 표현하였다. (O | X)

[20군무원7급]

II 행정법의 지도 원리

1. 민주국가의 원리

- 헌법 제1조는 대한민국이 민주공화국임과 주권이 국민에게 있음을 선언함으로써 국가권력의 정당성이 국민에게 있음을 천명하고 있다.
- 행정절차법에서 국민 참여의 기회를 주는 것도 민주주의 원리가 반영된 것이다.
- 대의제, 직업공무원제도, 지방자치제도와 같은 국민의 참여를 도모한다.

2. 법치국가의 원리

1) 의의

권력분립론을 전제로 인정되고, 법에 의한 통치를 의미한다. 재판청구권·헌법재판제도·각종 기본권 보장을 위한 규정은 법치국가의 원칙과 관련된 내용이다. 법치(法治)는 국가권력의 자의적 행사를 방지하여 국가권력의 예측가능성과 법적안정성을 확보하고 국민의 자유와 권리를 보장한다.

2) 다른 지도원리와의 관계

법치국가의 원리는 국가권력을 제한하여 국민의 자유와 재산을 보호하는 자유주의의 원리와도 관련이 깊다. 또한, 국민의 대표자인 국회에 의하여 법률이 만들어지므로 민주국가의 원리와도 관련이 깊다.

정답 01 O

3) 법치국가의 발전
① 발전 양상

2차 세계대전 전에는 법실증주의가 만연하여 법의 내용이나 이념에는 관심이 없는 형식적 법치주의가 유행하였다. 그러나 나치즈의 만행을 목격할 수 있었던 2차 세계대전 후에 법의 내용적 정당성과 인권보장에도 관심을 가지게 되었다. 결국 형식적 법치주의는 실질적 법치주의로 발전하게 되었다.

01 법치행정 원리의 현대적 의미는 실질적 법치주의에서 형식적 법치주의로의 전환이다. (O | X)

[11국가직9급]

② 형식적 법치주의의 특징

형식적 법치주의는 행정권에 대한 광범위한 입법위임을 인정한다. 따라서 행정의 탄력성과 합목적성을 달성하기 위한 행정입법권이 강화된다. 그리고 법률유보에 관하여 침해유보설을 취하는 등 법률유보 원칙의 적용도 소극적이다. 또한 행정소송에 있어서 열기주의를 취하고 국가배상책임을 부정하는 등 국민의 기본권 보장과 권리구제에 미흡하다.

③ 실질적 법치주의의 특징

실질적 법치주의에서는 포괄위임이 금지된다(법률의 법규창조력 관철). 그리고 내용적으로도 합헌적인 법률의 우위가 인정되며, 행정의 내부조직이나 특별행정법관계 내부에까지 법률유보 적용이 확대된다. 또한 위헌법률심사제도, 행정소송에서 개괄주의, 국가배상제도의 인정과 같이 국민의 기본권 보장과 권리구제에 관심을 둔다.

④ 유사개념

영미법계의 법의 지배는 내용적으로 인권을 존중하는 보통법의 지배를 의미한다. 영미법계는 애초부터 법의 지배 관념이 정착되어 있었다.

3. 사회국가 원리

국가의 적극적 개입을 인정하여 복지국가를 실현하는 원리이다.

정답 01 X

제3절 법치행정의 원리

I 개설

행정의 자의를 방지하고 예측가능성과 법적안정성을 확보하여 국민의 자유와 권리를 보장하기 위한 원리인 법치국가 원리가 행정 영역에 반영된 것으로 행정작용은 법에 따라 이루어져야 하고 국민의 권익 구제를 위한 제도가 완비되어 있어야 한다는 원리이다. 이와 관련하여 행정기본법은 법치행정의 원칙을 직접 선언하여 명문화하였다. 즉, 모든 행정작용은 법률에 위반되어서는 안 된다는 "법률 우위의 원칙"과 최소한 국민의 권리를 제한하거나 의무를 부과하는 경우와 국민생활에 중요한 영향을 미치는 경우에는 법률에 근거하도록 "법률 유보의 원칙"을 명시하는 것이다.

> 행정기본법 제8조(법치행정의 원칙) 행정작용은 법률에 위반되어서는 아니 되며, 국민의 권리를 제한하거나 의무를 부과하는 경우와 그 밖에 국민생활에 중요한 영향을 미치는 경우에는 법률에 근거하여야 한다.

01 법치행정의 목적은 행정의 효율성과 행정작용의 예견가능성을 보장하는 데 있다. (O | X) [19서울시7급]

II 내용

1. 법률의 법규창조력

- 법규를 창조하는 것은 의회에 전속하는 것이므로 국민의 권리와 의무에 관한 사항은 의회의 법률로만 규정할 수 있다. 즉 국민의 대표기관인 의회에서 제정한 법률만이 국민의 권리·의무관계에 구속력을 가지는 법규(법규범)를 창조할 수 있다.
- 오늘날 관습법 등 불문법규도 법규성을 가지는 것을 보았을 때, 법률의 법규창조력은 그 의미가 퇴색되었다고 볼 수 있다. 다만, 입법권은 국회에 속한다는 것(헌법 제40조)과 법규명령의 제정에 법률의 수권이 필요한 것(헌법 제75조, 제95조) 등을 고려하면, 여전히 법률의 법규창조력은 의미를 가진다.

> 헌법 제75조 대통령은 법률에서 구체적으로 범위를 정하여 위임받은 사항과 법률을 집행하기 위하여 필요한 사항에 관하여 대통령령을 발할 수 있다.

02 법률의 법규창조력이란 국민의 권리 의무관계에 구속력을 가지는 법규(법규범)를 창조하는 것은 국민의 대표기관인 의회에서 제정한 법률만이라고 한다. (O | X) [13국회속기직9급]

정답 01 X 02 O

2. 법률우위의 원칙(소극적 행정의 법률적합성의 원칙)

> **행정기본법 제8조(법치행정의 원칙)** 행정작용은 법률에 위반되어서는 아니 되며, 국민의 권리를 제한하거나 의무를 부과하는 경우와 그 밖에 국민생활에 중요한 영향을 미치는 경우에는 법률에 근거하여야 한다.

1) 의의
- 국가의 모든 행정은 합헌적 절차에 따라서 제정된 법률에 위반되어서는 아니 된다는 원칙을 말한다.
- 소극적 의미에서 행정의 법률적합성 원칙을 의미한다. 즉 법률우위의 원칙은 법률이 존재하는 경우 문제되며, 해당 법률을 위반하는 행정작용을 금지하는 것이다.

01 법률우위의 원칙이란 국가의 행정은 합헌적 절차에 따라 제정된 법률에 위반되어서는 아니 된다는 것을 말한다. (O | X) [18교육행정직9급]

02 법률우위의 원칙은 소극적으로 국가권력에 대한 제한 및 통제의 기능을 수행한다. (O | X) [10군무원9급]

2) 적용범위
- 행정의 모든 영역에 적용된다. 권력적 행정과 비권력적 행정, 침익적 행정과 수익적 행정, 공법형식의 행정과 사법형식의 행정에도 적용된다.
- 법률우위의 원칙의 '법률'에는 관습법 등 불문법도 포함된다.

03 법 우위의 원칙에서 법은 형식적 법률뿐 아니라 법규명령과 관습법 등을 포함하는 넓은 의미의 법이다. (O | X) [19서울시7급]

3) 위반의 효과
법률우위의 원칙에 위반된 행정행위에는 무효 또는 취소사유의 하자가 있는 것이고 행정입법이나 공법상 계약 등은 무효가 된다.

관련 판례

1. 지방자치단체가 구 지방재정법 규정에 따른 계약서를 작성하지 아니하고 사법상 계약을 체결한 경우 그 계약은 무효라는 판례
   구 지방재정법 등, 위 각 규정의 취지에 의하면 지방자치단체가 사경제의 주체로서 사인과 사법상의 계약을 체결함에 있어서는 위 법령에 따른 계약서를 따로 작성하는 등 그 요건과 절차를 이행하여야 하고, 설사 지방자치단체와 사인 사이에 사법상의 계약 또는 예약이 체결되었다 하더라도 위 법령상의 요건과 절차를 거치지 않은 계약 또는 예약은 그 효력이 없다(대판 2009.12.24. 2009다51288).
2. 구 국가를 당사자로 하는 계약에 관한 법률상의 요건과 절차를 거치지 않고 체결한 국가와 사인 간의 사법상 계약의 효력은 무효라는 판례
   국가가 사인과 계약을 체결할 때에는 국가계약법령에 따른 계약서를 따로 작성하는 등 요건과 절차

정답 01 O 02 O 03 O

를 이행하여야 할 것이고, 설령 국가와 사인 사이에 계약이 체결되었더라도 이러한 법령상 요건과 절차를 거치지 아니한 계약은 효력이 없다(대판 2015.1.15. 2013다215133).
3. (법무부장관이 만든) '집행증서 작성사무 지침' 제4조는 법률에 의하여 허용되는 쌍방대리 형태의 촉탁행위에 대하여 '대부업자 등'의 금전대부계약에 따른 채권·채무에 관한 경우에는 행정규칙의 형식으로 일반적으로 공증인에게 촉탁을 거절하여야 할 의무를 부과하는 것이어서 '법률우위원칙'에 위배되어 무효라고 보아야 한다(대판 2020.11.26. 2020두42262).

01 국가가 사인과 계약을 체결할 때에는 「국가를 당사자로 하는 계약에 관한 법률」에 따른 계약서를 따로 작성하는 등 그 요건과 절차를 이행하여야 한다. (O | X) [19사회복지직9급]
02 법률우위의 원칙은 침해적 행정에만 적용된다. (O | X) [17교육행정직9급]

3. 법률유보의 원칙(적극적 행정의 법률적합성의 원칙)

행정기본법 제8조(법치행정의 원칙) 행정작용은 법률에 위반되어서는 아니 되며, 국민의 권리를 제한하거나 의무를 부과하는 경우와 그 밖에 국민생활에 중요한 영향을 미치는 경우에는 법률에 근거하여야 한다.

1) 의의

- 적어도 "국민의 권리를 제한하거나 의무를 부과하는 경우와 그 밖에 국민생활에 중요한 영향을 미치는 경우"의 행정권의 발동은, 법률에 근거가 있어야 한다는 원칙이다.
- 조직법적 근거는 모든 행정권의 행사에 있어서 당연히 요구된다. 따라서 법률유보 원칙은 일정한 행정권의 발동에 있어서 조직규범 외에 작용규범이 필요하다는 것을 의미한다. 또한 법적 근거는 원칙적으로 개별법적 근거를 의미한다.

03 법률유보원칙에서 요구되는 법적 근거는 작용법적 근거를 의미하며, 조직법적 근거는 모든 행정권 행사에 있어서 당연히 요구된다. (O | X) [18서울시9급]
04 법률유보의 원칙은 행정권의 발동에 있어서 조직규범의 근거가 필요하다는 것을 말한다. (O | X) [19서울시7급]

2) 내용

① 법률유보의 원칙이 적용되는 경우, 행정상 필요하다는 사실만으로 행정권은 행사될 수 없고 법적 근거가 있어야 한다.

관련 판례

1. 개인택시운송사업자가 음주운전으로 사망한 후, 개인택시운송사업자의 운전면허가 취소되지 아니한 이상, 관할 행정청이 법적 근거 없이 개인택시운송사업면허를 취소한 것은 위법하다고 본 판례
구 여객자동차운수사업법(2007. 7. 13. 법률 제8511호로 개정되기 전의 것) 제76조 제1항 제15호, 같은 법 시행령 제29조에는 관할관청은 개인택시운송사업자의 운전면허가 취소된 때에 그의 개인택

정답 01 O 02 X 03 O 04 X

시운송사업면허를 취소할 수 있도록 규정되어 있을 뿐 <u>그에게 운전면허 취소사유가 있다는 사유만으로 개인택시운송사업면허를 취소할 수 있도록 하는 규정은 없으므로</u>, 관할관청으로서는 비록 개인택시운송사업자에게 운전면허 취소사유가 있다 하더라도 그로 인하여 운전면허 취소처분이 이루어지지 않은 이상 개인택시운송사업면허를 취소할 수는 없다(대판 2008.5.15. 2007두26001).

2. 피청구인(서울종로경찰서장)이 2015. 5. 1. 22 : 13경부터 23 : 20경까지 사이에 최루액을 물에 혼합한 용액을 살수차를 이용하여 청구인들에게 살수한 행위(혼합살수행위)는 법률유보원칙에 위배되어 청구인들의 신체의 자유와 집회의 자유를 침해한다는 취지의 판례
<u>혼합살수방법은 법령에 열거되지 않은 새로운 위해성 경찰장비에 해당하고 이 사건 지침에 혼합살수의 근거 규정을 둘 수 있도록 위임하고 있는 법령이 없으므로</u>, 이 사건 지침은 법률유보원칙에 위배되고 이 사건 지침만을 근거로 한 이 사건 혼합살수행위 역시 법률유보원칙에 위배된다. 따라서 이 사건 혼합살수행위는 청구인들의 신체의 자유와 집회의 자유를 침해한다(헌재 2018.5.31. 2015헌마476).

3. 건설산업기본법 제83조 제1호의 <u>'부정한 방법으로 제9조에 따른 건설업 등록을 한 경우'에는 '부정한 방법으로 제17조에 의한 양도·양수신고를 하는 경우'는 포함되어 있지 않다고 봄이 상당하다.</u> 따라서 법 제83조 제1호는 부정한 방법으로 건설업을 양도·양수한 경우에 관하여 건설업의 등록말소를 할 수 있는 근거 규정이 된다고 할 수 없다(대판 2012.2.9. 2011두23504).

4. 여권발급 신청인이 북한 고위직 출신의 탈북 인사로서 신변에 대한 위해 우려가 있다는 이유로 신청인의 미국 방문을 위한 여권발급을 거부한 것은 여권법 제8조 제1항 제5호에 정한 사유에 해당한다고 볼 수 없고 거주·이전의 자유를 과도하게 제한하는 것으로서 위법하다(대판 2008.1.24. 2007두10846).

5. 서울특별시 교육감 등이 졸업생의 성명, 생년월일 및 졸업일자 정보를 교육정보시스템(NEIS)에 보유하는 행위가 문제된 사건(법률유보원칙 위반 아님)
"공공기관은 소관업무를 수행하기 위하여 필요한 범위 안에서 개인정보화일을 보유할 수 있다."고 규정하고 있는 <u>공공기관의개인정보보호에관한법률 제5조와 같은 일반적 수권조항에 근거하여 피청구인들의 보유행위가 이루어졌다 하더라도 법률유보원칙에 위배된다고 단정하기 어렵다</u>(헌재 2005.7.21. 2003헌마282).

6. 미결수용자에 대한 운동화착용불허행위는 구 행형법 제20조의 위임과 구 행형법 시행령 제73조 제2항의 재위임에 따른 구 수용자 의류 및 침구급여에 관한 규칙과 수용자 피복관리 및 제작에 관한 지침에 근거를 둔 처분으로서 법률유보원칙에 위배되지 아니한다(헌재 2011.2.24. 2009헌마209).

7. <u>법외노조 통보는 적법하게 설립된 노동조합의 법적 지위를 박탈하는 중대한 침익적 처분으로서 원칙적으로 국민의 대표자인 입법자가 스스로 형식적 법률로써 규정하여야 할 사항이고, 행정입법으로 이를 규정하기 위하여는 반드시 법률의 명시적이고 구체적인 위임이 있어야 한다. 그런데 노동조합 및 노동관계조정법 시행령 제9조 제2항은 법률의 위임 없이 법률이 정하지 아니한 법외노조 통보에 관하여 규정함으로써 헌법상 노동3권을 본질적으로 제한하고 있으므로 그 자체로 무효이다</u>(대판 2020.9.3. 2016두32992전합).

8. <u>아파트 주차장(도로 외의 곳) 음주운전 및 음주측정 거부사건 – 도로 외의 곳에서의 음주운전·음주측정 거부 등에 대해서 법적근거가 있는 행정형벌 부과는 가능하지만 법적근거가 없는 제재처분은 할 수 없다는 취지의 판시(법률유보원칙)</u>
(도로 외의 곳에 대한 도로교통법 적용 규정에는) 음주운전·음주측정거부 등에 관한 형사처벌 규정인 도로교통법 제148조의2가 포함되어 있으나, 행정제재처분인 운전면허 취소·정지의 근거 규정인 도로교

> 통법 제93조는 포함되어 있지 않기 때문에 도로 외의 곳에서의 음주운전·음주측정거부 등에 대해서는 형사처벌만 가능하고 운전면허의 취소·정지 처분은 부과할 수 없다(대판 2021.12.10. 2018두42771).

01 개인택시운송사업자의 운전면허가 아직 취소되지 않았더라도 운전면허취소사유가 있다면 행정청은 명문규정이 없더라도 개인택시운송사업면허를 취소할 수 있다. (O | X) [19국가직9급]

02 집회나 시위 해산을 위한 살수차 사용은 집회의 자유 및 신체의 자유에 대한 중대한 제한을 초래하므로 살수차 사용요건이나 기준은 법률에 근거를 두어야 한다. (O | X) [18경찰]

② 법률유보의 원칙의 '법률'의 의미
- 법률은 기본적으로 형식적 의미의 법률을 의미하지만, 위임입법으로 법적 근거를 마련하는 것도 가능하다. 즉, '법률에 의한 규율'만을 요청하는 것이 아니라 '법률에 근거한 규율'을 요청하는 것이다.

관련 판례

기본권 제한에 관한 법률유보원칙은 '법률에 근거한 규율'을 요청하는 것이므로, 그 형식이 반드시 법률일 필요는 없다 하더라도 법률상의 근거는 있어야 한다고 할 것이다(헌재 2006.5.25. 2003헌마715).

- 관습법은 법률유보의 원칙에서 말하는 법률에 포함되지 않는다.
- 예산은 일종의 법규범이고 법률과 마찬가지로 국회의 의결을 거쳐 제정되지만 법률과 달리 국가기관만을 구속할 뿐 일반국민을 구속하지 않는다(헌재 2006.4.25. 2006헌마409).

03 법률유보원칙에서 '법률의 유보'라고 하는 경우의 '법률'에는 국회에서 법률 제정의 절차에 따라 만들어진 형식적 의미의 법률뿐만 아니라 국회의 의결을 거치지 않은 명령이나 불문법원으로서의 관습법이나 판례법도 포함된다. (O | X) [19서울시7급]

04 기본권 제한에 관한 법률유보원칙은 '법률에 근거한 규율'을 요청하는 것이 아니라 '법률에 의한 규율'을 요청하는 것이다. (O | X) [18경찰]

05 법률유보의 원칙은 '법률에 의한 규율'만을 요청하는 것이 아니라 '법률에 근거한 규율'을 요청하는 것이기 때문에 기본권의 제한에는 법률의 근거가 필요할 뿐이고 기본권제한의 형식이 반드시 법률의 형식일 필요는 없다. (O | X) [23지방직9급]

06 헌법재판소는 예산도 일종의 법규범이고, 법률과 마찬가지로 국회의 의결을 거쳐 제정되며, 국가기관뿐만 아니라 일반 국민도 구속한다고 본다. 따라서 법률유보원칙에서 말하는 법률에는 예산도 포함된다. (O | X) [13지방직9급]

07 법률유보원칙에서 법률이란 형식적 의미의 법률뿐만 아니라 법률상 위임에 따른 법규명령이나 조례의 경우도 포함한다. (O | X) [24군무원9급]

정답 01 X 02 O 03 X 04 X 05 O 06 X 07 O

3) 적용범위

과거에는 법률유보의 원칙이 적용되는 행정 영역이 어디까지인가에 대한 견해의 대립이 있었고 중요사항유보설이 통설의 입장이었다. 현재는 통설과 판례를 반영한 행정기본법의 도입으로 적어도 "국민의 권리를 제한하거나 의무를 부과하는 경우와 그 밖에 국민생활에 중요한 영향을 미치는 경우"에는 법적근거가 필요하다고 볼 수 있다.

① 학설

학설	내용	한계
침해유보설	국민의 자유와 재산을 침해하는 행정작용은 근거가 있어야 한다는 견해	오늘날 복지국가에서는 타당성이 낮아짐
신침해유보설	• 기본적인 내용은 침해유보설과 동일 • 특별행정법관계에서도 침익적 행정작용은 법률에 근거가 있어야 한다고 보는 점에서 침해유보설과 차이가 있음	상동
급부유보설	국민의 자유와 재산을 침해하는 침해행정뿐만 아니라 급부행정작용에도 근거가 필요하다는 견해	급부가 필요한 경우에도 법적근거 없이는 국민에게 급부를 할 수 없으므로 융통성 있는 행정이 어렵다
전부유보설	민주주의 원칙과 법치주의에 철저하게 입각하여 행정의 모든 영역에 법률의 근거가 필요하다고 보는 견해	행정의 자유영역을 부정하고 권력분립의 원칙에 어긋나는 측면이 있음(국회〉〉〉행정부)
권력행정유보설	침해행정이나 수익행정을 막론하고 모든 권력행정은 법률의 근거가 필요하다고 보는 견해	오늘날은 비권력적 행정도 행정의 중요 부분을 차지함
중요사항유보설 (본질성설)	• 행정작용의 성질에 따라 법적 근거의 필요성이 달라지는 것이 아니라 공동체나 개인에게 중요한 작용은 법률의 근거가 필요하다고 보는 견해 • 기본권과 관련성이 큰 영역은 중요사항이므로 법률의 근거가 필요함 • 본질적으로 중요한 사항에 대해서는 의회가 직접(의회유보) 정하여야 함 • 즉, 본질적으로 중요한 사항에 대해서는 위임입법도 금지되고(의회유보), 그 외의 중요한 사항은 구체적으로 범위를 정하여, 위임입법이 가능	

CHAPTER 2 행정법

01 법률유보원칙의 범위에 관한 학설로서 전부유보설은 의회민주주의와 의회의 우월성을 강조한 것이다. (O | X) [05국회직8급]

02 급부행정유보설에 따르면 국민의 자유와 재산에 대한 침해행정에 대해서는 법률의 근거가 필요하지 않다고 한다. (O | X) [12지방직9급]

03 전부유보설은 모든 행정작용이 법률에 근거해야 한다는 입장으로, 행정의 자유영역을 부정하는 견해이다. (O | X) [13지방직9급]

04 중요사항유보설에 따르면, 국민의 기본권실현과 관련된 영역에 있어서는 입법자가 본질적인 사항에 대해서 스스로 결정해야 한다. (O | X) [19사회복지직9급]

05 법률유보원칙과 적용범위와 관련된, 전부유보설은 권력분립의 원칙에 가장 부합하는 학설로 볼 수 있다. (O | X) [08군무원9급]

② 판례

- 오늘날 법률유보원칙은 단순히 행정작용이 법률에 근거를 두기만 하면 충분한 것이 아니라, 국가공동체와 그 구성원에게 기본적이고도 중요한 의미를 갖는 영역, 특히 국민의 기본권실현과 관련된 영역에 있어서는 국민의 대표자인 입법자가 그 본질적 사항에 대해서 스스로 결정하여야 한다는 요구까지 내포하고 있다[의회유보원칙](헌재 98헌바70).

- 어떠한 사안이 국회가 형식적 법률로 스스로 규정하여야 하는 본질적 사항에 해당되는지는, 구체적 사례에서 관련된 이익 내지 가치의 중요성, 규제 또는 침해의 정도와 방법 등을 고려하여 개별적으로 결정하여야 하지만, 규율대상이 국민의 기본권 및 기본적 의무와 관련한 중요성을 가질수록 그리고 그에 관한 공개적 토론의 필요성 또는 상충하는 이익 사이의 조정 필요성이 클수록, 그것이 국회의 법률에 의해 직접 규율될 필요성은 더 증대된다(대판 2012두23808전합).

법률유보의 원칙 위반으로 본 판례	의회유보 사안이 아니라고 본 판례
1. 텔레비전방송수신료의 금액에 대하여 국회가 스스로 결정하거나 결정에 관여함이 없이 한국방송공사로 하여금 결정하도록 한 한국방송공사법 제36조 제1항은 법률유보원칙에 위반된다는 판시 (헌재 1999.5.27. 98헌바70) 2. 갑 광역시의회가 '상임(특별)위원회 행정업무보조 기간제근로자 42명에 대한 보수 예산안'을 포함한 2012년도 광역시 예산안을 재의결하여 확정한 사안에서, 위 근로자의 담당 업무, 채용규모 등을 종합해 보면, 지방의회에서 위 근로자를 두어 의정활동을 지원하는 것은 실질적으로 유급 보좌인력을 두는 것과 마찬가지여서 개별 지방의회에서 정할 사항이 아니라 국회의 법률로 규정하여야 할 입법사항에 해당하는데, 지방자치법	1. 수신료 징수업무를 한국방송공사가 직접 수행할 것인지 제3자에게 위탁하도록 할 것인지는 국민의 기본권 제한에 본질적인 사항이 아니다(헌재 2008.2.28. 2006헌바70). 2. 국가유공자단체의 대의원 선출에 관한 사항은 국민의 권리와 의무의 형성에 관한 사항도 아니고 국가의 통치조직과 작용에 관한 기본적이고 중요한 사항으로 볼 수 없으므로 법률유보 내지 의회유보의 원칙이 지켜져야 하는 영역으로 볼 수 없다는 취지의 판시(헌재 2006.3.30. 2005헌바31) 3. 중학교의 의무교육 실시 여부 자체라든가 그 연한은 교육제도의 본질적 부분으로 국회입법의 대상으로서 반드시 형식적 의미의 법률로서 규정되

정답 01 O 02 X 03 O 04 O 05 X

법률유보의 원칙 위반으로 본 판례	의회유보 사안이 아니라고 본 판례
이나 다른 법령에 위 근로자를 지방의회에 둘 수 있는 법적 근거가 없으므로, 이에 관하여 한 재의결은 효력이 없다(대판 2013.3.16. 2012추84). 3. 병의 복무기간은 국방의무의 본질적 내용에 관한 것이어서 이는 반드시 법률로 정하여야 할 입법사항에 속한다고 풀이할 것인바, 육군본부 방위병소집복무해제규정(육군규정 104-1) 제23조가, 병역법 제25조 제3항이 규정하지 아니한 구속 등의 사유를 복무기간에 산입하지 않도록 규정한 것은 병역법에 위반하여 무효라고 할 것이다(대판 1985.2.28. 85초13). 4. 구 토지초과이득세법상의 기준시가는 국민의 납세의무의 성부 및 범위와 직접적인 관계를 가지고 있는 중요한 사항이므로 이를 하위법규에 백지위임하지 아니하고 그 대강이라도 토초세법 자체에서 직접 규정해 두어야만 함에도 불구하고 토초세법 제11조 제2항이 그 기준시가를 전적으로 대통령령에 맡겨 두고 있는 것은 헌법상의 조세법률주의 혹은 위임입법의 범위를 구체적으로 정하도록 한 헌법 제75조의 취지에 위반된다(헌재 1994.7.29. 92헌바49). 5. 토지등소유자가 도시환경정비사업을 시행하는 경우 사업시행인가 신청시 필요한 토지등소유자의 동의는 개발사업의 주체 및 정비구역 내 토지등소유자를 상대로 수용권을 행사하고 각종 행정처분을 발할 수 있는 행정주체로서의 지위를 가지는 사업시행자를 지정하는 문제로서 그 동의요건을 정하는 것은 국민의 권리와 의무의 형성에 관한 기본적이고 본질적인 사항이므로 국회가 스스로 행하여야 하는 사항에 속하는 것임에도 불구하고 사업시행인가 신청에 필요한 동의정족수를 토지등소유자가 자치적으로 정하여 운영하는 규약에 정하도록 한 것은 법률유보원칙에 위반된다(헌재 2009.3.24. 2009헌바128). 6. 개발이익환수에관한법률 소정의 개발부담금은 그 납부의무자로 하여금 국가 등에 대하여 금전급부의무를 부담하게 하는 것이어서 납부의무자의 재산권을 제약하는 면이 있고, 부과개시시점의 지가는 개발부담금의 산정기준인 개발이익의 존부와 범위를 결정하는 중요한 요소가 되는 것	어야 하지만 실시의 시기, 범위 등 구체적인 실시에 필요한 세부사항에 관하여는 반드시 그런 것은 아니다(헌재 91.2.11. 90헌가27). 4. 조합의 사업시행인가 신청시의 토지 등 소유자의 동의요건이 비록 토지 등 소유자의 재산상 권리·의무에 영향을 미치는 사업시행계획에 관한 것이라고 하더라도, 그 동의요건은 사업시행인가 신청에 대한 토지 등 소유자의 사전 통제를 위한 절차적 요건에 불과하고 토지 등 소유자의 재산상 권리·의무에 관한 기본적이고 본질적인 사항이라고 볼 수 없으므로 법률유보 내지 의회유보의 원칙이 반드시 지켜져야 하는 영역이라고 할 수 없고, 따라서 개정된 도시 및 주거환경정비법 제28조 제4항 본문이 법률유보 내지 의회유보의 원칙에 위배된다고 할 수 없다(대판 2007.10.12. 2006두14476).

CHAPTER 2 행정법

법률유보의 원칙 위반으로 본 판례	의회유보 사안이 아니라고 본 판례
이므로, 그 산정기준에 관한 위임입법시 요구되는 구체성, 명확성의 정도는 <u>조세법규의 경우에 준하여, 그 요건과 범위가 엄격하게 제한적으로 규정되어야 한다</u>(헌재 1998.6.25. 95헌바35). 7. 법인세, 종합소득세와 같이 납세의무자에게 조세의 납부의무뿐만 아니라 <u>스스로 과세표준과 세액을 계산하여 신고하여야 하는 의무까지 부과하는 경우</u>에는 신고의무 이행에 필요한 기본적인 사항과 신고의무불이행 시 납세의무자가 입게 될 불이익 등은 납세의무를 구성하는 기본적, 본질적 내용으로서 <u>법률로 정하여야 한다</u>(대판 2015.8.20. 2012두23808전합). 8. 국민의 권리와 의무의 형성에 관한 사항을 비롯하여 국가의 <u>통치조직과 작용에 관한 기본적이고 본질적인 사항은 반드시 국회가 정하여야 할 것이다</u>(헌재 2006.3.20. 2005헌바31). 9. <u>중학교의 의무교육 실시 여부 자체라든가 그 연한</u>(헌재 91.2.11. 90헌가27)	

01 지방의회의원에 대하여 유급보좌인력을 두는 것은 개별 지방의회의 조례로써 규정할 사항이 아니라 국회의 법률로써 규정하여야 할 입법사항이다. (O | X) [18서울시9급]

02 수신료금액 결정은 수신료에 관한 본질적인 사항이 아니므로 국회가 반드시 스스로 행하여야 할 필요는 없다. (O | X) [19사회복지직9급]

03 국회가 형식적 법률로 직접 규율하여야 하는 필요성은 규율대상이 기본권 및 기본적 의무와 관련된 중요성을 가질수록, 그에 관한 공개적 토론의 필요성 또는 상충하는 이익 사이의 조정 필요성이 클수록 더 증대된다. (O | X) [19국가직9급]

04 국가의 통치조직과 작용에 관한 기본적이고 본질적인 사항은 반드시 국회가 정하여야 한다. (O | X) [11지방직7급]

05 토지 등 소유자가 도시환경정비사업을 시행하는 경우 사업시행인가신청에 필요한 토지 등 소유자의 동의정족수를 토지 등 소유자가 자치적으로 정하여 운영하는 규약에 정하도록 한 것은 법률유보원칙에 위반된다. (O | X) [18서울시9급]

06 수신료 징수 업무를 한국방송공사가 직접 수행할지 제3자에게 위탁할 지 여부는 국민의 기본권 제한에 관한 본질적인 사항이 아니다. (O | X) [19사회복지직9급]

07 규율대상이 국민의 기본권 및 기본적 의무와 관련한 중요성을 가질수록 그리고 그에 관한 공개적 토론의 필요성 또는 상충하는 이익 사이의 조정 필요성이 클수록, 그것이 국회의 법률에 의해 직접 규율될 필요성은 더 증대된다고 보아야 한다. (O | X) [23지방직9급]

08 헌법재판소는 구 「토지초과이득세법」상의 기준시가는 국민의 납세의무의 성부 및 범위와 직접적인 관계를 가지고 있는 중요한 사항임에도 불구하고 해당 내용을 법률에 규정하지 않고 하위법령에 위임한 것은 헌법 제75조에 반한다고 판단한 바 있다. (O | X) [16사회복지직9급]

정답 01 O 02 X 03 O 04 O 05 O 06 O 07 O 08 O

4) 행정 유형에 따른 일반적 정리

구분		법률유보의 적용 여부
침해행정		적용
급부행정		보통은 적용되지 않으나 제3자의 권리를 침해하는 등의 사유가 있는 경우 적용
공법상 계약, 행정지도		적용 안 됨
확약		적용 안 됨
행정규칙		적용 안 됨
법규명령	위임명령	적용
	집행명령	적용 안 됨
행정계획	구속적 행정계획	적용
	비구속적 행정계획	적용 안 됨
조례	일반적인 경우	적용 안 됨
	주민의 권리의무 제한, 벌칙	적용

5) 위반의 효과

법률유보 원칙에 위배된 법규명령은 무효이고 행정행위는 공정력으로 인하여 무효 또는 취소사유에 해당한다.

6) 법치행정의 원리의 한계

- 법치행정의 원리의 한계 영역으로 통치행위가 있다.
- 신뢰보호의 원칙과 관계에서 법률적합성이 희생되더라도 개인의 신뢰를 보호하여야 하는 경우가 있다.
- 행정계획의 경우 계획관청에 광범위한 형성의 자유가 있으므로 그 통제가 사실상 어렵다.

7) 관련문제 - 행정유보

- 행정유보의 개념은, 일정 영역에서 행정의 고유 영역을 인정하면서 행정권에 독자적 입법권을 인정하고자 한다. 따라서 이 영역에 대해서는 국회 마저도 입법에 관여할 수 없다는 개념으로 법률유보의 개념과 거리가 멀다.

---

01 법률유보의 적용범위는 행정의 복잡화 다기화, 재량행위의 확대에 따라 과거에 비해 점차 축소되고 있으며 이러한 경향에 따라 헌법재판소는 행정유보의 입장을 확고히 하고 있다. (O | X)

[16사회복지직9급]

정답 01 ×

핵심 기출문제

01

다음 중 법률유보원칙에 관한 설명으로 옳지 않은 것은? [19군무원(하)9급]

① 법률유보원칙은 의회민주주의원리, 법치국가원리, 기본권 보장을 그 이념적 기초로 한다.
② 법률우위의 원칙은 법자체의 체계와 관련된 것이지만 법률유보의 원칙은 입법과 행정과의 관계와 관련된 것이다.
③ 법률유보원칙에서 법률이란 국회에서 제정한 형식적 의미의 법률뿐만 아니라 법률에서 구체적으로 위임을 받은 법규명령도 포함된다.
④ 헌법재판소는 한국방송공사 수신료 사건과 관련하여 의회유보원칙과 행정유보원칙 모두를 인정하였다.

02

법률유보원칙에 대한 판례의 입장으로 옳지 않은 것은? [17지방직9급]

① 대법원은 구 「도시 및 주거환경정비법」 제28조 제4항 본문이 사업시행인가 신청시의 동의요건을 조합의 정관에 포괄적으로 위임한 것은 「헌법」 제75조가 정하는 포괄위임입법금지의 원칙이 적용되어 이에 위배된다고 하였다.
② 헌법재판소는 법률유보의 형식에 대하여 반드시 법률에 의한 규율만이 아니라 법률에 근거한 규율이면 되기 때문에 기본권 제한의 형식이 반드시 법률의 형식일 필요는 없다고 하였다.
③ 헌법재판소는 중학교 의무교육 실시 여부 자체는 법률로 정하여야 하는 기본사항으로서 법률유보 사항이나 그 실시의 시기, 범위 등 구체적 실시에 필요한 세부사항은 법률유보사항이 아니라고 하였다.
④ 대법원은 지방의회의원에 대하여 유급보좌인력을 두는 것은 지방의회의원의 신분·지위 및 그 처우에 관한 현행 법령상의 제도에 중대한 변경을 초래하는 것으로서, 이는 개별지방의회의 조례로써 규정할 사항이 아니라 국회의 법률로써 규정할 입법사항이라고 하였다.

해설

01 ① (○) 법률유보의 원칙은 법치국가의 원칙의 내용이다. 법치국가의 원칙은 의회민주주의를 실현시키기 위한 수단이고 의회민주주의는 기본권보장을 위해 탄생한 원리이므로 옳은 설명이다.
② (○) 행정의 모든 작용은 법아래에 있다는 원칙으로 법률우위는 법자체의 체계적 우위를 의미하고, 행정작용을 하기에 앞서 일정한 영역은 법률적 근거를 필요로 한다는 원칙이므로, 입법과 행정의 관계에서 입법이 반드시 필요한 영역에 관련된 것이다.
③ (○) 여기서 기본권제한에 관한 법률유보원칙은 '법률에 근거한 규율'을 요청하는 것이므로, 그 형식이 반드시 법률일 필요는 없다 하더라도 법률상의 근거는 있어야 한다 할 것이다(헌재 2006.5.25. 2003헌마715).
④ (×) 우리 통설과 판례는 의회유보에 관하여 인정하고 있을 뿐이고 행정유보를 인정하고 있는 것이 아니다. 즉, 판례는 티비 방송수신료에 대해 반드시 의회가 만들어야 한다는 의회유보를 인정한 바 있다(헌재 1999.5.27. 98헌바70).

02 ① (×) 사업시행자인 조합의 사업시행계획 작성은 자치법적 요소를 가지고 있는 사항이라 할 것이고, 이와 같이 사업시행계획의 작성이 자치법적 요소를 가지고 있는 이상, 조합의 사업시행인가 신청시의 토지 등 소유자의 동의요건 역시 자치법적 사항이라 할 것이며, 따라서 도시 및 주거환경정비법 제28조 제4항 본문이 사업시행인가 신청시의 동의요건을 조합의 정관에 포괄적으로 위임하고 있다고 하더라도 헌법 제75조가 정하는 포괄위임입법금지의 원칙이 적용되지 아니하므로 이에 위배된다고 할 수 없다(대판 2006두14476).
② (○) 여기서 기본권제한에 관한 법률유보원칙은 '법률에 근거한 규율'을 요청하는 것이므로, 그 형식이 반드시 법률일 필요는 없다 하더라도 법률상의 근거는 있어야 한다 할 것이다(헌재 2006.5.25. 2003헌마715).
③ (○) 중학교의 의무교육 실시 여부 자체라든가 그 연한은 교육제도의 본질적 부분으로 국회입법의 대상으로서 반드시 형식적 의미의 법률로서 규정되어야 하지만 실시의 시기, 범위 등 구체적인 실시에 필요한 세부사항에 관하여는 반드시 그런 것은 아니다(헌재90헌가27).
④ (○) 갑 광역시의회가 '상임(특별)위원회 행정업무보조 기간제근로자 42명에 대한 보수 예산안'을 포함한 2012년도 광역시 예산안을 재의결하여 확정한 사안에서, 위 근로자의 담당 업무, 채용규모 등을 종합해 보면, 지방의회에서 위 근로자를 두어 의정활동을 지원하는 것은 실질적으로 유급보좌인력을 두는 것과 마찬가지여서 개별 지방의회에서 정할 사항이 아니라 국회의 법률로 규정하여야 할 입법사항에 해당하는데, 지방자치법이나 다른 법령에 위 근로자를 지방의회에 둘 수 있는 법적 근거가 없으므로, 이에 관하여 한 재의결은 효력이 없다고 한 사례(대판 2012추84).

정답 01 ④ 02 ①

CHAPTER 3 행정법의 법원과 효력

제1절 행정법의 법원

I 개설

1. 법원의 의의

- 행정법의 법원(法源)이란 행정법 인식근거로서 존재 형식을 의미한다. 그리고 법원은 조문의 형태인 성문법원과 관습법과 같은 조문의 형태가 아닌 불문법원이 있다. 우리 행정법은 행정에 대한 예측가능성을 확보하고 법률생활의 안정을 기하기 위하여 성문법주의를 원칙으로 하고 불문법원으로 보충한다.
- 법원의 문제는 성문법계 국가에서는 물론이고 불문법계 국가에서도 문제된다.
- 행정법은 헌법, 민법, 형법과는 달리 단일 법전이 없고, 행정에 관한 많은 개별법이 존재한다. 다만, 최근 행정의 원칙과 기본사항을 규정한 행정기본법이 제정·공포되었고, 이는 행정에 관한 일반법으로서, 중요성이 큰 행정법의 법원이다.

2. 법원의 특징

행정법은 성문법주의를 원칙으로 한다. 다만, 행정의 영역은 계속 확대되고 있어 입법이 이를 빠짐 없이 규율하는 것은 불가능에 가까워서 관습법, 조리, 행정법의 일반원칙 등의 불문법원이 기능할 가능성이 크다.

II 성문법원(성문법)

1. 의의

- 성문법이란 문서상 확정된 법을 의미한다.
- 성문법은 헌법을 최고법으로 하여 단계적 구조로 되어 있으므로 하위법은 상위법에 위배되어서는 안 되고 하위법을 해석하면서 상위법에 합치되게 해석하여야 한다.

2. 성문법의 종류와 구조

1) 성문법의 종류

국가의 최고법인 헌법, 국회가 제정하는 법률, 대통령 등 행정권에 의하여 정립되는 명령, 지방자치단체가 법령의 범위 안에서 제정하는 자치법규가 단계적 구조를 이루고 있다.

2) 성문법의 단계적 구조

- 하위법은 상위법에 어긋나서는 안 되고 상위법에 어긋나는 내용의 하위법은 무효이다.
- 하위법을 해석할 때는, 상위법에 합치되게 해석하여야 한다.

① 헌법 – 법률 – 명령(법규명령) – 자치법규(조례·규칙·교육규칙)

헌법	• 헌법은 국가의 기본법이고 최고법규이다. 따라서 행정법의 법원 중에서 가장 기본적인 법원이 된다. 즉 헌법의 기본권 규정과 국가의 근본구조에 관한 통치조직에 관한 조항의 행정과 관련된 범위에서 기본적인 법원으로서 다른 법규범의 해석규범이 된다. • 기본권 규정 : 자유권적 기본권 규정 외에도 청구권적 기본권(재판청구권 등), 사회적 기본권(인간다운 생활을 할 권리, 환경권 등)도 행정법의 법원이 된다.
법률	• 형식적 의미의 법률은 행정에 있어서 중요하고 기본적인 법원이다. • 국회입법의 원칙과 법치행정의 원리에서 나오는 당연한 결과이다. • 행정법은 단일한 행정법전이 없으므로 무수하게 많은 행정에 관한 개별 법률이 존재한다(건축법, 도로교통법, 식품위생법, 도시 및 주거환경정비법, 수산업법, 어업법, 광업법 등).
조약· 일반적으로 승인된 국제법규	• 헌법 제6조 제1항은 "헌법에 의하여 체결·공포된 조약과 일반적으로 승인된 국제법규는 국내법과 동일한 효력을 가진다"고 규정하고 있다. • 국내법의 의미에 관하여 입법사항에 내해서는 법률의 효력을, 그외의 사항에 대해서는 명령의 효력을 갖는다.
명령	• 행정권이 정립하는 입법을 명령이라고 한다. • 여기에는 법률의 위임을 받아 정해지는 법규명령과 상급기관이 직권으로 소속 행정기관 등에 대하여 가하는 규율인 행정규칙이 있다. • 판례는 법규명령의 법원성을 인정하고 행정규칙의 법원성은 부정한다.
	• 법규명령은 헌법에서 인정하는 형식인 대통령의 긴급명령, 긴급재정·경제명령, 대통령령, 총리령, 부령, 중앙선거관리위원회규칙, 대법원규칙, 국회규칙, 헌법재판소규칙, 법률에서 인정하는 형식인 감사원 규칙이 있다. • 행정규칙은 훈령, 예규, 고시와 같은 형식을 가진다.
자치법규	• 헌법 제117조 ① 지방자치단체는 주민의 복리에 관한 사무를 처리하고 재산을 관리하며, 법령의 범위 안에서 자치에 관한 규정을 제정할 수 있다. • 자치법규는 지방자치단체가 법령의 범위 안에서 만드는 자치에 관한 규정이다. • 지방의회가 만드는 조례, 지방자치단체 장이 만드는 규칙, 교육감이 만드는 교육규칙이 있으며, 조례가 규칙보다 상위의 규범이다.

② 상위법우선의 원칙, 특별법우선의 원칙, 신법우선의 원칙
법규상호간에는 헌법＞법률＞명령＞자치법규 순서로 우선 순위가 있다. 따라서 헌법에 위반된 법률은 효력이 없는 것이다. 동일한 효력을 가지고 있는 법규 상호간에는 특별법 우선의 원칙과 신법우선의 원칙이 적용된다(상위법우선의 원칙 ⇨ 특별법 우선의 원칙 ⇨ 신법우선의 원칙).

01 판례는 지방자치단체의 사무에 관한 조례와 규칙 중 조례가 상위규범이라고 한다. (O | X)
[13서울시7급]

02 지방자치단체의 학생인권조례는 행정법의 법원이 된다. (O | X) [16교육행정직9급]

03 인간다운 생활을 할 권리와 같은 헌법상의 추상적인 기본권에 관한 규정은 행정법의 법원이 되지 못한다. (O | X) [19서울시9급]

04 헌법은 행정법의 법원이 될 수 없다. (O | X) [16서울시9급]

05 지방자치단체의 자치에 관한 규정은 행정법의 법원(法源)으로서 헌법이 직접 규정하고 있다. (O | X) [18소방직]

06 대통령의 긴급명령과 긴급재정·경제명령은 행정법의 법원이 된다. (O | X) [17교육행정직9급]

3) 국제법(조약 등)
① 의의
원칙적으로 국제법은 국제관계에 관한 법이지만 일부 국제법은 국민에게 영향을 주는 경우가 있고 그것이 행정에 관한 것이라면 행정법의 법원이 된다. 헌법은 제6조에서 "헌법에 의하여 체결·공포된 조약과 일반적으로 승인된 국제법규는 국내법과 같은 효력을 가진다"고 한다.

07 헌법에 의해 체결·공포된 조약은 헌법과 같은 효력을 갖는다. (O | X) [13군무원9급]

② 국제법의 국내적 수용
판례는 별도의 시행법령이 제정되지 않아도 국제법은 국내법적 효력을 가진다고 본다. 따라서 국제법은 별도의 국회 입법절차를 거칠 필요 없이 행정법의 법원이 된다.

08 일반적으로 승인된 국제법규라도 의회에 의한 입법절차를 거쳐야 행정법의 법원(法源)이 된다. (O | X) [15경찰]

③ 조약
• 조약은 국가와 국가의 합의이다. 또한 행정에 관련되는 사항을 정하고 있는 경우에는 행정법의 법원이 된다.
• 조약의 국내법의 효력 순위
조약은 국내법적 효력을 가진다. 즉, 법률 혹은 명령의 효력을 갖는다. 보통 국회의 동의나 승인을 거치는 조약을 법률의 효력을 가지는 것으로 보며 국회의 동의나 승인

정답 01 O 02 O 03 X 04 X 05 O 06 O 07 X 08 X

- 을 거치지 않는 조약을 명령의 효력을 가지는 것으로 본다.
- 조약과 국내법이 충돌되는 경우에는 상위법우선의 원칙, 특별법우선의 원칙, 신법우선의 원칙의 순서로 해결한다. 판례는 국제항공운송에 관한 법률관계에 대하여, 일반법인 민법에 대한 특별법으로서 바르샤바협약이 우선 적용된다고 보았다(대판 1986.7.22. 82다카1372).

> **관련 판례**
>
> 1. [1] '1994년 관세 및 무역에 관한 일반협정'(General Agreement on Tariffs and Trade 1994, 이하 'GATT'라 한다)은 1994. 12. 16. 국회의 동의를 얻어 같은 달 23. 대통령의 비준을 거쳐 같은 달 30. 공포되고 1995. 1. 1. 시행된 조약인 '세계무역기구(WTO) 설립을 위한 마라케쉬협정'(Agreement Establishing the WTO)(조약 1265호)의 부속 협정(다자간 무역협정)이고, '정부조달에 관한 협정'(Agreement on Government Procurement, 이하 'AGP'라 한다)은 1994. 12. 16. 국회의 동의를 얻어 1997. 1. 3. 공포시행된 조약(조약 1363호, 복수국가간 무역협정)으로서 각 헌법 제6조 제1항에 의하여 국내법령과 동일한 효력을 가지므로 지방자치단체가 제정한 조례가 GATT나 AGP에 위반되는 경우에는 그 효력이 없다.
>   [2] 특정 지방자치단체의 초·중·고등학교에서 실시하는 학교급식을 위해 위 지방자치단체에서 생산되는 우수 농수축산물과 이를 재료로 사용하는 가공식품(이하 '우수농산물'이라고 한다)을 우선적으로 사용하도록 하고 그러한 우수농산물을 사용하는 자를 선별하여 식재료나 식재료 구입비의 일부를 지원하며 지원을 받은 학교는 지원금을 반드시 우수농산물을 구입하는 데 사용하도록 하는 것을 내용으로 하는 위 지방자치단체의 조례안이 내국민대우원칙을 규정한 '1994년 관세 및 무역에 관한 일반협정'(General Agreement on Tariffs and Trade 1994)에 위반되어 그 효력이 없다(대판 2005.9.9. 2004추10).
> 2. 북한은 국가로 볼 수 없으므로 북한과 체결한 남북합의서는 조약이 아니라는 판례
>   남북 사이의 화해와 불가침 및 교류협력에 관한 합의서는 남북관계가 '나라와 나라 사이의 관계가 아닌 통일을 지향하는 과정에서 잠정적으로 형성되는 특수관계'임을 전제로, 조국의 평화적 통일을 이룩해야 할 공동의 정치적 책무를 지는 남북한 당국이 특수관계인 남북관계에 관하여 채택한 합의문서로서, 남북한 당국이 각기 정치적인 책임을 지고 상호간에 그 성의 있는 이행을 약속한 것이기는 하나 법적 구속력이 있는 것은 아니어서 이를 국가 간의 조약 또는 이에 준하는 것으로 볼 수 없고, 따라서 국내법과 동일한 효력이 인정되는 것도 아니다(대판 1999.7.23. 98두14525).
> 3. 마라케쉬협정에 의하여 관세법위반자의 처벌이 가중된다고 하더라도 이를 들어 법률에 의하지 아니한 형사처벌이라거나 행위시의 법률에 의하지 아니한 형사처벌이라고 할 수 없다(헌재 1998.11.26. 97헌바65).

- 국제법규는 국가와 국가 간의 약속이므로 사인에 대해서는 직접적 효력이 없다. 따라서 사인은 WTO 협정위반이라는 이유로 직접 국내 법원에 회원국 정부를 상대로 그 처분의 취소를 구하는 소를 제기할 수 없으며, 협정위반을 독립한 취소사유로 주장할 수 없다(대판 2009.1.30. 2008두17936).

CHAPTER 3 행정법의 법원과 효력

01 헌법에 의하여 체결·공포된 조약과 일반적으로 승인된 국제법규가 동일한 효력을 가진 국내의 법률, 명령과 충돌하는 경우에는 신법우위의 원칙 및 특별법우위의 원칙이 적용된다. (O | X)
[11지방직9급]

02 대법원은 초·중·고등학교의 학교급식을 위해 지방자치단체에서 생산되는 우수농산물을 사용하여 식재료를 만드는 자에게 식재료 구입비의 일부를 지원하는 지방자치단체의 조례안이 「1994년 관세 및 무역에 관한 일반협정(GATT)」에 위반되어 무효라고 판시한 바 있다. (O | X)
[12지방직9급]

03 회원국 정부의 반덤핑부과 처분이 WTO 협정 위반이라는 이유만으로 사인이 직접 국내 법원에 회원국 정부를 상대로 그 처분의 취소를 구하는 소를 제기할 수 있다. (O | X)
[17국가직9급]

04 국제법규도 행정법의 법원이므로, 사인이 제기한 취소소송에서 WTO 협정과 같은 국제협정 위반을 독립된 취소 사유로 주장할 수 있다. (O | X)
[19서울시9급]

05 대법원은 "남북 사이의 화해와 불가침 및 교류협력에 관한 합의서"를 조약이라고 판시하였다. (O | X)
[12지방직9급]

Ⅲ 불문법원

1. 개설

우리 행정법은 국민의 예측가능성 확보와 법치주의 관철을 위하여 성문법주의를 원칙으로 하지만 모든 사항을 미리 성문법으로 규율할 수 있도록 하는 것은 오히려 불가능하다. 따라서 불문법이 중요한 보충적 법원으로 작용한다.

2. 불문법의 종류

1) 관습법

① 의의
행정에 관한 사회의 거듭된 관행이 사회의 법적확신으로 법적 규범으로 승인된 것을 관습법이라고 한다.

② 요건
㉠ 장기적이고 일반적인 관행·관습이 있어야 한다.
㉡ 사회 구성원의 법적 확신이 필요하다.
㉢ 위 두 가지 요건 이외에 국가의 승인도 필요하다는 견해가 있으나 관습법은 생성된 것이지 의도된 것이 아니라는 점에서 국가의 승인은 필요하지 않다고 보는 것이 통설과 판례의 입장이다.

06 관습법이란 사회의 거듭된 관행으로 생성한 사회생활 규범이 사회의 법적 확신과 인식에 의하여 법적 규범으로 승인 강행되기에 이른 것을 말한다. (O | X)
[15경찰]

정답 01 O 02 O 03 X 04 X 05 X 06 O

③ 종류
ⓛ 행정선례법
- 행정선례가 오랫동안 반복됨으로써 국민 사이에 그에 대한 법적 확신이 생긴 것을 의미한다.
- 관습법은 불문법이지만 성문법에도 관습법의 성립을 인정하는 규정이 있다.
- 공과행정에 관하여, 국세기본법 제18조 제3항은 "세법의 해석 및 행정청의 관행이 일반적으로 국민들에게 받아들여졌을 때에는 공익 또는 제3자의 정당한 이익을 현저히 해칠 우려가 있는 경우를 제외하고는 새로운 해석 또는 관행에 따라 소급하여 불리하게 처리하여서는 아니된다"고 규정하고 있다.
- 행정절차에 관하여, 행정절차법 제4조 제2항은 "행정청은 법령 등의 해석 또는 행정청의 관행이 일반적으로 국민들에게 받아들여졌을 때에는 공익 또는 제3자의 정당한 이익을 현저히 해칠 우려가 있는 경우를 제외하고는 새로운 해석 또는 관행에 따라 소급하여 불리하게 처리하여서는 아니된다"고 규정한다.

관련 판례

1. 구 국세기본법 제18조 제2항 소정의 비과세의 관행이 성립되었다고 하려면 장기간에 걸쳐 그 사항에 대하여 과세하지 아니하였다는 객관적 사실이 존재할 뿐 아니라 과세관청 자신이 그 사항에 대하여 과세할 수 있음을 알면서도 어떤 특별한 사정에 의하여 과세하지 않는다는 의사가 있고 이와 같은 의사가 명시적 또는 묵시적으로 표시되어야 할 것이므로 과세할 수 있는 어느 사항에 대하여 비록 장기간에 걸쳐 과세하지 아니한 상태가 계속되었다 하더라도 그것이 착오로 인한 것이라면 그와 같은 비과세는 일반적으로 납세자에게 받아들여진 국세행정의 관행으로 되었다 할 수 없다(대판 1985.3.12. 84누398).
2. 「국세기본법」 제18조 제2항의 규정은 납세자의 권리보호와 과세관청에 대한 납세자의 신뢰보호에 그 목적이 있는 것이므로 이 사건 보세운송면허세의 부과근거이던 「지방세법 시행령」이 1973.10.1. 제정되어 1977.9.20.에 폐지될 때까지 4년 동안 그 면허세를 부과할 수 있는 점을 알면서도 피고가 수출확대라는 공익상 필요에서 한 건도 이를 부과한 일이 없었다면 납세자인 원고는 그것을 믿을 수밖에 없고 그로써 비과세의 관행이 이루어졌다고 보아도 무방하다(대판 1980.6.10. 80누6전합).

01 판례는 국세행정상 비과세의 관행을 일종의 행정선례법으로 인정하지 아니한다. (O | X)   [14지방직9급]
02 비과세관행의 성립을 위해서는 과세관청 스스로 과세할 수 있음을 알면서도 어떤 특별한 사정 때문에 과세하지 않는다는 의사가 있고, 그와 같은 의사는 명시적 또는 묵시적으로 표시되어야 한다. (O | X)   [13국가직7급]
03 실정법은 행정선례법의 존재를 명문으로 인정하고 있다. (O | X)   [11군무원9급]

ⓒ 민중적 관습법
민중적 관습법은 민중 사이에서 행정법관계에 관한 관행이 장기간 계속되고 국민의 법적 확신을 얻어 성립하는 관습법이다. 민중적 관습법에 대하여 「수산업법」은 입어권(관행어업권)을 명문으로 규정하고 있다.

정답 01 X 02 O 03 O

01 수산업법은 민중적 관습법인 입어권의 존재를 명문으로 인정하고 있다. (O | X) [14지방직9급]

> **관련 판례** 관행어업권
>
> 구 수산업법(1990. 8. 1. 법률 제4252호로 전문 개정되기 전의 것) 제40조 소정의 '입어의 관행에 따른 권리'(관행어업권)란, 일정한 공유수면에 대한 공동어업권 설정 이전부터 어업의 면허 없이 그 공유수면에서 오랫동안 계속 수산동식물을 포획 또는 채취하여 옴으로써 그것이 대다수 사람들에게 일반적으로 시인될 정도에 이른 것을 말하고 이는 공동어업권자에 대하여 주장하고 행사할 수 있을 뿐만 아니라 이를 다투는 제3자에 대하여도 그 배제를 청구하거나 그에 따른 손해배상을 청구할 수 있는 권리이다(대판 2001.3.13. 99다57942).

ⓒ 효력

관습법에 대해서는 개폐적 효력설과 보충적 효력설이 대립하지만, 성문법원이 존재하지 않는 영역에서 성문법을 보충하는 범위에서 효력을 갖는다는 보충적 효력설이 통설의 입장이다. 판례도 관습법의 성문법에 대한 열후적·보충적 성격을 인정한다(대판 80다3032).

02 행정관습법은 성문법의 규정이 불비된 경우에 그것을 보충하는 효력을 가질 뿐이므로 성문법과 저촉되는 행정관습법은 인정될 수 없다. (O | X) [11국회직9급]

03 일반적으로 관습법은 성문법에 대하여 개폐적 효력을 가진다. (O | X) [18교육행정직9급]

> **관련 판례** 경계획정과 관련된 판례
>
> 1. 국가기본도상의 해상경계선을 불문법상 해상경계선으로 볼 수 없어 헌법재판소가 직접 그 범위를 정한 사안
>
>   국가기본도상의 해상경계선은 국토지리정보원이 국가기본도상 도서 등의 소속을 명시할 필요가 있는 경우 해당 행정구역과 관련하여 표시한 선으로서, 여러 도서 사이의 적당한 위치에 각 소속이 인지될 수 있도록 실지측량 없이 표시한 것에 불과하므로, 이 해상경계선을 공유수면에 대한 불문법상 행정구역에 경계로 인정해 온 종전의 결정은 이 결정의 견해와 저촉되는 범위 내에서 이를 변경하기로 한다(헌재 2015.7.30. 2010헌라2).
>
> 2. 종래 매립지 등 관할 결정의 준칙으로 적용되어 온 지형도상 해상경계선 기준이 가지던 관습법적 효력은 개정된 「지방자치법」에 의하여 변경 내지 제한된다.
>
>   2009.4.1. 법률 제9577호로 「지방자치법」이 개정되기 전까지 종래 매립지 등 관할 결정의 준칙으로 적용되어 온 지형도상 해상경계선 기준이 가지던 관습법적 효력은 위 「지방자치법」의 개정에 의하여 변경 내지 제한되었다고 보는 것이 타당하고, 안전행정부장관(현 행정안전부장관)은 매립지가 속할 지방자치단체를 정할 때에 상당한 형성의 자유를 가지게 되었다(대판 2013.11.14. 2010추73).

정답 01 O 02 O 03 X

PART 1 행정법 서론

> **지방자치법 제5조(지방자치단체의 명칭과 구역)** ① 지방자치단체의 명칭과 구역은 종전과 같이 하고, 명칭과 구역을 바꾸거나 지방자치단체를 폐지하거나 설치하거나 나누거나 합칠 때에는 법률로 정한다.
> ④ 제1항 및 제2항에도 불구하고 다음 각 호의 지역이 속할 지방자치단체는 제5항부터 제8항까지의 규정에 따라 행정안전부장관이 결정한다.
> 1. 「공유수면 관리 및 매립에 관한 법률」에 따른 매립지
> ⑨ 관계 지방자치단체의 장은 제4항부터 제7항까지의 규정에 따른 행정안전부장관의 결정에 이의가 있으면 그 결과를 통보받은 날부터 15일 이내에 대법원에 소송을 제기할 수 있다.

④ 소멸

관습법은 사회 구성원의 법적확신이 없어지거나 사회를 지배하는 기본적 이념과 가치에 부합하지 않아 전체의 법질서와 부합하지 않게 되었다면, 법적 효력을 인정받을 수 없으며, 소멸된다.

> **관련 판례**
>
> 종중 구성원의 자격을 성년 남자만으로 제한하는 종래의 관습법은 법적 효력을 인정할 수 없다는 취지의 판례
>
> 사회의 거듭된 관행으로 생성된 사회생활규범이 관습법으로 승인되었다고 하더라도 사회 구성원들이 그러한 관행의 법적 구속력에 대하여 확신을 갖지 않게 되었다거나, 사회를 지배하는 기본적 이념이나 사회질서의 변화로 인하여 그러한 관습법을 적용하여야 할 시점에 있어서의 전체 법질서에 부합하지 않게 되었다면 그러한 관습법은 법적 규범으로서의 효력이 부정될 수밖에 없다(대판 2005.7.21. 2002다1178).

01 사회의 거듭된 관행으로 생성된 사회생활규범이 관습법으로 승인되었다고 하더라도 사회 구성원들이 그러한 관행의 법적 구속력에 대하여 확신을 갖지 않게 되었다면 그러한 관습법은 법적 규범으로서의 효력이 부정될 수 밖에 없다. (O | X) [17국가직9급]

⑤ 관련문제 : 관습헌법

> **관련 판례**
>
> 관습헌법('대한민국의 수도는 서울이다.'라는 관습헌법)에 위반된 「신행정수도의 건설을 위한 특별조치법」은 위헌법률로 무효이며, 관습헌법이 성문헌법의 개정 방법에 따라 개정되거나 관습헌법의 성립요건이 불비될 경우에나 관습헌법의 효력이 부인될 수 있다는 판시
>
> 「신행정수도의 건설을 위한 특별조치법」사건에서 관습헌법도 헌법의 일부로서 헌법과 동일한 효력을 가지기 때문에 성문헌법 개정의 방법에 의하여 개정될 수 있다. 이러한 명시적인 헌법개정 외에도, 관습헌법은 그것을 지탱하고 있는 국민적 합의성을 상실함에 의하여 법적 효력을 상실할 수 있음은 당연하다(헌재 2004.10.21. 2004헌마554·556병합).

02 헌법재판소는 「신행정수도의 건설을 위한 특별조치법」의 위헌확인사건에서 관습헌법은 성문헌법과 같은 헌법개정절차를 통해서 개정될 수 있다고 판시하였다. (O | X) [12지방직9급]

정답 01 O 02 O

2) 판례법

① 의의

법원의 재판을 통해 형성된 법이다. 영미법계는 선례구속의 원칙상 동종 사안(유사한 사안)에 대하여 판례의 구속력이 존재한다. 그러나 대륙법계는 선례구속의 원칙을 인정하지 아니하고, 기본적으로 대륙법계를 이어받은 우리나라는, 선례구속의 원칙을 인정하지 아니한다. 같은 취지에서, 법원조직법도 해당 사건(대법원의 판단이 있었던 특정 사건)에 관한 구속력을 인정하고 있을 뿐이지, 동종·유사 사건에 대한 구속력을 인정하는 것은 아니다.

01 영미법계 국가에서는 '선례구속의 원칙'이 엄격하게 적용되어 유사사건에서 상급심의 판결은 하급심을 구속한다. (O | X) [14지방직9급]

법원조직법 제8조(상급심 재판의 기속력) 상급법원 재판에서의 판단은 해당 사건에 관하여 하급심(下級審)을 기속(羈束)한다.

관련 판례

대법원의 판례가 법률해석의 일반적인 기준을 제시한 경우에 유사한 사건을 재판하는 하급심법원의 법관은 판례의 견해를 존중하여 재판하여야 하는 것이나, 판례가 사안이 서로 다른 사건을 재판하는 하급심법원을 직접 기속하는 효력이 있는 것은 아니다(대판 1996.10.25. 96다31307).

02 동종사건에 관하여 대법원의 판례가 있더라도 하급법원은 그 판례와 다른 판단을 하는 것이 가능하다. (O | X) [11국가직9급]

03 대법원의 판례가 법률해석의 일반적인 기준을 제시한 경우에 유사한 사건을 재판하는 하급심법원의 법관은 판례의 견해를 존중하여 재판하여야 하는 것이기 때문에, 판례가 사안이 서로 다른 사건을 재판하는 하급심법원도 직접 기속하는 효력이 있다. (O | X) [25소방직]

② 대법원 판례의 법원성

대법원 판례는 법적 구속력을 인정할 수 없어 법원으로 볼 수 없다. 다만, 사실상 구속력은 존재한다.

③ 헌법재판소의 위헌결정의 기속력

헌법재판소의 법률에 대한 위헌결정은 법원과 그 밖의 국가기관 및 지방자치단체를 기속한다고 규정하고 있으므로 법원이다. 다만, 헌법재판소가 법률의 위헌 여부를 판단하기 위하여 한 법률해석(한정위헌 결정)에 법원이 구속되는 것은 아니다(대판 2001.4.27. 95재다14).

헌법재판소법 제47조(위헌결정의 효력) ① 법률의 위헌결정은 법원과 그 밖의 국가기관 및 지방자치단체를 기속(羈束)한다.
② 위헌으로 결정된 법률 또는 법률의 조항은 그 결정이 있는 날부터 효력을 상실한다.

정답 01 O 02 O 03 X

PART 1 행정법 서론

01 헌법재판소에 의한 법률의 위헌결정은 국가기관과 지방자치단체를 기속한다는 헌법재판소법 제47조에 의해 법원으로서의 성격을 가진다. (O | X) [12지방직9급]

02 헌법재판소가 법률의 위헌 여부를 판단하기 위하여 한 법률해석에 대법원이나 각급 법원이 구속되는 것은 아니다. (O | X) [10국가직9급]

03 위헌으로 결정된 법률 또는 법률조항은 그 결정이 있는 날부터 효력을 상실한다. (O | X) [14지방직9급]

3) 조리

- 조리는 사물의 이치를 말하고 정의, 형평과 같은 일반사회의 정의관념이다.
- 조리는 다른 법원이 존재하지 아니하는 경우 적용되는 최후의 보충적 법원에 해당한다.
- 종래에는 비례의 원칙 등 행정법의 일반원칙이 조리와 함께 논의되었으나, 행정법의 일반원칙은 헌법적 효력을 가지는 경우도 있으므로, 조리와는 달리 독자적으로 논의할 필요가 있다(후술).

제2절 행정법의 효력

Ⅰ 지역적 효력

- 법규는 해당 법규를 제정하는 기관의 권한이 미치는 지역 내에서 효력을 가지는 것이 원칙이므로 법률, 대통령령, 총리령, 부령은 보통 대한민국 전역에 그 효력이 미치는 것이 일반적이다. 다만, 「세종특별자치시 설치 등에 관한 특별법」 등과 같이 특정지역에만 효력이 미치는 법률·명령도 있다.
- 조례나 규칙은 해당 지방자치단체에만 효력을 미치는 것이 원칙이다. 다만, 다른 지방자치단체에 설치한 해당 지방자치단체의 시설 관리 조례와 같이 다른 지방자치단체의 구역에 속한 경우도 규율할 수 있는 경우가 있다.

04 특정지역만을 규율대상으로 하는 법률은 무효이다. (O | X) [16교육행정직9급]

Ⅱ 대인적 효력

- 속지주의의 원칙에 따라서 대한민국 국민과 대한민국 영토에 있는 외국인에게 효력이 미친다.
- 속인주의가 가미되어 외국에 있는 대한민국 국민에게도 효력이 미친다.
- 국내에 있는 미합중국군대의 구성원에 대하여는 한미행정협정에 의해 국내법령의 적용이 제한된다.

정답 01 O 02 O 03 O 04 X

Ⅲ 시간적 효력

1. 공포
법령의 시행을 위해서는 국민이나 주민에게 알려야 한다. 법령이 공포되면 장래에 향하여 효력이 발생한다.

2. 공포의 방법

1) 법률 등
- 헌법개정·법률·조약·대통령령·총리령 및 부령의 공포와 헌법개정안·예산 및 예산 외 국고부담계약의 공고는 관보(官報)에 게재함으로써 한다.
- 국회의장이 법률을 공포하는 경우(대통령의 법률안거부권 행사로 인하여 재의결된 법률의 공포하는 경우 등), 서울특별시에서 발행되는 일간신문 2 이상에 게재한다.
- 관보의 내용 해석 및 적용 시기 등에 대하여 종이관보와 전자관보는 동일한 효력을 가진다.

2) 자치법규
지방자치단체의 공보에 게재한다. 다만, 지방의회의장이 공포하는 경우 공보나 게시판이나 일간신문에 게시한다.

3) 효력발생 시기

> **행정기본법 제7조(법령등 시행일의 기간 계산)** 법령등(훈령·예규·고시·지침 등을 포함한다. 이하 이 조에서 같다)의 시행일을 정하거나 계산할 때에는 다음 각 호의 기준에 따른다.
> 1. 법령등을 공포한 날부터 시행하는 경우에는 공포한 날을 시행일로 한다.
> 2. 법령등을 공포한 날부터 일정 기간이 경과한 날부터 시행하는 경우 법령등을 공포한 날을 첫날에 산입하지 아니한다.
> 3. 법령등을 공포한 날부터 일정 기간이 경과한 날부터 시행하는 경우 그 기간의 말일이 토요일 또는 공휴일인 때에는 그 말일로 기간이 만료한다.

- 법령은 시행일로부터 효력이 발생한다. 법령에 효력발생에 관하여 특별한 규정이 있는 경우에 그에 따른다(법령 등 공포에 관한 법률 제13조). 시행일을 정하거나 계산할 때에는 행정기본법의 기간 계산 기준에 따른다.
- 효력발생에 관하여 특별한 규정이 없는 경우는 대통령령·총리령·부령 및 조례·규칙은 공포한 날로부터 20일이 경과함으로써 효력을 발행한다. 다만, 국민의 권리 제한 의무 부과와 직접 관련되는 법령은 긴급히 시행되어야 할 특별한 사유가 있는 경우를 제외하고는 공포일로부터 적어도 30일이 경과한 날로부터 시행되도록 하여야 한다.
- 공포한 날(공포일)의 의미 : 그 법령 등을 게재한 관보 또는 신문이 발행된 날로 한다(법령 등 공포에 관한 법률 제12조).

PART 1 행정법 서론

> **참고**
> 공포일 ≠ 시행일
> 공포일 = 시행일을 정하는 기준일
> 공포일 = 발행일

> **관련 판례**
> '발행된 날'의 의미(관보가 관보보급소에 발송·배포 시점이 발행일 이후인 경우여서 발행일을 기준으로 효력발생시기를 정하지 않고 최초구독 가능 시점을 관보게재일로 본 사건)
> 관보게재일이란 관보 발행일자를 뜻하는 것이 아니고 송달문서의 내용을 게재한 관보가 인쇄된 뒤 전국의 각 관보 보급소에 발송·배포되어 이를 일반인이 열람 또는 구독할 수 있는 상태에 놓이게 된 최초의 시기를 뜻하는 것이다(대판 1969.11.25. 69누129).

01 「법령 등 공포에 관한 법률」상 헌법개정, 법률, 조약, 대통령령·총리령 및 부령의 공포와 헌법개정안 예산 및 예산 외 국고부담계약의 공고는 관보(官報)에 게재함으로써 한다. (O | X) [18경찰]

02 법령 등의 공포일 또는 공고일은 해당 법령 등을 게재한 관보 또는 신문이 발행된 날로 한다. (O | X) [23소방간부]

03 대통령의 법률안거부권의 행사로 인하여 재의결된 법률을 국회의장이 공포하는 경우에는 서울특별시에 발행되는 둘 이상의 일간신문에 게재함으로써 한다. (O | X) [15지방직9급]

04 대통령령은 특별한 규정이 없으면 공포한 날부터 20일이 경과함으로써 효력을 발생한다. (O | X) [16교육행정직9급]

05 「법령 등 공포에 관한 법률」상 관보의 내용 해석 및 적용 시기 등에 대하여 종이관보와 전자관보는 동일한 효력을 가진다. (O | X) [25소방직]

4) 소급금지의 원칙

① **개설**

행정법령은 그 효력이 생긴 때를 기준으로 하여, 그 이후에 발생한 사실에 대하여만 적용되는 것이 원칙이다. 따라서 어떤 행위를 규율하기 위해서는, 먼저 법이 만들어져야 한다. 이미 종결된 행위에 대해서 사후에 법을 만들어서 규율하는 것은, 국민의 예측가능성과 법적 안정성을 해치기 때문이다. 이와 관련하여 행정기본법에 소급금지의 원칙과 관련된 규정을 두고 있다.

② **법령개정의 문제**

법 위반 행위시의 법(구법)과 제재처분 시의 법(신법)이 다른 경우에 어떤 법이 적용되어야 하는지 문제 된다. 원칙적으로 행위시법인 구법을 적용한다(행위시법주의). 다만, 행정기본법이 제정되면서 구법과 신법을 비교하여, 신법이 구법보다 유리한 경우, 특별한 규정이 없는 한, 유리한 신법을 적용한다.

정답 01 O 02 O 03 O 04 O 05 O

> **행정기본법 제14조(법 적용의 기준)** ① 새로운 법령등은 법령등에 특별한 규정이 있는 경우를 제외하고는 그 법령등의 효력 발생 전에 완성되거나 종결된 사실관계 또는 법률관계에 대해서는 적용되지 아니한다.
> ③ 법령등을 위반한 행위의 성립과 이에 대한 제재처분은 법령등에 특별한 규정이 있는 경우를 제외하고는 법령등을 위반한 행위 당시의 법령등에 따른다. 다만, 법령등을 위반한 행위 후 법령등의 변경에 의하여 그 행위가 법령등을 위반한 행위에 해당하지 아니하거나 제재처분 기준이 가벼워진 경우로서 해당 법령등에 특별한 규정이 없는 경우에는 변경된 법령등을 적용한다.

관련 판례

1. 구법을 개폐하는 신법이 제정된 경우에도 별도의 명문규정이 없는 이상 구법 시행 당시에 발생한 사유에 대하여는 개폐된 구법이 그대로 적용되어야 한다(대판 1994.3.11. 93누19719).
2. 건설업자가 시공자격 없는 자에게 전문공사를 하도급한 행위에 대하여 과징금 부과처분을 하는 경우, 구체적인 부과기준에 대하여 처분시의 법령이 행위시의 법령보다 불리하게 개정되었고 어느 법령을 적용할 것인지에 대하여 특별한 규정이 없다면 행위시의 법령을 적용하여야 한다(대판 2002.12.10. 2001두3228).
3. 범죄 후 법률이 변경되어 그 행위가 범죄를 구성하지 아니하게 되거나 형이 구법보다 가벼워진 경우에는 신법에 따라야 하고(형법 제1조 제2항), 범죄 후의 법령 개폐로 형이 폐지되었을 때는 판결로써 면소의 선고를 하여야 한다(형사소송법 제326조 제4호). 이러한 형법 제1조 제2항과 형사소송법 제326조 제4호의 규정은 입법자가 법령의 변경 이후에도 종전 법령 위반행위에 대한 형사처벌을 유지한다는 내용의 경과규정을 따로 두지 않는 한 그대로 적용되어야 한다(대판 2022.12.22. 2020도16420전합).

01 건설업자가 시공자격 없는 자에게 전문공사를 하도급한 행위에 대하여 과징금부과처분을 하는 경우, 구체적인 부과기준에 대하여 처분시의 법령이 행위시의 법령보다 불리하게 개정되었고 어느 법령을 적용할 것인지에 대하여 특별한 규정이 없다면 행위시의 법령을 적용하여야 한다. (O | X)   [15국가직9급]

관련 판례 권리가 발생한 당시(행위시)의 법령을 적용하는 취지의 판례

[1] 장애연금 지급을 위한 장애등급 결정은 지급청구권을 취득할 당시, 즉 치료종결 후 신체 등에 장애가 있게 된 당시의 법령에 따르는 것이 원칙이다.
[2] 이러한 법리는 장애등급이 변경되어 장애연금액을 변경하여 지급하는 경우에도 마찬가지이므로, 장애등급 변경결정 역시 그 사유가 발생한 당시, 즉 장애등급을 다시 평가하는 기준일인 '질병이나 부상이 완치되는 날'의 법령에 따르는 것이 원칙이다(대판 2014.10.15. 2012두15135).

③ 소급금지
 ㉠ 진정소급입법·적용의 원칙적 금지와 예외적 허용
  • 진정소급입법은 구법에 대한 당사자의 신뢰를 보호하기 위하여 원칙적으로 금지된다(소급금지의 원칙, 법률불소급의 원칙, 재산권의 소급적 박탈 금지). 다만, 일반적으로 국민이 소급입법을 예상할 수 있었거나, 법적 상태가 불확실하고 혼

정답 01 O

란스러워 보호할 만한 신뢰이익이 적은 경우거나, 소급입법에 의한 당사자의 손실이 없거나 아주 경미하거나, 신뢰보호의 요청에 우선하는 심히 중대한 공익상의 사유가 소급입법을 정당화하는 경우 등에는 예외적으로 진정소급입법이 허용된다(헌재 97헌바76).

- 유리한 신법의 소급적용 여부는 권리를 제한하거나 의무를 부과하는 경우와는 달리 입법자에게 보다 광범위한 입법형성권이 인정된다(헌재 2012헌가4).

관련 판례 진정소급입법에 관한 판시

친일재산은 취득·증여 등 원인행위 시에 국가의 소유로 한다고 규정하고 있는 '친일반민족행위자 재산의 국가귀속에 관한 특별법' 제3조 제1항 본문은 진정소급입법에 해당하지만, 진정소급입법이라 하더라도 예외적으로 국민이 소급입법을 예상할 수 있었거나 신뢰보호 요청에 우선하는 심히 중대한 공익상 사유가 소급입법을 정당화하는 경우 등에는 허용될 수 있는데, 친일재산의 소급적 박탈은 일반적으로 소급입법을 예상할 수 있었던 예외적인 사안이고, 진정소급입법을 통해 침해되는 법적 신뢰는 심각하다고 볼 수 없는 데 반해 이를 통해 달성되는 공익적 중대성은 압도적이라고 할 수 있으므로 진정소급입법이 허용된다(대판 2011.5.13. 2009다26831, 26848, 26855, 26862).

- 진정소급적용은 법령의 효력발생일 이전에 이미 완성된 사실 또는 종결된 사실관계나 법률관계를 규율하는 것이다. 진정소급입법의 문제와 같이 원칙적으로 금지되고 예외적으로 허용된다.

관련 판례 진정소급적용에 관한 판시

대법원은 법령을 소급적용하더라도 일반국민의 이해에 직접 관계가 없는 경우, 오히려 그 이익을 증진하는 경우, 불이익이나 고통을 제거하는 경우 등의 특별한 사정이 있는 경우에 한하여 예외적으로 법령의 소급적용이 허용된다(대판 2005.5.13. 2004다8630).

ⓒ 부진정소급입법의 원칙적 허용과 예외적 금지

부진정소급입법은 엄밀한 의미에서 소급입법이 아니다. 그러므로 부진정소급입법은 허용되는 것이 원칙이다. 그러나 소급효를 요구하는 공익상의 사유와 신뢰보호의 요청사이의 이익형량과정에서 신뢰보호의 관점이 입법자의 입법형성권에 제한을 가하게 된다(헌재 97헌바76).

관련 판례

1. 부진정소급입법에 관한 판시 – 신법인 공무원연금법은 장래 이행기가 도래하는 퇴직연금수급권의 내용만을 변경하는 것이므로 소급입법에 의한 재산권 박탈로 볼 수 없다는 취지의 판례

   개정 법령이 기존의 사실 또는 법률관계를 적용대상으로 하면서 국민의 재산권과 관련하여 종전보다 불리한 법률효과를 규정하고 있는 경우에도 그러한 사실 또는 법률관계가 개정 법령이 시행되기 이전에 이미 완성 또는 종결된 것이 아니라면 개정 법령을 적용하는 것이 헌법상 금지되는 소급입법

에 의한 재산권 침해라고 할 수는 없다. 다만 개정 전 법령의 존속에 대한 국민의 신뢰가 개정 법령의 적용에 관한 공익상의 요구보다 더 보호가치가 있다고 인정되는 경우에 그러한 국민의 신뢰를 보호하기 위하여 적용이 제한될 수 있는 여지가 있을 따름이다(대판 2014.4.24. 2013두26552).

2. 부진정소급적용에 관한 판시
   과세단위가 시간적으로 정해지는 조세에 있어 과세표준기간인 과세연도 진행중에 세율인상 등 납세의무를 가중하는 세법의 제정이 있는 경우에는 이미 충족되지 아니한 과세요건을 대상으로 하는 강학상 이른바 부진정 소급효의 경우이므로 그 과세년도개시시에 소급적용이 허용된다(대판 1983.4.26. 81누423).

3. 부진정소급적용에 관한 판시
   성적불량을 이유로 한 학생에 대한 징계처분에서 수강신청 이후 징계요건을 완화한 학칙은 부진정소급효로서 허용된다(대판 1989.7.11. 87누1123).

4. 변리사 제1차 시험의 상대평가제를 규정한 개정 시행령 제4조 제1항을 2002년의 제1차 시험에 시행하는 것은 헌법상 신뢰보호의 원칙에 비추어 허용될 수 없으므로, 개정 시행령 부칙 중 제4조 제1항을 즉시 2002년의 변리사 제1차 시험에 대하여 시행하도록 그 시행시기를 정한 부분은 헌법에 위반되어 무효이다(대판 2006.11.16. 2003두12899전합).

5. 한약사 국가시험의 응시자격에 관하여 개정 전의 약사법 시행령 제3조의2에서 '필수 한약관련 과목과 학점을 이수하고 대학을 졸업한 자'로 규정하고 있던 것을 '한약학과를 졸업한 자'로 응시자격을 변경하면서, 그 개정 이전에 이미 한약자원학과에 입학하여 대학에 재학 중인 자에게도 개정 시행령이 적용되게 한 개정 시행령 부칙은 헌법상 신뢰보호의 원칙과 평등의 원칙에 위배되어 허용될 수 없다(대판 2007.10.29. 2005두4649전합).

6. 현행법이 시행되기 이전에 위반행위가 종료되었더라도 그 시행 당시 구법 제49조 제4항의 처분시효가 경과하지 않은 사건에 대하여, 위 부칙조항에 따라 구법에 비하여 처분시효를 연장한 현행법 제49조 제4항을 적용하는 것은 현재 진행 중인 사실관계나 법률관계를 대상으로 하는 것으로서 부진정소급에 해당하고, 헌법상 법률불소급의 원칙에 반하지 않는다(대판 2020.12.24. 2018두58295).

7. 성폭력범죄를 저질러 벌금형이 확정된 체육지도자의 자격을 필요적으로 취소하도록 개정된 국민체육진흥법 조항을 개정법 시행 후 발생하는 자격취소사유부터 적용하도록 한 국민체육진흥법 부칙 제4조 부분은 소급입법금지의 원칙에 위반되지 않는다(헌재 2024.8.29. 2023헌바73).

---

01 과거에 완성된 사실에 대하여 신법을 적용하는 것은 당사자의 법적안정성을 해치는 것이므로 어떠한 경우에도 허용될 수 없다. (O | X) [15서울시9급]

02 법령을 소급적용하더라도 일반국민의 이해에 직접 관계가 없는 경우나 오히려 그 이익을 증진하는 경우, 불이익이나 고통을 제거하는 경우에는 예외적으로 법령의 소급적용이 허용된다. (O | X) [15사회복지직9급]

03 소득세법이 개정되어 세율이 인상된 경우, 법개정 전부터 개정법이 발효된 후에까지 걸쳐 있는 과세기간(1년)의 전체 소득에 대하여 인상된 세율을 적용하는 것은 재산권에 대한 소급적 박탈이되므로 위법하다. (O | X) [15서울시9급]

04 수강신청 후에 징계요건을 완화하는 학칙개정이 이루어지고 이어 시험이 실시되어 그 개정학칙에 따라 대학이 성적 불량을 이유로 학생에 대하여 징계처분을 한 경우라면 이는 이른바 부진정소급효에 관한 것으로서 특별한 사정이 없는 한 위법이라고 할 수 없다. (O | X) [22국가직9급]

정답 01 X 02 O 03 X 04 O

5) 효력의 소멸

① 폐지

법령이 명시적으로 폐지되거나 내용상 저촉되는 법의 제정을 통해 묵시적으로 폐지되는 경우 그 효력을 상실한다. 전문개정의 경우, 폐지에 준한다고 보아서 종전의 부칙규정도 소멸하게 된다.

> **관련 판례**
>
> 개정 법률이 전부 개정인 경우에는 기존 법률을 폐지하고 새로운 법률을 제정하는 것과 마찬가지여서 원칙적으로 종전 법률의 본문 규정은 물론 부칙 규정도 모두 효력이 소멸되는 것으로 보아야 하므로 종전 법률 부칙의 경과규정도 실효되지만, 특별한 사정이 있는 경우에는 효력이 상실되지 않는다. 여기에서 말하는 '특별한 사정'은 전부 개정된 법률에서 종전 법률 부칙의 경과규정에 관하여 계속 적용한다는 별도의 규정을 둔 경우뿐만 아니라, 그러한 규정을 두지 않았다고 하더라도 종전의 경과규정이 실효되지 않고 계속 적용된다고 보아야 할 만한 예외적인 사정이 있는 경우도 포함한다. (대판 2019.10.31. 2017두74320).

② 한시법의 경우

법령 중에서 유효기간을 정하고 있는 한시법의 경우, 그 유효기간이 경과하면 효력이 소멸한다. 다만, 행정형벌과 관련하여 유효기간 내에 있었던 법 위반행위에 대해서는 유효기간이 경과한 후에도 형사처벌이 가능하다.

> **관련 판례**
>
> 법령이 개정 내지 폐지된 경우가 아니라, 스스로 유효기간을 구체적인 일자나 기간으로 특정하여 효력의 상실을 예정하고 있던 법령이 그 유효기간을 경과함으로써 더 이상 효력을 갖지 않게 된 경우도 형법 제1조 제2항과 형사소송법 제326조 제4호에서 말하는 법령의 변경에 해당한다고 볼 수 없다(대판 2022.12.22. 2020도16420전합).

③ 수권법률의 위헌 결정 등

㉠ 수권법률이 폐지된 경우, 하위법령도 폐지된다. 수권법률인 상위법이 위헌결정으로 효력이 소멸하게 되어도 마찬가지이다.

㉡ 헌법재판소가 위헌결정 대신 변형결정인 헌법불합치 결정을 하는 경우, 해당 조항의 효력이 바로 상실되는 것이 아니라, 입법자가 개선입법을 하게 된다. 개선입법의 소급적용의 여부와 범위는 입법재량의 영역이다.

> **관련 판례**
>
> 어떠한 법률조항에 대하여 헌법재판소가 헌법불합치결정을 하여 그 법률조항을 합헌적으로 개정 또는 폐지하는 임무를 입법자의 형성재량에 맡긴 이상, 그 개선입법의 소급적용 여부와 소급적용의 범위는 원칙적으로 입법자의 재량에 달린 것이다(대판 2008.1.17. 2007두21563).

CHAPTER 3 행정법의 법원과 효력

01 법률조항에 대하여 헌법재판소가 헌법불합치결정을 하여 그 법률 조항을 합헌적으로 개정 또는 폐지하는 임무를 입법자의 형성재량에 맡긴 이상, 그 개선 입법의 소급적용 여부와 소급적용의 범위는 원칙적으로 입법자의 재량에 달려있다. (O | X) [15사회복지직9급]

02 한시법은 명문으로 정해진 유효기간이 경과하더라도 당연히 그 효력이 소멸되는 것은 아니다. (O | X) [12사회복지직9급]

정답 01 O 02 X

핵심 기출문제

01
행정법의 법원(法源)에 대한 설명으로 옳지 않은 것은? (다툼이 있는 경우 판례에 의함)

[21국가직9급]

① 지방자치단체가 제정한 조례가 헌법에 의하여 체결·공포된 조약에 위반되는 경우 그 조례는 효력이 없다.
② 행정소송에 관하여 「행정소송법」에 특별한 규정이 없는 사항에 대하여는 「법원조직법」과 「민사소송법」 및 「민사집행법」의 규정을 준용한다.
③ 평등원칙은 일체의 차별적 대우를 부정하는 절대적 평등을 의미하는 것이 아니라 입법과 법의 적용에 있어서 합리적인 근거가 없는 차별을 배제하는 상대적 평등을 뜻한다.
④ 개정 법령이 기존의 사실 또는 법률관계를 적용대상으로 하면서 국민의 재산권과 관련하여 종전보다 불리한 법률효과를 규정하고 있는 경우, 그러한 사실 또는 법률관계가 개정 법률이 시행되기 이전에 이미 완성 또는 종결된 것이 아니라면 소급입법금지원칙에 위반된다.

해설

01 | ① (○) 특정 지방자치단체의 초·중·고등학교에서 실시하는 학교급식을 위해 위 지방자치단체에서 생산되는 우수 농수축산물과 이를 재료로 사용하는 가공식품(이하 '우수농산물'이라고 한다)을 우선적으로 사용하도록 하고 그러한 우수농산물을 사용하는 자를 선별하여 식재료나 식재료 구입비의 일부를 지원하며 지원을 받은 학교는 지원금을 반드시 우수농산물을 구입하는 데 사용하도록 하는 것을 내용으로 하는 위 지방자치단체의 조례안이 내국민대우원칙을 규정한 '1994년 관세 및 무역에 관한 일반협정'(General Agreement on Tariffs and Trade 1994)에 위반되어 그 효력이 없다(대판 2005.9.9. 2004추10).
② (○) 행정소송에 관하여 이 법에 특별한 규정이 없는 사항에 대하여는 법원조직법과 민사소송법 및 민사집행법의 규정을 준용한다(행정소송법 제8조 제2항).
③ (○) 평등원칙은 합리적 이유있는 차별취급을 인정하는 상대적 평등에 대한 것이다.
④ (×) 개정 법령이 기존의 사실 또는 법률관계를 적용대상으로 하면서 국민의 재산권과 관련하여 종전보다 불리한 법률효과를 규정하고 있는 경우에도 그러한 사실 또는 법률관계가 개정 법령이 시행되기 이전에 이미 완성 또는 종결된 것이 아니라면 개정 법령을 적용하는 것이 헌법상 금지되는 소급입법에 의한 재산권 침해라고 할 수는 없다. 다만 개정 전 법령의 존속에 대한 국민의 신뢰가 개정 법령의 적용에 관한 공익상의 요구보다 더 보호가치가 있다고 인정되는 경우에 그러한 국민의 신뢰를 보호하기 위하여 적용이 제한될 수 있는 여지가 있을 따름이다(대판 2014.4.24. 2013두26552).

정답 **01** ④

CHAPTER 4 행정법의 일반원칙

행정법의 일반원칙은, 행정법의 전 영역에 적용되는 원칙으로서 비례의 원칙, 신뢰보호의 원칙, 평등의 원칙, 자기구속의 원칙, 부당결부금지의 원칙, 신의성실의 원칙 등을 들 수 있다. 행정법의 일반원칙에 대해서는, 종래에는 조리에 포함시켜 논의하였으나, 최근에 행정법의 일반원칙을 헌법원리나 민법원리에서 도출된 개념으로서 학설과 판례에 의하여 발전한 독자적인 불문법원으로 논의하였다. 그러다가 2021.3.23. 제정 행정기본법에서 행정법의 일반원칙을 명문화하기에 이르렀다(다만, 자기구속의 원칙은 명문화 되지 아니함).

제1절 비례의 원칙

I 개설

1. 의의
행정작용의 수행에 있어서 행정목적과 이를 실현하는 수단 사이에는 합리적인 비례관계가 있어야 함을 의미한다.

2. 법적근거

1) 헌법적 근거
- 헌법상 법치국가 원리와 기본권 보호에서 당연히 도출된다.
- 헌법 제37조 제2항

> **헌법 제37조** ② 국민의 모든 자유와 권리는 국가안전보장·질서유지 또는 공공복리를 위하여 필요한 경우에 한하여 법률로써 제한할 수 있으며, 제한하는 경우에도 자유와 권리의 본질적인 내용을 침해할 수 없다.

2) 실정법적 근거
  ① 행정기본법

> **행정기본법 제10조(비례의 원칙)** 행정작용은 다음 각 호의 원칙에 따라야 한다.
> 1. 행정목적을 달성하는 데 유효하고 적절할 것
> 2. 행정목적을 달성하는 데 필요한 최소한도에 그칠 것
> 3. 행정작용으로 인한 국민의 이익 침해가 그 행정작용이 의도하는 공익보다 크지 아니할 것

② 경찰관직무집행법 제1조 제2항

경찰관직무집행법 제1조(목적) ② 이 법에 규정된 경찰관의 직권은 그 직무 수행에 필요한 최소한도에서 행사되어야 하며 남용되어서는 아니 된다.

③ 행정절차법 제48조 제1항

행정절차법 제48조(행정지도의 원칙) ① 행정지도는 그 목적 달성에 필요한 최소한도에 그쳐야 하며, 행정지도의 상대방의 의사에 반하여 부당하게 강요하여서는 아니 된다.

---

01 행정절차법은 행정지도의 원칙으로 비례의 원칙을 규정하고 있다. (O | X) [13국가직9급]
02 비례의 원칙은 법치국가원리에서 당연히 파생되는 헌법상의 기본원리이다. (O | X) [22지방직9급]

3. 비례의 원칙 적용범위

비례의 원칙은 행정의 모든 영역에 적용된다(행정입법, 행정행위, 행정계획, 행정지도 등 행정의 전 영역). 영역에 따라서, 침해 행정 영역에서는 과잉금지의 원칙으로 표현되며, 급부영역에서는 과잉급부금지의 원칙, 보호의무의 영역에서는 과소보호금지의 원칙으로 작용한다. 또한 마지막으로 행정작용이라고 하더라도 행정권이 사경제의 주체로 활동하는 사법관계에는 사적자치의 원칙이 적용되므로 비례의 원칙은 적용되지 않는다.

> **관련 판례**
>
> 1. 미국산 쇠고기 수입위생조건은 기본권 보호의무를 위반하지 아니하였다는 취지의 판시
>   국가가 국민의 생명·신체의 안전에 대한 보호의무를 다하지 않았는지 여부를 헌법재판소가 심사할 때에는 국가가 이를 보호하기 위하여 적어도 적절하고 효율적인 최소한의 보호조치를 취하였는가 하는 이른바 '과소보호금지원칙'의 위반 여부를 기준으로 삼아야 한다(헌재 2009.2.26. 2005헌마764).
> 2. (선거운동과 관련하여 심판대상조항이 확성장치의 최고출력 내지 소음 규제기준을 마련되어 있지 아니한 것은) 적절하고 효율적인 최소한의 보호조치를 취하지 아니하여 국가의 기본권 보호의무를 과소하게 이행한 것으로서, 청구인의 건강하고 쾌적한 환경에서 생활할 권리를 침해하므로 헌법에 위반된다(헌재 2019.12.27. 2018헌마730).

---

03 침해행정인가 급부행정인가를 가리지 아니하고 행정의 전 영역에 적용된다. (O | X) [13국가직9급]
04 비례의 원칙은 행정에만 적용되는 원칙이므로 입법에서는 적용될 여지가 없다. (O | X) [20지방직9급]
05 국가가 국민의 생명·신체의 안전에 대한 보호의무를 다하지 않았는지 여부를 헌법재판소가 심사할 때에는 국가가 이를 보호하기 위하여 적어도 적절하고 효율적인 최소한의 보호조치를 취하였는가 하는 '과소보호금지원칙'의 위반 여부를 기준으로 삼는다. (O | X) [21국가직9급]

Ⅱ 비례의 원칙 내용

행정기본법 제10조는 기존의 대법원의 확립된 판례에 따라 비례의 원칙과 관련하여 적합성의 원칙, 필요성의 원칙, 상당성의 원칙을 규정하고 있다(헌법재판소는 비례의 원칙과 관련하여 위 원칙 외에도 목적의 정당성을 추가적으로 판단한다).

1. 적합성의 원칙(수단의 적정성)

- 특정한 행정목적을 실현하기 위하여 사용되는 수단은, 행정목적을 달성하기에 적합하여야 함을 의미한다. 법령상 허용되는 수단 중 목적달성에 유효한 수단이라면, 이 원칙을 충족한다.
- 예를 들어, 노후화 된 건축물에 대해서, 붕괴위험을 제거하기 위해 철거명령과 개수명령 모두 유효한 수단이 된다.

01 적합성의 원칙은 행정 목적을 달성하기 위한 가장 적합한 수단임을 요하는 원칙이다. (O | X) [12군무원9급]

2. 필요성의 원칙(최소침해의 원칙)

설정된 목적을 실현시키기 위한 행정조치는, 필요한 한도 이상으로 행하여져서는 안된다는 것을 의미한다. 예를 들어, 노후화 된 건축물의 개수를 통하여 붕괴위험을 충분히 방지할 수 있다면, 철거명령을 내려서는 안 된다.

02 필요성의 원칙은 최소침해의 원칙이라고도 하고 선택한 수단이 여러 적합한 수단 중에서 당사자의 자유와 권리에 가장 적은 피해를 주어야 함을 의미한다. (O | X) [12군무원9급]

03 위험한 건물에 대하여 개수명령으로써 목적을 달성할 수 있음에도 불구하고 철거명령을 발령하는 것은 비례 원칙의 내용 중 필요성 원칙에 반한다. (O | X) [08국가직7급]

3. 상당성의 원칙(협의의 비례원칙)

- 특정 수단을 통하여 달성하고자 하는 행정목적이 추구하는 이익(공익)과 행정의 상대방이 받는 손해(사익)를 비교형량하여, 공익이 사익보다 커야 함을 의미한다. 예를 들어, 노후화 된 건축물의 개수명령을 통해 달성하고자 하는 붕괴위험의 제거라는 공익과 사인에게 개수명령으로 인하여 생길 손해를 비교하여 저울질 하는 것이다.
- 비례원칙은 적합성의 원칙, 필요성의 원칙, 상당성의 원칙 순서로 단계적 심사를 한다.

04 상당성의 원칙은 목적으로 하는 공익과 사익간의 비례 관계를 요구한다. (O | X) [12군무원9급]

05 협의의 비례원칙인 상당성의 원칙은 재량권 행사의 적법성의 기준에 해당한다. (O | X) [13국가직9급]

06 통치행위도 헌법에 근거한 작용인 이상 국민주권의 원리, 자유 민주주의 등은 물론이고, 평등의 원칙, 비례의 원칙 등 헌법상의 여러 원칙에 위배될 수 없다. (O | X) [15군무원9급]

정답 01 X 02 O 03 O 04 O 05 O 06 O

Ⅲ 위반의 효과

1. 위헌·위법
비례의 원칙에 위반하는 모든 행정작용은 위헌·위법에 해당한다.

2. 구제
행정심판 또는 행정소송 등 행정쟁송의 대상이 되고, 손해가 발생한 경우, 국가배상소송을 제기할 수 있다.

3. 비례의 원칙에 관한 판례

> **관련 판례** 비례원칙 위반을 인정한 판례
>
> 1. 경찰관이 난동을 부리던 범인을 검거하면서 가스총을 근접 발사하여 가스와 함께 발사된 고무마개가 범인의 눈에 맞아 실명한 경우 국가배상책임이 인정된다(대판 2003.3.14. 2002다57218).
> 2. 단 1회 훈령에 위반하여 요정 출입을 하다가 적발된 경우 이에 대해 파면처분을 한 것은 재량권의 범위를 넘은 위법한 처분이다(대판 1967.5.2. 67누24).
> 3. 여객운송사업자가 지입제경영을 한 경우 구체적사안의 개별성과 특수성을 전혀 고려하지 않고 그 사업면허를 필요적으로 취소하도록 한 「여객자동차 운수사업법」 규정은 비례의 원칙에 반한다(헌재 2000.6.1. 99헌가11·12병합).
> 4. 청소년유해매체물로 결정·고시된 만화인 사실을 모르고 있던 도서대여업자가 그 고시일로부터 8일 후에 청소년에게 그 만화를 대여한 것을 사유로 그 도서대여업자에게 금 700만 원의 과징금이 부과된 경우, 그 과징금부과처분은 재량권을 일탈·남용한 것으로서 위법하다(대판 2001.7.27. 선고 99두9490).
> 5. 주유소 영업의 양도인이 등유가 섞인 유사휘발유를 판매한 바를 모르고 이를 양수한 석유판매영업자에게 전 운영자인 양도인의 위법사유를 들어 사업정지기간 중 최장기인 6월의 사업정지에 처한 영업정지처분이 석유사업법에 의하여 실현시키고자 하는 공익목적의 실현보다는 양수인이 입게 될 손실이 훨씬 커서 재량권을 일탈한 것으로서 위법하다(대판 1992.2.25. 91누13106).
> 6. 교통경찰관이 앞지르기 금지구역에서 앞지르기를 하는 차량을 발견, 이를 단속함에 있어 운전자로부터 잘 봐달라는 명목으로 금 2,000원을 받고 앞지르기 행위를 가벼운 안전운전의무위반으로 격하 처리한 사실이 있다 하여 위 경찰관을 파면한 처분은, 위 경찰관이 7년간 경찰에 몸담는 동안 징계처분을 받은 사실이 없고 상관으로부터 2회의 표창을 받은 사실등 제반사정에 비추어 볼 때 재량권의 범위를 넘은 위법이 있다(대판 1984.3.27. 84누86).
> 7. 미결수용자에게 재소자용 의류를 입게 하는 것(헌재 1999.5.27. 97헌마197)
> 8. 자동차를 이용하여 범죄행위를 한 경우 범죄의 경중에 상관 없이 반드시 운전면허를 취소하도록 한 규정(헌재 2005.11.24. 2004헌가28).
> 9. 양도인이 대리운전금지조건 위배로 1회 운행정지처분을 받은 사실을 알지 못한 채, 개인택시운송사업면허를 양수한 甲이 지병인 만성신부전증 등으로 몸이 아파 쉬면서 생계유지를 위하여 일시 대리

운전을 하게 하고, 또 전날 과음한 탓으로 쉬면서 대리운전을 하게 하여 2회 적발되었는데, 甲은 개인택시영업에 의한 수입만으로 가족의 생계를 유지하고 있는 사정 등을 참작하면 대리운전을 이유로 한 甲에 대한 자동차운송사업면허취소처분은 재량권을 일탈한(비례원칙에 위반한) 위법한 처분이다(대판 1991.11.8. 91누4973).
10. 검사가 외부에 자신의 상사를 비판하는 의견을 발표하는 행위는 징계사유에 해당하나, 징계의 종류를 면직으로 정한 처분을 한 경우, 비례의 원칙에 위반된 재량권 남용으로서 위법하다(대판 2001.8.24. 2000두7704).

관련 판례 비례원칙 위반을 부정한 판례

1. 음주측정 요구를 거부한 운전자에 대한 면허 취소는 적법하다고 본 판례
   경찰공무원의 음주측정요구에 불응하였음을 이유로 한 자동차운전면허를 취소하도록 하는 것은 비례원칙에 위배되지 아니한다(대판 1995.9.26. 95누6069).
2. 도로교통법 제148조의2 제1항 제1호에서 정하고 있는 '도로교통법 제44조 제1항을 2회 이상 위반한' 것에 개정된 도로교통법이 시행되기 이전에 구 도로교통법 제44조 제1항을 위반한 음주운전 전과까지 포함되는 것으로 해석하는 것이 형벌불소급의 원칙이나 일사부재리의 원칙 또는 비례의 원칙에 위배된다고 할 수 없다(대판 2012.11.29. 2012도10269).
3. 지방식품의약품안전청장이 회분함량이 기준치를 0.5% 초과하였다는 이유로 수입 녹용 전부에 대하여 전량 폐기 또는 반송처리를 지시한 경우, 녹용 수입업자가 입게 될 불이익이 의약품의 안전성과 유효성을 확보함으로써 국민보건의 향상을 기하고 고가의 한약재인 녹용에 대하여 부적합한 수입품의 무분별한 유통을 방지하려는 공익상 필요보다 크다고는 할 수 없으므로 위 폐기 등 지시처분이 재량권을 일탈·남용한 경우에 해당하지 않는다(대판 2006.4.14. 2004두3854).
4. 경찰공무원이 그 단속의 대상이 되는 신호위반자에게 먼저 적극적으로 돈을 요구하고 다른 사람이 볼 수 없도록 돈을 접어 건네주도록 전달방법을 구체적으로 알려주었으며 동승자에게 신고시 범칙금 처분을 받게 된다는 등 비위신고를 막기 위한 말까지 하고 금품을 수수한 경우, 비록 그 받은 돈이 1만 원에 불과하더라도 위 금품수수행위를 징계사유로 하여 당해 경찰공무원을 해임처분한 것은 징계재량권의 일탈·남용이 아니다(대판 2006.12.21. 선고 2006두16274).
5. 대리운전을 이유로 이미 2회에 걸쳐 운행정지처분이 내려진 사실을 알고 개인택시운송사업면허를 양수한 원고가 약 40일간 대가를 받고 타인에게 대리운전하게 한 경우, 3회에 걸친 대리운전금지 위반행위는 「자동차운수사업법」(현 「여객자동차 운수사업법」) 제31조 소정의 개인택시운송사업면허 취소사유에 해당하고 원고가 개인택시영업으로 가족의 생계를 유지하고 있다 하더라도 대리운전행위의 동기, 태양 및 그 기간 등에 비추어 볼 때 원고에 대한 개인택시운송사업면허를 취소한 처분에 재량권을 일탈한 위법이 없다(대판 1991.11.8. 91누100).
6. 서울 근교에서 채소재배업에 종사하면서 주취운전으로 인하여 운전면허가 취소된 전력이 있는 자가 혈중알콜농도 0.109%의 주취상태에서 승용차를 운전한 경우, 교통사고를 일으키지 않았더라도 면허취소사유에 해당한다고 본 판례
   오늘날 자동차가 급증하고 자동차운전면허도 대량으로 발급되어 교통상황이 날로 혼잡하여 감에 따라 교통법규를 엄격히 지켜야 할 필요성은 더욱 커지고, 음주운전으로 인한 교통사고 역시 빈번하

고 그 결과가 참혹한 경우가 많아 음주운전을 엄격하게 단속하여야 할 필요가 절실하다는 점에 비추어 볼 때 자동차운전면허취소처분으로 교통사고를 야기하지 않은 음주운전자가 입게 되는 불이익보다는 공익목적의 실현이라는 필요가 더욱 크다(대판 1997.11.14. 97누13214).

7. 사법시험 제2차 시험에 과락제도를 적용하는 구 사법시험령 제15조 제2항은 비례의 원칙, 과잉금지의 원칙, 평등의 원칙 등에 위반되지 아니한다(대판 2007.1.11. 2004두3854).

8. 옥외집회의 사전신고의무를 규정한 구 집시법 제6조 제1항 중 '옥외집회'에 관한 부분이 과잉금지원칙에 위배하여 집회의 자유를 침해하는지 여부(소극)

   구 집시법 제6조 제1항은 평화적이고 효율적인 집회를 보장하고, 공공질서를 보호하기 위한 것으로 그 입법목적이 정당하고, 집회에 대한 사전신고를 통하여 행정관청과 주최자가 상호 정보를 교환하고 협력하는 것은 위와 같은 목적 달성을 위한 적절한 수단에 해당하며, 위 조항이 열거하고 있는 신고사항이나 신고시간 등은 지나치게 과다하거나 신고불가능하다고 볼 수 없으므로 최소침해성의 원칙에 반한다고 보기 어렵다. 나아가 위 조항이 정하는 사전신고의무로 인하여 집회개최자가 겪어야 하는 불편함이나 번거로움 등 제한되는 사익과 신고로 인해 보호되는 공익은 법익균형성 요건도 충족하므로 위 조항 중 '옥외집회'에 관한 부분이 과잉금지원칙에 위배하여 집회의 자유를 침해한다고 볼 수 없다(헌재 2009.5.28. 2007헌바22).

9. 국가공무원법 제65조(국가공무원의 투표권유운동을 금지·처벌하는 규정)를 위반한 경우에 징역형과 자격정지형을 필요적으로 병과하는 같은 법 제84조 제1항이 헌법상 평등원칙, 비례원칙에 위반된다고 볼 수 없다(대판 2024.8.29. 2021도11919).

10. 갑 광역시장이 관내 코로나바이러스감염증-19 누적 확진자 수 급증과 특정 교회에서의 집단감염 사례 등 확진자 증가 사실을 알리면서, '관내 종교시설에 대한 집합금지' 등을 명하는 예방 조치는, 비례의 원칙과 평등의 원칙을 위반하여 을 교회 등의 종교의 자유를 침해했다고 보기 어렵다(대판 2024.7.18. 2022두43528)

11. 방송통신위원회 정보통신서비스제공자에 대하여 895개의 웹사이트 접속차단의 시정을 요구한 것이 헌법소원의 대상이 되는 공권력 행사인지(적극), 접속차단의 시정을 요구한 행위가 비례원칙 위반인지 여부(소극)

    이 사건 시정요구, 보안접속 프로토콜(https)을 사용하는 경우에도 접근을 차단할 수 있도록 서버이름 표시(이하 'SNI'라 한다)를 확인하여 불법정보 등을 담고 있는 특정 웹사이트에 대한 접속을 차단하는 것은 수단의 적합성이 인정된다(헌재 2023.10.26. 2019헌마158, 232(병합))

---

01 비례의 원칙에 의할 때 공무원이 단지 1회 훈령에 위반하여 요정 출입을 하였다는 사유만으로 한 파면처분은 위법하다. (O | X) [18소방직]

02 도로교통법 제148조의 2 제1항 제1호의 '도로교통법 제44조 제1항을 2회 이상 위반한' 것에 구 도로교통법 제44조 제1항을 위반한 음주운전 전과도 포함된다고 해석하는 것은 비례원칙에 위반된다. (O | X) [13국가직9급]

03 청소년 유해매체물로 결정·고시된 만화인 사실을 모르고 있던 도서대여업자가 그 고시일로부터 8일 후에 청소년에게 그 만화를 대여한 것을 사유로 그 도서대여업자에게 금 700만원의 과징금이 부과된 경우, 그 과징금 부과처분은 재량권을 일탈·남용한 것으로서 위법하다고 판시하였다. (O | X) [21소방직]

04 경찰공무원이 교통법규 위반 운전자에게 만원권 지폐 한 장을 두 번 접어서 면허증과 함께 달라고 한 경우에 내려진 해임처분은 징계재량권의 일탈·남용이 아니다. (O | X) [15경찰]

정답 01 O 02 X 03 O 04 O

CHAPTER 4 행정법의 일반원칙

01 옥외집회의 사전신고의무를 규정한 구 「집회 및 시위에 관한 법률」제6조의 제1항 중 '옥외집회'에 관한 부분은 과잉금지의 원칙에 위배하여 집회의 자유를 침해하는 것으로 볼 수 있다는 것이 헌법재판소의 태도이다. (O | X)

[20소방직]

02 국가공무원이 「국가공무원법」상 정치운동의 금지 규정을 위반한 경우에 징역형과 자격정지형을 필요적으로 병과하는 「국가공무원법」 제84조 제1항이 헌법상 평등원칙, 비례원칙에 위반된다고 볼 수 없다. (O | X)

[25소방직]

핵심 기출문제

01

다음 설명 중 옳지 않은 것은? (다툼이 있는 경우 판례에 의함) [21소방직]

① 원고가 단지 1회 훈령에 위반하여 요정출입을 하다가 적발된 정도라면, 면직처분보다 가벼운 징계처분으로서도 능히 위 훈령의 목적을 달성할 수 있다고 볼 수 있는 점에서 이 사건 파면처분은 이른바 비례의 원칙에 어긋난 것으로 위법하다고 판시하였다.

② 수입 녹용 중 일정성분이 기준치를 0.5% 초과하였다는 이유로 수입 녹용 전부에 대하여 전량 폐기 또는 반송처리를 지시한 처분은 재량권을 일탈·남용한 경우에 해당한다고 판시하였다.

③ 청소년유해매체물로 결정·고시된 만화인 사실을 모르고 있던 도서대여업자가 그 고시일로부터 8일 후에 청소년에게 그 만화를 대여한 것을 사유로 그 도서대여업자에게 금 700만원의 과징금이 부과된 경우, 그 과징금 부과처분은 재량권을 일탈·남용한 것으로서 위법하다고 판시하였다.

④ 사법시험 제2차 시험에 과락제도를 적용하고 있는 (구) 사법시험령 제15조 제2항은 비례의 원칙, 과잉금지의 원칙, 평등의 원칙에 위반되지 않는다고 판시하였다.

해설

01 | ① (○) 단 1회 훈령에 위반하여 요정 출입을 하다가 적발된 경우 이에 대해 파면처분을 한 것은 재량권의 범위를 넘은 위법한 처분이다(대판 1967.5.2.67누24).
② (×) 지방식품의약품안전청장이 회분함량이 기준치를 0.5% 초과하였다는 이유로 수입 녹용 전부에 대하여 전량 폐기 또는 반송처리를 지시한 경우, 녹용 수입업자가 입게 될 불이익이 의약품의 안전성과 유효성을 확보함으로써 국민보건의 향상을 기하고 고가의 한약재인 녹용에 대하여 부적합한 수입품의 무분별한 유통을 방지하려는 공익상 필요보다 크다고는 할 수 없으므로 위 폐기 등 지시처분이 재량권을 일탈·남용한 경우에 해당하지 않는다(대판 2006.4.14. 2004두3854).
③ (○) 청소년유해매체물로 결정·고시된 만화인 사실을 모르고 있던 도서대여업자가 그 고시일로부터 8일 후에 청소년에게 그 만화를 대여한 것을 사유로 그 도서대여업자에게 금 700만 원의 과징금이 부과된 경우, 그 과징금부과처분은 재량권을 일탈·남용한 것으로서 위법하다(대판 2001.7.27. 99두9490).
④ (○) 사법시험 제2차 시험에 과락제도를 적용하는 구 사법시험령 제15조 제2항은 비례의 원칙, 과잉금지의 원칙, 평등의 원칙 등에 위반되지 아니한다(대판 2007.1.11. 2004두3854).

정답 01 ②

제2절 신뢰보호의 원칙

I 개설

1. 의의

개인이 행정기관의 어떠한 언동의 적법성과 존속성에 대하여 신뢰한 경우, 그 신뢰가 보호가치 있는 한 보호하여야 한다는 원칙을 의미한다. 신뢰보호의 원칙은 대륙법계의 관념이지만 영·미법계의 보통법상 금반언의 법리도 이와 같은 이념을 가지고 있다. 이와 같은 신뢰보호의 원칙은 수익적 행정영역 외에도 공법관계 전반에 걸쳐 적용된다.

2. 근거

1) 실정법적 근거

행정기본법 제12조에서 신뢰보호의 원칙과 실권의 법리를 함께 규정하고 있다. 또한 행정절차법 제4조 제2항, 국세기본법 제18조 제3항도 신뢰보호의 원칙에 대한 규정이다.

> **행정기본법 제12조(신뢰보호의 원칙)** ① 행정청은 공익 또는 제3자의 이익을 현저히 해칠 우려가 있는 경우를 제외하고는 행정에 대한 국민의 정당하고 합리적인 신뢰를 보호하여야 한다.
> ② 행정청은 권한 행사의 기회가 있음에도 불구하고 장기간 권한을 행사하지 아니하여 국민이 그 권한이 행사되지 아니할 것으로 믿을 만한 정당한 사유가 있는 경우에는 그 권한을 행사해서는 아니 된다. 다만, 공익 또는 제3자의 이익을 현저히 해칠 우려가 있는 경우는 예외로 한다.

> **행정절차법 제4조(신의성실 및 신뢰보호)** ② 행정청은 법령등의 해석 또는 행정청의 관행이 일반적으로 국민들에게 받아들여졌을 때에는 공익 또는 제3자의 정당한 이익을 현저히 해칠 우려가 있는 경우를 제외하고는 새로운 해석 또는 관행에 따라 소급하여 불리하게 처리하여서는 아니 된다.
> **국세기본법 제18조(세법 해석의 기준 및 소급과세의 금지)** ③ 세법의 해석이나 국세행정의 관행이 일반적으로 납세자에게 받아들여진 후에는 그 해석이나 관행에 의한 행위 또는 계산은 정당한 것으로 보며, 새로운 해석이나 관행에 의하여 소급하여 과세되지 아니한다.

01 행정절차법과 구세기본법에서는 법령 등의 해석 또는 행정청의 관행이 일반적으로 국민에게 받아들여졌을 때와 관련하여 신뢰보호의 원칙을 규정하고 있다. (O | X) [18지방직9급]

2) 이론적 근거

① **법적안정성설(통설 및 판례)**

신뢰보호의 원칙을 법치국가원리의 내용인 법적안정성에서 도출하는 견해이다. 개인은 행정기관의 선행 조치를 신뢰하고, 행정작용이 그가 예측한 대로 집행되고 존속될 것을 기대할 것이며, 이러한 신뢰가 보호 가치가 있다면, 보호해 주는 것이 법적안정성에 부합하기 때문이다.

정답 01 O

② 신의칙설
민법상 일반원칙인 신의성실의 원칙은 법의 일반원리이므로, 행정기관은 행정작용 할 때, 신의에 따라 성실하게 하여야 할 의무가 있고, 국민은 그것을 신뢰함을 근거로 한다. 다만, 신의칙은 구체적 법률관계가 존재하는 것을 전제로 인정된다.

> **관련 판례** 법적안정성설과 같은 입장을 취한 판시
>
> 어떤 법령이 장래에도 그대로 존속할 것이라는 합리적이고 정당한 신뢰를 바탕으로 국민이 그 법령에 상응하는 구체적 행위로 나아가 일정한 법적 지위나 생활관계를 형성하여 왔음에도 국가가 이를 전혀 보호하지 않는다면, 법질서에 대한 국민의 신뢰는 무너지고 현재의 행위에 대한 장래의 법적효과를 예견할 수 없게 되어 법적안정성이 크게 저해된다 할 것이므로, 입법자는 법령을 개정함에 있어서 이와 같은 신뢰를 적절하게 보호하는 조치를 취함으로써 법적 안정성을 도모하여야 한다는 것이 법치주의 원리가 요청하는 바이라 할 것이다(대판 2006.11.16. 2003두12899).

01 신뢰보호의 원칙은, 국민이 법률적 규율이나 제도가 장래에 지속할 것이라는 합리적인 신뢰를 바탕으로 개인의 법적 지위를 형성해 왔을 때에는 국가에게 그 국민의 신뢰를 되도록 보호할 것을 요구하는 법치국가원리의 파생원칙이다. (O | X) [17국가직7급]

Ⅱ 신뢰보호의 원칙의 요건

1. 신뢰보호 원칙의 적극적 요건

1) 선행조치(공적 견해 표명)

① 선행조치의 의의
신뢰의 대상이 되는 모든 국가의 행정작용을 말한다. 또한 선행조치는 법적 행위에 한정되는 것이 아니며, 반드시 적법할 것이 요구되지 않기 때문에 위법한 선행조치도 포함된다.

② 선행조치의 기준
㉠ 권한이 있는 행정기관의 선행조치에 한정되는지 여부
행정조직법상 형식상 권한 분장에 구애될 것은 아니고 담당자의 조직상의 지위와 임무, 당해 언동을 하게 된 구체적인 경위 및 그에 대한 신뢰가능성에 비추어 실질에 의하여 판단하여야 한다.

> **관련 판례**
>
> 1. 보건사회부장관(현 보건복지부)의 국세 및 지방세 비과세에 대한 견해표명은 과세관청(군수)의 그것과 동일시할 여지가 있다고 판단한 사례
>   신뢰보호원칙이 적용되기 위한 행정기관의 공적 견해표명이 있었는지의 여부를 판단하는데 있어

정답 01 O

반드시 행정조직상의 형식적인 권한분장에 구애될 것은 아니고 담당자의 조직상의 지위와 임무, 당해 언동을 하게 된 구체적인 경위 및 그에 대한 납세자의 신뢰가능성에 비추어 실질에 의하여 판단하여야 한다(대판 1996.1.23. 95누13746).
2. 종교법인이 도시계획구역 내 생산녹지로 답인 토지에 대하여 종교회관 건립을 이용목적으로 하는 토지거래계약의 허가를 받으면서 담당공무원이 관련 법규상 허용된다 하여 이를 신뢰하고 건축준비를 하였으나 그 후 당해 지방자치단체장이 다른 사유를 들어 토지형질변경허가신청을 불허가 한 것이 신뢰보호원칙에 반한다(대판 1997.9.12. 96누18380).

01 처분청 자신의 공적 견해표명이 있어야만 하는 것은 아니며, 경우에 따라서는 보조기관인 담당공무원의 공적인 견해표명도 신뢰의 대상이 될 수 있다. (O | X) [19소방직]

ⓒ 모든 행정작용

법령, 행정행위, 확약, 행정계획, 행정지도 등 사실행위, 기타 국민이 신뢰를 가지게 될 일체의 조치가 포함되며, 명시적, 묵시적, 적극적, 소극적 조치를 불문한다. 또한 그 형식이 반드시 문서 형식일 필요도 없고, 구두의 형식으로도 가능하다. 또한, 특정 개인에 대한 것일 필요도 없다.

관련 판례 법령의 개정에 신뢰보호원칙이 적용된 사례

변리사 제1차시험을 절대평가제에서 상대평가제로 환원하는 내용의 변리사법 시행령 개정조항을 즉시 시행하도록 정한 부칙 부분은 헌법상 신뢰보호의 원칙에 위반되어 무효이다(대판 2006.11.16. 2003두12899).

02 위법한 행정관행에 대해서도 신뢰보호의 원칙이 적용될 수 있다. (O | X) [19서울시9급]
03 신뢰보호원칙에서 법률에 대한 신뢰는 신뢰보호의 대상이 되지 않는다. (O | X) [19행정사]
04 신뢰보호의 대상인 행정청의 선행조치에는 법적 행위만이 포함되며, 행정지도 등의 사실행위는 포함 되지 아니 한다. (O | X) [14국회직8급]
05 행정기관의 선행조치로서의 공적인 견해표명은 반드시 명시적인 언동이어야 한다. (O | X) [19소방직]

ⓒ 공적 견해표명과 관련된 판례 법리

판례는 모든 국가의 행정작용 자체로 해석하기 보다는 "공적 견해표명"으로 볼 수 있는 경우로 한정한다. 따라서 ⓐ 재량준칙의 공표만 있을 뿐인 경우, ⓑ 추상적 질의에 대한 일반론적인 답변, ⓒ 구체적인 행정권 행사와 무관한 단순한 법령 해석에 대한 상담 등을 회신하여 주는 경우, ⓓ 헌법재판소의 위헌결정 등은 공적 견해표명으로 보지 않는다.

정답 01 O 02 O 03 X 04 X 05 X

③ 선행조치(공적견해 표명)에 대한 판례

관련 판례 공적견해표명을 부정한 판례

1. 폐기물관리법령에 의한 폐기물처리업 사업계획에 대한 적정통보와 국토이용관리 법령에 의한 국토이용계획변경은 각기 그 제도적 취지와 결정단계에서 고려해야 할 사항들이 다르다는 이유로, 폐기물처리업사업계획에 대하여 적정통보를 한 것만으로 그 사업부지 토지에 대한 국토이용계획변경신청을 승인하여 주겠다는 취지의 공적인 견해표명을 한 것으로 볼 수 없다(대판 2005.4.28. 2004두8828).
2. 일반적으로 폐기물처리업 사업계획에 대한 적정통보에 당해 토지에 대한 형질변경허가신청을 허가하는 취지의 공적 견해표명이 있는 것으로는 볼 수 없다고 할 것이고, 더구나 토지의 지목변경 등을 조건으로 그 토지상의 폐기물처리업 사업계획에 대한 적정통보를 한 경우에는 위 조건부 적정통보에 토지에 대한 형질변경허가의 공적 견해표명이 포함되어 있었다고 볼 수 없다(대판 1998.9.25. 98두6494).
3. 당초 정구장시설을 설치한다는 도시계획결정을 하였다가 정구장 대신 청소년수련시설을 설치한다는 도시계획변경결정 및 지적승인을 한 경우, 당초의 도시계획결정만으로는 도시계획사업의 시행자 지정을 받게 된다는 공적인 견해를 표명하였다고 할 수 없다는 이유로 그 후의 도시계획 변경결정 및 지적승인이 도시계획사업의 시행자로 지정받을 것을 예상하고 정구장 설계 비용 등을 지출한 자의 신뢰이익을 침해한 것으로 볼 수 없다(대판 2000.11.10. 2000두727).
4. 국세기본법 제18조 제3항에서 말하는 비과세관행이 성립하려면 상당한 기간에 걸쳐 과세를 하지 아니한 객관적 사실이 존재할 뿐만 아니라 과세관청 자신이 그 사항에 관하여 과세할 수 있음을 알면서도 어떤 특별한 사정 때문에 과세하지 않는다는 의사가 있어야 하며 위와 같은 공적 견해나 의사는 명시적 또는 묵시적으로 표시되어야 하지만, 묵시적 표시가 있다고 하기 위하여는 단순한 과세 누락과는 달리 과세관청이 상당기간 불과세 상태에 대하여 과세하지 않겠다는 의사표시를 한 것으로 볼 수 있는 사정이 있어야 하고, 이 경우 특히 과세관청의 의사표시가 일반론적인 견해표명에 불과한 경우에는 위 원칙의 적용을 부정하여야 한다(대판 2001.4.24. 2000두5203).
5. 병무청 담당부서의 담당공무원에게 공적 견해의 표명을 구하는 정식의 서면질의 등을 하지 아니한 채 총무과 민원팀장에 불과한 공무원이 민원봉사차원에서 상담에 응하여 안내한 것을 신뢰한 경우, 신뢰보호 원칙이 적용되지 아니한다(대판 2003.12.26. 2003두1875).
6. 소득세법 제127조는 과세표준과 세액의 조사결정에 탈루 또는 오류가 있음을 발견하면 징세 기관은 즉시 경정 결정을 하도록 규정하고 있으므로 피고가 일단 비과세 결정을 하였다가 이를 번복하고 다시 과세처분을 하였다는 사실만으로 피고의 과세처분이 신의성실의 원칙에 반하는 위법한 것이라 할 수 없다(대판 1989.1.17. 87누681).
7. 행정청이 용도지역을 자연녹지지역으로 지정결정하였다가 그보다 규제가 엄한 보전녹지지역으로 지정결정하는 내용으로 도시계획을 변경한 경우, 행정청이 용도지역을 자연녹지지역으로 결정한 것만으로는 그 결정 후 그 토지의 소유권을 취득한 자에게 용도지역을 종래와 같이 자연녹지지역으로 유지하거나 보전녹지지역으로 변경하지 않겠다는 취지의 공적인 견해표명을 한 것이라고 볼 수 없다(대판 2005.3.10. 2002두5474).
8. 실제의 공원구역과 다르게 경계측량 및 표지를 설치한 십수년 후 착오를 발견하여 지형도를 수정한 조치가 신뢰보호의 원칙에 위배되거나 행정의 자기구속의 법리에 반하는 것이라 할 수 없다고 한 사례(대판 1992.10.13. 92누2325)

9. 개발이익환수에 관한 법률에 정한 개발사업을 시행하기 전에, 행정청이 토지 지상에 예식장 등을 건축하는 것이 관계 법령상 가능한지 여부를 질의하는 민원예비심사에 대하여 관련부서 의견으로 개발이익환수에 관한 법률에 '저촉사항 없음'이라고 기재하였다고 하더라도, 이후의 개발부담금부과처분에 관하여 신뢰보호의 원칙을 적용하기 위한 요건인, 개인에 대하여 신뢰의 대상이 되는 공적인 견해표명을 한 것이라고는 보기 어렵다(대판 2006.6.9. 2004두46).

10. 과세관청이 납세의무자에게 면세사업자등록증을 교부하고 수년간 면세사업자로서 한 부가가치세 예정신고 및 확정신고를 받은 행위가 납세의무자에게 부가가치세를 과세하지 아니함을 시사하는 언동이나 공적인 견해 표명이 아니다(대판 2002.9.4. 2001두9370).

11. 헌법재판소의 위헌결정은 행정청이 개인에 대하여 신뢰의 대상이 되는 공적인 견해를 표명한 것으로 할 수 없으므로 그 결정에 관련한 개인의 행위에 대하여는 신뢰보호의 원칙이 적용되지 아니한다(대판 2003.6.27. 2002두6965).

12. 비록 피고가 사정이 비슷한 원고의 형들에 대하여 제2국민역 처분을 하였다고 하더라도 이는 원고에 대한 처분이 아니므로 이러한 피고의 처분을 들어 피고가 원고의 병역의무가 면제된다는 공적 견해를 표명한 것이라고 할 수 없다(대판 2001.11.9. 2001두7251).

13. 행정청이 지구단위계획을 수립하면서 그 권장용도를 판매·위락·숙박시설로 결정하여 고시한 행위를 당해 지구 내에서는 공익과 무관하게 언제든지 숙박시설에 대한 건축허가가 가능하리라는 공적 견해를 표명한 것이라고 평가할 수는 없다(대판 2005.11.25. 2004두6822,6839,6846).

14. (콘도를 건설하기 위한 교육환경평가승인 신청과 승인신청거부 사건)에서 갑 주식회사의 교육환경평가승인신청에 대하여 교육장이 '법률에 따른 금지행위 및 시설로 규정되어 있지는 않으나 성매매 등에 대한 우려를 제기하는 민원에 대한 구체적인 예방대책을 제시하시기 바람' 보완요청서를 보낸 것은 교육환경평가승인을 내어주겠다는 공적 견해표명으로 인정할 수 없으므로 교육감의 교육환경 승인신청 반려는 신뢰보호원칙에 반하지 않는다(대판 2020.4.29. 2019두52799).

관련 판례 공적견해표명을 인정한 판례

1. 폐기물처리업에 대하여 사전에 관할 관청으로부터 적정통보를 받고 막대한 비용을 들여 허가요건을 갖춘다음 허가신청을 하였음에도 다수 청소업자의 난립으로 안정적이고 효율적인 청소업무의 수행에 지장이 있다는 이유로 한 불허가처분이 신뢰보호의 원칙 및 비례의 원칙에 반하는 것으로서 재량권을 남용한 위법한 처분이다(대판 1998.5.8. 98두4061).

2. (한국남성과 중국여성 사이에 태어난 자녀 사건, 혼외자) 주민등록증 발급은 공적 견해표명이고 이에 반하는 국적비보유 판정(후속조치)은 신뢰보호원칙에 위반
법적으로 혼인한 상태가 아닌 대한민국 국적인 부와 중화인민공화국 국적인 모 사이에 출생한 갑과 을이 출생신고에 따라 주민등록번호를 부여받고 가족관계등록부에 등록되었으며 각각 17세 때 주민등록증을 발급받았는데, 관할 행정청이 '외국인 모와의 혼인외자 출생신고'라며 가족관계등록부를 말소하고 출입국관리 행정청이 부모들에게 갑과 을에 대한 국적 취득 절차를 안내했음에도 이를 진행하지 않다가 성년이 된 후 국적법에 따라 국적보유판정을 신청했으나, 법무부장관이 대한민국 국적 보유자가 아니라는 이유로 갑과 을에게 국적비보유 판정을 한 사안에서, 위 판정은 갑과 을의 신뢰에 반하여 이루어진 것으로 신뢰보호의 원칙에 위배된다(대법원 2024.3.12. 2022두60011).

PART 1 행정법 서론

3. [1] 사업소세 도입 이래 20년 이상 간호전문대학의 운영자가 경영하는 병원에 대하여 사업소세를 부과하지 않으면서, 장기간 동안 인근 다른 과세관청의 유사 사례에 대한 사업소세 과세 시도를 보면서도 같은 조치를 취하지 않은 채 그 비과세조치를 계속 유지한 경우, 그 운영자의 교육적인 역할 등을 고려하여 묵시적으로 사업소세 비과세의 의사를 표시한 것으로 볼 수 있으므로, 국세기본법 제18조 제3항에서 정한 '비과세관행'이 성립하였다고 볼 수 있다.
   [2] 과세관청이 과거의 언동을 시정하여 장래에 향하여 처분하는 것은 신의성실의 원칙이나 소급과세금지의 원칙에 위반되지 않는다(대판 2009.12.24. 2008두15350).
4. 보세운송면허세의 부과근거이던 지방세법시행령이 1973.10.1 제정되어 1977.9.20에 폐지될 때까지 4년 동안 그 면허세를 부과할 수 있는 점을 알면서도 피고가 수출확대라는 공익상 필요에서 한 건도 이를 부과한 일이 없었다면 납세자인 원고는 그것을 믿을 수 밖에 없고 그로써 비과세의 관행이 이루어졌다고 보아도 무방하다(대판 1980.6.10. 80누6전합).
5. 시의 도시계획과장과 도시계획국장이 도시계획사업의 준공과 동시에 사업부지에 편입한 토지에 대한 완충녹지 지정을 해제함과 아울러 당초의 토지소유자들에게 환매하겠다는 약속을 했음에도, 이를 믿고 토지를 협의매각한 토지소유자의 완충녹지지정해제신청을 거부한 것은, 행정상 신뢰보호의 원칙을 위반하거나 재량권을 일탈·남용한 위법한 처분이라고 한 사례(대판 2008.10.9. 2008두6127).
6. 3년간 기술혁신 촉진 사업 참여 제한 처분 및 정부출연금 전부 환수 처분(1차 통지), 이에 대한 이의신청과 이의신청에 대한 통지(2차 통지)는 신뢰보호의 원칙에 따라 처분이라고 본 판례
   피고(편주: 행정청)가 이 사건 2차 통지를 하면서 그에 대한 행정소송 등을 처분이 있음을 알게 된 날부터 90일 내에 제기할 수 있다고 명시적으로 안내한 것은 그 상대가 된 원고들에 대하여 신뢰의 대상이 되는 공적인 견해를 표명한 것에 해당한다(대판 2022.7.28. 2021두60748).

01 국세기본법 제18조 제3항에서 말하는 비과세관행이 성립하려면 상당기간에 걸쳐 과세를 하지 않은 객관적 사실이 존재하면 충분하고, 나아가 과세관청 자신이 그 사항에 관하여 과세할 수 있음을 알면서도 어떤 특별한 사정 때문에 과세하지 않는다는 주관적 의사까지 요구되는 것은 아니다. (O | X)   [22소방간부]

02 시의 도시계획과장과 도시계획국장이 도시계획사업의 준공과 동시에 사업부지에 편입한 토지에 대한 완충녹지 지정을 해제함과 아울러 당초의 토지소유자들에게 환매하겠다는 약속을 했음에도, 이를 믿고 토지를 협의매각한 토지소유자의 완충녹지지정해제신청을 거부한 것은, 신뢰보호의 원칙에 위반된다. (O | X)   [11국회직8급]

03 지구단위계획을 수립하면서 그 용도를 판매·위락·숙박시설로 결정하여 고시한 행위를 당해 지구 내에서는 공익과 무관하게 언제든지 숙박시설에 대한 허가를 받을 수 있을 것이라는 공적 견해를 표명한 것이라고 평가할 수는 없다. (O | X)   [21국회직8급]

04 「개발이익환수에 관한 법률」에 정한 개발사업을 시행하기 전에, 행정청이 민원예비심사에 대하여 관련부서 의견으로 '저촉사항 없음'이라고 기재한 것은 공적인 견해표명에 해당한다. (O | X)   [16경찰]

05 과세관청이 납세의무자에게 부가가치세 면세사업자용 사업자등록증을 교부하거나 고유번호를 부여하였다고 하더라도 그가 영위하는 사업에 관하여 부가가치세를 과세하지 않겠다는 언동이나 공적 견해를 표명한 것으로 볼 수 없다. (O | X)   [17지방직7급]

06 행정청 내부의 사무처리준칙에 해당하는 지침의 공표만으로도 신청인은 보호가치 있는 신뢰를 갖게된다. (O | X)   [16지방직9급]

07 헌법재판소의 위헌결정은 행정청이 개인에 대하여 신뢰의 대상이 되는 공적인 견해를 표명한 것이라고 할 수 있으므로 그 결정에 관련한 개인의 행위에 대하여는 신뢰보호의 원칙이 적용된다. (O | X)   [19지방직9급]

정답 01 X 02 O 03 O 04 X 05 O 06 X 07 X

CHAPTER 4 행정법의 일반원칙

01 폐기물처리업에 대하여 사전에 관할 관청으로부터 사업계획 적합통보를 받고 막대한 비용을 들여 허가요건을 갖춘 다음 허가신청을 하였음에도 다수 청소업자의 난립으로 안정적이고 효율적인 청소업무의 수행에 지장이 있다는 이유로 한 불허가처분은 신뢰보호의 원칙 및 비례의 원칙에 반하는 것으로서 재량권을 남용한 위법한 처분이다. (O | X) [25국가직9급]

2) 보호가치 있는 신뢰

선행조치를 신뢰한 관계인에게 귀책사유가 있어서는 안된다.

① 관계인의 사기, 강박, 증뢰 등의 부정한 행위가 개입된 경우 뿐만 아니라 관계인의 불완전한 신고가 개입되거나, 관계인이 선행조치의 위법성을 알았거나 알지 못함에 중대한 과실이 있는 경우에는 귀책사유가 존재하는 것이 된다.

관련 판례

1. 귀책사유라 함은 행정청의 견해표명의 하자가 상대방 등 관계자의 <u>사실은폐나 기타 사위의 방법에 의한 신청행위 등 부정행위에 기인한 것이거나 그러한 부정행위가 없다고 하더라도 하자가 있음을 알았거나 중대한 과실로 알지 못한 경우 등</u>을 의미한다고 해석함이 상당하다(대판 2002.11.8. 2001두1512).

2. 충전소설치예정지로부터 100m 내에 있는 건물주의 동의를 모두 얻지 아니하였음에도 불구하고 이를 갖춘 양 허가신청을 하여 그 허가를 받아낸 것으로서, 처분의 하자가 당사자의 <u>사실은폐 내지 사위의 방법에 의한 신청행위</u>에 기인한 것이라 할 것이어서 그 처분에 의한 이익이 위법하게 취득되었음을 알아 그 취소가능성도 능히 예상하고 있었다고 보아야 할 것이므로 수익적 행정행위인 액화석유가스충전사업허가처분의 취소에 위법이 없다(대판 1992.5.8. 91누13274).

3. 재정경제부가 보도자료를 통해 '법인세법시행규칙을 개정하여 법제처의 심의를 거쳐 6월 말경 공포·시행할 예정'이라고 밝힌 것만으로 위 시행규칙을 시기적으로 반드시 6월 말경까지 공포·시행하겠다는 내용의 <u>공적 견해를 표명한 것으로 보기 어렵고, 부동산의 양도 이전에 위 시행규칙의 관계 규정이 실제 공포·시행되고 있는지 여부를 확인하지 않은 데 귀책사유가 있다</u>(대판 2002.11.26. 선고 2001두9103).

4. 허위의 고등학교 졸업증명서를 제출하는 <u>사위의 방법에 의한 하사관 지원</u>의 하자를 이유로 하사관 임용일로부터 33년이 경과한 후에 행정청이 행한 하사관 및 준사관 임용취소처분은 적법하다(대판 2002.2.5. 2001두5286).

5. 구 영유아보육법 제36조 등에서 정한 인건비 지원금은 성질상 넓은 의미의 보조금에 속하는 것이므로, 보조금 반환명령, 보육시설 운영정지명령, 보육시설장 자격정지명령 처분의 요건이 되는 '거짓이나 그 밖의 부정한 방법'이란 정상적인 절차에 의하여는 보조금을 지급받을 수 없음에도 위계 기타 사회통념상 부정이라고 인정되는 행위로서 <u>보조금 교부에 관한 의사결정에 영향을 미칠 수 있는 적극적 및 소극적 행위</u>를 뜻하고, 위 각 처분의 성격이나 인건비 지원금의 재원, 지급 목적, 대상 및 요건 등에 비추어 보면 이는 조세범처벌이나 퇴직연금 반환 등에서 문제되는 '사기 기타 부정한 행위'나 '허위 기타 부정한 방법'의 경우와 같이 <u>반드시 적극적인 부정행위가 있어야만 하는 것은 아니다</u>(대판 2012.12.27. 2011두30182).

정답 01 O

PART 1 행정법 서론

6. 장기일반민간임대주택 중 아파트 민간매입임대주택과 단기민간임대주택의 임대의무기간이 종료한 날 그 등록이 말소되도록 하는 구 '민간임대주택에 관한 특별법'(이하 '민간임대주택법'이라 한다) 제6조 제5항(이하 '등록말소조항'이라 한다)이 신뢰보호원칙에 반하여 임대사업자인 청구인들의 직업의 자유를 침해하는지 여부(소극)

정부는 종전 임대사업자의 신뢰 손상의 정도를 완화하는 세제지원 보완조치를 마련하기도 하였다. 따라서 임대사업자의 신뢰가 침해받는 정도는 임대주택제도의 개편 필요성, 주택시장 안정화 및 임차인의 장기적이고 안정적인 주거 환경 보장과 같은 공익에 비하여 크다고 할 수 없으므로, 등록말소조항은 신뢰보호원칙에 반하여 청구인들의 직업의 자유를 침해하지 아니한다(헌재 2024.2.28. 2020헌마1482).

01 수익적 처분이 상대방의 허위 기타 부정한 방법으로 인하여 행하여졌다면 상대방은 그 처분이 그와 같은 사유로 인하여 취소될 것임을 예상할 수 없었다고 할 수 없으므로, 이러한 경우에까지 상대방의 신뢰를 보호해야 하는 것은 아니다. (O | X)　　　　　　　　　　　　　　　　　　　　　　　　　　　　　[09·13군무원9급]

02 사후에 선행조치가 변경될 것을 사인이 예상하였거나 중대한 과실로 알지 못한 경우에는 보호가치 있는 신뢰라고 할 수 없다. (O | X)　　　　　　　　　　　　　　　　　　　　　　　　　　　　　　　　　　　　[19지방직9급]

② 귀책사유의 판단은 행정의 상대방, 상대방의 수임인 등 관계자 모두를 대상으로 한다.

> **관련 판례**
>
> 건축주와 그로부터 건축설계를 위임받은 건축사가 상세계획지침에 의한 건축 한계선의 제한이 있다는 사실을 간과한 채 건축설계를 한 경우, 건축주의 과실 외에도 건축사의 과실도 귀책사유의 판단 기준으로 삼은 판례
>
> 귀책사유의 유무는 상대방과 그로부터 신청행위를 위임받은 수임인등 관계자 모두를 기준으로 판단하여야 한다(대판 2002.11.8. 2001두1512).

③ 법령 개정에 대해서도 신뢰보호의 원칙이 적용된다. 판례는 ㉠ 법령에 따른 개인의 행위가 국가에 의하여 일정방향으로 유인된 신뢰의 행사인지, ㉡ 아니면 단지 법률이 부여한 기회를 활용한 것으로서 원칙적으로 사적 위험부담의 범위에 속하는 것인지 여부를 나누어 ㉠의 경우에 신뢰보호의 원칙을 적용한다.

④ 입법예고안이나 법령안에 대해서는 보호가치 있는 신뢰를 인정할 수 없다.

03 법령의 개정에도 신뢰보호의 원칙이 적용된다. (O | X)　　　　　　　　　　　　　　　　　　　　[12지방직7급]

> **관련 판례**
>
> 1. 의무사관후보생의 병적에서 제외된 사람의 징집면제연령을 31세에서 36세로 상향조정한 구 병역법 제71조 제1항 단서가 소급입법금지원칙, 신뢰보호원칙 및 평등원칙에 위반되지 않는다고 본 사례
>
> [1] 법적 상태의 존속에 대한 개인의 신뢰는 그가 어느 정도로 법적 상태의 변화를 예측할 수 있는지, 혹은 예측하였어야 하는지 여부에 따라 상이한 강도를 가진다…이 사건 법률조항은 직접적인

정답 01 O　02 O　03 O

병력형성에 관한 영역으로서… 따라서 국민들은 이러한 영역에 관한 법률이 제반 사정에 따라 언제든지 변경될 수 있다는 것을 충분히 예측할 수 있다고 보아야 한다.
[2] 이 사건 법률조항의 경우 국가가 입법을 통하여 개인의 행위를 일정방향으로 유도하였다고 볼 수는 없고, 따라서 청구인의 징집면제연령에 관한 기대 또는 신뢰는 단지 법률이 부여한 기회를 활용한 것으로서 원칙적으로 사적 위험부담의 범위에 속하는 것이다(헌재 2002.11.28. 2002헌바45).

2. 입법예고를 통해 법령안의 내용을 국민에게 예고한 것만으로 국가가 이해관계자들에게 법령안에 관련된 사항을 약속하거나 신뢰를 부여하였다고 볼 수 없다(대판 2018.6.15. 2017다249769).

3. 헌법 제53조에 따라서 국회가 의결한 법률안을 대통령이 공포하는 등의 절차를 거쳐서 법률이 확정되면 그 규정 내용에 따라서 국민의 권리·의무에 관한 새로운 법규가 형성될 수 있지만, 이와 같이 법률이 확정되기 전에는 기존 법규를 수정·변경하는 법적 효과가 발생할 수 없고, 다원적 의견이나 각가지 이익을 반영시킨 토론과정을 거쳐 다수결의 원리에 따라 통일적인 국가의사를 형성하는 국회에서 일정한 법률안을 심의하거나 의결한 적이 있다고 하더라도, 그것이 법률로 확정되지 아니한 이상 국가가 이해관계자들에게 위 법률안에 관련된 사항을 약속하였다고 볼 수 없으며, 이러한 사정만으로 어떠한 신뢰를 부여하였다고 볼 수도 없다(대판 2008.5.29. 2004다33469).

④ 재량권 행사의 준칙인 행정규칙의 공표만으로는 보호가치 있는 신뢰를 갖추었다고 볼 수 없다.

01 법령 개정에 대한 신뢰와 관련하여 법령에 따른 개인의 행위가 국가에 의하여 일정한 방향으로 유인된 경우에 특별히 보호가치가 있는 신뢰이익이 인정될 수 있다. (O | X) [16지방직9급]

02 재량권행사의 준칙인 행정규칙의 공표만으로 상대방은 보호가치 있는 신뢰를 갖게 되었다고 볼 수 있다. (O | X) [21지방직9급]

3) 관계인의 처리행위
신뢰를 통하여 관계인이 건축허가 준비에 착수하는 등과 같은 일정한 처리가 있어야 한다.

4) 인과관계
선행조치와 처리행위간에 인과관계가 존재하여야 한다.

5) 선행조치에 반하는 후행조치
선행조치에 반하는 행정작용으로 처리행위를 한 관계인의 이익을 침해하여야 한다.

2. 신뢰보호 원칙의 소극적 요건

선행조치에 대한 신뢰보호를 할 경우, 공익을 해할 우려가 있거나 제3자의 정당한 이익을 해할 우려가 있는 경우가 아니어야 한다.

03 제3자의 정당한 이익까지 희생시키면서 신뢰보호의 원칙이 관철되어야 한다. (O | X) [15서울시9급]

정답 01 O 02 X 03 X

PART 1 행정법 서론

Ⅲ 신뢰보호의 한계

1. 사정변경(확약 관련 쟁점)

신뢰 형성의 전제가 되는 법률적·사실적 사실이 사후에 변경되는 경우에는 공적 의사표명은 별다른 의사표시를 기다리지 않고 실효된다(대판 1996.8.20. 95누10877).

2. 무효인 행정행위(행정행위 관련 쟁점)

선행조치가 무효인 행정행위인 경우, 신뢰보호의 원칙을 주장할 수 없다.

3. 가행정행위(단계적 행정행위 관련 쟁점)

종국적 행정행위가 예정되어 있는 가행정행위에 대해서 신뢰보호의 원칙은 인정되지 아니한다.

4. 행정의 법률적합성의 원칙 VS 신뢰보호의 원칙

행정의 법률적합성의 원칙과 신뢰보호의 원칙은 모두 법치국가의 한 구성요소인 법적안정성에 그 근거를 둔다는 점에서 헌법상 동일한 가치를 가지므로 무엇이 더 우선한다고 단정할 수 없다. 따라서, 신뢰보호 이익이라는 사익과 행정의 법률적합성이라는 공익이 충돌하는 경우, 사익과 공익을 비교·형량하여 사익보호성이 우월하다고 평가되면, 신뢰보호의 원칙이 적용된다.

---

01 신뢰보호의 원칙과 행정의 법률적합성의 원칙이 충돌하는 경우 법률적합성의 원칙이 우선한다. (O | X)
[14경찰]

관련 판례

1. 한려해상국립공원지구 인근의 자연녹지지역에서의 토석채취허가가 법적으로 가능할 것이라는 행정청의 언동을 신뢰한 개인이 많은 비용과 노력을 투자하였다가 불허가처분으로 상당한 불이익을 입게 된 경우, 위 불허가처분에 의하여 행정청이 달성하려는 주변의 환경·풍치·미관 등의 공익이 그로 인하여 개인이 입게 되는 불이익을 정당화할 만큼 강하다는 이유로 불허가처분이 재량권의 남용 또는 신뢰보호의 원칙에 반하여 위법하다고 할 수 없다(대판 1998.11.13. 98두7343).

2. 학생들의 교육환경과 인근 주민들의 주거환경 보호라는 공익이 숙박시설 건축허가신청을 반려한 처분으로 그 신청인이 잃게 되는 이익의 침해를 정당화할 수 있을 정도로 크므로, 위 반려처분이 신뢰보호의 원칙에 위배되지 않는다(대판 2005.11.25. 2004두6822,6839,6846).

3. 종합부동산세법 사건(기존의 종부세 기준보다 강화된 종부세 부과기준)
청구인들이 종전과 같은 내용으로 종부세가 부과될 것이라고 신뢰하였다고 하더라도, 이는 특별한 보호가치가 있는 신뢰이익으로 보기 어려운 반면, 부동산 투기 수요의 차단을 통한 부동산 시장의 안정 및 실수요자의 보호라는 정책적 목적의 실현은 중대한 공익에 해당한다. 따라서 종부세법 제8조 제1항, 제9조, 제10조는 신뢰보호원칙에 위반되지 아니한다(헌재 2024.5.30. 2022헌바238등).

정답 01 ×

4. 의료인은 어떠한 명목으로도 둘 이상의 의료기관을 운영할 수 없다고 규정한 의료법의 법률조항으로 인하여 침해되는 의료인의 신뢰이익이, 건전한 의료질서를 확립하고 나아가 국민건강상의 위해를 방지한다는 공익에 우선하여 특별히 헌법적으로 보호해야 할 가치나 필요성이 있다고 보기 어렵다. 따라서 이 사건 법률조항은 신뢰보호원칙에 반하지 않는다(헌재 2019.8.29. 2014헌바212 등).
5. 기존의 연금수급자에 대하여도 개정된 물가연동제의 연금액 조정방식을 적용하도록 한 것이 소급입법에 의한 재산권의 침해에 해당하거나 신뢰보호의 원칙에 반하지 아니한다.

   진정소급입법에는 해당하지 아니하며, 다만 기존의 법적 상태에 대한 신뢰보호 여부가 문제될 뿐이다. 그런데 물가연동제의 방식에 의한 연금조정을 통해 연금재정의 파탄을 막고 군인연금제도를 건실하게 유지하는 것은 긴급하고도 대단히 중요한 공익인 반면, 보호해야할 연금수급자의 신뢰의 가치는 크지 않고, 신뢰의 손상 또한 연금액의 상대적인 감소로서 그 정도가 심하지 않으므로, 위 부칙조항은 헌법상 신뢰보호의 원칙에 위배된다고 볼 수 없다(헌재 2003.9.25. 2001헌마194).
6. 퇴역연금 등의 급여액산정의 기초를 종전에 '퇴직 당시의 보수월액'으로 하던 것을 '평균보수월액'으로 변경한 것이 소급입법에 의한 재산권 침해 또는 신뢰보호의 원칙에 위반되지 않는다.

   20년 이상 군인으로 복무하면서 퇴역연금에 대한 기여금을 납입해온 사람이 퇴직하는 경우 장차 받게 될 퇴역연금에 대한 기대는 재산권의 성질을 가지고 있으나 확정되지 아니한 형성 중에 있는 권리이므로, 퇴역연금급여액의 산정기초를 종전의 '퇴직 당시의 보수월액'에서 '최종 3년간 평균보수월액'으로 변경한 것은 부진정소급입법에 해당되는 것이어서 원칙적으로 허용된다. 다만 종래의 법적 상태의 존속을 신뢰한 청구인들에 대한 신뢰보호만이 문제될 뿐인데, 퇴역연금의 산정을 평균보수월액에 기초하도록 개정한 것은 종국적으로 군인연금재정의 악화를 개선하여 연금제도의 유지·존속을 도모하려는 데에 목적이 있고, 그와 같은 입법목적의 공익적 가치는 매우 크다고 하지 않을 수 없으므로 신뢰보호의 원칙에 위배된다고 보기 어렵다(헌재 2003.9.25. 2001헌마194).

5. 기타 신뢰보호의 원칙이 문제되는 경우

신뢰보호의 원칙은 행정법의 일반원칙으로 행정법의 전 분야에서 적용되는 원칙이나 특히 수익적 행정행위의 직권취소와 철회의 제한, 확약, 실권의 법리, 행정계획의 계획보장청구권, 개정법령의 적용과 관련 하여 많이 논의된다. 여기서는 실권의 법리를 중심으로 논의하고 나머지는 해당 파트에서 확인하기로 한다.

Ⅳ 실권의 법리

1. 의의

행정기관의 적법한 권한 행사의 기회가 있었음에도 위법한 권한 불행사를 하고 그 기간이 장기인 경우, 행정기관은 권한 불행사의 존속을 신뢰한 상대방에게 사후에 권한을 행사하면 안 된다는 법리이다.

PART 1 행정법 서론

2. 근거

종래 다수설은 실권의 법리를 신뢰보호원칙의 파생원칙으로 보았으나 판례는 신의성실원칙의 파생원칙으로 보았다. 다만, 최근 행정기본법 제12조에 신뢰보호의 원칙을 규정하면서 실권의 법리를 같이 규정하였다.

> **관련 판례** 실권의 법리를 신의성실의 원칙에 바탕을 둔 파생원칙으로 본 판례
>
> 실권 또는 실효의 법리는 법의 일반원리인 신의성실의 원칙에 바탕을 둔 파생원칙인 것이므로… 권리행사의 기회가 있음에도 불구하고 권리자가 장기간에 거쳐 그의 권리를 행사하지 아니하였기 때문에 의무자인 상대방은 이미 그의 권리를 행사하지 아니할 것으로 믿을 만한 정당한 사유가 있게 되거나 행사하지 아니할 것으로 추인케 할 경우 새삼스럽게 그 권리를 행사하는 것이 신의성실의 원칙에 반하는 결과가 될 때 그 권리행사를 허용하지 않는 것을 의미한다(대판 1988.4.27. 87누915).

01 실권의 법리에 대해 우리 판례는 비례의 원칙에 대한 파생법리로 본다. (O | X) [15군무원9급]
02 대법원은 실권의 법리를 신뢰보호 원칙의 파생원칙으로 본다. (O | X) [20군무원9급]
03 실권의 법리는 신의성실원칙에서 파생된 원칙으로서 공법관계 가운데 권력관계뿐 아니라 관리관계에도 적용되어야 함을 배제할 수는 없다. (O | X) [14국가직9급]

3. 요건

- 행정기관이 권한행사의 가능성을 알고 있었을 것

> **관련 판례**
>
> 비록 20년이 다되어 허가를 취소하였으나 취소사유를 알고서도 장기간 권리행사를 하지 않은 것이 아니고 취소 직전에 비로소 취소사유를 알고 허가를 취소한 것은 실권의 법리에 위반되는 것이 아니다(대판 1988.4.27. 87누915).

- 장기간의 위법한 상태를 방치하였을 것
- 행정의 상대방이 행정청의 권한 불행사를 신뢰하고 그 신뢰가 정당할 것

> **관련 판례**
>
> 실효의 원칙이 적용되기 위하여 필요한 요건으로서의 실효기간의 길이와 의무자인 상대방이 권리가 행사되지 아니하리라고 신뢰할 만한 정당한 사유가 있었는지의 여부는 일률적으로 판단할 수 있는 것이 아니라 구체적인 경우마다 제반 사정 등을 모두 고려하여 사회통념에 따라 합리적으로 판단하여야 할 것이라고 판시(대판 2005.10.28. 2005다45827).

정답 01 X 02 X 03 O

실권의 법리 위반을 인정한 판례	실권의 법리 위반을 부정한 판례
1. 운전면허정지기간 중에 운전행위를 하다가 적발되어 형사처벌을 받았으나 행정청으로부터 아무런 행정조치가 없어 안심하고 계속 운전업무에 종사하던 중 위반 사실이 있은 후 3년이 지나 행정제재를 하면서 운전면허를 취소하는 행정처분을 한 경우 신뢰보호원칙에 위반된다(대판 1987.9.8. 87누373).	1. 구 자동차운수사업법 소정의 중대한 교통사고를 이유로 사고부터 1년 10개월 후 사고 택시에 대하여 한 운송사업면허의 취소는 신뢰보호의 원칙에 위반되지 않는 적법한 처분이다(대판 1989.6.27. 88누6283). 2. 국립공원 관리 권한을 가진 행정청이 실제의 공원 구역과 다르게 경계측량 및 표지를 설치한 십수 년 후 착오를 발견하여 지형도를 수정한 조치는 신뢰보호의 원칙에 위배되거나 행정의 자기구속의 법리에 반하는 것이라 할 수 없다(대판 1992.10.13. 92누2325).

01 행정청이 철회사유가 있음을 알면서도 장기간 아무런 조치를 취하지 않다가 뒤늦게 철회권을 행사한 경우, 실권의 법리에 위반될 수 있다. (O | X)　　　　　　　　　　　　　　　　　　　　　　　　　　　　　　[11군무원9급]

02 국립공원 관리 권한을 가진 행정청이 실제의 공원구역과 다르게 경계 측량과 표지를 설치한 십수 년 후 착오를 발견하여 지형도를 수정한 조치는 신뢰보호원칙에 위배된다. (O | X)　　　　　　　　　　　　　　　　　　　[15사회복지직9급]

03 교통사고가 일어난 지 1년 10개월이 지난 뒤 교통사고를 일으킨 택시에 대하여 운송사업면허를 취소한 경우, 택시운송사업자로서는 「자동차운수사업법」의 내용을 잘 알고 있어 교통사고를 낸 택시에 대하여 운송사업면허가 취소될 가능성을 예상할 수 있었으므로 별다른 행정조치가 없을 것으로 자신이 믿고 있었다 하여도 신뢰의 이익을 주장할 수는 없다. (O | X)　　　　　　　　　　　　　　　　　　　　　　　　　　　　[변호사시험 2회]

Ⅴ 신뢰보호원칙의 위반의 효과

1. 위헌·위법

헌법상 원칙인 신뢰보호의 원칙에 위반된 행정작용은 위헌이자 위법한 행정작용이다. 따라서 그 행정작용은 행정행위(행정행위는 무효 또는 취소사유)를 제외하고는 무효가 된다.

관련 판례

1. 수험생들은 제1차 시험 실시를 불과 2개월밖에 남겨놓지 않은 시점에서 개정 시행령의 즉시 시행으로 합격기준이 변경됨으로 인하여 시험준비에 막대한 차질을 입게 되어 위 신뢰가 크게 손상되었고, 특히 절대평가제에 의한 합격기준인 매 과목 40점 및 전과목 평균 60점 이상을 득점하고도 불합격처분을 받은 수험생들의 신뢰이익은 그 침해된 정도가 극심하다고 본 사례

   법령의 개정에 있어서 구 법령의 존속에 대한 당사자의 신뢰가 합리적이고도 정당하며, 법령의 개정으로 야기되는 당사자의 손해가 극심하여 새로운 법령으로 달성하고자 하는 공익적 목적이 그러한 신뢰의 파괴를 정당화할 수 없다면, 입법자는 경과규정을 두는 등 당사자의 신뢰를 보호할 적절한

정답 01 O　02 X　03 O

조치를 하여야 하며, 이와 같은 적절한 조치 없이 새 법령을 그대로 시행하거나 적용하는 것은 허용될 수 없는바, 이는 헌법의 기본원리인 법치주의 원리에서 도출되는 신뢰보호의 원칙에 위배되기 때문이다(대판 2006.11.16. 2003두12899).

2. 운전면허 취소사유에 해당하는 음주운전을 적발한 경찰관의 소속 경찰서장이 사무착오로 위반자에게 운전면허정지처분을 한 상태에서 위반자의 주소지 관할 지방경찰청장이 위반자에게 운전면허취소처분을 한 것은 선행처분에 대한 당사자의 신뢰 및 법적 안정성을 저해하는 것으로서 허용될 수 없다(대판 2000.2.25. 99두10520).

3. 행정청이 원고의 주민등록을 말소한 행위는 원고에게 간접적으로 국적이탈이 법령에 따라 이미 처리되었다는 견해를 표명한 것이라고 보아야 하고 나아가 행정청의 주민등록말소는 주민등록표등 초본에 공시되어 대·내외적으로 행정행위의 적법한 존재를 추단하는 중요한 근거가 되는 점에 비추어 원고가 위와 같은 주민등록말소를 통하여 자신의 국적이탈이 적법하게 처리된 것으로 신뢰한 것에 대하여 귀책사유가 있다고 할 수 없는바, 따라서 원고는 위와 같은 신뢰를 바탕으로 만 18세가 되기까지 별도로 국적이탈신고 절차를 취하지 아니하였던 것이므로, 피고가 원고의 이러한 신뢰에 반하여 원고의 국적이탈신고를 반려한 이사건 처분은, 신뢰보호의 원칙에 반하여 원고가 만 18세 이전에 국적이탈신고를 할 수 있었던 기회를 박탈한 것으로 위법하다(대판 2008.1.17. 2006두10931).

4. 소득세법 제127조는 과세표준과 세액의 조사결정에 탈루 또는 오류가 있음을 발견하면 징세 기관은 즉시 경정 결정을 하도록 규정하고 있으므로 피고가 일단 비과세 결정을 하였다가 이를 번복하고 다시 과세처분을 하였다는 사실만으로 피고의 과세처분이 신의성실의 원칙에 반하는 위법한 것이라 할 수 없다(대판 1989.1.17. 87누681).

2. 국가배상청구

신뢰보호원칙을 위반한 공무원의 위법한 직무집행은 국가배상청구의 요건을 구비하면 국가나 지방자치단체에 국가배상청구를 할 수 있다.

관련 판례

대통령이 담화를 발표하고 이에 따라 국방부장관이 삼청교육 관련 피해자들에게 그 피해를 보상하겠다고 공고하고 피해신고까지 받은 것은, 대통령이 정부의 수반인 지위에서 피해자들인 국민에 대하여 향후 입법조치 등을 통하여 그 피해를 보상해 주겠다고 구체적 사안에 관하여 종국적으로 약속한 것으로서, 거기에 채무의 승인이나 시효이익의 포기와 같은 사법상의 효과는 없더라도, 그 상대방은 약속이 이행될 것에 대한 강한 신뢰를 가지게 되고, 이러한 신뢰는 단순한 사실상의 기대를 넘어 법적으로 보호받아야 할 이익이라고 보아야 하므로, 국가로서는 정당한 이유 없이 이 신뢰를 깨뜨려서는 아니 되는바, 국가가 그 약속을 어기고 후속조치를 취하지 아니함으로써 위 담화 및 피해신고 공고에 따라 피해신고를 마친 피해자의 신뢰를 깨뜨린 경우, 그 신뢰의 상실에 따르는 손해를 배상할 의무가 있고, 이러한 손해에는 정신적 손해도 포함된다(대판 2001.7.10. 98다38364).

핵심 기출문제

01

신뢰보호의 원칙에 대한 설명으로 옳지 않은 것은? (다툼이 있는 경우 판례에 의함) [22국가직9급]

① 건축주와 그로부터 건축설계를 위임받은 건축사가 관계 법령에서 정하고 있는 건축한계선의 제한이 있다는 사실을 간과한 채 건축설계를 하고 이를 토대로 건축물의 신축 및 증축허가를 받은 경우, 그 신축 및 증축허가가 정당하다고 신뢰한 데에는 귀책사유가 있다.
② 행정청이 상대방에게 장차 어떤 처분을 하겠다고 공적 견해표명을 하였더라도 그 후에 그 전제로 된 사실적·법률적 상태가 변경되었다면, 그와 같은 공적 견해표명은 효력을 잃게 된다.
③ 수강신청 후에 징계요건을 완화하는 학칙개정이 이루어지고 이어 시험이 실시되어 그 개정학칙에 따라 대학이 성적 불량을 이유로 학생에 대하여 징계처분을 한 경우라면 이는 이른바 부진정소급효에 관한 것으로서 특별한 사정이 없는 한 위법이라고 할 수 없다.
④ 병무청 담당부서의 담당공무원에게 공적 견해의 표명을 구하지 아니한 채 민원봉사 담당공무원이 상담에 응하여 안내한 것을 신뢰한 경우에도 신뢰보호의 원칙이 적용된다.

02

신뢰보호의 원칙에 대한 설명으로 옳지 않은 것은? (다툼이 있는 경우 판례에 의함) [20국가직9급]

① 관할관청이 폐기물처리업 사업계획에 대하여 적정통보를 한 것만으로도 그 사업부지 토지에 대한 국토이용계획변경신청을 승인하여 주겠다는 취지의 공적인 견해표명을 한 것으로 볼 수 있다.
② 행정청의 확약 또는 공적인 의사표명이 있은 후에 사실적·법률적 상태가 변경되었다면, 그와 같은 확약 또는 공적인 의사표명은 행정청의 별다른 의사표시를 기다리지 않고 실효된다.
③ 행정청의 공적 견해표명이 있었는지 여부를 판단하는 데 있어 반드시 행정조직상의 형식적인 권한분장에 구애될 것은 아니고 담당자의 조직상의 지위와 임무, 당해 언동을 하게 된 구체적인 경위 및 그에 대한 상대방의 신뢰가능성에 비추어 실질에 의하여 판단하여야 한다.
④ 입법 예고를 통해 법령안의 내용을 국민에게 예고한 적이 있다고 하더라도 그것이 법령으로 확정되지 아니한 이상 국가가 이해관계자들에게 그 법령안에 관련된 사항을 약속하였다고 볼 수 없으며, 이러한 사정만으로 어떠한 신뢰를 부여하였다고 볼 수도 없다.

해설

01 ① (○) 귀책사유의 유무는 상대방과 그로부터 신청행위를 위임받은 수임인등 관계자 모두를 기준으로 판단하여야 한다(대판 2002.11.8. 2001두1512).
② (○) 신뢰 형성의 전제가 되는 법률적·사실적 사실이 사후에 변경되는 경우에는 공적 의사표명은 별다른 의사표시를 기다리지 않고 실효된다(대판 1996.8.20. 95누10877).
③ (○) 성적불량을 이유로 한 학생에 대한 징계처분에서 수강신청 이후 징계요건을 완화한 학칙은 부진정소급효로서 허용된다(대판 1989.7.11. 87누1123).
④ (×) 병무청 담당부서의 담당공무원에게 공적 견해의 표명을 구하는 정식의 서면질의 등을 하지 아니한 채 총무과 민원팀장에 불과한 공무원이 민원봉사차원에서 상담에 응하여 안내한 것을 신뢰한 경우, 신뢰보호원칙이 적용되지 아니한다(대판 2003.12.26. 2003두1875).

02 ① (×) 폐기물관리법령에 의한 폐기물처리업 사업계획에 대한 적정통보와 국토이용관리 법령에 의한 국토이용계획변경은 각기 그 제도적 취지와 결정단계에서 고려해야 할 사항들이 다르다는 이유로, 폐기물 처리업사업계획에 대하여 적정통보를 한 것만으로 그 사업부지 토지에 대한 국토이용계획변경신청을 승인하여 주겠다는 취지의 공적인 견해표명을 한 것으로 볼 수 없다(대판 2005.4.28. 2004두8828).
② (○) 신뢰 형성의 전제가 되는 법률적·사실적 사실이 사후에 변경되는 경우에는 공적 의사표명은 별다른 의사표시를 기다리지 않고 실효된다(대판 1996.8.20. 95누10877).
③ (○) 신뢰보호원칙이 적용되기 위한 행정기관의 공적 견해표명이 있었는지의 여부를 판단하는데 있어 반드시 행정조직상의 형식적인 권한분장에 구애될 것은 아니고 담당자의 조직상의 지위와 임무, 당해 언동을 하게 된 구체적인 경위 및 그에 대한 납세자의 신뢰가능성에 비추어 실질에 의하여 판단하여야 한다(대판 1996.1.23. 95누13746).
④ (○) 입법예고를 통해 법령안의 내용을 국민에게 예고한 것만으로 국가가 이해관계자들에게 법령안에 관련된 사항을 약속하거나 신뢰를 부여하였다고 볼 수 없다(대판 2018.6.15. 2017다249769).

정답 01 ④ 02 ①

제3절 평등의 원칙

I 의의

행정기관은 행정작용을 함에 있어 특별한 사유가 없는 한 그 상대방인 국민을 공평하게 대우해야 한다는 것을 의미한다. 평등의 원칙은 합리적 이유가 없는 차별을 금지하는 것이고, 자의금지의 원칙이라고도 한다.

II 근거

- 평등의 원칙에 대해서는 헌법에 명문의 규정이 존재한다.
- 최근 헌법상 원칙인 평등의 원칙에 대하여 행정기본법에 명문화되었다.

> **헌법 제11조** ① 모든 국민은 법 앞에 평등하다. 누구든지 성별·종교 또는 사회적 신분에 의하여 정치적·경제적·사회적·문화적 생활의 모든 영역에 있어서 차별을 받지 아니한다.
> **행정기본법 제9조(평등의 원칙)** 행정청은 합리적 이유 없이 국민을 차별하여서는 아니 된다.

III 내용

1. 재량권 통제의 원리

- 평등의 원칙은 모든 공권력 행사를 통제하는 원칙이지만 특히 재량권 행사를 통제하는 원칙으로서 의미가 크다.
- 평등원칙은 법적용의 평등뿐만 아니라 입법작용도 정의와 형평의 원칙에 합당할 것을 요구한다.

01 평등의 원칙은 행정작용에 있어서 특별히 합리적인 차별사유가 없는 한 국민을 공평하게 처우하여야 한다는 원칙으로 재량권행사의 한계원리로서 중요한 의미를 갖는다. (O | X) [10지방직9급]

> **참고**
> 법률은 일반적으로 일반적·추상적 성격을 가지지만 개별사건법률과 같이 구체적 사안을 규율하는 법률의 위헌성이 문제된다. 헌법재판소는 개별사건법률이라고 하여도 입법을 정당화하는 공익이 인정될 수 있으므로 평등원칙에 반하지 않는다고 한다.
>
> **관련 판례** 세무대학의 폐지를 정하는 법률의 위헌성이 문제된 사건
> 어떤 법률이 개별사건 법률 또는 처분법률의 성격을 띠고 있다고 해서 그것만으로는 헌법에 위반되는 것은 아니다(헌재 2001.2.22. 99헌마613).

정답 01 O

2. 적극적 원칙

평등의 원칙은 오늘날 적극적 원칙으로 이해된다. 즉, 평등실현을 위한 국가의 적극적 조치의 근거가 된다.

3. 합리적 사유가 없는 차별의 금지

평등원칙은 절대적 평등을 요구하는 원칙이 아니라 합리적 이유 없는 자의적인 차별이나 차별취급이 정당한 경우에도 과도한 차별을 금지하는 원칙이다(상대적 평등, 자의금지의 원칙). 그러므로 같은 것을 자의적으로 다르게 취급하거나, 다른 것을 다르게 취급이 가능한 경우라도 과도한 차별은 평등원칙 위반이다. 헌법재판소는 평등원칙 위반과 관련하여 원칙적으로 자의금지원칙의 위반으로 심사하고 헌법이 특별히 요구하는 영역과 관련되는 차별의 경우 자의금지의 원칙보다 가중된 비례의 원칙에 따른 심사를 한다.

01 평등원칙은 일체의 차별적 대우를 부정하는 절대적 평등을 의미하는 것이 아니라 입법과 법의 적용에 있어서는 합리적인 근거가 없는 차별을 배제하는 상대적 평등을 뜻한다. (O | X) [21국가직9급]

02 평등원칙은 동일한 것 사이에서의 평등이므로 상이한 것에 대한 차별의 정도에서의 평등을 포함하지 않는다. (O | X) [21군무원9급]

관련 판례

1. 일반직 직원의 정년을 58세로 규정하면서 전화교환직렬 직원만은 정년을 53세로 규정하여 5년간의 정년차등을 둔 것이 사회통념상 합리성이 있다(대판 1996.8.23. 94누13589).

2. 평등원칙 위반 여부에 관한 원칙적 심사척도인 자의금지 원칙과 비례원칙에 따른 심사 – 제대군인 가산점 제도가 비례성 심사를 통하여 평등의 원칙에 위반된다는 판시

   평등위반 여부를 심사함에 있어 엄격한 심사척도에 의할 것인지, 완화된 심사척도에 의할 것인지는 입법자에게 인정되는 입법형성권의 정도에 따라 달라지게 될 것이나, 헌법에서 특별히 평등을 요구하고 있는 경우와 차별적 취급으로 인하여 관련 기본권에 대한 중대한 제한을 초래하게 된다면 입법형성권은 축소되어 보다 엄격한 심사척도가 적용되어야 할 것인바, 가산점제도는 헌법 제32조 제4항이 특별히 남녀평등을 요구하고 있는 "근로" 내지 "고용"의 영역에서 남성과 여성을 달리 취급하는 제도이고, 또한 헌법 제25조에 의하여 보장된 공무담임권이라는 기본권의 행사에 중대한 제약을 초래하는 것이기 때문에 엄격한 심사척도가 적용된다. 가산점제도는 제대군인에 비하여, 여성 및 제대군인이 아닌 남성을 부당한 방법으로 지나치게 차별하는 것으로서 헌법 제11조에 위배되며, 이로 인하여 청구인들의 평등권이 침해된다(헌재 1999.12.23. 98헌마363).

정답 01 O 02 X

CHAPTER 4 행정법의 일반원칙

> **관련 판례** 평등의 원칙 위반으로 본 판례

1. 당직 근무 대기중 약 25분간 같은 근무조원 3명과 함께 시민 과장실에서 심심풀이로 돈을 걸지않고 점수따기 화투놀이를 한 사실을 확정한 다음, 원고와 함께 화투놀이를 한 3명(지방공무원)은 부산시 소청심사위원회에서 견책에 처하기로 의결된 사실이 인정되는 점등 제반 사정을 고려하면 피고가 원고에 대한 징계처분으로 파면을 택한 것은 당직근무 대기자의 실정이나 공평의 원칙상 그 재량의 범위를 벗어난 위법한 것이다(대판 1972.12.26. 72누194).
2. 조례안이 지방의회의 감사 또는 조사를 위하여 출석요구를 받은 증인이 5급 이상 공무원인지 여부, 기관(법인)의 대표나 임원인지 여부 등 증인의 사회적 신분에 따라 미리부터 과태료의 액수에 차등을 두고 있는 경우, 그와 같은 차별은 증인의 불출석이나 증언거부에 대하여 과태료를 부과하는 목적에 비추어 볼 때 그 합리성을 인정할 수 없고 지위의 높고 낮음만을 기준으로 한 부당한 차별대우라고 할 것이어서 헌법에 규정된 평등의 원칙에 위배되어 무효이다(대판 1997.2.25. 96추213).
3. 국·공립학교 채용시험에서 국가유공자의 가족들에게 만점의 10%라는 높은 가산점을 부여하는 것은 과도한 차별로 본 사례
   명시적인 헌법적 근거 없이 국가유공자의 가족들에게 만점의 10%라는 높은 가산점을 부여하고 있는 바, 그러한 가산점 부여 대상자의 광범위성과 가산점 10%의 심각한 영향력과 차별효과를 고려할 때, 그러한 입법정책만으로 헌법상의 공정경쟁의 원리와 기회균등의 원칙을 훼손하는 것은 부적절하며, 국가유공자의 가족의 공직 취업기회를 위하여 매년 많은 일반 응시자들에게 불합격이라는 심각한 불이익을 입게 하는 것은 정당화될 수 없다. 이 사건 조항의 차별로 인한 불평등 효과는 입법목적과 그 달성수단 간의 비례성을 현저히 초과하는 것이므로, 이 사건 조항은 청구인들과 같은 일반 공직시험 응시자들의 평등권을 침해한다(헌재 2006.2.23. 2004헌마675·981·1022병합).
4. 행정자치부의 지방조직 개편지침의 일환으로 청원경찰의 인원감축을 위한 면직처분대상자를 선정함에 있어서 초등학교 졸업 이하 학력소지자 집단과 중학교 중퇴 이상 학력소지자 집단으로 나누어 각 집단별로 같은 감원비율 상당의 인원을 선정한 것은 합리성과 공정성을 결여하고, 평등의 원칙에 위배하여 그 하자가 중대하다 할 것이나, 그렇게 한 이유가 시험문제 출제 수준이 중학교 학력 수준이어서 초등학교 졸업 이하 학력소지자에게 상대적으로 불리할 것이라는 판단 아래 이를 보완하기 위한 것이었으므로 그 하자가 객관적으로 명백하다고 보기는 어렵다(대판 2002.2.8. 2000두4057).
5. 국·공립사범대학 등 출신자를 국·공립학교 교사로 우선하여 채용하는 것은 헌법상 평등원칙에 위반된다(헌재 1990.10.8. 89헌마89).
6. 해외근로자의 자녀를 대상으로 한 특별전형에서 외교관과 공무원의 자녀에 대하여만 실제 취득점수에 20%의 가산점을 부여하여 합격사정을 함으로써 실제 취득점수에 의하면 합격할 수 있었던 응시자들에 대하여 한 불합격처분은 위법하다(대판 1990.2.28. 89누8255).
7. 실질에 있어 다세대주택과 같은 다가구주택 소유자들 각자에게 국민주택 특별분양권의 부여 신청을 거부한 처분은 재량권의 범위를 벗어난 것으로서 위법하다(대판 2007.11.29. 2006두8495).
8. 훼손부담금의 부과율을 규정함에 있어서 전기공급시설 등과는 달리 집단에너지공급시설에 차등을 두는 구 개발제한구역의 지정 및 관리에 관한 특별조치법 규정은, 공급하는 물질(에너지)만 다를 뿐, 그 설치 공사의 내용과 방법, 기술적 측면의 규제 내용이 동일하므로 헌법상 평등원칙에 위배되어 무효이다(대판 2007.10.29. 2005두14417전합).

9. **외국인만으로 구성된 가구 중 영주권자 및 결혼이민자만을 긴급재난지원금 지급대상에 포함시키고 난민인정자를 제외한 '이 사건 처리기준'이 난민인정자인 청구인의 평등권을 침해하는지 여부(적극)**
   코로나19로 인하여 경제적 타격을 입었다는 점에 있어서는 영주권자, 결혼이민자, 난민인정자간에 차이가 있을 수 없으므로 그 회복을 위한 지원금 수급 대상이 될 자격에 있어서 역시 이들 사이에 차이가 발생한다고 볼 수 없다(헌재 2024.3.28. 2020헌마1079).

10. [1] 행정청이 내부준칙을 제정하여 그에 따라 장기간 일정한 방향으로 행정행위를 함으로써 행정관행이 확립된 경우, 그러한 내부준칙이나 확립된 행정관행을 통한 행정행위에 대해서도 헌법상 평등원칙이 적용된다.

    [2] 국민건강보험공단은 공권력을 행사하는 주체이자 기본권 보장의 수범자로서의 지위를 갖는다. 그 결과 사적 단체 또는 사인의 경우 차별처우가 사회공동체의 건전한 상식과 법감정에 비추어 볼 때 도저히 용인될 수 없는 경우에 한해 사회질서에 위반되는 행위로서 위법한 행위로 평가되는 것과 달리, 국민건강보험공단은 평등원칙에 따라 국민의 기본권을 보호 내지 실현할 책임과 의무를 부담하므로, 그 차별처우의 위법성이 보다 폭넓게 인정될 수 있다.

    [3] 갑이 동성인 을과 교제하다가 서로를 동반자로 삼아 함께 생활하기로 합의하고 동거하던 중 결혼식을 올린 뒤 국민건강보험공단에 건강보험 직장가입자인 을의 사실혼 배우자로 피부양자 자격취득 신고를 하여 피부양자 자격을 취득한 것으로 등록되었는데, 이 사실이 언론에 보도되자 국민건강보험공단이 갑을 피부양자로 등록한 것이 '착오 처리'였다며 갑의 피부양자 자격을 소급하여 상실시키고 지역가입자로 갑의 자격을 변경한 후 그동안의 지역가입자로서의 건강보험료 등을 납입할 것을 고지한 사안에서, 위 처분이 행정절차법 제21조 제1항과 헌법상 평등원칙을 위반하여 위법하다(대판 2024.7.18. 2023두36800)

11. **평등원칙 위반사건**
    [1] 국립대학교 총장은 공권력을 행사하는 주체이자 기본권 수범자로서의 지위를 갖는다. 따라서 국민의 기본권을 보호 내지 실현할 책임과 의무를 부담하므로, 그 차별처우의 위법성이 보다 폭넓게 인정된다.

    [2] 국립대학교 법학전문대학원에 입학원서를 제출한 제칠일안식일예수재림교 신자 갑이 1단계 서류전형 평가 합격 통지와 함께 토요일 오전반으로 면접고사 일정이 지정되자, 토요일 일몰 전에 세속적 행위를 금지하는 안식일에 관한 종교적 신념을 지키기 위해 면접 일정을 토요일 오후 마지막 순번으로 변경해 달라는 취지의 이의신청서를 제출했으나, 총장이 이를 거부하고 면접평가에 응시하지 않은 갑에게 불합격 통지를 한 사안에서, 갑의 면접일시 변경을 거부함으로써 갑이 종교적 신념을 이유로 받게 된 중대한 불이익을 방치한 총장의 행위는 헌법상 평등원칙을 위반한 것으로 위법하고, 위법하게 지정된 면접일정에 응시하지 않았음을 이유로 한 불합격처분은 취소되어야 한다(대판 2024.4.4. 2022두56661).

12. 병원, 치과병원, 종합병원과 달리 정신병원에 대하여는 한의사를 두어 한의과 진료과목을 추가로 설치·운영할 수 있다는 규정을 두지 아니한 의료법 제43조 제1항은 정신병원을 운영하는 청구인의 평등권을 침해한다(헌재 2025.1.23. 2021헌마886).

13. 특별교통수단에 있어 표준휠체어만을 기준으로 휠체어 고정설비의 안전기준을 정하고 있는 '교통약자의 이동편의 증진법 시행규칙' 제6조 제3항 별표 1의2(이하 '심판대상조항'이라 한다)가 합리적 이유 없이 표준휠체어를 이용할 수 있는 장애인과 표준휠체어를 이용할 수 없는 장애인을 달리 취급하여 청구인의 평등권을 침해하는지 여부(적극)(헌재 2023.5.25. 2019헌마1234).

> **관련 판례** 평등의 원칙 위반을 부정한 판례

1. 같은 정도의 비위를 저지른 자들 사이에 있어서도 그 직무의 특성 등에 비추어, 개전의 정이 있는지 여부에 따라 징계의 종류의 선택과 양정에 있어서 차별적으로 취급하는 것은, 사안의 성질에따른 합리적 차별로서 이를 자의적 취급이라고 할 수 없는 것이어서 평등 원칙 내지 형평에 반하지 아니한다(대판 1999.8.20. 99두2611).

2. 관련 법령이 정신병원 등의 개설에 관하여는 허가제로, 정신과의원 개설에 관하여는 신고제로 각 규정하고 있는 것은 각 의료기관의 개설 목적 및 규모 등 차이를 반영한 합리적 차별로서 평등의 원칙에 반한다고 볼 수 없다. 또한 신고제 규정으로 사인인 제3자에 의한 개인의 생명이나 신체 훼손의 위험성이 증가한다고 할 수 없어 기본권 보호의무에 위반된다고 볼 수도 없다(대판 2018.10.25. 2018두44302).

3. 일반군무원은 이미 그 정년이 60세인 데에 반하여, 이 사건 정년특례조항이 별정군무원에서 전환된 자들의 정년은 2020년이 되어야 60세가 되도록 한 것은, 국가재정상태, 인력수급 상황 등 여러 현실적인 사정을 감안하여 국가로 하여금 일반군무원으로의 전환에 필요한 준비를 할 수 있도록 하기 위하여 그 정년을 단계적으로 연장하도록 한 것이므로, 그 결과 청구인들에게 어떠한 차별이 발생한다 하더라도 이를 합리적 이유 없는 차별이라고 단정하기는 어렵다. 따라서 이 사건 정년특례조항은 청구인들의 평등권을 침해하지 않는다(헌재 2016.3.31. 2014헌마581 등).

4. 현역군인만을 국방부의 보조기관 및 차관보·보좌기관과 병무청 및 방위사업청의 보조기관 및 보좌기관에 보할 수 있도록 정하여 군무원을 제외하고 있는 정부조직법 관련 조항은 평등원칙을 침해하는 것이 아니라는 판례
   이 사건 법률조항으로 말미암아 군무원인 청구인들이 현역군인과는 달리 국방부 등의 보조기관 등에 보해질 수 없는 것은 현역군인과 군무원의 제도상, 신분상, 임무상의 차이에서 오는 것으로서, 그와 같은 차별이 입법재량의 범위를 벗어나 현저하게 불합리한 것이라고 보기는 어려우므로 이 사건 법률조항이 군무원인 청구인들의 평등권을 침해하는 것이라고 할 수 없다(헌재 2008.6.26. 2005헌마1275).

5. 대부계약 등을 맺지 않고 국유 잡종재산(일반재산)을 무단 점유한 사람에게 통상 대부료의 20%를 할증한 변상금을 부과하도록 정한 국유재산법 제51조 제1항이 헌법상의 평등권과 재산권을 침해하지 아니한다(대판 2008.5.15. 2005두11463).

6. 미신고 집회의 주최자를 미신고 시위 주최자와 동등하게 처벌하는 것은 평등원칙에 위배되지 않는다(헌재 2009.5.28. 2007헌바22).

7. 청원주에 의해 고용된 청원경찰의 징계에 관한 규정형식이 일반 공무원과 다르다고 하여 평등원칙 위반이 아니다(헌재 2010.2.25. 2008헌바160).

8. 복무기간 단축에 따른 사회복무요원의 보수지급 기준이 되는 복무기간을 조정하면서 변경된 보수지급 기준을 2020. 1.의 보수 지급분부터 적용하도록 규정한 병역법 시행령 부칙 제5조가 사회복무요원으로 복무 중인 청구인의 평등권을 침해하지 아니한다(헌재 2021.11.25. 2020헌마413).

9. 영종도 주민에 대한 '인천광역시 공항고속도로 통행료지원 조례안'은 그 내용이 현저하게 합리성을 결여하여 자의적인 기준을 설정한 것이라고 볼 수 없으므로 헌법의 평등원칙에 위배된다고 할 수 없고, 구 지방자치법 제13조 제1항 등에도 위배되지 않는다(대판 2008.6.12. 2007추42).

10. '원주 혁신도시 및 기업도시 편입지역 주민지원 조례안'이 원주시 내에 건설되는 혁신도시, 기업도시의 주민 등에게만 일정한 지원을 하도록 하고 있더라도 그것만으로 위 조례안이 평등원칙을 위반하고 있다고 보기는 어렵다(대판 2009.10.15. 2008추32).

PART 1 행정법 서론

01 지방의회의 감사 또는 조사를 위하여 출석요구를 받은 증인이 출석하지 않을 경우 증인의 사회적 지위에 따라 과태료의 액수에 차등을 두는 것을 내용으로 하는 조례안은 헌법에 규정된 평등의 원칙에 위배된다고 볼 수 없다. (O | X) [17서울시9급]

02 현역군인만을 국방부의 보조기관 및 차관보·보좌기관과 병무청 및 방위사업청의 보조기관 및 보좌기관에 보할 수 있도록 정하여 군무원을 제외하고 있는 정부조직법 관련 조항은 군무원인 청구인들의 평등권을 침해한다고 보아야 한다. (O | X) [20군무원9급]

03 미신고 집회의 주최자를 미신고 시위의 주최자와 동등하게 처벌하는 구「집회 및 시위에 관한 법률」제19조 제2항은 평등원칙에 위반되지 않는다. (O | X) [11국회직8급]

4. 평등원칙의 한계

불법 앞에서의 평등은 인정될 수 없으므로 위법한 행정작용에 대해서는 평등의 원칙은 적용되지 않는다.

5. 위반의 효과

평등원칙에 위반되는 행위는 위헌·위법한 행정작용이 된다.

제4절 자기구속의 원칙

I 의의

자기구속의 원칙이란, 행정청은 동종·유사 사안에 대해 제3자에게 행한 결정과 같은 결정을 상대방에게 하도록 구속받는 원칙이다.

II 특징

1. 스스로 만든 기준일 것

'스스로' 만든 기준에 구속되는 것으로 법률에 의한 타자 구속과 구별된다.

2. 일반적·추상적 성질

재량권 행사의 준칙인 행정규칙과 특별히 관련되는 것으로 일반적·추상적 성격을 가지고 있다.

정답 01 X 02 X 03 O

Ⅲ 법적근거

자기구속의 원칙은 헌법이나 행정기본법에 명문규정이 없다. 이론적 근거로, 학설은 일반적으로 평등원칙을 자기구속의 원칙의 근거로 보지만, 대법원과 헌법재판소 모두 평등원칙과 신뢰보호의 원칙을 자기구속의 원칙의 근거가 된다고 본다.

> **관련 판례**
>
> 1. **헌법재판소 판례**
>   재량권 행사의 준칙인 규칙이 그 정한 바에 따라 되풀이 시행되어 행정관행이 이룩되게 되면 평등의 원칙이나 신뢰보호의 원칙에 따라 행정기관은 그 상대방에 대한 관계에서 그 규칙에 따라야 할 자기구속을 당하게 되는 경우에는 대외적인 구속력을 가지게 된다(헌재 1990.9.3. 90헌마13).
> 2. **대법원 판례**
>   재량준칙이 정한 바에 따라 되풀이 시행되어 행정관행이 이루어지게 되면 평등의 원칙이나 신뢰보호의 원칙에 따라 행정청은 상대방에 대한 관계에서 그 규칙에 따라야 할 자기구속을 받게 되므로, 이러한 경우에는 특별한 사정이 없는 한 그에 반하는 처분은 평등의 원칙이나 신뢰보호의 원칙에 어긋나 재량권을 일탈·남용한 위법한 처분이 된다(대판 2014.11.27. 2013두18964).

01 대법원과 헌법재판소는 평등의 원칙과 신뢰보호의 원칙을 행정의 자기구속의 원칙의 근거로 삼고 있다. (O | X)

[13국가직9급]

Ⅳ 적용

1. 재량이 인정되는 영역일 것

- 법이 재량을 인정한 경우, 행정청은 통일적이고 적정한 행정을 위한 내부 기준을 마련할 수 있고, 그것이 재량준칙이 된다. 따라서 재량이 인정되는 영역에서만, 자기구속의 원칙은 적용되는 것이고, 자기구속의 원칙은 주로 법적으로 동일한 사실관계(동종 사안)에서 재량 통제의 법리로서 역할이 크다.

2. 동종 사안일 것

처분의 상대방에 대한 상황과 선례의 상황이 동종의 사안으로 평가할 수 있어야 한다.

3. 동일 행정청일 것

처분의 상대방인 행정청이 선례를 만든 행정청이어야 한다.

4. 선례가 존재할 것

선례가 필요한지 여부와 관련하여, 견해의 대립이 존재하지만, 판례는 선례가 필요하다는 입장이다.

정답 01 O

PART 1 행정법 서론

> **관련 판례**
> 시장이 농림수산식품부에 의하여 공표된 '2008년도 농림사업시행지침서'에 명시되지 않은 '시·군별 건조저장시설 개소당 논 면적' 기준을 충족하지 못하였다는 이유로 신규 건조저장시설 사업자 인정신청을 반려한 사안에서, 그 처분이 행정의 자기구속의 원칙 및 행정규칙에 대한 신뢰보호의 원칙에 위배되거나 재량권을 일탈·남용한 위법이 없다(대판 2009.12.24. 2009두7967).

01 행정청 내부의 사무처리준칙에 해당하는 지침의 공표만으로도 신청인은 보호가치 있는 신뢰를 갖게된다. (O | X)
[16지방직9급]

V 한계

위법한 선례에 대한 자기구속의 원칙은 적용될 수 없다.

> **관련 판례**
> 평등의 원칙은 본질적으로 같은 것을 자의적으로 다르게 취급함을 금지하는 것이고 위법한 행정처분이 수차례에 걸쳐 반복적으로 행하여졌다 하더라도 그러한 처분이 위법한 것인 때에는 행정청에 대하여 자기구속력을 갖게 된다고 할 수 없다(대판 2009.6.25. 2008두13132).

02 평등의 원칙에 의할 때, 위법한 행정처분이 수차례에 걸쳐 반복적으로 행하여 졌다면 설령 그러한 처분이 위법하더라도 행정청에 대하여 자기구속력을 갖게 된다. (O | X)
[18서울시7급]

03 반복적으로 행하여진 행정 처분이 위법한 것일 경우 행정청은 자기구속원칙에 구속되지 않는다. (O | X)
[19국회직8급]

VI 효과

자기구속의 원칙에 반하는 처분은 위헌·위법이 된다. 재량권의 행사 준칙에 불과한 행정규칙이 자기구속의 원칙을 매개로 대외적 구속력을 가지게 되는 것이다(전환규범). 헌법재판소는 재량준칙인 행정규칙도 행정의 자기구속의 법리에 의거하여 헌법소원심판의 대상이 될 수 있다고 본다.

04 헌법재판소의 판례에 의하면, 재량준칙인 행정규칙도 행정의 자기구속의 법리에 의거하여 헌법소원심판의 대상이 될 수 있다. (O | X)
[16서울시9급]

정답 01 X 02 X 03 O 04 O

핵심 기출문제

01

행정의 자기구속의 원칙에 대한 설명으로 옳지 않은 것은?(다툼이 있는 경우 판례에 의함)

[18국가직9급]

① 헌법재판소는 평등의 원칙이나 신뢰보호의 원칙을 근거로 행정의 자기구속의 원칙을 인정하고 있다.
② 반복적으로 행해진 행정처분이 위법하더라도 행정의 자기구속의 원칙에 따라 행정청은 선행처분에 구속된다.
③ 행정의 자기구속의 원칙은 법적으로 동일한 사실관계, 즉 동종의 사안에서 적용이 문제되는 것으로 주로 재량의 통제법리와 관련 된다.
④ 재량준칙이 공표된 것만으로는 행정의 자기구속의 원칙이 적용될 수 없고, 재량준칙이 되풀이 시행되어 행정관행이 성립한 경우에 행정의 자기구속의 원칙이 적용될 수 있다.

해설

01 │ ① (○) 재량권 행사의 준칙인 규칙이 그 정한 바에 따라 되풀이 시행되어 행정관행이 이룩되게 되면 <u>평등의 원칙이나 신뢰보호의 원칙</u>에 따라 행정기관은 그 상대방에 대한 관계에서 그 규칙에 따라야 할 자기구속을 당하게 되는 경우에는 대외적인 구속력을 가지게 된다(헌재 1990.9.3. 90헌마13).
② (×) 평등의 원칙은 본질적으로 같은 것을 자의적으로 다르게 취급함을 금지하는 것이고 <u>위법한 행정처분이 수차례에 걸쳐 반복적으로 행하여졌다 하더라도 그러한 처분이 위법한 것인 때에는 행정청에 대하여 자기구속력을 갖게 된다고 할 수 없다</u>(대판 2009.6.25. 2008두13132).
③ (○) 법이 재량을 인정한 경우에 행정청은 통일적이고 적정한 행정을 위한 내부 기준을 마련할 수 있고 그것이 재량준칙이 된다. 따라서 재량이 인정되는 영역에서만 자기구속의 원칙은 적용되는 것이고 <u>자기구속의 원칙은 주로 법적으로 동일한 사실관계(동종 사안)에서 적용이 문제되는 재량통제의 법리로서 역할이 크다.</u>
④ (○) <u>재량준칙이 정한 바에 따라 되풀이 시행되어</u> 행정관행이 이루어지게 되면 평등의 원칙이나 신뢰보호의 원칙에 따라 행정청은 상대방에 대한 관계에서 그 규칙에 따라야 할 자기구속을 받게 되므로, 이러한 경우에는 특별한 사정이 없는 한 그에 반하는 처분은 평등의 원칙이나 신뢰보호의 원칙에 어긋나 재량권을 일탈·남용한 위법한 처분이 된다(대판 2014.11.27. 2013두18964).

정답 01 ②

제5절 부당결부금지의 원칙

I 의의

행정청이 행정작용을 하면서 그것과 실질적 관련성이 없는 상대방의 반대급부와 결부시켜서는 안 된다는 원칙이다.

> **행정기본법 제13조(부당결부금지의 원칙)** 행정청은 행정작용을 할 때 상대방에게 해당 행정작용과 실질적인 관련이 없는 의무를 부과해서는 아니 된다.

II 요건

- 행정청의 공권력행사가 존재하여야 한다.
- 공권력의 행사가 상대방의 반대급부와 결부되어야 한다.
- 공권력의 행사와 반대급부 사이에는 실질적 관련성이 없을 것이 요구된다.

III 적용범위

1. 공법상 계약

행정청이 공법상 계약을 체결하면서 계약당사자에게 반대급부의무를 부과하는 경우, 그 반대급부는 주된 급부와 실질적 관련성이 있어야 한다.

2. 부관

행정청의 주된 행정행위와 부관은 주된 행정행위의 목적 실현과 실질적 관련성이 있어야 한다. 주로 수익적 행정행위와 관련하여 문제된다.

> **관련 판례** 수익적 행정행위와 부당결부금지의 원칙
>
> 1. 지방자치단체장이 사업자에게 주택사업계획승인을 하면서 그 주택사업과는 아무런 관련이 없는 토지를 기부채납하도록 하는 부관을 주택사업계획승인에 붙인 경우, 그 부관은 부당결부금지의 원칙에 위반되어 위법하다(대판 1997.3.11. 96다49650).
> 2. 고속국도관리청이 고속도로 부지와 접도구역에 송유관 매설을 허가하면서 상대방과 체결한 협약에 따라 송유관 시설을 이전하게 될 경우 그 비용을 상대방에게 부담하도록 한 경우 위 협약에 포함된 부관이 부당결부금지의 원칙에 반하지 않는다(대판 2009.2.12. 2005다6550).

01 주택사업을 승인하면서 입주민이 이용하는 진입도로의 개설 및 확장 등의 기부채납의무를 부담으로 부과하는 것은 부당결부금지의 원칙에 반한다. (O | X) [15경찰]

02 도로법 시행규칙의 개정으로 접도구역에는 관리청의 허가 없이도 송유관을 매설할 수 있게 되었기 때문에 위 협약 중 접도구역에 대한 부분은 효력이 소멸된다. (O | X) [17국가직7급]

3. 새로운 행정의 실효성 확보수단으로서 공급거부·관허사업의 제한

- 공급거부와 관련하여, 건축법 위반행위자에 대하여 전기·수도의 공급을 거부할 수 있는 근거규정이 존재하였으나 부당결부금칙에 위반될 소지가 있어 관련법 규정이 현재는 삭제되었다.
- 관허사업의 제한과 관련하여, 세무서장 등은 납세자가 허가·인가·면허 및 등록을 받은 사업과 관련된 소득세, 법인세 및 부가가치세를 대통령령으로 정하는 사유 없이 체납하였을 때에는 해당 사업의 주무관서에 그 납세자에 대하여 허가 등의 갱신과 그 허가 등의 근거법률에 따른 신규 허가 등을 하지 아니할 것을 요구할 수 있다. 이것은 부당결부금지원칙에 반하지 아니한다.

Ⅳ 위반의 효과

- 권리남용금지라는 법률상 원칙에 근거한다고 보는 법률적효력설과 법치국가원리에 근거한 헌법적효력설이 대립하고, 헌법적효력설이 다수설이다. 다수설에 따라, 부당결부금지의 원칙에 위반된 행위는 위헌·위법이 된다.
- 부당결부금지의 원칙에 위반된 행정행위는 무효 또는 취소할 수 있는 행위가 된다.

> **관련 판례**
>
> 1. 지방자치단체장이 사업자에게 주택사업계획승인을 하면서 그 주택사업과는 아무런 관련이 없는 토지를 기부채납하도록 하는 부관을 주택사업계획승인에 붙인 경우, 그 부관은 부당결부금지의 원칙에 위반되어 위법하지만, 지방자치단체장이 승인한 사업자의 주택사업계획은 상당히 큰 규모의 사업임에 반하여, 사업자가 기부채납한 토지 가액은 그 100분의 1 상당의 금액에 불과한 데다가, 사업자가 그 동안 그 부관에 대하여 아무런 이의를 제기하지 아니하다가 지방자치단체장이 업무착오로 기부채납한 토지에 대하여 보상협조요청서를 보내자 그때서야 비로소 부관의 하자를 들고나온 사정에 비추어 볼 때 부관의 하자가 중대하고 명백하여 당연무효라고는 볼 수 없다(대판 1997.3.11. 96다49650).
> 2. 준공거부처분에서 그 이유로 내세운 도로기부채납 의무는 이 사건 기숙사 등 건축물에 인접한 도로 198미터 개설을 위한 도시계획사업시행허가와 위 기숙사 등 건축물의 신축을 위한 도시계획사업의 시행허가에 관한 것으로 기숙사 등 건축물의 건축허가와는 별개의 것이고, 건축허가 사항대로 이행되는 「건축법」 등에 위반한 사항이 없는 기숙사 등 건축물에 관하여 원고가 위와 같은 이유로 준공거부처분을 한 것은 「건축법」에 근거 없이 이루어진 것으로서 위법하다(대판 1992.11.27. 92누10364).

정답 01 X 02 X

3. 공동주택을 건설하려는 사업주체(지역주택조합)에게 주택건설촉진법 제33조에 의한 주택건설사업계획의 승인처분을 함에 있어 그 주택단지의 진입도로 부지의 소유권을 확보하여 진입도로 등 간선시설을 설치하고 그 부지 소유권 등을 기부채납하며 그 주택건설사업 시행에 따라 폐쇄되는 인근 주민들의 기존 통행로를 대체하는 통행로를 설치하고 그 부지 일부를 기부채납하도록 조건을 붙인 경우, 주택건설촉진법과 같은 법 시행령 및 주택건설기준 등에 관한 규정 등 관련 법령의 관계 규정에 의하면 그와 같은 조건을 붙였다 하여도 다른 특별한 사정이 없는 한 필요한 범위를 넘어 과중한 부담을 지우는 것으로서 형평의 원칙 등에 위배되는 위법한 부관이라 할 수 없다(대판 1997.3.14. 96누16698).

Ⅴ 관련문제 – 복수의 운전면허 취소

복수의 운전면허의 경우에 이를 취소·정지함에 있어서 서로 별개의 것으로 취급하는 것이 원칙이다. 다만, 취소되는 면허와 실질적 관련성이 있는 다른 면허를 취소·정지할 수 있다.

관련 판례 복수의 운전면허 취소와 부당결부금지의 원칙

1. 한 사람이 여러 종류의 자동차운전면허를 취득하는 경우뿐 아니라 이를 취소 또는 정지하는 경우에도 서로 별개의 것으로 취급하는 것이 원칙이고, 다만 취소사유가 특정 면허에 관한 것이 아니고 다른 면허와 공통된 것이거나 운전면허를 받은 사람에 관한 것일 경우에는 여러 면허를 전부 취소할 수도 있다(대판 2012.5.24. 2012두1891).
2. 제1종 보통면허로 운전할 수 있는 승합차를 음주운전 한 경우 제1종 보통면허 외에 제1종 대형면허까지 취소한 것은 위법한 처분이 아니다(대판 1997.3.11. 96누15176).
3. 제1종 보통면허 소지자는 원동기장치자전거까지 운전할 수 있도록 규정하고 있어서 제1종 보통면허로 운전할 수 있는 차량의 음주운전은 당해 운전면허뿐만 아니라 제1종 대형면허로도 가능하고, 또한 제1종 대형면허나 제1종 보통면허의 취소에는 당연히 원동기장치자전거의 운전까지 금지하는 취지가 포함된 것이어서 이들 세 종류의 운전면허는 서로 관련된 것이라고 할 것이므로 제1종 보통면허로 운전할 수 있는 차량을 음주운전한 경우에 이와 관련된 면허인 제1종 대형면허와 원동기장치자전거 면허까지 취소할 수 있는 것으로 보아야 한다(대판 1994.11.25. 94누9672).
4. 이륜자동차와 1종 대형·보통 면허는 아무런 관련이 없다는 사례
이륜자동차의 운전은 제1종 대형면허나 보통면허와는 아무런 관련이 없는 것이므로 이륜자동차를 음주운전 한 사유만 가지고서는 제1종 대형면허나 보통면허의 취소나 정지를 할 수 없다(대판 1992.9.22. 91누8289).
5. 택시의 운전은 제1종 보통면허 및 특수면허 모두로 운전한 것이 되므로 택시의 음주운전을 이유로 위 두 가지 운전면허 모두를 취소할 수 있다(대판 1996.6.28. 96누4992).
6. 갑이 제2종 원동기장치자전거면허 외에 다른 운전면허 없이 주취 상태에서 승용자동차를 운전하였다는 이유로 관할 지방경찰청장이 갑의 제2종 원동기장치자전거면허를 취소한 사안에서, 갑의 승용자동차 음주운전행위는 제2종 원동기장치자전거의 운전을 금지시킬 사유에 해당한다는 이유로, 이와 달리 본 원심판결에 도로교통법상 운전면허 취소의 범위에 관한 법리를 오해한 위법이 있다(대판 2012.6.28. 2011두358).

CHAPTER 4 행정법의 일반원칙

> **참고**
> 갑이 혈중알코올농도 0.140%의 주취상태로 배기량 125cc 이륜자동차를 운전하였다는 이유로 관할 지방경찰청장이 갑의 자동차운전면허[제1종 대형, 제1종 보통, 제1종 특수(대형견인·구난), 제2종 소형]를 취소하는 처분을 한 사안에서, 위 처분 중 제1종 대형, 제1종 보통, 제1종 특수(대형견인·구난) 운전면허를 취소한 부분에 재량권을 일탈·남용한 위법이 있다고 본 원심판단에 재량권 일탈·남용에 관한 법리 등을 오해한 위법이 있다(대판 2018.2.28. 2017두67476).

제6절 성실의무와 권한 남용금지의 원칙

I 의의

1. 신의성실의 원칙과 성실의무

민법상 "신의성실의 원칙"은 모든 사회적 주체가 사회공동체 일원으로 상대방의 신뢰에 반하지 않도록 성실하게 행동할 것을 요구하는 법 원칙이다. 또한 판례상, 신의성실의 원칙은 권리남용 금지의 근거가 되는 등 독자적 의미가 있다. 그리하여 최근에 행정기본법에서 사법상 대원칙인 신의성실의 원칙을 공법관계에 맞게 행정청의 "성실의무의 원칙"으로 규정하기에 이르렀다.

2. 권리남용금지의 원칙과 권한남용금지의 원칙

행정주체의 권리가 법률상 정해진 공익목적에 반하여 행사되어서는 안 된다는 권리남용금지의 원칙도 신의성실의 원칙과 같이 민법상 일반원칙으로서 행정법관계에도 적용되어왔다. 최근 대법원은 권한남용금지의 원칙을 법치국가 원리 또는 법치주의에 기초한 것으로 보면서 행정법상 권한남용금지의 원칙을 민법상 권리남용금지의 원칙과 구별하여 행정법의 고유한 법 원칙으로 선언하였고, 이를 명확히 하기 위해 이 법에 공무원의 권한남용을 금지하는 일반적 규정을 두었다.

> **행정기본법 제11조(성실의무 및 권한남용금지의 원칙)** ① 행정청은 법령등에 따른 의무를 성실히 수행하여야 한다.
> ② 행정청은 행정권한을 남용하거나 그 권한의 범위를 넘어서는 아니 된다.

> **민법 제2조(신의성실)** ① 권리의 행사와 의무의 이행은 신의에 좇아 성실히 하여야 한다.
> ② 권리는 남용하지 못한다.

> **행정절차법 제4조(신의성실 및 신뢰보호)** ① 행정청은 직무를 수행할 때 신의(信義)에 따라 성실히 하여야 한다.
> **국세기본법 제15조(신의·성실)** 납세자가 그 의무를 이행할 때에는 신의에 따라 성실하게 하여야 한다. 세무공무원이 직무를 수행할 때도 또한 같다.

관련 판례

법치주의는 국가권력의 중립성과 공공성 및 윤리성을 확보하기 위한 것이므로, 모든 국가기관과 공무원은 헌법과 법률에 위배되는 행위를 하여서는 아니 됨은 물론 헌법과 법률에 의하여 부여된 권한을 행사할 때에도 그 권한을 남용하여서는 아니 된다(대판 2016.12.15. 2016두47659).

Ⅱ 적용

신의성실의 원칙은 당사자 간에 계약 등 구체적인 관계가 있을 때에만 적용되는 것으로 보는 것이 다수설이다. 따라서 구체적 관계가 존재하지 않는 경우인 행정계획이나 행정규칙 등에는 적용될 수 없다.

Ⅲ 한계

신의성실의 원칙이 사익을 보호하는 경우 행정의 법률적합성의 원칙과 충돌하게 된다. 따라서 두 가치를 비교·형량하여 사익보호성이 더 큰 경우 신의성실의 원칙이 적용된다.

관련 판례

1. 일반 행정법률관계에서 관청의 행위에 대하여 신의칙이 적용되기 위해서는 합법성의 원칙을 희생하여서라도 처분의 상대방의 신뢰를 보호함이 정의의 관념에 부합하는 것으로 인정되는 특별한 사정이 있을 경우에 한하여 예외적으로 적용된다(대판 2004.7.22. 2002두11233).
2. 근로복지공단의 요양불승인처분에 대한 취소소송을 제기하여 승소확정판결을 받은 근로자가 요양으로 인하여 취업하지 못한 기간의 휴업급여를 청구한 경우, 그 휴업급여청구권이 시효완성으로 소멸하였다는 근로복지공단의 항변은 신의성실의 원칙에 위반
   근로자가 요양불승인에 대한 취소소송의 판결확정시까지 근로복지공단에 휴업급여를 청구하지 않았던 것은 이를 행사할 수 없는 사실상의 장애사유가 있었기 때문이라고 보아야 하므로, 근로복지공단의 소멸시효 항변은 신의성실의 원칙에 반하여 허용될 수 없다(대판 2008.9.18. 2007두2173).
3. 지방공무원 임용신청 당시 잘못 기재된 호적상 출생연월일을 생년월일로 기재하고, 이에 근거한 공무원인사기록카드의 생년월일 기재에 대하여 처음 임용된 때부터 약 36년 동안 전혀 이의를 제기하지 않다가, 정년을 1년 3개월 앞두고 호적상 출생연월일을 정정한 후 그 출생연월일을 기준으로 정년의 연장을 요구하는 것이 신의성실의 원칙에 반하지 않는다(대판 2009.3.26. 2008두21300).

4. 세무조사가 과세자료의 수집 또는 신고내용의 정확성 검증이라는 본연의 목적이 아니라 부정한 목적을 위하여 행하여진 것이라면 이는 세무조사에 중대한 위법사유가 있는 경우에 해당하고 이러한 세무조사에 의하여 수집된 과세자료를 기초로 한 과세처분 역시 위법하다(대판 2016.12.15. 2016두47659).

5. 관할관청이 위법한 직업능력개발훈련과정 인정제한처분을 하여 사업주로 하여금 제때 훈련과정 인정신청을 할 수 없도록 하였음에도, 인정제한처분에 대한 취소판결 확정 후 사업주가 인정제한 기간 내에 실제로 실시하였던 훈련에 관하여 비용지원신청을 한 경우에, 관할관청은 단지 해당 훈련과정에 관하여 사전에 훈련과정 인정을 받지 않았다는 이유만을 들어 훈련비용 지원을 거부할 수는 없음이 원칙이다. 이러한 거부행위는 위법한 훈련과정 인정제한처분을 함으로써 사업주로 하여금 제때 훈련과정 인정신청을 할 수 없게 한 장애사유를 만든 행정청이 사업주에 대하여 사전에 훈련과정 인정신청을 하지 않았음을 탓하는 것과 다름없으므로 신의성실의 원칙에 반하여 허용될 수 없다(대판 2019.1.31. 2016두52019).

6. 국가가 공무원임용결격사유가 있는 자에 대하여 결격사유가 있는 것을 알지 못하고 공무원으로 임용하였다가 사후에 결격사유가 있는 자임을 발견하고 공무원 임용행위를 취소하는 것은 당사자에게 원래의 임용행위가 당초부터 당연무효이었음을 통지하여 확인시켜 주는 행위에 지나지 아니하는 것이므로, 그러한 의미에서 당초의 임용처분을 취소함에 있어서는 신의칙 내지 신뢰의 원칙을 적용할 수 없고 또 그러한 의미의 취소권은 시효로 소멸하는 것도 아니다(대판 1987.4.14. 86누459)

---

01 지방공무원임용신청 당시 잘못 기재된 생년월일에 근거하여 36년 동안 공무원으로 근무하다 정년을 1년 3개월 앞두고 생년월일을 정정한 후 그에 기초하여 정년연장을 요구하는 것은 신의성실의 원칙에 반한다. (O | X)

[15서울시7급]

02 행정절차법은 국세기본법과는 달리 행정청에 대해서만 신의성실의 원칙에 따를 것을 규정하고 있다. (O | X)

[17서울시9급]

정답 01 X 02 O

핵심 기출문제

01

행정법의 일반원칙에 대한 설명으로 옳은 것만을 모두 고르면? (다툼이 있는 경우 판례에 의함)

[22지방직9급]

> ㄱ. 비례의 원칙은 법치국가원리에서 당연히 파생되는 헌법상의 기본원리이다.
> ㄴ. 평등의 원칙은 본질적으로 같은 것을 자의적으로 다르게 취급함을 금지하는 것이므로, 위법한 행정처분이 수차례에 걸쳐 반복적으로 행하여졌다면 행정청에 대하여 자기구속력을 갖게 된다.
> ㄷ. 국가가 임용결격사유가 있는 자에 대하여 결격사유가 있는 것을 알지 못하고 공무원으로 임용하였다가 나중에 결격사유가 있음을 발견하고 그 임용행위를 취소하는 경우 신의칙이 적용된다.
> ㄹ. 지방자치단체장이 사업자에게 주택사업계획승인을 하면서 그 주택사업과는 아무런 관련이 없는 토지를 기부채납 하도록 하는 부관을 주택사업계획승인에 붙인 경우, 그 부관은 부당결부금지의 원칙에 위반되어 위법하다.

① ㄱ, ㄴ
② ㄱ, ㄹ
③ ㄴ, ㄷ
④ ㄷ, ㄹ

02

행정법의 일반원칙에 대한 설명으로 옳지 않은 것은? (다툼이 있는 경우 판례에 의함)?

[15국가직9급]

① 부관이 주된 행정행위와 실질적 관련성을 갖더라도 주된 행정행위의 효과를 무의미하게 만드는 경우라면 그러한 부관은 비례원칙에 반하는 하자 있는 부관이 된다.
② 주택사업계획승인을 발령하면서 주택사업계획승인과 무관한 토지를 기부채납하도록 부관을 붙인 경우는 부당결부금지 원칙에 반해 위법하다.
③ 수익적 행정행위를 직권취소하는 경우 그 취소권의 행사로 인하여 공익상의 필요보다 상대방이 받게 되는 불이익 등이 막대한 경우에는 재량권의 한계를 일탈한 것으로서 그 자체가 위법하다.
④ 제1종 보통면허로 운전할 수 있는 차량을 음주운전 한 경우 제1종 보통면허의 취소 외에 동일인이 소지하고 있는 제1종 대형면허와 원동기장치자전거면허는 취소할 수 없다.

해설

01 | ㄴ (×) 평등의 원칙은 본질적으로 같은 것을 자의적으로 다르게 취급함을 금지하는 것이고, 위법한 행정처분이 수차례에 걸쳐 반복적으로 행하여졌다 하더라도 그러한 처분이 위법한 것인 때에는 행정청에 대하여 자기구속력을 갖게 된다고 할 수 없다(대판 2009.6.25. 2008두13132).

ㄷ (×) 국가가 공무원임용결격사유가 있는 자에 대하여 결격사유가 있는 것을 알지 못하고 공무원으로 임용하였다가 사후에 결격사유가 있는 자임을 발견하고 공무원 임용행위를 취소하는 것은 당사자에게 원래의 임용행위가 당초부터 당연무효이었음을 통지하여 확인시켜 주는 행위에 지나지 아니하는 것이므로, 그러한 의미에서 당초의 임용처분을 취소함에 있어서는 신의칙 내지 신뢰의 원칙을 적용할 수 없고 또 그러한 의미의 취소권은 시효로 소멸하는 것도 아니다(대판 1987.4.14. 86누459).

02 | ④ (○) 제1종 대형면허 소지자는 제1종 보통면허로 운전할 수 있는 자동차와 원동기장치자전거를, 제1종 보통면허 소지자는 원동기장치자전거까지 운전할 수 있도록 규정하고 있어서 제1종 보통면허로 운전할 수 있는 차량의 음주운전은 당해 운전면허뿐만 아니라 제1종 대형면허로도 가능하고, 또한 <u>제1종 대형면허나 제1종 보통면허의 취소에는 당연히 원동기장치자전거의 운전까지 금지하는 취지가 포함</u>된 것이어서 <u>이들 세 종류의 운전면허는 서로 관련된 것이라고 할 것</u>이므로 제1종 보통면허로 운전할 수 있는 차량을 음주운전한 경우에 이와 관련된 면허인 제1종 대형면허와 원동기장치자전거면허까지 취소할 수 있는 것으로 보아야 한다(대판 1994.11.25. 94누9672).

정답 01 ② 02 ④

CHAPTER 5 행정상 법률관계

제1절 공법관계와 사법관계

I 개설

1. 법률관계

법률관계는 법에 따라 규율되는 생활관계로서 당사자 간의 권리·의무관계가 그 내용이 된다.

2. 행정상 법률관계

행정상 법률관계는 행정과 관련된 당사자의 권리·의무관계를 말한다. 공법에 따라 규율되는 관계인 공법(公法)관계(행정법관계), 사법(私法)에 따라 규율되는 관계는 사법관계로 나뉘어진다.

II 공법관계와 사법관계의 특질과 구별 실익

1. 공법관계(행정법관계)의 특질

공법관계는 행정의사의 우월성, 행정의 법률적합성의 원칙, 국가책임의 특수성, 특수한 쟁송형태를 가진다(행정심판·행정소송).

2. 공법관계(권력관계 중심으로 논의)와 사법관계(국고관계 중심으로 논의)의 구별실익

1) **행정행위의 특유의 효력**

   행정행위에 대하여 공정력 등 특유의 효력이 인정된다.

2) **의무이행의 확보**

   공법관계의 경우, 의무불이행이 발생한 때에는 행정상 강제집행, 행정벌의 대상이 된다. 사법관계의 경우 자력집행(사법관계는 타력집행의 대상)이나 행정벌이 인정될 수 없다.

3) **적용원리**

   공법관계는 원칙적으로 공법의 규율을 받는 관계이다. 법치행정의 원칙, 행정법의 일반원칙 등이 적용된다. 반면에 사법관계는 원칙적으로 사법의 규율을 받는 관계이다. 사적자치의 원칙, 계약자유의 원칙이 적용된다.

4) 재판관할 및 소송절차
- 공법관계는 행정법원에 관할권이 있으며 행정소송의 절차를 따른다.
- 사법관계는 민사법원에 관할권이 있으며 민사소송의 절차를 따른다.

01 공법관계와 사법관계의 구별 실익 중 하나로 재판관할 및 소송절차의 결정이 있다. (O | X)
[10군무원9급]

02 행정상 법률관계를 공법관계와 사법관계로 구분하는 것은 각각의 소송절차와도 관련된다. (O | X)
[18교육행정직9급]

Ⅲ 공법관계와 사법관계의 구별

공법관계	권력관계	개념 : 행정주체가 공권력주체로서 우월적 지위에서 명령·강제하거나, 법률관계를 일방적으로 발생·변경·소멸하게 하는 관계	
		특징 : 공정력·확정력 등 법률이 인정하는 특별한 효력이 인정된다.	
		적용법 : 공법	사법 : 적용 안 됨. 다만, 사법 규정 중에서 법의 일반원리에 관한 규정은 적용
		분쟁해결 : 항고소송	
	관리관계	개념 : 행정주체가 공권력주체가 아니라 공적 재산 또는 사업의 관리주체로서 국민과 대등한 관계에서 국민을 대하는 관계(예 공기업 경영, 도로 관리 등)	
		특징 : 공정력·확정력 등이 발생하지 않는다.	
		적용법 : 사법의 원칙적으로 적용, 단 특수한 공법적 규율이 가능(원칙: 민사소송, 예외:당사자소송)	
사법관계	국고관계	개념 : 행정주체가 사인(私人)과 같은 지위에서 국민과 맺는 관계	
		성질 : 일반재산 매각·임대, 공사도급계약, 지방채의 발행 등 성질상 사법상 행위이다.	
		적용법·분쟁해결 : 사법적용(특수한 법률에 의한 제한 가능), 민사소송의 대상.	
	행정사법관계	개념 : 행정주체가 공행정작용을 수행함에 있어서 사법적 형식으로 국민과 맺는 법률관계(예 전기·가스공급사업, 교통수단 이용, 상하수도 이용 등)	
		적용법·분쟁해결 : 사법적용(광범위하게 공법적 기속을 받는다. 따라서 사적자치가 현저히 제한된다), 민사소송의 대상.	

정답 01 O 02 O

1. 공법관계와 사법관계의 구별기준

1) 1차적으로 관계법령의 규정 내용 및 성질을 고려

해당 법률관계를 규율하는 법령의 규정을 보아 행정상 강제집행을 인정하고 있거나 법적 분쟁에 관하여 행정쟁송을 인정하는 경우는 원칙적으로 공법관계로 본다.

2) 학설

관계 법령의 규정 내용 및 성질을 검토한 이후에도 구별이 명확하지 않은 경우, 구별 기준에 대하여 학설이 대립한다. 아래 견해의 내용을 모두 고려하는 복수기준설이 통설이다.

주체설	당사자 쌍방 또는 일방이 행정주체인 경우 공법관계
	비판점 : 국고행위의 경우 사법관계라는 점을 설명 못 함
종속설	행정주체에게 우월적 지위가 인정되는 경우 공법관계, 행정주체와 국민이 대등한 지위가 인정되는 경우 사법관계
	비판점 : 공법상 계약과 같이 대등관계인 경우에도 공법관계라는 점을 설명 못 함
이익설	법의 규율 목적이 공익을 위한 것인 경우 공법관계, 사익을 위한 것인 경우 사법관계
	비판점 : 공익과 사익의 구별이 모호한 경우도 있음.
신주체설 (귀속설)	공권력 주체에게만 배타적으로 권리 또는 의무를 귀속시키는 관계가 공법관계, 모든 권리주체에게 그러하면 사법관계
	비판점 : 공권력주체의 지위 불분명
생활관계설	국민으로서 생활관계를 규율하는 것을 공법관계, 사인으로서 생활관계를 규율하는 것을 사법관계
	비판점 : 구별기준이 불명확

2. 판례의 입장

> **관련 판례** 공법관계로 인정한 판례
>
> 1. 국립의료원부설주차장(편주 : 행정재산)에 관한 위탁관리용역운영계약은 강학상 특허로서 공법관계이다(대판 2006.3.9. 2004다31074).
> 2. 기부채납 받은 행정재산에 대해 공유재산의 관리청이 기부자에게 사용·수익허가를 하는 것은 공법관계로서 행정처분이다(대판 2001.6.15. 99두509).
> 3. 국유재산의 관리청이 행정재산의 사용·수익을 허가한 다음, 그자에 대하여 한 사용료부과는 우월적 지위에서 행정처분이다(대판 1996.2.13. 95누11023).
> 4. 농지개량조합과 그 직원의 관계는 사법상의 근로계약관계가 아닌 공법상의 특별권력관계이고, 그 조합의 직원에 대한 징계처분의 취소를 구하는 소송은 행정소송사항에 속한다(대판 1995.6.9. 94누10870).

5. 지방자치법제9조 제2항 제5호 (라)목 및 (마)목 등의 규정에 의하면, 서울특별시립무용단원의 공연 등 활동은 서울특별시의 공공적 업무수행의 일환으로 이루어진다고 해석될 뿐 아니라 서울특별시립무용단원이 가지는 지위가 공무원과 유사한 것이라면, 서울특별시립무용단 단원의 위촉은 공법상의 계약이라고 할 것이고, 그 단원의 해촉에 대하여는 공법상의 당사자소송으로 그 무효 확인을 청구할 수 있다(대판 1995.12.22. 95누4636).

6. 한국전력공사의 수신료 부과행위는 공법관계이다.
수신료의 법적 성격, 한국방송공사의 수신료 강제징수권의 내용 제66조 제3항 등에 비추어 보면 수신료 부과 행위는 공권력의 행사에 해당하므로 수신료를 징수할 권한이 있는지 여부를 다투는 이 사건 쟁송은 민사소송이 아니라 공법상의 법률관계를 대상으로 하는 것으로서 당사자소송에 의하여야 한다고 봄이 상당하다(대판 2008.7.24. 2007다25261).

7. 국유재산의 관리청이 그 무단점유자에 대하여 하는 변상금부과처분은 순전히 사경제 주체로서 행하는 사법상의 법률행위라 할 수 없고 이는 관리청이 공권력을 가진 우월적 지위에서 행한 것으로서 행정소송의 대상이 되는 행정처분이라고 보아야 한다(대판 1988.2.23. 87누1046,1047).

8. 국가나 지방자치단체에 근무하는 청원경찰은 국가공무원법이나 지방공무원법상의 공무원은 아니지만, 다른 청원경찰과는 달리 그 임용권자가 행정기관의 장이고, 국가나 지방자치단체로부터 보수를 받으며, 산업재해보상보험법이나 근로기준법이 아닌 공무원연금법에 따른 재해보상과 퇴직급여를 지급받고, 직무상의 불법행위에 대하여도 민법이 아닌 국가배상법이 적용되는 등의 특질이 있으며 그외 임용자격, 직무, 복무의무 내용 등을 종합하여 볼때, 그 근무관계를 사법상의 고용계약관계로 보기는 어려우므로 그에 대한징계처분의 시정을 구하는 소는 행정소송의 대상이지 민사소송의 대상이 아니다(대판 1993.7.13. 92다47564).

9. 공무원연금관리공단의 급여결정(행정처분)에 불복하는 자는 공무원연금급여재심위원회의 심사결정을 거쳐 공무원연금관리공단의 급여결정을 대상으로 행정소송(편주: 항고소송)을 제기하여야 한다(대판 1996.12.6. 선고 96누6417).

10. 귀속재산처리법에 의한 귀속재산의 매각은 행정처분이지 사법상 매매가 아니다(대판 1998.4.24. 96다48350).

11. 지방자치단체인 수도 사업자가 수돗물을 공급받는 자에 대하여하는 수도료의 부과징수와 이에 따른 수도료의 납부관계는 공법상의 권리의무관계라 할 것이므로 이에 관한 소송은 행정소송으로 다투어야 한다(대판 1977.2.22. 76다2517).

12. 중학교 의무교육의 위탁관계는 초·중등교육법 제12조 제3항, 제4항 등 관련 법령에 의하여 정해지는 공법적 관계로서, 대등한 당사자 사이의 자유로운 의사를 전제로 사익 상호간의 조정을 목적으로 하는 민법 제688조의 수임인의 비용상환청구권에 관한 규정이 그대로 준용된다고 보기도 어렵다(대판 2015.1.29. 2012두7387).

13. 산업단지관리공단의 지위, 입주계약 및 변경계약의 효과, 입주계약 및 변경계약 체결 의무와 그 의무를 불이행한 경우의 형사적 내지 행정적 제재, 입주계약해지의 절차, 해지통보에 수반되는 법적 의무 및 그 의무를 불이행한 경우의 형사적 내지 행정적 제재 등을 종합적으로 고려하면, 입주변경계약 취소는 행정청인 관리권자로부터 관리업무를 위탁받은 산업단지관리공단이 우월적 지위에서 입주기업체들에게 일정한 법률상 효과를 발생하게 하는 것으로서 항고소송의 대상이 되는 행정처분에 해당한다(대판 2017.6.15. 2014두46843).

14. 구 도시재개발법에 의한 재개발조합에 대하여 조합원 자격 확인을 구하는 소송의 성질 - 행정소송 (당사자 소송)

    조합을 상대로 한 쟁송에 있어서, 강제가입제를 특색으로 한 조합원의 자격 인정여부에 관하여 다툼이 있는 경우에는 그 단계에서는 아직 조합의 어떠한 처분 등이 개입될 여지는 없으므로 공법상의 당사자소송에 의하여 그 조합원 자격의 확인을 구할 수 있다(대판 1996.2.15. 94다31235전합).

15. 공공하수도의 이용관계는 공법관계라고 할 것이고 공공하수도 사용료의 부과징수관계 역시 공법상의 권리의무관계라 할 것이다(대판 2003.6.24. 2001두8865).

16. 국가공무원법 제2조 제2항 제2호, 교육공무원법 제2조 제1항 제1호, 제3항, 제8조, 제26조 제1항, 제34조 제2항, 교육공무원임용령 제5조의2 제4항에 의하면, 일정한 자격을 갖추고 소정의 절차에 따라 대학의 장에 의하여 임용된 조교는 법정된 근무기간 동안 신분이 보장되는 교육공무원법상의 교육공무원 내지 국가공무원법상의 특정직공무원 지위가 부여되고, 근무관계는 사법상의 근로계약관계가 아닌 공법상 근무관계에 해당한다(대판 2019.11.14. 2015두52531).

17. 서울특별시립무용단 단원의 위촉은 공법상의 계약이라고 할 것이고, 따라서 그 단원의 해촉에 대하여는 공법상의 당사자소송으로 그 무효확인을 청구할 수 있다(대판 1995.12.22. 95누4636).

18. 교육부장관(당시 문교부장관)의 권한을 재위임 받은 공립교육기관의 장에 의하여 공립유치원의 임용기간을 정한 전임강사로 임용되어 지방자치단체로부터 보수를 지급받으면서 공무원복무규정을 적용받고 사실상 유치원 교사의 업무를 담당하여 온 유치원 교사의 자격이 있는 자는 교육공무원에 준하여 신분보장을 받는 정원 외의 임시직 공무원으로 봄이 상당하므로 그에 대한 해임처분의 시정 및 수령지체된 보수의 지급을 구하는 소송은 행정소송의 대상이지 민사소송의 대상이 아니다(대판 1991.5.10. 90다10766).

19. 조세채무는 법률의 규정에 의하여 정해지는 법정채무로서 당사자가 그 내용 등을 임의로 정할 수 없고, 조세채무관계는 공법상의 법률관계이고 그에 관한 쟁송은 원칙적으로 행정사건으로서 행정소송법의 적용을 받는다(대판 2007.12.14. 2005다11848).

20. 조달청이 계약이행내역 점검 결과 일부 제품이 계약 규격과 다르다는 이유로 물품구매계약 추가특수조건 규정에 따라 갑 회사에 대하여 6개월의 나라장터 종합쇼핑몰 거래정지 조치를 한 사안에서, 위 거래정지 조치는 항고소송의 대상이 되는 행정처분에 해당한다(대판 2018.11.29. 2015두52395).

21. 사립대학이 공립대학으로 설립자가 변경된 경우 더는 사법관계가 아닌 공법관계이고 사립대학 교원의 지위는 신규채용이나 특별채용이 없는 한 종료된다는 취지의 판시

    공립대학의 교원은 사립대학의 교원과는 달리 그 신분관계가 공법관계로서 임용권자, 임용절차 등에서 다른 취급을 받고 있는 점, 교육법, 교육공무원법 등의 관련 법령에 설립자변경의 경우 새로운 설립자로 하여금 종전 사립대학 교원에 대한 임용의무를 지우거나 그 임용절차 및 요건 등에 관하여 아무런 근거규정을 두고 있지 않은 점 등에 비추어, 사립대학 교원의 신분관계는 구 교육공무원법 제11조 제3항의 신규채용이나 제12조 제1항 제5호의 특별채용에 의한 새로운 신분관계의 설정행위가 없는 이상 설립자변경으로 인하여 당연히 종료되는 것이고, 이러한 경우 임용권자가 종전 사립대학 교원을 공립대학 교원으로 다시 임용할 것인가의 여부는 결국 임용권자의 판단에 따른 재량행위에 속한다(대판 1997.4.25. 96누3654)

> **관련 판례** 사법관계로 인정한 판례

1. **일반재산 대부 행위는 사법관계**
   산림청장이나 그로부터 권한을 위임받은 행정청이 산림법 등이 정하는 바에 따라 국유임야를 대부하거나 매각하는 행위는 사경제적 주체로서 상대방과 대등한 입장에서 하는 사법상계약, 이 대부계약에 의한 대부료 부과조치 역시 사법상 채무이행을 구하는 것으로 보아야지 이를 행정처분이라고 할 수 없다(대판 1993.12.7. 91누11612).

2. **구 예산회계법(현「국가를 당사자로 하는 계약에 관한 법률」)상 입찰보증금의 국고귀속조치는 사법관계**
   예산회계법에 따라 체결되는 계약은 사법상의 계약이라고 할 것이고 동법 제70조의5의 입찰보증금은 낙찰자의 계약체결의무이행의 확보를 목적으로 하여 그 불이행시에 이를 국고에 귀속시켜 국가의 손해를 전보하는 사법상 손해배상예정의 성질을 갖는 것이므로 입찰보증금의 국고귀속조치는 국가가 사법상 재산권의 주체로서 행위하는 것이지 공권력을 행사하는 것이거나 공권력작용과 일체성을 가진 것이 아니므로 이에 관한 분쟁은 행정소송이 아닌 민사소송의 대상이 될 수밖에 없다고 할 것이다(대판 1983.12.27. 81누366).

3. 구「공익사업을 위한 토지 등의 취득 및 보상에 관한 법률」 제91조에 규정된 환매권은 상대방에 대한 의사표시를 요하는 형성권의 일종으로서 재판상이든 재판 외이든 위 규정에 따른 기간 내에 행사하면 매매의 효력이 생기는바, 이러한 환매권의 존부에 관한 확인을 구하는 소송 및 구 토지보상법 제91조 제4항에 따라 환매금액의 증감을 구하는 소송 역시 민사소송에 해당한다(대판 2013.2.28. 2010두22368).

4. 환매권 행사로 인한 매수의 성질은 사법상의 매매이다(대판 1998.5.26. 96다49018).

5. 국유재산(일반재산)의 매각 및 매각신청반려행위는 사법상의 행위에 불과하다(대판 1986.6.24. 86누171).

6. 「공익사업을 위한 토지 등의 취득 및 보상에 관한 법령」에 의한 협의취득은 사법상의 법률행위이므로 당사자 사이의 자유로운 의사에 따라 채무불이행책임이나 매매대금과 부족금에 대한 지급의무를 약정할 수 있다(대판 2012.2.23. 2010다91206).

7. 공무원 및 사립학교 교직원 의료보험관리공단 직원의 근무관계는 사법관계이다(대판 1993.11.23. 93누15212).

8. 서울특별시지하철공사의 임원과 직원의 근무관계의 성질은 지방공기업법의 모든 규정을 살펴보아도 공법상의 특별권력관계라고는 볼 수 없고 사법관계에 속할 뿐만 아니라 소속직원에 대한 징계처분을 한 경우, 이에 대한 불복절차는 민사소송에 의할 것이지 행정소송에 의할 수는 없다(대판 1989.9.12. 89누2103).

9. 한국조폐공사 직원의 근무관계는 사법관계에 속하고 그 직원의 파면행위도 사법상의 행위라고 보아야 한다(대판 1978.4.25. 78다414).

10. 재개발조합과 조합장 또는 조합임원 사이의 선임·해임 등을 둘러싼 법률관계는 사법상의 법률관계로서 그 조합장 또는 조합임원의 지위를 다투는 소송은 민사소송에 의하여야 할 것이다(대판 2009.9.24. 2009마168, 169).

11. 개발부담금부과처분이 취소된 이상 그 후의 부당이득으로서의 과오납금반환에 관한 법률 관계는 단순한 민사관계에 불과한 것이고, 행정소송절차에 따라야 하는 관계로 볼 수 없다(대판 1995.12.22. 94다51253).

12. 산림청장이 산림법이나 구 산림법 또는 구 산림령 등의 정하는 바에 따라 국유임야를 대부하거나 매각 또는 양여하는 행위는 사경제 주체로서 하는 사법상의 행위이고 행정청이 공권력을 행사하는 주체로서 행하는 행정처분이라고 볼 수 없으므로 산림청장의 국유임야 무상양여거부처분도 단순한 사법상의 행위일 뿐이며 따라서 위 거부처분은 행정소송의 대상이 되지 아니한다(대판 1983.9.27. 83누292).
13. 조세부과처분이 당연무효임을 전제로 하여 이미 납부한 세금의 반환을 청구하는 것은 민사상의 부당이득반환청구로서 민사소송절차에 따라야 한다(대판 1995.4.28. 94다55019).
14. 지방지치단체(진주시)와 폐기물처리업자와의 '공공계약'은 사법상 계약
    재활용품의 수집·운반 업무의 대행을 위탁하고 그에 대한 대행료를 지급하는 것을 내용으로 하는 용역계약으로서 이 사건 변경계약에 따른 대행료 정산의무의 존부는 민사 법률관계에 해당하므로 이를 소송물로 다투는 소송은 민사소송에 해당하는 것으로 보아야 한다(대판 2018.2.13. 2014두11328).
15. 사립학교 교원에 대한 학교법인의 해임처분을 다투는 소송
    사립학교 교원은 학교법인 또는 사립학교 경영자에 의하여 임면되는 것으로서 사립학교 교원과 학교법인의 관계를 공법상의 권력관계라고는 볼 수 없으므로 사립학교 교원에 대한 학교법인의 해임처분을 취소소송의 대상이 되는 행정청의 처분으로 볼 수 없고, 따라서 학교법인을 상대로 한 불복은 행정소송에 의할 수 없고 민사소송절차에 의할 것이다(대판 1993.2.12. 92누13707).
16. 지방자치단체가 구 지방재정법시행령 제71조의 규정에 따라 기부채납받은 공유재산을 무상으로 기부자에게 사용을 허용하는 행위는 사경제주체로서 상대방과 대등한 입장에서 하는 사법상 행위이지 행정청이 공권력의 주체로서 행하는 공법상 행위라고 할 수 없으므로, 기부자가 기부채납한 부동산을 일정기간 무상사용한 후에 한 사용허가기간 연장신청을 거부한 행정청의 행위도 단순한 사법상의 행위일 뿐 행정처분 기타 공법상 법률관계에 있어서의 행위는 아니다(대판 1994.1.25. 93누7365).
17. 국가를 당사자로 하는 계약에 관한 법률 및 그 시행령상의 낙찰자의 결정 및 계약체결의 성질은 국가와 사인 사법관계를 규율하는 규정이므로 사법원리에 따라 낙찰자의 결정 및 계약체결의 무효 여부를 결정한 사례
    [1] 이러한 규정은 국가가 사인과의 사이의 계약관계를 공정하고 합리적·효율적으로 처리할 수 있도록 관계 공무원이 지켜야 할 계약사무처리에 관한 필요한 사항을 규정한 것으로, 국가의 내부규정에 불과하다 할 것이다.
    [2] 낙찰자의 결정 및 계약체결이 선량한 풍속 기타 사회질서에 반하는 행위에 의하여 이루어진 것임이 분명한 경우 등 이를 무효(편주 : 민법 제103조의 무효 법리)(대판 2001.12.11. 2001다33604).
18. 국가를 당사자로 하는 계약에 관한 법률에 따라 국가가 당사자가 되는 이른바 공공계약은 사경제주체로서 상대방과 대등한 위치에서 체결하는 사법상 계약으로서 본질적인 내용은 사법상 계약과 다를 바가 없다(대결 2012.9.20. 2012마1097).
19. 창덕궁관리소장이 1년 단위로 채용한 비원안내원들은 사법상 고용계약관계에 있는 사람들이다(대판 1995.10.13. 95다184).
20. 주한미군 한국인 직원의료보험조합직원의 근무관계는 사법관계에 속하는 것이다(대판 1987.12.8. 87누884).
21. 전화가입계약은 사법상 계약이다(대판 1982.12.28. 82누441).

CHAPTER 5 행정상 법률관계

22. 한국공항공단이 그 행정재산의 관리청으로부터 국유재산관리사무의 위임을 받거나 국유재산관리의 위탁을 받지 않은 이상, 한국공항공단이 무상사용허가를 받은 행정재산에 대하여 하는 전대행위는 통상의 사인간의 임대차와 다를 바가 없고, 그 임대차계약이 임차인의 사용승인신청과 임대인의 사용승인의 형식으로 이루어졌다고 하여 달리 볼 것은 아니다(대판 2004.1.15. 2001다12638).
23. 사립중학교와 재학생의 관계 – 사법상 법률관계
    사법인(私法人)인 학교법인과 학생의 재학관계의 법적 성격(=사법상 계약에 따른 법률관계) 및 이는 지방자치단체가 학교법인이 설립한 사립중학교에 의무교육대상자에 대한 교육을 위탁한 경우에도 마찬가지인지 여부(적극) (대판 2018.12.28. 2016다33196).

01 국유재산의 무단점유에 대한 변상금부과는 공법관계에 해당하나, 국유 일반재산의 대부행위는 사법관계에 해당한다. (O | X) [23국가직9급]

02 농지개량 조합이 조합직원에 대하여 행한 징계는 공법관계이다. (O | X) [15군무원9급]

03 「개발이익환수에 관한 법률」상 개발부담금 부과처분이 취소된 경우 그 과오납금의 반환을 청구하는 소송은 행정소송에 해당한다. (O | X) [18지방직9급]

04 공익사업을 위한 토지 등의 취득 및 보상에 관한 법령에 의한 협의 취득은 사법상의 법률행위이므로, 이에 관한 분쟁은 민사소송의 대상이다. (O | X) [19국가직9급]

05 사립학교 교원에 대한 학교법인의 해임처분을 취소소송의 대상이 되는 행정청의 처분으로 볼 수 있으므로 학교법인을 상대로 한 불복은 행정소송에 의한다. (O | X) [15국가직9급]

06 구 예산회계법상 입찰보증금의 국고귀속조치는 국가가 공권력을 행사하는 것이라는 점에서, 이를 다투는 소송은 행정소송에 해당한다. (O | X) [19국가직9급]

07 서울특별시지하철공사임직원을 징계하는 행위는 항고소송의 대상이 되는 행정처분에 해당한다. (O | X) [19국회직8급]

08 일정한 자격을 갖추고 소정의 절차에 따라 국립대학의 장에 의하여 임용된 조교는 법정된 근무기간 동안 신분이 보장되는 교육공무원법상의 교육공무원 내지 「국가공무원법」상의 특정직공무원 지위가 부여되지만, 근무관계는 공법상 근무관계가 아닌 사법상의 근로계약관계에 해당한다. (O | X) [20군무원9급]

09 국립의료원 부설주차장에 관한 위탁관리용역운영계약은 관리청인 국립의료원이 순전히 사경제주체로서 행한 사법상 계약이다. (O | X) [25국가직9급]

정답 01 O 02 O 03 X 04 O 05 X 06 X 07 X 08 X 09 X

Ⅳ 행정법관계에서 사법규정의 적용가능성

1. 개설

행정법관계는 공법관계이므로 공법관계에 있어서 직접적인 근거 규정이 없다면 이와 유사한 공법규정을 유추적용할 수 있다. 다만, 사법규정의 유추적용문제가 생기는 바, 사법규정은 일반법원리적 규정과 이해조절적 규정을 나누어 검토하여야 한다.

2. 사법규정의 유추적용 여부

1) 명문의 규정이 있는 경우

명문의 규정을 따르면 족하다. 그 예로는 국세기본법 제4조(국세환급금의 소멸시효) 등이 있다.

> **국세기본법 제4조(기간의 계산)** 이 법 또는 세법에서 규정하는 기간의 계산은 이 법 또는 그 세법에 특별한 규정이 있는 것을 제외하고는 「민법」에 따른다.

2) 명문의 규정이 없는 경우

① 공법관계 중 권력관계
- 권력관계에는 민법규정 중 일반법원리적 규정은 유추적용된다.
- 일반법원리적 규정이란, 신의성실의 원칙, 권리남용금지의 원칙, 기간의 계산, 사무관리, 부당이득, 시효 등과 같은 규정을 의미한다.

② 공법관계 중 관리관계
관리관계는 사법이 전면적으로 적용되는 관계이므로 민법규정 중 일반법원리적 규정 외에도 이해조절적 규정이 적용된다.

공법관계에서 적용 법규정리

공법관계(행정법 관계) ┬ 권력관계 : 공법규정 적용
　　　　　　　　　　　│　　　　　　사법규정 ┬ 법의 일반원리적 규정 적용
　　　　　　　　　　　│　　　　　　　　　　└ 이해조절적 규정 적용 안 됨
　　　　　　　　　　　└ 관리관계 : 사법규정의 전면적 적용, 예외적으로 공법원리도 적용

핵심 기출문제

01

공법관계와 사법관계의 구별에 대한 설명으로 옳지 않은 것은? [23국가직9급]

① 국유재산 중 행정재산의 사용허가는 공법관계이나, 한국공항공단이 무상사용허가를 받은 행정재산에 대하여 하는 전대행위는 사법관계이다.
② 조달청장이 「예산회계법」에 따라 계약을 체결하거나 입찰보증금 국고귀속조치를 취하는 것은 사법관계에 해당한다.
③ 국유재산의 무단점유에 대한 변상금부과는 공법관계에 해당하나, 국유 일반재산의 대부행위는 사법관계에 해당한다.
④ 조달청장이 법령에 근거하여 입찰참가자격을 제한하는 것은 사법관계에 해당한다.

02

행정법 관계에 대한 설명으로 옳지 않은 것은? [11사회복지직9급]

① 행정상의 법률관계 가운데 공법의 규율을 받는 관계이다.
② 권력관계란 행정주체에게 개인에게는 인정되지 않는 우월적 지위가 인정되는 법률관계이다.
③ 관리관계는 공법관계에 속하므로 전면적으로 공법규정 내지 공법원리가 적용된다.
④ 특별권력관계에 있어서 권리를 침해당한 자는 행정소송을 제기할 수 있다.

해설

01 | ① (○) 한국공항공단이 그 행정재산의 관리청으로부터 국유재산관리사무의 위임을 받거나 국유재산관리의 위탁을 받지 않은 이상, 한국공항공단이 무상사용허가를 받은 행정재산에 대하여 하는 전대행위는 통상의 사인 간의 임대차와 다를 바가 없고, 그 임대차계약이 임차인의 사용승인신청과 임대인의 사용승인의 형식으로 이루어졌다고 하여 달리 볼 것은 아니다(대법원 2004.1.15. 2001다12638).
② (○) 예산회계법에 따라 체결되는 계약은 사법상의 계약이라고 할 것이고 동법 제70조의5의 입찰보증금은 낙찰자의 계약체결의무이행의 확보를 목적으로 하여 그 불이행시에 이를 국고에 귀속시켜 국가의 손해를 전보하는 사법상의 손해배상 예정으로서의 성질을 갖는 것이라고 할 것이므로 입찰보증금의 국고귀속조치는 국가가 사법상의 재산권의 주체로서 행위하는 것이지 공권력을 행사하는 것이거나 공권력작용과 일체성을 가진 것이 아니라 할 것이므로 이에 관한 분쟁은 행정소송이 아닌 민사소송의 대상이 될 수밖에 없다고 할 것이다(대법원 1983. 12. 2781누366).
③ (○) 판례에 따르면, 대부계약은 사법관계지만 변상금 부과는 행정처분이며 기속행위입니다.
④ (×) 조달청장이 법령에 근거하여 하는 입찰참가자격제한은 항고소송의 대상이 처분이라고 보는 것이 판례의 입장이다.

02 | ① (○) 행정상 법률관계는 행정과 관련된 당사자의 권리·의무관계를 말한다. 행정상 법률관계는 공법에 따라 규율되는 관계인 공법(公法)관계(행정법관계), 사법(私法)에 따라 규율되는 관계는 사법관계로 나뉘어 진다.
② (○) 권력관계는 행정주체가 공권력주체로서 우월적 지위에서 명령·강제하거나, 법률관계를 일방적으로 형성·변경·소멸하게 하는 관계를 말한다.
③ (×) 관리관계는 행정주체가 공권력주체가 아니라 공적 재산 또는 사업의 관리주체로서 국민과 대등한관계에서 국민을 대하는 관계(예 공기업 경영, 도로 관리 등)로서 사법이 원칙적으로 적용된다.
④ (○) 오늘날 특별권력관계에 대해서는 전면적으로 사법심사가 가능하다.
국립 교육대학 학생에 대한 퇴학처분은, 국가가 설립·경영하는 교육기관인 동 대학의 교무를 통할하고 학생을 지도하는 지위에 있는 학장이 교육목적실현과 학교의 내부질서유지를 위해 학칙 위반자인 재학생에 대한 구체적 법집행으로서 국가공권력의 하나인 징계권을 발동하여 학생으로서의 신분을 일방적으로 박탈하는 국가의 교육행정에 관한 의사를 외부에 표시한 것이므로, 행정처분임이 명백하다(대판 1991.11.22. 91누2144).

정답 01 ④ 02 ③

제2절 행정법관계의 당사자

I 행정주체와 행정기관

1. 행정주체의 의의

행정법관계에서 행정권을 행사하고 그 행위의 법적 효과가 궁극적으로 귀속되는 당사자를 의미한다.

2. 행정주체와 행정기관의 구별

1) 개설

행정기관은 행정권한을 행사하는 행정조직의 구성단위를 의미한다. 공무수탁사인과 같이 실제로 권한을 행사하는 자와 행정권 행사의 효과를 받는 자가 동일한 경우도 있지만, 국가나 지방자치단체의 경우와 같이 실제로 권한을 행사하는 행정기관과 행정주체가 다른 경우가 대부분이다. 예를 들어, 강남세무서장의 국세부과의 법적 효과는 대한민국에 귀속된다. 여기서 대한민국은 행정주체이고 강남세무서장은 행정기관 중 행정청에 해당한다.

2) 행정기관의 종류

행정기관은 행정청, 의결기관, 보조기관, 보좌기관 등이 있다.

① 행정청
- 행정청은 행정주체의 의사를 결정하고 자신의 이름으로 외부에 표시할 수 있는 행정기관을 의미한다.
- 행정청은 지방자치단체장과 같은 독임제 행정청이 있고, 공정거래위원회, 감사원, 노동위원회와 같은 합의제 행정청이 있다.

② 의결기관
- 의사를 결정하는 권한만 있을 뿐, 이를 외부에 표시할 권한은 없는 행정기관을 의미한다.
- 징계위원회가 대표적이다.

③ 보조기관
- 행정청의 권한행사를 보조하는 기관을 의미한다.
- 차관, 차장, 국장, 본부장, 실장, 팀장, 부지사, 부시장, 과장 등이 대표적이다.
- 권한의 위임이 없는 한 행정청이 아니다.

④ 보좌기관

대통령실, 차관보, 국무총리실 등이 있으며 행정청 또는 그 보조기관을 보좌하는 기관으로 참모기관이라고도 한다.

⑤ 집행기관

경찰, 소방, 세무공무원 등 실력을 행사하여 행정청의 의사를 집행하는 기관을 말한다.

⑥ 부속기관

국립의료원과 같은 의료기관, 중앙공무원교육원 등 교육훈련기관, 정부기록보존소와 같은 관리보존기관 등이 있으며, 행정기관에 부속하여 그 기관을 지원하는 기관이다.

3. 행정주체의 종류

1) 국가

국가는 시원적(始原的) 행정주체이다.

2) 공공단체

① 지방자치단체
- 일정 지역과 그 지역 안의 지역주민을 구성요소로 하는 행정주체이다. 법이 인정하는 포괄적 자치권을 행사하고 그 자치권은 국가로부터 전래(傳來)된 권한을 행사한다. 자치사무와 위임사무를 수행한다.
- 보통지방자치단체는 광역지방자치단체(특별시, 광역시, 세종특별자치시, 도, 제주특별자치도)와 기초지방자치단체(시·군·자치구, 특별시·광역시에 설치된 구)로 나뉜다.

01 제주특별자치도의 제주시와 서귀포시는 기초지방자치단체이다. (O | X) [13서울시7급]

② 공공조합

특수한 사업을 수행하기 위하여 일정한 자격을 가진 사람(조합원)에 의해 구성된 공법상의 사단법인을 말한다(예 농지개량조합, 주택재건축정비사업조합 등).

> **관련 판례**
> 「도시 및 주거환경정비법」에 따른 주택재건축정비사업조합은 관할 행정청의 감독 아래 위 법상의 주택재건축사업을 시행하는 공법인으로서, 그 목적범위 내에서 법령이 정하는 바에 따라 일정한 행정작용을 행하는 행정주체의 지위를 갖는다(대판 2009.10.15. 2008다93001).

02 주택재건축정비사업조합은 공법인으로서, 행정주체의 지위를 갖는다. (O | X) [15군무원9급]

③ 영조물법인

일정한 행정목적을 달성하기 위해서 설립된 인적·물적 종합체를 영조물이라고 하고 특별한 이유로 영조물에 법인격이 부여된 것을 영조물 법인이라고 한다(예 서울대학교, 한국방송공사, 한국도로공사 등).

정답 01 X 02 O

④ 공재단

국가나 지방자치단체가 출연한 재산을 관리하기 위하여 설립된 재단법인을 의미한다 (예 한국학술진흥재단, 한국정신문화연구원 등), 구성원은 없고 수혜자가 존재한다.

Ⅱ 공무수탁사인

1. 의의
공무수탁사인이란 국가 또는 지방자치단체로부터 법령에 의하여 공행정사무를 위탁받아 자신의 이름으로 처리할 수 있는 권한을 부여받은 행정주체인 사인을 의미한다.

2. 성질
자연인과 법인, 법인격 없는 단체 모두 공무수탁사인이 될 수 있다.

3. 법적근거
- 법령에 의하여 부여된 행정권한이 사인에게 이전하는 것이므로 법적근거가 필요하다. 일반법적 근거로서 정부조직법, 지방자치법, 행정권한의 위임 및 위탁에 관한 규정이 있다. 개별법적 근거로서 선원법, 건축법 등이 있다.

> **정부조직법 제6조(권한의 위임 또는 위탁)** ① 행정기관은 법령으로 정하는 바에 따라 그 소관사무의 일부를 보조기관 또는 하급행정기관에 위임하거나 다른 행정기관·지방자치단체 또는 그 기관에 위탁 또는 위임할 수 있다.
> ③ 행정기관은 법령으로 정하는 바에 따라 그 소관사무 중 조사·검사·검정·관리 업무 등 국민의 권리·의무와 직접 관계되지 아니하는 사무를 지방자치단체가 아닌 법인·단체 또는 그 기관이나 개인에게 위탁할 수 있다.
> **지방자치법 제117조(사무의 위임 등)** ③ 지방자치단체의 장은 조례나 규칙으로 정하는 바에 따라 그 권한에 속하는 사무 중 조사·검사·검정·관리업무 등 주민의 권리·의무와 직접 관련되지 아니하는 사무를 법인·단체 또는 그 기관이나 개인에게 위탁할 수 있다.
> **행정권한의 위임 및 위탁에 관한 규정 제6조(지휘·감독)** 위임 및 위탁기관은 수임 및 수탁기관의 수임 및 수탁사무 처리에 대하여 지휘·감독하고, 그 처리가 위법하거나 부당하다고 인정될 때에는 이를 취소하거나 정지시킬 수 있다.

- 행정주체가 자신의 임무를 스스로 수행할 것인지 아니면 그 임무의 기능을 민간부문으로 하여금 수행하게 할 것인 지에 대하여, 입법자에게 광범위한 입법재량 내지 형성의 자유가 인정된다고 보는 것이 판례의 입장이다.

> **관련 판례**
> 국가가 자신의 임무를 그 스스로 수행할 것인지 아니면 그 임무의 기능을 민간부문으로 하여금 수행하게 할 것인지 하는 문제, 즉 국가가 어떤 임무수행방법을 선택할 것인가 하는 문제는 입법자가 당해 사무의 성격과 수행방식의 효율성 정도 및 비용, 공무원 수의 증가 또는 정부부문의 비대화 문제, 민간부문의 자본능력과 기술력의 성장 정도, 시장여건의 성숙도, 민영화에 대한 사회적·정치적 합의 등을 종합적으로 고려하여 판단해야 할 사항으로서 그 판단에 관하여는 입법자에게 광범위한 입법재량 내지 형성의 자유가 인정된다(헌재 2007.6.28. 2004헌마262).

4. 구별개념

1) 공의무부담사인
행정권한을 갖지 못하고 공의무만 부담하는 사인(석유비축의무를 부담하는 사인 등)

> **관련 판례**
> 원천징수하는 소득세에서는 납세의무자의 신고나 과세관청의 부과 결정이 없이 법령이 정하는 바에 따라 그 세액이 자동적으로 확정되고, 원천징수의무자는 소득세법 제142, 143조의 규정에 의하여 이와 같이 자동적으로 확정되는 세액을 수급자로부터 징수하여 과세관청에 납부하여야 할 의무를 부담하고 있으므로, 원천징수의무자가 비록 과세관청과 같은 행정청이더라도 그의 원천징수행위는 법령에서 규정 위 징수 및 납부의무를 이행하기 위한 것에 불과한 것이지, 공권력행사로서의 행정처분을 한 경우에 해당되지 아니한다(대판 1990.3.23. 89누4789).

2) 행정보조인
행정권한의 행사가 아닌 기술적인 집행 등의 단순히 보조역할을 하는 자(예 사고현장에서 경찰의 부탁에 의해 경찰을 돕는 자 등)

3) 행정대행자
행정을 대행하는 일을 하는 사인(차량 등록 대행 등)

4) 민간위탁
공적 사무를 사법상 계약을 통해서 민간으로 하여금 수행하게 하는 것(경찰과 사법상 용역계약을 통해 주차위반차량을 견인하는 견인업자 등)

5. 공무수탁사인의 권리·의무

- 공무수탁사인은 공무를 수행할 권리를 가진다. 즉, 자신의 권한 범위 내에서 행정행위를 할 수 있고 수수료 등을 부과·징수할 수 있는 등의 특권이 인정된다.
- 수탁자는 불가항력의 경우를 제외하고는 공무수행을 중단하여서는 아니되고 평등의 원칙 등을 준수하여야 한다.
- 수탁자가 의무를 이행하지 않을 때에는 위탁자에 의해 제재가 가해질 수 있다.

6. 공무수탁사인의 예

공무수탁사인 긍정례	공무수탁사인이 부정례
① 선장, 항공기의 기장이 경찰 행정작용 ② 사립대학교의 장의 고등교육법에 의한 학위 수여 ③ 「공익사업을 위한 토지 등의 취득 및 보상에 관한 법률」상 토지수용권을 행사하는 사업시행자 ④ 공증업무를 수행하는 공증인 ⑤ 체신업무를 수행하는 별정우체국장 ⑥ 교도행정을 수행하는 민영교도소 ⑦ 변호사 등록사무를 수행하는 대한변호사협회회장	① 소득세 원천징수의무자 ② 용역계약에 의하여 주차위반차량을 견인하는 견인업자(민간위탁) ③ 용역계약에 의한 쓰레기수거인(민간위탁) ④ 행정보조인(화재현장에서 소방관의 부탁에 의해 돕는 사인 등) ⑤ 행정대행자(차량검사대행자 등)

7. 공무수탁사인의 공무수행과 권리 구제

1) 문제점

공무수탁사인은 행정주체와 행정청의 지위를 동시에 가진다. 따라서 구체적 법률관계에서 행정주체로서 공무수탁사인인지 행정청으로서 공무수탁사인인지 구별이 필요하다.

2) 항고소송

피고적격과 관련하여 항고소송은 행정청을 피고로 하여 제기하는 것이므로 공무수탁사인을 행정청으로 보아 공무수탁사인의 처분을 대상으로 항고소송을 제기한다.

3) 민사소송

공무수탁사인이 사경제주체로서 법률관계를 형성한 경우, 행정주체로서 공무수탁사인을 피고로 하여 민사소송을 제기한다.

4) 당사자소송

공무수탁사인과 맺은 공법상 법률관계에 대한 다툼이 발생한 경우, 행정주체로서 공무수탁사인을 피고로 하여 당사자소송을 제기한다.

5) 손해배상

국가배상법은 제2조에서 "국가나 지방자치단체는 공무원 또는 공무를 위탁받은 사인(이하 "공무원"이라 한다)이 직무를 집행하면서 고의 또는 과실로 법령을 위반하여 타인에게 손해를 입힌 경우 그 손해를 배상하여야 한다."고 규정하고 있다. 즉, 국가배상과 관련해서는 공무수탁사인은 공무원으로 본다. 따라서 국가배상청구소송의 피고는 공무수탁사인에게 행정사무를 위임한 국가 또는 지방자치단체가 국가배상소송의 피고가 된다.

6) 손실보상

공무수탁사인이 토지수용법상 사업시행자에 해당하는 경우에는 피수용자에게 손실보상 책임이 있다.

8. 공무수탁사인에 대한 감독

- 공무수탁사인은 국가 또는 지방자치단체의 위임에 의하여 행정권한을 행사하게 된 것이므로 국가나 지방자치단체는 공무수탁사인을 감독한다(공법상 특별감독관계).
- 위임청은 합법성·합목적성 통제 모두 가능

III 행정객체

1. 의의

공권력행사의 상대방을 의미한다. 일반적으로는 사인이 행정객체가 된다. 다만, 지방자치단체는 일정한 경우 행정객체가 될 수 있다. 국가의 경우에는 행정객체 가능성에 대하여 견해가 대립한다.

2. 지방자치단체와 국가의 행정객체성

일반적으로 사인이 행정객체가 된다. 다만, 지방자치단체나 국가도 행정의 상대가 되는 경우가 있고, 그때는 행정객체가 될 수 있다.

> **관련 판례** 지방자치단체가 행정객체가 되는 경우
>
> 지방자치단체인 원고가 이를 다툴 실효적 해결 수단이 없는 이상, 원고는 건축물 소재지 관할 허가권자인 지방자치단체의 장을 상대로 항고소송을 통해 건축협의 취소의 취소를 구할 수 있다(대판 2014.2.27. 2012두22980).

> **관련 판례** 국가가 행정객체가 되는 경우
>
> 한국전력공사의 국가에 대한 TV수신료 부과처분 사건
> 행정절차법의 규정과 행정의 공정성·투명성 및 신뢰성 확보라는 행정절차법의 입법 취지 등을 고려해 보면, 행정기관의 처분에 의하여 불이익을 입게 되는 국가를 일반 국민과 달리 취급할 이유가 없다. 따라서 국가에 대해 행정처분을 할 때에도 사전 통지, 의견청취, 이유 제시와 관련한 행정절차법이 그대로 적용된다고 보아야 한다(대판 2023.9.21. 2023두39724).

핵심 기출문제

01

다음 중 행정주체가 아닌 것은? [19군무원(하)9급]

① 대한민국
② 강원도의회
③ 도시 및 주거환경 정비법상의 주택재건축정비사업조합
④ 한국토지주택공사

02

다음 중 행정주체가 아닌 것은? [16서울시9급]

① 법무부장관
② 서울대학교
③ 농지개량조합
④ 대구광역시

03

공무수탁사인에 관한 설명으로 옳지 않은 것은? [17군무원9급]

① 공무수탁사인의 행정작용으로 권익을 침해받은 자는 당해 공무수탁사인을 상대로 행정쟁송을 제기할 수 있다.
② 공무수탁사인의 직무상 불법행위에 대한 국가배상청구소송을 제기함에 있어서 피고는 행정청인 공무수탁사인이다.
③ 소득세법에 의한 원천징수의무자의 원천징수행위는 법령에서 규정된 징수 및 납부의무를 이행하기 위한것에 불과한 것이지, 공권력의 행사로서의 행정처분에 해당되지 아니한다고 보는 것이 판례의 입장이다.
④ 공무수탁사인에 대한 당사자소송을 제기함에 있어서 피고는 행정주체인 공무수탁사인이다.

119

04

공무수탁사인에 해당되지 않는 것은? [18서울시7급]

① 「도로교통법」상 견인업무를 대행하는 자동차견인업자
② 「민영교도소 등의 설치운영에 관한 법률」상 교정업무를 수행하는 민영교도소
③ 「항공안전 및 보안에 관한 법률」상 경찰임무를 수행하는 항공기의 기장
④ 「공익사업을 위한 토지 등의 취득 및 보상에 관한 법률」상 토지수용권을 행사하는 사인

해설

01 | ① (○) 국가로서 행정주체
　　② (×) 의결기관
　　③ (○) 공공단체 중 공공사단(조합)
　　④ (○) 공공단체 중 영조물 법인

02 | ① (×) 법무부장관은 행정기관 중 행정청에 해당한다.

03 | ① (○) 피고적격과 관련하여 항고소송은 행정청을 피고로 하여 제기하는 것이므로 공무수탁사인을 행정청으로 보아 공무수탁사인의 처분을 대상으로 항고소송을 제기한다.
　　② (×) 국가배상법 제2조 제1항에서 국가나 지방자치단체는 공무원 또는 공무를 위탁받은 사인이 직무를 집행하면서 고의 또는 과실로 법령을위반하여 타인에게 손해를 입힌 경우 이 법에 따라 손해를 배상해야 한다고 규정하고 있다. 따라서 국가배상소송에서는 피고는 국가 또는 지방자치단체가 된다.
　　③ (○) 원천징수하는 소득세에서는 납세의무자의 신고나 과세관청의 부과 결정이 없이 법령이 정하는 바에 따라 그 세액이 자동적으로 확정되고, 원천징수의무자는 소득세법 제142, 143조의 규정에 의하여 이와 같이 자동적으로 확정되는 세액을 수급자로부터 징수하여 과세관청에 납부하여야 할 의무를 부담하고 있으므로, 원천징수의무자가 비록 과세관청과 같은 행정청이더라도 그의 원천징수행위는 법령에서 규정 위 징수 및 납부의무를 이행하기 위한 것에 불과한 것이지, 공권력행사로서의 행정처분을 한 경우에 해당되지 아니한다 (대판 1990.3.23. 89누4789).
　　④ (○) 당사자소송은 공법상 법률관계에 대한 쟁송에 해당하고 행정주체가 피고적격을 가진다.

04 | ① (×) 견인업무를 대행하는 자동차견인업자는 행정주체와 견인업자 간의 사법상계약에 의하여 계약상 의무를 부담하는 자로서 공무수탁사인으로 볼 수 없다.

정답　01 ②　02 ①　03 ②　04 ①

제3절 공권과 공의무

Ⅰ 개설

- 행정법관계에서 권리·의무를 공권과 공의무라고 한다. 공권과 공의무는 귀속주체에 따라 행정주체에 귀속되는 국가적 공권·공의무, 개인에게 귀속되는 개인적 공권·공의무가 있다.
- 국가적 공권은 행정주체가 우월한 의사주체로서 상대방에게 가지는 지배권의 성격을 가지고 있고 명령·강제를 내용으로 하며, 특유의 효과가 인정된다.

Ⅱ 개인적 공권

1. 의의
- 공권이란 행정법관계에서 개인이 자신의 이익을 위하여 행정주체에게 일정한 행위를 요구하는 힘을 말한다.
- 공권을 침해당한 경우, 이를 다툴 수 있는 법률상 이익을 인정할 수 있으며, 법률상 이익이 침해된 경우에는 항고소송의 원고적격이나 행정심판의 청구인 적격이 인정된다. 즉, 공권의 침해는 원고적격이나 청구인 적격과 밀접한 관련이 있다.

2. 반사적 이익과의 구별
- 공익만을 위한 행정법규가 행정주체에게 일정한 의무를 부과한 결과 개인이 얻게 되는 이익을 말한다.
- 법률상 이익의 침해와 달리 반사적 이익의 침해에 대해서는 행정쟁송을 제기할 수 없으며, 행정상 손해배상청구도 인정되지 않는다.

> **관련 판례**
> 행정소송의 원고적격을 권리 내지 법적으로 보호되는 이익이 침해된 자에 대해서만 인정하고, 반사적 이익이나 사실상의 이익이 침해된 경우에는 인정하지 않는다(대판 1974.4.9. 73누173).

- 공권과 반사적 이익은 법문의 해석을 통해 구별된다. 즉, 법문이 공익 외에도 사익을 보호하는 취지로 해석된다(사익보호성의 존재)면, 공권이 존재하는 것이고 법문이 공익만을 보호한다고 해석된다면 공권은 존재하지 않는 것이다.

01 공권은 소송을 통해 구제가 가능하다. 그러나 반사적 이익은 소송을 통한 권리 구제가 가능하지 않다. (O | X) [16군무원9급]

정답 01 O

PART 1 행정법 서론

3. 공권의 성립요건

1) 헌법에 의한 공권 성립

- 자유권적 기본권은 보호영역이 구체적이므로 공권이 된다.

> **관련 판례**
>
> 1. 만나고 싶은 사람을 만날 수 있다는 것은(접견권) 인간이 가지는 가장 기본적인 자유 중 하나로서, 이는 헌법 제10조(편주 : 포괄적 의미의 자유권)가 보장하고 있는 인간으로서의 존엄과 가치 및 행복추구권 가운데 포함되는 헌법상의 기본권이다. – 헌법규정으로서 바로 공권의 성립을 인정한 판례
> 형사소송법 제89조 및 제213조의2가 규정하고 있는 구속된 피고인 또는 피의자의 타인과의 접견권은 위와 같은 헌법상의 기본권을 확인하는 것일 뿐 형사소송법의 규정에 의하여 비로소 피고인 또는 피의자의 접견권이 창설되는 것으로는 볼 수 없다(대판 1992.5.8. 91부8).
> 2. 국세청장이 청구인을 납세병마개 제조자로 지정하였다면, 일반법규에서 경쟁자를 보호하는 규정을 별도로 두고 있지 않은 경우에도 기본권인 경쟁의 자유가 바로 행정청의 지정행위의 취소를 구할 법률상의 이익이 된다 할 것이다(헌재 1998.4.30. 97헌마141).

- 사회적 기본권의 경우 법률에 의하여 구체화되기 전에는 추상적 성질을 가지고 있으므로 공권이 되지 않는다.

> **관련 판례**
>
> 1. 헌법 제32조 제1항이 규정하는 근로의 권리는 사회적 기본권으로서 근로자가 퇴직급여를 청구할 수 있는 권리도 헌법상 바로 도출되는 것이 아니라 법률이 구체적으로 정하는 바에 따라 비로소 인정될 수 있는 것이다(헌재 2011.7.28. 2009헌마408).
> 2. 공무원연금수급권과 같은 사회보장수급권은 사회적 기본권 중의 하나로서, 이는 국가에 대하여 적극적으로 급부를 요구하는 것이므로 헌법규정만으로는 이를 실현할 수 없어 법률에 의한 형성이 필요하고, 그 구체적인 내용, 즉 수급 요건, 수급권자의 범위 및 급여금액 등은 법률에 의하여 비로소 확정된다(헌재 2013.9.26. 2011헌바272).

01 헌법상의 모든 기본권은 법률에 의해 구체화되지 않더라도 재판상 주장될 수 있는 구체적 공권이다. (O | X)   [15교육행정직9급]

02 사회적기본권의 성격을 가지는 연금수급권은 헌법에 근거한 개인적 공권이므로 헌법규정만으로도 실현할 수 있다. (O | X)   [17지방직9급]

03 소극적 방어권인 헌법상의 자유권적 기본권은 법률의 규정이 없다고 하더라도 직접 공권이 성립될 수도 있다. (O | X)   [17지방직9급]

정답 01 X 02 X 03 O

2) 법률규정에 의한 공권 성립

① 전통적 견해와 최근의 견해

전통적인 견해는 공권의 성립요건으로 강행규정의 존재, 사익보호성의 존재, 의사력(소구력)의 존재를 들었다. 그러나 최근에는 의사력은 필요하지 않다고 보는 견해가 일반적이다.

② 공권의 성립요건

㉠ 강행규정의 존재
- 행정주체에게 일정한 의무를 부과하는 강행규정이 존재하여야 한다.
- 행정법규는 기속규정과 재량규정이 있고 기속규정 외에도 재량규정을 통해서도 일정한 의무가 행정주체에게 부여될 수 있다.

㉡ 사익보호성 존재
- 근거법규와 관련법규의 해석상 공익 외에도 사익도 보호하는 것으로 해석할 수 있어야 한다.

> **관련 판례**
>
> 행정처분의 직접 상대방이 아닌 제3자라 하더라도 당해 행정처분으로 인하여 법률상 보호되는 이익을 침해당한 경우에는 그 처분의 취소나 무효확인을 구하는 행정소송을 제기하여 그 당부의 판단을 받을 자격이 있다 할 것이며, 여기에서 말하는 법률상 보호되는 이익이라 함은 당해 처분의 근거 법규 및 관련 법규에 의하여 보호되는 개별적·직접적·구체적 이익이 있는 경우를 말하고, 공익보호의 결과로 국민 일반이 공통적으로 가지는 일반적·간접적·추상적 이익이 생기는 경우에는 법률상 보호되는 이익이 있다고 할 수 없다(대판 2006.12.22. 2006두14001).

01 판례는 처분의 직접적인 근거규정만으로 공권의 성립여부를 파악한다. (O | X) [15군무원9급]

02 개인적 공권은 강행적인 행정법규에 의하여 행정청을 기속함으로써 비로소 성립하는 것일 뿐 개인의 사익보호성은 성립요건이 아니라는 것이 일반적인 견해이다. (O | X) [12국가직9급]

03 오늘날 공권의 성립요건 가운데 '의사력의 존재'를 요구하는 것이 새로운 경향이다. (O | X) [13국가직7급]

- 조리에 의한 공권의 성립

  근거법규나 관계법규에서 공권이 확인되지 않는 경우에도 조리에 의하여 공권이 성립하는 때가 있다.

> **관련 판례**
>
> 법령상 검사임용신청 및 그 처리의 제도에 관한 명문규정이 없다고 하여도 조리상 임용권자는 임용신청자들에게 전형의 결과에 대한 응답, 즉 임용 여부의 응답을 해줄 의무가 있다고 보아야 하고 원고로서는 그 임용신청에 대하여 임용 여부의 응답을 받을 권리가 있다(대판 1991.2.12. 90누5825).

정답 01 X 02 X 03 X

- 공법상 계약, 관습법 등에 있어서도 공권이 성립할 수 있으나 행정규칙에 근거해서는 공권이 성립하지 않는다고 보는 것이 일반적이다.

> **관련 판례**
>
> 행정지침인 서울특별시의 '철거민에 대한 시영아파트특별분양개선지침'은 공법상 분양신청권의 근거법이 아니다(대판 1989.12.26. 87누1214).

4. 개인적 공권의 확대화 경향

1) 처분의 상대방이 아닌 제3자에게 원고적격 인정
제3자효 행정행위의 경우와 같이 제3자에게도 공권을 인정하는 경우가 있다.

2) 경원자 소송, 경업자 소송, 인인소송에서 원고적격

① 경원자관계

인·허가 등의 수익적 행정처분을 신청한 수인이 서로 경쟁관계에 있어서 일방에 대한 허가 등의 처분이 타방에 대한 불허가 등으로 귀결될 수밖에 없는 때 허가 등의 처분을 받지 못한 자는 비록 경원자에 대하여 이루어진 허가 등 처분의 상대방이 아니라 하더라도 당해 처분의 취소를 구할 원고적격이 있다(대법원 2009.12.10. 선고 2009두8359).

② 경업자관계

㉠ 의의

기존 영업자가 특허나 허가 등의 받아 영위하는 해당 사업과 관련하여, 신규 진입하는 영업자가 특허나 허가를 받아 경쟁관계가 발생하는 경우를 의미한다.

㉡ 공권의 성립여부
- 판례는 일반적으로 특허업의 경우 기존 영업자의 기득권을 보호한다고 보아 경쟁 신규업자의 특허에 대하여 다툴 수 있는 공권이 있다고 본다.
- 허가업의 경우 기존 영업자의 기득권은 반사적 이익에 불과하므로 원칙적으로 공권의 성립을 인정할 수 없다고 본다. 다만, 허가업의 경우에도 관련법에 거리제한 규정을 두는 등 기존업자의 기득권을 보호한다고 볼 수 있는 경우에는 공권이 성립할 수 있다고 본다.

> **관련 판례**
>
> 1. 버스운송사업 - 특허사업 - 원고적격 인정
>
> 자동차운수사업법 제6조 제1호의 규정의 목적이 자동차운수사업에 관한 질서를 확립하고 자동차운수의 종합적인 발달을 도모하여 공공의 복리를 증진함과 동시에 업자간의 경쟁으로 인한 경영의 불합리를 미리 방지하자는데 있다 할 것이므로 기존 시내버스 업자로서는, 다른 운송사업자가 운행

하고 있는 기존 시외버스를 시내버스로 전환을 허용하는 사업계획변경인가처분에 대하여 그 취소를 구할 법률상의 이익이 있다고 할 것이다(대판 1987.9.22. 85누985).

2. 허가업의 경우에도 예외적으로 공권이 인정된 판례

담배 일반소매인의 지정기준으로서 일반소매인의 영업소 간에 일정한 거리제한을 두고 있는 것은 담배유통구조의 확립을 통하여 국민의 건강과 관련되고 국가 등의 주요 세원이 되는 담배산업 전반의 건전한 발전 도모 및 국민경제에의 이바지라는 공익목적을 달성하고자 함과 동시에 일반소매인 간의 과당경쟁으로 인한 불합리한 경영을 방지함으로써 일반소매인의 경영상 이익을 보호하는 데에도 그 목적이 있다고 보이므로, 일반소매인으로 지정되어 영업을 하고 있는 기존업자의 신규 일반소매인에 대한 이익은 단순한 사실상의 반사적 이익이 아니라 법률상 보호되는 이익이라고 해석함이 상당하다(대판 2008.3.27. 2007두23811).

③ 인인소송

㉠ 의의

이웃한 특정한 자에 대한 수익 처분이 처분의 상대방이 아닌 이웃 주민인 타인의 법률상 이익을 침해하는 경우에 그 타인이 제기하는 소송을 의미한다.

㉡ 판례의 입장

관련 판례

주거지역내에 도시계획법과 건축법 위 법조 소정 제한면적을 초과한 연탄공장 건축허가처분으로 불이익을 받고 있는 제3거주자는 비록 당해 행정처분의 상대자가 아니라 하더라도 그 행정처분으로 말미암아 위와 같은 법률에 의하여 보호되는 이익을 침해받고 있다면 당해 행정 처분의 취소를 소구하여 그 당부의 판단을 받을 법률상의 자격이 있다(대판 1975.5.13. 73누96,97).

3) 새로운 공권의 발견(강행법규성의 확대)

① 무하자재량행사청구권

㉠ 의의

무하자재량행사청구권은 일정한 경우, 재량행위의 상대방 기타 이해관계인이 행정청에 하자 없는 재량을 행사하여 줄 것을 요구할 수 있는 권리를 의미한다.

㉡ 종래의 논의

종래에는, 강행규정은 기속행위의 영역에서만 인정된다고 보았으나 최근에는 일정한 경우에 재량행위의 영역에서 무하자재량행사청구권을 가지게 된다.

㉢ 특징과 내용

- 행정영역에서 재량영역이 확대되고 재량영역에서도 사인의 권익을 보호할 필요성이 생기면서 등장한 공권이다.
- 형식적 권리이므로 특정한 행위를 요구하는 권리(실질적 권리)가 아니다.

PART 1 행정법 서론

- 하자 없는 재량 처분을 처분 전에 요구하는 점에서 적극적·사전적 권리성을 가지고 있다.

01 무하자재량행사청구권은 적극적 권리로서의 성질을 가진다. (O | X) [15군무원9급]

ㄹ 판례

관련 판례

검사의 임용에 있어서 임용권자가 임용여부에 관하여 어떠한 내용의 응답을 할 것인지는 임용권자의 자유재량에 속하므로 일단 임용거부라는 응답을 한 이상 설사 그 응답내용이 부당하다고 하여도 사법심사의 대상으로 삼을 수 없는 것이 원칙이나, 적어도 재량권의 한계 일탈이나 남용이 없는 위법하지 않은 응답을 할 의무가 임용권자에게 있고 이에 대응하여 임용신청자로서도 재량권의 한계 일탈이나 남용이 없는 적법한 응답을 요구할 권리가 있다고 할 것이며, 이러한 응답신청권에 기하여 재량권 남용의 위법한 거부처분에 대하여는 항고소송으로서 그 취소를 구할 수 있다고 보아야 하므로 임용신청자가 임용거부처분이 재량권을 남용한 위법한 처분이라고 주장하면서 그 취소를 구하는 경우에는 법원은 재량권남용 여부를 심리하여 본안에 관한 판단으로서 청구의 인용 여부를 가려야 한다(대판 1991.2.12. 90누5825).

ㅁ 인정범위
- 재량행위라면 결정재량·선택재량의 경우 모두에서 문제된다.
- 재량영역이라면 수익적 행정행위, 침익적(부담적) 행정행위 모두에서 문제된다.

02 무하자재량행사청구권은 수익적 행정행위뿐만 아니라 부담적 행정행위에도 적용될 수 있다. (O | X) [18교육행정직9급]

ㅂ 성립요건
- 무하자재량행사청구권도 공권이므로 강행규정이 존재하여야 한다. 다만, 반드시 명문 규정이 존재할 필요는 없으며, 조리상 인정되도 충분하다.
- 사익보호성의 존재

② 행정개입청구권
ㄱ 의의
행정개입청구권은 일정한 내용의 행정권의 발동을 청구할 수 있는 실체적 공권을 의미한다. 여기에는 자신을 위하여 자신에게 일정한 행정권의 발동을 요구하는 행정행위 발급청구권과 자신을 위하여 타인에게 행정권의 발동을 요구하는 협의의 행정개입청구권을 포함한다.

정답 01 O 02 O

ⓒ 법적 성질
- 실체법상 권리이다.
- 행정개입청구권은 원래 기속행위에서 인정되는 것이지만, 재량의 영역에서도 구체적 사정에 비추어 재량권이 '0'으로 수축되는 경우에는 특정행위청구권인 행정개입청구권으로 변하게 된다.
- 재량권의 '0'으로의 수축은 사람의 생명, 신체 및 재산 등 중요한 법익에 급박하고 현저한 위험이 존재하고, 그러한 위험이 시정명령 등 행정권의 발동에 의해 제거될 수 있는 것이며, 피해자의 개인적인 노력만으로는 권익침해의 방지를 막기 어려운 경우에 인정된다.
- 사전 예방적권리이자 사후 구제적권리의 성질도 가지며 적극적권리이다.

관련 판례

1. 지방자치단체장이 건축회사에 대하여 당해 신축공사와 관련하여 인근 주택에 공사로 인한 피해를 주지 않는 공법을 선정하고 이에 대하여 안전하다는 전문가의 검토의견서를 제출할 때까지 신축공사를 중지하라는 당해 공사중지명령에 있어서는 그 명령의 내용 자체로 또는 그 성질상으로 명령 이후에 그 원인사유가 해소되는 경우에는 잠정적으로 내린 당해 공사중지명령의 해제를 요구할 수 있는 권리를 위 명령의 상대방에게 인정하고 있다고 할 것이므로, 위 회사에게는 조리상으로 그 해제를 요구할 수 있는 권리가 인정된다(대판 1997.12.26. 96누17745).

2. 건축허가는 대물적 성질을 갖는 것이어서 행정청으로서는 허가를 할 때에 건축주 또는 토지 소유자가 누구인지 등 인적 요소에 관하여는 형식적 심사만 한다. 건축주가 토지 소유자로부터 토지사용승낙서를 받아 그 토지 위에 건축물을 건축하는 대물적 성질의 건축허가를 받았다가 착공에 앞서 건축주의 귀책사유로 해당 토지를 사용할 권리를 상실한 경우, 건축허가의 존재로 말미암아 토지에 대한 소유권 행사에 지장을 받을 수 있는 토지 소유자로서는 건축허가의 철회를 신청할 수 있다고 보아야 한다. 따라서 토지 소유자의 위와 같은 신청을 거부한 행위는 항고소송의 대상이 된다(대판 2017.3.15. 2014두41190).

3. 구 건축법(1999. 2. 8. 법률 제5895호로 개정되기 전의 것) 및 기타 관계 법령에 국민이 행정청에 대하여 제3자에 대한 건축허가의 취소나 준공검사의 취소 또는 제3자 소유의 건축물에 대한 철거 등의 조치를 요구할 수 있다는 취지의 규정이 없고, 같은 법 제69조 제1항 및 제70조 제1항은 각 조항 소정의 사유가 있는 경우에 시장·군수·구청장에게 건축허가 등을 취소하거나 건축물의 철거 등 필요한 조치를 명할 수 있는 권한 내지 권능을 부여한 것에 불과할 뿐, 시장·군수·구청장에게 그러한 의무가 있음을 규정한 것은 아니므로 위 조항들도 그 근거 규정이 될 수 없으며, 그 밖에 조리상 이러한 권리가 인정된다고 볼 수도 없다(대판 1999.12.7. 97누17568).

4. 건축법 제79조는 시정명령에 대하여 규정하고 있으나, 동법이나 동법 시행령 어디에서도 일반국민에게 그러한 시정명령을 신청할 권리를 부여하고 있지 않을 뿐만 아니라, 피청구인에게 건축법 위반이라고 인정되는 건축물의 건축주 등에 대하여 시정명령을 할 것인지와, 구체적인 시정명령의 내용을 무엇으로 할 것인지에 대하여 결정할 재량권을 주고 있으며, 달리 이 사건에서 시정명령을 해야 할 법적 의무가 인정된다고 볼 수 없다(헌재 2010.4.20. 2010헌마189).

PART 1 행정법 서론

ⓒ 성립요건
- 기속행위에서 요건 구비, 재량행위에서 재량권이 '0'으로 수축된 경우
- 사익보호성 존재

---

01 일반적인 개인적 공권의 성립요건인 사익보호성은 무하자재량행사청구권이나 행정개입청구권에는 적용되지 않는다. (O | X) [15국가직9급]

4) 공물의 일반사용이 어려워진 경우 공권의 인정여부

① 원칙

공권 성립 부정

> **관련 판례**
> 일반적으로 도로는 국가나 지방자치단체가 직접 공중의 통행에 제공하는 것으로서 일반국민은 이를 자유로이 이용할 수 있는 것이기는 하나, 그렇다고 하여 그 이용관계로부터 당연히 그 도로에 관하여 특정한 권리나 법령에 의하여 보호되는 이익이 개인에게 부여되는 것이라고까지는 말할 수 없으므로, 일반적인 시민생활에 있어 도로를 이용만 하는 사람은 그 용도폐지를 다툴 법률상의 이익이 있다고 말할 수 없다(대판 1992.9.22. 91누13212).

② 예외

공권 성립을 인정할 수 있는 경우도 있음

> **관련 판례**
> 공공용재산이라고 하여도 당해 공공용재산의 성질상 특정 개인의 생활에 개별성이 강한 직접적이고 구체적인 이익을 부여하고 있어서 그에게 그로 인한 이익을 가지게 하는 것이 법률적인 관점으로도 이유가 있다고 인정되는 특별한 사정이 있는 경우에는 그와 같은 이익은 법률상 보호되어야 할 것이고, 따라서 도로의 용도폐지처분에 관하여 이러한 직접적인 이해관계를 가지는 사람이 그와 같은 이익을 현실적으로 침해당한 경우에는 그 취소를 구할 법률상의 이익이 있다(대판 1992.9.22. 91누13212).

Ⅲ 공권의 특수성

1. 이전의 제한

- 공권은 사익보호성이 있으나 공익성도 포함하므로 일반적으로 일신전속적 성질을 가진다. 따라서 양도·상속이 금지되고, 압류가 제한·금지된다. 다만, 그 성질이 주로 경제적 성질을 가지는 공권은 이전성이 인정된다(손실보상청구권 등).

정답 **01** X

CHAPTER 5 행정상 법률관계

> **관련 판례**
>
> 국가나 지방자치단체에 대한 보조금청구채권은 양도가 금지된 것으로 강제집행의 대상이 될 수 없다(대판 2008.4.24. 2006다33586).

- 양도 및 압류금지에 관한 명문규정으로는, 국민연금수급권, 공무원의 연금청구권, 고용보험법상의 실업급여를 받을 권리, 국민건강보험급여수급권, 생명·신체의 침해로 인한 국가배상청구권 등이 있다.

> **관련 판례**
>
> 구 국가유공자등예우및지원에관한법률(2002. 1. 26. 법률 제6648호로 개정되기 전의 것)에 의하여 국가유공자와 유족으로 등록되어 보상금을 받고, 교육보호 등 각종 보호를 받을 수 있는 권리는 국가유공자와 유족에 대한 응분의 예우와 국가유공자에 준하는 군경 등에 대한 지원을 행함으로써 이들의 생활안정과 복지향상을 도모하기 위하여 당해 개인에게 부여되어진 일신전속적인 권리이어서, 같은 법 규정에 비추어 상속의 대상으로도 될 수 없다(대판 2003.8.19. 2003두5037).

- 다만, 손실보상청구권, 재산권침해로 인한 국가배상청구권은 양도·압류가 가능하고, 공무원보수청구권은 2분의1까지 압류 가능하다.

2. 포기의 제한, 불행사는 제한 안 됨

- 공익성을 가지므로 포기가 제한된다(투표권의 포기, 행정소송제기권의 포기 등).
- 포기와 달리 불행사는 가능하다(투표권의 불행사 등). 즉, 불행사는 제한되지 않는다.

> **관련 판례**
>
> 1. 행정소송에 있어서 소권은 개인의 국가에 대한 공권이므로 당사자의 합의로써 이를 포기할 수 없다(대판 1995.9.15. 94누4455).
> 2. "도매시장법인 이전 및 지정취소 또는 폐쇄지시에도 일체의 소송이나 손실보상을 청구할 수 없다"라는 내용의 부관 중 부제소특약에 관한 부분은 당사자가 임의로 처분을 할 수 없는 공법상의 권리관계를 대상으로 하여 사인의 국가에 대한 공권인 소권을 당사자의 합의로서 포기하는 것으로 허용될 수 없다(대판 1999.1.26. 98두12598).
> 3. 석탄산업법시행령 제41조 제4항 제5호 소정의 재해위로금 청구권은 개인의 공권으로서 그 공익적 성격에 비추어 당사자의 합의에 의하여 이를 미리 포기할 수 없다(대판 1998.12.23. 97누5046).

01 구「석탄산업법 시행령」상 재해위로금청구권은 개인의 공권으로서 그 공익적 성격에 비추어 당사자 합의에 의해 이를 미리 포기할 수 없다. (O | X) [20소방간부]

02 제3자와 소권(訴權)의 포기에 관한 계약을 체결하더라도 그 계약은 무효이다. (O | X) [11사회복지직9급]

03 개인적 공권은 사권처럼 자유롭게 포기할 수 있는 것이 원칙이다. (O | X) [17교육행정직9급]

정답 01 O 02 O 03 X

3. 대행의 제한

일신전속적 성질로 인하여 위임이나 대행이 제한되는 경우가 있다(투표권 대행 금지 등).

4. 보호의 특수성

행정소송의 대상이 되고 법이 정한 특별한 보호를 받기도 한다.

Ⅳ 공의무

1. 개념
- 공권에 대응하는 개념으로서 타인의 이익을 위해 의무자에게 가해지는 공법상의 구속을 의미한다.
- 작위·부작위·급부·수인의무가 있다.

2. 공의무의 특수성
- 공의무는 법령, 법령에 근거한 행정행위에 의하여 이루어 짐이 원칙이다.
- 공법상 계약에 의하여도 공의무가 발생할 수 있다.

3. 포기나 이전의 제한
- 일신전속적 성질이 있어 포기나 이전이 제한된다. 순수하게 경제적 성질의 공의무는 상속 등이 인정된다.
- 공의무를 이행하지 아니하면, 행정상 강제집행이나 행정벌 등의 대상이 될 수 있다.

Ⅴ 공권·공의무의 승계

1. 행정주체의 권리·의무의 승계

지방자치단체의 구역변경이나 폐치·분합의 경우, 특수법인·공공조합의 통폐합의 경우와 같이 행정관할의 문제에 불과하다.

2. 사인의 공권·공의무의 승계

1) 명문규정이 있는 경우
- 공법상 권리·의무의 승계에 관한 일반규정은 없다.
- 개별법에서 인정하는 권리·의무의 승계의 경우 해당 규정에 따라 처리하면 된다.

- 행정절차법 제10조

> **행정절차법 제10조(지위의 승계)** ① 당사자등이 사망하였을 때의 상속인과 다른 법령등에 따라 당사자등의 권리 또는 이익을 승계한 자는 당사자등의 지위를 승계한다.
> ② 당사자등인 법인등이 합병하였을 때에는 합병 후 존속하는 법인등이나 합병 후 새로 설립된 법인등이 당사자등의 지위를 승계한다.
> ④ 처분에 관한 권리 또는 이익을 사실상 양수한 자는 행정청의 승인을 받아 당사자등의 지위를 승계할 수 있다.

2) 명문규정이 없는 경우
- 전통적인 견해는 명문의 규정이 없는 경우에는 공권·공의무의 승계를 부정하였다.
- 현재의 견해는 승계가능성을 인정한다. 승계적성의 인정여부로 승계여부를 결정한다.
- 승계적성은 당해 권리의 성질, 법규정의 취지, 대물성을 기준으로 판단한다.
- 대물성을 기준으로 판단하는 경우, 일신전속적이고 공법상 지위를 제외한 대물적 성질의 공법상 지위만이 승계된다.

> **관련 판례** 산림채석허가를 받은 자가 사망한 경우, 상속인이 그 지위(의무)를 승계한다는 판례
>
> 산림을 무단형질 변경한 자가 사망한 경우, 원상회복명령에 따른 복구의무는 타인이 대신하여 행할 수 있는 의무로서 일신전속적 성질을 갖는 것이 아니므로 당해 토지의 소유권 또는 점유권을 승계한 상속인이 그 복구의무를 부담한다(대판 2005.8.19. 2003두9817,9824).

01 구 산림법에 의해 형질변경허가를 받지 아니하고 산림을 형질변경한 자가 사망한 경우, 해당 토지의 소유권을 승계한 상속인은 그 복구의무를 부담하지 않으므로, 행정청은 그 상속인에 대하여 복구명령을 할 수 없다. (O | X)

[21국가직7급]

3. 제재효과의 승계와 제재사유의 승계
- 영업양도 등으로 당사자(양도인·양수인) 간에 허가, 특허 등을 받은 지위의 승계가 있는 경우, 이미 제재처분이 있은 후에 영업양도 등이 있었다면 그 효과를 승계하는 것은 일반적으로 인정된다. 다만, 지위승계가 이루어지기 전에 양도인에게 발생한 제재사유를 이유로 양수인에게 제재처분을 할 수 있는지가 문제된다. 판례는 별도의 명문 규정이 없이도 제재사유의 승계를 인정한다. 다만, 소수설은 제재사유의 승계를 위해서는 별도의 법적근거가 필요하다고 본다.
- 위와 달리 영업의 양도 등으로도 당사자 간에 허가, 특허 등을 받은 지위의 승계가 이루어지지 않는 경우에는 제재사유의 승계는 인정될 수 없다.

정답 01 X

> **관련 판례**

1. [1] 석유판매업 등록은 원칙적으로 대물적 허가의 성격을 갖고, 또 석유판매업자가 같은 법 제26조의 유사석유제품 판매금지를 위반함으로써 같은 법에 따라 받게 되는 사업정지 등의 제재처분은 사업자 개인의 자격에 대한 제재가 아니라 사업의 전부나 일부에 대한 것으로서 대물적 처분의 성격을 갖고 있으므로, 위와 같은 지위승계에는 종전 석유판매업자가 유사석유제품을 판매함으로써 받게 되는 사업정지 등 제재처분의 승계가 포함되어 그 지위를 승계한 자에 대하여 사업정지 등의 제재처분을 취할 수 있다고 보아야 하고, 같은 법 제14조 제1항 소정의 과징금은 해당 사업자에게 경제적 부담을 주어 행정상의 제재 및 감독의 효과를 달성함과 동시에 그 사업자와 거래관계에 있는 일반 국민의 불편을 해소시켜 준다는 취지에서 사업정지처분에 갈음하여 부과되는 것일 뿐이므로, 지위승계의 효과에 있어서 과징금부과처분을 사업정지처분과 달리 볼 이유가 없다.
   [2] 석유사업법 제26조는 사회적·경제적으로 해악을 끼치는 유사석유제품의 유통을 엄중하게 방지한다는 취지에서 규정된 것으로서 그 위반에 따른 제재의 실효성을 확보할 필요가 있는 점, 지위승계 사유의 하나인 경매는 석유판매시설에 대하여만 이루어질 뿐이고, 경매로 말미암아 석유판매사업자의 지위승계가 강제되는 것은 아닌 점, 석유판매업자의 지위를 승계한 자는 종전의 석유판매업자의 위반행위에 대하여 책임을 추궁할 수도 있는 점, 위 과징금은 사업정지처분에 갈음하여 부과될 뿐인 점 등을 종합하여 보면, 석유판매사업자의 지위승계 및 과징금부과처분에 관한 위와 같은 해석은 특히 경매에 의한 지위승계에 있어서 영업의 자유나 재산권의 보장 또는 평등의 원칙 등에 위배되는 것이라고 볼 수 없다(대판 2003.10.23. 2003두8005).
2. 만일 어떠한 공중위생영업에 대하여 그 영업을 정지할 위법사유가 있다면, 관할 행정청은 그 영업이 양도·양수되었다 하더라도 그 업소의 양수인에 대하여 영업정지처분을 할 수 있다고 봄이 상당하다(대판 2001.6.29. 2001두1611).
3. 사실상 영업이 양도·양수되었지만 아직 승계신고 및 그 수리처분이 있기 이전에는 여전히 종전의 영업자인 양도인이 영업허가자이고, 양수인은 영업허가자가 되지 못한다 할 것이어서 행정제재처분의 사유가 있는지 여부 및 그 사유가 있다고 하여 행하는 행정제재처분은 영업허가자인 양도인을 기준으로 판단하여 그 양도인에 대하여 행하여야 할 것이고, 한편 양도인이 그의 의사에 따라 양수인에게 영업을 양도하면서 양수인으로 하여금 영업을 하도록 허락하였다면 그 양수인의 영업 중 발생한 위반행위에 대한 행정적인 책임은 영업허가자인 양도인에게 귀속된다고 보아야 할 것이다(대판 1995.2.24. 94누9146).

핵심 기출문제

01

개인적 공권에 대한 설명으로 옳은 것은? (다툼이 있는 경우 판례에 의함) [15국가직9급]

① 규제 권한 발동에 관해 행정청의 재량을 인정하는 「건축법」의 규정은 소정의 사유가 있는 경우 행정청에 건축물의 철거 등을 명할 수 있는 권한을 부여한 것일 뿐만 아니라, 행정청에 그러한 의무가 있음을 규정한 것이다.
② 공무원의 직무행위로 인한 국가배상책임이 인정되려면 공무원에게 부과된 직무상 의무의 내용이 단순히 공공 일반의 이익을 위한 것이거나 행정기관 내부의 질서를 규율하기 위한 것이 아니고 전적으로 또는 부수적으로 사회구성원 개인의 안전과 이익을 보호하기 위하여 설정된 것이어야 한다.
③ 다수의 검사임용신청자 중 일부만을 검사로 임용하는 결정을 함에 있어, 임용신청자들에게 전형의 결과인 임용 여부의 응답을 할 것 인지는 임용권자의 편의재량사항이다.
④ 일반적인 개인적 공권의 성립요건인 사익보호성은 무하자재량행사청구권이나 행정개입청구권에는 적용되지 않는다.

해설

01 | ② (○) 공무원이 고의 또는 과실로 그에게 부과된 직무상 의무를 위반하였을 경우라고 하더라도 국가는 그러한 직무상의 의무 위반과 피해자가 입은 손해 사이에 상당인과관계가 인정되는 범위 내에서만 배상책임을 지는 것이고, 이 경우 상당인과관계가 인정되기 위하여는 공무원에게 부과된 직무상 의무의 내용이 단순히 공공 일반의 이익을 위한 것이거나 행정기관 내부의 질서를 규율하기 위한 것이 아니고 전적으로 또는 부수적으로 사회구성원 개인의 안전과 이익을 보호하기 위하여 설정된 것이어야 한다(대판 2010.9.9. 2008다77795).

정답 01 ②

CHAPTER 6 행정법상의 법률요건과 법률사실

제1절 법률요건과 법률사실

I 개설

1. 의의
행정법 관계의 발생·변경·소멸이라는 법률효과를 발생시키는 행위를 법률요건이라고 하고 법률요건 이루는 개개의 사실을 법률사실이라고 한다.

2. 법률사실의 종류
1) **사건** : 사람의 정신작용을 요소로 하지 않는 행정법상의 법률사실을 말한다.
   예시) 일정 연령의 도달로 선거권이 발생하는 것, 의사면허를 가진 자의 사망으로 의사면허가 실효되는 것, 시효에 의하여 권리가 취득되는 것, 주택의 소유로 부동산세를 납부하는 것 등.

2) **용태** : 사람의 정신작용을 요소로 하여 이루어지는 법률사실
   ① **내부적 용태** : 사람의 정신작용이 외부로 나타나지 않은 상태에서 공법상 효과 발생
      예시) 고의·과실·선의·악의 등
   ② **외부적 용태** : 작위·부작위 등의 행위
      - **공법행위** : 사인의 공법행위로서 건축허가의 신청행위, 행정주체의 공법행위로서 조세부과 행위 등
      - **사법행위** : 국유 일반재산의 매각·임대 등

Ⅱ 행정법상의 사건

1. 시간의 경과

1) 기간

① 의의

한 시점에서 다른 시점까지의 시간적 간격을 기간이라고 한다. 기간은 간격의 출발점인 기산점과 종료점인 만료점을 구성요소로 한다.

② 기간 계산

㉠ 개설

기간계산에 대한 특별규정이 있는 경우를 제외하고는 민법을 준용한다. 특별규정이란 「민원 처리에 관한 법률」등 개별법규나 「행정기본법」규정을 의미한다. 따라서 개별법 또는 행정기본법의 정함이 있는 경우 외에는 민법을 따른다(개별법 또는 행정기본법 ⇨ 민법).

> **행정기본법 제6조(행정에 관한 기간의 계산)** ① 행정에 관한 기간의 계산에 관하여는 이 법 또는 다른 법령등에 특별한 규정이 있는 경우를 제외하고는 「민법」을 준용한다.

관련 판례

병역법에 기간계산에 대한 별도의 규정이 없어 민법의 초일불산입의 원칙과 토요일·공휴일 익일 만료의 법리가 적용된 사례
병역법은 기간 계산에 관하여 특별한 규정을 두고 있지 아니하다. 따라서 병역법 제88조 제1항 제2호에서 정한 '소집기일부터 3일'이라는 기간을 계산할 때에도 기간 계산에 관한 민법의 규정이 적용되므로, 민법 제157조에 따라 기간의 초일은 산입하지 아니하고, 민법 제161조에 따라 기간의 말일이 토요일 또는 공휴일에 해당하는 때에는 기간은 그 익일로 만료한다고 보아야 한다(대판 2012.12.26. 2012도13215).

㉡ 개별법과 민법상 초일을 산입하여 계산하는 경우
- 개별법상, 공소시효·구속기간, 「가족관계 등록에 관한 법률」의 신고기간 계산, 국회의 회기, 형의 집행과 형의 시효기간, 인감증명서 발급신청에 대한 동의서와 위임장의 유효기간 등이 있다.
- 민법상, 연령 계산이나 기간이 오전 0시부터 시작하는 경우
- 민원처리법상 민원의 처리기간은 5일 이하로 정한 경우에는 민원의 접수시각부터 "시간"단위로 계산하되 토요일과 공휴일은 산입하지 아니한다. 이 경우 1일은 8시간의 근무시간을 기준으로 한다. 민원의 처리기간을 6일 이상으로 정한 경우에는 "일"단위로 계산하고 첫날을 산입하되, 토요일과 공휴일은 산입하지 아니한다. 민원의 처리기간을 주·월·연으로 산입한 경우에는 첫날을 산입하되, 기간의 말일이 토요일 또는 공휴일에 해당한 때에는 기간은 그 익일로 만료한다.

ⓒ 행정기본법
- 행정기본법은 법령등 또는 처분에서 국민의 권익을 제한하는 거나 의무를 부과하는 경우 그 제한이나 의무가 지속되는 기간 계산의 초일을 산입한다.
- 법령등의 시행일과 관련하여 법령등을 공포한 날부터 시행하는 경우 공포일을 시행일로 한다. 다만, 법령등을 공포한 날부터 일정 기간이 경과한 날부터 시행하는 경우 법령등을 공포한 날을 첫날에 산입하지 아니한다(초일불산입의 의미).
- 기간의 말일이 토요일 또는 공휴일인 경우에는 그 말일로 기간이 만료한다.
- 행정에 관한 나이는 다른 법령등에 특별한 규정이 있는 경우를 제외하고는 출생일을 산입하여 만(滿) 나이로 계산하고, 연수(年數)로 표시한다. 다만, 1세에 이르지 아니한 경우에는 월수(月數)로 표시할 수 있다.

행정기본법 제6조(행정에 관한 기간의 계산) ② 법령등 또는 처분에서 국민의 권익을 제한하거나 의무를 부과하는 경우 권익이 제한되거나 의무가 지속되는 기간의 계산은 다음 각 호의 기준에 따른다. 다만, 다음 각 호의 기준에 따르는 것이 국민에게 불리한 경우에는 그러하지 아니하다.
1. 기간을 일, 주, 월 또는 연으로 정한 경우에는 기간의 첫날을 산입한다.
2. 기간의 말일이 토요일 또는 공휴일인 경우에도 기간은 그 날로 만료한다.

행정기본법 제7조(법령등 시행일의 기간 계산) 법령등(훈령·예규·고시·지침 등을 포함한다. 이하 이 조에서 같다)의 시행일을 정하거나 계산할 때에는 다음 각 호의 기준에 따른다.
1. 법령등을 공포한 날부터 시행하는 경우에는 공포한 날을 시행일로 한다.
2. 법령등을 공포한 날부터 일정 기간이 경과한 날부터 시행하는 경우 법령등을 공포한 날을 첫날에 산입하지 아니한다.
3. 법령등을 공포한 날부터 일정 기간이 경과한 날부터 시행하는 경우 그 기간의 말일이 토요일 또는 공휴일인 때에는 그 말일로 기간이 만료한다.

ⓔ 민법상 초일불산입의 원칙
- 기간계산은 기간을 일·주·월·년으로 하는 때에는 익일부터 기산한다(초일불산입의 원칙, 민법 제157조). 다만, 기간을 시·분·초로 정한 때에는 즉시부터 기산한다(민법 제156조).
- 만료점이 토요일 또는 공휴일인 경우 그 익일로 기간이 만료한다.
- 기간의 역산에도 초일불산입의 원칙이 적용된다(선거일 전 5일 전까지 등록을 마쳐야 하는 경우, 선거일이 20일이라면 14일 자정까지 등록을 마쳐야 한다).

2) 시효

① 의의
- 일정한 사실상태가 계속된 경우 그 사실상태가 진실한 것인지 묻지 않고 그 사실상태에 상응하는 법적 효과를 인정하는 제도이다.
- 시효제도는 민법의 산물이다. 시효제도는 법기술적 제도이므로 행정법관계에서도 준용되는데, 행정법규의 별도의 규정이 없는 한, 민법의 규정이 적용된다. 다만, 민법의 규정이 그대로 적용되는 것은 아니고 민법과 다른 특징을 가지고 있다.

② 취지
시효제도는 법적안정성을 도모하는 제도이다.

③ 시효의 종류
  ㉠ 소멸시효
  - 권리자가 권리를 행사할 수 있음에도 불구하고 권리를 행사하지 아니하는 사실상태가 일정기간 계속된 경우에 그 권리를 소멸시키는 제도를 의미한다.
  - 행정법상 소멸시효 기간은 원칙적으로 5년이다(국가재정법, 지방재정법). 다만, 이보다 짧은 소멸시효기간을 정하는 다른 법률의 규정이 있다면 그 규정이 적용된다.
  - 판례는 '다른 법률에 규정'이란 단순히 소멸시효의 기간에 대하여 규정하고 있는 것으로 족한 것이 아니라 5년의 기간 보다 짧은 기간의 경우를 의미한다고 본다.

> **국가재정법 제96조(금전채권·채무의 소멸시효)** ① 금전의 급부를 목적으로 하는 국가의 권리로서 시효에 관하여 다른 법률에 규정이 없는 것은 5년 동안 행사하지 아니하면 시효로 인하여 소멸한다.
> ② 국가에 대한 권리로서 금전의 급부를 목적으로 하는 것도 또한 제1항과 같다.

  - 민법도 '다른 법률에 규정'에 포함될 수 있다. 다만, 민법의 10년의 소멸시효 규정(민법 제766조 제2항)은 다른 규정에 포함되지 아니하고 5년 보다 단기의 소멸시효 기간인 3년의 단기소멸시효기간 규정(민법 제766조 제1항)이 적용된다.

> **민법 제766조(손해배상청구권의 소멸시효)** ① 불법행위로 인한 손해배상의 청구권은 피해자나 그 법정대리인이 그 손해 및 가해자를 안 날로부터 3년간 이를 행사하지 아니하면 시효로 인하여 소멸한다.
> ② 불법행위를 한 날로부터 10년을 경과한 때에도 전항과 같다.

  - 행정상 손해배상과 관련하여, 결과적으로 손해 및 가해자를 안 날로부터 3년, 불법행위를 한 날로부터 5년 이내에 국가배상을 청구할 수 있게 된다.

관련 판례

1. 지방재정법 제69조의 취지는 금전급부의 발생원인이 공법상의 것이든 사법상의 것이든 가리지 아니하고 지방자치단체의 권리나 지방자치단체에 대한 권리는 다른 법률에 이보다 짧은 기간의 소멸시효의 규정이 있는 경우 외에는 모두 소멸시효기간을 5년으로 한다는 것이다(대판 1995.2.28. 94다42020).
2. 예산회계법 제96조에서 '다른 법률의 규정'이라 함은 다른 법률에 예산회계법 제96조에서 규정한 5년의 소멸시효기간보다 짧은 기간의 소멸시효의 규정이 있는 경우를 가리키는 것이고, 이보다 긴 10년의 소멸시효를 규정한 민법 제766조 제2항은 예산회계법 제96조에서 말하는 '다른 법률의 규정'에 해당하지 아니한다(대판 2001.4.24. 2000다57856).

PART 1 행정법 서론

3. 국가배상법 제8조, 민법 제166조 제1항, 제766조 제1항, 제2항, 국가재정법 제96조 제2항, 제1항에 따르면, 국가배상청구권에 대해서는 피해자나 법정대리인이 그 손해와 가해자를 안 날(민법 제166조 제1항, 제766조 제1항에 따른 주관적 기산점)로부터 3년 또는 불법행위를 한 날(민법 제166조 제1항, 제766조 제2항에 따른 객관적 기산점)로부터 5년의 소멸시효가 적용됨이 원칙이다(대판 2019.11.14. 2018다233686).

01 국가재정법상 5년의 소멸시효가 적용되는 '금전의 급부를 목적으로 하는 국가의 권리'에는 국가의 사법(私法)상 행위에서 발생한 국가에 대한 금전채무도 포함된다. (O | X) [16지방직9급]

- 소멸시효는 권리를 행사할 수 있는 때(법률상 장애가 없는 때)로부터 진행된다.

관련 판례

1. 여기서 권리를 행사할 수 없는 경우라 함은 그 권리행사에 법률상의 장애사유가 있는 경우를 말하는데, 변상금 부과처분에 대한 취소소송이 진행중이라도 그 부과권자로서는 위법한 처분을 스스로 취소하고 그 하자를 보완하여 다시 적법한 부과처분을 할 수도 있는 것이어서 그 권리행사에 법률상의 장애사유가 있는 경우에 해당한다고 할 수 없으므로, 그 처분에 대한 취소소송이 진행되는 동안에도 그 부과권의 소멸시효가 진행된다(대판 2006.2.10. 2003두5686).
2. 과세처분의 취소를 구하였으나 재판과정에서 그 과세처분이 무효로 밝혀졌다고 하여도 그 과세처분은 처음부터 무효이고 무효선언으로서의 취소판결이 확정됨으로써 비로소 무효로 되는 것은 아니므로 오납시부터 그 반환청구권의 소멸시효가 진행한다(대판 1992.3.31. 91다32053전합).

02 변상금부과처분에 대한 취소소송이 진행 중이면 변상금부과권의 권리행사에 법률상 장애사유가 있는 경우에 해당하므로 그 부과권의 소멸시효는 진행되지 않는다. (O | X) [17국가직9급]

- 국가나 행정의 상대방이 소멸시효 완성 항변을 하는 것은 당연한 권리행사가 된다. 다만, 사안에 따라서 신의칙에 반하는 권리행사가 될 뿐이므로 신의칙에 반하는 소멸시효 완성 항변인지는 구체적인 검토가 사안별로 필요하다.

관련 판례

1. 국가가 소멸시효 완성의 항변을 하는 것이 신의칙에 반하는 것으로 볼 수 없다(대판 2008.5.29. 2004다33469).
2. 피고(세종특별자치시장)가 상수도원인자부담금 부과를 보류한 채 행정협의조정신청을 하였고, 이를 통해서도 이 사건 공사와 관련한 비용 문제가 해결되지 않을 경우에 상수도원인자부담금을 부과하기로 하였으며, 원고(한국토지주택공사)가 이를 인지하고 있었다는 사정만으로는 원고가 이 사건 공사와 관련한 상수도원인자부담금 부과권의 소멸시효 완성 주장을 하는 것이 신의성실의 원칙에 반하지 않는다(대판 2023.8.18. 2023두37568).

정답 01 O 02 X

- 국가의 사인에 대한 권리, 사인의 국가에 대한 권리 모두에 소멸시효의 법리가 적용된다. 따라서 국가의 국민에 대한 금전채권, 국민의 국가에 대한 금전채권 모두 다른 법률에 규정이 없는 한 5년의 소멸시효 규정이 적용된다.

ⓛ 소멸시효의 중단과 정지
- 소멸시효의 중단과 정지는 민법에 규정되어 있고 공법관계에도 준용된다.
- 소멸시효의 중단이란, 권리의 불행사라는 사실이 해소된 경우에 그때까지 진행된 시효기간은 효력을 잃고 중단되고 시효가 새로이 진행하는 것을 말한다(이미 진행된 시효는 효력이 없다).
- 시효가 거의 완성할 무렵에 시효중단 행위를 할 수 없거나 곤란한 사정이 있는 경우 소멸시효의 완성을 유예하는 것을 소멸시효의 정지라고 한다(이미 진행된 시효는 유효하다).

01 공법의 특수성상 소멸시효의 중단·정지에 관하여는 민법의 규정이 적용될 수 없다. (O | X)
[09지방직9급]

관련 판례

1. 예산회계법 제98조는 법령의 규정에 의하여 국가가 행하는 <u>납입의 고지</u>는 시효중단의 효력이 있다고 규정하여 민법의 시효중단의 효력에 대한 예외를 두고 있는바, 금전의 급부를 목적으로 하는 국가의 채권에 대하여 예산회계법 제51조와 예산회계법시행령 제26조 등의 규정이 정한 형식과 절차를 거쳐 <u>납입의 고지가 이루어진 경우</u>에는 <u>그 채권의 발생원인이 공법상의 것이건 사법상의 것이건 간에 시효중단의 효력이 생긴다</u>(대판 2001.12.14. 2001다45539).
2. 예산회계법 제98조에서 법령의 규정에 의한 납입고지를 시효중단 사유로 규정하고 있는바, 이러한 납입고지에 의한 시효중단의 효력은 그 납입고지에 의한 부과처분이 취소되더라도 상실되지 않는다(대판 2000.9.8. 98두19933).
3. 세무공무원이 체납자의 재산을 압류하기 위해 수색을 하였으나 압류할 목적물이 없어 압류를 실행하지 못한 경우에도 시효중단의 효력이 발생한다(대판 2001.8.21. 2000다12419).
4. <u>납입고지에 의한 변상금 징수권자의 권리행사에 의하여 이미 발생한 소멸시효중단의 효력은 그 부과처분이 취소</u>(쟁송취소에 의한 것이든 또는 직권취소에 의한 것이든 불문한다)되었다 하여 사라지지 아니한다(대판 1996.3.8. 95누12804).

02 납입고지에 의한 소멸시효의 중단은 그 납입고지에 의한 부과처분이 추후취소되면 효력이 상실된다. (O | X)
[16지방직9급]

ⓒ 시효완성의 효과
소멸시효 완성의 효과는 기산일에 소급한다.

정답 01 X 02 X

PART 1 행정법 서론

> **관련 판례**
> 조세에 관한 소멸시효가 완성되면 국가의 조세부과권과 납세의무자의 납세의무는 당연히 소멸한다 할 것이므로 소멸시효완성후에 부과된 부과처분은 납세의무 없는 자에 대하여 부과처분을 한 것으로서 그와 같은 하자는 중대하고 명백하여 그 처분의 효력은 당연무효이다(대판 1985.5.14. 83누655).

01 조세에 관한 소멸시효가 완성된 후에 부과된 조세부과처분은 위법한 처분이지만 당연무효로 볼 수 없다. (O | X)
[16지방직9급]

> **참고**
> **제척기간**
> 제척기간은 일정한 권리에 관한 법률이 정한 존속기간을 의미하고 그 기간의 경과가 있다면, 특별한 규정이 없는 한 해당 권리는 소멸시킨다. 소멸시효와 특히 다른 점은 소멸시효는 권리를 행사할 수 있었음에도 태만이 하였는지를 고려하지만, 제척기간은 그런 사정을 고려하지 않는다. 제척기간에는 소멸시효와 같은 중단·정지 법리가 없으며 소멸시효 기간보다 그 기간이 훨씬 단기간이다.
>
> > **관련 판례**
> > 구 고용보험법(2019. 1. 15. 법률 제16269호로 개정되기 전의 것, 이하 같다)은 육아휴직급여 청구권의 행사에 관하여 제70조 제2항에서는 신청기간은 제척기간이라는 취지의 판시
> > 제척기간은 권리자로 하여금 권리를 신속하게 행사하도록 함으로써 그 권리를 중심으로 하는 법률관계를 조속하게 확정하려는 데에 그 제도의 취지가 있는 것으로서, 소멸시효가 일정한 기간의 경과와 권리의 불행사라는 사정에 의하여 그 효과가 발생하는 것과는 달리 관계 법령에 따라 정당한 사유가 인정되는 등 특별한 사정이 없는 한 그 기간의 경과 자체만으로 곧 권리 소멸의 효과를 발생시킨다. 따라서 추상적 권리행사에 관한 제척기간은 권리자의 권리행사 태만 여부를 고려하지 않으며, 또 당사자의 신청만으로 추상적 권리가 실현되므로 기간 진행의 중단·정지를 상정하기 어렵다. 이러한 점에서 제척기간은 소멸시효와 근본적인 차이가 있다(대법원 2021.3.18. 2018두47264전합).

ⓔ 취득시효
- 민법은 부동산에 관하여 20년간 부동산을 점유한 자에게 점유취득시효를 인정한다.
- 취득시효 역시 민법의 규정이 적용될 수 있으나, 행정재산에 대한 취득시효를 부정하는 규정이 있으므로 사물이 아닌 공물에 대해서는 취득시효가 인정되지 않는다.
- 일반재산(사물)의 경우에는 취득시효의 대상이 된다.

정답 01 ×

CHAPTER 6 행정법상의 법률요건과 법률사실

> **관련 판례**
>
> 국유잡종재산(일반재산-사물)의 취득시효를 부정하는 규정은 위헌이라고 본 판시 – 현재는 국유잡종재산(일반재산)은 취득시효의 대상이 된다.
> 국유잡종재산은 사경제적 거래의 대상으로서 사적자치의 원칙이 지배되고 있으므로 시효제도의 적용에 있어서도 동일하게 보아야 하고, 국유잡종재산에 대한 시효취득을 부인하는 동규정은 합리적 근거 없이 국가만을 우대하는 불평등한 규정으로서 헌법상의 평등의 원칙과 사유재산권 보장의 이념 및 과잉금지의 원칙에 반한다(헌재 1991.5.13. 89헌가97).

01 구 국유재산법 제5조 제2항이 잡종재산에 대하여까지 시효취득을 배제하고 있는 것은 국가만을 우대하여 합리적 사유 없이 국가와 사인을 차별하는 것이므로 평등원칙에 위반된다. (O | X)   [11국회직8급]

> **국유재산법 제7조(국유재산의 보호)** ② 행정재산은 「민법」 제245조에도 불구하고 시효취득(時效取得)의 대상이 되지 아니한다.

02 현행법상 행정목적을 위하여 제공된 행정재산에 대해서는 공용폐지가 되지 않는 한 민법상 취득시효규정이 적용되지 않는다. (O | X)   [16국가직9급]

> **관련 판례**
>
> 1. 행정재산은 공물이므로 취득시효의 대상이 아니다. 다만, 공용폐지되어 공물이 사물이 되면 시효취득의 대상이 될 수 있고 그 입증책임은 취득시효의 완성을 주장하는 자에게 있다.
>   [1] 행정재산은 공용이 폐지되지 않는 한 사법상 거래의 대상이 될 수 없으므로 취득시효의 대상이 되지 않는다.
>   [2] 공용폐지의 의사표시는 명시적이든 묵시적이든 상관이 없으나 적법한 의사표시가 있어야 하고, 행정재산이 사실상 본래의 용도에 사용되지 않고 있다는 사실만으로 용도폐지의 의사표시가 있었다고 볼 수는 없으며, 원래의 행정재산이 공용폐지되어 취득시효의 대상이 된다는 사실에 대한 입증책임은 시효취득을 주장하는 자에게 있다(대판 1994.3.22. 93다56220).
> 2. 1949.6.4. 대구국도사무소가 폐지되고, 그 소장관사로 사용되던 부동산이 그 이래 달리 공용으로 사용된 바 없다면, 그 부동산은 이로 인하여 묵시적으로 공용이 폐지되어 시효취득의 대상이 되었다 할 것이다(대판 1990.11.27. 90다5948).
> 3. 세무서장이 공공용 행정재산으로서 용도폐지도 되지 않은 국유재산을 잡종재산으로 오인하여 매각하였다면 그 매도행위는 무효라고 할 것이다(대판 1992.7.14. 92다12971).
> 4. [1] 문화재보호구역 내의 국유토지는 "법령의 규정에 의하여 국가가 보존하는 재산", 즉 국유재산법 제4조 제3항 소정의 "보존재산"에 해당하므로 구 국유재산법(1994.1.5. 법률 제4698호로 개정되기 전의 것) 제5조 제2항에 의하여 시효취득의 대상이 되지 아니한다.
>   [2] 예정공물인 토지도 일종의 행정재산인 공공용물에 준하여 취급하는 것이 타당하다고 할 것이므로 구 국유재산법 제5조 제2항이 준용되어 시효취득의 대상이 될 수 없다(대판 1994.5.10. 93다23442).

정답 01 O 02 O

PART 1 행정법 서론

5. 국가도 사인의 부동산을 시효취득 하는 것은 사경제주체로서의 지위에서 취득하는 것이므로 국가가 사인의 부동산을 시효취득 하더라도 문제가 없다는 취지의 판시

국가가 사인의 부동산을 시효취득하는 것은 공권력을 행사하여 우월적 지위에서 강제적으로 취득하는 것이 아니라 사인과 대등한 사경제주체의 지위에서 취득하는 것이고, 소유자에 대하여 아무런 보상이 이루어지지 않는 것은 취득시효제도 자체의 속성이지 그 점유자가 국가인 경우에 특유한 문제가 아니다(헌재 2015.6.25. 2014헌바404).

01 행정재산이 공용폐지되어 시효취득의 대상이 된다는 점에 대한 증명책임은 시효취득을 주장하는 자에게 있다. (O | X) [14군무원9급]

2. 주소·거소

- 민법은 주소를 실질에 따라 생활의 근거가 되는 곳으로 한다고 규정하고 있으나 행정법상 주소는 주민등록법상 주소지가 주소로 된다. 즉, 시·군·구청장은 30일 이상 거주할 목적으로 관할구역 안에 주소 또는 거소를 가진자를 주민으로 등록한다.
- 행정상 법률관계에서 사법관계의 경우, 민법상 주소의 법리에 따라 복수의 주소를 인정하지만 행정법관계에서 공법관계의 주소지는 1개소에 한정된다.
- 거소는 사람이 다소의 기간동안 계속하여 머무는 장소를 의미한다. 거소에 대해서도 일정한 법적효과가 부여되는 경우가 있다.
- 법인의 경우에는 행정법관계에 관하여 특별규정이 없으므로 민법규정이 적용된다.

정답 01 O

핵심 기출문제

01

행정법 관계에서 민법의 적용에 대한 설명으로 옳지 않은 것은? [16국가직9급]

① 민법상의 일반법원리적인 규정은 행정법상 권력관계에 대해서도 적용될 수 있다.
② 행정법관계에서 기간의 계산에 관하여 특별한 규정이 없으면 민법의 기간 계산에 관한 규정이 적용된다.
③ 현행법상 국가에 대한 금전채권의 소멸시효에 대하여는 민법의 규정이 그대로 적용된다.
④ 현행법상 행정목적을 위하여 제공된 행정재산에 대해서는 공용폐지가 되지 않는 한 민법상 취득시효 규정이 적용되지 않는다.

02

다음은 행정법상 시효 및 기간에 관한 설명이다. 옳지 않은 것은? (다툼이 있는 경우 판례에 의함) [19군무원(하)9급]

① 국가나 지방자치단체를 당사자로 하는 금전채권은 다른 법률에 특별한 규정이 없는 한 5년간 이를 행사하지 않을 때에는 시효로 인하여 소멸한다.
② 국회법에 따른 기간을 계산할 때에는 첫날을 산입하지 아니하며, 공무원연금법에 따른 급여를 받을 권리는 급여의 사유가 발생한 날부터 3년간 행사하지 아니하면 시효로 인하여 소멸한다.
③ 행정법상 시효의 중단과 정지에 관해서는 다른 법령에 특별한 규정이 없는 한 민법의 규정이 준용된다.
④ 국세기본법 또는 세법에서 규정하는 기간의 계산은 국세기본법 또는 그 세법에 특별한 규정이 있는 것을 제외하고는 「민법」에 따른다.

해설

01 ① (○) 행정법상 권력관계는 공법규정이 적용되는 것이나 민법의 일반법원리적 규정(시효제도, 신의칙, 사무관리, 부당이득 등)에 관한 규정은 적용될 수 있다. 다만, 민법의 이해조절적 규정은 적용되지 아니한다.
② (○) 국가재정법 제96조 제1항, 제96조 제3항(02번의 ①번 해설 참조)
③ (×) 시효제도는 법기술적 제도이므로 행정법관계에서도 준용되는데, 행정법규의 별도의 규정이 없는 한, 민법의 규정이 적용된다. 다만, 민법의 규정이 그대로 적용되는 것은 아니고 민법과 다른 특징을 가지고 있다. 예를 들면, 민법의 시효기간은 원칙적으로 10년이지만 행정법상 시효기간은 5년이 원칙이다.
④ (○) 취득시효 역시 민법의 규정이 적용될 수 있으나, 행정재산(공물)에 대한 취득시효를 부정하는 규정이 있으므로 사물이 아닌 공물에 대해서는 취득시효가 인정되지 않는다. 따라서 행정재산이 공용폐지가 되어 일반재산(사물)이 되어야 취득시효를 인정할 수 있다.

02 ① (○) ③ (○)

> **국가재정법 제96조(금전채권·채무의 소멸시효)** ① 금전의 급부를 목적으로 하는 국가의 권리로서 시효에 관하여 다른 법률에 규정이 없는 것은 5년 동안 행사하지 아니하면 시효로 인하여 소멸한다.
> ③ 금전의 급부를 목적으로 하는 국가의 권리에 있어서는 소멸시효의 중단·정지 그 밖의 사항에 관하여 다른 법률의 규정이 없는 때에는「민법」의 규정을 적용한다. 국가에 대한 권리로서 금전의 급부를 목적으로 하는 것도 또한 같다.

② (×) 국회의 회기 계산에 있어서는 초일불산입의 원칙이 적용되지 않아 첫날을 산입한다. 또한 공무원 연금법에 따른 권리는 국민의 국가에 대한 금전채권으로서 원칙적으로 5년의 시효가 걸린다.

> **공무원연금법 제88조(시효)** ① 이 법에 따른 급여를 받을 권리는 급여의 사유가 발생한 날부터 5년간 행사하지 아니하면 시효로 인하여 소멸한다.

④ (○) 국세기본법 제4조의 규정 내용이다.

정답 01 ③ 02 ②

제2절 사무관리와 부당이득

I 공법상 사무관리

1. 의의
법률상 의무 없이 타인의 사무를 관리하는 것을 의미한다.

2. 민법 규정의 적용과 법적 성질
사무관리에 관한 민법의 규정은 법의 일반원리적 규정에 해당하므로 행정법관계에 준용된다. 따라서 사무관리를 한 자는 민법에 따라, 타인에게 비용상환을 구할 수 있다. 그리고 사무관리에 따른 비용상환청구권은 사권에 해당하므로, 이에 대한 분쟁은 민사소송을 통해 해결한다.

> **관련 판례**
>
> 1. 몰수할 수 있는 압수물에 대한 수사기관의 환가처분은 그 경제적 가치를 보존하기 위한 형사소송법상의 처분이라고 할지라도 해당 압수물이 그 후의 형사절차에 의하여 몰수되지 아니하는 경우 그 환가처분은 그 물건 소유자를 위한 사무관리에 준하는 행위라 할 것이므로, 검사가 압수물에 대한 환가처분을 하며 소요된 비용은 물건의 소유자에게 상환을 구할 수 있다(대판 2000.1.21. 97다58507).
> 2. 갑 주식회사 소유의 유조선에서 원유가 유출되는 사고가 발생하자 해상 방제업 등을 영위하는 을 주식회사가 피해 방지를 위해 해양경찰의 직접적인 지휘를 받아 방제작업을 보조한 사안에서, 갑 회사의 조치만으로는 원유 유출사고에 따른 해양오염을 방지하기 곤란할 정도로 긴급방제조치가 필요한 상황이었고, 위 방제작업은 을 회사가 국가를 위해 처리할 수 있는 국가의 의무 영역과 이익 영역에 속하는 사무이며, 을 회사가 방제작업을 하면서 해양경찰의 지시·통제를 받았던 점 등에 비추어 을 회사는 국가의 사무를 처리한다는 의사로 방제작업을 한 것으로 볼 수 있으므로, 을 회사는 사무관리에 근거하여 국가에 방제비용을 청구할 수 있다(대판 2014.12.11. 2012다15602).

3. 사무관리의 예

1) **행정주체의 공법상 사무관리 – 행정주체가 사인에게 비용상환 청구**
   - **강제관리** : 재단 운영에 문제가 있는 학교법인에 대한 교육위원회의 강제관리 등 국가가 특별감독을 하는 경우
   - **보호관리** : 행려병자·행려병사자의 보호관리(시·군·구 행려병자의 관리), 재해시 빈 상점의 물건의 처분과 같은 수난구호

2) **사인의 공법상 사무관리 – 사인이 행정주체에게 비용상환청구**
   역무제공 : 사인이 행정사무의 일부를 관리하는 것

PART 1 행정법 서론

Ⅱ 공법상 부당이득

1. 의의

- 법률상 원인 없이 타인의 재산 또는 노무로 인하여 이득을 얻고, 이로 인하여 타인에게 손해를 끼치는 것을 말한다.
- 행정주체와 사인 모두 공법상 부당이득반환청구권을 행사할 수 있다.

01 공법상부당이득반환에 대한 청구권의 행사는 개별적인 사안에 따라 행정주체도 주장할 수 있다. (O | X) [17지방직9급]

2. 법적성질

공법상 부당이득반환청구권의 법적성질에 대해서는 학설은 일반적으로 공권으로 보지만, 판례는 사법상 권리로 본다. 따라서 판례에 따르면 사법상 부당이득청구권과 다를 바가 없다.

02 판례는 공법상의 부당이득반환청구권을 사권으로 보고 있다. (O | X) [15군무원9급]

> **관련 판례**
>
> 1. 조세부과처분이 당연무효임을 전제로 하여 이미 납부한 세금의 반환을 청구하는 것은 민사상의 부당이득반환청구로서 민사소송절차에 따라야 한다(대판 1995.4.28. 94다55019).
> 2. 개발부담금 부과처분이 취소된 이상 그 후의 부당이득으로서의 과오납금 반환에 관한 법률관계는 단순한 민사 관계에 불과한 것이고, 행정소송 절차에 따라야 하는 관계로 볼 수 없다(대판 1995.12.22. 94다51253).
> 3. 농지개량사업 시행지역 내의 토지 등 소유자가 토지사용에 관한 승낙을 하였더라도 그에 대한 정당한 보상을 받은 바가 없다면 농지개량사업 시행자는 토지 소유자 및 승계인에 대하여 보상할 의무가 있고, 그러한 보상 없이 타인의 토지를 점유·사용하는 것은 법률상 원인 없이 이득을 얻은 때에 해당한다(대판 2016.6.23. 2016다206369).
> 4. 부당이득이 아니라는 취지의 판시
> 제3자가 체납자가 납부하여야 할 체납액을 체납자의 명의로 납부한 경우에는 원칙적으로 체납자의 조세채무에 대한 유효한 이행이 되고, 이로 인하여 국가의 조세채권은 만족을 얻어 소멸하므로, 국가가 체납액을 납부받은 것에 법률상 원인이 없다고 할 수 없고, 제3자는 국가에 대하여 부당이득반환을 청구할 수 없다(대판 2015.11.12. 2013다215263).
> 5. 존재와 범위가 확정되어 있는 과오납부액이나 환급세액을 부당이득반환을 구하는 민사소송으로 청구할 수 있다(대판 2001.10.26. 2000두7520).
> 6. 부동산 취득세는 부동산의 취득행위를 과세객체로 하여 부과하는 행위세이므로, 그에 대한 조세채권은 그 취득행위라는 과세요건 사실이 존재함으로써 당연히 발생하고, 일단 적법하게 취득한 다음에는 그 후 합의에 의하여 계약을 해제하고 그 재산을 반환하는 경우에도 이미 성립한 조세채권의 행사에 영향을 줄 수는 없다고 할 것이다(대판 1996.2.9. 95누12750).

정답 01 O 02 O

7. 변상금부과처분이 무효이거나 취소되지 않는 한 부당이득이라고 볼 수 없다는 취지의 판시

공유재산 및 물품 관리법 제81조 제1항에 따른 변상금부과의 법적 성격(=행정처분) 및 무단으로 공유재산 등을 사용·수익·점유하는 자가 <u>변상금부과처분에 따라 변상금을 납부한 경우, 변상금부과처분이 당연 무효이거나 행정소송을 통해 취소되기 전에 부당이득반환청구로써 납부액의 반환을 구할 수 없다</u>(대판 2013.1.24. 2012다79828).

8. <u>신고납부방식의 조세에서 납세의무자의 신고행위가 중대하고 명백한 하자로 인하여 당연무효인 경우, 납세의무자가 납부한 오납금이 부당이득에 해당한다</u>(대판 2018.10.25. 2015다215243).

3. 민법규정의 적용

1) 부당이득반환청구

- 공권으로 보는 견해에 의하면, 부당이득반환에 관한 민법 규정은 법일반원리적 규정이므로 공법상 부당이득반환도 민법의 규정이 적용된다. 그리고 분쟁해결은 당사자소송에 의한다.
- 사권으로 보는 판례에 따르면, 민사관계이므로 당연히 민법상 부당이득반환 법리가 적용된다. 그리고 분쟁해결은 민사소송에 따라 해결한다.
- 행정주체가 부당이득반환청구권을 행사할 수 있는 경우에도, 부당이득 반환청구권의 성질을 가지는 별도의 환수처분의 근거가 있는 경우에는 행정주체는 환수처분을 할 수 있다. 이 경우에는 보상금을 환수하여야 하는 공익상 필요와 이미 보상금을 수령한 당사자가 입게 될 불이익을 비교·교량하여 공익이 더 큰 경우에 환수처분을 할 수 있다.

관련 판례

<u>특수임무수행자 보상에 관한 법률 제18조 제1항 제2호에 따라 보상금 등을 받은 당사자로부터 잘못 지급된 부분을 환수하는 처분을 할 수 있는 경우,</u> 보상금 등의 수급에 관하여 당사자에게 고의 또는 중과실의 귀책사유가 있는지 여부, 보상금의 액수·보상금 지급일과 환수처분일 사이의 시간적 간격·수급자의 보상금 소비 여부 등에 비추어 이를 다시 원상회복하는 것이 수급자에게 가혹한지 여부, 잘못 지급된 보상금 등에 해당하는 금액을 징수하는 처분을 통하여 달성하고자 하는 공익상 필요의 구체적 내용과 처분으로 말미암아 당사자가 입게 될 불이익의 내용 및 정도와 같은 여러 사정을 두루 살펴, 잘못 지급된 보상금 등에 해당하는 금액을 징수하는 처분을 해야 할 공익상 필요와 그로 인하여 <u>당사자가 입게 될 기득권과 신뢰의 보호 및 법률생활 안정의 침해 등의 불이익을 비교·교량한 후, 공익상 필요가 당사자가 입게 될 불이익을 정당화할 만큼 강한 경우에 한하여 보상금 등을 받은 당사자로부터 잘못 지급된 보상금 등에 해당하는 금액을 환수하는 처분을 하여야 한다고 봄이 타당하다</u>(대판 2014.10.27. 2012두17186).

> **참고**
>
> 국가가 사인에게 국유재산의 무단점유자에 대한 변상금 부과와 별도로 민사상 부당이득반환청구의 소를 제기할 수 있는지 여부(적극)
>
> > **관련 판례**
> >
> > 변상금 부과·징수권은 민사상 부당이득반환청구권과 법적 성질을 달리하므로, 국가는 무단점유자를 상대로 변상금 부과·징수권의 행사와 별도로 국유재산의 소유자로서 민사상 부당이득반환청구의 소를 제기할 수 있다(대판 2014.7.16. 2011다76402전합).

01 잘못 지급된 보상금에 해당하는 금액의 징수처분을 해야 할 공익상 필요가 당사자가 입게 될 불이익을 정당화할 만큼 강한 경우, 보상금을 받은 당사자로부터 오지급금액의 환수처분이 가능하다. (O | X) [17지방직9급]

2) 부당이득반환청구권의 소멸시효

- 국가를 상대로 한 부당이득반환청구권과 사인을 상대로 한 부당이득반환청구권 모두 국가재정법 등에 따라 5년의 소멸시효가 적용된다.
- 개별법에 근거가 있는 경우에는 해당 법규를 따른다.(예 산업재해보상보험법상의 보험급여청구권은 3년)

> **관련 판례**
>
> 한국자산관리공사가 국유재산의 무단점유자에 대하여 변상금 부과·징수권을 행사한 경우 민사상 부당이득반환청구권의 소멸시효가 중단되는지 여부(소극)
> 국유재산법 제72조 제1항, 제73조 제2항에 의한 변상금 부과·징수권이 민사상 부당이득반환청구권과 법적 성질을 달리하는 별개의 권리인 이상 한국자산관리공사가 변상금 부과·징수권을 행사하였다 하더라도 이로써 민사상 부당이득반환청구권의 소멸시효가 중단된다고 할 수 없다(대판 2014.9.4. 2013다3576).

정답 01 O

핵심 기출문제

01

공법상 부당이득에 대한 설명으로 옳지 않은 것은? (다툼이 있는 경우 판례에 의함)

[17지방직9급]

① 공법상 부당이득에 관한 일반법은 없으므로 특별한 규정이 없는 경우, 「민법」상 부당이득반환의 법리가 준용된다.
② 부가가치세 법령에 따른 환급세액 지급의무 등의 규정과 그 입법취지에 비추어 볼 때 부가가치세 환급세액 반환은 공법상 부당이득 반환으로서 민사소송의 대상이다.
③ 잘못 지급된 보상금에 해당하는 금액의 징수처분을 해야 할 공익상 필요가 당사자가 입게 될 불이익을 정당화할 만큼 강한 경우, 보상금을 받은 당사자로부터 오지급 금액의 환수처분이 가능하다.
④ 공법상 부당이득반환에 대한 청구권의 행사는 개별적인 사안에 따라 행정주체도 주장할 수 있다.

02

다음 중 공법상 부당이득에 관한 설명으로 옳지 않은 것은?

[19군무원9급]

① 공법상 부당이득이란 법률상 원인 없이 타인의 재산 또는 노무로 인하여 이득을 얻고 타인에게 손해를 가한 자에 대하여 그 이득의 반환의무를 과하는 것을 말한다.
② 개발부담금 부과처분이 취소된 이상 그 후의 부당이득으로서의 과오납금 반환에 관한 법률관계는 단순한 민사 관계에 불과한 것이 아니므로, 행정소송절차에 따라 반환청구를 하여야 한다.
③ 원천징수의무자가 원천납세의무자로부터 원천징수대상이 아닌 소득에 대하여 세액을 징수·납부하였거나 징수하여야 할 세액을 초과하여 징수·납부하였다면, 국가는 원천징수의무자로부터 이를 납부받는 순간 아무런 법률상의 원인 없이 보유하는 부당이득이 된다.
④ 조세부과처분이 무효임을 전제로 하여 이미 납부한 세금의 반환을 청구하는 것은 민사상의 부당이득반환청구로서 민사소송절차에 따라야 한다.

해설

01 | ② (×) 당사자 소송의 대상이다.
부가가치세법령의 내용, 형식 및 입법 취지 등에 비추어 보면, 납세의무자에 대한 국가의 부가가치세 환급세액 지급의무는 그 납세의무자로부터 어느 과세기간에 과다하게 거래징수된 세액 상당을 국가가 실제로 납부받았는지와 관계없이 부가가치세법령의 규정에 의하여 직접 발생하는 것으로서, 그 법적 성질은 정의와 공평의 관념에서 수익자와 손실자 사이의 재산상태 조정을 위해 인정되는 부당이득 반환의무가 아니라 부가가치세법령에 의하여 그 존부나 범위가 구체적으로 확정되고 조세 정책적 관점에서 특별히 인정되는 공법상 의무라고 봄이 타당하다. 그렇다면 납세의무자에 대한 국가의 부가가치세 환급세액 지급의무에 대응하는 국가에 대한 납세의무자의 부가가치세 환급세액 지급청구는 민사소송이 아니라 행정소송법 제3조 제2호에 규정된 당사자소송의 절차에 따라야 한다(대판 2013.3.21. 2011다95564전합).

02 | ① (○) 공법상 부당이득의 개념에 해당한다.
② (×) 개발부담금 부과처분이 취소된 이상 그 후의 부당이득으로서의 과오납금 반환에 관한 법률관계는 단순한 민사 관계에 불과한 것이고, 행정소송절차에 따라야 하는 관계로 볼 수 없다(대판 1995.12.22. 94다51253).
③ (○) 원천징수의무자가 원천납세의무자로부터 원천징수대상이 아닌 소득에 대하여 세액을 징수·납부하였거나 징수하여야 할 세액을 초과하여 징수·납부하였다면, 국가는 원천징수의무자로부터 이를 납부받는 순간 아무런 법률상의 원인 없이 보유하는 부당이득이 된다(대판 2002.11.8. 2001두8780).
④ (○) 조세부과처분이 당연무효임을 전제로 하여 이미 납부한 세금의 반환을 청구하는 것은 민사상의 부당이득반환청구로서 민사소송절차에 따라야 한다(대판 1995.4.28. 94다55019).

정답 01 ② 02 ②

CHAPTER 7 사인의 공법행위

I 공법행위의 의의

공법행위란 공법적 효과를 발생·변경·소멸시키는 모든 행위를 의미한다. 이러한 공법행위는 일반적으로 행정법 관계의 행위를 지칭하는 의미로 쓰인다.

II 행정주체의 공법행위와 사인의 공법행위

- 공법행위는 행정주체의 공법행위와 사인의 공법행위로 나뉜다. 행정주체의 공법행위는 행정입법, 행정행위와 같은 우월적 지위에서의 행위와 공법상 계약과 공법상 합동행위와 같은 대등한 지위에서의 행위가 있으며 제2편의 행정작용법의 논의 대상이다. 사인의 공법행위는 아래에 상술하기로 한다.
- 행정주체의 공법행위인 행정행위에는 공정력·확정력·집행력 등이 인정되지만 사인의 공법행위에는 그러한 효력이 없다.

01 사인의 공법행위에는 행정행위에 인정되는 공정력, 존속력, 집행력 등이 인정되지 않는다. (O | X)

[15지방직7급]

정답 01 O

PART 1 행정법 서론

제1절 사인의 공법행위 일반

Ⅰ 사인의 공법행위 개설

1. 의의

사인의 행위로서 공법적 효과를 발생시키는 일체의 행위를 의미한다. 사인의 공법행위는 공법상 효과의 발생을 의욕하는 행위이므로 사법상 효과의 변동을 목적으로 하는 사법행위와 다르다. 또한 사실상 효과를 발생시키는 사실행위와도 다르다.

01 사인의 공법행위는 법적 행위인 점에서 공법상 사실행위와 구별된다. (O | X) [14국가직7급]

2. 일반법의 존부

사인의 공법행위에 관한 일반법은 없다. 다만, 신고와 관련하여, 행정절차법은 자기완결적 신고에 대한 일반적 규정을 두고 있고 행정기본법은 행위요건적 신고에 대한 일반적 규정을 두고 있다.

02 사인의 공법행위를 규율하는 총칙적 규정은 없다. (O | X) [11국회직9급]

Ⅱ 종류

1. 행정주체의 기관으로서 공법행위와 행정의 상대방으로서 공법행위(사인의 지위를 기준으로 하는 분류)

사인이 행정주체의 기관의 지위에서 하는 행위로는 공직선거에서 투표나 서명이 있다. 반면, 각종 신고나 신청과 같은 행정의 상대방으로서의 행위도 있으며 사인의 공법행위의 주요 논의 대상이 된다.

2. 자기완결적 공법행위와 행위요건적 공법행위(행위의 효과를 기준으로 한 분류)

1) 자기완결적 공법행위(자체완성적 공법행위, 자족적 공법행위)
   - 사인의 어떠한 행위 자체만으로 일정한 공법상 효과를 발생시키는 행위를 의미한다. 소규모 건축에 대한 건축신고와 선거 때 투표행위 등이 있다.
   - 신고나 투표행위 자체로써 효력을 발생하기 때문에 단독행위의 성질을 가진다.

2) 행위요건적 공법행위(행정요건적 공법행위)
   - 행위요건적 공법행위는 그 자체만으로는 공법상 법률효과를 완성시킬 수는 없으나 행정청의 특정한 행정행위의 전제 요건을 구성하는 행위를 의미한다. 공무원 임명에 대한 동의, 허가의 신청, 공법상 계약의 승낙 등이 있다.

정답 01 O 02 O

- 행정청이 신청인의 의사를 받아들여 의사표시를 함으로써 그 효과가 발생하므로 쌍방적 행위로서의 성질을 가진다.

Ⅲ 사인의 공법행위에 대한 적용법규(민법의 적용문제)

사인의 공법행위에 대한 일반적·통칙적 규정이 없으며, 예외적으로 개별법에 특별한 규정을 두고 있다. 따라서 특별한 규정이 없는 경우, 민법상의 법률행위에 관한 규정이나 법원칙이 적용된다는 것이 일반적인 견해이다.

1. 의사능력

- 의사능력이란 자신의 행위의 법적 의미·결과를 이해하고 의사결정을 할 수 있는 능력을 의미한다.
- 의사능력이 없는 자의 행위는 무효이다. 따라서 저항할 수 없는 강박에 의한 행위는 무효가 된다.

2. 행위능력

- 행위능력이란 단독으로 유효한 법률행위를 할 수 있는 능력을 의미한다.
- 행위능력에 관해서도 원칙적으로 민법규정이 유추적용된다. 다만, 우편법 제10조와 같이 공법상 특별규정을 두어 민법규정의 적용을 배제하는 경우도 적지 않다.

> **우편법 제10조(무능력자의 행위에 관한 의제)** 우편물의 발송·수취나 그 밖에 우편 이용에 관하여 무능력자가 우편관서에 대하여 행한 행위는 능력자가 행한 것으로 본다.

---

01 사인의 공법행위에는 행위능력에 관한 민법의 규정이 원칙적으로 적용된다. (O | X) [16서울시9급]

3. 대리

- 사인의 공법행위에는 대리가 명문의 규정으로 허용되지 않는 경우가 많다(병역법, 공직선거법). 다만, 행정심판법과 같이 대리를 허용하는 규정도 있다.
- 명문의 규정으로 대리를 금지하는 경우가 아니고 그 성질을 검토하여 행위자의 행위가 일신전속적인 것이 아니라면 대리는 인정된다.
- 대리가 허용되는 경우에는 민법 규정이 유추적용된다.

---

02 명문의 금지규정이 있거나 일신전속적인 행위는 대리가 허용될 수 없으나, 그렇지 않은 사인의 공법행위는 대리에 관한 민법규정이 유추적용될 수 있다. (O | X) [14국가직7급]

정답 01 O 02 O

4. 행위의 형식

일반적인 규정은 없다. 다만, 행위의 존재 및 내용을 명확하게 하기 위하여 법령이나 내규에서 문서로 신청할 것을 요구하는 경우가 많다. 행정청에 대한 신청의 의사표시는 명시적이고 확정적인 것이어야 한다. 판례도 같은 취지에서, 신청인이 신청에 앞서 행정청의 허가업무 담당자에게 신청서의 내용에 대한 검토를 요청한 것만으로는 다른 특별한 사정이 없는 한 명시적이고 확정적인 의사표시가 있었다고 하기 어렵다고 보았다(대판 2004.9.24. 2003두13236).

> **행정절차법 제17조(처분의 신청)** ① 행정청에 처분을 구하는 신청은 문서로 하여야 한다. 다만, 다른 법령등에 특별한 규정이 있는 경우와 행정청이 미리 다른 방법을 정하여 공시한 경우에는 그러하지 아니하다.

01 허가처분의 신청인이 신청에 앞서 행정청의 허가업무 담당자에게 신청서의 내용에 대한 검토를 요청한 것은 다른 특별한 사정이 없는 한 신청의 의사표시로 볼 수 없다. (O | X)   [16지방직7급]

5. 효력발생

도달주의가 원칙이나 행위자의 입장을 고려하여 발신주의를 규정하는 경우도 있다.

> **국세기본법 제5조의2(우편신고 및 전자신고)** ① 우편으로 과세표준신고서, 과세표준수정신고서, 경정청구서 또는 과세표준신고·과세표준수정신고·경정청구와 관련된 서류를 제출한 경우 「우편법」에 따른 통신날짜도장이 찍힌 날(통신날짜도장이 찍히지 아니하였거나 분명하지 아니한 경우에는 통상 걸리는 우송일수를 기준으로 발송한 날로 인정되는 날)에 신고된 것으로 본다.

6. 의사표시의 흠결(하자)

1) 민법규정 내용

- 민법은 의사의 흠결(하자)의 경우에 관한 규정을 두고 있으며, 표의자는 의사표시의 내용에 중요부분의 착오가 있으면 자신의 의사표시를 취소할 수 있으며, 표의자가 사기 또는 강박을 당한 경우에도 자신의 의사표시를 취소할 수 있다.
- 민법상 비진의 의사표시는 원칙적으로 유효하다. 다만, 상대방이 표의자의 진의 아님을 알았거나 이를 알 수 있었을 경우에는 그 비진의 의사표시는 무효이다.

> **민법 제107조(진의 아닌 의사표시)** ① 의사표시는 표의자가 진의아님을 알고 한 것이라도 그 효력이 있다. 그러나 상대방이 표의자의 진의아님을 알았거나 이를 알 수 있었을 경우에는 무효로 한다.
> **민법 제109조(착오로 인한 의사표시)** ①의사표시는 법률행위의 내용의 중요부분에 착오가 있는 때에는 취소할 수 있다.
> **민법 제110조(사기, 강박에 의한 의사표시)** ①사기나 강박에 의한 의사표시는 취소할 수 있다.

정답 01 O

2) 행정법 관계에 적용

- 일반적으로 사기나 강박이 개입되어 당사자의 의사가 제한된 상태에서 결정을 하게 되면 민법에 따라 취소할 수 있는 행위로 본다.

> **관련 판례**
>
> 1. 강박으로 인한 사인의 공법행위에 하자가 있는 경우, 그 의사표시가 무효가 되거나 취소할 수 있다. 다만 판례1에서는 사인의 공법행위에 어떤 하자도 없다고 보았다.
>   [1] 공무원이 감사기관이나 상급관청의 강박에 의하여 사직서를 제출한 경우 그 정도가 의사결정의 자유를 박탈할 정도라면 그 의사표시는 무효가 된다.
>   [2] 그렇지 않고 의사결정의 자유를 제한하는 정도에 그친다면 민법 제110조의 규정을 준용하여 그 효력을 따져보아야 한다.
>   [3] 감사담당직원이 공무원에 대한 비리를 조사하는 과정에서 사직되지 아니하면 징계파면 될 것이고 그렇게 되면 퇴직금에 불이익을 당하게 될 것이라는 태도를 취하였다고 하여도 객관적 상황을 고지하여 사직을 권고·종용한 것에 지나지 않고 공무원이 여러 사정을 고려하여 사직서를 제출한 경우, 그 의사결정이 의원면직처분의 효력에 영향을 미칠 하자가 있었다고 볼 수 없다(대판 1997.12.12. 97누13962).
> 2. 상대방인 원고가 이 사건 변경처분에 대하여 한 동의가 피고측의 기망과 강박에 의한 의사표시라는 이유로 이 사건 소장의 송달에 의하여 적법하게 취소되었다면 위 동의는 처음부터 무효인 것으로 되므로 이 사건 변경처분은 위법한 것이다(대판 1990.2.23. 89누7061).

- 민법상 착오의 법리도 적용될 여지는 있으나 선거에 있어서 투표행위는 집단적·단체적 성질이 강하므로 착오가 있다고 하더라도 취소할 수 없다.
- 민법상 비진의 의사표시 무효에 관한 규정은 준용되지 않는다(민법 제107조 제1항 단서).

> **관련 판례**
>
> 1. 1980년 공직자숙청계획의 입안과 실행에서 일괄 사직원을 접수한 사건 – 비진의 의사표시에 관한 규정을 적용할 수 없다고 본 판례
>   원고의 사직원 제출행위가 강압에 의한 것이라는 사실을 인정할 수 없고, 일괄 사직원 제출 당시 임용권자에 의하여 수리 또는 반려가 될 것이라는 사실을 예측할 수 있고, 비록 사직원 제출자의 내심의 의사가 사직할 뜻이 아니었다 하더라도 민법 제107조 제1항 단서의 비진의 의사표시의 무효에 관한 규정은 성질상 사인의 공법행위에 적용되지 아니하므로 원고의 사직원을 받아들여 의원면직처분한 것을 당연무효라고 할 수 없다(대판 2001.8.24. 99두9971).
> 2. 중앙정보부 직원의 구타 위협으로 본의 아닌 사직원을 제출한 경우 위와 같은 사직원에 의한 면직처분은 위법하다(대판 68누8).
> 3. 군인사정책상의 필요에 의하여 복무연장지원서와 전역지원서를 동시에 제출하게 한 방침에 따라 위 양 지원서를 함께 제출한 경우, 내심의 의사가 복무연장에만 있고 전역지원의 의사가 없었다고 하더라도 민법 제107조 제1항 단서의 규정은 적용되지 않는다는 취지의 판시
>   전역지원의 의사표시가 진의아닌 의사표시라고 하더라도 그 무효에 관한 법리를 선언한 민법 제107

> 조 제1항 단서의 규정은 그 성질상 사인의 공법행위에는 적용되지 않는다고 할 것이므로 그 표시된 대로 유효한 것으로 보아야 한다(대판 1994.1.11. 93누10057).

01 사직원 제출자의 내심의 의사가 사직할 뜻이 없었더라도 민법상 비진의 의사표시의 무효에 관한 규정이 적용되지 않으므로 그 사직원을 받아들인 의원면직처분을 당연무효라 볼 수는 없다. (O | X) [16지방직7급]

7. 부관
사인의 공법행위에는 부관을 붙일 수 없음이 원칙이다.

8. 철회·보정
- 사인의 공법행위는 그에 의거하여 행정처분이 행하여지거나 법적효과가 완성되기까지는 자유롭게 철회할 수 있음이 원칙이다.
- 법률에 명문규정이 있거나 선거에서 투표행위와 같이 성질상 불가능한 경우 등에는 철회가 인정되지 않는다.

관련 판례
1. 공무원의 사직의 의사표시 철회는 사직원의 수리(면직처분)가 있기 전에는 가능하다.
   공무원이 한 사직 의사표시의 철회나 취소는 그에 터잡은 의원면직 처분이 있을 때까지 할 수 있는 것이고, 일단 면직처분이 있고 난 이후에는 철회나 취소의 여지가 없다(대판 2001.8.24. 99두9971).
2. 공무원의 사직의 의사표시의 수리가 있기 전에도 사직의 의사표시를 철회하는 것이 신의칙에 반한다고 인정되는 특별한 사정이 있는 경우에는 철회는 허용되지 않는다(대판 1993.7.27. 92누16942).

02 공무원이 한 사직의 의사표시 철회나 취소는 그에 터 잡은 의원면직처분이 있을 때까지 할 수 있는 것이고, 일단 면직처분이 있고 난 이후에는 철회나 취소의 여지가 없다. (O | X) [16서울시9급]

Ⅳ 사인의 공법행위의 효과

1. 자기완결적 공법행위의 효과
자기완결적 공법행위가 있는 경우 공법상의 일정한 효과가 발생한다.

2. 행위요건적 공법행위의 효과
행위요건적 공법행위가 있는 경우에는 행정청이 신청인의 의사를 받아들여 의사표시를 함으로써 그 효과가 발생한다.

Ⅴ 사인의 공법행위의 하자와 행정행위와의 관계

1. 사인의 공법행위가 행정행위의 단순한 동기인 경우
사인의 공법행위의 하자는 행정행위에 영향을 주지 않는다고 보는 것이 일반적인 견해이다.

2. 사인의 공법행위가 행정행위의 전제 요건인 경우
- 사인의 공법행위에 무효사유가 존재하는 경우에는 그에 대한 행정행위는 그 전제요건이 없는 것이 되어 무효가 됨이 원칙이다.
- 사인의 공법행위에 취소사유의 하자가 존재하는 경우에는 그에 대한 행정행위가 있기 전에는 사인의 공법행위를 취소할 수 있지만 행정행위가 있는 경우에는 행정행위의 취소를 구하여야 한다(행정행위가 있는 경우에는 취소되기 전까지는 행정행위는 일응 유효한 상태이다).

> **관련 판례**
> 1. 무효사유의 하자가 있는 사인의 공법행위에 근거한 행정처분은 무효
>   행정관청에 특정사항에 대한 허가 신청을 하도록 위임받은 자가 위임자명의의 서류를 위조하여 위임받지 아니한 허가신청에 기하여 이루어진 허가처분은 무효이다(대판 1974.8.30. 74누168).
> 2. 사업양도·양수가 존재하지 아니하거나 무효인 경우에는 수리를 하여도 그 수리는 유효한 대상이 없는 것으로서 당연히 무효이다(대판 2005.12.23. 2005두3554).

---

01 사인의 공법행위가 행정행위의 단순한 동기에 불과한 경우에는 그 하자는 행정행위의 효력에 아무런 영향을 미치지 않는다는 것이 일반적인 견해이다. (O | X)   [16서울시9급]

정답 01 O

제2절 사인의 공법행위로서 신고

I 신고

1. 개념
사인이 공법적 효과의 발생을 목적으로 행정주체에게 일정한 사실을 알리는 행위이다.

2. 신고제의 취지
- 행정목적상 필요한 정보의 파악·관리
- 신고제는 허가제에 비하여 국민의 자유 영역을 넓혀준다. 즉, 신고제는 국민에 대한 규제완화의 성격을 가진다.

3. 종류

1) 정보제공적 신고와 금지해제적 신고 – 행위의 기능에 따른 분류

   ① 정보제공적 신고
   - 정보제공적 신고는 효과적인 행정수행을 위하여 행정청에 정보를 제공하는 기능을 가지는 신고이다(소방기본법 제19조에 따른 화재신고 등). 정보제공적 신고는 항상 자기완결적 신고이다.
   - 신고의무를 이행하지 않은 경우에 과태료 등의 대상이 되는 경우가 있으나, 신고 없이 한 행위 자체가 위법하게 되는 것은 아니다.

   ② 금지해제적 신고
   - 영업활동이나 건축활동 등 개인의 사적활동을 규제하는 신고를 말한다.
   - 금지해제적 신고는 자기완결적신고와 행위요건적 신고로 나눌 수 있다.

2) 자기완결적 신고(자체완성적 신고, 수리를 요하지 않는 신고)와 행위요건적 신고(행정요건적 신고, 수리를 요하는 신고) – 효과에 따른 분류

II 자기완결적 신고와 행위요건적 신고

1. 자기완결적 신고
- 자기완결적 신고는 행정청에 일정한 사항을 통지함으로서 의무가 끝나는 신고로서 수리를 요하지 않으며 신고 그 자체로 법적효과를 발생시킨다.
- 즉, 행정청의 수리여부와 무관하게 접수기관에 도달한 경우 공법적 효력이 발생한다.
- 자기완결적 신고가 본래적 의미의 신고에 해당한다.

CHAPTER 7 사인의 공법행위

예 행정절차법 제40조의 신고, 출생신고, 사망신고, 식품위생법상 식품접객업 영업신고, 부가가치세법상의 사업자등록, 축산물판매업신고, 목욕장업·세탁업의 영업신고, 치과·한의원개설 신고 등

체육시설의 설치·이용에 관한 법률 제10조(체육시설업의 구분·종류) ①체육시설업은 다음과 같이 구분한다.
1. 등록 체육시설업 : 골프장업, 스키장업, 자동차 경주장업
2. 신고 체육시설업 : 요트장업, 조정장업, 카누장업, 빙상장업, 승마장업, 종합 체육시설업, 수영장업, 체육도장업, 골프 연습장업, 체력단련장업, 당구장업, 썰매장업, 무도학원업, 무도장업, 야구장업, 가상체험 체육시설업, 체육교습업, 인공암벽장업

행정절차법 제40조(신고) ② 제1항에 따른 신고(법령등에서 행정청에 일정한 사항을 통지함으로써 의무가 끝나는 신고를 규정하고 있는 경우)가 다음 각 호의 요건을 갖춘 경우에는 신고서가 접수기관에 도달된 때에 신고 의무가 이행된 것으로 본다.
1. 신고서의 기재사항에 흠이 없을 것
2. 필요한 구비서류가 첨부되어 있을 것
3. 그 밖에 법령등에 규정된 형식상의 요건에 적합할 것

관련 판례

1. **건축법상 건축신고는 자기완결적 신고**
   구 건축법(1996. 12. 30. 법률 제5230호로 개정되기 전의 것, 이하 같다) 제9조 제1항에 의하여 신고를 함으로써 건축허가를 받은 것으로 간주되는 경우에는 건축을 하고자 하는 자가 적법한 요건을 갖춘 신고만 하면 행정청의 수리행위 등 별다른 조치를 기다릴 필요 없이 건축을 할 수 있다(대판 1995.3.14. 94누9962).
2. 수산제조업의 신고를 하고자 하는 자가 그 신고서를 구비서류까지 첨부하여 제출한 경우 시장·군수·구청장으로서는 형식적 요건에 하자가 없는 한 수리하여야 할 것이고, 나아가 관할 관청에 신고업의 신고서가 제출되었다면 담당공무원이 법령에 규정되지 아니한 다른 사유를 들어 그 신고를 수리하지 아니하고 반려하였다고 하더라도, 그 신고서가 제출된 때에 신고가 있었다고 볼 것이다(대판 1999.12.24. 98다57419, 57426).
3. 정보통신매체를 이용하여 학습비를 받고 불특정 다수인에게 원격평생교육을 실시하기 위해 구 평생교육법 제22조 등에서 정한 형식적 요건을 모두 갖추어 신고한 경우, 행정청이 <u>실체적 사유를 들어 신고 수리를 거부할 수 없다</u>(대판 2011.7.28. 2005두11784).

01 신고대상인 건축물의 건축행위를 하고자 할 경우에는 관계법령에 정해진 적법한 요건을 갖춘 신고만을 하면 그와 같은 건축행위를 할 수 있고, 행정청의 수리처분 등 별도의 조치를 기다릴 필요가 없다. (O | X)   [19서울시7급]

02 수산제조업 신고에 있어서 담당 공무원이 관계법령에 규정되지 아니한 서류를 요구하여 신고서를 제출하지 못하였다는 사정만으로는 신고가 있었던 것으로 볼 수 없다. (O | X)   [15국회직8급]

03 법령 등에서 행정청에 대하여 일정한 사항을 통지함으로써 의무가 끝나는 신고를 규정하고 있는 경우에는 법령상 요건을 갖춘 적법한 신고서를 발송하였을 때에 신고의 의무가 이행된 것으로 본다. (O | X)   [16국가직9급]

정답 01 O 02 O 03 X

2. 행위요건적 신고

사인이 행정청에 대하여 일정한 사항을 통지하고 행정청이 이를 수리함으로써 법적 효과를 발생하는 신고를 말한다.

> **수산업법 제47조(신고어업)** ① 제8조·제41조·제42조 또는 제45조에 따른 어업 외의 어업으로서 대통령령으로 정하는 어업을 하려면 어선·어구 또는 시설마다 시장·군수·구청장에게 해양수산부령으로 정하는 바에 따라 신고하여야 한다.
> ② 시장·군수·구청장은 제1항에 따른 신고를 받은 날부터 해양수산부령으로 정하는 기간 내에 신고수리 여부를 신고인에게 통지하여야 한다.

관련 판례

1. 행위요건적 신고로서 어업신고
   [1] 어업신고에 관하여 유효기간을 설정하고 그 기산점을 '수리한 날'로 규정하고 행정청의 조치를 위반한 자에 대하여 어업신고필증을 회수하도록 하고 있는 구 수산업법시행령의 규정 취지를 보면, 수산업법 소정의 어업신고는 이른바 '수리를 요하는 신고'라고 할 것이다.
   [2] 관할 행정청이 어업신고를 수리하면서 공유수면매립구역을 조업구역에서 제외한 것이 위법하다고 하더라도, 그 제외된 구역에 관하여 관할청의 적법한 수리가 없었던 것이 분명한 이상 그 구역에 관하여는 적법한 어업신고가 있는 것으로 볼 수 없다(대판 2000.5.26. 99다37382).
2. 행위요건적 신고로서 노인복지시설의 설치신고
   유료노인복지주택의 시설기준 및 운영기준이 관련법령에 부합하는지와 아울러 유료노인복지주택이 적법한 입소대상자에게 분양되었는지와 설치신고 당시 부적격자들이 입소하고 있지는 않은지 여부까지 심사하여 그 신고의 수리여부를 결정할 수 있다(대판 2007.1.11. 2006두14537).

01 수산업법상의 어업의 신고는 행정청의 수리에 의하여 비로소 그 효과가 발생하는 이른바 '수리를 요하는 신고'에 해당한다. (O | X) [19사회복지직9급]

3. 자기완결적 신고와 행위요건적 신고의 구별

- 판례는 일반적으로 관련 법규정의 합리적이고 유기적인 해석을 통해 양자를 구별하는 입장이다. 예를 들어, 수리를 요한다는 명문의 규정을 두고 있는 경우, 법령에서 신고와 관련하여 실질적 요건을 심사할 가능성을 허용하고 있다고 볼만한 규정을 두고 있는 경우, 그 신고사항이 공공복리에 미치는 영향이 큰 경우에는 행위요건적 신고로 본다. 반면, 신고의 무만을 규정하고 있는 경우, 행정정보를 파악하여 최소한의 규제를 하기 위한 경우에는 자기완결적 신고로 본다.
- 「가축전염병 예방법」상 죽거나 병든 가축의 신고, 「부가가치세법」상의 사업자 등록은 자기완결적 신고로 본다.
- 「체육시설의 설치·이용에 관한 법률」과 같이 등록제와 신고제로 나누는 경우에는 등록 체육시설업의 경우 행위요건적 신고로, 신고 체육시설업의 경우 자기완결적 신고로 본다.

정답 01 O

4. 구별실익

	자기완결적 신고	행위요건적 신고
행정절차법상 신고	○	×
행정기본법상 신고	×	○
신고의 요건	형식적 요건	형식적 요건 구비/ 일정한 경우 실질적 요건 심사
효과발생시기	접수기관 도달시	수리시
유신고 판단 기준	형식적 요건 갖춘 신고가 접수기관 도달시	수리시
수리 거부의 처분성	원칙적으로 ×	○

Ⅲ 자기완결적 신고

1. 자기완결적 신고의 요건

- 자기완결적 신고의 경우 필요한 구비서류가 첨부되어 있고 신고서의 기재사항에 흠이 없는 등 형식상의 요건에 적합하면 적법한 신고로 보아 행정청의 수리여부와 관계 없이 신고의 무가 이행된 것으로 본다(법령 등에 규정된 형식상의 요건에 부합 하면 족하고 그 내용의 진실함이 증명될 필요가 없다). 따라서 법에 규정되지 아니한 실질적 사유를 들어 신고의 수리를 거부할 수 없다.
- 신고에 대하여 규정한 법률 외에도 타법상의 요건도 갖춘 신고가 적법한 신고이다.

> **관련 판례**
> 1. 식품위생법에 따른 식품접객업의 영업신고의 요건을 갖춘 자라고 하더라도, 그 영업신고를 한 당해 건축물이 건축법 소정의 허가를 받지 아니한 무허가 건물이라면 적법한 신고를 할 수 없다(대판 2009.4.23. 2008도6829).
> 2. 체육시설의설치·이용에관한법률에 따른 당구장업의 신고요건을 갖춘 자라 할지라도 학교보건법 제5조 소정의 학교환경 위생정화구역 내에서는 같은 법 제6조에 의한 별도 요건을 충족하지 아니하는 한 적법한 신고를 할 수 없다고 보아야 한다(대판 1991.7.12. 90누8350).

01 자기완결적 신고에 있어 적법한 신고가 있는 경우, 행정청은 법 규정에 정하지 아니한 사유를 심사하여 이를 이유로 신고 수리를 거부할 수 있다. (O | X)   [18지방직7급]

02 「식품위생법」에 따른 식품접객업(일반음식점영업)의 영업신고의 요건을 갖춘 자라고 하더라도, 그 영업신고를 한 당해 건축물이 「건축법」 소정의 허가를 받지 아니한 무허가 건물이라면 적법한 신고를 할 수 없다. (O | X)   [24국가직9급]

정답 01 × 02 ○

2. 신고수리의 의미

자기완결적 신고는 형식요건을 갖춘 신고가 행정기관에 도달한 경우에는 수리가 없다고 하더라도 그 효과가 발생한다. 자기완결적 신고에서 중요한 것은 수리여부가 아니라 형식요건의 구비 여부가 중요한 것이므로 형식요건을 갖추지 못한 부적법한 신고에 대해서 수리가 있다고 하여도 무신고 상태이다. 따라서 신고 없이 한 행위에 대한 제재를 받을 수 있다.

3. 적법한 신고의 효과

적법한 신고가 있는 경우 행정청이 이를 수리하지 않더라도 신고의 대상이 되는 행위를 한 것에 대하여 행정제재를 할 수 없다.

4. 행정절차법 제40조의 신고

> **행정절차법 제40조(신고)** ② 제1항에 따른 신고(법령등에서 행정청에 일정한 사항을 통지함으로써 의무가 끝나는 신고를 규정하고 있는 경우)가 다음 각 호의 요건을 갖춘 경우에는 신고서가 접수기관에 도달된 때에 신고 의무가 이행된 것으로 본다.
> 1. 신고서의 기재사항에 흠이 없을 것
> 2. 필요한 구비서류가 첨부되어 있을 것
> 3. 그 밖에 법령등에 규정된 형식상의 요건에 적합할 것

- 행정절차법상 신고는 형식상 요건을 구비한 서류가 접수기관에 도달한 때 신고의무가 이행된 것으로 보고 별도의 수리행위가 필요 없는 경우로 해석한다. 따라서 행정절차법상 신고는 자기완결적 신고에 해당한다.

> **행정절차법 제40조(신고)** ③ 행정청은 제2항 각 호의 요건을 갖추지 못한 신고서가 제출된 경우에는 지체 없이 상당한 기간을 정하여 신고인에게 보완을 요구하여야 한다.
> ④ 행정청은 신고인이 제3항에 따른 기간 내에 보완을 하지 아니하였을 때에는 그 이유를 구체적으로 밝혀 해당 신고서를 되돌려 보내야 한다.

- 다만, 행정절차법 제40조 제3, 4항은 자기완결적 신고에만 국한된 내용으로 보지 않는다. 따라서 수리를 요하는 신고의 경우에도 적용된다고 본다.
- 부적법한 신고의 문제(행정절차법 제40조의 적용)
  ① 부적법한 신고의 보완요구

  행정절차법에 따르면 요건을 갖추지 못한 신고서가 제출된 경우 지체 없이 상당한 기간을 정하여 보완을 요구하여야 한다(제40조 제3항). 만일 신고인이 보완 기간 내에 보완을 하지 않는 경우 그 이유를 명시하여 되돌려 보내야 한다(제40조 제4항). 요건을 갖추지 못한 신고의 경우 보완되기 전까지는 신고의 효력이 발생하지 않는다.

CHAPTER 7 사인의 공법행위

② 부적법한 신고를 행정청이 수리한 경우

자기완결적 신고의 경우는 형식적 요건을 갖춘 신고서가 행정청에 도달하였을 때 효력이 발생한다. 따라서 부적법한 신고라면, 수리가 있었다고 하더라도 신고의 효과가 발생하지 않는다. 따라서 부적법한 신고를 하고 신고영업을 한 경우 수리 여부와 관계없이 무신고영업이 되므로 행정제재의 대상이 될 수 있다.

01 행정청은 법령상 규정된 형식적 요건을 갖추지 못한 신고서가 제출된 경우에는 지체 없이 상당한 기간을 정하여 신고인에게 보완을 요구하여야 한다. (O | X) [17국가직9급]

5. 신고필증

신고필증은 자기완결적 신고의 효력발생요건에 해당하지 아니한다.

6. 자기완결적 신고의 수리와 수리 거부의 의미

1) 원칙적으로 처분성 부정, 예외적으로 처분성 인정

- 자기완결적 신고의 수리는 법적으로 아무런 의미가 없다. 따라서 원칙적으로 수리와 수리 거부 모두 처분성이 인정되지 않는다.
- 다만, 자기완결적 신고 중에서 건축신고와 같이 그 신고가 반려된 경우, 당해 신고의 대상이 된 행위를 하면 각종 행정제재(시정명령, 이행강제금, 행정벌 등)의 대상이 될 수 있다. 따라서 자기완결적 신고에 해당하는 건축물착공신고의 반려행위와 원격평생교육시설신고의 반려행위에 대하여도 처분성을 인정한 판시가 있다.

관련 판례

1. 건축신고 반려행위가 이루어진 단계에서 당사자로 하여금 반려행위의 적법성을 다투어 그 법적 불안을 해소한 다음 건축행위에 나아가도록 함으로써 장차 있을지도 모르는 위험에서 미리 벗어날 수 있도록 길을 열어 주고, 위법한 건축물의 양산과 그 철거를 둘러싼 분쟁을 조기에 근본적으로 해결할 수 있게 하는 것이 법치행정의 원리에 부합한다. 그러므로 건축신고 반려행위는 항고소송의 대상이 된다고 보는 것이 옳다(대판 2010.11.18. 2008두167).
2. 행정청의 건축물 착공신고 반려행위는 항고소송의 대상이 된다(대판 2011.6.10. 2010두7321).

2) 건축신고와 인허가의제제도

- 건축신고는 원칙적으로 수리를 요하지 않는 신고이다.
- 인·허가의제효과를 수반하는 건축신고는 수리를 요하는 신고이다.

정답 01 O

PART 1 행정법 서론

> **관련 판례**
>
> 1. 인·허가의제 효과를 수반하는 건축신고는 일반적인 건축신고와는 달리, 특별한 사정이 없는 한 행정청이 그 실체적 요건에 관한 심사를 한 후 수리하여야 하는 이른바 '수리를 요하는 신고'로 보는 것이 옳다(대판 2011.1.20. 2010두14954).
> 2. 국토의 계획 및 이용에 관한 법률상의 개발행위허가로 의제되는 건축신고가, 위와 같은(개발행위허가 기준) 기준을 갖추지 못한 경우 행정청으로서는 이를 이유로 그 수리를 거부할 수 있다고 보아야 한다(대판 2011.1.20. 2010두14954).
> 3. 토지소유자 갑이 건축신고를 하였는데 행정청이 이를 수리하였다가 위 토지가 건축법상 도로이어서 건축법에 저촉된다는 이유 등으로 한 건축신고수리 철회통보는 행정처분이다(대판 2012.3.15. 2011두27322).

01 인허가의제 효과를 수반하는 신고의 수리는 '수리를 요하는 신고'에 대한 수리이므로 그 수리행위에 처분성이 인정된다. (O | X) [18군무원9급]

02 건축신고가 수리를 요하지 않는 신고라면 인·허가 의제 효과를 수반하는 경우에도 그러한 건축신고는 특별한 사정이 없는 한 수리를 요하지 않는 신고로 보아야 한다. (O | X) [16국가직9급]

> **관련 판례** 자기완결적 신고에 대한 판례
>
> 1. 체육시설의설치·이용에관한법률 각 규정에 의하면, 체육시설업은 등록체육시설업과 신고체육시설업으로 나누어지고, 당구장업과 같은 신고체육시설업을 하고자 하는 자는 체육시설업의 종류별로 법시행규칙이 정하는 해당 시설을 갖추어 소정의 양식에 따라 신고서를 제출하는 방식으로 시·도지사에 신고하도록 규정하고 있으므로, 소정의 시설을 갖추지 못한 체육시설업의 신고는 부적법한 것으로 그 수리가 거부될 수밖에 없고 그러한 상태에서 신고체육시설업의 영업행위를 계속하는 것은 무신고 영업행위에 해당할 것이지만, 이에 반하여 적법한 요건을 갖춘 신고의 경우에는 행정청의 수리처분 등 별단의 조처를 기다릴 필요 없이 그 접수시에 신고로서의 효력이 발생하는 것이므로 그 수리가 거부되었다고 하여 무신고 영업이 되는 것은 아니다(대판 1995.3.14. 94누9962).
> 2. 골프장의 이용요금변경신고는 수리를 요하지 아니하는 신고
>   체육시설의설치·이용에관한법률 제18조에 의한 변경신고서는 그 신고 자체가 위법하거나 그 신고에 무효사유가 없는 한 이것이 도지사에게 제출하여 접수된 때에 신고가 있었다고 볼 것이고, 도지사의 수리행위가 있어야만 신고가 있었다고 볼 것은 아니다(대판 1993.7.6. 93마635).
> 3. 축산물판매업을 하고자 하는 자는 농림부령이 정하는 기준에 적합한 시설을 갖추고 시장·군수·구청장에게 신고하여야 한다고만 규정하고 있는바, 이러한 법령에 비추어 볼 때 행정관청으로서는 위 법령에서 규정하는 시설기준을 갖추어 축산물판매업 신고를 하는 경우 당연히 그 신고를 수리하여야 하고, 적법한 요건을 갖춘 신고의 경우에는 행정관청의 수리처분 등 별단의 조처를 기다릴 필요 없이 그 접수시에 신고로서의 효력이 발생하는 것이므로 그 수리가 거부되었다고 하여 미신고 영업이 되는 것은 아니라고 할 것이다(대판 2010.4.29. 2009다97925).

정답 01 O 02 X

4. 수산제조업을 하고자 하는 사람이 형식적 요건을 모두 갖춘 수산제조업 신고서를 제출한 경우에는 담당 공무원이 관계 법령에 규정되지 아니한 사유를 들어 그 신고를 수리하지 아니하고 반려하였다고 하더라도 그 신고서가 제출된 때에 신고가 있었다고 볼 것이나, 담당 공무원이 관계 법령에 규정되지 아니한 서류를 요구하여 신고서를 제출하지 못하였다는 사정만으로는 신고가 있었던 것으로 볼 수 없다(대판 2002.3.12. 2000다73612).

5. 부가가치세법상의 사업자등록은 과세관청으로 하여금 부가가치세의 납세의무자를 파악하고 그 과세자료를 확보케 하려는 데 입법 취지가 있는 것으로서, 이는 단순한 사업사실의 신고로서 사업자가 소관 세무서장에게 소정의 사업자등록신청서를 제출함으로써 성립되는 것이다(대판 2002.9.4. 2001두9370).

6. 건축허가권자는 건축신고가 건축법, 국토의 계획 및 이용에 관한 법률 등 관계 법령에서 정하는 명시적인 제한에 배치되지 않는 경우에도 건축을 허용하지 않아야 할 중대한 공익상 필요가 있는 경우에는 건축신고의 수리를 거부할 수 있다(대판 2019.10.31. 2017두74320).

7. 의료법 제30조 제3항에 의하면 의원, 치과의원, 한의원 또는 조산소의 개설은 단순한 신고사항으로만 규정하고 있고 또 그 신고의 수리여부를 심사, 결정할 수 있게 하는 별다른 규정도 두고 있지 아니하므로 의원의 개설신고를 받은 행정관청으로서는 별다른 심사, 결정없이 그 신고를 당연히 수리하여야 한다 (대판 1985.4.23. 84도2953).

01 「체육시설의 설치·이용에 관한 법률」상 신고체육시설업에 대한 변경 신고를 적법하게 하였으나, 관할 행정청이 수리를 거부한 경우에는 신고의 효과가 발생하지 않는다. (O | X) [17국가직7급]

02 구 「체육시설의 설치·이용에 관한 법률」에 의한 골프장이용료변경 신고서는 행정청에 제출하여 접수된 때에 신고가 있었다고 볼 것이고, 행정청의 수리 행위가 있어야만 하는 것은 아니다. (O | X) [14국가직9급]

Ⅳ 행위요건적 신고

> **행정기본법 제34조(수리 여부에 따른 신고의 효력)** 법령등으로 정하는 바에 따라 행정청에 일정한 사항을 통지하여야 하는 신고로서 법률에 신고의 수리가 필요하다고 명시되어 있는 경우(행정기관의 내부 업무 처리 절차로서 수리를 규정한 경우는 제외한다)에는 행정청이 수리하여야 효력이 발생한다.

1. 행위요건적 신고의 요건과 수리의 의미

1) 행위요건적 신고

① 신고의 의의
- 법령등으로 정하는 바에 따라 행정청에 일정한 사항을 통지하여야 하는 신고로서 공법상 효과가 발생하기 위해서는 신고의 수리가 필요한 신고이다.
- 행정기본법상 신고는 행위요건적 신고이다.

03 「행정절차법」에서는 수리를 요하는 신고를 규정하고 있고, 「행정기본법」에서는 수리를 요하지 않는 신고를 규정하고 있다. (O | X) [23소방직]

정답 01 X 02 O 03 X

② 신고의 요건
- 개별법에서 형식적 요건만 요구하는 경우와, 형식적 요건 외에 실질적 요건까지 요구하는 경우가 있다.
- 형식적 요건 외에도 실질적 요건의 구비하는 것을 요구하는 경우에는 실질적 심사까지 필요하다.

③ 신고수리
- 행위요건적 신고의 경우, 신고만으로는 아무런 법적 효과가 발생하지 않고 신고의 수리가 있어야 공법적 효과가 발생한다.
- 행위요건적 신고의 경우, 형식요건을 갖추지 못한 신고가 있더라도 수리가 있다면, 수리행위가 당연무효가 아닌한 신고는 효력을 발생한다(유신고 상태).
- 신고필증의 교부는 수리가 이루어 졌음을 증명하는 행위에 해당하지만 신고필증이 있어야 공법적 효과가 발생하는 것은 아니다.

> **관련 판례**
>
> 1. 납골당설치신고는 행위요건적 신고
>   구 장사 등에 관한 법률 및 시행규칙을 종합하여 보면 납골당설치신고는 '수리를 요하는 신고'라 할 것이므로 구 장사법에 근거한 모든 요건에 맞는 신고라고 하더라도 수리처분이 있어야만 납골당을 설치할 수 있다. 한편 신고필증 교부 등 행위가 꼭 필요한 것은 아니다(대판 2009두6766).
> 2. 혼인신고는 수리를 요하는 신고
>   혼인은 호적법에 따라 호적공무원이 그 신고를 수리함으로써 유효하게 성립되는 것이며 호적부에의 기재는 그 유효요건이 아니어서 호적에 적법하게 기재되는 여부는 혼인성립의 효과에 영향을 미치는 것은 아니므로 부부가 일단 혼인신고를 하였다면 그 혼인관계는 성립된 것이고 그 호적의 기재가 무효한 이중호적에 의하였다 하여 그 효력이 좌우되는 것은 아니다(대판 1991.12.10. 91므344).

③ 적법한 신고의 효과

행위요건적 신고의 경우, 법령이 정한 요건을 구비한 적법한 신고가 있으면 원칙적으로 수리하여야 하고 법령에 없는 사유를 내세워 수리를 거부할 수 없다(기속행위). 다만, 중대한 공익상 필요가 있는 경우에 신고의 수리를 거부할 수 있는 경우가 있다(재량행위).

> **관련 판례**
>
> 1. 관광사업의 양도·양수에 의한 지위승계신고에 대하여는 적법·유효한 사업양도가 있고, 양수인에게 구 관광진흥법 제7조 제1항 각 호의 결격사유가 없는 한 행정청이 다른 사유를 들어 수리를 거절할 수 없다고 할 것이므로, 위 신고의 수리에 관한 처분을 재량행위라고 볼 수 없다(대판 2007.6.29. 2006두4097).

2. 수리를 요하는 신고가 효력이 없는 경우 수리행위도 무효

   장기요양기관의 폐업신고와 노인의료복지시설의 폐지신고, 행정청이 관계 법령이 규정한 요건에 맞는지를 심사한 후 수리하는 이른바 '수리를 필요로 하는 신고'에 해당한다. 만일 신고서 위조 등의 사유가 있어 신고행위 자체가 효력이 없다면, 유효한 대상이 없는 것으로서 수리행위 자체에 중대·명백한 하자가 있는지를 따질 것도 없이 당연히 무효이다(대판 2018.6.12. 2018두33593).

3. 수리를 요하는 신고로서 주민등록신고에서 수리 여부 심사의 고려 대상(전입신고자가 30일 이상 생활의 근거로서 거주할 목적으로 거주지를 옮기는지 여부만으로 제한된다)

   주민들의 거주지 이동에 따른 주민등록전입신고에 대하여 행정청이 이를 심사하여 수리를 거부할 수 있다고 하더라도 입법 목적 범위 내에서 제한적으로 이루어져야 한다. 따라서 전입신고자가 거주의 목적 이외에 다른 의도를 가지고 있는 여부, 당해 지방자치단체에 미치는 영향 등과 같은 사유는 주민등록법이 아닌 다른 법률에 의하여 규율되어야 하고 주민등록전입신고 수리 여부를 심사하는 단계에서는 고려의 대상이 될 수 없다(대판 2009.6.18. 2008두10997).

4. 정신과의원을 개설하려는 자가 법령에 규정되어 있는 요건을 갖추어 개설신고를 한 때에, 행정청은 원칙적으로 이를 수리하여 신고필증을 교부하여야 하고, 법령에서 정한 요건 이외의 사유를 들어 의원급 의료기관 개설신고의 수리를 거부할 수는 없다(대판 2018.10.25. 2018두44302).

5. 노동조합설립신고는 수리를 요하는 신고

   노동조합 및 노동관계조정법이 행정청으로 하여금 설립신고를 한 자에 대하여 같은 법의 요건에 해당하는지를 심사하도록 한 취지가 노동조합의 난립을 방지하고 자주적이고 민주적인 단결권 행사를 보장하는 데 있는 점을 고려하면, 노동조합법 제2조 제4호 각 목에 해당하는지 여부를 실질적으로 심사할 수 있다. 다만, 신고제가 허가제로 변질될 우려가 있는 점으로 고려하여 설립신고를 접수할 당시 그 해당 여부가 문제된다고 볼 만한 객관적인 사정이 있는 경우에 한하여 설립신고서와 규약 내용 외 사항에 대하여 실질적인 심사를 거쳐 반려 여부를 결정할 수 있다(대판 2011두6998).

6. 건축허가를 받은 건축물의 양수인이 건축주 명의변경을 위하여 건축관계자 변경신고서에 첨부하여야 하는 구 건축법 시행규칙 제11조 제1항에서 정한 '권리관계의 변경사실을 증명할 수 있는 서류'란 건축할 대지가 아니라 허가대상 건축물에 관한 권리관계의 변경사실을 증명할 수 있는 서류를 의미하고, 그 서류를 첨부하였다면 이로써 구 건축법 시행규칙에 규정된 건축주 명의변경신고의 형식적 요건을 갖추었으며, 허가권자는 양수인에 대하여 구 건축법 시행규칙 제11조 제1항에서 정한 서류에 포함되지 아니하는 '건축할 대지의 소유 또는 사용에 관한 권리를 증명하는 서류'의 제출을 요구하거나, 양수인에게 이러한 권리가 없다는 실체적인 이유를 들어 신고의 수리를 거부하여서는 아니 된다(대판 2015.10.29. 2013두11475).

7. 사설납골시설의 설치신고는 중대한 공익상 필요가 있는 경우, 그 설치 요건을 구비한 경우에도 그 수리를 거부할 수 있다고 본 판시

   장사법령의 관계 규정들에 비추어 보면, 장사법 제14조 제1항에 의한 사설납골시설의 설치신고는, 같은 법 제15조 각 호에 정한 사설납골시설설치 금지지역에 해당하지 아니하고 같은 법 제14조 제3항 및 같은 법 시행령 제13조 제1항의 [별표 3]에 정한 설치기준에 부합하는 한, 수리하여야 하나, 보건위생상의 위해를 방지하거나 국토의 효율적 이용 및 공공복리의 증진(장사법 제1조 참조) 등 중대한 공익상 필요가 있는 경우에는 그 수리를 거부할 수 있다고 봄이 상당하다(대판 2010.9.9. 2008두22631).

PART 1 행정법 서론

8. 숙박업을 하고자 하는 자가 법령이 정하는 시설과 설비를 갖추고 행정청에 신고를 하면, 행정청은 공중위생관리법령의 위 규정에 따라 원칙적으로 이를 수리하여야 한다. 행정청이 법령이 정한 요건 이외의 사유를 들어 수리를 거부하는 것은 위 법령의 목적에 비추어 이를 거부해야 할 중대한 공익상의 필요가 있다는 등 특별한 사정이 있는 경우에 한한다. 이러한 법리는 이미 다른 사람 명의로 숙박업 신고가 되어 있는 시설 등의 전부 또는 일부에서 새로 숙박업을 하고자 하는 자가 신고를 한 경우에도 마찬가지이다. 기존에 다른 사람이 숙박업 신고를 한 적이 있더라도 새로 숙박업을 하려는 자가 그 시설 등의 소유권 등 정당한 사용권한을 취득하여 법령에서 정한 요건을 갖추어 신고하였다면, 행정청으로서는 특별한 사정이 없는 한 이를 수리하여야 하고, 단지 해당 시설 등에 관한 기존의 숙박업 신고가 외관상 남아있다는 이유만으로 이를 거부할 수 없다(대판 2017.5.30. 2017두34087).

9. 관련 법령이 정신병원 등의 개설에 관하여는 허가제로, 정신과의원 개설에 관하여는 신고제로 각 규정하고 있는 것은 각 의료기관의 개설 목적 및 규모 등 차이를 반영한 합리적 차별로서 평등의 원칙에 반한다고 볼 수 없다. 또한 신고제 규정으로 사인인 제3자에 의한 개인의 생명이나 신체 훼손의 위험성이 증가한다고 할 수 없어 기본권 보호의무에 위반된다고 볼 수도 없다(대판 2018.10.25. 2018두44302).

01 수산업법상 어업신고를 적법하게 하였으나, 관할행정청이 수리를 거부한 경우에는 신고의 효과가 발생하지 않는다. (O | X) [17국가직7급]

02 주민등록법상 주민등록의 신고는 행정청에 도달기만 하면 신고로서의 효력이 발생하는 것이 아니라 행정청이 수리한 경우에 비로소 신고의 효력이 발생한다. (O | X) [19사회복지직9급]

03 부동산 투기나 이주대책 요구 등을 방지할 목적으로 주민등록전입신고를 거부하는 것은 주민등록법의 입법 목적과 취지 등에 비추어 허용될 수 없다. (O | X) [19지방직9급]

04 숙박업을 하고자 하는 자가 법령이 정하는 시설과 설비를 갖추고 행정청에 신고를 하면 행정청은 공중위생관리법령의 규정에 따라 원칙적으로 수리하여야 하므로, 숙박업을 하려는 자가 기존에 다른 사람이 숙박업 신고를 한 적이 있는 시설 등의 소유권 등 정당한 사용권한을 취득하여 법령에서 정한 요건을 갖추어 신고하였다면, 행정청으로서는 특별하 사정이 없는 한 이를 수리하여야 하고, 기존의 숙박업 신고가 외관상 남아있다는 이유로 이를 거부할 수 없다. (O | X) [18국가직9급]

④ 부적법한 신고의 문제
  ㉠ 부적법한 신고의 보완
    부적법한 신고의 보완문제는 행위요건적 신고에서도 발생할 수 있다. 따라서 행정절차법 제40조 제3항과 제4항이 준용될 수 있다. 따라서 요건을 갖추지 못한 신고서가 제출된 경우 지체 없이 상당한 기간을 정하여 보완을 요구하여야 한다(제40조 제3항). 만일 신고인이 보완 기간 내에 보완을 하지 않는 경우 그 이유를 명시하여 되돌려 보내야 한다(제40조 제4항).

정답 01 O 02 O 03 O 04 O

ⓒ 부적법한 신고를 행정청이 수리한 경우
- 부적법한 신고를 수리한 경우에 그 수리행위는 하자 있는 행정행위가 된다. 즉 하자 있는 행정행위로서 무효 또는 취소사유가 되는 것이다. 즉 하자 있는 행정행위는 중대하고 명백한 하자가 있는 경우에 무효가 된다. 또한 사인의 공법행위에 하자가 무효의 하자라면 보통 그 수리행위는 전제요건을 결여하게 되므로 무효사유가 있다고 본다.
- 사인의 공법행위에 취소사유의 하자가 존재하는 것에 불과하다면 수리행위가 취소되기 전까지는 당해 수리행위는 유효하다.

2. 행위요건적 신고의 수리와 수리 거부의 의미

- 행위요건적 신고의 경우 수리가 있어야 공법상 효과를 발생하므로 수리 또는 수리 거부는 처분으로 본다.
- 신고대상이 아닌 신고를 수리한 경우, 그 수리는 항고소송의 대상이 아니다.

관련 판례

1. 건축주명의변경신고 수리거부행위는 행정청이 허가대상건축물 양수인의 건축주명의변경신고라는 구체적인 사실에 관한 법집행으로서 그 신고를 수리하여야 할 법령상의 의무를 지고 있음에도 불구하고 그 신고의 수리를 거부함으로써, 양수인이 건축공사를 계속하기 위하여 또는 건축공사를 완료한 후 자신의 명의로 소유권보존등기를 하기 위하여 가지는 구체적인 법적 이익을 침해하는 결과가 되었다고 할 것이므로, 비록 건축허가가 대물적 허가로서 그 허가의 효과가 허가대상건축물에 대한 권리변동에 수반하여 이전된다고 하더라도, 양수인의 권리의무에 직접 영향을 미치는 것으로서 취소소송의 대상이 되는 처분이라고 하지 않을 수 없다(대판 1992.3.31. 91누4911).
2. 골프장회원권모집계획승인처분(수리행위)의 취소를 구한 사건
체육시설의 회원을 모집하고자 하는 자의 시·도지사 등에 대한 회원모집계획서 제출은 수리를 요하는 신고에서의 신고에 해당하며, 시·도지사 등의 검토결과 통보는 수리행위로서 행정처분에 해당한다(대판 2009.2.26. 2006두16243).
3. 공동주택 입주민의 옥외운동시설인 테니스장을 배드민턴장으로 변경하고 그 변동사실을 신고하여 관할 시장이 그 신고를 수리한 경우, 그 용도변경은 주택건설촉진법상 신고를 요하는 입주자 공유인 복리시설의 용도변경에 해당하지 아니하므로 그 변동사실은 신고할 사항이 아니고 관할 시장이 그 신고를 수리하였다 하더라도 그 수리는 공동주택 입주민의 구체적인 권리의무에 아무런 변동을 초래하지 않는다는 이유로 항고소송의 대상이 되는 행정처분이 아니다(대판 2000.12.22. 99두455).
4. 대규모점포의 개설 등록은 이른바 '수리를 요하는 신고'로서 행정처분에 해당한다.
구 유통산업발전법 제12조의2 제1항, 제2항, 제3항은 기존의 대규모점포의 등록된 유형 구분을 전제로 '대형마트로 등록된 대규모점포'를 일체로서 규제 대상으로 삼고자 하는데 취지가 있는 점, 대규모점포의개설 등록은 이른바 '수리를 요하는 신고'로서 행정처분에 해당한다(대판 2015.11.19. 2015두295).

PART 1 행정법 서론

> 5. 「식품위생법」 제25조 제3항에 의한 영업양도에 따른 지위승계신고를 수리하는 행위의 성질
> 식품위생법 제25조 제3항에 의한 영업양도에 따른 지위승계신고를 수리하는 허가관청의 행위는 단순히 양도·양수인 사이에 이미 발생한 사법상의 사업양도의 법률효과에 의하여 양수인이 그 영업을 승계하였다는 사실의 신고를 접수하는 행위에 그치는 것이 아니라, 영업허가자의 변경이라는 법률효과를 발생시키는 행위라고 할 것이다(대판 1995.2.24. 94누9146).
>
> 6. 「액화석유가스의 안전 및 사업관리법」 제7조 제2항에 의한 사업양수에 의한 지위승계신고를 수리하는 허가관청의 행위는 실질에 있어서 양도자의 사업허가를 취소함과 아울러 양수자에게 적법히 사업을 할 수 있는 법규상 권리를 설정하여 주는 행위로서 사업허가자의 변경이라는 법률효과를 발생시키는 행위이므로 허가관청이 법 제7조 제2항에 의한 사업양수에 의한 지위승계신고를 수리하는 행위는 항고소송의 대상이 되는 행정처분에 해당한다(대판 1993.6.8. 91누11544).

01 식품위생법에 의한 영업양도에 따른 지위승계신고를 수리하는 허가 관청의 행위는 단순히 양도·양수인 사이에 이미 발생한 사법상의 사업양도의 법률효과에 의하여 양수인이 그 영업을 승계하였다는 사실의 신고를 접수하는 행위에 그치는 것이 아니라, 영업허가자의 변경이라는 법률효과를 발생시키는 행위이다. (O | X) [19지방직9급]

02 유통산업발전법상 대규모 점포의 개설 등록은 이른바 '수리를 요하는 신고'로서 행정처분에 해당한다. (O | X) [18지방직7급]

03 수리를 요하는 신고의 경우 그 신고에 대한 거부행위는 행정소송의 대상이 되는 처분에 해당한다. (O | X) [14국가직7급]

	자기완결적 신고	행위요건적 신고
성격	자기완결적 공법행위	행위요건적 공법행위
효력발생	적법한 신고가 행정기관에 도달	행정기관의 수리행위
신고필증	신고필증 구비 여부는 효력발생과 무관	신고필증 구비 여부는 효력발생과 무관
부적법한 신고	무신고 상태	수리하였다면 무효가 아닌 한 신고의 효과 발생(행정행위의 하자 법리 적용)
수리 거부의 처분성	원칙적으로 처분 ×, 예외적으로 처분 ○(건축신고의 반려 등)	처분 ○
부적법한 신고의 보완	행정절차법 제40조 (우선 지체 없이 상당 기간 정하여 보완요구, 구체적인 이유를 밝혀 반려)	행정절차법 제40조 준용 (우선 지체 없이 상당 기간 정하여 보완요구, 구체적인 이유를 밝혀 반려)

정답 01 O 02 O 03 O

핵심 기출문제

01

사인의 공법행위로서 신고에 대한 설명으로 옳지 않은 것은? (다툼이 있는경우 판례에 의함)

[19서울시7급]

① 자기완결적 신고에 있어 적법한 신고가 있는 경우, 행정청은 법 규정에 정하지 아니한 사유를 심사하여 이를 이유로 신고 수리를 거부할 수 있다.
② 주민등록의 신고는 행정청에 도달하기만 하면 신고로서의 효력이 발생하는 것이 아니라 행정청이 수리한 경우에 비로소 신고의 효력이 발생한다.
③ 수리를 요하는 신고의 경우, 수리행위에 신고필증교부 등 행위가 꼭 필요한 것은 아니다.
④ 「유통산업발전법」상 대규모점포의 개설등록은 이른바 '수리를 요하는 신고'로서 행정처분에 해당한다.

02

다음 중 사인의 공법행위에 대한 설명으로 가장 옳지 않은 것은?

[21국가직9급]

① 「주민등록법」상 주민등록의 신고는 행정청에 도달하기만 하면 신고로서의 효력이 발생하는 것이 아니라 행정청이 수리한 경우에 비로소 신고의 효력이 발생한다.
② 「의료법」상 의원·치과의원 개설 신고의 경우 그 신고필증의 교부행위는 신고사실의 확인행위에 해당하는 것이 아니라 개설신고의 효력 발생요건에 해당한다.
③ 「건축법」에 따른 건축신고를 반려하는 행위는 장차 있을지도 모르는 위험에서 미리 벗어날수 있도록 길을 열어주고 위법한 건축물의 양산과 그 철거를 둘러싼 분쟁을 조기에 근본적으로 해결할 수 있게 하여야 한다는 점에서 항고소송의 대상이 된다.
④ 공무원이 한 사직의사표시의 철회나 취소는 그에 터잡은 의원면직처분이있을 때까지 할 수 있는 것이고, 일단 면직 처분이 있고 난 이후에는 철회나 취소할 여지가 없다.

03

사인의 공법행위에 대한 설명으로 옳지 않은 것은? [25국가직9급]

① 「체육시설의 설치·이용에 관한 법률」상의 신고체육시설업에 있어서 적법한 요건을 갖춘 신고의 경우에는 행정청의 수리처분 등 별단의 조처를 기다릴 필요 없이 그 접수시에 신고로서의 효력이 발생하는 것이므로 그 수리가 거부되었다고 하여 무신고 영업이 되는 것은 아니다.
② 허가대상 건축물의 양수인이 구 「건축법 시행규칙」에 규정되어 있는 형식적 요건을 갖추어 시장·군수 등 행정관청에 적법하게 건축주의 명의변경을 신고한 때에는 행정관청은 그 신고를 수리하여야지 실체적인 이유를 내세워 신고의 수리를 거부할 수는 없다.
③ 인허가의제 효과를 수반하는 건축신고는 일반적인 건축신고와는 달리 특별한 사정이 없는 한 행정청이 그 실체적 요건에 관한 심사를 한 후 수리하여야 하는 이른바 '수리를 요하는 신고'에 해당한다.
④ 구「장사 등에 관한 법률」상 납골당설치 신고는 수리를 요하지 않는 자기완결적 신고에 해당하므로, 형식적 요건을 갖춘 신고서가 접수기관에 도달한 때 곧바로 효력이 발생한다.

04

신고에 관한 설명으로 가장 옳지 않은 것은? (다툼이 있는 경우 판례에의함) [17서울시9급]

① 「건축법」에 따른 착공신고를 반려하는 행위는 당사자에게 장래의 법적 불이익이 예견되지 않아 이를 법적으로 다툴 실익이 없으므로 항고소송의 대상이 될 수 없다.
② 「건축법」에 따른 건축신고를 반려하는 행위는 장차 있을지도 모르는 위험에서 미리 벗어날 수 있도록 길을 열어주고 위법한 건축물의 양산과 그 철거를 둘러싼 분쟁을 조기에 근본적으로 해결할 수 있게 하여야 한다는 점에서 항고소송의 대상이 된다.
③ 인·허가의제 효과를 수반하는 건축신고는 행정청이 그 실체적 요건에 관한 심사를 한 후 수리하여야 하기 때문에 수리를 요하는 신고이다.
④ 「수산업법」제44조 소정의 어업의 신고는 행정청의 수리에 의하여 비로소 그 효과가 발생하는 수리를 요하는 신고이다.

해설

01 ① (×) 의료법 제30조 제3항에 의하면 의원, 치과의원, 한의원 또는 조산소의 개설은 단순한 신고사항으로만 규정하고 있고 또 그 신고의 수리여부를 심사, 결정할 수 있게 하는 별다른 규정도 두고 있지 아니하므로 의원의 개설신고를 받은 행정관청으로서는 별다른 심사, 결정 없이 그 신고를 당연히 수리하여야 한다(대판 1985.4.23. 84도2953).

02 ① (○) 주민등록은 단순히 주민의 거주관계를 파악하고 인구의 동태를 명확히 하는 것 외에도 주민등록에 따라 공법관계상의 여러 가지 법률상 효과가 나타나게 되는 것으로서, 주민등록의 신고는 행정청에 도달하기만 하면 신고로서의 효력이 발생하는 것이 아니라 행정청이 수리한 경우에 비로소 신고의 효력이 발생한다(대판 2009.1.30. 2006다17850).
② (×) 납골당설치 신고는 이른바 '수리를 요하는 신고'라 할 것이므로, 행정청의 수리처분이 있어야만 신고한 대로 납골당을 설치할 수 있다. 한편 수리란 신고를 유효한 것으로 판단하고 법령에 의하여 처리할 의사로 이를 수령하는 수동적 행위이므로 수리행위에 신고필증 교부 등 행위가 꼭 필요한 것은 아니다(대판 2011.9.8. 2009두6766).
③ (○) 수리를 요하지 않는 신고인 건축신고의 반려에 처분성을 인정하는 것이 판례이다.
건축주 등은 신고제하에서도 건축신고가 반려될 경우 당해 건축물의 건축을 개시하면 시정명령, 이행강제금, 벌금의 대상이 되거나 당해 건축물을 사용하여 행할 행위의 허가가 거부될 우려가 있어 불안정한 지위에 놓이게 된다. 따라서 건축신고 반려행위는 항고소송의 대상이 된다고 보는 것이 옳다(대판 2010.11.18. 2008두167전합).
④ (○) 공무원의 사직의 의사표시 철회는 사직원의 수리(면직처분)가 있기 전에는 가능하다.
공무원이 한 사직 의사표시의 철회나 취소는 그에 터잡은 의원면직 처분이 있을 때까지 할 수 있는 것이고, 일단 면직처분이 있고 난 이후에는 철회나 취소의 여지가 없다(대판 2001.8.24. 99두9971).

03 ④ (×) 구 장사 등에 관한 법률 및 시행규칙을 종합하여 보면 납골당설치신고는 '수리를 요하는 신고'라 할 것이므로 구 장사법에 근거한 모든 요건에 맞는 신고라고 하더라도 수리처분이 있어야만 납골당을 설치할 수 있다. 한편 신고필증 교부 등 행위가 꼭 필요한 것은 아니다(대판 2009두6766).

04 ① (×) 수리를 요하지 않는 신고인 착공신고의 반려는 항고소송의 대상인 처분에 해당한다.
건축주 등으로서는 착공신고가 반려될 경우, 불안정한 지위에 놓이게 된다. 따라서 착공신고 반려행위가 이루어진 단계에서 당사자로 하여금 장차 있을지도 모르는 위험에서 미리 벗어날 수 있도록 길을 열어 주고, 위법한 건축물의 양산과 철거를 둘러싼 분쟁을 조기에 근본적으로 해결할 수 있게 하는 것이 법치행정의 원리에 부합한다. 그러므로 행정청의 착공신고 반려행위는 항고소송의 대상이 된다고 보는 것이 옳다(대판 2011.6.10. 2010두7321).

정답 01 ① 02 ② 03 ④ 04 ①

제3절 신청

I 신청의 의의

신청은 사인이 행정청에 대하여 일정한 조치를 취하여 줄 것을 요구하는 공법상의 의사표시이다. 주로 수익적 처분을 요구하는 것이 일반적이나 제3자에게 규제를 요구하는 경우도 있다.

II 신청의 요건

1. 행정절차법 제17조

> **행정절차법 제17조(처분의 신청)** ① 행정청에 처분을 구하는 신청은 문서로 하여야 한다. 다만, 다른 법령등에 특별한 규정이 있는 경우와 행정청이 미리 다른 방법을 정하여 공시한 경우에는 그러하지 아니하다.
> ② 제1항에 따라 처분을 신청할 때 전자문서로 하는 경우에는 행정청의 컴퓨터 등에 입력된 때에 신청한 것으로 본다.
> ③ 행정청은 신청에 필요한 구비서류, 접수기관, 처리기간, 그 밖에 필요한 사항을 게시(인터넷 등을 통한 게시를 포함한다)하거나 이에 대한 편람을 갖추어 두고 누구나 열람할 수 있도록 하여야 한다.
> ④ 행정청은 신청을 받았을 때에는 다른 법령등에 특별한 규정이 있는 경우를 제외하고는 그 접수를 보류 또는 거부하거나 부당하게 되돌려 보내서는 아니 되며, 신청을 접수한 경우에는 신청인에게 접수증을 주어야 한다. 다만, 대통령령으로 정하는 경우에는 접수증을 주지 아니할 수 있다.
> ⑤ 행정청은 신청에 구비서류의 미비 등 흠이 있는 경우에는 보완에 필요한 상당한 기간을 정하여 지체 없이 신청인에게 보완을 요구하여야 한다.
> ⑥ 행정청은 신청인이 제5항에 따른 기간 내에 보완을 하지 아니하였을 때에는 그 이유를 구체적으로 밝혀 접수된 신청을 되돌려 보낼 수 있다.
> ⑦ 행정청은 신청인의 편의를 위하여 다른 행정청에 신청을 접수하게 할 수 있다. 이 경우 행정청은 다른 행정청에 접수할 수 있는 신청의 종류를 미리 정하여 공시하여야 한다.
> ⑧ 신청인은 처분이 있기 전에는 그 신청의 내용을 보완·변경하거나 취하(取下)할 수 있다. 다만, 다른 법령등에 특별한 규정이 있거나 그 신청의 성질상 보완·변경하거나 취하할 수 없는 경우에는 그러하지 아니하다.

CHAPTER 7 사인의 공법행위

> **관련 판례**
>
> 행정절차법 제17조 제5항이 행정청으로 하여금 신청에 대하여 거부처분을 하기 전에 반드시 신청인에게 신청의 내용이나 처분의 실체적 발급요건에 관한 사항까지 보완할 기회를 부여하여야 할 의무를 정한 것인지 여부(소극)
>
> 행정청으로 하여금 신청에 대하여 거부처분을 하기 전에 반드시 신청인에게 신청의 내용이나 처분의 실체적 발급요건에 관한 사항까지 보완할 기회를 부여하여야 할 의무를 정한 것은 아니라고 보아야 한다(대판 2020.7.23. 2020두36007).

01 행정청은 신청에 구비서류의 미비 등 흠이 있는 경우에는 보완에 필요한 상당한 기간을 정하여 지체 없이 신청인에게 보완을 요구할 수 있다. (O | X)   [20군무원9급]

2. 민원 처리에 관한 법률

민원 처리에 관한 법률 제8조(민원의 신청) 민원의 신청은 문서(「전자정부법」 제2조 제7호에 따른 전자문서를 포함한다. 이하 같다)로 하여야 한다. 다만, 기타민원(일상생활에서 발생하는 불편사항에 대하여 알리는 등의 민원 등)은 구술(口述) 또는 전화로 할 수 있다.

3. 처리의무와 응답요구권

적법한 신청이 있는 경우, 행정청은 상당 기간 내에 응답을 하여야 한다. 따라서 행정청은 신청을 받았을 때, 다른 법령등에 특별한 규정이 있는 경우를 제외하고는 그 접수를 보류 또는 거부하거나 부당하게 되돌려 보내서는 아니 되며, 신청을 접수한 경우에는 신청인에게 접수증을 주어야 한다(행정절차법 제17조 제4항). 다만, 구술·우편 또는 정보통신망에 의한 신청, 처리기간이 "즉시"로 되어 있는 신청, 접수증에 갈음하는 문서를 주는 신청의 경우에는 접수증을 주지 아니할 수 있다(행정절차법 시행령 제9조 각 호의 사유).

4. 처리의무 불이행과 신청인의 권리보호

- 처리기간이 경과하는 경우 거부처분으로 간주되는 개별법 규정이 있는 경우도 있고 인용처분으로 간주되는 규정도 있다.
- 행정청이 정당한 처리기간 내에 처리하지 아니하였을 때에는 신청인은 해당 행정청 또는 그 감독 행정청에 신속한 처리를 요청할 수 있다(행정절차법 제19조 제4항).

5. 부적법한 신청의 효과

행정절차법 제17조 제5항과 제6항에 따라 해결한다.

정답 01 X

6. 권리구제

1) 행정심판
거부처분에 대해서는 의무이행심판, 취소심판, 무효등확인심판이 가능하다. 부작위에 대해서는 의무이행심판이 가능하다.

2) 행정소송
거부처분에 대해서는 취소소송, 무효등확인소송이 가능하다. 부작위에 대해서는 부작위위법확인소송이 가능하다.

3) 국가배상
처분과 관련하여 공무원의 위법한 직무집행이 있는 경우, 국가배상청구의 요건을 갖췄다면 배상청구가 가능하다.

CHAPTER 8 특별권력관계

Ⅰ 전통적 특별권력관계론

1. 의의
- 전통적인 행정법은 권력관계를 가지고 발전하였고 일반행정법관계와 특별행정법관계로 나뉜다.
- 일반행정법관계는 행정주체와 일반국민 간의 관계로서 일반적인 행정목적 달성을 목표로 하는 관계이다.
- 특별행정법관계는 특별한 법률원인에 의하여 성립되고 특별권력주체와 특별한 신분을 가진 자 사이에 성립하는 관계로서 특별한 행정목적의 달성을 목표로 한다. 따라서 특별권력주체는 특별한 신분을 가진 자에게 포괄적 지배권을 가진다.

2. 성립 배경
- O. Mayer에 의하여 체계화된 독일 특유의 이론으로서 독일의 입헌 군주정에서 법률로부터 자유로운 행정영역을 설명하기 위하여 성립(외견적 입헌주의의 산물)
- 이론적 기초 : 국가도 법인체로서 하나의 인격주체가 된다. 따라서 국가와 다른 인격주체와는 법규가 적용되지만, 국가 내부영역인 특별권력관계에는 국가와 국민 간에 통용되는 법규개념이 침투하지 않는다는 이론과 관련이 있다(불침투이론). 즉 법규는 주체(국가)와 주체(국민)사이에 적용되는 것이므로, 주체(국가) 내부에는 법이 침투할 수 없다는 의미이다.

3. 전통적 특별권력관계론의 특색
- **법률유보의 배제** : 특별권력주체는 법률에 근거가 없이 포괄적 지배권(명령권 ○, 징계권 ○, 형벌권 ×, 과세권 ×) 행사 가능
- 법률의 수권 없는 기본권 제한 가능(특별신분자는 기본권 주체성을 가지기 어렵다고 봄)
- **사법심사의 배제** : 특별권력주체의 특별한 신분자에 대한 행위는 사법심사의 대상에서 제외(특별권력주체의 내부의 일에는 법원이 관여하지 않는다고 봄)

	일반 권력관계	특별권력관계
관계	행정주체와 국민간의 외부적 관계	특별권력주체와 그 구성원 내부관계
성립	당연 성립	법률규정 또는 동의(임의·강제)
법치주의	전면적 적용	적용 배제
제재	행정벌	징계벌

01 특별권력관계에서는 특별권력에 따른 명령권과 형벌권이 인정된다. (O | X) [09국회직9급]

Ⅱ 전통적 특별권력관계론에 대한 재검토

1. 종래의 특별권력관계론의 동요
- 전통적 특별권력관계이론은 2차 세계대전 이후 많은 비판에 직면
- 비판의 대표적인 사건으로 **재소자 판결** : 수형자(특별신분자)가 교도소(특별권력주체의 기관)의 생활에 대한 불만을 알리는 외부서신을 교도소장이 임의로 검열·압류한 사건에서 독일연방헌법재판소는 재소자의 기본권도 보장되어야 하며 기본권 제한을 위해서는 법적 근거가 필요하다고 판시

2. 특별권력관계의 인정여부

1) 긍정설
특별권력관계는 일반권력관계와 본질적으로 다르다고 본다. 따라서 법치주의는 특별권력관계에 적용될 수 없다.

2) 울레(Ule)의 수정설
특별권력관계를 기본관계와 경영관계로 구분하고 기본관계에 대한 사법심사 인정

기본관계	경영관계(경영수행관계)
특별권력관계의 성립·변경·종료 등 당해 구성원의 법적 지위에 본질적 영향을 주는 경우	특별권력관계의 목표를 달성하기 위하여 내부 경영수행질서 유지 관계
예 공무원의 임명, 국공립대학교학생의 입학·제적·정학·퇴학, 교도소의 입소, 군인의 입대 및 전역 등	예 공무원에 대한 직무명령, 국공립학교에서 시험평가, 군인의 훈련 등

3) 부정설
특별권력관계에도 법치주의가 전면적으로 타당하다는 견해

정답 01 X

3. 결어

- 오늘날 민주적 법치국가와 특별권력관계이론은 부합하지 않는다. 따라서 특별권력관계에도 전면적으로 사법심사를 하여야 한다. 하지만 공무원관계, 군복무관계 등에는 국가와 국민과의 관계와는 다른 고유성과 특수성이 있으므로 기본권의 제한 여지는 크다.
- 이와 같은 취지에서 특별권력관계이론이라는 표현을 자제하고 특별행정법관계라는 용어를 사용하는 학자도 있다.

Ⅲ 특별행정법관계(특별권력관계)

1. 특별행정법관계(특별권력관계)의 성립

1) 성립

① 법률규정에 의한 성립
- 특별권력관계의 발생원인이 법률에 규정되어 있는 경우
- 병역의무자의 입대, 감염병환자의 강제 입원과 같이 법이 정한 요건에 해당하면 성립

② 동의에 의한 성립

㉠ 임의적 동의
- 상대방의 자유로운 의사에 의한 동의
- 공무원 관계의 설정 동의 등

㉡ 강제적 동의
- 그 동의가 법률에 의하여 강제되는 동의
- 학령아동의 초등학교 취학 등

> 01 초등학생의 입학 동의는 강제적 동의에 의한 특별권력관계가 성립하는 경우에 해당한다. (O | X) [08,17군무원9급]
> 02 감염병환자의 강제입원으로 특별권력관계가 발생한다. (O | X) [08,14 군무원9급]
> 03 서울특별시지하철공사의 임직원의 근무관계는 특별권력관계이다. (O | X) [14군무원9급]
> 04 기본관계가 성립하기 위해서는 상대방의 동의를 필요로 한다. (O | X) [15국가직7급]
> 05 국립도서관 이용관계는 임의적 동의에 의한 특별권력관계에 해당한다. (O | X) [17군무원9급]

2) 소멸

목적달성(병역의무 이행), 임의의 탈퇴(공무원의 사임), 특별권력주체의 일방적배제에 (공무원파면) 등의 원인으로 소멸한다.

정답 01 O 02 O 03 X 04 X 05 O

2. 특별행정법관계(특별권력관계)의 종류

1) 공법상 근무관계
- 특별한 법률원인에 근거하여 국가 또는 공공단체를 위하여 포괄적으로 근무할 의무를 지는 것을 내용으로 하는 법률관계
- 군무원, 공무원, 군인 등

2) 공법상 영조물이용관계
- 영조물 관리자와 영조물 이용자의 관계
- 재소자 관계, 국공립병원 이용관계 등

3) 공법상 특별감독관계
- 국가나 공공단체의 특별한 감독을 받는 개인 또는 단체의 관계
- 재건축설비조합과 감독 행정청의 관계 등

4) 공법상 사단관계
공공조합과 그 조합원의 관계

3. 특별행정법관계(특별권력관계)의 내용

1) 명령권
특별행정법관계(특별권력관계)의 주체가 포괄적 지배권의 발동으로써 상대방에 대하여 당해 목적 달성에 필요한 명령·강제를 할 수 있는 권한이 있다.

> **관련 판례**
>
> 법률에 구체적 위임에 의하지 아니한 행형법 시행령이나 계호근무준칙 등의 규정은 수형자의 권리 내지 자유를 제한하는 근거가 될 수 없다(대판 2003.7.25. 2001다60392).

2) 징계권
특별행정법관계(특별권력관계)의 내부질서 유지를 위하여 일정한 제재나 강제를 그 구성원에 대하여 할 수 있는 권한이 있다.

4. 특별행정법관계(특별권력관계)와 법치주의

1) 법률유보의 원칙 적용
특별행정법관계(특별권력관계)에는 법률유보의 원칙이 적용되나 고유성과 특수성이 인정되므로 어느정도 포괄적 수권을 인정하는 등 일반행정법관계보다 규율 밀도가 완화될 수 있다.

관련 판례

1. 군조직의 특수성을 고려한 판시 - 특별행정법관계에 해당하지만 법률유보원칙이 적용된다. 다만, 완화되어 적용될 수 있다.

   국방의 목적을 달성하기 위하여 상명하복의 체계적인 구조를 가지고 있는 군조직의 특수성을 감안할 때, 군인의 복무 기타 병영생활 및 정신전력 등과 밀접하게 관련되어 있는 부분은 행정부에 널리 독자적 재량을 인정할 수 있는 영역이라고 할 것이므로, 이와 같은 영역에 대하여 법률유보원칙을 철저하게 준수할 것을 요구하고, 그와 같은 요구를 따르지 못한 경우 헌법에 위반된다고 판단하는 것은 합리적인 것으로 보기 어렵다(헌재 2010.10.28. 2008헌마638).

2. 군인이 상관의 지시와 명령에 대하여 헌법소원 등 재판청구권을 행사하는 것이 군인의 복종의무에 위반되는지 여부(원칙적 소극)

   군인이 상관의 지시나 명령에 대하여 재판청구권을 행사하는 경우에 그것이 위법·위헌인 지시와 명령을 시정하려는 데 목적이 있을 뿐, 군 내부의 상명하복관계를 파괴하고 명령불복종 수단으로서 재판청구권의 외형만을 빌리거나 그 밖에 다른 불순한 의도가 있지 않다면, 정당한 기본권의 행사이므로 군인의 복종의무를 위반하였다고 볼 수 없다(대판 2018.3.22. 2012두26401).

3. 구 군인복무규율 제24조와 제25조를 군인에게 건의나 고충심사를 청구하여야 할 의무를 부과한 조항 내지 군인의 재판청구권 행사에 앞서 반드시 거쳐야 하는 군 내 사전절차로서의 의미를 갖는 것으로 볼 수 있는지 여부(소극)

   건의 제도의 취지는 위법 또는 오류의 의심이 있는 명령을 받은 부하가 명령 이행 전에 상관에게 명령권자의 과오나 오류에 대하여 자신의 의견을 제시할 수 있도록 함으로써 명령의 적법성과 타당성을 확보하고자 하는 것일 뿐 그것이 군인의 재판청구권 행사에 앞서 반드시 거쳐야 하는 군 내 사전절차로서의 의미를 갖는다고 보기 어렵다(대판 2018.3.22. 2012두26401).

4. 육군 3사관학교 생도에 대한 퇴학의 취소를 인정한 판시

   사관생도는 군 장교를 배출하기 위하여 국가가 모든 재정을 부담하는 특수교육기관인 육군3사관학교의 구성원으로서, 학교에 입학한 날에 육군 사관생도의 병적에 편입하고 준사관에 준하는 대우를 받는 특수한 신분관계에 있다(육군3사관학교 설치법 시행령 제3조). 따라서 그 존립 목적을 달성하기 위하여 필요한 한도 내에서 일반 국민보다 상대적으로 기본권이 더 제한될 수 있으나, 그러한 경우에도 법률유보원칙, 과잉금지원칙 등 기본권 제한의 헌법상 원칙들을 지켜야 한다(대판 2018.8.30. 2016두60591).

01 복종의무가 있는 군인은 상관의 지시와 명령에 대하여 재판청구권을 행사하기 이전에 군인복무규율에 규정된 내부적 절차를 거쳐야 한다. (O | X) [19국회직8급]

2) 기본권 제한

법률상 근거가 있어야 제한이 가능하지만 특별행정법관계의 목적에 따라 기본권 제한에 차이가 있을 수 있다.

3) 사법심사의 전면적 허용

오늘날 특별권력관계에 대해서는 전면적으로 사법심사가 가능하다.

정답 01 ×

관련 판례

1. 동장과 구청장의 관계는 이른바 행정상의 특별권력관계에 해당되며 이러한 특별권력관계에 있어서도 위법·부당한 특별권력의 발동으로 말미암아 권력을 침해당한 자는 행정소송법의 규정에 따라 처분의 취소를 구할 수 있다(1982.7.27. 80누86).
2. 공법상 사단법인인 당진농지개량조합의 직원이 그에 대한 징계처분을 다투는 경우도 사법상의 근로계약관계가 아니라 공법상의 특별권력관계이고 징계처분의 취소를 구하는 소송은 행정소송이다(1995.6.9. 94누10870).
3. 국립교육대학교 학생에 대한 퇴학처분을 취소한 판시
   국립 교육대학 학생에 대한 퇴학처분은, 국가가 설립·경영하는 교육기관인 동 대학의 교무를 통할하고 학생을 지도하는 지위에 있는 학장이 교육목적실현과 학교의 내부질서유지를 위해 학칙 위반자인 재학생에 대한 구체적 법집행으로서 국가공권력의 하나인 징계권을 발동하여 학생으로서의 신분을 일방적으로 박탈하는 국가의 교육행정에 관한 의사를 외부에 표시한 것이므로, 행정처분임이 명백하다(대판 1991.11.22. 91누2144).
4. 공법인 소속의 구성원이 아닌 임직원의 선임·해임과 관련된 관계는 사법관계
   「도시 및 주거환경정비법」상 재개발조합이 공법인이라는 사정만으로 재개발조합과 조합장 또는 조합임원 사이의 선임·해임의 둘러싼 법률관계가 공법상의 법률관계에 해당한다고는 할 수 없고 민사소송의 대상이 된다(대결 2009.9.24. 2009마168).
5. 공기업의 임직원의 근무관계는 사법관계
   서울특별시지하철공사의 임원과 직원의 근무관계의 성질은 지방공기업법의 모든 규정을 살펴보아도 공법상의 특별권력관계라고는 볼 수 없고 사법관계에 속할 뿐만 아니라, 위 지하철공사의 사장이 그 이사회의 결의를 거쳐 제정된 인사규정에 의거하여 소속직원에 대한 징계처분을 한 경우 위 사장은 행정소송법 제13조 제1항 본문과 제2조 제2항 소정의 행정청에 해당되지 않으므로 공권력발동주체로서 위 징계처분을 행한 것으로 볼 수 없고, 따라서 이에 대한 불복절차는 민사소송에 의할 것이지 행정소송에 의할 수는 없다(대판 1989.9.12. 89누2103).

핵심 기출문제

01

다음 동의에 의한 특별권력관계 유형 중 다른 것은? [17군무원9급]

① 학령아동의 초등학교 입학
② 국공립학교 입학
③ 국립도서관 이용관계
④ 공무원 채용관계

02

다음 사례에 대한 설명으로 가장 옳은 것은? [10국가직9급]

> 국립 ○○교육대학교수회는 학칙에 의거해 징계권자인 학장(피고)의 요구에 따라 교내·외의 과격 시위 등에 가담한 갑(원고)외 학생들에게 무기정학과 퇴학처분 등의 징계의결을 하였다 피고가 위 징계의결의 내용이 미흡하다는 이유로 재심을 요청하여 다시 교수회가 개최되었는데, 그 자리에서 피고는 자신에게 위 징계의결 내용을 직권으로 조정할 권한을 위임하여 줄 것을 요청하여 찬반토론은 거쳤으나 표결은 하지 않았다. 이에 피고는 같은 일자로 원고에 대한 위 교수회의 징계의결내용을 변경하여 원고에 대하여 퇴학처분을 하였다.

① 오늘날 특별권력관계의 특수성은 여전히 인정되므로. 특별권력관계의 목적 달성을 위하여는 법률의 근거가 없는 경우에도 당연히 기본권이 제한된다.
② 학생에 대한 징계권의 발동이나 징계의 양정은 징계권자인 00교육대학학장의 교육적 재량에 맡겨져 있지만, 교수회의 의결을 요건으로 하므로 위 징계처분은 기속행위로 보아야 한다.
③ 효과재량설의 입장에서 보면 징계처분은 재량행위라고 보게 되므로 관계법령 또는 학칙상 징계 사유가 존재하더라도 반드시 징계를 하여야 하는 것은 아니다.
④ ○○교육대학 학생에 대한 퇴학처분은 국립 대학교의 내부질서 유지를 위해 학칙 위반자인 재학생에 대한 구체적 법집행으로서 행정소송법상의 처분에 해당한다.

해설

01 | ① 강제적 동의
② 임의적 동의
③ 임의적 동의
④ 임의적 동의

02 | ④ (○) 행정소송의 대상이 되는 행정처분이란 행정청이 행하는 구체적 사실에 관한 법집행으로서의 공권력의 행사 또는 그 거부와 그 밖에 이에 준하는 행정작용을 말하는 것인바, 이 사건 퇴학처분은 국가가 설립·경영하는 교육기관의 하나인 서울교육대학의 교무를 통할하고 학생을 지도하는 지위에 있는 동 대학학장(피고)이 동 대학의 교육목적실현과 학교의 내부질서유지를 위해 학칙위반자인 동 대학의 재학생인 원고에 대한 <u>구체적 법집행으로서 국가공권력의 하나인 징계권을 발동하여 원고의 학생으로서의 신분을 일방적으로 박탈하는 국가의 교육행정에 관한 의사를 외부에 표시한 것이므로 이는 위에서 말하는 행정처분임이 명백하다</u>(대판 1991.11.22. 91누2144).

정답 **01** ① **02** ④

한세훈 행정법총론

PART 2
행정작용법

chapter 1 　행정입법
chapter 2 　행정행위
chapter 3 　기타 행정의 주요 행위형식

CHAPTER 1 행정입법

제1절 행정입법 개설

I 의의

- 행정입법은 행정권이 법조문의 형식으로 일반적(불특정 다수인)·추상적 규율(불특정 다수의 사건)을 제정하는 작용 또는 그에 의하여 제정된 법규정을 의미한다.
- 행정입법은 학문상 개념이다.

II 종류

행정입법은 국가행정권에 의한 입법인 법규명령과 행정규칙, 지방행정권에 의한 입법인 조례, 규칙, 교육규칙으로 구분할 수 있다.

III 법규명령과 행정규칙의 구별

1. 개념

- 행정입법은 넓은 의미로서는 행정주체와 국민과의 관계를 규율하여 대외적인 효력을 갖는 법규명령과 원칙적으로 행정 내부 영역에만 효력을 갖는 행정규칙으로 나뉘어진다.
- 협의의 행정입법은 법규명령을 의미한다.

2. 공통점

법규명령과 행정규칙 모두 일반적·추상적 성격을 가지고 있는 규범으로서 행정기관은 이 둘 모두를 준수하여야 한다.

3. 차이점

- 법규명령은 행정주체와 국민간의 법규범이고 행정규칙은 행정조직 내부에 적용하기 위한 규범이다. 즉, 법규명령은 행정주체와 국민 모두에게 구속력을 가지지만 행정규칙은 원칙적으로 행정기관만을 구속한다.

- 법규명령의 제정에는 법적근거가 필요하다. 위임명령의 경우, 개별법적 근거가 필요하지만 집행명령의 경우에는 헌법에 규정된 포괄적 근거 규정을 가지고도 만들 수 있다.
- 법규명령은 조문의 형식을 취하고 공포가 효력 발생요건이 된다. 다만, 행정규칙은 공포가 의무적인 것이 아니다(다만, 처분기준인 행정규칙은 공포되어야 함).

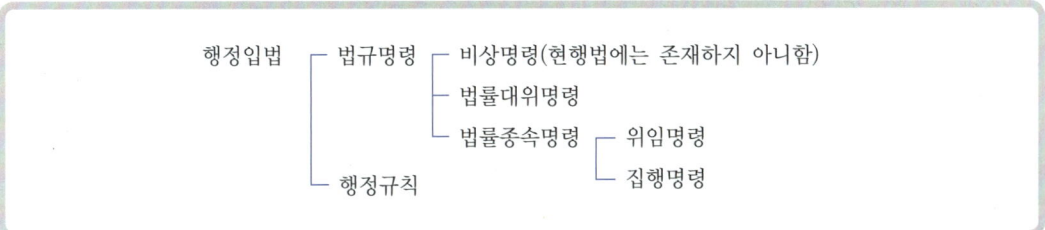

Ⅳ 행정입법의 필요성

입법권은 국회에 속한다. 그러나 전문적·기술적인 입법사항의 증대, 행정 현상의 급격한 변화에 바로 대응하는 입법의 필요성이 증대되면서 행정권이 하는 행정입법의 필요성은 높아지고 있다.

01 행정입법은 입법내용의 전문화·기술화 및 행정현실 변화에 대한 법률의 적응성 결여 등으로 그 필요성이 제기되어 왔다. (O | X)
[11사회복지직9급]

정답 01 O

V. 행정입법의 증가와 통제 필요성

행정입법을 무제한 허용하는 경우, 행정편의주의, 행정입법 남용가능성으로 인하여 행정입법에 대한 예측가능성과 법적안정성을 저해하는 요인이 될 수 있어 일정한 한계설정과 통제가 중요하다.

제2절 법규명령

I. 법규명령 개설

1. 의의

- 행정권이 정립하는 일반적·추상적 규범으로서 법규성을 지닌 것을 말한다. 따라서 국민과 행정청 모두를 구속하며 재판의 규범이 되는 성문의 행정입법이다. 행정규칙은 원칙적으로 행정기관 내부에서만 효력을 가지고 대외적 구속력이 없는 점에서 법규명령과 차이가 있다.
- '법규'란 국민의 권리·의무에 관한 사항을 정하는 규범 또는 대외적 구속력이 있는 규범을 의미한다.

2. 법규명령과 법률의 차이점과 공통점

법규명령은 행정권에 의해서 성립된다. 또한 그 절차도 국회에서의 입법절차와 다르다. 또한 그 효력은 국회가 제정한 법률보다 하위에 있는 것이 원칙이다. 그러나 일반적·추상적 규율이라는 것은 동일하다.

II. 법규명령의 종류

법규명령은 일반적으로 그 효력 및 내용에 따라 분류하거나 형식에 따라 분류할 수 있다.

1. 효력 및 내용에 따른 분류(수권 범위·근거에 따른 분류)

1) 헌법대위명령(비상명령)

   헌법의 효력을 가지는 명령을 말한다. 다만, 현행 헌법에 이런한 효력을 가지는 법규명령은 없다.

2) 법률대위명령(독립명령)

법률대위명령은 법률의 효력을 가지는 명령으로 법률과는 독립하여 헌법에 직접근거하여 발령된다. 현행 헌법은 제76조 제1항에서 긴급재정경제명령권을 인정하고, 제2항에서 긴급명령권을 인정한다.

> **헌법 제76조** ① 대통령은 내우·외환·천재·지변 또는 중대한 재정·경제상의 위기에 있어서 국가의 안전보장 또는 공공의 안녕질서를 유지하기 위하여 긴급한 조치가 필요하고 국회의 집회를 기다릴 여유가 없을 때에 한하여 최소한으로 필요한 재정·경제상의 처분을 하거나 이에 관하여 법률의 효력을 가지는 명령을 발할 수 있다.
> ② 대통령은 국가의 안위에 관계되는 중대한 교전상태에 있어서 국가를 보위하기 위하여 긴급한 조치가 필요하고 국회의 집회가 불가능한 때에 한하여 법률의 효력을 가지는 명령을 발할 수 있다.

01 현행 헌법상 헌법적 효력을 갖는 비상명령이 인정된다. (O | X) [15교육행정직9급]
02 대통령의 긴급명령, 긴급재정·경제명령은 헌법에 직접 근거를 둔 법규명령에 해당한다. (O | X) [11지방직7급]

3) 법률종속명령

- 법률보다 하위의 효력을 가지는 명령을 법률종속명령이라고 한다. 앞서 언급한 긴급명령, 긴급재정·경제명령을 제외한 대통령령·총리령·부령 등이 모두 이에 속한다.
- 헌법 제75조는 "대통령은 법률에서 구체적으로 범위를 정하여 위임받은 사항과 법률을 집행하기 위하여 필요한 사항에 관하여 대통령령을 발할 수 있다."고 규정하고 있다.
- 헌법 제95조는 "국무총리 또는 행정각부의 장은 소관사무에 관하여 법률이나 대통령령의 위임 또는 직권으로 총리령 또는 부령을 발할 수 있다고 규정하고 있다.

① 위임명령

법률 또는 상위명령에 의하여 구체적으로 범위를 정하여 위임된 사항에 대하여 발하는 명령이다. 위임의 범위는 국민의 권리·의무에 관한 사항인 입법사항에 대하여 규율할 수 있다. 헌법에 위임명령에 관한 근거를 두고 있지만 위임을 위해서는 구체적으로 범위를 정한 수권법령이 필요하다(예 식품위생법상 위해평가와 관련하여 "위해평가의 대상, 방법 및 절차, 그 밖에 필요한 사항은 대통령령으로 정한다."는 규정).

② 집행명령

- 집행명령은 법률 또는 상위명령의 규정 범위 내에서 상위법령의 시행에 관하여 필요한 세부적·기술적 사항을 규정하는 명령이다.
- 집행명령으로는 신고서의 양식 등 법령을 시행하기 위한 세부적 사항을 규정할 수 있을 뿐 새로운 입법사항을 규정할 수 없다. 또한 개별적·구체적 수권은 필요하지 않다. 즉, 국민의 권리·의무에 관한 새로운 사항을 규정할 수 없다.

정답 01 X 02 O

PART 2 행정작용법

> **관련 판례**
>
> 법률의 시행령은 모법인 법률에 의하여 <u>위임받은 사항</u>이나 법률이 규정한 범위 내에서 법률을 현실적으로 집행하는 데 필요한 세부적인 사항만을 규정할 수 있을 뿐, 법률에 의한 <u>위임이 없는 한 법률이 규정한 개인의 권리·의무에 관한 내용을 변경·보충하거나 법률에 규정되지 아니한 새로운 내용을 규정할 수는 없다</u>(대판 2020.9.3. 2016두32992).

[수권법률의 예]

행정절차법 제22조(의견청취) ② 행정청이 처분을 할 때 다음 각 호의 어느 하나에 해당하는 경우에는 공청회를 개최한다.
1. 다른 법령등에서 공청회를 개최하도록 규정하고 있는 경우
2. 해당 처분의 영향이 광범위하여 널리 의견을 수렴할 필요가 있다고 행정청이 인정하는 경우
3. <u>국민생활에 큰 영향을 미치는 처분으로서 대통령령으로 정하는 처분</u>에 대하여 <u>대통령령으로 정하는 수 이상의 당사자등이 공청회 개최를 요구하는 경우</u>

[위임명령의 예]

행정절차법 시행령 제13조의3(공청회의 개최 요건 등) ① 법 제22조제2항제3호에서 "대통령령으로 정하는 처분"이란 다음 각 호의 어느 하나에 해당하는 처분을 말한다. 다만, 행정청이 해당 처분과 관련하여 이미 공청회를 개최한 경우는 제외한다.
1. <u>국민 다수의 생명, 안전 및 건강에 큰 영향을 미치는 처분</u>
2. <u>소음 및 악취 등 국민의 일상생활과 관계되는 환경에 큰 영향을 미치는 처분</u>
② 제1항에 따른 처분에 대하여 당사자등은 그 처분 전(해당 처분에 대하여 행정청이 의견제출 기한을 정한 경우에는 그 기한까지를 말한다)에 행정청에 공청회의 개최를 요구할 수 있다.
③ 법 제22조제2항제3호에서 "대통령령으로 정하는 수"란 <u>30명</u>을 말한다.

[집행명령의 예]

행정절차법 시행규칙 제8조의2(공청회의 개최 요구 서식) 당사자등이 법 제22조제2항제3호 및 영 제13조의3에 따라 행정청에 공청회의 개최를 요구하려는 경우에는 별지 제9호의2서식의 공청회 개최 요구서를 제출해야 한다.

---

01 집행명령은 상위법령의 집행에 필요한 세칙을 정하는 범위 내에서만 가능하고 새로운 국민의 권리·의무를 정할 수 없다. (O | X) [19지방직9급]

02 법규명령은 제정권자를 기준으로 대통령령, 총리령, 부령 등으로 구분할 수 있다. (O | X) [14서울시9급]

03 법률의 시행령은 모법인 법률에 의하여 위임받은 사항이나 법률이 규정한 범위 내에서 법률을 현실적으로 집행하는 데 필요한 세부적인 사항만을 규정할 수 있을 뿐, 법률에 의한 위임이 없는 한 법률이 규정한 개인의 권리·의무에 관한 내용을 변경·보충하거나 법률에 규정되지 아니한 새로운 내용을 규정할 수는 없다. (O | X) [25지방직9급]

정답 01 O 02 O 03 O

2. 법형식에 의한 분류

헌법은 대통령령, 총리령·부령, 중앙선거관리위원회 규칙이라는 법규명령의 형식을 규정하고 있다.

1) 대통령령

대통령령은 사전에 국무회의의 심의를 거쳐 법규명령을 제정하고 보통 '~법 시행령'의 형식을 가지고 있다. 또한 「경찰공무원임용령」과 같이 '~령'의 형태(보통 작용법규의 경우의 형태)를 가지거나 「행정권한의 위임 및 위탁에 관한 규정」과 같이 '~규정'의 형태(보통 조직법규의 경우의 형태)를 가지기도 한다.

> **관련 판례**
>
> 경찰공무원임용령 제46조 제1항의 수권형식과 내용에 비추어 이는 행정청 내부의 사무처리기준을 규정한 재량준칙이 아니라 일반 국민이나 법원을 구속하는 법규명령에 해당하고 따라서 위 규정에 의한 처분은 재량행위가 아닌 기속행위라 할 것이다(대판 2008.5.29. 2007두18321).

2) 총리령·부령

① 의의

국무총리가 제정권자인 총리령·행정각부의 장이 제정권자인 부령은 그 형태가 보통 '~법 시행규칙'이다.

② 총리령과 부령의 효력문제

총리령이 우월하다는 견해가 다수의 입장이지만 보통 소관사항이 겹치는 일이 거의 없어 일반적으로 충돌하는 일이 없다.

③ 부령제정권과 관련문제

- 부령은 행정각부의 장이 제정권자이다(예 국방부장관은 행정각부의 장이므로 부령제정권이 있다). 따라서 행정각부의 장이 아닌 중앙행정기관(예 법제처, 경찰청, 검찰청 등)의 장은 부령을 만들 수 있는 권한이 없다. 따라서 병무청장은 부령을 만들 수 없고 부령을 만들기 위해서는 국방부장관이 국방부령으로 만들어야 한다.
- 법률 또는 대통령령으로 규정할 사항을 부령으로 규정한 경우에는 무효라고 보는 것이 판례의 입장이다(대판 61다9).

---

01 병무청장은 중앙행정기관의 장이므로 부령을 발할 수 있다. (O | X) [17군무원9급]
02 행정 각부가 아닌 국무총리 소속의 독립기관은 독립하여 법규명령을 발할 수 있다. (O | X) [19서울시9급]

정답 01 X 02 X

3) 헌법이 인정하는 법규명령, 중앙선거관리위원회 규칙 등
- **중앙선거관리위원회규칙** : 중앙선거관리위원회는 헌법 제114조 제6항에 따라 법령의 범위 안에서 선거관리, 국민투표관리, 정당사무에 관하여 규칙을 제정할 수 있다.
- **대법원규칙** : 대법원은 법률에 저촉되지 아니하는 범위 안에서 소송에 관한 절차, 법원의 내부규율과 사무처리에 관한 규칙을 제정할 수 있다.
- **국회규칙** : 국회는 법률에 저촉되지 아니하는 범위 안에서 의사와 내부규율에 관한 규칙을 제정할 수 있다.
- **헌법재판소규칙** : 법률에 저촉되지 아니하는 범위 안에서 심판에 관한 절차, 내부규율과 사무처리에 관한 규칙을 제정할 수 있다.

---

01 중앙선거관리위원회는 법령의 범위 안에서 선거관리·국민투표관리·정당사무 등에 관한 규칙을 제정할 수 있는바, 이 규칙은 법규명령의 성질을 가진다. (O | X)　　　　　　　　　　　　　[13지방직7급]

4) 법률이 인정하는 법규명령, 감사원규칙 등
- 감사원규칙은 헌법에 근거가 없고 감사원법에 근거를 두고 있다. 종래에는 감사원법에 근거한 감사원규칙이 법규명령인지와 관련하여 학설이 대립하였고, 판례는 감사원규칙의 법규성을 인정하였다. 최근 제정된 **행정기본법**은 판례 법리를 받아들여 **감사원규칙**을 '법령 등'으로 명시하기에 이르렀다.
- 공정거래위원회규칙, 중앙노동위원회규칙

> **관련 판례**
>
> 헌법이 인정하고 있는 <u>위임입법의 형식은 예시적인 것으로 보아야</u> 한다. 법률이 일정한 사항을 행정규칙에 위임하더라도 그 행정규칙은 위임된 사항만을 규율할 수 있으므로, 국회입법의 원칙과 상치되지 않는다(헌재 2016.3.31. 2014헌바382).

> **행정기본법 제2조(정의)** 이 법에서 사용하는 용어의 뜻은 다음과 같다.
> 1. "법령등"이란 다음 각 목의 것을 말한다.
>   가. 법령: 다음의 어느 하나에 해당하는 것
>   1) 법률 및 대통령령·총리령·부령
>   2) 국회규칙·대법원규칙·헌법재판소규칙·중앙선거관리위원회규칙 및 감사원규칙
>   3) 1) 또는 2)의 위임을 받아 중앙행정기관(「정부조직법」 및 그 밖의 법률에 따라 설치된 중앙행정기관을 말한다. 이하 같다)의 장, 국회의장, 대법원장, 헌법재판소장, 중앙선거관리위원회위원장, 감사원장 등이 정한 훈령·예규 및 고시 등 행정규칙

---

02 헌법재판소 판례에 의하면 감사원 규칙은 헌법에 근거가 없으므로 법규명령으로 인정되지 않는다. (O | X)　　　　　　　　　　　　　　　　　　　　　　　　　　　[16서울시9급]

CHAPTER 1 행정입법

Ⅲ 법규명령의 근거와 한계

1. 긴급명령, 긴급재정·경제명령

> **헌법 제76조** ① 대통령은 내우·외환·천재·지변 또는 중대한 재정·경제상의 위기에 있어서 국가의 안전보장 또는 공공의 안녕질서를 유지하기 위하여 긴급한 조치가 필요하고 국회의 집회를 기다릴 여유가 없을 때에 한하여 최소한으로 필요한 재정·경제상의 처분을 하거나 이에 관하여 법률의 효력을 가지는 명령을 발할 수 있다.
> ② 대통령은 국가의 안위에 관계되는 중대한 교전상태에 있어서 국가를 보위하기 위하여 긴급한 조치가 필요하고 국회의 집회가 불가능한 때에 한하여 법률의 효력을 가지는 명령을 발할 수 있다.

2. 위임명령의 근거와 한계

1) 근거

- 위임명령은 개별법률 또는 상위법령의 규정에 근거하여야 한다. 그러므로 법령의 위임이 없음에도 법령에 규정된 처분 요건에 해당하는 사항을 부령에서 변경하여 규정하는 경우, 그 부령규정은 대외적 효력이 없다.

관련 판례

법령에서 행정처분의 요건 중 일부 사항을 부령으로 정할 것을 위임한 데 따라 시행규칙 등 부령에서 이를 정한 경우에 그 부령의 규정은 국민에 대해서도 구속력이 있는 법규명령에 해당한다고 할 것이지만, 법령의 위임이 없음에도 법령에 규정된 처분 요건에 해당하는 사항을 부령에서 변경하여 규정한 경우에는 그 부령의 규정은 행정청 내부의 사무처리 기준 등을 정한 것으로서 행정조직 내에서 적용되는 행정명령의 성격을 지닐 뿐 국민에 대한 대외적 구속력은 없다고 보아야 한다(대판 2013.9.12. 2011두10584).

01 법령상 대통령령으로 규정하도록 되어 있는 사항을 부령으로 정하더라도 그 부령은 유효하다. (O | X)
[18교육행정직9급]

02 법령의 위임이 없음에도 법령의 처분요건에 해당하는 사항을 부령에서 변경하여 규정한 경우 그 부령의 규정은 행정명령에 지나지 않아 대외적 구속력이 없다. (O | X)
[17서울시7급]

- 위임명령은 구체적 범위를 정하여 국민의 권리·의무에 관한 사항을 새롭게 규정한 것이다.

관련 판례

1. 구체적 위임은 누구라도 상위법령으로부터 위임명령에 규정되는 내용의 대강을 예측할 수 있어야 함을 의미하고, 예측가능성 유무는 위임조항 하나만으로 판단할 것이 아니라 위임조항이 속한 상위법령의 전반적 체계·취지·목적과 당해 위임조항의 형식·내용 및 관련 법규를 유기적으로 고려하여 판단하여야 한다(대판 2002.8.23. 2001두5651).

정답 01 X 02 O

PART 2 행정작용법

2. 특정 사안과 관련하여 법령에서 위임을 한 경우 위임의 한계를 준수하고 있는지를 판단할 때는 당해 법령 규정의 입법 목적과 규정 내용, 규정의 체계, 다른 규정과의 관계 등을 종합적으로 살펴야 하고, 수권 규정에서 사용하고 있는 용어의 의미를 넘어 그 범위를 확장하거나 축소하여 위임 내용을 구체화하는 단계를 벗어나 새로운 입법을 하였는지 등도 아울러 고려해야 한다(대판 2023.8.18. 2021두41495).

3. 법률 하위의 법규명령은 법률에 의한 위임이 없으면 개인의 권리·의무에 관한 내용을 변경·보충하거나 법률이 규정하지 아니한 새로운 내용을 정할 수는 없지만, 법률의 시행령이나 시행규칙의 내용이 모법의 입법 취지와 관련 조항 전체를 유기적·체계적으로 살펴보아 모법의 해석상 가능한 것을 명시한 것에 지나지 아니하거나 모법 조항의 취지에 근거하여 이를 구체화하기 위한 것인 때에는 모법의 규율 범위를 벗어난 것으로 볼 수 없으므로, 모법에 이에 관하여 직접 위임하는 규정을 두지 아니하였다고 하더라도 이를 무효라고 볼 수는 없다(대판 2020.4.9. 2015다34444).

4. **시행령이 모법에 저촉되는 것이 불명확한 경우 해결방법**
   어느 시행령의 규정이 모법에 저촉되는지의 여부가 명백하지 아니하는 경우에는 모법과 시행령의 다른 규정들과 그 입법 취지, 연혁 등을 종합적으로 살펴 모법에 합치된다는 해석도 가능한 경우라면 그 규정을 모법위반으로 무효라고 선언하여서는 안 된다(대판 2001.8.24. 2000두2716).

5. 법규명령이 개정된 법률에 규정된 내용을 함부로 유추·확장하는 내용의 해석규정이어서 위임의 한계를 벗어난 것으로 인정될 경우 법규명령은 무효이다(대판 2017.4.20. 2015두45700).

- 근거법령의 명시가 반드시 필요한 것은 아니다.

> **관련 판례**
> 근거법령의 구체적 명시가 반드시 필요한 것은 아니다.
> 법령의 위임관계는 반드시 하위 법령의 개별조항에서 위임의 근거가 되는 상위 법령의 해당 조항을 구체적으로 명시하고 있어야만 하는 것은 아니라고 할 것이다(대판 1999.12.24. 99두5658).

01 위임명령이 위임 내용을 구체화하는 단계를 벗어나 새로운 입법을 한 것으로 평가할 수 있다면 이는 위임의 한계를 일탈한 것으로서 허용되지 않는다. (O | X)   [24지방직9급]

2) 한계
- 헌법에서 법률로 정하도록 한 사항과 본질적으로 중요한 사항은 위임 자체를 할 수 없다.
- 위임이 가능한 영역에서 위임은 개별적·구체적 수권이어야 하고 일반적·포괄적 위임은 금지된다. 다만, 외형상으로 포괄적 위임인 것처럼 보이더라도 그 법률의 전반적 체계 등을 고려하여 위임의 한계를 분명히 확정할 수 있는 것이라면 포괄적 위임으로 볼 수 없다.
- 수권법률이 위임의 형식을 정하여주었다면 그 형식에 맞게 정하여야 한다. 예를 들어, 부령(~법 시행규칙 형식)으로 정할 것으로 위임하였는데 고시로 정하면 그 고시는 효력이 없다.

정답 01 O

CHAPTER 1 행정입법

> **관련 판례**
> 1. 구체적 위임은 누구라도 상위법령으로부터 위임명령에 규정되는 내용의 대강을 예측할 수 있어야 함을 의미하고, 예측가능성 유무는 위임조항 하나만으로 판단할 것이 아니라 위임조항이 속한 상위법령의 전반적 체계·취지·목적과 당해 위임조항의 형식·내용 및 관련 법규를 유기적으로 고려하여 판단하여야 한다(대판 2002.8.23. 2001두5651).
> 2. 구 지방세법 제66조에서 이 법 시행에 관하여 필요한 사항은 대통령령으로 정한다고 규정하고 있으나, 이는 법률의 시행에 필요한 집행명령을 발할 수 있음을 규정한 것에 지나지 아니하다(대판 2000.3.16. 98두11731).

- 위임의 명확성은 모든 법률에 같은 수준으로 요구되는 것이 아니다. 처벌법규와 조세법규와 같이 국민의 기본권을 직접제한 하거나 침해할 소지가 큰 영역의 경우 명확성의 요구는 강화되고, 보건 위생 등 급부행정 영역이나 사실관계가 수시로 변화할 수 있는 사안을 규율하는 경우 명확성의 요구가 다소 완화될 수 있다.
- 국회전속적입법사항의 경우에도 입법자는 의회유보를 전제로(의회유보를 준수한다는 의미로 의회유보사항에 대해서는 국회에서 정하여야 한다), 구체적으로 범위를 정하여 하위 법규에 위임할 수 있다.

---

01 국회전속적입법사항은 반드시 법률에 의하여 규정되어야 하며, 입법자가 법률에서 구체적으로 범위를 정하여도 법규명령에 위임될 수는 없다. (O | X) [14 지방직9급]

> **관련 판례**
> 1. 개발이익환수에관한법률 소정의 개발부담금은 조세법규에 준하여 위임 명확성의 요구가 강화된다. 개발이익환수에관한법률 소정의 개발부담금은 그 납부의무자로 하여금 국가 등에 대하여 금전 급부의무를 부담하게 하는 것이어서 납부의무자의 재산권을 제약하는 면이 있고, 부과개시시점의 지가는 개발부담금의 산정기준인 개발이익의 존부와 범위를 결정하는 중요한 요소가 되는 것이므로, 그 산정기준에 관한 위임입법시 요구되는 구체성, 명확성의 정도는 조세법규의 경우에 준하여, 그 요건과 범위가 엄격하게 제한적으로 규정되어야 한다(헌재 1998.6.25. 95헌바35).
> 2. 명확성의 요구정도는 규율대상의 종류와 성격에 따라 달라질 것이지만 특히 처벌법규나 조세법규와 같이 국민의 기본권을 직접적으로 제한하거나 침해할 소지가 있는 영역에서는 구체성·명확성의 요구가 강화되어 그 위임의 요건과 범위가 일반적인 급부행정의 영역에서보다 더 엄격하게 제한되어야 한다(헌재 1996.6.26. 93헌바2).
> 3. 위임입법에 관한 헌법 제75조는 처벌법규에도 적용되는 것이지만 처벌법규의 위임(委任)은 특히 긴급한 필요가 있거나 미리 법률로써 자세히 정할 수 없는 부득이한 사정이 있는 경우에 한정되어야 하고 이 경우에도 법률에서 범죄의 구성요건은 처벌대상인 행위가 어떠한 것일 것이라고 이를 예측할 수 있을 정도로 구체적으로 정하고 형벌의 종류 및 그 상한과 폭을 명백히 규정하여야 한다(헌재 1991.7.8. 91헌가4).

정답 01 X

PART 2 행정작용법

01 형벌법규의 경우에 특히 긴급한 필요가 있거나 미리 법률로써 자세히 정할 수 없는 부득이한 사정이 있는 경우에 한하여 위임입법이 허용되는 경우가 있고, 이러한 위임입법은 죄형법정주의에 위반되지 않는다. (O | X)

[11군무원9급]

- 법률과 상위법령에 의하여 만들어진 위임명령은 위임의 범위를 벗어나서는 안 되며, 위임받은 사항을 전면적으로 재위임하는 것이 안 된다. 따라서 재위임을 하기 위해서는 위임받은 사항에 관하여 대강을 정하고 그중의 특정사항을 범위를 정하여 하위법령에 다시 위임하는 경우에만 재위임이 허용된다.

관련 판례

법률에서 위임받은 사항을 전혀 규정하지 아니하고 그대로 재위임하는 것은 허용되지 않으며 위임받은 사항에 관하여 대강을 정하고 그 중의 특정사항을 범위를 정하여 하위법령에 다시 위임하는 경우에만 재위임이 허용된다(헌재 1996.2.29. 94헌마213).

3) 조례 등 자치법규의 문제
- 지방자치단체는 법령의 범위 안에서 그 사무에 대하여 자치규범인 조례를 제정할 수 있다(지방자치법 제22조).
- 따라서 조례(자치조례)는 수권법령의 위임 없이도 제정·개정할 수 있다. 다만 주민의 권리제한·의무부과와 관련되거나 벌칙을 정하는 조례는 위임이 필요하다. 여기서 조례에 대한 법률의 위임은 법규명령에 대한 법률의 위임과 같이 반드시 구체적으로 범위를 정하여야 할 필요가 없으며 포괄적인 것으로 족하다(포괄위임 가능).
- 다만, 조례도 의회유보의 원칙과 상위법우선의 원칙이 적용됨은 물론이다.
- 공법적 단체의 정관에 자치법적 사항을 위임하는 경우에도 포괄위임금지의 원칙은 적용되지 아니한다.

관련 판례

1. 공법적 단체의 정관에 자치법적 사항을 위임하는 경우에는 포괄위임금지의 원칙은 적용되지 않는 것이 원칙이다.
   법률이 공법적 단체 등의 정관에 자치법적 사항을 위임한 경우에는 헌법 제75조가 정하는 포괄적인 위임입법의 금지는 원칙적으로 적용되지 않는다고 봄이 상당하고, 그렇다 하더라도 그 사항이 국민의 권리·의무에 관련되는 것일 경우에는 적어도 국민의 권리·의무에 관한 기본적이고 본질적인 사항은 국회가 정하여야 한다(대판 2007.10.12. 2006두14476).
2. 자치법적 사항의 위임에 해당하여 포괄위임금지의 원칙이 적용되지 않은 사례
   사업시행자인 조합의 사업시행계획 작성은 자치법적 요소를 가지고 있는 사항이라 할 것이고, 이와 같이 사업시행계획의 작성이 자치법적 요소를 가지고 있는 이상, 조합의 사업시행인가 신청시의 토지 등 소유자의 동의요건 역시 자치법적 사항이라 할 것이며, 따라서 도시 및 주거환경정비법 제28조 제4항 본문이 사업시행인가 신청시의 동의요건을 조합의 정관에 포괄적으로 위임하고 있다고 하더

정답 01 O

라도 헌법 제75조가 정하는 포괄위임입법금지의 원칙이 적용되지 아니하므로 이에 위배된다고 할 수 없다(대판 2007.10.12. 2006두14476).

3. 본질적으로 중요한 사항에 대한 위임으로서 의회유보의 원칙 위반 사례

   토지등소유자가 도시환경정비사업을 시행하는 경우 사업시행인가 신청시 필요한 토지등소유자의 동의는 개발사업의 주체 및 정비구역 내 토지등소유자를 상대로 수용권을 행사하고 각종 행정처분을 발할 수 있는 행정주체로서의 지위를 가지는 사업시행자를 지정하는 문제로서 그 동의요건을 정하는 것은 국민의 권리와 의무의 형성에 관한 기본적이고 본질적인 사항이므로 국회가 스스로 행하여야 하는 사항에 속하는 것임에도 불구하고 사업시행인가 신청에 필요한 동의정족수를 토지등소유자가 자치적으로 정하여 운영하는 규약에 정하도록 한 것은 법률유보원칙에 위반된다(헌재 헌재 2011.8.30. 2009헌바128).

4. 지방자치법 제22조, 행정규제기본법 제4조 제3항에 따르면 지방자치단체가 조례를 제정할 때 내용이 주민의 권리 제한 또는 의무 부과에 관한 사항이나 벌칙인 경우에는 법률의 위임이 있어야 한다. 법률의 위임 없이 주민의 권리를 제한하거나 의무를 부과하는 사항을 정한 조례는 효력이 없다. 그러나 법률에서 조례에 위임하는 방식에 관해서는 법률상 제한이 없다. 조례의 제정권자인 지방의회는 선거를 통해서 지역적인 민주적 정당성을 지니고 있는 주민의 대표기관이다. 헌법 제117조 제1항은 지방자치단체에 포괄적인 자치권을 보장하고 있다. 따라서 조례에 대한 법률의 위임은 법규명령에 대한 법률의 위임과 같이 반드시 구체적으로 범위를 정하여 할 필요가 없다. 법률이 주민의 권리의무에 관한 사항에 관하여 구체적으로 범위를 정하지 않은 채 조례로 정하도록 포괄적으로 위임한 경우에도 지방자치단체는 법령에 위반되지 않는 범위 내에서 주민의 권리의무에 관한 사항을 조례로 제정할 수 있다(대판 2017.12.5. 2016추5162).

01 법률이 공법적 단체 등의 정관에 자치법적 사항을 위임하는 경우에는 포괄적 위임도 허용된다. (O | X)
[11국회직9급]

02 자치조례에 대한 법률의 위임은 법규명령에 대한 법률의 위임과 같이 반드시 구체적으로 범위를 정하여야 할 필요가 없으며 포괄적인 것으로 족하다. (O | X)
[25지방직9급]

3. 집행명령의 근거와 한계

1) 근거

집행명령은 법률 또는 상위법령의 명시적 수권이 없더라도 직권으로 발할 수 있다.

2) 한계

집행명령은 법률 또는 상위법령의 집행하기 위하여 필요한 사항을 정하는 것이다. 따라서 국민의 권리나 의무에 관한 사항을 정할 수 없고 구체적 절차나 형식을 정하는 것에 그친다.

정답 01 O 02 O

Ⅳ 법규명령의 성립요건과 효력발생요건

1. 법규명령의 성립요건

1) 주체
정당한 권한을 가진 기관이 그 권한 범위 내에서 제정한 것이어야 한다.

2) 근거 및 내용
- 법규명령은 제정 당시에 적법·유효한 법령에 근거하고, 수권 범위 내에서 발해져야 한다.
- 법규명령의 제정 당시에 위임의 근거가 없어 무효인 법규명령이 사후 법개정으로 위임의 근거가 부여되었다면 그때부터는 유효한 법규명령이 된다.

> **관련 판례**
>
> 일반적으로 법률의 위임에 의하여 효력을 갖는 법규명령의 경우, 구법에 위임의 근거가 없어 무효였더라도 사후에 법개정으로 위임의 근거가 부여되면 그때부터는 유효한 법규명령이 되나, 반대로 구법의 위임에 의한 유효한 법규명령이 법개정으로 위임의 근거가 없어지게 되면 그때부터 무효인 법규명령이 되므로, 어떤 법령의 위임 근거 유무에 따른 유효 여부를 심사하려면 법개정의 전·후에 걸쳐 모두 심사하여야만 그 법규명령의 시기에 따른 유효·무효를 판단할 수 있다(대판 1995.6.30. 93추83).

01 일반적으로 법률의 위임에 의하여 효력을 갖는 법규명령의 경우, 구법에 위임의 근거가 없어 무효였더라도 사후에 법개정으로 위임의 근거가 부여되면 그때부터는 유효한 법규명령이 된다. (O | X)　　[23소방직]

3) 절차 · 형식 · 공포

① 절차
- 총리령과 부령은 외부적 절차로 입법예고를 거쳐 내부적 절차인 법제처의 심사를 거쳐야 한다.
- 대통령령은 외부적 절차로 입법예고를 거쳐 내부적 절차로 법제처의 심사와 국무회의의 심의를 거쳐야 한다.

> **행정절차법 제41조(행정상 입법예고)** ① 법령등을 제정·개정 또는 폐지(이하 "입법"이라 한다)하려는 경우에는 해당 입법안을 마련한 행정청은 이를 예고하여야 한다. 다만, 다음 각 호의 어느 하나에 해당하는 경우에는 예고를 하지 아니할 수 있다.
> 1. 신속한 국민의 권리 보호 또는 예측 곤란한 특별한 사정의 발생 등으로 입법이 긴급을 요하는 경우
> 2. 상위 법령등의 단순한 집행을 위한 경우
> 3. 입법내용이 국민의 권리·의무 또는 일상생활과 관련이 없는 경우
> 4. 단순한 표현·자구를 변경하는 경우 등 입법내용의 성질상 예고의 필요가 없거나 곤란하다고 판단되는 경우
> 5. 예고함이 공공의 안전 또는 복리를 현저히 해칠 우려가 있는 경우

정답 01 O

- 대통령령을 입법예고하는 경우에는 국회 소관 상임위원회에 이를 제출하여야 한다.

> **행정절차법 제42조(예고방법)** ② 행정청은 대통령령을 입법예고하는 경우 국회 소관 상임위원회에 이를 제출하여야 한다.

---

01 총리령·부령의 제정절차는 대통령령의 경우와는 달리 국무회의 심의는 거치지 않아도 된다. (O | X)

[23국가직9급]

② 형식·공포

조문형식으로 국민에게 표시(공포)되어야 성립한다.

2. 법규명령의 효력발생요건(공포관련 쟁점)

> **법령 등 공포에 관한 법률 제11조(공포 및 공고의 절차)** ① 헌법개정·법률·조약·대통령령·총리령 및 부령의 공포와 헌법개정안·예산 및 예산 외 국고부담계약의 공고는 관보(官報)에 게재함으로써 한다.
> ②「국회법」제98조 제3항 전단에 따라 하는 국회의장의 법률 공포는 서울특별시에서 발행되는 둘 이상의 일간신문에 게재함으로써 한다.
> ③ 제1항에 따른 관보는 종이로 발행되는 관보(이하 "종이관보"라 한다)와 전자적인 형태로 발행되는 관보(이하 "전자관보"라 한다)로 운영한다.
> ④ 관보의 내용 해석 및 적용 시기 등에 대하여 종이관보와 전자관보는 동일한 효력을 가진다.
> **제12조(공포일·공고일)** 제11조의 법령 등의 공포일 또는 공고일은 해당 법령 등을 게재한 관보 또는 신문이 발행된 날로 한다.
> **제13조(시행일)** 대통령령, 총리령 및 부령은 특별한 규정이 없으면 공포한 날부터 20일이 경과함으로써 효력을 발생한다.
> **제13조의2(법령의 시행유예기간)** 국민의 권리 제한 또는 의무 부과와 직접 관련되는 법률, 대통령령, 총리령 및 부령은 긴급히 시행하여야 할 특별한 사유가 있는 경우를 제외하고는 공포일부터 적어도 30일이 경과한 날부터 시행되도록 하여야 한다.

정답 01 O

Ⅴ 법규명령의 하자

- 성립요건 또는 효력발생요건을 갖추지 못한 경우 하자 있는 법규명령이 된다.
- 위와같이 하자 있는 법규명령은 무효이다. 또한 수권법령의 수권 범위를 벗어나는 등 상위법에 위배는 법규명령은 무효이다.
- 법규명령에 대한 법률합치적 해석 : 국가의 법체계는 그 자체가 통일체를 이루고 있는 것이므로 상·하규범 사이의 충돌은 최대한 배제되어야 한다는 원칙과 더불어, 민주법치국가에서의 규범은 일반적으로 상위규범에 합치할 것이라는 추정원칙에 근거하고 있을 뿐만 아니라, 실제적으로도 하위규범이 상위규범에 저촉되어 무효라고 선언되는 경우에는 그로 인한 법적 혼란과 법적 불안정은 물론, 그에 대체되는 새로운 규범이 제정될 때까지의 법적 공백과 법적 방황은 상당히 심각할 것이므로 이러한 폐해를 회피하기 위해서도 필요하다.

> **관련 판례**
> 어느 시행령의 규정이 모법에 저촉되는지의 여부가 명백하지 아니하는 경우에는 모법과 시행령의 다른 규정들과 그 입법 취지, 연혁 등을 종합적으로 살펴 모법에 합치된다는 해석도 가능한 경우라면 그 규정을 모법위반으로 무효라고 선언하여서는 안 된다(대판 2001.8.24. 2000두2716).

- 하자 있는 법규명령에 따른 행정행위 : 행정행위의 하자 이론으로 해결(행정행위 하자의 정도에 따라 무효 또는 취소사유)

Ⅵ 법규명령의 소멸

1. 폐지
법규명령의 명시적·묵시적 폐지가 가능하고, 묵시적 폐지는 법규명령과 모순·저촉되는 동위 또는 상위법령이 제정되거나 개정되는 경우 신법우선의 원칙에 따라 폐지되는 것을 말한다.

2. 부관의 성취
법규명령에 시행기간이 붙은 경우 그 기간의 도래로, 해제조건이 붙은 경우에는 그 조건의 성취로 당연히 효력이 상실된다.

3. 근거 법령의 소멸
- 근거 법령이 소멸하면 위임명령과 집행명령 가릴 것 없이 효력을 상실한다.
- 법규명령의 위임근거가 되는 법률에 대하여 위헌결정이 선고되면 그 법률에 근거하여 제정된 법규명령도 원칙적으로 효력을 상실한다.

CHAPTER 1 행정입법

> **관련 판례**
>
> 법규명령의 위임근거가 되는 법률에 대하여 위헌결정이 선고되면 그 위임에 근거하여 제정된 법규명령도 원칙적으로 효력을 상실한다(대판 2001.6.12. 2000다18547).

4. 근거 법령의 개정

- 위임명령의 경우 근거법령의 개정으로 위임의 근거 조항이 사라졌다면 위임명령은 효력을 잃게 된다.
- 집행명령의 경우에는 개정 법령과 성질상 모순·저촉되지 않는 범위에서는 집행명령은 유효하다.

> **관련 판례**
>
> 상위법령의 시행에 필요한 세부적 사항을 정하기 위하여 행정관청이 일반적 직권에 의하여 제정하는 이른바 집행명령은 근거법령인 상위법령이 폐지되면 특별한 규정이 없는 이상 실효되는 것이나, 상위법령이 개정됨에 그친 경우에는 개정법령과 성질상 모순, 저촉되지 아니하고 개정된 상위법령의 시행에 필요한 사항을 규정하고 있는 이상 그 집행명령은 상위법령의 개정에도 불구하고 당연히 실효되지 아니하고 개정법령의 시행을 위한 집행명령이 제정, 발효될 때까지는 여전히 그 효력을 유지한다(대판 1989.9.12. 88누6962).

Ⅶ 법규명령의 통제

> **행정기본법 제38조(행정의 입법활동)** ① 국가나 지방자치단체가 법령등을 제정·개정·폐지하고자 하거나 그와 관련된 활동(법률안의 국회 제출과 조례안의 지방의회 제출을 포함하며, 이하 이 장에서 "행정의 입법활동"이라 한다)을 할 때에는 헌법과 상위 법령을 위반해서는 아니 되며, 헌법과 법령등에서 정한 절차를 준수하여야 한다.
> ② 행정의 입법활동은 다음 각 호의 기준에 따라야 한다.
> 1. 일반 국민 및 이해관계자로부터 의견을 수렴하고 관계 기관과 충분한 협의를 거쳐 책임 있게 추진되어야 한다.
> 2. 법령등의 내용과 규정은 다른 법령등과 조화를 이루어야 하고, 법령등 상호 간에 중복되거나 상충되지 아니하여야 한다.
> 3. 법령등은 일반 국민이 그 내용을 쉽고 명확하게 이해할 수 있도록 알기 쉽게 만들어져야 한다.
> ③ 정부는 매년 해당 연도에 추진할 법령안 입법계획(이하 "정부입법계획"이라 한다)을 수립하여야 한다.
> ④ 행정의 입법활동의 절차 및 정부입법계획의 수립에 관하여 필요한 사항은 정부의 법제업무에 관한 사항을 규율하는 대통령령으로 정한다.

1. 국회(입법적)에 의한 통제

1) 간접적 통제

국정감·조사, 국무총리 등에 대한 질문, 국무총리나 국무위원에 대한 해임건의, 탄핵소추 등이 있다.

2) 직접적 통제

① 긴급명령이나 긴급재정경제명령에 대한 통제
- 직접적 통제는 행정입법의 제정 등에 국회의 동의권, 승인권 유보등의 절차를 의미한다.
- 대통령은 긴급재정경제명령이나 긴급명령을 한 경우에는 지체없이 국회에 보고하여 그 승인을 얻어야 한다. 그리고 승인을 얻지 못한 때에는 그 명령은 그때부터 효력을 상실한다.

② 대통령령·총리령·부령 등

  ㉠ 국회소관상임위원회 제출

  국회법에는 대통령령·총리령·부령과 훈령·예규와 같은 행정규칙이 제정·개정 또는 폐지된 경우에는 국회 소관 상임위원회에 제출하여야 한다. 그리고 법규명령에 대한 국회의 심사 규정은 존재하지만, 훈령·예규와 같은 행정규칙에 대한 심사 규정은 따로 존재하지 않는다.

  ㉡ 국회소관상임위원회의 심사
  - 국회 소관 상임위원회는 위원회 또는 상설소위원회를 정기적으로 개회하여 소관 중앙행정기관이 대통령령·총리령·부령에 대한 법률 위반여부를 검토하여야 한다.
  - 상임위원회는 대통령령 또는 총리령이 법률의 취지 또는 내용에 합치되지 아니하면, 의장에게 검토결과보고서를 제출하여야 하고, 국회는 본회의 의결로 처리하여 정부에 이를 송부하며, 정부는 처리결과를 제출하여야 한다.
  - 상임위원회는 부령이 법률의 취지 또는 내용에 합치되지 아니하면 소관 중앙행정기관에 통보할 수 있고, 소관중앙행정기관은 처리결과 등을 보고하여야 한다.

> **국회법 제98조의2(대통령령 등의 제출 등)** ① 중앙행정기관의 장은 법률에서 위임한 사항이나 법률을 집행하기 위하여 필요한 사항을 규정한 대통령령·총리령·부령·훈령·예규·고시 등이 제정·개정 또는 폐지되었을 때에는 10일 이내에 이를 국회 소관 상임위원회에 제출하여야 한다. 다만, 대통령령의 경우에는 입법예고를 할 때(입법예고를 생략하는 경우에는 법제처장에게 심사를 요청할 때를 말한다)에도 그 입법예고안을 10일 이내에 제출하여야 한다.
> ③ 상임위원회는 위원회 또는 상설소위원회를 정기적으로 개회하여 그 소관 중앙행정기관이 제출한 대통령령·총리령 및 부령(이하 이 조에서 "대통령령등"이라 한다)의 법률 위반 여부 등을 검토하여야 한다.
> ④ 상임위원회는 제3항에 따른 검토 결과 대통령령 또는 총리령이 법률의 취지 또는 내용에 합치되지 아니한다고 판단되는 경우에는 검토의 경과와 처리 의견 등을 기재한 검토결과보고서를 의장에게 제출하여야 한다.

⑤ 의장은 제4항에 따라 제출된 검토결과보고서를 본회의에 보고하고, 국회는 본회의 의결로 이를 처리하고 정부에 송부한다.
⑥ 정부는 제5항에 따라 송부받은 검토결과에 대한 처리 여부를 검토하고 그 처리결과(송부받은 검토결과에 따르지 못하는 경우 그 사유를 포함한다)를 국회에 제출하여야 한다.
⑦ 상임위원회는 제3항에 따른 검토 결과 부령이 법률의 취지 또는 내용에 합치되지 아니한다고 판단되는 경우에는 소관 중앙행정기관의 장에게 그 내용을 통보할 수 있다.
⑧ 제7항에 따라 검토내용을 통보받은 중앙행정기관의 장은 통보받은 내용에 대한 처리 계획과 그 결과를 지체 없이 소관 상임위원회에 보고하여야 한다.

2. 법원에 의한 통제

1) 구체적 규범통제

- 법규명령이 헌법이나 법률에 위반되는 여부가 구체적 사건을 해결하기 위한 전제(재판의 전제)가 되는 경우, 법원(각급법원도 구체적 규범통제 가능, 최종적으로는 대법원이 구체적 규범통제)은 선결문제로서 처분의 근거인 법규명령에 대하여 사법심사를 하여 통제한다.
- 재판의 전제가 됨이 없이도 규범통제를 할 수 있는 추상적 규범통제와 구별된다.

헌법 제107조 ② 명령·규칙 또는 처분이 헌법이나 법률에 위반되는 여부가 재판의 전제가 된 경우에는 대법원은 이를 최종적으로 심사할 권한을 가진다.

- 명령·규칙은 법규명령을 의미한다. 따라서 행정규칙은 포함되지 않는다.
- 명령·규칙이 위헌·위법으로 판단된 경우의 처리
  명령·규칙은 당해사건에 한정되어 적용이 되지 않는다. 다만, 대법원은 지체없이 명령·규칙이 헌법 또는 법률에 위반되는 것을 행정안전부장관에게 통보하여야 한다. 또한, 행정안전부장관은 지체없이 이를 관보에 게재함으로 실제로는 해당 명령·규칙이 다른 사안에 적용될 가능성은 희박하다.

행정소송법 제6조(명령·규칙의 위헌판결등 공고) ① 행정소송에 대한 대법원판결에 의하여 명령·규칙이 헌법 또는 법률에 위반된다는 것이 확정된 경우에는 대법원은 지체없이 그 사유를 행정안전부장관에게 통보하여야 한다.
② 제1항의 규정에 의한 통보를 받은 행정안전부장관은 지체없이 이를 관보에 게재하여야 한다.

행정기본법 제39조(행정법제의 개선) ① 정부는 권한 있는 기관에 의하여 위헌으로 결정되어 법령이 헌법에 위반되거나 법률에 위반되는 것이 명백한 경우 등 대통령령으로 정하는 경우에는 해당 법령을 개선하여야 한다.

PART 2 행정작용법

01 헌법 제107조 제2항은 구체적 규범통제를 규정하고 있기 때문에 당사자는 구체적 사건의 심판을 위한 선결문제로서 행정입법의 위법성을 주장하여 법원에 대하여 당해 사건에 대한 적용 여부의 판단을 구할 수 있다. (O | X) [24국가직9급]

02 중앙선거관리위원회규칙은 법규명령이므로 구체적 규범통제의 대상이 될 수 있다. (O | X) [23지방직9급]

03 명령·규칙의 위헌·위법심사는 그 위헌 또는 위법의 여부가 재판의 전제가 된 경우에 가능하다. (O | X) [12국가직9급]

04 행정소송의 대상은 구체적인 권리·의무에 관한 분쟁이어야 하므로 구체적인 권리·의무에 관한 분쟁을 떠나서 법령 자체의 무효확인을 구하는 청구는 행정소송의 대상이 아닌 사항에 대한 것으로서 부적법하다. (O | X) [12사회복지직9급]

05 정부는 권한 있는 기관에 의하여 위헌으로 결정되어 법령이 헌법에 위반되거나 법률에 위반되는 것이 명백한 경우 등 대통령령으로 정하는 경우에는 해당 법령을 개선하여야 한다. (O | X) [24국가직9급]

- 법규명령은 처분이 아니므로 항고소송으로 통제하지 않는 것이 원칙이나 처분적 조례의 경우에는 항고소송의 대상이 된다.

> **관련 판례**
> 조례가 집행행위의 개입 없이도 그 자체로서 직접 국민의 구체적인 권리의무나 법적 이익에 영향을 미치는 등의 법률상 효과를 발생하는 경우 그 조례는 항고소송의 대상이 되는 행정처분에 해당하고, 피고는 공포권이 있는 지방자치단체의 장이다(대판 1996.9.20. 95누8003).

06 조례가 집행행위의 개입 없이도 그 자체로서 직접 국민의 구체적인 권리·의무나 법적 이익에 영향을 미치는 경우에는 항고소송의 대상이 된다. (O | X) [12국가직9급]

3. 헌법재판소에 의한 통제

- 법규명령은 원칙적으로 법원이 통제한다. 다만, 법규명령이 그 자체로 집행행위를 기다리지 않고 기본권을 침해하는 경우 법규명령 자체를 공권력 행사로 보아 헌법소원의 대상으로 인정할 수 있다.
- 헌법소원을 통하여 법규명령이 위헌으로 선언되는 경우에는 그 법규명령은 헌법재판소법 제47조 제2항에 따라 그 결정이 있는 날 효력을 상실한다.

> **관련 판례**
> **법무사법 시행규칙(대법원규칙)에 대한 헌법소원 제기 사건**
> 헌법 제107조 제2항이 규정한 명령·규칙에 대한 대법원의 최종심사권이란 구체적인 소송사건에서 명령·규칙의 위헌여부가 재판의 전제가 되었을 경우 법률의 경우와는 달리 헌법재판소에 제청할 것 없이 대법원이 최종적으로 심사할 수 있다는 의미이며, 명령·규칙 그 자체에 의하여 직접 기본권이 침해되었음을 이유로 하여 헌법소원심판을 청구하는 것은 위 헌법규정과는 아무런 상관이 없는 문제이다. 입법

정답 01 O 02 O 03 O 04 O 05 O 06 O

CHAPTER 1 행정입법

부·행정부·사법부에서 제정한 규칙이 별도의 집행행위를 기다리지 않고 직접기본권을 침해하는 것일 때에는 모두 헌법소원심판의 대상이 될 수 있는 것이다(헌재 1990.10.15. 89헌마178).

01 헌법재판소는 법규명령이 재판의 전제가 됨이 없이 직접 개인의 기본권을 침해하는 경우에는 헌법소원의 대상이 된다고 하였다. (O | X) [11국가직9급]

4. 행정권에 의한 통제

행정기본법 제39조(행정법제의 개선) ② 정부는 행정 분야의 법제도 개선 및 일관된 법 적용 기준 마련 등을 위하여 필요한 경우 대통령령으로 정하는 바에 따라 관계 기관 협의 및 관계 전문가 의견 수렴을 거쳐 개선조치를 할 수 있으며, 이를 위하여 현행 법령에 관한 분석을 실시할 수 있다.

- 행정감독권에 의한 통제
  상급행정청은 지휘·감독권을 행사하여 하급행정청에게 법규명령에 대한 시정지시 또는 폐지를 명할 수 있으나 직접 스스로 개정 또는 폐지할 수 없다.
- 행정심판에 의한 통제(행정심판법 제59조)

행정심판법 제59조(불합리한 법령 등의 개선) ① 중앙행정심판위원회는 심판청구를 심리·재결할 때에 처분 또는 부작위의 근거가 되는 명령 등(대통령령·총리령·부령·훈령·예규·고시·조례·규칙 등을 말한다. 이하 같다)이 법령에 근거가 없거나 상위 법령에 위배되거나 국민에게 과도한 부담을 주는 등 크게 불합리하면 관계 행정기관에 그 명령 등의 개정·폐지 등 적절한 시정조치를 요청할 수 있다. 이 경우 중앙행정심판위원회는 시정조치를 요청한 사실을 법제처장에게 통보하여야 한다.
② 제1항에 따른 요청을 받은 관계 행정기관은 정당한 사유가 없으면 이에 따라야 한다.

02 중앙행정심판위원회는 위법 또는 불합리한 명령 등의 시정조치를 관계 행정기관에 요청할 수 있다. (O | X) [22소방직]

- 국민권익위원회의 개선 권고

부패방지 및 국민권익위원회의 설치와 운영에 관한 법률 제47조(제도개선의 권고 및 의견의 표명) 권익위원회는 고충민원을 조사·처리하는 과정에서 법령 그 밖의 제도나 정책 등의 개선이 필요하다고 인정되는 경우에는 관계 행정기관등의 장에게 이에 대한 합리적인 개선을 권고하거나 의견을 표명할 수 있다.

- 절차적 통제
  대통령령은 법제처의 심사와 국무회의의 심의, 총리령과 부령은 법제처의 심사를 거친다.

정답 01 O 02 O

5. 국민의 통제

행정상 입법예고제를 통하여 국민의 의견을 반영하거나, 여론형성을 통한 통제가 가능하다.

Ⅷ 행정입법부작위에 대한 권리구제

1. 의의

행정입법을 제정·개정하여야 할 법적의무가 있음에도 합리적인 이유없이 상당한 기간이 경과하도록 입법을 전혀하지 아니한 것을 의미한다(진정입법부작위).

2. 입법부작위의 성립

행정입법을 하여야 할 법적 의무가 있어야 한다.

3. 통제

- 부작위위법확인소송은 '처분'을 대상으로 하기 때문에 입법부작위를 항고소송으로 다툴 수 없다.
- 입법부작위는 진정입법부작위를 의미하며, 진정입법부작위를 입법부작위(공권력 불행사)에 대한 헌법소원으로 다툴 수 있다. 입법부작위가 아니라 결함이 있을 뿐이라면 부진정입법부작위이며 이것에 대해서는 공권력 행사에 대한 헌법소원으로 다툴 수 있다.
- 공무원의 고의·과실로 인한 입법부작위로 손해를 입은 경우 국가배상청구를 할 수 있다.

> **관련 판례**
>
> 1. 행정소송은 구체적 사건에 대한 법률상 분쟁을 법에 의하여 해결함으로써 법적 안정을 기하자는 것이므로 부작위위법확인소송의 대상이 될 수 있는 것은 구체적 권리의무에 관한 분쟁이어야 하고 추상적인 법령에 관하여 제정의 여부 등은 그 자체로서 국민의 구체적인 권리의무에 직접적 변동을 초래하는 것이 아니어서 그 소송의 대상이 될 수 없다(대판 1992.5.8. 91누11261).
> 2. '부진정입법부작위'를 대상으로 헌법소원을 제기하려면 그 입법부작위를 헌법소원의 대상으로 삼을 수는 없고, 결함이 있는 당해 입법규정 그 자체를 대상으로 하여 그것이 평등의 원칙에 위배된다는 등 헌법위반을 내세워 적극적인 헌법소원을 제기하여야 하며, 이 경우에는 법령에 의하여 직접 기본권이 침해되는 경우라고 볼 수 있으므로 헌법재판소법 제69조 제1항 소정의 청구기간을 준수하여야 한다(헌재 2009.7.14. 2009헌마349).
> 3. 입법부가 법률로써 행정부에게 특정한 사항을 위임했음에도 불구하고 행정부가 정당한 이유 없이 이를 이행하지 않는다면 권력분립의 원칙과 법치국가 내지 법치행정의 원칙에 위배되는 것으로서 위법함과 동시에 위헌적인 것이 되는바, 구 군법무관임용법(1967. 3. 3. 법률 제1904호로 개정되어 2000. 12. 26. 법률 제6291호로 전문 개정되기 전의 것) 제5조 제3항과 군법무관임용 등에 관한 법률(2000. 12. 26. 법률 제6291호로 개정된 것) 제6조가 군법무관의 보수를 법관 및 검사의 예에

준하도록 규정하면서 그 구체적 내용을 시행령에 위임하고 있는 이상, 위 법률의 규정들은 군법무관의 보수의 내용을 법률로써 일차적으로 형성한 것이고, 위 법률들에 의해 상당한 수준의 보수청구권이 인정되는 것이므로, 위 보수청구권은 단순한 기대이익을 넘어서는 것으로서 법률의 규정에 의해 인정된 재산권의 한 내용이 되는 것으로 봄이 상당하고, 따라서 행정부가 정당한 이유 없이 시행령을 제정하지 않은 것은 위 보수청구권을 침해하는 불법행위에 해당한다(대판 2007.11.29. 2006다3561).

4. 특정다목적댐법에 의하면 다목적댐 건설로 인한 손실보상 의무가 국가에게 있고, 손실보상 절차와 그 방법 등 필요한 사항은 대통령령으로 규정하도록 되어 있음에도 피고가 이를 제정하지 아니한 것은 행정입법부작위에 해당하는 것이어서 그 부작위위법확인을 구한다고 주장하나, 행정소송은 구체적사건에 대한 법률상 분쟁을 법에 의하여 해결함으로써 법적 안정을 기하자는 것이므로 부작위위법확인소송의 대상이 될 수 있는 것은 구체적 권리의무에 관한 분쟁이어야 하고 추상적인 법령에 관하여 제정의 여부 등은 그 자체로서 국민의 구체적인 권리의무에 직접적 변동을 초래하는 것이 아니어서 행정소송의 대상이 될 수 없으므로 이 사건 소는 부적법하다(대판 1992.5.8. 91누11261).

제3절 행정규칙

I 행정규칙 일반론

1. 의의

행정조직 내부에서 상급기관이 그의 소속기관의 조직과 활동을 자세하게 규율할 목적으로 권한 내에서 발하는 일반적·추상적 규율이다.

2. 행정규칙의 성질

행정규칙은 원칙적으로 내부법에 불과하므로 법규성이 없다.

> **관련 판례**
>
> 훈령이란 행정조직 내부에 있어서 그 권한의 행사를 지휘감독하기 위하여 발하는 행정명령으로서 훈령, 예규, 통첩, 지시, 고시, 각서 등 그 사용명칭 여하에 불구하고 공법상의 법률관계 내부에 관한 준칙 등을 정하는데 그치고 대외적으로는 아무런 구속력도 가지는 것이 아니다(대판 1983.2.22. 82누324).

01 상급행정기관이 하급행정기관에 대하여 업무처리지침이나 법령의 해석·적용에 관한 기준을 정하여 발하는 이른바 행정규칙은 일반적으로 대외적 구속력을 갖는다. (O | X) [20소방직]

정답 01 X

3. 행정규칙과 법규명령의 차이점

	행정규칙	법규명령
법적 근거	필요 없음	위임명령: 법령의 개별적·구체적 위임 필요 집행명령: 헌법상 근거를 가지고 직권으로 발할 수 있음
구속력/법규성	대내적 구속력/법규성 없음	대내·대외적 구속력(양면적 구속력) / 법규성 있음
형식	다양한 형식(조문 이외의 형식도 가능)	조문 형식
효력발생	공포 불요	공포 필요
법률유보	행정규칙은 상위법을 위반해서는 안되므로 법률우위의 원칙은 적용, 법률유보의 원칙 적용 안 됨	법률우위, 법률유보의 원칙 모두 적용

4. 행정규칙의 종류

1) 내용에 따른 분류

① 조직규칙

행정주체의 내부조직 및 권한배분에 관하여 정하는 규칙이다(우리나라에서는 중앙행정기관 및 보조기관의 설치·조직·직무범위는 법률과 대통령령에 의하여 정하도록 하고 있는 등 사실상 행정규칙에 의한 조직규칙의 규율범위는 매우 제한됨).

② 근무규칙

상급기관의 하급기관이나 그 구성원의 근무에 대해 규율하는 규칙(훈령으로 근무시간, 서류처리 방식 등 규율)이다.

③ 규범해석적 행정규칙

법규범이 다의적인 해석이 가능한 경우 등(특히 불확정 개념의 해석) 이에 대한 해석기준을 상급행정청이 정하여 통일적 행정을 달성하고자 한다.

④ 재량준칙
- 법규범이 행정권에 재량권을 부여하는 경우에 상급행정기관이 하급행정기관의 재량권을 행사하는 방식에 대하여 정하는 규칙을 말한다.
- 재량준칙은 행정규칙이므로 원칙적으로 대외적 구속력이 없지만 예외적으로 대외적 구속력을 가지는 경우가 있다.

CHAPTER 1
행정입법

> **관련 판례**
>
> 행정규칙은 일반적으로 행정조직 내부에서만 효력을 가지는 것이고 대외적인 구속력을 갖는 것이 아니다. 다만, 행정규칙이 법령의 규정에 의하여 행정관청에 법령의 구체적 내용을 보충할 권한을 부여한 경우, 또는 재량권 행사의 준칙인 규칙이 그 정한 바에 따라 되풀이 시행되어 행정관행이 이룩되게 되면 평등의 원칙이나 신뢰보호의 원칙에 따라 행정기관은 그 상대방에 대한 관계에서 그 규칙에 따라야 할 자기구속을 당하게 되는 경우에는 대외적인 구속력을 가지게 된다(헌재 1990.9.3. 90헌마13).

01 재량권 행사의 기준을 정하는 행정규칙을 재량준칙이라고 한다. (O | X)　　　　[19서울시9급]

02 재량준칙인 경우에는 행정청에 의하여 반복되어 시행되더라도 이는 행정법상 일반원칙에 따른 대외적인 구속력을 가지는 것은 아니다. (O | X)　　　　[08지방직9급]

2) 형식에 따른 분류
- 「행정 효율과 협업 촉진에 관한 규정」에 따르면 공문서는 법규문서와 지시문서로 나뉜다.
- 법규문서는 헌법·법률·대통령령 총리령·부령·조례·규칙 등에 관한 문서이다.
- 지시문서는 훈령·지시·예규·일일명령 등 행정기관이 그 하급기관이나 소속공무원에 대하여 일정한 사항을 지시하는 문서이다.

　　03 훈령, 지시, 예규, 일일명령 등 행정기관이 그 하급기관이나 소속 공무원에 대하여 일정한 사항을 지시하는 문서는 지시문서이다. (O | X)　　　　[14국가직9급]

① 훈령

상급행정청이 장기간에 걸쳐 하급행정기관의 권한행사를 일반적으로 지휘·감독하기 위하여 발령하는 명령

② 지시

상급행정청이 직권 또는 하급행정기관의 문의나 신청에 따라 개별적·구체적으로 발하는 명령(단순 직무 명령)

③ 예규

법규문서(헌법·법률·명령·조례 등에 관한 문서) 이외의 문서로서 반복적 행정사무의 처리기준을 제시하는 명령

④ 일일명령

일일 업무에 관한 명령(당직에 관한 일일명령 등)

⑤ 고시
- 행정기관이 법령이 정하는 방법에 의해 일정 사항을 불특정다수인에게 알리는 행위이다(통지행위).
- 보통의 행정규칙과 달리 일반에 공표가 되며 상위법령에 근거하여 제정되는 경우가 많아 그 성질에 대한 논의가 필요하다.

정답 01 O　02 ×　03 O

- 고시의 법적 성격 내지 효력은 고시의 내용에 의하여 결정된다.

> **관련 판례**
> 고시 또는 공고의 법적 성질은 일률적으로 판단될 것이 아니라 고시에 담겨진 내용에 따라 구체적인 경우마다 달리 결정된다고 보아야 한다. 즉, 고시가 일반·추상적 성격을 가질 때에는 법규명령 또는 행정규칙에 해당하지만, 고시가 구체적 규율의 성격을 갖는다면 행정처분에 해당한다(헌재 1998.4.30. 97헌마141).

01 고시에 담긴 내용이 구체적 규율의 성격을 갖는다고 하더라도, 해당 고시를 행정처분으로 볼 수는 없으며 법령의 수권 여부에 따라 법규명령 또는 행정규칙으로 볼 수 있을 뿐이다. (O | X) [19국가직7급]

㉠ 일반적·추상적 성격의 고시
- 법규명령 또는 행정규칙
- 법령의 위임에 따라 제정된 고시로서 위임한 상위법령과 결합하여 대외적 구속력을 가진다(법령보충규칙).
- 법률이 고시의 형식으로 입법위임을 할 때에는 전문적·기술적 사항이나 경미한 사항으로서 업무의 성질상 위임이 불가피한 사항으로 한정한다.

> **관련 판례**
> '청소년유해매체물'의 표시방법에 관한 정보통신부고시는 청소년유해매체물을 제공하는 자가 하여야할 전자적 표시의 내용을 정하고 있는데, 이는 정보통신망법과 동법 시행령의 위임규정에 의하여 제정된 것으로서 국민의 기본권을 제한하는 것인바 상위법령과 결합하여 대외적 구속력을 갖는 법규명령으로 기능하고 있는 것이므로 헌법소원의 대상이 된다(헌재 2004.1.29. 2001헌마894).

02 법률이 고시의 형식으로 입법위임을 할 때에는 전문적·기술적 사항이나 경미한 사항으로서 업무의 성질상 위임이 불가피한 사항으로 한정한다. (O | X) [15군무원9급]

03 행정규칙인 고시가 법령의 수권에 의해 법령을 보충하는 사항을 정하는 경우에는 근거 법령규정과 결합하여 대외적으로 구속력 있는 법규명령의 효력을 갖는다. (O | X) [19서울시9급]

㉡ 일반적·구체적 성격의 처분적 고시(예 여성가족부장관이 특정매체를 청소년유해매체물로 정하는 고시)
구체적 규율의 성격을 가지는 고시는 일반처분으로 행정처분이다.

> **관련 판례**
> 구 청소년보호법(2001. 5. 24. 법률 제6479호로 개정되기 전의 것)에 따른 청소년유해매체물 결정 및 고시처분은 당해 유해매체물의 소유자 등 특정인만을 대상으로 한 행정처분이 아니라 일반 불특정 다수인을 상대방으로 하여 일률적으로 표시의무, 포장의무, 청소년에 대한 판매·대여 등의 금지의무 등 각종 의무를 발생시키는 행정처분이다(대판 2007.6.14. 2004두619).

정답 01 X 02 O 03 O

행정입법

01 행정규칙이 직접적으로 국민의 권익을 침해하는 경우에는 처분성이 인정되어 항고소송에 의한 사법적 통제를 받게 된다. (O | X) [12국회직8급]

Ⅱ 행정규칙의 성립요건·효력발생요건

1. 행정규칙의 성립요건

1) 주체
정당한 권한을 가진 행정기관의 권한 범위 내에서 발하여야 한다.

2) 절차
모든 행정규칙 제정에 있어서 따라야 할 일반적 절차는 없다.

3) 형식
원칙적인 형식은 없으나 조문의 형식으로 하는 것이 일반적이다. 다만, 구술로도 가능하다.

02 행정규칙은 보통 훈령, 고시, 예규의 형식으로 행하여지며 고유한 서식에 따라야 한다. (O | X) [11국회직9급]

4) 내용
직권에 의하여 발한다. 따라서 법적 근거가 필요한 것은 아니다(법률유보원칙은 적용되지 아니한다). 그러나 상위법령의 내용에 어긋나는 행정규칙은 효력이 없다(법률우위의원칙은 적용된다).

2. 행정규칙의 효력발생요건
- 법규명령과 같은 공포가 필요한 것은 아니다. 그러므로 관보의 게재 등 적당한 방법으로 상대방에게 도달됨으로써 효력을 발생한다.
- 행정절차법은 처분기준을 구체적으로 정하여 공표하는 것을 원칙으로 하고 있다.

관련 판례

1. 구 소득세법시행령제170조 제4항 제2호는 법률로부터 위임받은 사항에 관하여 일반적인 기준을 설정하고 세부적인 사항의 규정을 다시 국세청장에게 위임하여 그가 정한 국세청 훈령인 재산제세조사사무처리규정은 과세의 법령상 근거가 됨은 물론이나 이는 어디까지나 행정규칙이고 그 자체 법령은 아니므로 이를 공포하지 아니하였다는 이유로 그 효력을 부인할 수 없다(대판 1990.2.9. 89누3731).

정답 01 O 02 X

2. 서울특별시가 정한 개인택시 운송사업 면허지침은 재량권행사의 기준으로 설정된 행정청의 내부의 사무처리준칙에 불과하므로, 대외적으로 국민을 기속하는 법규명령의 경우와는 달리 외부에 고지되어야만 효력이 발생하는 것은 아니다(대판 1997.1.21. 95누12941).

01 고시가 법령의 규정을 보충하는 기능을 가지면서 그와 결합하여 대외적인 구속력이 있는 법규명령으로서의 효력을 가지는 경우에도 그 자체가 법령은 아니고 행정규칙에 지나지 않으므로 적당한 방법으로 이를 일반인 또는 관계인에게 표시 또는 통보함으로써 그 효력이 발생한다. (O | X)   [19서울시7급]

Ⅲ 행정규칙의 효력

1. 내부적 효력

1) 행정규칙은 상급기관의 하급기관의 조직과 직무수행에 관하여 발하는 일반적·추상적 규율이다. 즉, 행정내부적 구속력을 갖는다. 따라서 공무원을 구속(공무원은 행정규칙이 명백하게 위법하지 않는 한 준수하여야 하며 이에 불복할 경우 징계책임이 인정될 수 있다)할 수 있으나 국민에 대해서는 효력이 없다.
2) 행정규칙은 법원을 구속하지도 않기 때문에 재판규범이 아니다. 즉, 법원은 행정규칙에 따른 처분이라고 해서 적법한 처분이라고 단정하지 않으며 행정규칙에 위배되는 처분이라고 해서 위법하다고 단정하지도 않는다. 다만, 행정규칙도 법원에 의하여 사실상 존중되므로 행정규칙에 따른 처분을 법원이 섣불리 위법하다고 판단하는 것은 아니다. 여기서 주의할 판례가 있는데, 행정규칙에 명백히 반하는 처분은 위법하다고 본 판시가 있다.

02 상급행정기관이 하급행정 기관에 대하여 업무처리지침이나 법령의 해석적용에 관한 기준을 정하여서 발하는 이른바 행정규칙은 일반적으로 행정조직 내부에서의 효력뿐만 아니라 대외적인 구속력도 갖는다. (O | X)   [11국가직9급]

2. 외부적 효력

1) 원칙적으로 외부적 효력은 없다.

관련 판례

1. 행정처분이 법규성이 없는 내부지침 등의 규정에 위배된다고 하더라도 그 이유만으로 처분이 위법하게 되는 것은 아니고, 또 내부지침 등에서 정한 요건에 부합한다고 하여 반드시 그 처분이 적법한 것이라고 할 수도 없다. 처분의 적법 여부는 그러한 내부지침 등에서 정한 요건에 합치하는지 여부가 아니라 일반 국민에 대하여 구속력을 가지는 법률 등 법규성이 있는 관계 법령의 규정을 기준으로 판단하여야 한다(대판 2018.6.15. 2015두40248).

정답 01 O 02 X

CHAPTER 1 행정입법

2. **행정규칙은 법규성은 없지만 재량행사의 준칙으로서 내부법이라는 사실을 존중하는 것이 바람직하다고 보는 판시**

   상급행정기관이 소속 공무원이나 하급행정기관에 대하여 세부적인 업무처리절차나 법령의 해석·적용기준을 정해 주는 '행정규칙'은 상위법령의 구체적 위임이 있지 않는 한 행정조직 내부에서만 효력을 가질 뿐 대외적으로 국민이나 법원을 구속하는 효력이 없다. 다만 행정규칙이 이를 정한 행정기관의 재량에 속하는 사항에 관한 것인 때에는 그 규정 내용이 객관적 합리성을 결여하였다는 등의 특별한 사정이 없는 한 법원은 이를 존중하는 것이 바람직하다(대판 2019.10.31. 2013두20011).

3. **2006년 교육공무원 보수업무 등 편람 행정규칙에 불과하므로 학습지 교사 경력을 호봉에 참작하는 문제와 관련하여 근거법이 될 수 없다.**

   2006년 교육공무원 보수업무 등 편람은 교육인적자원부(현 : 교육부)에서 관련 행정기관 및 그 직원을 위한 업무처리지침 내지 참고사항을 정리해 둔 것에 불과하고 법규명령의 성질을 가진 것이라고는 볼 수 없다(대판 2010.12.9. 2010두16349).

4. **행정규칙에 명백히 반하는 처분은 위법하다고 본 판시**

   여객자동차 운수사업법에 의한 개인택시운송사업면허는 특정인에게 권리나 이익을 부여하는 행정행위로서 법령에 특별한 규정이 없는 한 재량행위이고, 그 면허를 위하여 정하여진 순위 내에서의 운전경력인정방법의 기준설정 역시 행정청의 재량에 속한다 할 것이지만, 행정청이 면허발급 여부를 심사함에 있어서 이미 설정된 면허기준의 해석상 당해 신청이 면허발급의 우선순위에 해당함이 명백함에도 이를 제외시켜 면허거부처분을 하였다면 특별한 사정이 없는 한 그 거부처분은 재량권을 남용한 위법한 처분이 된다(대판 2010.1.28. 2009두19137).

5. [1] 공무원이 상급행정기관이나 감독권자의 직무상 명령을 위반하였다는 점을 징계사유로 삼으려면 직무상 명령이 상위법령에 반하지 않는 적법·유효한 것이어야 한다.

   [2] 행정규칙의 내용이 상위법령에 반하는 것이라면 법치국가원리에서 파생되는 법질서의 통일성과 모순금지 원칙에 따라 그것은 법질서상 당연무효이고, 행정내부적 효력도 인정될 수 없다. 이러한 경우 법원은 해당 행정규칙이 법질서상 부존재하는 것으로 취급하여 행정기관이 한 조치의 당부를 상위법령의 규정과 입법 목적 등에 따라서 판단하여야 한다(대판 2020.11.26. 2020두42262).

2) [예외 1] 행정의 자기구속의 법리

- 행정규칙은 단지 내부적 효력을 가지고 있으나 재량영역에서 스스로 재량권 행사의 기준을 마련한 뒤 그것에 관한 행정관행이 성립되면 평등원칙, 자기구속의 원칙을 매개로 하여 간접적으로 외부적 효력을 갖는다.
- 자기구속의 원칙의 적용을 받는 경우, 이에 위반되는 처분은 행정법상 일반원칙인 자기구속의 원칙에 위반되는 위헌·위법의 처분이 된다.

---

01 재량준칙인 경우에는 행정청에 의하여 반복되어 시행되더라도 이는 행정법상 일반원칙에 따른 대외적인 구속력을 가지는 것은 아니다. (O | X) [08지방직9급]

02 재량준칙은 행정의 자기구속의 법리에 의거하여 간접적으로 대외적 구속력을 갖는다. (O | X) [13서울시7급]

정답 01 X 02 O

01 대법원은 재량준칙이 되풀이 시행되어 행정관행이 성립된 경우에는 당해 재량준칙에 자기구속력을 인정한다. 따라서 당해 재량준칙에 반하는 처분은 법규범인 당해 재량준칙을 직접 위반한 것으로서 위법한 처분이 된다고 한다. (O | X)　　　　　　　　　　　　　　　　　　　　　　　　　　　　　　　　　　　　　[17국가직9급]

3) [예외 2] 법령보충적 행정규칙(법령보충규칙)

법령보충규칙은 그 자체로서 직접적으로 대외적 구속력을 갖는 것이 아니라, 상위법령(수권법령)과 결합하여 상위법령의 일부가 됨으로써 대외적 구속력을 가지는 것이다.

> **관련 판례**
>
> 1. 법령보충적 행정규칙이라도 그 자체로서 직접적으로 대외적인 구속력을 갖는 것은 아니다. 즉, 상위법령과 결합되어 일체가 되는 한도 내에서 상위법령의 일부가 됨으로써 대외적 구속력이 발생되는 것일 뿐 그 행정규칙 자체는 대외적 구속력을 갖는 것은 아니라 할 것이다(헌재 2004.10.28. 99헌바91).
> 2. 농업연구사의 경력이 처리지침에 해당하는 경력에 해당하지 않아 호봉산정에 반영할 수 없다는 취지의 판시
>   구 지방공무원보수업무 등 처리지침 [별표 1] '직종별 경력환산율표 해설'이 정한 민간근무경력의 호봉 산정에 관한 부분은 지방공무원법 제45조 제1항과 구 지방공무원 보수규정 제8조 제2항, 제9조의2 제2항, [별표 3]의 단계적 위임에 따라 행정자치부장관이 행정규칙의 형식으로 법령의 내용이 될 사항을 구체적으로 정한 것이고, 달리 지침이 위 법령의 내용 및 취지에 저촉된다거나 위임 한계를 벗어났다고 보기 어려우므로, 지침은 상위법령과 결합하여 대외적인 구속력이 있는 법규명령으로서의 효력을 갖게 된다(대판 2016.1.28. 2015두53121).

> **참고**
>
> **행정규칙에 근거한 처분**
>
> > **관련 판례**
> >
> > 1. 어떠한 처분의 근거가 행정규칙에 규정되어 있다고 하더라도, 그 처분이 상대방에게 권리의 설정 또는 의무의 부담을 명하거나 기타 법적인 효과를 발생하게 하는 등으로 그 상대방의 권리 의무에 직접 영향을 미치는 행위라면, 이 경우에도 항고소송의 대상이 되는 행정처분에 해당한다(대판 2004.11.26. 2003두10251,10268).
> > 2. 사증발급(스티브 유에 대한) 거부처분이 재외공관장 등에 대한 법무부장관의 지시에 해당하는 입국금지결정을 그대로 따른 것이라고 해서 적법성이 보장되는 것이 아니다. 그 적법 여부는 헌법과 법률, 대외적으로 구속력 있는 법령의 규정과 입법 목적, 비례·평등원칙과 같은 법의 일반원칙에 적합한지 여부에 따라 판단해야 한다는 판시
> >   상급행정기관이 소속 공무원이나 하급행정기관에 대하여 업무처리지침이나 법령의 해석·적용 기준을 정해 주는 '행정규칙'은 일반적으로 행정조직 내부에서만 효력을 가질 뿐 대외적으로 국민이나 법원을 구속하는 효력이 없다. 처분이 행정규칙을 위반하였다고 해서 그러한 사정만으로 곧바로 위법하게 되는 것은 아니고, 처분이 행정규칙을 따른 것이라고 해서 적법성이 보장되는

정답 01 ×

것도 아니다. 처분이 적법한지는 행정규칙에 적합한지 여부가 아니라 상위법령의 규정과 입법목적 등에 적합한지 여부에 따라 판단해야 한다. 상급행정기관이 소속 공무원이나 하급행정기관에 하는 개별·구체적인 지시도 마찬가지이다. 상급행정기관의 지시는 일반적으로 행정조직 내부에서만 효력을 가질 뿐 대외적으로 국민이나 법원을 구속하는 효력이 없다. <u>대외적으로 처분권한이 있는 처분청이 상급행정기관의 지시를 위반하는 처분을 하였다고 해서 그러한 사정만으로 처분이 곧바로 위법하게 되는 것은 아니고, 처분이 상급행정기관의 지시를 따른 것이라고 해서 적법성이 보장되는 것도 아니다.</u> 처분이 적법한지는 상급행정기관의 지시를 따른 것인지 여부가 아니라, 헌법과 법률, 대외적으로 구속력 있는 법령의 규정과 입법 목적, 비례·평등원칙과 같은 법의 일반원칙에 적합한지 여부에 따라 판단해야 한다(대판 2019.7.11. 2017두38874).

01 행정처분이 법규성이 없는 내부지침 등의 규정에 위배된다고 하더라도 그 이유만으로 처분이 위법하게되는 것은 아니고, 또 그 내부지침 등에서 정한 요건에 부합한다고 하여 반드시 그 처분이 적법한 것이라고 할 수도 없다. (O | X) [19서울시7급]

Ⅳ 행정규칙의 하자 및 소멸

하자 있는 행정규칙은 무효이다. 행정규칙은 명시·묵시적 폐지, 종기의 도래, 해제조건의 성취 등에 의하여 효력을 상실한다.

02 행정규칙도 행정작용의 하나이므로 하자가 있으면 하자의 정도에 따라 무효 또는 취소할 수 있는 행정규칙이 된다. (O | X) [18서울시7급]
03 해제조건의 성취는 법규명령과 행정규칙의 공통적 소멸사유이다. (O | X) [12지방직7급]

Ⅴ 행정규칙의 통제

1. 국회에 의한 통제

- 국회의 국정감사·조사, 국무위원의 해임건의 등 간접적 통제수단이 있다.
- 중앙행정기관의 장은 법률에서 위임한 사항이나 법률을 집행하기 위하여 필요한 사항을 규정한 대통령령·총리령·부령·훈령·예규·고시 등이 제정·개정 또는 폐지되었을 때에는 10일 이내에 이를 국회 소관 상임위원회에 제출하여야 한다(국회법 제98조의2). 다만, 법규명령과 달리 법위반사실의 통보제도 등은 규정되어 있지 않다.

04 중앙행정기관의 장은 법률에서 위임한 사항이나 법률을 집행하기 위하여 필요한 사항을 규정한 훈령이나 예규가 폐지되었을 때에는 10일 이내에 이를 국회소관 상임위원회에 제출하여야 한다. (O | X) [21국회직8급]

정답 01 O 02 X 03 O 04 O

2. 행정적 통제

1) 감독권 행사

상급행정청은 감독권의 행사를 통하여 행정규칙의 폐지 내지 개선을 명할 수 있다.

2) 행정심판에 의한 통제

> **행정심판법 제59조(불합리한 법령 등의 개선)** ① 중앙행정심판위원회는 심판청구를 심리·재결할 때에 처분 또는 부작위의 근거가 되는 명령 등(대통령령·총리령·부령·훈령·예규·고시·조례·규칙 등을 말한다. 이하 같다)이 법령에 근거가 없거나 상위 법령에 위배되거나 국민에게 과도한 부담을 주는 등 크게 불합리하면 관계 행정기관에 그 명령 등의 개정·폐지 등 적절한 시정조치를 요청할 수 있다. 이 경우 중앙행정심판위원회는 시정조치를 요청한 사실을 법제처장에게 통보하여야 한다.
> ② 제1항에 따른 요청을 받은 관계 행정기관은 정당한 사유가 없으면 이에 따라야 한다.

3. 사법적 통제

1) 법원

① 구체적 규범통제

> **헌법 제107조** ① 법률이 헌법에 위반되는 여부가 재판의 전제가 된 경우에는 법원은 헌법재판소에 제청하여 그 심판에 의하여 재판한다.
> ② 명령·규칙 또는 처분이 헌법이나 법률에 위반되는 여부가 재판의 전제가 된 경우에는 대법원은 이를 최종적으로 심사할 권한을 가진다.

명령·규칙의 위헌성에 대해서는 구체적 규범통제를 인정한다. 다만, 행정규칙은 명령·규칙에 해당하지 아니하므로 규범통제의 대상이 되지 않는 것이 원칙이다. 다만, 법령보충규칙의 경우 대외적 구속력을 가지므로 규범통제의 대상이 된다.

② 항고소송의 대상적격

행정규칙이 그 자체로 처분성을 가지는 경우에는 항고소송의 대상이 되고, 마찬가지로 법령보충적 행정규칙(법령보충규칙)이 그 자체로 처분의 성격을 가지는 경우에는 항고소송의 대상이 된다.

> **관련 판례**
> 항정신병 치료제의 요양급여에 관한 보건복지부 고시가 다른 집행행위의 매개 없이 그 자체로서 제약회사, 요양기관, 환자 및 국민건강보험공단 사이의 법률관계를 직접 규율하는 성격을 가진다는 이유로 항고소송의 대상이 되는 행정처분에 해당한다고 한 사례(대판 2003.10.9. 2003무23)

---

01 법령보충적 행정규칙은 법규명령 또는 행정규칙에 해당하므로 처분성을 갖는 경우라도 항고소송의 대상이 될 수 없다. (O | X)　　　　　　　　　　　　　　　　　　　　　　　　　　　　[25지방직9급]

정답 01 X

2) 헌법재판소

① 행정의 자기구속의 원칙 관련

관련 판례

법령보충규칙 또는 재량준칙이 그 정한 바에 따라 되풀이 시행되어 행정관행이 이룩하게 되면, 평등원칙이나 신뢰보호의 원칙에 따라 행정기관은 그 상대방에 대한 관계에서 그 규칙에 따라야 할 자기구속을 당하게 되는 경우 대외적인 구속력을 가지게 되며, 이러한 경우에는 헌법소원의 대상이 될 수 있다(헌재 2001.5.31. 99헌마413).

01 헌법재판소 판례에 의하면, 재량준칙인 행정규칙도 행정의 자기구속의 법리에 의거하여 헌법소원심판의 대상이 될 수 있다. (O | X) [16서울시9급]

② 법령보충규칙

관련 판례

(청소년유해매체물의 표시방법에 관한 정보통신부 고시 사건)이 사건 고시는 청소년유해매체물을 제공하려는 자가 하여야 할 전자적 표시의 내용을 정하고 있는데, 이는 특정인에 대한 개별적·구체적인 처분의 성격을 지닌 것이라기보다는 청소년유해매체물의 전자적 표시 일반에 관한 일반적·추상적인 규정의 성격을 지닌 것이라 봄이 상당하다. 나아가 이 사건 고시는 법 제42조 및 시행령 제21조 제2항, 제3항의 위임규정에 의하여 제정된 것으로서 국민의 기본권을 제한하는 내용을 담고 있으므로 상위법령과 결합하여 대외적 구속력을 갖는 법규명령으로 기능하고 있는 것이라 볼 수 있으므로 헌법소원의 대상이 된다(헌재 2004.1.29. 2001헌마894).

02 법령보충규칙에 해당하는 고시의 관계 규정에 의하여 직접 기본권 침해를 받는다고 하여도 이에 대하여 바로 헌법재판소법 제68조 제1항에 의한 헌법소원심판을 청구할 수 없다. (O | X) [18지방직7급]

정답 01 O 02 X

제4절 형식과 실질의 불일치

Ⅰ 법규명령 형식의 행정규칙

1. 문제점

상위법령의 수권을 받아 법규명령의 형식으로 제정되지만 그 성질이 행정조직 내부의 사무처리 기준인 경우에 형식을 중시하여 법규명령으로 볼 것인지 아니면 성질을 중시하여 행정규칙으로 볼 것인지 문제된다.

2. 판례

원칙적으로 행정규칙의 성질을 가지는 행정조직 내부의 사무처리 기준이 부령 속에 규정되어 있는 경우에는 행정규칙으로 보고, 대통령령 속에 규정되어 있는 경우에는 법규명령이라고 본다.

3. 부령에 규정된 경우 판시

1) 원칙적인 판시 – 행정규칙

> **관련 판례**
>
> 1. 구 식품위생법시행규칙(1993.7.3. 보건사회부령 제910호로 개정되기 전의 것) 제53조에서 [별표 15]로 식품위생법 제58조에 따른 행정처분의 기준을 정하였다고 하더라도 이는 형식만 부령으로 되어 있을 뿐, 그 성질은 행정기관 내부의 사무처리준칙을 정한 것으로서 행정명령의 성질을 가지는 것이고, 대외적으로 국민이나 법원을 기속하는 힘이 있는 것은 아니다(대판 1995.3.28. 94누6925).
> 2. 도로교통법시행규칙 제53조 제1항이 정한 [별표 16]의 운전면허행정처분기준은 부령의 형식으로 되어 있으나, 그 규정의 성질과 내용이 운전면허의 취소처분 등에 관한 사무처리기준과 처분절차 등 행정청 내부의 사무처리준칙을 규정한 것에 지나지 아니하므로 대외적으로 국민이나 법원을 기속하는 효력이 없으므로, 자동차운전면허취소처분의 적법 여부는 그 운전면허행정처분기준만에 의하여 판단할 것이 아니라 도로교통법의 규정 내용과 취지에 따라 판단되어야 한다(대판 1997.5.30. 96누5773).
> 3. 공공기관의 운영에 관한 법률 제39조 제2항, 제3항에 따라 입찰참가자격 제한기준을 정하고 있는 구 공기업·준정부기관 계약사무규칙 제15조 제2항, 국가를 당사자로 하는 계약에 관한 법률 시행규칙 제76조 제1항 [별표 2], 제3항 등은 비록 부령의 형식으로 되어 있으나 규정의 성질과 내용이 공기업·준정부기관(이하 '행정청'이라 한다)이 행하는 입찰참가자격 제한처분에 관한 행정청 내부의 재량준칙을 정한 것에 지나지 아니하여 대외적으로 국민이나 법원을 기속하는 효력이 없으므로, 입찰참가자격 제한처분이 적법한지 여부는 이러한 규칙에서 정한 기준에 적합한지 여부만에 따라 판단할 것이 아니라 공공기관의 운영에 관한 법률상 입찰참가자격 제한처분에 관한 규정과 그 취지에 적합한지 여부에 따라 판단하여야 한다. 다만 그 재량준칙이 정한 바에 따라 되풀이 시행되어 행정관

행이 이루어지게 되면 평등의 원칙이나 신뢰보호의 원칙에 따라 행정청은 상대방에 대한 관계에서 그 규칙에 따라야 할 <u>자기구속</u>을 받게 되므로, 이러한 경우에는 특별한 사정이 없는 한 그에 반하는 처분은 평등의 원칙이나 신뢰보호의 원칙에 어긋나 재량권을 일탈·남용한 위법한 처분이 된다(대판 2014.11.27. 2013두18964).

4. **제재적 행정처분의 기준이 부령 형식으로 규정되어 그 성질을 행정규칙으로 보더라도 행정규칙 따른 처분이라고 하여 섣불리 위법하다고는 볼 수 없다는 취지의 판시**

   제재적 행정처분의 기준이 부령 형식으로 규정되어 있더라도 그것은 행정청 내부의 사무처리준칙을 규정한 것에 지나지 않아 대외적으로 국민이나 법원을 기속하는 효력이 없다. 따라서 그 처분의 적법 여부는 처분기준만이 아니라 관계 법령의 규정 내용과 취지에 따라 판단하여야 한다. 그러므로 처분기준에 부합한다고 하여 곧바로 처분이 적법한 것이라고 할 수는 없지만, <u>처분기준이 그 자체로 헌법 또는 법률에 합치되지 않거나 그 기준을 적용한 결과가 처분사유인 위반행위의 내용 및 관계 법령의 규정과 취지에 비추어 현저히 부당하다고 인정할 만한 합리적인 이유가 없는 한, 섣불리 그 기준에 따른 처분이 재량권의 범위를 일탈하였다거나 재량권을 남용한 것으로 판단해서는 안 된다</u>(대판 2018.5.15. 2016두57984).

---

01 제재적 행정처분의 기준이 부령의 형식으로 규정되어 있는 경우, 이 처분기준에 적합하다 하여 곧바로 당해 처분이 적법한 것이라고 할 수는 없다. (O | X) [17지방직9급]

02 구 식품위생법 시행규칙에서 정한 제재적 처분기준은 법규명령의 성질을 가진다. (O | X) [17교육행정직9급]

03 제재적 처분기준이 부령의 형식으로 규정되어 있는 경우, 그 처분기준에 따른 제재적 행정처분이 현저히 부당하다고 인정할 만한 합리적인 이유가 없는 한 섣불리 그 처분이 재량권의 범위를 일탈하였거나 재량권을 남용한 것이라고 판단해서는 안 된다. (O | X) [16국가7급]

04 「공공기관의 운영에 관한 법률」의 위임에 따라 입찰자격제한기준을 정하는 부령은 행정내부의 재량준칙에 불과하다. (O | X) [17사회복지직9급]

2) 예외적인 판시 - 법규명령

관련 판례

1. 구 여객자동차 운수사업법 시행규칙(2000. 8. 23. 건설교통부령 제259호로 개정되기 전의 것) 제31조 제2항 제1호, 제2호, 제6호는 구 여객자동차 운수사업법(2000. 1. 28. 법률 제6240호로 개정되기 전의 것) 제11조 제4항의 위임에 따라 시외버스운송사업의 사업계획변경에 관한 절차, 인가기준 등을 구체적으로 규정한 것으로서, 대외적인 구속력이 있는 법규명령이라고 할 것이고, 그것을 행정청 내부의 사무처리준칙을 규정한 행정규칙에 불과하다고 할 수는 없다(대판 2006.6.27. 2003두4355).

2. 공익사업을 위한 토지 등의 취득 및 보상에 관한 법률(이하 '공익사업법'이라 한다) 제68조 제3항은 <u>협의취득의 보상액 산정에 관한 구체적 기준을 시행규칙에 위임하고 있고</u>, 위임 범위 내에서 공익사업을 위한 토지 등의 취득 및 보상에 관한 법률 시행규칙 제22조는 토지에 건축물 등이 있는 경우에는 건축물 등이 없는 상태를 상정하여 토지를 평가하도록 규정하고 있는데, 이는 <u>비록 행정규칙의 형식이나 공익사업법의 내용이 될 사항을 구체적으로 정하여 내용을 보충하는 기능을 갖는 것이므로, 공익사업법 규정과 결합하여 대외적인 구속력을 가진다</u>(대판 2012.3.29. 2011다104253).

정답 01 O 02 X 03 O 04 O

PART 2 행정작용법

01 「공공기관의 운영에 관한 법률」에 따라 입찰참가자격 제한기준을 정하고 있는 구 「공기업·준정부기관계약사무규칙」, 「국가를 당사자로 하는 계약에 관한 법률 시행규칙」은 대외적으로 국민이나 법원을 기속하는 효력이 없다. (O | X) [17서울시9급]

02 대법원은 구 「여객자동차 운수사업법시행규칙」 제31조 제2항 제1호, 제2호 제6호는 구 「여객자동차 운수사업법」 제11조 제4항의 위임에 따라 시외버스 운송사업의 사업계획변경에 관한 절차, 인가기준등을 구체적으로 규정한 것으로서 행정청 내부의 사무처리준칙을 규정한 행정규칙에 불과하다고 할 수는 없다고 한다. (O | X) [17국가직9급]

4. 대통령령에 규정된 경우의 판시 - 법규명령

관련 판례

1. 국토의 계획 및 이용에 관한 법률(이하 '국토계획법'이라 한다) 제124조의2 제1항, 제2항 및 국토의 계획 및 이용에 관한 법률 시행령 제124조의3 제3항이 토지이용에 관한 이행명령의 불이행에 대하여 법령 자체에서 토지이용의무 위반을 유형별로 구분하여 이행강제금을 차별하여 규정하고 있는 등 규정의 체계, 형식 및 내용에 비추어 보면, 국토계획법 및 국토의 계획 및 이용에 관한 법률 시행령이 정한 이행강제금의 부과기준은 단지 상한을 정한 것에 불과한 것이 아니라, 위반행위 유형별로 계산된 특정 금액을 규정한 것이므로 행정청에 이와 다른 이행강제금액을 결정할 재량권이 없다고 보아야 한다(대판 2014.11.27. 2013두8653).

2. 주택건설촉진법 제7조 제2항의 위임에 터잡아 행정처분의 기준을 정한 같은법시행령 제10조의3 제1항 [별표 1]이 법규명령에 해당한다는 취지의 판시
주택건설촉진법시행령 제10조의3 제1항 [별표 1]은 주택건설촉진법 제7조 제2항의 위임규정에 터잡은 규정형식상 대통령령이므로 그 성질이 부령인 시행규칙이나 또는 지방자치단체의 규칙과 같이 통상적으로 행정조직 내부에 있어서의 행정명령에 지나지 않는 것이 아니라 대외적으로 국민이나 법원을 구속하는 힘이 있는 법규명령에 해당한다(대판 1997.12.26. 97누15418).

3. 구 청소년보호법(1999. 2. 5. 법률 제5817호로 개정되기 전의 것) 제49조 제1항, 제2항에 따른 같은법시행령(1999. 6. 30. 대통령령 제16461호로 개정되기 전의 것) 제40조 [별표 6]의 위반행위의종별에 따른 과징금처분기준은 법규명령이기는 하나 모법의 위임규정의 내용과 취지 및 헌법상의 과잉금지의 원칙과 평등의 원칙 등에 비추어 같은 유형의 위반행위라 하더라도 그 규모나 기간·사회적 비난 정도·위반행위로 인하여 다른 법률에 의하여 처벌받은 다른 사정·행위자의 개인적 사정 및 위반행위로 얻은 불법이익의 규모 등 여러 요소를 종합적으로 고려하여 사안에 따라 적정한 과징금의 액수를 정하여야 할 것이므로 그 수액은 정액이 아니라 최고한도액이다(대판 2001.3.9. 99두5207).

03 주택건설촉진법 시행령 제10조의3 제1항 [별표1]은 주택건설촉진법 제7조 제2항의 위임규정에 터잡은 규정 형식상 대통령령이므로 대외적으로 국민이나 법원을 구속하는 힘이 있다. (O | X) [13국가직9급]

04 「국토의 계획 및 이용에 관한 법률」 및 같은 법 시행령이 정한 이행강제금의 부과기준은 단지 상한을 정한 것에 불과한 것이므로 행정청에 이와 다른 이행강제금액을 결정할 재량권이 있다. (O | X) [15지방직7급]

05 구 청소년보호법 시행령 제40조 [별표6]의 위반행위의 종별에 따른 과징금처분기준에서 정한 과징금 수액은 정액이 아니고 최고한도액이다. (O | X) [19지방직9급]

정답 01 O 02 O 03 O 04 X 05 O

Ⅱ 행정규칙 형식의 법규명령(법령보충적 행정규칙)

1. 행정규칙에 법규사항의 위임이 가능한지 여부

- 헌법재판소는 의회입법중심주의, 사회적 변화 등을 고려하여 전문적·기술적 사항이나 경미한 사항으로서 업무의 성질상 위임이 불가피한 사항을 위임하는 것은 가능하다고 본다.
- 행정규제기본법도 법규사항의 고시 등에 위임을 할 수 있다고 규정하고 있다.

> **행정규제기본법 제4조(규제 법정주의)** ① 규제는 법률에 근거하여야 하며, 그 내용은 알기 쉬운 용어로 구체적이고 명확하게 규정되어야 한다.
> ② <u>규제는 법률에 직접 규정하되</u>, 규제의 세부적인 내용은 법률 또는 상위법령(上位法令)에서 구체적으로 범위를 정하여 <u>위임한 바에 따라 대통령령·총리령·부령 또는 조례·규칙으로 정할 수 있다</u>. 다만, 법령에서 전문적·기술적 사항이나 경미한 사항으로서 업무의 성질상 위임이 불가피한 사항에 관하여 <u>구체적으로 범위를 정하여 위임한 경우에는 고시 등으로 정할 수 있다</u>.

관련 판례

오늘날 의회의 <u>입법독점주의</u>에서 <u>입법중심주의</u>로 전환하여 일정한 범위 내에서 행정입법을 허용하게 된 동기는 사회적 변화에 대응한 입법수요의 급증 및 종래의 형식적 권력분립주의로는 현대사회에 대응할 수 없다는 <u>기능적 권력분립론</u>에 있다고 할 수 있다. 이를 감안하여 헌법 제40조와 헌법 제75조, 제95조의 의미를 살펴보면, 입법자는 규율의 형식을 선택할 수 있고, 입법기관이 아닌 행정기관은 국회에서 법률 등으로 구체적인 범위를 정하여 위임한 사항에 관하여 법 정립의 권한을 갖게 된다 할 것이다. 따라서 헌법이 인정하고 있는 위임입법의 형식은 예시적인 것으로 보아야 할 것이고, <u>법률이 어떤 사항을 행정규칙에 위임하더라도 그 행정규칙은 위임된 사항만을 규율할 수 있는 것이므로, 국회입법의 원칙과 상치되지 않는다</u>. 다만 행정규칙은 법규명령과 같은 엄격한 제정 및 개정절차를 요하지 아니하므로, 기본권을 제한하는 작용을 하는 법률이 입법위임을 할 때에는 대통령령, 총리령, 부령 등 법규명령에 위임함이 바람직하고, 고시와 같은 형식으로 입법위임을 할 때에는 적어도 <u>행정규제기본법 제4조 제2항 단서에서 정한 바와 같이 법령이 전문적·기술적 사항이나 경미한 사항으로서 업무의 성질상 위임이 불가피한 사항에 한정된다 할 것이고</u>, 그러한 사항이라 하더라도 포괄위임금지의 원칙상 법률의 위임은 반드시 구체적·개별적으로 한정된 사항에 대하여 행하여져야 할 것이다(헌재 2012.2.23. 2009헌마318).

---

01 헌법이 인정하고 있는 위임입법의 형식은 한정적인 것으로 보아야 할 것이고, 그것은 법률이 행정규칙에 위임하더라도 그 행정규칙은 위임된 사항만을 규율할 수 있으므로 국회입법의 원칙과 상치되지도 않는다. (O | X)   [10지방직7급]

02 성질상 위임이 불가피한 전문적·기술적 사항에 관하여 구체적으로 범위를 정하여 법령에서 위임하더라도 고시 등으로는 규제의 세부적인 내용을 정할 수 없다. (O | X)   [18교육행정직9급]

03 헌법 제40조와 헌법 제75조, 제95조의 의미를 살펴보면, 의회가 구체적으로 범위를 정하여 위임한 사항에 관하여는 당해 행정기관이 법정립의 권한을 갖게 되고, 입법자가 규율의 형식도 선택할 수도 있다 할 것이다. (O | X)   [25지방직9급]

정답 01 × 02 × 03 O

2. 문제점

고시·훈령·예규와 같은 행정규칙의 형식을 가지고 있으나 상위법령의 위임을 받아 법령의 규정과 결합하여 법규의 내용을 보충하는 경우에 형식을 중시하여 행정규칙으로 볼 것인지 실질을 중시하여 법규적 성질을 인정할 것인지 문제된다.

3. 판례

법령의 규정이 특정 행정기관에게 법령내용의 구체적 사항을 정할 수 있는 권한을 부여하면서 권한행사의 절차나 방법을 특정하지 아니한 경우에는 수임행정기관은 행정규칙으로 법령내용이 될 사항을 구체적으로 정할 수 있으며, 그 행정규칙은 상위법령과 결합하여 대외적 구속력이 있는 법규명령의 성질을 가진다고 본다.

> **관련 판례**
>
> 1. 보건사회부장관이 정한 1994년도 노인복지사업지침은 노령수당의 지급대상자의 선정기준 및 지급수준 등에 관한 권한을 부여한 노인복지법 제13조 제2항, 같은법시행령 제17조, 제20조 제1항에 따라 보건사회부장관이 발한 것으로서 실질적으로 법령의 규정내용을 보충하는 기능을 지니면서 그것과 결합하여 대외적으로 구속력이 있는 법규명령의 성질을 가지는 것으로 보인다(대판 1996.4.12. 95누7727).
> 2. 산업자원부 고시 공장입지기준(1999.12.16. 산업자원부 고시 제1999-147호) 제5조는 산업자원부장관이 공업배치및공장설립에관한법률 제8조의 위임에 따라 공장입지의 기준을 구체적으로 정한 것으로서 법규명령으로서 효력을 가진다 할 것이고, 김포시 고시 공장입지제한처리기준(2000. 4. 10. 김포시 고시 제2000-28호) 제5조 제1항은 김포시장이 위 산업자원부 고시 공장입지기준 제5조 제2호의 위임에 따라 공장입지의 보다 세부적인 기준을 정한 것으로서 상위명령의 범위를 벗어나지 아니하므로 그와 결합하여 대외적으로 구속력이 있는 법규명령으로서 효력을 가진다(대판 2004.5.28. 2002두4716).
> 3. 소득세법시행령 제170조 제4항 제2호는 위 위임규정에 따라 양도소득세의 실지거래가액이 적용될 경우의 하나로서 "국세청장이 지역에 따라 정하는 일정규모 이상의 거래 기타 부동산투기의 억제를 위하여 필요하다고 인정되어 국세청장이 지정하는 거래에 있어서 양도 또는 취득당시의 실지거래가액을 확인할 수 있는 경우"라고 규정하여 … 위 재산제세사무처리규정이 국세청장의 훈령형식으로 되어 있다 하더라도 이에 의한 거래지정은 소득세법시행령의 위임에 따라 그 규정의 내용을 보충하는 기능을 가지면서 그와 결합하여 대외적 효력을 발생하게 된다 할 것이다(대판 1987.9.29. 86누484).
> 4. 신용협동조합의 임직원이 고의로 중대한 위법행위를 하여 금융위원회의 고시에 따라 해임권고와 그에 따른 해임이 있었던 경우 금융위원회의 고시는 법령보충규칙에 해당
> 금융위원회 고시 제18조 제1항의 '금융기관 검사 및 제재에 관한 규정'은 금융위원회법의 위임에 따라 법령의 내용이 될 사항을 구체적으로 정한 것으로서 금융위원회 법령의 위임 한계를 벗어나지 않으므로 그와 결합하여 대외적으로 구속력이 있는 법규명령의 효력을 가진다(대판 2019.5.30. 2018두52204).

CHAPTER 1 행정입법

01 법령의 직접적인 위임에 따라 위임행정기관이 그 법령을 시행하는 데 필요한 구체적인 사항을 정한 것이라면, 그 제정형식이 고시, 훈령, 예규 등과 같은 행정규칙이더라도 그것이 상위법령의 위임한계를 벗어나지 아니하는 한, 상위법령과 결합하여 대외적 구속력을 가진다. (O | X) [17사회복지직9급]

02 행정 각부의 장이 정하는 고시(告示)는 법령의 규정으로부터 구체적 사항을 정할 수 있는 권한을 위임받아 그 법령내용을 보충하는 기능을 가진 경우라도 그 형식상 대외적으로 구속력을 갖지 않는다. (O | X) [18국가직9급]

4. 한계

- 상위법령에 위반된 법령보충규칙은 무효이다.

> **관련 판례**
>
> 1. 법령보충적인 행정규칙, 규정은 당해 법령의 위임한계를 벗어나지 아니하는 범위 내에서만 그것들과 결합하여 법규적 효력을 가지고, 노인복지법 제13조 제2항의 규정에 따른 노인복지법시행령 제17조, 제20조 제1항은 노령수당의 지급대상자의 연령범위에 관하여 위 법 조항과 동일하게 '65세 이상의 자'로 반복하여 규정한 다음 … 보건사회부장관이 정한 1994년도 노인복지사업지침은 노령수당의 지급대상자를 '70세 이상'의 생활보호대상자로 규정함으로써 당초 법령이 예정한 노령수당의 지급대상자를 부당하게 축소·조정하였고, 따라서 위 지침 가운데 노령수당의 지급대상자를 '70세 이상'으로 규정한 부분은 법령의 위임한계를 벗어난 것이어서 그 효력이 없다(대판 1996.4.12. 95누7727).
> 2. 농림부고시인 농산물원산지 표시요령 제4조 제2항의 규정 내용이 근거 법령인 구 농수산물품질관리법 시행규칙에 의해 고시로써 정하도록 위임된 사항에 해당한다고 할 수 없어 법규명령으로서 대외적 구속력을 가질 수 없다고 한 사례(대판 2006.4.28. 2003마715).

03 보건사회부장관이 정한 1994년도 노인복지사업지침은 노령 수당의 지급대상자를 '70세 이상'의 생활보호대상자로 규정함으로써 구 노인복지법 제13조 제2항과 구 노인복지법 시행령 제20조 제1항에서 '65세 이상'의 자로 규정한 노령수당의 지급대상자를 부당하게 축소·조정하였으므로 그 부분은 법령의 위임한계를 벗어난 것이다. (O | X) [18경찰]

- 위임의 형식을 명시하였음에도 이에 위반하여 고시로 규정하는 경우 무효이다.

> **관련 판례**
>
> 구 주택법이 규정한 바에 따라 '건설교통부령'의 형식으로 정해야 하므로, 건설교통부장관의 '고시' 형식으로 되어 있는 종전 '감리비지급기준'은 구 주택법 제24조 제6항이 권한행사의 절차 및 방법을 특정하여 위임한 것에 위배되어 더 이상 대외적인 구속력이 있는 법규명령으로서 효력을 가지지 못한다(대판 2012.7.5. 2010다72076).

정답 01 O 02 X 03 O

핵심 기출문제

01

대외적 구속력을 인정할 수 없는 경우만을 모두 고르면? (다툼이 있는 경우 판례에 의함)

[20지방직9급]

> ㉠ 운전면허에 관한 제재적 행정처분의 기준이 도로교통법 시행규칙 [별표]에 규정되어 있는 경우
> ㉡ 행정 각부의 장이 정하는 특정 고시가 비록 법령에 근거를 둔 것이더라도 규정 내용이 법령의 위임 범위를 벗어난 것일 경우
> ㉢ 상위법령에서 세부사항 등을 시행규칙으로 정하도록 위임하였음에도 이를 고시 등 행정규칙으로 정한 경우
> ㉣ 상위 법령의 위임이 없음에도 상위 법령에 규정된 처분요건에 해당하는 사항을 하위 부령에서 변경하여 규정한 경우

① ㉠, ㉡
② ㉡, ㉢
③ ㉠, ㉡, ㉢
④ ㉠, ㉡, ㉢, ㉣

02

행정규칙 형식의 법규명령에 대한 설명으로 옳지 않은 것은? (다툼이 있는 경우 판례에 의함)

[20군무원9급]

① 헌법이 인정하고 있는 위임입법의 형식은 예시적인 것으로 보아야 할 것이고, 그것은 법률이 행정규칙에 위임하더라도 그 행정규칙은 위임된 사항만을 규율할 수 있으므로, 국회입법의 원칙과 상치되지도 않는다.
② 재산권 등과 같은 기본권을 제한하는 작용을 하는 법률이 입법위임을 할 때에는 법규명령에 위임함이 바람직하고, 금융감독위원회의 고시와 같은 행정규칙 형식으로 입법위임을 할 때에는 적어도 「행정규제기본법」제4조 제2항 단서에서 정한 바와 같이 법령이 전문적·기술적 사항이나 경미한 사항으로서 업무의 성질상 위임이 불가피한 사항에 한정된다.
③ 법률이 행정규칙 형식으로 입법위임을 하는 경우에는 행정규칙의 특성상 포괄위임금지의 원칙은 인정되지 않는다.
④ 상위법령의 위임에 의하여 정하여진 행정규칙은 위임한계를 벗어나지 아니하는 한 그 상위법령의 규정과 결합하여 대외적인 구속력이 있는 법규명령으로서의 효력을 갖게 된다.

해설

01 ㉠ (○) 도로교통법시행규칙 제53조 제1항이 정한 [별표 16]의 운전면허행정처분기준은 부령의 형식으로 되어 있으나, 그 규정의 성질과 내용이 운전면허의 취소처분 등에 관한 사무처리기준과 처분절차 등 행정청 내부의 사무처리준칙을 규정한 것에 지나지 아니하므로 대외적으로 국민이나 법원을 기속하는 효력이 없으므로, 자동차운전면허취소처분의 적법 여부는 그 운전면허행정처분기준만에 의하여 판단할 것이 아니라 도로교통법의 규정 내용과 취지에 따라 판단되어야 한다(대판 1997.5.30. 96누5773).

㉡ (○) 보건사회부장관이 정한 1994년도 노인복지사업지침은 노령수당의 지급대상자를 '70세 이상'의 생활보호대상자로 규정함으로써 당초 법령이 예정한 노령수당의 지급대상자를 부당하게 축소·조정하였고, 따라서 위 지침 가운데 노령수당의 지급대상자를 '70세 이상'으로 규정한 부분은 법령의 위임한계를 벗어난 것이어서 그 효력이 없다(대판 1996.4.12. 95누7727).

㉢ (○) 구 주택법이 규정한 바에 따라 '건설교통부령'의 형식으로 정해야 하므로, 건설교통부장관의 '고시' 형식으로 되어 있는 종전 '감리비지급기준'은 구 주택법 제24조 제6항이 권한행사의 절차 및 방법을 특정하여 위임한 것에 위배되어 더 이상 대외적인 구속력이 있는 법규명령으로서 효력을 가지지 못한다(대판 2012.7.5. 2010다72076).

㉣ (○) 법령에서 행정처분의 요건 중 일부 사항을 부령으로 정할 것을 위임한 데 따라 시행규칙 등 부령에서 이를 정한 경우에 그 부령의 규정은 국민에 대해서도 구속력이 있는 법규명령에 해당한다고 할 것이지만, 법령의 위임이 없음에도 법령에 규정된 처분 요건에 해당하는 사항을 부령에서 변경하여 규정한 경우에는 그 부령의 규정은 행정청 내부의 사무처리 기준 등을 정한 것으로서 행정조직 내에서 적용되는 행정명령의 성격을 지닐 뿐 국민에 대한 대외적 구속력은 없다고 보아야 한다(대판 2013.9.12. 2011두10584).

02 ① (○) ② (○) ③ (×) 헌법이 인정하고 있는 위임입법의 형식은 예시적인 것으로 보아야 할 것이고, 법률이 어떤 사항을 행정규칙에 위임하더라도 그 행정규칙은 위임된 사항만을 규율할 수 있는 것이므로, 국회입법의 원칙과 상치되지 않는다. 다만 행정규칙은 법규명령과 같은 엄격한 제정 및 개정절차를 요하지 아니하므로, 기본권을 제한하는 작용을 하는 법률이 입법위임을 할 때에는 대통령령, 총리령, 부령 등 법규명령에 위임함이 바람직하고, 고시와 같은 형식으로 입법위임을 할 때에는 적어도 행정규제기본법 제4조 제2항 단서에서 정한 바와 같이 법령이 전문적·기술적 사항이나 경미한 사항으로서 업무의 성질상 위임이 불가피한 사항에 한정된다 할 것이고, 그러한 사항이라 하더라도 포괄위임금지의 원칙상 법률의 위임은 반드시 구체적·개별적으로 한정된 사항에 대하여 행하여져야 할 것이다(헌재 2012.2.23. 2009헌마318).

④ (○) 보건사회부장관이 정한 1994년도 노인복지사업지침은 노령수당의 지급대상자의 선정기준 및 지급수준 등에 관한 권한을 부여한 노인복지법 제13조 제2항, 같은법시행령 제17조, 제20조 제1항에 따라 보건사회부장관이 발한 것으로서 실질적으로 법령의 규정내용을 보충하는 기능을 지니면서 그것과 결합하여 대외적으로 구속력이 있는 법규명령의 성질을 가지는 것으로 보인다(대판 1996.4.12. 95누7727).

정답 01 ④ 02 ③

제5절 자치법규

> **헌법 제117조** ① 지방자치단체는 주민의 복리에 관한 사무를 처리하고 재산을 관리하며, 법령의 범위안에서 자치에 관한 규정을 제정할 수 있다.
> **지방자치법 제28조(조례)** ① 지방자치단체는 법령의 범위에서 그 사무에 관하여 조례를 제정할 수 있다. 다만, 주민의 권리 제한 또는 의무 부과에 관한 사항이나 벌칙을 정할 때에는 법률의 위임이 있어야 한다.
> ② 법령에서 조례로 정하도록 위임한 사항은 그 법령의 하위 법령에서 그 위임의 내용과 범위를 제한하거나 직접 규정할 수 없다.
> **지방자치법 제29조(규칙)** 지방자치단체의 장은 법령 또는 조례의 범위에서 그 권한에 속하는 사무에 관하여 규칙을 제정할 수 있다.
> **지방교육자치에 관한 법률 제25조(교육규칙의 제정)** ①교육감은 법령 또는 조례의 범위 안에서 그 권한에 속하는 사무에 관하여 교육규칙을 제정할 수 있다.

「헌법」과 「지방자치법」에 따라 지방자치단체는 자치입법권인 조례(자치조례)를 만들 수 있으며 「지방자치법」에 따라 지방자치단체장은 규칙을 제정할 권한을 가지고 있다. 또한 「지방교육자치에 관한 법률」은 교육감의 교육규칙 제정권을 인정하고 있다.

I 조례

1. 의의

- 지방자치단체가 법령의 범위 내에서 지방의회의 의결을 거쳐 그 사무에 관하여 제정하는 법규를 말한다.
- 조례는 법규성을 가지고 있는 행정입법의 하나이지만, 법규명령과 달리 지방의회에 의하여 제정되고 통상적으로는 수권이 필요가 없다.

2. 조례규정 사항

자치사무와 단체위임사무와 관련된 조례(자치조례)는 법령의 범위 안에서, 법령의 위임 없이도 제정할 수 있다. 다만, 자치조례의 경우라도 주민의 권리 제한 또는 의무 부과에 관한 사항이나 벌칙을 정할 때에는 법률의 위임이 있어야 한다(포괄위임 가능). 기관위임사무의 경우에는 법률에 위임이 없는 한 조례로서 규율할 수 없다(위임조례는 상위 법령의 구체적 위임이 있는 경우에 규정할 수 있다).

> **관련 판례**
>
> 1. 지방자치법 제22조, 제9조에 따르면, 지방자치단체가 조례를 제정할 수 있는 사항은 지방자치단체의 고유사무인 자치사무와 개별 법령에 따라 지방자치단체에 위임된 단체위임사무에 한정된다. 국가사무가 지방자치단체의 장에게 위임되거나 상위 지방자치단체의 사무가 하위 지방자치단체의 장에게 위임된 기관위임사무에 관한 사항은 원칙적으로 조례의 제정범위에 속하지 않는다(대판 2020.9.3. 2019두58650).
> 2. 기관위임사무에 있어서도 그에 관한 <u>개별 법령에서 일정한 사항을 조례로 정하도록 위임하고 있는 경우에는 지방자치단체의 자치조례 제정권과 무관하게 이른바 위임조례를 정할 수 있다고 하겠으나</u> 이 때에도 그 내용은 개별 법령이 위임하고 있는 사항에 관한 것으로서 <u>개별 법령의 취지에 부합하는 것이라야만 하고, 그 범위를 벗어난 경우에는 위임조례로서의 효력도 인정할 수 없다</u>(대판 1999.9.17. 99추30).

Ⅱ 규칙

1. 의의

규칙은 지방자치단체의 장이 법령 또는 조례가 위임한 범위 안에서 자기의 권한에 속하는 사무에 관하여 제정하는 규범이다. 보통 법규성을 가지지만 대내적 성질을 가지고 있기도 하다(교육 학예에 관한 사항에 관하여서는 교육감이 가지는 교육규칙 제정권).

2. 규칙규정 사항

자치사무, 단체위임사무, 기관위임사무의 전부가 규칙으로 규정할 수 있는 사항이다.

핵심 기출문제

01

법규명령에 관한 설명으로 가장 옳지 않은 것은? [19서울시9급]

① 헌법이 인정하고 있는 위임입법의 형식은 예시적인 것으로 보아야 한다.
② 법규명령이 위임의 근거가 없어 무효였더라도 나중에 법 개정으로 위임의 근거가 부여되면 그때부터는 유효한 법규명령으로 볼 수 있다.
③ 법령의 위임이 없음에도 법령에 규정된 처분요건에 해당하는 사항을 부령에서 변경하여 규정한 경우에는 그 부령의 규정은 행정청 내부의 사무처리 기준 등을 정한 것으로서 행정조직 내에서 적용되는 행정명령의 성격을 지닌다.
④ 법률에서 하위 법령에 위임을 한 경우에 하위 법령이 위임의 한계를 준수하고 있는지 여부의 판단은 일반적으로 의회유보의 원칙과 무관하다.

02

행정입법에 대한 설명으로 옳지 않은 것은? [23국가직9급]

① 총리령·부령의 제정절차는 대통령령의 경우와는 달리 국무회의 심의는 거치지 않아도 된다.
② 법령보충적 행정규칙은 물론이고 재량권 행사의 준칙이 되는 행정규칙이 행정의 자기구속원리에 따라 대외적 구속력을 가지는 경우에는 헌법소원의 대상이 될 수 있다.
③ 상위법령의 위임이 없음에도 상위법령에 규정된 처분 요건에 해당하는 사항을 부령에서 변경하여 규정한 경우 그 부령의 규정은 국민에 대한 대외적 구속력이 있다.
④ 「특정다목적댐법」에서 댐 건설로 손실을 입으면 국가가 보상해야 하고 그 절차와 방법은 대통령령으로 제정토록 명시되어 있음에도 미제정된 경우, 법령제정의 여부는 「행정소송법」상 부작위위법확인소송의 대상이 될 수 없다.

03

행정입법에 관한 설명으로 옳지 않은 것은? (다툼이 있는 경우 판례에 의함) [23소방직]

① 일반적으로 법률의 위임에 의하여 효력을 갖는 법규명령의 경우, 구법에 위임의 근거가 없어 무효였더라도 사후에 법개정으로 위임의 근거가 부여되면 그때부터는 유효한 법규명령이 된다.
② 법령에서 행정처분의 요건 중 일부 사항을 부령으로 정할 것을 위임한 데 따라 시행규칙 등 부령에서 이를 정한 경우에 그 부령의 규정은 국민에 대해서도 구속력이 있는 법규명령에 해당한다.
③ 상급행정기관이 소속 공무원이나 하급행정기관에 대하여 세부적인 업무처리절차나 법령의 해석·적용 기준을 정해 주는 행정규칙은 상위법령에 반하지 않는다고 하더라도 상위법령의 구체적 위임이 있지 않는 한, 행정조직 내부적으로도 효력을 가지지 못하고 대외적으로도 국민이나 법원을 구속하는 효력이 없다.
④ 법령보충적 행정규칙은 물론이고, 재량권 행사의 준칙이되는 행정규칙이 그 정한 바에 따라 되풀이 시행되어 행정관행이 이루어지고 행정의 자기구속원리에 따라 대외적 구속력을 가지는 경우에는 헌법소원의 대상이 될 수 있다.

해설

01 ㅣ ④ (×) 의회유보사항에 대해서는 위임 자체가 인정되지 않는다. 따라서 의회유보사항을 법률에 직접규정하지 않고 위임한 경우에는 수권법률에 위법이 존재하는 것이다.

02 ㅣ ① (○) 대통령령과 달리 총리령과 부령은 국무회의 심의를 그 제정에 있어서 국무회의 심의를 거치지 아니하여도 된다.
② (○) 법령보충규칙 또는 재량준칙이 그 정한 바에 따라 되풀이 시행되어 행정관행이 이룩하게 되면, 평등원칙이나 신뢰보호의 원칙에 따라 행정기관은 그 상대방에 대한 관계에서 그 규칙에 따라야 할 자기구속을 당하게 되는 경우 대외적인 구속력을 가지게 되며, 이러한 경우에는 헌법소원의 대상이 될 수 있다(헌재 2001.5.31. 99헌마413).
③ (×) 법령에서 행정처분의 요건 중 일부 사항을 부령으로 정할 것을 위임한 데 따라 시행규칙 등 부령에서 이를 정한 경우에 그 부령의 규정은 국민에 대해서도 구속력이 있는 법규명령에 해당한다고 할 것이지만, 법령의 위임이 없음에도 법령에 규정된 처분 요건에 해당하는 사항을 부령에서 변경하여 규정한 경우에는 그 부령의 규정은 행정청 내부의 사무처리 기준 등을 정한 것으로서 행정조직 내에서 적용되는 행정명령의 성격을 지닐 뿐 국민에 대한 대외적 구속력은 없다고 보아야 한다(대판 2013.9.12. 2011두10584).
④ (○) 법령제정 여부는 헌법소원의 대상이지 부작위위법확인소송의 대상이 될 수 없다.

03 ㅣ ③ (×) 행정규칙이 상위법령에 반하지 않는다면 내부적 구속력은 당연히 존재하는 것이다.

정답 01 ④ 02 ③ 03 ③

CHAPTER 2 행정행위

제1절 행정행위 개설

I 학문상 개념(강학상 개념)

행정행위는 학문상(강학상) 개념이다.

II 행정행위의 개념에 대한 학설

1) **최협의설(통설)**: 행정청이 법 아래에서 구체적 사실에 대한 법집행으로서 행하는 권력적·단독적·공법행위를 의미한다.

2) **협의설**: 행정청이 법 아래에서 구체적 사실에 관한 법집행으로서 행하는 공법행위를 의미한다.

---

01 행정행위를 '행정청이 법 아래서 구체적 사실에 대한 법집행으로서 행하는 공법행위'로 정의하면, 공법상 계약과 공법상 합동행위는 행정행위의 개념에서 제외된다. (O | X) [17국가직9급]

III 행정소송법의 처분과 행정행위의 관계

- 행정소송법상 처분의 개념(행정심판법, 행정절차법, 행정기본법의 처분개념도 소송법상 처분 개념과 같다)과 행정행위의 개념이 동일하다고 보는 일원설과 행정소송법상 처분의 개념이 행정행위의 개념보다 더 넓은 개념으로 보는 이원설이 대립한다. 이원설은 행정행위 외에도 행정소송법의 "그 밖에 이에 준하는 행정작용"이라는 문구에 주목하여 여기에 권력적 사실행위 등이 포함될 수 있다고 보아 처분의 개념을 행정행위의 개념보다 넓은 개념으로 본다.
- 이원설이 통설의 입장이다.

정답 01 ×

> **행정소송법 제2조(정의)** ① 이 법에서 사용하는 용어의 정의는 다음과 같다.
> 1. "처분등"이라 함은 행정청이 행하는 구체적 사실에 관한 법집행으로서의 공권력의 행사 또는 그 거부와 그 밖에 이에 준하는 행정작용(이하 "處分"이라 한다) 및 행정심판에 대한 재결을 말한다.
>
> **행정심판법 제2조(정의)** 이 법에서 사용하는 용어의 뜻은 다음과 같다.
> 1. "처분"이란 행정청이 행하는 구체적 사실에 관한 법집행으로서의 공권력의 행사 또는 그 거부, 그 밖에 이에 준하는 행정작용을 말한다.
>
> **행정기본법 제2조(정의)** 이 법에서 사용하는 용어의 뜻은 다음과 같다.
> 4. "처분"이란 행정청이 구체적 사실에 관하여 행하는 법집행으로서 공권력의 행사 또는 그 거부와 그 밖에 이에 준하는 행정작용을 말한다.
>
> **행정절차법 제2조(정의)** 이 법에서 사용하는 용어의 뜻은 다음과 같다.
> 2. "처분"이란 행정청이 행하는 구체적 사실에 관한 법 집행으로서의 공권력의 행사 또는 그 거부와 그 밖에 이에 준하는 행정작용(行政作用)을 말한다.

01 행정절차법은 행정심판법, 행정소송법과 마찬가지로 '처분'의 개념을 정의하고 있고 그 내용도 동일하다. (O | X)

[17서울시7급]

02 행정소송법상 처분의 개념과 강학상 행정행위의 개념이 다르다고 보는 견해는 처분의 개념을 강학상 행정행위의 개념보다 넓게 본다. (O | X)

[17국가직9급]

Ⅳ 행정행위의 개념요소

1. 행정청의 행위

> **행정절차법 제2조(정의)** 이 법에서 사용하는 용어의 뜻은 다음과 같다.
> 1. "행정청"이란 다음 각 목의 자를 말한다.
>   가. 행정에 관한 의사를 결정하여 표시하는 국가 또는 지방자치단체의 기관
>   나. 그 밖에 법령 또는 자치법규(이하 "법령등"이라 한다)에 따라 행정권한을 가지고 있거나 위임 또는 위탁받은 공공단체 또는 그 기관이나 사인(私人)

- 행정청은 조직법상 행정청인 국가 또는 지방자치단체의 기관 외에도 공법인 또는 공무수탁사인이라도 권한을 위임·위탁 받은 경우 행정청으로 본다(기능적 개념).
- 법원공무원의 임명과 같이 법원도 행정청으로 기능하는 경우에는 행정청이 된다.
- 지방의회는 일반적으로는 지방자치단체의 의결기관에 불과하지만 소속 지방의회의원을 징계하는 것과 관련해서는 행정청이 된다.

관련 판례 지방의회 의장에 대한 불신임의결은 처분, 지방의회는 행정청

지방의회를 대표하고 의사를 정리하며 회의장 내의 질서를 유지하고 의회의 사무를 감독하며 위원회에 출석하여 발언할 수 있는 등의 직무권한을 가지는 지방의회 의장에 대한 불신임의결은 의장으로서의 권한을 박탈하는 행정처분의 일종으로서 항고소송의 대상이 된다(대판 1994.10.11. 94두23).

정답 01 O 02 O

- 사인도 공무를 위탁받는 경우에는 행정청이 된다.
- 보조기관도 행정행위를 발할 수 있는 권한을 위임받은 경우에는 행정청이 된다.

01 행정권한을 위임받은 사인도 행정청으로서 행정행위를 할 수 있다. (O | X) [15서울시9급]

2. 구체적 사실에 대한 행위

- 일반적·추상적 규율인 입법작용과 다르다.
- 구체적·개별적 규율은 특정 사안, 특정인에 대한 규율로서 전형적인 행정행위이다.
- 구체적·일반적 규율(일반처분) : 구체적 사실과 관련하여 불특정 다수인을 상대로 한 규율로서 행정행위에 해당한다.
- 일반처분은 특정일, 특정시간에 집회의 금지와 같은 대인적 일반처분, 횡단보도의 설치와 같은 물적 행정행위로서 일반처분이 있다.

> **관련 판례** 물적행정행위로서 일반처분
> 지방경찰청장(현 시·도경찰청장)이 횡단보도를 설치하여 보행자의 통행방법 등을 규제하는 것은, 행정청이 특정사항에 대하여 의무의 부담을 명하는 행위이고 이는 국민의 권리·의무에 직접관계가 있는 행위로서 행정처분이다(대판 2000.10.17. 98두896).

02 구체적 사실을 규율하는 경우라도 불특정 다수인을 상대방으로 하는 처분이라면 행정행위가 아니다. (O | X) [16서울시9급]

03 지방경찰청장이 횡단보도를 설치하여 보행자 통행방법 등을 규제하는 것은 행정처분이다. (O | X) [19소방직]

3. 법 집행행위

- 행정조직 내부에 관한 행위가 아니라 외부(국민 등)에 대한 행위이다. 따라서 상관의 직무명령과 같은 행정조직 내부의 행위나 다른 행정청의 동의와 같이 외부성이 없는 행위는 행정행위가 아니다.
- 일반권력관계에서 문제되는 것이 보통이지만 특별권력관계에서도 구성원의 지위와 관련된 일정한 행위는 행정행위성이 인정되는 법 집행행위이다.
- 행정행위의 상대방의 권리·의무에 관한 행위로서 법적 행위이다.

04 부하 공무원에 대한 상관의 개별적인 직무명령은 행정행위가 아니다. (O | X) [15서울시9급]

정답 01 O 02 X 03 O 04 O

4. 권력적·단독적·공법행위

- 행정청이 공권력의 행사로서 상대방에 대하여 우월한 지위에서 행하는 작용이다.
- 공법상 계약이나 공법상 합동행위와 달리 법률관계의 내용이 일방적으로 결정되므로 단독적 행위이다.
- 쌍방적 행정행위의 문제
  행정행위의 신청이 있는 경우에 발동되는 행정행위(쌍방적 행정행위)의 경우에는 신청(사인의 공법행위)과 그에 대한 인용 또는 거부하는 행정작용도 행정행위가 된다.
- 행정청의 법적행위로서 공법적 행위이어야 한다. 공법적 행위라는 것은 행위의 근거가 공법적이라는 것이지 행위의 효과가 반드시 공법적일 것을 요구하는 것은 아니다.
- 그 자체로는 아무런 법적 효과를 발생시키지 않는 도로청소, 도로보수, 경계측량 등을 하는 행위는 사실행위이며 행정행위가 아니다.

> **관련 판례**
>
> 건설부장관이 행한 국립공원지정처분은 그 결정 및 첨부된 도면의 공고로써 그 경계가 확정되는 것이고, 시장이 행한 경계측량 및 표지의 설치 등은 공원관리청이 공원구역의 효율적인 보호, 관리를 위하여 이미 확정된 경계를 인식, 파악하는 사실상의 행위로 봄이 상당하며, 위와 같은 사실상의 행위를 가리켜 공권력행사로서의 행정처분의 일부라고 볼 수 없다(대판 1992.10.13. 92누2325).

01 행정행위는 법적행위이므로, 행정청이 도로를 보수하는 행위는 행정행위가 아니다. (O | X) [15교육행정직9급]

02 구 공무원법에 의해 건설부장관이 행한 국립공원지정처분에 따라 공원관리청이 행한 경계측량 및 표지의 설치는 항고소송의 대상이 되는 처분에 해당하는 사실행위이다. (O | X) [17지방직9급]

03 행정행위는 공법상의 행위이므로, 행정청이 특정인에게 어업권과 같이 사권의 성질을 가지는 권리를 설정하는 행위는 행정행위가 아니다. (O | X) [15교육행정직9급]

정답 01 O 02 X 03 X

PART 2 행정작용법

Ⅴ 행정행위의 분류

구분		내용
의사표시를 요소로 하는지에 따른 구별	법률행위적 행정행위	행정청 의사표시를 요소로 하고 그 의사에 따른 효과가 발생하는 법률행위적 행정행위
	준법률행위적 행정행위	의사표시 이외의 정신 작용인 판단, 인식, 관념 등을 구성요소로 하고 행정청의 의사와 무관하게 법이 정한 바에 따라 효과가 발생하는 행정행위
법규에 구속되는 정도에 따른 구별	기속행위	법이 정한 요건이 충족되는 경우 반드시 법이 정한 일정한 행위를 하도록 되어 있는 행정행위
	재량행위	행정청에게 관계 법령상의 행정행위를 할 것인가 하지 아니할 것인가에 관한 결정재량, 관계 법령에 의하여 허용되는 다수의 행위 중 어떠한 내용의 행정행위를 할 것인가에 관한 선택재량
상대방에 대한 법적 효과에 따른 구별	수익적 행정행위	상대방에게 수익적 행위
	부담적 행정행위	상대방에게 부담적 행위
	복효적 행정행위	수익적 효과와 침익적 효과가 동시에 발생하는 행위
고려 대상에 따른 구별	대인적 행정행위	상대방의 주관적 사정을 고려(예 운전면허, 의사면허) 일신전속적 성격
	대물적 행정행위	• 물건이나 시설의 객관적 사정을 고려한 행정행위, 이전 가능, 수익적·부담적 행정행위를 불문하고 승계 가능 • 명문의 규정이 없이도 제3자에게 승계 가능 • 허가 대상물에 대한 권리변동에 수반하여 이전 • 사업시행자가 종전 토지소유자가 아닌 타인을 환지받는 권리자로 지정하였다 하더라도 종전 토지소유자가 환지의 소유권을 취득하고 이를 행사함에 있어서는 아무런 영향이 없다(대판 1987.2.10. 86다카285). • 건축허가는 대물적 허가의 성질을 가지는 것으로에 그 허가의 효과는 허가대상 건축물에 대한 권리변동에 수반하여 이전되고 별도의 승인처분에 의하여 이전되는 것이 아니다(대판 1979.10.30. 79누190).
	혼합적 행정행위	상대방의 주관적 사정과 객관적 사정 모두 고려, 통상 행정청의 승인을 받아 이전 가능

01 구속력이란 행정행위가 적법요건을 구비하면 법률행위적 행정행위의 경우 법령이 정하는 바에 의해, 준법률행위적 행정행위의 경우 행정청이 표시한 의사의 내용에 따라 일정한 법적 효과가 발생하여 당사자를 구속하는 실체법상 효력이다. (O | X) [16사회복지직9급]

02 건축허가는 대물적 허가에 해당하므로, 허가의 효과는 허가대상 건축물에 대한 권리변동에 수반하여 이전되고 별도의 승인처분에 의하여 이전되는 것은 아니다. (O | X) [19국가직9급]

03 행정행위는 당해 행위로써 직접 법적 효과를 가져오는 행위이므로, 행정청이 건축허가의 신청을 반려하는 행위는 행정행위가 아니다. (O | X) [15교육행정직9급]

정답 01 X 02 O 03 X

제2절 기속행위와 재량행위

I 개설

1. 기속행위

법이 정한 요건이 충족되는 경우에는 반드시 법이 정한 일정한 행위를 하도록 되어있는 행정행위이다.

2. 재량행위

- 행정청에게 복수의 행위 중에서 선택의 자유가 인정되는 행정행위이다.
- 행정행위를 할 것인가 하지 아니할 것인가에 관한 재량인 결정재량과 관계법령상 허용되는 다수의 행위 중에서 어떠한 내용의 행정행위를 할 것인가에 관한 선택 재량을 의미한다.

II 구별기준

1. 학설

1) 요건재량설
    - 행정행위에 관한 법령의 요건규정에 재량이 인정된다는 견해이다. 요건규정이 공익 등의 종국목적만을 규정한 경우에는 재량행위, 중간목적으로 요건을 규정한 경우 기속행위이다.
    - 종국목적과 중간목적의 구별이 모호하다는 비판이 있다.

2) 효과재량설
    - 수익적 행정행위인 경우 재량행위, 침익적 행정행위인 경우 기속행위로 본다. 또한 효과재량설과 유사한 취지의 판시도 존재한다.
    - 다만, 수익적 행정행위가 기속행위인 경우도 있으며 침익적 행정행위가 재량행위인 경우도 있어 한계가 있는 구별기준이다.

    > 01 대법원은 주택건설촉진법 상의 주택건설사업계획의 승인은 상대방에게 권리나 이익을 부여하는 효과를 수반하는 수익적 행정처분이라는 점에서 재량행위라고 판단하고 있는데 이것은 이른바 요건재량설에 따른 것이다. (O | X)   [08국가직9급]

3) 법문언기준설
    - 법 규정의 표현을 기준으로 재량행위와 기속행위로 나눈다.

정답 01 X

- 1차적으로 법 규정이 " 행정청은 ~ 할 수 있다", 로 규정되어 있는 경우 재량행위, "행정청은 ~하여야 한다"로 규정되어 있는 경우 기속행위로 구별하고, 입법목적, 입법취지, 당해 행위의 성질, 헌법상 기본권 관련성을 고려하여 판단한다.

2. 구별기준에 관한 판례

판례는 법문언기준설의 입장과 유사한 판례가 주류를 이루고 있으나 효과재량설의 입장과 유사한 판례도 존재한다.

> **관련 판례**
>
> 1. 법문언기준설의 입장과 유사한 취지의 판례
>   행정행위가 그 재량성의 유무 및 범위와 관련하여 이른바 기속행위 내지 기속재량행위와 재량행위 내지 자유재량행위로 구분된다고 할 때, 그 구분은 당해 행위의 근거가 된 법규의 체재·형식과 그 문언, 당해 행위가 속하는 행정 분야의 주된 목적과 특성, 당해 행위 자체의 개별적 성질과 유형 등을 모두 고려하여 판단하여야 한다(대판 2001.2.9. 98두17593).
> 2. 효과재량설의 입장과 유사한 취지의 판례
>   주택재건축사업시행의 인가는 상대방에게 권리나 이익을 부여하는 효과를 가진 이른바 수익적 행정처분으로서 법령에 행정처분의 요건에 관하여 일의적으로 규정되어 있지 아니한 이상 행정청의 재량행위에 속하므로, 처분청으로서는 법령상의 제한에 근거한 것이 아니라 하더라도 공익상 필요 등에 의하여 필요한 범위 내에서 여러 조건(부담)을 부과할 수 있다(대판 2007.7.12. 2007두6663).

01 기속행위와 재량행위의 구분은 당해 행위의 근거가 된 법규의 체재·형식과 그 문언, 당해 행위가 속하는 행정분야의 주된 목적과 특성, 당해 행위 자체의 개별적 성질과 유형 등을 모두 고려하여 판단하여야 한다. (O | X)
[20지방직9급]

02 주택법상 주택건설 사업계획의 승인은 재량행위에 해당하므로, 처분권자는 주택건설 사업계획이 법령이 정하는 제한사유에 배치되지 않는 경우에도 공익상 필요가 있으면 사업계획 승인신청에 대하여 불허가결정을 할 수 있다. (O | X)
[21국회직8급]

3. 재량행위로 본 판시

> **관련 판례**
>
> 1. 자동차운수사업법에 의한 개인택시운송사업 면허는 특정인에게 권리나 이익을 부여하는 행정행위로서 법령에 특별한 규정이 없는 한 재량행위이고, 그 면허를 위하여 필요한 기준을 정하는 것도 역시 행정청의 재량에 속하는 것이므로, 그 설정된 기준이 객관적으로 합리적이 아니라거나 타당하지 않다고 볼만한 다른 특별한 사정이 없는 이상 행정청의 의사는 가능한 한 존중되어야 한다(대판 1998.2.13. 97누13061).

정답 01 O 02 O

2. 비관리청 항만공사 시행허가는 특정인에게 권리를 설정하는 행위로서 구 항만법과 그 시행령에 허가기준에 관한 규정이 없으므로 허가 여부는 행정청의 재량행위에 속하고, 그 허가를 위한 심사 기준을 정하여 놓은 업무처리요령은 재량권행사의 기준인 행정청 내부의 사무처리준칙에 불과하여 허가처분의 적법 여부는 결국 재량권의 남용 여부의 판단에 달려 있다(대판 2011.1.27. 2010두20508).
3. 출입국관리법상 체류자격 변경허가는 신청인에게 당초의 체류자격과 다른 체류자격에 해당하는 활동을 할 수 있는 권한을 부여하는 일종의 설권적 처분의 성격을 가지므로, 허가권자는 신청인이 관계 법령에서 정한 요건을 충족하였더라도, 신청인의 적격성, 체류 목적, 공익상의 영향 등을 참작하여 허가 여부를 결정할 수 있는 재량을 가진다(대판 2016.7.14. 2015두48846).
4. 구 출입국관리법 제76조의3 제1항 제3호의 문언·내용 등에 비추어 보면, 비록 그 규정에서 정한 사유가 있더라도, 법무부장관은 난민인정 결정을 취소할 공익상의 필요와 취소로 당사자가 입을 불이익 등 여러 사정을 참작하여 취소 여부를 결정할 수 있는 재량이 있다(대판 2017.3.15. 선고 2013두16333).
5. 구 폐기물관리법의 입법목적과 규정사항, 폐기물처리업 허가의 성격, 사업계획서적합통보제도의 취지와 함께 폐기물의 원활하고 적정한 처리라는 공익을 책임지고 실현하기 위한 행정의 합목적성 등을 종합하여 볼 때, 폐기물처리사업계획서의 적합 여부를 심사함에 있어서 법 제25조 제2항 각호에서 열거된 사항을 검토한 결과 이에 저촉되거나 문제되는 사항이 없다고 하더라도 폐기물의 수집·운반·처리에 관한 안정적이고 효율적인 책임행정의 이행 등 공익을 해칠 우려가 있다고 인정되는 경우에는 이를 이유로 사업계획서의 부적합통보를 할 수 있다고 볼 것이다(대판 2011.11.10. 2011두12283).
6. 재외동포(스티브 유)에 대한 사증발급은 행정청의 재량행위에 속하는 것으로서, 재외동포가 사증발급을 신청한 경우에 출입국관리법 시행령 [별표 1의2]에서 정한 재외동포체류자격의 요건을 갖추었다고 해서 무조건 사증을 발급해야 하는 것은 아니다. 재외동포에게 출입국관리법 제11조 제1항 각호에서 정한 입국금지사유 또는 재외동포법 제5조 제2항에서 정한 재외동포체류자격 부여 제외사유(예컨대 '대한민국 남자가 병역을 기피할 목적으로 외국국적을 취득하고 대한민국 국적을 상실하여 외국인이 된 경우')가 있어 그의 국내 체류를 허용하지 않음으로써 달성하고자 하는 공익이 그로 말미암아 발생하는 불이익보다 큰 경우에는 행정청이 재외동포체류자격의 사증을 발급하지 않을 재량을 가진다(대판 2019.7.11. 2017두38874).
7. 부동산 실권리자명의 등기에 관한 법률 시행령 제3조의2 단서는 조세를 포탈하거나 법령에 의한 제한을 회피할 목적이 아닌 경우에 과징금의 100분의 50을 감경할 수 있다고 규정하고 있고, 이는 임의적 감경규정임이 명백하므로, 위와 같은 감경사유가 존재하더라도 과징금을 감경할 것인지 여부는 과징금 부과관청의 재량에 속한다(대판 2007.7.12. 2006두4554).
8. 마을버스운송사업면허의 허용 여부는 사업구역의 교통수요, 노선결정, 운송업체의 수송능력, 공급능력 등에 관하여 기술적·전문적인 판단을 요하는 분야로서 이에 관한 행정처분은 운수행정을 통한 공익실현과 아울러 합목적성을 추구하기 위하여 보다 구체적 타당성에 적합한 기준에 의하여야 할 것이므로 그 범위 내에서는 법령이 특별히 규정한 바가 없으면 행정청의 재량에 속하는 것이라고 보아야 할 것이고, 마을버스 한정면허시 확정되는 마을버스 노선을 정함에 있어서도 기존 일반노선버스의 노선과의 중복 허용 정도에 대한 판단도 행정청의 재량에 속한다고 할 것이며, 노선의 중복 정도는 마을버스 노선과 각 일반버스노선을 개별적으로 대비하여 판단하여야 한다(대판 2002.6.28. 2001두10028).

9. 야생동·식물보호법 제16조 제3항과 같은 법 시행규칙 제22조 제1항의 체제 또는 문언을 살펴보면 원칙적으로 국제적멸종위기종 및 그 가공품의 수입 또는 반입 목적 외의 용도로의 사용을 금지하면서 용도변경이 불가피한 경우로서 환경부장관의 용도변경승인을 받은 경우에 한하여 용도변경을 허용하도록 하고 있으므로, 위 법 제16조 제3항에 의한 용도변경승인은 특정인에게만 용도 외의 사용을 허용해주는 권리나 이익을 부여하는 이른바 수익적 행정행위로서 법령에 특별한 규정이 없는 한 재량행위이고, 용도변경을 승인하기 위한 요건으로서의 용도변경의 불가피성에 관한 판단에 필요한 기준을 정하는 것도 역시 행정청의 재량에 속하는 것이므로, 그 설정된 기준이 객관적으로 합리적이 아니라거나 타당하지 않다고 볼 만한 다른 특별한 사정이 없는 이상 행정청의 의사는 가능한 한 존중되어야 한다(대판 2011.1.27. 2010두23033).

01 개인택시 운송사업면허는 특정인에게 권리나 이익을 부여하는 재량행위이다. (O | X) [19소방직9급]

02 행정청이 개인택시운송사업의 면허를 발급함에 있어 '개인택시 운송사업면허 사무처리지침'에 따라 택시 운전경력자를 일정 부분 우대하는 처분을 한 경우, 택시 이외의 운전경력자에게 반사적인 불이익이 초래되는 결과가 되므로 그러한 내용의 지침에 따른 처분은 재량권을 일탈·남용한 처분에 해당된다. (O | X) [15사회복지직9급]

03 야생동·식물보호법상 곰의 웅지를 추출하여 비누, 화장품 등의 재료를 사용할 목적으로 곰의 용도를 '사육곰'에서 '식·가공품 및 약용 재료'로 변경하겠다는 내용의 국제적 멸종위기종의 용도변경 승인행위는 재량행위이다. (O | X) [17지방직9급]

04 마을버스 운송사업면허의 허용 여부는 운수행정을 통한 공익실현과 아울러 합목적성을 추구하기 위하여 보다 구체적 타당성에 적합한 기준에 의하여야 할 것이므로 행정청의 재량에 속하는 것이라고 보아야 한다. (O | X) [20지방직9급]

4. 기속행위로 본 판시

관련 판례

1. 기부금품모집규제법상의 기부금품모집허가는 공익목적을 위하여 일반적·상대적으로 제한된 기본권적 자유를 다시 회복시켜주는 강학상의 허가에 해당하는 만큼 그에 대한 허가절차는 기부금품을 자유로이 모집할 수 있는 권리(이는 헌법상의 행복추구권에서 파생되는 일반적 행동자유권에 속한다) 자체를 제거해서는 아니되고, 기부금품모집허가의 법적 성질이 강학상의 허가라는 점을 고려하면, 기부금품 모집행위가 같은 법 제4조 제2항의 각 호의 사업에 해당하는 경우에는 특별한 사정이 없는 한 그 모집행위를 허가하여야 하는 것으로 풀이하여야 한다(대판 1999.7.23. 99두3690).
2. 경찰공무원임용령 제46조 제1항은 경찰공무원의 채용시험 또는 경찰간부후보생공개경쟁선발시험에서 부정행위를 한 응시자에 대하여는 당해 시험을 정지 또는 무효로 하고, 그로부터 5년간 이 영에 의한 시험에 응시할 수 없도록 규정하고 있는바, 경찰공무원임용령 제46조 제1항은 행정청 내부의 사무처리기준을 규정한 재량준칙이 아니라 일반 국민이나 법원을 구속하는 법규명령에 해당하므로, 그에 의한 처분은 재량행위가 아니라 기속행위이다(대판 2008.5.29. 2007두18321).
3. 구 출입국관리법 제2조 제3호, 제76조의2 제1항, 제3항, 제4항, 구 출입국관리법 시행령 제88조의2, 난민의 지위에 관한 협약 제1조, 난민의 지위에 관한 의정서 제1조의 문언, 체계와 입법 취지를 종합하면, 난민 인정에 관한 신청을 받은 행정청은 원칙적으로 법령이 정한 난민 요건에 해당하는지

정답 01 O 02 X 03 O 04 O

를 심사하여 난민 인정 여부를 결정할 수 있을 뿐이고, 이와 무관한 다른 사유만을 들어 난민 인정을 거부할 수는 없다(대판 2017.12.5. 2016두42913).
4. 육아휴직 중 국가공무원법 제73조 제2항에서 정한 복직 요건인 '휴직사유가 없어진 때'에 해당하는지를 판단하는 기준 및 위 조항에 따른 복직명령의 법적 성질 = 기속행위
   국가공무원법 제73조 제2항의 문언에 비추어 복직명령은 기속행위이므로 휴직사유가 소멸하였음을 이유로 신청하는 경우 임용권자는 지체 없이 복직명령을 하여야 한다(대판 2014.6.12. 2012두4852).
5. 국유재산의 무단점유 등에 대한 변상금징수의 요건은 국유재산법 제51조 제1항에 명백히 규정되어 있으므로 변상금을 징수할 것인가는 처분청의 재량을 허용하지 않는 기속행위이다(대판 2000.1.28. 97누4098).

Ⅲ 구별실익

1. 사법심사의 방식

- 기속행위와 재량행위는 위법성(합법성) 심사 방식에서 차이가 있다. 기속행위의 경우, 법원이 일정한 결론을 도출한 후 그 결론에 비추어 행정청이 한 판단의 적부를 판단한다.
- 재량행위의 경우, 법원은 독자의 결론을 도출함이 없이 당해 행위의 재량권의 일탈·남용이 있는지 여부만을 심사하게 된다(기속행위는 전면적 사법심사, 재량행위는 제한적 재판통제). 재량의 하자가 있는 경우, 행정심판청구에 대하여 인용재결, 행정소송청구에 대하여는 인용판결이 나오게 된다. 재량의 하자가 없는 경우, 행정심판청구에 대하여 기각재결, 행정소송에 대하여는 기각판결이 나오게 된다.

> **관련 판례**
>
> 1. 기속행위와 재량행위로 구분되는 양자에 대한 사법심사는, 전자의 경우 그 법규에 대한 원칙적인 기속성으로 인하여 법원이 사실인정과 관련 법규의 해석·적용을 통하여 일정한 결론을 도출한 후 그 결론에 비추어 행정청이 한 판단의 적법 여부를 독자의 입장에서 판정하는 방식에 의하게 되나, 후자의 경우 행정청의 재량에 기한 공익판단의 여지를 감안하여 법원은 독자의 결론을 도출함이 없이 당해 행위에 재량권의 일탈·남용이 있는지 여부만을 심사하게 되고, 이러한 재량권의 일탈·남용 여부에 대한 심사는 사실오인, 비례·평등의 원칙 위배, 당해 행위의 목적 위반이나 동기의 부정 유무 등을 그 판단 대상으로 한다(대판 2001.2.9. 98두17593).
> 2. 재량권의 일탈은 그 결정권이 기속재량이거나 자유재량이거나를 막론하고 사법심사의 대상이 된다(대판 1984.1.31. 83누451).
> 3. 학생에 대한 징계권의 발동이나 징계의 양정이 징계권자의 교육적 재량에 맡겨져 있다 할지라도 법원이 심리한 결과 그 징계처분에 위법사유가 있다고 판단되는 경우에는 이를 취소할 수 있는 것이고, 징계처분이 교육적 재량행위라는 이유만으로 사법심사의 대상에서 당연히 제외되는 것은 아니다(대판 1991.11.22. 91누2144).

4. 처분의 근거 법령이 행정청에 처분의 요건과 효과 판단에 일정한 재량을 부여하였는데도, 행정청이 자신에게 재량권이 없다고 오인한 나머지 처분으로 달성하려는 공익과 그로써 처분상대방이 입게 되는 불이익의 내용과 정도를 전혀 비교형량 하지 않은 채 처분을 하였다면, 이는 재량권 불행사로서 그 자체로 재량권 일탈·남용으로 해당 처분을 취소하여야 할 위법사유가 된다(대판 2019.7.11. 2017두38874).

01 재량행위가 법령이나 평등원칙을 위반한 경우뿐만 아니라 합목적성의 판단을 그르친 경우에도 위법한 처분으로서 행정소송의 대상이 된다. (O | X)   [21소방직]

02 기속행위의 경우 법원이 사실인정과 관련법규의 해석·적용을 통하여 일정한 결론을 도출한 후 그 결론에 비추어 행정청이 한 판단의 적법 여부를 독자의 입장에서 판정한다. (O | X)   [20국가직7급]

03 학생에 대한 징계권의 발동이나 징계의 양정(量定)이 징계권자의 교육적 재량에 맡겨져 있다 할지라도 법원이 심리한 결과 그 징계처분에 위법한 사유가 있다고 판단되는 경우에는 이를 취소할 수 있다. (O | X)   [08국가직9급]

04 재량행위가 위법하다는 이유로 소송이 제기된 경우에 법원은 각하할 것이 아니라 그 일탈·남용 여부를 심사하여 그에 해당하지 않으면 청구를 기각하여야 한다. (O | X)   [14서울시9급]

2. 부관

재량행위의 경우 부관을 붙일 수 있으나 기속행위의 경우 부관을 붙일 수 없는 것이 원칙이다. 다만, 기속행위의 경우에도 요건충족적 부관은 붙일 수 있다.

3. 공권의 성립

- 기속행위의 경우 기속행위를 요구할 수 있는 청구권이 있다.
- 재량행위의 경우 행정청은 행위를 할 것인가에 관한 재량을 가지고 있으므로 원칙적으로 청구권을 가지지 않는다. 다만, 일정한 경우 무하자재량행사청구권이나 행정개입청구권이 발생할 수 있다.

정답 01 X 02 O 03 O 04 O

Ⅳ 재량통제

1. 개설
- 행정감독에 의한 통제로 상급행정청이 하급행정청의 재량권 행사를 감독할 수 있다.
- 행정절차에 의한 통제로 사전통지·의견제출, 청문, 공청회 등 행정절차의 민주성 확보를 통한 통제가 있다.
- 법원에 의한 사법적 통제, 헌법재판소에 의한 통제, 행정심판에 의한 통제가 가능하다.

2. 재량권 행사의 하자
- 행정권이 재량을 가지는 경우에도 일정한 한계가 있다. 여기에는 외적 한계를 넘는 재량의 일탈과 내적 한계를 벗어난 재량의 남용이 있다. 다만, 판례는 재량의 일탈과 남용을 구별하지 아니한다.

> **행정소송법 제27조(재량처분의 취소)** 행정청의 재량에 속하는 처분이라도 재량권의 한계를 넘거나 그 남용이 있는 때에는 법원은 이를 취소할 수 있다.
> **행정기본법 제21조(재량행사의 기준)** 행정청은 재량이 있는 처분을 할 때에는 관련 이익을 정당하게 형량하여야 하며, 그 재량권의 범위를 넘어서는 아니 된다.

01 재량권의 일탈이란 재량권의 내적 한계를 벗어난 것을 말하고, 재량권의 남용이란 재량권의 외적 한계를 벗어난 것을 말한다. (O | X) [15국가직9급]

3. 재량행위의 위법사유

1) 재량의 일탈
법이 정한 범위를 벗어난 재량행위는 위법하다.(예 행정법규 위반에 대하여 6월 이내의 영업정지처분을 할 수 있는 것으로 규정되어 있는 경우임에도 행정청이 1년의 영업정지처분을 한 경우)

2) 재량의 남용
- 사실오인(음주운전을 하지 않은 공무원에 대하여 음주운전을 했다고 오인하고 징계)과 같이 사실의 존부 판단에 오류가 있는 경우에도 위법하다.
- 행정법의 일반원칙 위반(평등원칙, 비례원칙, 부당결부금지의 원칙, 신뢰보호의 원칙, 성실의무 위반 등)이 있는 경우도 재량의 남용이 있는 것이다.
- 행정행위 동기·목적의 불법이 있는 경우에도 재량권의 남용이 있는 경우에 해당한다.

정답 01 X

PART 2 행정작용법

> **관련 판례**
> 일반적으로 제재적 행정처분이 사회통념상 재량권의 범위를 일탈한 것인가의 여부는 처분사유인 위반행위의 내용과 당해 처분에 의하여 달성하려는 공익목적 및 이에 따르는 제반사정 등을 객관적으로 심리하여 공익침해의 정도와 그 처분으로 인하여 개인이 입을 불이익을 비교교량하여 판단하여야 한다(대판 1989.4.25. 88누3079).

01 사실의 존부에 대한 판단에도 재량권이 인정될 수 있으므로, 사실을 오인하여 재량권을 행사한 경우라도 처분이 위법한 것은 아니다. (O | X) [20국가직7급]

3) 재량권의 불행사와 해태
- 행정기관은 의무에 합당한 재량을 행사하여야 한다.
- 재량행위를 기속행위로 오인하여 불행사하는 것이 재량권의 불행사이다.
- 재량행위를 할 때 고려사항을 빠트린 것을 재량의 해태라고 한다.
- 다만, 재량행위라도 법이 정한 요건을 갖추지 못한 신청에 대해서, 행정청은 재량권을 행사할 필요가 없다.

> **관련 판례**
> 1. 시행령 제3조의2 단서의 과징금 감경사유가 있음에도, 과징금 부과 관청이 과징금을 산정하면서 이를 전혀 고려하지 않았거나 감경사유에 해당하지 않는다고 오인하여 과징금 전액을 부과한 것으로 보이므로, 위 과징금 부과처분은 재량권을 일탈·남용한 위법한 처분이다(대판 2010.7.15. 2010두7031).
> 2. 귀화신청인이 구 국적법 제5조 각호에서 정한 귀화요건을 갖추지 못한 경우, 법무부장관이 귀화 허부에 관한 재량권을 행사할 여지 없이 귀화불허처분을 하여야 한다(대판 2018.12.13. 2016두31616).

02 재량권의 불행사에는 재량권을 충분히 행사하지 아니한 경우는 포함되지 않는다. (O | X) [15국가직9급]

03 법이 과징금 부과처분에 대한 임의적 감경규정을 두었다면 감경 여부는 행정청의 재량에 속한다고 할 것이나, 행정청이 감경사유가 있음에도 이를 전혀 고려하지 않았거나 감경사유에 해당하지 않는다고 오인한 나머지 과징금을 감경하지 않았다면 그 과징금 부과처분은 재량권을 일탈하거나 남용한 위법한 처분으로 보아야 한다. (O | X) [20소방직]

4) 기속행위의 경우
- 재량권의 일탈·남용을 따질 필요가 없다.

> **관련 판례**
> 도로교통법 제78조 제1항 단서 제8호의 규정에 의하면, 술에 취한 상태에 있다고 인정할 만한 상당한 이유가 있음에도 불구하고 <u>경찰공무원의 측정에 응하지 아니한 때에는 필요적으로 운전면허를 취소하도록 되어 있어 처분청이 그 취소 여부를 선택할 수 있는 재량의 여지가 없음이 그 법문상 명백하므로</u>,

정답 01 X 02 X 03 O

위 법조의 요건에 해당하였음을 이유로 한 운전면허취소처분에 있어서 재량권의 일탈 또는 남용의 문제는 생길 수 없다(대판 2004.11.12. 2003두12042).

4. 재량권의 일탈·남용에 관한 판례

> **관련 판례** 재량권의 일탈·남용으로 본 판시

1. 공정한 업무처리에 대한 사의로 두고 간 돈 30만원이 든 봉투를 소지함으로써 피동적으로 금품을 수수하였다가 돌려 준 20여년 근속의 경찰공무원에 대한 해임처분이 사회통념상 현저하게 타당성을 잃어 재량권의 남용에 해당한다(대판 1991.7.23. 90누8954).
2. 주유소의 관리인이 부정휘발유를 구입 판매한 것을 이유로 위험물취급소 설치허가를 취소한 행정처분이 재량권의 범위를 일탈한 것이다(대판 1989.3.28. 87누436).
3. 단원에게 지급될 급량비를 바로 지급하지 아니하고 모아두었다가 지급한 시립무용단원에 대한 해촉은 재량권 일탈·남용으로 무효라는 취지의 판시
   서울특별시립무용단 단원의 위촉은 공법상의 계약이라고 할 것이고, 따라서 그 단원의 해촉에 대하여는 공법상의 당사자소송으로 그 무효확인을 청구할 수 있다(대판 1995.12.22. 95누4636).
4. 제반규정에 의하여 박사학위논문 심사과정을 통과한 자에게 정당한 이유 없이 학위수여를 부결한 행정처분은 위법하다(대판 1976.6.8. 75누63).
5. 민원사무를 처리하는 행정기관이 민원 1회방문 처리제를 시행하는 절차의 일환으로 민원사항의 심의·조정 등을 위한 민원조정위원회를 개최하면서 민원인에게 회의일정 등을 사전에 통지하지 아니하였다 하더라도, 이러한 사정만으로 곧바로 민원사항에 대한 행정기관의 장의 거부처분에 취소사유에 이를 정도의 흠이 존재한다고 보기는 어렵다. 다만 행정기관의 장의 거부처분이 재량행위인 경우에, 위와 같은 사전통지의 흠결로 민원인에게 의견진술의 기회를 주지 아니한 결과 민원조정위원회의 심의과정에서 고려대상에 마땅히 포함시켜야 할 사항을 누락하는 등 재량권의 불행사 또는 해태로 볼 수 있는 구체적 사정이 있다면, 거부처분은 재량권을 일탈·남용한 것으로서 위법하다(대판 2015.8.27. 2013두1560).

> **관련 판례** 재량권의 일탈·남용이라고 보지 않은 판시

1. 명예퇴직 합의 후 명예퇴직 예정일 사이에 허위로 병가를 받아 다른 회사에 근무하였음을 사유로 한 징계해임처분이 징계재량권의 일탈·남용으로 볼 수 없다(대판 2002.8.23. 2000다60890, 60906).
2. 지방공무원 복무조례개정안에 대한 의견을 표명하기 위하여 전국공무원노동조합 간부 10여 명과 함께 시장의 사택을 방문한 위 노동조합 시지부 사무국장에게 지방공무원법 제58조에 정한 집단행위 금지의무를 위반하였다는 등의 이유로 징계권자가 파면처분을 한 사안에서, 그 징계처분이 사회통념상 현저하게 타당성을 잃거나 객관적으로 명백하게 부당하여 징계권의 한계를 일탈하거나 재량권을 남용하였다고 볼 수 없다(대판 2009.6.23. 2006두16786).
3. 학교법인의 교비회계자금을 법인회계로 부당전출한 행위의 위법성 정도와 임원들의 이에 대한 가공의 정도, 학교법인이 사실상 행정청의 시정 요구 대부분을 이행하지 아니하였던 사정 등을 참작하여, 임원취임승인취소처분이 재량권을 일탈·남용하였다고 볼 수 없다(대판 2007.7.19. 2006두19297).

4. 초음파 검사를 통하여 알게된 태아의 성별을 고지한 의사에 대한 의사면허자격정지처분이 재량권을 일탈·남용하였다고 볼 수 없다(대판 2002.10.25. 2002두4822).
5. 생물학적 동등성 시험 자료 일부에 조작이 있음을 이유로 해당 의약품의 회수 및 폐기를 명한 행정처분이 재량권을 일탈·남용하였다고 볼 수 없다(대판 2008.11.13. 2008두8628).
6. 성수대교를 부실시공하여 붕괴사고를 초래한 동아건설산업 주식회사에 대하여 한 건설업(철강재설치공사업)면허취소처분이 재량권을 일탈·남용한 경우에 해당하지 않는다(대판 2002.9.24. 99두1519).

01 민원사무를 처리하는 행정기관이 민원조정위원회를 개최하면서 민원인에게 그 회의일정 등을 사전에 통지하여야 함에도 불구하고 그러하지 아니한 경우에 이러한 사정만으로 곧바로 그 민원사항에 대한 행정기관의 장의 거부처분이 위법하다고 볼 수는 없다. (O | X) [19사회복지직9급]

02 생물학적 동등성 시험 자료에 조작이 있음을 이유로 해당 의약품의 회수, 폐기를 명한 처분에 어떠한 재량권의 일탈·남용이 있다고 할 수는 없다. (O | X) [12사회복지직9급]

03 전국공무원노동조합 시 지부 사무국장이 지방공무원 복무조례 개정안에 대한 의견을 표명하기 위하여 전국공무원노동조합 간부들과 함께 시장의 사택을 방문하였고, 이에 징계권자가 시장 개인의 명예와 시청의 위신을 실추시키고 지방공무원법에서 정한 집단행위 금지의무를 위반하였다는 등의 이유로 사무국장을 파면처분한 것은 재량권의 일탈·남용에 해당되지 않는다. (O | X) [15사회복지직9급]

핵심 기출문제

01

기속행위와 재량행위에 대한 설명으로 옳지 않은 것은? [16군무원9급]

① 법률에서 정한 귀화요건을 갖춘 귀화신청에 대한 법무부장관의 귀화 허가는 재량행위로 본다.
② 대기환경보전법상 배출시설허가는 기속행위이므로 공익의 문제가 있더라도 허가해야 한다.
③ 재량행위의 경우 법원은 독자의 결론을 도출함이 없이 당해 행위에 재량권의 일탈·남용이 있는지 여부만을 심사하게 된다.
④ 행정청의 재량에 속하는 처분이라도 재량권의 한계를 넘거나 그 남용이 있는 때에는 법원은 이를 취소할 수 있다.

해설

01 | ① (○) 법무부장관은 귀화신청인이 법률이 정하는 귀화요건을 갖추었다고 하더라도 귀화를 허가할 것인지 여부에 관하여 재량권을 가진다(대판 2010.7.15. 2009두19069).
② (×) 구 대기환경보전법, 같은 법 시행령, 같은 법 시행규칙 제4조, [별표 2]와 같은 배출시설 설치허가와 설치제한에 관한 규정들의 문언과 그 체제·형식에 따르면 환경부장관은 배출시설 설치허가 신청이 구 대기환경보전법 제23조 제5항에서 정한 허가 기준에 부합하고 구 대기환경보전법 제23조 제6항, 같은 법 시행령 제12조에서 정한 허가제한사유에 해당하지 아니하는 한 원칙적으로 허가를 하여야 한다. 다만 배출시설의 설치는 국민건강이나 환경의 보전에 직접적으로 영향을 미치는 행위라는 점과 대기오염으로 인한 국민건강이나 환경에 관한 위해를 예방하고 대기환경을 적정하고 지속가능하게 관리·보전하여 모든 국민이 건강하고 쾌적한 환경에서 생활할 수 있게 하려는 구 대기환경보전법의 목적(제1조) 등을 고려하면, 환경부장관은 같은 법 시행령 제12조 각 호에서 정한 사유에 준하는 사유로서 환경 기준의 유지가 곤란하거나 주민의 건강·재산, 동식물의 생육에 심각한 위해를 끼칠 우려가 있다고 인정되는 등 중대한 공익상의 필요가 있을 때에는 허가를 거부할 수 있다고 보는 것이 타당하다(대판 2013.5.9. 2012두22799).
③ (○) 기속행위와 재량행위로 구분되는 양자에 대한 사법심사는, 전자의 경우 그 법규에 대한 원칙적인 기속성으로 인하여 법원이 사실인정과 관련 법규의 해석·적용을 통하여 일정한 결론을 도출한 후 그 결론에 비추어 행정청이 한 판단의 적법 여부를 독자의 입장에서 판정하는 방식에 의하게 되나, 후자의 경우 행정청의 재량에 기한 공익판단의 여지를 감안하여 법원은 독자의 결론을 도출함이 없이 당해 행위에 재량권의 일탈·남용이 있는지 여부만을 심사하게 되고, 이러한 재량권의 일탈·남용 여부에 대한 심사는 사실오인, 비례·평등의 원칙 위배, 당해 행위의 목적 위반이나 동기의 부정 유무 등을 그 판단 대상으로 한다(대판 2001.2.9. 98두17593).
④ (○)

> **행정소송법 제27조(재량처분의 취소)** 행정청의 재량에 속하는 처분이라도 재량권의 한계를 넘거나 그 남용이 있는 때에는 법원은 이를 취소할 수 있다.

정답 01 ②

PART 2 행정작용법

제3절 불확정개념과 판단여지

1. 불확정개념의 의의
행정법규의 구성요건부분이 "공익", "상당한 이유",등 다의적이며 불명확한 용어로 기술된 경우를 의미한다.

2. 판단여지론
- 불확정개념은 법적 인식의 문제로서 재량이 없는 것이 원칙이고 오로지 하나의 정당한 판단을 하여야 하는 법적 판단의 문제이다.
- 오늘날 점차 다양화·전문화되어가고 있는 행정결정영역에 있어서 일정 부분은 행정기관의 결정을 종국적인 것으로 사실상 존중하여 법원의 사법심사를 제한하는 것이다.

3. 판단여지론에 대한 학설
1) 부정설은 행정규정의 요건부분과 효과부분을 확실하게 나누기 어려우므로, 요건부분에서 인정되는 판단여지라는 독자적 개념을 부정한다. 따라서 요건부분에서도 행정기관의 판단을 종국적인 것으로 사실상 존중하는 경우에는 재량으로 보는 학설이다.

2) 긍정설은 판단여지와 재량을 구별하는 견해로서, 법률요건의 인식문제와 법률효과에 관한 결정 및 선택문제는 구별하여야 한다고 보고, 요건부분에서 불확정개념의 포섭과 관련하여 일정한 영역에서 판단여지를 인정할 수 있다는 학설이다.

---

01 판단여지를 긍정하는 학설은 판단여지는 법률효과 선택의 문제이고 재량은 법률요건에 대한 인식의 문제라는 점, 양자는 그 인정근거와 내용 등을 달리하는 점에서 구별하는 것이 타당하다고 한다. (O | X) [17국가직9급]

02 법규정의 일체성에 의해 요건판단과 효과선택의 문제를 구별하기 어렵다고 보는 견해는 재량과 판단여지의 구분을 인정한다. (O | X) [18국가직7급]

정답 01 X 02 X

4. 판례

판례는 요건부분의 불확정개념과 포섭과 관련하여 재량을 인정하고 있어 별도로 판단여지를 인정하고 있다고 볼 수 없다.

> **관련 판례**
>
> 1. 구 군사기지 및 군사시설 보호법상 국방부장관 또는 관할부대장에 대한 관계 행정기관장의 협의 요청 대상인 행위가 군사작전에 지장을 초래하거나 초래할 우려가 있는지 등은 고도의 전문적·군사적 판단 사항인지 여부(적극) 및 그 판단에 관하여 국방부장관 또는 관할부대장 등에게 재량권이 부여되어 있는지 여부(적극)
>   행정청의 전문적인 정성적 평가 결과는 판단의 기초가 된 사실인정에 중대한 오류가 있거나 그 판단이 사회통념상 현저하게 타당성을 잃어 객관적으로 불합리하다는 등의 특별한 사정이 없는 한 법원이 당부를 심사하기에 적절하지 않으므로 가급적 존중되어야 하고, 여기에 재량권을 일탈·남용한 특별한 사정이 있다는 점은 증명책임분배의 일반원칙에 따라 이를 주장하는 자가 증명하여야 한다(대판 2020.7.9. 2017두39785).
>
> 2. "개발제한구역의 훼손이 최소화될 수 있는"의 불확정개념에 대한 행정청의 재량을 인정한 판시
>   그리고 개발제한구역법 및 액화석유가스법 등의 관련 법규에 의하면, 개발제한구역에서의 자동차용 액화석유가스충전사업허가는 그 기준 내지 요건이 불확정개념으로 규정되어 있으므로 그 허가 여부를 판단함에 있어서 행정청에 재량권이 부여되어 있다고 보아야 한다(대판 2016.1.28. 2015두52432).
>
> 3. 안장거부처분은 특별한 사정이 없는 한 재량권 범위 내의 것으로 적법하다는 취지의 판시
>   그 희생과 공헌만으로 보면 안장 대상자의 자격요건을 갖추고 있더라도 다른 사유가 있어 그 망인을 국립묘지에 안장하면 국립묘지의 영예성을 훼손한다고 인정될 경우에는 안장 대상에서 제외함으로써 국립묘지 자체의 존엄을 유지하고 영예성을 보존하기 위하여 심의위원회에 다양한 사유에 대한 광범위한 심의 권한을 부여한 것이라고 할 수 있다. 따라서 영예성 훼손 여부에 대한 심의위원회의 결정이 현저히 객관성을 결여하였다는 등의 특별한 사정이 없는 한 그 심의 결과는 존중함이 옳다(대판 2013.12.26. 2012두19571).
>
> 4. 신의료기술의 안전성·유효성 평가나 신의료기술의 시술로 국민보건에 중대한 위해가 발생하거나 발생할 우려가 있는지에 관한 판단은 고도의 의료·보건상의 전문성을 요하므로, 행정청이 국민의 건강을 보호하고 증진하려는 목적에서 의료법 등 관계 법령이 정하는 바에 따라 이에 대하여 전문적인 판단을 하였다면, 판단의 기초가 된 사실인정에 중대한 오류가 있거나 판단이 객관적으로 불합리하거나 부당하다는 등의 특별한 사정이 없는 한 존중되어야 한다. 또한 행정청이 전문적인 판단에 기초하여 재량권의 행사로서 한 처분은 비례의 원칙을 위반하거나 사회통념상 현저하게 타당성을 잃는 등 재량권을 일탈하거나 남용한 것이 아닌 이상 위법하다고 볼 수 없다(대판 2016.1.28. 2013두21120).
>
> 5. 보건복지가족부장관(현 보건복지부장관)에게 예방접종으로 인한 질병, 장애 또는 사망(이하 '장애 등'이라 한다)의 인정 권한을 부여한 것은, 예방접종과 장애 등 사이에 인과관계가 있는지를 판단하는 것은 고도의 전문적 의학 지식이나 기술이 필요한 점과 전국적으로 일관되고 통일적인 해석이 필요한 점을 감안한 것으로 역시 보건복지가족부장관의 재량에 속하는 것이므로, 인정에 관한 보건복지가족부장관의 결정은 가능한 한 존중되어야 한다(대판 2014.5.16. 2014두274).

6. 구 문화재보호법 제44조 제1항 단서 제3호의 규정에 의한 '건설공사를 계속하기 위한 고분발굴허가'가 재량행위라는 판시

행정청이 매장문화재의 원형보존이라는 목표를 추구하기 위하여 문화재보호법 등 관계 법령이 정하는 바에 따라 내린 전문적·기술적 판단은 특별히 다른 사정이 없는 한 이를 최대한 존중하여야 한다 (대판 2000.10.27. 99두264).

7. 공무원 임용을 위한 면접전형에서 임용신청자의 능력이나 적격성 등에 관한 판단은 면접위원의 고도의 교양과 학식, 경험에 기초한 자율적 판단에 의존하는 것으로서 오로지 면접위원의 자유재량에 속하고, 그와 같은 판단이 현저하게 재량권을 일탈 내지 남용한 것이 아니라면 이를 위법하다고 할 수 없다(대판 1997.11.28. 97누11911).

01 판례는 재량행위와 판단여지를 구분하지 않고 판단여지가 인정될 수 있는 경우에도 재량권이 인정되는 것으로 본다. (O | X) [10국회직9급]

02 판례는 교과서 검정의 위법성을 재량심사에 의하여 판단하고 있다. (O | X) [10지방직9급]

03 판례는 공무원 임용을 위한 면접전형에서 임용신청자의 능력이나 적격성 등에 관한 판단이 면접위원의 자유재량에 속한다고 보고 있다. (O | X) [13지방직7급]

04 「개발제한구역의 지정 및 관리에 관한 특별조치법」 및 구 「액화석유가스의 안전관리 및 사업법」 등의 관련 법규에 의하면, 개발제한구역에서의 자동차용 액화석유가스충전 사업허가는 그 기준 내지 요건이 불확정개념으로 규정되어 있으므로 그 허가 여부를 판단함에 있어서 행정청에 재량권이 부여되어 있다고 보아야 한다. (O | X) [17지방직9급]

05 의료법상 신의료기술의 안전성 유효성평가나 신의료기술의 시술로 국민보건에 중대한 위해가 발생하거나 발생할 우려가 있는지 여부에 대한 판단과, 그 경우 행정청이 어떠한 종류와 내용의 지도나 명령을 할 것인지의 판단에 관해서는 행정청에 재량권이 부여되어 있다. (O | X) [21국회직8급]

5. 판단여지의 인정영역

1) 비대체적 결정
국가고시에서 합격자 결정, 공무원에 대한 근무평가결정과 같이 개인의 인정 및 능력에 대한 평가자의 판단과 관련된 사안

2) 구속적 가치결정
공정거래위원회의 부당공동행위에 관한 결정, 청소년보호위원회의 청소년유해매체물 결정 등 직무상 독립성을 가지는 전문 위원회의 결정

3) 미래예측적 결정
환경행정, 경제행정분야에서 장래 위험성에 대한 판단 등 예측적 결정

4) 행정정책적 결정
공무원 인력수급계획의 결정과 같이 일정 방향으로 유도·조성하고자 하는 결정

6. 판단여지의 한계

- 올바른 판단기관이 판단하였을 것
- 절차적 규정이 준수되었을 것
- 행정법의 일반원칙 위배가 없을 것

> **관련 판례**
>
> 교과용 도서를 검정함에 있어서 법령과 심사기준에 따라서 심사위원회의 심사를 거치고, 검정상 판단이 사실상 기초가 없다거나 사회통념상 현저히 부당하다는 등 현저히 재량권의 범위를 일탈한 것이 아닌 이상 그 검정을 위법하다고 볼 수 없다(대판 1992.4.24. 91누6634).

핵심 기출문제

01

행정소송에 있어 기속행위와 재량행위의 구별에 대한 설명으로 옳은 것은? (다툼이 있는 경우 판례에 의함) [17지방직9급]

① 기속행위의 경우에는 절차상의 하자만으로 독립된 취소사유가 될 수 없으나, 재량행위의 경우에는 절차상의 하자만으로도 독립된 취소사유가된다.
② 기속행위의 경우에는 소송의 계속 중에 처분사유를 추가·변경할 수 있으나, 재량행위의 경우에는 처분사유의 추가·변경이 허용되지 않는다.
③ 실체적 위법을 이유로 거부처분을 취소하는 판결이 확정된 경우, 해당 행정행위가 재량행위라면 행정청에게 원고의 신청을 인용하여 재처분을 하여야 하지만 기속행위라면 원고의 신청을 인용할 필요가 없다.
④ 과징금 감경 여부는 과징금 부과 관청의 재량에 속하는 것이므로, 과징금 부과관청이 이를 판단함에 있어서 재량권을 일탈남용하여 과징금부과처분이 위법하다고 인정될 경우, 법원으로서는 법원이 적정하다고 인정되는 부분을 초과한 부분만 취소할 수는 없다.

해설

01 ① (×) 재량행위든 기속행위든 절차 하자는 독립된 취소사유에 해당한다.
② (×) 재량행위든 기속행위든 소송의 계속 중에 처분사유를 추가·변경할 수 있다.
③ (×) 기속행위는 법원이 특정한 결론을 도출하는 방식으로 사법심사를 한다. 법원이 거부처분을 취소하였다면 인용을 하여야 했다는 결론이 도출된다. 따라서 특별한 사정이 없는 한 처분청은 판결의 기속력에 따라 인용결정을 한다. 다만, 재량행위는 재량권의 일탈·남용을 심사하는 것이므로 재량권의 일탈·남용이 없는 재처분을 하면 족하고 그 내용이 반드시 인용처분이 될 필요는 없다.
④ (○) 자동차운수사업면허조건 등을 위반한 사업자에 대하여 행정청이 행정제재수단으로 사업 정지를 명할 것인지, 과징금을 부과할 것인지, 과징금을 부과키로 한다면 그 금액은 얼마로 할 것인지에 관하여 <u>재량권</u>이 부여되었다 할 것이므로 <u>과징금부과처분이 법이 정한 한도액을 초과하여 위법할 경우 법원으로서는 그 전부를 취소할 수밖에 없고</u>, 그 한도액을 초과한 부분이나 법원이 적정하다고 인정되는 부분을 초과한 부분만을 취소할 수 없다(대판 1998.4.10. 98두2270).

정답 **01** ④

제4절 수익적 행정행위와 부담적 행정행위, 복효적 행정행위

I 개설

법적효과를 기준으로 수익적 행정행위, 부담적 행정행위, 복효적 행정행위로 구별된다.

II 수익적 행정행위와 부담적 행정행위

1. 수익적 행정행위의 의의

행정의 상대방에게 권리·이익을 부여하거나 의무의 면제 등 유리한 법적 효과를 발생시키는 행정행위이다.

2. 부담적(침익적) 행정행위

행정의 상대방에게 권리를 제한하고 의무를 부과하는 불리한 법적 효과를 발생시키는 행정행위이다.

III 수익적 행정행위와 부담적(침익적) 행정행위의 구별실익

1. 법률유보의 원칙

부담적 행정행위의 경우 법률유보의 원칙이 엄격하게 적용되고 수익적 행정행위의 경우 완화 적용된다.

2. 신청여부

부담적 행정행위의 경우 신청과 무관하고 수익적 행정행위는 보통 신청이 전제가 된다.

3. 절차적 통제

부담적 행정행위의 경우 절차적 통제가 엄격하고 수익적 행정행위의 경우 완화된다.

4. 신뢰보호의 원칙

취소나 철회의 제한과 관련하고 부담적 행정행위는 취소나 철회에 원칙적으로 제한이 없으나 수익적 행정행위의 경우 신뢰보호의 원칙이 적용되어 제한이 된다.

5. 부관

부관은 주로 수익적 행정행위의 경우 부과된다.

6. 행정쟁송

1) 부담적 행정행위

취소심판, 취소소송, 무효확인심판, 무효확인소송 가능

2) 수익적 행정행위

- 거부처분에 대한 의무이행심판, 취소심판, 무효확인심판 가능
- 부작위에 대한 의무이행심판 가능
- 거부처분에 대한 취소소송, 무효확인소송 가능
- 부작위에 대한 부작위위법확인소송 가능

Ⅳ 복효적 행정행위

1. 개설

- 복효적 행정행위는 넓은 의미로 혼효적 행정행위(행정의 상대방에게 수익적·침익적 효과를 동시에 주는 행정행위)와 제3자효 행정행위(행정의 상대방에게는 수익적이나 제3자에게는 침익적인 행정행위 혹은 제3자에게는 수익적이나 행정의 상대방에게는 침익적인 행정행위)를 의미한다.
- 일반적으로 복효적 행정행위는 제3자효 행정행위를 의미한다(협의의 복효적 행정행위).

2. 특색

제3자효 행정행위는 공권의 확대화 경향으로 인한 원고적격 확대와 관련이 깊다.

3. 행정행위의 통지의무

행정행위의 통지는 원칙적으로 처분의 상대방에게 하는 것이고 제3자에게는 개별법에 다른 정함이 없는 한, 행정행위를 통지하지 않는다.

---

01 행정행위는 상대방에 대한 통지(도달)로써 효력이 발생하며, 행정청은 개별법에서 달리 정하지 않는 한 제3자인 이해관계인에 대한 행정행위 통지의무를 부담하지 않는다. (O | X)   [19서울시9급]

4. 관련문제

1) 행정절차상 문제

「행정절차법」상 권익을 제한하는 처분을 하는 경우, 행정청은 '당사자 등'에 대한 사전통지의무와 의견청취의무가 있다. 여기서 '당사자 등'이란, 처분의 상대방과 행정청이 직권 또는 신청에 의하여 행정절차에 참여하게 한 이해관계인을 의미하므로, 모든 제3자가 행정절차에 참가하는 것이 아니다.

01 제3자인 이해관계인은 법원의 참가결정이 없어도 관계처분에 의하여 자신의 법률상 이익이 침해되는 한 청문이나 공청회 등 의견청취절차에 참가할 수 있다. (O | X) [19서울시9급]

2) 행정쟁송에서 문제

① 행정심판과 고지

행정심판법상 고지는 원칙적으로 상대방에게 하는 것이 원칙이다. 다만, 행정청은 이해관계인이 요구하면 ⊙ 해당 처분이 행정심판의 대상이 되는 처분인지 ⓒ 행정심판의 대상이 되는 경우 소관 위원회 및 심판청구 기간을 지체 없이 알려 주어야 한다.

② 원고적격·청구인 적격

처분의 근거 법규가 제3자의 법률상 이익도 아울러 보호하고 있다고 해석되는 경우, 처분의 취소 구할 법률상 이익이 있는 제3자에게 원고적격과 청구인 적격을 가진다.

③ 행정심판전치주의

제3자가 행정소송을 제기하는 경우에도 적용된다.

④ 쟁송참가

행정심판이나 행정소송의 결과에 이해관계가 있는 제3자는 행정심판, 행정소송에 참가할 수 있다.

> **행정심판법 제20조(심판참가)** ① 행정심판의 결과에 이해관계가 있는 제3자나 행정청은 해당 심판청구에 대한 제7조제6항 또는 제8조제7항에 따른 위원회나 소위원회의 의결이 있기 전까지 그 사건에 대하여 심판참가를 할 수 있다.
> **행정심판법 제21조(심판참가의 요구)** ① 위원회는 필요하다고 인정하면 그 행정심판 결과에 이해관계가 있는 제3자나 행정청에 그 사건 심판에 참가할 것을 요구할 수 있다.
> **행정소송법 제16조(제3자의 소송참가)** ① 법원은 소송의 결과에 따라 권리 또는 이익의 침해를 받을 제3자가 있는 경우에는 당사자 또는 제3자의 신청 또는 직권에 의하여 결정으로써 그 제3자를 소송에 참가시킬 수 있다.
> **행정소송법 제17조(행정청의 소송참가)** ① 법원은 다른 행정청을 소송에 참가시킬 필요가 있다고 인정할 때에는 당사자 또는 당해 행정청의 신청 또는 직권에 의하여 결정으로써 그 행정청을 소송에 참가시킬 수 있다.

정답 01 X

⑤ 쟁송제기기간

제3자의 경우도 쟁송제기기간을 준수하여야 함이 원칙이다. 즉 처분이 있음을 안 날로부터 90일 이내에 쟁송을 제기하여야 한다. 다만, 제3자에게는 행정처분이 통지되지 않는 것이 일반적이므로 행정심판은 처분이 있은 날로부터 180일, 행정소송은 처분이 있은 날로부터 1년이 이내에 쟁송을 제기할 수 있다.

⑥ 판결의 효력

행정소송과 관련하여, 처분의 취소, 무효 등의 확인, 부작위위법을 확인하는 판결은 제3자(판결의 대세효)에게도 효력이 있다.

⑦ 재심청구

행정소송과 관련하여, 제3자는 일정한 경우에 재심청구가 가능하다.

⑧ 집행정지

항고소송의 원고인 제3자는 집행정지를 신청할 수 있다. 다만 참가인에 불과한 제3자는 집행정지 신청을 할 수 없다.

---

01 甲에 대한 건축허가에 의하여 법률상 이익을 침해받은 인근주민 乙이 취소소송을 제기한 경우 乙은 소송당사자로서 행정소송법 소정의 요건을 충족하는 한 그가 다투는 행정처분의 집행정지를 신청할 수 있다. (O | X)   [19서울시9급]

3) 행정행위의 취소·철회

수익적 제3자효 행정행위 취소·철회 함에 있어서는 공익, 상대방의 신뢰이익, 제3자의 이익 모두를 비교·교량하여야 한다.

정답 01 O

제5절 법률행위적 행정행위와 준법률행위적 행정행위

I 법률행위적 행정행위

```
법률행위적 행정행위 ┬ 명령적 행정행위 ┬ 하명(작위, 부작위, 급부, 수인의무 부과)
                                      ├ 허가(부작위 의무의 해제)
                                      └ 면제(작위, 급부, 수인의무의 해제)
                  └ 형성적 행정행위 ┬ 직접상대방의 위한 행위 - 특허
                                    └ 제3자를 위한 행위 ┬ 인가
                                                        └ 대리
```

1. 개설

- 행정청의 의사표시를 그 요소로 하여 효과의사의 내용에 따라 법적 효과 발생하는 행위를 의미한다.
- 법률행위적 행정행위는 명령적 행정행위와 형성적 행정행위로 나뉜다.
- 명령적 행정행위는 국민에 대하여 일정한 작위, 부작위, 급부, 수인 등의 의무를 명하거나 이들을 면제하는 행정행위이다.
- 형성적 행정행위는 개인의 권리, 권리능력, 법률상의 힘을 새로이 발생·변경·소멸하게 하는 것을 내용으로 하는 행정행위이다.

2. 명령적 행정행위

1) 하명

① 의의
- 행정청이 국민에게 작위(예 위법건축물의 철거명령), 부작위(예 영업금지 명령), 급부(예 조세부과), 수인의무(예 감염병예방법상 시설에 격리조치를 수인하여야 하는 의무)를 명하는 행위를 의미한다.
- 부작위를 명하는 행위는 금지라고 한다.

② 구별개념으로서 법규하명

법령의 규정 자체에 의한 의무부과(예 「도로교통법」상 음주운전의 금지)를 말하고 행정행위로서 행정청의 의무부과행위인 하명과 구별된다.

③ 하명의 근거
하명은 침익적 성격을 가지므로 법률유보의 원칙에 따라 법적 근거가 필요하다.

01 하명은 법령의 근거를 요하므로 법령이 정한 요건이 갖추어졌을 때에 행하여진다. (O | X)　　[08지방직9급]

④ 하명의 종류
철거명령과 같은 작위하명, 통행금지와 같은 부작위 하명, 강제입원과 같은 수인하명, 조세부과 처분과 같은 급부하명이 있다.

⑤ 하명의 상대방
특정인에 대한 하명은 처분이고 불특정 다수인에 대한 하명은 일반처분이다.

02 하명은 대부분 개별적·구체적 규율로서 행하여지나 일반처분으로도 행하여진다. (O | X)　　[08지방직9급]

⑥ 하명의 대상
주로 사실행위(위법건축물의 철거, 통행금지 등)를 대상으로 하지만 법률행위(영업행위 금지 등)를 대상으로 하기도 한다.

03 하명의 대상은 법률행위뿐만 아니라 사실행위일 수도 있다. (O | X)　　[08지방직9급]

⑦ 하명의 효과 및 하명 위반의 효과
㉠ 하명의 효과
상대방에게 공법상 의무 부과(작위 의무, 부작위 의무, 급부 의무, 수인 의무)

㉡ 하명 위반의 효과
- 하명에 의하여 부과된 의무의 불이행에 대하여 행정상 강제집행, 부과된 의무의 위반행위에 대하여 행정벌이 과하여 진다.
- 하명을 위반한 행위의 사법상 효력은 부인되지 않는 것이 원칙이다.

04 하명을 위반한 법률행위의 효력은 부정되지 않는 것이 원칙이다. (O | X)　　[10군무원9급]

⑧ 하명의 해제신청
- 하명에 대한 해제신청권은 원칙적으로 인정되지 않는다.
- 다만, 아래의 판례와 같이 예외적으로 하명에 대한 해제신청권이 인정되기도 한다.

> **관련 판례**
> 공사중지명령에 대하여 그 명령의 상대방이 해제를 구하기 위해서는 명령의 내용 자체로 또는 성질상으로 명령 이후에 원인사유가 해소되었음이 인정되어야 한다(대판 2014.11.27. 2014두37665).

정답　01 O　02 O　03 O　04 O

⑨ 위법한 하명에 대한 구제
- 하명 자체를 제거하기 위하여 행정소송이나 행정심판이 가능하다. 또한 하명은 행정행위이므로 하자가 있는 경우, 하자의 정도에 따라 무효인 하명 또는 취소사유가 있는 하명에 해당한다.
- 위법한 하명에 따른 재산상 손해를 구제받기 위하여 국가배상소송 제기가 가능하다.

01 하명에 위반한 법률행위의 효과는 무효이다. (O | X) [08지방직9급]
02 위법한 하명으로 권리가 침해된 자는 취소소송이나 무효등확인소송을 제기하여 위법상태를 제거할 수 있고 손해배상청구소송을 제기하여 손해를 배상받을 수 있다. (O | X) [13국회직8급]

2) 허가

① 의의
- 허가는 자연적 자유가 법령에 의하여 일반적·상대적·예방적으로 금지되고 일정한 요건을 갖춘 경우 그 금지를 해제하여 일정한 행위를 적법하게 할 수 있도록 하는 행정행위이다.
- 허가는 학문상 개념으로서 실정법상으로는 면허, 승인, 인허 등의 다양한 용어가 쓰인다.
- 대표적으로 식품위생법상 일반음식점 영업허가, 주류판매업 면허, 건축허가, 어업허가, 기부금품모집허가, 운전면허 등이 있다.

② 허가의 성질
  ㉠ 일반적, 상대적, 예방적 금지의 해제
    - 허가는 위험 예방을 목적(예방적)으로 불특정 다수인(일반적)을 상대로 허가대상 행위에 대해 미리 금지의무를 부과하고 허가의 요건을 충족한 자에 대하여 그 의무를 해제하여 준다.
    - 허가는 절대적으로 금지에 대해서 하는 것이 아니라 금지 해제의 가능성이 있는 상대적 금지의 해제의 경우에 인정되는 것이다(상대적).
  ㉡ 명령적 행정행위
    형성적 행정행위라는 반대설도 있으나 판례는 명령적 행정행위로 본다.

> **관련 판례**
>
> 1. 한의사 면허는 경찰금지를 해제하는 명령적 행위(강학상 허가)에 해당하고, 한약조제시험을 통하여 약사에게 한약조제권을 인정함으로써 한의사들의 영업상 이익이 감소되었다고 하더라도 이러한 이익은 사실상의 이익에 불과하고 약사법이나 의료법 등의 법률에 의하여 보호되는 이익이라고는 볼 수 없으므로, 한의사들이 한약조제시험을 통하여 한약조제권을 인정받은 약사들에 대한 합격처분의 무효확인을 구하는 당해 소는 원고적격이 없는 자들이 제기한 소로서 부적법하다(대판 1998.3.10. 97누4289).

정답 01 X 02 O

PART 2 행정작용법

> 2. 건축허가는 행정관청이 건축행정상 목적을 수행하기 위하여 수허가자에게 일반적으로 행정관청의 허가 없이는 건축행위를 하여서는 안된다는 상대적 금지를 관계 법규에 적합한 일정한 경우에 해제하여 줌으로써 일정한 건축행위를 하여도 좋다는 자유를 회복시켜 주는 행정처분일 뿐 수허가자에게 어떤 새로운 권리나 능력을 부여하는 것이 아니다(대판 2002.4.26. 2000다16350).

01 허가는 일반적 금지를 해제하여 본래의 자유를 회복시켜 주는 명령적 행위라고 할 수 있다. (O | X) [11국가직9급]

02 한의사면허는 경찰금지를 해제하는 명령적 행위인 강학상 허가에 해당한다. (O | X) [20경찰]

03 甲에 대해 허가가 거부되었음에도 불구하고 甲이 영업을 한 경우, 당해 영업행위는 사법(私法)상 효력이 없는 것이 원칙이다. (O | X) [19지방직9급]

ⓒ 기속행위
　　ⓐ 허가는 원칙적으로 기속행위이다.
　　　허가요건이 충족되었다면 행정청은 허가를 하여야 할 기속을 받게 되므로 관계법에서 정하는 제한사유 이외의 사유를 들어 허가를 거부할 수 없는 것이 원칙이다.

관련 판례

1. 광천음료수제조업허가는 성질상 일반적 금지에 대한 해제에 불과하므로 허가권자는 허가신청이 소정의 요건을 구비한 때에는 이를 반드시 허가하여야 한다(대판 1993.2.12. 92누5959).
2. 식품위생법상 일반음식점영업허가는 성질상 일반적 금지의 해제에 불과하므로 허가권자는 허가신청이 법에서 정한 요건을 구비한 때에는 허가하여야 하고 관계 법령에서 정하는 제한사유 외에 공공복리 등의 사유를 들어 허가신청을 거부할 수는 없고, 이러한 법리는 일반음식점 허가사항의 변경허가에 관하여도 마찬가지이다(대판 2000.3.24. 97누12532).
3. 주류판매업 면허는 설권적 행위가 아니라 주류판매의 질서유지, 주세 보전의 행정목적 등을 달성하기 위하여 개인의 자연적 자유에 속하는 영업행위를 일반적으로 제한하였다가 특정한 경우에 이를 회복하도록 그 제한을 해제하는 강학상의 허가로 해석되므로 주세법 제10조 제1호 내지 제11호에 열거된 면허제한사유에 해당하지 아니하는 한 면허관청으로서는 임의로 그 면허를 거부할 수 없다(대판 1995.11.10. 95누5714).

04 식품위생법상 일반음식점 영업허가는 성질상 일반적 금지의 해제에 불과하므로 허가권자는 허가신청이 법에서 정한 요건을 구비한 때에는 원칙적으로 허가를 하여야 하나, 다만 예외적으로 관계법령에서 정하는 제한사유 외에 공공복리 등의 사유를 들어 허가신청을 거부할 수 있다. (O | X) [18경찰]

05 주류판매업 면허는 강학상의 허가로 해석되므로 주세법에 열거된 면허제한사유에 해당하지 아니하는 한 면허관청으로서는 임의로 그 면허를 거부할 수 없다. (O | X) [14지방직9급]

06 허가는 별도의 규정이 없는 경우, 원칙적으로 재량행위이다. (O | X) [10군무원9급]

　　ⓑ 예외
　　　판례는 예외적으로, 명문의 규정이 없더라도 중대한 공익상의 고려가 필요한 경우에는 그 허가를 재량행위로 보고 있다.

정답 01 O　02 O　03 X　04 X　05 O　06 X

관련 판례

1. 산림훼손행위(산림형질변경)는 국토의 유지와 환경의 보전에 직접적으로 영향을 미치는 행위이므로 법령이 규정하는 산림훼손 금지 또는 제한지역에 해당하는 경우는 물론 금지 또는 제한지역에 해당하지 않더라도 허가관청은 산림훼손허가신청 대상토지의 현상과 위치 및 주위의 상황 등을 고려하여 국토 및 자연의 유지와 환경의 보전 등 중대한 공익상 필요가 있다고 인정될 때에는 허가를 거부할 수 있고, 그 경우 법규에 명문의 근거가 없더라도 거부처분을 할 수 있다(대판 1997.9.12. 97누1228).
2. 주유소 설치허가권자는 주유소 설치허가신청이 관계 법령에서 정하는 제한에 배치되지 않는 경우에는 특별한 사정이 없는 한 이를 허가하여야 하고, 관계 법규에서 정하는 제한사유 이외의 사유를 들어 허가를 거부할 수는 없는 것이나, 심사결과 관계 법령상의 제한 이외의 중대한 공익상의 필요가 있는 경우에는 그 허가를 거부할 수 있다(대판 1999.4.23. 97누14378).
3. (국토 및 자연의 유지와 환경의 보전 등 중대한 공익상 필요가 있는 경우, 입목굴채 허가를 거부할 수 있는지와 관련하여)허가관청은 입목굴채 허가신청 대상 토지의 현상과 위치 및 주위의 상황 등을 고려하여 국토 및 자연의 유지와 환경의 보전 등 중대한 공익상 필요가 있다고 인정될 때에는 허가를 거부할 수 있다(대판 2001.11.30. 2001두5866).
4. 구 대기환경보전법, 같은 법 시행령, 같은 법 시행규칙 제4조, [별표 2]와 같은 배출시설 설치허가와 설치제한에 관한 규정들의 문언과 그 체제·형식에 따르면 환경부장관은 배출시설 설치허가 신청이 구 대기환경보전법 제23조 제5항에서 정한 허가 기준에 부합하고 구 대기환경보전법 제23조 제6항, 같은 법 시행령 제12조에서 정한 허가제한사유에 해당하지 아니하는 한 원칙적으로 허가를 하여야 한다. 다만 배출시설의 설치는 국민건강이나 환경의 보전에 직접적으로 영향을 미치는 행위라는 점과 대기오염으로 인한 국민건강이나 환경에 관한 위해를 예방하고 대기환경을 적정하고 지속가능하게 관리·보전하여 모든 국민이 건강하고 쾌적한 환경에서 생활할 수 있게 하려는 구 대기환경보전법의 목적(제1조) 등을 고려하면, 환경부장관은 같은 법 시행령 제12조 각 호에서 정한 사유에 준하는 사유로서 환경 기준의 유지가 곤란하거나 주민의 건강·재산, 동식물의 생육에 심각한 위해를 끼칠 우려가 있다고 인정되는 등 중대한 공익상의 필요가 있을 때에는 허가를 거부할 수 있다고 보는 것이 타당하다(대판 2013.5.9. 2012두22799).

01 환경의 보전 등 중대한 공익상 필요가 있다고 인정되더라도 법규에 명문의 근거가 없다면 산림훼손기간 연장허가를 거부할 수 없다. (O | X) [19사회복지직9급]

02 입목굴채허가는 기속행위에 해당한다. (O | X) [12사회복지직9급]

03 숙박용건물의 건축허가는 기속행위이므로 중대한 공익상의 이유가 있다 할지라도 그 허가를 거부할 수 없다. (O | X) [16교육행정직9급]

　　　ㄹ) 건축허가의 문제
　　　　ⓐ 건축법은 위락시설이나 숙박시설에 해당하는 건축물의 건축허가는 재량행위로 규정하고 있다. 따라서 위락시설이나 숙박시설 건축허가는 재량행위이다.
　　　　ⓑ ⓐ의 경우와 같이 명문 규정이 있는 경우가 아니라면, 건축허가는 원칙적으로 기속행위 이다. 다만, 중대한 공익상의 필요가 있는 경우에는 건축허가는 재량행위이다.

정답 01 X 02 X 03 X

ⓒ 건축허가를 받게 되면 인·허가의제가 되는 경우에도 실체집중은 인정되지 아니하므로 의제되는 인허가가 재량행위인 경우, 재량행위가 된다. 즉, 토지형질변경행위를 수반하는 건축허가처럼 기속행위인 허가가 재량행위인 허가를 포함하는 경우에는 재량행위가 된다.

> **관련 판례**
>
> 1. 건축허가권자는 건축허가신청이 건축법 등 관계 법규에서 정하는 어떠한 제한에 배치되지 않는 이상 당연히 같은 법조에서 정하는 건축허가를 하여야 하고, 중대한 공익상의 필요가 없는데도 관계 법령에서 정하는 제한사유 이외의 사유를 들어 요건을 갖춘 자에 대한 허가를 거부할 수는 없다(대판 2009.9.24. 2009두8946).
> 2. 「국토의 계획 및 이용에 관한 법률」에서 정한 도시지역 안에서 토지의 형질변경행위를 수반하는 건축허가는 건축법 제8조 제1항의 규정에 의한 건축허가와 국토의계획및이용에관한법률 제56조 제1항 제2호의 규정에 의한 토지의 형질변경허가의 성질을 아울러 갖는 것으로 보아야 할 것이고, 같은 법 규정의 토지의 형질변경허가는 그 금지요건이 불확정개념으로 규정되어 있어 그 금지요건에 해당하는지 여부를 판단함에 있어서 행정청에게 재량권이 부여되어 있다고 할 것이므로, 같은 법에 의하여 지정된 도시지역 안에서 토지의 형질변경행위를 수반하는 건축허가는 결국 재량행위에 속한다(대판 2005.7.14. 2004두6181).

01 「국토의 계획 및 이용에 관한 법률」에 의해 지정된 도시지역 안에서 토지의 형질변경행위를 수반하는 건축허가는 재량행위에 속한다. (O | X) [19국가직9급]
02 건축허가는 원칙상 기속행위이지만 중대한 공익상 필요가 있는 경우 예외적으로 건축허가를 거부할 수 있다. (O | X) [19서울시7급]
03 건축허가권자는 중대한 공익상의 필요가 없음에도 관계법령에서 정하는 제한사유 이외의 사유를 들어 건축허가요건을 갖춘 자에 대한 허가를 거부할 수 있다. (O | X) [19국가직9급]

ⓓ 건축허가 추가 관련 쟁점(타인명의 건축허가)
건축 중인 건물의 소유자와 건축허가 명의자가 일치할 필요는 없다.

04 건축허가시 건축허가서에 건축주로 기재된 자는 당연히 그 건물의 소유권을 취득하며, 건축중인 건물의 소유자와 건축허가의 건축주는 일치하여야 한다. (O | X) [14지방직9급]

③ 허가의 신청
- 허가는 보통 금지의 해제를 요구하는 상대방의 신청이 있어야 하지만 통행금지의 해제와 같이 불특정다수인에 대한 허가(일반처분)에는 신청이 필요하지 않다. 따라서 허가가 언제나 쌍방적 행정행위라고는 볼 수 없다.
- 신청하지 아니한 내용에 대한 허가가 있다고 하여도 그 허가가 무효는 아니다.

정답 01 O 02 O 03 X 04 X

CHAPTER **행정행위 2**

> **관련 판례**
>
> 개축허가신청에 대하여 행정청이 착오로 대수선 및 용도변경 허가를 하였다 하더라도 취소 등 적법한 조치없이 그 효력을 부인할 수 없음은 물론 더구나 이를 다른 처분(개축허가)으로 볼 근거도 없다(대판 1985.11.26. 85누382).

01 개축허가신청에 대해 착오로 행한 용도변경허가는 무효가 아니다. (O | X)   [11국가직7급]

④ **허가의 근거법령**

허가는 신청 당시의 법이 아니라 허가처분 당시의 법령에 근거하는 것이 원칙이다.

> **관련 판례**
>
> 허가 등의 행정처분은 원칙적으로 처분시의 법령과 허가기준에 의하여 처리되어야 하고 허가신청 당시의 기준에 따라야 하는 것은 아니며, 비록 허가신청 후 허가기준이 변경되었다 하더라도 그 허가관청이 허가신청을 수리하고도 정당한 이유 없이 그 처리를 늦추어 그 사이에 허가기준이 변경된 것이 아닌 이상 변경된 허가기준에 따라서 처분을 하여야 한다(대판 2006.8.25. 2004두2974).

02 허가의 신청 후 법령의 개정으로 허가기준이 변경된 경우에는 신청할 당시의 법령이 아닌 행정행위 발령 당시의 법령을 기준으로 허가 여부를 판단하는 것이 원칙이다. (O | X)   [21소방직]

⑤ **허가의 갱신**
- 허가의 갱신 신청은 종전의 허가 기간 내에 행하여져야 한다. 허가 기간 종료 후의 허가기간 연장신청은 종전의 허가와 다른 새로운 허가의 신청이다.
- 갱신된 허가는 종전의 허가와 동일성을 유지한다. 따라서 갱신 전 법령위반 사실이 있다면 갱신 후에도 그 사유를 이유로 허가를 취소할 수 있다.

> **관련 판례**
>
> 유료직업 소개사업의 허가갱신은 허가취득자에게 종전의 지위를 계속 유지시키는 효과를 갖는 것에 불과하고 갱신 후에는 갱신 전의 법위반사항을 불문에 붙이는 효과를 발생하는 것이 아니므로 일단 갱신이 있은 후에도 갱신 전의 법위반사실을 근거로 허가를 취소할 수 있다(대판 1982.7.27. 81누174).

- 허가에 유효기간이 붙은 경우에는 그 기간이 경과하면 허가의 효력은 소멸하는 것이 원칙이다.
    - ㉠ 다만, 허가된 사업의 성질상 그 유효기간이 부당하게 짧은 경우에는 허가 자체의 존속기간이 아니라 허가 조건의 존속기간으로 본다.
    - ㉡ '허가조건의 존속기간'의 의미 : 허가 붙은 유효기간이 경과하기 전에 허가 상대방의 갱신 신청이 있으면 원칙적으로 갱신을 하여 주어야 한다. 다만, 조건 정도의 개정은 고려할 수 있다.

정답 01 O 02 O

ⓒ 다만, 아무리 '허가조건의 존속기간'이라고 하여도 허가의 유효기간 내에 갱신 신청을 하여야 한다.
ⓔ 또한 이렇게 연장된 허가가 상당기간 연장되어 부당하게 짧은 허가에 해당하지 아니하는 경우에는 기간의 연장을 불허할 수 있고 허가의 효력은 상실된다.

> **관련 판례**
>
> 1. 일반적으로 행정처분에 효력기간이 정하여져 있는 경우에는 그 기간의 경과로 그 행정처분의 효력은 상실되고, 다만 허가에 붙은 기한이 그 허가된 사업의 성질상 부당하게 짧은 경우에는 이를 그 허가 자체의 존속기간이 아니라 그 허가조건의 존속기간으로 보아 그 기한이 도래함으로써 그 조건의 개정을 고려한다는 뜻으로 해석할 수는 있지만, 그와 같은 경우라 하더라도 그 허가기간이 연장되기 위하여는 그 종기가 도래하기 전에 그 허가기간의 연장에 관한 신청이 있어야 하며, 만일 그러한 연장신청이 없는 상태에서 허가기간이 만료하였다면 그 허가의 효력은 상실된다(대판 2007.10.11. 2005두12404).
> 2. 허가 자체의 존속기간이 아니라 허가조건의 존속기간으로 보더라도 그 후 당초의 기한이 상당 기간 연장되어 연장된 기간을 포함한 존속기간 전체를 기준으로 볼 경우 더 이상 허가된 사업의 성질상 부당하게 짧은 경우에 해당하지 않게 된 때에는 관계 법령의 규정에 따라 허가 여부의 재량권을 가진 행정청으로서는 그 때에도 허가조건의 개정만을 고려하여야 하는 것이 아니고 재량권의 행사로서 더 이상의 기간연장을 불허가할 수도 있는 것이며, 이로써 허가의 효력은 상실된다(대판 2004.3.25. 2003두12837).

⑥ 허가의 효과
㉠ 공법상 금지의 해제됨으로써 자연적 자유가 회복된다.
㉡ 허가는 그 근거가 된 법령상의 금지만 해제할 뿐이고 다른 법에 의한 금지까지 해제되는 것은 아니다.

> **관련 판례**
>
> 도로법과 건축법에서 각 규정하고 있는 건축허가는 그 허가권자의 허가를 받도록 한 목적, 허가의 기준, 허가 후의 감독에 있어서 같지 아니하므로 도로법 제50조 제1항에 의하여 접도구역으로 지정된 지역 안에 있는 건물에 관하여 같은 법조 제4, 5항에 의하여 도로관리청인 도지사로부터 개축허가를 받았다고 하더라도 건축법 제5조 제1항에 의하여 시장 또는 군수의 허가를 다시 받아야 한다(대판 1991.4.12. 91도218).

ⓒ 허가와 관련한 당사자의 이익
ⓐ 원칙적으로 반사적 이익

> 관련 판례
>
> 1. <u>유기장영업허가</u>는 일반적 금지를 해제하는 영업자유의 회복이라 할 것이므로 그 영업상 이익은 반사적 이익(대판 1986.11.25. 84누147).
> 2. <u>공중목욕장업 경영 허가</u>는 경찰금지의 해제로 인한 영업자유의 회복이라고 볼 것이므로 … 간접적으로 관계자인 영업자유의 제한이 해제된 피허가자에게 이익을 부여하게 되는 경우에 해당되는 것이고 … <u>목욕장업에 의한 이익이 사실상 감소된다하여도 이 불이익은 본건 허가처분의 단순한 사실상의 반사적 결과에 불과하고 이로 말미암아 원고의 권리를 침해하는 것이라고는 할 수 없다</u>(대판 1963.8.31. 63누101).
> 3. <u>담배 일반소매인으로 지정되어 영업을 하고 있는 기존업자의 신규 구내소매인에 대한 이익이 법률상 보호되는 이익으로서 기존 업자가 신규 구내소매인 지정처분의 취소를 구할 원고 적격이 없다</u>(대판 2008.4.10. 2008두402).

01 甲에게 허가가 부여된 이후 乙에게 또 다른 신규허가가 행해진 경우, 甲에게는 특별한 규정이 없더라도 乙에 대한 신규허가를 다툴 수 있는 원고적격이 인정되는 것이 원칙이다. (O | X)   [19지방직9급]

02 유기장영업허가는 유기장영업권을 설정하는 설권행위이다. (O | X)   [19소방직]

ⓑ 예외적으로 법률상 이익
강학상 허가에 있어서도 법률규정이 기존업자의 이익을 법률상 이익으로 보호하는 경우가 있다(허가제임에도 거리제한 규정이 있는 경우 등).

> 관련 판례
>
> 1. <u>담배 일반소매인의 지정기준으로서 일반소매인의 영업소 간에 일정한 거리제한을 두고 있는 것</u>은 담배유통구조의 확립을 통하여 국민의 건강과 관련되고 국가 등의 주요 세원이 되는 담배산업 전반의 건전한 발전 도모 및 국민경제에의 이바지라는 공익목적을 달성하고자 함과 동시에 <u>일반소매인 간의 과당경쟁으로 인한 불합리한 경영을 방지함으로써 일반소매인의 경영상 이익을 보호하는 데에도 그 목적이 있다고 보이므로, 일반소매인으로 지정되어 영업을 하고 있는 기존업자의 신규 일반소매인에 대한 이익은 단순한 사실상의 반사적 이익이 아니라 법률상 보호되는 이익이라고 해석함이 상당하다</u>(대판 2008.3.27. 2007두23811).
> 2. 구 오수·분뇨 및 축산폐수의 처리에 관한 법률과 같은 법 시행령상 업종을 분뇨와 <u>축산폐수 수집·운반업 및 정화조청소업</u>으로 하여 분뇨 등 관련 영업허가를 받아 영업을 하고 있는 기존 업자의 이익이 법률상 보호되는 이익이라고 보아, <u>기존 업자에게 경업자에 대한 영업허가처분의 취소를 구할 원고 적격이 있다</u>(대판 2006.7.28. 2004두6716).
> 3. 갑이 적법한 <u>약종상허가</u>를 받아 허가지역 내에서 약종상영업을 경영하고 있음에도 불구하고 행정관청이 구 약사법시행규칙을 위배하여 <u>같은 약종상인 을에게 을의 영업허가지역이 아닌 갑의 영업허가 지역내로 영업소를 이전하도록 허가하였다면 갑으로서는 이로 인하여 기존업자로서의 법률상 이익</u>

정답 01 × 02 ×

을 침해받았음이 분명하므로 갑에게는 행정관청의 영업소이전허가처분의 취소를 구할 법률상 이익이 있다(대판 1988.6.14. 87누873).
4. 주류제조면허는 국가의 수입확보를 위하여 설정된 재정허가의 일종이지만 일단 이 면허를 얻은 자의 이득은 단순한 사실상의 반사적 이득에만 그치는 것이 아니라 주세법의 규정에 따라 보호되는 이득이다(대판 1989.12.22. 89누46).

01 허가로 인하여 받는 이익은 법적으로 보호되는 이익이 아니라 반사적 이익이라는 데 이견이 없다. (O | X)
[14사회복지직9급]

02 일반소매인으로 지정되어 영업을 하고 있는 기존업자의 신규 일반소매인에 대한 이익은 법률상 보호되는 이익이다. (O | X)
[16사회복지직9급]

03 분뇨관련 영업허가를 받은 기존업자가 다른 업자에 대한 영업허가 처분을 다투는 경우, 기존업자의 원고적격은 인정된다. (O | X)
[14서울시9급]

ⓔ 허가의 지역적 범위

허가는 원칙적으로 허가 관청의 관할구역 내에서만 발생하는 것이 원칙이다. 다만, 운전면허와 같이 관할 구역의 범위를 벗어나서 그 효력이 발생하는 경우도 있다.

ⓜ 허가의 이전성
- 대인적 허가는 일신전속적이므로 이전성이 없다(운전면허 등).
- 대물적 허가는 원칙적으로 이전 가능하다(건축허가, 석유판매업허가 등).
- 혼합적 허가의 경우에는 관할 행정청의 인가를 거쳐야 하는 경우가 많다(총포·화약류제조허가 등).

⑦ 무허가행위의 효과
- 위법한 행위로서 행정상 강제집행이나 행정벌의 대상이 된다.
- 무허가 행위의 사법상 효력은 유효함이 원칙이다. 다만, 처벌만으로는 무허가행위를 막을 수 없다고 보여지는 경우에 법률에서 처벌 외에 무효로 규정하는 경우가 있다.

04 무허가행위 자체의 법률상 효력은 원칙적으로 부인되지 않는다. (O | X)
[10군무원9급]

⑧ 관련문제 1 - 인·허가의제제도

㉠ 복합민원과 인·허가의제제도
- "복합민원"이란 하나의 민원 목적을 실현하기 위하여 관계법령에 따라 여러 관계 기관 또는 관계 부서의 인가·허가·승인·추천·협의 또는 확인 등을 거쳐 처리되는 법정민원을 말한다.
- 복합민원의 경우, 민원인은 원칙적으로 여러 관계 기관 등에 인허가 등을 별개로 거쳐야 하므로 해당 허가를 담당하는 기관은 자신이 처리하는 법령을 고려하면 족하다. 다만, 일정한 경우에는 다른 법령까지 고려할 수 있는 경우가 있다.

정답 01 X 02 O 03 O 04 O

> **관련 판례**
>
> 하나의 민원 목적을 실현하기 위하여 관계 법령 등에 의하여 다수 관계기관의 허가·인가·승인·추천·협의·확인 등의 인·허가를 받아야 하는 복합민원에 있어서 필요한 인·허가를 일괄하여 신청하지 아니하고 그 중 어느 하나의 인·허가만을 신청한 경우에도 그 근거 법령에서 다른 법령상의 인·허가에 관한 규정을 원용하고 있거나 그 대상 행위가 다른 법령에 의하여 절대적으로 금지되고 있어 그 실현이 객관적으로 불가능한 것이 명백한 경우에는 이를 고려하여 그 인·허가 여부를 결정할 수 있다(대판 2000.3.24. 98두8766).

- 인·허가의제제도는 주된 인·허가에 대하여 허가를 받게 되면 관련 인·허가도 받은 것으로 의제해주는 점에서 민원인에게 매우 유리한 제도이다(예 농지법상 농지로 규정되어 있는 토지에 건물을 지으려는 갑은 건축법상 건축허가만 받게 되면 농지법상 농지전용허가는 받은 것으로 의제된다).

01 인·허가 의제제도는 하나의 인·허가를 받으면 다른 허가, 인가, 특허, 신고 또는 등록 등을 받은 것으로 보는 제도를 말한다. (O | X) [13서울시9급]

02 건축법에서 인·허가 의제제도를 둔 취지는, 인·허가 의제사항과 관련하여 건축허가의 관할 행정청으로 창구를 단일화하고 절차를 간소화하며 비용과 시간을 절감함으로써 국민의 권익을 보호하려는 것이다. (O | X) [19서울시7급]

ⓒ 법적근거

> **건축법 제11조(건축허가)** ① 건축물을 건축하거나 대수선하려는 자는 특별자치시장·특별자치도지사 또는 시장·군수·구청장의 허가를 받아야 한다. 다만, 21층 이상의 건축물 등 대통령령으로 정하는 용도 및 규모의 건축물을 특별시나 광역시에 건축하려면 특별시장이나 광역시장의 허가를 받아야 한다.
> ⑤ 제1항에 따른 건축허가를 받으면 다음 각 호의 허가 등을 받거나 신고를 한 것으로 보며, 공장건축물의 경우에는 「산업집적활성화 및 공장설립에 관한 법률」 제13조의2와 제14조에 따라 관련 법률의 인·허가등이나 허가등을 받은 것으로 본다.
> 3. 「국토의 계획 및 이용에 관한 법률」 제56조에 따른 개발행위허가
>
> **행정기본법 제24조(인허가의제의 기준)** ① 이 절에서 "인허가의제"란 하나의 인허가(이하 "주된 인허가"라 한다)를 받으면 법률로 정하는 바에 따라 그와 관련된 여러 인허가(이하 "관련 인허가"라 한다)를 받은 것으로 보는 것을 말한다.
> ② 인허가의제를 받으려면 주된 인허가를 신청할 때 관련 인허가에 필요한 서류를 함께 제출하여야 한다. 다만, 불가피한 사유로 함께 제출할 수 없는 경우에는 주된 인허가 행정청이 별도로 정하는 기한까지 제출할 수 있다.
> ③ 주된 인허가 행정청은 주된 인허가를 하기 전에 관련 인허가에 관하여 미리 관련 인허가 행정청과 협의하여야 한다.
> ④ 관련 인허가 행정청은 제3항에 따른 협의를 요청받으면 그 요청을 받은 날부터 20일 이내(제5항 단서에 따른 절차에 걸리는 기간은 제외한다)에 의견을 제출하여야 한다. 이 경우 전단에서 정한 기간(민원 처리 관련 법령에 따라 의견을 제출하여야 하는 기간을 연장한 경우에는 그 연장한 기간을 말한다) 내에 협의 여부에 관하여 의견을 제출하지 아니하면 협의가 된 것으로 본다.
> ⑤ 제3항에 따라 협의를 요청받은 관련 인허가 행정청은 해당 법령을 위반하여 협의에 응해서는 아니

정답 01 O 02 O

PART 2 행정작용법

된다. 다만, 관련 인허가에 필요한 심의, 의견 청취 등 절차에 관하여는 법률에 인허가의제 시에도 해당 절차를 거친다는 명시적인 규정이 있는 경우에만 이를 거친다.

행정기본법 제25조(인허가의제의 효과) ① 제24조제3항·제4항에 따라 협의가 된 사항에 대해서는 주된 인허가를 받았을 때 관련 인허가를 받은 것으로 본다.
② 인허가의제의 효과는 주된 인허가의 해당 법률에 규정된 관련 인허가에 한정된다.

행정기본법 제26조(인허가의제의 사후관리 등) ① 인허가의제의 경우 관련 인허가 행정청은 관련 인허가를 직접 한 것으로 보아 관계 법령에 따른 관리·감독 등 필요한 조치를 하여야 한다.
② 주된 인허가가 있은 후 이를 변경하는 경우에는 제24조·제25조 및 이 조 제1항을 준용한다.
③ 이 절에서 규정한 사항 외에 인허가의제의 방법, 그 밖에 필요한 세부 사항은 대통령령으로 정한다.

- 인·허가의제가 인정되기 위해서는 개별 법령에 명시적 근거가 필요하다. 그리고 최근 행정기본법을 제정하면서 인·허가의제에 관한 자세한 규정을 두기에 이르렀다.

01 인·허가 의제는 관계 기관의 권한행사에 제약을 가할 수 있으므로 법령상 명문의 근거규정을 필요로 한다. (O | X) [18교육행정직9급]

02 인허가의제의 효과는 주된 인허가의 해당 법률에 규정된 관련 인허가에 한정된다. (O | X) [25국가직9급]

ⓒ 신청

민원인은 주된 인허가를 담당하는 기관에 의제되는 인·허가(관련 인허가)와 관련된 서류를 모두 제출하여 신청한다.

행정절차법 제20조(처분기준의 설정·공표) ① 행정청은 필요한 처분기준을 해당 처분의 성질에 비추어 되도록 구체적으로 정하여 공표하여야 한다. 처분기준을 변경하는 경우에도 또한 같다.
② 「행정기본법」 제24조에 따른 인허가의제의 경우 관련 인허가 행정청은 관련 인허가의 처분기준을 주된 인허가 행정청에 제출하여야 하고, 주된 인허가 행정청은 제출받은 관련 인허가의 처분기준을 통합하여 공표하여야 한다. 처분기준을 변경하는 경우에도 또한 같다.

03 인·허가 의제가 인정되는 경우 민원인은 하나의 인허가 신청과 더불어 의제를 원하는 인허가 신청을 각각의 해당 기관에 제출하여야 한다. (O | X) [13서울시9급]

> **관련 판례**
>
> 어떤 인허가의 근거 법령에서 절차간소화를 위하여 관련 인허가를 의제 처리할 수 있는 근거 규정을 둔 경우에는, 사업시행자가 인허가를 신청하면서 하나의 절차 내에서 관련 인허가를 의제 처리해줄 것을 신청할 수 있다. 관련 인허가 의제 제도는 사업시행자의 이익을 위하여 만들어진 것이므로, 사업시행자가 반드시 관련 인허가 의제 처리를 신청할 의무가 있는 것은 아니다(대판 2020.7.23. 2019두31839).

04 관련 인허가의제 제도는 사업시행자의 이익을 위하여 만들어진 것이므로, 사업시행자가 반드시 관련 인허가의 제 처리를 신청할 의무가 있는 것은 아니다. (O | X) [23소방간부]

정답 01 O 02 O 03 X 04 O

ⓔ 절차
- 통상 주된 인·허가를 담당하는 행정청은 의제되는 처분의 관할 행정청과 사전협의 절차를 거친다(행정기본법 제24조 제3항).
- 관련 인허가 행정청은 제3항에 따른 협의를 요청받으면 그 요청을 받은 날부터 20일 이내에 의견을 제출하여야 한다. 의견제출 기간 내에 협의 여부에 관하여 의견을 제출하지 아니하면 협의가 된 것으로 본다.
- 개별법상 행정기관 간에 사전협의가 완료되기 전이라도 일정한 경우(공익상 긴급한 필요가 있는 경우 등)에는 협의가 완료되지 않은 상태에서도 협의를 완료할 것을 조건(해제조건)으로 각종의 주된 인·허가를 할 수 있는 제도(선승인후협의제도)가 존재한다.

01 인·허가 의제제도의 경우 다른 관계인이나 허가기관의 인·허가를 받지 않는 대신 다른 관계인이나 인·허가 기관의 협의를 거치도록 하는 경우가 보통이다. (O | X) [13서울시9급]

ⓜ 절차집중 인정 다만, 행정기본법 제24조 제5항도 고려

절차집중이 인정되므로 관련 인허가 절차는 원칙적으로 거칠 필요가 없다. 다만, 행정기본법 제24조 제5항에서 정한 바와 같이 개별법에서 관련 인허가의 일정한 절차를 거치도록 요구하는 경우에는 당연히 그 절차는 거쳐야 한다.

> 관련 판례
>
> 건설부장관(현 국토교통부장관)이 구 주택건설촉진법 제33조에 따라 관계기관의 장과의 협의를 거쳐 사업계획승인을 한 이상 같은 조 제4항의 허가·인가·결정·승인 등이 있는 것으로 볼 것이고, 그 절차와 별도로 도시계획법 제12조등 소정의 중앙도시계획위원회의 의결이나 주민의 의견청취 등 절차를 거칠 필요는 없다(대판 1992.11.10. 92누1162).

02 주된 인·허가 처분이 관계 기관의 장과 협의를 거쳐 발령된 이상 의제되는 인허가에 법령상 요구되는 주민의 의견청취 등의 절차는 거칠 필요가 없다. (O | X) [16지방직7급]

ⓑ 실체 집중의 부정(판례)

주된 인·허가를 담당하는 기관은 주된 인·허가의 요건 뿐만 아니라 관련 인·허가의 요건도 모두 갖춘 경우에 신청에 대한 주된 인·허가를 내어줄 수 있다.

> 관련 판례
>
> 1. 구 광업법 제47조의2 제5호에 의하여 채광계획인가를 받으면 공유수면 점용허가를 받은 것으로 의제되고, 이 공유수면 점용허가는 공유수면 관리청이 공공 위해의 예방 경감과 공공 복리의 증진에 기여함에 적당하다고 인정하는 경우에 그 자유재량에 의하여 허가의 여부를 결정하여야 할 것이므로, 공유수면 점용허가를 필요로 하는 채광계획 인가신청에 대하여도, 공유수면 관리청이 재량적 판단에 의하여 공유수면 점용을 허가 여부를 결정할 수 있고, 그 결과 공유수면 점용을 허용하지

PART 2 행정작용법

> 않기로 결정하였다면, 채광계획 인가관청은 이를 사유로 하여 채광계획을 인가하지 아니할 수 있는 것이다(대판 2002.10.11. 2001두151).
> 2. 국토계획법상 건축물의 건축에 관한 개발행위허가가 의제되는 건축허가신청이 국토계획법령이 정한 개발행위허가기준에 부합하지 아니하면 허가권자로서는 이를 거부할 수 있고, 이는 건축법 제16조 제3항에 의하여 개발행위허가의 변경이 의제되는 건축허가사항의 변경허가에서도 마찬가지이다(대판 2016.8.24. 2016두35762).

01 건축법에서 관련 인·허가 의제제도를 둔 취지는 인·허가 의제사항 관련 법률에 따른 각각의 인·허가 요건에 관한 일체의 심사를 배제하려는 것이 아니다. (O | X) [21국가직9급]

⊗ 인·허가의제의 효과
주된 인·허가를 받은 경우, 의제되는 인·허가를 받은 것으로 본다. 다만, 주된 인·허가가 있으면 다른 법률에 의하여 인·허가를 받았음을 전제로 하는 그 다른 법률의 모든 규정들까지 적용되는 것은 아니다(행정기본법 제25조).

관련 판례

> 구 국민임대주택건설 등에 관한 특별조치법에 따른 단지조성사업이 구 학교용지 확보 등에 관한 특례법 제2조 제2호에 정한 학교용지부담금 부과대상 개발사업에 포함되는지 여부(소극)
> 주된 인허가에 관한 사항을 규정하고 있는 법률에서 주된 인허가가 있으면 다른 법률에 의한 인허가를 받은 것으로 의제한다는 규정을 둔 경우, 주된 인허가가 있으면 다른 법률에 의한 인허가가 있는 것으로 보는 데 그치고, 거기에서 더 나아가 다른 법률에 의하여 인허가를 받았음을 전제로 하는 그 다른 법률의 모든 규정들까지 적용되는 것은 아니다(대판 2016.11.24. 2014두47686).

02 주된 인·허가에 관한 사항을 규정하고 있는 법률에서 주된 인·허가가 있으면 다른 법률에 의한 인·허가를 받은 것으로 의제한다는 규정을 둔 경우, 주된 인·허가가 있으면 다른 법률에 의하여 인·허가를 받았음을 전제로 하는 그 다른 법률의 모든 규정들까지 적용되는 것은 아니다. (O | X) [18국가직7급]

03 주된 인허가에 의해 의제되는 인허가는 원칙적으로 주된 인허가로 인한 사업을 시행하는 데 필요한 범위 내에서만 그 효력이 유지되는 것은 아니므로, 주된 인허가로 인한 사업이 완료된 이후에도 효력이 있다. (O | X) [16지방직7급]

⊚ 부분인허가의제도
- 일부만 협의가 완료된 경우에 민원인의 요청이 있으면 주된 인허가를 할 수 있고 이 경우 협의가 완료된 인허가만 의제가 되는 제도이다. 다만, 협의가 완료되지 않은 인허가를 받을 수 없는 사정이 명백한 경우에는 이를 이유로 주된 인허가를 거부할 수 있다.

⊗ 사후관리
인허가의제의 경우 관련 인허가 행정청은 관련 인허가를 직접 한 것으로 보아 관계 법령에 따른 관리·감독 등 필요한 조치를 하여야 한다(행정기본법 제26조).

정답 01 O 02 O 03 X

㉖ 인·허가의제제도와 쟁송제기

- 관련 인·허가처분의 요건을 갖추지 아니하였다는 이유로 주된 인·허가 처분에 대하여 거부처분이 있는 경우, 관련 인·허가에 대한 거부처분이 따로 존재하는 것이 아니다. 따라서 주된 인·허가 거부처분에 대하여 항고소송으로 다투면서 관련 인·허가 거부 사유를 다투는 것으로 족하다.

> **관련 판례**
>
> 건축불허가처분을 하면서 그 처분사유로 건축불허가 사유뿐만 아니라 형질변경불허가 사유나 농지전용불허가 사유를 들고 있다고 하여 그 건축불허가처분 외에 별개로 형질변경불허가처분이나 농지전용불허가처분이 존재하는 것이 아니므로, 그 건축불허가처분을 받은 사람은 그 건축불허가처분에 관한 쟁송에서 건축법상의 건축불허가 사유뿐만 아니라 같은 도시계획법상의 형질변경불허가 사유나 농지법상의 농지전용불허가 사유에 관하여도 다툴 수 있는 것이지, 그 건축불허가처분에 관한 쟁송과는 별개로 형질변경불허가처분이나 농지전용불허가처분에 관한 쟁송을 제기하여 이를 다투어야 하는 것은 아니며, 그러한 쟁송을 제기하지 아니하였어도 형질변경불허가 사유나 농지전용불허가 사유에 관하여 불가쟁력이 생기지 아니한다(대판 2001.1.16. 99두10988).

01 주된 인·허가거부처분을 하면서 의제되는 인·허가거부사유를 제시한 경우, 의제되는 인·허가거부를 다투려는 자는 주된 인·허가거부 외에 별도로 의제되는 인·허가거부에 대한 쟁송을 제기해야 한다. (O | X) [16지방직7급]

- 주된 인·허가 처분에 대하여 승인처분이 있는 경우, 관련 인·허가 처분도 존재하고, 관련 인·허가 처분을 항고소송의 대상으로 삼을 수 있다.

> **관련 판례**
>
> 1. 구 중소기업창업 지원법에 따른 사업계획승인의 경우, 의제된 인허가만 취소 내지 철회함으로써 사업계획에 대한 승인의 효력은 유지하면서 해당 의제된 인허가의 효력만을 소멸시킬 수 있는지 여부(적극)
>   군수가 갑 주식회사에 구 중소기업창업 지원법 제35조에 따라 산지전용허가 등이 의제되는 사업계획을 승인하면서 산지전용허가와 관련하여 재해방지 등 명령을 이행하지 아니한 경우 산지전용허가를 취소할 수 있다는 조건을 첨부하였는데, 갑 회사가 재해방지 조치를 이행하지 않았다는 이유로 산지전용허가 취소를 통보하고, 이어 토지의 형질변경 허가 등이 취소되어 공장설립 등이 불가능하게 되었다는 이유로 갑 회사에 사업계획승인을 취소한 사안에서, 의제된 산지전용허가 취소가 항고소송의 대상이 되는 처분에 해당한다(대판 2018.7.12. 2017두48734).
> 2. 주택건설사업계획 승인처분에 따라 의제된 인허가에 하자가 있어 이해관계인이 위법함을 다투고자 하는 경우, 취소를 구할 대상(= 의제된 인허가) 및 의제된 인허가가 주택건설사업계획 승인처분과 별도로 항고소송의 대상이 되는 처분에 해당하는지 여부(적극)
>   의제된 인허가는 통상적인 인허가와 동일한 효력을 가지므로, 적어도 '부분 인허가 의제'가 허용되는 경우에는 그 효력을 제거하기 위한 법적 수단으로 의제된 인허가의 취소나 철회가 허용될 수 있고, 주택건설사업계획 승인처분에 따라 의제된 인허가가 위법함을 다투고자 하는 이해관계인은, 주택건설사업계획 승인처분의 취소를 구할 것이 아니라 의제된 인허가의 취소를 구하여야 하며, 의제된

정답 01 X

> 인허가는 주택건설사업계획 승인처분과 별도로 항고소송의 대상이 되는 처분에 해당한다(대판 2018.11.29. 2016두38792).

01 어떠한 허가처분에 대하여 타법상의 인·허가가 의제된 경우, 의제된 인·허가는 통상적인 인·허가와 동일한 효력을 갖는 것은 아니므로 '부분 인·허가의제'가 허용되는 경우에도 의제된 인·허가에 대한 쟁송취소는 허용되지 않는다. (O | X) [20국가직9급]

02 주택건설사업계획 승인처분에 따라 의제된 인·허가가 위법함을 다투고자 하는 이해관계인은, 주택건설사업계획 승인처분의 취소를 구해야지 의제된 인·허가의 취소를 구해서는 아니되며, 의제된 인·허가는 주택건설사업계획 승인처분과 별도로 항고소송의 대상이 되는 처분에 해당하지 않는다. (O | X) [21국가직9급]

⑨ 관련문제 2 – 영업허가 양도·양수
  ㉠ 영업허가 양도의 가능성
    - 대물적 허가는 양도가 가능하다. 혼합적 허가는 별도의 법령상 근거를 요한다.
    - 대인적 허가는 일신전속적 성격을 가지므로 양도가 불가하다.
  ㉡ 양도절차
    - 법령이 신고제(수리를 요하는 신고)로써 양도를 규율하는 경우와 인가제로써 양도를 규율하는 경우가 있으며, 여기서 수리와 인가는 모두 항고소송의 대상이 되는 처분에 해당한다. 따라서 행정절차법의 적용 대상이 된다.
    - 영업허가 양도·양수의 인가 또는 신고 수리는 허가자 명의 변경과 더불어, 양도인에 대한 허가의 철회와 양수인에 대한 허가 부여의 성질을 가진다.

관련 판례

1. 산림법령이 수허가자의 명의변경제도를 두고 있는 취지는, 채석허가가 일반적·상대적 금지를 해제하여 줌으로써 채석행위를 자유롭게 할 수 있는 자유를 회복시켜 주는 것일 뿐 권리를 설정하는 것이 아니다(대판 2003.7.11. 2001두6289).

2. 영업양도 지위승계 신고의 수리는, 양수인에게 적법한 영업을 할 수 있는 지위를 설정과 영업허가자의 변경의 성격을 가지고 있으며, 업장 면적이 변경되었음에도 그에 관한 신고의무가 이행되지 않은 영업을 양도인으로부터 양수한 자 역시 그와 같은 신고의무를 이행하지 않은 채 영업을 계속한다면 시정명령 또는 영업정지 등 제재처분의 대상이 될 수 있다는 취지의 판시

    식품위생법 제39조 제1항, 제3항에 의한 영업양도에 따른 지위승계 신고를 행정청이 수리하는 행위는 단순히 양도·양수인 사이에 이미 발생한 사법상의 영업양도의 법률효과에 의하여 양수인이 그 영업을 승계하였다는 사실의 신고를 접수하는 행위에 그치는 것이 아니라, 양도자에 대한 영업허가 등을 취소함과 아울러 양수자에게 적법하게 영업을 할 수 있는 지위를 설정하여 주는 행위로서 영업허가자 등의 변경이라는 법률효과를 발생시키는 행위이다. 따라서 양수인은 영업자 지위승계 신고서에 해당 영업장에서 적법하게 영업을 할 수 있는 요건을 모두 갖추었다는 점을 확인할 수 있는 소명자료를 첨부하여 제출하여야 하며(식품위생법 시행규칙 제48조 참조), 그 요건에는 신고 당시를 기준으로 해당 영업의 종류에 사용할 수 있는 적법한 건축물(점포)의 사용권원을 확보하고 식품위생법 제36조에서 정한 시설기준을 갖추어야 한다는 점도 포함된다(대판 2020.3.26. 2019두38830).

정답 01 X 02 X

ⓒ 영업양도와 제재처분의 문제
  ⓐ 제재효과의 승계
    양도인의 행정법규 위반행위와 관련된 제재효과의 승계는 당연히 인정된다.
  ⓑ 제재 사유의 승계
    (ㄱ) 문제점
      명문의 규정이 없는 경우 양도인에게 발생한 제재사유가 영업양수인에게 승계되는지 여부가 문제된다.
    (ㄴ) 학설
      제재처분의 회피 우려를 이유로 양수인에게 제재사유가 승계된다는 긍정설과 양도인의 법령위반은 인적 사유라는 점을 들어 명문의 규정이 없는 한 타인에게 이전되지 않는다는 부정설이 대립한다.
    (ㄷ) 판례
      · 대물적 허가의 경우 영업양도가 가능한 것이고, 제재처분은 대물적 성질의 것이며, 양수인이 양도인의 지위를 승계하였음을 근거로 제재사유의 승계를 인정한다.

> **관련 판례**
> 1. 석유판매업(주유소)허가는 소위 대물적 허가의 성질을 갖는 것이어서 그 사업의 양도도 가능하고 이 경우 양수인은 양도인의 지위를 승계하게 됨에 따라 양도인의 위 허가에 따른 권리의무가 양수인에게 이전되는 것이므로 만약 양도인에게 그 허가를 취소할 위법사유가 있다면 허가관청은 이를 이유로 양수인에게 응분의 제재조치를 취할 수 있다 할 것이다(대판 1986.7.22. 86누203).
> 2. 구 여객자동차 운수사업법 제15조 제4항에 의하면 개인택시 운송사업을 양수한 사람은 양도인의 운송사업자로서의 지위를 승계하는 것이므로, 관할관청은 개인택시 운송사업의 양도·양수에 대한 인가를 한 후에도 그 양도·양수 이전에 있었던 양도인에 대한 운송사업면허 취소사유를 들어 양수인의 사업면허를 취소할 수 있는 것이고, 가사 양도·양수 당시에는 양도인에 대한 운송사업면허 취소사유가 현실적으로 발생하지 않은 경우라도 그 원인되는 사실이 이미 존재하였다면, 관할관청으로서는 그 후 발생한 운송사업면허 취소사유에 기하여 양수인의 사업면허를 취소할 수 있는 것이다(대판 2010.4.8. 2009두17018).

---

01 주유소허가의 양수인은 양도인의 지위를 승계하므로 양도인에게 그 허가를 취소할 법적 사유가 있는 경우 이를 이유로 양수인에게 응분의 제재조치를 할 수 있다. (O | X)   [19서울시7급]

02 개인택시운송사업의 양도·양수에 대한 인가가 있은 후에 그 양도·양수 이전에 있었던 양도인에 대한 운송사업면허 취소사유를 들어 양수인의 사업면허를 취소할 수 있다. (O | X)   [20국가직7급]

· 다만, 제재사유의 승계문제에 대하여 비판점(억울한 양수인에 대한 문제)이 있었으므로 개별법이 개정법령을 만들면서, 양수인이 양도인의 위법사실을 모르고 사업을 양수했음을 입증한 경우에는 그 양수인에게는 제재처분을 하지 않도록 개정되었다(위 석유판매업허가의 근거법인 「석유 및 석유대체연료사업법」도 이와 같이 개정).

정답 01 O 02 O

ⓔ 예외적 승인
　　ⓐ 의의
　　　사회적으로 바람직하지 않은 일정한 행위를 법령상 원칙적으로 금지하고 특정한 경우에 예외적으로 그 금지를 해제하여 해당 행위를 적법하게 할 수 있도록 하는 것을 말한다.
　　ⓑ 예시
　　　「공익사업을 위한 토지 등의 취득 및 보상에 관한 법률」상 타인 토지에의 출입허가, 「학교보건법 상」 학교환경위생정화구역 내 유흥주점업허가(cf. 상가지역 내의 유흥주점허가는 허가의 대상), 개발제한구역 내의 건축허가(cf. 주거지역 내의 건축허가는 허가의 대상), 사행행위허가 등이 있다.
　　ⓒ 허가와 차이점

	허가	예외적 승인(예외적 허가)
금지해제의 의미	상대적·예방적 금지의 해제	억제적 금지의 해제
기속정도	원칙적으로 기속행위	원칙적으로 재량행위

01 예외적 허가는 억제적 금지를 전제로 한다. (O | X)　　[10국가직7급]

　　ⓓ 예외적 승인의 법적성질
　　　허가설, 특허설, 면제설, 독립된 법개념으로 보는 견해 등 학설이 대립한다.
　　ⓔ 판례

> **관련 판례**
> 1. 학교환경위생정화구역 내에서 유흥주점 영업허가 - 예외적 승인- 재량행위
>   학교보건법 제6조 제1항 단서의 규정에 의한 <u>학교환경위생정화구역 안의 금지행위 및 시설을 해제하거나 해제를 거부하는 조치는 행정청의 재량행위에 속한다</u>(대판 1996.10.29. 96누8253).
> 2. 구 도시계획법상의 <u>개발제한구역 내의 건축물의 용도변경허가는 예외적 허가로서 재량행위의 성격을 가진다</u>(대판 2001.2.9. 98두17593).
> 3. 개발제한구역 안에서 건축허가는 예외적 승인 - 재량행위
>   <u>개발제한구역 안에서는</u> 구역 지정의 목적상 건축물의 건축 등의 개발행위는 원칙적으로 금지되고, 다만 구체적인 경우에 이와 같은 구역 지정의 목적에 위배되지 아니할 경우 예외적으로 허가에 의하여 그러한 행위를 할 수 있게 되어 있음이 그 규정의 체제와 문언상 분명하고, 이러한 예외적인 건축허가는 그 상대방에게 수익적인 것에 틀림이 없으므로 그 <u>법률적 성질은 재량행위 내지 자유재량행위에 속하는 것이다</u>(대판 2003.3.28. 2002두11905).

02 구 도시계획법상 개발제한 구역 내에서의 건축허가는 원칙적으로 기속행위이다. (O | X)　　[17교육행정9급]
03 구 도시계획법상의 개발제한구역 내에서의 건축물 용도변경에 대한 허가는 예외적 허가로서 재량행위에 해당한다. (O | X)　　[18국가직7급]

정답 01 O　02 X　03 O

3) 면제
특정한 경우에 작위·급부·수인의무를 해제하여 주는 행정행위를 의미한다.

---

01 의무해제라는 점에서 허가와 면제는 같으나 허가는 부작위 의무의 해제인데 반하여 면제는 작위, 급부 및 수인의무의 해제라는 점에서 다르다. (O | X) [13국회직8급]

3. 형성적 행정행위
- 형성적 행정행위는 상대방에 권리·능력 또는 포괄적 법률관계 기타 법률상의 힘을 발생·변경·소멸시키는 행위를 말한다.
- 상대방의 권리 등을 설정·변경하는 행위 – 특허
- 제3자를 위해 그 법률적 행위의 효력을 보충·완성하는 행위 – 인가
- 제3자를 위해 대신하는 행위 – 대리

1) 특허
① 의의
- 상대방에게 직접 권리, 능력, 법적 지위, 포괄적 법률관계를 설정하는 설권행위를 의미한다.
- 특허는 학문상 개념이다. 실무상 인가, 면허, 허가 등 다양한 용어가 사용된다.

특허	허가
원칙적으로 재량행위	원칙적으로 기속행위
법률행위적 행정행위 중 형성적 행정행위	법률행위적 행정행위 중 명령적 행정행위
반드시 신청 필요	신청이 반드시 필요하지는 않음
공법상, 사법상 효과발생	공법상 효과의 발생

② 특허의 예
- ㉠ 권리설정행위로서 폐기물처리업허가, 버스운송사업면허, 통신사업허가와 같은 특허기업의 특허
- ㉡ 권리설정행위로서 어업면허, 도로점용허가, 공유수면점용허가 등
- ㉢ 주택재건축정비조합설립인가와 같은 행정주체의 지위 설정(능력설정행위)
- ㉣ 공무원 임명, 귀화허가와 같은 포괄적 법률관계의 설정
  - ㉠ ~ ㉣ 중에서 권리의 설정행위인 ㉠, ㉡ 협의의 특허라고 한다. 그리고 특허법상의 특허는 학문상의 특허가 아니라 강학상 확인에 해당한다.
  - 법률에 의하여 공기업이 설립되는 법규특허는 행정행위로서 특허와 구별된다.

정답 01 O

③ 특허의 성질
- 상대방이 본래 가지고 있지 않던 권리의 설정행위로서 형성적 행위이다.
- 원칙적으로 재량행위에 해당한다. 다만, 법령규정에 기속행위로 규정되어 있거나 중대한 기본권 관련성이 문제되는 경우에 기속행위로 본다. 판례도 특허를 원칙적으로 재량행위로 본다.

> **관련 판례** 원칙적으로 강학상 특허에 해당하는 경우 재량행위라는 취지의 판시 모음

1. 여객자동차운수사업법에 따른 개인택시운송사업 면허는 특정인에게 권리나 이익을 부여하는 재량행위이다(대판 2002.1.22. 2001두8414).
2. 법무부장관은 귀화신청인이 법률이 정하는 귀화요건을 갖추었다고 하더라도 귀화를 허가할 것인지 여부에 관하여 재량권을 가진다(대판 2010.7.15. 2009두19069).
3. 보세구역설영특허는 공기업의 특허로서 그 특허의 부여 여부는 행정청의 자유재량이다(대판 1989.5.9. 88누4188).
4. 구 수도권대기환경특별법 제14조 제1항에서 정한 대기오염물질 총량관리사업장 설치의 허가 또는 변경허가는 특정인에게 인구가 밀집되고 대기오염이 심각하다고 인정되는 수도권 대기관리권역에서 총량관리대상 오염물질을 일정량을 초과하여 배출할 수 있는 특정한 권리를 설정하여 주는 행위로서 그 처분의 여부 및 내용의 결정은 행정청의 재량에 속한다(대판 2013.5.9. 2012두22799).
5. 공유수면매립면허는 특허로서 재량행위이며 일단 실효된 공유수면매립면허의 효력을 회복시키는 행위도 재량행위이다(대판 1989.9.12. 88누9206).
6. 출입국관리법상 체류자격 변경허가는 신청인에게 당초의 체류자격과 다른 체류자격에 해당하는 활동을 할 수 있는 권한을 부여하는 일종의 설권적 처분의 성격을 가지므로, 허가권자는 허가 여부를 결정할 수 있는 재량을 가진다(대판 2016.7.14. 2015두48846).
7. 행정청이 도시정비법 등 관련 법령에 근거하여 행하는 조합설립 인가처분은 단순히 사인들의 조합설립행위에 대한 보충행위로서의 성질을 갖는 것에 그치는 것이 아니라 법령상 요건을 갖출 경우, 도시정비법상 주택재건축사업을 시행할 수 있는 권한을 갖는 행정주체(공법인)로서의 지위를 부여하는 일종의 설권적 처분의 성격을 갖는다고 보아야 한다(대판 2009.10.15. 2009다10638, 10645).
8. 도로법 제40조 제1항에 의한 도로점용은 일반공중의 교통에 사용되는 도로에 대하여 이러한 일반사용과는 별도로 도로의 특정부분을 유형적·고정적으로 특정한 목적을 위하여 사용하는 이른바 특별사용을 뜻하는 것이고, 이러한 도로점용의 허가는 특정인에게 일정한 내용의 공물사용권을 설정하는 설권행위로서, 공물관리자가 신청인의 적격성, 사용목적 및 공익상의 영향 등을 참작하여 허가를 할 것인지의 여부를 결정하는 재량행위이다(대판 2002.10.25. 2002두5795).
9. 토지 등 소유자들이 직접 시행하는 도시환경정비사업에서 토지 등 소유자에 대한 사업시행인가처분은 단순히 사업시행계획에 대한 보충행위로서의 성질을 가지는 것이 아니라 구 도시정비법상 정비사업을 시행할 수 있는 권한을 가지는 행정주체로서의 지위를 부여하는 일종의 설권적 처분의 성격을 가진다(대판 2013.6.13. 2011두19994).
10. 지구개발사업에서 지정권자의 실시계획승인처분은 단순히 시행자가 작성한 실시계획에 대한 보충행위로서의 성질을 가지는 것이 아니라 시행자에게 구 지역균형개발법상 지구개발사업을 시행할 수 있는 지위를 부여하는 일종의 설권적 처분의 성격을 가진 독립된 행정처분으로 보아야 한다(대판 2014.9.26. 2012두5619).

CHAPTER 2 행정행위

01 도로법상 도로점용허가는 특정인에게 일정한 내용의 공물 사용권을 설정하는 설권행위로서 공물관리자가 신청인의 적격성, 사용목적 및 공익상의 영향 등을 참작하여 허가를 할 것인지의 여부를 결정하는 재량행위이다. (O | X) [14국가직7급]

02 구 「수도권대기환경개선에 관한 특별법」상 대기오염물질 총량 관리 사업장설치의 허가는 강학상 특허이다. (O | X) [19서울시9급]

03 출입국관리법상 체류자격 변경허가는 신청인에게 당초의 체류자격과 다른 체류자격에 해당하는 활동을 할 수 있는 권한을 부여하는 일종의 설권적 처분이다. (O | X) [19사회복지직9급]

> **참고**
>
> **난민지위 인정과 관련된 판례**
> - 난민지위 인정과 관련하여 직접적 언급은 없었지만 기속행위로 본 듯한 판시
>
> **관련 판례**
> 난민의 지위에 관한 협약 제1조, 난민의 지위에 관한 의정서 제1조의 문언, 체계와 입법 취지를 종합하면, 난민 인정에 관한 신청을 받은 행정청은 원칙적으로 법령이 정한 난민 요건에 해당하는지를 심사하여 난민 인정 여부를 결정할 수 있을 뿐이고, 이와 무관한 다른 사유만을 들어 난민 인정을 거부할 수는 없다(대판 2017.12.5. 2016두42913).
>
> - 난민인정 결정 취소와 관련하여서는 재량행위로 보는 판시
>
> **관련 판례**
> 구 출입국관리법(2012. 2. 10. 법률 제11298호로 개정되기 전의 것) 제76조의3 제1항 제3호의 문언·내용 등에 비추어 보면, 비록 그 규정에서 정한 사유가 있더라도, 법무부장관은 난민인정 결정을 취소할 공익상의 필요와 취소로 당사자가 입을 불이익 등 여러 사정을 참작하여 취소 여부를 결정할 수 있는 재량이 있다. 그러나 그 취소처분이 사회통념상 현저하게 타당성을 잃거나 비례·평등의 원칙을 위반하였다면 재량권을 일탈·남용한 것으로서 위법하다(대판 2017.3.15. 2013두16333).

④ **특허의 신청**

행정행위로서 특허는 반드시 상대방의 신청을 요한다(쌍방적 행정행위).

⑤ **특허의 효과**
- 특허는 상대방이 본래 가지고 있지 않았던 권리 등을 새롭게 설정하여 준다. 따라서 특허의 상대방이 얻는 경제적 이익은 법률상 이익이다.
- 도로점용허가를 통하여 공물사용권을 얻는 것과 같이 특허로 공권이 성립하는 경우가 일반적이지만 어업권과 같이 사권이 성립하는 경우도 있다.

정답 01 O 02 O 03 O

PART 2 행정작용법

> **관련 판례**
> 1. 광업법상 이미 광업권이 설정된 동일한 구역에 대하여 동일한 광물에 대한 광업권을 중복 설정할 수 없다(대판 1986.2.25. 85누712).
> 2. 같은 업무구역 안에 중복된 어업면허는 당연무효이다(대판 1978.4.25. 78누42).

2) 인가

① 의의
- 타인의 법률행위를 보충하여 그 법률적 효력을 완성시켜주는 행정행위를 말한다.
- 인가는 학문적 개념이다.

---
01 당사자의 법률적 행위를 보충하여 그 법률적 효력을 완성시키는 행정청의 보충적 의사표시를 인가라고 한다. (O | X) [14서울시9급]

02 허가는 형성적 행정행위의 일종이며, 인가는 명령적 행정행위이다. (O | X) [10서울시9급]

② 인가의 예

> **관련 판례**
> 1. <u>재건축정비조합의 정관변경이라는 기본행위에 대한 보충행위로서 인가를 받지 못한 경우 공법상 효력이 발생하지 않는다</u>
>   도시 및 주거환경정비법 제20조 제3항은 "조합이 정관을 변경하고자 하는 경우에는 조합원 과반수의 동의를 얻어 시장·군수의 인가를 받아야 한다."고 규정하고 있는바, 여기서 관할 시장 등의 인가는 그 대상이 되는 <u>기본행위를 보충하여 법률상 효력을 완성시키는 행위로서</u>, 이러한 인가를 받지 못한 경우 변경된 정관은 효력이 없다고 할 것이다(대판 2007.7.24. 2006마635).
> 2. 국토이용관리법상 토지거래허가제도와 관련하여 토지거래허가를 받지 못한 사법상 계약의 법적 성격 - 유동적 무효(허가를 받을 때까지는 법률상 미완성의 법률행위로서 소유권 등 권리의 이전 또는 설정에 관한 거래의 효력이 전혀 발생하지 않음은 확정적 무효의 경우와 다를 바 없지만, 일단 허가를 받으면 그 계약은 소급하여 유효한 계약이 되고 이와 달리 불허가가 된 때에는 무효로 확정되므로 허가를 받기까지는 유동적 무효)
>   위 법 소정의 허가가 규제지역 내의 모든 국민에게 전반적으로 토지거래의 자유를 금지하고 일정한 요건을 갖춘 경우에만 금지를 해제하여 계약체결의 자유를 회복시켜 주는 성질의 것이라고 보는 것은 위 법의 입법취지를 넘어선 지나친 해석이라고 할 것이고, <u>규제지역 내에서도 토지거래의 자유가 인정되나 다만 위 허가를 허가 전의 유동적 무효상태에 있는 법률행위의 효력을 완성시켜 주는 인가적 성질을 띤 것이라고 보는 것이 타당하다</u>(대판 1991.12.24. 90다12243).
> 3. <u>도시환경정비사업조합이 수립한 사업시행계획은 그것이 인가·고시를 통해 확정되면 이해관계인에 대한 구속적 행정계획으로서 독립된 행정처분에 해당하므로, 사업시행계획을 인가하는 행정청의 행위는 도시환경정비사업조합의 사업시행계획에 대한 법률상의 효력을 완성시키는 보충행위에 해당한다</u>(대판 2010.12.9. 2010두1248).

정답 01 O 02 X

4. 민법상 재단법인의 정관변경 '허가'는 법률상의 표현이 허가로 되어있기는 하나, 그 성질에 있어 법률행위의 효력을 보충해 주는 것이지 일반적 금지를 해제하는것이 아니므로 그 법적 성격은 인가라고 보아야 할 것이다(대판 1996.5.16. 95누4810).
5. 조합설립추진위원회(이하 '추진위원회'라고 한다) 구성승인처분은 조합의 설립을 위한 주체인 추진위원회의 구성행위를 보충하여 그 효력을 부여하는 처분으로서 조합설립이라는 종국적 목적을 달성하기 위한 중간단계의 처분에 해당한다(대판 2013.1.31. 2011두11112).

01 토지거래계약허가는 규제지역 내 토지거래의 자유를 일반적으로 금지하고 일정한 요건을 갖춘 경우에만 그 금지를 해제하여 계약체결의 자유를 회복시켜 주는 성질의 것이다. (O | X) [18교육행정직9급]

02 재건축조합이 수립하는 관리처분계획에 대한 행정청의 인가는 다른 법률행위를 보충하여 그 법적효력을 완성시키는 행위에 해당한다. (O | X) [19국가직9급]

③ 성질
- 인가는 인가의 대상이 되는 기본행위의 효력을 완성시켜주는 형성적 행정행위이다.
- 인가는 재량행위와 기속행위 모두 가능하지만 판례는 보통 인가제도의 취지를 고려하여 재량행위로 본 판시가 많다.

관련 판례 재량행위로 본 판시

1. 자동차관리법상 자동차관리사업자로 구성하는 사업자단체인 조합 또는 협회(자동차관리사업조합)의 설립인가처분은 국토해양부장관 또는 시·도지사가 자동차관리사업자들의 단체결성행위를 보충하여 효력을 완성시키는 처분에 해당한다. 나아가 조합 등의 사업내용이나 운영계획 등이 자동차관리사업의 건전한 발전과 질서 확립이라는 사업자단체 설립의 공익적 목적에 부합하는지 등을 함께 검토하여 설립인가 여부를 결정할 재량을 가진다(대판 2015.5.29. 2013두635).
2. 사회복지법인의 정관변경허가를 재량행위에 해당하고 부관을 붙일 수 있다(대판 2002.9.24. 2000두5661).
3. (공익법인의 기본재산의 처분과 관련하여), 처분허가에 부관을 붙인 경우 그 처분허가의 법률적 성질이 형성적 행정행위로서의 인가에 해당한다고 하여 조건으로서의 부관의 부과가 허용되지 아니한다고 볼 수는 없다(대판 2005.9.28. 2004다50044).

관련 판례 기속행위로 본 판시

(편주: 토지거래허가와 관련 하여) 국토이용관리법(현 「국토의 계획 및 이용에 관한 법률」) 제21조의4 제1항 각 호 소정의 불허가 사유에 해당하지 아니하는 한 허가를 하여야 하는 것인데, 인근 주민들이 당해 폐기물 처리장설치를 반대한다는 사유는 국토이용관리법 제21조의4 규정에 의한 불허가사유로 규정되어 있지 아니하므로 그와 같은 사유만으로는 토지거래허가를 거부할 사유가 될 수 없다(대판 1997.6.27. 96누9362).

정답 01 X 02 O

④ 인가의 신청 및 대상
- 인가는 반드시 신청을 요한다(쌍방적 행정행위).
- 인가는 반드시 법률적 행위를 대상으로 한다. 법률적 행위는 공법상 행위(재개발정비사업조합의 사업시행계획 인가 등), 사법상 행위(토지거래구역 내에서 토지거래허가 등) 모두 가능하다.

> 01 인가의 대상이 되는 기본행위는 법률행위뿐만 아니라 사실행위에 대해서도 가능하다. (O | X) [12군무원9급]
>
> 02 인가는 보충적 행위이므로 신청을 전제로 한다. (O | X) [14서울시9급]

⑤ 인가의 효과
- 인가는 법률적 행위가 효력을 발생하기 위한 효력요건에 해당한다. 따라서 무인가 행위는 효력을 발생하지 않는다.
- 강제집행이나 행정벌의 대상이 되지 않는 것이 원칙이다.

⑥ 수정인가의 가능성
- 신청내용과 다른 인가를 하는 것을 수정인가라고 한다.
- 통설에 따르면, 수정인가를 허용하는 특별 규정이 없는 한 수정인가는 부정됨이 원칙이다. 그러므로 행정청은 인가 신청에 대하여 소극적으로 인가를 할 것인지 여부에 관해서만 결정할 수 있을 뿐 신청의 내용과 다른 인가는 할 수 없다.
- 허가의 경우 수정허가가 가능하다는 점과 비교하여야 한다.

> 03 특별한 규정이 없는 한 수정인가는 허용되지 않는다. (O | X) [12군무원9급]
>
> 04 다수설에 의하면 법령에 명문의 규정이 없는 한 수정인가를 할 수 없다. (O | X) [11국가직7급]

⑦ 기본행위와 인가
  ㉠ 기본행위에 하자가 있는 경우
  - 인가는 기본행위의 하자를 치유하지 못한다.
  - 기본행위의 불성립, 무효 – 인가처분도 무효

관련 판례

1. 사립학교법 제20조 제2항에 의한 학교법인의 임원에 대한 감독청의 취임승인은 학교법인의 임원선임행위를 보충하여 그 법률상의 효력을 완성케 하는 보충적 행정행위로서, 성질상 기본 행위를 떠나 승인처분 그 자체만으로는 법률상 아무런 효력도 발생할 수 없으므로 기본행위인 학교법인의 임원선임행위가 불성립 또는 무효인 경우에는, 비록 그에 대한 감독청의 취임 승인이 있었다 하여도 이로써 무효인 그 선임행위가 유효한 것으로 될 수는 없다(대판 1987.8.18. 86누152).

정답 01 X 02 O 03 O 04 O

CHAPTER 2 행정행위

2. 기본행위인 사업시행계획이 무효인 경우 그에 대한 인가처분이 있다고 하더라도 그 기본행위인 사업시행계획이 유효한 것으로 될 수 없으며, 기본행위가 적법·유효하고 보충행위인 인가처분 자체에만 하자가 있다면 그 인가처분의 무효나 취소를 주장할 수 있다고 할 것이지만, 인가처분에 하자가 없다면 기본행위에 하자가 있다고 하더라도 따로 그 기본행위의 하자를 다투는 것은 별론으로 하고 기본행위의 무효를 내세워 바로 그에 대한 인가처분의 취소 또는 무효확인을 구할 수 없다(대판 2001.12.11. 2001두7541).

- 기본행위가 사후에 취소, 실효된 경우 – 인가처분도 실효

관련 판례

1. 자동차운송사업 양수도계약이 후에 사해행위라 하여 확정판결로서 취소된 경우 행정청이 자동차운수사업법 제28조 제1항에 의하여 위 양수도계약에 관하여 한 인가처분도 마땅히 시정되어야 할 것이므로 행정청이 그 시정에 응하지 않은 경우 위 인가처분의 무효확인을 구할 이익이 있다(대판 1979.2.13. 78누428).
2. 외자도입법 제19조에 따른 기술도입계약에 대한 인가는 기본행위인 기술도입계약을 보충하여 그 법률상 효력을 완성시키는 보충적 행정행위에 지나지 아니하므로 기본행위인 기술도입계약이 해지로 인하여 소멸되었다면 위 인가처분은 무효선언이나 그 취소처분이 없어도 당연히 실효된다(대판 1983.12.27. 82누491).

01 (구)외자도입법에 따른 기술도입계약에 대한 인가는 기본행위인 기술도입계약을 보충하여 그 법률상 효력을 완성시키는 보충적 행정행위에 지나지 아니하므로 기본행위인 기술도입계약의 해지로 인하여 소멸되었다면 위 인가처분은 처분청의 직권취소에 의하여 소멸한다. (O | X) [20군무원9급]

- 기본행위에 취소원인만 있고 아직 취소되지 않은 경우 – 기본행위가 취소되지 않은 이상 인가도 효력이 있다.
- 기본행위에 하자가 있는 경우에는 그 기본행위의 하자를 이유로 인가처분의 무효확인 또는 취소를 구할 수 없다.
ⓒ 기본행위에는 하자가 없고 인가에만 하자가 있는 경우
  - 인가처분 자체의 무효확인의 소나 취소소송 제기 가능
  - 인가처분이 무효나 취소가 된 이후에는 기본행위는 무인가 행위

정답 01 X

PART 2 행정작용법

> **관련 판례**
>
> 「도시 및 주거환경정비법」에 기초하여 주택재개발정비사업조합이 수립한 관리처분계획은 그것이 인가·고시를 통해 확정되면 이해관계인에 대한 구속적 행정계획으로서 독립적인 행정처분에 해당한다. 이러한 관리처분계획을 인가하는 행정청의 행위는 조합의 관리처분계획에 대한 법률상의 효력을 완성시키는 보충행위이다. 따라서 기본행위가 적법·유효하고 보충행위인 인가처분 자체에 흠이 있다면 그 인가처분의 무효나 취소를 주장할 수 있다. 그러나 인가처분에 흠이 없다면 기본행위에 흠이 있다고 하더라도 따로 기본행위의 흠을 다투는 것은 별론으로 하고 기본행위의 흠을 내세워 바로 그에 대한 인가처분의 무효확인 또는 취소를 구할 수는 없으므로, 그 당부에 관하여 판단할 필요 없이 해당 부분 청구를 기각하여야 한다(대판 2016.12.15. 2015두51347).

01 기본행위가 무효이면 인가처분도 무효가 된다. (O | X) [19소방직]
02 인가처분에 하자가 없더라도 기본행위의 하자를 이유로 행정청의 인가처분의 취소 또는 무효확인을 구할 법률상 이익이 인정된다. (O | X) [17국가직7급]
03 인가의 대상이 되는 행위에 취소원인이 있더라도 일단 인가가 있는 때에는 그 흠은 치유된다. (O | X) [18국회직8급]
04 구 「도시 및 주거환경정비법」에 따른 주택재건축정비사업조합이 수립한 사업시행계획은 인가·고시를 통해 확정되면 구속적 행정계획으로서 행정처분에 해당한다. (O | X) [25국가직9급]

⑧ 인가와 제재사유의 승계
- 사업계획의 변경승인에 대하여 사업양도·양수 지위승계와 관련된 규정이 있는 경우, 사업계획변경 인가가 있으면 종전 사업자의 지위를 승계하고 제재사유의 승계도 인정할 수 있지만, 사업계획 변경승인과 관련하여 사업양도·양수 지위승계와 관련된 규정을 전혀 두고 있지 아니한 경우에는 사업계획 변경승인을 통해 지위승계의 효과는 발생되지 않고 양도인에게 발생한 제재사유를 이유로 양수인에게 제재처분을 할 수는 없으며, 여기서 사업계획 변경승인는 강학상 인가도 아니다.

> **관련 판례**
>
> 농어촌정비법 시행령 제72조 제2항은 농어촌정비법 제83조 제2항 후단에 따라 변경승인을 받아야 하는 사항의 하나로 "사업시행자의 명의 변경"을 규정하고 있으나, 관광농원 개발사업의 사업시행자 명의가 변경되는 경우 새로운 사업시행자가 종전 사업시행자의 지위를 승계하는지 여부 등에 관하여는 명시적 규정을 두고 있지 않다. 이러한 지위 승계 관련 규정이 없는 이상 사업계획 변경승인의 의미를 사업권 양도·양수에 대한 '인가'로서의 성격을 가진다고 볼 수 없는 것이 원칙이다. 따라서 종전 사업시행자가 농업인 등에 해당하지 않음에도 부정한 방법으로 사업계획승인을 받음으로써 그 승인에 대한 취소 사유가 있더라도, 행정청이 사업시행자 변경으로 인한 사업계획 변경승인 과정에서 변경되는 사업시행자가 농업인 등에 해당하는지 여부에 관하여 새로운 심사를 거쳤다면, 지위 승계 등에 관한 별도의 명문 규정이 없는 이상, 종전 사업시행자가 농업인 등이 아님에도 부정한 방법으로 사업계획승인을 취득하였다는 이유만을 들어 변경된 사업시행자에 대한 사업계획 변경승인을 취소할 수는 없다(대판 2018.4.24. 2017두73310).

정답 01 O 02 X 03 X 04 O

3) 공법상 대리
    ① 의의
        제3자가 하여야 할 행위를 행정기관이 대신하여 행함으로써 제3자 스스로 행한 것과 같은 효과를 발생시키는 행정행위를 말한다(행정기관이 국민을 대리).
    ② 성질
        - 법률규정에 의한 대리로서 법정대리이다.
        - 행정행위로서 공법상 대리를 의미하는 것이므로 행정조직 내부의 대리는 이에 포함되지 아니한다.
    ③ 종류
        ㉠ 감독차원에서 이루어지는 공법상 대리
            감독청에 의한 공법인의 정관작성 또는 임원 임명 등
        ㉡ 당사자의 협의가 이루어지지 않는 경우 조정적 차원에서 이루어지는 공법상 대리
            토지수용위원회의 수용재결 등
        ㉢ 일반행정행위의 실효성을 높이기 위하여 이루어지는 공법상 대리
            압류재산의 공매처분
        ㉣ 기타
            행려병자 또는 사자의 유류품 처분

핵심 기출문제

01

다음 중 「부동산 거래신고 등에 관한 법률」상 허가구역 내 토지거래에 대한 허가에 대한 설명으로 옳지 않은 것은?

[19군무원9급]

> 「부동산 거래신고 등에 관한 법률」 제11조(허가구역 내 토지거래에 대한 허가)
> ① 허가구역에 있는 토지에 관한 소유권·지상권(소유권·지상권의 취득을 목적으로 하는 권리를 포함한다)을 이전하거나 설정 (대가를 받고 이전하거나 설정하는 경우만 해당한다)하는 계약(예약을 포함한다. 이하 "토지거래계약"이라 한다)을 체결하려는 당사자는 공동으로 대통령령으로 정하는 바에 따라 시장·군수 또는 구청장의 허가를 받아야 한다. 허가받은 사항을 변경하려는 경우에도 또한 같다.
> ⑥ 제1항에 따른 허가를 받지 아니하고 체결한 토지거래계약은 그 효력이 발생하지 아니한다.

① 토지거래허가의 대상은 사법적(私法的) 법률행위이다.
② 토지거래계약은 그에 대한 토지거래허가로 법률적 효과가 완성된다.
③ 무효인 토지거래계약에 대하여 토지거래허가를 받았다면 토지거래계약이 무효이므로 그에 대한 토지거래허가처분도 위법하게 된다.
④ 토지거래허가는 건축법상의 건축허가와는 달리 인가의 성격을 갖고 있다.

해설

01 | ① (○) 토지거래허가는 사인과 사인의 사법상 법률행위(소유권이나 지상권 등을 이전)를 대상으로 한다.
② (○) 사인과 사인 사이의 사법상 법률행위가 바로 법적 효과를 발생하는 것이 아니라 관할 행정청의 인가가 있으면 효력이 발생한다.
③ (×) 기본행위가 무효인 경우, 인가도 무효가 되는 것이다. 즉, 기본행위가 무효라고 하여 인가에 어떤 하자가 있는 것이 아니어서 위법하다고 볼 수는 없다. 단지 전제로서 기본행위가 무효이니 인가도 무효일 뿐이다. 무효는 중대·명백하여 위법하다는 무효만 있는 것이 아니다.
④ (○) 토지거래허가는 강학상 인가에 해당한다. 반면, 건축허가는 강학상 허가로 보는 것이 보통이다.

정답 01 ③

Ⅱ 준법률행위적 행정행위

1. 개설

- 행정청의 의사표시 이외의 정신작용(판단, 인식, 관념 등)의 표시행위에 법률에서 일정한 법적 효과가 부여된 경우를 의미한다.
- 준법률행위적 행정행위는 법률효과의 내용에 따라 확인행위, 공증행위, 통지행위, 수리행위로 나뉜다.

```
준법률행위적 행정행위 ─┬─ 확인(판단행위)
                    ├─ 공증(인식행위)
                    ├─ 통지(관념의 통지, 의사의 통지)
                    └─ 수리(인식의 표시행위)
```

2. 확인

1) 의의

- 특정한 사실 또는 법률관계의 존부(존재·부존재) 또는 정부(정당성·부당성)에 관하여 의문이 있거나 다툼이 있는 경우에 행정청이 이를 공권적으로 판단하는 행위를 의미한다.
- 확인은 실정법상 재결·결정·사정·검정 등의 용어가 사용되고 있다.

2) 성질

- 다툼이 있는 사실 또는 법률관계에 대한 판단행위로서 확인은 준사법적 행위로 볼 수 있다.
- 사실 또는 법률관계를 확인하는 행위이므로 원칙적으로 기속행위이다.
- 다만, 판단여지(판례에 따르면 재량)가 인정될 수 있다.

> **관련 판례**
>
> 1. 준공검사처분의 허가관청은 특단의 사정이 없는 한 건축허가내용대로 완공된 건축물의 준공을 거부할 수 없다(대판 1992.4.10. 91누5358).
> 2. (친일반민족행위자 재산의 국가귀속과 관련하여) 친일반민족행위자재산조사위원회가 국가귀속결정을 하여야 비로소 국가 소유가 되는 것이 아니라 특별법에 따라 원인행위시에 소급하여 당연히 국가의 소유로 되고, 위 위원회의 국가귀속결정은 당해 재산이 친일재산에 해당한다는 사실을 확인하는 이른바 준법률행위적 행정행위의 성격을 가진다(대판 2008.11.13. 2008두13491).
> 3. 건축허가를 받게 되면 그 허가를 기초로 하여 일정한 사실관계와 법률관계를 형성하게 되므로, 수허가자가 입게 될 불이익과 건축행정상의 공익 및 제3자의 이익과 허가조건 위반의 정도를 비교·교량

하여 개인적 이익을 희생시켜도 부득이하다고 인정되는 경우가 아니면 함부로 그 허가를 취소할 수 없는바, 건축주가 건축허가 내용대로 완공하였으나 건축허가 자체에 하자가 있어서 위법한 건축물이라는 이유로 허가관청이 사용승인을 거부하려면 건축허가의 취소에 있어서와 같은 조리상의 제약이 따르고, 만약 당해 건축허가를 취소할 수 없는 특별한 사정이 있는 경우라면 그 사용승인도 거부할 수 없다(대판 2009.3.12. 2008두18052).

01 「친일반민족행위자 재산의 국가귀속에 관한 특별법」에 따른 친일재산은 친일반민족행위자 재산조사위원회가 국가귀속결정을 하여야 비로소 국가의 소유로 된다. (O | X) [18교육행정직9급]

3) 예시

확인은 보통 행정행위의 형식으로 행해지고, 법령에 의한 일반적인 확인은 개념상 불가능하다. 또한 일반적으로 일정한 형식(요식행위)이 요구된다. 그 예는 다음과 같다.

> 도로구역 또는 하천구역의 결정, 행정심판의 재결, 당선인 결정, 장애등급결정, 국가유공자등록결정, 국가시험합격자결정, 발명특허, 민주화운동관련자결정, 소득금액의 결정, 교과서 검정, 건축물에 대한 준공검사처분

02 행정심판의 재결은 강학상 공증행위에 해당한다. (O | X) [17지방직9급]

4) 효과
- 사실 또는 법률관계의 존부 또는 정부에 대하여 공적으로 확정하는 효과를 가지고 있다.
- 불가변력이 발생한다.
- 발명특허권의 취득과 같이 별도의 법적 효과가 발행하는 경우가 있으나 이것은 법률규정에 의한 효과이지 확인행위 자체의 효과는 아니다.

3. 공증

1) 의의
다툼이 없는 특정한 사실 또는 법률관계의 존재를 공적으로 증명하는 행위를 말한다.

2) 성질·형식
- 다툼이 없는 사실 또는 법률관계의 존재를 인식하는 행위이다.
- 기속행위임이 원칙이다.
- 문서주의 등이 요구되는 요식행위가 됨이 원칙이다.

정답 01 × 02 ×

3) 확인과 공증의 차이

	확인	공증
대상·성질	의문 또는 다툼이 있는 사실이나 법률관계에 대한 판단행위	의문 또는 다툼이 없는 사실이나 법률관계에 대한 인식행위
효력	불가변력	공적 증거력

4) 예시
선거인명부에의 등록, 광업원부에 등록, 부동산등기

> **관련 판례**
> 1. 특허청장의 상표사용권설정등록행위(대판 1991.8.13. 90누9414)
> 2. 건설업면허증 및 건설업면허수첩의 재교부는 그 면허증 등의 분실, 헐어 못쓰게 된 때, 건설업의 면허이전 등 면허증 및 면허수첩 그 자체의 관리상의 문제로 인하여 종전의 면허증 및 면허수첩과 동일한 내용의 면허증 및 면허수첩을 새로이 또는 교체하여 발급하여 주는 것으로서, 이는 건설업의 면허를 받았다고 하는 특정사실에 대하여 형식적으로 그것을 증명하고 공적인 증거력을 부여하는 행정행위(강학상의 공증행위)이므로, 그로 인하여 면허의 내용 등에는 아무런 영향이 없이 종전의 면허의 효력이 그대로 지속하고, <u>면허증 및 면허수첩의 재교부에 의하여 재교부 전의 면허는 실효되고 새로운 면허가 부여된 것이라고 볼 수 없다</u>(대판 1994.10.25. 93누21231).
> 3. 서울특별시장 또는 도지사의 의료유사업자 자격증 갱신발급행위는 유사의료업자의 자격을 부여 내지 확인하는 것이 아니라 특정한 사실 또는 법률관계의 존부를 공적으로 증명하는 소위 공증행위에 속하는 행정행위라 할 것이다(대판 1977.5.24. 76누295).

01 확인은 특정한 사실 또는 법률관계에 관하여 의문이 있는 경우에 행정청이 그 존부 또는 정부를 판단하는 준법률행위적 행정행위이며, 그 예로는 합격증서의 발급 및 영수증의 교부 등을 들 수 있다. (O | X) [15국가직7급]
02 서울특별시장의 의료유사업자 자격증 갱신발급은 의료유사업자의 자격을 부여 내지 확인하는 행위의 성질을 가진다. (O | X) [18교육행정직9급]

5) 효과
- 사실관계 또는 법률관계의 존재에 대하여 법적 증거력(공적 증거력)을 부여한다.
- 반증에 의하지 아니하고는 공적 증거력은 부인되지 않는다.
- 공적 증거력 외에 개별 법률에서 일정한 법률효과가 부여되는 경우가 있다.(예 선거인명부에 등록 - 권리행사의 요건, 부동산등기부에 등기 - 권리의 성립요건)

6) 공증의 처분성
- 판례는 공증에 대하여 처분성을 인정한 경우와 인정하지 아니한 경우로 나뉜다.
- 보통 행정사무의 편의, 사실증명의 자료를 얻기 위한 장부의 기재행위에는 처분성을 부정한다(사실행위).

정답 01 X 02 X

PART 2 행정작용법

- 구체적 법적 효과를 발생시키는 경우에는 처분성을 인정할 수 있다.

> **관련 판례** 처분성 부정 판례
>
> 1. 무허가건물을 무허가건물관리대장에 등재하거나 등재된 내용을 변경 또는 삭제하는 행위로 인하여 당해 무허가건물에 대한 실체상의 권리관계에 변동을 가져오는 것이 아니고… 당해무허가 건물을 무허가건물관리대장에서 삭제하는 행위는 다른 특별한 사정이 없는 한 항고소송의 대상이 되는 행정처분이 아니다(대판 2009.3.12. 2008두11525).
> 2. (특허청장의 상표사용권설정등록행위와 관련하여)행정소송의 대상이 되는 행정처분에 해당하는지의 여부는 그 행위의 성질·효과 이외에 행정소송제도의 목적이나 사법권에 의한 국민의 권익보호의 기능도 충분히 고려하여 합목적적으로 판단하여야 할 것인바, 행정소송제도의 목적에 비추어 볼 때 행정처분이 단지 사인간의 법률관계의 존부를 공적으로 증명하는 공증행위에 불과하여 그 효력을 둘러싼 분쟁의 해결이 사법원리에 맡겨져 있고, 위법한 행정처분의 취소가 국민의 권익구제나 분쟁의 근본적인 해결을 위한 적절한 수단이 되지 못하는 경우에는, 취소소송의 대상이 되지 아니한다고 보아야 할 것이다(대판 1991.8.13. 90누9414).
> 3. 소관청이 토지대장상의 소유자명의변경신청을 거부한 행위는 처분이 아님
>   토지대장에 기재된 일정한 사항을 변경하는 행위는, 그것이 토지소유자의 실체적 권리관계에 영향을 미치는 사항에 관한 것이 아닌 한 행정사무집행의 편의와 사실증명의 자료로 삼기 위한 것일 뿐이어서, 그 소유자 명의가 변경된다고 하여도 이로 인하여 당해 토지에 대한 실체상의 권리관계에 변동을 가져올 수 없고 토지 소유권이 지적공부의 기재만에 의하여 증명되는 것도 아니다. 따라서 소관청이 토지대장상의 소유자 명의변경신청을 거부한 행위는 이를 항고소송의 대상이 되는 행정처분이라고 할 수 없다(대판 2012.1.12. 2010두12354).

01 무허가건물을 무허가건물관리대장에서 삭제하는 행위는 다른 특별한 사정이 없는 한 항고소송의 대상이 되는 행정처분에 해당한다. (O | X)   [19지방직7급]

> **관련 판례** 처분성 인정 판례
>
> 1. 건축물대장 소관청의 용도변경신청 거부행위는 국민의 권리·관계에 영향을 미치는 것으로서 항고소송의 대상이 되는 행정처분에 해당한다(대판 2009.1.30. 2007두7277).
> 2. 건축물대장의 작성신청을 거부한 행위(대판 2009.2.12. 2007두17359)
> 3. 지적 소관청의 토지분할신청 거부행위(대판 1992.12.8. 92누75)
> 4. 행정청이 건축물에 관한 건축물대장을 직권말소한 행위는 항고소송의 대상이 되는 행정처분에 해당한다(대판 2010.5.27. 2008두22655).
> 5. 지목은 토지소유권을 제대로 행사하기 위한 전제요건으로서 토지소유자의 실체적 권리관계에 밀접하게 관련되어 있으므로 지적공부 소관청의 지목변경신청 반려행위는 국민의 권리관계에 영향을 미치는 것으로서 항고소송의 대상이 되는 행정처분에 해당한다(대판 2004.4.22. 2003두9015전합).

02 건축물대장 소관청의 건축물대장 작성신청 반려행위는 항고소송의 대상이 된다. (O | X)   [19소방직]

03 지적공부소관청의 지목변경신청 반려행위는 행정소송법상 '처분'에 해당한다. (O | X)   [19서울시7급]

정답 01 X 02 O 03 O

4. 통지

1) 의의
특정인 또는 불특정 다수인에 특정한 사실을 알리는 행정행위를 말하며 그 자체로 일정한 법률효과를 발생시킨다.

2) 통지의 예와 구별개념
① 통지의 예

특허출원의 공고, 귀화의 고시, 대집행 계고, 납세의 독촉

> **관련 판례**
>
> 대집행의 계고행위는 본법 소정의 처분에 포함되므로 계고처분 자체에 위법 있는 경우에도 항고소송의 대상이 된다(대판 1966.10.31. 66누25).

② 구별개념
- 행정행위의 효력 발생요건으로서 통지 또는 고지와 다르다.
- 당연퇴직의 통보와 같은 단순한 관념의 통지와 다르다.

> **관련 판례**
>
> 1. 공무원법상 당연퇴직은 결격사유가 있을 때 법률상 당연히 퇴직하는 것이지 공무원관계를 소멸시키기 위한 별도의 행정처분을 요하는 것이 아니며, 당연퇴직의 인사발령은 법률상 당연히 발생하는 퇴직사유를 공적으로 확인하여 알려주는 이른바 관념의 통지에 불과하고 공무원의 신분을 상실시키는 새로운 형성적 행위가 아니므로 행정소송의 대상이 되는 독립한 행정처분이라고 할 수 없다(대판 1995.11.14. 95누2036).
> 2. 국민건강보험공단이 갑 등에게 '직장가입자 자격상실 및 자격변동 안내' 통보 및 '사업장 직권탈퇴에 따른 가입자 자격상실 안내' 통보를 한 사안에서, 국민건강보험 직장가입자 또는 지역가입자 자격변동은 법령이 정하는 사유가 생기면 별도 처분 등의 개입 없이 사유가 발생한 날부터 변동의 효력이 당연히 발생하므로, 국민건강보험공단이 갑 등에 대하여 가입자 자격이 변동되었다는 취지의 '직장가입자 자격상실 및 자격변동 안내' 통보를 하였거나, 그로 인하여 사업장이 국민건강보험법상의 적용대상사업장에서 제외되었다는 취지의 '사업장 직권탈퇴에 따른 가입자 자격상실 안내' 통보를 하였더라도, 이는 갑 등의 가입자 자격의 변동 여부 및 시기를 확인하는 의미에서 한 사실상 통지행위에 불과할 뿐, 위 각 통보에 의하여 가입자 자격이 변동되는 효력이 발생한다고 볼 수 없고, 또한 위 각 통보로 갑 등에게 지역가입자로서의 건강보험료를 납부하여야 하는 의무가 발생함으로써 갑 등의 권리의무에 직접적 변동을 초래하는 것도 아니라는 이유로, 위 각 통보의 처분성이 인정되지 않는다(대판 2019.2.14. 2016두41729).

01 특허출원의 공고는 강학상 공증행위에 해당한다. (O | X) [17지방직9급]
02 국가공무원 당연퇴직의 인사발령은 판례상 행정처분으로 인정된다. (O | X) [19소방직]

정답 01 X 02 X

PART 2 행정작용법

01 국민건강보험공단에 의한 '직장가입자 자격상실 및 자격변동안내' 통보 및 '사업장 직권탈퇴에 따른 가입자 자격상실 안내' 통보는 가입자 자격이 변동되는 효력을 가져오므로 항고소송의 대상이 되는 처분에 해당한다. (O | X)

[20지방직7급]

3) 통지의 효과
개별법에서 정한 일정한 법적효과가 발생한다.

5. 수리

1) 의의
행정청에 수리의무가 있는 경우에 신고, 신청 등의 타인의 행위를 적법한 행위로 받아들이는 행위를 의미한다.

2) 성질·예시·구별개념
- 행정행위이다.
- 원칙적으로 기속행위
- 혼인신고의 수리, 행정심판청구서의 수리 등
- 자기완결적 신고에서 수리는 단순한 사실행위로서 수리이고 행정행위인 수리가 아니다.

> **관련 판례**
> 1. 정신과의원을 개설하려는 자가 법령에 규정되어 있는 요건을 갖추어 개설신고를 한 때에, 행정청은 원칙적으로 이를 수리하여 신고필증을 교부하여야 하고, 법령에서 정한 요건 이외의 사유를 들어 의원급 의료기관 개설신고의 수리를 거부할 수는 없다(대판 2018.10.25. 2018두44302).
> 2. 건축주명의변경신고의 수리가 있어야 공법적 효과가 발생하는데, 기본관계에 대한 다툼이 있는 경우에는 수리를 거부할 수 있다는 취지의 판시
>   [1] 허가대상 건축물의 양수인이 구 건축법시행규칙에 규정되어 있는 형식적 요건을 갖추어 시장·군수에게 적법하게 건축주의 명의변경을 신고한 때에는 시장·군수는 그 신고를 수리하여야지 실체적인 이유를 내세워 신고의 수리를 거부할 수 없다.
>   [2] 건축물의 소유권을 둘러싸고 소송이 계속중이어서 판결로 소유권의 귀속이 확정될 때까지 건축주명의변경신고의 수리를 거부함이 상당하다(대판 1993.10.12. 93누883).

02 허가대상 건축물의 양수인이 건축법령에 규정되어 있는 형식적 요건을 갖추어 행정청에 적법하게 건축주 명의변경신고를 한 경우, 행정청은 실체적인 이유를 들어 신고의 수리를 거부할 수 없다. (O | X)

[20국가직7급]

3) 효과
법률이 정하는 일정한 효과가 발생한다.

4) 수리의 대상이 되는 기본행위가 무효인 경우
수리는 무효인 행정행위가 된다.

정답 01 X 02 O

CHAPTER 2 행정행위

> **관련 판례**
>
> 사업양도·양수에 따른 허가관청의 지위승계신고의 수리는 적법한 사업의 양도·양수가 있었음을 전제로 하는 것이므로 그 수리대상인 사업양도·양수가 존재하지 아니하거나 무효인 때에는 수리를 하였다 하더라도 그 수리는 유효한 대상이 없는 것으로서 당연히 무효라 할 것이고, 사업의 양도행위가 무효라고 주장하는 양도자는 민사쟁송으로 양도·양수행위의 무효를 구함이 없이 막바로 허가관청을 상대로 하여 행정소송으로 위 신고수리처분의 무효확인을 구할 법률상 이익이 있다(대판 2005.12.23. 2005두3554).

01 신고의 수리는 타인의 행위를 유효한 행위로 받아들이는 행정행위를 말하며, 이는 강학상 법률행위적 행정행위에 해당한다. (O | X) [18국가직9급]

02 수리를 요하는 신고에서의 수리와 허가제의 허가는 구별되는 개념이다. (O | X) [14서울시9급]

정답 01 × 02 ○

핵심 기출문제

01

다음 중 법적 성질이 다른 하나는 무엇인가? (다툼이 있는 경우 판례에 의함) [19군무(하)9급]

① 공유수면매립면허
② 조세부과처분
③ 학교법인 임원선임에 대한 감독청의 취임승인
④ 재임용거부취지의 임용기간 만료통지

02

인·허가 의제에 대한 설명으로 옳지 않은 것은? (다툼이 있는 경우 판례에 의함) [21국가직9급]

① 주택건설사업계획 승인권자가 구「주택법」에 따라 도시·군관리계획 결정권자와 협의를 거쳐 관계 주택건설사업계획을 승인하면 도시·군관리계획결정이 이루어진 것으로 의제되고, 이러한 협의 절차와 별도로 「국토의 계획 및 이용에 관한 법률」 등에서 정한 도시·군관리계획 입안을 위한 주민 의견청취 절차를 거칠 필요는 없다.
② 건축물의 건축이 「국토의 계획 및 이용에 관한 법률」상 개발행위에 해당할 경우 그 건축의 허가권자는 국토계획법령의 개발행위허가기준을 확인하여야 하므로, 국토계획법상 건축물의 건축에 관한 개발행위허가가 의제되는 건축허가신청이 국토계획법령이 정한 개발행위허가기준에 부합하지 아니하면 허가권자로서는 이를 거부할 수 있다.
③ 「건축법」에서 관련 인·허가 의제 제도를 둔 취지는 인·허가 의제사항 관련 법률에 따른 각각의 인·허가 요건에 관한 일체의 심사를 배제하려는 것이 아니다.
④ 주택건설사업계획 승인처분에 따라 의제된 인·허가가 위법함을 다투고자 하는 이해관계인은, 주택건설사업계획 승인처분의 취소를 구해야지 의제된 인·허가의 취소를 구해서는 아니되며, 의제된 인·허가는 주택건설사업계획 승인처분과 별도로 항고소송의 대상이 되는 처분에 해당하지 않는다.

> 해설

01 | ① 강학상 특허 - 법률행위적 행정행위
② 강학상 하명 - 법률행위적 행정행위
③ 강학상 인가 - 법률행위적 행정행위
④ 강학상 통지 - 준법률행위적 행정행위

02 | ① (○) 절차집중
건설부장관이 구 주택건설촉진법 제33조에 따라 관계기관의 장과의 협의를 거쳐 사업계획승인을 한 이상 같은 조 제4항의 허가·인가·결정·승인 등이 있는 것으로 볼 것이고, 그 절차와 별도로 도시계획법 제12조 등 소정의 중앙도시계획위원회의 의결이나 주민의 의견청취 등 절차를 거칠 필요는 없다(대판 1992.11.10. 92누1162).
② (○) 주된 인허가를 담당하는 기관은 의제되는 인허가의 요건을 구비하지 아니하는 경우 주된 인허가를 거부할 수 있다. 구 광업법 제47조의2 제5호에 의하여 채광계획인가를 받으면 공유수면 점용허가를 받은 것으로 의제되고, 이 공유수면 점용허가는 공유수면 관리청이 공공 위해의 예방 경감과 공공 복리의 증진에 기여함에 적당하다고 인정하는 경우에 그 자유재량에 의하여 허가의 여부를 결정하여야 할 것이므로, 공유수면 점용허가를 필요로 하는 채광계획 인가신청에 대하여도, 공유수면 관리청이 재량적 판단에 의하여 공유수면 점용을 허가 여부를 결정할 수 있고, 그 결과 공유수면 점용을 허용하지 않기로 결정하였다면, 채광계획 인가관청은 이를 사유로 하여 채광계획을 인가하지 아니할 수 있는 것이다(대판 2002.10.11. 2001두151).
③ (○) 실체집중이 인정되지 아니하므로 옳은 설명이다.
실체집중이 인정되지 아니하므로 주된 인허가의 요건외에도 의제되는 인허가의 요건도 구비하여야 한다. 따라서 의제되는 법률의 인허가 요건의 심사를 하게 되는 것이지 그 심사가 배제되는 것이 결코 아니다.
④ (×) 주된 인허가승인처분이 있는 경우 의제되는 인허가가 존재하는 것이고 처분성이 인정된다고 누누이 강조한 바 있다.
주택건설사업계획 승인처분에 따라 의제된 인허가가 위법함을 다투고자 하는 이해관계인은, 주택건설사업계획 승인처분의 취소를 구할 것이 아니라 의제된 인허가의 취소를 구하여야 하며, 의제된 인허가는 주택건설사업계획 승인처분과 별도로 항고소송의 대상이 되는 처분에 해당한다(대판 2018.11.29. 2016두38792).

정답 01 ④ 02 ④

PART 2 행정작용법

제6절 행정행위의 부관

I 개설

1. 의의

- 행정청에 의하여 주된 행정행위에 부가된 종된 규율이다(과거에는 주된 의사표시에 부가한 종된 의사표시로 개념 정의). 부관은 행정행위의 내용을 이루는 것이므로 외부에 표시되어야 한다.
- 실정법에서는 조건이라고 언급되는 경우가 많다.
- 부관은 학문상(강학상) 개념이다.

01 부관은 전통적인 견해에 따르면 주된 의사표시에 부가한 종된 의사표시이다. (O | X) [09군무원9급]

2. 부관의 부종성

부관은 주된 행정행위에 부과한 종된 규율로서 부종성을 가진다. 따라서 주된 행정행위가 효력을 상실하면 다른 명문의 규정이 없는 한 부관도 효력을 상실한다.

3. 부관의 기능

- 부관은 행정의 합리성과 탄력성 확보에 기여한다(순기능).
- 부관이 과도한 부담을 주거나 행정편의적 목적으로 사용되는 경우 국민의 권익을 침해할 우려가 있어 통제가 필요하다(역기능).

02 부관은 행정의 탄력성을 보장하는 기능을 갖는다. (O | X) [18서울시9급]

4. 구별개념

1) 법정부관

- 행정행위의 부관은 행정청의 의사결정에 따라서 부과되는 것이므로 법령의 규정에 의하여 직접 부가된 부관인 법정부관과 다르다.
- 법정부관은 법령이므로 위법한 경우 구체적 규범통제의 대상이 된다. 다만, 법정부관이 처분성을 가지는 경우라면 항고소송의 대상이 된다.

정답 01 O 02 O

관련 판례

1. 법령보충규칙인 식품제조영업허가기준 고시에 근거한 과징금부과처분의 취소소송에서 선결문제로 법령보충규칙에 대한 규범통제를 행한 사례
   [1] 식품제조영업허가기준이라는 고시는 공익상의 이유로 허가를 할 수 없는 영업의 종류를 지정할 권한을 부여한 구 식품위생법 제23조의3 제4호에 따라 보건사회부장관(현 보건복지부장관)이 발한 것으로서, 실질적으로 법의 규정내용을 보충하는 기능을 지니면서 그것과 결합하여 대외적으로 구속력이 있는 법규명령의 성질을 가진 것이다.
   [2] 위 "가"항의 고시에 정한 허가기준에 따라 보존음료수 제조업의 허가에 붙여진 전량수출 또는 주한외국인에 대한 판매에 한한다는 내용의 조건은 이른바 법정부관으로서 행정청의 의사에 기하여 붙여지는 본래의 의미에서의 행정행위의 부관은 아니므로, 이와 같은 법정부관에 대하여는 행정행위에 부관을 붙일 수 있는 한계에 관한 일반적인 원칙이 적용되지는 않는다(대판 1994.3.8. 92누1728).
2. 구 사회복지사업법 제20조 제2항에 따라, 임시이사를 선임하면서 임기를 '후임 정식이사가 선임될 때까지'로 기재한 것은 근거 법률의 해석상 당연히 도출되는 사항을 주의적·확인적으로 기재한 이른바 '법정부관'일 뿐, 행정청의 의사에 따라 붙이는 본래 의미의 행정처분 부관이라고 볼 수 없다(대판 2020.10.29. 2017다269152).

01 고시에서 정하여진 허가기준에 따라 보존음료수 제조업의 허가에 부가된 조건은 행정행위에 부관을 부가할 수 있는 한계에 관한 일반적인 원칙이 적용되지 아니한다. (O | X) [19국회직8급]

02 행정청이 행정행위에 부가한 부관과 달리 법령이 직접 행정행위의 조건을 정한 경우에 그 조건이 위법하면 이는 법률 및 법규명령에 대한 통제제도에 의해 통제된다. (O | X) [17지방직9급]

2) 수정부담(변경허가)

- 당사자가 신청한 내용과 다른 내용으로 행정행위가 있는 것을 의미한다.(예 미국산 소고기 수입허가 신청을 하였는데 관할청이 호주산 소고기에 대한 수입허가를 내어준 경우)
- 수정부담은 행정행위의 내용 자체를 변경하여 변경된 내용의 행정행위를 행하는 것으로 부관과 다르다.
- 수정부담은 부관이 아니라고 보는 것이 다수설이다(수정허가로 봄).

03 학설의 다수 견해는 수정부담의 성격을 부관으로 이해한다. (O | X) [17지방직9급]

정답 01 O 02 O 03 X

Ⅱ 부관의 종류

```
주된 행정행위의 효력 ┬ 장래의 불확실한 사실 ┬ 발생 - 정지조건
                    │                      └ 소멸 - 해제조건
                    └ 장래의 확실한 사실   ┬ 발생 - 시기
                                          └ 소멸 - 종기

장래의 확실한 사실이 발생할 시기가 ┬ 확정된 기한 - 확정기한
                                    └ 불확정한 기한 - 불확정기한

주된 행정행위와 별도의 의무부과 - 부담
일정한 경우 주된 행정행위를 철회할 수 있음을 미리 정함 - 철회권 유보
주된 행정행위의 법률효과 중 일부를 배제 - 법률효과의 일부배제
```

1. 조건

1) 의의

행정행위 효력의 발생 또는 소멸을 장래의 불확실한 사실에 의존시키는 부관을 말한다.

01 조건은 행정행위의 효력의 발생·소멸을 장래에 발생 여부가 객관적으로 확실한 사실에 의존시키는 부관이다. (O | X) [14서울시7급]

02 행정행위의 효력발생 또는 소멸을 장래의 불확실한 사실에 의존시키는 부관을 '조건'이라고 한다. (O | X) [12국회직8급]

2) 종류

① 정지조건
- 조건이 성취되면 행정행위가 비로소 효력을 발생하는 조건을 정지조건이라고 한다.
- 예 차고지를 확보하는 것을 조건으로 한 건축허가, 시설완공을 조건으로 한 학교법인 설립인가, 도로건설을 조건으로 한 자동차운수사업의면허

03 장래의 도래가 불확실한 사실에 행정행위의 효력 발생을 의존시키는 조건을 정지조건이라 한다. (O | X) [15교육행정직9급]

② 해제조건
- 조건이 성취되면 행정행위가 비로소 효력이 소멸하는 조건을 해제조건이라고 한다.
- 해제조건은 행정행위 당시에 일단 효력이 발생하나 조건이 성취되면 그 효력이 당연히 소멸한다.
    - 예 일정한 기간 내에 공사에 착수할 것을 조건으로 하는 공유수면매립면허

CHAPTER 2 행정행위

01 행정행위의 효력의 소멸을 장래의 불확실한 사실에 의존시키는 부관을 정지조건이라 한다. (O | X)
[07국가직9급]

02 해제조건부 행정행위는 조건사실의 성취에 의하여 당연히 효력이 소멸된다. (O | X)
[15사회복지직9급]

2. 기한

1) 의의

행정행위 효력의 발생 또는 소멸을 장래의 발생이 확실한 사실에 의존시키는 부관을 말한다.

03 기한이란 행정행위 효력의 발생·소멸을 장래의 발생여부가 확실한 사실에 종속시키는 부관을 말한다. (O | X)
[20경찰]

2) 종류

- 기한이 도래함으로써 행정행위의 효력이 발생하는 기한을 시기(始期)
- 기한이 도래함으로써 행정행위의 효력이 소멸하는 기한을 종기(終期)
- 기한의 도래시점이 확정된 기한을 확정기한(確定期限)
- 기한의 도래시점이 확정되지 아니한 기한을 불확정기한(不確定期限)

04 기한이 도래함으로써 행정행위의 효력이 발생하는 기한을 시기라 하고, 기한이 도래함으로써 행정행위가 효력을 상실하는 기한을 종기라 한다. (O | X)
[05서울시9급]

3) 종기도래의 효과

주된 행정행위는 당연히 효력을 상실한다.

3. 부담

1) 의의

- 행정행위의 주된 내용에 부가하여 그 행정행위의 상대방에게 작위, 부작위, 급부, 수인 등의 의무를 부과하는 부관을 의미한다.
- 부담의 예로는 주택사업계획승인을 하면서 주택 진입로 확장의무를 부과하는 것, 도로점용허가를 하면서 점용료의 납부의무를 부과하는 것 등이 있으며, 주로 수익적 행정행위에 부과된다.

2) 부담의 법적성질

- 부담은 독자적으로 처분의 성질을 가지고 있어서 독립하여 항고소송의 대상이 된다.
- 부담에 의하여 부과된 의무의 불이행이 있는 경우 독립하여 강제집행의 대상이 된다. 다만, 부담의 불이행이 있다고 하여 부담부 행정행위의 철회사유가 될 뿐이고 그 효력이 당연히 상실되는 것은 아니다.

정답 01 X 02 O 03 O 04 O

- 부담은 독자적으로 처분의 성질을 가지고 있지만 부종성이 있다. 따라서 주된 행정행위의 효력이 없으면 부담도 효력이 없다.
- 부담 외에 다른 부관은 독립하여 취소소송의 대상이 되지 않는다.

01 부담에 의해 부과된 의무의 불이행이 있는 경우에 그 의무의 불이행은 독립하여 강제집행의 대상이 된다. (O | X) [05서울시9급]

02 부담부 행정행위의 경우 부담에서 부과하고 있는 의무의 이행이 있어야 비로소 주된 행정행위의 효력이 발생한다. (O | X) [17지방직9급]

03 부담은 다른 부관과는 달리 행정행위의 불가분적 요소가 아니고, 그 존속이 본체인 행정행위의 존재를 전제로 하는 것일 뿐이므로 부담 그 자체로는 행정쟁송의 대상이 될 수 있다. (O | X) [09지방직7급]

04 부관은 부담을 제외하고는 독립하여 행정소송의 대상이 될 수 있다는 것이 판례의 입장이다. (O | X) [13군무원9급]

05 부담에 의하여 부가된 의무의 불이행으로 부담부 행정행위가 당연히 효력을 상실하는 것은 아니고 당해 의무불이행은 부담부 행정행위의 철회사유가 될 수 있다. (O | X) [16국가직7급]

3) 부관에 대한 판단 및 구별
① 부담과 조건의 차이
㉠ 정지조건과 차이
- 부담은 주된 행정행위의 효력이 바로 발생한다. 따라서 조건이 성취되어야 비로소 효력이 발생하는 정지조건과 다르다.
- 부관부 행정행위에서 당해 부관이 부담이라면 부담의 이행 없이 영업을 하여도 무허가영업이 아니다. 그러나 정지조건의 경우 조건의 성취 없이 영업을 하면 무허가영업이다.

㉡ 해제조건과 차이
부담으로 부과된 의무의 불이행이 있는 경우 주된 행정행위는 철회사유가 될 뿐이다. 그러나 해제조건의 경우에 조건이 성취되면 행정행위의 효력이 당연히 소멸된다.

㉢ 부담과 조건의 구별
- 행정청의 의사를 객관적으로 검토하여 부관의 준수가 중요하고 행정행위의 효력 자체를 그 부관에 의존시키려는 의도로 해석될 경우에는 조건으로 보고, 그렇지 않은 경우 부담으로 해석한다.
- 행정청의 의사가 명확하지 아니하여, 부담과 조건의 구별이 애매한 경우에는 상대방에게 보다 유리한 부담으로 추정한다.

06 부담과 조건의 구별이 명확하지 않은 경우에는 부담으로 보는 것이 행정행위의 상대방에게 유리하다고 본다. (O | X) [20소방직]

정답 01 O 02 X 03 O 04 X 05 O 06 O

② 부담과 기한의 차이
- 시기의 도래로 행정행위는 효력을 발생하고 종기의 도래로 행정행위는 효력이 실효된다.
- 부담의 경우 의무기한의 도래로 의무불이행이 발생하더라도 주된 행정행위에는 철회사유가 발생할 뿐 그 효력이 실효되는 것이 아니다.

> **관련 판례**
>
> 1. 사도개설허가를 하면서 공사기간 내에 사도로 준공검사를 받도록 하였으나, 그 공사기간 내에 사도로 준공검사를 받지 못한 경우, 그 공사기간을 허가의 유효기간(기한)이 아니라 부담이라고 보고 사도개설허가가 당연히 실효되는 것은 아니라는 취지의 판시(대판 2004.11.25. 2004두7023).
> 2. 행정청이 도시환경정비사업 시행자에게 '무상양도되지 않는 구역 내 국유지를 착공신고 전까지 매입'하도록 한 부관을 붙여 사업시행인가를 하였으나 시행자가 국유지를 매수하지 않고 점용한 사안에서, 그 부관은 국유지에 관해 사업시행인가의 효력을 저지하는 조건이 아니라 작위의무를 부과하는 부담이므로, 사업시행인가를 받은 때에 국유지에 대해 국유재산법 제24조의 규정에 의한 사용·수익허가를 받은 것이어서 같은 법 제51조에 따른 변상금 부과처분은 위법하다(대판 2008.11.27. 2007두24289).

4) 협약 형식의 부담 가능성(판례)
- 판례에 따르면, 부담은 행정청이 행정처분을 하면서 일방적으로 부가할 수도 있지만 부담을 부가하기 이전에 상대방과 협의하여 부담의 내용을 협약의 형식으로 미리 정한 다음 행정처분을 하면서 이를 부가할 수도 있다.
- 부담을 부과할 당시에 적법하다면 사후에 근거법령이 개정되어 부관을 붙일 수 없게 되어도 기존의 부담은 유효하다.

> **관련 판례**
>
> 고속국도 관리청이 고속도로 부지와 접도구역에 송유관 매설을 허가하면서 상대방과 체결한 협약에 따라 송유관 시설을 이전하게 될 경우 그 비용을 상대방에게 부담하도록 하였고, 그 후 도로법 시행규칙이 개정되어 접도구역에는 관리청의 허가 없이도 송유관을 매설할 수 있게 된 사안에서, 위 협약이 효력을 상실하지 않을 뿐만 아니라 위 협약에 포함된 부관이 부당결부금지의 원칙에도 반하지 않는다고 한 사례 행정청이 수익적 행정처분을 하면서 부가한 부담의 위법 여부는 처분 당시 법령을 기준으로 판단하여야 하고, 부담이 처분 당시 법령을 기준으로 적법하다면 처분 후 부담의 전제가 된 주된 행정처분의 근거법령이 개정됨으로써 행정청이 더 이상 부관을 붙일 수 없게 되었다 하더라도 곧바로 위법하게 되거나 그 효력이 소멸하게 되는 것은 아니다(대판 2009.2.12. 2005다65500).

---

01 처분 전에 미리 상대방과 협의하여 부담의 내용을 협약의 형식으로 정한 다음 처분을 하면서 해당 부관을 붙이는 것도 가능하다. (O | X) [19서울시9급]

02 부담이 처분 당시 법령을 기준으로 적법하다면 처분 후 부담의 전제가 된 주된 행정처분의 근거법령이 개정됨으로써 행정청이 더 이상 부관을 붙일 수 없게 되었다 하더라도 곧바로 위법하게 되거나 그 효력이 소멸하게 되는 것은 아니다. (O | X) [19지방직9급]

정답 01 O 02 O

PART 2 행정작용법

01 부담은 그 내용을 협약의 형식으로 미리 정한 다음 행정처분을 하면서 이를 부가할 수도 있다. (O | X)
[14군무원9급]

02 도로법 시행규칙의 개정으로 도로경계선으로부터 15m를 넘지 않는 접도구역에서 송유관을 설치하는 행위가 관리청의 허가를 얻지 않아도 되는 행위로 변경되어 더 이상 그 행위에 부관을 붙일 수 없게 되었다 하더라도, 종전 시행규칙에 의하여 적법하게 행해진 허가와 접도구역 내 송유시설 이설비용 지급의무에 관한 부담이 개정 시행규칙의 시행으로 그 효력을 상실하게 되는 것은 아니다. (O | X)
[19군무원9급]

5) 부담의 불이행이 있는 경우

① 부담은 독자적으로 처분이므로 부담 자체에 대한 강제집행이 가능하다.
② 부담에 의하여 부가된 의무의 불이행으로 부담부 행정행위가 당연히 효력을 상실하는 것은 아니고 당해 의무 불이행은 부담부 행정행위의 철회사유가 될 수 있다. 다만, 철회사유일 뿐 행정행위의 철회 법리(수익적 행정행위에 철회사유가 있더라도 비례원칙 등을 준수하여야 한다)는 당연히 적용된다.
③ 부담으로 부과된 의무를 불이행하는 경우, 행정청은 그 후의 단계적인 조치를 거부하는 것도 가능하다.

03 부담의 불이행을 이유로 행정행위를 철회하는 경우라면 이익형량에 따른 철회의 제한이 적용되지 않는다. (O | X)
[16서울시9급]

4. 철회권 유보

1) 의의

행정청이 행정행위를 함에 있어 일정한 경우에 당해 행정행위를 철회할 수 있음을 정한 부관을 말한다.

> **관련 판례**
> 행정청이 종교단체에 대하여 기본재산전환인가를 함에 있어 인가조건을 부가하고 그 불이행시 인가를 취소할 수 있도록 한 경우, 인가조건의 의미는 철회권 유보이다(대판 2003.5.30. 2003다6422).

04 행정청이 종교단체에 대하여 기본재산 전환인가를 함에 있어 인가조건을 부가하고 그 불이행시 인가를 취소할 수 있도록 한 경우, 인가조건의 의미는 인가처분에 대한 철회권을 유보한 것이다. (O | X)
[18지방직7급]

05 대법원은 종교단체에 대하여 기본재산전환인가를 함에 있어 인가조건을 부가하고 그 불이행시 인가를 취소할 수 있도록 한 경우, 인가조건의 의미는 철회권을 유보한 것이라고 본다. (O | X)
[12군무원9급]

정답 01 O 02 O 03 X 04 O 05 O

2) 주요기능
- 철회 가능성을 상대방에게 주지, 장래의 상황변화에 대비한 철회 가능성 유보
- 행정행위의 계속성에 대한 신뢰를 할 수 없다. 따라서 행정행위의 상대방은 행정청의 철회시에 신뢰보호의 원칙을 원용할 수 없고, 철회로 인한 손실보상을 요구할 수도 없다.

> 01 수익적 행정행위에 대한 철회권 유보의 부관은 그 유보된 사유가 발생하여 철회권이 행사된 경우 상대방이 신뢰보호원칙을 원용하는 것을 제한한다는 데 실익이 있다. (O | X) [16서울시9급]

3) 해제조건과 구별
해제조건의 경우, 해제조건이 성취되면 주된 행정행위의 효력이 당연히 소멸하지만, 철회권의 유보는 행정청이 철회권을 행사하여야 한다.

> 02 해제조건은 조건사실이 발생하면 당연히 행정행위의 효력이 소멸되지만 철회권 유보는 유보된 사실이 발생하더라도 그 효력을 소멸시키려면 행정청의 별도의 의사표시(철회)가 필요하다. (O | X) [13국회직9급]

4) 효과
행정청은 철회권유보 사유가 발생하였어도 철회가 제한 없이 가능한 것이 아니다. 즉 행정청은 철회권 행사를 위해 이익형량을 하여야 하는 등 철회권 제한 법리가 적용된다. 다만, <u>철회권 유보사유에 대해서는 신뢰보호의 원칙을 주장할 수는 없다</u>. 이미 철회권유보사유가 발생하면 행정행위의 철회를 예상할 수 있기 때문이다.

관련 판례

취소권의 유보의 경우에 있어서도 무조건으로 취소권을 행사할 수 있는 것이 아니고 취소를 필요로 할 만한 공익상의 필요가 있는 때에 한하여 취소권을 행사할 수 있는 것이다(대법원 1962.2.22. 4293행상42).

> 03 철회권이 유보된 경우의 철회에는 이익형량의 원칙이 적용되지 않는다. (O | X) [19소방직]
> 04 철회권이 유보된 경우에도 철회의 제한이론인 이익형량의 원칙이 적용되나, 행정행위의 계속성에 대한 상대방의 신뢰는 유보된 철회사유에 대해서는 인정되지 않는다. (O | X) [17지방직9급]

5. 사후부담의 유보
- 행정행위를 하면서 사후에 부담을 부과할 수는 권한을 유보하는 부관을 의미
- 다수설은 부관의 일종으로 본다.
- 사후부관 부가에 대하여 신뢰보호의 원칙으로 항변할 수 없음이 원칙이다.

정답 01 O 02 O 03 X 04 O

6. 법률효과의 일부배제

1) 의의
- 주된 행정행위의 내용에 대해서 법령이 일반적으로 부여하고 있는 행정행위의 법적효과를 일부배제하는 부관을 의미한다.
- 법률효과의 일부배제의 예로 격일제 운행의 개인 택시운송사업면허, 신체 장애자의 운전면허 신청에 대하여 자동변속기자동차만에 대한 운전면허, 영업구역 설정허가 등이 있다.

2) 부관성에 대한 견해대립

① 학설
  ㉠ 행정행위의 내용상 제한으로 보아 부관성을 부정하는 견해
  ㉡ 부관으로 보는 견해

② 판례
판례는 법률효과의 일부배제를 부관으로 본다.

> **관련 판례**
>
> 1. 행정청이 한 공유수면매립준공인가 중 매립지 일부에 대하여 한 국가귀속처분은 매립준공인가를 함에 있어서 매립의 면허를 받은 자의 매립지에 대한 소유권취득을 규정한 공유수면매립법 제4조의 효과 일부를 배제하는 부관을 붙인 것이므로 이러한 행정행위의 부관에 대하여는 독립하여 행정소송의 대상으로 삼을 수 없다(대판 1991.12.13. 90누8503).
> 2. 지방국토관리청장이 일부 공유수면매립지에 대하여 한 국가 또는 직할시 귀속처분은 매립준공인가를 함에 있어서 매립의 면허를 받은 자의 매립지에 대한 소유권 취득을 규정한 공유수면매립법 제14조의 효과 일부를 배제하는 부관을 붙인 것이다(대판 1993.10.8. 93누2032).

③ 법률효과의 일부배제를 할 수 있는 경우
법률이 인정하는 효과의 일부를 배제하는 것이므로 법률에 특별한 근거가 있어야 한다.

---

01 법률효과의 일부배제는 법률 자체가 인정하고 있는 법률효과의 일부를 행정기관이 배제하는 것이므로 법률에 근거가 있어야 한다. (O | X) [12,14군무원9급]

정답 01 O

CHAPTER 2 행정행위

Ⅲ 부관의 가능성과 한계

1. 부관의 가능성

어떤 종류의 행정행위에 대하여 부관을 붙일 수 있는가에 관한 문제이다.

1) 준법률행위적 행정행위와 부관

- 전통적 견해(종래 통설)는 부관을 주된 의사표시에 부과한 종된 의사표시로 그 개념을 정의하였다. 따라서 법률행위적 행정행위에 부관을 붙일 수 있지만 준법률행위적 행정행위에는 부관을 붙일 수 없다고 보았다.
- 현재에는 부관을 주된 행정행위에 부가한 종된 규율로 정의하며, 준법률행위적 행정행위에 대하여도 법령의 규정에 따라 부관을 붙일 수 있다.
- 다만, 법률행위적 행정행위라고 하여도 신분설정행위는 부관과 친하지 않다(귀화허가에 붙이는 부관).

> **참고**
> - 법률행위적 행정행위 – 원칙적으로 부관 붙일 수 있음. 다만, 신분설정행위의 경우 부관 붙일 수 없음
> - 준법률행위적 행정행위 – 법령의 규정에 따라 부관을 붙일 수 있음

01 준법률행위적 행정행위에는 부관을 붙일 수 없다는 것이 전통적 견해이다. (O | X) [11국가직9급]

2) 기속행위와 부관

> **행정기본법 제17조(부관)** ① 행정청은 처분에 재량이 있는 경우에는 부관(조건, 기한, 부담, 철회권의 유보 등을 말한다. 이하 이 조에서 같다)을 붙일 수 있다.
> ② 행정청은 처분에 재량이 없는 경우에는 법률에 근거가 있는 경우에 부관을 붙일 수 있다.

- 재량행위에는 법령의 근거가 없이도 부관을 붙일 수 있다. 다만, 재량행위라도 신분 설정행위 등과 같이 성질상 부관과 친하지 아니한 행위에는 부관을 붙일 수 없다. 기속행위에는 법률에 근거가 없는 한 부관을 붙일 수 없고 설령 부관을 붙였다고 하여도 그 부관은 무효이다.

> **관련 판례**
> 1. 건축허가를 하면서 일정 토지를 기부채납하도록 하는 내용의 허가조건은 부관을 붙일 수 없는 기속행위 내지 기속적 재량행위인 건축허가에 붙인 부담이거나 또는 법령상 아무런 근거가 없는 부관이어서 무효이다(대판 1995.6.13. 94다56883).
> 2. 공유수면매립면허와 같은 재량적 행정행위에는 법률상의 근거가 없다고 하더라도 부관을 붙일 수 있다(대판 1982.12.28. 80다731,80다732).

정답 01 O

PART 2 행정작용법

01 수익적 행정처분에 있어서는 법령에 특별한 근거규정이 있는 경우에만 그 부관으로서 부담을 붙일 수 있다. (O | X) [23국가직9급]

02 법률행위적 행정행위에는 부관을 붙일 수 있는 것이 원칙이므로 귀화 허가 및 공무원의 임명행위 등과 같은 신분 설정행위에는 부관을 붙일 수 있다. (O | X) [10국가직9급]

- 기속행위의 경우에도 제한적으로 부관을 붙일 수 있는 경우가 있다.
  ① 기속행위임에도 법률에 부관을 붙일 수 있는 명문의 근거가 있는 경우(식품위생법상 영업허가 등)에는 부관을 붙일 수 있다.
  ② 요건충족적 부관은 가능하다는 것이 다수의 견해이다.

03 기속행위에 대해서는 법령상 특별한 근거가 없는 한 부관을 붙일 수 없고, 가사 부관을 붙였다고 하더라도 이는 무효이다. (O | X) [19국가직9급]

04 기속행위도 법률에서 명시적으로 부관을 허용하고 있으면 부관을 붙일 수 있다. (O | X) [17국가직9급]

05 기속행위라고 하더라도 요건충족적 부관은 붙일 수 있다고 보는 것이 다수의 견해이다. (O | X) [12군무원9급]

06 법원은 최근 기존의 입장을 변경하여 재량행위 외에 기속행위나 기속적 재량행위에도 부관을 붙일 수 있는 것으로 보고 있고, 이러한 부관이 있는 경우 특별한 사정이 없는 한 당사자는 부관의 내용을 이행하여야 할 의무를 진다. (O | X) [20소방직]

3) 부관의 사후부가, 사후변경

> **행정기본법 제17조(부관)** ③ 행정청은 부관을 붙일 수 있는 처분이 다음 각 호의 어느 하나에 해당하는 경우에는 그 처분을 한 후에도 부관을 새로 붙이거나 종전의 부관을 변경할 수 있다.
> 1. 법률에 근거가 있는 경우
> 2. 당사자의 동의가 있는 경우
> 3. 사정이 변경되어 부관을 새로 붙이거나 종전의 부관을 변경하지 아니하면 해당 처분의 목적을 달성할 수 없다고 인정되는 경우

- 부관의 사후부과는 행정청이 행정행위를 한 이후에 부관을 붙이는 것을 의미하며, 부관의 사후변경은 행정행위 당시 부가하였던 부관을 사후에 변경하는 것을 의미한다.
- 행정기본법은 일정한 경우, 부관의 사후부과와 사후변경의 가능함을 명시하고 있다(기존의 확고한 판례 법리와 통설의 입법화).

정답 01 X 02 X 03 O 04 O 05 O 06 X

관련 판례

행정처분에 이미 부담이 부가되어 있는 상태에서 그 의무의 범위 또는 내용 등을 변경하는 부관의 사후변경은, ①법률에 명문의 규정이 있거나 그 변경이 ②미리 유보되어 있는 경우 또는 ③상대방의 동의가 있는 경우에 한하여 허용되는 것이 원칙이지만, ④사정변경으로 인하여 당초에 부담을 부가한 목적을 달성할 수 없게 된 경우에도 그 목적달성에 필요한 범위 내에서 예외적으로 허용된다(대판 1997.5.30. 97누2627).

01 부관은 면허 발급 당시에 붙이는 것뿐만 아니라 면허 발급 이후에 붙이는 것도 법률에 명문의 규정이 있거나 변경이 미리 유보되어 있는 경우 또는 상대방의 동의가 있는 경우 등에는 특별한 사정이 없는 한 허용된다. (O | X) [23국가직9급]

02 사정변경으로 인하여 당초에 부담을 부가한 목적을 달성할 수 없게 된 경우에도 부관의 사후변경은 그 목적달성에 필요한 범위 내에서 예외적으로 허용된다는 것이 판례의 태도이다. (O | X) [20소방직9급]

4) 강학상 인가와 부관

인가는 재량행위인 경우에는 부관을 붙일 수 있으나 기속행위인 경우에는 부관을 붙일 수 없음이 원칙이다.

관련 판례

1. 자동차관리법상 자동차관리사업자로 구성하는 사업자단체인 조합 또는 협회(자동차관리사업조합)의 설립인가처분은 국토해양부장관 또는 시·도지사가 자동차관리사업자들의 단체결성행위를 보충하여 효력을 완성시키는 처분에 해당한다…나아가 조합 등의 사업내용이나 운영계획 등이 자동차관리사업의 건전한 발전과 질서 확립이라는 사업자단체 설립의 공익적 목적에 부합하는지 등을 함께 검토하여 설립인가 여부를 결정할 재량을 가진다(대판 2015.5.29. 2013두635).
2. 사회복지법인의 정관변경허가를 재량행위로 보고, 부관을 붙일 수 있다고 본 판시(대판 2002.9.24. 2000두5661).
3. (공익법인의 기본재산의 처분과 관련하여), 처분허가에 부관을 붙인 경우 그 처분허가의 법률적 성질이 형성적 행정행위로서의 인가에 해당한다고 하여 조건으로서의 부관의 부과가 허용되지 아니한다고 볼 수는 없다(대판 2005.9.28. 2004다50044).

03 사회복지법인의 정관변경허가에 대해서는 부관을 붙일 수 없다. (O | X) [17사회복지직9급]

04 공익법인의 기본재산처분에 대한 허가의 법률적 성질이 형성적 행정행위로서의 인가에 해당하므로, 그 허가에 조건으로서의 부관의 부과가 허용되지 아니한다. (O | X) [20국가직9급]

정답 01 O 02 O 03 × 04 ×

2. 부관의 내용상 한계

> **행정기본법 제17조(부관)** ④ 부관은 다음 각 호의 요건에 적합하여야 한다.
> 1. 해당 처분의 목적에 위배되지 아니할 것
> 2. 해당 처분과 실질적인 관련이 있을 것
> 3. 해당 처분의 목적을 달성하기 위하여 필요한 최소한의 범위일 것

부관을 붙일 수 있는 경우에도 부관의 내용상 한계를 준수하여야 한다(확고한 판례 법리의 입법화).

① 법률에 위반되는 부관을 부가하면 안 된다.

관련 판례

지방자치단체장이 개설한 농수산물 도매 시장의 도매시장법인으로 다시 지정함에 있어서 그 지정조건으로 "지정기간 중이라도 개설자가 농수산물 유통정책의 방침에 따라 도매시장법인 이전 및 지정취소 또는 폐쇄 지시에도 일체 소송이나 손실보상을 청구할 수 없다."라는 부관을 붙였으나, 그중 부제소특약에 관한 부분은 당사자가 임의로 처분할 수 없는 공법상의 권리관계를 대상으로 하여 사인의 국가에 대한 공권인 소권을 당사자의 합의로 포기하는 것으로서 허용될 수 없다(대판 1998.8.21. 98두8919).

01 처분을 하면서 처분과 관련한 소의 제기를 금지하는 내용의 부제소특약을 부관으로 붙이는 것은 허용되지 않는다. (O | X)　　　　[19서울시9급]

② 부관은 주된 행정행위의 목적에 반하여서는 안 된다. 따라서 주된 행정행위의 본질적 효력을 해하지 아니하는 한도 내에서 부과되어야 한다. 또한 부관은 이행가능한 것이어야 한다.

관련 판례

수산업법 제15조에 의하여 어업의 면허 또는 허가에 붙이는 부관은 그 성질상 허가된 어업의 본질적 효력을 해하지 않는 한도의 것이어야 하고 허가된 어업의 내용 또는 효력 등에 대하여는 행정청이 임의로 제한 또는 조건을 붙일 수 없다고 보아야 할 것이며 수산업법시행령 제14조의4 제3항의 규정내용은 기선선망어업에는 그 어선규모의 대소를 가리지 않고 등선과 운반선을 갖출 수 있고, 또 갖추어야 하는 것이라고 해석되므로 기선선망어업의 허가를 하면서 운반선, 등선 등 부속선을 사용할 수 없도록 제한한 부관은 그 어업허가의 목적달성을 사실상 어렵게 하여 그 본질적 효력을 해하는 것일 뿐만 아니라 위 시행령의 규정에도 어긋나는 것이며, 더욱이 어업조정이나 기타 공익상 필요하다고 인정되는 사정이 없는 이상 위법한 것이다(대판 1990.4.27. 89누6808).

02 부관은 주된 행정행위와 형식적 관련성이 있으면 족하고 주된 행정행위의 목적으로부터는 자유롭다. (O | X)　　　　[16교육행정직9급]

03 기선선망어업의 허가를 하면서 운반선, 등선 등 부속선을 사용할 수 없도록 제한한 부관은 그 어업허가의 목적 달성을 사실상 어렵게 하여 그 본질적 효력을 해하는 것이다. (O | X)　　　　[19지방직9급]

정답　01 O　02 X　03 O

CHAPTER 2 행정행위

③ 부관은 주된 행정행위와 실질적 관련성이 있어야 한다(부당결부금지의 원칙에 반하지 않는 부관).

관련 판례

행정처분과 부관 사이에 실제적 관련성이 있다고 볼 수 없는 경우 공무원이 일정한 공법상의 제한을 회피할 목적으로 행정처분의 상대방과 사이에 사법상 계약을 체결하는 형식을 취하였다면 이는 법치행정의 원리에 반하는 것으로 위법하다(대판 2009.12.10. 2007다63966).

01 행정처분과 실제적 관련성이 없어 부관으로 붙일 수 없는 부담이라고 하더라도 행정처분의 상대방에게 사법상 계약의 형식으로 이를 부과할 수 있다. (O | X) [20국가직9급]

④ 부관은 평등원칙, 비례원칙 등 법의 일반원칙에 어긋나면 안 된다.

관련 판례

65세대의 주택건설사업에 대한 사업계획승인시 '진입도로 설치 후 기부채납, 인근 주민의 기존 통행로 폐쇄에 따른 대체 통행로 설치 후 그 부지 일부 기부채납'을 조건으로 붙인 것은, 다른 특별한 사정이 없는 한 필요한 범위를 넘어 과중한 부담을 지우는 것으로서 형평의 원칙 등에 위배되는 위법한 부관이라 할 수 없다(대판 1997.3.14. 96누16698).

02 행정행위의 부관은 행정 재량에 입각한 것이므로 법률우위 원칙 이외의 한계는 없다. (O | X) [08군무원9급]

03 부관을 붙일 수 있는 경우에도 신뢰보호의 원칙, 부당결부금지의 원칙에 위배되어서는 안 된다. (O | X) [18서울시7급]

04 부관이 주된 행정행위와 실질적 관련성을 갖더라도 주된 행정행위의 효과를 무의미하게 만드는 경우라면 그러한 부관은 비례원칙에 반하는 하자있는 부관이 된다. (O | X) [15국가직9급]

정답 01 × 02 × 03 O 04 O

Ⅳ 부관의 하자

1. 위법한 부관의 효력

부관의 한계를 넘은 부관은 위법하고 행정행위의 하자 이론에 따라 그 하자가 중대·명백한 경우 무효가 되고, 단순위법의 경우에는 취소할 수 있는 부관이 된다.

2. 위법한 부관을 다투는 방법

1) 부관의 독립쟁송가능성

- 부담을 제외한 모든 부관은 독립하여 행정쟁송의 대상이 되지 않는다.

> **관련 판례**
>
> 1. [1] 행정행위의 부관은 행정행위의 일반적인 효력이나 효과를 제한하기 위하여 의사표시의 주된 내용에 부가되는 종된 의사표시이지 그 자체로서 직접 법적 효과를 발생하는 독립된 처분이 아니므로 현행 행정쟁송제도 아래서는 부관 그 자체만을 독립된 쟁송의 대상으로 할 수 없는 것이 원칙이나 행정행위의 부관 중에서도 행정행위에 부수하여 그 행정행위의 상대방에게 일정한 의무를 부과하는 행정청의 의사표시인 부담의 경우에는 다른 부관과는 달리 행정행위의 불가분적인 요소가 아니고 그 존속이 본체인 행정행위의 존재를 전제로 하는 것일 뿐이므로 부담 그 자체로서 행정쟁송의 대상이 될 수 있다.
>   [2] 행정행위의 부관인 부담에 정해진 바에 따라 당해 행정청이 아닌 다른 행정청이 그 부담상의 의무이행을 요구하는 의사표시를 하였을 경우, 이러한 행위가 당연히 또는 무조건으로 행정소송법상 항고소송의 대상이 되는 처분에 해당한다고 할 수는 없다(대판 1992.1.21. 91누1264).
> 2. 행정행위의 부관은 부담인 경우를 제외하고는 독립하여 행정소송의 대상이 될 수 없는바, 기부채납 받은 행정재산에 대한 사용·수익허가에서 공유재산의 관리청이 정한 사용·수익허가의 기간은 그 허가의 효력을 제한하기 위한 행정행위의 부관으로서 이러한 사용·수익허가의 기간에 대해서는 독립하여 행정소송을 제기할 수 없다(대판 2001.6.15. 99두509).
> 3. 도로점용허가의 점용기간은 행정행위의 본질적인 요소에 해당한다고 볼 것이어서 부관인 점용기간을 정함에 있어서 위법사유가 있다면 이로써 도로점용허가 처분 전부가 위법하게 된다(대판 1985.7.9. 84누604).

01 도로점용허가의 점용기간은 행정행위의 본질적인 요소에 해당한다고 볼 것이어서 부관인 점용기간을 정함에 있어서 위법사유가 있다면 이로써 도로점용허가처분 전부가 위법하게 된다. (O | X) [19지방직9급]

02 어업면허처분에서 면허의 유효기간을 1년으로 정하는 경우, 면허의 유효기간은 어업면허처분의 효력을 제한하기 위한 행정행위의 부관이라 할 것이고 이러한 행정행위의 부관은 독립하여 행정소송의 대상이 될 수 없다. (O | X) [25국가직9급]

- 다만, 판례는 부담이 아니라도 부관부 행정행위의 변경을 청구하고, 이를 행정청이 거부한 경우 동 거부처분의 취소를 구하는 소송을 제기할 수는 있다고 본다.

정답 01 O 02 O

CHAPTER 2 행정행위

01 부담 이외의 부관으로 인하여 권리를 침해당한 자는 부관부 행정행위 전체에 대해 취소소송을 제기하거나, 행정청에 부관이 없는 행정행위로 변경해 줄 것을 청구한 다음 그것이 거부된 경우 거부처분 취소소송을 제기할 수 있다. (O | X) [19서울시7급]

2) 위법한 부관만의 취소가능성

① 부담
부담은 독립하여 다툴 수 있으므로 부담 자체를 독립취소 할 수 있다.

② 부담외의 부관
판례는 부담 외의 부관에 대해서는 행정행위의 본질적인 부분으로 본다. 즉, 부담 외의 부관에 대하여 독립쟁송가능성과 독립취소가능성을 인정하는 진정일부취소소송에 대해서 부정적인 입장이다. 그리고 판례는, 부담 외의 부관에 대하여 독립쟁송가능성은 부정하면서도 독립취소가능성은 인정하고자 하는 부진정일부취소소송에 대해서도 부정적인 입장이다.

02 부관 중에 기한과 부담은 독립적인 쟁송이 가능하다. (O | X) [09.15군무원9급]

03 부관은 부담을 제외하고는 독립하여 행정소송의 대상이 될 수 있다는 것이 판례의 입장이다. (O | X) [13군무원9급]

04 부담 이외의 부관에 대하여는 진정일부취소소송을 제기하여 다툴 수 없으나, 부진정일부취소소송의 형식으로는 다툴 수 있다. (O | X) [12지방직7급]

V 부관의 하자와 후속행위와의 관계

1. 개설
주로 기부채납의 부관과 이행행위인 기부채납행위와 관련하여 발생한다.

2. 기부채납의 부관과 그 이행행위

1) 이행행위의 법적성질
기부채납의 부관이 존재한다는 사실만으로 재산권이 이전하는 것은 아니므로 사법상 계약인 이행행위(기부채납행위)가 필요하다.

관련 판례
기부채납은 기부자가 그의 소유재산을 지방자치단체의 공유재산으로 증여하는 의사표시를 하고 지방자치단체는 이를 승낙하는 채납의 의사공시를 함으로써 성립하는 증여계약이다(대판 1996.11.8. 96다20581).

정답 01 O 02 X 03 X 04 X

PART 2 행정작용법

2) 부관의 하자가 이행행위(증여계약 등)에 영향을 주는지 여부

① 학설

㉠ 부관구속설

부관의 하자가 이행행위에 영향을 준다는 견해

㉡ 부관무관설

부관의 하자와 이행행위는 별개라는 견해

② 판례

원칙적으로 부관과 이행행위는 별개라고 보고 있다.

> **관련 판례**
>
> 1. 행정처분에 부과한 부담에 불가쟁력이 발생한 경우에도 이행행위를 다툴 수 있다고 본 판시
>   [1] 부담이 무효라고 하여도 사법상 법률행위가 당연히 무효가 되는 것은 아니다.
>   [2] 부담의 이행으로 하게 된 사법상 매매 등의 법률행위는 부담을 붙인 행정처분과 어디까지나 별개의 법률행위이므로 부담의 불가쟁력의 문제와는 별도로 법률행위가 사회질서 위반이나 강행규정에 위반되는지 여부 등을 따져보아 그 법률행위의 유효 여부를 판단하여야 한다(대판 2009.6.25. 2006다18174).
> 2. 토지소유자가 토지형질변경행위 허가에 붙은 기부채납의 부관에 따라 토지를 기부채납(증여)한 경우, 기부채납의 부관이 당연무효이거나 취소되지 않은 상태에서 그 부관으로 인하여 증여계약의 중요부분에 착오가 있음을 이유로 증여계약을 취소할 수 없다(대판 1999.5.25. 98다53134).
> 3. 법령상의 근거규정이 없음에도 불구하고 허가조건의 내용에 따라 해당 토지를 기부채납하여야만 허가신청인들이 시공한 건축물의 준공검사가 나오는 것으로 믿고 증여계약을 체결하여 허가관청인 시 앞으로 위 토지에 관하여 소유권이전등기를 경료하여 주었다면 이는 일종의 동기의 착오로서 그 허가조건상의 하자가 허가신청대행자의 증여의사표시에 자체에 직접 영향을 미치는 것은 아니므로, 이를 이유로 하여 위 시 명의의 소유권이전등기의 말소를 청구할 수는 없다(대판 1995.6.13. 94다56883).

01 행정처분에 부담인 부관을 붙인 경우, 부관이 무효라면 부담의 이행으로 이루어진 사법상 매매행위도 당연히 무효가 된다. (O | X) [19국가직9급]

02 부담의 이행으로서 하게 된 사법상 매매 등의 법률행위는 부담을 붙인 행정처분과는 별개의 법률행위이므로, 그 부담의 불가쟁력의 문제와는 별도로 법률행위가 사회질서 위반이나 강행규정에 위반되는지 여부 등을 따져보아 그 법률행위의 유효 여부를 판단하여야 한다. (O | X) [21국가직9급]

03 토지소유자가 토지형질변경행위허가에 붙은 기부채납의 부관에 따라 토지를 국가나 지방자치단체에 기부채납한 경우, 기부채납의 부관이 당연무효이거나 취소되지 아니한 이상 토지소유자는 위 부관으로 인하여 기부채납계약의 중요부분에 착오가 있음을 이유로 기부채납계약을 취소할 수 없다. (O | X) [23국가직9급]

정답 01 X 02 O 03 O

핵심 기출문제

01

행정행위의 부관에 대한 설명으로 옳지 않은 것은? (다툼이 있는 경우 판례에 의함)

[21지방직9급]

① 행정청은 처분에 재량이 없는 경우에는 법률에 근거가 있는 경우에 부관을 붙일 수 있다.
② 부담이 처분 당시 법령을 기준으로 적법하다면 처분 후 부담의 전제가 된 주된 처분의 근거 법령이 개정됨으로써 행정청이 더 이상 부관을 붙일 수 없게 되었다 하더라도 곧바로 그 효력이 소멸하게 되는 것은 아니다.
③ 처분과 실제적 관련성이 없어 부관으로 붙일 수 없는 부담이라도 사법상 계약의 형식으로 처분의 상대방에게 부과할 수 있다.
④ 행정재산에 대한 사용·수익허가에서 공유재산의 관리청이 정한 사용·수익허가의 기간에 대해서는 독립하여 행정소송을 제기할 수 없다.

02

행정행위의 부관에 관한 설명으로 옳지 않은 것은? (다툼이 있는 경우 판례에 의함) [23소방직]

① 행정청은 처분에 재량이 없는 경우에는 법률에 근거가 있는 경우에 부관을 붙일 수 있다.
② 허가의 목적달성을 사실상 어렵게 하여 그 본질적 효력을 해하는 부관은 적법하지 않다.
③ 행정처분에 부과한 부담이 무효가 된 경우라도, 특별한 사정이 없는 한 부담의 이행으로 행한 사법상 매매 등의 법률행위 자체를 당연히 무효화하는 것은 아니다.
④ 부담의 전제가 된 주된 처분의 근거 법령이 개정됨으로써 행정청이 더 이상 부관을 붙일 수 없게 되었다면, 특별한 사정이 없는 한 그 부담의 효력은 소멸하게 된다.

해설

01 ① (○)

> 행정기본법 제17조(부관) ① 행정청은 처분에 재량이 있는 경우에는 부관(조건, 기한, 부담, 철회권의 유보 등을 말한다. 이하 이 조에서 같다)을 붙일 수 있다.
> ② 행정청은 처분에 재량이 없는 경우에는 법률에 근거가 있는 경우에 부관을 붙일 수 있다.

② (○) 행정청이 수익적 행정처분을 하면서 부가한 부담의 위법 여부는 처분 당시 법령을 기준으로 판단하여야 하고, 부담이 처분 당시 법령을 기준으로 적법하다면 처분 후 부담의 전제가 된 주된 행정처분의 근거 법령이 개정됨으로써 행정청이 더 이상 부관을 붙일 수 없게 되었다 하더라도 곧바로 위법하게 되거나 그 효력이 소멸하게 되는 것은 아니다(대판 2009.2.12. 2005다65500).

③ (×) 행정처분과 부관 사이에 실제적 관련성이 있다고 볼 수 없는 경우 공무원이 일정한 공법상의 제한을 회피할 목적으로 행정처분의 상대방과 사이에 사법상 계약을 체결하는 형식을 취하였다면 이는 법치행정의 원리에 반하는 것으로 위법하다(대판 2009.12.10. 2007다63966).

④ (○) 행정행위의 부관은 부담인 경우를 제외하고는 독립하여 행정소송의 대상이 될 수 없는바, 기부채납받은 행정재산에 대한 사용·수익허가에서 공유재산의 관리청이 정한 사용·수익허가의 기간은 그 허가의 효력을 제한하기 위한 행정행위의 부관으로서 이러한 사용·수익허가의 기간에 대해서는 독립하여 행정소송을 제기할 수 없다(대판 2001.6.15. 99두509).

02 ① (○)

> 행정기본법 제17조(부관) ② 행정청은 처분에 재량이 없는 경우에는 법률에 근거가 있는 경우에 부관을 붙일 수 있다.

② (○) 수산업법 제15조에 의하여 어업의 면허 또는 허가에 붙이는 부관은 그 성질상 허가된 어업의 본질적 효력을 해하지 않는 한도의 것이어야 하고 허가된 어업의 내용 또는 효력 등에 대하여는 행정청이 임의로 제한 또는 조건을 붙일 수 없다고 보아야 할 것이며 수산업법시행령 제14조의4 제3항의 규정내용은 기선선망어업에는 그 어선규모의 대소를 가리지 않고 등선과 운반선을 갖출 수 있고, 또 갖추어야 하는 것이라고 해석되므로 기선선망어업의 허가를 하면서 운반선, 등선 등 부속선을 사용할 수 없도록 제한한 부관은 그 어업허가의 목적달성을 사실상 어렵게하여 그 본질적 효력을 해하는 것일 뿐만 아니라 위 시행령의 규정에도 어긋나는 것이며, 더욱이 어업조정이나 기타 공익상 필요하다고 인정되는 사정이 없는 이상 위법한 것이다 (대판 1990.4.27. 89누6808).

③ (○) [1] 부담이 무효라고 하여도 사법상 법률행위가 당연히 무효가 되는 것은 아니다.
[2] 부담의 이행으로 하게 된 사법상 매매 등의 법률행위는 부담을 붙인 행정처분과 어디까지나 별개의 법률행위이므로 부담의 불가쟁력의 문제와는 별도로 법률행위가 사회질서 위반이나 강행규정에 위반되는지 여부 등을 따져보아 그 법률행위의 유효 여부를 판단하여야 한다(대판 2009.6.25. 2006다18174).

④ (×) 행정청이 수익적 행정처분을 하면서 부가한 부담의 위법 여부는 처분 당시 법령을 기준으로 판단하여야 하고, 부담이 처분 당시 법령을 기준으로 적법하다면 처분 후 부담의 전제가 된 주된 행정처분의 근거 법령이 개정됨으로써 행정청이 더 이상 부관을 붙일 수 없게 되었다 하더라도 곧바로 위법하게 되거나 그 효력이 소멸하게 되는 것은 아니다(대판 2009.2.12. 2005다65500).

정답 01 ③ 02 ④

CHAPTER 2 행정행위

제7절 행정행위의 성립요건, 효력발생요건

I 행정행위의 성립요건

행정행위가 성립하여 존재하기 위한 최소한의 요건으로서 내부적 성립요건(주체·절차·형식·내용)과 외부적 성립요건(대외적으로 표시)이 구비되어야 한다.

1. 내부적 성립요건

1) **주체 요건**

    정당한 권한을 가진 행정청이 자신에게 부여된 권한 범위 내에서 정상적인 의사에 따라 행하여야 한다.

2) **내용 요건**

    법률상·사실상 실현가능하고 명확하여야 한다. 또한 법률에 위배되면 안 된다.

3) **절차 요건**

    행정행위에 관하여 정해진 일정한 절차를 준수하여야 한다.

4) **형식 요건**
    - 행정행위의 내용과 존재를 명확히 하기 위해 일정한 형식이 요구되는 경우가 많다.
    - 행정절차법은 처분에 대하여 서면주의에 의할 것을 규정하고 있다.

2. 외부적 성립요건

행정행위가 공식적인 방법으로 외부에 표시되어야 한다.

> **관련 판례**
>
> 1. 일반적으로 행정처분이 주체·내용·절차와 형식이라는 내부적 성립요건과 외부에 대한 표시라는 외부적 성립요건을 모두 갖춘 경우에는 행정처분이 존재한다고 할 수 있다. 행정처분의 외부적 성립은 행정의사가 외부에 표시되어 행정청이 자유롭게 취소·철회할 수 없는 구속을 받게 되는 시점을 확정하는 의미를 가지므로, 어떠한 처분의 외부적 성립 여부는 행정청에 의해 행정의사가 공식적인 방법으로 외부에 표시되었는지를 기준으로 판단하여야 한다(대판 2017.7.11. 2016두35120).
> 2. 병무청장이 법무부장관에게 '가수 갑(스티브 유)이 공연을 위하여 국외여행허가를 받고 출국한 후 미국 시민권을 취득함으로써 사실상 병역의무를 면탈하였으므로 재외동포 자격으로 재입국하고자 하는 경우, 국내에서 취업, 가수활동 등 영리활동을 할 수 없도록 하고, 불가능할 경우 입국 자체를 금지해 달라'고 요청함에 따라 법무부장관이 갑의 입국을 금지하는 결정을 하고, 그 정보를 내부전산망인 '출입국관리정보시스템'에 입력하였으나, 갑에게는 통보하지 않은 사안에서, 위 입국금지결정은 항고소송

PART 2 행정작용법

> 의 대상이 되는 '처분'에 해당하지 않는다.
> [1] 일반적으로 처분이 주체·내용·절차와 형식의 요건을 모두 갖추고 외부에 표시된 경우에는 처분의 존재가 인정된다. 행정의사가 외부에 표시되어 행정청이 자유롭게 취소·철회할 수 없는 구속을 받게 되는 시점에 처분이 성립하고, 그 성립 여부는 행정청이 행정의사를 공식적인 방법으로 외부에 표시하였는지를 기준으로 판단해야 한다.
> [2] 병무청장이 법무부장관에게 '가수 갑이 공연을 위하여 국외여행허가를 받고 출국한 후 미국 시민권을 취득함으로써 사실상 병역의무를 면탈하였으므로 재외동포 자격으로 재입국하고자 하는 경우 국내에서 취업, 가수활동 등 영리활동을 할 수 없도록 하고, 불가능할 경우 입국 자체를 금지해 달라'고 요청함에 따라 법무부장관이 갑의 입국을 금지하는 결정을 하고, 그 정보를 내부 전산망인 '출입국관리정보시스템'에 입력하였으나, 갑에게는 통보하지 않은 사안에서, 행정청이 행정의사를 외부에 표시하여 행정청이 자유롭게 취소·철회할 수 없는 구속을 받기 전에는 '처분'이 성립하지 않으므로 법무부장관이 출입국관리법 제11조 제1항 제3호 또는 제4호, 출입국관리법 시행령 제14조 제1항, 제2항에 따라 위 입국금지결정을 했다고 해서 '처분'이 성립한다고 볼 수는 없고, 위 입국금지결정은 법무부장관의 의사가 공식적인 방법으로 외부에 표시된 것이 아니라 단지 그 정보를 내부전산망인 '출입국관리정보시스템'에 입력하여 관리한 것에 지나지 않으므로, 위 입국금지결정은 항고소송의 대상이 될 수 있는 '처분'에 해당하지 않는데도, 위 입국금지결정이 처분에 해당하여 공정력과 불가쟁력이 있다고 본 원심판단에 법리를 오해한 잘못이 있다 (대판 2019.7.11. 2017두38874).

01 일반적으로 행정행위가 주체·내용·절차와 형식의 요건을 모두 갖추고 외부에 표시된 경우에 행정행위의 존재가 인정된다. (O | X) [21소방직]

02 행정의사가 외부에 표시되어 행정청이 자유롭게 취소·철회할 수 없는 구속을 받게 되는 시점에 처분이 성립하고, 그 성립 여부는 행정청이 행정의사를 공식적인 방법으로 외부에 표시하였는지를 기준으로 판단해야 한다. (O | X) [21국가직9급]

03 법무부장관이 甲의 입국을 금지하는 결정을 하고, 그 정보를 내부 전산망인 '출입국관리정보시스템'에 입력하였으나, 甲에게는 통보하지 않은 사안에서, 입국금지결정은 항고소송의 대상이 되는 '처분'에 해당한다. (O | X) [21군무원9급]

Ⅱ 행정행위의 효력발생요건

행정행위가 상대방에 대하여 효력을 발생하기 위한 요건으로서, 상대방이 있는 행정행위는 상대방에게 도달되어야 효력이 발생한다.

1. 도달주의

1) 의의
- 행정행위는 상대방에게 통지되어 도달되어야 효력을 발생한다.

정답 01 O 02 O 03 X

CHAPTER 2 행정행위

> **행정절차법 제15조(송달의 효력 발생)** ① 송달은 다른 법령등에 특별한 규정이 있는 경우를 제외하고는 해당 문서가 송달받을 자에게 도달됨으로써 그 효력이 발생한다.

- 도달은 상대방이 그 내용을 현실적으로 알 필요까지는 없고 알 수 있는 상태(인식할 수 있는 상태)에 놓여짐으로써 충분하다. 즉, 상대방에게 알 수 있는 상태에 두어진 것을 의미하는 것이지 상대방이 현실적으로 수령하여 인지한 것을 의미하지 않는다.

01 송달은 다른 법령 등에 특별한 규정이 있는 경우를 제외하고는 해당 문서가 송달받을 자에게 도달됨으로써 그 효력이 발생한다. (O | X) [15서울시7급]

02 행정행위의 효력발생요건으로서의 도달은 상대방이 그 내용을 현실적으로 알 필요까지는 없고, 다만 알 수 있는 상태에 놓여짐으로써 충분하다. (O | X) [17서울시9급]

03 처분의 통지는 행정처분을 상대방에게 표시하는 것으로서 상대방이 인식할 수 있는 상태에 둠으로써 족하고, 객관적으로 보아 행정처분으로 인식할 수 있도록 고지하면 된다. (O | X) [18국가직9급]

04 행정처분의 송달은 민법상 도달주의가 아니라 행정절차법 제15조의 발신주의를 취한다. (O | X) [12지방직9급]

관련 판례

1. 영업시간제한 등 처분의 대상인 대규모점포 중 개설자의 직영매장 이외에 개설자로부터 임차하여 운영하는 임대매장이 병존하는 경우에도, 전체 매장에 대하여 법령상 대규모점포 등의 유지·관리 책임을 지는 개설자만이 처분상대방이 되고, 임대매장의 임차인이 이와 별도로 처분상대방이 되는 것은 아니라고 할 것이다. 따라서 사전통지·의견청취절차는 원고들(개설자)을 상대로 거치면 충분하고, 그 밖에 임차인들을 상대로 별도의 사전통지 등 절차를 거칠 필요가 없다(대판 2015.11.19. 2015두295).

2. 망인에 대한 서훈취소는 유족에 대한 것이 아니므로 유족에 대한 통지에 의해서만 성립하여 효력이 발생한다고 볼 수 없고, 그 결정이 처분권자의 의사에 따라 상당한 방법으로 대외적으로 표시됨으로써 행정행위로서 성립하여 효력이 발생한다고 봄이 타당하다(대판 2014.9.26. 2013두2518).

3. 도달이란 상대방이 그 내용을 현실적으로 알 필요까지는 없고 알 수 있는 상태에 놓여짐으로써 충분하다(대판 1989.9.26. 89누4963).

4. 문화재보호법 제13조 제2항 소정의 중요문화재 가지정의 효력발생요건인 통지는 행정처분을 상대방에게 표시하는 것으로서 상대방이 인식할 수 있는 상태에 둠으로써 족하고, 객관적으로 보아서 행정처분으로 인식할 수 있도록 고지하면 되는 것이다(대판 2003.7.22. 2003두513).

5. [1] 납세고지서의 교부송달 및 우편송달에 있어서는 반드시 납세의무자 또는 그와 일정한 관계에 있는 사람의 현실적인 수령행위를 전제로 하고 있다고 보아야 하며, 납세자가 과세처분의 내용을 이미 알고 있는 경우에도 납세고지서의 송달이 불필요하다고 할 수는 없다.

   [2] 납세고지서의 송달을 받아야 할 자가 부과처분 제척기간이 임박하자 그 수령을 회피하기 위하여 일부러 송달을 받을 장소를 비워 두어 세무공무원이 송달을 받을 자와 보충송달을 받을 자를 만나지 못하여 부득이 사업장에 납세고지서를 두고 왔다고 하더라도 이로써 신의성실의 원칙을 들어 그 납세고지서가 송달되었다고 볼 수는 없다(대판 2004.4.9. 2003두13908).

정답 01 O 02 O 03 O 04 X

PART 2 행정작용법

6. 상대방 있는 행정처분은 특별한 규정이 없는 한 의사표시에 관한 일반법리에 따라 상대방에게 고지되어야 효력이 발생하고, 상대방 있는 행정처분이 상대방에게 고지되지 아니한 경우에는 상대방이 다른 경로를 통해 행정처분의 내용을 알게 되었다고 하더라도 행정처분의 효력이 발생한다고 볼 수 없다(대판 2019.8.9. 2019두38656).

01 납세자가 과세처분의 내용을 미리 알고 있는 경우 납세고지서의 송달은 불필요하다. (O | X)
[17교육행정직9급]

02 상대방 있는 행정처분이 상대방에게 고지되지 아니한 경우에도 상대방이 다른 경로를 통해 행정처분의 내용을 알게 된다면 그 행정처분의 효력이 발생한다. (O | X)
[21소방직]

2) 송달의 방법

- 개별적 구체적 처분 ─ 송달(우편송달, 교부송달, 정보통신망을 통한 송달)
  └ 행정절차법상 공시송달
- 일반적 구체적 처분 ─ 개별법상 공시송달

행정절차법 제14조(송달) ① 송달은 <u>우편, 교부 또는 정보통신망 이용 등의 방법</u>으로 하되, 송달받을 자(대표자 또는 대리인을 포함한다. 이하 같다)의 주소·거소(居所)·영업소·사무소 또는 전자우편주소(이하 "주소등"이라 한다)로 한다. 다만, <u>송달받을 자가 동의하는 경우에는 그를 만나는 장소에서 송달할 수 있다.</u>

① 우편송달
  ㉠ 등기우편·내용증명우편
    - 우편물의 발송이 있으면 유실·반송 등의 특별한 사정에 대한 반증이 없는 한 그 무렵 수취인에게 배달되었다고 추정할 수 있다(대판 2016두60577).
    - 다만, 수취인이나 그 가족이 주민등록지에 실제로 거주하고 있지 아니하면서 전입신고만을 해 둔 경우, 주민등록지거주자에게 송달 수령의 권한을 위임하였다고 보기 어려운 사정이 인정된다면 우편물의 발송사실만으로 우편물이 수취인에게 도달하였다고 추정할 수 없고, 우편물의 도달사실을 처분청이 입증하여야 한다(대판 97누8977).

03 등기에 의한 우편송달의 경우라도 수취인이 주민등록지에 실제로 거주하지 않는 경우에는 우편물의 도달사실을 처분청이 입증해야 한다. (O | X)
[18국가직9급]

정답 01 X 02 X 03 O

CHAPTER **2** 행정행위

ⓒ 보통우편

보통우편의 경우 등기우편이나 내용증명우편과 달리 발송사실만으로 그 우편물이 상당한 기간 내에 도달하였다고 추정할 수 없고, 송달의 효력을 주장하는 측에서 증거에 의하여 이를 입증하여야 한다(대판 2007두20140).

01 처분서를 보통우편의 방법으로 발송한 경우에는 그 우편물이 상당한 기간 내에 도달하였다고 추정할 수 없다. (O | X) [18국가직9급]

② 교부송달·보충송달·유치송달

행정절차법 제14조(송달) ② 교부에 의한 송달은 수령확인서를 받고 문서를 교부함으로써 하며, 송달하는 장소에서 송달받을 자를 만나지 못한 경우에는 그 사무원·피용자(被傭者) 또는 동거인으로서 사리를 분별할 지능이 있는 사람(이하 이 조에서 "사무원등"이라 한다)에게 문서를 교부할 수 있다(편주: 보충송달). 다만, 문서를 송달받을 자 또는 그 사무원등이 정당한 사유 없이 송달받기를 거부하는 때에는 그 사실을 수령확인서에 적고, 문서를 송달할 장소에 놓아둘 수 있다(편주: 유치송달).

02 교부에 의한 송달은 수령확인서를 받고 문서를 교부함으로써 하며, 송달하는 장소에서 송달받을 자를 만나지 못한 경우에는 그 사무원·피용자 또는 동거인으로서 사리를 분별할 지능이 있는 사람에게 문서를 교부할 수 있다. (O | X) [17국가직7급]

③ 전자적 통지에 의한 송달

행정절차법 제14조(송달) ③ 정보통신망을 이용한 송달은 송달받을 자가 동의하는 경우에만 한다. 이 경우 송달받을 자는 송달받을 전자우편주소 등을 지정하여야 한다.
동법 제15조 (송달의 효력 발생) ② 제14조제3항에 따라 정보통신망을 이용하여 전자문서로 송달하는 경우에는 송달받을 자가 지정한 컴퓨터 등에 입력된 때에 도달된 것으로 본다.

03 정보통신망을 이용한 송달은 송달받을 자가 동의하는 경우에만 한다. (O | X) [18교육행정직9급]
04 송달은 우편, 교부 또는 정보통신망 이용 등의 방법으로 할 수 있다. (O | X) [14서울시9급]

④ 고시 또는 공고에 의한 송달

㉠ 행정절차법상 공고

행정절차법 제14조(송달) ④ 다음 각 호의 어느 하나에 해당하는 경우에는 송달받을 자가 알기 쉽도록 관보, 공보, 게시판, 일간신문 중 하나 이상에 공고하고 인터넷에도 공고하여야 한다.
1. 송달받을 자의 주소등을 통상적인 방법으로 확인할 수 없는 경우
2. 송달이 불가능한 경우
행정절차법 제15조(송달의 효력 발생) ③ 제14조 제4항의 경우에는 다른 법령등에 특별한 규정이 있는 경우를 제외하고는 공고일부터 14일이 지난 때에 그 효력이 발생한다. 다만, 긴급히 시행하여야 할 특별한 사유가 있어 효력 발생 시기를 달리 정하여 공고한 경우에는 그에 따른다.

정답 01 O 02 O 03 O 04 O

PART 2 행정작용법

01 행정절차법은 행정행위 상대방에 대한 송달받을 자의 주소 등을 통상적인 방법으로 확인할 수 없는 경우에 한하여, 공고의 방법에 의한 송달이 가능하도록 규정하고 있다. (O | X) [21소방직]

ⓒ 개별법상 고시 또는 공고
- 행정행위의 상대방이 불특정 다수인인 경우 고시 또는 공고에 의한 송달을 한다.
- 개별법에서 정한 고시 또는 공고의 효력발생일에 효력이 발생함이 원칙이다.
- 개별법에서 정한 효력발생에 관한 규정이 없는 경우에는 「행정효율과 협업 촉진에 관한 규정」에 따라 고시 또는 공고가 있은 날부터 5일이 경과한 때 효력이 발생한다.

> **관련 판례**
> 1. (구 청소년보호법에 따른 청소년유해매체물 결정·고시와 관련하여) 통상 고시 또는 공고에 의하여 행정처분을 하는 경우에는 그 처분의 상대방이 불특정 다수인이고 그 처분의 효력이 불특정 다수인에게 일률적으로 적용되는 것이므로, 그 행정처분에 이해관계를 갖는 자가 고시 또는 공고가 있었다는 사실을 현실적으로 알았는지 여부에 관계없이 고시가 효력을 발생하는 날 행정처분이 있음을 알았다고 보아야 한다(대판 2007.6.14. 2004두619).
> 2. 구 주택법 제16조에 따라 정하는 사업계획승인의 효력은 사업계획승인권자의 고시가 있은 후 5일이 경과한 날부터 발생한다(대판 2013.3.28. 2012다57231).

02 구 청소년보호법에 따라 정보통신윤리위원회가 특정 웹사이트를 청소년유해매체물로 결정하고 청소년보호위원회가 효력발생시기를 명시하여 고시하였으나 정보통신윤리위원회와 청소년보호위원회가 웹사이트 운영자에게는 위 처분이 있었음을 통지하지 않았다면 그 효력이 발생하지 않는다. (O | X) [18국가직9급]

⑤ 기록보존

> **행정절차법 제14조(송달)** ⑤ 행정청은 송달하는 문서의 명칭, 송달받는 자의 성명 또는 명칭, 발송방법 및 발송 연월일을 확인할 수 있는 기록을 보존하여야 한다.

03 행정청은 송달하는 문서의 명칭, 송달받는 자의 성명 또는 명칭, 발송방법 및 발송연월일을 확인할 수 있는 기록을 보존하여야 한다. (O | X) [20국회직8급]

정답 01 ✕ 02 ✕ 03 O

핵심 기출문제

01

행정행위의 성립요건과 효력발생요건을 구분할 경우 효력발생요건에 해당하는 것은?

[15교육행정직9급]

① 상대방에게 통지되어 도달되어야 한다.
② 내용이 법률상으로나 사실상으로 실현 가능해야 한다.
③ 법령상 특별한 규정이 있는 경우를 제외하고는 문서로 하여야 한다.
④ 당해 행정행위를 발할 수 있는 권한을 가진 자에 의해 행해져야 한다.

02

사례에 대한 설명으로 옳지 않은 것은? (단, 다툼이 있는 경우 판례에 의함)

[21군무원9급]

> 병무청장이 법무부장관에게 '가수 甲이 공연을 위하여 국외여행허가를 받고 출국한 후 미국 시민권을 취득함으로써 사실상 병역의무를 면탈하였으므로 재외동포 자격으로 재입국하고자 하는 경우 국내에서 취업, 가수활동 등 영리활동을 할 수 없도록 하고, 불가능할 경우 입국 자체를 금지해 달라'고 요청함에 따라 법무부장관이 甲의 입국을 금지하는 결정을 하고, 그 정보를 내부 전산망인 '출입국관리정보시스템'에 입력하였으나, 甲에게는 통보하지 않았다.

① 일반적으로 처분이 주체·내용·절차와 형식의 요건을 모두 갖추고 외부에 표시된 경우에는 처분의 존재가 인정된다.
② 행정의사가 외부에 표시되어 행정청이 자유롭게 취소·철회할 수 없는 구속을 받게 되는 시점에 처분이 성립한다.
③ 그 성립 여부는 행정청이 행정의사를 공식적인 방법으로 외부에 표시하였는지를 기준으로 판단해야 한다.
④ 위 입국금지결정은 항고소송의 대상이 되는 '처분'에 해당한다.

해설

01 ① (○) 효력발생요건으로서 도달
② (×) 내부적 성립요건으로서 내용상 요건
③ (×) 내부적 성립요건으로서 형식상 요건
④ (×) 내부적 성립요건으로서 주체상 요건

02 ① (○), ② (○), ③ (○) 처분은 주체·절차·형식·내용의 내부적 성립요건과 대외적 표시라는 외부적 성립요건으로 이루어지고, 여기서 대외적 표시는 행정의사가 공식적인 방법으로 표시되어 행정청이 자유롭게 취소·철회할 수 없는 구속을 받게 되는 시점에 인정된다.
④ (×) 병무청장이 법무부장관에게 '가수 갑이 공연을 위하여 국외여행허가를 받고 출국한 후 미국 시민권을 취득함으로써 사실상 병역의무를 면탈하였으므로 재외동포 자격으로 재입국하고자 하는 경우 국내에서 취업, 가수활동 등 영리활동을 할 수 없도록 하고, 불가능할 경우 입국 자체를 금지해 달라'고 요청함에 따라 법무부장관이 갑의 입국을 금지하는 결정을 하고, 그 정보를 내부전산망인 '출입국관리정보시스템'에 입력하였으나, 갑에게는 통보하지 않은 사안에서, 위 입국금지결정은 항고소송의 대상이 되는 '처분'에 해당하지 않는다(대판 2019.7.11. 2017두38874).

정답 **01** ① **02** ④

CHAPTER

행정행위 **2**

제8절 행정행위의 효력

Ⅰ 개설

- 행정행위에는 행정주체에게 국민에 대한 우월한 지위를 인정한다. 그에 따른 특유의 효력이 인정된다. 다만, 행정주체의 우월성은 태생적인 것이 아니라 공익을 위하여 필요하기 때문에 인정되는 것이다. 따라서 공익은 사익에 비하여 언제나 우선하는 것이 아닌 이익형량의 문제이고 공익목적으로 상대방의 권익을 침해하였다면 권리 구제절차를 완비하여야 한다.
- 행정행위는 일정한 내용을 가지고 있으며 그 내용이 관계행정청 및 상대방과 이해관계인에 대하여 구속력(기속력)을 발생시킨다. 구속력은 법적 행위라면 모두 인정되는 효력으로 행정행위 특유의 효력으로 보기는 어렵다.
- 행정행위 특유의 효력은 공정력, 확정력(존속력), 강제력을 의미하는 것이다. 다만, 모든 행정행위에 특유의 효력 전부가 인정되는 것은 아니다. 또한 행정행위의 특유의 효력은 무효인 행정행위에는 인정되지 않는다.

Ⅱ 공정력

1. 개념

- 일단 행정행위가 행하여지면 그 행정행위에 하자가 있더라도 그 흠이 중대·명백하여 무효로 되는 경우가 아닌 한, 권한 있는 기관(처분청, 행정심판기관, 항고소송의 수소법원)에 의하여 취소되기 전까지는 상대방과 이해관계인에 대하여 일단 유효한 것으로 통용되는 힘을 말한다.
- 공정력은 내용상 적법성을 추정하는 효력이 아니므로 입증책임의 문제와는 관련이 없다.

01 어떤 행위에 공정력이 발생하면 그 처분을 한 처분청이라도 공정력을 부정하지 못한다. (O | X)

[17행정사]

02 공정력은 입증책임의 분배와 직접적인 관련이 있다. (O | X)

[12지방직9급]

> **참고**
>
> **구성요건적 효력**
> 1. 개념의 차이
>   - 공정력 : 행정행위가 당연무효 사유에 해당하는 것이 아닌 한, 하자 있는 행정행위라도 권한 있는 기관에 의하여 취소되기까지는 행정의 상대방이나 이해관계인를 구속하는 효력

정답 01 × 02 ×

> • **구성요건적 효력** : 행정행위가 당연무효사유에 해당하는 것이 아닌 한, 하자 있는 행정행위라도 권한 있는 기관에 의하여 취소되기 까지는 <u>법원을 포함한 다른 모든 국가 기관(취소권을 가진 국가기관은 제외)</u>은 행정행위의 존재와 효력을 존중하여 자신의 판단 기초나 구성요건으로 삼아야 하는 효력
>
> 2. 구성요건적 효력의 근거
>   명시적 근거는 없으나 국가기관은 <u>권력분립의 원칙과 국가작용의 효율적 수행을 위하여 상호 다른기관의 권한을 존중하여야 한다.</u>
>
> 3. 효력
>   <u>구성요건적 효력은 실체법적 효력을 가지지만 공정력은 절차법적 효력을 가진다.</u>

01 공정력은 행정행위의 상대방인 국민에 대한 구속력임에 반해, 구성요건적 효력은 타국가기관에 대한 구속력이다. (O | X)   [10군무원9급]

02 구성요건적 효력은 행정행위의 유·무효를 불문하고 인정되는 구속력이다. (O | X)   [15교육행정직9급]

2. 공정력의 근거

1) 이론적 근거

행정의 원활한 수행과 행정의 실효성 확보, 행정법관계의 안정성을 보장하기 위하여 필요하다(통설).

2) 실정법적 근거

> 행정기본법 제15조(처분의 효력) <u>처분은 권한이 있는 기관이 취소 또는 철회하거나 기간의 경과 등으로 소멸되기 전까지는 유효한 것으로 통용된다.</u> 다만, 무효인 처분은 처음부터 그 효력이 발생하지 아니한다.

- 행정기본법에 공정력에 관한 명시적 규정이 존재한다.
- 행정기본법이 제정되기 이전에는 행정심판법과 행정소송법의 규정을 공정력의 간접적 근거규정으로 논의하였다. 예를 들면, 행정소송의 배타적 관할에 관한 규정, 행정심판과 행정소송에서 집행부정지의 원칙에 관한 규정, 행정심판에 대한 피청구인(처분청) 직권취소에 관한 규정, 쟁송제기기간 제한 규정(행정심판, 행정소송)이 공정력을 묵시적으로 인정하는 규정으로 보았다.

3. 공정력의 한계(공정력이 인정되지 아니하는 행정작용)

- 공정력은 행정행위에 인정되는 특유한 효력이다. 그러므로 공법상 계약, 행정입법 등에는 공정력이 인정되지 아니한다.
- 공정력은 무효나 부존재인 행정행위에는 적용되지 아니한다.

정답 01 O   02 X

4. 공정력과 선결문제

1) 문제점

- 민사법원 또는 형사법원의 본안 심리과정에서 선결문제로서 행정행위의 위법여부 또는 효력 여부가 문제된 경우에 행정행위의 위법을 확인하거나 효력을 부인하는 것이 공정력에 반하는 것인가에 관한 문제가 발생한다.
- 행정소송법 제11조는 처분의 효력 유무 또는 존재 여부가 민사소송의 선결문제인 경우 민사법원이 심판할 수 있다고 규정하고 있다.

> **행정소송법 제11조(선결문제)** ①처분등의 효력 유무 또는 존재 여부가 민사소송의 선결문제로 되어 당해 민사소송의 수소법원이 이를 심리·판단하는 경우에는 제17조(행정청 소송참가), 제25조(행정심판기록의 제출명령), 제26조(직권심리) 및 제33조(소송비용에 관한 재판)의 규정을 준용한다.

2) 선결문제로 행정행위의 유효성이 문제된 경우

- 무효의 하자, 이미 취소가 된 경우에 관해서는 선결문제로서 행정행위의 효력을 부인하고 판단할 수 있다.
- 취소사유의 하자에 관해서는 선결문제로서 행정행위의 효력을 부인하고 판단할 수 없다.
- 민사법원에서 부당이득반환소송, 소유권이전등기 말소청구소송과 관련하여 주로 문제된다.
- 형사법원에서 무면허 ○○죄의 재판과 관련하여 주로 문제된다.

> **관련 판례** 민사법원 관련 판례
>
> 1. (편주: 부당이득반환청구 사건) 조세의 과오납이 부당이득이 되기 위하여는 납세 또는 조세의 징수가 실체법적으로나 절차법적으로 전혀 법률상의 근거가 없거나 과세처분의 하자가 중대하고 명백하여 당연무효이어야 하고, 과세처분의 하자가 단지 취소할 수 있는 정도에 불과할 때에는 과세관청이 이를 스스로 취소하거나 항고소송절차에 의하여 취소되지 않는 한 그로 인한 조세의 납부가 부당이득이 된다고 할 수 없다(대판 1994.11.11. 94다28000).
> 2. 국세 등의 부과 및 징수처분 등과 같은 행정처분이 당연무효임을 전제로 하여 민사소송을 제기한 때에는 그 행정처분의 당연무효인지의 여부가 선결문제이므로, 법원은 이를 심사하여 그 행정처분의 하자가 중대하고 명백하여 당연무효라고 인정될 경우에는 이를 전제로 하여 판단할 수 있으나, 그 하자가 단순한 취소사유에 그칠 때에는 법원은 그 효력을 부인할 수 없다(대판 1973.7.10. 70다1439).

01 과오납세금반환청구소송에서 민사법원은 그 선결문제로서 과세처분의 무효 여부를 판단할 수 있다. (O | X)
  [19국가직9급]

02 과세처분의 하자가 단지 취소할 수 있는 정도에 불과할 때에는 과세관청이 이를 요소로 취소하거나 행정쟁송절차에 의하여 취소되지 않는 한 그로 인한 조세의 납부가 부당이득이 된다고 할 수 없다. (O | X)
  [19지방직9급]

정답 01 O 02 O

PART 2 행정작용법

> **관련 판례** 형사법원 관련 판례
>
> 1. (편주: 부정한 방법으로 받은 수입승인서를 함께 제출하여 수입면허를 받은 사건) 사위(詐僞) 기타 부정한 방법으로 수입면허를 받았다 하더라도 그 수입면허가 당연무효가 아닌 한 관세법 소정의 무면허수입죄가 성립될 수 없다(대판 1989.3.28. 89도149).
> 2. 조세포탈에 관하여 원심판결이 있은 후에 그 조세부과처분을 취소하는 행정소송판결이 확정된 경우에는 형사소송법 제420조 제5호 소정(편주: 유죄의 선고를 받은 자에 대하여 무죄 인정할 명백한 증거가 새로 발견된 때)의 재심사유에 해당한다(대판 1985.10.22. 83도2933).
> 3. 면허취소처분의 효력정지가처분결정을 받은 후 면허취소처분을 취소하는 판결이 확정되었다면, 피고인들간의 거래는 어업권의 임대가 아니며 면허취소 후 판결로 그 처분이 취소되기까지 사이에 어장을 그대로 유지한 행위를 무면허어업행위라고 보아서 처벌할 수는 없다(대판 1991.5.14. 91도627).
> 4. 연령미달의 결격자인 피고인이 소외인의 이름으로 운전면허시험에 응시, 합격하여 교부받은 운전면허는 당연무효가 아니고 도로교통법 제65조 제3호의 사유에 해당함에 불과하여 취소되지 않는 한 유효하므로 피고인의 운전행위는 무면허운전에 해당하지 아니한다(대판 1982.6.8. 80도2646).

01 하자 있는 수입 승인에 기초하여 수입면허를 받고 물품을 통관한 경우, 당해 수입면허가 당연무효가 아닌 한 무면허수입죄가 성립하지 아니한다. (O | X) [16지방직7급]

3) 선결문제로서 행정행위의 위법성이 문제된 경우
- 위법성에 관련하여서는 선결문제로 본안심리하는 것이 가능하다.
- 민사법원에서 주로 국가배상소송사건에서 문제된다.
- 형사법원에서 주로 조치명령위반죄에서 문제된다.

> **관련 판례** 민사법원 관련 판례
>
> 1. 과세대상이 아닌 것을 세무공무원이 직무상 과실로 과세대상으로 오인하여 과세처분을 행함으로 인하여 손해가 발생된 경우에는, 동 과세처분이 취소되지 아니하였다 하더라도, 국가는 이로 인한 손해를 배상할책임이 있다(대판 1979.4.10. 79다262).
> 2. 위법한 대집행이 완료된 사안
> 계고처분행정처분이 위법임을 이유로 배상을 청구하는 취지로 인정될 수 있는 본건에 있어 미리 그 행정처분의 취소판결이 있어야만 그 행정처분의 위법임을 이유로 피고에게 배상을 청구할 수 있는 것은 아니라고 해석함이 상당할 것이다(대판 1972.4.28. 72다337).

> **관련 판례** 형사법원 판례
>
> 1. (편주: 개발제한구역 안에 건축되어 있던 비닐하우스를 매수한 자에게 구청장이 이를 철거하여 토지를 원상회복 조치를 명한 사건) 도시계획법 제78조 제1항에 정한 처분이나 조치명령을 받은 자가 이에 위반한 경우 같은 법 제92조에 정한 처벌을 하기 위하여는 그 처분이나 조치명령이 적법한 것이라야 하고, 그 처분이 당연무효가 아니라 하더라도 그것이 위법한 처분으로 인정되는 한 같은 법 제92조 위반죄가 성립될 수 없다(대판 1992.8.18. 90도1709).

정답 01 O

2. 피고인 갑 주식회사의 대표이사 피고인 을이 개발제한구역 내에 무단으로 고철을 쌓아 놓은 행위 등에 대하여 관할관청으로부터 원상복구를 명하는 시정명령을 받고도 이행하지 아니하였다고 하여 개발제한구역의 지정 및 관리에 관한 특별조치법 위반으로 기소된 사안에서, 관할관청이 침해적 행정처분인 시정명령을 하면서 적법한 사전통지를 하거나 의견제출 기회를 부여하지 않았고 이를 정당화할 사유도 없어 시정명령은 절차적 하자가 있어 위법하므로, 피고인 을에 대하여 같은 법 제32조 제2호 위반죄가 성립하지 않는다(대판 2017.9.21. 2017도7321).
3. 행정청으로부터 구 주택법 제91조에 의한 시정명령을 받고도 이를 위반하였다는 이유로 위 법 제98조 제11호에 의한 처벌을 하기 위해서는 그 시정명령이 적법한 것이어야 하고, 그 시정명령이 위법하다고 인정되는 한 위 법 제98조 제11호 위반죄는 성립하지 않는다(대판 2009.6.25. 2006도824).

01 행정처분이 위법임을 이유로 국가배상을 청구하기 위한 전제로서 그 처분이 취소되어야만 하는 것은 아니다. (O | X) [19국가직9급]
02 과세대상이 아닌 것을 세무공무원이 직무상 과실로 과세대상으로 오인하여 과세처분을 행함으로 인하여 손해가 발생된 경우, 동 과세처분이 취소되지 아니하였다 하더라도 국가는 이로 인한 손해를 배상할 책임이 있다. (O | X) [18지방직7급]

> 관련 판례 **명령위반죄 판례**
>
> 소방시설 설치유지 및 안전관리에 관한 법률 제9조에 의한 소방시설 등의 설치 또는 유지·관리에 대한 명령을 정당한 사유 없이 위반한 자는 같은 법 제48조의2 제1호에 의하여 행정형벌에 처해지는데, 위 명령이 행정처분으로서 하자가 있어 무효인 경우에는 명령에 따른 의무위반이 생기지 아니하므로 행정형벌을 부과할 수 없다(대판 2011.11.10. 2011도11109).

Ⅲ 확정력(존속력)

1. 의의

행정행위가 일단 행하여진 후에는 가급적 그 효력을 존속시키는 것이 법적 안정성의 견지에서 타당하다. 따라서 하자 있는 행정행위도 일정한 경우에는 취소할 수 없는 힘이 부여된다.

2. 형식적 존속력(형식적 확정력·불가쟁력)

- 처분의 상대방이나 이해관계인에 대하여, 하자가 있는 행정행위라도 불복기간이 경과하거나 쟁송절차가 종료된 경우에는 더는 다툴 수 없게 하는 효력을 불가쟁력이라고 한다.
- 불가쟁력은 쟁송취소와 관련된 효력이다. 따라서 취소권을 가지고 있는 행정청이 하자 있는 행정행위를 직권취소하는 것은 별개의 문제이고, 가능하다.
- 국가배상청구소송은 행정행위의 효력을 다투는 소송이 아니므로 행정행위의 불가쟁력의 발생과 무관하다.

정답 01 O 02 O

PART 2 행정작용법

- 무효인 행정행위에는 행정행위의 특유의 효력이 발생하지 아니하므로 불가쟁력이 발생하지 아니한다.
- 불가쟁력은 기판력과 무관하다.

01 불가쟁력은 행정의 상대방 및 이해관계인을 상대로 효력을 미친다. (O | X) [10군무원9급]
02 행정행위의 불가쟁력은 형식적 존속력이라고도 한다. (O | X) [18소방직]

관련 판례

1. [1] 일반적으로 행정처분이나 행정심판 재결이 불복기간의 경과로 인하여 확정될 경우 그 확정력은, 그 처분으로 인하여 법률상 이익을 침해받은 자가 당해 처분이나 재결의 효력을 더 이상 다툴 수 없다는 의미일 뿐이다.
   [2] 확정력에는 판결에 있어서와 같은 기판력이 인정되는 것은 아니어서 그 처분의 기초가 된 사실관계나 법률적 판단이 확정되고 당사자들이나 법원이 이에 기속되어 모순되는 주장이나 판단을 할 수 없게 되는 것은 아니다(대판 2004.7.8. 2002두11288).
2. 산업재해요양보상급여취소처분이 불복기간의 경과로 인하여 확정되었더라도 요양급여청구권이 없다는 내용의 법률관계까지 확정된 것은 아니며 소멸시효에 걸리지 아니한 이상 다시 요양급여를 청구할 수 있고 그것이 거부된 경우 이는 새로운 거부처분으로서 위법 여부를 소구할 수 있다(대판 1993.4.13. 92누17181).
3. 요양승인처분에 대한 문제와 보험급여액징수처분은 별개의 법적효과를 의욕하지만 요양승인처분에 불가쟁력이 발생하였다고 하여도 보험금여액징수처분은 다툴 수 있다는 취지의 판시
   피재해자에게 이루어진 요양승인처분이 불복기간의 경과로 확정되었다 하더라도 사업주는 피재해자가 재해 발생 당시 자신의 근로자가 아니라는 사정을 들어 보험급여액징수처분의 위법성을 주장할 수 있다(대판 2008.7.24. 2006두20808).

03 산업재해요양보상급여취소처분이 불복기간의 경과로 인해 확정되면 요양급여청구권 없음이 확정되므로 다시 요양급여를 청구할 수 없다. (O | X) [17국가직7급]
04 행정처분이 불복기간의 경과로 인하여 확정될 경우, 처분의 기초가 된 사실관계나 법률적 판단이 확정되고 당사자들이나 법원이 이에 기속되어 모순되는 주장이나 판단을 할 수 없다. (O | X) [16국가직7급]
05 취소사유 있는 영업정지 처분에 대한 취소소송의 제소기간이 도과한 경우 처분의 상대방은 국가배상청구 소송을 제기하여 재산상 손해의 배상을 구할 수 있다. (O | X) [19서울시9급]

- 불가쟁력이 발생한 행정행위에 대한 변경 청구는 원칙적으로 불가하다.

관련 판례

제소기간이 이미 도과하여 불가쟁력이 생긴 행정처분에 대하여는 개별 법규에서 그 변경을 요구할 신청권을 규정하고 있거나 관계법령의 해석상 그러한 신청권이 인정될 수 있는 등 특별한 사정이 없는 한 국민에게 그 행정처분의 변경을 구할 신청권이 있다 할 수 없다(대판 2007.4.26. 2005두11104).

정답 01 O 02 O 03 × 04 × 05 O

- 다만, 불가쟁력이 발생한 행정행위에 대한 일정한 경우에는 재심사청구가 인정된다. 즉, 행정기본법에서 인정하는 요건을 갖춘 경우에는 해당 처분을 한 행정청에 처분을 취소·철회하거나 변경하여 줄 것을 신청할 수 있다.

행정기본법 제37조(처분의 재심사) ① 당사자는 처분(제재처분 및 행정상 강제는 제외한다. 이하 이 조에서 같다)이 행정심판, 행정소송 및 그 밖의 쟁송을 통하여 다툴 수 없게 된 경우(법원의 확정판결이 있는 경우는 제외한다)라도 다음 각 호의 어느 하나에 해당하는 경우에는 해당 처분을 한 행정청에 처분을 취소·철회하거나 변경하여 줄 것을 신청할 수 있다.
1. 처분의 근거가 된 사실관계 또는 법률관계가 추후에 당사자에게 유리하게 바뀐 경우
2. 당사자에게 유리한 결정을 가져다주었을 새로운 증거가 있는 경우
3. 「민사소송법」제451조에 따른 재심사유에 준하는 사유가 발생한 경우 등 대통령령으로 정하는 경우
② 제1항에 따른 신청은 해당 처분의 절차, 행정심판, 행정소송 및 그 밖의 쟁송에서 당사자가 중대한 과실 없이 제1항 각 호의 사유를 주장하지 못한 경우에만 할 수 있다.
③ 제1항에 따른 신청은 당사자가 제1항 각 호의 사유를 안 날부터 60일 이내에 하여야 한다. 다만, 처분이 있은 날부터 5년이 지나면 신청할 수 없다.
④ 제1항에 따른 신청을 받은 행정청은 특별한 사정이 없으면 신청을 받은 날부터 90일(합의제행정기관은 180일) 이내에 처분의 재심사 결과(재심사 여부와 처분의 유지·취소·철회·변경 등에 대한 결정을 포함한다)를 신청인에게 통지하여야 한다. 다만, 부득이한 사유로 90일(합의제행정기관은 180일) 이내에 통지할 수 없는 경우에는 그 기간을 만료일 다음 날부터 기산하여 90일(합의제행정기관은 180일)의 범위에서 한 차례 연장할 수 있으며, 연장 사유를 신청인에게 통지하여야 한다.
⑤ 제4항에 따른 처분의 재심사 결과 중 처분을 유지하는 결과에 대해서는 행정심판, 행정소송 및 그 밖의 쟁송수단을 통하여 불복할 수 없다.
⑥ 행정청의 제18조에 따른 취소와 제19조에 따른 철회는 처분의 재심사에 의하여 영향을 받지 아니한다.
⑦ 제1항부터 제6항까지에서 규정한 사항 외에 처분의 재심사의 방법 및 절차 등에 관한 사항은 대통령령으로 정한다.
⑧ 다음 각 호의 어느 하나에 해당하는 사항에 관하여는 이 조를 적용하지 아니한다.
1. 공무원 인사 관계 법령에 따른 징계 등 처분에 관한 사항
2. 「노동위원회법」제2조의2에 따라 노동위원회의 의결을 거쳐 행하는 사항
3. 형사, 행형 및 보안처분 관계 법령에 따라 행하는 사항
4. 외국인의 출입국·난민인정·귀화·국적회복에 관한 사항
5. 과태료 부과 및 징수에 관한 사항
6. 개별 법률에서 그 적용을 배제하고 있는 경우

3. 실질적 존속력(실질적 확정력·불가변력)

1) 의의
- 일정한 행정행위의 성질상 행정행위를 발한 행정청도 그 행정행위를 스스로 변경·취소할 수 없게 하는 힘을 의미한다.
- 무효인 행정행위에 대해서는 불가변력이 발생하지 아니한다.
- 불가변력은 당해 행정행위에 인정되고 동종의 행정행위라도 그 대상이 다른 경우에는 발생하지 아니한다.

> 01 행정행위의 불가변력은 해당 행정행위에 대해서 뿐만 아니라 그 대상을 달리하는 동종의 행정행위에 대해서도 인정된다. (O | X) [18지방직7급]
>
> 02 불가변력은 행정행위의 상대방 및 이해관계인에 대한 구속력이고, 불가쟁력은 처분청 등 행정기관에 대한 구속력이다. (O | X) [18소방직]

2) 실질적 존속력이 인정되는 일정한 행위

① 확인행위

다툼이 있는 사실·법률관계에 대한 공적 판단행위이므로 불가변력이 발생한다(당선인 결정, 합격자 결정, 발명특허 등).

② 준사법적 행정행위

일정한 절차를 거쳐 행하여지는 사법적 성질의 행정행위는 소송법상 확정력에 준하여 불가변력이 인정된다(행정심판의 재결, 소청심사위원회의 결정, 과세처분에 관한 이의신청, 특허심판원의 심결 등).

> **관련 판례**
> 과세처분에 관한 이의신청절차에서 과세관청이 이의신청 사유가 옳다고 인정하여 과세처분을 직권으로 취소한 이상 그 후 특별한 사유 없이 이를 번복하고 종전 처분을 되풀이하는 것은 허용되지 않는다(대판 2010.9.30. 2009두1020).

> 03 일정한 행정행위는 흠이 있더라도 처분청이 사후에 직권으로 자유로이 취소·변경할 수 없는 불가변력이 있다. (O | X) [16군무원9급]

3) 불가쟁력과 불가변력의 관계

불가쟁력과 불가변력은 별개이므로 따로 검토하여야 한다. 즉, 불가쟁력이 발생한 행위에 대해서도 불가변력이 발생하지 않는 한, 처분청은 하자 있는 행정행위를 직권취소할 수 있다. 반대로 불가변력이 발생한 행위에 대해서도 처분의 상대방과 이해관계인은 쟁송취소로 다툴 수 있다.

	불가쟁력	불가변력
효력 발생의 상대	행정의 상대방 또는 이해관계인	행정청
상호관계	별개이다(불가쟁력이 발생한 행위에 대하여도 직권취소 가능)	별개이다(직권취소를 할 수 없는 행위에 대하여도 쟁송취소로 다툴 수 있음)
효력	절차법적 효력	실체법적 효력
범위	모든 행정행위	일정한 행정행위

01 불가변력이 있는 행정행위는 행정청도 직권취소할 수 없다. (O | X) [10군무원9급]

02 실질적 존속력이 발생한 행위라도 형식적 존속력이 발생하지 않은 동안에는 상대방은 그 행위를 다툴 수 있다. (O | X) [14서울시7급]

03 위법한 행정행위에 대하여 불가쟁력이 발생한 이후에도 당해 행정행위의 위법을 이유로 직권취소할 수 있다. (O | X) [14서울시7급]

Ⅳ 강제력

1. 자력집행력

- 행정법상 의무 불이행에 대하여 행정청이 직접 실력을 행사하여 의무이행의 상태를 실현하는 힘을 의미한다.
- 행정행위 중에서 하명에 대하여 인정되는 효력이다.
- 사법관계에서 강제집행을 위해서는 법원의 판결이 필요한 것과 차이가 난다.
- 자력집행력이 인정되기 위해서는 법률의 명시적 근거가 필요하다.
- 행정행위의 불가쟁력과 자력집행력은 별개이다. 따라서 불가쟁력의 발생 여부와 무관하게 자력집행이 가능하다.

2. 제재력

- 행정법상 의무 위반에 대하여 행정질서벌(과태료)나 행정형벌을 부과할 수 있는 힘을 의미한다.
- 행정벌을 부과하기 위해서는 법률의 명시적 근거가 필요하다.

04 행정의사의 강제력에는 제재력과 자력집행력이 있는바, 제재에는 행정형벌과 행정질서벌이 있다. (O | X) [14서울시7급]

05 판례에 따르면 행정행위의 집행력은 행정행위의 성질상 당연히 내재하는 효력으로서 별도의 법적근거를 요하지 않는다. (O | X) [15서울시9급]

정답 01 O 02 O 03 O 04 O 05 X

핵심 기출문제

01
행정행위의 효력에 대한 설명으로 옳지 않은 것은? (다툼이 있는 경우 판례에 의함) [21지방직9급]

① 행정처분이 아무리 위법하다고 하여도 그 하자가 중대하고 명백하여 당연 무효라고 보아야 할 사유가 있는 경우를 제외하고는 아무도 그 하자를 이유로 무단히 그 효과를 부정하지 못한다.
② 민사소송에 있어서 어느 행정처분의 당연무효 여부가 선결문제로 되는 때에는 이를 판단하여 당연무효임을 전제로 판결할 수 있고 반드시 행정소송 등의 절차에 의하여 그 취소나 무효확인을 받아야 하는 것은 아니다.
③ 불가쟁력이 발생한 행정행위로 손해를 입은 국민은 국가배상청구를 할 수 있다.
④ 행정행위의 불가변력은 당해 행정행위에 대해서만 인정되는 것이 아니고, 동종의 행정행위라면 그 대상을 달리하더라도 인정된다.

02
행정행위의 존속력에 관한 설명으로 옳지 않은 것은?(다툼이 있는 경우 판례에 의함) [21소방직]

① 불가변력은 처분청에 미치는 효력이고, 불가쟁력은 상대방 및 이해관계인에게 미치는 효력이다.
② 불가쟁력이 생긴 경우에도 국가배상청구를 할 수 있다.
③ 불가변력이 있는 행위가 당연히 불가쟁력을 발생시키는 것은 아니다.
④ 불가쟁력은 실체법적 효력만 있고, 절차법적 효력은 전혀 가지고 있지 않다.

03
「행정기본법」상 처분의 재심사에 대한 설명으로 옳지 않은 것은? [25지방직9급]

① 처분에 관한 법원의 확정판결이 있는 경우, 그러한 처분은 재심사의 대상에서 제외된다.
② 처분으로 법률상 이익이 침해된 제3자는 해당 처분에 대해 재심사를 청구할 수 있다.
③ 공무원 인사 관계 법령에 따른 징계 등 처분에 관한 사항은 재심사의 대상에서 제외된다.
④ 처분의 재심사 결과 중 처분을 유지하는 결과에 대해서는 행정소송을 통하여 불복할 수 없다.

01 ① (○) 공정력의 개념에 대한 설명으로 옳다.
② (○) 행정행위가 당연무효인 경우에는 공정력이 없으므로 처분을 취소할 수 있는 권한 있는 기관인 처분청, 행정심판위원회, 항고소송의 법원 이외의 다른 국가기관인 민사소송의 담당 법원에서도 처분이 무효라는 전제로 판단할 수 있고 별도의 처분의 취소나 무효확인을 받을 필요가 없는 것이다. 이 지문을 틀렸다면 공정력의 개념을 제대로 이해한 것으로 볼 수 없다.
③ (○) 불가쟁력은 제소기간 등 항고소송과 관련된 내용이고 민사소송인 국가배상과 별개의 문제이다. 따라서 불가쟁력이 발생하였다고 하여도 국가배상청구는 하는 것은 전혀 지장이 없다.
④ (×) 불가변력은 해당 행정행위에 대해서 인정되는 것이지 그 대상을 달리하는 동종행위에 대해서 인정되는 것이 아니다.

02 ① (○) 불가변력은 처분청의 직권취소나 철회가 제한 되는 문제이고 불가쟁력은 처분의 상대방 및 이해관계인이 쟁송취소로 다툴 수 있는 문제이다.
② (○) 처분에 대하여 쟁송취소할 수 있는 문제와 국가배상의 문제는 별개이다.
③ (○) 불가변력은 준사법적 행정행위(재결)이나 확인행위(국가시험합격자 결정, 당선인 결정) 같은 행위에 발생하며 직권취소가 제한된다. 불가쟁력은 행정행위의 상대방이나 이해관계인이 제소기간이 경과하거나 불복절차가 종료되었을 때 더 이상 다투지 못하는 효력으로 불가변력과는 별개이다.
④ (×) 불가변력은 실체법적 효력, 불가쟁력은 절차법적 효력을 가진다.

03 ② (×) 처분의 재심사는 당사자가 신청하는 것이지 제3자가 신청하는 것이 아니다.

> 행정기본법 제37조(처분의 재심사) ① 당사자는 처분(제재처분 및 행정상 강제는 제외한다. 이하 이 조에서 같다)이 행정심판, 행정소송 및 그 밖의 쟁송을 통하여 다툴 수 없게 된 경우(법원의 확정판결이 있는 경우는 제외한다)라도 다음 각 호의 어느 하나에 해당하는 경우에는 해당 처분을 한 행정청에 처분을 취소·철회하거나 변경하여 줄 것을 신청할 수 있다.

정답 01 ④ 02 ④ 03 ②

제9절 행정행위의 하자

I 개설

1. 하자의 의의
- 행정행위가 갖추어야할 성립요건과 효력발생요건을 충족하지 못한 경우를 하자 있는 행정행위라고 한다.
- 단순한 오기 오산 및 명백한 표현상의 오류는 하자로 취급하지 아니한다. 따라서 직권 또는 신청에 따라 지체없이 정정하고 그 사실을 당사자에게 통지하면 족하다(행정절차법 제25조).

2. 위법의 하자·부당의 하자

```
행정행위의 하자
    ┌ 위법 ┌ 중대하고 명백한 위법 : 행정소송 및 행정심판에서 무효사유
    │      └ 단순 위법           : 행정소송 및 행정심판에서 취소사유
    └ 부당 : 행정심판에서 취소사유
```

- 부당의 하자는 법 위반은 아니지만 합목적성 판단을 그르친 것으로서 행정심판의 대상이 된다.
- 위법의 하자는 법 위반을 의미하는 것으로 행정심판과 행정소송의 대상이 된다.
- 좁은 의미의 하자는 위법의 하자를 의미하고, 행정행위가 적법하게 성립하기 위한 성립요건(주체·내용·절차·형식)과 효력을 발생하기 위한 효력발생요건에 흠이 발생한 경우이다.

3. 명백한 사실상 착오
- 행정행위의 하자가 아니다. 따라서 행정행위는 완전한 효력을 발생한다.
- 행정청은 직권 또는 신청에 의하여 지체 없이 정정하고 이를 당사자에게 통지하도록 하고 있다.

> **행정절차법 제25조(처분의 정정)** 행정청은 처분에 오기(誤記), 오산(誤算) 또는 그 밖에 이에 준하는 명백한 잘못이 있을 때에는 직권으로 또는 신청에 따라 지체 없이 정정하고 그 사실을 당사자에게 통지하여야 한다.

4. 하자의 판단 시점
- 원칙적으로 행정행위시(처분시)의 법령과 사실상태를 기준으로 판단한다.
- 따라서 행정행위 후의 법적 상황이나 사실관계의 변경은 그 행정행위의 위법·적법 여부에 영향을 미치지 않는다.

CHAPTER 2 행정행위

> **관련 판례**
> 1. 행정청이 수익적 행정처분을 하면서 부가한 부담의 위법 여부는 처분 당시 법령을 기준으로 판단하여야 하고, 부담이 처분 당시 법령을 기준으로 적법하다면 처분 후 부담의 전제가 된 주된 행정처분의 근거 법령이 개정됨으로써 행정청이 더 이상 부관을 붙일 수 없게 되었다 하더라도 곧바로 위법하게 되거나 그 효력이 소멸하게 되는 것은 아니다. 행정처분의 상대방이 수익적 행정처분을 얻기 위하여 행정청과 사이에 행정처분에 부가할 부담에 관한 협약을 체결하고 행정청이 수익적 행정처분을 하면서 협약상의 의무를 부담으로 부가하였으나 부담의 전제가 된 주된 행정처분의 근거 법령이 개정됨으로써 행정청이 더 이상 부관을 붙일 수 없게 된 경우에도 곧바로 협약의 효력이 소멸하는 것은 아니다(대판 2009.2.12. 2005다65500).
> 2. 행정소송에서 행정처분의 위법 여부는 행정처분이 행하여졌을 때의 법령과 사실상태를 기준으로 하여 판단해야 한다. 따라서 공정거래위원회의 과징금 납부명령 등이 재량권 일탈 남용으로 위법한 지는 다른 특별한 사정이 없는 한 과징금 납부명령 등이 행하여진 '의결일' 당시의 사실상태를 기준으로 판단하여야 한다(대판 2015.5.28. 2015두36256).

01 공정거래위원회의 과징금 납부명령이 재량권 일탈·남용으로 위법한 지는 다른 특별한 사정이 없는 한 과징금 납부명령이 행하여진 '의결일' 당시의 사실 상태를 기준으로 판단하여야 한다. (O | X)   [18국회직8급]

5. 신청시와 처분시 사이의 법령의 변경에서 적용법

1) 처분시법주의의 원칙
경과 규정에서 달리 정함이 없는 한 처분 당시에 시행되는 신법령(개정법령)을 적용하는 것이 원칙이다.

2) 예외
① 구법을 적용하도록 경과규정을 두고 있는 경우
구법을 적용하는 경과규정을 둔 경우에는 구법을 적용한다. 다만, 경과규정이 신뢰보호의 원칙에 위반되는 예외적인 경우에는 해당 경과규정은 효력을 인정할 수 없다.

> **관련 판례** 변리사시험 판례
> 종전의 법령(절대평가제)에 의한 합격기준에 맞춰 시험준비를 하였는데 제1차 시험 실시 2개월 앞두고 상대평가제로 하는 개정 시행령이 즉시 시행된 경우, 이것은 신뢰보호의 원칙에 비추어 허용될 수 없다(대판 2006.11.16. 2013두12899).

② 신의성실의 원칙
행정청이 심히 부당하게 처분을 늦추고, 그 사이에 허가기준이 변경한 경우와 같이 신의성실의 원칙에 반하는 경우에는 개정 전 법령을 적용하여 처분하여야 한다(대판 84누77).

정답 01 O

6. 행위시법주의가 적용되는 경우

1) 법령 위반에 대한 제재처분

법령위반 행위에 대한 제재처분의 경우 원칙적으로 위반행위시의 법에 따라야 한다. 법령 위반 후 개정법인 처분시의 법을 적용하는 것은 소급적용금지의 원칙 위반이다.

2) 법률관계를 확인하는 처분

사건 발생시의 법령에 따라 이미 확정된 법률관계를 행정청이 확인하는 처분의 경우, 행정청이 확인(처분시)할 때가 아니라 법률관계가 확정된 시기의 법이 적용된다.

> **관련 판례**
>
> [1] 장애연금 지급을 위한 장애등급 결정은 지급청구권을 취득할 당시, 즉 치료종결 후 신체 등에 장애가 있게 된 당시의 법령에 따르는 것이 원칙이다.
> [2] 이러한 법리는 장애등급이 변경되어 장애연금액을 변경하여 지급하는 경우에도 마찬가지이므로, 장애등급 변경결정 역시 그 사유가 발생한 당시, 즉 장애등급을 다시 평가하는 기준일인 '질병이나 부상이 완치되는 날'의 법령에 따르는 것이 원칙이다(대판 2014.10.15. 2012두15135).

3) 경과규정이 변경된 법률의 적용을 규정하고 있는 경우

행위법주의가 적용되는 사안에 있어서도 개정법을 적용하도록 하는 규정이 존재하는 경우에는 개정법이 적용된다(예 질서위반행위규제법 제3조, 행정기본법).

> **행정기본법** 제14조(법 적용의 기준) ① 새로운 법령등은 법령등에 특별한 규정이 있는 경우를 제외하고는 그 법령등의 효력 발생 전에 완성되거나 종결된 사실관계 또는 법률관계에 대해서는 적용되지 아니한다.
> ② 당사자의 신청에 따른 처분은 법령등에 특별한 규정이 있거나 처분 당시의 법령등을 적용하기 곤란한 특별한 사정이 있는 경우를 제외하고는 처분 당시의 법령등에 따른다.
> ③ 법령등을 위반한 행위의 성립과 이에 대한 제재처분은 법령등에 특별한 규정이 있는 경우를 제외하고는 법령등을 위반한 행위 당시의 법령등에 따른다. 다만, 법령등을 위반한 행위 후 법령등의 변경에 의하여 그 행위가 법령등을 위반한 행위에 해당하지 아니하거나 제재처분 기준이 가벼워진 경우로서 해당 법령등에 특별한 규정이 없는 경우에는 변경된 법령등을 적용한다.

---

01 법령을 위반한 행위의 성립과 이에 대한 제재처분은 법령에 특별한 규정이 있는 경우를 제외하고는 법령을 위반한 행위 당시의 법령에 따른다. (O | X) [21군무원7급]

02 법령을 위반한 행위 후 법령의 변경에 의하여 그 행위가 법령을 위반한 행위에 해당하지 아니하는 경우에도 해당 법령에 특별한 규정이 없는 경우 변경 이전의 법령을 적용한다. (O | X) [21군무원7급]

정답 01 O 02 X

7. 행정행위의 부존재

1) 의의
행정행위라고 볼 수 있는 외형상의 존재 자체가 없는 경우에 이를 행정행위의 부존재라고 한다.

2) 유형
① 행정청이 아닌 사인의 행위, ② 행정청의 지도·권유·알선과 같은 사실행위, ③ 아직 외부에 표시되지 않은 행위, ④ 취소·철회·실효 등으로 소멸한 경우

3) 무효와 부존재의 구별
① 무효인 행정행위는 행정행위의 외형은 갖추고 있지만 행정행위의 부존재는 외형 자체가 존재하지 않는다.
② 구별실익에 대해서는 학설이 대립한다. 구별 실익이 있다고 보는 견해는, 양자는 쟁송형태의 차이가 난다고 본다. 즉, 무효는 무효확인쟁송의 대상이 되어야 하고 부존재는 부존재확인쟁송의 대상이 된다.

Ⅱ 무효인 행정행위와 취소할 수 있는 행정행위

1. 개설
무효인 행정행위는 행정행위의 외형은 존재하나 그 효력이 없다. 취소할 수 있는 행정행위는 공정력의 작용으로 인하여 취소되지 않는 한 유효하다. 따라서 취소할 수 있는 행정행위는 공정력에 의하여 권한 있는 기관에 의하여 취소될 때까지 유효한 행위로 통용되고, 무효와 달리 쟁송제기 기간도 준수하여야 한다. 이외에도 여러 가지 구별 실익이 있다.

2. 무효인 행정행위와 취소할 수 있는 행정행위의 구별

1) 학설

학설	내용
중대설	• 하자가 중대하면 무효
명백성보충요건설	• 하자가 중대하면 무효임이 원칙 • 다만, 명백성의 요건은 제3자 보호나 신뢰보호가 필요한 경우 보충적으로 요구
중대·명백설	• 하자가 중대·명백하면 무효 • 하자가 내용적으로 중대하고 아울러 외관상 명백한 경우에는 다른 국가기관은 물론이고 사인도 통상적인 행정쟁송 절차를 거침이 없이 독자적인 판단으로 그 효력 부인 가능

학설	내용
	• 중대성: 중대한 법률 요건 위반 • 명백성: 일반인의 정상적인 인식능력을 기준으로 판단
객관적 명백성설	• 하자가 중대하고 명백하면 무효 • 명백성 요건을 완화 • 명백성의 판단에 있어 일반인의 판단과 공무원의 인식능력에 비추어 판단

01 중대명백설은 하자 있는 행정처분이 당연무효이기 위해서는 그 하자가 적법요건의 중대한 위반과 일반인의 관점에서도 외관상 명백한 것을 기준으로 한다. (O | X) [13서울시7급]

02 명백성보충설에 의하면 무효판단의 기준에 명백성이 항상 요구되지는 아니하므로 중대명백설보다 무효의 범위가 넓어지게 된다. (O | X) [17지방직9급]

03 행정행위의 하자론에서의 중대명백설에 대한 비판은 주로 명백성 요구를 둘러싸고 전개된다. (O | X) [13국가직7급]

2) 판례

대법원은 원칙적으로 중대·명백설과 입장을 같이 한다.

> **관련 판례**
> 1. 하자 있는 행정처분이 당연무효가 되기 위하여는 그 하자가 법규의 중요한 부분을 위반한 중대한 것으로서 객관적으로 명백한 것이어야 하며 하자가 중대하고 명백한 것인지 여부를 판결함에 있어서는 그 법규의 목적, 의미, 기능 등을 목적론적으로 고찰함과 동시에 구체적 사안 자체의 특수성에 관하여도 합리적으로 고찰함을 요한다(대판 1995.7.11. 94누4615전합).
> 2. 법률관계나 사실관계에 대하여 그 법령의 규정을 적용할 수 없다는 법리가 명백히 밝혀지지 아니하여 해석에 다툼의 여지가 있는 때에는 과세관청이 이를 잘못 해석하여 과세처분을 하였더라도 이는 과세요건 사실을 오인한 것에 불과하여 그 하자가 명백하다고 할 수 없다(대판 2018.7.19. 2017다242409전합).
> 3. 청원경찰에 대한 면직처분이 위법하기는 하나 당연무효로 보기는 어렵다고 한 사례
> 행정자치부의 지방조직 개편지침의 일환으로 청원경찰의 인원감축을 위한 면직처분대상자를 선정함에 있어서 초등학교 졸업 이하 학력소지자 집단과 중학교 중퇴 이상 학력소지자 집단으로 나누어 각 집단별로 같은 감원비율 상당의 인원을 선정한 것은 합리성과 공정성을 결여하고, 평등의 원칙에 위배하여 그 하자가 중대하다 할 것이나, 그렇게 한 이유가 시험문제 출제 수준이 중학교 학력 수준이어서 초등학교 졸업 이하 학력소지자에게 상대적으로 불리할 것이라는 판단 아래 이를 보완하기 위한 것이었으므로 그 하자가 객관적으로 명백하다고 보기는 어렵다(대판 2002.2.8. 2000두4057).
> 4. 상수도원인자부담금의 납부의무자는 이 사건 택지개발사업의 시행자인 한국토지주택공사인데, 그 납부의무자가 아닌 원고(택지를 분양받아 건축물의 건축행위를 한 자)에 대하여 상수도원인자부담금을 부과한 이 사건 처분은 그 하자가 중대·명백하여 당연무효이다(대판 2020.7.29. 2019두3014).

04 하자 있는 행정처분이 당연무효가 되기위하여는 그 하자가 법규의 중요한 부분을 위반한 중대한 것으로서 객관적으로 명백한 것이어야 하며 하자가 중대하고 명백한 것인지 여부를 판별함에 있어서는 구체적 사안 자체의 특수성은 고려함이 없이 법규의 목적, 의미, 기능 등을 목적론적으로 고찰함을 요한다. (O | X) [15서울시7급]

정답 01 O 02 O 03 O 04 X

3) 무효와 취소의 구별실익

① 행정행위의 효력과 관련(공정력과 선결문제) – 실익 있음
- 무효인 행정행위에 대해서는 공정력이 발생하지 아니하므로 민사법원 등에서 법원 스스로 당해 행위가 무효임을 전제로 판단할 수 있다.
- 취소할 수 있는 행정행위는 공정력이 발생하므로 권한 있는 기관에 의하여 취소되기 전까지, 당해 행정행위에 대해 함부로 그 효력을 부인할 수 없다.

② 행정행위의 하자와 관련(하자의 치유·전환·승계)
  ㉠ 하자의 치유와 전환(다수설) – 실익 있음
  - 하자의 치유는 취소할 수 있는 행정행위에서 가능, 무효인 행정행위는 치유 불가
  - 하자의 전환은 무효인 행정행위에서 가능, 취소할 수 있는 행정행위에서는 불가

  ㉡ 하자의 승계(선행행위에 하자가 있는 경우 후행행위를 다투는 경우)
  - 무효인 선행행위가 있으면 후행행위도 무효이며 원칙적으로 하자승계의 논의가 아니다(하자승계 논의 실익 없음).
  - 취소할 수 있는 선행행위에 대하여 하자승계의 논의 실익이 있음.

③ 국가배상소송 – 실익 없음

무효인 행정행위든 취소할 수 있는 행정행위든 구별할 실익이 없음. 국가배상소송은 별도의 요건을 검토하는 것임

④ 행정소송관련

쟁송형태, 예외적행정심판전치주의, 제소기간, 사정판결, 간접강제 – 구별실익 있음
위법성 판단 기준 – 구별실익 없음

3. 구체적 판단

1) 주체상 하자

주체상 하자는 원칙적으로 무효사유이나 사안에 따라 취소사유로 본 판례가 있다.

① 권한이 없는 자의 행정행위
- 공무원이 아닌 사인의 행위, 결격사유 있는 공무원으로서 선임행위가 무효 또는 취소된 자의 행위는 무효이다. 다만, 아직 결격사유로 공무원 선임행위가 무효 또는 취소되지 아니한 공무원의 행위는 상대방의 신뢰보호를 위하여 유효로 본다(사실상 공무원 이론).
- 행정청의 권한은 사항적·지역적으로 한정되어 있는 것이다. 예를 들면, 과세관청이 운전면허정지 처분을 한다면 사항적 한계 위반이 된다. 권한 외의 행정행위는 원칙적으로 무효 사유가 된다.

> **관련 판례**

1. **동장이 행한 영업허가는 당연무효**
   유기장법 및 지방자치법 제7조의 규정에 비추어 유기장 영업 허가는 시장이 하게 되어 있을 뿐 이 허가권을 동장에게 외부위임할 수 있는 근거가 없고 영업허가 권한이 없는 동장이 한 영업허가는 당연무효가 될 것이므로 동장으로부터 유기장영업허가 취소를 받은 자는 행정처분 취소를 소구할 이익이 없다(대판 1976.2.24. 76누1).

2. **경찰공무원의 운전면허정지처분 무효**
   음주운전을 단속한 경찰관 자신의 명의로 행한 운전면허정지처분의 효력은 무효이다(대판 1997.5.16. 97누2313).

3. **조세채권의 소멸시효가 완성된 후 과세처분은 무효**
   조세채권의 소멸시효가 완성되어 부과권이 소멸된 후에 부과한 과세처분은 위법한 처분으로 그 하자가 중대하고도 명백하여 무효라 할 것이다(대판 1988.3.22. 87누1018).

4. **시장으로부터 체납취득세에 대한 압류처분권한을 내부위임받은 구청장이 자신의 이름으로 한 압류처분의 효력 유무 – 무효**
   압류처분권한을 내부위임을 받은 데 불과한 피고로서는 울산시장 명의로 압류처분을 대행처리할 수 있을 뿐이고 자신의 명의로 이를 할 수 없다 할 것이므로 이 사건 압류처분은 권한 없는 자에 의하여 행하여진 위법무효의 처분이다(대판 1993.5.27. 93누6621).

5. **전결규정에 위반한 행정처분 – 무효사유 아님**
   전결과 같은 행정권한의 내부위임은 법령상 처분권자인 행정관청이 내부적인 사무처리의 편의를 도모하기 위하여 그의 보조기관 또는 하급 행정관청으로 하여금 그의 권한을 사실상 행사하게 하는 것으로서 법률이 위임을 허용하지 않는 경우에도 인정되는 것이므로, 설사 행정관청 내부의 사무처리규정에 불과한 전결규정에 위반하여 원래의 전결권자 아닌 보조기관 등이 처분권자인 행정관청의 이름으로 행정처분을 하였다고 하더라도 그 처분이 권한 없는 자에 의하여 행하여진 무효의 처분이라고는 할 수 없다(대판 1998.2.27. 97누1105).

6. **세관출장소장의 관세부과처분 – 무효사유 아님(취소사유)**
   적법한 권한 위임 없이 세관출장소장에 의하여 행하여진 관세부과처분이 그 하자가 중대하기는 하지만 객관적으로 명백하다고 할 수 없어 당연무효는 아니라고 한 사례(대판 2004.11.26. 2003두2403).

7. **대통령의 권한을 국가정보원장이 행사하였음에도 당연무효가 아니다.**
   행정청의 공무원에 대한 의원면직처분은 공무원의 사직의사를 수리하는 소극적 행정행위에 불과하고, 당해 공무원의 사직의사를 확인하는 확인적 행정행위의 성격이 강하며 재량의 여지가 거의 없기 때문에 의원면직처분에서 행정청의 권한유월 행위를 다른 일반적인 행정행위의 그것과 반드시 같이 보아야 할 것은 아니다(대판 2007.7.26. 2005두15748).

8. **교육장(교육감의 권한 사항)의 공립유치원 교사에 대한 직권면직처분은 당연무효가 아니다.**
   교육인적자원부장관이 공립유치원 교사의 임용권을 당해 교육감에게 위임하였고, 교육감은 공립유치원 교사의 관내전보, 직위해제, 의원면직, 신규채용권한을 교육장에게 재위임하였을 뿐 직권면직 권한까지 재위임한 바는 없으므로 피고가 공립유치원 교사인 원고에 대하여 이 사건 직권면직처분을 한 것은 적법한 위임 없이 권한 없는 자가 행한 처분으로서 그 하자가 중대하다고 할 것이나, 객관적으로 명백하다고는 할 수 없다(대판 2007.9.21. 2005두11937).

CHAPTER 2 행정행위

01 음주운전을 단속한 경찰관 명의로 행한 운전면허정지처분은 취소사유에 해당한다. (O | X) [12경찰]

02 적법한 권한위임 없이 세관출장소장에 의하여 행하여진 관세부과처분은 무효이다. (O | X) [11국회직8급]

03 적법한 권한위임 없이 세관출장소장에 의하여 행하여진 관세부과 처분은 그 하자가 중대하기는 하지만 객관적으로 명백하다고 할 수 없어 당연무효는 아니다. (O | X) [19지방9급]

04 무권한의 행위는 원칙적으로 무효라고 할 것이므로, 5급 이상의 국가 정보원 직원에 대해 임면권자인 대통령이 아닌 국가정보원장이 행한 의원면직처분은 당연무효에 해당한다. (O | X) [18지방9급]

05 대법원은 내부위임을 받은 수임기관이 자신의 이름으로 처분을 한 경우 당해 처분을 무권한의 행위로서 무효로 보고 있다. (O | X) [13국회직8급]

06 행정관청 내부의 사무처리규정에 불과한 전결규정에 위반하여 원래의 전결권자 아닌 보조기관 등이 처분권자인 행정관청의 이름으로 행정처분을 한 경우, 그 처분은 권한없는 자에 의하여 행하여진 것으로 무효이다. (O | X) [20국가직9급]

② 적법하게 구성되지 않은 합의제 행정기관의 행위

합의제 행정기관의 소집절차에 문제가 있거나 구성원에 문제가 있거나 정족수에 미달한 의결이 있음에도 의결된 경우 그 의결은 원칙적으로 무효에 해당한다.

> **관련 판례** 합의제 행정기관의 구성에 있어서 하자가 있는 경우 행정행위가 무효라고 본 판례
>
> 구 폐기물처리시설 설치촉진 및 주변지역지원 등에 관한 법률에 정한 입지선정위원회는 폐기물처리시설의 입지를 선정하는 의결기관이고 동위원회가 그 구성방법 및 절차에 관한 같은 법 시행령의 규정에 위배하여 군수와 주민대표가 선정·추천한 전문가를 포함시키지 않은 채 임의로 구성되어 의결을 한 경우, 그에 터잡아 이루어진 폐기물 처리시설 입지결정 처분의 하자는 중대한 것이고 객관적으로도 명백하므로 무효사유에 해당한다(대판 2007.4.12. 2006두20150).

07 폐기물처리시설입지선정위원회가 관계법 규정에 위배하여 군수와 주민대표가 선정·추천한 전문가를 포함시키지 않은 채 임의로 구성되어 의결한 경우, 그에 터 잡아 이루어진 폐기물처리시설 입지결정처분은 무효이다. (O | X) [11국회직8급]

③ 의사결정에 흠이 있는 경우
- 의사능력이 없는 공무원의 행위는 무효이다.
- 착오로 인한 행위는 법령에 특별한 규정이 없는 한, 착오가 있다는 사실만으로 영향을 받지 않고 표시된 내용대로 효력이 발생한다. 착오의 결과 행해진 행정행위의 내용 그 자체가 위법한 경우 무효 또는 취소할 수 있는 행정행위가 된다.

> **관련 판례**
>
> 1. 행정행위는 그 요소에 착오가 있다고 해서 그것만을 이유로 하여 취소할 수 없다(대판 1976.5.11. 75누214).
> 2. 착오로 행정행위가 무효인 경우
>   부동산을 양도한 사실이 없음에도 세무당국이 부동산을 양도한 것으로 오인하여 양도소득세를 부과

정답 01 × 02 × 03 O 04 × 05 O 06 × 07 O

PART 2 행정작용법

> 하였다면 그 부과처분은 착오에 의한 행정처분으로서 그 표시된 내용에 중대하고 명백한 하자가 있어 당연무효이다(대판 1983.8.23. 83누179).
> 3. 주택건설촉진법에 의한 설립인가를 받은 주택조합이 아파트지구 개발사업의 사업계획을 승인받아 아파트를 건축한 경우 구 개발이익환수에관한법률 제6조 제1항 소정의 개발부담금 납부의무자는 사업시행자인 주택조합이고 그 조합원들이 아니므로, 납부의무자가 아닌 조합원들에 대한 개발부담금 부과처분은 그 처분의 법적 근거가 없는 것으로서 그 하자가 중대하고도 명백하여 무효이다(대판 1998.5.8. 95다30390).
> 4. 학교법인의 이사장이 교환허가신청을 함에 있어서 이사회의 승인의결을 받음이 없이 이사회회의록 사본을 위조하여 첨부한 교환허가신청서에 의한 것인바, 사립학교법 제1조, 제16조, 제28조, 제73조, 동법시행령 제11조의 각 규정취지를 종합고찰하면 피고의이 사건 허가처분은 중대하고 명백한 하자가 있어 당연무효라 할 것이고 위 학교법인이사회가 위 교환을 추인·재추인하는 의결을 한 사실만으로써 무효인 허가처분의 하자가 치유된다고 볼 수 없다(대판 1984.2.28. 81누275).

01 부동산을 양도한 사실이 없음에도 세무당국이 부동산을 양도한 것으로 오인한 양도소득세 부과처분은 착오에 의한 행정처분으로서 취소할 수 있는 행정행위에 해당한다. (O | X) [11지방직9급]

④ **행정행위의 상대방이 사기, 강박 등 부정행위를 한 경우**
상대방의 사기, 강박 또는 증뢰 기타의 부정행위에 의한 행위는 당연히 무효가 되는 것이 아니며 취소할 수 있는 행정행위에 해당한다.

> **관련 판례** 사위에 의한 행정처분의 효력
> 한지의사자격시험에 응시하기 위한 응시자격 인정의 결정을 사위의 방법으로 받은 이상 이에 터잡아 취득한 한지의사면허처분도 면허를 취득할 수 없는 사람이 취득한 하자 있는 처분이 된다 할 것이므로 보건사회부장관(현 보건복지부장관)이 그와 같은 하자 있는 처분임을 이유로 원고가 취득한 한지의사면허를 취소하는 처분을 하였음은 적법하다(대판 1975.12.9. 75누123).

2) **절차상 하자**
판례는 절차상 하자를 주로 취소사유로 본다.
① 다른 기관의 협의 등을 거치지 않은 행위
- 판례는 원칙적으로 취소사유로 본다.

> **관련 판례**
> 1. 구 학교보건법상 학교환경위생정화구역의 학교환경위생정화위원회의 심의를 누락 – 취소사유
> 행정청이 구 학교보건법 소정의 학교환경위생정화구역 내에서 금지행위 및 시설의 해제 여부에 관한 행정처분을 함에 있어 학교환경위생정화위원회의 심의를 누락한 흠이 있다면 그와 같은 흠을 가리켜 위 행정처분의 효력에 아무런 영향을 주지 않는다거나 경미한 정도에 불과하다고 볼 수는 없으므로,

정답 01 X

특별한 사정이 없는 한 이는 행정처분을 위법하게 하는 취소사유가 된다(대판 2007.3.15. 2006두15806).

2. **관계중앙행정기관의 협의를 결여한 택지개발예정지구지정의 효력 – 취소사유**
   구 택지개발촉진법 제3조에서 건설부장관이 택지개발예정지구를 지정함에 있어 미리 관계중앙행정기관의 장과 협의를 하라고 규정 한 의미는 그의 자문을 구하라는 것이지 그 의견을 따라 처분을 하라는 의미는 아니라 할 것이므로 이러한 협의를 거치지 아니하였다고 하더라도 이는 위 지정처분을 취소할 수 있는 원인이 되는 하자 정도에 불과하고 위 지정처분이 당연무효가 되는 하자에 해당하는 것은 아니다(대판 2000.10.13. 99두653).

3. 행정청이 사전환경성검토협의를 거쳐야 할 대상사업에 관하여 법의 해석을 잘못한 나머지 세부용도지역이 지정되지 않은 개발사업부지에 대하여 사전환경성검토협의를 할지 여부를 결정하는 절차를 생략한 채 승인 등의 처분을 한 사안에서, 그 하자가 중대한 하자라고 할 수 있으나, 객관적으로 명백하다고 할 수는 없다(대판 2009.9.24. 2009두2825).

4. 국방·군사시설 사업에 관한 법률 및 구 산림법에서 보전임지를 다른 용도로 이용하기 위한 사업에 대하여 승인 등 처분을 하기 전에 미리 산림청장과 협의를 하라고 규정한 의미는 그의 자문을 구하라는 것이지 그 의견을 따라 처분을 하라는 의미는 아니라 할 것이므로, 이러한 협의를 거치지 아니하였다고 하더라도 이는 당해 승인처분을 취소할 수 있는 원인이 되는 하자 정도에 불과하고 그 승인처분이 당연무효가 되는 하자에 해당하는 것은 아니라고 봄이 상당하다(대판 2006.6.30. 2005두14363).

5. 행정청이 사전에 교통영향평가를 거치지 아니한 채 '건축허가 전까지 교통영향평가 심의필증을 교부받을 것'을 부관으로 붙여서 한 '실시계획변경 승인 및 공사시행변경 인가처분'은 중대하고 명백한 흠이 있다고 할 수 없어 무효로 보기 어렵다(대판 2010.2.25. 2009두102).

6. **무효와 취소사유 모두 해당하지 않는 경우**
   환경영향평가 법령에서 정한 환경영향평가절차를 거쳤으나 그 환경영향평가의 내용이 부실한 경우, 그 부실의 정도가 환경영향평가를 하지아니한 것과 다를 바 없는 정도의 것이 아닌 이상, 그 부실은 당해 승인 등 처분에 재량권 일탈·남용의 위법이 있는지 여부를 판단하는 하나의 요소로 됨에 그칠 뿐, 그 부실로 인하여 당연히 당해 승인 등 처분이 위법하게 되는 것은 아니다(대판 2006.3.16. 2006두330).

---

01 구 학교보건법상 학교환경 위생정화구역에서의 금지행위 및 시설의 해제 여부에 관한 행정처분을 함에 있어 학교환경위생정화위원회의 심의절차를 누락한 행정처분은 무효이다. (O | X) [17지방직9급]

- 다만, 예외적으로 절차 하자에 관하여 무효사유로 본 판시도 있다.

관련 판례

환경영향평가를 거쳐야 할 대상사업에 대하여 환경영향평가를 거치지 아니하였음에도 불구하고 승인 등 처분이 이루어진다면, 사전에 환경영향평가를 함에 있어 평가대상지역 주민들의 의견을 수렴하고 그 결과를 토대로 하여 환경부장관과의 협의내용을 사업계획에 미리 반영시키는 것 자체가 원천적으로 봉쇄되는바, 이렇게 되면 환경파괴를 미연에 방지하고 쾌적한 환경을 유지·조성하기 위하여 환경영향평

정답 01 X

가제도를 둔 입법 취지를 달성할 수 없게 되는 결과를 초래할 뿐만 아니라 환경영향평가대상지역 안의 주민들의 직접적이고 개별적인 이익을 근본적으로 침해하게 되므로, 이러한 행정처분의 하자는 법규의 중요한 부분을 위반한 중대한 것이고 객관적으로도 명백한 것이라고 하지 않을 수 없어, 이와 같은 행정처분은 당연무효이다(대판 2006.6.30. 2005두14363).

01 구 환경영향평가법상 환경영향평가를 실시하여야 할 사업에 대하여 환경영향평가를 거치지 아니하였음에도 승인 등 처분을 한 경우, 그 처분은 당연무효이다. (O | X) [19지방직9급]

② 필요한 통지나 공고를 결한 행위
판례는 원칙적으로 취소사유로 본다.

관련 판례 최고·공고 절차가 생략된 주민등록말소처분 - 당연무효 아님

주민등록을 말소하는 처분을 한 경우 이 처분이 주민등록법 제17조의 2에 규정한 최고·공고의 절차를 거치지 아니하였다 하더라도 그러한 하자는 중대하고 명백한 것이라고 할 수 없어 처분의 당연무효사유에 해당하는 것이라고는 할 수 없다(대판 1994.8.26. 94누3223).

③ 이유제시의 하자
법령에 필수적인 사항으로 규정되어 있지 않은 한 취소사유에 해당한다.

관련 판례

국세징수법 제9조 제1항은 납세의무자에게 부과처분의 내용을 상세히 알려 불복여부의 결정과 불복신청에 편의를 제공하려는 데서 나온 강행규정이므로 세액의 산출근거가 기재되지 아니한 물품세 납세고지서에 의한 부과처분은 위법한 것으로 취소의 대상이 된다(대판 1984.5.9. 84누116).

02 세액산출의 근거가 기재되지 않은 납세고지서에 의한 부과처분은 강행법규에 위반하여 당연무효라고 보는 것이 판례의 태도이다. (O | X) [13국가직7급]

④ 필요한 청문 또는 의견진술의 기회를 주지 아니한 행위
판례는 원칙적으로 취소사유로 본다.

관련 판례

행정청이 침해적 행정처분을 할 때, 처분의 근거법령 등에서 청문을 실시하도록 규정하고 있다면, 행정절차법 등 관련 법령상 청문을 실시하지 않아도 되는 예외에 해당하지 않는 한 반드시 청문을 실시하여야 하고 그러한 절차를 결여한 처분은 위법한 처분으로 취소사유에 해당한다(대판 2007.11.16. 2005두15700).

정답 01 O 02 X

⑤ 신청이나 동의를 결여한 행위

근거법령에 상대방의 신청 또는 동의를 필수적인 것으로 규정되어 있는 경우에, 상대방의 신청 또는 동의를 결하는 행위는 원칙적으로 무효이다.

> **관련 판례** 신청을 결한 행정처분의 효력
>
> 분배신청을 한 바 없고 분배받은 사실조차 알지 못하고 있는 자에 대한 농지분배는 허무인에게 분배한 것이나 다름이 없는 당연무효의 처분이라고 할 것이다(대판 1970.10.23. 70다1750).

⑥ 기타 무효로 본 판시

> **관련 판례**
>
> 과세관청이 과세예고 통지 후 과세전적부심사청구나 그에 대한 결정이 있기 전에 과세처분을 한 경우, 원칙적으로 절차상 하자가 중대·명백하여 과세처분은 무효가 된다(대판 2016.12.27. 2016두49228).

01 과세관청이 과세예고 통지 후 과세전적부심사 청구나 그에 대한 결정이 있기 전에 국세부과처분을 한 경우, 특별한 사정이 없는 한 그 하자가 중대·명백하다고 볼 수 없어 당연무효가 아닌 취소사유에 해당한다. (O | X)

[18국가직7급]

⑦ 절차의 하자로 볼 수 없는 경우

> **관련 판례**
>
> 예산 편성 절차인 예비타당성조사 절차의 하자가 행정처분의 하자가 되는 것은 아니다.
> 국가재정법령에 규정된 예비타당성조사는 이 사건 각 처분과 형식상 전혀 별개의 행정계획인 예산의 편성을 위한 절차일 뿐 이 사건 각 처분에 앞서 거쳐야 하거나 그 근거 법규 자체에서 규정한 절차가 아니므로, 예비타당성조사를 실시하지 아니한 하자는 원칙적으로 예산 자체의 하자일 뿐, 그로써 곧바로 이 사건 각 처분의 하자가 된다고 할 수 없다(대판 2015.12.10. 2011두32515).

3) 형식상 하자

① 문서에 의하지 않은 행위

법령상 문서에 의할 것을 요건으로 한 경우에 구술로 한 때에는 원칙적으로 무효이다.

> **관련 판례**
>
> 담당 소방공무원이 소방시설 불량사항을 시정·보완하라는 명령을 구술로 고지한 것은 당연무효이다(대판 2011.11.10. 2011도11109).

02 법령상 문서에 의하도록 한 행정행위를 문서에 의해 하지 아니한 때, 그 처분은 하자가 중대하고 명백하여 원칙적으로 무효이다. (O | X)

[16서울시7급]

정답 01 X 02 O

PART 2 행정작용법

01 건물소유자에게 소방시설 불량사항을 시정·보완하라는 명령을 구두로 고지한 것은 행정절차법에 위반한 것으로 하자가 중대명백하여 당연무효이다. (O | X) [19국가직9급]

② 서명날인을 결여한 행위
서명·날인이 없는 행정행위는 무효이다.

4) 내용상 하자
① 내용이 실현불능인 행위
불능을 내용으로 하는 행정행위는 무효

> **관련 판례**
> 사망자에 대한 행정처분은 무효이고 그 무효의 행정처분이 그 상속인에게 송달되었다고 하여서 그 무효의 행정처분이 유효화 될 리가 없다(대판 1969.1.21. 68누190).

② 내용이 불명확한 행정행위
사회통념상 인식할 수 없는 정도로 불명확하거나 확정되지 아니한 경우에는 원칙적으로 무효

③ 임용권자의 과실에 의한 임용결격자에 대한 임용행위
임용권자의 과실이 개입한 경우라도 임용결격자에 대한 임용행위는 당연무효이다.

④ 판례
- 법률관계나 사실관계에 대하여 그 법률의 규정을 적용할 수 없다는 법리가 명백히 밝혀져 그 해석에 다툼의 여지가 없음에도 불구하고 행정청이 위 규정을 적용하여 처분을 한 때에는 그 하자가 중대하고 명백하다고 본다.
- 다만, 그 법률의 규정을 적용할 수 없다는 법리가 명백히 밝혀지지 아니하여 해석에 다툼의 여지가 있는 경우에는, 그 처분은 하자가 명백하다고 볼 수 없다.

> **관련 판례**
> 1. 법률관계나 사실관계에 대하여 그 법령의 규정을 적용할 수 없다는 법리가 명백히 밝혀지지 아니하여 해석에 다툼의 여지가 있는 때에는 과세관청이 이를 잘못 해석하여 과세처분을 하였더라도 이는 과세요건 사실을 오인한 것에 불과하여 <u>그 하자가 명백하다고 할 수 없다</u>(대판 2018.7.19. 2017다242409전합).
> 2. 해석의 다툼의 여지가 없어 명백한 하자가 있는 경우
> 행정청이 법령규정의 문언상 <u>처분요건의 의미</u>가 분명함에도 합리적인 근거 없이 그 의미를 잘못 해석한 결과 처분요건이 충족되지 아니한 상태에서 해당 처분을 한 경우에는 법리가 명백히 밝혀지지 아니하여 그 해석에 다툼의 여지가 있다고 볼 수는 없다(대판 2014.5.16. 2011두27094).

정답 01 O

3. 경찰공무원법에 규정되어 있는 경찰관임용 결격사유는 경찰관으로 임용되기 위한 절대적인 소극적 요건으로서 임용 당시 경찰관임용 결격사유가 있었다면 비록 임용권자의 과실에 의하여 임용결격자 임을 밝혀내지 못하였다 하더라도 그 임용행위는 당연무효로 보아야 한다(대판 2005.7.28. 2003두469).

4. 헌법재판소의 위헌 결정과 위헌법률에 근거한 행정처분의 하자

1) 위헌결정의 기속력

> **헌법재판소법 제47조(위헌결정의 효력)** ① 법률의 위헌결정은 법원과 그 밖의 국가기관 및 지방자치단체를 기속(羈束)한다.
> ② 위헌으로 결정된 법률 또는 법률의 조항은 그 결정이 있는 날부터 효력을 상실한다.

01 헌법재판소법 제47조는 위헌으로 결정된 법률 또는 법률의 조항은 원칙적으로 그 법률 또는 법률조항이 제정된 날까지 소급하여 관련된 사건의 효력을 상실시킨다고 규정하고 있다. (O | X)   [13서울시7급]

2) 행정처분의 하자

중대한 하자이나 명백하다고 볼 수 없어 취소사유의 하자에 불과하다.

관련 판례

행정청이 어느 법률에 근거하여 행정처분을 한 후에 헌법재판소가 그 법률을 위헌으로 결정하였다면 결과적으로 그 행정처분은 법률의 근거 없이 행하여진 것과 마찬가지가 되어 하자 있는 것이 된다고 할 것이나, 하자 있는 행정처분이 당연무효가 되기 위해서는 그 하자가 중대할 뿐만 아니라 명백한 것이어야 하는데 일반적으로 법률이 헌법에 위반된다는 사정은 헌법재판소의 위헌 결정이 있기 전에는 객관적으로 명백한 것이라고 할 수는 없으므로, 특별한 사정이 없는 한 이러한 하자는 그 행정처분의 취소사유에 해당할 뿐 당연무효 사유는 아니라 할 것이다(대판 1995.12.5. 95다39137).

02 대법원은 행정처분 이후에 처분의 근거 법령에 대하여 헌법재판소 또는 대법원이 위헌 또는 위법하다는 결정을 하게 되면, 당해 처분은 법적 근거가 없는 처분으로 하자 있는 처분이고 그 하자는 중대한 것이지만, 위헌 또는 위법하다는 결정이 있기 전에는 객관적으로 명백하다고 보기 어려우므로 취소사유에 그치는 것으로 본다. (O | X)   [16사복직9급]

3) 위헌결정의 소급효

- 위헌결정은 기속력은 장래효가 원칙이다. 다만, 당해사건, 동종사건, 병행사건에 대해서는 소급효가 미친다.
- 위헌결정 이후 제소된 일반사건에 대해서 위헌결정의 소급효가 미치는지와 관련하여, 대법원과 헌법재판소의 입장이 갈린다. 대법원은 일반사건에 원칙적으로 소급효가 미치

정답 01 X 02 O

고 예외적으로 소급효가 미치지 않는다고 하고, 헌법재판소는 일반사건의 경우 원칙적으로 소급효가 미치지 않지만, 예외적으로 소급효를 인정할 수 있다고 본다. 다만, 실질적으로 대법원 판례와 헌법재판소의 입장의 차이는 거의 없다.

> **참고**
>
> **대법원 판례의 논리 구조**
> 당해사건, 동종사건, 병행사건 소급효 인정
> 일반사건 : 소급효 인정, 다만 예외적으로 부정
>
> **헌법재판소 판례의 논리 구조**
> 당해사건, 동종사건, 병행사건 소급효 인정
> 일반사건 : 소급효 부정, 다만 예외적으로 인정

관련 판례

[대법원 판례]
헌법재판소의 위헌결정의 효력은 위헌제청을 한 '당해사건', 위헌결정이 있기 전에 이와 동종의 위헌여부에 관하여 헌법재판소에 위헌여부심판제청을 하였거나 법원에 위헌여부심판제청신청을 한 '동종사건'과 따로 위헌제청신청은 아니하였지만 당해 법률 또는 법률 조항이 재판의 전제가 되어 법원에 계속 중인 '병행사건'뿐만 아니라, 위헌결정 이후 같은 이유로 제소된 '일반사건'에도 미친다. 하지만 위헌결정의 효력이 미치는 범위가 무한정일 수는 없고, 다른 법리에 의하여 그 소급효를 제한하는 것까지 부정되는 것은 아니며, 법적 안정성의 유지나 당사자의 신뢰보호를 위하여 불가피한 경우에 위헌결정의 소급효를 제한하는 것은 오히려 법치주의의 원칙상 요청된다(대판 2017.3.9. 2015다233982).

[헌법재판소 판례]
구 헌법재판소법 제47조 제2항 본문은 위헌결정의 시간적 효력 범위에 관하여 장래효를 원칙으로 규정하고 있으나, 위헌결정을 위한 계기를 부여한 사건(당해 사건), 위헌결정이 있기 전에 이와 동종의 위헌여부에 관하여 헌법재판소에 위헌제청을 하였거나 법원에 위헌제청신청을 한 사건(동종사건), 따로 위헌제청신청을 아니하였지만 당해 법률조항이 재판의 전제가 되어 법원에 계속 중인 사건(병행사건)에 대하여 예외적으로 소급효가 인정되고, 위헌결정 이후에 제소된 사건(일반사건)이라도 구체적 타당성의 요청이 현저하고 소급효의 부인이 정의와 형평에 반하는 경우에는 예외적으로 소급효를 인정할 수 있다(헌재 2013.6.27. 2010헌마535).

01 대법원은 처분이 있은 후 근거 법률이 위헌으로 결정된 경우, 그 처분은 법률의 근거가 없이 행하여진 것과 마찬가지의 하자가 인정되므로 불가쟁력이 발생하였다 하더라도 위헌결정의 소급효가 미친다고 보았다.
(O | X) [12국가직7급]

정답 01 ×

4) 위헌결정의 기속력에 위반되는 경우

> **관련 판례**
>
> 국세징수법 제3장의 체납처분규정에 의하여 체납 택지초과소유부담금을 강제징수할 수 있었으나, 1999. 4. 29. 같은 법 전부에 대한 위헌결정으로 위 제30조 규정 역시 그 날로부터 효력을 상실하게 되었고, 나아가 위헌법률에 기한 행정처분의 집행이나 집행력을 유지하기 위한 행위는 위헌결정의 기속력에 위반되어 허용되지 않는다고 보아야 할 것인데, 그 규정 이외에는 체납부담금을 강제로 징수할 수 있는 다른 법률적 근거가 없으므로, 그 위헌결정 이전에 이미 부담금 부과처분과 압류처분 및 이에 기한 압류등기가 이루어지고 위의 각 처분이 확정되었다고 하여도, <u>위헌결정 이후에는 별도의 행정처분인 매각처분, 분배처분 등 후속 체납처분절차를 진행할 수 없는 것은 물론이고, 특별한 사정이 없는 한 기존의 압류등기나 교부청구만으로는 다른 사람에 의하여 개시된 경매절차에서 배당을 받을 수도 없다</u>(대판 2002.8.23. 2001두2959).

01 법률이 위헌으로 선언된 경우, 위헌결정 전에 이미 형성된 법률관계에 기한 후속처분은 비록 그것이 새로운 위헌적 법률관계를 생성 확대하는 경우라도 당연무효라 볼 수는 없다. (O | X) [16지방직7급]

02 헌법재판소가 법률을 위헌으로 결정하였다면 이러한 결정이 있은 후 그 법률을 근거로 한 행정처분은 중대한 하자이기는 하나 명백한 하자는 아니므로 당연무효는 아니다. (O | X) [15국가직9급]

5) 이미 제소기간이 경과한 처분에 대하여 무효확인의 소를 제기한 경우

위헌인 법률에 근거한 행정처분이 당연무효인지의 여부는 위헌결정의 소급효와는 별개의 문제로서, 위헌결정의 소급효가 인정된다고 하여 위헌인 법률에 근거한 행정처분이 당연무효가 된다고는 할 수 없고, 오히려 이미 취소소송의 제기기간을 경과하여 확정력이 발생한 행정처분에는 위헌결정의 소급효가 미치지 않는다고 보아야 한다. 어느 행정처분에 대하여 그 행정처분의 근거가 된 법률이 위헌이라는 이유로 무효확인청구의 소가 제기된 경우에는 다른 특별한 사정이 없는 한 법원으로서는 그 법률이 위헌인지 여부에 대하여는 판단할 필요 없이 그 무효확인청구를 기각하여야 한다(대판 1994.10.28. 92누9463).

03 행정처분에 대하여 그 행정처분의 근거가 된 법률이 위헌이라는 이유로 무효확인청구의 소가 제기된 경우에는 다른 특별한 사정이 없는 한 법원으로서는 그 법률이 위헌인지 여부에 대하여는 판단할 필요 없이 그 무효확인청구를 각하하여야 한다. (O | X) [13국가직9급]

6) 기타 판례

> **관련 판례**
>
> 1. 처분 당시에는 취소소송의 제기가 법제상 허용되지 않아 소송을 제기할 수 없다가 위헌결정으로 인하여 비로소 취소소송을 제기할 수 있게 된 경우, 객관적으로는 '위헌결정이 있은 날', 주관적으로는 '위헌결정이 있음을 안 날' 비로소 취소소송을 제기할 수 있게 되어 이때를 제소기간의 기산점으로 삼아야 한다(대판 2008.2.1. 2007두20997).

정답 01 × 02 × 03 ×

2. 행정처분의 집행이 이미 종료되었고 그것이 번복될 경우 법적안정성을 크게 해치게 되는 경우에는 후에 행정처분의 근거가 된 법규가 헌법재판소에서 위헌으로 선고된다고 하더라도 그 행정처분이 당연무효가 되지는 않음이 원칙이라고 할 것이나, <u>행정처분 자체의 효력이 쟁송기간 경과 후에도 존속 중인 경우, 특히 그 처분이 위헌법률에 근거하여 내려진 것이고 그 행정처분의 목적달성을 위하여서는 후행 행정처분이 필요한데 후행 행정처분은 아직 이루어지지 않은 경우와 같이 그 행정처분을 무효로 하더라도 법적 안정성을 크게 해치지 않는 반면에 그 하자가 중대하여 그 구제가 필요한 경우에 대하여서는 그 예외를 인정하여 이를 당연무효사유로 보아서 쟁송기간 경과 후에라도 무효확인을 구할 수 있는 것이라고 봐야 할 것이다</u>(헌재 1994.6.30. 92헌바23).
3. <u>금고 이상의 형의 선고유예를 받은 경우에 공무원직에서 당연히 퇴직하는 것으로 규정한 구 지방공무원법 제61조 중 제31조 제5호 부분에 대한 헌법재판소의 위헌결정의 소급효를 인정할 경우</u> 그로 인하여 보호되는 퇴직공무원의 권리구제라는 구체적 타당성 등의 요청에 비하여 종래의 법령에 의하여 형성된 공무원의 신분관계에 관한 법적 안정성과 신뢰보호의 요청이 현저하게 우월하다는 이유로, <u>위 위헌결정 이후 제소된 일반사건에 대하여 위 위헌결정의 소급효가 제한된다</u>(대판 2005.11.10. 2005두5628).

---

01 헌법재판소는 위헌법률에 근거한 행정처분의 효력과 관련하여, 그 행정처분을 무효로 하더라도 법적안정성을 크게 해치지 않는 반면에 그 하자가 중대하여 그 구제가 필요한 경우에 대해서는 예외적으로 당연무효사유로 보아야 한다는 입장을 취하고 있다. (O | X) [15서울시7급]

Ⅲ 하자 있는 행정행위의 치유와 전환

1. 개설

하자 있는 행정행위는 하자의 정도에 따라 무효 또는 취소됨이 법치주의에 따른 당연한 결론이다. 다만, 일정한 경우 하자가 있는 행정행위를 유지하거나(치유), 다른 행정행위로 전환하는 것이 요구된다.

2. 하자 있는 행정행위의 치유

1) 의의

행정행위의 성립 당시에 흠이 있는 경우, 사후에 흠의 원인이 되는 법률요건을 충족하였다든지 또는 그 흠이 취소를 요하지 않을 정도로 경미한 때에 그의 성립 당시의 흠에도 불구하고 적법한 것으로 다루는 것을 의미한다.

2) 하자 치유의 허용성

법치국가 원리에 따라 하자 있는 행정행위의 치유를 인정할 수 없는 것이 원칙이다. 다만 행정법관계의 안정성이나 이해관계인의 신뢰보호, 무용한 반복의 배제라는 관점에서 예외적으로 인정될 수 있는 여지가 있다.

정답 01 O

CHAPTER 2 행정행위

> **관련 판례**
> 흠이 있는 행정행위의 치유는 행정행위의 성질이나 법치주의 관점에서 볼 때 원칙적으로 허용될 수 없는 것이고, 예외적으로 행정행위의 무용한 반복을 피하고 당사자의 법적안정성을 위해 이를 허용하는 때에도 국민의 권리나 이익을 침해하지 않는 범위에서 구체적 사정에 따라 합목적적으로 인정하여야 할 것이다(대판 2010.8.26. 2010두2579).

01 법치주의 원칙을 강조할 경우 행정행위의 하자의 치유는 원칙적으로 허용될 수 없지만 예외적으로 행정의 무용한 반복을 피하고 당사자의 법적안정성을 위해 허용될 수 있다. (O | X) [19서울시7급]

02 흠이 있는 행정행위의 치유는 행정행위의 성질이나 법치주의 관점에서 볼 때 원칙적으로 허용될 수 없는 것이고, 예외적으로 이를 허용하는 때에도 국민의 권리나 이익을 침해하지 않는 범위에서 구체적 사정에 따라 합목적적으로 인정하여야 할 것이다. (O | X) [25지방직9급]

3) 무효 사유의 하자 치유 가능성
무효 사유의 하자는 치유될 수 없다는 것이 통설과 판례의 입장이다.

> **관련 판례**
> 1. 징계처분이 중대하고 명백한 흠 때문에 당연무효의 것이라면 징계처분을 받은 자가 이를 용인하였다고 하여 그 흠이 치유되는 것은 아니다(대판 1989.12.12. 88누8869).
> 2. 절차상 또는 형식상 하자로 인하여 무효인 행정처분이 있은 후 행정청이 관계 법령에서 정한 절차 또는 형식을 갖추어 다시 동일한 행정처분을 하였다면 당해 행정처분은 종전의 무효인 행정처분과 관계없이 새로운 행정처분이라고 보아야 한다(대판 2007.12.27. 2006두3933).
> 3. 토지등급결정내용의 개별통지가 있다고 볼 수 없어 토지등급결정이 무효인 이상, 토지소유자가 그 결정 이전이나 이후에 토지등급결정내용을 알았다거나 또는 그 결정 이후 매년 정기 등급수정의 결과가 토지소유자 등의 열람에 공하여졌다 하더라도 개별통지의 하자가 치유되는 것은 아니다(대판 1997.5.28. 96누5308).

03 징계처분이 중대하고 명백한 하자 때문에 당연무효의 것이라면 징계 처분을 받은 자가 이를 용인하였다 하여 그 하자가 치유되는 것은 아니다. (O | X) [19지방직9급]

04 하자의 치유는 취소할 수 있는 행정행위에 대해서만 인정된다. (O | X) [16국회직8급]

4) 하자 치유의 사례
① 행정행위의 내용상 하자와 절차 하자
행정행위의 내용상 하자의 치유는 인정하지 않는 것이 판례의 태도이다. 따라서 절차적 하자의 경우에 하자 치유의 여지가 있다.

정답 01 O 02 O 03 O 04 O

관련 판례 | 하자 치유가 부정된 사례

노선여객자동차운송사업의 사업계획변경인가 처분에 관한 하자가 행정처분의 내용에 관한 것이고 새로운 노선면허가 소 제기 이후에 이루어진 사정 등에 비추어 하자의 사후적 치유를 인정하지 아니한다(대판 1991.5.28. 90누1359).

01 처분의 하자가 그 내용에 관한 것인 경우, 판례는 소 제기 이후에도 하자의 치유가 가능한 것으로 본다. (O | X)
[19서울시7급]

02 행정행위의 내용상의 하자는 치유의 대상이 될 수 있으나, 형식이나 절차상의 하자에 대해서는 치유가 인정되지 않는다. (O | X)
[16국가직9급]

② 하자 치유가 인정된 사례

관련 판례

1. **청문서 도달기간을 준수하지 않았지만, 방어의 기회를 충분히 가진 경우 – 하자 치유**
   행정청이 식품위생법상의 청문절차를 이행함에 있어 소정의 청문서 도달기간을 지키지 아니하였다면 이는 청문의 절차적 요건을 준수하지 아니한 것이므로 이를 바탕으로 한 행정처분은 일단 위법하다고 보아야 할 것이지만 행정청이 청문서 도달기간을 다소 어겼다하더라도 영업자가 이에 대하여 이의 하지 아니한 채 스스로 청문일에 출석하여 그 의견을 진술하고 변명하는 등 방어의 기회를 충분히 가졌다면 청문서 도달기간을 준수하지 아니한 하자는 치유되었다고 봄이 상당하다(대판 1992.10.23. 92누2844).

2. 공매절차에서 공매통지서가 체납자에게 적법하게 송달된 경우에는 실질적으로 체납자의 절차상의 권리나 이익이 침해되었다고 보기 어려운 점 등에 비추어 보면, 비록 압류처분의 단계에서 독촉의 흠결과 같은 절차상의 하자가 있었다고 하더라도 그 이후에 이루어진 공매절차에서 공매통지서가 적법하게 송달된 바가 있다면 매수인이 매각결정에 따른 매수대금을 납부한 이후에는 다른 특별한 사정이 없는 한, 당해 공매처분을 취소할 수 없다(대판 2006.5.12. 2004두14717).

3. **납세고지서의 기재사항 일부가 누락된 경우에도 앞서 보낸 과세예고통지서 등에 필요적 기재사항이 제대로 기재된 경우 – 하자치유**
   증여세의 납세고지서에 과세표준과 세액의 계산명세가 기재되어 있지 아니하거나 그 계산명세서를 첨부하지 아니하였다면 그 납세고지는 위법하다고 할 것이나, 한편 과세관청이 과세처분에 앞서 납세의무자에게 보낸 과세예고통지서 등에 납세고지서의 필요적 기재사항이 제대로 기재되어 있어 납세의무자가 그 처분에 대한 불복 여부의 결정 및 불복신청에 전혀 지장을 받지 않았음이 명백하다면, 이로써 납세고지서의 하자가 보완되거나 치유될 수 있다(대판 2001.3.27. 99두8039).

03 청문서가 행정절차법에서 정한 날짜보다 다소 늦게 도달하였을 경우에도, 당사자가 이에 대하여 이의하지 아니하고 청문일에 출석하여 의견을 진술하였다면 청문서 도달기간을 준수하지 않은 하자는 치유된다. (O | X)
[15군무원9급]

정답 01 X 02 X 03 O

5) 하자 치유의 제한

① 상대방의 이익을 침해할 우려가 있는 경우

하자 있는 행정행위의 치유는 예외적으로 행정행위의 무용한 반복을 피하고 당사자의 법적안정성을 위해 이를 허용하는 때에도 국민의 권리나 이익을 침해하지 않는 범위에서 구체적 사정에 따라 합목적으로 인정하여야 할 것이어서, 상대방의 이익을 침해할 우려가 있는 경우 하자 치유를 인정하지 않는 것이 판례의 태도이다.

> **관련 판례**
>
> 1. 재건축주택조합설립인가 처분 당시 동의율을 충족하지 못한 하자는 후에 추가동의서가 제출되었다는 사정만으로 치유될 수 없다.
>   주택재개발정비사업 조합설립추진위원회가 주택재개발정비사업 조합설립인가처분의 취소소송에 대한 1심 판결 후 정비구역 내 토지 등 소유자 318명 중의 4분의 3을 초과하는 247명으로부터 새로 조합설립동의서를 받았다고 하더라도, 흠의 치유를 인정하더라도 원고들을 비롯한 토지 등 소유자들에게 아무런 손해가 발생하지 않는다고 단정할 수 없으므로 위 설립인가처분의 하자가 치유된다고 볼 수 없다(대판 2010.8.26. 2010두2579).
>
> 2. 경원자 관계에서 절차상의 하자의 치유는 인정되지 아니함
>   충전소설치예정지로부터 100미터 이내에 상수도시설 및 농협창고가 위치하고 있어 위 고시의 규정에 따라 그 건물주의 동의를 받아야 하는 것임에도 그 동의가 없으니 그 신청에 대한 허가 처분은 위법하다고 한 다음, 이 사건 처분 후 위 각 건물주로부터 동의를 받았으니 이 사건 처분의 하자는 치유되었다는 주장에 대하여는, 이 사건에 있어서는 원고의 적법한 허가신청이 참가인들의 신청과 경합되어 있어 이 사건 처분의 치유를 허용한다면 원고에게 불이익하게 되므로 이를 허용할 수 없다(대판 1992.5.8. 91누13274).

01 재건축주택조합설립인가 처분 당시 동의율을 충족하지 못한 하자는 후에 추가동의서가 제출되었다는 사정만으로 치유될 수 없다. (O | X) [18서울시7급]

02 재건축조합설립인가처분 당시 동의율을 충족하지 못한 하자는 후에 추가동의서가 제출되었다는 사정만으로도 치유된다. (O | X) [23국가직9급]

03 인근주민의 동의를 받아야 하는 요건을 결여하였다는 이유로 경원관계에 있는 자가 제기한 허가처분의 취소소송에서, 허가처분을 받은 자가 사후 동의를 받은 경우에 하자의 치유를 인정하는 것은 원고에게 불이익하게 되므로 이를 허용할 수 없다. (O | X) [14지방직7급]

② 하자 치유의 시간적 한계

행정행위의 하자의 치유를 위한 추후 보완은 늦어도 당해 처분에 대한 불복여부의 결정 및 불복 신청에 편의를 줄 수 있는 상당한 기간 내에 하여야 한다. 판례도 하자의 치유는 늦어도 행정심판을 포함한 행정쟁송의 제기 이전에 이루어져야 한다고 본다.

정답 01 O 02 X 03 O

PART 2 행정작용법

> **관련 판례** 이미 상고심 계류 중인 경우
>
> 1. 세액산출 근거가 누락 된 납세고지서에 의한 과세처분의 하자의 치유를 허용하려면 늦어도 과세처분에 대한 불복여부의 결정 및 불복신청에 편의를 줄 수 있는 상당한 기간 내에 하여야 한다고 할 것이므로 위 과세처분에 대한 전심절차가 모두 끝나고 상고심의 계류 중에 세액산출 근거의 통지가 있었다고 하여 이로써 위 과세처분의 하자가 치유 되었다고는 볼 수 없다(대판 1984.4.10. 83누393).
> 2. 과세처분이 있은 지 4년이 지나서 그 취소소송이 제기된 때에 보정된 납세고지서를 송달하였다는 사실이나 오랜 기간(4년)의 경과로써 과세처분의 하자가 치유되었다고 볼 수는 없다(대판 1983.7.26. 82누420).

01 하자의 치유는 늦어도 행정처분에 대한 불복 여부의 결정 및 불복 신청을 할 수 있는 상당한 기간 내에 해야 하므로, 소가 제기된 이후에는 하자의 치유가 인정될 수 없다. (O | X) [14사회복지직9급]

③ 기타 하자 치유 부정 판례

> **관련 판례**
>
> 1. 세액산출근거가 기재되지 아니한 납세고지서에 의한 부과처분은 강행법규에 위반하여 취소 대상이 된다 할 것이므로 이와 같은 하자는 납세의무자가 전심절차에서 이를 주장하지 아니하였거나, 그 후 부과 된 세금을 자진납부하였다거나, 또는 조세채권의 소멸시효기간이 만료되었다 하여 치유되는 것이라고는 할 수 없다(대판 1985.4.9. 84누431).
> 2. 납세고지서에 세액산출근거 등의 기재사항이 누락되었거나 과세표준과 세액의 계산명세서가 첨부되지 않았다면 이는 위법하고 이러한 하자는 납세의무자가 그 나름대로 산출근거를 알고 있었다 하더라도 치유되지 않는다(대판 2002.11.13. 2001두1543).
> 3. 선행처분인 개별공시지가결정이 위법하여 그에 기초한 개발부담금 부과처분도 위법하게 된 경우, 그 후 적법한 절차를 거쳐 공시된 개별공시지가결정이 종전의 위법한 공시지가결정과 그 내용이 동일하다는 사정만으로 그 개발부담금 부과처분의 하자가 치유되어 적법하게 되는 것이 아니다(대판 2001.6.26. 99두11592).
> 4. 상당한 이행기간을 정하지 않은 대집행의 계고의 하자는 대집행영장으로 대집행시기를 늦추었다 하더라도 치유되지 않는다(대판 1990.9.14. 90누2048).

02 세액의 산출근거가 기재되지 아니한 납세고지서에 의한 부과처분은 그 후 부과된 세금을 자진납부하면 치유된다. (O | X) [16군무원9급]

6) 하자가 치유된 행정행위의 효력

행정행위의 하자가 치유되면 당해 행정행위는 처분 당시부터 하자가 없는 적법한 행정행위로 효력을 발생한다. 따라서 행정행위의 위법이 치유된 경우에는 그 위법을 이유로 당해 행정행위를 직권취소할 수 없다.

정답 01 O 02 X

01 행정행위의 하자가 치유되면 당해 행정행위는 처분 당시부터 하자가 없는 적법한 행정행위로 효력을 발생한다. (O | X) [19서울시7급]
02 행정행위의 위법이 치유된 경우에는 그 위법을 이유로 당해 행정행위를 직권취소할 수 없다. (O | X) [16군무원9급]

3. 하자 있는 행정행위의 전환

1) 의의
① 행정행위가 의도한 행정행위로서는 무효이나 다른 행정행위의 요건을 충족하고 있는 경우에 하자 없는 다른 행정행위로 전환을 의미한다.
② **다수설**은 무효의 경우에만 전환을 인정하였으나, 최근에는 취소사유 하자의 경우에도 하자 있는 행정행위의 전환을 인정하는 견해도 있다.

2) 전환의 요건
① 흠 있는 행정행위와 전환되는 행정행위 사이에 목적·효과에 있어서 실질적 공통성의 존재
② 전환되는 행정행위의 성립요건과 효력발생요건을 갖추어야 함
③ 전환이 행정청의 의도에 반해서는 안 됨
④ 상대방에게 원처분 보다 불이익하거나 제3자의 이익을 침해하여서는 안 됨
⑤ 기속행위를 재량행위로 전환해서는 안 됨

관련 판례

귀속재산을 불하받은 자가 사망한 후에 그 수불하자에 대하여 한 그 불하취소처분은 사망자에 대한 행정처분이므로 무효이지만, 그 취소처분을 수불하자의 상속인에게 송달한 때에는 그 송달시에 그 상속인에 대하여 다시 그 불하처분을 취소한다는 새로운 행정처분을 한 것이라고 할 것이다(대판 1969.1.21. 68누190).

03 당사자가 그 전환을 원하지 않더라도 객관적으로 전환을 위한 요건이 갖추어졌다고 판단되면 당해 행정행위는 다른 종류의 행정행위로 전환된다. (O | X) [05서울시9급]
04 귀속재산을 불하받은 자가 사망한 후에 불하처분 취소처분을 수불하자의 상속인에게 송달한 때에는 그 상속인에 대하여 다시 그 불하처분을 취소한다는 새로운 행정처분을 한 것으로 본다. (O | X) [18서울시7급]

3) 전환의 법적 성격과 효과
① 견해의 대립은 있으나, 우리는 독일법과 같은 명문의 규정이 없고 행정청의 의사에 따라 전환이 이루어지므로 행정행위성이 인정된다. 따라서 전환행위에 대하여 항고소송이 가능하고 행정절차법의 의견 청취 절차도 적용될 수 있으며 처분 변경으로 인한 소 변경도 인정될 수 있다.
② 전환의 효과는 당초 무효행위 시점에 소급하여 발생한다.

정답 01 O 02 O 03 X 04 O

Ⅳ 행정행위의 하자승계

1. 개설

1) 의의
단계적 행정행위의 경우 후행 행정행위의 하자가 없다고 하더라도 선행하는 행정행위에 하자가 있는 때에는 그 선행하는 행정행위의 하자가 후행행위에 승계되는 경우가 있고 이를 행정행위의 하자 승계라고 한다.

01 선행행위의 하자를 이유로 후행행위를 다투는 경우뿐만 아니라 후행 행위의 하자를 이유로 선행행위를 다투는 것도 하자의 승계이다. (O | X) [17지방직9급]

2) 하자 승계의 취지
선행 행정행위에 불가쟁력이 발생하여 그 효력을 다툴 수 없는 경우에 후행 행정행위를 선행 행정행위의 하자를 이유로 다툴 수 있게 하여 줌으로써 법적 안정성과 개인의 권익 보호와의 조화에 기여한다.

2. 논의의 전제

① 선행행위와 후행행위 모두 항고소송의 대상이 되는 처분일 것
② 선행 행정행위에 하자가 존재하지만 후행 행정행위에는 하자가 존재하지 않을 것
③ 선행 행정행위에 무효가 아닌 취소의 하자가 존재할 것(선행 행정행위가 무효인 경우에 그 하자는 후행행위에 언제나 미치게 되므로 하자승계 논의의 실익이 없다)
④ 선행 행정행위의 하자에 불가쟁력이 발생하였을 것

> **관련 판례**
> 1. 적법한 건축물에 대한 철거명령은 그 하자가 중대하고 명백하여 당연무효라고 할 것이고, 그 후행행위인 건축물 철거 대집행계고처분 역시 당연무효라고 할 것이다(대판 1999.4.27. 97누6780).
> 2. 체납처분은 부과처분의 집행을 위한 절차에 불과하므로 그 부과처분에 중대하고도 명백한 하자가 있어 무효인 경우에는 그 부과처분의 집행을 위한 체납처분도 무효라 할 것이다(대판 1988.6.28. 87누1009).

02 하자의 승계는 통상 선행행위에 존재하는 취소사유에 해당하는 하자를 이유로 후행행위를 다투는 경우에 문제된다. (O | X) [16사회복지직9급]

03 선행행위가 무효인 경우에는 후행행위도 당연히 무효이다. (O | X) [19소방직]

04 적법한 건축물에 대한 철거명령은 그 하자가 중대하고 명백하여 당연무효라고 할 것이지만, 그 후행행위인 건축물철거 대집행계고처분은 당연무효라고 할 수 없다. (O | X) [23국가직9급]

05 선행행위에 무효의 하자가 존재하더라도 선행행위와 후행행위가 결합하여 하나의 법적 효과를 목적으로 하는 경우에는 하자의 승계에 대한 논의의 실익이 있다. (O | X) [17지방직9급]

정답 01 × 02 O 03 O 04 × 05 ×

CHAPTER 2 행정행위

01 선행행위가 당연무효이더라도 양자가 서로 독립하여 별개의 효과를 목적으로 하는 경우에는 후행 행정행위가 당연무효가 되는 것은 아니다. (O | X) [16국회직8급]

02 자기완결적 신고에 해당하는 대문설치신고가 형식적 하자가 없는 적법한 요건을 갖춘 신고임에도 불구하고 관할 행정청이 수리를 거부한 후 당해 대문의 철거명령을 하였더라도, 후행행위인 대문철거 대집행계고처분이 당연무효가 되는 것은 아니다. (O | X) [24지방직9급]

3. 하자 승계의 범위

선행 행정행위와 후행 행정행위가 결합하여 하나의 법적 효과를 완성하는 경우에는 하자 승계가 인정된다.

관련 판례

보충역편입처분 등의 병역처분은 구체적인 병역의무부과를 위한 전제로서 징병검사 결과 신체등위와 학력·연령 등 자질을 감안하여 역종을 부과하는 처분임에 반하여, 공익근무요원소집처분은 보충역편입처분을 받은 공익근무요원소집대상자에게 기초적 군사훈련과 구체적인 복무기관 및 복무분야를 정한 공익근무요원으로서의 복무를 명하는 구체적인 행정처분이므로, 위 두 처분은 후자의 처분이 전자의 처분을 전제로 하는 것이기는 하나 각각 단계적으로 별개의 법률효과를 발생하는 독립된 행정처분이라고 할 것이므로, 따라서 보충역편입처분의 기초가 되는 신체등위 판정에 잘못이 있다는 이유로 이를 다투기 위하여는 신체등위 판정을 기초로 한 보충역편입처분에 대하여 쟁송을 제기하여야 할 것이며, 그 처분을 다투지 아니하여 이미 불가쟁력이 생겨 그 효력을 다툴 수 없게 된 경우에는, 병역처분변경신청에 의하는 경우는 별론으로 하고, 보충역편입처분에 하자가 있다고 할지라도 그것이 당연무효라고 볼만한 특단의 사정이 없는 한 그 위법을 이유로 공익근무요원소집처분의 효력을 다툴 수 없다(대판 2002.12.10. 2001두5422).

1) 하자의 승계를 인정한 판례

관련 판례

① 독촉·압류·매각·충당의 각 행위 사이
② 대집행절차인 계고·영장에 의한 통지·실행·비용징수의 각 행위 사이(대판 1996.2.9. 95누12507)
③ 선행 한지의사시험자격 인정과 후행 한지의사면허 처분 사이(대판 1975.12.9. 75누123)
④ 선행 암매장분묘개장명령과 후행 계고처분 사이(대판 1961.2.21. 4293행상31)
⑤ 선행 귀속재산의 임대처분과 후행 매각처분 사이(대판 1963.2.7. 62누215)
⑥ 계고처분과 대집행비용납부명령 사이(대판 1993.11.9. 93누14271)
⑦ 선행 독촉처분과 후행 가산금·중가산금징수처분 사이(대판 1986.10.28. 86누147)
⑧ 선행 안경사국가시험합격무효처분과 후행 안경사면허취소처분 사이(대판 1993.2.9. 92누4567)

03 조세체납처분에 있어서 독촉과 압류 사이에는 하자가 승계된다. (O | X) [09군무원9급]
04 대집행에 있어서 대집행실행과 비용징수 사이에는 하자가 승계된다. (O | X) [09군무원9급]

정답 01 X 02 X 03 O 04 O

PART
2 행정작용법

01 계고처분과 대집행비용납부명령 사이에는 하자의 승계가 인정되지 않는다. (O | X) [13지방직9급]

02 행정대집행에 있어 대집행 계고, 대집행영장에 의한 통지, 대집행 실행, 비용징수의 일련의 절차 중 대집행계고와 대집행 영장에 의한 통지 간에는 하자의 승계가 인정되나, 대집행계고와 비용징수 간에는 하자의 승계가 인정되지 않는다. (O | X) [11국가직7급]

2) 하자의 승계를 부정한 판례

관련 판례

① 선행 직위해제처분과 후행 면직처분 사이(대판 1984.9.11. 84누191)
② 선행 과세처분과 후행 체납처분 사이(대판 1961.10.26. 4292행상73)
③ 선행 변상판정과 후행 변상명령 사이(대판 1963.7.25. 63누65)
④ 선행 사업인정과 후행 수용재결 사이(대판 1992.12.11. 92누5584)
⑤ 선행 철거명령과 후행 대집행계고처분 사이(대판 1998.9.8. 97누20502)
⑥ 선행 액화석유가스판매사업허가 처분과 후행 사업개시신고 반려처분 사이(대판 1991.4.23. 90누8756)
⑦ 선행 도시계획결정과 후행 수용재결 사이(대판 1990.1.23. 87누947)
⑧ 선행 표준공시지가결정과 후행 개별공시지가결정 사이(대판 1996.3.28. 94누12920)
⑨ 선행 보충역 편입 처분과 후행 공익근무요원 소집 처분(대판 2002.12.10. 2001두5422)
⑩ 선행 토지등급의 설정·수정처분과 후행 과세처분(대판 1995.3.28. 93누23565)
⑪ 선행 소득금액변동통지와 후행 징수처분 사이(대판 2012.1.26. 2009두14439)
⑫ 「도시 및 주거환경정비법」상 선행 사업시행계획과 후행 관리처분계획 사이(대판 2012.8.23. 2010두13463)
⑬ 선행 표준공시지가 결정과 후행 과세처분 사이(대판 1996.9.20. 95누11931)
⑭ 선행 국제항공노선 운수권배분 실효처분 및 노선면허거부와 노선면허처분 사이(대판 2004.11.26. 2003두3123)
⑮ 선행 토지구획정리사업 시행인가처분과 환지청산금 부과처분 사이(대판 2004.10.14. 2004두424)

03 판례에 의할 때 직위해제처분과 직권면직처분 사이에는 하자가 승계되지 않는다. (O | X) [14사회복지직9급]

04 과세관청의 선행처분인 소득금액변동통지에 하자가 존재하더라도 당연무효사유에 해당하지 않는 한 후행처분인 징수처분에 대한 항고소송에서 그 하자를 다툴 수 없다. (O | X) [23지방직9급]

05 보충역편입처분과 공익근무요원소집처분은 양자가 별개의 법률효과를 목표로 하는 것이므로 선행처분에 대한 하자는 후행 처분에 승계되지 않는다. (O | X) [12국가직9급]

06 「병역법」상 보충역편입처분과 공익근무요원소집 처분이 각각 단계적으로 별개의 법률효과를 발생하는 독립된 행정처분이 아니므로, 불가쟁력이 생긴 보충역 편입처분의 위법을 이유로 공익근무요원소집처분의 효력을 다툴 수 있다. (O | X) [20군무원9급]

07 판례는 토지구획정리사업 시행인가처분과 환지청산금 부과처분 사이의 하자승계를 인정하고 있지 않다. (O | X) [11국회직8급]

정답 01 × 02 × 03 ○ 04 ○ 05 ○ 06 × 07 ○

3) 선행 행정행위와 후행 행정행위가 별개의 법적 효과를 의욕 함에도 하자 승계를 인정한 판례

선행 행정행위와 후행 행정행위가 결합하여 하나의 법적 효과를 의욕하지 않는 경우에도 하자의 승계를 부정하는 것이 관계인에게 수인한도를 넘는 불이익을 강요하는 것이 되는 때에 하자의 승계를 인정한 판례가 있다.

> **관련 판례**
>
> 1. **선행 표준지공시지가결정과 후행 수용재결사이의 하자 승계 인정**
>   위법한 표준지공시지가결정에 대하여 그 정해진 시정절차를 통하여 시정하도록 요구하지 않았다는 이유로 위법한 표준지공시지가를 기초로 한 수용재결 등 후행 행정처분에서 표준지공시지가결정의 위법을 주장할 수 없도록 하는 것은 수인한도를 넘는 불이익을 강요하는 것으로서 국민의재산권과 재판받을 권리를 보장한 헌법의 이념에도 부합하는 것이 아니다. 따라서 표준지공시지가결정이 위법한 경우에는 그 자체를 행정소송의 대상이 되는 행정처분으로 보아 그 위법 여부를 다툴 수 있음은 물론, 수용보상금의증액을 구하는 소송에서도 선행처분으로서 그 수용대상 토지가격 산정의 기초가 된 비교표준지공시지가결정의 위법을 독립한 사유로 주장할 수 있다(대판 2008.8.21. 2007두13845).
>
> 2. **선행 개별공시지가결정과 후행 과세처분 – 하자승계 인정**
>   선행처분과 후행처분이 서로 독립하여 별개의 법률효과를 목적으로 하는 때에는 선행처분에 불가쟁력이 생겨 그 효력을 다툴 수 없게 된 경우에는 선행처분의 하자가 중대하고·명백하여 당연무효인 경우를 제외하고는 선행처분의 하자를 이유로 후행처분의 효력을 다툴 수 없는 것이 원칙이나 선행처분과 후행처분이 서로 독립하여 별개의 효과를 목적으로 하는 경우에도 선행처분의 불가쟁력이나 구속력이 그로 인하여 불이익을 입게 되는 자에게 수인 한도를 넘는 가혹함을 가져오며, 그 결과가당사자에게 예측가능한 것이 아닌 경우에는 국민의 재판받을 권리를 보장하고 있는 헌법의 이념에 비추어 선행처분의 후행처분에 대한 구속력은 인정될 수 없다(대판 1994.1.25. 93누8542).
>
> 3. **선행 개별공시지가결정에 대하여 재조사 청구에 대한 감액 조정에 불복이 가능하였음에도 다투지 않고 후행 과세처분이 이루어 진 경우에는 하자 승계는 부인 됨– 당사자에게 수인한도를 넘는 피해 강요하는 것이 아님 – 하자승계 부정**
>   개별토지가격 결정에 대한 재조사 청구에 따른 감액조정에 대하여 더 이상 불복하지 아니 한 경우, 이를 기초로 한 양도소득세 부과처분취소소송에서 다시 개별토지가격결정의 위법을 당해 과세처분의 위법사유로 주장할 수 없다(대판 1998.3.13. 96누6059).
>
> 4. **선행 친일반민족행위진상규명위원회의 최종결정과 후행 지방보훈지청장이 「독립유공자 예우에 관한 법률」 적용 대상자로 보상금등의 예우를 받던 자의 유가족 등에 대하여 「독립유공자 예우에 관한 법률」 적용배제자 결정 – 하자승계 인정**
>   두 개 이상의 행정처분이 연속적으로 행하여지는 경우 선행처분과 후행처분이 서로 독립하여 별개의 법률효과를 목적으로 하는 때에는 선행처분에 불가쟁력이 생겨 그 효력을 다툴 수 없게 된 경우에는 선행처분의 하자가 중대하고 명백하여 당연무효인 경우를 제외하고는 선행처분의 하자를 이유로 후행처분의 효력을 다툴 수 없는 것이 원칙이나, 선행처분과 후행처분이 서로 독립하여 별개의 효과를 목적으로 하는 경우에도 선행처분의 불가쟁력이나 구속력이 그로 인하여 불이익을 입게 되는 자에게 수인한도를 넘는 가혹함을 가져오며, 그 결과가 당사자에게 예측가능하 것이 아닌 경우에는 국민의 재판받을 권리를 보장하고 있는 헌법의 이념에 비추어 선행처분의 후행처분에 대하 구속력은 인정될 수 없다(대판 2013.3.14. 2012두6964).

PART 2 행정작용법

5. 개별공시지가결정과 개발부담금부과처분 - 하자승계 인정
개발부담금을 정산하게 되면 당초의 부과처분은 그 정산에 의하여 증액 또는 감액되게 되는바, 그 변경된 개발부담금을 부과받은 사업시행자가 부과종료시점지가의 산정에 위법이 있음을 이유로 당해 증액 또는 감액된 개발부담금부과처분의 취소를 구하는 경우에도 부과종료시점지가 산정의 기초가 된 개별공시지가결정에 위법사유가 있음을 독립된 불복사유로 주장할 수 있다(대판 1997.4.11. 96누9096).

---

01 수용보상금의 증액을 구하는 소송에서는 선행처분으로서 그 수용대상 토지 가격 산정의 기초가 된 비교표준지공시지가결정의 위법을 독립된 사유로 주장할 수 있다. (O | X) [23지방직9급]

02 선행처분인 개별공시지가결정에 대해 한 재조사 청구에 따른 감액조정에 대하여 더 이상 다투지 않은 경우, 이를 기초로 한 양도소득세 부과처분 취소소송에서 다시 개별토지가격의 결정의 위법을 해당 과세처분의 위법사유로 주장할 수 없다. (O | X) [13군무원9급]

4) 새로운 견해(실질적 존속력의 한계 문제로 보는 견해)
- 둘 이상의 행정행위가 일련의 절차에서 연속하여 행하여지는 경우, 불가쟁력이 발생된 행정행위의 처분청과 상대방에 대한 내용적인 구속력, 즉 규준력이 생긴다는 이론이다.
- 규준력이 인정되기 위해서는 ① 객관적으로 동일한 결정 대상인 경우, ② 주관적으로 선행 당사자와 후행 당사자가 일치하는 경우에 ③ 시간적으로 결정시점에 존재하고 있는 사실적 그리고 법적 상황의 동일성을 인정할 수 있는 경우에 규준력이 인정된다.
- 다만, 규준력은 선행행위의 후행행위에 대한 규준력을 인정하는 것이 개인에게 지나치게 가혹하며 예측 불가능한 경우에는 구속력의 효력이 인정되지 않는다.

핵심 기출문제

01

행정행위의 하자에 대한 내용으로 가장 옳지 않은 것은? [19서울시7급]

① 적법한 건축물에 대한 철거명령은 그 하자가 중대하고 명백하여 당연무효이고 그 후행행위인 건축물철거대집행계고처분 역시 당연무효이다.
② 처분의 하자가 그 내용에 관한 것인 경우, 판례는 소제기 이후에도 하자의 치유가 가능한 것으로 본다.
③ 법치주의 원칙을 강조할 경우 행정행위의 하자의 치유는 원칙적으로 허용될 수 없지만 예외적으로 행정의 무용한 반복을 피하고 당사자의 법적 안정성을 위해 허용될 수 있다.
④ 행정행위의 하자가 치유되면 당해 행정행위는 처분 당시부터 하자가 없는 적법한 행정행위로 효력을 발생한다.

02

다음 중 행정행위의 하자의 승계에 대한 설명으로 옳지 않은 것은? [19군무원9급]

① 하자의 승계를 인정하면 인정하지 않는 경우에 비하여 국민의 권익구제의 범위가 더 넓어지게 된다.
② 선행행위에 무효의 하자가 존재하는 경우 선행행위와 후행행위가 결합하여 하나의 법적 효과를 목적으로 하는 경우에는 하자의 승계가 인정된다.
③ 과세처분과 체납처분 사이에는 취소사유인 하자의 승계가 인정되지 않는다.
④ 선행행위의 하자에 대해 제소기간이 경과하여 선행행위에 불가쟁력이 발생하였다면 하자의 승계는 인정되지 않는다.

해설

01 | ① (○) 적법한 건축물에 대한 철거명령은 당연무효로 보는 것이 판례의 입장이다. 또한 철거명령에 기한 계고도 무효가 된다.
② (×), ③ (○) 하자의 치유는 예외적으로 무용한 절차의 반복을 피하기 위하여 인정되며 쟁송제기 전까지 인정되는 것이지 내용상 하자의 치유는 인정되지 아니한다.
④ (○) 행정행위의 하자는 원시적 하자이지만 치유가 되면 처음부터 하자가 존재하지 아니한 것이 된다.

02 | ① (○) 이미 제소기간이 도과한 선행처분의 위법사유를 후행처분을 다투는 소에서 주장할 수 있으므로 국민에게 권리구제의 폭이 넓어진다.
② (○) 선행처분이 당연무효인 때에는 이를 전제로 행해지는 후행처분은 정당한 처분사유가 없는 처분으로서 위법한 처분이 되는 것이므로, 당연히 후행행위에 승계되는 것이라고 보는 것이 판례의 취지이다.
③ (○) 과세처분과 체납처분은 별개의 법적효과를 의욕하므로 옳은 설명이다.
④ (×) 선행행위의 하자에 대해 제소기간이 경과하여 불가쟁력이 발생 하였더라도 동일한 법률효과를 목적으로 하는 경우에는 하자의 승계가 인정된다는 것이 판례의 태도이다.

정답 01 ② 02 ④

제10절 행정행위의 폐지(취소·철회), 실효

- 유효하게 성립한 행정행위의 효력을 상실시키는 행위로 행정행위의 취소와 철회가 있다.
- 취소는 쟁송취소와 직권취소가 있고 본 절은 주로 직권취소가 논의의 대상이다.

1. 행정행위의 취소

1) 개념
행정행위의 성립 당시의 흠을 이유로, 유효하게 성립한 행위를 권한 있는 기관이 효력을 소멸시키는 별도의 행정행위를 의미한다.

2) 직권취소와 쟁송취소

	직권취소		쟁송취소	
기관	원칙적으로 행정청		상대방의 심판청구나 소 제기를 통하여 행정심판위원회나 법원이 취소하는 것	
취소시기	제한 없음이 원칙		쟁송제기 기간의 제한 있음	
하자의 의미	위법·부당		행정심판 - 위법·부당 행정소송 - 위법	
절차	수익적 행정처분의 직권취소	행정절차법의 처분절차	행정심판절차, 행정소송절차	
	침익적 행정처분의 직권취소	특별한 절차를 요하지 않음이 원칙		
효과	수익적 행정처분의 직권취소	장래효	소급효	
	침익적 행정처분의 직권취소	소급효		
변경 방법	적극적 변경 가능		행정심판	적극적·소극적 변경
			행정소송	소극적 변경

3) 직권취소의 취소권자

① 처분청
- 취소에 관한 별도의 법적 근거가 없더라도 직권취소를 할 수 있다.

PART 2 행정작용법

> **관련 판례**
> 1. 행정처분을 한 처분청은 그 행위에 하자가 있는 경우에는 원칙적으로 별도의 법적 근거가 없더라도 스스로 이를 직권으로 취소할 수 있는 것이다(대판 1995.9.15. 95누6311).
> 2. 권한 없는 행정기관이 한 당연무효인 행정처분을 취소할 수 있는 권한은 당해 행정처분을 한 처분청에 속하고, 당해 행정처분을 할 수 있는 적법한 권한을 가지는 행정청에 그 취소권이 귀속되는 것이 아니다(대판 1984.10.10. 84누463).

- 상대방 및 이해관계인에게 직권취소 신청권의 존재를 인정할 수 없음이 원칙이다.

> **관련 판례**
> 행정처분을 한 처분청은 그 처분에 하자가 있는 경우에는 원칙적으로 별도의 법적 근거가 없더라도 스스로 이를 직권으로 취소할 수 있지만, 그와 같이 직권취소를 할 수 있다는 사정만으로 이해관계인에게 처분청에 대하여 그 취소를 요구할 신청권이 부여된 것으로 볼 수는 없다(대판 2006.6.30. 2004두701).

01 권한 없는 행정기관이 한 당연무효인 행정처분을 취소할 수 있는 권한은 당해 행정처분을 한 처분청에게 속하고, 당해 행정처분을 할 수 있는 적법한 권한을 가지는 행정청에게 그 취소권이 귀속되는 것이 아니다. (O | X) [19지방직9급]

02 행정처분을 한 처분청은 그 처분에 하자가 있는 경우에는 원칙적으로 별도의 법적 근거가 없더라도 스스로 이를 직권으로 취소할 수 있고, 이러한 경우 이해관계인에게는 처분청에 대하여 그 취소를 요구할 신청권이 부여된 것으로 볼 수 있다. (O | X) [17국가직9급]

② 감독청
- 별도의 법적 근거가 있다면 감독청도 직권취소를 할 수 있다. 예를 들면, 정부조직법, 지방자치법, 행정권한의 위임 및 위탁에 관한 규정이 있다.

> **행정권한의 위임 및 위탁에 관한 규정 제6조(지휘·감독)** 위임 및 위탁기관은 수임 및 수탁기관의 수임 및 수탁사무 처리에 대하여 지휘·감독하고, 그 처리가 위법하거나 부당하다고 인정될 때에는 이를 취소하거나 정지시킬 수 있다.
> **정부조직법 제11조(대통령의 행정감독권)** ② 대통령은 국무총리와 중앙행정기관의 장의 명령이나 처분이 위법 또는 부당하다고 인정하면 이를 중지 또는 취소할 수 있다.

- 그러나 별도의 법적 근거가 없는 경우에는 견해가 대립한다. 부정설은 감독청은 처분청에 취소를 명할 수 있으나 직접 직권취소를 할 수 없다고 본다. 긍정설은 감독청은 감독의 목적 달성을 위하여 당연히 취소권을 갖는다고 본다.

4) 취소의 법적근거

> **행정기본법 제18조(위법 또는 부당한 처분의 취소)** ① 행정청은 위법 또는 부당한 처분의 전부나 일부를 소급하여 취소할 수 있다. 다만, 당사자의 신뢰를 보호할 가치가 있는 등 정당한 사유가 있는 경우에는 장래를 향하여 취소할 수 있다.

종래(행정기본법 제정 전) 판례는 행정행위를 직권취소하기 위해서는 별도의 법적근거가 필요하지 않다고 보았다. 제정 행정기본법도 마찬가지이다. 즉, 행정기본법도 행정행위의 직권취소에 대한 명시적 규정을 두면서도, 직권취소를 위해서 별도의 근거가 필요하다고 규정한 바 없다.

관련 판례

개별토지에 대한 가격결정도 행정처분에 해당하며, 원래 행정처분을 한 처분청은 그 행위에 하자가 있는 경우에는 원칙적으로 별도의 법적 근거가 없더라도 스스로 이를 직권으로 취소할 수 있는 것이고, 행정처분에 대한 법정의 불복기간이 지나면 직권으로도 취소할 수 없게 되는 것은 아니므로, 처분청은 토지에 대한 개별토지가격의 산정에 명백한 잘못이 있다면 이를 직권으로 취소할 수 있다(대판 1995.9.15. 95누6311).

01 행정처분을 한 처분청은 그 처분의 성립에 하자가 있는 경우 이를 취소할 별도의 법적 근거가 없다고 하더라도 직권으로 이를 취소할 수 있다. (O | X) [18서울시7급]

5) 취소의 대상과 취소 사유

① 직권취소
모든 행정행위(수익, 침익, 제3자효 행정행위)는 직권취소의 대상이 된다. 행정행위에 위법·부당의 하자가 있는 경우 취소할 수 있다.

② 쟁송취소
쟁송취소의 경우 주로 침익적 행정행위의 취소가 문제된다. 따라서 수익적 행정행위의 상대방은 쟁송취소를 구할 수 없음이 원칙이다. 행정소송에 의한 취소는 위법만이 취소사유가 되고, 행정심판에 의한 취소는 위법뿐만 아니라 부당도 취소사유이다.

6) 직권취소와 불가쟁력

불가쟁력이 발생한 행위에 대해서도 직권취소가 가능하다. 불가쟁력은 쟁송취소와 관련된 문제이다.

02 불가쟁력이 발생한 행정행위에는 취소권을 가진 처분청이라도 직권으로 취소 또는 철회를 할 수 없다. (O | X) [09군무원9급]

7) 직권취소의 절차

직권취소는 별도의 행정처분이므로 행정절차법의 처분절차를 따라야 함이 원칙이다.

8) 취소의 제한

① 침익적 행정행위
직권취소가 자유롭다.

---
01 부담적 행정행위를 한 행정청의 취소권은 제한된다. (O | X)　　　[11군무원9급]

② 수익적 행정행위
- 수익적 행정행위에 대한 직권취소는 제한되는 것이 원칙이다. 다만, 수익적 행정행위에 대한 직권취소는 기존 수익처분의 상대방의 기득권 침해를 정당화 할 수 있어야 한다. 따라서, 직권취소로 달성하고자 하는 공익과 직권취소로 침해되는 사익을 비교·교량하여야 한다. 그렇지만 수익처분의 상대방에게 귀책사유(행정기본법 제18조)가 있는 경우에는 수익적 행정행위의 직권취소에 있어서 공익과 사익의 비교·교량은 필요 없다.
- 비교·교량의 결과, 신뢰보호 원칙에 근거하여 선행조치에 대한 사익의 신뢰보호가 더 큰 경우에는 직권취소를 할 수 없으며, 실권의 법리에 따라 행정청의 취소권이 소멸하였다고 볼 수 있는 경우에도 그러하다. 또한, 일부 취소가 가능한 사안에서 전부 취소를 하는 것과 같이 비례원칙에 적합하지 아니한 경우, 불가변력이 발생한 경우에도 직권취소를 할 수 없다.

> **행정기본법 제18조(위법 또는 부당한 처분의 취소)** ② 행정청은 제1항에 따라 당사자에게 권리나 이익을 부여하는 처분을 취소하려는 경우에는 취소로 인하여 당사자가 입게 될 불이익을 취소로 달성되는 공익과 비교·형량(衡量)하여야 한다. 다만, 다음 각 호의 어느 하나에 해당하는 경우에는 그러하지 아니하다.
> 1. 거짓이나 그 밖의 부정한 방법으로 처분을 받은 경우
> 2. 당사자가 처분의 위법성을 알고 있었거나 중대한 과실로 알지 못한 경우

관련 판례

수익적 처분을 취소 또는 철회하는 경우에는 이미 부여된 그 국민의 기득권을 침해하는 것이 되므로, 비록 취소 등의 사유가 있다고 하더라도 그 취소권 등의 행사는 기득권의 침해를 정당화 할만한 중대한 공익상의 필요 또는 제3자의 이익 보호의 필요가 있는 때에 한하여 상대방이 받는 불이익과 비교·교량하여 결정하여야 하고, 그 처분으로 인하여 공익상의 필요보다 상대방이 받게 되는 불이익 등이 막대한 경우에는 재량권의 한계를 일탈한 것으로서 그 자체로 위법하다(대판 2004.11.26. 2003두10251).

---
02 수익적 행정처분을 직권취소할 때에는 이를 취소하여야 할 중대한 공익상 필요와 취소로 인하여 처분상대방이 입게 될 기득권과 법적 안정성에 대한 침해 정도 등 불이익을 비교·교량한 후 공익상 필요가 처분상대방이 입을 불이익을 정당화할 만큼 강한 경우에 한하여 취소할 수 있다. (O | X)　　　[23지방직9급]

03 수익적 행정행위를 직권취소하는 경우 그 취소권의 행사로 인하여 공익상의 필요보다 상대방이 받게되는 불이익 등이 막대한 경우에는 재량권의 한계를 일탈한 것으로서 그 자체가 위법하다. (O | X)　　　[15국가직9급]

정답　01 X　02 O　03 O

> 관련 판례

1. 공장을 공장의 용도뿐만 아니라 공장 외의 용도로도 활용할 내심의 의사가 있었다고 한다면 그와 같은 사유만으로는 행정청의 공장등록처분에 취소사유가 있다고 볼 수 없다는 취지의 판례
수익적 행정처분의 하자가 당사자의 사실 은폐나 기타 사위의 방법에 의한 신청행위에 기인한 것이라면 당사자는 처분에 의한 이익이 위법하게 취득되었음을 알아 취소가능성도 예상하고 있었다 할 것이므로, 그 자신이 처분에 관한 신뢰이익을 원용할 수 없음은 물론 행정청이 이를 고려하지 아니하였다고 하여도 재량권의 남용이 되지 않는다고 할 것이다. 그런데 기록에 의하면, 원고의 이 사건 공장의 등록신청은 법과 시행령 등 관련 법령이 규정하고 있는 공장등록의 요건을 모두 갖추고 있는 것으로 보이므로, 원고에게 이 사건 공장을 공장의 용도뿐만 아니라 공장 외의 용도로도 활용할 내심의 의사가 있었다고 하더라도 그와 같은 사유만으로는 이 사건 공장등록이 하자 있는 행정행위로서 취소사유가 있다고 할 수 없고, 다만 위와 같은 내심의 의사가 현실화되어 원고가 공장을 공장 외의 용도로 실제로 활용하는 경우 법과 시행령이 규정하고 있는 공장등록취소사유가 될 수 있을 뿐이므로, 이 사건 공장등록이 하자 있는 행정행위로서 취소할 수 있음을 전제로 한 위 처분사유는 결국 위법하다고 할 것이다(대판 2006.5.25. 2003두4669).
2. 허위의 고등학교 졸업증명서를 제출하는 사위의 방법에 의한 하사관 지원의 하자를 이유로 하사관 임용일로부터 33년이 경과한 후에 행정청이 행한 하사관 및 준사관 임용취소처분은 적법하다(대판 2002.2.5. 2001두5286).
3. 수익적 행정처분에 대한 취소권 등의 행사는 기득권의 침해를 정당화할 만한 중대한 공익상의 필요 또는 제3자의 이익보호의 필요가 있는 때에 한하여 허용될 수 있다는 법리는, 처분청이 수익적 행정처분을 직권으로 취소·철회하는 경우에 적용되는 법리일 뿐 쟁송취소의 경우에는 적용되지 않는다(대법원 2019.10.17. 2018두104).

01 수익적 행정처분에 대한 취소권 등의 행사는 기득권의 침해를 정당화할 만한 중대한 공익상의 필요 또는 제3자의 이익보호의 필요가 있는 때에 한하여 허용될 수 있다는 법리는 처분청이 수익적 행정처분을 직권으로 취소·철회하는 경우에 적용되는 법리일 뿐 쟁송취소의 경우에는 적용되지 않는다. (O | X) [23국회직8급]

8) 취소의 효과

① 직권취소
- 침익적 행정행위의 경우는 취소의 원칙적인 법리에 따라 소급효가 존재한다.
- 수익적 행정행위의 경우도 소급효가 존재한다. 다만, 수익처분을 받았던 당사자의 신뢰를 보호할 가치가 있는 등 정당한 사유가 있는 경우에는 장래효가 인정된다.

행정기본법 제18조(위법 또는 부당한 처분의 취소) ① 행정청은 위법 또는 부당한 처분의 전부나 일부를 소급하여 취소할 수 있다. 다만, 당사자의 신뢰를 보호할 가치가 있는 등 정당한 사유가 있는 경우에는 장래를 향하여 취소할 수 있다.

정답 01 O

② 쟁송취소

주로 침익적 행정행위의 경우에 문제가 되고 소급효가 있다.

01 수익적 처분이 상대방의 허위 기타 부정한 방법으로 인하여 행하여졌다면 상대방은 그 처분이 그와 같은 사유로 인하여 취소될 것임을 예상할 수 있으므로, 이러한 경우까지 상대방의 신뢰를 보호하여야 하는 것은 아니다. (O | X)   [23국가직9급]

> **관련 판례**
>
> 운전면허취소처분을 받은 후 자동차를 운전하였으나 위 취소처분이 행정쟁송절차에 의하여 취소된 경우, 무면허운전의 성립 여부(소극)
> 피고인이 행정청으로부터 자동차 운전면허취소처분을 받았으나 나중에 그 행정처분 자체가 행정쟁송절차에 의하여 취소되었다면, 위 운전면허취소처분은 그 처분시에 소급하여 효력을 잃게 되고, 피고인은 위 운전면허취소처분에 복종할 의무가 원래부터 없었음이 후에 확정되었다고 봄이 타당할 것이고, 행정행위에 공정력의 효력이 인정된다고 하여 행정소송에 의하여 적법하게 취소된 운전면허취소처분이 단지 장래에 향하여서만 효력을 잃게 된다고 볼 수는 없다(대판 1999.2.5. 98도4239).

9) 직권취소와 징수처분

수익적 행정행위인 금전급부처분의 직권취소와 별개로 징수처분이 가능한 경우에 직권취소가 적법하다고 하더라도 징수처분의 적법성은 별도로 검토하여야 한다.

> **관련 판례**
>
> 1. 산재법상 각종 보험급여 등의 지급결정을 변경 또는 취소하는 처분과 그 처분에 기하여 잘못 지급된 보험급여액에 해당하는 금액을 징수하는 처분이 적법한지를 판단함에 있어 비교·교량할 각 사정이 동일하다고는 할 수 없으므로, 지급결정을 변경 또는 취소하는 처분이 적법하다고 하여 그에 기한 징수처분도 반드시 적법하다고 판단하여야 하는 것은 아니다(대판 2014.7.24. 2013두27159).
> 2. 행정처분을 한 처분청은 처분의 성립에 하자가 있는 경우 별도의 법적 근거가 없더라도 직권으로 이를 취소할 수 있다고 봄이 원칙으로, 국민연금법이 정한 수급요건을 갖추지 못하였음에도 연금 지급결정이 이루어진 경우에는 이미 지급된 급여 부분에 대한 환수처분과 별도로 지급결정을 취소할 수 있다. 이 경우에도 이미 부여된 국민의 기득권을 침해하는 것이므로 취소권의 행사는 지급결정을 취소할 공익상의 필요보다 상대방이 받게 될 불이익 등이 막대한 경우에는 재량권의 한계를 일탈한 것으로서 위법하다고 보아야 한다. 다만 이처럼 연금 지급결정을 취소하는 처분과 그 처분에 기초하여 잘못 지급된 급여액에 해당하는 금액을 환수하는 처분이 적법한지를 판단하는 경우 비교·교량할 각 사정이 동일하다고는 할 수 없으므로, 연금 지급결정을 취소하는 처분이 적법하다고 하여 환수처분도 반드시 적법하다고 판단하여야 하는 것은 아니다(대판 2017.3.30. 2015두43971).
> 3. (특수임무수행자 보상에 관한 법률에 따라 보상금 등을 받은 당사자로부터 잘못 지급된 부분을 환수하는 경우)잘못 지급된 보상금 등에 해당하는 금액을 징수하는 처분을 해야 할 공익상 필요와 그로 인하여 당사자가 입게 될 기득권과 신뢰의 보호 및 법률생활 안정의 침해 등의 불이익을 비교·교량한

정답 01 O

후, 공익상 필요가 당사자가 입게 될 불이익을 정당화할 만큼 강한 경우에 한하여 보상금 등을 받은 당사자로부터 잘못 지급된 보상금 등에 해당하는 금액을 환수하는 처분을 하여야 한다고 봄이 타당하다(대판 2014.10.27. 2012두17186).

01 산업재해보상보험법상 각종 보험급여 등의 지급결정을 변경 또는 취소하는 처분과 처분에 터잡아 잘못 지급된 보험급여액에 해당하는 금액을 징수하는 처분이 적법한지를 판단하는 경우, 지급결정을 변경 또는 취소하는 처분이 적법하다면 그에 터잡은 징수처분도 적법하다고 판단해야 한다. (O | X) [19지방직9급]

02 출생연월일 정정으로 특례노령연금 수급요건을 충족하지 못하게 된 자에 대하여 지급결정을 소급적으로 직권 취소하고, 이미 지급된 급여를 환수하는 처분은 위법하다. (O | X) [18서울시7급]

10) 취소의 취소 문제

- 수익적 행정행위의 취소의 취소가 가능하다는 것이 판례의 입장이다. 다만, 수익적 행정행위의 취소의 취소가 제3자의 이익을 해할 우려가 있는 경우에는 불가하다고 본다.

관련 판례

1. 행정청이 의료법인의 이사에 대한 이사취임승인취소처분(제1처분)을 직권으로 취소(제2처분)한 경우에는 그로 인하여 이사가 소급하여 이사로서의 지위를 회복하게 되고, 그 결과 위 제1처분과 제2처분 사이에 법원에 의하여 선임결정된 임시이사들의 지위는 법원의 해임결정이 없더라도 당연히 소멸된다(대판 1997.1.21. 96누3401).
2. 구 광업법(73.2.7. 법률 제2492호) 제36조 제1호에 의한 광업권설정의 선출원이 있는 경우에 다시 그 취소처분을 취소함은 위법이다(대판 1967.10.23. 67누126).

- 침익적 행정행위의 취소의 취소가 불가하다는 것이 판례의 입장이다.

관련 판례

1. 지방병무청장이 현역병입영대상편입처분을 보충역편입처분이나 제2국민역편입처분으로 변경하였다면 그 후 변경된 새로운 병역처분의 성립에 하자가 있었음을 이유로 하여 이를 취소한다고 하더라도 종전의 병역처분의 효력이 되살아난다고 할 수 없다(대판 2002.5.28. 2001두9653).
2. 과세관청은 부과의 취소를 다시 취소함으로써 원부과처분을 소생시킬 수는 없고 납세의무자에게 종전의 과세대상에 대한 납부의무를 지우려면 다시 법률에서 정한 부과절차에 좇아 동일한 내용의 새로운 처분을 하는 수밖에 없다(대판 1995.3.10. 94누7027).

03 지방병무청장이 재신체검사 등을 거쳐 보충역편입처분을 제2국민역 편입처분으로 변경한 경우, 그 후 새로운 병역처분의 성립에 하자가 있었음을 이유로 하여 이를 취소하게 되면 종전의 병역처분의 효력이 되살아난다. (O | X) [16서울시7급]

정답 01 × 02 × 03 ×

PART 2 행정작용법

> **관련 판례**
>
> 도로점용료 부과처분에 취소사유에 해당하는 흠이 있는 경우, 점용료 부과처분에 대한 취소소송이 제기된 이후에 도로관리청이 당초 처분 자체를 취소하고 흠을 보완하여 새로운 부과처분을 하거나 흠 있는 부분에 해당하는 점용료를 감액하는 처분을 할 수 있는지 여부(원칙적 적극)
> 흠의 치유는 성립 당시에 적법한 요건을 갖추지 못한 흠 있는 행정행위를 그대로 존속시키면서 사후에 그 흠의 원인이 된 적법 요건을 보완하는 경우를 말한다. 그런데 앞서 본 바와 같은 흠 있는 부분에 해당하는 점용료를 감액하는 처분은 당초 처분 자체를 일부 취소하는 변경처분에 해당하고, 그 실질은 종래의 위법한 부분을 제거하는 것으로서 흠의 치유와는 차이가 있다(대판 2019.1.17. 2016두56721, 56738).

01 도로관리청이 도로점용허가를 함에 있어 특별사용의 필요가 없는 부분을 도로점용허가의 점용장소 및 점용면적으로 포함한 흠이 있고 점용료 부과처분에도 흠이 있게 된 경우, 흠 있는 부분에 해당하는 점용료를 감액하는 것은 당초 처분 자체를 일부 취소하는 변경처분이 아니라 흠의 치유에 해당한다. (O | X) [20경찰]

2. 행정행위의 철회

1) 의의

행정행위가 있은 후에 발생한 새로운 사정을 이유로 행정행위의 효력을 장래에 향하여 소멸시키는 별도의 행정행위를 의미한다.

> **관련 판례**
>
> 사립학교 법인의 부정한 행위로 관할청이 기존의 자금차입허가를 취소한 경우, 그 명칭에도 불구하고 철회에 해당하여 당해 자금차입허가의 효력은 장래에 향하여 소멸한다고 판시
> 행정행위의 취소사유는 행정행위의 성립 당시에 존재하였던 하자를 말하고, 철회사유는 행정행위가 성립된 이후에 새로이 발생한 것으로서 행정행위의 효력을 존속시킬 수 없는 사유를 말한다(대판 2006.5.11. 2003다37969).

02 행정행위의 철회는 행정행위의 원시적 하자를 이유로 한다. (O | X) [13서울시7급]

2) 철회권자

- 처분을 행한 행정청이 철회권을 가진다.
- 감독청은 철회를 명할 수 있으나 별도의 규정이 없는 한 스스로 행정행위를 철회할 수 없다.

03 명문의 규정을 불문하고 처분청과 감독청은 철회권을 가진다. (O | X) [18서울시7급]

정답 01 X 02 X 03 X

3) 철회사유

① 법령에 규정된 철회사유에 해당하는 경우

② 철회권 유보의 부관이 붙은 행정행위의 경우

③ 중대한 공익상의 필요가 있는 경우

> **관련 판례**
>
> 특례보충역편입처분 후 그와 같은 귀국지연이라는 사유가 발생한 경우에는 이러한 사정은 그 편입처분을 취소할 수 있는 사정변경 또는 중대한 공익상의 필요가 발생한 것으로 볼 수 있어 처분청으로서는 그 취소에 관한 별도의 법적 근거가 없이도 이를 취소(편주 : 강학상 철회)할 수 있다고 하여야 한다(대판 1995.2.28. 94누7713).

④ 의무위반의 발생(상대방의 귀책사유)

> **관련 판례**
>
> 부담부 행정처분에 있어서 처분의 상대방이 부담(의무)을 이행하지 아니한 경우에 처분행정청으로서는 이를 들어 당해 처분을 취소(편주: 강학상 철회)할 수 있는 것이다(대판 1989.10.24. 89누2431).

⑤ 사정변경

> **관련 판례**
>
> 사정변경이라 함은 공유수면매립면허처분을 할 당시에 고려하였거나 고려하였어야 할 제반 사정들에 대하여 각각 사정변경이 있고, 그러한 사정변경으로 인하여 그 처분을 유지하는 것이 현저히 공익에 반하는 경우라고 보아야 할 것이며, 위와 같은 사정변경이 생겼다는 점에 관하여는 그와 같은 사정변경을 주장하는 자에게 그 입증책임이 있다(대판 2006.3.16. 2006두330전합).

⑥ 상대방에게 철회의 신청권이 있는지 여부

원칙적으로 처분의 상대방에게 행정청에 대한 철회 신청권을 인정할 수 없다고 보는 것이 판례의 입장이다. 다만, 구체적 사정을 고려하여 철회의 신청권을 인정한 예가 있다.

> **관련 판례**
>
> 1. 도시계획법령이 토지형질변경행위허가의 변경신청 및 변경허가에 관하여 아무런 규정을 두지 않고 있을 뿐 아니라, 처분청이 처분 후에 원래의 처분을 그대로 존속시킬 필요가 없게 된 사정변경이 생겼거나 중대한 공익상의 필요가 발생한 경우에는 별도의 법적 근거가 없어도 별개의 행정행위로 이를 철회·변경할 수 있지만 이는 그러한 철회·변경의 권한을 처분청에게 부여하는 데 그치는 것일

뿐 상대방 등에게 그 철회·변경을 요구할 신청권까지를 부여하는 것은 아니라 할 것이므로, 이와 같이 법규상 또는 조리상의 신청권이 없이 한 국민들의 토지형질변경행위 변경허가신청을 반려한 당해 반려처분은 항고소송의 대상이 되는 처분에 해당되지 않는다(대판 1997.9.12. 96누6219).
2. 건축주가 토지 소유자로부터 토지사용승낙서를 받아 그 토지 위에 건축물을 건축하는 대물적(대물적) 성질의 건축허가를 받았다가 착공에 앞서 건축주의 귀책사유로 해당 토지를 사용할 권리를 상실한 경우, 건축허가의 존재로 말미암아 토지에 대한 소유권 행사에 지장을 받을 수 있는 토지 소유자로서는 건축허가의 철회를 신청할 수 있다고 보아야 한다. 따라서 토지 소유자의 위와 같은 신청을 거부한 행위는 항고소송의 대상이 된다(대판 2017.3.15. 2014두41190).

4) 법적근거

① 행정기본법

> **행정기본법 제19조(적법한 처분의 철회)** ① 행정청은 적법한 처분이 다음 각 호의 어느 하나에 해당하는 경우에는 그 처분의 전부 또는 일부를 장래를 향하여 철회할 수 있다.
> 1. 법률에서 정한 철회 사유에 해당하게 된 경우
> 2. 법령등의 변경이나 사정변경으로 처분을 더 이상 존속시킬 필요가 없게 된 경우
> 3. 중대한 공익을 위하여 필요한 경우
> ② 행정청은 제1항에 따라 처분을 철회하려는 경우에는 철회로 인하여 당사자가 입게 될 불이익을 철회로 달성되는 공익과 비교·형량하여야 한다.

② 판례와 다수설

행정행위를 발할 수 있는 수권규정이 존재하는 것은 행정행위 철회의 근거 규정으로 볼 수 있으므로 별도의 법적 근거가 없어도 행정행위의 철회가 가능하다고 보았다.

관련 판례

행정행위를 한 처분청은 그 처분 당시에 그 행정처분에 별다른 하자가 없었고 또 그 처분 후에 이를 취소할 별도의 법적 근거가 없다 하더라도 원래의 처분을 그대로 존속시킬 필요가 없게 된 사정변경이 생겼거나 또는 중대한 공익상의 필요가 발생한 경우에는 별개의 행정행위로 이를 철회하거나 변경할 수 있다(대판 1992.1.17. 91누3130).

---

01 행정행위의 철회에 별도의 법적 근거를 필요로 하지 않는다는 것이 판례의 입장이다. (O | X)   [08서울시7급]

정답 01 O

5) 철회의 제한

① **침익적 행정행위의 철회**

침익적 행정행위의 철회는 자유로운 것이 원칙이다.

② **수익적 행정행위의 철회**
- 수익적 행정행위는 상대방의 신뢰보호와 법적 안정성의 측면에서 철회가 제한된다.
- 즉, 행정행위의 철회로 달성할 수 있는 공익과 사익 침해 사이를 비교·교량하여 철회 여부를 결정하여야 한다.
- 철회가 제한되는 예로, 실권의 법리에 따라 행정청에 철회권의 소멸하였다고 볼 수 있는 경우, 일부 철회가 가능한 사안에서 전부 철회를 하는 것과 같이 비례원칙에 적합하지 아니한 경우, 불가변력이 발생한 행위의 경우 등이 있다. 제3자효 행정행위의 경우에는 철회로 달성될 공익, 침해되는 사익, 제3자의 이익을 고려하여야 한다.
- 외형상 하나의 행정처분이라도 가분성이 있거나 그 처분대상의 일부가 특정될 수 있다면 그 일부만의 취소(철회)를 한다.

> **관련 판례**
>
> 1. 수익적 행정처분을 취소 또는 철회하는 경우에는 이미 부여된 그 국민의 기득권을 침해하는 것이 되므로, 비록 취소 등의 사유가 있다고 하더라도 그 취소권 등의 행사는 기득권의 침해를 정당화할 만한 중대한 공익상의 필요 또는 제3자의 이익보호의 필요가 있는 때에 한하여 상대방이 받는 불이익과 비교 교량하여 결정하여야 하고 그 처분으로 인하여 공익상의 필요보다 상대방이 받게 되는 불이익 등이 막대한 경우에는 재량권의 한계를 일탈한 것으로서 그 자체가 위법하다(대판 2004.7.22. 2003두7606).
> 2. 국고보조조림결정에서 정한 조건에 일부만 위반하였음에도 그 조림결정 전부를 취소한 것은 위법이다(대판 1986.12.9. 86누276).

6) 철회의 절차 및 효과

① **절차**

철회는 독자적인 행정행위에 해당하므로 근거와 이유를 제시하여야 하고, 특히 수익적 행정처분의 경우에는 사전통지 및 의견청취의 절차를 거쳐야 한다.

01 판례는 행정절차법의 제정 이전에도 철회의 이유제시를 요구하였다. (O | X)　　[11국가직7급]

> **관련 판례**
>
> **주류도매업면허의 취소처분에 그 대상이 된 위반사실을 특정하지 아니하여 위법하다고 본 사례**
> 면허의 취소처분에는 그 근거가 되는 법령이나 취소권 유보의 부관 등을 명시하여야 함은 물론 처분을 받은 자가 어떠한 위반사실에 대하여 당해 처분이 있었는지를 알 수 있을 정도로 사실을 적시할

정답 01 O

것을 요하며, 이와 같은 취소처분의 근거와 위반사실의 적시를 빠뜨린 하자는 피처분자가 처분 당시 그 취지를 알고 있었다거나 그후 알게 되었다 하여도 치유될 수 없다고 할 것이다(대판 1990.9.11. 90누1786).

② 효과
  ㉠ 장래효
    철회는 장래효가 원칙이다. 따라서 별도의 명문의 규정이 없는 한 그 효과는 소급하지 아니한다.

관련 판례

영유아보육법 제30조 제5항 제3호에 따른 평가인증의 취소는 평가인증 당시에 존재하였던 하자가 아니라 그 이후에 새로이 발생한 사유로 평가인증의 효력을 소멸시키는 경우에 해당하므로, 법적 성격은 평가인증의 '철회'에 해당한다. 그런데 행정청이 평가인증을 철회하면서 그 효력을 철회의 효력발생일 이전으로 소급하게 하면, 철회 이전의 기간에 평가인증을 전제로 지급한 보조금 등의 지원이 그 근거를 상실하게 되어 이를 반환하여야 하는 법적 불이익이 발생한다. 이는 장래를 향하여 효력을 소멸시키는 철회가 예정한 법적 불이익의 범위를 벗어나는 것이다. 이처럼 행정청이 평가인증이 이루어진 이후에 새로이 발생한 사유를 들어 영유아보육법 제30조 제5항에 따라 평가인증을 철회하는 처분을 하면서도, 평가인증의 효력을 과거로 소급하여 상실시키기 위해서는, 특별한 사정이 없는 한 영유아보육법 제30조 제5항과는 별도의 법적 근거가 필요하다(대판 2018.6.28. 2015두58195).

01 평가인증의 취소는 강학상 철회에 해당하며, 행정청이 평가인증취소처분을 하면서 별도의 법적 근거 없이는 평가인증의 효력을 취소사유 발생일로 소급하여 상실시킬 수 없다. (O | X) [19국가직9급]

  ㉡ 손실보상
    당사자의 귀책사유가 없는 사정변경으로 인한 수익적 행정행위의 철회의 경우와 같이 손실보상의 요건을 구비한 당사자에게는 손실보상이 있어야 한다. 다만, 상대방의 귀책사유를 이유로 행정행위가 철회된 경우에는 손실보상의 의무가 없다.
  ㉢ 반환의무
    법률이 정하는 바에 따라, 이미 지급받은 물건 등에 대하여 반환의무가 발생한다.

7) 철회의 취소
  • 취소의 취소 문제에 준하여 해결한다.
  • 수익적 행정행위의 철회의 취소는 가능하며, 침익적 행정행위의 철회의 취소는 불가하다.

정답 01 O

> **관련 판례**
>
> 행정청이 의료법인의 이사에 대한 이사취임승인취소처분을 직권으로 취소한 경우, 그로 인하여 이사가 소급하여 지위를 회복하게 되고 법원에 의하여 선임된 임시이사는 법원의 해임결정이 없더라도 당연히 그 지위가 소멸된다(대판 1997.1.21. 96누3401).

3. 행정행위의 실효

1) 의의
   - 하자 없이 유효하게 성립한 행정행위가 일정사유의 발생으로 그 효력이 장래에 향하여 '당연히' 소멸하는 것을 말한다.
   - 행정행위의 취소나 철회의 경우에는 행정청의 별도의 취소권 또는 철회권 행사가 필요하지만 실효는 일정한 사실의 발생에 의하여 행정행위의 효력이 당연히 소멸된다.

2) 실효사유
   ① 해제조건의 성취(예 2개월 내에 공사에 착수할 것을 조건으로 한 공유수면매립허가에서 2개월 내에 착공에 들어가지 못한 경우)
   ② 종기의 도래(예 여권 유효기간의 만료)
   ③ 행정행위 대상의 소멸(예 운전면허를 받은 사람의 사망과 같이 허가를 받은 자가 사망한 경우)
   ④ 자진 폐업에 관한 판례

> **관련 판례**
>
> 1. 구 유기장법(1981.4.13. 법률 제3441호로 개정되기 전의 것)상 유기장의 영업허가는 대물적 허가로서 영업장소의 소재지와 유기시설 등이 영업허가의 요소를 이루는 것이므로, 영업장소에 설치되어 있던 유기시설이 모두 철거되어 허가를 받은 영업상의 기능을 더 이상 수행할 수 없게 된 경우에는, 이미 당초의 영업허가는 허가의 대상이 멸실된 경우와 마찬가지로 그 효력이 당연히 소멸되는 것이고, 또 유기장의 영업허가는 신청에 의하여 행하여지는 처분으로서 허가를 받은 자가 영업을 폐업할 경우에는 그 효력이 당연히 소멸되는 것이니, 이와 같은 경우 허가행정청의 허가취소처분은 허가가 실효되었음을 확인하는 것에 지나지 않는다고 보아야 할 것이므로, 유기장의 영업허가를 받은 자가 영업장소를 명도하고 유기시설을 모두 철거하여 매각함으로써 유기장업을 폐업하였다면 영업허가취소처분의 취소를 청구할 소의 이익이 없는 것이라고 볼 수 있다(대판 1990.7.13. 90누2284).
> 2. 종전의 결혼예식장영업을 자진폐업한 이상 위 예식장영업허가는 자동적으로 소멸하고 위 건물 중 일부에 대하여 다시 예식장영업허가신청을 하였다 하더라도 이는 전혀 새로운 영업허가의 신청임이 명백하므로 일단 소멸한 종전의 영업허가권이 당연히 되살아난다고 할 수는 없는 것이니 여기에 종전의 영업허가권이 새로운 영업허가신청에도 그대로 미친다고 보는 기득권의 문제는 개재될 여지가 없다(대판 1985.7.9. 83누412).

⑤ 행정행위의 목적 달성이나 달성이 불가능한 경우(예 위법건축물에 대한 철거명령에 대하여 의무자가 자진 철거한 경우)

> **관련 판례**
>
> 구 당초 관리처분계획의 경미한 사항을 변경하는 경우와는 달리 당초 관리처분계획의 주요 부분을 실질적으로 변경하는 내용으로 새로운 관리처분계획을 수립하여 시장·군수의 인가를 받은 경우에는 당초 관리처분계획은 달리 특별한 사정이 없는 한 효력을 상실한다(대판 2016.6.23. 2014다16500).

⑥ 행정청이 상대방에게 어떤 처분을 하겠다고 확약을 한 후 확약의 전제가 된 사실적·법률적 상태가 변경된 경우

핵심 기출문제

01

행정행위의 취소와 철회에 대한 설명으로 옳지 않은 것은? [23국가직9급]

① 「행정기본법」은 직권취소나 철회의 일반적 근거규정을 두고 있고, 직권취소나 철회는 개별법률의 근거가 없어도 가능하다.
② 행정행위의 철회 사유는 행정행위가 성립되기 이전에 발생한 것으로서 행정행위의 효력을 존속시킬 수 없는 사유를 말한다.
③ 수익적 처분이 상대방의 허위 기타 부정한 방법으로 인하여 행하여졌다면 상대방은 그 처분이 그와 같은 사유로 인하여 취소될 것임을 예상할 수 있으므로, 이러한 경우까지 상대방의 신뢰를 보호하여야 하는 것은 아니다.
④ 수익적 행정처분을 직권취소할 때에는 이를 취소하여야 할 중대한 공익상 필요와 취소로 인하여 처분상대방이 입게 될 기득권과 법적 안정성에 대한 침해 정도 등 불이익을 비교·교량한 후 공익상 필요가 처분상대방이 입을 불이익을 정당화할 만큼 강한 경우에 한하여 취소할 수 있다.

해설

01 | ① (○) 행정기본법이 제정된 이후로 계속 중요하게 설명했던 부분이다. 행정기본법이 도입되기 전 판례는 법적 근거 없이 행정행위의 취소와 철회가 가능하다는 법리를 확고하게 판시했고 지금은 행정기본법에 일반적 규정이 생겼을 뿐이다.
② (×) 철회는 행정행위가 성립 된 후 발생한 후발적 사유와 관련되어 문제된다.
③ (○) 수익적 행정처분의 하자가 당사자의 사실은폐나 기타 사위의 방법에 의한 신청행위에 기인한 것이라면 당사자는 처분에 의한 이익이 위법하게 취득되었음을 알아 취소가능성도 예상하고 있었다 할 것이므로, 그 자신이 처분에 관한 신뢰이익을 원용할 수 없음은 물론 행정청이 이를 고려하지 아니하였다고 하여도 재량권의 남용이 되지 않는다(대판 2006.5.25. 2003두4669).
④ (○) 수익적 처분을 취소 또는 철회하는 경우에는 이미 부여된 그 국민의 기득권을 침해하는 것이 되므로, 비록 취소 등의 사유가 있다고 하더라도 그 취소권 등의 행사는 기득권의 침해를 정당화 할만한 중대한 공익상의 필요 또는 제3자의 이익 보호의 필요가 있는 때에 한하여 상대방이 받는 불이익과 비교·교량하여 결정하여야 하고, 그 처분으로 인하여 공익상의 필요보다 상대방이 받게 되는 불이익 등이 막대한 경우에는 재량권의 한계를 일탈한 것으로서 그 자체로 위법하다(대판 2004.11.26. 2003두10251).

정답 01 ②

제11절 단계적 행정행위

I 가행정행위

1. 의의
사실관계와 법률관계의 계속적 심사를 유보하고 개략적 심사에 기초하여, 종국적 결정이 있을 때까지 잠정적으로만 행정행위로서의 구속력을 가지는 행정작용을 의미한다.

2. 특징
- 가행정행위는 최종적 결정으로 새로운 행정행위로 대체되므로 불가변력을 가지지 아니한다.
- 가행정행위는 발령당시에 새로운 행정행위의 발령을 예상할 수 있으므로 가행정행위에 대한 신뢰보호원칙을 주장할 수 없다.

01 가행정행위는 불가변력이 발생하지 않기 때문에 신뢰보호원칙이 적용된다고 보기 어렵다. (O | X)
[08지방직9급]

3. 인정 영역
주로 침해행정영역에서 가행정행위가 있어 왔으나 최근에는 보조금 지원과 같은 급부행정영역에서도 행하여진다.

4. 예
- 공무원 징계절차에서 징계의결이 요구 중인 자에게 잠정적으로 직위해제처분을 내리는 경우
- 물품 수입에 있어서 잠정세율을 기준으로 과세처분을 하였다가 나중에 확정세율을 적용하여 부과처분을 정산하는 것

5. 법적성질·근거
- 행정행위이다.
- 가행정행위에 대한 명문의 근거가 없는 경우에도 본처분 권한에 가행정행위의 권한이 포함되어 있다고 보는 것이 다수설의 입장이다. 따라서 별도의 법적근거가 필요하지 않다.

6. 권익구제
가행정행위는 처분성이 인정되므로 행정심판, 행정소송의 대상이 된다. 다만, 가행정정행위 후 본처분이 있게 되면 가행정행위는 본처분에 흡수되어 소멸하므로 가행정행위를 다투는 소송은 소의 이익이 소멸된다.

정답 01 O

CHAPTER 2 행정행위

> **관련 판례**
>
> 공정거래위원회가 부당한 공동행위를 행한 사업자로서 구 독점규제 및 공정거래에 관한 법률 제22조의2에서 정한 자진신고자나 조사협조자에 대하여 과징금 부과처분(이하 '선행처분'이라 한다)을 한 뒤, 독점규제 및 공정거래에 관한 법률 시행령 제35조 제3항에 따라 다시 자진신고자 등에 대한 사건을 분리하여 자진신고 등을 이유로 한 과징금 감면처분(이하 '후행처분'이라 한다)을 하였다면, 후행처분은 자진신고 감면까지 포함하여 처분 상대방이 실제로 납부하여야 할 최종적인 과징금액을 결정하는 종국적 처분이고, 선행처분은 이러한 종국적 처분을 예정하고 있는 일종의 잠정적 처분으로서 후행처분이 있을 경우 선행처분은 후행처분에 흡수되어 소멸한다. 따라서 위와 같은 경우에 선행처분의 취소를 구하는 소는 이미 효력을 잃은 처분의 취소를 구하는 것으로 부적법하다(대판 2015.2.12. 2013두987).

01 가행정행위인 선행처분이 후행처분으로 흡수되어 소멸하는 경우에도 선행처분의 취소를 구하는 소는 가능하다. (O | X)   [19서울시7급]

Ⅱ 사전결정

1. 의의

종국적인 행정결정을 하기 전에, 종국적 행정결정의 여러 요건 중 일부만을 심사하여 그 일부에 대한 최종적인 결정을 하는 것을 의미한다.

2. 근거

다수설은 본처분 권한에 사전결정을 할 수 있는 권한이 포함되어 있다고 본다. 따라서 사전결정을 위한 별도의 법적근거가 필요한 것은 아니다.

3. 법적성질

- 사전결정은 제한적인 효력을 가지고 있지만 행정행위성을 인정하는 것이 통설의 입장이다.
- 기속행위와 재량행위 모두 사전결정이 가능하다.

> **관련 판례**
>
> [1] 폐기물관리법 관계 법령의 규정에 의하면 폐기물처리업의 허가를 받기 위하여는 먼저 사업계획서를 제출하여 허가권자로부터 사업계획에 대한 적정통보를 받아야 하고, 그 적정통보를 받은 자만이 일정기간 내에 시설, 장비, 기술능력, 자본금을 갖추어 허가신청을 할 수 있으므로, 결국 부적정통보는 허가신청 자체를 제한하는 등 개인의 권리 내지 법률상의 이익을 개별적이고 구체적으로 규제하고 있어 행정처분에 해당한다.
> [2] 당해 처분의 근거인 폐기물관리법 제26조 제1항, 제2항과 같은법시행규칙 제17조 제1항 내지 제4항의 체제 또는 문언을 살펴보면 이들 규정들은 폐기물처리업허가를 받기 위한 최소한도의 요건을

정답 01 X

PART 2 행정작용법

> 규정해 두고 있으나 사업계획 적정 여부에 대하여는 일률적으로 확정하여 규정하는 형식을 취하지 아니하여 그 사업의 적정 여부에 대하여 재량의 여지를 남겨 두고 있다 할 것이고, 이러한 경우 사업계획 적정 여부 통보를 위하여 필요한 기준을 정하는 것도 역시 행정청의 재량에 속하는 것이므로, 그 설정된 기준이 객관적으로 합리적이 아니라거나 타당하지 않다고 볼 만한 다른 특별한 사정이 없는 이상 행정청의 의사는 가능한 한 존중되어야 한다(대판 1998.4.28. 97누21086).

01 사전결정(예비결정)은 단계화 된 행정절차에서 최종적인 행정결정을 내리기 전에 이루어지는 행위이지만 그 자체가 하나의 행정행위이기도 하다. (O | X)   [16서울시9급]

02 구 폐기물관리법 관계법령상의 폐기물처리업허가를 받기 위한 사업계획에 대한 부적정통보는 허가신청 자체를 제한하는 등 개인의 권리 내지 법률상의 이익을 개별적이고 구체적으로 규제하고 있어 행정처분에 해당한다. (O | X)   [17국가직9급]

4. 구속력

사전결정이 있는 경우 후행의 종국적 결정에 대하여 구속력이 있는 것이 원칙이다.

> **관련 판례**
>
> 1. 폐기물관리법 제26조 제1항, 제2항 및 같은법시행규칙 제17조 제1항 내지 제5항의 규정에 비추어 보면 폐기물처리업의 허가에 앞서 사업계획서에 대한 적정·부적정 통보 제도를 두고 있는 것은 폐기물처리업을 하고자 하는 자가 스스로 시설 등을 설치하여 허가신청을 하였다가 허가단계에서 그 사업계획이 부적정하다고 판명되어 불허가되면 허가신청인이 막대한 경제적·시간적 손실을 입게 되므로, 이를 방지하는 동시에 허가관청으로 하여금 미리 사업계획서를 심사하여 그 적정·부적정통보 처분을 하도록 하고, 나중에 허가단계에서는 나머지 허가요건만을 심사하여 신속하게 허가업무를 처리하는데 그 취지가 있다(대판 1998.4.28. 97누21086).
> 2. (주택건설사업의 성격을 중시하여 사전결정의 구속력을 부인한 사례) 구 주택건설촉진법(1999. 2. 8. 법률 제5914호로 삭제) 제33조 제1항의 규정에 의한 주택건설사업계획의 승인은 상대방에게 권리나 이익을 부여하는 효과를 수반하는 이른바 수익적 행정처분으로서 행정처분의 요건에 관하여 일의적으로 규정되어 있지 아니한 이상 행정청의 재량행위에 속하고, 그 전 단계인 같은 법 제32조의4 제1항의 규정에 의한 주택건설사업계획의 사전결정이 있다 하여 달리 볼 것은 아니다(대판 1999.5.25. 99두1052).

03 사업계획서 적합통보가 있는 경우 폐기물처리업의 허가단계에서는 나머지 허가요건만을 심사한다. (O | X)   [18국가직7급]

5. 부분허가

1) 의의

부분허가는 대규모 시설물의 건설을 위하여 단계적으로 시설의 일부에 대하여 하는 허가로서 전체의 일부에 대한 허가를 의미한다.

정답 01 O 02 O 03 O

2) 예
- 원자로시설부지에 대한 사전 승인
- 공항건설에 대한 완료된 부분에 대한 사용허가

3) 법적성질
부분허가는 행정행위의 성질을 가진다. 사전결정의 경우 사전결정이 있는 경우에도 일정한 행위를 할 수 있는 것은 아니지만 부분허가가 있는 경우 허가된 범위 내에서 일정한 행위를 할 수 있다. 예를 들면, 원자로시설부지에 대한 사전승인(부분허가)이 있는 경우 부지조성공사를 할 수 있는 것이다.

4) 법적근거
명문의 법적 근거가 없는 경우에도 허가권 내에 부분허가권이 포함된다. 따라서 부분허가를 위한 별도의 법적근거가 필요한 것은 아니다.

5) 권리구제
부분허가는 행정행위로서 처분성이 있다. 다만, 부분허가 후에 본래의 허가가 있는 경우에는 본래의 허가 처분만이 다툴 실익이 있으므로 부분허가는 소의 이익을 잃게 되고 부분허가의 위법성에 대해서는 본래의 허가를 다투는 소송에서 다투면 된다.

> **관련 판례**
>
> 원자로 및 관계 시설의 부지사전승인처분은 그 자체로서 건설부지를 확정하고 사전공사를 허용하는 법률효과를 지닌 독립한 행정처분이기는 하지만, 건설허가 전에 신청자의 편의를 위하여 미리 그 건설허가의 일부 요건을 심사하여 행하는 사전적 부분 건설허가처분의 성격을 갖고 있는 것이어서 나중에 건설허가처분이 있게 되면 그 건설허가처분에 흡수되어 독립된 존재가치를 상실함으로써 그 건설허가처분만이 쟁송의 대상이 되는 것이므로, 부지사전승인처분의 취소를 구하는 소는 소의 이익을 잃게 되고, 따라서 부지사전승인처분의 위법성은 나중에 내려진 건설허가처분의 취소를 구하는 소송에서 이를 다투면 된다(대판 1998.9.4. 97누19588).

---

01 구 원자력법상 원자로 및 관계시설의 부지사전승인처분은 그 자체로서 건설부지를 확정하고 사전공사를 허용하는 법률효과를 지닌 독립한 행정처분이다. (O | X)   [17국가직9급]

02 원자로건설허가처분이 있게 되면 원자로부지사전승인처분에 대한 취소소송은 소의 이익을 잃게 된다. (O | X)   [13지방직7급]

정답 01 O 02 O

CHAPTER 3 기타 행정의 주요 행위형식

제1절 행정행위의 확약

1. 확약

1) 의의

법령 등에서 당사자가 신청할 수 있는 처분을 규정하고 있는 경우 행정청은 당사자의 신청에 따라 장래에 어떤 처분을 하거나 하지 아니할 것을 내용으로 하는 의사표시를 할 수 있으며, 이를 확약이라고 한다.

2) 구별개념

① 정보제공

정보제공은 비구속적 법률적 견해 표명이므로 자기구속의 의도로 발하여지는 확약과 다르다.

② 내부결정

확약은 대외적인 의사표시이므로 내부결정과 다르다.

③ 공법상 계약

확약은 일방적인 의사표시이므로 복수의 상대방의 대립하는 의사의 합치인 공법상 계약과 다르다.

3) 확약의 법적 성질(확약의 행정행위성 여부)

① 긍정설

확약도 법적 규율성을 가지므로 행정행위라고 보는 견해

② 부정설/ 판례

행정행위에 대한 약속이므로 행정행위와는 다르다고 보는 견해

CHAPTER 3 기타 행정의 주요 행위형식

> **관련 판례**
> 1. 어업권면허처분에 선행하는 우선순위결정은 확약에 불과하고 행정처분이 아니므로 공정력, 불가쟁력과 같은 효력은 인정되지 아니한다(대판 1995.1.20. 94누6529).
> 2. 공유재산 및 물품관리법(이하 '공유재산법'이라 한다) 제2조 제1호, 제7조 제1항, 제20조 제1항, 제2항 제2호의 내용과 체계에 관련 법리를 종합하면, 지방자치단체의 장이 공유재산법에 근거하여 기부채납 및 사용·수익허가 방식으로 민간투자사업을 추진하는 과정에서 사업시행자를 지정하기 위한 전 단계에서 공모제안을 받아 일정한 심사를 거쳐 우선협상대상자를 선정하는 행위와 이미 선정된 우선협상대상자를 그 지위에서 배제하는 행위는 민간투자사업의 세부내용에 관한 협상을 거쳐 공유재산법에 따른 공유재산의 사용·수익허가를 우선적으로 부여받을 수 있는 지위를 설정하거나 또는 이미 설정한 지위를 박탈하는 조치이므로 모두 항고소송의 대상이 되는 행정처분으로 보아야 한다(대판 2020.4.29. 2017두31064).

4) 확약의 근거

행정절차법에 확약에 관한 일반적 규정이 존재한다. 또한 확약은 별도의 법적 근거 없이도 할 수 있다.

> **행정절차법 제3조(적용 범위)** ① 처분, 신고, 확약, 위반사실 등의 공표, 행정계획, 행정상 입법예고, 행정예고 및 행정지도의 절차(이하 "행정절차"라 한다)에 관하여 다른 법률에 특별한 규정이 있는 경우를 제외하고는 이 법에서 정하는 바에 따른다.
> **동법 제40조의2(확약)** ① 법령등에서 당사자가 신청할 수 있는 처분을 규정하고 있는 경우 행정청은 당사자의 신청에 따라 장래에 어떤 처분을 하거나 하지 아니할 것을 내용으로 하는 의사표시(이하 "확약"이라 한다)를 할 수 있다.
> ② 확약은 문서로 하여야 한다.
> ③ 행정청은 다른 행정청과의 협의 등의 절차를 거쳐야 하는 처분에 대하여 확약을 하려는 경우에는 확약을 하기 전에 그 절차를 거쳐야 한다.
> ④ 행정청은 다음 각 호의 어느 하나에 해당하는 경우에는 확약에 기속되지 아니한다.
> 1. 확약을 한 후에 확약의 내용을 이행할 수 없을 정도로 법령등이나 사정이 변경된 경우
> 2. 확약이 위법한 경우
> ⑤ 행정청은 확약이 제4항 각 호의 어느 하나에 해당하여 확약을 이행할 수 없는 경우에는 지체 없이 당사자에게 그 사실을 통지하여야 한다.

01 재량행위에 대해 상대방에게 확약을 하려면 확약에 대한 법적 근거가 있어야 한다. (O | X) [18국가식9급]
02 현행 「행정절차법」에는 확약에 관한 규정을 두고 있다. (O | X) [14경찰]
03 확약은 서면이나 말로 할 수 있으며, 확약이 말로 이루어지는 경우에는 상대방이 서면의 교부를 요구하면 직무수행에 특별한 지장이 없는 한 이를 교부하여야 한다. (O | X) [24소방직]

정답 01 X 02 O 03 X

5) 확약의 허용성

① 기속행위와 확약

재량행위에는 확약이 가능하다. 다만, 기속행위에 대하여 확약이 가능한지 학설의 대립이 있으나 기속행위에 대해서도 확약이 가능하다는 것이 다수설의 입장이다.

② 요건사실 완성 후 확약

요건사실이 완성된 경우 본처분을 하여야지 확약을 하는 것이 가능한가의 대립이 있다. 그러나 상대방에게 기대이익을 준다는 점에서 확약이 가능하다는 점이 다수설의 입장이다.

6) 확약의 요건·효력

① 요건

㉠ 주체

본처분을 할 수 있는 행정기관이 확약의 권한을 가진다.

㉡ 절차

확약이 본처분 절차를 회피하는 수단이 될 수 없도록 본처분 절차를 준수하여야 한다고 본다.

㉢ 형식

독일 행정절차법에는 확약에 대한 문서주의를 규정하고 있으며 우리 행정절차법에도 확약에 관하여 문서주의를 규정하고 있다.

㉣ 내용

법령에 적합하고, 실현 가능한 내용이어야 한다.

② 효력

㉠ 자기구속력

확약을 한 행정기관에 대하여 자기구속의 의무가 발생하고 상대방은 신뢰보호원칙에 입각하여 확약의 내용에 대한 이행청구권이 발생한다. 다만, 확약이 위법한 경우에는 행정청은 확약에 구속되지 아니한다.

㉡ 공정력 등

확약은 판례에 의하면, 행정행위가 아니므로 공정력이나 불가쟁력 등 행정행위의 효력은 인정되지 아니한다.

㉢ 사정변경의 경우 확약의 효력

확약 후에 사실상태·법률상태의 변경이 있으면 확약은 행정기관의 별도의 의사표시 없이도 당연히 실효된다.

CHAPTER 3 기타 행정의 주요 행위형식

> **관련 판례**
>
> 행정청이 상대방에게 장차 어떤 처분을 하겠다고 확약 또는 공적인 의사표명을 하였다고 하더라도, 그 자체에서 상대방으로 하여금 언제까지 처분의 발령을 신청 하도록 유효기간을 두었는데도 그 기간 내에 상대방의 신청이 없었다거나 확약 또는 공적인 의사표명이 있은 후에 사실적·법률적 상태가 변경되었다면, 그와 같은 확약 또는 공적인 의사표명은 행정청의 별다른 의사표시를 기다리지 않고 실효된다(대판 1996.8.20. 95누10877).

7) 확약에 대한 권리구제

① 취소소송 가능성
- 판례에 따르면, 확약은 독립한 처분이 아니므로 확약 자체에 대하여 행정소송을 제기할 수 없다.
- 확약의 상대방은 확약으로 약속한 처분에 대한 이행청구권이 있으므로 이에 대한 거부나 부작위에 대해서는 행정심판과 항고소송의 제기가 가능하다.

② 손해배상·손실보상
- 확약의 위법한 불이행으로 행정의 상대방에게 손해가 발생한 경우에는 국가배상청구를 할 수 있다.
- 적법한 행정권의 행사로 인하여 확약의 상대방에게 특별한 희생이 발생하는 경우에는 손실보상을 청구할 수 있다.

---

01 확약을 행한 행정청은 확약의 내용인 행위를 하여야 할 자기구속적 의무를 지며, 상대방은 행정청에 그 이행을 청구할 권리를 갖게 된다. (O | X) [16서울시9급]

02 행정청의 확약의 불이행으로 인해 손해를 입은 자는 「국가배상법」상 요건을 충족하는 경우에 한하여 손해배상을 청구할 수 있다. (O | X) [14사회복지직9급]

정답 01 O 02 O

PART 2 행정작용법

제2절 행정계획

1. 개설

1) 의의
행정주체가 장래의 일정기간 내에 도달하고자 하는 행정목표를 설정하고 행정목표 달성을 위해 필요한 수단들을 조정하고 종합화한 것을 말한다.

> **관련 판례**
> 추모공원조성계획(도시계획시설결정)을 함에 있어서 서울특별시에게 광범위한 재량권이 있다고 인정한 판시
> 행정계획이라 함은 행정에 관한 전문적·기술적 판단을 기초로 하여 도시의 건설·정비·개량 등과 같은 특정한 행정목표를 달성하기 위하여 서로 관련되는 행정수단을 종합·조정함으로써 장래의 일정한 시점에 있어서 일정한 질서를 실현하기 위한 활동기준으로 설정된 것으로서, 관계 법령에는 추상적인 행정목표와 절차만이 규정되어 있을 뿐 행정계획의 내용에 관하여는 별다른 규정을 두고 있지 아니하므로 행정주체는 구체적인 행정계획을 입안·결정함에 있어서 비교적 광범위한 형성의 자유를 가지는 것이다 (대판 2007.4.12. 2005두1893).

01 행정주체는 구체적인 행정계획을 입안·결정함에 있어서 비교적 광범위한 형성의 자유를 갖는다. (O | X)
[10군무원9급]

2) 필요성·기능·예

① **필요성**
행정이 소극적인 질서유지작용에 그치는 것이 아니라 바람직한 사회질서의 형성을 위한 적극적 개입이 늘어나면서 행정계획이 필요하게 되었다.

② **기능**
㉠ 목표설정 기능
계획이 설정되는 영역에서 보다 나은 질서를 창조하기 위한 장래의 일정한 목표설정
㉡ 행정수단의 조정·통합·종합화 기능
㉢ 행정작용의 기준설정, 지도 기능
㉣ 매개적 기능
국민에게 미래에 대한 예측가능성을 부여하고 국민의 행동 방향을 제시해 주는 매개적 기능을 한다.

③ **예**
국토종합계획, 광역도시계획, 도시기본계획, 도시관리계획, 환경계획, 경제개발계획 등

정답 01 O

2. 구속적 행정계획과 비구속적 행정계획

1) 구속적 행정계획

국민에 대하여 구속력을 가지는 행정계획을 구속적 행정계획이라고 한다(협의의 구속적 행정계획).

> **참고**
> 넓은 의미의 구속적 행정계획은 국민이나 행정기관에 대하여 구속력을 가지는 구속적 행정계획을 의미한다(예산운용계획, 국토종합계획 등).

관련 판례

1. 실시계획에 포함된 상세계획은 국민에게 구속력을 가지고 있다.
   이미 고시된 실시계획에 포함된 상세계획으로 관리되는 토지 위의 건물의 용도를 상세계획 승인권자의 변경승인 없이 임의로 판매시설에서 상세계획에 반하는 일반목욕장으로 변경한 사안에서, 그 영업신고를 수리하지 않고 영업소를 폐쇄한 처분은 적법하다(대판 2008.3.27. 2006두3742,3759).

2. 고양시 일산지구 내 다가구주택의 가구수를 3가구 이하로 제한한 고양일산지구단독, 상업등단지(단독, 근린생활, 상업, 업무, 공공건축물)도시설계시행지침 —구속적 행정계획
   도시설계에 의한 건축물규제의 성격과 도시설계와 관련한 건축법규정에 비추어 보면, 도시설계는 도시계획구역의 일부분을 그 대상으로 하여 토지의 이용을 합리화하고, 도시의 기능 및 미관을 증진시키며 양호한 도시환경을 확보하기 위하여 수립하는 도시계획의 한 종류로서 도시설계지구 내의 모든 건축물에 대하여 구속력을 가지는 구속적 행정계획의 법적 성격을 갖는다고 할 것이다(헌재 2003.6.26. 2002헌마402).

3. 도시계획의 결정·변경 등에 관한 권한을 가진 행정청은 이미 도시계획이 결정·고시된 지역에 대하여도 다른 내용의 도시계획을 결정·고시할 수 있고, 이 때에 후행 도시계획에 선행 도시계획과 서로 양립할 수 없는 내용이 포함되어 있다면, 특별한 사정이 없는 한 선행 도시계획은 후행 도시계획과 같은 내용으로 변경되는 것이나, 후행 도시계획의 결정을 하는 행정청이 선행 도시계획의 결정·변경 등에 관한 권한을 가지고 있지 아니한 경우에 선행 도시계획과 서로 양립할 수 없는 내용이 포함된 후행 도시계획결정을 하는 것은 아무런 권한 없이 선행 도시계획결정을 폐지하고, 양립할 수 없는 새로운 내용이 포함된 후행 도시계획결정을 하는 것으로서, 선행 도시계획결정의 폐지 부분은 권한 없는 자에 의하여 행해진 것으로서 무효이고, 같은 대상지역에 대하여 선행 도시계획결정이 적법하게 폐지되지 아니한 상태에서 그 위에 다시 한 후행 도시계획결정 역시 위법하고, 그 하자는 중대하고도 명백하여 다른 특별한 사정이 없는 한 무효라고 보아야 한다(대판 2000.9.8. 99두11257).

01 도시계획의 결정·변경 등에 관한 권한을 가진 행정청이 이미 도시계획이 결정·고시된 지역에 대하여 행한 다른 내용의 도시계획의 결정 고시는 무효이다. (O | X) [16지방직7급]

02 후행 도시계획을 결정하는 행정청이 선행도시계획의 결정·변경에 관한 권한을 가지고 있지 아니한 경우 선행 도시계획과 양립할 수 없는 후행 도시계획 결정은 취소사유에 해당한다. (O | X) [17서울시7급]

03 이미 고시된 실시계획에 포함된 상세계획으로 관리되는 토지 위의 건물의 용도를 상세계획 승인권자의 변경승인 없이 임의로 판매시설에서 상세계획에 반하는 일반목욕장으로 변경한 사안에서, 그 영업신고를 수리하지 않고 영업소를 폐쇄한 처분은 위법하다. (O | X) [17지방직9급]

정답 01 × 02 × 03 ×

2) 비구속적 행정계획

단순한 내부지침으로서 국민과 행정기관 모두에 구속력을 미치지 못하는 행정계획을 의미한다.

3. 법적성질

1) 행정계획이 특정 형식을 가지고 있는 경우

법적 형식의 성질을 가진다. 즉, 법률의 형식을 가지는 행정계획은 법률의 성질, 법규명령의 형식에 의하여 수립된 행정계획은 법규명령의 성질을 가진다.

2) 특정 형식을 취하지 않는 경우 법적성질

① 학설대립
 ㉠ 입법행위로 볼 수 있다는 견해(입법행위설)
 ㉡ 행정행위로 볼 수 있다는 견해(행정행위설)
 ㉢ 입법행위도 아니고 행정행위도 아니지만 국민에게 구체적 영향을 미치는 계획의 경우에는 행정소송의 대상이 된다는 견해(독자성설)
 ㉣ 행정계획은 형식, 종류, 내용이 다양하므로 그 법적 성질을 개별적으로 검토하여야 한다는 견해(복수성질설)

② 판례
판례는 그 성질의 언급에 대해서 직접적인 언급을 피하고 처분성 여부를 검토한다.

> **관련 판례** 처분성 인정례
>
> 1. 재개발조합이 만든 관리처분계획은 항고소송의 대상이 되는 처분이다.
>   도시재개발법에 의한 재개발조합은 조합원에 대한 법률관계에서 적어도 특수한 존립목적을 부여받은 특수한 행정주체로서 국가의 감독하에 그 존립 목적인 특정한 공공사무를 행하고 있다고 볼 수 있는 범위 내에서는 공법상의 권리의무 관계에 서 있는 것이므로 분양신청 후에 정하여진 관리처분계획의 내용에 관하여 다툼이 있는 경우에는 그 관리처분계획은 토지 등의 소유자에게 구체적이고 결정적인 영향을 미치는 것으로서 조합이 행한 처분에 해당하므로 항고소송의 방법으로 그 무효확인이나 취소를 구할 수 있다(대판 2002.12.10. 2001두6333).
> 2. 구 「도시 및 주거환경정비법」에 따른 주택재건축정비사업조합이 수립한 사업시행계획이 인가·고시를 통해 확정된 경우 구속적 행정계획으로서 행정처분에 해당한다(대판 2009.11.2. 2009마 596).
> 3. (고시된 도시관리계획)도시계획법 제12조 소정의 고시된 도시계획결정은 특정 개인의 권리 내지 법률상의 이익을 개별적이고 구체적으로 규제하는 효과를 가져오게 하는 행정청의 처분이라 할 것이고, 이는 행정소송의 대상이 된다(대판 1982.3.9. 80누105).
> 4. 개발제한구역지정처분은 국토교통부장관이 법령의 범위 내에서 도시의 무질서한 확산 방지 등을 목적으로 도시정책상의 전문적·기술적 판단에 기초하여 행하는 일종의 행정계획으로서 그 입안·결정에 관하여 광범위한 형성의 자유를 가지는 계획재량 처분이다(대판 1997.6.24. 96누1313).

CHAPTER 3 기타 행정의 주요 행위형식

> **관련 판례** 처분성 부정례

1. **도시기본계획은 처분성이 부정되고 일반 국민에 대한 구속력이 없다.**
   도시기본계획은 도시의 기본적인 공간구조와 장기 발전 방향을 제시하는 종합계획으로서 그 계획에는 토지이용계획, 환경계획, 공원녹지계획 등 장래의 도시개발의 일반적인 방향이 제시되지만, 그 계획은 도시계획입안의 지침이 되는 것에 불과하여 일반 국민에 대한 직접적인 구속력은 없는 것이다(대판 2002.10.11. 2000두8226).

2. **도시기본계획은 행정청에 대해서도 구속력이 없다. 따라서 도시기본계획에 포함되어 있지 않은 추모공원 조성계획(도시계획시설결정)이 위법하다고 볼 수 없다. 또한 개발제한구역에서 묘지공원이나 화장장을 설치를 내용으로 하는 추모공원 조성계획이라고 하더라도 위법한 것이 아니다.**
   [1] '도시계획법' 제19조 제1항 및 이 사건 도시계획시설결정 당시의 서울특별시 도시계획조례 제3조 제3항에서는, 도시계획은 도시기본계획에 부합되어야 한다고 규정되어 있으나, 도시기본계획이라는 것은 도시의 장기적 개발방향과 미래상을 제시하는 도시계획 입안의 지침이 되는 장기적·종합적인 개발계획으로서 직접적인 구속력은 없는 것이므로, 이 사건 추모공원의 조성계획이 서울특별시 도시기본계획에 포함되어 있지 아니하다는 이유만으로는 이 사건 도시계획시설결정이 위법하다 할 수는 없다.
   [2] 원칙적으로 개발제한구역에서의 개발행위는 제한되는 것이기는 하지만 위와 같은 개발제한구역의 지정목적에 위배되지 않는다면 허용될 수 있는 것인바, 도시계획시설인 묘지공원과 화장장 시설의 설치가 위와 같은 개발제한구역의 지정목적에 위배된다고 보이지 않으므로, 시장이 이미 개발제한구역으로 지정되어 있는 부지에 묘지공원과 화장장 시설들을 설치하기로 하는 내용의 도시계획시설결정을 하였다 하더라도 이를 두고 위법하다고 할 수 없다(대판 2007.4.12. 2005두1893).

3. **'4대강 살리기 마스터플랜'등은 행정기관 내부에서 사업의 기본 방향을 제시하는 기본방향을 제시할 뿐이므로 행정처분에 해당하지 않는다**(대결 2011.4.21. 2010무111전합).

4. **환지계획은 처분성이 없다.**
   토지구획정리사업법(현 도시개발법) 제57조, 제62조 등의 규정상 환지예정지지정이나 환지처분은 그에 의하여 직접토지소유자 등의 권리·의무가 변동되므로 이를 항고소송의 대상이 되는 처분이라고 볼 수 있으나, 환지계획은 위와 같은 환지예정지 지정이나 환지처분의 근거가 될 뿐 그 자체가 직접 토지소유자 등의 법률상의 지위를 변동시키거나 또는 환지예정지 지정이나 환지처분과는 다른 고유한 법률효과를 수반하는 것이 아니어서 이를 항고소송의 대상이 되는 처분에 해당한다고 할 수가 없다(대판 1999.8.20. 97누6889).

---

01 판례는 일관되게 행정계획의 처분성을 부정한다. (O | X) [10군무원9급]

02 「국토의 계획 및 이용에 관한 법률」에 따른 도시기본계획은 일반국민에 대한 직접적인 구속력은 인정되지 않지만, 도시의 장기적 개발 방향과 미래상을 제시하는 도시계획입안의 지침이 되기에 행정청에 대한 직접적인 구속력은 인정된다. (O | X) [18국가직7급]

03 행정계획은 항고소송의 대상이 될 수 없다. (O | X) [16서울시9급]

04 재건축조합이 도시정비법에 따라 수립하는 관리처분계획은 구속적 행정계획으로서 재건축조합이 행하는 독립된 행정처분에 해당한다. (O | X) [16군무원9급]

정답 01 X 02 X 03 X 04 O

PART 2 행정작용법

01 행정계획은 법률의 형식으로 수립되어야 한다. (O | X) [15교육행정직9급]

02 환지계획은 환지예정지 지정이나 환지처분의 근거가 되고 그 자체가 직접 토지소유자 등의 법률상의 지위를 변동시키거나 다른 고유한 법률효과를 수반하는 것이어서 항고소송의 대상이 되는 처분에 해당한다. (O | X) [25국가직9급]

4. 법적근거

1) 조직법적 근거
구속적 행정계획과 비구속적 행정계획을 불문하고 행정계획은 조직법적 근거가 필요하다.

2) 작용법적 근거
구속적 행정계획의 경우에는 국민에게 구속력을 주기 때문에 작용법상 근거가 필요하다.

03 행정계획 중에서 국민의 권리·의무에 법적 효과를 미치는 구속적인 행정계획은 법률에 근거가 있어야 한다. (O | X) [12사회복지직9급]

5. 행정계획의 절차

1) 계획절차에 대한 일반적 규정의 존재 여부

> **행정절차법 제40조의4(행정계획)** 행정청은 행정청이 수립하는 계획 중 국민의 권리·의무에 직접 영향을 미치는 계획을 수립하거나 변경·폐지할 때에는 관련된 여러 이익을 정당하게 형량하여야 한다.

- 행정절차법에 행정계획 절차에 대한 일반적·통칙적 규정이 존재한다. 다만, 주의할 것은 행정계획 확정 절차로써 공청회 절차나 관련 기관 상호 간의 협의 절차가 명문화되지는 아니하였다.

04 행정계획의 절차에 관한 일반적 규정은 없고, 개별법에 다양하게 규정되어 있다. (O | X) [15지방직7급]

2) 다른 행정절차법 규정의 적용 가능성
행정입법의 형식을 가지는 행정계획의 경우 행정절차법의 행정입법 예고절차, 처분의 형식을 가지는 경우 행정절차법의 처분절차 규정이 적용될 수 있다. 또한 행정계획은 행정예고의 대상이 될 수 있으므로 행정절차법의 행정예고 절차 규정이 적용될 수 있다.

정답 01 X 02 X 03 O 04 X

3) 절차 하자의 경우

> 관련 판례
>
> 1. 도시계획결정(현 도시·군계획결정)에서 기초조사의 흠 - 취소사유
>   도시계획결정을 함에 있어서 도시계획법 제15조 제1항 소정의 기초조사절차를 적법하게 거치지 아니한 하자가 있었더라도 그러한 절차상의 하자는 그 도시계획결정의 취소사유는 될지언정 당연무효의 사유라고는 보여지지 않는다(대판 1990.6.12. 선고 90누2178).
> 2. 환지계획 인가 후에 수정하고자 하는 환지계획의 내용에 대하여 토지소유자 등 이해관계인의 공람절차를 거치지 아니한 채 수정된 내용에 따라 한 환지예정지 지정처분의 효력(=당연 무효)(대판 1999.8.20. 97누6889)

6. 행정계획의 효력발생요건과 효력

1) 효력발생요건

① 공포
  행정계획이 법률이나 행정입법의 형식인 경우에는 공포가 효력 발생요건이다.

② 고시
  개별법에서 정한 방식에 따른다. 보통 입법의 형식을 제외하고는 고시를 통하여 대외적으로 알려야 효력이 발생한다.

> 관련 판례
>
> 구 도시계획법(1971.1.19. 법률 제2291호로 개정되기 전의 것) 제7조가 도시계획결정등 처분의 고시를 도시계획구역, 도시계획결정등의 효력발생요건으로 규정하였다고 볼 것이어서 건설부장관 또는 그의 권한의 일부를 위임받은 서울특별시장, 도지사등 지방장관이 기안, 결재등의 과정을 거쳐 정당하게 도시계획결정등의 처분을 하였다고 하더라도 이를 관보에 게재하여 고시하지 아니한 이상 대외적으로는 아무런 효력도 발생하지 아니한다(대판 1985.12.10. 85누186).

01 구 도시계획법상 행정청이 기안·결재 등의 과정을 거쳐 도시계획결정 등의 처분을 하였다고 하더라도 이를 관보에 게재하여 고시하지 아니한 이상 대외적으로는 아무런 효력도 발생하지 아니한다. (O | X) [14국가직7급]

2) 효력

구속적 행정계획의 경우 국민에 그 형식과 내용에 따른 효력을 준다.

정답 01 O

3) 행정계획의 집중효

① 의의
- 행정계획이 확정되면, 다른 법령에 의한 인·허가를 받은 것으로 간주되는 효력을 말한다.
- 인·허가의제제도는 행정계획뿐만 아니라 행정행위에서도 인정되나 집중효는 행정계획의 확정에 따른 특유의 효력이다.

② 취지
공익사업의 절차를 간소화하여 사업시행자의 부담을 완화시키고 사업을 촉진하기 위함이다.

③ 예
사업시행자가 「택지개발촉진법」의 사업실시계획을 승인 받은 경우, 「국토의 계획 및 이용에 관한 법률」에 따른 도시·군관리계획결정, 개발행위허가, 실시계획인가 등을 받은 것으로 의제하는 것 등

④ 법적근거
개별법상 근거가 필요하다.

⑤ 집중효의 내용
- 절차집중은 인정되나 실체집중은 인정되지 아니한다.
- 행정계획의 계획확정절차를 거친 경우에는 의제되는 인·허가의 절차를 거칠 필요는 없다. 다만, 실체적 요건은 집중되지 아니하므로 의제되는 인·허가의 실체적 요건은 구비하여야 한다.

> **관련 판례**
>
> 건설부장관이 구 주택건설촉진법 제33조에 따라 관계기관의 장과의 협의를 거쳐 사업계획승인을 한 이상 같은 조 제4항의 허가·인가·결정·승인 등이 있는 것으로 볼 것이고, 그 절차와 별도로 도시계획법 제12조 등 소정의 중앙도시계획위원회의 의결이나 주민의 의견청취 등 절차를 거칠 필요는 없다(대판 1992.11.10. 92누1162).

01 판례에 따르면 행정계획의 구속효는 계획마다 상이하나 집중효에 있어서는 절차집중과 실체집중 모두 인정된다. (O | X) [18서울시7급]

정답 01 ×

7. 계획재량과 형량명령

> **행정절차법 제40조의4(행정계획)** 행정청은 행정청이 수립하는 계획 중 국민의 권리·의무에 직접 영향을 미치는 계획을 수립하거나 변경·폐지할 때에는 관련된 여러 이익을 정당하게 형량하여야 한다.

1) 계획재량
- 행정계획의 근거 법규는 목적·수단의 구조로 되어 있어 일반적인 행정법규의 요건·효과 구조와 차이가 있다.
- 행정계획의 수립과 관련하여 행정계획 수립의 주체가 가지는 광범위한 형성의 자유를 계획재량이라고 한다.

2) 형량명령

① 조사의 결함
　일정한 사실 또는 이익에 대해 조사를 하지 아니한 경우

② 형량의 해태
　형량을 전혀 행하지 아니한 경우

③ 형량의 흠결
　형량의 대상에 당연히 포함시켜야 할 사항을 누락시킨 경우

④ 오형량
　형량을 하였으나 그 내용이 객관성과 비례성을 결여한 경우

3) 판례

관련 판례

1. 행정주체는 구체적인 행정계획을 입안·결정함에 있어서 비교적 광범위한 형성의 자유를 가진다고 할 것이지만, 행정주체가 가지는 이와 같은 형성의 자유는 무제한적인 것이 아니라 그 행정계획에 관련되는 자들의 이익을 공익과 사익 사이에서는 물론이고 공익 상호간과 사익 상호간에도 정당하게 비교교량하여야 한다는 제한이 있는 것이고, 따라서 행정주체가 행정계획을 입안·결정함에 있어서 이익형량을 전혀 행하지 아니하거나 이익형량의 고려 대상에 마땅히 포함시켜야 할 사항을 누락한 경우 또는 이익형량을 하였으나 정당성·객관성이 결여된 경우에는 그 행정계획결정은 재량권을 일탈·남용한 것으로서 위법하다(대판 1996.11.29. 96누8567).

2. 도시계획시설결정 일몰제 시행 이후에도 서울특별시가 일정구역을 공원구역에서 다시 ○○산도시자연공원구역으로 지정하는 내용의 도시관리계획(용도구역)결정을 고시한 사건에서 서울시장의 폭넓은 재량권을 인정할 수 있다는 취지의 판시
행정주체가 행정계획을 입안·결정하면서 이익형량을 전혀 행하지 않거나 이익형량의 고려 대상에 마땅히 포함시켜야 할 사항을 누락한 경우 또는 이익형량을 하였으나 정당성과 객관성이 결여된

PART 2 행정작용법

> 경우에는 그 행정계획결정은 형량에 하자가 있어 위법하다. 공원녹지의 확충·관리·이용 등 쾌적한 도시환경의 조성 등을 목적으로 하는 도시관리계획결정과 관련하여 재량권의 일탈·남용 여부를 심사할 때에는 공원녹지법의 입법 취지와 목적, 보존하고자 하는 녹지의 조성 상태 등 구체적 현황, 이해관계자들 사이의 권익 균형 등을 종합하여 신중하게 판단해야 한다. 그리고 자연환경 보호 등을 목적으로 하는 도시관리계획결정은 식생이 양호한 수림의 훼손 등과 같이 장래 발생할 불확실한 상황과 파급효과에 대한 예측 등을 반영한 행정청의 재량적 판단으로서, 그 내용이 현저히 합리성을 결여하거나 형평이나 비례의 원칙에 뚜렷하게 반하는 등의 사정이 없는 한 폭넓게 존중해야 한다(대판 2023.11.16. 2022두61816).

01 계획재량, 형량명령 및 형량명령의 하자에 관한 이론은 판례에는 반영되고 있지 아니하다. (O | X) [18소방직]

02 이익형량의 고려 대상에 당연히 포함시켜야 할 사항을 누락한 사업계획승인 결정은 형량의 하자로 위법하게 된다. (O | X) [16군무원9급]

8. 행정계획 보장청구권, 행정계획 변경청구권

1) 행정계획 보장청구권

① 문제점

계획보장의 문제는 법적안정성·신뢰보호와 계획의 가변성·신축성과 긴장관계와 관련이 된다.

② 내용
   ㉠ 계획존속청구권
   ㉡ 계획이행청구권
   ㉢ 경과조치청구권
   ㉣ 손해전보청구권 – 위법한 계획 변경으로 인한 손해배상, 적법한 계획변경으로 인한 손실보상

③ 인정여부

행정계획의 속성인 가변성·유연성과 공공복리의 관점에서 사인에게 행정계획보장청구권을 인정할 수 없음이 원칙이다.

2) 행정계획 변경청구권

① 원칙

사인에게 행정계획 변경청구권을 인정할 수 없음이 원칙이다.

정답 01 X 02 O

> **관련 판례**
>
> 1. 도시계획법상 주민이 행정청에 대하여 도시계획 및 그 변경에 대하여 어떤 신청을 할 수 있다는 규정이 없고, 도시계획과 같이 장기성, 종합성이 요구되는 행정계획에 있어서 그 계획이 일단 확정된 후 어떤 사정의 변동이 있다 하여 지역주민에게 일일이 그 계획의 변경을 청구할 권리를 인정해 줄 수도 없는 것이므로 그 변경 거부행위를 항고소송의 대상이 되는 행정처분에 해당한다고 볼 수 없다(대판 1994.1.28. 93누22029).
> 2. 장기미집행 도시계획시설결정의 실효제도는 도시계획시설부지로 하여금 도시계획시설결정으로 인한 사회적 제약으로부터 벗어나게 하는 것으로서 결과적으로 개인의 재산권이 보다 보호되는 측면이 있는 것은 사실이나, 이와 같은 보호는 입법자가 새로운 제도를 마련함에 따라 얻게 되는 법률에 기한 권리일 뿐 헌법상 재산권으로부터 당연히 도출되는 권리는 아니다(헌재 2005.9.29. 2003헌바84).

② 예외

행정계획의 변경을 거부하는 것이 실질적으로 행정처분을 거부하는 결과가 되는 경우에는 예외적으로 인정한다.

> **관련 판례**
>
> 1. 폐기물처리사업계획의 적정통보를 받은자는 국토이용계획변경을 신청할 법규상 또는 조리상 권리를 가진다고 본 사례
>   종합성이 요구되는 행정계획이어서 원칙적으로는 그 계획이 일단 확정된 후에 어떤 사정의 변동이 있다고 하여 그러한 사유만으로는 지역주민이나 일반 이해관계인에게 일일이 그 계획의 변경을 신청할 권리를 인정하여 줄 수는 없을 것이지만, 장래 일정한 기간 내에 관계 법령이 규정하는 시설 등을 갖추어 일정한 행정처분을 구하는 신청을 할 수 있는 법률상 지위에 있는 자의 국토이용계획변경신청을 거부하는 것이 실질적으로 당해 행정처분 자체를 거부하는 결과가 되는 경우에는 예외적으로 그 신청인에게 국토이용계획변경을 신청할 권리가 인정된다고 봄이 상당하므로, 이러한 신청에 대한 거부행위는 항고소송의 대상이 되는 행정처분에 해당한다(대판 2003.9.23. 2001두10936).
> 2. 도시계획구역 내 토지 등을 소유하고 있는 사람과 같이 당해 도시계획시설결정에 이해관계가 있는 주민으로서는 도시시설계획의 입안권자 내지 결정권자에게 도시시설계획의 입안 내지 변경을 요구할 수 있는 법규상 또는 조리상의 신청권이 있고, 이러한 신청에 대한 거부행위는 항고소송의 대상이 되는 행정처분에 해당한다(대판 2015.3.26. 2014두42742).
> 3. 문화재보호구역 내에 있는 토지소유자 등으로서는 위 보호구역의 지정해제를 요구할 수 있는 법규상 또는 조리상의 신청권이 있다고 할 것이고, 이러한 신청에 대한 거부행위는 항고소송의 대상이 되는 행정처분에 해당한다(대판 2004.4.27. 2003두8821).
> 4. 국토의 계획 및 이용에 관한 법률의 해석상 도시계획시설부지 소유자에게는 그에 관한 도시·군관리계획의 변경 등을 요구할 수 있는 법규상 또는 조리상 신청권이 인정된다고 해석되고 있다. 헌법상 재산권 보장의 취지에 비추어 보면 토지의 소유자에게 위와 같은 절차적 권리와 신청권을 인정한 것은 정당하다고 볼 수 있다. 이러한 법리는 이미 산업단지 지정이 이루어진 상황에서 산업단지 안의 토지 소유자로서 종전 산업단지개발계획을 일부 변경하여 산업단지개발계획에 적합한 시설을 설치하여 입주하려는 자가 종전 계획의 변경을 요청하는 경우에도 그대로 적용될 수 있다(대판 2017.8.29. 2016두44186).

01 국토이용계획변경신청을 거부하는 것이 실질적으로 당해 행정처분 자체를 거부하는 결과가 되는 경우에 그 신청인은 국토이용계획변경을 신청할 권리가 있다. (O | X) [14국가직9급]

02 도시계획구역 내에 토지 등을 소유하고 있는 주민이라 하더라도 도시계획시설변경 입안권자에게 도시계획입안을 요구할 수 있는 법규상 또는 조리상 신청권이 발생하는 것은 아니다. (O | X) [14국가직9급]

03 문화재보호구역 내에 있는 토지의 소유자는 그 보호구역의 지정해제를 요구할 수 있는 법규상 또는 조리상의 신청권이 있다고 보기 어려우므로 이에 대한 거부행위는 항고소송의 대상이 되는 행정처분으로 보기 어렵다. (O | X) [16사회복지직9급]

9. 권리구제

1) 행정쟁송

처분성이 인정되는 행정계획의 경우 행정쟁송의 대상이 된다.

2) 행정상 손해전보

① 행정상 손해배상

위법한 행정계획이 국가배상청구권의 성립요건을 구비한 경우에는 손해배상이 가능하다.

② 행정상 손실보상

적법한 행정계획으로 귀책사유 없이 특별한 희생을 얻게 되는 상대방은 손실보상청구가 가능하다.

3) 헌법소원

① 처분성이 인정되는 행정계획의 경우

처분성이 인정되는 행정계획은 항고소송의 대상이 되므로 헌법소원의 대상이 되지 아니한다.

② 비구속적 행정계획의 경우

비구속적 행정계획 중 단순한 내부지침에 불과한 경우에는 헌법소원의 대상이 될 수 없다. 다만, 비구속적 행정계획이 법령의 뒷받침에 의하여 그대로 실시될 것이 틀림없을 것으로 예상될 수 있는 것일 때에는 그로 인하여 직접적으로 기본권침해를 받게되는 사람에게는 사실상의 규범작용으로 인한 위험성이 이미 발생하였다고 보아 헌법소원의 대상성을 인정하였다.

04 비구속적 행정계획이 단순한 내부지침에 불과한 경우에는 헌법소원의 대상이 되는 공권력의 행사에 해당하지 않는다. [14군무원9급]

정답 01 O 02 X 03 X 04 O

관련 판례

1. 서울대학교의 "'94학년도 대학입학고사 주요요강'은 교육부가 마련한 대학입시제도 개선안에 따른 것으로서 대학입학방법을 규정한 교육법시행령 규정이 교육부의 개선안을 뒷받침할 수 있는 내용으로 개정될 것을 전제로 하여 제정된 것이고 위 시행령이 아직 개정되지 아니한 현 시점에서는 법적 효력이 없는 행정계획안이어서 이를 제 정한 것은 사실상의 준비행위에 불과하고 이를 발표한 행위는 앞으로 그와 같이 시행될 것이니 미리 그에 대비하라는 일종의 사전안내에 불과하지만, "이러한 사실상의 준비행위나 사전안내라도 그 내용이 국민의 기본권에 직접 영향을 끼치는 내용이고 앞으로 법령의 뒷받침에 의하여 그대로 실시될 것이 틀림없을 것으로 예상될 수 있는 것일 때에는 그로 인하여 직접적으로 기본권침해를 받게되는 사람에게는 사실상의 규범작용으로 인한 위험성이 이미 발생하였다고 보아야 할 것"이므로, 서울대학교가 "94학년도 대학입학고사 주요요강"을 제정·발표한 행위는 헌법소원의 대상이 된다고 판시하였다(헌재 1992.10.1. 92헌마68).

2. 건설교통부장관이 1999. 7. 22. 구역지정의 실효성이 적은 7개 중소도시권은 개발제한구역을 해제하고 구역지정이 필요한 7개 대도시권은 개발제한구역을 부분조정 하는 등의 내용을 담은 '개발제한구역제도개선방안'을 발표한 것이 공권력행사에 해당하는지 여부(소극)
   비구속적 행정계획안이나 행정지침이라도 국민의 기본권에 직접적으로 영향을 끼치고, 앞으로 법령의 뒷받침에 의하여 그대로 실시될 것이 틀림없을 것으로 예상될 수 있을 때에는, 공권력행위로서 예외적으로 헌법소원의 대상이 된다고 할 것이다(헌재 2000.6.1. 99헌마538).

3. 2012년도와 2013년도 대학교육역량강화사업 기본계획은 대학교육역량강화 지원사업을 추진하기 위한 국가의 기본방침을 밝히고 국가가 제시한 일정 요건을 충족하여 높은 점수를 획득한 대학에 대하여 지원금을 배분하는 것을 내용으로 하는 행정계획일 뿐, 위 계획에 따를 의무를 부과하는 것은 아니다. 대학들이 이 계획에 구속될 여지가 있다 하더라도, 이는 사실상의 구속에 불과하고 이에 따를지 여부는 전적으로 대학의 자율 에 맡겨져 있다. 더구나 총장직선제를 개선하려면 학칙이 변경되어야 하므로, 계획 자체만으로는 대학의 구성원인 청구인들의 법적 지위나 권리의무에 어떠한 영향도 미친다고 보기 어렵다. 따라서 2012년도와 2013년도 계획부분은 헌법소원의 대상이 되는 공권력 행사에 해당하지 아니한다(헌재 2016.10.27. 2013헌마576).

4. 기획재정부장관이 2008. 8. 11.부터 2009. 3. 31.까지 사이에 6차에 걸쳐 공공기관 선진화 추진계획을 확정, 공표한 행위(이하 '이 사건 선진화 계획'이라 한다)가 공권력행사에 해당하는지 여부(소극) 2.노동부장관이 2009. 4. 노동부 산하 7개 공공기관의 단체협약내용을 분석하여 2009. 5. 1.경 불합리한 요소를 개선하라고 요구한 행위(이하 '이 사건 개선요구'라 한다)가 공권력행사에 해당하는지 여부(소극) 3.감사원장이 2009. 4.경 60개 공공기관에 대하여 공공기관 선진화 계획의 이행실태, 노사관계 선진화 추진실태 등을 점검하고, 2009. 6. 30. 공공기관 감사책임자회의에서 자율시정하도록 개선방향을 제시한 행위(이하 '이 사건 점검 및 개선 제시'라 한다)가 공권력행사에 해당하는지 여부(소극)
   [1] 이 사건 선진화 계획은 그 법적 성격이 행정계획이라고 할 것인바, 국민의 기본권에 직접적인 영향을 미친다고 볼 수 없고, 장차 법령의 뒷받침에 의하여 그대로 실시될 것이 틀림없을 것으로 예상된다고 보기도 어려우므로, 헌법소원의 대상이 되는 공권력의 행사에 해당한다고 할 수 없다.
   [2] 이 사건 개선요구는 이를 따르지 않을 경우의 불이익을 명시적으로 예정하고 있다고 보기 어렵고, 행정지도로서의 한계를 넘어 규제적·구속적 성격을 강하게 갖는다고 할 수 없어 헌법소원의 대상이 되는 공권력의 행사에 해당한다고 볼 수 없다.

[3] 이 사건 점검 및 개선 제시 중, 점검행위는 감사원 내부의 자료수집에 불과하고, 개선 제시는 이를 따르지 않을 경우의 불이익을 명시적으로 예정하고 있다고 보기 어려우므로 행정지도로서의 한계를 넘어 규제적·구속적 성격을 강하게 갖는다고 볼 수 없다. 따라서 이 사건 점검 및 개선 제시는 헌법소원의 대상이 되는 공권력의 행사라고 보기 어렵다(헌재 2011.12.29. 2009헌마330).

핵심 기출문제

01

계획재량에 대한 설명으로 옳지 않은 것은? [21군무원9급]

① 통상적인 재량행위와 계획재량은 양적인 점에서 차이가 있을 뿐 질적인 점에서는 차이가 없다는 견해는 형량명령이 계획재량에 특유한 하자 이론이라기보다는 비례의 원칙을 계획재량에 적용한 것이라고 한다.
② 행정주체는 그 행정계획에 관련되는 자들의 이익을 공익과 사익 사이에서는 물론이고 공익 상호간과 사익 상호간에도 정당하게 비교교량하여야 한다는 제한을 받는다.
③ 행정주체가 행정계획을 입안·결정함에 있어서 이익형량의 고려 대상에 마땅히 포함시켜야 할 사항을 누락한 경우 이익형량을 전혀 행하지 아니하는 등의 사정이 없는 한 그 행정계획 결정은 형량에 하자가 있다고 보기 어렵다.
④ 행정계획과 관련하여 이익형량을 하였으나 정당성과 객관성이 결여된 경우에는 그 행정계획 결정은 형량에 하자가 있어 위법하게 된다.

02

행정계획에 대한 설명으로 옳지 않은 것은? (다툼이 있는 경우 판례에 의함) [21국가직9급]

① 구「도시계획법」상 도시기본계획은 도시의 기본적인 공간구조와 장기발전방향을 제시하는 종합계획으로서 도시계획입안의 지침이 되므로 일반 국민에 대한 직접적인 구속력은 없다.
② 장래 일정한 기간 내에 관계 법령이 규정하는 시설 등을 갖추어 일정한 행정처분을 구하는 신청을 할 수 있는 법률상 지위에 있는 자의 국토이용계획변경신청을 거부하는 것이 실질적으로 당해 행정처분 자체를 거부하는 결과가 되는 경우라도, 구「국토이용관리법」상 주민이 국토이용계획의 변경에 대하여 신청을 할 수 있다는 규정이 없으므로 그 신청인에게 국토이용계획변경을 신청할 권리가 인정된다고 볼 수 없다.
③ 구속력 없는 행정계획안이나 행정지침이라도 국민의 기본권에 직접적으로 영향을 끼치고 법령의 뒷받침에 의하여 그대로 실시될 것이 틀림없을 것으로 예상되는 때에는 예외적으로 헌법소원의 대상이 된다.
④ 도시계획의 결정·변경 등에 대한 권한행정청은 이미 도시계획이 결정·고시된 지역에 대하여도 다른 내용의 도시계획을 결정·고시할 수 있고, 이 때에 후행 도시계획에 선행 도시계획과 양립할 수 없는 내용이 포함되어 있다면 특별한 사정이 없는 한 선행 도시계획은 후행 도시계획과 같은 내용으로 변경된다.

> 해설

01 ① (○) 형량명령의 법리는 비례원칙에서 발전된 논의라는 점은 기본강의에서 가장 먼저 설명하는 내용이다.
② (○), ③ (×), ④ (○) 행정주체는 구체적인 행정계획을 입안·결정함에 있어서 비교적 광범위한 형성의 자유를 가진다고 할 것이지만, 행정주체가 가지는 이와 같은 형성의 자유는 무제한적인 것이 아니라 그 행정계획에 관련되는 자들의 이익을 <u>공익과 사익 사이에서는 물론이고 공익 상호간과 사익 상호간에도 정당하게 비교교량하여야 한다는</u> 제한이 있는 것이고, 따라서 행정주체가 행정계획을 입안·결정함에 있어서 <u>이익형량을 전혀 행하지 아니하거나 이익형량의 고려 대상에 마땅히 포함시켜야 할 사항을 누락한 경우 또는 이익형량을 하였으나 정당성·객관성이 결여된 경우에는 그 행정계획결정은 재량권을 일탈·남용한 것으로서 위법하다</u>(대판 1996.11.29. 96누8567).

02 ① (○) 도시기본계획은 도시의 기본적인 공간구조와 장기 발전 방향을 제시하는 종합계획으로서 그 계획에는 토지이용계획, 환경계획, 공원녹지계획 등 장래의 도시개발의 일반적인 방향이 제시되지만, 그 계획은 도시계획입안의 지침이 되는 것에 불과하여 일반 국민에 대한 직접적이 구속력은 없는 것이다(대판 2002.10.11. 2000두8226).
② (×) 종합성이 요구되는 행정계획이어서 원칙적으로는 그 계획이 일단 확정된 후에 어떤 사정의 변동이 있다고 하여 그러한 사유만으로는 시역수민이나 일반 이해관계인에게 일일이 그 계획의 변경을 신청할 권리를 인정하여 줄 수는 없을 것이지만, 장래 일정한 기간 내에 관계 법령이 규정하는 시설 등을 갖추어 일정한 행정처분을 구하는 신청을 할 수 있는 법률상 지위에 있는 자의 국토이용계획변경신청을 거부하는 것이 실질적으로 당해 행정처분 자체를 거부하는 결과가 되는 경우에는 예외적으로 그 신청인에게 국토이용계획변경을 신청할 권리가 인정된다고 봄이 상당하므로, 이러한 신청에 대한 거부행위는 항고소송의 대상이 되는 행정처분에 해당한다(대판 2003.9.23. 2001두10936).
③ (○) 서울대학교의 '94학년도 대학입학고사 주요요강'은 교육부가 마련한 대학입시제도 개선안에 따른 것으로서 대학입학방법을 규정한 교육법시행령 규정이 교육부의 개선안을 뒷받침할 수 있는 내용으로 개정될 것을 전제로 하여 제정된 것이고 위 시행령이 아직 개정되지 아니한 현 시점에서는 법적 효력이 없는 행정계획안이어서 이를 제 정한 것은 사실상의 준비행위에 불과하고 이를 발표한 행위는 앞으로 그와 같이 시행될 것이니 미리 그에 대비하라는 일종의 사전안내에 불과하지만, "이러한 사실상의 준비행위나 사전안내라도 그 내용이 국민의 기본권에 직접 영향을 끼치는 내용이고 앞으로 법령의 뒷받침에 의하여 그대로 실시될 것이 틀림없을 것으로 예상될 수 있는 것일 때에는 그로 인하여 직접적으로 기본권침해를 받게되는 사람에게는 사실상의 규범작용으로 인한 위험성이 이미 발생하였다고 보아야 할 것"이므로, 서울대학교가 "94학년도 대학입학고사 주요요강"을 제정·발표한 행위는 헌법소원의 대상이 된다고 판시하였다(헌재 1992.10.1. 92헌마68등).
④ (○) <u>도시계획의 결정·변경 등에 관한 권한을 가진 행정청은 이미 도시계획이 결정·고시된 지역에 대하여도 다른 내용의 도시계획을 결정·고시할 수 있고, 이 때에 후행 도시계획에 선행 도시계획과 서로 양립할 수 없는 내용이 포함되어 있다면, 특별한 사정이 없는 한 선행 도시계획은 후행 도시계획과 같은 내용으로 변경되는 것이나</u>, 후행 도시계획의 결정을 하는 행정청이 선행 도시계획의 결정·변경 등에 관한 권한을 가지고 있지 아니한 경우에 선행 도시계획과 서로 양립할 수 없는 내용이 포함된 후행 도시계획결정을 하는 것은 아무런 권한 없이 선행 도시계획결정을 폐지하고, 양립할 수 없는 새로운 내용이 포함된 후행 도시계획결정을 하는 것으로서, 선행 도시계획결정의 폐지 부분은 권한 없는 자에 의하여 행해진 것으로서 무효이고, 같은 대상지역에 대하여 선행 도시계획결정이 적법하게 폐지되지 아니한 상태에서 그 위에 다시 한 후행 도시계획결정 역시 위법하고, 그 하자는 중대하고도 명백하여 다른 특별한 사정이 없는 한 무효라고 보아야 한다(대판 2000.9.8. 99두11257).

정답 01 ③ 02 ②

제3절 공법상 계약

1. 개설

행정계약은 공법상 계약과 사법상 계약이 있다.

1) 공법상 계약의 의의
- 복수의 당사자 중 행정주체를 적어도 한쪽 당사자로 하는, 공법적 효과의 발생을 목적으로 하는 반대 방향의 의사의 합치를 말한다.
- 종래에는 주로 급부행정 영역과 관련하여 인정되어 왔으나 최근에는 환경 행정영역과 같은 침익적 행정영역에도 인정된다.

2) 구별개념

① 쌍방적 행정행위

처분에 있어서 당사자의 신청이 필요한 경우와 같이 상대방의 협력이 필요한 행정행위를 의미한다.

② 공법상 합동행위

복수의 당사자 간의 서로 동일한 방향의 의사의 합치로서 이루어지는 공법행위를 말한다(농지개량조합 등 공공조합의 설립 등).

③ 사법상 계약

사법적 효과의 발생을 목적으로 하는 반대 방향의 의사의 합치를 말한다(국유재산 일반재산의 대부계약 등). 사법상 계약도 지방재정법 및 국가를 당사자로 하는 계약에 관한 법률에 위배되면 무효이다.

01 공법상계약은 사법상 효과의 발생을 목적으로 한다. (O | X)   [18교육행정직9급]
02 공법상 계약은 동일한 방향의 의사합치가 요구되고 공법상 합동행위는 반대방향의 의사합치가 필요하다. (O | X)   [16군무원9급]

관련 판례

규정의 취지에 의하면 지방자치단체가 사경제의 주체로서 사인과 사법상의 계약을 체결함에 있어서는 위 법령에 따른 계약서를 따로 작성하는 등 그 요건과 절차를 이행하여야 하고, 설사 지방자치단체와 사인 사이에 사법상의 계약 또는 예약이 체결되었다 하더라도 위 법령상의 요건과 절차를 거치지 않은 계약 또는 예약은 그 효력이 없다(대판 2009.12.24. 2009다51288).

정답 01 × 02 ×

3) 공법상 계약과 법적 근거

종래부터 판례는, 공법상 계약은 법령에 저촉되지 않는 한 자유로이 체결할 수 있으며, 법률의 근거도 필요하지 않다고 보았다(법률우위의 원칙 적용, 법률유보의 원칙은 적용되지 아니함). 마찬가지로 행정기본법도 공법상 계약에 관한 통칙적 규정을 두면서, 위 내용을 명시하고 있다.

> **행정기본법 제27조(공법상 계약의 체결)** ① 행정청은 법령등을 위반하지 아니하는 범위에서 행정목적을 달성하기 위하여 필요한 경우에는 공법상 법률관계에 관한 계약(이하 "공법상 계약"이라 한다)을 체결할 수 있다. 이 경우 계약의 목적 및 내용을 명확하게 적은 계약서를 작성하여야 한다.
> ② 행정청은 공법상 계약의 상대방을 선정하고 계약 내용을 정할 때 공법상 계약의 공공성과 제3자의 이해관계를 고려하여야 한다.

관련 판례

지방계약법(편주: 지방자치단체가 당사자로 하는 계약에 관한 법률) 개별 규정의 규율내용이 매매, 도급 등과 같은 특정한 유형·내용의 계약을 규율대상으로 하고 있는 경우가 아닌 한, 지방자치단체를 당사자로 하는 계약에 관하여는 그 계약의 성질이 공법상 계약인지 사법상 계약인지와 상관없이 원칙적으로 지방계약법의 규율이 적용된다고 보아야 한다(대판 2020.12.10. 2019다234617).

01 공법상계약도 공행정작용이므로 역시 법률우위의 원칙을 준수하여야 한다. (O | X) [14서울시7급]

02 일반적으로 공법상 계약은 법규에 저촉되지 않는 한 자유로이 체결할 수 있으며 법률의 근거도 필요하지 않다. (O | X) [17서울시7급]

03 지방자치단체를 당사자로 하는 계약에 관하여는 그 계약의 성질이 사법상 계약인지 공법상 계약인지와 상관없이 원칙적으로 지방자치단체를 당사자로 하는 계약에 관한 법률의 규율이 적용된다고 보아야 한다. (O | X) [23국회직8급]

4) 종류

① **행정주체 상호 간의 공법상 계약**
공공단체 상호 간의 사무위탁 계약, 지방자치단체 상호간의 협의, 공공시설의 관리에 대한 합의 등

② **행정주체와 사인 간의 공법상 계약**
계약직 공무원 채용 계약, 자원입대와 같은 특별행정법관계의 성립, 보조금 교부 계약, 사인에 대한 행정사무의 위임 등

04 행정주체 상호간에도 공법상 계약이 성립할 수 있다. (O | X) [10군무원9급]
05 행정주체가 체결하는 계약은 모두 공법상계약이다. (O | X) [19사회복지직9급]

정답 01 O 02 O 03 O 04 O 05 X

5) 유용성
- 행정을 구체적 사정에 맞게 탄력적으로 처리 가능
- 사실관계·법률관계가 명확하지 아니하여도 문제해결이 용이
- 분쟁의 가능성을 줄임
- 민주적 법치국가에 부합
- 법적 지식이 부족한 자에게도 교섭을 통하여 계약의 내용을 이해시킬 수 있음

6) 특수성
① 공법상 계약에도 성질에 반하지 아니하는 범위에서 민법규정이 적용된다. 다만, 공법상 계약은 공공적 성격을 가지므로 사법상 계약의 지배 법리인 계약자유의 원칙과 사적자치의 원칙에 제한이 가하여 진다. 즉, 계약 내용이 법규의 제한을 받고, 부합계약성을 가지고 있으므로 미리 그 내용이 정하여진 경우가 많아서 상대방은 보통 체결 여부만을 결정하는 경우가 많다. 따라서 실질적으로 공법상 계약에 관해서는 행정주체가 상대방 국민보다 보다 많은 재량을 가진다.

② 계약의 해제·해지에 관한 민법규정도 공법상 계약에는 적용되지 아니한다. 따라서 행정주체는 계약의 이행이 공익상 적절치 않은 경우, 일방적으로 공법상 계약의 해지할 수 있음이 원칙이다. 또한, 공법상 계약 해지의 의사표시를 하는 경우, 행정처분과 같이 행정절차법에 의하여 근거와 이유를 제시하여야 하는 것은 아니다.

관련 판례

계약직공무원에 관한 현행 법령의 규정에 비추어 볼 때, 계약직 공무원 채용계약해지의 의사표시는 일반 공무원에 대한 징계처분과는 달라서 항고소송의 대상이 되는 처분 등의 성격을 가진 것으로 인정되지 아니하고, 일정한 사유가 있을 때에 국가 또는 지방자치단체가 채용계약 관계의 한쪽 당사자로서 대등한 지위에서 행하는 의사표시로 취급되는 것으로 이해되므로 이를 징계해고 등에서와 같이 그 징계사유에 한하여 효력 유무를 판단하여야 하거나, <u>행정처분과 같이 행정절차법에 의하여 근거와 이유를 제시하여야 하는 것은 아니다</u>(대판 2002.11.26. 2002두5948).

③ 공법상 계약은 행정행위가 아니므로 공정력·확정력 등 행정행위 특유의 효력이 인정되지 아니한다. 따라서 별도의 근거가 없는 강제력이 없어 행정상 강제집행을 할 수 없다.

④ 공법상 계약은 대등 당사자의 관계에 해당한다. 따라서 공법상 계약이 대등 당사자 간의 문제로서 다툼이 생긴 경우, 당사자소송의 대상이 되지만 행정심판의 대상은 아니다. 주의할 것은, 공법상 계약과 관련된 모든 분쟁이 당사자소송의 대상이 된다는 것은 아니다. 공법상 계약과 관련한 손해배상이나 부당이득반환은 민사소송이고 공법상 계약을 통해 계약직 공무원에 대한 징계처분이 있는 경우, 항고소송의 대상이 될 수 있는 것이다.

PART 2 행정작용법

> **관련 판례**
>
> 1. 지방공무원법에 의하여 지방계약직공무원에게도 지방공무원법 제69조 제1항 각 호의 징계사유가 있는 때에는 징계처분을 할 수 있다(대판 2008.6.12. 2006두16328).
> 2. 공법상 계약의 한쪽 당사자가 다른 당사자를 상대로 효력을 다투거나 이행을 청구하는 소송은 공법상의 법률관계에 관한 분쟁이므로 분쟁의 실질이 공법상 권리·의무의 존부·범위에 관한 다툼이 아니라 손해배상액의 구체적인 산정방법·금액에 국한되는 등의 특별한 사정이 없는 한 공법상 당사자소송으로 제기하여야 한다(대판 2021.2.4. 2019다277133).
> 3. 지방자치단체가 일방 당사자가 되는 이른바 '공공계약'이 사경제의 주체로서 상대방과 대등한 위치에서 체결하는 사법상 계약에 해당하는 경우 그에 관한 법령에 특별한 정함이 있는 경우를 제외하고는 사적 자치와 계약자유의 원칙 등 사법의 원리가 그대로 적용된다. 행정사건의 심리절차는 행정소송의 특수성을 감안하여 행정소송법이 정하고 있는 특칙이 적용될 수 있는 점을 제외하면 심리절차 면에서 민사소송 절차와 큰 차이가 없으므로, 특별한 사정이 없는 한 민사사건을 행정소송 절차로 진행한 것 자체가 위법하다고 볼 수 없다(대법원 2018.2.13. 선고 2014두11328).

01 지방자치단체가 일방 당사자가 되는 이른바 '공공계약'이 사경제의 주체로서 상대방과 대등한 위치에서 체결하는 사법상 계약에 해당하는 경우 그에 관한 법령에 특별한 정함이 있는 경우를 제외하고는 사적 자치와 계약자유의 원칙 등 사법의 원리가 그대로 적용된다. (O | X) [23국회직8급]

02 공법상 계약에 관한 다툼은 항고소송의 대상이 되는 것이 일반적이다. (O | X) [12경찰]

⑤ 공법상 계약을 체결하는 경우, 계약의 목적 및 내용을 명확하게 적은 계약서를 작성하여야 한다.

> **관련 판례**
>
> 1. 서울특별시립무용단 단원의 위촉은 공법상의 계약이라고 할 것이고, 따라서 그 단원의 해촉에 대하여는 공법상의 당사자소송으로 그 무효확인을 청구할 수 있다(대판 1995.12.22. 95누4636).
> 2. 공중보건의사 채용계약 해지의 의사표시에 대하여는 대등한 당사자간의 소송형식인 공법상의 당사자소송으로 그 의사표시의 무효확인을 청구할 수 있는 것이지, 이를 항고소송의 대상이 되는 행정처분이라는 전제하에서 그 취소를 구하는 항고소송을 제기할 수는 없다(대판 1996.5.31. 95누10617).
> 3. 당사자소송의 대상으로 보아 항고소송의 대상성을 부정한 사례
>   광주광역시립합창단원으로서 위촉기간이 만료되는 자들의 재위촉 신청에 대하여 광주광역시문화예술회관장이 실기와 근무성적에 대한 평정을 실시하여 재위촉을 하지 아니한 것을 항고소송의 대상이 되는 불합격처분이라고 할 수는 없다(대판 2001.12.11. 2001두7794).
> 4. 근로기준법 등의 입법 취지, 지방공무원법과 지방공무원징계및소청규정의 여러 규정에 비추어 볼 때, 채용계약상 특별한 약정이 없는 한, 지방계약직공무원에 대하여 지방공무원법, 지방공무원징계 및 소청규정에 정한 징계절차에 의하지 않고서는 보수를 삭감할 수 없다고 봄이 상당하다(대판 2008.6.12. 2006두16328).
> 5. 계약직 공무원의 채용계약 해지의 의사표시를 무효화 시킬 확인의 이익이 없다는 취지의 판시
>   이미 채용기간이 만료되어 소송 결과에 의해 법률상 그 직위가 회복되지 않는 이상 채용계약 해지의

정답 01 O 02 X

의사표시의 무효확인만으로는 당해 소송에서 추구하는 권리구제의 기능이 있다고 할 수 없고, 침해된 급료지급청구권이나 사실상의 명예를 회복하는 수단은 바로 급료의 지급을 구하거나 명예훼손을 전제로 한 손해배상을 구하는 등의 이행청구소송으로 직접적인 권리구제방법이 있는 이상 무효확인소송은 적절한 권리구제수단이라 할 수 없어 확인소송의 또 다른 소송요건을 구비하지 못하고 있다 할 것이다(대판 2008.6.12. 2006두16328).

6. **공법상 근로관계를 일방적으로 종료시킨 경우 행정처분 또는 대등 당사자의 지위에서 의사표시가 되고 개별적으로 판단하여야 한다.**

    행정청이 자신과 상대방 사이의 근로관계를 일방적인 의사표시로 종료시켰다고 하더라도 곧바로 그 의사표시가 행정청으로서 공권력을 행사하여 행하는 행정처분이라고 단정할 수는 없고, 관계 법령이 상대방의 근무관계에 관하여 구체적으로 어떻게 규정하고 있는지에 따라 그 의사표시가 항고소송의 대상이 되는 행정처분에 해당하는 것인지 아니면 공법상 계약관계의 일방 당사자로서 대등한 지위에서 행하는 의사표시인지 여부를 개별적으로 판단하여야 한다. 이러한 법리는 공법상 근무관계의 형성을 목적으로 하는 채용계약의 체결 과정에서 행정청의 일방적인 의사표시로 계약이 성립하지 아니하게 된 경우에도 마찬가지이다(대판 2014.4.24. 2013두6244).

7. 중소기업기술정보진흥원장이 갑 주식회사와 중소기업 정보화지원사업 지원대상인 사업의 지원에 관한 협약을 체결하였는데, 협약이 갑 회사에 책임이 있는 사업실패로 해지되었다는 이유로 협약에서 정한 대로 지급받은 정부지원금을 반환할 것을 통보한 사안에서, 협약의 해지 및 그에 따른 환수통보는 행정청이 우월한 지위에서 행하는 공권력의 행사로서 행정처분에 해당한다고 볼 수 없다(대판 2015.8.27. 2015두41449).

8. 구 산업집적활성화 및 공장설립에 관한 법률규정들에서 알 수 있는 산업단지관리공단의 지위, 입주계약 및 변경계약의 효과, 입주계약 및 변경계약 체결 의무와 그 의무를 불이행한 경우의 형사적 내지 행정적 제재, 입주계약해지의 절차, 해지통보에 수반되는 법적 의무 및 그 의무를 불이행한 경우의 형사적 내지 행정적 제재 등을 종합적으로 고려하면, 입주변경계약 취소는 행정청인 관리권자로부터 관리업무를 위탁받은 산업단지관리공단이 우월적 지위에서 입주기업체들에게 일정한 법률상 효과를 발생하게 하는 것으로서 항고소송의 대상이 되는 행정처분에 해당한다(대판 2017.6.15. 2014두46843).

9. **당사자소송의 대상을 민사소송으로 제기한 사건, 민사법원에서 행정법원으로 이송**

    국책사업인 '한국형 헬기 개발사업'(Korean Helicopter Program)에 개발주관사업자 중 하나로 참여하여 국가 산하 중앙행정기관인 방위사업청과 '한국형헬기 민군겸용 핵심구성품 개발협약'을 체결한 갑 주식회사가 협약을 이행하는 과정에서 환율변동 및 물가상승 등 외부적 요인 때문에 협약금액을 초과하는 비용이 발생하였다고 주장하면서 국가를 상대로 초과비용의 지급을 구하는 민사소송을 제기한 사안에서, 위 협약의 법률관계는 공법관계에 해당하므로 이에 관한 분쟁은 행정소송으로 제기하여야 한다(대판 2017.11.9. 2015다215526).

---

01 광주광역시문화예술회관장의 단원 위촉은 광주광역시문화예술회관장이 행정청으로서 공권력을 행사하여 행하는 행정처분에 해당한다. (O | X) [12지방직9급]

02 광주광역시립합창단원으로서 위촉기간이 만료되는 자들의 재위촉 신청에 대하여 광주광역시문화예술회관장이 실기와 근무성적에 대한 평정을 실시하여 재위촉을 하지 아니한 것은 항고소송의 대항이 되는 불합격처분에 해당한다. (O | X) [16경찰]

정답 01 X 02 X

PART 2 행정작용법

01 구 「중소기업기술혁신촉진법」상 중소기업 정보화지원사업의 일환으로 중소기업기술정보진흥원장이 갑 주식회사와 중소기업정보화지원사업에 관한 협약을 체결한 후 갑 주식회사의 협약불이행으로 인해 사업실패가 초래된 경우, 중소기업기술정보진흥원장이 협약에 따라 갑에 대해 행한 협약해지 및 지급받은 정부지원금의 환수통보는 행정처분에 해당하지 않는다. (O | X) [18국가직9급]

02 행정청인 관리권자로부터 관리업무를 위탁받은 공단이 우월적 지위에서 일정한 법률상 효과를 발생하게 하는 공단입주 변경계약은 공법계약으로 이의 취소는 공법상 당사자소송으로 해야한다. (O | X) [20군무원7급]

03 공중보건의사 채용계약해지의 의사표시에 대하여는 대등 당사자 간의 소송형식인 공법상 당사자소송으로 무효확인을 청구할 수 없고 행정처분을 전제한 항고소송을 제기하여야 한다. (O | X) [12지방직9급]

> **참고**
>
> 공법상 계약이 변경·해지 및 무효의 법리에 대해서는 확립된 법리를 인정할 수 없다는 점에서 행정기본법안 제30조의 규정은 삭제되었다.
>
> [삭제] 행정기본법안 제30조(공법상 계약의 변경·해지 및 무효) ① 행정청 또는 계약 상대방은 공법상 계약이 체결된 후 중대한 사정이 변경되어 계속하여 계약 내용을 이행하는 것이 신의성실의 원칙에 반하는 경우에는 계약 내용의 변경을 요구할 수 있다. ② 행정청은 다음 각 호의 어느 하나에 해당하는 경우에는 공법상 계약을 해지할 수 있다. 1. 제1항에 따른 계약 내용의 변경이 불가능하거나 변경 시 계약당사자 어느 한쪽에게 매우 불공정할 경우 2. 공법상 계약을 이행하면 공공복리에 중대한 영향을 미칠 것이 명백한 경우 ③ 공법상 계약의 일부분이 무효일 때에는 그 전부를 무효로 한다. 다만, 그 무효부분이 없더라도 공법상 계약을 체결하였을 것이라고 인정되는 경우에는 나머지 부분은 무효로 하지 아니한다.

정답 01 O 02 X 03 X

제4절 공법상 합동행위

Ⅰ 의의

공법상 합동행위란 공법적 효과의 발생을 목적으로 하는 복수당사자간의 동일방향의 의사합치에 의하여 이루어지는 공법행위를 말한다.

01 공법상 계약은 동일한 방향의 의사합치가 요구되고 공법상 합동행위는 반대방향의 의사합치가 필요하다. (O | X) [16군무원9급]

Ⅱ 예

농지개량조합 등 공공조합을 설립하는 행위, 공공조합의 연합체를 설립하는 행위, 시·군 조합 설립행위 등 지방자치단체조합을 설립하는 행위

02 공법상 합동행위는 공법적 효과 발생을 목적으로 하는 복수당사자 간의 동일방향의 의사의 합치로 성립되는 공법행위이며, 지방자치단체조합을 설립하는 행위 등은 이에 해당한다. (O | X) [12지방직7급]

Ⅲ 특색

1. 공법상 합동행위가 유효하게 성립한 후에는 성립에 관여한 자뿐만 아니라 그 후에 조합에 관여한 자도 기존의 자와 동일한 법적 구속을 받는다.
2. 공법상 합동행위가 유효하게 성립한 후에는 개개의 당사자의 의사 하자를 이유로 그 효력을 다툴 수 없음이 원칙이다.

정답 01 X 02 O

제5절 행정상 사실행위

1. 의의

불법건축물의 철거, 경찰관의 무기사용 등 사실상의 효과 발생을 목적으로 하는 행정주체의 행위를 행위를 말한다.

2. 종류(권력적 사실행위와 비권력적 사실행위)

권력적 사실행위는 교도소장의 서신검열, 대집행의 실행행위, 감염병환자의 강제입원 등과 같이 행정주체가 우월적 지위에서 일방적으로 명령·강제하는 행위를 말한다. 비권력적 사실행위는 행정지도, 도로건설과 같이 명령·강제하는 행위가 아닌 사실행위를 의미한다.

> **관련 판례** 권력적 사실행위로서 처분성이 인정된 사례
>
> 1. 단수처분(대판 1979.12.28. 79누218)
> 2. 주민등록말소처분(대판 1994.8.26. 94누3223)
> 3. 미결수용 중 다른 교도소로 이송처분(대판 1992.8.7. 92두30)
> 4. 구청장이 사회복지법인 특별감사결과 지적사항에 대한 시정지시와 그 결과를 관계서류와 함께 보고하도록 지시한 경우, 그 시정지시는 비권력적 사실행위가 아니라 항고소송의 대상인 행정처분(대판 2008.4.24. 2008두3500)
> 5. 국세징수법에 의한 체납처분의 집행으로서 한 본건 압류처분은, 행정청이 한 공법상의 처분(대판 1969.4.29. 69누12)
> 6. 교육감이 학교법인에 대한 감사 실시 후 처리지시를 하고 그와 함께 그 시정조치에 대한 결과를 증빙서를 첨부한 문서로 보고하도록 지시한 것은 항고소송의 대상인 행정처분(대판 2008.9.11. 2006두18362)

> **관련 판례** 비권력적 사실행위의 예
>
> 1. 추첨방식에 의하여 운수사업 면허대상자를 선정(대판 1993.5.11. 92누15987)
> 2. 학교당국이 미납공납금을 완납하지 아니할 경우에 졸업증의 교부와 증명서를 발급하지 않겠다고 통고(대판 2001.10.25. 2001헌마113)
> 3. 건설부장관이 행한 국립공원지정처분에 따라 공원관리청이 행한 경계측량 및 표지의 설시 등은 행정처분이 아님(대판 1993.5.11. 92누15987)
> 4. 진정을 수리한 국가기관이, 진정을 거부하는 '민원회신'이라는 제목의 통지한 것(대판 1991.8.9. 91누4195)
> 5. 교도관들이 외부병원 진료 후 구치소 환소과정에 있는 수형자에게 환소차 탑승을 위하여 병원 밖 주차장에 앉아 있을 것은 지시한 행위(헌재 2012.10.25. 2011헌마429)
> 6. 상훈대상자를 결정할 권한이 없는 국가보훈처장이 기포상자에게 훈격재심사계획이 없다고 한 회신은 단순한 사실행위에 불과함(대판 1989.1.24. 88누3116)

3. 행정상 사실행위에 대한 법적 규율

사실행위는 법적행위는 아니지만 행정작용의 하나로서 법적 규율을 받게 된다.

1) 법률우위의 원칙
사실행위는 행정작용의 하나로서 법률우위의 원칙에 위반되면 안 된다.

2) 법률유보의 원칙
- 조직법적 근거가 필요함은 당연하다.
- 작용법적 근거는 원칙적으로 권력적 사실행위에는 필요하고 비권력적 사실행위는 필요하지 않다고 보는 것이 일반적이다.

4. 권리구제

1) 항고소송

① 대상적격

권력적 사실행위의 경우 처분성 인정할 수 있다. 비권력적 사실행위의 경우 처분성을 인정할 수 없어 항고소송의 대상이 아니다.

② 소의 이익

권력적 사실행위의 경우 침해와 동시에 사실행위가 종료되는 경우가 많아 소의 이익이 없는 경우가 있다. 다만, 침해가 계속되는 경우 소의 이익을 인정할 수 있다.

> **관련 판례**
>
> 권력적 사실행위지만 침해가 계속되어 소의 이익이 인정되는 경우
> 상고심에 계속중인 형사피고인을 안양교도소로부터 진주교도소로 이송함으로써 위 "나"항의 "회복하기 어려운 손해"가 발생할 염려가 있다(대판 1992.8.7. 92두30).

2) 헌법소원

① 권력적 사실행위

권력적 사실행위의 경우 처분성이 인정되므로 원칙적으로 행정소송의 대상이다. 다만, 그 침해가 종료되어 소의 이익이 부정될 가능성이 있다. 이 경우 보충성 원칙이 완화되어 헌법소원의 대상이 된다.

> **관련 판례**
>
> 1. 수형자의 서신을 교도소장이 검열하는 행위는 이른바 권력적 사실행위로서 행정심판이나 행정소송의 대상이 되는 행정처분으로 볼 수 있으나, 위 검열행위가 이미 완료되어 행정심판이나 행정소송을 제기하더라도 소의 이익이 부정될 수밖에 없으므로 헌법소원심판을 청구하는 외에 다른 효과적인 구제방법이 있다고 보기 어렵기 때문에 보충성의 원칙에 대한 예외에 해당한다(헌재 1998.8.27. 96헌마398).

PART 2 행정작용법

> 2. 교도소 수형자에게 소변을 받아 제출하게 한 것은, 일방적으로 강제하는 측면이 존재하며, 응하지 않을 경우 직접적인 징벌 등의 제재는 없다고 하여도 불리한 처우를 받을 수 있다는 심리적 압박이 존재하리라는 것을 충분히 예상할 수 있는 점에 비추어, 권력적 사실행위로서 헌법재판소법 제68조 제1항의 공권력의 행사에 해당한다(헌재 2006.7.27. 2005헌마277).

01 수형자의 서신을 교도소장이 검열하는 행위는 항고소송의 대상이 되는 처분에 해당하는 사실행위이다. (O | X)
[17지방직9급]

02 교도소 내 마약류 관련 수형자에 대한 교도소장의 소변강제채취는 권력적 사실행위이나 헌법소원의 대상은 아니다. (O | X)
[23지방직9급]

② 비권력적 사실행위

헌법소원의 대상이 되는 공권력 행사의 범위는 행정소송의 공권력 행사(처분성)의 개념보다 넓다. 따라서 비권력적 사실행위의 경우에도 헌법소원의 대상이 될 수 있는 경우가 있다.

> **관련 판례**
> 국립대학인 서울대학교의 "94학년도 대학입학고사주요요강"은 사실상의 준비행위 내지 사전안내로서 행정쟁송의 대상이 될 수 있는 행정처분이나 공권력의 행사는 될 수 없지만 그 내용이 국민의 기본권에 직접 영향을 끼치는 내용이고 앞으로 법령의 뒷받침에 의하여 그대로 실시될 것이 틀림없을 것으로 예상되어 그로 인하여 직접적으로 기본권 침해를 받게 되는 사람에게는 사실상의 규범작용으로 인한 위험성이 이미 현실적으로 발생하였다고 보아야 할 것이므로 이는 헌법소원의 대상이 되는 헌법재판소법 제68조 제1항 소정의 공권력의 행사에 해당된다고 할 것이며, 이 경우 헌법소원외에 달리 구제방법이 없다(헌재 1992.10.1. 92헌마68).

03 국립대학교의 대학입학고사 주요요강은 공권력의 행사로서 행정쟁송의 대상이 될 수 있는 행정처분이다. (O | X)
[17서울시7급]

3) 행정상 손해전보

① 손해배상
사실행위로 손해를 입은 국가배상법에 따라 손해배상을 구할 수 있다.

② 손실보상
사실행위로 특별한 희생이 발생한 경우 손실보상을 청구할 수 있다.

4) 행정상 결과제거청구
사실행위의 결과 위법한 상태에 의하여 권익의 침해를 받은 자는 행정주체에 대하여 당사자 소송으로 결과제거를 청구할 수 있다.

정답 01 O 02 X 03 X

CHAPTER 3 기타 행정의 주요 행위형식

제6절 행정지도

I 의의

행정지도란 행정기관이 그 소관 사무의 범위에서 일정한 행정목적을 실현하기 위하여 특정인에게 일정한 행위를 하거나 하지 아니하도록 지도, 권고, 조언 등을 하는 행정작용을 말한다(행정절차법 제2조 제3호).
예 감염병 유행에 대비하기 위하여 마스크 착용 권고, 차량 10부 운행 권고 등

II 행정지도 주요 내용

1. 성격

비권력적 사실행위로서 상대방에게 임의적 협력을 기대하는 행위이다. 따라서 행정지도 자체로는 아무런 법적 효과가 발생하지 아니한다.

01 행정지도는 사실상 강제력으로 인하여 권력적 행정활동임이 원칙이다. (O | X)   [11지방직9급]
02 행정지도는 처분성이 인정된다. (O | X)   [09군무원9급]
03 행정지도 그 자체만으로는 아무런 법적 효과도 발생하지 않는다. (O | X)   [11지방직9급]

2. 기능 및 문제점

임의적 수단을 통한 행정의 권력적 성질의 완화, 임시응급 대책 용이성, 행정기능의 확대의 기능을 한다. 다만, 그 한계가 불명확하여 법치주의를 형해화 시킬 수 있으며 사실상의 강제력이 발생한다는 점에서 문제점도 있다.

3. 법적근거(법률유보의 원칙 적용 여부)

조직법적 근거는 당연히 필요하지만 작용법적 근거는 필요하지 않다고 보는 것이 다수설이다.

04 행정기관이 행정지도를 함에 있어 조직법상의 근거는 요구된다. (O | X)   [12서울시9급]
05 다수설에 따르면 행정지도에 관해서 개별법에 근거규정이 없는 경우 행정지도의 상대방인 국민에게 미치는 효력을 고려하여 행정지도를 할 수 없다고 본다. (O | X)   [17국가직9급]

정답 01 X 02 X 03 O 04 O 05 X

4. 방식

- 행정지도는 반드시 문서로 행하여야 하는 것은 아니고 구술로도 가능하다.
- 행정지도실명제, 서면교부요구권
- 다수인에 대한 행정지도 : 공통적인 내용 공포

> **행정절차법 제49조(행정지도의 방식)** ① 행정지도를 하는 자는 그 상대방에게 그 행정지도의 취지 및 내용과 신분을 밝혀야 한다.
> ② 행정지도가 말로 이루어지는 경우에 상대방이 제1항의 사항을 적은 서면의 교부를 요구하면 그 행정지도를 하는 자는 직무 수행에 특별한 지장이 없으면 이를 교부하여야 한다.

> **행정절차법 제51조(다수인을 대상으로 하는 행정지도)** 행정기관이 같은 행정목적을 실현하기 위하여 많은 상대방에게 행정지도를 하려는 경우에는 특별한 사정이 없으면 행정지도에 공통적인 내용이 되는 사항을 공표하여야 한다.

01 행정지도는 문서로 해야한다. (O | X) [08,09군무원9급]
02 행정지도가 다수인을 대상으로 할 경우에도 명령·강제작용이 아니기 때문에 행정절차법은 특별한 사정이 없으면 공표할 필요가 없다고 규정한다. (O | X) [11지방직9급]

5. 행정지도의 원칙

행정지도는 비례원칙을 준수하여야 하고 부당하게 강요하여서는 아니 되고 행정지도를 따르지 아니하였다는 이유로 불이익한 조치를 취하여서는 아니 된다.

> **행정절차법 제48조(행정지도의 원칙)** ① 행정지도는 그 목적 달성에 필요한 최소한도에 그쳐야 하며, 행정지도의 상대방의 의사에 반하여 부당하게 강요하여서는 아니 된다.
> ② 행정기관은 행정지도의 상대방이 행정지도에 따르지 아니하였다는 것을 이유로 불이익한 조치를 하여서는 아니 된다.

03 행정절차법은 행정지도의 원칙으로 비례원칙을 규정하고 있다. (O | X) [13국가직9급]

6. 의견제출권

> **행정절차법 제50조(의견제출)** 행정지도의 상대방은 해당 행정지도의 방식·내용 등에 관하여 행정기관에 의견제출을 할 수 있다.

04 행정지도의 상대방은 행정지도의 내용에 동의하지 않는 경우 이를 따르지 않을 수 있으므로, 행정지도의 내용이나 방식에 대해 의견제출권을 갖지 않는다. (O | X) [17국가직9급]

정답 01 X 02 X 03 O 04 X

Ⅲ 행정지도의 종류

1. 조성적 행정지도
- 정보·지식·기술 등을 제공하여 보다 발전된 일정한 질서의 형성을 유도하기 위한 행정지도이다.
- 장학지도, 생활개선지도, 중소기업 기술지도, 영농지도 등

2. 조정적 행정지도
- 경제적 이해대립과 과당경쟁을 조정하기 위하여 행하는 행정지도이다.
- 노사분쟁의 조정, 투자·수출량의 조절 등을 위한 지도 등 이에 해당한다.

3. 규제적 행정지도
- 일정한 행위를 억제하기 위한 지도이다.
- 물가억제를 위한 지도, 오물투기의 억제를 위한 지도 등

Ⅳ 행정지도의 한계

1. 행정지도와 법률우위의 원칙
행정지도는 법률우위의 원칙에 위배되어서는 안되므로 법령과 행정법의 일반원칙에 위배되어서는 아니된다.

2. 위법한 행정지도에 따른 행위의 위법성조각
- 행정지도에 따른 행위였지만, 결과적으로 형사처벌의 대상 행위인 경우, 위반 행위자의 위법성 조각 주장이 받아들여질 수 있는지 여부와 관련하여, 판례는 이러한 경우에도 위법성이 조각되지 아니하여 형사처벌의 대상이 된다고 본다.
- 따라서 위법한 행정지도에 따라 행한 사인의 행위는 법령에 명시적으로 정함이 없는 한 위법성이 조각된다고 할 수 없다.

> **관련 판례** 조세범처벌법위반·국토이용관리법위반의 위법성 조각을 부정한 사례
>
> 행정관청이 국토이용관리법 소정의 토지거래계약신고에 관하여 공시된 기준시가를 기준으로 매매가격을 신고하도록 행정지도를 하여 그에 따라 허위신고를 한 것이라 하더라도 이와 같은 행정지도는 법에 어긋나는 것으로서 그와 같은 행정지도나 관행에 따라 허위신고행위에 이르렀다고 하여도 이것만 가지고서는 그 범법행위가 정당화될 수 없다(대판 1994.6.14. 93도3247).

01 위법한 행정지도에 따라 행한 사인의 행위는 법령에 명시적으로 규정하고 있지 않는 한 위법성이 조각된다고 할 수 없다. (O | X) [19군무원9급]

정답 01 O

Ⅴ 행정지도와 권리구제

1. 행정쟁송

행정지도는 비권력적 사실행위이므로 처분성이 없어 행정쟁송의 대상이 되지 아니한다.

> **관련 판례**
>
> 1. 구청장이 도시재개발구역 내의 건물소유자에게 건물의 자진철거를 촉구하는 공문을 보낸 것은 처분이 아니다(대판 1989.9.12. 88누8883).
> 2. 세무당국이 소외 회사에 대하여 원고와의 주류거래를 일정기간 중지하여 줄 것을 요청한 행위는 권고 내지 협조를 요청하는 권고적 성격의 행위로서 소외 회사나 원고의 법률상의 지위에 직접적인 법률상의 변동을 가져오는 행정처분이라고 볼 수 없는 것이므로 항고소송의 대상이 될 수 없다(대판 1980.10.27. 80누395).
> 3. JTBC에 대한 방송통신심의위원회의 제재조치명령은 처분이지만 고지방송명령 부분은 권고적 효력만 있으므로 처분이 아니라는 취지의 판시(세월호 구조 관련 다이빙벨과 관련된 인터뷰를 뉴스 진행자가 편향적으로 진행했다는 의혹과 관련된 사건에서 제재조치명령은 처분이고 재량권 일탈·남용의 위법이 인정되지만 고지방송명령은 단순 권고적 성격에 불과하므로 처분이 아니라는 취지)
>   이 사건 고지방송명령은 권고적 효력만을 가지는 비권력적 사실행위에 해당할 뿐, 항고소송의 대상이 되는 행정처분에 해당하지 않는다(대판 2023.7.13. 선고 2016두34257)
> 4. 무단 용도변경을 이유로 단전조치된 건물의 소유자로부터 새로이 전기공급신청을 받은 한국전력공사가 관할 구청장에게 전기공급의 적법 여부를 조회한 데 대하여, 관할 구청장이 한국전력공사에 대하여 건축법 제69조 제2항, 제3항의 규정에 의하여 위 건물에 대한 전기공급이 불가하다는 내용의 회신을 하였다면, 그 회신은 권고적 성격의 행위에 불과한 것으로서 한국전력공사나 특정인의 법률상 지위에 직접적인 변동을 가져오는 것은 아니므로 항고소송의 대상이 되는 행정처분이라고 볼 수 없다(대판 1995.11.21. 95누9099).

2. 헌법소원

행정지도는 처분성은 없지만 헌법소원의 대상이 되는 공권력 행사는 행정소송의 대상보다는 범위가 넓으므로 행정지도가 규제적·구속적 성격을 가지는 경우, 헌법소원의 대상이 될 수 있다.

> **관련 판례** 헌법소원의 대상이 되는 공권력행사로 본 판시
>
> 1. 교육인적자원부장관의 대학총장들에 대한 이 사건 학칙시정요구는 고등교육법 제6조 제2항, 동법시행령 제4조 제3항에 따른 것으로서 그 법적 성격은 대학총장의 임의적인 협력을 통하여 사실상의 효과를 발생시키는 행정지도의 일종이지만, 그에 따르지 않을 경우 일정한 불이익조치를 예정하고 있어 사실상 상대방에게 그에 따를 의무를 부과하는 것과 다를 바 없으므로 단순한 행정지도로서의 한계를 넘어 규제적·구속적 성격을 상당히 강하게 갖는 것으로서 헌법소원의 대상이 되는 공권력의 행사라고 볼 수 있다(헌재 2003.6.26. 2002헌마337).

2. 행정기관인방송통신심의위원회의시정요구는 정보통신서비스제공자 등에게 조치결과 통지의무를 부과하고 있고, 정보통신서비스제공자 등이 이에 따르지 않는 경우 방송통신위원회의 해당 정보의 취급거부·정지 또는 제한명령이라는 법적 조치가 예정되어 있으며, 행정기관인 방송통신심의위원회가 표현의 자유를 제한하게 되는 결과의 발생을 의도하거나 또는 적어도 예상하였다 할 것이므로, 이는 단순한 행정지도로서의 한계를 넘어 규제적·구속적 성격을 갖는 것으로서 헌법소원 또는 항고소송의 대상이 되는 공권력의 행사라고 봄이 상당하다(헌재 2012.2.23. 2011헌가13).

> **관련 판례** 헌법소원의 대상성을 부정한 판시
>
> 1. 노동부장관이 2009. 4. 노동부 산하 7개 공공기관의 단체협약내용을 분석하여 2009. 5. 1.경 불합리한 요소를 개선하라고 요구한 행위(이하 '이 사건 개선요구'라 한다)가 공권력행사에 해당하는지 여부(소극)
>   이 사건 개선요구는 이를 따르지 않을 경우의 불이익을 명시적으로 예정하고 있다고 보기 어렵고, 행정지도로서의 한계를 넘어 규제적·구속적 성격을 강하게 갖는다고 할 수 없어 헌법소원의 대상이 되는 공권력의 행사에 해당한다고 볼 수 없다(헌재 2011.12.29. 2009헌마330).
> 2. 감사원장이 2009. 4.경 60개 공공기관에 대하여 공공기관 선진화 계획의 이행실태, 노사관계 선진화 추진실태 등을 점검하고, 2009. 6. 30. 공공기관 감사책임자회의에서 자율시정하도록 개선방향을 제시한 행위가 공권력행사에 해당하는지 여부(소극)
>   이 사건 점검 및 개선 제시 중, 점검행위는 감사원 내부의 자료수집에 불과하고, 개선 제시는 이를 따르지 않을 경우의 불이익을 명시적으로 예정하고 있다고 보기 어려우므로 행정지도로서의 한계를 넘어 규제적·구속적 성격을 강하게 갖는다고 볼 수 없다. 따라서 이 사건 점검 및 개선 제시는 헌법소원의 대상이 되는 공권력의 행사라고 보기 어렵다(헌재 2011.12.29. 2009헌마330).

3. 손해배상청구

행정지도도 행정상 손해배상청구의 요건인 직무집행성에 해당한다. 따라서 나머지 요건을 갖추는 경우 국가배상청구가 가능하다.

> **관련 판례**
>
> 1. 국가배상법이 정한 배상청구의 요건인 '공무원의 직무'에는 권력적 작용만이 아니라 행정지도와 같은 비권력적작용도 포함되며, 단지 행정주체가 사경제주체로서 하는 활동만 제외되는 것이다(대판 1994.9.30. 94다11767).
> 2. 한계를 일탈하지 않은 행정지도로 인하여 상대방에게 손해가 발생한 경우, 행정기관이 손해배상책임을 지는지 여부(소극)
>   행정지도가 강제성을 띠지 않은 비권력적 작용으로서 행정지도의 한계를 일탈하지 아니하였다면, 그로 인하여 상대방에게 어떤 손해가 발생하였다 하더라도 행정기관은 그에 대한 손해배상책임이 없다(대판 2008.9.25. 2006다18228).
> 3. 행정기관의 위법한 행정지도로 일정기간 어업권을 행사하지 못하는 손해를 입은 자가 그 어업권을 타인에게 매도하여 매매대금 상당의 이득을 얻은 경우, 손해배상액의 산정에서 그 이득을 손익상계할 수 있는지 여부(소극)

> 1995. 1. 3. 이전에 원고에 대하여 행한 행정지도는 원고의 임의적 협력을 얻어 행정목적을 달성하려고 하는 비권력적 작용으로서 강제성을 띤 것이 아니지만, <u>1995. 1. 3. 행한 행정지도는 그에 따를 의사가 없는 원고에게 이를 부당하게 강요하는 것으로서 행정지도의 한계를 일탈한 위법한 행정지도에 해당하여 불법행위를 구성하므로</u>……나아가 피고는 원고의 어업면허를 취소하거나 어업면허를 제한하는 등의 처분을 하지 아니한 채 원고에게 양식장시설공사를 중단하도록 하여 어업을 하지 못하도록 함으로써 <u>실질적으로는 어업권이 정지된 것과 같은 결과를 초래하였으므로</u>, 결국 어업권이 정지된 경우의 보상액 관련 규정을 유추 적용하여 손해배상액을 산정하여야 한다고 판단하였다……<u>피고가 배상하여야 할 손해는 위법한 행정지도로 원고가 일정기간 어업권을 행사하지 못한 데 대한 것임에 반하여 원고가 얻은 위 이득은 어업권 자체의 매각대금이므로 위 이득이 위 손해의 범위에 대응하는 것이라고 볼 수도 없다</u>(대판 2008.9.25. 2006다18228).

01 행정기관의 위법한 행정지도로 일정기간 어업권을 행사하지 못하는 손해를 입은 자가 그 어업권을 타인에게 매도하여 매매대금 상당의 이득을 얻은 경우, 손해배상액의 산정에서 그 이득을 손익상계할 수 있다. (O | X)
[17지방직9급]

4. 손실보상청구

다수설은 행정지도는 임의적 협력을 필요로 하는 행위이므로 손실보상의 대상이 되지 아니한다고 본다.

제7절 비공식적 행정작용

1. 의의

행정작용의 요건·효과·절차 등이 법에 정해져 있는 작용을 공식적인 행정작용이며 이와 달리 요건·효과·절차 등이 법에 정해져 있지 않고 법적 구속력을 발생하지 않는 비권력적 사실행위를 말한다.

2. 독일의 논의

독일법상 행정작용의 유형으로서 아직 우리나라의 실정법에는 수용되지 아니함

3. 장점

행정의 탄력성 제고, 법적 분쟁의 회피, 비용절감, 법적 불확실성 제거

정답 01 ×

4. 문제점

법치행정의 원리 후퇴, 효과적인 권리구제가 어려움, 행정통제 곤란, 제3자 보호의 어려움

제8절 행정의 자동결정

> **행정기본법 제20조(자동적 처분)** 행정청은 법률로 정하는 바에 따라 완전히 자동화된 시스템(인공지능 기술을 적용한 시스템을 포함한다)으로 처분을 할 수 있다. 다만, 처분에 재량이 있는 경우는 그러하지 아니하다.

01 「행정기본법」상 자동적 처분을 할 수 있는 '완전히 자동화된 시스템'에는 '인공지능 기술을 적용한 시스템'이 포함되지 않는다. (O | X) [23지방직9급]

1. 의의

- 행정의 자동결정이란 행정과정에서 컴퓨터 등 전자데이터장비를 투입하여 행정 업무를 자동화하여 수행하는 것을 말한다. 행정의 자동결정에는 완전히 자동화된 시스템으로 하는 전부 자동결정과 일부만 자동화된 일부 자동결정이 있다. 행정기본법 제20조는 전부 자동결정에 대한 규정이며 자동적 처분이라고도 한다. 즉 일부 자동결정은 자동적 처분이 아니다. 그리고 자동적 처분은 기속행위의 경우에만 법률에 따라 가능하다. 또한 권력적 사실행위로 자동결정이 행해지는 경우에도 행정기본법 제20조의 적용 가능성이 있다.
- 예 컴퓨터를 통한 학교배정, 신호등에 의한 교통신호, 공영주차장 사용료 결정, 전산처리를 통한 객관식 시험의 채점과 합격자 결정이 행정의 자동결정에 해당한다.

2. 법적 성질

- 행정의 자동결정은 행정행위에 해당한다.
- 자동결정의 기준이 되는 프로그램은 행정규칙으로서의 성격을 갖는다.

3. 대상

1) 기속행위

자동결정의 대상이 될 수 있다.

정답 01 X

2) 재량행위

전부 자동결정의 경우는 행정기본법 제20조에 따라 재량행위의 경우 전부 자동결정은 불가하다. 다만, 일부 자동결정의 경우에는 견해의 대립이 있는데, 사안의 특수성을 고려하여야 하는 재량행위는 원칙적으로 자동결정의 대상이 될 수 없다는 부정설과 재량준칙을 정형화할 수 있음을 들어 자동결정의 가능성을 인정하는 긍정설이 대립한다.

4. 행정자동결정의 절차

보통의 행정행위 같이 행정행위의 요건이 충족되어야 하겠지만 개인을 상대로 개별적으로 보통의 행정행위와는 다른 성질을 가지므로 그러한 한도 내에서 특별한 규율이 행해질 수 있다.

5. 행정자동결정의 하자 및 권리구제

- 행정의 자동결정도 행정의 법률적합성과 행정법의 일반원칙에 관한 한계를 준수하여야 한다.
- 위법한 행정자동결정에 대해서는 행정쟁송을 제기할 수 있고, 위법·유책한 프로그램의 작성의 경우 국가배상법 제2조의 책임을, 자동처리시설의 하자에 대해서는 국가배상법 제5조의 책임을 물을 수 있다.

제9절 사법형식의 행정작용

1. 의의

- 행정주체가 사인과 같은 지위에서 사법형식으로 수행하는 행정작용을 의미한다.
- 국고관계와 행정사법이 사법형식의 행정작용에 해당한다.

2. 국고관계

1) 의의

행정주체가 사인(私人)과 같은 지위에서 국민과 맺는 관계를 의미한다. 국고관계는 사법관계에 해당하므로 원칙적으로 사법이 적용되지만, 간접적으로 공행정작용을 수행하는 것이므로 공법적 기속을 받는다.

2) 예

일반재산 매각·임대, 공사도급계약, 지방채의 발행 등 성질상 사법상 행위이다.

3) 적용법과 분쟁해결

원칙적으로 사법이 적용되며, 민사소송의 대상이 된다. 다만, 국고관계도 간접적으로 공행정작용을 수행하는 것이므로 민사소송에서 공법을 법원으로 고려할 수 있다.

> **관련 판례**
>
> 1. 지방재정법에 의하여 준용되는 국가계약법에 따라 지방자치단체가 당사자가 되는 이른바 공공계약은 사경제의 주체로서 상대방과 대등한 위치에서 체결하는 사법상의 계약으로서 그 본질적인 내용은 사인 간의 계약과 다를 바가 없으므로, 그에 관한 법령에 특별한 정함이 있는 경우를 제외하고는 사적자치와 계약자유의 원칙 등 사법의 원리가 그대로 적용된다 할 것이다(대판 2001.12.11. 선고 2001다33604).
> 2. 구 국가를 당사자로 하는 계약에 관한 법률('국가계약법') 제11조 규정 내용과 국가가 일방당사자가 되어 체결하는 계약의 내용을 명확히 하고 국가가 사인과 계약을 체결할 때 적법한 절차에 따를 것을 담보하려는 규정의 취지 등에 비추어 보면, 국가가 사인과 계약을 체결할 때에는 국가계약법령에 따른 계약서를 따로 작성하는 등 요건과 절차를 이행하여야 할 것이고, 설령 국가와 사인 사이에 계약이 체결되었더라도 이러한 법령상 요건과 절차를 거치지 아니한 계약은 효력이 없다(대판 2015.1.15. 2013다215133).

3. 행정사법

1) 의의

직접적인 공행정업무를 행정주체가 사인(私人)과 같은 지위에서 사법의 형식으로 국민과 맺는 관계를 의미한다.

2) 예시

국립극장, 주택구입에 대한 저리 융자 제공, 전기·가스의 공급 등이 있다.

3) 특징

계약이 강제되거나 해제가 제한되기도 하고 경영계속의무 등이 주어진다.

4) 제한

행정사법 그 형식만 사법형식이고 직접적으로 공행정업무를 수행하는 것이므로 공법적 구속을 받는다. 행정사법에 대한 공법상 제한은 매우 중요한데, 그 이유는 행정사법 분야가 활성화되면 법률상 제한의 도피수단으로 악용될 소지가 있기 때문이다. 따라서 행정사법이 사적자치 원칙으로 도피하는 것을 막기 위하여, 행정사법도 각종 공법상 제한을 받는 것이다. 예를 들어, 행정사법도 헌법상 기본권을 준수하여야 하고 사법상 계약자유의 원리가 수정되며, 행정법상 일반원칙의 제한을 받는 것이다.

5) 분쟁해결

행정사법은 사법형식의 작용이므로 사법이 적용되고 민사소송을 통해 분쟁을 해결한다.

> **관련 판례**
>
> 전화가입계약은 전화가입희망자의 가입청약과 이에 대한 전화관서의 승락에 의하여 성립하는 영조물 이용의 계약관계로서 비록 그것이 공중통신역무의 제공이라는 이용관계의 특수성 때문에 그 이용조건 및 방법, 이용의 제한, 이용관계의 종료원인 등에 관하여 여러가지 법적 규제가 있기는 하나 그 성질은 사법상의 계약관계에 불과하다고 할 것이므로 전화가입계약을 해지하였다 하여도 이는 사법상의 계약의 해지와 성질상 다른 바가 없다 할 것이고 이를 항고소송의 대상이 되는 행정처분으로 볼 수 없다(대판 1982.12.28. 82누441).

01 행정사법작용에 관한 법적 분쟁은 특별한 규정이 없는 한 민사소송을 통해 구제를 도모하여야 한다. (O | X)

[20군무원7급]

정답 01 O

핵심 기출문제

01
[보기]의 공법상 계약에 관한 설명으로 옳은 것을 모두 고르면? [19서울시9급 변형]

[보기]
ㄱ. 행정주체가 체결하는 계약은 모두 공법상 계약이다.
ㄴ. 광주광역시문화예술회관장의 단원 위촉은 공법상 근로계약이 아니라 행정청으로서 공권력을 행사하여 행하는 행정처분이다.
ㄷ. 계약직공무원에 대한 채용계약 해지의 의사표시는 국가 또는 지방자치단체가 대등한 지위에서 행하는 의사표시로 이해된다.
ㄹ. 공법상 계약에 관한 통칙적 규정은 없다.

① ㄱ, ㄴ
② ㄴ, ㄹ
③ ㄴ, ㄷ
④ ㄷ

02
다음 중 행정의 자동결정에 대한 설명으로 옳지 않은 것은? [19군무원9급]

① 전산처리를 통한 객관식 시험의 채점과 합격자 결정은 행정의 자동결정의 예이다.
② 행정의 자동결정도 행정작용의 하나이므로 행정의 법률적합성과 행정법의 일반원칙에 의한 법적 한계를 준수하여야 한다.
③ 교통신호의 고장으로 사고가 발생하여 손해가 발생한 경우 국가배상법에 따른 국가배상청구가 가능하다.
④ 행정의 자동결정은 컴퓨터를 통하여 이루어지는 자동적 결정이기 때문에 행정행위의 개념적 요소를 구비하는 경우에도 행정행위로서의 성격을 인정하는 데 어려움이 있다.

03

자동화된 행정결정에 대한 설명으로 옳지 않은 것은? [23지방직9급]

① 자동화된 행정결정의 예로는 컴퓨터를 통한 중·고등학생의 학교배정, 신호등에 의한 교통신호 등이 있다.
② 「행정기본법」상 자동적 처분은 항고소송의 대상이 된다.
③ 「행정기본법」상 자동적 처분을 할 수 있는 '완전히 자동화된 시스템'에는 '인공지능 기술을 적용한 시스템'이 포함되지 않는다.
④ 「행정기본법」은 재량행위에 대해서 자동적 처분을 허용하지 않고 있다.

해설

01 | ㄱ. (×) 공법상 효과의 발생을 의욕하는 공법상 계약과 사법상 효과의 발생을 의욕하는 사법상 계약이 있다.
ㄴ. (×) 광주광역시문화예술회관장의 단원 위촉은 광주광역시문화예술회관장이 행정청으로서 공권력을 행사하여 행하는 행정처분이 아니라 공법상의 근무관계의 설정을 목적으로 하여 광주광역시와 단원이 되고자 하는 자 사이에 대등한 지위에서 의사가 합치되어 성립하는 공법상 근로계약에 해당한다고 보아야 할 것이므로, 광주광역시립합창단원으로서 위촉기간이 만료되는 자들의 재위촉 신청에 대하여 광주광역시문화예술회관장이 실기와 근무성적에 대한 평정을 실시하여 재위촉을 하지 아니한 것을 항고소송의 대상이 되는 불합격처분이라고 할 수는 없다(대판 2001.12.11. 2001두7794).
ㄷ. (○) 계약직공무원에 관한 현행 법령의 규정에 비추어 볼 때, 계약직공무원 채용계약해지의 의사표시는 일반공무원에 대한 징계처분과는 달라서 항고소송의 대상이 되는 처분 등의 성격을 가진 것으로 인정되지 아니하고, 일정한 사유가 있을 때에 국가 또는 지방자치단체가 채용계약 관계의 한쪽 당사자로서 대등한 지위에서 행하는 의사표시로 취급되는 것으로 이해되므로, 이를 징계해고 등에서와 같이 그 징계사유에 한하여 효력 유무를 판단하여야 하거나, 행정처분과 같이 행정절차법에 의하여 근거와 이유를 제시하여야 하는 것은 아니다(대판 2002.11.26. 2002두5948).
ㄹ. (×) 출제 당시는 옳은 지문이었으나 행정기본법에 공법상 계약에 관한 통칙적 규정이 도입되었다.

> **행정기본법 제27조(공법상 계약의 체결)** ① 행정청은 법령등을 위반하지 아니하는 범위에서 행정목적을 달성하기 위하여 필요한 경우에는 공법상 법률관계에 관한 계약(이하 "공법상 계약"이라 한다)을 체결할 수 있다. 이 경우 계약의 목적 및 내용을 명확하게 적은 계약서를 작성하여야 한다.
> ② 행정청은 공법상 계약의 상대방을 선정하고 계약 내용을 정할 때 공법상 계약의 공공성과 제3자의 이해관계를 고려하여야 한다.

02 | ③ (○) 국가배상법상 영조물책임의 대상이 된다.
④ (×) 행정지도는 행정행위성을 인정하는 데 별다른 어려움이 없다.

03 | ① (○) 행정의 자동결정이란 행정과정에서 컴퓨터 등 전자데이터장비를 투입하여 행정 업무를 자동화하여 수행하는 것을 말한다. 그 예로는 컴퓨터를 통한 학교배정, 신호등에 의한 교통신호, 공영주차장 사용료 결정, 전산처리를 통한 객관식 시험의 채점과 합격자 결정
② (○) 자동적 처분은 처분성을 인정하는 것이 통설이었으며, 통설을 반영하여 행정기본법에도 기속행위에 대해서 자동적 처분이 가능함을 명시하고 있다.
③ (×), ④ (○)

> **행정기본법 제20조(자동적 처분)** 행정청은 법률로 정하는 바에 따라 완전히 자동화된 시스템(인공지능 기술을 적용한 시스템을 포함한다)으로 처분을 할 수 있다. 다만, 처분에 재량이 있는 경우는 그러하지 아니하다.

정답 01 ④ 02 ④ 03 ③

> 에듀콕스(educox)는 책에 관한 소재와 원고를 설레는 마음으로 기다리고 있습니다.
> 책으로 만들고 싶은 좋은 소재와 기획이 있으신 분은 이메일(educox@hanmail.net)로 간단한 개요와 취지, 연락처 등을 보내주시면 됩니다.

2026
한세훈 행정법총론

초판 발행 2025년 7월 7일
편 저 자 한세훈
발 행 인 이상옥
발 행 처 에듀콕스(educox)
출판등록번호 제25100-2018-000073호
주 소 서울시 관악구 신림로23길 16 일성트루엘 907호
팩 스 02)6499-2839
홈페이지 www.educox.co.kr
이 메 일 educox@hanmail.net

저자와의
협의하에
인지생략

이 책에 실린 내용에 대한 저작권은 에듀콕스(educox)에 있으므로 함부로 복사·복제할 수 없습니다.

정가 47,000원
ISBN 979-11-93666-34-0

2026 기본서
공무원 전 직렬 대비

한세훈
행정법총론

구조에 대한 이해
회독을 거듭할수록 느끼는 자신감

한세훈 편저

2

Contents

PART 3 행정절차, 정보공개법, 개인정보 보호법

chapter 1 행정절차법 8

제1절 행정절차 개설, 처분절차 ··8
제2절 신고, 행정예고, 행정입법예고, 행정지도 ··42

chapter 2 공공기관의 정보공개에 관한 법률 51

chapter 3 개인정보 보호법 80

PART 4 행정의 실효성 확보수단

chapter 1 행정상 강제집행 108

chapter 2 행정상 즉시강제와 행정조사 138

제1절 행정상 즉시강제 ··138
제2절 행정조사 ··142

chapter 3 행정벌	155
제1절 행정형벌	157
제2절 행정질서벌(과태료)	164

chapter 4 새로운 실효성 확보수단	174

PART 5 행정구제법

chapter 1 행정상 손해배상	194
제1절 행정상 손해배상	194

chapter 2 행정상 손실보상	240
제1절 개설	240
제2절 손실보상청구권의 요건	246
제3절 손실보상의 기준과 내용	252
제4절 생활보상	265
제5절 간접손실 보상	268
제6절 기타 손해전보제도	271

Contents

| **chapter 3 행정소송** | **275** |

제1절 개설 ···275
제2절 취소소송 개설 ···283
제3절 소송요건 ··292
제4절 심리 ··360
제5절 판결 ··371
제6절 무효등확인소송 ··389
제7절 부작위위법확인소송 ··393
제8절 당사자소송 ··397

| **chapter 4 행정심판** | **406** |

한세훈 행정법총론

PART 3
행정절차, 정보공개법, 개인정보 보호법

chapter 1 행정절차법
chapter 2 공공기관의 정보공개에 관한 법률
chapter 3 개인정보 보호법

CHAPTER 1 행정절차법

제1절 행정절차 개설, 처분절차

I 개설

1. 행정절차의 의의

행정작용을 함에 있어서 대외적으로 국민과의 관계에서 거치는 사전절차를 의미한다(협의의 행정절차). 우리 행정절차법은 처분, 신고, 행정예고, 행정입법예고, 행정지도, 행정계획, 확약, 위반사실 등 공표의 절차를 규정하고 있다.

2. 행정절차의 기능

1) **행정의 민주화**

    이해관계인의 참여 기회를 절차적으로 보장함으로써 결과적으로 행정작용의 민주화에 크게 기여한다.

2) **행정작용의 적정화(공정성 확보)**

    의견 또는 참고자료 등을 제출할 기회를 부여하는 것은 행정과정을 투명하게 할 뿐 아니라 행정청의 사실인정과 법령의 해석·적용을 올바르게 한다.

3) **사법기능의 보완(사전적 권리구제)**

    사전에 위법한 행정결정을 피할 수 있도록 하여 개인의 권리침해를 방지하고 이로써 법적인 분쟁을 사전에 차단시키는 기능한다.

4) **행정의 능률화**

    행정작용에 대한 절차를 표준화하는 것은 오히려 행정작용을 간소화시키고 원활하게 수행하는데 도움이 된다.

---

01 행정절차는 행정의 민주화, 행정의 능률화, 사후적 행정구제 등의 기능을 수행한다. (O | X) [13서울시7급]

정답 01 X

3. 행정절차의 발전 과정

1) 영미법계
영국에서는 '누구든지 청문 없이 비난당하지 않는다.'와 같은 자연적 정의를 중심으로 발전하였고 미국에서는 미국 수정헌법의 적법절차와 관련된 조항을 통하여 발전하였다.

2) 독일
1976년 연방행정절차법이 제정되어, 행정작용에 대한 사전적 절차뿐만 아니라 행정행위의 개념, 부관, 효력, 철회, 취소, 확약, 재량행사의 한계 등 많은 실체법적 규정을 두고 있다.

3) 우리나라
많은 개별법에서도 청문 등 행정절차에 관한 규정을 두고 있다가 1996년 행정절차의 일반법인 행정절차법이 제정되었다.

Ⅱ 행정절차법의 근거와 통칙적 사항

1. 행정절차의 헌법적 근거와 특징

1) 헌법 제12조 제1항과 제3항
헌법 제12조 제1항과 제3항은 형사절차에 관하여 적법절차의 원리를 규정하고 있다. 판례는 이 규정을 근거로 형사사법권 발동 외에도 행정절차에도 적용된다고 본다.

> **헌법 제12조** ① 모든 국민은 신체의 자유를 가진다. 누구든지 법률에 의하지 아니하고는 체포·구속·압수·수색 또는 심문을 받지 아니하며, 법률과 적법한 절차에 의하지 아니하고는 처벌·보안처분 또는 강제노역을 받지 아니한다.
> ③ 체포·구속·압수 또는 수색을 할 때에는 적법한 절차에 따라 검사의 신청에 의하여 법관이 발부한 영장을 제시하여야 한다. 다만, 현행범인인 경우와 장기 3년 이상의 형에 해당하는 죄를 범하고 도피 또는 증거인멸의 염려가 있을 때에는 사후에 영장을 청구할 수 있다.

관련 판례

헌법 제12조 제3항의 본문은 동조 제1항과 함께 적법절차원리의 일반 조항에 해당하는 것으로서 형사절차상의 영역에 한정되지 않고 입법·행정 등 국가의 모든 공권력의 작용에는 절차상의 적법성뿐만 아니라 법률의 실체적인 내용도 합리성과 정당성을 갖춘 실체적인 적법성이 있어야 한다는 적법절차의 원리를 헌법의 기본원리로 명시한 것이다(헌재 1992.12.24. 92헌가8).

01 헌법재판소는 행정절차의 헌법적 근거를 민주국가의 원리라는 헌법 원리에서 찾는다. (O | X) [15사회복지직9급]
02 행정에서 적법절차원리의 헌법적 근거는 형사절차에서의 적법절차를 규정한 헌법 제12조 제3항에 있다. (O | X) [20국회직8급]

정답 01 X 02 O

2) 특징

행정절차법에는 순수한 절차적 규정 외에 실체적 규정에 해당하는 신의성실의원칙, 신뢰보호의 원칙 그리고 투명성의 원칙에 대하여도 규정하고 있다.

> **행정절차법 제4조(신의성실 및 신뢰보호)** ① 행정청은 직무를 수행할 때 신의(信義)에 따라 성실히 하여야 한다.
> ② 행정청은 법령등의 해석 또는 행정청의 관행이 일반적으로 국민들에게 받아들여졌을 때에는 공익 또는 제3자의 정당한 이익을 현저히 해칠 우려가 있는 경우를 제외하고는 새로운 해석 또는 관행에 따라 소급하여 불리하게 처리하여서는 아니 된다.
> **동법 제5조(투명성)** ① 행정청이 행하는 행정작용은 그 내용이 구체적이고 명확하여야 한다.
> ② 행정작용의 근거가 되는 법령등의 내용이 명확하지 아니한 경우 상대방은 해당 행정청에 그 해석을 요청할 수 있으며, 해당 행정청은 특별한 사유가 없으면 그 요청에 따라야 한다.
> ③ 행정청은 상대방에게 행정작용과 관련된 정보를 충분히 제공하여야 한다.

01 행정절차법은 절차적 규정뿐만 아니라 신뢰보호원칙과 같이 실체적 규정을 포함하고 있다. (O | X) [18경찰]

02 행정절차법 제4조에 의하면 행정청은 법령 등의 해석 또는 행정청의 관행이 일반적으로 국민들에게 받아들여졌을 때에는 공익 또는 제3자의 정당한 이익을 현저히 해칠 우려가 있는 경우를 제외하고는 새로운 해석 또는 관행에 따라 소급하여 불리하게 처리하여서는 아니 된다. (O | X) [17경찰]

2. 행정절차법의 통칙

1) 용어 정의 규정

> **행정절차법 제2조(정의)** 이 법에서 사용하는 용어의 뜻은 다음과 같다.
> 1. "행정청"이란 다음 각 목의 자를 말한다.
>   가. 행정에 관한 의사를 결정하여 표시하는 국가 또는 지방자치단체의 기관
>   나. 그 밖에 법령 또는 자치법규(이하 "법령등"이라 한다)에 따라 행정권한을 가지고 있거나 위임 또는 위탁받은 공공단체 또는 그 기관이나 사인(私人)
> 2. "처분"이란 행정청이 행하는 구체적 사실에 관한 법 집행으로서의 공권력의 행사 또는 그 거부와 그 밖에 이에 준하는 행정작용(行政作用)을 말한다.
> 4. "당사자등"이란 다음 각 목의 자를 말한다.
>   가. 행정청의 처분에 대하여 직접 그 상대가 되는 당사자
>   나. 행정청이 직권으로 또는 신청에 따라 행정절차에 참여하게 한 이해관계인

① 행정청

조직법상 행정관청의 개념보다 넓은 개념으로서 행정권한을 위임 또는 위탁받은 공공단체나 그 기관 및 공무수탁사인을 포함하고 있으며 행정기본법, 행정심판법, 행정소송법상의 행정청의 개념과 동일한 개념이다.

정답 03 O 04 O

② 처분

행정심판법과 행정소송법의 처분개념과 동일하다. 따라서 구속적 행정계획으로 처분성이 인정되는 경우에는 행정절차법의 처분에 관한 절차를 준수하여야 하며 행정조사도 처분성이 있는 경우에는 행정절차법 소정의 처분에 관한 절차를 준수하여야 한다.

③ 당사자등

처분의 직접상대방 외에도 행정청이 직권 또는 신청에 의하여 행정절차에 참여하게 한 이해관계인이 포함된다.

01 「행정절차법」상 사전통지 및 의견제출에 대한 권리를 부여하고 있는 '당사자등'에는 불이익처분의 직접 상대방인 당사자와 행정청이 직권으로 또는 신청에 따라 행정절차에 참여하게 한 이해관계인, 그 밖에 제3자가 포함된다. (O | X) [23지방직9급]

02 행정청이 직권으로 행정절차에 참여하게 한 이해관계인은 당사자 등에 해당하지 않는다. (O | X) [18서울시9급]

2) 적용범위

- 행정절차에 관하여 다른 법률에 특별한 규정이 있는 경우에는 그 규정을 행정절차법보다 우선 적용한다. 예를 들면, 민원사무처리와 관련된 절차에 관하여는 「민원사무처리에 관한 법률」이 행정절차법 보다 우선하여 적용된다.
- 처분, 신고, 확약, 위반사실 등의 공표, 행정계획, 행정상 입법예고, 행정예고 및 행정지도의 절차에 관하여 다른 법률에 특별한 규정이 있는 경우를 제외하고는 행정절차법에서 정하는 바에 따른다(행정절차에 관한 일반법인 행정절차법).

> 행정절차법 제3조(적용 범위) ① 처분, 신고, 확약, 위반사실 등의 공표, 행정계획, 행정상 입법예고, 행정예고 및 행정지도의 절차(이하 "행정절차"라 한다)에 관하여 다른 법률에 특별한 규정이 있는 경우를 제외하고는 이 법에서 정하는 바에 따른다.

03 행정절차법은 행정예고와 공법상 계약에 관하여 규정하고 있다. (O | X) [17교육행정직9급]

04 행정절차법은 행정조사에 관한 명문의 규정을 두고 있지 않으므로 행정조사가 처분에 해당하는 경우에도 행정절차법상의 처분절차에 관한 규정이 적용되지 않는다. (O | X) [16사회복지직9급]

05 적법절차의 원칙은 헌법의 기본원리이고 행정절차법은 행정절차에 관한 일반법적 성격을 가지기는 하지만 행정절차법이 모든 행정작용에 적용되는 것은 아니다. (O | X) [13국회직8급]

06 행정절차법은 행정조사에 관한 명문의 규정을 두고 있지 않다. (O | X) [19소방직]

정답 01 X 02 X 03 X 04 X 05 O 06 O

3) 적용제외

행정절차법 제3조(적용 범위) ② 이 법은 다음 각 호의 어느 하나에 해당하는 사항에 대하여는 적용하지 아니한다.
1. 국회 또는 지방의회의 의결을 거치거나 동의 또는 승인을 받아 행하는 사항
2. 법원 또는 군사법원의 재판에 의하거나 그 집행으로 행하는 사항
3. 헌법재판소의 심판을 거쳐 행하는 사항
4. 각급 선거관리위원회의 의결을 거쳐 행하는 사항
5. 감사원이 감사위원회의의 결정을 거쳐 행하는 사항
6. 형사(刑事), 행형(行刑) 및 보안처분 관계 법령에 따라 행하는 사항
7. 국가안전보장·국방·외교 또는 통일에 관한 사항 중 행정절차를 거칠 경우 국가의 중대한 이익을 현저히 해칠 우려가 있는 사항
8. 심사청구, 해양안전심판, 조세심판, 특허심판, 행정심판, 그 밖의 불복절차에 따른 사항
9. <u>「병역법」에 따른 징집·소집, 외국인의 출입국·난민인정·귀화, 공무원 인사 관계 법령에 따른 징계와 그 밖의 처분, 이해 조정을 목적으로 하는 법령에 따른 알선·조정·중재(仲裁)·재정(裁定) 또는 그 밖의 처분 등 해당 행정작용의 성질상 행정절차를 거치기 곤란하거나 거칠 필요가 없다고 인정되는 사항과 행정절차에 준하는 절차를 거친 사항으로서 대통령령으로 정하는 사항</u>

행정절차법 시행령 제2조(적용제외) 법 제3조제2항제9호에서 "대통령령으로 정하는 사항"이라 함은 다음 각 호의 어느 하나에 해당하는 사항을 말한다.
1. 「병역법」, 「예비군법」, 「민방위기본법」, 「비상대비자원 관리법」에 따른 징집·소집·동원·훈련에 관한 사항
2. 외국인의 출입국·난민인정·귀화·국적회복에 관한 사항
3. 공무원 인사관계법령에 의한 징계 기타 처분에 관한 사항
4. 이해조정을 목적으로 법령에 의한 알선·조정·중재·재정 기타 처분에 관한 사항
5. 조세관계법령에 의한 조세의 부과·징수에 관한 사항
6. 「독점규제 및 공정거래에 관한 법률」, 「하도급거래 공정화에 관한 법률」, 「약관의 규제에 관한 법률」에 따라 공정거래위원회의 의결·결정을 거쳐 행하는 사항
7. 「국가배상법」, 「공익사업을 위한 토지 등의 취득 및 보상에 관한 법률」에 따른 재결·결정에 관한 사항
8. 학교·연수원등에서 교육·훈련의 목적을 달성하기 위하여 학생·연수생등을 대상으로 행하는 사항
9. 사람의 학식·기능에 관한 시험·검정의 결과에 따라 행하는 사항
11. 「특허법」, 「실용신안법」, 「디자인보호법」, 「상표법」에 따른 사정·결정·심결, 그 밖의 처분에 관한 사항

① 행정절차법의 적용제외 사유로 명시된 작용(제3조 제2항 1~8호)이 행정절차의 성질을 가지더라도 행정절차법을 적용하지 않는다.

01 지방의회의 의결을 거치거나 동의 또는 승인을 받아 행하는 사항에 대해서는 행정절차법이 적용되지 않는다. (O | X) [19서울시9급]
02 행정절차법은 감사원이 감사위원회의 결정을 거쳐 행하는 사항에 대하여는 적용하지 아니한다. (O | X) [19군무원9급]

정답 01 O 02 O

② 행정절차법 제3조 제2항 제9호의 적용제외는 ㉠「병역법」에 따른 징집·소집 등과 관련되어 대통령령으로 규정된 사항 중에서 ㉡ 해당 행정작용의 성질상 행정절차를 거치기 곤란하거나 거칠 필요가 없다고 인정되는 사항과 행정절차에 준하는 절차를 거친 사항을 말한다.

> **관련 판례**

1. **사전통지를 하지 않고 의견제출의 기회를 주지 아니한 대통령기록관장(별정직공무원)에 대한 직권면직처분을 위해서는 행정절차법이 정한 절차를 거쳐야 한다.**
   공무원 인사관계법령에 의한 처분에 관한 사항이라 하더라도 전부에 대하여 행정절차법의 적용이 배제되는 것이 아니라, 성질상 행정절차를 거치기 곤란하거나 불필요하다고 인정되는 처분이나 행정절차에 준하는 절차를 거치도록 하고 있는 처분의 경우에만 행정절차법의 적용이 배제되는 것으로 보아야 하고, 이러한 법리는 '공무원 인사관계법령에 의한 처분'에 해당하는 별정직공무원에 대한 직권면직처분의 경우에도 마찬가지로 적용된다(대판 2013.1.16. 2011두30687).

2. **육군3사관학교의 사관생도에 대한 퇴학처분은 행정절차법령의 적용제외에 해당하지 않는다.**
   [1] 공무원 인사관계법령에 의한 처분에 관한 사항이란 성질상 행정절차를 거치기 곤란하거나 불필요하다고 인정되는 처분이나 행정절차에 준하는 절차를 거치도록 하고 있는 처분에 관한 사항만을 말하는 것으로 보아야 한다. 이러한 법리는 '공무원 인사관계법령에 의한 처분'에 해당하는 육군3사관학교생도에 대한 퇴학처분에도 마찬가지로 적용된다.
   [2] 행정절차법시행령 제12조 제8호는 교육훈련의 목적을 직접 달성하기 위하여 행하는 사항을 말하는 것으로 보아야 하고, 생도에 대한 퇴학처분과 같이 신분을 박탈하는 징계처분은 여기에 해당한다고 볼 수 없다(대판 2018.3.13. 2016두33339).

3. **공정거래위원회의 시정조치 및 과징금납부명령에는 행정절차법의 적용이 없다.**
   행정절차법 제3조 제2항, 같은법 시행령 제2조 제6호에 의하면 공정거래위원회의 의결·결정을 거쳐 행하는 사항에는 행정절차법의 적용이 제외되게 되어 있으므로, 설사 공정거래위원회의 시정조치 및 과징금납부명령에 행정절차법 소정의 의견청취절차 생략사유가 존재한다고 하더라도, 공정거래위원회는 행정절차법을 적용하여 의견청취절차를 생략할 수는 없다(대판 2001.5.8. 2000두10212).

4. **국방부장관이 대령진급예정자 선발·공표된 자에게 육군참모총장의 건의에 따라 진급선발을 취소한 경우, 행정절차법의 적용제외에 해당하지 아니한다.**
   공무원인사관계법령에 의한 처분에 관한 사항 중 성질상 행정절차를 거치기 곤란하거나 불필요하다고 인정되는 처분이나 행정절차에 준하는 절차를 거치도록 하고 있는 처분의 경우에만 행정절차법의 적용이 배제된다(대판 2007.9.21. 2006두20631).

5. **국가공무원법상 직위해제처분은 공무원소청심사에 관한 절차보장을 받게 되므로 행정절차법의 규정이 적용되지 않는다.**
   국가공무원법상 직위해제처분은 구 행정절차법 제3조 제2항 제9호, 구 행정절차법 시행령 제2조 제3호에 의하여 당해 행정작용의 성질상 행정절차를 거치기 곤란하거나 불필요하다고 인정되는 사항 또는 행정절차에 준하는 절차를 거친 사항에 해당하므로, 처분의 사전통지 및 의견청취 등에 관한 행정절차법의 규정이 별도로 적용되지 않는다(대판 2014.5.16. 2012두26180).

6. **한국방송공사사장의 해임절차는 행정절차법 적용제외에 해당하지 않는다.**
   대통령의 한국방송공사 사장의 해임절차에 관하여 방송법이나 관련 법령에도 별도의 규정을 두지 않고 있고, 행정절차법의 입법목적과 행정절차법 제3조 제2항 제9호와 관련 시행령의 규정 내용 등에 비추어보면, 이 사건 해임처분이 행정절차법과 그 시행령에서 열거적으로 규정한 예외 사유에 해당하다고 볼 수 없으므로 이사건 해임처분에도 행정절차법이 적용된다고 할 것이다(대판 2012.2.23. 2011두5001).

7. 구 군인사법상 보직해임처분은 구 행정절차법 제3조 제2항 제9호, 구 행정절차법 시행령 제2조 제3호에 따라 처분의 근거와 이유제시 등에 관한 구 행정절차법의 규정이 적용되지 않는다.
   구 군인사법상 보직해임처분은 구 행정절차법 제3조 제2항 제9호, 같은 법 시행령 제2조 제3호에 의하여 당해 행정작용의 성질상 행정절차를 거치기 곤란하거나 불필요하다고 인정되는 사항 또는 행정절차에 준하는 절차를 거친 사항에 해당하므로, 처분의 근거와 이유 제시 등에 관한 구 행정절차법의 규정이 별도로 적용되지 아니한다고 봄이 상당하다(대판 2014.10.15. 2012두5756).

8. 산업기능요원에 대하여 한 산업기능요원 편입취소처분에는 행정절차법이 적용된다.
   지방병무청장이 병역법 제41조 제1항 제1호, 제40조 제2호의 규정에 따라 산업기능요원에 대하여 한 산업기능요원 편입취소처분은, 행정처분을 할 경우 '처분의 사전통지'와 '의견제출 기회의 부여'를 규정한 행정절차법 제21조 제1항, 제22조 제3항에서 말하는 '당사자의 권익을 제한하는 처분'에 해당하는 한편, 행정절차법의 적용이 배제되는 사항인 행정절차법 제3조 제2항 제9호, 같은법시행령 제2조 제1호에서 규정하는 '병역법에 의한 소집에 관한 사항'에는 해당하지 아니하므로, 행정절차법상의 '처분의 사전통지'와 '의견제출 기회의 부여' 등의 절차를 거쳐야 한다(대판 2002.9.6. 2002두554).

9. 시보임용처분 당시 공무원임용결격사유가 있는 자에게 정규공무원임용을 한 경우, 정규공무원임용처분에 취소사유가 존재하고 행정절차법이 적용되어야 한다.
   정규임용처분을 취소하는 처분은 성질상 행정절차를 거치는 것이 불필요하여 행정절차법의 적용이 배제되는 경우에 해당하지 않으므로, 그 처분을 하면서 사전통지를 하거나 의견제출의 기회를 부여하지 않은 것은 위법하다(대판 2009.1.30. 2008두16155).

10. 외국인(스티브 유)의 사증발급 신청에 대한 거부처분과 관련된 판시
    [1] 행정절차법은 제24조 제1항의 문서주의를 위반한 처분은 하자가 중대·명백하여 무효이다.
    [2] 행정절차법의 적용이 제외되는 '외국인의 출입국에 관한 사항'이란 해당 행정작용의 성질상 행정절차를 거치기 곤란하거나 거칠 필요가 없다고 인정되는 사항이나 행정절차에 준하는 절차를 거친 사항으로서 행정절차법 시행령으로 정하는 사항만을 가리킨다. '외국인의 출입국에 관한 사항'이라고 하여 행정절차를 거칠 필요가 당연히 부정되는 것은 아니다.
    [3] 외국인의 사증발급 신청에 대한 거부처분은 당사자에게 의무를 부과하거나 적극적으로 권익을 제한하는 처분이 아니므로, 행정절차법 제21조 제1항에서 정한 '처분의 사전통지'와 제22조 제3항에서 정한 '의견제출 기회 부여'의 대상은 아니다.
    [4] 출입국관리법령에 사증발급 거부처분서 작성에 관한 규정을 따로 두고 있지 않으므로, 외국인의 사증발급 신청에 대한 거부처분을 하면서 행정절차법 제24조에 정한 절차를 따르지 않고 '행정절차에 준하는 절차'로 대체할 수도 없다(대판 2019.7.11. 2017두38874).

01 국가공무원법상 직위해제처분은 성질상 행정절차를 거치기 곤란하거나 불필요하다고 인정되는 사항 또는 행정절차에 준하는 절차를 거친 사항에 해당하지 않으므로, 처분의 사전통지 및 의견청취 등에 관한 행정절차법의 규정이 적용된다. (O | X)   [19사회복지직9급]

02 병역법에 따라 지방병무청장이 산업기능요원에 대하여 산업기능요원 편입취소처분을 할 때에는 행정절차법에 따라 처분의 사전통지를 하고 의견제출의 기회를 부여하여야 한다. (O | X)   [20국가직7급]

정답 01 X 02 O

CHAPTER 1 행정절차법

01 구 군인사법상 보직해임처분에는 처분의 근거와 이유제시 등에 관한 행정절차법의 규정이 별도로 적용되지 아니한다. (O | X) [19국회직8급]

02 공정거래위원회의 시정 조치 및 과징금납부명령에 행정절차법 소정의 의견청취절차 생략사유가 존재하면 공정거래위원회는 행정절차법을 적용하여 의견청취절차를 생략할 수 있다. (O | X) [19지방직9급]

03 외국인의 출입국에 관한 사항은 행정절차법이 적용되지 않으므로, 미국 국적을 가진 교민에 대한 사증거부처분에 대해서도 처분의 방식에 관한 행정절차법 제24조는 적용되지 않는다. (O | X) [20국회직8급]

4) 관할

행정절차법 제6조(관할) ① 행정청이 그 관할에 속하지 아니하는 사안을 접수하였거나 이송받은 경우에는 지체 없이 이를 관할 행정청에 이송하여야 하고 그 사실을 신청인에게 통지하여야 한다. 행정청이 접수하거나 이송받은 후 관할이 변경된 경우에도 또한 같다.
② 행정청의 관할이 분명하지 아니한 경우에는 해당 행정청을 공통으로 감독하는 상급 행정청이 그 관할을 결정하며, 공통으로 감독하는 상급 행정청이 없는 경우에는 각 상급 행정청이 협의하여 그 관할을 결정한다.

04 행정청의 관할이 분명하지 아니한 경우에는 해당 행정청을 공통으로 감독하는 상급 행정청이 그 관할을 결정하며, 공통으로 감독하는 상급 행정청이 없는 경우에는 당해 행정청의 협의로 그 관할을 결정한다. (O | X) [17경찰]

5) 행정청 간의 협조와 행정응원

행정절차법 제7조(행정청 간의 협조) ① 행정청은 행정의 원활한 수행을 위하여 서로 협조하여야 한다.
② 행정청은 업무의 효율성을 높이고 행정서비스에 대한 국민의 만족도를 높이기 위하여 필요한 경우 행정협업(다른 행정청과 공동의 목표를 설정하고 행정청 상호 간의 기능을 연계하거나 시설·장비 및 정보 등을 공동으로 활용하는 것을 말한다. 이하 같다)의 방식으로 적극적으로 협조하여야 한다.
동법 제8조(행정응원) ① 행정청은 다음 각 호의 어느 하나에 해당하는 경우에는 다른 행정청에 행정응원(行政應援)을 요청할 수 있다.
1. 법령등의 이유로 독자적인 직무 수행이 어려운 경우
2. 인원·장비의 부족 등 사실상의 이유로 독자적인 직무 수행이 어려운 경우
3. 다른 행정청에 소속되어 있는 전문기관의 협조가 필요한 경우
4. 다른 행정청이 관리하고 있는 문서(전자문서를 포함한다. 이하 같다)·통계 등 행정자료가 직무 수행을 위하여 필요한 경우
5. 다른 행정청의 응원을 받아 처리하는 것이 보다 능률적이고 경제적인 경우
② 제1항에 따라 행정응원을 요청받은 행정청은 다음 각 호의 어느 하나에 해당하는 경우에는 응원을 거부할 수 있다.
1. 다른 행정청이 보다 능률적이거나 경제적으로 응원할 수 있는 명백한 이유가 있는 경우
2. 행정응원으로 인하여 고유의 직무 수행이 현저히 지장받을 것으로 인정되는 명백한 이유가 있는 경우
③ 행정응원은 해당 직무를 직접 응원할 수 있는 행정청에 요청하여야 한다.
④ 행정응원을 요청받은 행정청은 응원을 거부하는 경우 그 사유를 응원을 요청한 행정청에 통지하여야 한다.

정답 01 O 02 X 03 X 04 X

> ⑤ 행정응원을 위하여 파견된 직원은 응원을 요청한 행정청의 지휘·감독을 받는다. 다만, 해당 직원의 복무에 관하여 다른 법령등에 특별한 규정이 있는 경우에는 그에 따른다.
> ⑥ 행정응원에 드는 비용은 응원을 요청한 행정청이 부담하며, 그 부담금액 및 부담방법은 응원을 요청한 행정청과 응원을 하는 행정청이 협의하여 결정한다.

01 행정응원을 위하여 파견된 직원은 당해 직원의 복무에 관하여 다른 법령 등에 특별한 규정이 없는 한, 응원을 요청한 행정청의 지휘·감독을 받는다. (O | X) [21소방직]

02 행정응원에 소요되는 비용은 응원을 요청한 행정청이 부담하며, 그 부담금액 및 부담방법은 응원을 행하는 행정청의 결정에 의한다. (O | X) [21소방직]

6) 당사자등의 자격

> **행정절차법 제9조(당사자등의 자격)** 다음 각 호의 어느 하나에 해당하는 자는 행정절차에서 당사자등이 될 수 있다.
> 1. 자연인
> 2. 법인, 법인이 아닌 사단 또는 재단(이하 "법인등"이라 한다)
> 3. 그 밖에 다른 법령등에 따라 권리·의무의 주체가 될 수 있는 자

03 행정절차법에 따르면, 법인이 아닌 재단은 당사자 등이 될 수 없다. (O | X) [18서울시7급]

> **행정절차법 제10조(지위의 승계)** ① 당사자 등이 사망하였을 때의 상속인과 다른 법령등에 따라 당사자 등의 권리 또는 이익을 승계한 자는 당사자 등의 지위를 승계한다.
> ② 당사자 등인 법인 등이 합병하였을 때에는 합병 후 존속하는 법인 등이나 합병 후 새로 설립된 법인 등이 당사자 등의 지위를 승계한다.
> ③ 제1항 및 제2항에 따라 당사자 등의 지위를 승계한 자는 행정청에 그 사실을 통지하여야 한다.
> ④ 처분에 관한 권리 또는 이익을 사실상 양수한 자는 행정청의 승인을 받아 당사자 등의 지위를 승계할 수 있다.
> ⑤ 제3항에 따른 통지가 있을 때까지 사망자 또는 합병 전의 법인 등에 대하여 행정청이 한 통지는 제1항 또는 제2항에 따라 당사자 등의 지위를 승계한 자에게도 효력이 있다.

① 승계인

당사자 등은 자연인, 법인, 법인 아닌 사단(재단), 그 밖의 권리의무의 주체가 될 수 있는 자이다.

② 승계

㉠ 자연인이 사망한 경우 상속인, 법령에 따른 승계인이 당사자 등의 지위를 승계한다.
㉡ 법인이 합병하였을 경우, 합병 후 존속 법인이나 새로 설립된 법인이 당사자 등의 지위를 승계한다. ㉠, ㉡ 승계는 행정청에 그 승계사실을 통지하여야 한다.
㉢ 처분과 관련된 권리·이익을 사실상 양수한 자는 행정청의 승인을 받아 지위를 승계할 수 있다.

정답 01 O 02 X 03 X

7) 대표자

행정절차법 제11조(대표자) ① 다수의 당사자등이 공동으로 행정절차에 관한 행위를 할 때에는 대표자를 선정할 수 있다.
② 행정청은 제1항에 따라 당사자등이 대표자를 선정하지 아니하거나 대표자가 지나치게 많아 행정절차가 지연될 우려가 있는 경우에는 그 이유를 들어 상당한 기간 내에 3인 이내의 대표자를 선정할 것을 요청할 수 있다. 이 경우 당사자등이 그 요청에 따르지 아니하였을 때에는 행정청이 직접 대표자를 선정할 수 있다.
③ 당사자등은 대표자를 변경하거나 해임할 수 있다.
④ 대표자는 각자 그를 대표자로 선정한 당사자등을 위하여 행정절차에 관한 모든 행위를 할 수 있다. 다만, 행정절차를 끝맺는 행위에 대하여는 당사자등의 동의를 받아야 한다.
⑤ 대표자가 있는 경우에는 당사자등은 그 대표자를 통하여서만 행정절차에 관한 행위를 할 수 있다.
⑥ 다수의 대표자가 있는 경우 그중 1인에 대한 행정청의 행위는 모든 당사자등에게 효력이 있다. 다만, 행정청의 통지는 대표자 모두에게 하여야 그 효력이 있다.

① 대표자 선정
- 다수의 당사자등이 공동으로 행정절차에 관한 행위를 하는 경우, 당사자등은 대표자를 선정할 수 있다.
- 당사자등은 대표자를 변경하거나 해임할 수 있다.
- 행정청은 당사자가 여럿임에도 당사자 등이 대표자를 선정하지 아니하거나 대표자가 너무 많아 행정절차가 지연될 우려가 있는 경우, 3인 이내의 대표자를 선정할 것을 요청하거나 직접 대표자를 선정할 수 있다.

② 대표자 선정 통지
- 당사자등이 대표자를 선정·변경·해임하였을 때에는 지체 없이 그 사실을 행정청에 통지하여야 한다(동법 제13조 제1항).
- 청문주재자가 대리인 선임을 허가한 경우에는 청문주재자가 그 사실을 행정청에 통지하여야 한다(동법 제13조 제2항).

③ 대표자가 할 수 있는 행위
- 대표자는 당사자 등을 위하여 행정절차에 관한 모든 행위를 할 수 있으나 행정절차를 끝맺는 행위에 대해서는 당사자 등의 동의를 받아야 한다.
- 다수의 대표자가 있는 경우에는 대표자 1인에 대한 행정청의 행위는 모든 당사자 등에게 효력이 있다. 다만 통지는 대표자 모두에 대하여 하여야 한다.

---

01 다수의 대표자가 있는 경우 그 중 1인에 대한 행정청의 행위는 모든 당사자 등에게 효력이 있다. 다만, 행정청의 통지는 대표자 1인에게 하여도 그 효력이 있다. (O | X) [20군무원9급]

정답 01 ×

8) 대리인

> **행정절차법 제12조(대리인)** ① 당사자등은 다음 각 호의 어느 하나에 해당하는 자를 대리인으로 선임할 수 있다.
> 1. 당사자등의 배우자, 직계 존속·비속 또는 형제자매
> 2. 당사자등이 법인등인 경우 그 임원 또는 직원
> 3. 변호사
> 4. 행정청 또는 청문 주재자(청문의 경우만 해당한다)의 허가를 받은 자
> 5. 법령등에 따라 해당 사안에 대하여 대리인이 될 수 있는 자
> ② 대리인에 관하여는 제11조제3항·제4항 및 제6항을 준용한다.

① 대리인

  법 제12조 제1항 제1호~5호의 자

② 대리인이 할 수 있는 행위
- 대리인은 본인을 위하여 행정절차에 관한 모든 행위를 할 수 있으나 행정절차를 끝맺는 행위에 대해서는 본인의 동의를 받아야 한다.
- 다수의 대리인이 있는 경우에는 대리인 1인에 대한 행정청의 행위는 본인에게 효력이 있다. 다만 통지는 대리인 모두에 대하여 하여야 한다.

관련 판례

행정절차의 대리인으로 변호사를 선임한 경우, 징계권자가 변호사의 행정절차 참가를 방해하였다면, 절차 위법으로서 위법사유에 해당한다. 다만, 변호사가 행정소송절차에서 본인을 위하여 충분히 방어권을 행사한 경우, 징계처분을 취소할 수 없다.
[1] 행정청이 징계와 같은 불이익처분절차에서 <u>징계심의대상자가 선임한 변호사가 징계위원회에 출석하여 징계심의대상자를 위하여 필요한 의견을 진술하는 것을 거부할 수 없다.</u>
[2] 육군3사관학교의 사관생도에 대한 징계절차에서 징계심의대상자가 대리인으로 선임한 변호사가 징계위원회 심의에 출석하여 진술하려고 하였음에도, 징계권자나 그 소속 직원이 변호사가 징계위원회의 심의에 출석하는 것을 막았다면 징계위원회 심의·의결의 절차적 정당성이 상실되어 그 징계의결에 따른 징계처분은 위법하여 원칙적으로 취소되어야 한다.
[3] 다만, <u>징계심의대상자의 대리인이 관련된 행정절차나 소송절차에서 이미 실질적인 증거조사를 하고 의견을 진술하는 절차를 거쳐서 징계심의대상자의 방어권 행사에 실질적으로 지장이 초래되었다고 볼 수 없는 특별한 사정이 있는 경우에는,</u> 징계권자가 징계심의대상자의 대리인에게 징계위원회에 출석하여 의견을 진술할 기회를 주지 아니하였더라도 그로 인하여 <u>징계위원회 심의에 절차적 정당성이 상실되었다고 볼 수 없으므로 징계처분을 취소할 것은 아니다</u>(대판 2018.3.13. 2016두33339).

---

01 징계심의대상자가 선임한 변호사가 징계위원회에 출석하여 징계심의대상자를 위하여 필요한 의견을 진술하는 것은 방어권 행사의 본질적 내용에 해당하므로, 행정청은 특별한 사정이 없는 한 이를 거부할 수 없다.
(O | X) [19사회복지직9급]

정답 01 O

9) 송달 및 기간 · 기한의 특례

행정절차법 제14조(송달) ① 송달은 우편, 교부 또는 정보통신망 이용 등의 방법으로 하되, 송달받을 자(대표자 또는 대리인을 포함한다. 이하 같다)의 주소·거소(居所)·영업소·사무소 또는 전자우편주소(이하 "주소등"이라 한다)로 한다. 다만, 송달받을 자가 동의하는 경우에는 그를 만나는 장소에서 송달할 수 있다.
② 교부에 의한 송달은 수령확인서를 받고 문서를 교부함으로써 하며, 송달하는 장소에서 송달받을 자를 만나지 못한 경우에는 그 사무원·피용자(被傭者) 또는 동거인으로서 사리를 분별할 지능이 있는 사람(이하 이 조에서 "사무원등"이라 한다)에게 문서를 교부할 수 있다. 다만, 문서를 송달받을 자 또는 그 사무원등이 정당한 사유 없이 송달받기를 거부하는 때에는 그 사실을 수령확인서에 적고, 문서를 송달할 장소에 놓아둘 수 있다.
③ 정보통신망을 이용한 송달은 송달받을 자가 동의하는 경우에만 한다. 이 경우 송달받을 자는 송달받을 전자우편주소 등을 지정하여야 한다.
④ 다음 각 호의 어느 하나에 해당하는 경우에는 송달받을 자가 알기 쉽도록 관보, 공보, 게시판, 일간신문 중 하나 이상에 공고하고 인터넷에도 공고하여야 한다.
1. 송달받을 자의 주소등을 통상적인 방법으로 확인할 수 없는 경우
2. 송달이 불가능한 경우
⑤ 제4항에 따른 공고를 할 때에는 민감정보 및 고유식별정보 등 송달받을 자의 개인정보를 「개인정보 보호법」에 따라 보호하여야 한다.
⑥ 행정청은 송달하는 문서의 명칭, 송달받는 자의 성명 또는 명칭, 발송방법 및 발송 연월일을 확인할 수 있는 기록을 보존하여야 한다.

행정절차법 제15조(송달의 효력 발생) ① 송달은 다른 법령등에 특별한 규정이 있는 경우를 제외하고는 해당 문서가 송달받을 자에게 도달됨으로써 그 효력이 발생한다.
② 제14조제3항에 따라 정보통신망을 이용하여 전자문서로 송달하는 경우에는 송달받을 자가 지정한 컴퓨터 등에 입력된 때에 도달된 것으로 본다.
③ 제14조제4항의 경우에는 다른 법령등에 특별한 규정이 있는 경우를 제외하고는 공고일부터 14일이 지난 때에 그 효력이 발생한다. 다만, 긴급히 시행하여야 할 특별한 사유가 있어 효력 발생 시기를 달리 정하여 공고한 경우에는 그에 따른다.

행정절차법 제16조(기간 및 기한의 특례) ① 천재지변이나 그 밖에 당사자등에게 책임이 없는 사유로 기간 및 기한을 지킬 수 없는 경우에는 그 사유가 끝나는 날까지 기간의 진행이 정지된다.
② 외국에 거주하거나 체류하는 자에 대한 기간 및 기한은 행정청이 그 우편이나 통신에 걸리는 일수(日數)를 고려하여 정하여야 한다.

Ⅲ 처분절차

1. 수익적 처분과 침익적 처분에 공통으로 적용되는 사항

1) 처분기준의 설정 공표

> **행정절차법 제20조(처분기준의 설정·공표)** ① 행정청은 필요한 처분기준을 해당 처분의 성질에 비추어 되도록 구체적으로 정하여 공표하여야 한다. 처분기준을 변경하는 경우에도 또한 같다.
> ②「행정기본법」제24조에 따른 인허가의제의 경우 관련 인허가 행정청은 관련 인허가의 처분기준을 주된 인허가 행정청에 제출하여야 하고, 주된 인허가 행정청은 제출받은 관련 인허가의 처분기준을 통합하여 공표하여야 한다. 처분기준을 변경하는 경우에도 또한 같다.
> ③ 제1항에 따른 처분기준을 공표하는 것이 해당 처분의 성질상 현저히 곤란하거나 공공의 안전 또는 복리를 현저히 해치는 것으로 인정될 만한 상당한 이유가 있는 경우에는 처분기준을 공표하지 아니할 수 있다.
> ④ 당사자등은 공표된 처분기준이 명확하지 아니한 경우 해당 행정청에 그 해석 또는 설명을 요청할 수 있다. 이 경우 해당 행정청은 특별한 사정이 없으면 그 요청에 따라야 한다.

① 의의
- 처분기준을 설정하고 변경하는 경우 해당 처분의 성질에 비추어 되도록 구체적으로 정하여 공표하여야 한다.
- 수익적·침익적 행정행위, 재량행위·기속행위 등 모든 행정권행사에 인정된다.

01 행정규칙의 공표는 행정규칙의 성립요건이나 효력요건은 아니나, 행정절차법에서는 행정청은 필요한 처분기준을 당해 처분의 성질에 비추어 될 수 있는 한 구체적으로 공표하도록 하고 있다. (O | X) [18국가직9급]

02 처분기준의 설정·공표의 규정은 침익적 처분뿐만 아니라 수익적 처분의 경우에도 적용된다. (O | X) [23국가직9급]

② 적용 예외
㉠ 처분기준을 공표하는 것이 해당 처분의 성질상 현저히 곤란한 경우
㉡ 공공의 안전 또는 복리를 현저히 해치는 것으로 인정될 만한 상당한 이유가 있는 경우에는 처분기준을 공표하지 아니할 수 있다.

03 행정청은 필요한 처분 기준을 해당 처분의 성질에 비추어 되도록 구체적으로 정하여 공표하여야 한다. 다만, 처분기준을 공표하는 것이 해당 처분의 성질상 현저히 곤란하거나 공공의 안전 또는 복리를 현저히 해치는 것으로 인정될만한 상당한 이유가 있는 경우에는 처분기준을 공표하지 아니할 수 있다. (O | X) [16경찰]

정답 01 O 02 O 03 O

관련 판례

1. 행정청이 행정절차법 제20조 제1항의 처분기준 사전공표 의무를 위반하여 미리 공표하지 아니한 기준을 적용하여 처분을 하였다고 하더라도, 그러한 사정만으로 곧바로 해당 처분에 취소사유에 이를 정도의 흠이 존재한다고 볼 수는 없다. 다만 해당 처분에 적용한 기준이 상위법령의 규정이나 신뢰보호의 원칙 등과 같은 법의 일반원칙을 위반하였거나 객관적으로 합리성이 없다고 볼 수 있는 구체적인 사정이 있다면 해당 처분은 위법하다고 평가할 수 있다(대판 2020.12.24. 2018두45633).
2. 처분의 성질상 처분기준을 미리 공표하는 경우 행정목적을 달성할 수 없게 되거나 행정청에 일정한 범위 내에서 재량권을 부여함으로써 구체적인 사안에서 개별적인 사정을 고려하여 탄력적으로 처분이 이루어지도록 하는 것이 오히려 공공의 안전 또는 복리에 더 적합한 경우도 있다. 그러한 경우에는 행정절차법 제20조 제2항(현행 제20조 제3항)에 따라 처분기준을 따로 공표하지 않거나 개략적으로만 공표할 수도 있다(대판 2019.12.13. 2018두41907).

③ 당사자의 해석·설명요청권

당사자등은 공표된 처분기준이 명확하지 아니한 경우 해당 행정청에 그 해석 또는 설명을 요청할 수 있다. 이 경우 해당 행정청은 특별한 사정이 없으면 그 요청에 따라야 한다.

01 당사자등은 공표된 처분기준이 명확하지 아니한 경우 해당 행정청에 그 해석 또는 설명을 요청할 수 있으며, 이 경우 해당 행정청은 특별한 사정이 없으면 그 요청에 따라야 한다. (O | X)

[15서울시9급]

2) 처분의 이유 제시

행정절차법 제23조(처분의 이유 제시) ① 행정청은 처분을 할 때에는 다음 각 호의 어느 하나에 해당하는 경우를 제외하고는 당사자에게 그 근거와 이유를 제시하여야 한다.
1. 신청 내용을 모두 그대로 인정하는 처분인 경우
2. 단순·반복적인 처분 또는 경미한 처분으로서 당사자가 그 이유를 명백히 알 수 있는 경우
3. 긴급히 처분을 할 필요가 있는 경우
② 행정청은 제1항제2호 및 제3호의 경우에 처분 후 당사자가 요청하는 경우에는 그 근거와 이유를 제시하여야 한다.

① 의의
- 행정청은 처분을 할 때에는 일정한 경우를 제외하고는 당사자에게 그 근거와 이유를 제시하여야 함이 원칙이다.
- 이유제시는 처분에 앞서 사전에 하는 것이 아니라 처분을 할 때 하는 것이다.

② 기능
이유제시는 처분의 결정 과정을 보다 투명하게 하는 데 기여하고 상대방의 쟁송제기에 관하여 편의를 제공함과 동시에 분쟁 가능성을 감소시켜 법원의 부담을 덜어준다.

정답 01 O

PART 3 행정절차, 정보공개법, 개인정보 보호법

01 이유제시는 처분의 결정 과정을 보다 투명하게 하는데 기여한다. (O | X)   [15국가직7급]

02 단순 반복적인 처분 또는 경미한 처분으로서 당사자가 그 이유를 명백히 알수 있는 경우라 하더라도 처분 후 당사자가 요청하는 경우에는 행정청은 그 근거와 이유를 제시하여야 한다. (O | X)   [18국가직9급]

③ 이유제시의 예외
  ㉠ 신청 내용을 모두 **그대로** 인정하는 처분인 경우
  ㉡ 단순·반복적인 처분 또는 **경미**한 처분으로서 당사자가 그 이유를 명백히 알 수 있는 경우
  ㉢ **긴급**히 처분을 할 필요가 있는 경우
  - ㉡와 ㉢의 경우에는 처분 후 당사자가 요청하는 경우에는 그 근거와 이유를 제시하여야 한다.
  - 이유제시의 하자는 원칙적으로 처분의 취소사유에 해당한다.

03 신청내용을 모두 그대로 인정하는 처분인 경우라 할지라도 이유·근거를 구체적으로 제시해야 할 행정청의 의무가 완화되는 것은 아니다. (O | X)   [18교육행정직9급]

04 단순 반복적인 처분 또는 경미한 처분으로서 당사자가 그 이유를 명백히 알수 있는 경우라 하더라도 처분 후 당사자가 요청하는 경우에는 행정청은 그 근거와 이유를 제시하여야 한다. (O | X)   [18국가직9급]

05 「행정절차법」상 행정청은 처분을 할 때에 단순·반복적인 처분 또는 경미한 처분으로서 당사자가 그 이유를 명백히 알 수 있는 경우에는 처분 후 당사자가 요청하더라도 당사자에게 그 근거와 이유를 제시하지 않아도 된다. (O | X)   [24지방직9급]

06 신청 내용을 모두 그대로 인정하는 처분인 경우, 처분 후 당사자가 요청하더라도 행정청은 그 근거와 이유를 제시하지 않아도 된다. (O | X)   [25지방직9급]

관련 판례

1. 행정청은 처분을 하는 때에는 원칙적으로 당사자에게 근거와 이유를 제시하여야 한다(행정절차법 제23조 제1항). 당사자가 신청하는 허가 등을 거부하는 처분을 하면서 당사자가 그 근거를 알 수 있을 정도로 이유를 제시한 경우에는 처분의 근거와 이유를 구체적으로 명시하지 않았더라도 그로 말미암아 그 처분이 위법하다고 볼 수는 없다. 이때 '이유를 제시한 경우'는 처분서에 기재된 내용과 관계 법령 및 당해 처분에 이르기까지의 전체적인 과정 등을 종합적으로 고려하여, 처분 당시 당사자가 어떠한 근거와 이유로 처분이 이루어진 것인지를 충분히 알 수 있어서 그에 불복하여 행정구제절차로 나아가는 데 별다른 지장이 없었다고 인정되는 경우를 뜻한다(대판 2017.8.29. 2016두44186).

2. 세액산출근거가 기재되지 아니한 납세고지서에 의한 부과처분은 강행법규에 위반하여 취소대상이 된다할 것이므로 이와 같은 하자는 납세의무자가 전심절차에서 이를 주장하지 아니하였거나, 그 후 부과된 세금을 자진납부하였다거나, 또는 조세채권의 소멸시효기간이 만료되었다 하여 치유되는 것이라고는 할 수 없다(대판 1985.4.9. 84누431).

정답 01 O 02 O 03 X 04 O 05 X 06 O

3. 행정청이 토지형질변경허가신청을 불허하는 근거규정으로 '도시계획법시행령 제20조'를 명시하지 아니하고 '도시계획법'이라고만 기재하였으나, 신청인이 자신의 신청이 개발제한구역의 지정목적에 현저히 지장을 초래하는 것이라는 이유로 구 도시계획법시행령 제20조 제1항 제2호에 따라 불허된 것임을 알 수 있었던 경우, 그 불허처분이 위법하지 아니하다(대판 2002.5.17. 2000두8912).
4. 교육부장관이 부적격사유가 없는 후보자들 사이에서 어떤 후보자를 상대적으로 총장 임용에 더 적합하다고 판단하여 임용제청하는 경우, <u>임용제청 행위 자체로서 행정절차법상 이유제시의무를 다한 것</u>이다. 또한 교육부장관에게 개별 심사항목이나 고려요소에 대한 평가 결과를 자세히 밝힐 의무는 없다(대판 2018.6.15. 2016두57564).

01 처분 당시 당사자가 어떠한 근거와 이유로 처분이 이루어진 것인지 충분히 알 수 있어서 그에 불복하여 행정구제절차로 나아가는 데에 별다른 지장이 없었던 것으로 인정되는 경우에도 처분서에 처분의 근거와 이유가 구체적으로 명시되어 있지 않았다면, 그 처분은 위법한 것으로 된다. (O | X)   [16국회직8급]

02 세액산출의 근거가 기재되지 않은 납세고지서에 의한 부과처분은 강행법규에 위반하여 당연무효로 보는 것이 판례의 태도이다. (O | X)   [13국가직7급]

03 행정청이 토지형질변경 허가신청을 불허하는 근거규정으로 '도시계획법 시행령 제20조'를 명시하지 아니하고 '도시계획법'이라고만 기재하였으나, 신청인이 자신의 신청이 개발제한구역의 지정목적에 현저히 지장을 초래하는 것이라는 이유로 구 도시계획법 시행령 제20조 제1항 제2호에 따라 불허된 것임을 알 수 있었던 경우에는 그 불허처분이 위법하지 않다. (O | X)   [17지방직7급]

3) 처분의 방식

> **행정절차법 제24조(처분의 방식)** ① 행정청이 처분을 할 때에는 다른 법령등에 특별한 규정이 있는 경우를 제외하고는 문서로 하여야 하며, 다음 각 호의 어느 하나에 해당하는 경우에는 전자문서로 할 수 있다.
> 1. 당사자등의 동의가 있는 경우
> 2. 당사자가 <u>전자문서로 처분을 신청한 경우</u>
> ② 제1항에도 불구하고 공공의 안전 또는 복리를 위하여 긴급히 처분을 할 필요가 있거나 사안이 경미한 경우에는 말, 전화, 휴대전화를 이용한 문자 전송, 팩스 또는 전자우편 등 문서가 아닌 방법으로 처분을 할 수 있다. 이 경우 당사자가 요청하면 지체 없이 처분에 관한 문서를 주어야 한다.
> ③ 처분을 하는 문서에는 그 처분 행정청과 담당자의 소속·성명 및 연락처(전화번호, 팩스번호, 전자우편주소 등을 말한다)를 적어야 한다.

① 문서주의

처분은 원칙적으로 문서로 하여야 한다. 다만, 공공의 안전 또는 복리를 위하여 긴급히 처분을 할 필요가 있거나 사안이 경미한 경우에는 말, 전화, 휴대전화를 이용한 문자 전송, 팩스 또는 전자우편 등 문서가 아닌 방법으로 처분을 할 수 있다. 이 경우 당사자가 요청하면 지체 없이 처분에 관한 문서를 주어야 한다.

정답 01 X 02 X 03 O

PART 3 행정절차, 정보공개법, 개인정보 보호법

> **관련 판례**
>
> 행정절차법 제24조 제1항은 행정청이 처분을 할 때에는 다른 법령 등에 특별한 규정이 있는 경우, 신속히 처리할 필요가 있거나 사안이 경미한 경우를 제외하고는 원칙적으로 문서로 하여야 한다고 정하고 있다. 이는 처분 내용의 명확성을 확보하고 처분의 존부에 관한 다툼을 방지하여 처분상대방의 권익을 보호하기 위한 것이므로, 행정청이 문서로 처분을 한 경우 원칙적으로 처분서의 문언에 따라 어떤 처분을 하였는지 확정하여야 한다. 그러나 처분서의 문언만으로는 행정청이 어떤 처분을 하였는지 불분명한 경우에는 처분 경위와 목적, 처분 이후 상대방의 태도 등 여러 사정을 고려하여 처분서의 문언과 달리 처분의 내용을 해석할 수 있다. 특히 행정청이 행정처분을 하면서 논리적으로 당연히 수반되어야 하는 의사표시를 명시적으로 하지 않았다고 하더라도, 그것이 행정청의 추단적 의사에도 부합하고 상대방도 이를 알 수 있는 경우에는 행정처분에 위와 같은 의사표시가 묵시적으로 포함되어 있다고 볼 수 있다(대판 2021.2.4. 2017다207932).

01 행정청이 행정처분을 하면서 논리적으로 당연히 수반되어야 하는 의사표시를 명시적으로 하지 않았으면, 그것이 행정청의 추단적 의사에 부합하고 상대방이 이를 알 수 있는 경우에도, 행정처분에 이와 같은 의사표시가 묵시적으로 포함되어 있다고 볼 수 없다. (O | X)   [25국가직9급]

02 행정청은 신속한 처리가 필요하여 처분을 말로써 하는 경우 당사자가 요청하면 해당 처분에 관한 문서를 주어야 한다. (O | X)   [15교육행정직9급]

> **관련 판례**
>
> 1. 집합건물 중 일부 구분건물의 소유자인 피고인이 관할 소방서장으로부터 소방시설 불량사항에 관한 시정보완명령을 받고도 따르지 아니하였다는 내용으로 기소된 사안에서, 담당 소방공무원이 행정처분인 위 명령을 구술로 고지한 것은 행정절차법 제24조를 위반한 것으로 하자가 중대하고 명백하여 당연 무효이다(대판 2011.11.10. 2011도11109).
> 2. 면허관청이 운전면허정지처분을 하면서 별지 52호 서식의 통지서에 의하여 면허정지사실을 통지하지 아니하거나 처분집행예정일 7일 전까지 이를 발송하지 아니한 경우에는 특별한 사정이 없는 한 위 관계 법령이 요구하는 절차·형식을 갖추지 아니한 조치로서 그 효력이 없고, 이와 같은 법리는 면허관청이 임의로 출석한 상대방의 편의를 위하여 구두로 면허정지사실을 알렸다고 하더라도 마찬가지이다(대판 1996.6.14. 95누17823).

② **처분실명제**

처분을 하는 문서에는 그 처분 행정청과 담당자의 소속·성명 및 연락처(전화번호, 팩스번호, 전자우편주소 등을 말한다)를 적어야 한다.

정답 01 X 02 O

행정절차법

4) 처분의 정정

행정절차법 제25조(처분의 정정) 행정청은 처분에 오기(誤記), 오산(誤算) 또는 그 밖에 이에 준하는 명백한 잘못이 있을 때에는 직권으로 또는 신청에 따라 지체 없이 정정하고 그 사실을 당사자에게 통지하여야 한다.

01 행정청은 처분에 오기, 오산 또는 그 밖에 이에 준하는 명백한 잘못이 있을 때에는 직권으로 또는 신청에 따라 지체 없이 정정하고 그 사실을 당사자에게 통지하여야 한다. (O | X) [17경찰]

5) 불복 가능성 등 고지

행정절차법 제26조(고지) 행정청이 처분을 할 때에는 당사자에게 그 처분에 관하여 행정심판 및 행정소송을 제기할 수 있는지 여부, 그 밖에 불복을 할 수 있는지 여부, 청구절차 및 청구기간, 그 밖에 필요한 사항을 알려야 한다.

02 행정청이 처분을 할 때에는 당사자에게 그 처분에 관하여 행정심판 및 행정소송을 제기할 수 있는지 여부, 그 밖에 불복을 할 수 있는지 여부, 청구절차 및 청구기간, 그밖에 필요한 사항을 알려야 한다. (O | X) [14경찰]

2. 수익처분의 절차

1) 처분의 신청

① 문서주의

행정절차법 제17조(처분의 신청) ① 행정청에 처분을 구하는 신청은 문서로 하여야 한다. 다만, 다른 법령등에 특별한 규정이 있는 경우와 행정청이 미리 다른 방법을 정하여 공시한 경우에는 그러하지 아니하다.

처분을 구하는 신청은 문서로 하여야 한다. 다만, 다른 법령등에 특별한 규정이 있는 경우와 행정청이 미리 다른 방법을 정하여 공시한 경우에는 그러하지 아니하다. 또한 처분을 구하는 신청은 명시적·확정적 의사로서 한다. 따라서 신청인이 신청에 앞서 행정청의 허가업무담당자에게 한 신청서의 내용에 대한 검토요청은 신청의 의사표시로 보기 어렵다는 것이 판례의 입장이다.

03 행정청에 처분을 구하는 신청은 문서로 하여야 한다. 다만, 다른 법령등에 특별한 규정이 있는 경우와 행정청이 미리 다른 방법을 정하여 공시한 경우에는 그러하지 아니하다. (O | X) [20군무원9급]

04 신청인이 신청에 앞서 행정청의 허가업무담당자에게 한 신청서의 내용에 대한 검토요청은 다른 특별한 사정이 없는한 명시적이고 확정적인 신청의 의사표시로 보기 어렵다. (O | X) [20국가직7급]

정답 01 O 02 O 03 O 04 O

② 전자문서로 신청하는 경우

처분을 신청할 때 전자문서로 하는 경우에는 행정청의 컴퓨터 등에 입력된 때에 신청한 것으로 본다(동법 제17조 제2항).

01 행정청에 처분을 구하는 신청을 전자문서로 하는 경우에는 행정청의 컴퓨터등에 입력된 때에 신청한 것으로 본다. (O | X) [18서울시9급]

③ 신청의 접수와 보완요구
  ㉠ 신청의 접수
  행정청은 신청을 받았을 때에는 다른 법령등에 특별한 규정이 있는 경우를 제외하고는 그 접수를 보류 또는 거부하거나 부당하게 되돌려 보내서는 아니 되며, 신청을 접수한 경우에는 신청인에게 접수증을 주어야 한다. 다만, 대통령령으로 정하는 경우에는 접수증을 주지 아니할 수 있다(동법 제17조 제4항).

  ㉡ 보완요구를 하는 경우
  행정청은 신청에 구비서류의 미비 등 흠이 있는 경우에는 보완에 필요한 상당한 기간을 정하여 지체 없이 신청인에게 보완을 요구하여야 한다(동법 제17조 제5항). 행정청이 필요한 상당한 기간을 정하여 보완을 요구하였음에도 그 기간 내에 보완을 하지 아니하였을 때에는 그 이유를 구체적으로 밝혀 접수된 신청을 되돌려 보낼 수 있다(동법 제17조 제6항).

02 신청에 대해 서류 등이 미비할 경우, 바로 접수를 거부할 수 있다. (O | X) [18소방직]
03 행정청은 신청에 구비 서류의 미비 등 흠이 있는 경우에는 보완에 필요한 상당한 기간을 정하여 지체 없이 신청인에게 보완을 요구하여야 한다. (O | X) [18서울시9급]

④ 처분 신청인의 신청의 변경 및 취하

신청인은 처분이 있기 전에는 그 신청의 내용을 보완·변경하거나 취하(取下)할 수 있다. 다만, 다른 법령등에 특별한 규정이 있거나 그 신청의 성질상 보완·변경하거나 취하할 수 없는 경우에는 그러하지 아니하다(동법 제17조 제8항).

04 신청인은 신청서가 일단 접수되면, 신청한 내용을 보완하거나 변경 또는 취하할 수 없다. (O | X) [18소방직]

⑤ 처분 신청인의 편의를 위한 사항
  ㉠ 행정청의 일정 사항의 게시 의무 등
    • 행정청은 신청에 필요한 구비서류, 접수기관, 처리기간, 그 밖에 필요한 사항을 게시(인터넷 등을 통한 게시를 포함한다)하거나 이에 대한 편람을 갖추어 두고 누구나 열람할 수 있도록 하여야 한다(동법 제17조 제3항).

정답 01 O 02 X 03 O 04 X

CHAPTER 1 행정절차법

01 행정청은 신청에 필요한 구비서류, 접수기관, 처리기간, 그 밖에 필요한 사항을 게시(인터넷 등을 통한 게시를 포함)하거나 이에 대한 편람을 갖추어 두고 누구나 열람할 수 있도록 하여야 한다. (O | X) [20군무원9급]

- 행정청은 신청인의 편의를 위하여 다른 행정청에 신청을 접수하게 할 수 있다. 이 경우 행정청은 다른 행정청에 접수할 수 있는 신청의 종류를 미리 정하여 공시하여야 한다(동법 제17조 제7항).

02 행정청은 신청인의 편의를 위하여 다른 행정청에 신청을 접수하게 할 수 있다. 이 경우 행정청은 다른 행정청에 접수할 수 있는 신청의 종류를 미리 정하여 공시하여야 한다. (O | X) [20군무원9급]

ⓒ 처리기간 설정·공포와 기간의 연장
ⓐ 처리기간 설정·공포
행정청은 신청인의 편의를 위하여 처분의 처리기간을 종류별로 미리 정하여 공표하여야 한다(동법 제19조 제1항).
ⓑ 기간 연장
- 행정청은 부득이한 사유로 미리 정하여 공표한 처리기간 내에 처분을 처리하기 곤란한 경우에는 해당 처분의 처리기간의 범위에서 한 번만 그 기간을 연장할 수 있다(동법 제19조 제2항).

03 행정청은 부득이한 사유로 공표한 처리기간 내에 처분을 처리하기 곤란한 경우에는 해당 처분의 처리 기간의 범위에서 한 번만 그 기간을 연장할 수 있다. (O | X) [16지방직9급]

- 행정청이 처리기간을 연장할 때에는 처리기간의 연장 사유와 처리 예정 기한을 지체 없이 신청인에게 통지하여야 한다(동법 제19조 제3항).
ⓒ 신청인의 신속처리 요구
행정청이 정당한 처리기간 내에 처리하지 아니하였을 때에는 신청인은 해당 행정청 또는 그 감독 행정청에 신속한 처리를 요청할 수 있다(동법 제19조 제4항).
ⓒ 다수의 행정청이 관여하는 처분
행정청은 다수의 행정청이 관여하는 처분을 구하는 신청을 접수한 경우에는 관계 행정청과의 신속한 협조를 통하여 그 처분이 지연되지 아니하도록 하여야 한다(동법 제18조).

정답 01 O 02 O 03 O

3. 침익처분의 절차

1) 처분의 사전통지

> **행정절차법 제21조(처분의 사전 통지)** ① 행정청은 당사자에게 의무를 부과하거나 권익을 제한하는 처분을 하는 경우에는 미리 다음 각 호의 사항을 당사자등에게 통지하여야 한다.
> 1. 처분의 제목
> 2. 당사자의 성명 또는 명칭과 주소
> 3. 처분하려는 원인이 되는 사실과 처분의 내용 및 법적 근거
> 4. 제3호에 대하여 의견을 제출할 수 있다는 뜻과 의견을 제출하지 아니하는 경우의 처리방법
> 5. 의견제출기관의 명칭과 주소
> 6. 의견제출기한
> 7. 그 밖에 필요한 사항
>
> ③ 제1항제6호에 따른 기한은 의견제출에 필요한 기간을 10일 이상으로 고려하여 정하여야 한다.

- 행정청은 당사자에게 의무를 부과하거나 권익을 제한하는 처분을 하는 경우에는 미리 처분의 제목, 처분의 원인이 되는 사실과 처분의 내용 및 법적 근거, 의견제출 기한 등 일정 사항을 당사자등에게 통지하여야 한다.

  01 행정청은 당사자 등에게 의무를 면제하거나 권익을 부여하는 처분을 하는 경우에도 사전통지의무를 진다. (O | X) [10지방직7급]

  02 사전통지의 내용은 처분의 제목, 당사자의 성명 또는 명칭과 주소, 처분하고자 하는 원인이 되는 사실과 처분의 내용 및 법적 근거, 의견제출기관의 명칭과 주소, 의견제출기한 등이다. (O | X) [11국회직8급]

  03 처분의 상대방에게 이익이 되며 제3자의 권익을 침해하는 이중효과적 행정행위는 행정절차법상 사전통지 의견제출의 대상이 된다. (O | X) [19지방직7급]

- '의견제출 기한'은 의견제출에 필요한 기간을 10일 이상으로 고려하여 정하여야 한다.

> **관련 판례** 침익 처분으로서 사전통지를 하여야 하는 경우
>
> 1. 영업양도에 의하여 양수인이 지위승계신고를 한 경우 관할 행정청은 수리에 앞서 양도인에게 사전통지를 하여야 한다.
>   행정청이 구 관광진흥법 또는 구 체육시설법의 규정에 의하여 유원시설업자 또는 체육시설업자 지위승계신고를 수리하는 처분은 종전 유원시설업자 또는 체육시설업자의 권익을 제한하는 처분이고, 종전 유원시설업자 또는 체육시설업자는 그 처분에 대하여 직접 그 상대가 되는 자에 해당한다고 보는 것이 타당하므로, 행정청이 그 신고를 수리하는 처분을 할 때에는 행정절차법 규정에서 정한 당사자에 해당하는 종전 유원시설업자 또는 체육시설업자에 대하여 위 규정에서 정한 행정절차를 실시하고 처분을 하여야 한다(대판 2012.12.13. 2011두29144).
> 2. 국가는 행정절차법상 당사자등에 해당할 수 있으며, 국가에 대해 행정처분을 할 때에도 사전 통지, 의견청취, 이유 제시와 관련한 행정절차법이 그대로 적용된다는 취지의 판시
>   행정절차법은 국가를 '당사자 등'에서 제외하지 않고 있다. 따라서, 행정기관의 처분에 의하여 불이익을 입게 되는 국가를 일반 국민과 달리 취급할 이유가 없다. 따라서 국가에 대해 행정처분을 할

정답 01 X 02 O 03 X

> 때에도 사전 통지, 의견청취, 이유 제시와 관련한 행정절차법이 그대로 적용된다고 보아야 한다(대판 2023.9.21. 2023두39724).

01 행정청이 구 식품위생법 규정에 의하여 영업자지위승계신고를 수리하는 처분은 종전의 영업자의 권익을 제한하는 처분에 해당하므로, 행정청은 이를 처리함에 있어 종전의 영업자에 대하여 처분의 사전통지, 의견청취 등 행정절차법상의 처분절차를 거쳐야 한다. (O | X) [21소방직9급]

02 공매를 통하여 체육시설을 인수한 자의 체육시설업자 지위승계신고를 수리하는 경우, 종전 체육시설업자에게 사전에 통지하여 의견제출기회를 주어야 한다. (O | X) [19국가직9급]

관련 판례 거부처분과 사전통지

거부처분은 당사자의 권익을 제한하는 처분에 해당한다고 할 수 없다.

신청에 따른 처분이 이루어지지 아니한 경우에는 아직 당사자에게 권익이 부과되지 아니하였으므로 특별한 사정이 없는 한 신청에 대한 거부처분이라고 하더라도 직접 당사자의 권익을 제한하는 것은 아니어서 신청에 대한 거부처분을 여기에서 말하는 '당사자의 권익을 제한하는 처분'에 해당한다고 할 수 없는 것이어서 처분의 사전통지대상이 된다고 할 수 없다(대판 2003.11.28. 선고 2003두674).

03 항만시설 사용허가신청에 대하여 거부처분을 하는 경우, 사전에 통지하여 의견제출기회를 주어야 한다. (O | X) [19국가직9급]

관련 판례 일반처분과 사전통지

불특정 다수인을 상대로 한 처분의 경우 사전통지의 대상이 아니다.

행정절차법 제2조 제4호가 행정절차법의 당사자를 행정청의 처분에 대하여 직접 그 상대가 되는 당사자로 규정하고, 도로법 제25조 제3항이 도로구역을 결정하거나 변경할 경우 이를 고시에 의하도록 하면서, 그 도면을 일반인이 열람할 수 있도록 한 점 등을 종합하여 보면, 도로구역을 변경한 이 사건 처분은 행정절차법 제21조 제1항의 사전통지나 제22조 제3항의 의견청취의 대상이 되는 처분은 아니라고 할 것이다(대판 2008.6.12. 2007두1767).

04 도로법상 도로구역의 결정·변경 고시는 행정처분으로서 행정절차법 제21조 제1항의 사전통지나 제22조 제3항의 의견청취의 절차를 거쳐야 한다. (O | X) [17사회복지직9급]

정답 01 O 02 O 03 X 04 X

2) 사전통지의 예외

> **행정절차법 제21조(처분의 사전 통지)** ④ 다음 각 호의 어느 하나에 해당하는 경우에는 제1항에 따른 통지를 하지 아니할 수 있다.
> 1. 공공의 안전 또는 복리를 위하여 긴급히 처분을 할 필요가 있는 경우
> 2. 법령등에서 요구된 자격이 없거나 없어지게 되면 반드시 일정한 처분을 하여야 하는 경우에 그 자격이 없거나 없어지게 된 사실이 법원의 재판 등에 의하여 객관적으로 증명된 경우
> 3. 해당 처분의 성질상 의견청취가 현저히 곤란하거나 명백히 불필요하다고 인정될 만한 상당한 이유가 있는 경우

일정한 경우(법 제21조 제4항 각호의 사유) 사전통지를 하지 않을 수 있다. 또한 사전통지의무가 면제되는 경우에는 의견청취의무도 면제된다.

01 법령에서 요구된 자격이 없어지게 되면 반드시 일정한 처분을 하여야 하는 경우에 그 자격이 없어지게 된 사실이 법원의 재판에 의하여 객관적으로 증명된 경우에는 행정청의 사전통지의무가 면제될 수 있다. (O | X) [15국가직7급]

02 사전통지의무가 면제되는 경우에도 의견청취의무가 면제되는 것은 아니다. (O | X) [10지방직7급]

3) 의견청취 개설

① 원칙

「행정절차법」상 의견청취 절차는 ㉠ 청문, ㉡ 공청회, ㉢ 의견제출이 있다. 청문이나 공청회를 개최하는 경우 외에는 의견제출의 기회를 주어야 한다(동법 제22조 제3항).

03 행정절차법상의 의견청취는 이유제시, 청문, 의견제출로 구분된다. (O | X) [08지방직7급]

04 행정절차법에 따르면, 행정청이 당사자에게 의무를 부과하거나 권익을 제한하는 처분을 함에 있어 청문이나 공청회를 거치지 않은 경우에는 당사자에게 의견제출의 기회를 주어야 한다. (O | X) [20소방직]

② 예외적으로 의견청취를 아니할 수 있는 경우(법 제21조 제4항, 법 제22조 제4항)

㉠ 공공의 안전 또는 복리를 위하여 **긴**급히 처분을 할 필요가 있는 경우
㉡ 법령등에서 요구된 자격이 없거나 없어지게 되면 반드시 일정한 처분을 하여야 하는 경우에 그 자격이 없거나 없어지게 된 사실이 법원의 **재판** 등에 의하여 객관적으로 증명된 경우
㉢ 해당 처분의 **성**질상 의견청취가 현저히 곤란하거나 명백히 불필요하다고 인정될 만한 상당한 이유가 있는 경우
㉣ 당사자가 의견진술의 기회를 포기한다는 뜻을 **명**백히 표시한 경우

정답 01 O 02 X 03 X 04 O

행정절차법

> **관련 판례**
>
> 1. 행정절차법 제21조 제4항 제3호는 침해적 행정처분을 할 경우 청문을 실시하지 않을 수 있는 사유로서 "당해 처분의 성질상 의견청취가 현저히 곤란하거나 명백히 불필요하다고 인정될 만한 상당한 이유가 있는 경우"를 규정하고 있으나, 여기에서 말하는 의견청취가 현저히 곤란하거나 명백히 불필요하다고 인정될 만한 상당한 이유가 있는지 여부는 당해 행정처분의 성질에 비추어 판단하여야 하는 것이지, 청문통지서의 반송 여부, 청문통지의 방법 등에 의하여 판단할 것은 아니며, 또한 행정처분의 상대방이 통지된 청문일시에 불출석하였다는 이유만으로 행정청이 관계 법령상 그 실시가 요구되는 청문을 실시하지 아니한 채 침해적 행정처분을 할 수는 없을 것이므로, 행정처분의 상대방에 대한 청문통지서가 반송되었다거나, 행정처분의 상대방이 청문일시에 불출석하였다는 이유로 청문을 실시하지 아니하고 한 침해적 행정처분은 위법하다(대판 2001.4.13. 2000두3337).
> 2. 건축법상의 공사중지명령에 대한 사전통지를 하고 의견제출의 기회를 준다면 많은 액수의 손실보상금을 기대하여 공사를 강행할 우려가 있다는 사정이 사전통지 및 의견제출절차의 예외사유에 해당하지 아니한다(대판 2004.5.28. 2004두1254).
> 3. 구 도시계획법 제23조 제5항의 규정에 의한 사업시행자 지정처분을 취소함에 있어서 청문을 실시하지 아니한 경우, 그 절차를 결여한 지정처분의 취소처분이 위법한 처분인지 여부(적극)
>   행정청이 당사자와 사이에 도시계획사업의 시행과 관련한 협약을 체결하면서 관계 법령 및 행정절차법에 규정된 청문의 실시 등 의견청취절차를 배제하는 조항을 두었다고 하더라도, 국민의 행정참여를 도모함으로써 행정의 공정성·투명성 및 신뢰성을 확보하고 국민의 권익을 보호한다는 행정절차법의 목적 및 청문제도의 취지 등에 비추어 볼 때, 위와 같은 협약의 체결로 청문의 실시에 관한 규정의 적용을 배제할 수 있다고 볼 만한 법령상의 규정이 없는 한, 이러한 협약이 체결되었다고 하여 청문의 실시에 관한 규정의 적용이 배제된다거나 청문을 실시하지 않아도 되는 예외적인 경우에 해당한다고 할 수 없다(대판 2004.7.8. 2002두8350).
> 4. 법원의 재판 등에 의하여 객관적으로 증명된 경우로 볼 수 없는 경우로 보아 행정청의 의견청취의무가 면제되지 않는다는 취지의 판시
>   처분의 전제가 되는 '일부' 사실만 증명된 경우이거나 의견청취에 따라 행정청의 처분 여부나 처분수위가 달라질 수 있는 경우, 의견청취의 예외사유에 해당하지 아니한다(대판 2020.7.23. 2017두66602).
> 5. 퇴직연금의 환수결정은 당사자에게 의무를 과하는 처분이기는 하나, 관련 법령에 따라 당연히 환수금액이 정하여지는 것이므로, 퇴직연금의 환수결정에 앞서 당사자에게 의견진술의 기회를 주지 아니하여도 행정절차법 제22조 제3항이나 신의칙에 어긋나지 아니한다(대판 2000.11.28. 99두5443).

01 행정절차법의 청문배제 사유인 '당해 처분의 성질상 의견청취가 현저히 곤란하거나 명백히 불필요하다고 인정될 만한 상당한 이유가 있는 경우'는 당해 행정처분의 성질에 의하여 판단하여야 하는 것이지, 청문통지서의 반송 여부, 청문통지의 방법 등에 의하여 판단 할 것은 아니다. (O | X) [19서울시7급]

02 건축법의 공사중지명령에 대한 사전통지를 하고 의견제출의 기회를 준다면 많은 액수의 손실보상금을 기대하여 공사를 강행할 우려가 있다는 사정은 사전통지 및 의견제출절차의 예외 사유에 해당하지 아니한다. (O | X) [10지방직7급]

03 행정청이 공공의 안전 또는 복리를 위하여 긴급히 처분을 할 필요가 있는 경우에는 의견청취를 하지 아니할 수 있다. (O | X) [18서울시9급]

정답 01 O 02 O 03 O

PART 3 행정절차, 정보공개법, 개인정보 보호법

01 행정청이 당사자와 사이에 도시계획사업시행 관련 협약을 체결하면서 청문실시를 배제하는 조항을 두었더라도, 이와 같은 협약의 체결로 청문실시 규정의 적용을 배제할 만한 법령상 규정이 없는 한, 이러한 협약이 체결되었다고 하여 청문을 실시하지 않아도 되는 예외적인 경우에 해당한다고 할 수 없다. (O | X)   [20지방직9급]

02 법령상 요구되는 청문절차가 의무적 절차인 경우, 그 청문절차를 거치지 않은 처분은 무효이다. (O | X)   [25지방직9급]

4) 청문

① 의의

청문이란 행정청이 어떠한 처분을 하기 전에 당사자 등의 의견을 직접 듣고 증거를 조사하는 절차를 말한다(동법 제2조 제5호).

② 청문 절차

> 청문실시 결정 → 청문의 사전통지 → 청문 주재자의 선정 → 청문 진행(비공개원칙, 청문조서의 작성 등) → 청문 종결 → 청문재개(일정한 경우) → 처분

③ 청문을 실시하는 경우

> **행정절차법 제22조(의견청취)** ① 행정청이 처분을 할 때 다음 각 호의 어느 하나에 해당하는 경우에는 청문을 한다.
> 1. 다른 법령등에서 청문을 하도록 규정하고 있는 경우
> 2. 행정청이 필요하다고 인정하는 경우
> 3. 다음 각 목의 처분을 하는 경우
>   가. 인허가 등의 취소
>   나. 신분·자격의 박탈
>   다. 법인이나 조합 등의 설립허가의 취소

㉠ 다른 법령등에서 청문을 하도록 규정하고 있는 경우
㉡ 행정청이 필요하다고 인정하는 경우
㉢ 행정청이 인허가 등의 취소처분, 신분·자격을 박탈하는 처분, 법인이나 조합 등의 설립허가를 취소하는 처분을 하는 경우

④ 청문의 통지(사전통지)

행정청은 청문을 하려면 청문이 시작되는 날부터 10일 전까지 ㉠ 처분의 제목, ㉡ 당사자의 성명 또는 명칭과 주소, ㉢ 처분하려는 원인이 되는 사실과 처분의 내용 및 법적 근거, ㉣ 청문 주재자의 소속·직위 및 성명, ㉤ 청문의 일시 및 장소, ㉥ 청문에 응하지 아니하는 경우의 처리방법 등 청문에 필요한 사항, ㉦ 그 밖의 필요한 사항을 당사자 등에게 통지하여야 한다(동법 제21조 제2항).

03 행정청은 청문을 실시 하고자 하는 경우에 청문이 시작되는 날 부터 14일 전까지 당사자 등에게 통지를 하여야 한다. (O | X)   [11지방직7급]

정답 01 O 02 X 03 X

⑤ 청문 주재자와 참가자

㉠ 청문 주재자의 선정

> **행정절차법 제28조(청문 주재자)** ① 행정청은 소속 직원 또는 대통령령으로 정하는 자격을 가진 사람 중에서 청문 주재자를 공정하게 선정하여야 한다.
> ② 행정청은 다음 각 호의 어느 하나에 해당하는 처분을 하려는 경우에는 청문 주재자를 2명 이상으로 선정할 수 있다. 이 경우 선정된 청문 주재자 중 1명이 청문 주재자를 대표한다.
> 1. 다수 국민의 이해가 상충되는 처분
> 2. 다수 국민에게 불편이나 부담을 주는 처분
> 3. 그 밖에 전문적이고 공정한 청문을 위하여 행정청이 청문 주재자를 2명 이상으로 선정할 필요가 있다고 인정하는 처분
> ③ 행정청은 청문이 시작되는 날부터 7일 전까지 청문 주재자에게 청문과 관련한 필요한 자료를 미리 통지하여야 한다.
> ④ 청문 주재자는 독립하여 공정하게 직무를 수행하며, 그 직무 수행을 이유로 본인의 의사에 반하여 신분상 어떠한 불이익도 받지 아니한다.
> ⑤ 제1항 또는 제2항에 따라 선정된 청문 주재자는 「형법」이나 그 밖의 다른 법률에 따른 벌칙을 적용할 때에는 공무원으로 본다.
> ⑥ 제1항부터 제5항까지에서 규정한 사항 외에 청문 주재자의 선정 등에 필요한 사항은 대통령령으로 정한다.

01 청문주재자는 당사자의 신청을 받아 행정청이 선정한다. (O | X) [16교육행정직9급]

02 청문의 주재자는 대통령령으로 정하는 자격을 가지는 사람 중에서 선정하되, 행정청의 소속 직원은 주재자가 될 수 없다. (O | X) [14경찰]

㉡ 청문 주재자의 제척·기피·회피

> **행정절차법 제29조(청문 주재자의 제척·기피·회피)** ① 청문 주재자가 다음 각 호의 어느 하나에 해당하는 경우에는 청문을 주재할 수 없다.
> 1. 자신이 당사자등이거나 당사자등과 「민법」 제777조 각 호의 어느 하나에 해당하는 친족관계에 있거나 있었던 경우
> 2. 자신이 해당 처분과 관련하여 증언이나 감정(鑑定)을 한 경우
> 3. 자신이 해당 처분의 당사자등의 대리인으로 관여하거나 관여하였던 경우
> 4. 자신이 해당 처분업무를 직접 처리하거나 처리하였던 경우
> 5. 자신이 해당 처분업무를 처리하는 부서에 근무하는 경우. 이 경우 부서의 구체적인 범위는 대통령령으로 정한다.

ⓐ 제척사유

제척사유가 있는 청문 주재자는 법률의 규정에 의하여 **당연히 배제**되어야 한다. 따라서 제척사유가 있는 청문 주재자가 청문을 주재한 경우 절차상 하자가 존재하여 위법하게 된다.

정답 01 X 02 X

ⓑ 기피신청

청문 주재자에게 공정한 청문 진행을 할 수 없는 사정이 있는 경우 당사자등은 행정청에 기피신청을 할 수 있다. 이 경우 행정청은 청문을 정지하고 그 신청이 이유가 있다고 인정할 때에는 해당 청문 주재자를 지체 없이 교체하여야 한다(동법 제29조 제2항).

ⓒ 회피

청문 주재자는 제척사유 또는 공정한 청문을 할 수 없는 사정이 있는 경우에 해당하는 때에는, 행정청의 승인을 받아 스스로 청문의 주재를 회피할 수 있다(동법 제29조 제3항).

01 행정절차법은 청문 주재자의 제척·기피·회피에 관하여 규정하고 있다. (O | X)
[16교육행정직9급]

02 청문 주재자에게 공정한 청문 진행을 할 수 없는 사정이 있는 경우 당사자 등은 행정청에 기피신청을 할 수 있다. (O | X)
[21군무원9급]

ⓒ 청문의 참가자(당사자등)

행정청의 처분에 대하여 직접 그 상대가 되는 당사자와 행정청이 직권으로 또는 신청에 따라 행정절차에 참여하게 한 이해관계인

⑥ 청문 진행

> **행정절차법 제31조(청문의 진행)** ① 청문 주재자가 청문을 시작할 때에는 먼저 예정된 처분의 내용, 그 원인이 되는 사실 및 법적 근거 등을 설명하여야 한다.
> ② 당사자등은 의견을 진술하고 증거를 제출할 수 있으며, 참고인이나 감정인 등에게 질문할 수 있다.
> ③ 당사자등이 의견서를 제출한 경우에는 그 내용을 출석하여 진술한 것으로 본다.
> ④ 청문 주재자는 청문의 신속한 진행과 질서유지를 위하여 필요한 조치를 할 수 있다.
> ⑤ 청문을 계속할 경우에는 행정청은 당사자등에게 다음 청문의 일시 및 장소를 서면으로 통지하여야 하며, 당사자등이 동의하는 경우에는 전자문서로 통지할 수 있다. 다만, 청문에 출석한 당사자등에게는 그 청문일에 청문 주재자가 말로 통지할 수 있다.

03 청문절차의 당사자 등은 참고인이나 감정인등에게 질문할 수 있다. (O | X)
[15국회직8급]

㉠ 비공개 원칙

청문은 당사자가 공개를 신청하거나 청문 주재자가 필요하다고 인정하는 경우 공개할 수 있다. 다만, 공익 또는 제3자의 정당한 이익을 현저히 해칠 우려가 있는 경우에는 공개하여서는 아니 된다(동법 제30조).

04 청문은 원칙적으로 당사자가 공개를 신청하거나 청문 주재자가 필요하다고 인정하는 경우, 공개할 수 있다. (O | X)
[16지방직9급]

정답 01 O 02 O 03 O 04 O

ⓒ 청문의 병합 분리

행정청은 직권으로 또는 당사자의 신청에 따라 여러 개의 사안을 병합하거나 분리하여 청문을 할 수 있다(동법 제32조).

ⓒ 증거조사

청문 주재자는 직권으로 또는 당사자의 신청에 따라 필요한 조사를 할 수 있으며, 당사자등이 주장하지 아니한 사실에 대하여도 조사할 수 있다(동법 제33조).

> **01** 청문 주재자는 직권으로 또는 당사자의 신청에 따라 필요한 조사를 할 수 있으며, 당사자 등이 주장하지 아니한 사실에 대하여는 조사할 수 없다. (O | X)   [21군무원9급]

⑦ 청문의 종결
- 청문 주재자는 해당 사안에 대하여 당사자등의 의견진술, 증거조사가 충분히 이루어졌다고 인정하는 경우에는 청문을 마칠 수 있다(동법 제35조 제1항).
- 청문 주재자는 당사자 등의 전부 또는 일부가 정당한 사유 없이 청문기일에 출석하지 아니하거나 제31조 제3항(당사자등이 의견서를 제출한 경우에는 그 내용을 출석하여 진술한 것으로 본다)에 따른 의견서를 제출하지 아니한 경우에는 이들에게 다시 의견 진술 및 증거제출의 기회를 주지 아니하고 청문을 마칠 수 있다(동법 제35조 제2항).
- 청문 주재자는 당사자등의 전부 또는 일부가 정당한 사유로 청문기일에 출석하지 못하거나 제31조 제3항에 따른 의견서를 제출하지 못한 경우에는 10일 이상의 기간을 정하여 이들에게 의견진술 및 증거제출을 요구하여야 하며, 해당 기간이 지났을 때에 청문을 마칠 수 있다(동법 제35조 제3항).
- 청문 주재자는 청문을 마쳤을 때에는 청문조서, 청문 주재자의 의견서, 그 밖의 관계 서류 등을 행정청에 지체 없이 제출하여야 한다(동법 제35조 제4항).

⑧ 청문의 재개

> **행정절차법 제36조(청문의 재개)** 행정청은 청문을 마친 후 처분을 할 때까지 새로운 사정이 발견되어 청문을 재개(再開)할 필요가 있다고 인정할 때에는 제35조제4항에 따라 받은 청문조서 등을 되돌려 보내고 청문의 재개를 명할 수 있다.

행정청은 청문을 마친 후 처분을 할 때까지 새로운 사정이 발견되어 청문을 재개할 필요가 있다고 인정할 때에는 청문의 재개(再開)를 명할 수 있다.

> **02** 행정청은 청문을 마친 후 처분을 할 때까지 새로운 사정이 발견되어 청문을 재개(再開)할 필요가 있다고 인정할 때에는 청문조서 등을 되돌려 보내고 청문의 재개를 명할 수 있다. (O | X)   [21군무원9급]

정답 01 X 02 O

PART 3 행정절차, 정보공개법, 개인정보 보호법

⑨ 청문결과의 반영

> **행정절차법 제35조의2(청문결과의 반영)** 행정청은 처분을 할 때에 제35조제4항에 따라 받은 청문조서, 청문 주재자의 의견서, 그 밖의 관계 서류 등을 충분히 검토하고 상당한 이유가 있다고 인정하는 경우에는 청문결과를 반영하여야 한다.

> **관련 판례** 청문에 제시된 사인의 의견에 구속되는 것은 아니다.
>
> 광업법 제88조 제2항에서 처분청이 같은 법조 제1항의 규정에 의하여 광업용 토지수용을 위한 사업인정을 하고자 할 때에 토지소유자와 토지에 관한 권리를 가진 자의 의견을 들어야 한다고 한 것은 그 사업인정 여부를 결정함에 있어서 소유자나 기타 권리자가 의견을 반영할 기회를 주어 이를 참작하도록 하고자 하는 데 있을 뿐, 처분청이 그 의견에 기속되는 것은 아니다(대판 1995.12.22. 95누30).

01 행정청은 처분을 함에 있어서 청문조서, 청문주재자의 의견서, 그 밖의 관계서류 등을 충분히 검토하고 상당한 이유가 있다고 인정하는 경우에는 청문결과를 반영하여야 한다. (O | X) [11사회복지직9급]

02 행정청은 청문절차에서 개진된 의견에 기속되지 않는다. (O | X) [07국가직7급]

03 구 광업법에 근거하여 처분청이 광업용 토지수용을 위한 사업인정을 하면서 토지소유자와 토지에 관한 권리를 가진자의 의견을 들은 경우 처분청은 그 의견에 기속된다. (O | X) [19지방직9급]

⑩ 정보공개청구 및 개인정보보호

청문과 관련하여 개별적 정보공개청구에 관한 규정과 개인정보보호에 관한 규정이 존재한다.

㉠ 정보공개청구
- 당사자 등은 청문의 통지가 있는 날부터 청문이 끝날 때까지 행정청에 해당 사안의 조사결과에 관한 문서와 그 밖에 해당 처분과 관련되는 문서의 열람 또는 복사를 요청할 수 있다.
- 이 경우 행정청은 다른 법령에 따라 공개가 제한되는 경우를 제외하고는 그 요청을 거부할 수 없다(동법 제37조 제1항). 행정청은 열람 또는 복사의 요청을 거부하는 경우에는 그 이유를 소명(疎明)하여야 한다.
- 행정청은 복사에 드는 비용을 복사를 요청한 자에게 부담시킬 수 있다.

04 당사자등은 공청회의 통지가 있는 날부터 공청회가 끝날 때까지 행정청에 대하여 당해 사안의 조사 결과에 관한 문서, 기타 공청회와 관련되는 문서의 열람 또는 복사를 요청할 수 있다. (O | X) [07국가직7급]

㉡ 개인정보보호

누구든지 청문을 통하여 알게 된 사생활이나 경영상 또는 거래상의 비밀을 정당한 이유 없이 누설하거나 다른 목적으로 사용하여서는 아니 된다(동법 제37조 제6항).

정답 01 O 02 O 03 X 04 X

01 행정절차법도 비밀누설 금지·목적 외 사용금지 등 개인의 정보보호에 관한 규정을 두고 있다. (O | X) [14국가직9급]

5) 공청회

① 공청회의 의의

- 공청회란 행정청이 공개적인 토론을 통하여 어떠한 행정작용에 대하여 당사자등, 전문지식과 경험을 가진 사람, 그 밖의 일반인으로부터 의견을 널리 수렴하는 절차를 말한다(동법 제2조 제6호).
- 「행정절차법」상 공청회에 관한 규정은 행정청이 개최한 공청회가 아닌 경우에는 적용되지 아니한다.

관련 판례

묘지공원과 화장장의 후보지를 선정하는 과정에서 서울특별시, 비영리법인, 일반 기업 등이 공동 발족한협의체인 추모공원건립추진협의회가 후보지 주민들의 의견을 청취하기 위하여 그 명의로 개최한 공청회는 행정청이 도시계획시설결정을 하면서 개최한 공청회가 아니므로, 위 공청회의 개최에 관하여 행정절차법에서 정한 절차를 준수하여야 하는 것은 아니다(대판 2007.4.12. 2005두1893).

② 공청회 절차

공청회 실시 결정 → 공청회 개최 알림 → 공청회 주재자의 선정 → 공청회 진행 → 공청회 종결 → 결과 정리 → 처분

③ 공청회 개최

행정절차법 제22조(의견청취) ② 행정청이 처분을 할 때 다음 각 호의 어느 하나에 해당하는 경우에는 공청회를 개최한다.
1. 다른 법령등에서 공청회를 개최하도록 규정하고 있는 경우
2. 해당 처분의 영향이 광범위하여 널리 의견을 수렴할 필요가 있다고 행정청이 인정하는 경우
3. 국민생활에 큰 영향을 미치는 처분으로서 대통령령으로 정하는 처분에 대하여 대통령령으로 정하는 수 이상의 당사자등이 공청회 개최를 요구하는 경우

행정절차법 시행령 제13조의3(공청회의 개최 요건 등) ① 법 제22조제2항제3호에서 "대통령령으로 정하는 처분"이란 다음 각 호의 어느 하나에 해당하는 처분을 말한다. 다만, 행정청이 해당 처분과 관련하여 이미 공청회를 개최한 경우는 제외한다.
1. 국민 다수의 생명, 안전 및 건강에 큰 영향을 미치는 처분
2. 소음 및 악취 등 국민의 일상생활과 관계되는 환경에 큰 영향을 미치는 처분

② 제1항에 따른 처분에 대하여 당사자등은 그 처분 전(해당 처분에 대하여 행정청이 의견제출 기한을 정한 경우에는 그 기한까지를 말한다)에 행정청에 공청회의 개최를 요구할 수 있다.
③ 법 제22조제2항제3호에서 "대통령령으로 정하는 수"란 30명을 말한다.

정답 01 O

㉠ 공청회 개최 사유
  ⓐ 다른 법령등에서 공청회를 개최하도록 규정하고 있는 경우
  ⓑ 해당 처분의 영향이 광범위하여 널리 의견을 수렴할 필요가 있다고 행정청이 인정하는 경우
  ⓒ 국민생활에 큰 영향을 미치는 처분으로서 대통령령으로 정하는 처분에 대하여 대통령령으로 정하는 수 이상의 당사자등이 공청회 개최를 요구하는 경우

> **01** 청문은 다른 법령등에서 규정하고 있는 경우 이외에 행정청이 필요하다고 인정하는 경우에도 실시할 수 있으나, 공청회는 다른 법령등에서 규정하고 있는 경우에만 개최할 수 있다. (O | X) [20지방직9급]
>
> **02** 행정청은 처분을 함에 있어 국민생활에 큰 영향을 미치는 처분으로서 대통령령으로 정하는 처분에 대하여 대통령령으로 정하는 수 이상의 당사자 등이 공청회 개최를 요구하는 경우 공청회를 개최한다. (O | X) [21군무원7급]

㉡ 공청회 개최의 알림
  • 행정청은 공청회를 개최하려는 경우에는 **공청회 개최 14일 전까지** 다음의 사항(제목, 일시 및 장소, 주요 내용, 발표자에 관한 사항, 발표신청 방법 및 신청기한, 정보통신망을 통한 의견제출, 그 밖에 공청회 개최에 필요한 사항)을 **당사자등에게 통지하고 관보, 공보, 인터넷 홈페이지 또는 일간신문 등에 공고하는 등**의 방법으로 널리 알려야 한다.
  • 다만, 공청회 개최를 알린 후 예정대로 개최하지 못하여 **새로 일시 및 장소 등을 정한 경우에는 공청회 개최 7일 전까지** 알려야 한다(동법 제38조).

> **03** 행정청은 공청회를 개최하려는 경우에는 공청회 개최 14일 전까지 제목, 일시 및 장소 등을 당사자등에게 통지하고 관보, 공보, 인터넷 홈페이지 또는 일간신문등에 공고하는 등의 방법으로 널리 알려야 한다. (O | X) [17지방직9급]

㉢ 온라인공청회

행정절차법 제38조의2(온라인공청회) ① 행정청은 제38조에 따른 공청회와 병행하여서만 정보통신망을 이용한 공청회(이하 "온라인공청회"라 한다)를 실시할 수 있다.
② 제1항에도 불구하고 다음 각 호의 어느 하나에 해당하는 경우에는 온라인공청회를 단독으로 개최할 수 있다.
1. 국민의 생명·신체·재산의 보호 등 국민의 안전 또는 권익보호 등의 이유로 제38조에 따른 공청회를 개최하기 어려운 경우
2. 제38조에 따른 공청회가 행정청이 책임질 수 없는 사유로 개최되지 못하거나 개최는 되었으나 정상적으로 진행되지 못하고 무산된 횟수가 3회 이상인 경우
3. 행정청이 널리 의견을 수렴하기 위하여 온라인공청회를 단독으로 개최할 필요가 있다고 인정하는 경우. 다만, 제22조제2항제1호 또는 제3호에 따라 공청회를 실시하는 경우는 제외한다.
③ 행정청은 온라인공청회를 실시하는 경우 의견제출 및 토론 참여가 가능하도록 적절한 전자적 처리능력을 갖춘 정보통신망을 구축·운영하여야 한다.

정답 01 X 02 O 03 O

④ 온라인공청회를 실시하는 경우에는 누구든지 정보통신망을 이용하여 의견을 제출하거나 제출된 의견 등에 대한 토론에 참여할 수 있다.
⑤ 제1항부터 제4항까지에서 규정한 사항 외에 온라인공청회의 실시 방법 및 절차에 관하여 필요한 사항은 대통령령으로 정한다.

01 행정청은 행정절차법 제38조에 따른 공청회와 병행하여서만 정보통신망을 이용한 공청회를 실시할 수 있다. (O | X) [17국가직9급]

02 정보통신망을 이용한 공청회(온라인공청회)는 공청회를 실시할 수 없는 불가피한 상황에서만 실시할 수 있다. (O | X) [16지방직9급]

03 행정청이 전자공청화를 실시하는 경우에는 누구든지 정보통신망을 이용하여 의견을 제출할 수 있다. (O | X) [15교육행정직9급]

④ **공청회의 주재자 및 발표자**

행정청은 공청회의 주재자 및 발표자를 지명 또는 위촉하거나 선정할 때 공정성이 확보될 수 있도록 하여야 한다(동법 제38조의3 제3항).

㉠ 주재자

행정청은 해당 공청회의 사안과 관련된 분야에 전문적 지식이 있거나 그 분야에 종사한 경험이 있는 사람으로서 대통령령으로 정하는 자격을 가진 사람 중에서 공청회의 주재자를 선정한다(동법 제38조의3 제1항).

㉡ 발표자

- 공청회의 발표자는 발표를 신청한 사람 중에서 행정청이 선정한다(동법 제38조의3 제2항).
- 다만, 발표를 신청한 사람이 없거나 공청회의 공정성을 확보하기 위하여 필요하다고 인정하는 경우에는 해당 공청회의 사안과 관련된 당사자등, 해당 공청회의 사안과 관련된 분야에 전문적 지식이 있는 사람, 해당 공청회의 사안과 관련된 분야에 종사한 경험이 있는 사람 중에서 지명하거나 위촉할 수 있다(동법 제38조의3 제2항).

04 행정청은 공청회의 발표자를 관련 전문가중에서 우선적으로 지명 또는 위촉하여야 하며, 적절한 발표자를 선정하지 못하거나 필요한 경우에만 발표를 신청한 자 중에서 지명할 수 있다. (O | X) [10지방직9급]

⑤ **공청회의 진행과 결과 반영**

㉠ 공청회의 진행

- 공청회의 주재자는 공청회를 공정하게 진행하여야 하며 공청회의 원활한 진행을 위하여 발표 내용을 제한할 수 있고, 질서유지를 위하여 발언 중지 및 퇴장 명령 등 행정안전부장관이 정하는 필요한 조치를 할 수 있다(동법 제39조 제1항).

정답 01 O 02 X 03 O 04 X

- 공청회의 주재자는 발표자의 발표가 끝난 후에는 발표자 상호 간에 질의 및 답변을 할 수 있도록 하여야 하며, 방청인에게도 의견을 제시할 기회를 주어야 한다(동법 제39조 제3항).

    01 공청회의 주재자는 공청회를 공정하게 진행하여야 하며, 공청회의 원활한 진행을 위하여 발표 내용을 제한할 수 있다. (O | X) [07국가직7급]

  ⓒ 공청회 및 온라인공청회 결과의 반영
  행정청은 처분을 할 때에 공청회, 온라인공청회 및 정보통신망 등을 통하여 제시된 사실 및 의견이 상당한 이유가 있다고 인정하는 경우에는 이를 반영하여야 한다(동법 제39조의2).

    02 행정청은 처분을 할 때에 당사자등이 제출한 의견이 상당한 이유가 있다고 인정하는 경우에는 이를 반영할 수 있다. (O | X) [17경찰]

  ⓒ 공청회의 재개최
  행정청은 공청회를 마친 후 처분을 할 때까지 새로운 사정이 발견되어 공청회를 다시 개최할 필요가 있다고 인정할 때에는 공청회를 다시 개최할 수 있다(동법 제39조의3).

    03 행정청은 공청회를 마친 후 처분을 할 때까지 새로운 사정이 발견되어 공청회를 다시 개최할 필요가 있다고 인정할 때에는 공청회를 다시 개최할 수 있다. (O | X) [21국회직8급]

6) 의견제출(약식 청문)
  ① 의의
  행정청이 어떠한 행정작용을 하기 전에 당사자 등이 의견을 제시하는 절차로서 청문이나 공청회에 해당하지 아니하는 절차를 말한다(동법 제2조 제7호).

  ② 성격
    - 행정청이 당사자에게 의무를 부과하거나 권익을 제한하는 처분을 할 때, 청문을 개최하거나 또는 공청회를 개최하는 경우 외에는 당사자등에게 의견제출의 기회를 주어야 한다(동법 제22조 제3항).
    - 침익적 처분에 있어 의견청취의 일반절차로서 그 성격을 가지고 있다.

  ③ 의견제출 방법
    - 당사자등은 처분 전에 그 처분의 관할 행정청에 서면이나 말로 또는 정보통신망을 이용하여 의견제출을 할 수 있다.
    - 당사자등은 의견제출을 하는 경우 그 주장을 입증하기 위한 증거자료 등을 첨부할 수 있다.
    - 행정청은 당사자등이 말로 의견제출을 하였을 때에는 서면으로 그 진술의 요지와 진술자를 기록하여야 한다.

정답 01 O 02 X 03 O

- 당사자등이 정당한 이유 없이 의견제출기한까지 의견제출을 하지 아니한 경우에는 의견이 없는 것으로 본다(동법 제27조).

> **01** 행정청은 당사자 등이 말로 의견제출을 하였을 때에는 서면으로 그 진술의 요지와 진술자를 기록하여야 한다. (O | X) [13지방직7급]
>
> **02** 당사자등이 정당한 이유 없이 의견제출기한까지 의견제출을 하지 아니한 경우에는 의견이 없는 것으로 본다. (O | X) [15지방직7급]

④ 제출 의견의 반영
- 행정청은 처분을 할 때에 당사자등이 제출한 의견이 상당한 이유가 있다고 인정하는 경우에는 이를 반영하여야 한다.
- 행정청은 당사자등이 제출한 의견을 반영하지 아니하고 처분을 한 경우 당사자등이 처분이 있음을 안 날부터 90일 이내에 그 이유의 설명을 요청하면 서면으로 그 이유를 알려야 한다. 다만,
- 당사자등이 동의하면 말, 정보통신망 또는 그 밖의 방법으로 알릴 수 있다(동법 제27조의2).

> **03** 행정청은 처분을 할 때에 당사자 등이 제출한 의견이 상당한 이유가 있다고 인정하는 경우에는 이를 반영하여야 한다. (O | X) [15경찰]

⑤ 정보공개청구 및 개인정보보호

청문과 마찬가지로 의견제출과 관련하여, 개별적 정보공개청구에 관한 규정과 개인정보보호에 관한 규정이 존재한다.

㉠ 정보공개청구
- 당사자등은 처분의 사전 통지가 있는 날부터 의견제출기한까지 행정청에 해당 사안의 조사결과에 관한 문서와 그 밖에 해당 처분과 관련되는 문서의 열람 또는 복사를 요청할 수 있다.
- 이 경우 행정청은 다른 법령에 따라 공개가 제한되는 경우를 제외하고는 그 요청을 거부할 수 없다(동법 제37조 제1항). 행정청은 열람 또는 복사의 요청을 거부하는 경우에는 그 이유를 소명(疎明)하여야 한다.
- 행정청은 복사에 드는 비용을 복사를 요청한 자에게 부담시킬 수 있다.

㉡ 개인정보보호

누구든지 의견제출을 통하여 알게 된 사생활이나 경영상 또는 거래상의 비밀을 정당한 이유 없이 누설하거나 다른 목적으로 사용하여서는 아니 된다(동법 제37조 제6항).

7) 청문·공청회·의견제출 공통사항
- 행정청은 청문·공청회 또는 의견제출을 거쳤을 때에는 신속히 처분하여 해당 처분이 지연되지 아니하도록 하여야 한다(동법 제22조 제5항).

정답 01 O 02 O 03 O

- 행정청은 처분 후 1년 이내에 당사자등이 요청하는 경우에는 청문·공청회 또는 의견제출을 위하여 제출받은 서류나 그 밖의 물건을 반환하여야 한다(동법 제22조 제6항).

제2절 신고, 행정예고, 행정입법예고, 행정지도

I 신고

> **행정절차법 제40조(신고)** ① 법령등에서 행정청에 일정한 사항을 통지함으로써 의무가 끝나는 신고를 규정하고 있는 경우 신고를 관장하는 행정청은 신고에 필요한 구비서류, 접수기관, 그 밖에 법령등에 따른 신고에 필요한 사항을 게시(인터넷 등을 통한 게시를 포함한다)하거나 이에 대한 편람을 갖추어 두고 누구나 열람할 수 있도록 하여야 한다.
> ② 제1항에 따른 신고가 다음 각 호의 요건을 갖춘 경우에는 신고서가 접수기관에 도달된 때에 신고의무가 이행된 것으로 본다.
> 1. 신고서의 기재사항에 흠이 없을 것
> 2. 필요한 구비서류가 첨부되어 있을 것
> 3. 그 밖에 법령등에 규정된 형식상의 요건에 적합할 것
> ③ 행정청은 제2항 각 호의 요건을 갖추지 못한 신고서가 제출된 경우에는 지체 없이 상당한 기간을 정하여 신고인에게 보완을 요구하여야 한다.
> ④ 행정청은 신고인이 제3항에 따른 기간 내에 보완을 하지 아니하였을 때에는 그 이유를 구체적으로 밝혀 해당 신고서를 되돌려 보내야 한다.

- 행정절차법의 신고는 자기완결적 신고에 해당한다.
- 형식적 요건을 구비한 적법한 신고가 접수기관에 도달된 때 공법상 효과가 발생한다.
- 형식적 요건을 구비하지 못한 신고서가 제출된 경우에는 행정청은 지체 없이 상당한 기간을 정하여 보완을 요구하여야 한다.
- 행정청이 상당한 기간을 정하여 보완을 요구하였음에도 그 기간 내에 보완을 하지 아니한 경우에는 그 이유를 구체적으로 밝혀 신고서를 되돌려 보내야 한다.

01 행정절차법상 신고요건으로는 신고서의 기재사항에 흠이 없고 필요한 구비서류가 첨부되어 있어야 하며, 신고의 기재사항은 그 진실함이 입증되어야 한다. (O | X) [14국가직9급]

02 행정절차법은 '법령등에서 행정청에 일정한 사항을 통지함으로써 의무가 끝나는 신고'에 대하여 '그 밖에 법령등에 규정된 형식상의 요건에 적합할 것'을 그 신고의무 이행요건의 하나로 정하고 있다. (O | X) [20지방직9급]

정답 01 X 02 O

CHAPTER 1 행정절차법

Ⅱ 행정상 입법예고

1. 의의

법령 등을 제정·개정 또는 폐지하고자 하는 때에는 행정청으로 하여금 미리 이를 예고하여 이에 대한 의견을 널리 수렴하도록 하는 절차를 말한다.

2. 법령의 입법예고

1) 원칙

> **행정절차법 제41조(행정상 입법예고)** ① 법령등을 제정·개정 또는 폐지(이하 "입법"이라 한다)하려는 경우에는 해당 입법안을 마련한 행정청은 이를 예고하여야 한다.

2) 예외

> 다만, 다음 각 호의 어느 하나에 해당하는 경우에는 예고를 하지 아니할 수 있다.
> 1. 신속한 국민의 권리 보호 또는 예측 곤란한 특별한 사정의 발생 등으로 입법이 긴급을 요하는 경우
> 2. 상위 법령등의 단순한 집행을 위한 경우
> 3. 입법내용이 국민의 권리·의무 또는 일상생활과 관련이 없는 경우
> 4. 단순한 표현·자구를 변경하는 경우 등 입법내용의 성질상 예고의 필요가 없거나 곤란하다고 판단되는 경우
> 5. 예고함이 공공의 안전 또는 복리를 현저히 해칠 우려가 있는 경우

- 행정청은 입법예고를 하지 아니할 수 있는 경우를 제외하고는 해당 입법안을 마련한 행정청은 입법예고를 하여야 한다.

  01 상위법령등의 단순한 집행을 위해 총리령을 제정하려는 경우, 행정상 입법예고를 하지 아니할 수 있다. (O | X)   [19국가직9급]

> ③ 법제처장은 입법예고를 하지 아니한 법령안의 심사 요청을 받은 경우에 입법예고를 하는 것이 적당하다고 판단할 때에는 해당 행정청에 입법예고를 권고하거나 직접 예고할 수 있다.

- 입법예고를 하지 아니한 법령의 심사요청을 받은 법제처장은 입법예고를 함이 적당하다고 판단할 때에는 해당 행정청에 입법예고를 권고하거나 직접할 수 있다.

  02 법제처장은 입법예고를 하지 아니한 법령안의 심사요청을 받은 경우에 입법예고를 하는 것이 적당하다고 판단되는 때에는 해당 행정청에 입법예고를 권고하거나 직접예고할 수 있다. (O | X)   [15국회직8급]

정답 01 O 02 O

3. 예고방법

> **행정절차법 제42조(예고방법)** ① 행정청은 입법안의 취지, 주요 내용 또는 전문(全文)을 다음 각 호의 구분에 따른 방법으로 공고하여야 하며, 추가로 인터넷, 신문 또는 방송 등을 통하여 공고할 수 있다.
> 1. 법령의 입법안을 입법예고하는 경우 : 관보 및 법제처장이 구축·제공하는 정보시스템을 통한 공고
> 2. 자치법규의 입법안을 입법예고하는 경우 : 공보를 통한 공고
> ② 행정청은 대통령령을 입법예고하는 경우 국회 소관 상임위원회에 이를 제출하여야 한다.
> ③ 행정청은 입법예고를 할 때에 입법안과 관련이 있다고 인정되는 중앙행정기관, 지방자치단체, 그 밖의 단체 등이 예고사항을 알 수 있도록 예고사항을 통지하거나 그 밖의 방법으로 알려야 한다.
> ④ 행정청은 제1항에 따라 예고된 입법안에 대하여 온라인공청회 등을 통하여 널리 의견을 수렴할 수 있다. 이 경우 제38조의2제3항부터 제5항까지의 규정(온라인공청회에 관한 규정-편저자 주)을 준용한다.
> ⑤ 행정청은 예고된 입법안의 전문에 대한 열람 또는 복사를 요청받았을 때에는 특별한 사유가 없으면 그 요청에 따라야 한다.
> ⑥ 행정청은 제5항에 따른 복사에 드는 비용을 복사를 요청한 자에게 부담시킬 수 있다.

- 법령의 입법안을 입법예고하는 경우, ① 관보 및 법제처장이 구축·제공하는 정보시스템을 통한 공고하여야 한다(기속). 추가로 ② 인터넷, 신문 또는 방송을 통하여 공고할 수 있다(재량).
- 자치 법규의 입법안을 입법예고하는 경우, ① 공보에 공고하여야 한다(기속). 추가로 ② 인터넷, 신문 또는 방송을 통하여 공고할 수 있다(재량).
- 대통령령을 입법예고하는 경우, 국회소관상임위원회에 제출하여야 한다고 규정하고 있고 국회법 제98조의2는 이에 대해 보다 상세한 규정을 두고 있다.
- 즉, 대통령령의 경우에는 입법예고를 할 때(입법예고를 생략하는 경우에는 법제처장에게 심사를 요청할 때를 말한다)에도 그 입법예고안을 국회소관상임위원회에 10일 이내에 제출하여야 한다(국회법 제98조의2).

01 행정청은 대통령령을 입법예고할 경우에는 국회 소관상임위원회에 이를 제출하여야 한다. (O | X)
[19서울시7급]

4. 예고기간

> **행정절차법 제43조(예고기간)** 입법예고기간은 예고할 때 정하되, 특별한 사정이 없으면 40일(자치법규는 20일) 이상으로 한다.

02 행정절차법에 따르면, 입법예고기간은 예고할 때 정하되, 특별한 사정이 없으면 40일(자치법규는 20일) 이상으로 한다. (O | X)
[17지방직9급]

정답 01 O 02 O

5. 의견제출 및 처리

> **행정절차법 제44조(의견제출 및 처리)** ① 누구든지 예고된 입법안에 대하여 의견을 제출할 수 있다.
> ② 행정청은 의견접수기관, 의견제출기간, 그 밖에 필요한 사항을 해당 입법안을 예고할 때 함께 공고하여야 한다.
> ③ 행정청은 해당 입법안에 대한 의견이 제출된 경우 특별한 사유가 없으면 이를 존중하여 처리하여야 한다.
> ④ 행정청은 의견을 제출한 자에게 그 제출된 의견의 처리결과를 통지하여야 한다.

01 행정절차법에 따르면, 예고된 법령 등의 제정·개정 또는 폐지의 안에 대하여 누구든지 의견을 제출할 수 있다. (O | X) [18지방직7급]

6. 공청회

> **행정절차법 제45조(공청회)** ① 행정청은 입법안에 관하여 공청회를 개최할 수 있다.

02 행정청은 입법안에 관하여 공청회를 개최할 수 있다. (O | X) [04행정고시]

7. 재입법예고

> **행정절차법 제41조** ④ 입법안을 마련한 행정청은 입법예고 후 예고내용에 국민생활과 직접 관련된 내용이 추가되는 등 대통령령으로 정하는 중요한 변경이 발생하는 경우에는 해당 부분에 대한 입법예고를 다시 하여야 한다. 다만, 제1항 각 호의 어느 하나에 해당하는 경우에는 예고를 하지 아니할 수 있다.

Ⅲ 행정예고

1. 의의

행정청은 정책, 제도 및 계획(이하 "정책등"이라 한다)을 수립·시행하거나 변경하려는 경우에는 이를 예고하여야 한다.

2. 행정예고

1) 원칙과 예외

> **행정절차법 제46조(행정예고)** ① 행정청은 정책, 제도 및 계획(이하 "정책등"이라 한다)을 수립·시행하거나 변경하려는 경우에는 이를 예고하여야 한다. 다만, 다음 각 호의 어느 하나에 해당하는 경우에는

정답 01 O 02 O

PART 3 행정절차, 정보공개법, 개인정보 보호법

> 예고를 하지 아니할 수 있다.
> 1. 신속하게 국민의 권리를 보호하여야 하거나 예측이 어려운 특별한 사정이 발생하는 등 긴급한 사유로 예고가 현저히 곤란한 경우
> 2. 법령등의 단순한 집행을 위한 경우
> 3. 정책등의 내용이 국민의 권리·의무 또는 일상생활과 관련이 없는 경우
> 4. 정책등의 예고가 공공의 안전 또는 복리를 현저히 해칠 우려가 상당한 경우
> ② 제1항에도 불구하고 법령등의 입법을 포함하는 행정예고는 입법예고로 갈음할 수 있다.
> ③ 행정예고기간은 예고 내용의 성격 등을 고려하여 정하되, 20일 이상으로 한다.
> ④ 제3항에도 불구하고 행정목적을 달성하기 위하여 긴급한 필요가 있는 경우에는 행정예고기간을 단축할 수 있다. 이 경우 단축된 행정예고기간은 10일 이상으로 한다.

- 행정청은 정책, 제도 및 계획을 수립·시행, 변경하려는 경우에는 이를 예고하여야 함이 원칙이다.
- 다만, 일정한 사정이 있는 경우(동법 제46조 제1항 제1호 ~ 4호)에는 행정예고를 하지 아니할 수 있다.

01 행정예고로 인하여 공공의 안전 또는 복리를 현저히 해칠 우려가 있는 때에는 행정청은 이를 예고하지 아니할 수 있다. (O | X) [17지방직9급 변형]

3. 입법예고로 갈음

법령 등의 입법을 포함하는 행정예고는 입법예고로 갈음할 수 있다(동법 제46조 제2항).

02 행정예고를 입법예고로 갈음할 수는 없다. (O | X) [07관세사]

4. 예고기간

행정예고기간은 예고 내용의 성격 등을 고려하여 정하되, 특별한 사정이 없으면 20일 이상으로 한다(동법 제46조 제3항). 다만, 행정목적을 달성하기 위해서 긴급한 필요가 있는 경우에 10일 이상의 기간으로 하여 단축할 수 있다.

03 행정예고기간은 예고 내용의 성격 등을 고려하여 정하되, 특별한 사정이 없으면 20일 이상으로 한다. (O | X) [17지방직9급]

5. 예고방법

행정청은 정책등안(案)의 취지, 주요 내용 등을 관보·공보나 인터넷·신문·방송 등을 통하여 공고하여야 한다(동법 제47조).

6. 행정예고 통계 작성 및 공고

> 행정절차법 제46조의2(행정예고 통계 작성 및 공고) 행정청은 매년 자신이 행한 행정예고의 실시 현황과 그 결과에 관한 통계를 작성하고, 이를 관보·공보 또는 인터넷 등의 방법으로 널리 공고하여야 한다.

Ⅴ 국민참여의 확대

> 행정절차법 제52조(국민참여 확대 노력) 행정청은 행정과정에 국민의 참여를 확대하기 위하여 다양한 참여방법과 협력의 기회를 제공하도록 노력하여야 한다.
> 동법 제52조(국민참여 활성화) ① 행정청은 행정과정에서 국민의 의견을 적극적으로 청취하고 이를 반영하도록 노력하여야 한다.
> ② 행정청은 국민에게 다양한 참여방법과 협력의 기회를 제공하도록 노력하여야 하며, 구체적인 참여방법을 공표하여야 한다.
> ③ 행정청은 국민참여 수준을 향상시키기 위하여 노력하여야 하며 필요한 경우 국민참여 수준에 대한 자체진단을 실시하고, 그 결과를 행정안전부장관에게 제출하여야 한다.
> ④ 행정청은 제3항에 따라 자체진단을 실시한 경우 그 결과를 공개할 수 있다.
> ⑤ 행정청은 국민참여를 활성화하기 위하여 교육·홍보, 예산·인력 확보 등 필요한 조치를 할 수 있다.
> ⑥ 행정안전부장관은 국민참여 확대를 위하여 행정청에 교육·홍보, 포상, 예산·인력 확보 등을 지원할 수 있다.
> 동법 제52조의2(국민제안의 처리) ① 행정청(국회사무총장·법원행정처장·헌법재판소사무처장 및 중앙선거관리위원회사무총장은 제외한다)은 정부시책이나 행정제도 및 그 운영의 개선에 관한 국민의 창의적인 의견이나 고안(이하 "국민제안"이라 한다)을 접수·처리하여야 한다.
> ② 제1항에 따른 국민제안의 운영 및 절차 등에 필요한 사항은 대통령령으로 정한다.
> 동법 제52조의3(국민참여 창구) 행정청은 주요 정책 등에 관한 국민과 전문가의 의견을 듣거나 국민이 참여할 수 있는 온라인 또는 오프라인 창구를 설치·운영할 수 있다.
> 동법 제53조(온라인 정책토론) ① 행정청은 국민에게 영향을 미치는 주요 정책 등에 대하여 국민의 다양하고 창의적인 의견을 널리 수렴하기 위하여 정보통신망을 이용한 정책토론(이하 이 조에서 "온라인 정책토론"이라 한다)을 실시할 수 있다.
> ② 행정청은 효율적인 온라인 정책토론을 위하여 과제별로 한시적인 토론 패널을 구성하여 해당 토론에 참여시킬 수 있다. 이 경우 패널의 구성에 있어서는 공정성 및 객관성이 확보될 수 있도록 노력하여야 한다.

PART 3 행정절차, 정보공개법, 개인정보 보호법

Ⅵ 보칙

> **행정절차법** 제54조(비용의 부담) 행정절차에 드는 비용은 행정청이 부담한다. 다만, 당사자등이 자기를 위하여 스스로 지출한 비용은 그러하지 아니하다.

---

01 행정절차에 소요되는 비용은 원칙적으로 행정청이 부담하도록 규정되어 있다. (O | X) [20소방직]

Ⅶ 절차의 하자

1. 절차위반과 처분의 효력

1) 개별규정이 존재하는 경우
소청심사위원회가 공무원 소청 사건을 심사할 때에는 의견 진술 기회를 주지 아니한 결정은 무효로 한다고 규정하고 있다. 이와 같이 개별 규정이 절차위반이 있는 행정처분의 효력을 규정하고 있는 경우에는 그에 따르면 족하다(국가공무원법 제13조).

2) 개별규정이 존재하지 아니하는 경우
- 행정절차법에는 절차위반의 행정처분의 효력에 관한 규정이 존재하지 아니한다.
- 재량행위의 경우 절차위반이 행정처분의 독자적 위법사유가 된다.
- 기속행위의 경우 견해의 대립이 있으나, 판례는 기속행위에도 절차위반은 독자적 위법사유로 판시한다.

> **관련 판례** 기속행위의 경우, 절차위반과 행정처분의 효력 - 취소사유
>
> 국세징수법 제9조 제1항은 단순히 세무행정상의 편의를 위한 훈시규정이 아니라 조세행정에 있어 자의를 배제하고 신중하고 합리적인 처분을 행하게 함으로써 공정을 기함과 동시에 납세의무자에게 부과처분의 내용을 상세히 알려 불복여부의 결정과 불복신청에 편의를 제공하려는 데서 나온 강행규정이므로 세액의 산출근거가 기재되지 아니한 물품세 납세고지서에 의한 부과처분은 위법한 것으로서 취소의 대상이 된다(대판 1984.5.9. 84누116).

> **관련 판례** 재량행위의 경우, 절차위반과 행정처분의 효력 - 취소사유
>
> 식품위생법 제64조, 같은법시행령 제37조 제1항 소정의 청문절차를 전혀 거치지 아니하거나 거쳤다고 하여도 그 절차적 요건을 제대로 준수하지 아니한 경우에는 가사 영업정지사유 등 위 법 제58조 등 소정 사유가 인정된다고 하더라도 그 처분은 위법하여 취소를 면할 수 없다(대판 1991.7.9. 91누971).

정답 01 O

CHAPTER 1 행정절차법

01 행정처분이 절차상 중대한 하자가 있다고 하더라도 실체적 하자가 없다면 취소판결을 할 수 없다. (O | X)
[18교육행정직9급]

02 처분에 행정절차상 하자가 있을 경우 기속행위인지 재량행위 인지를 불문하고 독자적 위법사유성이 인정되어 법원에 의한 취소의 대상이 된다. (O | X)
[08지방직7급]

2. 절차위반과 국가배상

국가배상법의 성립요건을 충족하는 경우에는 국가배상책임이 인정될 수 있을 것이다.

관련 판례 절차적 하자만으로 국가배상법상 손해를 인정할 수 없다는 취지의 판시

국가나 지방자치단체가 공익사업을 시행하는 과정에서 해당 사업부지 인근 주민들은 의견제출을 통한 행정절차 참여 등 법령에서 정하는 절차적 권리를 행사하여 환경권이나 재산권 등 사적 이익을 보호할 기회를 가질 수 있다. 그러나 법령에서 주민들의 행정절차 참여에 관하여 정하는 것은 어디까지나 주민들에게 자신의 의사와 이익을 반영할 기회를 보장하고 행정의 공정성, 투명성과 신뢰성을 확보하며 국민의 권익을 보호하기 위한 것일 뿐, 행정절차에 참여할 권리 그 자체가 사적 권리로서의 성질을 가지는 것은 아니다. 이와 같이 행정절차는 그 자체가 독립적으로 의미를 가지는 것이라기보다는 행정의 공정성과 적정성을 보장하는 공법적 수단으로서의 의미가 크므로, 관련 행정처분의 성립이나 무효·취소 여부 등을 따지지 않은 채 주민들이 일시적으로 행정절차에 참여할 권리를 침해받았다는 사정만으로 곧바로 국가나 지방자치단체가 주민들에게 정신적 손해에 대한 배상의무를 부담한다고 단정할 수 없다(대판 2021.7.29. 2015다221668).

정답 01 X 02 O

핵심 기출문제

01

법령 등에서 행정청에 일정한 사항을 통지함으로써 의무가 끝나는 신고를 규정하고 있는 경우에 행정청이 신고인에게 보완을 요구하고 상당한 기간내에 보완을 하지 않을 경우 되돌려 보낼 수 있는 경우가 아닌 것은?

[18소방직]

① 신고서의 기재사항에 흠이 있는 경우
② 신고의 내용이 현저히 공익을 해친다고 판단되는 경우
③ 필요한 구비서류가 첨부되어 있지 아니한 경우
④ 그 밖에 법령 등에 규정된 형식상의 요건에 부합하지 아니한 경우

01 | ② (×) 자기완결적 신고에 관한 내용에 해당한다. 자기완결적 신고는 형식요건을 구비한 적법한 신고가 있으면 실질심사를 하지 않고 수리여부와 무관하게 행정기관에 도달하면 그 효력이 발생한다. 따라서 실질요건에 관한 내용을 고르면 된다. 행정절차법은 제40조 제2항 1호, 2호, 3호에서 형식요건에 관하여 규정하고 있다. <u>신고의 내용이 현저히 공익을 해친다고 판단되는 경우는 실질요건에 해당한다.</u>

> 행정절차법 제40조(신고) ② 제1항에 따른 신고(법령등에서 행정청에 일정한 사항을 통지함으로써 의무가 끝나는 신고를 규정하고 있는 경우)가 다음 각 호의 요건을 갖춘 경우에는 신고서가 접수기관에 도달된 때에 신고 의무가 이행된 것으로 본다.
> 1. 신고서의 기재사항에 흠이 없을 것
> 2. 필요한 구비서류가 첨부되어 있을 것
> 3. 그 밖에 법령등에 규정된 형식상의 요건에 적합할 것

정답 01 ②

CHAPTER 2 공공기관의 정보공개에 관한 법률

Ⅰ 정보공개청구제도

1. 정보공개제도의 의의

1) 의의

공공기관이 보유하고 있는 정보를 국민의 청구가 있는 경우에는 원칙적으로 열람·복사·제공하도록 하는 제도를 의미한다.

2) 비교개념

① 행정절차법과 비교

㉠ 행정절차법상 정보공개 관련 규정

행정절차법에는 ⓐ 처분기준의 설정·공표에 대하여 규정하고 있고, ⓑ 청문과 의견제출에 있어서 개별적 정보공개청구권과 관련된 규정을 두고 있다.

㉡ 정보공개청구제도와 행정절차법의 차이

ⓐ 우선, 법적 근거에서 차이가 있다. 행정절차법의 법적 근거는 헌법 제12조의 적법절차의 원칙이지만, 정보공개청구제도는 헌법 제21조의 표현의 자유가 근거가 된다.

ⓑ 정보공개법은 개별적 정보공개청구권 외에도 일반적 정보공개청구권(특정 사안과 이해관계가 없는 자의 정보공개청구권)을 인정하고 있다.

㉢ 정보공개청구제도와 행정절차법의 상호 보완

정보공개청구는 행정절차의 참여에 실효성을 높여준다. 행정절차법상 정보공개는 행정과정의 공개에 기여한다.

② 개인정보보호와 정보공개청구

㉠ 차이점

개인정보보호와 국민의 알 권리 보호는 상호 충돌되는 면을 가지고 있다.
개인정보보호는 비공개를 원칙으로 하지만 정보공개는 공개를 원칙으로 한다.

㉡ 공통점

양자 모두 정보에 관하여 공익과 사익의 적절한 조화를 도모하는 제도라는 점에서는 공통점으로 가지고 있다.

ⓒ 정보공개법상 개인정보보호에 관한 규정
정보공개법에도 개인정보보호에 관한 규정이 있다.

> **공공기관의 정보공개에 관한 법률(이하 정보공개법) 제23조(위원회의 구성 등)** ④ 위원장·부위원장 및 위원은 정보공개 업무와 관련하여 알게 된 정보를 누설하거나 그 정보를 이용하여 본인 또는 타인에게 이익 또는 불이익을 주는 행위를 하여서는 아니 된다.

3) 법적 근거

- 정보공개청구권은 명시적인 헌법적 근거는 없으나, 해석상 헌법 제21조의 표현의 자유에서 도출되는 헌법상 기본권인 알 권리를 정보공개청구권의 근거로 보는 것이 판례의 입장이다.
- 정보공개에 관하여 다른 법률에 특별한 규정이 없는 한, 일반법상 근거로서 「공공기관의 정보공개에 관한 법률」이 적용된다.
- 지방자치단체는 그 소관사무에 관한 정보공개에 관한 조례를 정할 수 있다.

> **정보공개법 제4조(적용 범위)** ① 정보의 공개에 관하여는 다른 법률에 특별한 규정이 있는 경우를 제외하고는 이 법(편주:정보공개법)에서 정하는 바에 따른다.
> ② 지방자치단체는 그 소관 사무에 관하여 법령의 범위에서 정보공개에 관한 조례를 정할 수 있다.

관련 판례

1. 국민의 '알권리', 즉 정보에의 접근·수집·처리의 자유는 자유권적 성질과 청구권적 성질을 공유하는 것으로서 헌법 제21조에 의하여 직접 보장되는 권리이다(대판 2009.12.10. 2009두12785).
2. 정보공개청구에 대한 명문의 규정이 없어도 헌법 21조의 해석상 당연히 인정된다고 본 헌법재판소의 결정
행정의 공개에 대하여서는 명문규정을 두고 있지 않지만 "알 권리"의 생성기반을 살펴볼 때 이 권리의 핵심은 정부가 보유하고 있는 정보에 대한 국민의 "알 권리", 즉 국민의 정부에 대한 일반적 정보공개를 구할 권리(청구권적 기본권)라고 할 것이며, 이러한 "알 권리"의 실현은 법률의 제정이 뒤따라 이를 구체화시키는 것이 충실하고도 바람직하지만, 그러한 법률이 제정되어 있지 않다고 하더라도 불가능한 것은 아니고 헌법 제21조에 의해 직접 보장될 수 있다고 하는 것이 헌법재판소의 확립된 판례인 것이다(헌재 1991.5.13. 90헌마133).

01 행정정보공개의 출발점은 국민의 알권리인데, 알권리 자체는 헌법상으로 명문화되어 있지 않음에도 불구하고, 우리 헌법재판소는 초기부터 국민의 알권리를 헌법상의 기본권으로 인정하여 왔다. (O | X) [17서울시9급]

02 지방자치단체는 그 소관사무에 관하여 법령의 범위에서 정보공개에 관한 조례를 정할 수 있다. (O | X) [18소방직]

Ⅱ 공공기관의 정보공개에 관한 법률(약칭 : 정보공개법)

1. 정보공개법 용어 정의

1) 정보

"정보"란 공공기관이 직무상 작성 또는 취득하여 관리하고 있는 문서(전자문서를 포함한다. 이하 같다) 및 전자매체를 비롯한 모든 형태의 매체 등에 기록된 사항을 말한다.

> **관련 판례**
> 1. 공공기관의 정보공개에 관한 법률(이하 '정보공개법'이라고 한다)에서 말하는 공개대상 정보는 정보 그 자체가 아닌 정보공개법 제2조 제1호에서 예시하고 있는 매체 등에 기록된 사항을 의미한다(대판 2013.1.24. 2010두18918).
> 2. 「공공기관의 정보공개에 관한 법률」상 공개청구의 대상이 되는 정보란 공공기관이 직무상 작성 또는 취득하여 현재 보유·관리하고 있는 문서에 한정되는 것이기는 하나, 그 문서가 반드시 원본일 필요는 없다(대판 2006.5.25. 2006두3049).

01 「공공기관의 정보공개에 관한 법률」상 공개청구의 대상이 되는 정보란 공공기관이 직무상 작성 또는 취득하여 현재 보유·관리하고 있는 원본인 문서만을 의미한다. (O | X) [21국가직9급]

2) 공개

"공개"란 공공기관이 이 법에 따라 정보를 열람하게 하거나 그 사본·복제물을 제공하는 것 또는 「전자정부법」 제2조 제10호에 따른 정보통신망(이하 "정보통신망"이라 한다)을 통하여 정보를 제공하는 것 등을 말한다.

3) 공공기관

① 국가기관
   ㉠ 국회, 법원, 헌법재판소, 중앙선거관리위원회
   ㉡ 중앙행정기관(대통령 소속 기관과 국무총리 소속 기관을 포함한다) 및 그 소속 기관
   ㉢ 「행정기관 소속 위원회의 설치·운영에 관한 법률」에 따른 위원회

② 지방자치단체
   시·도(서울특별시, 대전광역시, 충청북도 등)와 시·군·자치구(경기도 하남시, 충청북도 보은군, 서울특별시 중구 등)가 있다. 다만, 제주특별자치도의 제주시나 서귀포시는 지방자치단체가 아니다.

③ 「공공기관의 운영에 관한 법률」 제2조에 따른 공공기관
   다른 법률에 따라 직접 설립되고 정부가 출연한 기관, 정부가 100분의 50 이상의 지분을 가지고 있거나 100분의 30 이상의 지분을 가지고 임원 임명권한 행사 등을 통하여

정답 01 ×

④ 그 밖에 대통령령으로 정하는 기관
　㉠ 「유아교육법」, 「초·중등교육법」, 「고등교육법」에 따른 각급 학교 또는 그 밖의 다른 법률에 따라 설치된 학교

> **관련 판례** 사립대학교 총장에 대한 정보공개청구사건
>
> 사립대학교에 대한 국비 지원이 한정적·일시적·국부적이라는 점을 고려하더라도, 같은 법 시행령 제2조 제1호가 정보공개의무를 지는 공공기관의 하나로 사립대학교를 들고 있는 것이 모법인 구 공공기관의 정보공개에 관한 법률의 위임 범위를 벗어났다거나 사립대학교가 국비의 지원을 받는 범위 내에서만 공공기관의 성격을 가진다고 볼 수 없다(대판 2006.8.24. 2004두2783).

　㉡ 「지방공기업법」에 따른 지방공사 및 지방공단
　㉢ 「지방자치단체 출자·출연 기관의 운영에 관한 법률」 제2조제1항에 따른 출자기관 및 출연기관
　㉣ 특별법에 따라 설립된 특수법인
　　어느 법인이 '특별법에 의하여 설립된 특수법인'에 해당하는지 여부는, 국민의 알 권리를 보장하고 국정에 대한 국민의 참여와 국정운영의 투명성을 확보하고자 하는 위 법의 입법 목적을 염두에 두고, 해당 법인에게 부여된 업무가 국가행정업무이거나 이에 해당하지 않더라도 그 업무 수행으로써 추구하는 이익이 해당 법인 내부의 이익에 그치지 않고 공동체 전체의 이익에 해당하는 공익적 성격을 갖는지 여부를 중심으로 개별적으로 판단한다.

> **관련 판례**
>
> 1. 한국방송공사(KBS)는 '특별법에 의하여 설립된 특수법인'에 해당
>   방송법이라는 특별법에 의하여 설립 운영되는 한국방송공사(KBS)는 공공기관의 정보공개에 관한 법률 시행령 제2조 제4호의 '특별법에 의하여 설립된 특수법인'으로서 정보공개의무가 있는 공공기관의 정보공개에 관한 법률 제2조 제3호의 '공공기관'에 해당한다(대판 2010.12.23. 2008두13101).
> 2. '한국증권업협회' '특별법에 의하여 설립된 특수법인'에 해당하지 아니함
>   '한국증권업협회'는 증권회사 상호간의 업무질서를 유지하고 유가증권의 공정한 매매거래 및 투자자 보호를 위하여 일정 규모 이상인 증권회사 등으로 구성된 회원조직으로서, 증권거래법 또는 그 법에 의한 명령에 대하여 특별한 규정이 있는 것을 제외하고는 민법 중 사단법인에 관한 규정을 준용받는 점, 그 업무가 국가기관 등에 준할 정도로 공동체 전체의 이익에 중요한 역할이나 기능에 해당하는 공공성을 갖는다고 볼 수 없는 점 등에 비추어, 공공기관의 정보공개에 관한 법률 시행령 제2조 제4호의 '특별법에 의하여 설립된 특수법인'에 해당한다고 보기 어렵다(대판 2010.4.29. 2008두5643).

3. 대한주택공사는 정보공개법상 공공기관에 해당한다는 판시
   대한주택공사는 주택을 건설·공급 및 관리하고 불량주택을 개량하여 국민생활의 안정과 공공복리의 증진에 이바지하게 함을 목적으로 대한주택공사법에 의하여 설립된 법인이다(대판 2007.6.1. 2006두20587).

   ⑩ 「사회복지사업법」 제42조제1항에 따라 국가나 지방자치단체로부터 보조금을 받는 사회복지법인과 사회복지사업을 하는 비영리법인
   ⑪ (⑩번 외에) 「보조금 관리에 관한 법률」 제9조 또는 「지방재정법」 제17조제1항 각 호 외의 부분 단서에 따라 국가나 지방자치단체로부터 연간 5천만원 이상의 보조금을 받는 기관 또는 단체. 다만, 정보공개 대상 정보는 해당 연도에 보조를 받은 사업으로 한정한다.

01 「공공기관의 정보공개에 관한 법률」에 의하면, 정보공개 의무를 지는 공공기관에는 국가기관과 지방자치단체만이 해당한다. (O | X) [14서울시9급]

02 국·공립의 초등학교는 공공기관의 정보공개에 관한 법령상 공공기관에 해당하지만, 사립 초등학교는 이에 해당하지 않는다. (O | X) [16국가직9급]

03 사립대학교는 「공공기관의 정보공개에 관한 법률 시행령」에 따른 공공기관에 해당하나, 국비의 지원을 받는 범위 내에서만 공공기관의 성격을 가진다. (O | X) [17지방직9급]

04 한국방송공사는 「공공기관의 정보공개에 관한 법률 시행령」 제2조 제4호에 규정된 '특별법에 따라 설립된 특수법인'에 해당한다. (O | X) [17지방직9급]

05 판례는 '특별법에 의하여 설립된 특수법인'이라는 점만으로 정보공개 의무를 인정하고 있으며, 다시금 해당 법인의 역할과 기능에서 정보공개 의무를 지는 공공기관에 해당하는지 여부를 판단하지 않는다. (O | X) [17서울시9급]

06 한국증권업협회는 「공공기관의 정보공개에 관한 법률 시행령」 제2조 제4호에 규정된 '특별법에 따라 설립된 특수법인'에 해당하지 아니한다. (O | X) [17지방직9급]

07 「유아교육법」에 따른 사립유치원은 공공기관의 정보공개에 관한 법령상 공공기관에 해당하지 않는다. (O | X) [24지방직9급]

2. 정보공개청구에 관한 일반법

> **정보공개법 제4조(적용 범위)** ① 정보의 공개에 관하여는 다른 법률에 특별한 규정이 있는 경우를 제외하고는 이 법에서 정하는 바에 따른다.
> ② 지방자치단체는 그 소관 사무에 관하여 법령의 범위에서 정보공개에 관한 조례를 정할 수 있다.

- 정보의 공개에 관하여는 다른 법률에 특별한 규정이 있는 경우를 제외하고 공공기관의 정보공개에 관한 법률이 정하는 바에 의한다(동법 제4조).
- 정보공개법의 적용을 배제하기 위한 특별한 규정은 그 형식이 '법률'이어야 하고 그 내용이 정보공개의 대상 및 범위, 절차, 비공개대상정보 등이 정보공개법과 달리 규정되어 있는 경우를 말한다.

정답 01 X 02 X 03 X 04 O 05 X 06 O 07 X

PART 3 행정절차, 정보공개법, 개인정보 보호법

> **관련 판례**
>
> 1. 형사소송법상 형사재판확정기록의 공개 여부나 공개 범위, 불복절차 등에 대하여 정보공개법과 달리 규정하고 있는 것으로 정보공개법 제4조 제1항에서 정한 '정보의 공개에 관하여 다른 법률에 특별한 규정이 있는 경우'에 해당한다. 따라서 형사소송법의 불복절차를 따른다. 다만, 불기소사건기록은 별도의 정함이 없으므로 정보공개법에 따른 정보공개청구가 허용되고 그 거부나 제한 등에 대한 불복은 항고소송 절차에 의한다.
>   2007. 6. 1. 신설되어 2008. 1. 1.부터 시행된 형사소송법 제59조의2의 내용과 취지 등을 고려하면, 형사소송법 제59조의2는 재판이 확정된 사건의 소송기록, 즉 형사재판확정기록의 공개 여부나 공개 범위, 불복절차 등에 관하여 공공기관의 정보공개에 관한 법률과 달리 규정하고 있는 것으로 정보공개법 제4조 제1항에서 정한 '정보의 공개에 관하여 다른 법률에 특별한 규정이 있는 경우'에 해당한다. 따라서 형사재판확정기록의 공개에 관하여는 정보공개법에 의한 공개청구가 허용되지 않는다. 따라서 형사재판확정기록에 관해서는 형사소송법 제59조의2에 따른 열람·등사신청이 허용되고 그 거부나 제한 등에 대한 불복은 준항고에 의하며, 형사재판확정기록이 아닌 불기소처분으로 종결된 기록에 관해서는 정보공개법에 따른 정보공개청구가 허용되고 그 거부나 제한 등에 대한 불복은 항고소송절차에 의한다(대판 2022.2.11. 2021모3175).
> 2. 교육기관정보공개법 학교교육에 있어 공개에 관한 사항을 규정하고 있는 것으로서 이 법이 적용된다고 하여도 정보공개법은 여전히 적용된다.
>   교육기관정보공개법은 공공기관이 직무상 작성 또는 취득하여 관리하고 있는 정보 가운데 교육관련기관이 학교교육과 관련하여 직무상 작성 또는 취득하여 관리하고 있는 정보의 공개에 관하여 특별히 규율하는 법률이므로, 학교에 대하여 교육기관정보공개법이 적용된다고 하여 더 이상 정보공개법을 적용할 수 없게 되는 것은 아니라고 할 것이다(대판 2013.11.28. 2011두5049).

01 형사소송법이 형사재판 확정기록의 공개여부나 공개범위, 불복 절차 등에 대하여 규정하고 있는 것은 정보공개법 제4조 제1항에서 정한 '정보의 공개에 관하여 다른 법률에 특별한 규정이 있는 경우'에 해당한다고 볼 수 없으므로, 형사재판 확정기록의 공개에 관하여는 정보공개법에 의한 공개청구가 허용된다. (O | X) [21국회직8급]

1) 조례에 의한 정보공개

> **정보공개법 제4조(적용 범위)** ② 지방자치단체는 그 소관 사무에 관하여 법령의 범위에서 정보공개에 관한 조례를 정할 수 있다.

현재는 정보공개에 관한 조례의 제정에 관한 근거가 존재하지만 그러한 근거가 존재하지 아니한 때에도 판례는 정보공개에 관한 조례에 대하여 합헌으로 판시하였다.

> **관련 판례** 법률의 개별적 위임 없이 정보공개 청구를 인정하는 조례의 하자 – 하자 없음(적법)
>
> 지방자치단체는 그 내용이 주민의 권리의 제한 또는 의무의 부과에 관한 사항이거나 벌칙에 관한 사항이 아닌 한 법률의 위임이 없더라도 조례를 제정할 수 있다 할 것인데 청주시의회에서 의결한 청주시행정정보공개조례안은 행정에 대한 주민의 알 권리의 실현을 그 근본내용으로 하면서도 이로 인한 개인의

정답 01 ×

CHAPTER 2 공공기관의 정보공개에 관한 법률

권익침해 가능성을 배제하고 있으므로 이를 들어 주민의 권리를 제한하거나 의무를 부과하는 조례라고는 단정할 수 없고 따라서 그 제정에 있어서 반드시 법률의 개별적 위임이 따로 필요한 것은 아니다(대판 1992.6.23. 92추17).

01 지방자치단체는 법령에 위반되지 않는 범위 내에서 자치사무에 관하여 주민의 권리를 제한하거나 의무를 부과하는 사항이 아닌 한 법률의 위임없이 조례를 제정할 수 있다. (O | X) [20지방직9급]

2) 적용제외

국가안전보장에 관련되는 정보 및 보안 업무를 관장하는 기관에서 국가안전보장과 관련된 정보의 분석을 목적으로 수집하거나 작성한 정보에 대해서는 정보공개법을 적용하지 아니한다(동법 제4조 제3항).

02 국가안전보장에 관련되는 정보 및 보안 업무를 관장하는 기관에서 국가안전보장과 관련된 정보의 분석을 목적으로 수집하거나 작성한 정보에 대해서는 이 법을 적용하지 아니한다. (O | X) [16군무원9급]

3) 정보공개청구권자

① 모든 국민

모든 국민은 정보의 공개를 청구할 권리를 가진다(동법 제5조).

② 법인 등

국민에는 자연인은 물론 법인, 권리능력 없는 사단·재단도 포함되고, 법인, 권리능력 없는 사단·재단 등의 경우에는 설립목적을 불문한다. 다만, 지방자치단체는 정보공개 의무가 있는 공공기관일 뿐이지 정보공개청구권자가 아니다.

관련 판례

1. 공공기관의정보공개에관한법률 제6조 제1항은 "모든 국민은 정보의 공개를 청구할 권리를 가진다."고 규정하고 있는데, 여기에서 말하는 국민에는 자연인은 물론 법인, 권리능력 없는 사단·재단도 포함되고, 법인, 권리능력 없는 사단·재단 등의 경우에는 설립목적을 불문하며, 한편 정보공개청구권은 법률상 보호되는 구체적인 권리이므로 청구인이 공공기관에 대하여 정보공개를 청구하였다가 거부처분을 받은 것 자체가 법률상 이익의 침해에 해당한다(대판 2003.12.12. 2003두8050).
2. 공공기관의 정보공개에 관한 법률은 국민을 정보공개청구권자로, 지방자치단체를 국민에 대응하는 정보공개의무자로 상정하고 있다고 할 것이므로, 지방자치단체는 공공기관의 정보공개에 관한 법률 제5조에서 정한 정보공개청구권자인 '국민'에 해당되지 아니한다(서울행정법원 2005.10.12. 2005구합10484).

03 이해관계자인 당사자에게 문서 열람권을 인정하는 행정절차법상의 정보공개와는 달리 「공공기관의 정보공개에 관한 법률」은 모든 국민에게 정보공개청구를 허용한다. (O | X) [17서울시9급]

정답 01 O 02 O 03 O

PART 3 행정절차, 정보공개법, 개인정보 보호법

01 정보공개청구권자에는 자연인은 물론 법인, 권리능력 없는 사단·재단도 포함되며, 법인, 권리능력 없는 사단·재단의 경우에는 설립목적을 불문한다. (O | X) [20국가직7급]

③ 외국인(동법 시행령 제3조)
  ㉠ 외국인의 경우
    국내에 일정한 주소를 두고 거주하거나 학술·연구를 위하여 일시적으로 체류하는 사람
  ㉡ 외국법인
    국내에 사무소를 두고 있는 법인 또는 단체

02 학술 연구를 위하여 일시적으로 체류하는 외국인은 정보공개청구를 할 수 있다. (O | X) [15지방직9급]

3. 정보공개청구

1) 청구권적 성질

정보공개청구권은 정보의 공개를 요구하는 자의 청구가 있을 것을 원칙으로 한다. 다만, 공공기관의 경우 정보공개 청구 없이도 정보를 공개하여야 하는 경우가 있다.

> **정보공개법 제3조(정보공개의 원칙)** 공공기관이 보유·관리하는 정보는 국민의 알권리 보장 등을 위하여 이 법에서 정하는 바에 따라 적극적으로 공개하여야 한다.

관련 판례

알 권리에서 파생되는 정부의 공개의무는 특별한 사정이 없는 한 국민의 적극적인 정보수집행위, 특히 특정의 정보에 대한 공개청구가 있는 경우에야 비로소 존재하므로, 정보공개청구가 없었던 경우 대한민국과 중화인민공화국이 2000. 7. 31. 체결한 양국 간 마늘교역에 관한 합의서 및 그 부속서 중 '2003. 1. 1.부터 한국의 민간기업이 자유롭게 마늘을 수입할 수 있다'는 부분을 사전에 마늘재배농가들에게 공개할 정부의 의무는 인정되지 아니한다(헌재 2004.12.16. 2002헌마579).

03 알권리에서 파생되는 정보의 공개의무는 특별한 사정이 없는 한 특정의 정보에 대한 공개청구가 있는 경우에 비로소 존재한다. (O | X) [12지방직7급]

2) 일정한 공공기관의 경우

일정한 공공기관은 국민의 정보공개 청구가 없더라도 정보공개시스템 등을 통하여 공개할 의무가 있다.

> **정보공개법 제8조의2(공개대상 정보의 원문공개)** 공공기관 중 중앙행정기관 및 대통령령으로 정하는 기관은 전자적 형태로 보유·관리하는 정보 중 공개대상으로 분류된 정보를 국민의 정보공개 청구가 없더라도 정보통신망을 활용한 정보공개시스템 등을 통하여 공개하여야 한다.

3) 일정한 행정정보의 사전 공표

- 공공기관은 ① 국민생활에 매우 큰 영향을 미치는 정책에 관한 정보, ② 국가의 시책으로 시행하는 공사(工事) 등 대규모 예산이 투입되는 사업에 관한 정보, ③ 예산집행의 내용과 사업평가 결과 등 행정감시를 위하여 필요한 정보, ④ 그 밖에 공공기관의 장이 정하는 정보에 대해서는 공개의 구체적 범위, 주기, 시기 및 방법 등을 미리 정하여 정보통신망 등을 통하여 알리고, 이에 따라 정기적으로 공개하여야 한다. 다만, 제9조제1항 각 호의 어느 하나에 해당하는 정보(비공개 대상 정보)에 대해서는 그러하지 아니하다 (동법 제7조 제1항).
- 공공기관은 위 ① ~ ④에 해당하는 정보 외에도 국민이 알아야 할 필요가 있는 정보를 국민에게 공개하도록 적극적으로 노력하여야 한다(동법 제7조 제2항).

01 국가의 시책으로 시행하는 공사 등 대규모의 예산이 투입되는 사업에 관한 정보는 정기적으로 공개하여야 한다. (O | X)　　　　　　　　　　　　　　　　　　　　　　　　　　[07국가직9급]

4) 공공기관의 의무

① 정보공개법 제6조

> **정보공개법 제6조(공공기관의 의무)** ① 공공기관은 정보의 공개를 청구하는 국민의 권리가 존중될 수 있도록 이 법을 운영하고 소관 관계 법령을 정비하며, 정보를 투명하고 적극적으로 공개하는 조직문화 형성에 노력하여야 한다.
> ② 공공기관은 정보의 적절한 보존 및 신속한 검색과 국민에게 유용한 정보의 분석 및 공개 등이 이루어지도록 정보관리체계를 정비하고, 정보공개 업무를 주관하는 부서 및 담당하는 인력을 적정하게 두어야 하며, 정보통신망을 활용한 정보공개시스템 등을 구축하도록 노력하여야 한다.
> ③ 행정안전부장관은 공공기관의 정보공개에 관한 업무를 종합적·체계적·효율적으로 지원하기 위하여 통합정보공개시스템을 구축·운영하여야 한다.
> ④ 공공기관(국회·법원·헌법재판소·중앙선거관리위원회는 제외한다)이 제2항에 따른 정보공개시스템을 구축하지 아니한 경우에는 제3항에 따라 행정안전부장관이 구축·운영하는 통합정보공개시스템을 통하여 정보공개 청구 등을 처리하여야 한다.
> ⑤ 공공기관은 소속 공무원 또는 임직원 전체를 대상으로 국회규칙·대법원규칙·헌법재판소규칙·중앙선거관리위원회규칙 및 대통령령으로 정하는 바에 따라 이 법 및 정보공개 제도 운영에 관한 교육을 실시하여야 한다.

정답 01 O

② 정보목록의 작성·비치 의무(동법 제8조)

> **정보공개법** 제8조(정보목록의 작성·비치 등) ① 공공기관은 그 기관이 보유·관리하는 정보에 대하여 국민이 쉽게 알 수 있도록 정보목록을 작성하여 갖추어 두고, 그 목록을 정보통신망을 활용한 정보공개시스템 등을 통하여 공개하여야 한다. 다만, 정보목록 중 제9조제1항에 따라 공개하지 아니할 수 있는 정보가 포함되어 있는 경우에는 해당 부분을 갖추어 두지 아니하거나 공개하지 아니할 수 있다.
> ② 공공기관은 정보의 공개에 관한 사무를 신속하고 원활하게 수행하기 위하여 정보공개 장소를 확보하고 공개에 필요한 시설을 갖추어야 한다.

01 공공기관은 국민이 알아야 할 필요가 있는 정보를 국민에게 공개하도록 적극적으로 노력하여야 하며, 정보의 공개에 관한 사무를 신속하고 원활하게 수행하기 위하여 정보공개장소를 확보하고 공개에 필요한 시설을 갖추어야 한다. (O | X) [10지방직7급]

4. 원칙적 정보공개와 예외적 비공개(동법 제9조)

1) 정보공개의 원칙

공공기관이 보유·관리하는 정보는 공개 대상이 된다. 따라서 정보공개청구가 있는 경우에는 원칙적으로 정보를 공개하여야 한다. 또한 널리 알려진 정보의 경우에도 정보공개청구의 대상이 된다.

> **관련 판례**
> 1. 공개청구의 대상이 되는 정보가 이미 다른 사람에게 공개되어 널리 알려져 있다거나 인터넷이나 관보 등을 통하여 공개되어 인터넷 검색이나 도서관에서의 열람 등을 통하여 쉽게 알 수 있다고 하여 소의 이익이 없다거나 비공개결정이 정당화될 수 없다(대판 2008.11.27. 2005두15694).
> 2. 정보에 대한 공개를 요구받은 공공기관으로서는 같은 법 제7조 제1항 각 호에서 정하고 있는 비공개사유에 해당하지 않는 한 이를 공개하여야 할 것이고, 만일 이를 거부하는 경우라 할지라도 대상이 된 정보의 내용을 구체적으로 확인·검토하여 어느 부분이 어떠한 법익 또는 기본권과 충돌되어 같은 법 제7조 제1항 몇 호에서 정하고 있는 비공개사유에 해당하는지를 주장·입증하여야만 할 것이며, 그에 이르지 아니한 채 개괄적인 사유만을 들어 공개를 거부하는 것은 허용되지 아니한다(대판 2003.12.11. 2001두8827).

2) 비공개대상정보

정보공개청구가 있는 경우에도 일정한 요건을 갖추면 비공개대상정보가 된다.

① 다른 법률 또는 법률에서 위임한 명령(국회규칙·대법원규칙·헌법재판소규칙·중앙선거관리위원회규칙·대통령령 및 조례로 한정한다)에 따라 비밀이나 비공개 사항으로 규정된 정보[법령비정보]

정답 01 O

관련 판례

1. 공공기관의정보공개에관한법률 제1조, 제3조, 헌법 제37조의 각 취지와 행정입법으로는 법률이 구체적으로 범위를 정하여 위임한 범위 안에서만 국민의 자유와 권리에 관련된 규율을 정할 수 있는 점 등을 고려할 때, 공공기관의정보공개에관한법률 제7조 제1항 제1호 소정의 '법률에 의한 명령'은 법률의 위임규정에 의하여 제정된 대통령령, 총리령, 부령 전부를 의미한다기보다는 정보의 공개에 관하여 법률의 구체적인 위임 아래 제정된 법규명령(위임명령)을 의미한다(대판 2003.12.11. 2003두8395).

2. 검찰보존사무규칙(1996. 5. 1. 법무부령 제425호로 개정된 것)은 비록 법무부령으로 되어 있으나, 그 중 불기소사건기록 등의 열람·등사에 대하여 제한하고 있는 부분은 위임 근거가 없어 행정기관 내부의 사무처리준칙으로서 행정규칙에 불과하므로, 위 규칙에 의한 열람·등사의 제한을 구 정보공개법 제7조 제1항 제1호의 '다른 법률 또는 법률에 의한 명령에 의하여 비공개사항으로 규정된 경우'에 해당한다고 볼 수 없다(대판 2004.9.23. 2003두1370).

3. 학교폭력예방 및 대책에 관한 법률 제21조 제1항, 제2항, 제3항 및 같은 법 시행령 제17조 규정들의 내용, 학교폭력예방 및 대책에 관한 법률의 목적, 입법 취지, 특히 학교폭력예방 및 대책에 관한 법률 제21조 제3항이 학교폭력대책자치위원회의 회의를 공개하지 못하도록 규정하고 있는 점 등에 비추어, 학교폭력대책자치위원회의 회의록은 공공기관의 정보공개에 관한 법률 제9조 제1항 제1호의 '다른 법률 또는 법률이 위임한 명령에 의하여 비밀 또는 비공개 사항으로 규정된 정보'에 해당한다(대판 2010.6.10. 2010두2913).

4. 교육공무원법 제13조, 제14조의 위임에 따라 제정된 교육공무원승진규정은 정보공개에 관한 사항에 관하여 구체적인 법률의 위임에 따라 제정된 명령이라고 할 수 없고, 따라서 교육공무원승진규정 제26조에서 근무성적평정의 결과를 공개하지 아니한다고 규정하고 있다고 하더라도 위 교육공무원승진규정은 공공기관의 정보공개에 관한 법률 제9조 제1항 제1호에서 말하는 법률이 위임한 명령에 해당하지 아니하므로 위 규정을 근거로 정보공개청구를 거부하는 것은 잘못이다(대판 2006.10.26. 2006두11910).

5. 국방부의 한국형 다목적 헬기(KMH) 도입사업에 대한 감사원장의 감사결과보고서가 군사2급비밀에 해당하는 이상 공공기관의 정보공개에 관한 법률 제9조 제1항 제1호에 의하여 공개하지 아니할 수 있다(대판 2006.11.10. 2006두9351).

6. 구 국가정보원법상 관련 규정의 내용, 형식, 체계 등을 종합적으로 살펴보면, 국가정보원의 조직·소재지 및 정원에 관한 정보는 특별한 사정이 없는 한 국가안전보장을 위하여 비공개가 필요한 경우로서 구 국가정보원법 제6조에서 정한 비공개 사항에 해당하고, 결국 공공기관의 정보공개에 관한 법률 제9조 제1항 제1호에서 말하는 '다른 법률에 의하여 비공개 사항으로 규정된 정보'에도 해당한다고 보는 것이 타당하다(대판 2013.1.24. 2010두18918).

7. 공직자윤리법상의 등록의무자가 제출한 '자신의 재산등록사항의 고지를 거부한 직계존비속의 본인과의 관계, 성명, 고지거부사유, 서명(날인)'이 기재되어 있는 구 공직자윤리법 시행규칙 제12조 관련 [별지 14호 서식]의 문서는 구 공공기관의 정보공개에 관한 법률 제7조 제1항 제1호에 정한 법령 비정보에도 해당하지 않는다(대판 2007.12.13. 2005두13117).

01 「공공기관의 정보공개에 관한 법률」 제9조 제1항 제1호의 '법률에서 위임한 명령'은 법률의 위임규정에 의하여 제정된 대통령령, 총리령, 부령 전부를 의미한다. (O | X) [18국회직8급]

정답 01 X

PART 3 행정절차, 정보공개법, 개인정보 보호법

01 법무부령인 검찰보존사무규칙에서 불기소사건기록 등의 열람·등사 등을 제한하는 것은「공공기관의 정보공개에 관한 법률」에 따른 '다른 법률 또는 명령에 의하여 비공개사항으로 규정된 경우'에 해당되어 적법하다. (O | X) [17지방직9급]

02 학교폭력대책자치위원회가 피해학생의 보호를 위한 조치, 가해학생에 대한 조치, 학교폭력과 관련된 분쟁의 조정 등에 관하여 심의한 결과를 기재한 회의록은「공공기관의 정보공개에 관한 법률」소정의 비공개대상정보에 해당한다. (O | X) [19지방직9급]

03 「공공기관의 정보공개에 관한 법률」에 따르면, 국가정보원이 직원에게 지급하는 현금급여 및 월초수당에 대한 정보는 비공개대상에 해당하지 아니한다. (O | X) [18서울시7급]

② 국가안전보장·국방·통일·외교관계 등에 관한 사항으로서 공개될 경우 국가의 중대한 이익을 현저히 해칠 우려가 있다고 인정되는 정보

③ 공개될 경우 국민의 생명·신체 및 재산의 보호에 현저한 지장을 초래할 우려가 있다고 인정되는 정보

> **관련 판례**
>
> 보안관찰법 소정의 보안관찰 관련 통계자료는, 위 정보가 북한정보기관에 의한 간첩의 파견, 포섭, 선전선동을 위한 교두보의 확보 등 북한의 대남전략에 있어 매우 유용한 자료로 악용될 우려가 없다고 할 수 없으므로, 위 정보는 공공기관의정보공개에관한법률 제7조 제1항 제2호 소정의 공개될 경우 국가안전보장·국방·통일·외교관계 등 국가의 중대한 이익을 해할 우려가 있는 정보, 또는 제3호 소정의 공개될 경우 국민의 생명·신체 및 재산의 보호 기타 공공의 안전과 이익을 현저히 해할 우려가 있다고 인정되는 정보에 해당한다(대판 2004.3.18. 2001두8254전합).

04 보안관찰법 소정의 보안관찰 관련 통계자료는「공공기관의 정보공개에 관한 법률」소정의 비공개대상정보에 해당하지 않는다. (O | X) [19지방직9급]

④ 진행 중인 재판에 관련된 정보와 범죄의 예방, 수사, 공소의 제기 및 유지, 형의 집행, 교정(矯正), 보안처분에 관한 사항으로서 공개될 경우 그 직무수행을 현저히 곤란하게 하거나 형사피고인의 공정한 재판을 받을 권리를 침해한다고 인정할 만한 상당한 이유가 있는 정보

> **관련 판례**
>
> 1. 공공기관의 정보공개에 관한 법률(이하 '정보공개법'이라 한다)의 입법 목적, 정보공개의 원칙, 비공개대상정보의 규정 형식과 취지 등을 고려하면, 법원 이외의 공공기관이 정보공개법 제9조 제1항 제4호에서 정한 '진행 중인 재판에 관련된 정보'에 해당한다는 사유로 정보공개를 거부하기 위하여는 반드시 그 정보가 진행 중인 재판의 소송기록 자체에 포함된 내용일 필요는 없다. 그러나 재판에 관련된 일체의 정보가 그에 해당하는 것은 아니고 진행 중인 재판의 심리 또는 재판결과에 구체적으로 영향을 미칠 위험이 있는 정보에 한정된다고 보는 것이 타당하다(대판 2011.11.24. 2009두19021).

정답 01 X 02 O 03 X 04 X

2. 수용자자비부담물품의 판매수익금과 관련하여 교도소장이 재단법인 교정협회로 송금한 수익금 총액, 이송진료자의 진료비 지급(예산지급, 자비부담) 현황, 이송진료자의 진료비총액 대비 예산지급액 등에 관한 정보는 공개대상정보에 해당한다.
구 공공기관의정보공개에관한법률(2004. 1. 29. 법률 제7127호로 전문 개정되기 전의 것) 제7조 제1항 제4호에서 비공개대상으로 규정한 '형의 집행, 교정에 관한 사항으로서 공개될 경우 그 직무수행을 현저히 곤란하게 하는 정보'라 함은 당해 정보가 공개될 경우 재소자들의 관리 및 질서유지, 수용시설의 안전, 재소자들에 대한 적정한 처우 및 교정·교화에 관한 직무의 공정하고 효율적인 수행에 직접적이고 구체적으로 장애를 줄 고도의 개연성이 있고, 그 정도가 현저한 경우를 의미한다고 할 것이다(대판 2004.12.9. 2003두12707).

3. 근무보고서는 공개대상, 징벌위원회 회의록 중 징벌 절차 진행부분은 공개대상, 징벌위원회 회의록 중 비공개 심사·의결 부분은 동법 제9조 제1항 제5호의 비공개사유에 해당
재소자가 교도관의 가혹행위를 이유로 형사고소 및 민사소송을 제기하면서 그 증명자료 확보를 위해 '근무보고서'와 '징벌위원회 회의록' 등의 정보공개를 요청하였으나 교도소장이 이를 거부한 사안에서, 근무보고서는 비공개대상정보에 해당한다고 볼 수 없고, 징벌위원회 회의록 중 비공개 심사·의결 부분은 비공개사유에 해당하지만 징벌절차 진행 부분은 비공개사유에 해당하지 않는다고 보아 분리 공개가 허용된다(대판 2009.12.10. 2009두12785).

01 정보공개를 거부하기 위해서는 반드시 그 정보가 진행 중인 재판의 소송기록 그 자체에 포함된 내용의 정보일 필요는 없으나, 재판에 관련된 일체의 정보가 그에 해당하는 것은 아니고 진행 중인 재판의 심리 또는 재판결과에 구체적으로 영향을 미칠 위험이 있는 정보에 한정된다고 보는 것이 타당하다. (O | X) [20군무원9급]

02 교정에 관한 사항으로서 공개될 경우 그 직무수행을 현저히 곤란하게 하는 정보는 비공개대상정보에 해당한다. (O | X) [11지방직9급]

⑤ 감사·감독·검사·시험·규제·입찰계약·기술개발·인사관리에 관한 사항이나 의사결정 과정 또는 내부검토 과정에 있는 사항 등으로서 공개될 경우 업무의 공정한 수행이나 연구·개발에 현저한 지장을 초래한다고 인정할 만한 상당한 이유가 있는 정보. 다만, 의사결정 과정 또는 내부검토 과정을 이유로 비공개할 경우에는 의사결정 과정 및 내부검토 과정이 종료되면 제10조에 따른 청구인에게 이를 통지하여야 한다.

관련 판례

1. 갑이 친족인 망 을 등에 대한 독립유공자 포상신청을 하였다가 독립유공자서훈 공적심사위원회의 심사를 거쳐 포상에 포함되지 못하였다는 내용의 공적심사 결과를 통지받자 국가보훈처장에게 '망인들에 대한 독립유공자서훈 공적심사위원회의 심의·의결 과정 및 그 내용을 기재한 회의록' 등의 공개를 청구하였는데, 국가보훈처장이 공개할 수 없다는 통보를 한 사안에서, 위 회의록은 공공기관의 정보공개에 관한 법률 제9조 제1항 제5호에서 정한 '공개될 경우 업무의 공정한 수행에 현저한 지장을 초래한다고 인정할 만한 상당한 이유가 있는 정보'에 해당한다(대판 2014.7.24. 2013두20301).

정답 01 O 02 O

2. 학교환경위생구역 내 금지행위(숙박시설) 해제결정에 관한 학교환경위생정화위원회의 회의록에 기재된 발언내용에 대한 해당 발언자의 인적사항 부분에 관한 정보는 공공기관의정보공개에관한법률 제7조 제1항 제5호 소정의 비공개대상에 해당한다.
   [1] 의사결정과정이 기록된 회의록 등은 의사가 결정되거나 의사가 집행된 경우에는 더 이상 의사결정과정에 있는 사항 그 자체라고는 할 수 없으나, 의사결정과정에 있는 사항에 준하는 사항으로서 비공개대상정보에 포함될 수 있다.
   [2] 공정한 수행이 객관적으로 현저하게 지장을 받을 것이라는 고도의 개연성이 존재하는지 여부는 비공개에 의하여 보호되는 업무수행의 공정성 등의 이익과 공개에 의하여 보호되는 국민의 알권리의 보장과 국정에 대한 국민의 참여 및 국정운영의 투명성 확보 등의 이익을 비교·교량하여 구체적인 사안에 따라 신중하게 판단되어야 한다.
   [3] 학교환경위생구역 내 금지행위(숙박시설) 해제결정에 관한 학교환경위생정화위원회의 회의록에 기재된 발언내용에 대한 해당 발언자의 인적사항 부분에 관한 정보는 공공기관의정보공개에관한법률 제7조 제1항 제5호 소정의 비공개대상에 해당한다(대판 2003.8.22. 2002두12946).
3. 지방자치단체의 도시공원에 관한 조례안에서 공개시기 등에 관한 아무런 제한 규정 없이 위 위원회의 회의관련자료 및 회의록은 공개하여야 한다고 규정하였다면 이는 같은 법 제7조 제1항 제5호(현행 정보공개법 제9조 제1항 제5호)에 위반된다고 할 것이다(대판 2000.5.30. 99추85).
4. 외국 또는 외국 기관으로부터 비공개를 전제로 정보를 입수하였다는 이유만으로 이를 공개할 경우 업무의 공정한 수행에 현저한 지장을 받을 것이라고 단정할 수는 없다(대판 2018.9.28. 2017두69892).
5. '2002년도 및 2003년도 국가수준 학업성취도 평가자료'는 「공공기관의 정보공개에 관한 법률」 제9조 제1항 제5호에서 정한 비공개대상정보에 해당하는 부분이 있으나, '2002학년도 부터 2005학년도 까지의 대학수학능력시험 원데이터'는 연구목적으로 그 정보의 공개를 청구하는 경우 위 조항의 비공개대상정보에 해당하지 않는다(대판 2010.2.25. 2007두9877).
6. 사법시험 제2차 시험의 답안지 열람은 시험문항에 대한 채점위원별 채점 결과의 열람과 달리 사법시험업무의 수행에 현저한 지장을 초래한다고 볼 수 없다(대판 2003.3.14. 2000두6114).

01 '감사·감독·검사·시험·규제·입찰계약·기술개발·인사관리·의사결정 과정 또는 내부검토 과정에 있는 사항 등으로서 공개될 경우 업무의 공정한 수행에 현저한 지장을 초래한다고 인정할 만한 상당한 이유가 있는 정보'란 공개될 경우 업무의 공정한 수행이 객관적으로 현저하게 지장을 받을 것이라는 고도의 개연성이 존재하는 경우를 말한다. (O | X)   [14지방직9급]

02 사법시험 응시자가 자신의 제2차 시험답안지에 대한 열람청구를 한 경우 그 답안지는 정보공개의 대상이 된다. (O | X)   [15사회복지직9급]

03 학교환경위생구역 내 금지행위(숙박시설)해제결정에 관한 학교환경위생정화위원회의 회의록에 기재된 발언 내용에 대한 해당 발언자의 인적사항 부분에 관한 정보는 「공공기관의 정보공개에 관한 법률」 제7조 제1항 제5호 소정의 비공개대상에 해당한다고 볼 수 없다. (O | X)   [20군무원9급]

04 의사결정 과정에 제공된 회의 관련 자료나 의사결정과정이 기록된 회의록 등은 의사가 결정되거나 의사가 집행된 경우에는 더 이상 의사결정 과정에 있는 사항 그 자체라고는 할 수 없으나, 의사결정 과정에 있는 사항에 준하는 사항으로서 비공개대상정보에 포함될 수 있다. (O | X)   [20군무원9급]

05 외국 또는 외국기관으로부터 비공개를 전제로 입수한 정보는 비공개를 전제로 하였다는 이유만으로 비공개대상정보에 해당한다. (O | X)   [20국가직7급]

정답 01 O 02 O 03 X 04 O 05 X

CHAPTER 2 공공기관의 정보공개에 관한 법률

⑥ 해당 정보에 포함되어 있는 성명·주민등록번호 등 개인에 관한 사항으로서 공개될 경우 사생활의 비밀 또는 자유를 침해할 우려가 있다고 인정되는 정보. 다만, 다음 각 목에 열거한 개인에 관한 정보는 제외한다.

> **관련 판례**
>
> [1] '공개하는 것이 개인의 권리구제를 위하여 필요하다고 인정되는 정보'에 해당하는지는 비공개에 의하여 보호되는 개인의 사생활의 비밀 등의 이익과 공개에 의하여 보호되는 개인의 권리구제 등의 이익을 비교·교량하여 구체적 사안에 따라 신중히 판단하여야 한다.
> [2] 모든 국민은 정보의 공개를 청구할 권리를 가진다고 하면서(제5조 제1항) 비공개대상정보에 해당하지 않는 한 공공기관이 보유·관리하는 정보는 공개 대상이 된다고 규정하고 있을 뿐(제9조 제1항) 정보공개 청구권자가 공개를 청구하는 정보와 어떤 관련성을 가질 것을 요구하거나 <u>정보공개청구의 목적에 특별한 제한을 두고 있지 아니하므로 정보공개 청구권자의 권리구제 가능성 등은 정보의 공개 여부 결정에 아무런 영향을 미치지 못한다</u>(대판 2017.9.7. 2017두44558).

01 「공공기관의 정보공개에 관한 법률」은 정보공개청구권자가 공개를 청구하는 정보와 어떤 관련성을 가질 것을 요구하거나 정보공개청구의 목적에 특별한 제한을 두고 있지 아니하므로 정보공개 청구권자의 권리구제 가능성 등은 정보의 공개 여부 결정에 아무런 영향을 미치지 못한다. (O | X)   [20국가직9급]

정보공개법 제9조 제1항 제6호의 가~마목의 사유에 해당하는 경우, 개인관련 정보라도 공개대상정보가 된다.
가. 법령에서 정하는 바에 따라 열람할 수 있는 정보
나. 공공기관이 공표를 목적으로 작성하거나 취득한 정보로서 사생활의 비밀 또는 자유를 부당하게 침해하지 아니하는 정보
다. 공공기관이 작성하거나 취득한 정보로서 공개하는 것이 공익이나 개인의 권리 구제를 위하여 필요하다고 인정되는 정보
라. 직무를 수행한 공무원의 성명·직위
마. 공개하는 것이 공익을 위하여 필요한 경우로서 법령에 따라 국가 또는 지방자치단체가 업무의 일부를 위탁 또는 위촉한 개인의 성명·직업

> **관련 판례**
>
> 1. 사면대상자들의 사면실시건의서와 그와 관련된 국무회의 안건자료에 관한 정보는 그 공개로 얻는 이익이 그로 인하여 침해되는 당사자들의 사생활의 비밀에 관한 이익보다 더욱 크므로 구 공공기관의 정보공개에 관한 법률(2004. 1. 29. 법률 제7127호로 전문 개정되기 전의 것) 제7조 제1항 제6호에서 정한 비공개사유에 해당하지 않는다(대판 2006.12.7. 2005두241).
> 2. 여기에서 말하는 비공개대상정보에는 성명·주민등록번호 등 '개인식별정보'뿐만 아니라 그 외에 정보의 내용에 따라 '개인에 관한 사항의 공개로 인하여 개인의 내밀한 내용의 비밀 등이 알려지게 되고, 그 결과 인격적·정신적 내면생활에 지장을 초래하거나 자유로운 사생활을 영위할 수 없게 될

정답 01 O

위험성이 있는 정보'도 포함된다. 따라서 불기소처분 기록이나 내사기록 중 피의자신문조서 등 조서에 기재된 피의자 등의 인적사항 이외의 진술내용 역시 개인의 사생활의 비밀 또는 자유를 침해할 우려가 인정되는 경우에는 위 비공개대상정보에 해당한다(판례 2017.9.7. 2017두44558).

3. 공무원이 직무와 관련 없이 개인적인 자격으로 간담회·연찬회 등 행사에 참석하고 금품을 수령한 정보는 공공기관의정보공개에관한법률 제7조 제1항 제6호 단서 (다)목 소정의 '공개하는 것이 공익을 위하여 필요하다고 인정되는 정보'에 해당하지 않는다(대판 2003.12.12. 2003두8050).

4. **고지거부자의 인적사항은 비공개대상**
공직자윤리법상의 등록의무자가 구 공직자윤리법 시행규칙 제12조에 따라 정부공직자윤리위원회에 제출한 문서에 포함되어 있는 '고지거부자의 인적사항'은 구 「공공기관의 정보공개에 관한 법률」 제7조 제1항 제6호 단서 (다)목에 정한 '공개하는 것이 공익을 위하여 필요하다고 인정되는 정보'에 해당하지 않는다(대판 2007.12.13. 2005두13117).

5. 지방자치단체의 업무추진비 세부항목별 집행내역 및 그에 관한 증빙서류에 포함된 개인에 관한 정보는 '공개하는 것이 공익을 위하여 필요하다고 인정되는 정보'에 해당하지 않는다(대판 2003.3.11. 2001두6425).

01 「공공기관의 정보공개에 관한 법률」에 따르면, 직무를 수행한 공무원의 성명·직위는 비공개대상정보이다. (O | X) [19사회복지직9급]

02 정보공개법에 따르면, 공개하는 것이 공익을 위하여 필요한 경우로서 법령에 따라 국가가 업무의 일부를 위탁 또는 위촉한 개인의 성명·직업은, 공개되면 사생활의 비밀 또는 자유가 침해될 우려가 있다고 인정되더라도 공개대상정보에 해당한다. (O | X) [18국가직7급]

03 지방자치단체의 업무추진비 세부 항목별 집행내역 및 그에 관한 증빙서류에 포함된 개인에 관한 정보는 「공공기관의 정보공개에 관한 법률」 소정의 '공개하는 것이 공익을 위하여 필요하다고 인정되는 정보'에 해당하여 공개대상이 된다. (O | X) [19지방직9급]

04 국민의 알권리를 두텁게 보호하기 위해 「공공기관의 정보공개에 관한 법률」 제9조 제1항 제6호 본문의 규정에 따라 비공개대상이 되는 정보는 이름·주민등록번호 등 '개인식별정보'로 한정된다. (O | X) [20지방직9급]

⑦ 법인·단체 또는 개인(이하 "법인등"이라 한다)의 경영상·영업상 비밀에 관한 사항으로서 공개될 경우 법인등의 정당한 이익을 현저히 해칠 우려가 있다고 인정되는 정보. 다만, 다음 각 목에 열거한 정보는 제외한다.
'법인 등의 경영·영업상의 비밀에 관한 사항'이라도 공개를 거부할 만한 정당한 이익이 있는지의 여부에 따라 그 공개 여부가 결정되어야 한다.

> **관련 판례** 정당한 이익에 대한 판례
>
> 1. 정당한 이익 유무를 판단할 때에는 국민의 알권리를 보장하고 국정에 대한 국민의 참여와 국정운영의 투명성을 확보함을 목적으로 하는 구 정보공개법의 입법취지와 아울러 당해 법인 등의 성격, 당해 법인 등의 권리, 경쟁상 지위등 보호받아야 할 이익의 내용·성질 및 당해 정보의 내용·성질 등에 비추어 당해 법인 등에 대한 권리보호의 필요성, 당해 법인 등과 행정과의 관계 등을 종합적으로 고려해야 한다(대판 2014.7.24. 2012두12303).

정답 01 X 02 O 03 X 04 X

2. 한국방송공사(KBS)는 「공공기관의 정보공개에 관한 법률」시행령의 '특별법에 의하여 설립된 특수법인'으로서 정보공개의무가 있는 공공기관에 해당하고, 한국방송공사가 위법의 제9조 제1항 제7호를 들어 정보공개를 거부하는 경우, '법인 등의 경영·영업상의 비밀에 관한 사항'에 해당하는지 여부는 엄격하게 판단하여야 한다.[다만, 엄격하게 판단한 결과 정보공개법 제9조 제1항 제7호의 사유를 인정한 판시이다.]

정보공개법 제9조 제1항 제7호는 '법인 등의 경영·영업상의 비밀에 관한 사항'이라도 공개를 거부할 만한 정당한 이익이 있는지의 여부에 따라 그 공개 여부가 결정되어야 한다고 해석되는바, 그 정당한 이익이 있는지의 여부는 앞서 본 정보공개법의 입법 취지에 비추어 이를 엄격하게 해석하여야 할 뿐만 아니라 국민에 의한 감시의 필요성이 크고 이를 감수하여야 하는 면이 강한 <u>공익법인</u>에 대하여는 다른 법인 등에 대하여 보다 소극적으로 해석할 수밖에 없다고 할 것이다(대판 2008.10.23. 2007두1798).

> 정보공개법 제9조 제1항 제7호의 가, 나목의 사유에 해당하는 경우, 법인 등의 경영·영업상의 비밀에 관한 사항이라도 공개대상정보가 된다.
> 가. 사업활동에 의하여 발생하는 위해(危害)로부터 사람의 생명·신체 또는 건강을 보호하기 위하여 공개할 필요가 있는 정보
> 나. 위법·부당한 사업활동으로부터 국민의 재산 또는 생활을 보호하기 위하여 공개할 필요가 있는 정보

관련 판례

1. 구 공공기관의 정보공개에 관한 법률 제9조 제1항 제7호에서 비공개대상정보로 정하고 있는 '법인 등의 경영·영업상 비밀'은 '타인에게 알려지지 아니함이 유리한 사업활동에 관한 일체의 정보' 또는 '사업활동에 관한 일체의 비밀사항'을 의미하는 것이고, 공개 여부는 공개를 거부할 만한 정당한 이익이 있는지 여부에 따라 결정되어야 한다(대판 2014.7.24. 2012두12303).
2. 정보공개법 제9조 제1항 제7호 소정의 '법인 등의 경영·영업상 비밀'은 부정경쟁방지법 제2조 제2호 소정의 '영업비밀'에 한하지 않고, '타인에게 알려지지 아니함이 유리한 사업활동에 관한 일체의 정보' 또는 '사업활동에 관한 일체의 비밀사항'으로 해석함이 상당하다(대판 2008.10.23. 2007두1798).
3. 법인등이 거래하는 금융기관의 계좌번호에 관한 정보는 법인등의 영업상 비밀에 관한 사항으로서 공개될 경우 법인등의 정당한 이익을 현저히 해할 우려가 있다고 인정되는 정보에 해당한다(대판 2004.8.20. 2003두8302).
4. 아파트재건축주택조합의 조합원들에게 제공될 무상보상평수의 사업수익성 등을 검토한 자료가 구 공공기관의 정보공개에 관한 법률 제7조 제1항에서 정한 비공개대상정보에 해당하지 않는다(대판 2006.1.13. 2003두9459).

---

01 정보공개법상, 법인 등의 경영·영업상 비밀은 사업활동에 관한 일체의 비밀 사항을 의미한다. (O | X)
[18서울시7급]

02 법인 등이 거래하는 금융기관의 계좌번호에 관한 정보는 법인 등의 영업상 비밀에 관한 사항으로서 공개될 경우 법인 등의 정당한 이익을 현저히 해할 우려가 있다고 인정되는 정보에 해당한다. (O | X) [17국가직7급]

03 재건축사업계약에 의하여 조합원들에게 제공될 무상보상평수 산출내역은 법인 등의 영업상 비밀에 관한 사항이 아니며 비공개대상정보에 해당되지 않는다. (O | X)
[17서울시9급]

정답 01 O 02 O 03 O

⑧ 공개될 경우 부동산 투기, 매점매석 등으로 특정인에게 이익 또는 불이익을 줄 우려가 있다고 인정되는 정보

---

01 공개될 경우 부동산 투기로 특정인에게 이익 또는 불이익을 줄 우려가 있다고 인정되는 정보는 비공개대상에 해당한다. (O | X) [19소방직]

3) 국민의 정보공개청구권 행사가 권리 남용인 경우

국민의 정보공개청구가 권리의 남용에 해당하는 것이 명백한 경우, 정보공개청구권의 행사를 허용하지 아니한다.

> **관련 판례**
>
> 1. 실제로는 해당 정보를 취득 또는 활용할 의사가 전혀 없이 정보공개 제도를 이용하여 사회통념상 용인될 수 없는 부당한 이득을 얻으려 하거나, 오로지 공공기관의 담당공무원을 괴롭힐 목적으로 정보공개청구를 하는 경우처럼 권리의 남용에 해당하는 것이 명백한 경우에는 정보공개청구권의 행사를 허용하지 아니하는 것이 옳다(대판 2014.12.24. 2014두9349).
> 2. 손해배상소송에 제출할 증거자료를 획득하기 위한 목적으로 정보공개를 청구한 경우, 오로지 상대방을 괴롭힐 목적으로 정보공개를 구하고 있다는 등의 특별한 사정이 없는 한, 권리남용에 해당하지 아니한다(대판 2004.9.23. 2003두1370).

---

02 정보를 취득 또는 활용할 의사가 전혀 없이 사회통념상 용인될 수 없는 부당이득을 얻으려는 목적의 정보공개청구는 권리남용행위로서 허용되지 않는다. (O | X) [19서울시9급]

03 정보공개제도를 이용하여 사회통념상 용인될 수 없는 부당한 이득을 얻으려 하거나, 오히려 공공기관의 담당공무원을 괴롭힐 목적으로 정보공개청구를 하는 경우라 하더라도 적법한 공개청구 요건을 갖추고 있는 경우라면 정보공개청구권 행사 자체를 권리남용으로 볼 수는 없다. (O | X) [17지방직9급]

4) 공공기관은 정보공개법 제9조 제1항 각 호의 범위에서 해당 공공기관의 업무 성격을 고려하여 비공개 대상 정보의 범위에 관한 세부 기준(이하 "비공개 세부 기준"이라 한다)을 수립하고 이를 정보통신망을 활용한 정보공개시스템 등을 통하여 공개하여야 한다(동법 제9조 제3항). 공공기관(국회·법원·헌법재판소 및 중앙선거관리위원회는 제외한다)은 제3항에 따라 수립된 비공개 세부 기준이 제1항 각 호의 비공개 요건에 부합하는지 3년마다 점검하고 필요한 경우 비공개 세부 기준을 개선하여 그 점검 및 개선 결과를 행정안전부장관에게 제출하여야 한다(동법 제9조 제4항).

5) 비공개대상정보가 기간의 경과 등으로 인하여 비공개의 필요가 없어진 경우에는 그 정보를 공개 대상으로 하여야 한다(동법 제9조 제2항).

정답 01 O 02 O 03 X

5. 정보공개청구 절차

1) 정보공개의 청구

> **정보공개법 제10조(정보공개의 청구방법)** ① 정보의 공개를 청구하는 자(이하 "청구인"이라 한다)는 해당 정보를 보유하거나 관리하고 있는 공공기관에 다음 각 호의 사항을 적은 <u>정보공개 청구서를 제출</u>하거나 말로써 정보의 공개를 청구할 수 있다.
> 1. <u>청구인의 성명·주민등록번호·주소 및 연락처</u>(전화번호·전자우편주소 등을 말한다)
> 2. 공개를 청구하는 <u>정보의 내용 및 공개방법</u>

판례에 따르면, 정보공개청구시 청구대상정보를 기재함에 있어서는 사회일반인의 관점에서 청구대상정보의 내용과 범위를 확정할 수 있을 정도로 특정할 것을 요구한다.

01 정보공개의 청구는 반드시 문서로 하여야 한다. (O | X) [12사회복지직9급]

02 정보의 공개를 청구하는 자가 청구대상 정보를 기재함에 있어서는 사회일반인의 관점에서 청구대상 정보의 내용과 범위를 확정할 수 있을 정도로 특정하여야 한다. (O | X) [19지방직7급]

2) 공개여부의 결정

① 10일 이내에 결정, 10일의 범위에서 기간 연장 가능(정보공개법상 기간 계산은 민법에 따른다)

> **정보공개법 제11조(정보공개 여부의 결정)** ① 공공기관은 제10조에 따라 정보공개의 청구를 받으면 그 청구를 받은 날부터 <u>10일 이내에 공개 여부를 결정</u>하여야 한다.
> ② 공공기관은 부득이한 사유로 제1항에 따른 기간 이내에 공개 여부를 결정할 수 없을 때에는 그 기간이 끝나는 날의 다음 날부터 기산(起算)하여 <u>10일의 범위에서 공개 여부 결정기간을 연장</u>할 수 있다. 이 경우 <u>공공기관은 연장된 사실과 연장 사유를 청구인에게 지체 없이 문서로 통지하여야 한다</u>.
> ⑤ 공공기관은 정보공개 청구가 다음 각 호의 어느 하나에 해당하는 경우로서 「민원 처리에 관한 법률」에 따른 민원으로 처리할 수 있는 경우에는 민원으로 처리할 수 있다.
> 1. 공개 청구된 정보가 공공기관이 보유·관리하지 아니하는 정보인 경우
> 2. 공개 청구의 내용이 진정·질의 등으로 이 법에 따른 정보공개 청구로 보기 어려운 경우

03 공공기관은 정보공개의 청구를 받으면 그 청구를 받은 날부터 10일 이내에 공개 여부를 결정하여야 하나 부득이한사유로 이 기간 이내에 공개 여부를 결정할 수 없는 때에는 그 기간이 끝나는 날의 다음날부터 기산하여 10일의 범위에서 공개 여부 결정기간을 연장할 수 있다. (O | X) [17국가직9급]

04 공공기관은 정보공개법 제10조에 따라 정보공개의 청구를 받으면 그 청구를 받은 날부터 30일 이내에 공개 여부를 결정하여야 한다. (O | X) [18소방직]

② 즉시 또는 말로 처리가 가능한 정보에 대해서는 제11조에 따른 절차를 거치지 아니하고 공개하여야 한다.

정답 01 × 02 O 03 O 04 ×

PART 3 행정절차, 정보공개법, 개인정보 보호법

> **정보공개법 제16조(즉시 처리가 가능한 정보의 공개)** 다음 각 호의 어느 하나에 해당하는 정보로서 즉시 또는 말로 처리가 가능한 정보에 대해서는 제11조에 따른 절차를 거치지 아니하고 공개하여야 한다.
> 1. 법령 등에 따라 공개를 목적으로 작성된 정보
> 2. 일반국민에게 알리기 위하여 작성된 각종 홍보자료
> 3. 공개하기로 결정된 정보로서 공개에 오랜 시간이 걸리지 아니하는 정보
> 4. 그 밖에 공공기관의 장이 정하는 정보

3) 제3자 관련 정보

① 공공기관은 제3자 관련 정보에 대한 공개청구가 있으면 제3자에게 지체 없이 통지할 의무가 있다. 다만, 어디까지나 통지가 의무일 뿐이지, 꼭 제3자의 의견을 청취한 다음에 정보공개 여부를 결정할 수 있다는 의미는 아니다.

> **정보공개법 제11조(정보공개 여부의 결정)** ③ 공공기관은 공개 청구된 공개 대상 정보의 전부 또는 일부가 제3자와 관련이 있다고 인정할 때에는 그 사실을 <u>제3자에게 지체 없이 통지</u>하여야 하며, 필요한 경우에는 그의 의견을 들을 수 있다.

01 공공기관은 정보공개청구의 대상이 된 정보가 제3자와 관련된 경우 해당 제3자의 의견을 청취할 수 있으나, 그에게 통지할 의무는 없다. (O | X) [18교육행정직9급]

02 공공기관은 공개대상정보가 제3자와 관련이 있다고 인정되는 경우에는 반드시 공개청구된 사실을 제3자에게 통지하고 그에 대한 의견을 청취한 다음에 공개 여부를 결정하여야 한다. (O | X) [13서울시9급]

② 제3자의 비공개 요청
- 제3자는 공공기관의 지체 없는 통지를 받은 날부터 3일 이내에 공공기관에 비공개를 요청할 수 있다.
- 제3자의 비공개요청에도 불구하고 공개를 결정할 때에는 제3자에게 지체 없이 문서로 통지할 의무가 있다.
- 제3자는 문서로 해당 공공기관에 7일 이내에 이의신청을 하거나 행정심판, 행정소송을 제기할 수 있다.
- 제3자의 비공개요청에도 불구하고 공개결정을 하는 경우에는 공개결정일과 실시일 사이에 최소한 30일의 간격을 두어야 한다.

> **정보공개법 제21조(제3자의 비공개 요청 등)** ① 제11조 제3항에 따라 공개 청구된 사실을 통지받은 제3자는 그 통지를 받은 날부터 3일 이내에 해당 공공기관에 대하여 자신과 관련된 정보를 공개하지 아니할 것을 요청할 수 있다.
> ② 제1항에 따른 비공개 요청에도 불구하고 공공기관이 공개 결정을 할 때에는 공개 결정 이유와 공개 실시일을 분명히 밝혀 지체 없이 문서로 통지하여야 하며, 제3자는 해당 공공기관에 문서로 이의신청을 하거나 행정심판 또는 행정소송을 제기할 수 있다. 이 경우 이의신청은 통지를 받은 날부터 7일 이내에 하여야 한다.
> ③ 공공기관은 제2항에 따른 공개 결정일과 공개 실시일 사이에 최소한 30일의 간격을 두어야 한다.

정답 01 × 02 ×

4) 소관 기관으로 이송

> **정보공개법 제11조(정보공개 여부의 결정)** ④ 공공기관은 다른 공공기관이 보유·관리하는 정보의 공개 청구를 받았을 때에는 지체 없이 이를 소관 기관으로 이송하여야 하며, 이송한 후에는 지체 없이 소관 기관 및 이송 사유 등을 분명히 밝혀 청구인에게 문서로 통지하여야 한다.

5) 비용 부담

> **정보공개법 제17조(비용 부담)** ① 정보의 공개 및 우송 등에 드는 비용은 실비(實費)의 범위에서 청구인이 부담한다.
> ② 공개를 청구하는 정보의 사용 목적이 공공복리의 유지·증진을 위하여 필요하다고 인정되는 경우에는 제1항에 따른 비용을 감면할 수 있다.

01 정보의 공개 및 우송 등에 소요되는 비용은 실비의 범위에서 청구인의 부담으로 한다. 다만, 그 액수가 너무 많아서 청구인에게 과중한 부담을 주는 경우에는 비용을 감면할 수 있다. (O | X) [18서울시7급]

6) 신분 보장

> **정보공개법 제28조(신분보장)** 누구든지 이 법에 따른 정당한 정보공개를 이유로 징계조치 등 어떠한 신분상 불이익이나 근무조건상의 차별을 받지 아니한다.

7) 공개 결정의 경우

> **정보공개법 제13조(정보공개 여부 결정의 통지)** ① 공공기관은 제11조에 따라 정보의 공개를 결정한 경우에는 공개의 일시 및 장소 등을 분명히 밝혀 청구인에게 통지하여야 한다.
> ② 공공기관은 청구인이 사본 또는 복제물의 교부를 원하는 경우에는 이를 교부하여야 한다.
> ③ 공공기관은 공개 대상 정보의 양이 너무 많아 정상적인 업무수행에 현저한 지장을 초래할 우려가 있는 경우에는 해당 정보를 일정 기간별로 나누어 제공하거나 사본·복제물의 교부 또는 열람과 병행하여 제공할 수 있다.
> ④ 공공기관은 제1항에 따라 정보를 공개하는 경우에 그 정보의 원본이 더럽혀지거나 파손될 우려가 있거나 그 밖에 상당한 이유가 있다고 인정할 때에는 그 정보의 사본·복제물을 공개할 수 있다.

02 공개대상의 양이 과다하여 정상적인 업무수행에 현저한 지장을 초래할 우려가 있는 경우에는 이를 기간별로 나누어 교부하거나 열람과 병행하여 교부할 수 있다. (O | X) [18서울시7급]

8) 비공개 결정의 경우

비공개 결정은 문서로 통지하여야 한다. 판례는 행정소송의 재판기록 일부의 정보공개청구에 대한 비공개 결정은 전자 문서로 통지할 수 있다고 본다.

정답 01 X 02 O

> **정보공개법 제13조(정보공개 여부 결정의 통지)** ⑤ 공공기관은 제11조에 따라 정보의 비공개 결정을 한 경우에는 그 사실을 청구인에게 지체 없이 문서로 통지하여야 한다. 이 경우 제9조제1항 각 호 중 어느 규정에 해당하는 비공개 대상 정보인지를 포함한 비공개 이유와 불복(不服)의 방법 및 절차를 구체적으로 밝혀야 한다.

관련 판례

갑이 재판기록 일부의 정보공개를 청구한 데 대하여 서울행정법원장이 민사소송법 제162조를 이유로 소송기록의 정보를 비공개한다는 결정을 전자문서로 통지한 사안에서, '문서'에 '전자문서'를 포함한다고 규정한 구 공공기관의 정보공개에 관한 법률 제2조와 정보의 비공개결정을 '문서'로 통지하도록 정한 정보공개법 제13조 제4항의 규정에 의하면 정보의 비공개결정은 전자문서로 통지할 수 있고, 위 규정들은 행정절차법 제3조 제1항에서 행정절차법의 적용이 제외되는 것으로 정한 '다른 법률'에 특별한 규정이 있는 경우에 해당하므로, 비공개결정 당시 정보의 비공개결정은 정보공개법 제13조 제4항에 의하여 전자문서로 통지할 수 있다(대판 2014.4.10. 2012두17384).

01 공공기관은 정보의 비공개결정을 한 경우 청구인에게 비공개 이유와 불복의 방법 및 절차를 구체적으로 밝혀 문서로 통지하여야 한다. (O | X) [15교육행정직9급]

9) 부분공개

> **정보공개법 제14조(부분 공개)** 공개 청구한 정보가 제9조제1항 각 호(비공개대상정보)의 어느 하나에 해당하는 부분과 공개 가능한 부분이 혼합되어 있는 경우로서 공개 청구의 취지에 어긋나지 아니하는 범위에서 두 부분을 분리할 수 있는 경우에는 제9조제1항 각 호의 어느 하나에 해당하는 부분을 제외하고 공개하여야 한다.

관련 판례

1. 공공기관은 정보공개청구자가 선택한 공개방법에 따라 정보를 공개하여야 하므로 공공기관에게 정보공개방법을 선택할 재량은 없다(대판 2004.6.25. 2004두1506).
2. 정보공개청구인은 특정한 정보공개방법을 지정하여 청구할 수 있는 신청권이 있고 공공기관이 청구인이 신청한 공개방법 이외의 방법으로 공개하기로 결정을 한 경우, 정보공개방법에 관한 부분에 대하여 일부 거부처분을 한 것이므로 이에 대하여 청구인은 항고소송으로 다툴 수 있다(대판 2016.11.10. 2016두44674).
3. 법원이 행정청의 정보공개거부처분의 위법 여부를 심리한 결과 공개를 거부한 정보에 비공개대상정보에 해당하는 부분과 공개가 가능한 부분이 혼합되어 있고 공개청구의 취지에 어긋나지 아니하는 범위 안에서 두 부분을 분리할 수 있음을 인정할 수 있을 때에는, 위 정보 중 공개가 가능한 부분을 특정하고 판결의 주문에 행정청의 위 거부처분 중 공개가 가능한 정보에 관한 부분만을 취소한다고 표시하여야 한다(대판 2003.3.11. 2001두6425).

정답 **01** O

공공기관의 정보공개에 관한 법률 **2**

01 행정청 A는 정보공개청구자 甲이 청구한 사본 교부의 방법이 아닌 열람의 방법으로 정보를 공개할 수 있는 재량을 가진다. (O | X) [17국가직9급 변형]

02 공공기관이 공개청구의 대상이 된 정보를 공개는 하되, 청구인이 신청한 공개방법 이외의 방법으로 공개하기로 하는 결정을 한 경우 이는 정보공개 방법만을 달리한 것이므로 일부거부 처분이라 할 수 없다. (O | X) [20지방직9급]

03 공개를 거부한 정보에 비공개대상정보에 해당하는 부분과 공개가 가능한 부분이 혼합되어 있는 경우라면 법원은 정보공개거부처분 전부를 취소해야 한다. (O | X) [10국가직9급]

10) 정보의 전자적 공개

> **정보공개법 제15조(정보의 전자적 공개)** ① 공공기관은 전자적 형태로 보유·관리하는 정보에 대하여 청구인이 전자적 형태로 공개하여 줄 것을 요청하는 경우에는 그 정보의 성질상 현저히 곤란한 경우를 제외하고는 청구인의 요청에 따라야 한다.
> ② 공공기관은 전자적 형태로 보유·관리하지 아니하는 정보에 대하여 청구인이 전자적 형태로 공개하여 줄 것을 요청한 경우에는 정상적인 업무수행에 현저한 지장을 초래하거나 그 정보의 성질이 훼손될 우려가 없으면 그 정보를 전자적 형태로 변환하여 공개할 수 있다.

관련 판례

구 공공기관의 정보공개에 관한 법률은, 정보의 공개를 청구하는 이가 정보공개방법도 아울러 지정하여 정보공개를 청구할 수 있도록 하고 있고, 전자적 형태의 정보를 전자적으로 공개하여 줄 것을 요청한 경우에는 공공기관은 원칙적으로 요청에 응할 의무가 있고, 나아가 비전자적 형태의 정보에 관해서도 전자적 형태로 공개하여 줄 것을 요청하면 재량판단에 따라 전자적 형태로 변환하여 공개할 수 있도록 하고 있다. 이는 정보의 효율적 활용을 도모하고 청구인의 편의를 제고함으로써 구 정보공개법의 목적인 국민의 알 권리를 충실하게 보장하려는 것이므로, 청구인에게는 특정한 공개방법을 지정하여 정보공개를 청구할 수 있는 법령상 신청권이 있다(대판 2016.11.10. 2016두44674).

04 공공기관은 전자적 형태로 보유·관리하지 않는 정보에 대하여 청구인이 전자적 형태로 공개하여 줄 것을 요청한 경우 특별한 사정이 없으면 그 정보를 전자적 형태로 변환하여 공개할 수 있다. (O | X) [11국가직7급]

11) 정보공개위원회

> **정보공개법 제22조(정보공개위원회의 설치)** 다음 각 호의 사항을 심의·조정하기 위하여 행정안전부장관 소속으로 정보공개위원회(이하 "위원회"라 한다)를 둔다.
> 1. 정보공개에 관한 정책 수립 및 제도 개선에 관한 사항
> 2. 정보공개에 관한 기준 수립에 관한 사항
> 3. 제12조에 따른 심의회 심의결과의 조사·분석 및 심의기준 개선 관련 의견제시에 관한 사항
> 4. 제24조제2항 및 제3항에 따른 공공기관의 정보공개 운영실태 평가 및 그 결과 처리에 관한 사항
> 5. 정보공개와 관련된 불합리한 제도·법령 및 그 운영에 대한 조사 및 개선권고에 관한 사항
> 6. 그 밖에 정보공개에 관하여 대통령령으로 정하는 사항

정답 01 X 02 X 03 X 04 O

동법 제23조(위원회의 구성 등) ① 위원회는 성별을 고려하여 위원장과 부위원장 각 1명을 포함한 11명의 위원으로 구성한다.
② 위원회의 위원은 다음 각 호의 사람이 된다. 이 경우 위원장을 포함한 7명은 공무원이 아닌 사람으로 위촉하여야 한다.
 1. 대통령령으로 정하는 관계 중앙행정기관의 차관급 공무원이나 고위공무원단에 속하는 일반직공무원
 2. 정보공개에 관하여 학식과 경험이 풍부한 사람으로서 국무총리가 위촉하는 사람
 3. 시민단체(「비영리민간단체 지원법」 제2조에 따른 비영리민간단체를 말한다)에서 추천한 사람으로서 국무총리가 위촉하는 사람
③ 위원장·부위원장 및 위원(제2항제1호의 위원은 제외한다)의 임기는 2년으로 하며, 연임할 수 있다.
④ 위원장·부위원장 및 위원은 정보공개 업무와 관련하여 알게 된 정보를 누설하거나 그 정보를 이용하여 본인 또는 타인에게 이익 또는 불이익을 주는 행위를 하여서는 아니 된다.
⑤ 위원장·부위원장 및 위원 중 공무원이 아닌 사람은 「형법」이나 그 밖의 법률에 따른 벌칙을 적용할 때에는 공무원으로 본다.
⑥ 위원회의 구성과 의결 절차 등 위원회 운영에 필요한 사항은 대통령령으로 정한다.

---

01 정보공개에 관한 정책 수립 및 제도개선에 관한 사항을 심의·조정하기 위하여 국무총리 소속으로 정보공개위원회를 둔다. (O | X) [19국회직8급]

12) 정보공개심의회

정보공개법 제12조(정보공개심의회) ① 국가기관, 지방자치단체, 「공공기관의 운영에 관한 법률」 제5조에 따른 공기업 및 준정부기관, 「지방공기업법」에 따른 지방공사 및 지방공단(이하 "국가기관등"이라 한다)은 제11조에 따른 정보공개 여부 등을 심의하기 위하여 정보공개심의회(이하 "심의회"라 한다)를 설치·운영한다. 이 경우 국가기관등의 규모와 업무성격, 지리적 여건, 청구인의 편의 등을 고려하여 소속 상급기관(지방공사·지방공단의 경우에는 해당 지방공사·지방공단을 설립한 지방자치단체를 말한다)에서 협의를 거쳐 심의회를 통합하여 설치·운영할 수 있다.
② 심의회는 위원장 1명을 포함하여 5명 이상 7명 이하의 위원으로 구성한다.
③ 심의회의 위원은 소속 공무원, 임직원 또는 외부 전문가로 지명하거나 위촉하되, 그 중 3분의 2는 해당 국가기관등의 업무 또는 정보공개의 업무에 관한 지식을 가진 외부 전문가로 위촉하여야 한다. 다만, 제9조제1항제2호 및 제4호에 해당하는 업무를 주로 하는 국가기관은 그 국가기관의 장이 외부 전문가의 위촉 비율을 따로 정하되, 최소한 3분의 1 이상은 외부 전문가로 위촉하여야 한다.
④ 심의회의 위원장은 위원 중에서 국가기관등의 장이 지명하거나 위촉한다.
⑤ 심의회의 위원에 대해서는 제23조제4항 및 제5항을 준용한다.
⑥ 심의회의 운영과 기능 등에 관하여 필요한 사항은 국회규칙·대법원규칙·헌법재판소규칙·중앙선거관리위원회규칙 및 대통령령으로 정한다.

정보공개법 제12조의2(위원의 제척·기피·회피) ① 심의회의 위원이 다음 각 호의 어느 하나에 해당하는 경우에는 심의회의 심의에서 제척(除斥)된다.
 1. 위원 또는 그 배우자나 배우자이었던 사람이 해당 심의사항의 당사자(당사자가 법인·단체 등인 경우에는 그 임원 또는 직원을 포함한다. 이하 이 호 및 제2호에서 같다)이거나 그 심의사항의 당사자와 공동권리자 또는 공동의무자인 경우

정답 01 X

2. 위원이 해당 심의사항의 당사자와 친족이거나 친족이었던 경우
3. 위원이 해당 심의사항에 대하여 증언, 진술, 자문, 연구, 용역 또는 감정을 한 경우
4. 위원이나 위원이 속한 법인 등이 해당 심의사항의 당사자의 대리인이거나 대리인이었던 경우
② 심의회의 심의사항의 당사자는 위원에게 공정한 심의를 기대하기 어려운 사정이 있는 경우에는 심의회에 기피(忌避) 신청을 할 수 있고, 심의회는 의결로 기피 여부를 결정하여야 한다. 이 경우 기피 신청의 대상인 위원은 그 의결에 참여할 수 없다.
③ 위원은 제1항 각 호에 따른 제척 사유에 해당하는 경우에는 심의회에 그 사실을 알리고 스스로 해당 안건의 심의에서 회피(回避)하여야 한다.
④ 위원이 제1항 각 호의 어느 하나에 해당함에도 불구하고 회피신청을 하지 아니하여 심의회 심의의 공정성을 해친 경우 국가기관등의 장은 해당 위원을 해촉하거나 해임할 수 있다.

13) 행정안전부장관의 업무

정보공개법 제24조(제도 총괄 등) ① 행정안전부장관은 이 법에 따른 정보공개제도의 정책 수립 및 제도 개선 사항 등에 관한 기획·총괄 업무를 관장한다.
② 행정안전부장관은 위원회가 정보공개제도의 효율적 운영을 위하여 필요하다고 요청하면 공공기관(국회·법원·헌법재판소 및 중앙선거관리위원회는 제외한다)의 정보공개제도 운영실태를 평가할 수 있다.
제26조(국회에의 보고) ① 행정안전부장관은 전년도의 정보공개 운영에 관한 보고서를 매년 정기국회 개회 전까지 국회에 제출하여야 한다.

---

01 행정안전부장관은 전년도의 정보공개 운영에 관한 보고서를 매년 정기국회 개회 전까지 국회에 제출하여야 한다. (O | X)   [18소방직]

6. 이의신청 절차

비공개결정 또는 부분공개결정 등에 대하여 불복하기 위해서는 이의신청, 행정심판, 행정소송 모두 가능하다.

02 정보공개청구자는 정보공개와 관련한 공공기관의 비공개결정에 대해서는 이의신청을 할 수 있지만, 부분공개의 결정에 대해서는 따로 이의신청을 할 수 없다. (O | X)   [16국가직9급]

1) 이의신청

- 공공기관의 비공개결정에 대하여 불복이 있는 청구인은 해당 공공기관에 문서로 이의신청을 할 수 있다.
- 청구인이 공개결정 통지(거부나 일부거부)를 받은 날 – 30일 이내 이의신청/ 공공기관은 이의신청을 받은 날부터 7일 이내에 결정 + 7일의 범위에서 연장 가능
- 청구인의 정보공개 청구 후 20일이 경과한 날(부작위) – 30일 이내 이의신청/ 공공기관은 이의신청을 받은 날부터 7일 이내에 결정 + 7일의 범위에서 연장 가능

정답 01 O 02 X

> **정보공개법 제18조(이의신청)** ① 청구인이 정보공개와 관련한 공공기관의 비공개 결정 또는 부분 공개 결정에 대하여 불복이 있거나 정보공개 청구 후 20일이 경과하도록 정보공개 결정이 없는 때에는 공공기관으로부터 정보공개 여부의 결정 통지를 받은 날 또는 정보공개 청구 후 20일이 경과한 날부터 30일 이내에 해당 공공기관에 문서로 이의신청을 할 수 있다.
> ③ 공공기관은 이의신청을 받은 날부터 7일 이내에 그 이의신청에 대하여 결정하고 그 결과를 청구인에게 지체 없이 문서로 통지하여야 한다. 다만, 부득이한 사유로 정하여진 기간 이내에 결정할 수 없을 때에는 그 기간이 끝나는 날의 다음 날부터 기산하여 7일의 범위에서 연장할 수 있으며, 연장 사유를 청구인에게 통지하여야 한다.

관련 판례

공공기관의 정보공개에 관한 법률 제18조 제1항, 제3항, 제4항, 제20조 제1항, 행정소송법 제20조 제1항의 규정 내용과 그 취지 등을 종합하여 보면, 청구인이 공공기관의 비공개 결정 또는 부분 공개 결정에 대한 이의신청을 하여 공공기관으로부터 이의신청에 대한 결과를 통지받은 후 취소소송을 제기하는 경우 그 제소기간은 이의신청에 대한 결과를 통지받은 날부터 기산한다고 봄이 타당하다(대판 2023.7.27. 2022두52980).

01 청구인이 정보공개와 관련한 공공기관의 결정에 대하여 불복이 있거나 정보공개청구 후 10일이 경과하도록 정보공개 결정이 없는 때에는 「행정심판법」에서 정하는 바에 따라 행정심판을 청구할 수 있다. (O | X) [23지방직9급]

2) 행정심판

- 공공기관의 결정 또는 정보공개청구 청구 20일이 경과하도록 정보공개 결정이 없는 때 행정심판법에 의한 행정심판 제기 가능
- 이의신청을 거치지 않고도 행정심판 제기 가능
- 정보공개 여부의 결정에 관한 행정심판에 관여하는 위원은 재직 중은 물론 퇴직 후에도 그 직무상 알게 된 비밀을 누설하여서는 아니 된다.

> **정보공개법 제19조(행정심판)** ① 청구인이 정보공개와 관련한 공공기관의 결정에 대하여 불복이 있거나 정보공개 청구 후 20일이 경과하도록 정보공개 결정이 없는 때에는 「행정심판법」에서 정하는 바에 따라 행정심판을 청구할 수 있다. 이 경우 국가기관 및 지방자치단체 외의 공공기관의 결정에 대한 감독행정기관은 관계 중앙행정기관의 장 또는 지방자치단체의 장으로 한다.
> ② 청구인은 제18조에 따른 이의신청 절차를 거치지 아니하고 행정심판을 청구할 수 있다.
> ③ 행정심판위원회의 위원 중 정보공개 여부의 결정에 관한 행정심판에 관여하는 위원은 재직 중은 물론 퇴직 후에도 그 직무상 알게 된 비밀을 누설하여서는 아니 된다.

02 정보공개청구에 대하여 공공기관이 비공개결정을 한 경우, 청구인이 이에 불복한다면 이의신청절차를 거치지 않고 행정심판을 청구할 수 있다. (O | X) [19소방직]

03 정보공개청구 후 20일이 경과하도록 정보공개결정이 없는 경우, 이의신청은 허용되나 행정심판청구는 허용되지 않는다. (O | X) [19국가직9급]

정답 01 X 02 O 03 X

3) 행정소송

공공기관의 결정(거부나 일부거부) 또는 정보공개 청구 후 20일이 경과하도록 정보공개 결정이 없는 때(부작위) 행정소송법에 의한 항고소송(이의신청, 행정심판을 거치지 않고도 항고소송이 가능)으로 다툴 수 있다.

> **정보공개법 제20조(행정소송)** ① 청구인이 정보공개와 관련한 공공기관의 결정에 대하여 불복이 있거나 정보공개 청구 후 20일이 경과하도록 정보공개 결정이 없는 때에는 「행정소송법」에서 정하는 바에 따라 행정소송을 제기할 수 있다.
> ② 재판장은 필요하다고 인정하면 당사자를 참여시키지 아니하고 제출된 공개 청구 정보를 비공개로 열람·심사할 수 있다.
> ③ 재판장은 행정소송의 대상이 제9조제1항제2호에 따른 정보 중 국가안전보장·국방 또는 외교관계에 관한 정보의 비공개 또는 부분 공개 결정처분인 경우에 공공기관이 그 정보에 대한 비밀 지정의 절차, 비밀의 등급·종류 및 성질과 이를 비밀로 취급하게 된 실질적인 이유 및 공개를 하지 아니하는 사유 등을 입증하면 해당 정보를 제출하지 아니하게 할 수 있다.

관련 판례

1. 정보공개청구권은 법률상 보호되는 구체적인 권리이므로 청구인이 공공기관에 대하여 정보공개를 청구하였다가 거부처분을 받은 것 자체가 법률상 이익의 침해에 해당한다고 할 것이고, 거부처분을 받은 것 이외에 추가로 어떤 법률상의 이익을 가질 것을 요구하는 것은 아니다(대판 2004.9.23. 2003두1370).
2. 공개청구자는 그가 공개를 구하는 정보를 공공기관이 보유·관리하고 있을 상당한 개연성이 있다는 점에 대하여 입증할 책임이 있으나, 공개를 구하는 정보를 공공기관이 한때 보유·관리하였으나 후에 그 정보가 담긴 문서들이 폐기되어 존재하지 않게 된 것이라면 그 정보를 더 이상 보유·관리하고 있지 않다는 점에 대한 증명책임은 공공기관에 있다(대판 2013.1.24. 2010두18918).
3. 청구인이 정보공개거부처분의 취소를 구하는 소송에서 공공기관이 청구정보를 증거 등으로 법원에 제출하여 법원을 통하여 그 사본을 청구인에게 교부 또는 송달되게 하여 결과적으로 청구인에게 정보를 공개하는 셈이 되었다고 하더라도, 이러한 우회적인 방법은 정보공개법이 예정하고 있지 아니한 방법으로서 정보공개법에 의한 공개라고 볼 수는 없으므로, 당해 정보의 비공개결정의 취소를 구할 소의 이익은 소멸되지 않는다(대판 2004.3.26. 2002두6583).
4. 공공기관이 그 정보를 보유·관리하고 있지 아니한 경우에는 특별한 사정이 없는 한 정보공개거부처분의 취소를 구할 법률상의 이익이 없다(대판 2006.1.13. 2003두9459).

01 정보공개청구인이 공공기관에 대해 정보공개를 청구하였다가 거부처분을 받은 경우 취소소송을 제기할 원고적격이 인정된다. (O | X) [12지방직9급]

02 정보비공개결정 취소소송에서 공공기관이 청구정보를 증거로 법원에 제출하여 법원을 통하여 그 사본을 청구인에게 교부되게 하여 정보를 공개하게 된 경우에는 비공개결정의 취소를 구할 소의 이익이 소멸한다. (O | X) [18국가직7급]

03 정보공개를 청구하는 자가 공개를 구하는 정보를 행정기관이 보유·관리하고 있을 상당한 개연성이 있다는 점을 입증하여야 한다. (O | X) [20지방직7급]

04 정보공개청구권은 법률상 보호되는 구체적인 권리이므로 청구인이 공공기관에 대하여 정보공개를 청구하였다가 거부처분을 받은 것 자체가 법률상 이익의 침해에 해당한다. (O | X) [21국가직9급]

정답 01 O 02 X 03 O 04 O

핵심 기출문제

01

「공공기관의 정보공개에 관한 법률」에 대한 설명으로 옳지 않은 것은? [21군무원9급]

① 정보공개의 원칙에 따라 공공기관이 보유·관리하는 정보는 국민의 알권리 보장 등을 위하여 이법에서 정하는 바에 따라 적극적으로 공개하여야 한다.
② 모든 국민은 정보의 공개를 청구할 권리를 가진다.
③ 공공기관의 정보공개 담당자(정보공개 청구 대상 정보와 관련된 업무 담당자를 포함한다)는 정보공개 업무를 성실하게 수행하여야 하며, 공개여부의 자의적인 결정, 고의적인 처리 지연 또는 위법한 공개 거부 및 회피 등 부당한 행위를 하여서는 아니 된다.
④ 공공기관은 예산집행의 내용과 사업평가 결과 등 행정감시를 위하여 필요한 정보에 대해서는 공개의 구체적 범위, 주기, 시기 및 방법 등을 미리 정하여 정보통신망 등을 통하여 알릴 필요까지는 없으나, 정기적으로 공개하여야 한다.

02

정보공개에 대한 판례의 입장으로 옳지 않은 것은? [21국가직9급]

① 국민의 알 권리의 내용에는 일반 국민 누구나 국가에 대하여 보유·관리하고 있는 정보의 공개를 청구할 수 있는 이른바 일반적인 정보공개청구권이 포함된다.
② 정보공개청구권은 법률상 보호되는 구체적인 권리이므로 청구인이 공공기관에 대하여 정보공개를 청구하였다가 거부처분을 받은 것 자체가 법률상 이익의 침해에 해당한다.
③ 「공공기관의 정보공개에 관한 법률」상 공개청구의 대상이 되는 정보란 공공기관이 직무상 작성 또는 취득하여 현재 보유·관리하고 있는 원본인 문서만을 의미한다.
④ 정보공개가 신청된 정보를 공공기관이 보유·관리하고 있지 아니한 경우에는 특별한 사정이 없는 한 정보공개거부처분의 취소를 구할 법률상의 이익이 없다.

해설

01 | ① (○) 공공기관의 정보공개에 관한 법률 제3조(정보공개의 원칙) 공공기관이 보유·관리하는 정보는 국민의 알권리 보장 등을 위하여 이 법에서 정하는 바에 따라 적극적으로 공개하여야 한다.
② (○) 공공기관의정보공개에관한법률 제6조 제1항은 "모든 국민은 정보의 공개를 청구할 권리를 가진다."고 규정하고 있는데, 여기에서 말하는 국민에는 자연인은 물론 법인, 권리능력 없는 사단·재단도 포함되고, 법인, 권리능력 없는 사단·재단 등의 경우에는 설립목적을 불문하며, 한편 정보공개청구권은 법률상 보호되는 구체적인 권리이므로 청구인이 공공기관에 대하여 정보공개를 청구하였다가 거부처분을 받은 것 자체가 법률상 이익의 침해에 해당한다(대판 2003.12.12. 2003두8050).
③ (○) 공공기관의 정보공개에 관한 법률 제6조의2(정보공개 담당자의 의무) 공공기관의 정보공개 담당자(정보공개 청구 대상 정보와 관련된 업무 담당자를 포함한다)는 정보공개 업무를 성실하게 수행하여야 하며, 공개 여부의 자의적인 결정, 고의적인 처리 지연 또는 위법한 공개 거부 및 회피 등 부당한 행위를 하여서는 아니 된다.
④ (×) 공공기관의 정보공개에 관한 법률 제7조(정보의 사전적 공개 등) ① 공공기관은 다음 각 호의 어느 하나에 해당하는 정보에 대해서는 공개의 구체적 범위, 주기, 시기 및 방법 등을 미리 정하여 정보통신망 등을 통하여 알리고, 이에 따라 정기적으로 공개하여야 한다. 다만, 제9조제1항 각 호의 어느 하나에 해당하는 정보에 대해서는 그러하지 아니하다.
1. 국민생활에 매우 큰 영향을 미치는 정책에 관한 정보
2. 국가의 시책으로 시행하는 공사(工事) 등 대규모 예산이 투입되는 사업에 관한 정보
3. 예산집행의 내용과 사업평가 결과 등 행정감시를 위하여 필요한 정보
4. 그 밖에 공공기관의 장이 정하는 정보

02 | ① (○) 정보공개법상 정보공개청구권은 개별적 정보공개청구권과 일반적 정보공개청구권 모두 인정된다.
② (○) 공공기관의정보공개에관한법률 제6조 제1항은 "모든 국민은 정보의 공개를 청구할 권리를 가진다."고 규정하고 있는데, 여기에서 말하는 국민에는 자연인은 물론 법인, 권리능력 없는 사단·재단도 포함되고, 법인, 권리능력 없는 사단·재단 등의 경우에는 설립목적을 불문하며, 한편 정보공개청구권은 법률상 보호되는 구체적인 권리이므로 청구인이 공공기관에 대하여 정보공개를 청구하였다가 거부처분을 받은 것 자체가 법률상 이익의 침해에 해당한다(대판 2003.12.12. 2003두8050).
③ (×) 「공공기관의 정보공개에 관한 법률」상 공개청구의 대상이 되는 정보란 공공기관이 직무상 작성 또는 취득하여 현재 보유·관리하고 있는 문서에 한정되는 것이기는 하나, 그 문서가 반드시 원본일 필요는 없다(대판 2006.5.25. 2006두3049).
④ (○) 정보공개를 구하는 자가 공개를 구하는 정보를 행정기관이 보유·관리하고 있을 상당한 개연성이 있다는 점을 입증함으로써 족하다 할 것이지만, 공공기관이 그 정보를 보유·관리하고 있지 아니한 경우에는 특별한 사정이 없는 한 정보공개거부처분의 취소를 구할 법률상 이익이 없다(대판 2006.1.13. 2003두9459).

정답 01 ④ 02 ③

CHAPTER 3 개인정보 보호법

1. 개설
- 오늘날 사생활에 대한 정보의 수집·처리가 전산화됨으로써 개인의 프라이버시를 침해할 가능성이 매우 높아졌다. 따라서 개인정보를 보호하여야 할 필요성이 커졌다.
- 프라이버시권에는 적극적 측면으로서 개인정보자기결정권과 소극적 측면으로 프라이버시에 대한 침해금지가 있다.

2. 법적근거

1) 헌법적 근거
개인정보자기결정권을 직접적으로 명시한 헌법 규정은 존재하지 않는다. 다만, 대법원은 개인정보자기결정권의 근거를 헌법 제10조와 헌법 제17조에서 찾고 있고, 헌법재판소는 헌법에 명시되지 아니한 독자적 기본권으로 본다.

> **헌법 제10조** 모든 국민은 인간으로서의 존엄과 가치를 가지며, 행복을 추구할 권리를 가진다. 국가는 개인이 가지는 불가침의 기본적 인권을 확인하고 이를 보장할 의무를 진다.
> **헌법 제17조** 모든 국민은 사생활의 비밀과 자유를 침해받지 아니한다.

관련 판례

1. 개인정보자기결정권의 헌법상 근거로는 헌법 제17조의 사생활의 비밀과 자유, 헌법 제10조 제1문의 인간의 존엄과 가치 및 행복추구권에 근거를 둔 일반적 인격권 또는 위 조문들과 동시에 우리 헌법의 자유민주적 기본질서 규정 또는 국민주권원리와 민주주의원리 등을 고려할 수 있으나, 개인정보자기결정권으로 보호하려는 내용을 위 각 기본권들 및 헌법원리들 중 일부에 완전히 포섭시키는 것은 불가능하다고 할 것이므로, 그 헌법적 근거를 굳이 어느 한 두개에 국한시키는 것은 바람직하지 않은 것으로 보이고, <u>오히려 개인정보자기결정권은 이들을 이념적 기초로 하는 독자적 기본권으로서 헌법에 명시되지 아니한 기본권이라고 보아야 할 것이다</u>(헌재 2005.5.26. 99헌마513).
2. 개인정보자기결정권은 헌법 제10조의 인간의 존엄과 가치, 행복추구권과 헌법 제17조의 사생활의 비밀과 자유에서 도출된다(대판 2016.3.10. 2012다105482).

2) 법률적 근거
개인정보 보호법은 민간부분과 공공부분 모두를 규율하는 개인정보 보호에 관한 일반법이다.

> **개인정보 보호법 제6조(다른 법률과의 관계)** 개인정보 보호에 관하여는 다른 법률에 특별한 규정이 있는 경우를 제외하고는 이 법에서 정하는 바에 따른다.

01 개인정보보호법은 민간부분의 개인정보를 규율하고 있고, 공공부분에 관하여는 공공기관의 개인정보보호에 관한 법률에서 규율하고 있다. (O | X) [21군무원7급]

3. 개인정보 보호법

1) 개인정보 보호법의 내용

① 정의
- "개인정보"란 살아 있는 개인에 관한 정보이므로 사자(死者)나 법인에 대한 정보는 이에 해당하지 않는다.
- 개인정보보호법의 대상 정보의 범위에는 공공기관·법인·단체에 의하여 처리되는 정보에 한정되는 것이 아니며, 개인에 의해서 처리되는 정보도 포함된다.
- 개인정보에 가명처리를 한 가명정보도 개인정보에 포함된다.

> **개인정보 보호법 제2조(정의)** 이 법에서 사용하는 용어의 뜻은 다음과 같다.
> 1. "개인정보"란 살아 있는 개인에 관한 정보로서 다음 각 목의 어느 하나에 해당하는 정보를 말한다.
>   가. 성명, 주민등록번호 및 영상 등을 통하여 개인을 알아볼 수 있는 정보
>   나. 해당 정보만으로는 특정 개인을 알아볼 수 없더라도 다른 정보와 쉽게 결합하여 알아볼 수 있는 정보. 이 경우 쉽게 결합할 수 있는지 여부는 다른 정보의 입수 가능성 등 개인을 알아보는 데 소요되는 시간, 비용, 기술 등을 합리적으로 고려하여야 한다.
>   다. 가목 또는 나목을 제1호의2에 따라 가명처리함으로써 원래의 상태로 하기 위한 추가 정보의 사용·결합 없이는 특정 개인을 알아볼 수 없는 정보(이하 "가명정보"라 한다)
> 1의2. "가명처리"란 개인정보의 일부를 삭제하거나 일부 또는 전부를 대체하는 등의 방법으로 추가 정보가 없이는 특정 개인을 알아볼 수 없도록 처리하는 것을 말한다.
> 2. "처리"란 개인정보의 수집, 생성, 연계, 연동, 기록, 저장, 보유, 가공, 편집, 검색, 출력, 정정(訂正), 복구, 이용, 제공, 공개, 파기(破棄), 그 밖에 이와 유사한 행위를 말한다.
> 3. "정보주체"란 처리되는 정보에 의하여 알아볼 수 있는 사람으로서 그 정보의 주체가 되는 사람을 말한다.
> 4. "개인정보파일"이란 개인정보를 쉽게 검색할 수 있도록 일정한 규칙에 따라 체계적으로 배열하거나 구성한 개인정보의 집합물(集合物)을 말한다.
> 5. "개인정보처리자"란 업무를 목적으로 개인정보파일을 운용하기 위하여 스스로 또는 다른 사람을 통하여 개인정보를 처리하는 공공기관, 법인, 단체 및 개인 등을 말한다.
> 6. "공공기관"이란 다음 각 목의 기관을 말한다.
>   가. 국회, 법원, 헌법재판소, 중앙선거관리위원회의 행정사무를 처리하는 기관, 중앙행정기관(대통령 소속 기관과 국무총리 소속 기관을 포함한다) 및 그 소속 기관, 지방자치단체
>   나. 그 밖의 국가기관 및 공공단체 중 대통령령으로 정하는 기관
> 7. "고정형 영상정보처리기기"란 일정한 공간에 설치되어 지속적 또는 주기적으로 사람 또는 사물의

정답 01 X

영상 등을 촬영하거나 이를 유·무선망을 통하여 전송하는 장치로서 대통령령으로 정하는 장치를 말한다.

7의2. "이동형 영상정보처리기기"란 사람이 신체에 착용 또는 휴대하거나 이동 가능한 물체에 부착 또는 거치(据置)하여 사람 또는 사물의 영상 등을 촬영하거나 이를 유·무선망을 통하여 전송하는 장치로서 대통령령으로 정하는 장치를 말한다.

8. "과학적 연구"란 기술의 개발과 실증, 기초연구, 응용연구 및 민간 투자 연구 등 과학적 방법을 적용하는 연구를 말한다.

관련 판례

1. 개인정보자기결정권은 자신에 관한 정보가 언제 누구에게 어느 범위까지 알려지고 또 이용되도록 할 것인지를 그 정보주체가 스스로 결정할 수 있는 권리, 즉 정보주체가 개인정보의 공개와 이용에 관하여 스스로 결정할 권리를 말하는바, 개인의 고유성, 동일성을 나타내는 지문은 그 정보주체를 타인으로부터 식별가능하게 하는 개인정보이므로, 시장·군수 또는 구청장이 개인의 지문정보를 수집하고, 경찰청장이 이를 보관·전산화하여 범죄수사목적에 이용하는 것은 모두 개인정보자기결정권을 제한하는 것이다(헌재 2005.5.26. 99헌마513).

2. 개인정보자기결정권의 보호대상이 되는 개인정보는 개인의 신체, 신념, 사회적 지위, 신분 등과 같이 개인의 인격주체성을 특징짓는 사항으로서 개인의 동일성을 식별할 수 있게 하는 일체의 정보이고, 반드시 개인의 내밀한 영역에 속하는 정보에 국한되지 아니하며 공적 생활에서 형성되었거나 이미 공개된 개인정보까지 포함한다. 또한 개인정보를 대상으로 한 조사·수집·보관·처리·이용 등의 행위는 모두 원칙적으로 개인정보자기결정권에 대한 제한에 해당한다(대판 2016.8.17. 2014다235080).

---

01 개인정보자기결정권은 자신에 관한 정보가 언제 누구에게 어느 범위까지 알려지고 또 이용되도록 할 것인지를 정보주체가 스스로 결정할 수 있는 권리로서 헌법에 명시된 권리이다. (O | X) [21군무원7급]

02 개인정보는 살아 있는 개인에 관한 정보로서 성명, 주민등록번호 및 영상 등을 통하여 개인을 알아볼 수 있는 정보이며, 해당 정보만으로는 특정 개인을 알아볼 수 없다면, 다른 정보와 쉽게 결합하여 그 개인을 알아볼 수 있는 경우라도 개인정보라 할 수 없다. (O | X) [18서울시7급]

03 가명정보는 원래의 상태로 하기 위한 추가 정보의 사용·결합 없이는 특정 개인을 알아볼 수 없는 정보이기 때문에 개인정보에 해당하지 않는다. (O | X) [21소방간부]

04 가명처리란 개인정보의 일부를 삭제하거나 일부 또는 전부를 대체하는 등의 방법으로 추가정보가 없이는 특정 개인을 알아볼 수 없도록 처리하는 것을 말한다. (O | X) [21국회직8급]

05 시장·군수 또는 구청장이 개인의 지문정보를 수집하고, 경찰청장이 이를 보관·전산화하여 범죄수사 목적에 이용하는 것은 모두 개인정보 자기결정권을 제한하는 것이다. (O | X) [18지방직7급]

06 개인정보처리자란 개인정보파일을 운용하기 위하여 스스로 개인정보를 처리하는 공공기관, 법인, 단체 및 개인 등을 말한다. (O | X) [16지방직7급]

07 개인정보보호법의 대상 정보의 범위에는 공공기관·법인·단체에 의하여 처리되는 정보가 포함되고, 개인에 의해서 처리되는 정보는 포함되지 않는다. (O | X) [17사회복지직9급]

08 「개인정보 보호법」상 개인정보는 살아 있는 개인에 대한 정보를 대상으로 하므로 법인(法人)과 사자(死者)의 정보는 포함되지 않는다. (O | X) [19군무원9급]

정답 01 X 02 X 03 X 04 O 05 O 06 X 07 X 08 O

② 적용 제외

개인정보 보호법 제58조(적용의 일부 제외) ① 다음 각 호의 어느 하나에 해당하는 개인정보에 관하여는 제3장부터 제8장까지를 적용하지 아니한다.
1. 삭제
2. 국가안전보장과 관련된 정보 분석을 목적으로 수집 또는 제공 요청되는 개인정보
3. 삭제
4. 언론, 종교단체, 정당이 각각 취재·보도, 선교, 선거 입후보자 추천 등 고유 목적을 달성하기 위하여 수집·이용하는 개인정보

② 제25조제1항 각 호에 따라 공개된 장소에 고정형 영상정보처리기기를 설치·운영하여 처리되는 개인정보에 대해서는 제15조, 제22조, 제22조의2, 제27조제1항·제2항, 제34조 및 제37조를 적용하지 아니한다.

③ 개인정보처리자가 동창회, 동호회 등 친목 도모를 위한 단체를 운영하기 위하여 개인정보를 처리하는 경우에는 제15조(개인정보의 수집 이용), 제30조(개인정보 처리방침의 수립 및 공개) 및 제31조(개인정보 보호책임자의 지정)를 적용하지 아니한다.

④ 개인정보처리자는 제1항 각 호에 따라 개인정보를 처리하는 경우에도 그 목적을 위하여 필요한 범위에서 최소한의 기간에 최소한의 개인정보만을 처리하여야 하며, 개인정보의 안전한 관리를 위하여 필요한 기술적·관리적 및 물리적 보호조치, 개인정보의 처리에 관한 고충처리, 그 밖에 개인정보의 적절한 처리를 위하여 필요한 조치를 마련하여야 한다.

동법 제58조의2(적용제외) 이 법은 시간·비용·기술 등을 합리적으로 고려할 때 다른 정보를 사용하여도 더 이상 개인을 알아볼 수 없는 정보에는 적용하지 아니한다.

③ 개인정보 보호 원칙 등

㉠ 개인정보 보호 원칙

개인정보 보호법 제3조(개인정보 보호 원칙) ① 개인정보처리자는 개인정보의 처리 목적을 명확하게 하여야 하고 그 목적에 필요한 범위에서 최소한의 개인정보만을 적법하고 정당하게 수집하여야 한다.
② 개인정보처리자는 개인정보의 처리 목적에 필요한 범위에서 적합하게 개인정보를 처리하여야 하며, 그 목적 외의 용도로 활용하여서는 아니 된다.
③ 개인정보처리자는 개인정보의 처리 목적에 필요한 범위에서 개인정보의 정확성, 완전성 및 최신성이 보장되도록 하여야 한다.
④ 개인정보처리자는 개인정보의 처리 방법 및 종류 등에 따라 정보주체의 권리가 침해받을 가능성과 그 위험 정도를 고려하여 개인정보를 안전하게 관리하여야 한다.
⑤ 개인정보처리자는 개인정보 처리방침 등 개인정보의 처리에 관한 사항을 공개하여야 하며, 열람청구권 등 정보주체의 권리를 보장하여야 한다.
⑥ 개인정보처리자는 정보주체의 사생활 침해를 최소화하는 방법으로 개인정보를 처리하여야 한다.
⑦ 개인정보처리자는 개인정보를 익명 또는 가명으로 처리하여도 개인정보 수집목적을 달성할 수 있는 경우 익명처리가 가능한 경우에는 익명에 의하여, 익명처리로 목적을 달성할 수 없는 경우에는 가명에 의하여 처리될 수 있도록 하여야 한다.
⑧ 개인정보처리자는 이 법 및 관계 법령에서 규정하고 있는 책임과 의무를 준수하고 실천함으로써 정보주체의 신뢰를 얻기 위하여 노력하여야 한다.

01 개인정보처리자는 개인정보의 처리목적을 명확하게 하고 그 목적에 필요한 범위에서 최소한의 개인정보만을 수집하여야 한다. (O | X)   [13국회직9급]

ⓛ 안전조치의무

개인정보 보호법 제29조(안전조치의무) 개인정보처리자는 개인정보가 분실·도난·유출·위조·변조 또는 훼손되지 아니하도록 내부 관리계획 수립, 접속기록 보관 등 대통령령으로 정하는 바에 따라 안전성 확보에 필요한 기술적·관리적 및 물리적 조치를 하여야 한다.

ⓒ 개인정보 보호책임자의 지정

개인정보 보호법 제31조(개인정보 보호책임자의 지정) ① 개인정보처리자는 개인정보의 처리에 관한 업무를 총괄해서 책임질 개인정보 보호책임자를 지정하여야 한다. 다만, 종업원 수, 매출액 등이 대통령령으로 정하는 기준에 해당하는 개인정보처리자의 경우에는 지정하지 아니할 수 있다.
② 제1항 단서에 따라 개인정보 보호책임자를 지정하지 아니하는 경우에는 개인정보처리자의 사업주 또는 대표자가 개인정보 보호책임자가 된다.

ⓔ 개인정보 영향평가

개인정보 보호법 제33조(개인정보 영향평가) ① 공공기관의 장은 대통령령으로 정하는 기준에 해당하는 개인정보파일의 운용으로 인하여 정보주체의 개인정보 침해가 우려되는 경우에는 그 위험요인의 분석과 개선 사항 도출을 위한 평가(이하 "영향평가"라 한다)를 하고 그 결과를 보호위원회에 제출하여야 한다.

02 공공기관의 장은 대통령령으로 정하는 기준에 해당하는 개인정보파일의 운용으로 인하여 정보주체의 개인정보 침해가 우려되는 경우에는 그 위험요인을 분석하고 개선사항을 도출하기 위하여 '개인정보영향평가'를 하고 그 결과를 산업통상자원부장관을 거쳐 국무총리에게 보고하여야 한다. (O | X)   [12국회직9급]

ⓜ 개인정보 유출통지

개인정보 보호법 제34조(개인정보 유출 통지 등) ① 개인정보처리자는 개인정보가 분실·도난·유출(이하 이 조에서 "유출등"이라 한다)되었음을 알게 되었을 때에는 지체 없이 해당 정보주체에게 다음 각 호의 사항을 알려야 한다. 다만, 정보주체의 연락처를 알 수 없는 경우 등 정당한 사유가 있는 경우에는 대통령령으로 정하는 바에 따라 통지를 갈음하는 조치를 취할 수 있다.
1. 유출등이 된 개인정보의 항목
2. 유출등이 된 시점과 그 경위
3. 유출등으로 인하여 발생할 수 있는 피해를 최소화하기 위하여 정보주체가 할 수 있는 방법 등에 관한 정보
4. 개인정보처리자의 대응조치 및 피해 구제절차
5. 정보주체에게 피해가 발생한 경우 신고 등을 접수할 수 있는 담당부서 및 연락처
② 개인정보처리자는 개인정보가 유출등이 된 경우 그 피해를 최소화하기 위한 대책을 마련하고 필요한 조치를 하여야 한다.

정답 01 O 02 X

③ 개인정보처리자는 개인정보의 유출등이 있음을 알게 되었을 때에는 개인정보의 유형, 유출등의 경로 및 규모 등을 고려하여 대통령령으로 정하는 바에 따라 제1항 각 호의 사항을 지체 없이 보호위원회 또는 대통령령으로 정하는 전문기관에 신고하여야 한다. 이 경우 보호위원회 또는 대통령령으로 정하는 전문기관은 피해 확산방지, 피해 복구 등을 위한 기술을 지원할 수 있다.

01 개인정보처리자는 개인 정보가 유출되었음을 알게 되었을 때에는 지체 없이 방송통신위원회위원장에게 신고하여야 한다. (O | X) [17사회복지직9급]

④ 정보주체의 권리 등

개인정보 보호법 제4조(정보주체의 권리) 정보주체는 자신의 개인정보 처리와 관련하여 다음 각 호의 권리를 가진다.
1. 개인정보의 처리에 관한 정보를 제공받을 권리
2. 개인정보의 처리에 관한 동의 여부, 동의 범위 등을 선택하고 결정할 권리
3. 개인정보의 처리 여부를 확인하고 개인정보에 대한 열람(사본의 발급을 포함한다. 이하 같다) 및 전송을 요구할 권리
4. 개인정보의 처리 정지, 정정·삭제 및 파기를 요구할 권리
5. 개인정보의 처리로 인하여 발생한 피해를 신속하고 공정한 절차에 따라 구제받을 권리
6. 완전히 자동화된 개인정보 처리에 따른 결정을 거부하거나 그에 대한 설명 등을 요구할 권리

동법 제35조(개인정보의 열람) ① 정보주체는 개인정보처리자가 처리하는 자신의 개인정보에 대한 열람을 해당 개인정보처리자에게 요구할 수 있다.
② 제1항에도 불구하고 정보주체가 자신의 개인정보에 대한 열람을 공공기관에 요구하고자 할 때에는 공공기관에 직접 열람을 요구하거나 대통령령으로 정하는 바에 따라 보호위원회를 통하여 열람을 요구할 수 있다.

동법 제36조(개인정보의 정정·삭제) ① 제35조에 따라 자신의 개인정보를 열람한 정보주체는 개인정보처리자에게 그 개인정보의 정정 또는 삭제를 요구할 수 있다. 다만, 다른 법령에서 그 개인정보가 수집 대상으로 명시되어 있는 경우에는 그 삭제를 요구할 수 없다.

동법 제37조(개인정보의 처리정지 등) ① 정보주체는 개인정보처리자에 대하여 자신의 개인정보 처리의 정지를 요구할 수 있다. 이 경우 공공기관에 대하여는 제32조에 따라 등록 대상이 되는 개인정보파일 중 자신의 개인정보에 대한 처리의 정지를 요구할 수 있다.

동법 제38조(권리행사의 방법 및 절차) ① 정보주체는 제35조에 따른 열람, 제36조에 따른 정정·삭제, 제37조에 따른 처리정지, 제39조의7에 따른 동의 철회 등의 요구(이하 "열람등요구"라 한다)를 문서 등 대통령령으로 정하는 방법·절차에 따라 대리인에게 하게 할 수 있다.

02 정보주체는 자신의 개인정보처리와 관련하여 개인정보의 처리 정지, 정정·삭제 및 파기를 요구할 권리를 가진다. (O | X) [12지방직9급]

03 자신의 개인정보를 열람한 정보주체는 개인정보처리자에게 직접 자신의 개인정보의 정정 또는 삭제를 요구할 수 없으며 개인정보 분쟁조정위원회를 통해서만 이를 요청할 수 있다. (O | X) [18경찰]

04 개인정보의 열람청구와 삭제 또는 정정청구는 정보주체가 직접 하여야 하고 대리인에 의한 청구는 허용되지 않는다. (O | X) [17국가직7급]

정답 01 X 02 O 03 X 04 X

⑤ 개인정보의 수집·이용

개인정보 보호법 제15조(개인정보의 수집·이용) ① 개인정보처리자는 다음 각 호의 어느 하나에 해당하는 경우에는 개인정보를 수집할 수 있으며 그 수집 목적의 범위에서 이용할 수 있다.
1. 정보주체의 동의를 받은 경우
2. 법률에 특별한 규정이 있거나 법령상 의무를 준수하기 위하여 불가피한 경우
3. 공공기관이 법령 등에서 정하는 소관 업무의 수행을 위하여 불가피한 경우
4. 정보주체와 체결한 계약을 이행하거나 계약을 체결하는 과정에서 정보주체의 요청에 따른 조치를 이행하기 위하여 필요한 경우
5. 명백히 정보주체 또는 제3자의 급박한 생명, 신체, 재산의 이익을 위하여 필요하다고 인정되는 경우
6. 개인정보처리자의 정당한 이익을 달성하기 위하여 필요한 경우로서 명백하게 정보주체의 권리보다 우선하는 경우. 이 경우 개인정보처리자의 정당한 이익과 상당한 관련이 있고 합리적인 범위를 초과하지 아니하는 경우에 한한다.
7. 공중위생 등 공공의 안전과 안녕을 위하여 긴급히 필요한 경우

② 개인정보처리자는 제1항제1호에 따른 동의를 받을 때에는 다음 각 호의 사항을 정보주체에게 알려야 한다. 다음 각 호의 어느 하나의 사항을 변경하는 경우에도 이를 알리고 동의를 받아야 한다.
1. 개인정보의 수집·이용 목적
2. 수집하려는 개인정보의 항목
3. 개인정보의 보유 및 이용 기간
4. 동의를 거부할 권리가 있다는 사실 및 동의 거부에 따른 불이익이 있는 경우에는 그 불이익의 내용

③ 개인정보처리자는 당초 수집 목적과 합리적으로 관련된 범위에서 정보주체에게 불이익이 발생하는지 여부, 암호화 등 안전성 확보에 필요한 조치를 하였는지 여부 등을 고려하여 대통령령으로 정하는 바에 따라 정보주체의 동의 없이 개인정보를 이용할 수 있다.

동법 제22조(동의를 받는 방법) ① 개인정보처리자는 이 법에 따른 개인정보의 처리에 대하여 정보주체(제22조의2제1항에 따른 법정대리인을 포함한다. 이하 이 조에서 같다)의 동의를 받을 때에는 각각의 동의 사항을 구분하여 정보주체가 이를 명확하게 인지할 수 있도록 알리고 동의를 받아야 한다. 이 경우 다음 각 호의 경우에는 동의 사항을 구분하여 각각 동의를 받아야 한다.
1. 제15조제1항제1호에 따라 동의를 받는 경우
2. 제17조제1항제1호에 따라 동의를 받는 경우
3. 제18조제2항제1호에 따라 동의를 받는 경우
4. 제19조제1호에 따라 동의를 받는 경우
5. 제23조제1항제1호에 따라 동의를 받는 경우
6. 제24조제1항제1호에 따라 동의를 받는 경우
7. 재화나 서비스를 홍보하거나 판매를 권유하기 위하여 개인정보의 처리에 대한 동의를 받으려는 경우
8. 그 밖에 정보주체를 보호하기 위하여 동의 사항을 구분하여 동의를 받아야 할 필요가 있는 경우로서 대통령령으로 정하는 경우

② 개인정보처리자는 제1항의 동의를 서면(「전자문서 및 전자거래 기본법」 제2조제1호에 따른 전자문서를 포함한다)으로 받을 때에는 개인정보의 수집·이용 목적, 수집·이용하려는 개인정보의 항목 등 대통령령으로 정하는 중요한 내용을 보호위원회가 고시로 정하는 방법에 따라 명확히 표시하여 알아보기 쉽게 하여야 한다.

③ 개인정보처리자는 정보주체의 동의 없이 처리할 수 있는 개인정보에 대해서는 그 항목과 처리의 법적 근거를 정보주체의 동의를 받아 처리하는 개인정보와 구분하여 제30조제2항에 따라 공개하거나 전자우편 등 대통령령으로 정하는 방법에 따라 정보주체에게 알려야 한다. 이 경우 동의 없이 처리할 수 있는 개인정보라는 입증책임은 개인정보처리자가 부담한다.
⑤ 개인정보처리자는 정보주체가 선택적으로 동의할 수 있는 사항을 동의하지 아니하거나 제1항제3호 및 제7호에 따른 동의를 하지 아니한다는 이유로 정보주체에게 재화 또는 서비스의 제공을 거부하여서는 아니 된다.

01 개인정보처리자는 법령상 의무를 준수하기 위하여 불가피한 경우에는 개인정보를 수집할 수 있으며 그 수집목적의 범위 내에서 이용할 수 있다. (O | X)   [18서울시7급]

02 개인정보보호법상 개인정보처리자는 정보주체 또는 그 법정대리인이 의사표시를 할 수 없는 상태에 있거나 주소불명 등으로 사전동의를 받을 수 없는 경우로 명백히 정보주체 또는 제3자의 급박한 생명, 신체, 재산의 이익을 위해 필요하다고 인정되는 경우 개인정보를 수집할 수 있으며, 그 수집목적의 범위에서 이용할 수 있다. (O | X)   [14경찰]

03 개인정보처리자는 개인정보처리자의 정당한 이익을 달성하기 위하여 필요한 경우로서 명백하게 정보주체의 권리보다 우선하는 경우에는 개인정보처리자의 정당한 이익과 상당한 관련이 있고 합리적인 범위를 초과하지 않는다면 정보주체의 동의가 없더라도 개인정보를 수집할 수 있다. (O | X)   [21국회직8급]

04 개인정보처리자는 당초 수집목적과 합리적으로 관련된 범위에서 정보주체에게 불이익이 발생하는지 여부, 암호화 등 안전성 확보에 필요한 조치를 하였는지 여부 등을 고려하여 대통령령으로 정하는 바에 따라 정보주체의 동의 없이 개인정보를 제공할 수 있다. (O | X)   [21국회직8급]

05 개인정보처리자는 만 14세 미만 아동의 개인정보를 처리하기 위하여 개인정보보호법에 따른 동의를 받아야 할 때에는 그 법정대리인의 동의를 받아야 한다. 이 경우 법정대리인의 동의를 받기 위하여 필요한 최소한의 정보는 법정대리인의 동의 없이 해당 아동으로부터 직접 수집할 수 있다. (O | X)   [18경찰]

⑥ 개인정보의 제공

개인정보 보호법 제17조(개인정보의 제공) ① 개인정보처리자는 다음 각 호의 어느 하나에 해당되는 경우에는 정보주체의 개인정보를 제3자에게 제공(공유를 포함한다. 이하 같다)할 수 있다.
1. 정보주체의 동의를 받은 경우
2. 제15조제1항제2호, 제3호 및 제5호부터 제7호까지에 따라 개인정보를 수집한 목적 범위에서 개인정보를 제공하는 경우
② 개인정보처리자는 제1항제1호에 따른 동의를 받을 때에는 다음 각 호의 사항을 정보주체에게 알려야 한다. 다음 각 호의 어느 하나의 사항을 변경하는 경우에도 이를 알리고 동의를 받아야 한다.
1. 개인정보를 제공받는 자
2. 개인정보를 제공받는 자의 개인정보 이용 목적
3. 제공하는 개인정보의 항목
4. 개인정보를 제공받는 자의 개인정보 보유 및 이용 기간
5. 동의를 거부할 권리가 있다는 사실 및 동의 거부에 따른 불이익이 있는 경우에는 그 불이익의 내용
④ 개인정보처리자는 당초 수집 목적과 합리적으로 관련된 범위에서 정보주체에게 불이익이 발생하는지 여부, 암호화 등 안전성 확보에 필요한 조치를 하였는지 여부 등을 고려하여 대통령령으로 정하는 바에 따라 정보주체의 동의 없이 개인정보를 제공할 수 있다.

정답 01 O 02 O 03 O 04 O 05 O

개인정보 보호법 제18조(개인정보의 목적 외 이용·제공 제한) ① 개인정보처리자는 개인정보를 제15조 제1항에 따른 범위를 초과하여 이용하거나 제17조제1항 및 제28조의8제1항에 따른 범위를 초과하여 제3자에게 제공하여서는 아니 된다.
② 제1항에도 불구하고 개인정보처리자는 다음 각 호의 어느 하나에 해당하는 경우에는 정보주체 또는 제3자의 이익을 부당하게 침해할 우려가 있을 때를 제외하고는 개인정보를 목적 외의 용도로 이용하거나 이를 제3자에게 제공할 수 있다. 다만, 제5호부터 제9호까지에 따른 경우는 공공기관의 경우로 한정한다.
1. 정보주체로부터 별도의 동의를 받은 경우
2. 다른 법률에 특별한 규정이 있는 경우
3. 명백히 정보주체 또는 제3자의 급박한 생명, 신체, 재산의 이익을 위하여 필요하다고 인정되는 경우
4. 삭제
5. 개인정보를 목적 외의 용도로 이용하거나 이를 제3자에게 제공하지 아니하면 다른 법률에서 정하는 소관 업무를 수행할 수 없는 경우로서 보호위원회의 심의·의결을 거친 경우
6. 조약, 그 밖의 국제협정의 이행을 위하여 외국정부 또는 국제기구에 제공하기 위하여 필요한 경우
7. 범죄의 수사와 공소의 제기 및 유지를 위하여 필요한 경우
8. 법원의 재판업무 수행을 위하여 필요한 경우
9. 형(刑) 및 감호, 보호처분의 집행을 위하여 필요한 경우
10. 공중위생 등 공공의 안전과 안녕을 위하여 긴급히 필요한 경우

관련 판례

법률정보 제공 사이트를 운영하는 갑 주식회사가 공립대학교인 을 대학교 법과대학 법학과 교수로 재직 중인 병의 사진, 성명, 성별, 출생연도, 직업, 직장, 학력, 경력 등의 개인정보를 위 법학과 홈페이지 등을 통해 수집하여 위 사이트 내 '법조인' 항목에서 유료로 제공한 사안에서, 갑 회사가 영리 목적으로 병의 개인정보를 수집하여 제3자에게 제공하였더라도 그에 의하여 얻을 수 있는 법적 이익이 정보처리를 막음으로써 얻을 수 있는 정보주체의 인격적 법익에 비하여 우월하므로, 갑 회사의 행위를 병의 개인정보자기결정권을 침해하는 위법한 행위로 평가할 수 없고, 갑 회사가 병의 개인정보를 수집하여 제3자에게 제공한 행위는 병의 동의가 있었다고 객관적으로 인정되는 범위 내이고, 갑 회사에 영리 목적이 있었다고 하여 달리 볼 수 없으므로(편주 : 단지 정보처리자에게 영리 목적이 있었다는 사정만으로 곧바로 정보처리 행위를 위법하다고 할 수는 없다), 갑 회사가 병의 별도의 동의를 받지 아니하였다고 하여 개인정보 보호법 제15조나 제17조를 위반하였다고 볼 수 없다(대판 2016.8.17. 2014다235080).

---

01 개인정보처리자로부터 개인정보를 제공받은 자는 정보주체로부터 별도의 동의를 받은 경우나 다른 법률에 특별한 규정이 있는 경우를 제외하고는 개인정보를 제공받은 목적 외의 용도로 이용하거나 이를 제3자에게 제공하여서는 아니 된다. (O | X) [18서울시7급]

02 개인정보처리자는 개인정보보호법에 따라 개인정보의 처리에 대하여 정보주체의 동의를 받을 때에는, 정보주체와의 계약체결 등을 위하여 정보주체의 동의 없이 처리할 수 있는 개인정보와 정보주체의 동의가 필요한 개인정보를 구분하여야 한다. 이 경우 동의 없이 처리할 수 있는 개인정보라는 입증책임은 개인정보처리자가 부담한다. (O | X) [16지방직7급]

03 이미 공개된 개인정보를 정보주체의 동의가 있었다고 객관적으로 인정되는 범위 내에서 처리를 할 때는 정보주체의 별도의 동의는 불필요하다고 보아야 하고, 별도의 동의를 받지 아니하였다고 하여 개인정보보호법을 위반한 것으로 볼 수 없다. (O | X) [21국가직9급]

정답 01 O 02 O 03 O

CHAPTER 3 개인정보 보호법

⑦ 개인정보의 수집제한

개인정보 보호법 제16조(개인정보의 수집 제한) ① 개인정보처리자는 제15조제1항 각 호의 어느 하나에 해당하여 개인정보를 수집하는 경우에는 그 목적에 필요한 최소한의 개인정보를 수집하여야 한다. 이 경우 최소한의 개인정보 수집이라는 <u>입증책임은 개인정보처리자가 부담한다</u>.
② 개인정보처리자는 정보주체의 동의를 받아 개인정보를 수집하는 경우 필요한 최소한의 정보 외의 개인정보 수집에는 동의하지 아니할 수 있다는 사실을 구체적으로 알리고 개인정보를 수집하여야 한다.
③ 개인정보처리자는 정보주체가 필요한 최소한의 정보 외의 개인정보 수집에 동의하지 아니한다는 이유로 정보주체에게 재화 또는 서비스의 제공을 거부하여서는 아니 된다.

01 개인정보처리자가 개인정보보호법상의 허용요건을 충족하여 개인정보를 수집하는 경우에는 그 목적에 필요한 최소한의 개인정보를 수집하여야 한다. 이 경우 개인정보처리자가 최소한의 개인정보수집이라는 의무를 위반한 경우 그 입증책임은 이의를 제기하는 정보주체가 부담한다. (O | X) [16지방직7급]

02 정보통신서비스 제공자는 이용자가 필요한 최소한의 개인정보 이외의 개인정보를 제공하지 아니한다는 이유로 그 서비스의 제공을 거부할 수 있다. (O | X) [21군무원9급]

⑧ 개인정보의 처리제한

㉠ 민감정보처리제한

개인정보 보호법 제23조(민감정보의 처리 제한) ① 개인정보처리자는 <u>사상·신념, 노동조합·정당의 가입·탈퇴, 정치적 견해, 건강, 성생활 등에 관한 정보</u>, 그 밖에 정보주체의 사생활을 현저히 침해할 우려가 있는 개인정보로서 대통령령으로 정하는 정보(이하 "민감정보"라 한다)를 처리하여서는 아니 된다. 다만, 다음 각 호의 어느 하나에 해당하는 경우에는 그러하지 아니하다.
1. 정보주체에게 제15조제2항(개인정보의 수집·이용) 각 호 또는 제17조제2항(개인정보의 제공) 각 호의 사항을 알리고 다른 <u>개인정보의 처리에 대한 동의와 별도로 동의를 받은 경우</u>
2. 법령에서 민감정보의 처리를 요구하거나 허용하는 경우
③ 개인정보처리자는 재화 또는 서비스를 제공하는 과정에서 공개되는 정보에 정보주체의 민감정보가 포함됨으로써 사생활 침해의 위험성이 있다고 판단하는 때에는 재화 또는 서비스의 제공 전에 민감정보의 공개 가능성 및 비공개를 선택하는 방법을 정보주체가 알아보기 쉽게 알려야 한다.

03 개인정보처리자는 법령에서 민감정보의 처리를 요구 또는 허용하는 경우에도 정보주체의 동의를 받지 못하면 민감정보를 처리할 수 없다. (O | X) [16서울시7급]

㉡ 고유식별정보처리의 제한

개인정보 보호법 제24조(고유식별정보의 처리 제한) ① 개인정보처리자는 다음 각 호의 경우를 제외하고는 법령에 따라 <u>개인을 고유하게 구별하기 위하여 부여된 식별정보로서 대통령령으로 정하는 정보(이하 "고유식별정보"라 한다)를 처리할 수 없다</u>.
1. 정보주체에게 제15조제2항(개인정보의 수집·이용) 각 호 또는 제17조제2항(개인정보의 제공) 각 호의 사항을 알리고 다른 <u>개인정보의 처리에 대한 동의와 별도로 동의를 받은 경우</u>
2. 법령에서 <u>구체적으로 고유식별정보의 처리를 요구하거나 허용하는 경우</u>

정답 01 X 02 X 03 X

PART 3 행정절차, 정보공개법, 개인정보 보호법

01 여권법에 따른 여권번호나 출입국관리법에 따른 외국인등록번호는 고유식별정보이다. (O | X) [20군무원9급]

02 고유식별정보를 처리하려면 정보주체에게 정보의 수집·이용·제공 등에 필요한 사항을 알리고 다른 개인정보의 처리에 대한 동의와 함께 일괄적으로 동의를 받아야 한다. (O | X) [20군무원9급]

ⓒ 주민등록번호 처리 제한

> **개인정보 보호법 제24조의2(주민등록번호 처리의 제한)** ① 제24조 제1항에도 불구하고 개인정보처리자는 다음 각 호의 어느 하나에 해당하는 경우를 제외하고는 주민등록번호를 처리할 수 없다.
> 1. 법률·대통령령·국회규칙·대법원규칙·헌법재판소규칙·중앙선거관리위원회규칙 및 감사원규칙에서 구체적으로 주민등록번호의 처리를 요구하거나 허용한 경우
> 2. 정보주체 또는 제3자의 급박한 생명, 신체, 재산의 이익을 위하여 명백히 필요하다고 인정되는 경우
> 3. 제1호 및 제2호에 준하여 주민등록번호 처리가 불가피한 경우로서 보호위원회가 고시로 정하는 경우

03 개인정보처리자는 다른 개인정보의 처리에 대한 동의와 별도로 동의를 받은 경우라 하더라도 주민등록번호는 법에서 정한 예외적 인정사유에 해당하지 않는 한 처리할 수 없다. (O | X) [20군무원9급]

ⓓ 영상정보처리기기의 설치·운영 제한

> **개인정보 보호법 제25조(고정형 영상정보처리기기의 설치·운영 제한)** ① 누구든지 다음 각 호의 경우를 제외하고는 공개된 장소에 고정형 영상정보처리기기를 설치·운영하여서는 아니 된다.
> 1. 법령에서 구체적으로 허용하고 있는 경우
> 2. 범죄의 예방 및 수사를 위하여 필요한 경우
> 3. 시설의 안전 및 관리, 화재 예방을 위하여 정당한 권한을 가진 자가 설치·운영하는 경우
> 4. 교통단속을 위하여 정당한 권한을 가진 자가 설치·운영하는 경우
> 5. 교통정보의 수집·분석 및 제공을 위하여 정당한 권한을 가진 자가 설치·운영하는 경우
> 6. 촬영된 영상정보를 저장하지 아니하는 경우로서 대통령령으로 정하는 경우
>
> ② 누구든지 불특정 다수가 이용하는 목욕실, 화장실, 발한실(發汗室), 탈의실 등 개인의 사생활을 현저히 침해할 우려가 있는 장소의 내부를 볼 수 있도록 고정형 영상정보처리기기를 설치·운영하여서는 아니 된다. 다만, 교도소, 정신보건 시설 등 법령에 근거하여 사람을 구금하거나 보호하는 시설로서 대통령령으로 정하는 시설에 대하여는 그러하지 아니하다.
>
> ⑤ 고정형영상정보처리기기운영자는 고정형 영상정보처리기기의 설치 목적과 다른 목적으로 고정형 영상정보처리기기를 임의로 조작하거나 다른 곳을 비춰서는 아니 되며, 녹음기능은 사용할 수 없다.
>
> **개인정보 보호법 제25조의2(이동형 영상정보처리기기의 운영 제한)** ① 업무를 목적으로 이동형 영상정보처리기기를 운영하려는 자는 다음 각 호의 경우를 제외하고는 공개된 장소에서 이동형 영상정보처리기기로 사람 또는 그 사람과 관련된 사물의 영상(개인정보에 해당하는 경우로 한정한다. 이하 같다)을 촬영하여서는 아니 된다.
> 1. 제15조제1항 각 호의 어느 하나에 해당하는 경우
> 2. 촬영 사실을 명확히 표시하여 정보주체가 촬영 사실을 알 수 있도록 하였음에도 불구하고 촬영 거부 의사를 밝히지 아니한 경우. 이 경우 정보주체의 권리를 부당하게 침해할 우려가 없고 합리적인 범위를 초과하지 아니하는 경우로 한정한다.
> 3. 그 밖에 제1호 및 제2호에 준하는 경우로서 대통령령으로 정하는 경우

정답 01 O 02 X 03 O

② 누구든지 불특정 다수가 이용하는 목욕실, 화장실, 발한실, 탈의실 등 개인의 사생활을 현저히 침해할 우려가 있는 장소의 내부를 볼 수 있는 곳에서 이동형 영상정보처리기기로 사람 또는 그 사람과 관련된 사물의 영상을 촬영하여서는 아니 된다. 다만, 인명의 구조·구급 등을 위하여 필요한 경우로서 대통령령으로 정하는 경우에는 그러하지 아니하다.
③ 제1항 각 호에 해당하여 이동형 영상정보처리기기로 사람 또는 그 사람과 관련된 사물의 영상을 촬영하는 경우에는 불빛, 소리, 안내판 등 대통령령으로 정하는 바에 따라 촬영 사실을 표시하고 알려야 한다.

01 불특정다수가 이용하는 목욕실, 화장실, 발한실(發汗室), 탈의실 등에의 영상정보 처리기기 설치는 대통령령으로 정하는 바에 따라 안내판 설치 등 필요한 조치를 취하는 경우에만 허용된다. (O | X) [16지방직7급]

02 불특정다수가 이용하는 목욕실, 화장실, 발한실, 탈의실 등 개인의 사생활을 현저히 침해할 우려가 있는 장소의 내부를 볼 수 있도록 영상정보 처리기기를 설치하고 운영하여서는 아니 되며, 다만 교도소, 정신보건시설 등 법령에서 정하는 시설은 설치가 가능하다. (O | X) [14경찰]

⑪ 가명정보처리에 관한 특례

개인정보 보호법 제28조의2(가명정보의 처리 등) ① 개인정보처리자는 통계작성, 과학적 연구, 공익적 기록보존 등을 위하여 정보주체의 동의 없이 가명정보를 처리할 수 있다.
② 개인정보처리자는 제1항에 따라 가명정보를 제3자에게 제공하는 경우에는 특정 개인을 알아보기 위하여 사용될 수 있는 정보를 포함해서는 아니 된다.

⑨ 개인정보 보호 인증

개인정보 보호법 제32조의2(개인정보 보호 인증) ① 보호위원회는 개인정보처리자의 개인정보 처리 및 보호와 관련한 일련의 조치가 이 법에 부합하는지 등에 관하여 인증할 수 있다.
② 제1항에 따른 인증의 유효기간은 3년으로 한다.
③ 보호위원회는 다음 각 호의 어느 하나에 해당하는 경우에는 대통령령으로 정하는 바에 따라 제1항에 따른 인증을 취소할 수 있다. 다만, 제1호에 해당하는 경우에는 취소하여야 한다.
1. 거짓이나 그 밖의 부정한 방법으로 개인정보 보호 인증을 받은 경우
2. 제4항에 따른 사후관리를 거부 또는 방해한 경우
3. 제8항에 따른 인증기준에 미달하게 된 경우
4. 개인정보 보호 관련 법령을 위반하고 그 위반사유가 중대한 경우

⑨ 개인정보 보호지침

개인정보 보호법 제12조(개인정보 보호지침) ① 보호위원회는 개인정보의 처리에 관한 기준, 개인정보 침해의 유형 및 예방조치 등에 관한 표준 개인정보 보호지침(이하 "표준지침"이라 한다)을 정하여 개인정보처리자에게 그 준수를 권장할 수 있다.
② 중앙행정기관의 장은 표준지침에 따라 소관 분야의 개인정보 처리와 관련한 개인정보 보호지침을 정하여 개인정보처리자에게 그 준수를 권장할 수 있다.
③ 국회, 법원, 헌법재판소 및 중앙선거관리위원회는 해당 기관(그 소속 기관을 포함한다)의 개인정보 보호지침을 정하여 시행할 수 있다.

정답 01 X 02 O

PART 3 행정절차, 정보공개법, 개인정보 보호법

01 과학기술정보통신부장관은 개인정보의 처리에 관한 기준, 개인정보침해의 유형 및 예방조치 등에 관한 표준 개인정보 보호지침을 정하여 개인정보처리자에게 그 준수를 권장할 수 있다. (O | X)   [18경찰]

2) 개인정보 보호위원회

① 설치

> **개인정보 보호법 제7조(개인정보 보호위원회)** ① 개인정보 보호에 관한 사무를 독립적으로 수행하기 위하여 국무총리 소속으로 개인정보 보호위원회(이하 "보호위원회"라 한다)를 둔다.

개인정보 보호에 관한 사무를 독립적으로 수행하기 위하여 국무총리 소속으로 개인정보 보호위원회를 둔다.

02 개인정보보호에 관한 사항을 심의·의결하기 위하여 행정안전부장관 소속으로 개인정보보호위원회를 둔다. (O | X)   [14군무원9급]

② 구성 등

> **개인정보 보호법 제7조의2(보호위원회의 구성 등)** ① 보호위원회는 상임위원 2명(위원장 1명, 부위원장 1명)을 포함한 9명의 위원으로 구성한다.
> ② 보호위원회의 위원은 개인정보 보호에 관한 경력과 전문지식이 풍부한 다음 각 호의 사람 중에서 위원장과 부위원장은 국무총리의 제청으로, 그 외 위원 중 2명은 위원장의 제청으로, 2명은 대통령이 소속되거나 소속되었던 정당의 교섭단체 추천으로, 3명은 그 외의 교섭단체 추천으로 대통령이 임명 또는 위촉한다.
> 1. 개인정보 보호 업무를 담당하는 3급 이상 공무원(고위공무원단에 속하는 공무원을 포함한다)의 직에 있거나 있었던 사람
> 2. 판사·검사·변호사의 직에 10년 이상 있거나 있었던 사람
> 3. 공공기관 또는 단체(개인정보처리자로 구성된 단체를 포함한다)에 3년 이상 임원으로 재직하였거나 이들 기관 또는 단체로부터 추천받은 사람으로서 개인정보 보호 업무를 3년 이상 담당하였던 사람
> 4. 개인정보 관련 분야에 전문지식이 있고「고등교육법」제2조제1호에 따른 학교에서 부교수 이상으로 5년 이상 재직하고 있거나 재직하였던 사람
> ③ 위원장과 부위원장은 정무직 공무원으로 임명한다.
> ④ 위원장, 부위원장, 제7조의13에 따른 사무처의 장은「정부조직법」제10조에도 불구하고 정부위원이 된다.
>
> **동법 제7조의8(보호위원회의 소관 사무)** 보호위원회는 다음 각 호의 소관 사무를 수행한다.
> 1. 개인정보의 보호와 관련된 법령의 개선에 관한 사항
> 2. 개인정보 보호와 관련된 정책·제도·계획 수립·집행에 관한 사항
> 3. 정보주체의 권리침해에 대한 조사 및 이에 따른 처분에 관한 사항
> 4. 개인정보의 처리와 관련한 고충처리·권리구제 및 개인정보에 관한 분쟁의 조정
> 5. 개인정보 보호를 위한 국제기구 및 외국의 개인정보 보호기구와의 교류·협력

정답 01 X 02 X

6. 개인정보 보호에 관한 법령·정책·제도·실태 등의 조사·연구, 교육 및 홍보에 관한 사항
7. 개인정보 보호에 관한 기술개발의 지원·보급 및 전문인력의 양성에 관한 사항
8. 이 법 및 다른 법령에 따라 보호위원회의 사무로 규정된 사항

동법 제7조의3(위원장) ① 위원장은 보호위원회를 대표하고, 보호위원회의 회의를 주재하며, 소관 사무를 총괄한다.
② 위원장이 부득이한 사유로 직무를 수행할 수 없을 때에는 부위원장이 그 직무를 대행하고, 위원장·부위원장이 모두 부득이한 사유로 직무를 수행할 수 없을 때에는 위원회가 미리 정하는 위원이 위원장의 직무를 대행한다.
③ 위원장은 국회에 출석하여 보호위원회의 소관 사무에 관하여 의견을 진술할 수 있으며, 국회에서 요구하면 출석하여 보고하거나 답변하여야 한다.
④ 위원장은 국무회의에 출석하여 발언할 수 있으며, 그 소관 사무에 관하여 국무총리에게 의안 제출을 건의할 수 있다.

- 보호위원회는 상임위원 2명(위원장 1명, 부위원장 1명)을 포함한 9명의 위원으로 구성한다(구성).
- 위원의 임기는 3년으로 하되, 한 차례만 연임할 수 있다(법 제7조의4).
- 위원은 장기간 심신장애로 인하여 직무를 수행할 수 없게 된 경우 등 일정한 사유에 해당하는 경우를 제외하고는 그 의사에 반하여 면직 또는 해촉되지 아니한다(위원의 신분 보장, 법 제7조의5).
- 위원은 재직 중 국회의원 또는 지방의회의원, 국가공무원 또는 지방공무원 등을 겸하거나 직무와 관련된 영리업무에 종사하여서는 아니 된다. 또한, 정치활동에 관여할 수 없다(겸직금지, 법 제7조의6).
- 대한민국 국민이 아닌 사람, 국가공무원법상 결격사유가 있는 사람, 정당법상 당원은 위원의 될 수 없다(결격사유, 법 제7조의7).
- 심의·의결 관련 위원의 제척·기피·회피(법 제7조의11)

01 개인정보 보호위원회는 위원장 1명, 비상임위원 1명을 포함한 15명 이내의 위원으로 구성하되, 비상임위원은 정무직 공무원으로 임명한다. (O | X) [17경찰]

③ 심의 사항

개인정보 보호법 제7조의9(보호위원회의 심의·의결 사항 등) ① 보호위원회는 다음 각 호의 사항을 심의·의결한다.
1. 제8조의2에 따른 개인정보 침해요인 평가에 관한 사항
2. 제9조에 따른 기본계획 및 제10조에 따른 시행계획에 관한 사항
3. 개인정보 보호와 관련된 정책, 제도 및 법령의 개선에 관한 사항
4. 개인정보의 처리에 관한 공공기관 간의 의견조정에 관한 사항
5. 개인정보 보호에 관한 법령의 해석·운용에 관한 사항
6. 제18조제2항제5호에 따른 개인정보의 이용·제공에 관한 사항
6의2. 제28조의9에 따른 개인정보의 국외 이전 중지 명령에 관한 사항

정답 01 X

7. 제33조제4항에 따른 영향평가 결과에 관한 사항
8. 제64조의2에 따른 과징금 부과에 관한 사항
9. 제61조에 따른 의견제시 및 개선권고에 관한 사항
9의2. 제63조의2제2항에 따른 시정권고에 관한 사항
10. 제64조에 따른 시정조치 등에 관한 사항
11. 제65조에 따른 고발 및 징계권고에 관한 사항
12. 제66조에 따른 처리 결과의 공표 및 공표명령에 관한 사항
13. 제75조에 따른 과태료 부과에 관한 사항
14. 소관 법령 및 보호위원회 규칙의 제정·개정 및 폐지에 관한 사항
15. 개인정보 보호와 관련하여 보호위원회의 위원장 또는 위원 2명 이상이 회의에 부치는 사
16. 그 밖에 이 법 또는 다른 법령에 따라 보호위원회가 심의·의결하는 사항
② 보호위원회는 제1항 각 호의 사항을 심의·의결하기 위하여 필요한 경우 다음 각 호의 조치를 할 수 있다.
1. <u>관계 공무원, 개인정보 보호에 관한 전문 지식이 있는 사람이나 시민사회단체 및 관련 사업자로부터의 의견 청취</u>
2. <u>관계 기관 등에 대한 자료제출이나 사실조회 요구</u>
③ 제2항제2호에 따른 요구를 받은 관계 기관 등은 특별한 사정이 없으면 이에 따라야 한다.
④ 보호위원회는 제1항제3호의 사항을 심의·의결한 경우에는 관계 기관에 그 개선을 권고할 수 있다.
⑤ 보호위원회는 제4항에 따른 권고 내용의 이행 여부를 점검할 수 있다.

---

01 개인정보보호위원회는 개인정보 보호와 관련된 정책을 심의·의결하기 위해 관계공무원, 개인정보보호에 관한 전문지식이 있는 사람이나 시민사회단체 및 관련사업자로부터 의견을 청취할 수 있다. (O | X)   [18경찰]

④ 회의, 소위원회, 운영

개인정보 보호법 제7조의10(회의) ① 보호위원회의 회의는 위원장이 필요하다고 인정하거나 재적위원 4분의 1 이상의 요구가 있는 경우에 위원장이 소집한다.
② 위원장 또는 2명 이상의 위원은 보호위원회에 의안을 제의할 수 있다.
③ 보호위원회의 회의는 재적위원 과반수의 출석으로 개의하고, 출석위원 과반수의 찬성으로 의결한다.
동법 제7조의12(소위원회) ① 보호위원회는 효율적인 업무 수행을 위하여 개인정보 침해 정도가 경미하거나 유사·반복되는 사항 등을 심의·의결할 소위원회를 둘 수 있다.
② 소위원회는 3명의 위원으로 구성한다.
③ 소위원회가 제1항에 따라 심의·의결한 것은 보호위원회가 심의·의결한 것으로 본다.
④ 소위원회의 회의는 구성위원 전원의 출석과 출석위원 전원의 찬성으로 의결한다.
동법 제7조의14(운영 등) 이 법과 다른 법령에 규정된 것 외에 보호위원회의 운영 등에 필요한 사항은 보호위원회의 규칙으로 정한다.

---

02 개인정보 보호위원회의 회의는 위원장이 필요하다고 인정하거나 재적위원 5분의 1 이상의 요구가 있는 경우에 위원장이 소집한다. (O | X)   [17경찰]

03 개인정보 보호위원회는 재적위원 과반수의 출석과 출석위원 3분의 2 이상의 찬성으로 의결한다. (O | X)   [17경찰]

정답 01 O 02 X 03 X

3) 권리구제

① 분쟁조정

㉠ 개인정보 분쟁조정위원회

> **개인정보 보호법 제40조(설치 및 구성)** ① 개인정보에 관한 분쟁의 조정(調停)을 위하여 개인정보 분쟁조정위원회(이하 "분쟁조정위원회"라 한다)를 둔다.
> ② 분쟁조정위원회는 위원장 1명을 포함한 30명 이내의 위원으로 구성하며, 위원은 당연직위원과 위촉위원으로 구성한다.
> ④ 위원장은 위원 중에서 공무원이 아닌 사람으로 보호위원회 위원장이 위촉한다.
> ⑤ 위원장과 위촉위원의 임기는 2년으로 하되, 1차에 한하여 연임할 수 있다.
> ⑦ 분쟁조정위원회 또는 조정부는 재적위원 과반수의 출석으로 개의하며 출석위원 과반수의 찬성으로 의결한다.
>
> **제41조(위원의 신분보장)** 위원은 자격정지 이상의 형을 선고받거나 심신상의 장애로 직무를 수행할 수 없는 경우를 제외하고는 그의 의사에 반하여 면직되거나 해촉되지 아니한다.
>
> **제42조(위원의 제척·기피·회피)** ① 분쟁조정위원회의 위원은 다음 각 호의 어느 하나에 해당하는 경우에는 제43조제1항에 따라 분쟁조정위원회에 신청된 분쟁조정사건(이하 이 조에서 "사건"이라 한다)의 심의·의결에서 제척(除斥)된다.
> 1. 위원 또는 그 배우자나 배우자였던 자가 그 사건의 당사자가 되거나 그 사건에 관하여 공동의 권리자 또는 의무자의 관계에 있는 경우
> 2. 위원이 그 사건의 당사자와 친족이거나 친족이었던 경우
> 3. 위원이 그 사건에 관하여 증언, 감정, 법률자문을 한 경우
> 4. 위원이 그 사건에 관하여 당사자의 대리인으로서 관여하거나 관여하였던 경우
> ② 당사자는 위원에게 공정한 심의·의결을 기대하기 어려운 사정이 있으면 위원장에게 기피신청을 할 수 있다. 이 경우 위원장은 기피신청에 대하여 분쟁조정위원회의 의결을 거치지 아니하고 결정한다.
> ③ 위원이 제1항 또는 제2항의 사유에 해당하는 경우에는 스스로 그 사건의 심의·의결에서 회피할 수 있다.

- 개인정보에 관한 분쟁의 조정(調停)을 위하여 개인정보 분쟁조정위원회를 둔다.
- 위원은 자격정지 이상의 형을 선고받거나 심신상의 장애로 직무를 수행할 수 없는 경우를 제외하고는 그의 의사에 반하여 면직되거나 해촉되지 아니한다.
- 위원의 제척·기피·회피 제도가 존재한다.

---

01 개인정보에 관한 분쟁의 조정을 위하여 위원장 1명을 포함한 20명 이내의 위원으로 구성된 개인정보보호심의위원회를 두고 있다. (O | X) [12지방직9급]

02 개인정보분쟁조정위원회 위원장은 위원 중에서 공무원이 아닌 사람으로 개인정보보호위원회 위원장이 위촉한다. (O | X) [19소방직]

정답 01 X 02 O

ⓒ 조정신청

> **개인정보 보호법 제43조(조정의 신청 등)** ① 개인정보와 관련한 분쟁의 조정을 원하는 자는 분쟁조정위원회에 분쟁조정을 신청할 수 있다.
> ② 분쟁조정위원회는 당사자 일방으로부터 분쟁조정 신청을 받았을 때에는 그 신청내용을 상대방에게 알려야 한다.
> ③ 개인정보처리자가 제2항에 따른 분쟁조정의 통지를 받은 경우에는 특별한 사유가 없으면 분쟁조정에 응하여야 한다.

- 개인정보와 관련한 분쟁의 조정을 원하는 자는 분쟁조정위원회에 분쟁조정을 신청할 수 있다.
- 분쟁조정위원회는 분쟁조정 신청을 받은 날부터 60일 이내에 이를 심사하여 조정안을 작성하여야 한다. 다만, 부득이한 사정이 있는 경우에는 분쟁조정위원회의 의결로 처리기간을 연장할 수 있다.

---

01 개인정보와 관련한 분쟁의 조정을 원하는 자는 개인정보분쟁조정위원회에 분쟁조정을 신청할 수 있다. (O | X) [16교육행정직9급]

02 「개인정보 보호법」에 따르면 개인정보와 관련한 분쟁의 조정을 원하는 자는 개인정보 분쟁조정위원회에 조정을 신청할 수 있으며, 개인정보 분쟁조정위원회는 그 신청 내용을 상대방에게 알려야 하며, 상대방은 특별한 사유가 없는 한 분쟁조정에 응하여야 한다. (O | X) [24소방직]

ⓒ 조정 전 합의 권고

분쟁조정위원회는 분쟁조정 신청을 받았을 때에는 당사자에게 그 내용을 제시하고 조정 전 합의를 권고할 수 있다(법 제46조).

ⓔ 조정

> **개인정보 보호법 제47조(분쟁의 조정)** ① 분쟁조정위원회는 다음 각 호의 어느 하나의 사항을 포함하여 조정안을 작성할 수 있다.
> 1. 조사 대상 침해행위의 중지
> 2. 원상회복, 손해배상, 그 밖에 필요한 구제조치
> 3. 같거나 비슷한 침해의 재발을 방지하기 위하여 필요한 조치
> ③ 제2항에 따라 조정안을 제시받은 당사자가 제시받은 날부터 15일 이내에 수락 여부를 알리지 아니하면 조정을 수락한 것으로 본다.
> ④ 당사자가 조정내용을 수락한 경우(제3항에 따라 수락한 것으로 보는 경우를 포함한다) 분쟁조정위원회는 조정서를 작성하고, 분쟁조정위원회의 위원장과 각 당사자가 기명날인 또는 서명을 한 후 조정서 정본을 지체 없이 각 당사자 또는 그 대리인에게 송달하여야 한다. 다만, 제3항에 따라 수락한 것으로 보는 경우에는 각 당사자의 기명날인 및 서명을 생략할 수 있다.
> ⑤ 제4항에 따른 조정의 내용은 재판상 화해와 동일한 효력을 갖는다.
> **동법 제50조(조정절차 등)** ② 분쟁조정위원회의 운영 및 분쟁조정 절차에 관하여 이 법에서 규정하지 아니한 사항에 대하여는 「민사조정법」을 준용한다.

정답 01 O 02 O

◎ 조정 거부 및 중지
- 분쟁조정위원회는 분쟁의 성질상 분쟁조정위원회에서 조정하는 것이 적합하지 아니하다고 인정하거나 부정한 목적으로 조정이 신청되었다고 인정하는 경우에는 그 조정을 거부할 수 있다. 이 경우 조정거부의 사유 등을 신청인에게 알려야 한다.
- 분쟁조정위원회는 신청된 조정사건에 대한 처리절차를 진행하던 중에 한 쪽 당사자가 소를 제기하면 그 조정의 처리를 중지하고 이를 당사자에게 알려야 한다.

ⓗ 집단분쟁조정

국가 및 지방자치단체, 개인정보 보호단체 및 기관, 정보주체, 개인정보처리자는 정보주체의 피해 또는 권리침해가 다수의 정보주체에게 같거나 비슷한 유형으로 발생하는 경우로서 대통령령으로 정하는 사건에 대하여는 분쟁조정위원회에 일괄적인 분쟁조정("집단분쟁조정")을 의뢰 또는 신청할 수 있다.

> **개인정보 보호법 제49조(집단분쟁조정)** ① 국가 및 지방자치단체, 개인정보 보호단체 및 기관, 정보주체, 개인정보처리자는 정보주체의 피해 또는 권리침해가 다수의 정보주체에게 같거나 비슷한 유형으로 발생하는 경우로서 대통령령으로 정하는 사건에 대하여는 분쟁조정위원회에 일괄적인 분쟁조정(이하 "집단분쟁조정"이라 한다)을 의뢰 또는 신청할 수 있다.
> ② 제1항에 따라 집단분쟁조정을 의뢰받거나 신청받은 분쟁조정위원회는 그 의결로써 제3항부터 제7항까지의 규정에 따른 집단분쟁조정의 절차를 개시할 수 있다. 이 경우 분쟁조정위원회는 대통령령으로 정하는 기간 동안 그 절차의 개시를 공고하여야 한다.
> ③ 분쟁조정위원회는 집단분쟁조정의 당사자가 아닌 정보주체 또는 개인정보처리자로부터 그 분쟁조정의 당사자에 추가로 포함될 수 있도록 하는 신청을 받을 수 있다.
> ④ 분쟁조정위원회는 그 의결로써 제1항 및 제3항에 따른 집단분쟁조정의 당사자 중에서 공동의 이익을 대표하기에 가장 적합한 1인 또는 수인을 대표당사자로 선임할 수 있다.
> ⑤ 분쟁조정위원회는 개인정보처리자가 분쟁조정위원회의 집단분쟁조정의 내용을 수락한 경우에는 집단분쟁조정의 당사자가 아닌 자로서 피해를 입은 정보주체에 대한 보상계획서를 작성하여 분쟁조정위원회에 제출하도록 권고할 수 있다.
> ⑥ <u>제48조제2항에도 불구하고 분쟁조정위원회는 집단분쟁조정의 당사자인 다수의 정보주체 중 일부의 정보주체가 법원에 소를 제기한 경우에는 그 절차를 중지하지 아니하고, 소를 제기한 일부의 정보주체를 그 절차에서 제외한다.</u>
> ⑦ 집단분쟁조정의 기간은 제2항에 따른 공고가 종료된 날의 다음 날부터 60일 이내로 한다. 다만, 부득이한 사정이 있는 경우에는 분쟁조정위원회의 의결로 처리기간을 연장할 수 있다.

01 개인정보보호법은 집단분쟁조정제도에 대하여 규정하고 있다. (O | X) [18국가직9급]
02 개인정보분쟁조정위원회는 집단분쟁조정의 당사자인 다수의 정보주체 중 일부의 정보주체가 법원에 소를 제기한 경우에는 그 조정절차를 중지하고, 이를 당사자에게 알려야 한다. (O | X) [19소방직]

정답 01 O 02 X

② 단체소송
　　개인정보단체소송은 개인정보처리자가 개인정보보호법상의 집단분쟁조정을 거부하거나 집단분쟁조정의 결과를 수락하지 아니한 경우에 법원의 허가를 받아 제기할 수 있다.

> **개인정보 보호법 제51조(단체소송의 대상 등)** 다음 각 호의 어느 하나에 해당하는 단체는 개인정보처리자가 제49조에 따른 집단분쟁조정을 거부하거나 집단분쟁조정의 결과를 수락하지 아니한 경우에는 법원에 권리침해 행위의 금지·중지를 구하는 소송(이하 "단체소송"이라 한다)을 제기할 수 있다.
> 1. 「소비자기본법」 제29조에 따라 공정거래위원회에 등록한 소비자단체로서 다음 각 목의 요건을 모두 갖춘 단체
>   가. 정관에 따라 상시적으로 정보주체의 권익증진을 주된 목적으로 하는 단체일 것
>   나. 단체의 정회원수가 1천명 이상일 것
>   다. 「소비자기본법」 제29조에 따른 등록 후 3년이 경과하였을 것
> 2. 「비영리민간단체 지원법」 제2조에 따른 비영리민간단체로서 다음 각 목의 요건을 모두 갖춘 단체
>   가. 법률상 또는 사실상 동일한 침해를 입은 100명 이상의 정보주체로부터 단체소송의 제기를 요청받을 것
>   나. 정관에 개인정보 보호를 단체의 목적으로 명시한 후 최근 3년 이상 이를 위한 활동실적이 있을 것
>   다. 단체의 상시 구성원수가 5천명 이상일 것
>   라. 중앙행정기관에 등록되어 있을 것
>
> **동법 제52조(전속관할)** ① 단체소송의 소는 피고의 주된 사무소 또는 영업소가 있는 곳, 주된 사무소나 영업소가 없는 경우에는 주된 업무담당자의 주소가 있는 곳의 지방법원 본원 합의부의 관할에 전속한다.
>
> **동법 제53조(소송대리인의 선임)** 단체소송의 원고는 변호사를 소송대리인으로 선임하여야 한다.
>
> **동법 제54조(소송허가신청)** ① 단체소송을 제기하는 단체는 소장과 함께 다음 각 호의 사항을 기재한 소송허가신청서를 법원에 제출하여야 한다.
>
> **동법 제55조(소송허가요건 등)** ① 법원은 다음 각 호의 요건을 모두 갖춘 경우에 한하여 결정으로 단체소송을 허가한다.
> 1. 개인정보처리자가 분쟁조정위원회의 조정을 거부하거나 조정결과를 수락하지 아니하였을 것
> 2. 제54조에 따른 소송허가신청서의 기재사항에 흠결이 없을 것
> ② 단체소송을 허가하거나 불허가하는 결정에 대하여는 즉시항고할 수 있다.
>
> **동법 제57조(「민사소송법」의 적용 등)** ① 단체소송에 관하여 이 법에 특별한 규정이 없는 경우에는 「민사소송법」을 적용한다.
> ③ 단체소송의 절차에 관하여 필요한 사항은 대법원규칙으로 정한다.

01　단체소송의 원고는 변호사를 소송대리인으로 선임하여야 한다. (O | X)　　　　　　　　　　　　[21소방직]
02　법원은 개인정보처리자가 분쟁조정위원회의 조정을 거부하지 않을 경우에만, 결정으로 단체소송을 허가한다. (O | X)　　　　　　　　　　　　　　　　　　　　　　　　　　　　　　　　　　　　　　[21소방직]
03　단체소송의 절차에 관하여 필요한 사항은 대법원규칙으로 정한다. (O | X)　　　　　　　　　　[21소방직]
04　소비자기본법에 따라 공정거래위원회에 등록한 소비자단체가 개인정보 단체소송을 제기하려면 그 단체의 정회원 수가 1백명 이상이어야 한다. (O | X)　　　　　　　　　　　　　　　　　　　　[16지방직9급]
05　개인정보 단체소송을 허가하거나 불허가하는 법원의 결정에 대하여는 불복할 수 없다. (O | X)　[16지방직9급]
06　개인정보 단체소송에 관하여 개인정보보호법에 특별한 규정이 없는 경우에는 행정소송법을 적용한다. (O | X)　　　　　　　　　　　　　　　　　　　　　　　　　　　　　　　　　　　　　　　[16지방직9급]

정답　01 O　02 X　03 O　04 X　05 X　06 X

③ 손해배상책임

> **개인정보 보호법 제39조(손해배상책임)** ① 정보주체는 개인정보처리자가 이 법을 위반한 행위로 손해를 입으면 개인정보처리자에게 손해배상을 청구할 수 있다. 이 경우 그 개인정보처리자는 고의 또는 과실이 없음을 입증하지 아니하면 책임을 면할 수 없다.
> ③ 개인정보처리자의 고의 또는 중대한 과실로 인하여 개인정보가 분실·도난·유출·위조·변조 또는 훼손된 경우로서 정보주체에게 손해가 발생한 때에는 법원은 그 손해액의 5배를 넘지 아니하는 범위에서 손해배상액을 정할 수 있다. 다만, 개인정보처리자가 고의 또는 중대한 과실이 없음을 증명한 경우에는 그러하지 아니하다.
> **개인정보 보호법 제39조의2(법정손해배상의 청구)** ① 제39조 제1항에도 불구하고 정보주체는 개인정보처리자의 고의 또는 과실로 인하여 개인정보가 분실·도난·유출·위조·변조 또는 훼손된 경우에는 300만원 이하의 범위에서 상당한 금액을 손해액으로 하여 배상을 청구할 수 있다. 이 경우 해당 개인정보처리자는 고의 또는 과실이 없음을 입증하지 아니하면 책임을 면할 수 없다.
> ② 법원은 제1항에 따른 청구가 있는 경우에 변론 전체의 취지와 증거조사의 결과를 고려하여 제1항의 범위에서 상당한 손해액을 인정할 수 있다.
> ③ 제39조에 따라 손해배상을 청구한 정보주체는 사실심(事實審)의 변론이 종결되기 전까지 그 청구를 제1항에 따른 청구로 변경할 수 있다.

관련 판례

1. 개인정보 보호법 제71조 제5호 후단은 그 사정을 알면서도 영리 또는 부정한 목적으로 개인정보를 제공받은 자를 처벌하도록 규정하고 있을 뿐 개인정보를 제공하는 자가 누구인지에 관하여는 문언상 아무런 제한을 두지 않고 있는 점과 개인정보 보호법의 입법 목적 등을 고려할 때, 개인정보를 처리하거나 처리하였던 자가 업무상 알게 된 개인정보를 누설하거나 권한 없이 다른 사람이 이용하도록 제공한 것이라는 사정을 알면서도 영리 또는 부정한 목적으로 개인정보를 제공받은 자라면, 개인정보를 처리하거나 처리하였던 자로부터 직접 개인정보를 제공받지 아니하더라도 개인정보 보호법 제71조 제5호의 '개인정보를 제공받은 자'에 해당한다(대판 2018.1.24. 2015도16508).

2. 이미 공개된 개인정보를 정보주체의 동의가 있었다고 객관적으로 인정되는 범위 내에서 수집·이용·제공 등 처리를 할 때는 정보주체의 별도의 동의는 불필요하다고 보아야 한다(대판 2016.8.17. 2014다235080).

3. 피해자의 의사와 무관하게 주민등록번호가 유출된 경우에는 조리상 주민등록번호의 변경을 요구할 신청권을 인정함이 타당하고, 구청장의 주민등록번호 변경신청 거부행위는 항고소송의 대상이 되는 행정처분에 해당한다(대판 2017.6.15. 2013두2945).

4. 개인정보 보호법 제72조 제2호에 규정된 '거짓이나 그 밖의 부정한 수단이나 방법'이란 개인정보를 취득하거나 또는 그 처리에 관한 동의를 받기 위하여 사용하는 위계 기타 사회통념상 부정한 방법이라고 인정되는 것으로서 개인정보 취득 또는 그 처리에 동의할지에 관한 정보주체의 의사결정에 영향을 미칠 수 있는 적극적 또는 소극적 행위를 뜻한다(대판 2017.4.7. 2016도13263).

5. 법정 고지사항을 게재하는 부분과 이용자의 동의 여부를 표시할 수 있는 부분을 밀접하게 배치하여 이용자가 법정 고지사항을 인지하여 확인할 수 있는 상태에서 개인정보의 수집·제공에 대한 동의 여부를 판단할 수 있어야 하고, 그에 따른 동의의 표시는 이용자가 개인정보의 수집·제공에 동의를 한다는 명확한 인식하에 행하여질 수 있도록 실행 방법이 마련되어야 한다(대판 2016.6.28. 2014두2638).

6. 개인정보가 유출된 경우, 위자료 청구가 가능하지만 해당 판례에서는 위자료 청구의 요건을 갖추지 아니한 것으로 평가한 사례

    개인정보 유출로 인하여 무(戊) 등에게 신원확인, 명의도용이나 추가적인 개인정보 유출 등 후속 피해가 발생하였음을 추지할 만한 상황이 발견되지 아니하는 점 등 제반 사정에 비추어 볼 때, 개인정보 유출로 인하여 무 등에게 위자료로 배상할 만한 정신적 손해가 발생하였다고 보기는 어렵다(대판 2012.12.26. 2011다59834, 59858, 59841).

7. [1] 변호사 정보 제공 웹사이트 운영자가 변호사들의 개인신상정보를 기반으로 변호사들의 '인맥지수'를 산출하여 공개하는 서비스를 제공한 사안에서, 위 인맥지수 서비스 제공행위가 변호사들의 개인정보에 관한 인격권을 침해하는 위법한 것이다.

    [2] 변호사 정보 제공 웹사이트 운영자가 대법원 홈페이지에서 제공하는 '나의 사건검색' 서비스를 통해 수집한 사건정보를 이용하여 변호사들의 '승소율이나 전문성 지수 등'을 제공하는 서비스를 한 사안에서, 위 행위는 변호사들의 개인정보에 관한 인격권을 침해하는 위법한 행위로 평가할 수 없다(대판 2011.9.2. 선고 2008다42430전합).

8. 대량의 트위터 정보에는 개인정보와 이에 해당하지 않는 정보가 혼재되어 있을 수 있는데, 국민의 사생활의 비밀을 보호하고 개인정보에 관한 권리를 보장하고자 하는 개인정보 보호법의 입법 취지에 비추어 그 정보의 제공에는 개인정보 보호법의 개인정보에 관한 규정이 적용되어야 한다(대판 2015.7.16. 2015도2625전합).

9. 개인정보 보호법 제17조와 정보통신망법 제24조의2에서 말하는 개인정보의 '제3자 제공'은 본래의 개인정보 수집·이용 목적의 범위를 넘어 정보를 제공받는 자의 업무처리와 이익을 위하여 개인정보가 이전되는 경우인 반면, 개인정보 보호법 제26조와 정보통신망법 제25조에서 말하는 개인정보의 '처리위탁'은 본래의 개인정보 수집·이용 목적과 관련된 위탁자 본인의 업무 처리와 이익을 위하여 개인정보가 이전되는 경우를 의미한다. 개인정보 처리위탁에 있어 수탁자는 위탁자로부터 위탁사무 처리에 따른 대가를 지급받는 것 외에는 개인정보 처리에 관하여 독자적인 이익을 가지지 않고, 정보제공자의 관리·감독 아래 위탁받은 범위 내에서만 개인정보를 처리하게 되므로, 개인정보 보호법 제17조와 정보통신망법 제24조의2에 정한 '제3자'에 해당하지 않는다(대판 2017.4.7. 2016도13263).

---

01 많은 양의 트위터 정보처럼 개인정보와 이에 해당하지 않은 정보가 혼재된 경우 전체적으로 개인정보보호법상 개인정보에 관한 규정이 적용된다. (O | X) [21군무원7급]

02 개인정보보호법은 개인 정보의 누설이나 권한 없는 처리 또는 다른 사람의 이용에 제공하는 등 부당한 목적으로 사용한 행위를 처벌하도록 규정하고 있다. 여기에서 '누설'이라 함은 아직 이를 알지 못하는 타인에게 알려주는 일체의 행위를 말한다. (O | X) [18국회직8급]

03 인터넷 포털사이트 등의 개인정보 유출사고로 주민등록번호가 불법유출되어 그 피해자가 주민등록번호 변경을 신청했으나 구청장이 거부통지를 한 사안에서, 피해자의 의사와 무관하게 주민등록번호가 유출된 경우에는 조리상 주민등록번호의 변경요구신청권을 인정함이 타당하다. (O | X) [21국회직8급]

④ 과징금

개인정보 보호법 제64조의2(과징금의 부과) ① 보호위원회는 다음 각 호의 어느 하나에 해당하는 경우에는 해당 개인정보처리자에게 전체 매출액의 100분의 3을 초과하지 아니하는 범위에서 과징금을 부과할 수 있다. 다만, 매출액이 없거나 매출액의 산정이 곤란한 경우로서 대통령령으로 정하는 경우에는 20억원을 초과하지 아니하는 범위에서 과징금을 부과할 수 있다.

⑤ 금지행위 및 비밀유지 등

개인정보 보호법 제59조(금지행위) 개인정보를 처리하거나 처리하였던 자는 다음 각 호의 어느 하나에 해당하는 행위를 하여서는 아니 된다.
1. 거짓이나 그 밖의 부정한 수단이나 방법으로 개인정보를 취득하거나 처리에 관한 동의를 받는 행위
2. 업무상 알게 된 개인정보를 누설하거나 권한 없이 다른 사람이 이용하도록 제공하는 행위
3. 정당한 권한 없이 또는 허용된 권한을 초과하여 다른 사람의 개인정보를 이용, 훼손, 멸실, 변경, 위조 또는 유출하는 행위

개인정보 보호법 제60조(비밀유지 등) 다음 각 호의 업무에 종사하거나 종사하였던 자는 직무상 알게 된 비밀을 다른 사람에게 누설하거나 직무상 목적 외의 용도로 이용하여서는 아니 된다. 다만, 다른 법률에 특별한 규정이 있는 경우에는 그러하지 아니하다.

핵심 기출문제

01

개인정보 보호에 대한 설명으로 옳지 않은 것은? [21군무원9급]

① 정보통신서비스 제공자는 이용자가 필요한 최소한의 개인정보 이외의 개인정보를 제공하지 아니한다는 이유로 그 서비스의 제공을 거부할 수 있다.
② 개인정보처리자가 집단분쟁조정을 거부하거나 집단분쟁조정의 결과를 수락하지 아니한 경우에는 법원에 권리침해 행위의 금지·중지를 구하는 단체소송을 제기할 수 있다.
③ 개인정보보호법은 외국의 정보통신서비스 제공자 등에 대하여 개인정보보호규제에 대한 상호주의를 채택하고 있다.
④ 개인정보자기결정권의 보호대상이 되는 개인정보는 개인의 내밀한 영역에 속하는 영역 뿐만 아니라 공적 생활에서 형성되었거나 이미 공개된 개인정보까지 포함한다.

02

개인정보의 보호에 대한 판례의 설명으로 옳은 것만을 모두 고르면? [21국가직9급]

> ㄱ. 개인정보자기결정권의 보호대상이 되는 개인정보는 반드시 개인의 내밀한 영역에 속하는 정보에 국한되지 않고 공적 생활에서 형성되었거나 이미 공개된 개인정보까지 포함한다.
> ㄴ. 이미 공개된 개인정보를 정보주체의 동의가 있었다고 객관적으로 인정되는 범위 내에서 처리를 할 때는 정보주체의 별도의 동의는 불필요하다고 보아야 하고, 별도의 동의를 받지 아니하였다고 하여 「개인정보 보호법」을 위반한 것으로 볼 수 없다.
> ㄷ. 개인정보 처리위탁에 있어 수탁자는 정보제공자의 관리·감독 아래 위탁받은 범위 내에서만 개인정보를 처리하게 되지만, 위탁자로부터 위탁사무 처리에 따른 대가를 지급받는 이상 개인정보 처리에 관하여 독자적인 이익을 가지므로, 그러한 수탁자는 「개인정보 보호법」 제17조에 의해 개인정보처리자가 정보주체의 개인정보를 제공할 수 있는 '제3자'에 해당한다.
> ㄹ. 인터넷 포털사이트 등의 개인정보 유출사고로 주민등록번호가 불법 유출 되어 그 피해자가 주민등록번호 변경을 신청했으나 구청장이 거부 통지를 한 사안에서, 피해자의 의사와 무관하게 주민등록번호가 유출된 경우에는 조리상 주민등록번호의 변경요구신청권을 인정함이 타당하다.

① ㄱ, ㄷ
② ㄴ, ㄹ
③ ㄱ, ㄴ, ㄷ
④ ㄱ, ㄴ, ㄹ

해설

01 ① (×) 개인정보 보호법 제39조의3(개인정보의 수집·이용 동의 등에 대한 특례) ③ 정보통신서비스 제공자는 이용자가 필요한 최소한의 개인정보 이외의 개인정보를 제공하지 아니한다는 이유로 그 서비스의 제공을 거부해서는 아니 된다. 이 경우 필요한 최소한의 개인정보는 해당 서비스의 본질적 기능을 수행하기 위하여 반드시 필요한 정보를 말한다.
② (○) 개인정보 보호법 제51조(단체소송의 대상 등) 다음 각 호의 어느 하나에 해당하는 단체는 개인정보처리자가 제49조에 따른 집단분쟁조정을 거부하거나 집단분쟁조정의 결과를 수락하지 아니한 경우에는 법원에 권리침해 행위의 금지·중지를 구하는 소송(이하 "단체소송"이라 한다)을 제기할 수 있다.
③ (○) 개인정보 보호법 제39조의13(상호주의) 제39조의12에도 불구하고 개인정보의 국외 이전을 제한하는 국가의 정보통신서비스 제공자등에 대하여는 해당 국가의 수준에 상응하는 제한을 할 수 있다. 다만, 조약 또는 그 밖의 국제협정의 이행에 필요한 경우에는 그러하지 아니하다.
④ (○) 개인정보자기결정권의 보호대상이 되는 개인정보는 개인의 신체, 신념, 사회적 지위, 신분 등과 같이 개인의 인격주체성을 특징짓는 사항으로서 개인의 동일성을 식별할 수 있게 하는 일체의 정보이고, 반드시 개인의 내밀한 영역에 속하는 정보에 국한되지 아니하며 공적 생활에서 형성되었거나 이미 공개된 개인정보까지 포함한다. 또한 개인정보를 대상으로 한 조사·수집·보관·처리·이용 등의 행위는 모두 원칙적으로 개인정보자기결정권에 대한 제한에 해당한다(대판 2016.8.17. 2014다235080).

02 ㄱ. (○) 개인정보자기결정권의 보호대상이 되는 개인정보는 개인의 신체, 신념, 사회적 지위, 신분 등과 같이 개인의 인격주체성을 특징짓는 사항으로서 개인의 동일성을 식별할 수 있게 하는 일체의 정보이고, 반드시 개인의 내밀한 영역에 속하는 정보에 국한되지 아니하며 공적 생활에서 형성되었거나 이미 공개된 개인정보까지 포함한다. 또한 개인정보를 대상으로 한 조사·수집·보관·처리·이용 등의 행위는 모두 원칙적으로 개인정보자기결정권에 대한 제한에 해당한다(대판 2016.8.17. 2014다235080).
ㄴ. (○) 이미 공개된 개인정보를 정보주체의 동의가 있었다고 객관적으로 인정되는 범위 내에서 수집·이용·제공 등 처리를 할 때는 정보주체의 별도의 동의는 불필요하다고 보아야 한다(대판 2016.8.17. 2014다235080).
ㄷ. (×) 개인정보 보호법 제17조와 정보통신망법 제24조의2에서 말하는 개인정보의 **'제3자 제공'은 본래의 개인정보 수집·이용 목적의 범위를 넘어 정보를 제공받는 자의 업무처리와 이익을 위하여 개인정보가 이전되는 경우인 반면, 개인정보 보호법 제26조와 정보통신망법 제25조에서 말하는 개인정보의 '처리위탁'은 본래의 개인정보 수집·이용 목적과 관련된 위탁자 본인의 업무 처리와 이익을 위하여 개인정보가 이전되는 경우를 의미한다.** 개인정보 처리위탁에 있어 **수탁자는 위탁자로부터 위탁사무 처리에 따른 대가를 지급받는 것 외에는 개인정보 처리에 관하여 독자적인 이익을 가지지 않고**, 정보제공자의 관리·감독 아래 위탁받은 범위 내에서만 개인정보를 처리하게 되므로, **개인정보 보호법 제17조와 정보통신망법 제24조의2에 정한 '제3자'에 해당하지 않는다**(대판 2017.4.7. 2016도13263).
ㄹ. (○) 피해자의 의사와 무관하게 주민등록번호가 유출된 경우에는 조리상 주민등록번호의 변경을 요구할 신청권을 인정함이 타당하고, 구청장의 주민등록번호 변경신청 거부행위는 항고소송의 대상이 되는 행정처분에 해당한다(대판 2017.6.15. 2013두2945).

정답 01 ① 02 ④

한세훈 행정법총론

PART 4
행정의 실효성 확보수단

chapter 1 행정상 강제집행
chapter 2 행정상 즉시강제와 행정조사
chapter 3 행정벌
chapter 4 새로운 실효성 확보수단

행정목적의 달성(실효성)을 위해 인정되는 법적수단을 행정의 실효성 확보수단이라 한다. 전통적인 수단으로는, 행정상 강제와 행정벌이 있으며, 새로운 실효성 확보수단으로는 과징금, 가산세, 공급거부, 관허사업의 제한 등이 있다.

I 행정상 강제의 의의

행정강제는 행정목적의 실효성 있게 달성하기 위하여 사람의 신체 또는 재산에 실력을 가함으로써 행정권이 직접 행정상 필요한 상태를 실현하는 권력적 행위이다.

II 행정상 강제의 종류

행정강제에는 행정상 강제집행과 행정상 즉시강제가 있다. 행정상 강제집행은 행정법상의 의무불이행을 전제로 하고 행정상 즉시강제는 급박한 상황이나 성질상 의무를 명할 수 없는 경우에 행해진다.

> **행정기본법 제30조(행정상 강제)** ① 행정청은 행정목적을 달성하기 위하여 필요한 경우에는 법률로 정하는 바에 따라 필요한 최소한의 범위에서 다음 각 호의 어느 하나에 해당하는 조치를 할 수 있다.
> 1. 행정대집행: 의무자가 행정상 의무(법령등에서 직접 부과하거나 행정청이 법령등에 따라 부과한 의무를 말한다. 이하 이 절에서 같다)로서 타인이 대신하여 행할 수 있는 의무를 이행하지 아니하는 경우 법률로 정하는 다른 수단으로는 그 이행을 확보하기 곤란하고 그 불이행을 방치하면 공익을 크게 해칠 것으로 인정될 때에 행정청이 의무자가 하여야 할 행위를 스스로 하거나 제3자에게 하게 하고 그 비용을 의무자로부터 징수하는 것
> 2. 이행강제금의 부과: 의무자가 행정상 의무를 이행하지 아니하는 경우 행정청이 적절한 이행기간을 부여하고, 그 기한까지 행정상 의무를 이행하지 아니하면 금전급부의무를 부과하는 것
> 3. 직접강제: 의무자가 행정상 의무를 이행하지 아니하는 경우 행정청이 의무자의 신체나 재산에 실력을 행사하여 그 행정상 의무의 이행이 있었던 것과 같은 상태를 실현하는 것
> 4. 강제징수: 의무자가 행정상 의무 중 금전급부의무를 이행하지 아니하는 경우 행정청이 의무자의 재산에 실력을 행사하여 그 행정상 의무가 실현된 것과 같은 상태를 실현하는 것
> 5. 즉시강제: 현재의 급박한 행정상의 장해를 제거하기 위한 경우로서 다음 각 목의 어느 하나에 해당하는 경우에 행정청이 곧바로 국민의 신체 또는 재산에 실력을 행사하여 행정목적을 달성하는 것
>   가. 행정청이 미리 행정상 의무 이행을 명할 시간적 여유가 없는 경우
>   나. 그 성질상 행정상 의무의 이행을 명하는 것만으로는 행정목적 달성이 곤란한 경우
> ② 행정상 강제 조치에 관하여 이 법에서 정한 사항 외에 필요한 사항은 따로 법률로 정한다.
> ③ 형사(刑事), 행형(行刑) 및 보안처분 관계 법령에 따라 행하는 사항이나 외국인의 출입국·난민인정·귀화·국적회복에 관한 사항에 관하여는 이 절을 적용하지 아니한다.

CHAPTER 1 행정상 강제집행

01 행정상 즉시강제는 직접강제와는 달리 행정상 강제집행에 해당하지 않는다. (O | X)   [21국가직9급]

02 외국인의 출입국에 관한 사항에 대하여는 「행정기본법」상 행정상 강제에 대한 규정이 적용된다. (O | X)   [25지방직9급]

03 행정상 강제조치에 관하여 「행정기본법」에서 정한 사항 이외의 사항을 다른 법률에서 정할 수 없다. (O | X)   [25지방직9급]

04 보안처분 관계 법령에 따라 행하는 사항에 관하여는 「행정기본법」상 행정상 강제에 대한 규정이 적용된다. (O | X)   [25지방직9급]

정답 01 O 02 X 03 X 04 X

행정상 강제집행

I 개설

1. 의의
행정법상 의무불이행이 있는 경우에 행정청이 의무자의 신체 또는 재산에 실력을 가하여 그 의무를 이행시키거나 이행한 것과 동일한 상태를 실현하는 작용을 말한다.

2. 종류
대집행, 강제징수, 직접강제, 이행강제금(집행벌)이 있다.

> 01 행정의 강제집행에는 대집행, 이행강제금(집행벌), 직접강제, 강제징수가 있다. (O | X) [08군무원9급]

3. 행정상 강제집행의 근거
행정상 강제집행을 위해서는 의무부과의 근거법규 외에 별도의 법적근거가 필요하다. 즉, 행정법상의 의무를 명하는 명령권의 근거 규정을 가지고 당연히 행정상 강제집행을 할 수 있는 것이 아니다.

① 행정대집행에 대해서는, 행정에 관한 일반법인 행정기본법에 대집행에 관한 일반법적 근거가 존재한다. 또한 행정대집행의 일반법으로서 행정대집행법도 존재한다. 그리고 대집행을 인정하는 개별법의 근거가 존재한다.
② 강제징수에 대해서는, 행정에 관한 일반법인 행정기본법에 일반법적 근거 규정이 존재하고 국세징수법이 강제징수에 관한 일반법의 역할을 수행하고 있다. 그리고 강제징수에 대한 개별법의 근거가 존재한다.
③ 이행강제금(집행벌)에 대해서는, 행정에 관한 일반법인 행정기본법에 일반법적 근거규정이 존재하고, 개별법이 존재한다.
④ 직접강제에 대해서는, 행정에 관한 일반법인 행정기본법에 일반법적 근거규정이 존재하고, 개별법이 존재한다.

> 02 행정법관계에서는 강제력의 특질이 인정되므로 행정법상의 의무를 명하는 명령권의 근거규정은 동시에 그 의무불이행에 대한 행정상 강제집행의 근거가 될 수 있다. (O | X) [17국가직7급]
> 03 행정상 강제집행을 위해서는 의무부과의 근거법규 외에 별도의 법적 근거를 요한다. (O | X) [14서울시7급]

정답 01 O 02 X 03 O

4. 민사상 강제집행과의 구별

1) 의무의 차이

민사상 강제집행은 사법상 의무를 대상으로 하고 행정상 강제집행은 공법상 의무를 대상으로 한다. 공법상 의무는 법령에서 직접 부과하거나 행정처분을 통해 이루어지며, 공법상 의무는 대체적·작위의무, 비대체적·작위의무, 부작위의무, 급부의무, 수인의무가 있다.

2) 공법상 의무와 동원 가능한 강제집행

직접강제의 경우 모든 의무 불이행의 경우 가능하고, 대집행은 대체적·작위의무 위반의 경우 가능하며, 이행강제금은 종래에는 비대체적·작위의무나 부작위의무의 경우에 가능했으나 최근에는 대체적·작위의무 위반의 경우에도 가능하다고 본다. 마지막으로 금전급부의무 위반에 대해서는 강제징수가 가능하다.

3) 강제력을 행사하는 기관

민사상 강제집행은 제3자인 국가기관이 강제력을 행사하지만 행정상 강제집행은 행정목적의 신속하고 효율적인 달성을 도모하기 위하여 행정청 스스로 강제력을 행사한다.

4) 행정상 강제집행이 가능한 경우 민사상 강제집행이 가능한지 여부

판례는 행정상 강제집행이 가능한 경우에는 민사상 강제집행은 인정될 수 없다고 본다. 그러나 행정법상 의무불이행의 경우에도 행정상 강제집행을 인정하는 법적 근거가 존재하지 않는 경우, 행정법상 의무 이행을 강제하기 위하여 민사상 강제집행을 이용하는 것은 가능하다고 본다.

> **관련 판례**
>
> 1. 국유 일반재산에 불법 시설물을 설치한 경우 그 시설물에 대하여 행정상 강제집행의 근거가 있다면 민사소송으로 철거를 구하는 것은 허용되지 않는다.
>   이 사건 토지는 잡종재산인 국유재산으로서, 국유재산법 제52조는 "정당한 사유 없이 국유재산을 점유하거나 이에 시설물을 설치한 때에는 행정대집행법을 준용하여 철거 기타 필요한 조치를 할 수 있다."고 규정하고 있으므로, 관리권자인 보령시장으로서는 행정대집행의 방법으로 이 사건 시설물을 철거할 수 있고, 이러한 행정대집행의 절차가 인정되는 경우에는 따로 민사소송의 방법으로 피고들에 대하여 이 사건 시설물의 철거를 구하는 것은 허용되지 않는다고 할 것이다(대판 2009.6.11. 2009다1122).
> 2. 대한주택공사가 구 대한주택공사법 및 구 대한주택공사법 시행령에 의하여 대집행권한을 위탁받아 공무인 대집행을 실시하기 위하여 지출한 비용을 <u>행정대집행법 절차에 따라 국세징수법의 예에 의하여 징수할 수 있음에도 민사소송절차에 의하여 그 비용의 상환을 청구한 사안에서, 행정대집행법이 대집행비용의 징수에 관하여 민사소송절차에 의한 소송이 아닌 간이하고 경제적인 특별구제절차를 마련해 놓고 있으므로, 위 청구는 소의 이익이 없어 부적법하다</u>(대판 2011.9.8. 2010다48240).
> 3. 민사소송의 방법으로 공작물의 철거·수거 등을 구하는 청구는 부적법하지만 토지인도청구는 민사소송 외에는 따로 이를 실현할 방법이 없으므로 이부분의 청구는 적법하다(대판 2000.5.12. 99다18909).

PART 4 행정의 실효성 확보수단

01 관계법령상 행정대집행의 절차가 인정되어 행정청이 행정대집행의 방법으로 건물의 철거 등 대체적 작위의무의 이행을 실현할 수 있는 경우에는 따로 민사소송의 방법으로 그 의무의 이행을 구할 수 없다. (O | X)
[19지방직7급]

02 「행정대집행법」절차에 따라 「국세징수법」의 예에 의하여 대집행비용을 징수할 수 있음에도 민사소송절차에 의하여 그 비용의 상환을 청구할 수 있다. (O | X)
[13지방직9급]

Ⅱ 행정대집행

1. 의의

공법상 대체적 작위의무의 불이행이 있는 경우에 당해 행정청이 스스로 의무자가 행할 행위를 하거나 제3자로 하여금 이를 행하게 하고 그 비용을 의무자로부터 징수하는 것을 말한다.

2. 근거

행정에 관한 일반법인 행정기본법에 일반법적 근거가 존재한다. 그리고 행정대집행에 관한 일반법인 행정대집행법에 근거 규정이 존재하며, 대집행에 관한 개별법 규정이 존재한다(도로교통법 제34조 등). 대집행을 위해서는 법령에 의하여 직접명령이 있거나 법령에 근거한 처분(하명)이 부과한 의무를 불이행하여야 한다.

> **행정기본법 제30조(행정상 강제)** ① 행정청은 행정목적을 달성하기 위하여 필요한 경우에는 법률로 정하는 바에 따라 필요한 최소한의 범위에서 다음 각 호의 어느 하나에 해당하는 조치를 할 수 있다.
> 1. 행정대집행: 의무자가 행정상 의무(법령등에서 직접 부과하거나 행정청이 법령등에 따라 부과한 의무를 말한다. 이하 이 절에서 같다)로서 타인이 대신하여 행할 수 있는 의무를 이행하지 아니하는 경우 법률로 정하는 다른 수단으로는 그 이행을 확보하기 곤란하고 그 불이행을 방치하면 공익을 크게 해칠 것으로 인정될 때에 행정청이 의무자가 하여야 할 행위를 스스로 하거나 제3자에게 하게 하고 그 비용을 의무자로부터 징수하는 것
>
> **행정대집행법 제2조(대집행과 그 비용징수)** 법률(법률의 위임에 의한 명령, 지방자치단체의 조례를 포함한다. 이하 같다)에 의하여 직접명령되었거나 또는 법률에 의거한 행정청의 명령에 의한 행위로서 타인이 대신하여 행할 수 있는 행위를 의무자가 이행하지 아니하는 경우 다른 수단으로써 그 이행을 확보하기 곤란하고 또한 그 불이행을 방치함이 심히 공익을 해할 것으로 인정될 때에는 당해 행정청은 스스로 의무자가 하여야 할 행위를 하거나 또는 제삼자로 하여금 이를 하게 하여 그 비용을 의무자로부터 징수할 수 있다.

03 대체적 작위의무가 법률의 위임을 받은 조례에 의해 직접 부과된 경우에는 대집행의 대상이 되지 아니한다. (O | X)
[20국가직7급]

정답 01 O 02 X 03 X

CHAPTER 1 행정상 강제집행

> **관련 판례**
>
> 행정청이 토지구획정리사업의 환지예정지를 지정하고 그 사업에 편입되는 건축물 등 지장물의 소유자 또는 임차인에게 지장물의 자진이전을 요구한 후 이에 응하지 않자 지장물의 이전에 대한 대집행을 계고하고 다시 대집행영장을 통지한 사안에서, 위 계고처분 등은 행정대집행법 제2조에 따라 명령된 지장물 이전의무가 없음에도 그러한 의무의 불이행을 사유로 행하여진 것으로 위법하다(대판 2010.6.24. 2010두1231).

01 행정청이 구「토지구획정리사업법」상 토지구획정리사업의 환지예정지를 지정하고, 그 사업에 편입되는 건축물로서 지장물 소유자에게 지장물의 자진이전을 요구한 후 이에 응하지 않자 지장물의 이전에 대한 대집행을 계고하고 다시 대집행영장을 통지한 경우, 위 계고처분 등은 「행정대집행법」 제2조에 따라 명령된 지장물 이전의무가 없음에도 그러한 의무의 불이행을 사유로 행하여진 것이므로 위법하다. (O | X) [25지방직9급]

3. 대집행권자(대집행의 주체)

1) 당해 행정청

대집행의 대상이 되는 의무를 명하는 처분을 한 행정청을 말한다. 행정청은 대집행을 스스로 하거나 타인에게 대집행을 위탁할 수 있다.

02 대집행의 주체는 당사자에 의해 불이행되고 있는 의무를 부과한 행정청이다. (O | X) [13국회직9급]

2) 대집행의 위탁

행정청은 대집행 사무를 다른 행정기관에 위탁하거나 공공단체 혹은 사인에게 위탁을 할 수 있다. 대집행 권한의 이전이 있는 경우, 협의의 위탁이라고 하고 대집행의 주체가 수탁청(수임청)이 된다. 다만, 대집행 권한의 이전이 없는 경우, 보조위탁이라고 하고 대집행의 주체는 바뀌지 않는다.

03 대집행 권한을 행사하는 행정청은 의무자가 하여야 할 행위를 제3자로 하여금 행하게 할 수도 있다. (O | X) [18서울시7급]

> **관련 판례**
>
> 한국토지공사는 구 한국토지공사법 제2조, 제4조에 의하여 정부가 자본금의 전액을 출자하여 설립한 법인이고, 같은 법 제9조 제4호에 규정된 한국토지공사의 사업에 관하여는 공익사업을 위한 토지 등의 취득 및 보상에 관한 법률 제89조 제1항, 위 한국토지공사법 제22조 제6호 및 같은 법 시행령 제40조의3 제1항의 규정에 의하여 본래 시·도지사나 시장·군수 또는 구청장의 업무에 속하는 대집행 권한을 한국토지공사에게 위탁하도록 되어 있는바, <u>한국토지공사는 이러한 법령의 위탁에 의하여 대집행을 수권받은 자로서 공무인 대집행을 실시함에 따르는 권리·의무 및 책임이 귀속되는 행정주체의 지위</u>에 있다고 볼 것이지 지방자치단체 등의 기관으로서 국가배상법 제2조 소정의 공무원에 해당한다고 볼 것은 아니다(대판 2010.1.28. 2007다82950,82967).

정답 01 O 02 O 03 O

PART 4 행정의 실효성 확보수단

01 법령에 의해 대집행 권한을 위탁받은 한국토지공사는 대집행을 수권받은 자로서 국가배상법 제2조 소정의 공무원에 해당한다. (O | X)   [15지방직7급]

4. 대집행의 요건

1) 공법상 대체적 작위의무의 불이행

① 공법상 의무

법령(조례 포함)에 의하여 직접명령이 있거나 법령에 근거한 처분에 의하여 공법상 의무가 부과되어야 하며 사법상 의무는 법령의 특별한 규정이 없는 한 대집행의 대상이 아니다. 위법한 처분에 근거하여 의무가 부과된 경우에도 처분이 취소되지 않는 한 대집행의 대상이 된다.

02 대집행은 비금전적인 대체적 작위의무를 의무자가 이행하지 않는 경우 행정청이 스스로 의무자가 행하여야 할 행위를 하거나 제3자로 하여금 행하게 하는 것으로, 그 대집행의 대상은 공법상 의무에만 한정하지 않는다. (O | X)   [21소방직]

03 대집행의 대상이 되는 대체적 작위의무는 공법상 의무여야 한다. (O | X)   [14서울시7급]

04 행정청의 명령에 의한 행위뿐만 아니라 법률에 의하여 직접 명령된 행위도 행정대집행의 대상이 된다. (O | X)   [19경찰]

> **관련 판례**
>
> 1. 협의취득대상 건물에 대한 약정상 철거의무는 사법상 의무이므로 별도의 규정이 없는 한 대집행의 대상이 될 수 없다.
>   구 공공용지의 취득 및 손실보상에 관한 특례법에 의한 협의취득시 건물소유자가 협의취득대상 건물에 대하여 약정한 철거의무는 공법상 의무가 아닐 뿐만 아니라, 공익사업을 위한 토지 등의 취득 및 보상에 관한 법률 제89조에서 정한 행정대집행법의 대상이 되는 '이 법 또는 이 법에 의한 처분으로 인한 의무'에도 해당하지 아니하므로 위 철거의무에 대한 강제적 이행은 행정대집행법상 대집행의 방법으로 실현할 수 없다(대판 2006.10.13. 2006두7096).
> 2. 공법상 의무 불이행과 무관하게 별도의 명문규정이 존재하여 대집행이 가능한 경우
>   지방재정법 제85조 제1항은, 공유재산을 정당한 이유 없이 점유하거나 그에 시설을 한 때에는 이를 강제로 철거하게 할 수 있다고 규정하고, 그 제2항은, 지방자치단체의 장이 제1항의 규정에 의한 강제철거를 하게 하고자 할 때에는 행정대집행법 제3조 내지 제6조의 규정을 준용한다고 규정하고 있는바, 공유재산의 점유자가 그 공유재산에 관하여 대부계약 외 달리 정당한 권원이 있다는 자료가 없는 경우 그 대부계약이 적법하게 해지된 이상 그 점유자의 공유재산에 대한 점유는 정당한 이유 없는 점유라 할 것이고, 따라서 지방자치단체의 장은 지방재정법 제85조에 의하여 행정대집행의 방법으로 그 지상물을 철거시킬 수 있다(대판 2001.10.12. 2001두4078).
> 3. 국유재산법상 대집행은 그 철거의무가 공법상 의무인지 여부가 중요하지 않다.
>   현행 국유재산법은 위와 같은 제한 없이 모든 국유재산에 대하여 행정대집행법을 준용할 수 있도록 규정하였으므로, 행정청은 당해 재산이 행정재산 등 공용재산인 여부나 그 철거의무가 공법상의 의

정답 01 X 02 X 03 O 04 O

무인 여부에 관계없이 대집행을 할 수 있다(대판 1992.9.8. 91누13090).
4. 아무런 권원 없이 국유재산에 설치한 시설물에 대하여 행정청이 행정대집행을 실시하지 않는 경우, 그 국유재산에 대한 사용청구권을 가지고 있는 자가 국가를 대위하여 민사소송으로 그 시설물의 철거를 구할 수 있다(대판 2009.6.11. 2009다1122).

01 행정주체와 사인 사이의 건축도급계약에 있어서, 사인이 의무불이행을 하였다고 하여도 행정대집행은 허용되지 않는다. (O | X) [15지방직9급]

02 공법상 계약에 의한 의무불이행에 대해서는 원칙적으로 행정대집행법이 적용된다. (O | X) [20소방직]

03 「공익사업을 위한 토지 등의 취득 및 보상에 관한 법률」상의 협의취득시에 매매 대상 건물에 대한 철거 의무를 부담하겠다는 취지의 약정을 건물소유자가 하였다고 하더라도, 그 철거 의무는 대집행의 대상이 되지 않는다. (O | X) [20국가직9급]

04 공유재산 대부계약 해지에 따라 원상회복을 위하여 실시하는 지상물 철거의무는 대집행의 대상이 된다. (O | X) [14군무원9급]

05 행정청이 대집행을 실시하지 않는 경우, 그 국유재산에 대한 사용청구권을 가지고 있는 자가 국가를 대위하여 민사소송으로 그 시설물의 철거를 구할 수 있다. (O | X) [20국회직8급]

② 대체적 작위의무

㉠ 의의

의무의 이행을 타인이 대신할 수 있는 작위의무를 의미한다(예 위법건축물의 철거).

㉡ 부작위의무 위반의 경우

부작위의무 위반의 경우, 금지규정으로부터 작위의무를 명할 권한이 도출되는 것이 아니므로 별도의 법률 규정에서 부작위의무 위반에 대하여 작위의무를 명하는 명령의 근거규정을 두지 않는 한 대집행을 할 수 없다.

06 부작위의무 위반행위에 대하여 법률에 부작위의무를 대체적 작위의무로 전환하는 규정이 있으면 부작위의무를 대체적 작위의무로 전환시켜 대집행할 수 있다. (O | X) [15사회복지직9급]

관련 판례

1. 도로에 불법 시설물(어린이 놀이터) 설치 금지의무 위반은 부작위 의무위반으로서 대집행을 하기 위해서는 전환규범(원상복구를 명할 근거 규범)이 필요하며, 전환규범이 없는 한 대집행이 불가하다는 취지의 판시 대집행계고처분을 하기 위하여는 법령에 의하여 직접 명령되거나 법령에 근거한 행정청의 명령에 의한 의무자의 대체적 작위의무 위반행위가 있어야 한다. 따라서 단순한 부작위의무의 위반, 즉 관계 법령에 정하고 있는 절대적 금지나 허가를 유보한 상대적 금지를 위반한 경우에는 당해 법령에서 그 위반자에 대하여 위반에 의하여 생긴 유형적 결과의 시정을 명하는 행정처분의 권한을 인정하는 규정(예컨대, 건축법 제69조, 도로법 제74조, 하천법 제67조, 도시공원법 제20조, 옥외광고물등관리법 제10조 등)을 두고 있지 아니한 이상, 법치주의의 원리에 비추어 볼 때 위와 같은 부작위의무로부터 그 의무를 위반함으로써 생긴 결과를 시정하기 위한 작위의무를 당연히 끌어낼 수는 없으며,

정답 01 O 02 X 03 O 04 O 05 O 06 O

> 또 위 금지규정(특히 허가를 유보한 상대적 금지규정)으로부터 작위의무, 즉 위반결과의 시정을 명하는 권한이 당연히 추론되는 것도 아니다(대판 1996.6.28. 96누4374).
> 2. 관계 법령에 위반하여 장례식장 영업을 하고 있는 자의 장례식장 사용 중지 의무는 행정대집행법 제2조의 규정에 의한 대집행의 대상이 아니다(대판 2005.9.28. 2005두7464).

01 법률상 시설설치금지의무를 위반하여 시설을 설치한 경우 별다른 규정이 없어도 대집행요건이 충족된다. (O | X)
[16서울시7급]

02 관계법령에 위반하여 장례식장 영업을 하고 있는 자에 대한 장례식장 사용중지의무는 대집행의 대상이 된다. (O | X)
[20국가직7급]

ⓒ 물건의 인도와 토지나 건물의 명도의무
ⓐ 물건의 인도
점유자가 가지고 있는 물건의 인도는 점유자에 대한 물리력이 수반되므로 대체적 작위의무가 아니므로 대집행의 대상이 될 수 없고 직접강제의 대상이 될 수 있을 뿐이다.
ⓑ 토지·건물의 명도의무
점유자에 대한 물리력이 수반되므로 대체적 작위의무로 볼 수 없다. 대집행의 대상이 될 수 없고 직접강제의 대상이 될 수 있을 뿐이다.

관련 판례

> 1. 도시공원시설인 매점의 관리청이 그 공동점유자 중의 1인에 대하여 소정의 기간 내에 위 매점으로부터 퇴거하고 이에 부수하여 그 판매 시설물 및 상품을 반출하지 아니할 경우 대집행하겠다는 내용의 계고처분의 목적이 된 의무는 그 주된 목적이 매점의 원형을 보존하기 위하여 원고가 설치한 불법시설물을 철거하고자 하는 것이 아니라, 매점에 대한 원고의 점유를 배제하고 그 점유이전을 받는 데 있다고 할 것인데, 이러한 의무는 그것을 강제적으로 실현함에 있어 직접인 실력행사가 필요한 것이지 대체적 작위의무에 해당하는 것은 아니어서 직접강제의 방법에 의하는 것은 별론으로 하고 행정대집행법에 의한 대집행의 대상이 되는 것은 아니다(대판 1998.10.23. 97누157).
> 2. 피수용자등이 기업자에 대하여 부담하는 수용대상 토지의 인도의무에 관한 구 토지수용법 제63조, 제64조, 제77조 규정에서의 '인도'에는 명도도 포함되는 것으로 보아야 하고, 이러한 명도의무는 그것을 강제적으로 실현하면서 직접적인 실력행사가 필요한 것이지 대체적 작위의무라고 볼 수 없으므로 특별한 사정이 없는 한 행정대집행법에 의한 대집행의 대상이 될 수 있는 것이 아니다(대판 2005.8.19. 2004다2809).

03 토지·건물의 인도의무는 대집행의 대상이 된다. (O | X)
[13군무원9급]

04 도시공원시설인 매점에 대해서 관리청이 점유자에게 매점으로부터 퇴거하고 이에 부수하여 그 판매시설물 및 상품을 반출하라고 명한 경우에 행정대집행을 할 수 있다. (O | X)
[19경찰]

정답 01 X 02 X 03 X 04 X

CHAPTER 1 행정상 강제집행

2) 다른 수단으로써 그 이행을 확보하기 곤란하고 또한 그 불이행을 방치함이 심히 공익을 해할 것

① 다른 수단으로써 그 이행을 확보하기 곤란할 것
- 의무자의 의무 이행을 확보할 수 있는 다른 수단이 있는 경우에는 대집행이 허용되지 않는다.
- 비례의 원칙이 행정대집행에도 적용된 것으로서 침해의 최소성(필요성) 요건과 관련이 깊다.

> **관련 판례**
> 건축법에 위반하여 증·개축함으로써 철거의무가 있더라도 행정대집행법 제2조에 의하여 그 철거의무를 대집행하기 위한 계고처분을 하려면 다른 방법으로는 그 이행의 확보가 어렵고, 그 불이행을 방치함이 심히 공익을 해하는 것으로 인정되는 경우에 한한다(대판 1989.7.11. 88누11193).

01 건축법에 위반하여 증·개축함으로써 철거의무가 있더라도 그 철거의무를 대집행하기 위한 계고처분을 하려면 다른 방법으로는 그 이행의 확보가 어렵고, 그 불이행을 방치함이 심히 공익을 해하는 것으로 인정되는 경우에 한한다. (O | X) [20지방직7급]

② 불이행을 방치함이 심히 공익을 해할 것

대집행을 통하여 달성할 수 있는 공익과 대집행을 통하여 침해되는 사익을 비교·형량하는 것이다. 비례의 원칙이 행정대집행에도 적용된 것으로서 협의의 비례원칙(상당성)의 요건과 관련이 깊다.

> **관련 판례**
> 1. 대집행의 비례성 요건을 갖추지 못하였다고 본 판례
>   건축법위반 건물이 주위의 미관을 해칠 우려가 없을 뿐 아니라 이를 대집행으로 철거할 경우 많은 비용이 드는 반면에 공익에는 별도움이 되지 아니하고, 도로교통·방화·보안·위생·도시미관 및 공해예방 등의 공익을 크게 해친다고도 볼 수 없어 이에 대한 철거대집행계고 처분이 그 요건을 갖추지 못한 것으로서 위법하다(대판 1991.3.12. 90누10070).
> 2. 대집행의 비례성 요건을 갖추었다고 본 사례
>   무허가증축부분으로 인하여 건물의 미관이 나아지고 위 증축부분을 철거하는 데 비용이 많이 소요된다고 하더라도 위 무허가증축부분을 그대로 방치한다면 이를 단속하는 당국의 권능이 무력화되어 건축행정의 원활한 수행이 위태롭게 되며 건축법 소정의 제한규정을 회피하는 것을 사전예방하고 또한 도시계획구역 안에서 토지의 경제적이고 효율적인 이용을 도모한다는 더 큰 공익을 심히 해할 우려가 있다고 보아 건물철거대집행계고처분을 할 요건에 해당된다(대판 1992.3.10. 91누4140).

02 무허가 증축부분으로 인하여 건물의 미관이 나아지고 증축부분을 철거하는데 비용이 많이 소요된다고 하더라도 건물철거 대집행 계고처분을 할 요건에 해당된다. (O | X) [20지방직7급]

정답 01 O 02 O

3) 요건 관련 추가쟁점1(대집행권 행사의 재량성)

대집행의 요건 중 '다른 수단이 존재하지 않을 것'이라는 것은 요건 부분에 있어 판단여지가 인정된다고 볼 수 있으므로 대집행권 행사는 재량행위로 보는 것이 일반적이며 판례도 재량행위로 보고 있다.

> 01 대집행의 요건을 충족한 경우에 행정청이 대집행을 할 것인지 여부에 관해서 소수설은 재량행위로 보나, 다수설과 판례는 기속행위로 본다. (O | X) [21소방직]

관련 판례

건물 중 위법하게 구조변경을 한 건축물 부분은 제반 사정에 비추어 그 원상복구로 인한 불이익의 정도가 그로 인하여 유지하고자 하는 공익상의 필요 또는 제3자의 이익보호의 필요에 비하여 현저히 크므로, 그 건축물 부분에 대한 대집행계고처분은 재량권의 범위를 벗어난 위법한 처분이다(대판 1996.10.11. 96누8086).

4) 요건관련 추가쟁점2(대집행을 하기 위한 전제로서 의무를 부과한 처분에 불가쟁력이 발생하여야 하는지 여부)

- 하자가 있는 처분의 경우에도 권한이 있는 기관에 의하여 취소되지 아니하는 한 일응 유효하므로 위법한 행정처분에 의해 부과된 의무에 대해서도 대집행이 가능하다.
- 대집행의 요건과 불가쟁력의 발생은 무관하다. 예를 들면, 위법 건축물의 철거명령에 불가쟁력이 발생하여야만 대집행이 가능한 것이 아니다.

> 02 위법한 행정처분에 의해 부과된 대체적 작위의무 불이행에 대해서도 대집행을 할 수 있다. (O | X) [13군무원9급]

5. 대집행의 절차

1) 개설

대집행은 계고, 대집행영장에 의한 통지, 대집행 실행, 대집행 비용의 징수(납부명령 및 강제징수)의 단계를 거친다.

2) 계고

① 의의

상당한 기간 내에 의무를 이행하지 않은 경우, 대집행을 하겠다는 의사를 사전에 통지하는 행위이다. 그리고 대집행의 요건은 계고시에 충족되고 있어야 한다(대판 2010.6.24. 2010두1231).

> 03 원칙적으로 '의무의 불이행을 방치하는 것이 심히 공익을 해하는 것으로 인정되는 경우'의 요건은 계고를 할 때에 충족되어 있어야 한다. (O | X) [17국가직9급]

정답 01 X 02 O 03 O

행정대집행법 제3조(대집행의 절차) ① 전조의 규정에 의한 처분(이하 대집행이라 한다)을 하려함에 있어서는 상당한 이행기한을 정하여 그 기한까지 이행되지 아니할 때에는 대집행을 한다는 뜻을 미리 문서로써 계고하여야 한다. 이 경우 행정청은 상당한 이행기한을 정함에 있어 의무의 성질·내용 등을 고려하여 사회통념상 해당 의무를 이행하는 데 필요한 기간이 확보되도록 하여야 한다.

② 계고의 법적성질

계고는 준법률행위적 행정행위로서 통지(대집행영장을 발급할 수 있는 권한의 발생)에 해당한다. 따라서 항고소송의 대상이 되는 처분에 해당한다. 다만, 반복된 계고는 처분성이 없다.

01 대집행의 계고는 행정지도에 해당한다. (O | X) [15교육행정직9급]

관련 판례

[1] 건물의 소유자에게 위법건축물을 일정기간까지 철거할 것을 명함과 아울러 불이행할 때에는 대집행한다는 내용의 철거대집행 계고처분을 고지한 후 이에 불응하자 다시 제2차, 제3차 계고서를 발송하여 일정기간까지의 자진철거를 촉구하고 불이행하면 대집행을 한다는 뜻을 고지하였다면 행정대집행법상의 건물철거의무는 제1차 철거명령 및 계고처분으로서 발생하였고 제2차, 제3차의 계고처분은 새로운 철거의무를 부과한 것이 아니고 다만 대집행기한의 연기통지에 불과하므로 행정처분이 아니다.
[2] 위법한 건물의 공유자 1인에 대한 계고처분은 다른 공유자에 대하여는 그 효력이 없다(대판 1994.10.28. 94누5144).

02 대집행의 절차인 '대집행의 계고'의 법적 성질은 준법률행위적 행정행위이므로 계고 그 자체가 독립하여 항고소송의 대상이나, 2차 계고는 새로운 철거의무를 부과하는 것이 아니고 대집행기한의 연기통지에 불과하므로 행정처분으로 볼 수 없다는 판례가 있다. (O | X) [21소방직]
03 1차 계고 이후 2차, 3차 계고 처분을 한 경우라도 2차, 3차 계고 처분은 대집행기한의 연기통지에 불과하여 처분성이 인정되지 않는다. (O | X) [12군무원9급]
04 위법한 건물의 공유자 1인에 대한 계고처분은 다른 공유자에 대하여는 그 효력이 없다. (O | X) [16사회복지직9급]

③ 계고의 요건

㉠ 계고는 의무자가 이행하여야 할 행위와 대집행할 행위의 내용 및 범위가 구체적으로 특정되어야 한다. 다만, 계고서 외에도 처분 후에 송달된 문서 등을 고려하여 특정할 수 있다면 족하다.

관련 판례

건축법위반 건축물의 철거를 명하고 그 의무불이행시 행할 대집행의 계고를 함에 있어서 의무자가 이행하여야 할 행위와 그 의무불이행시 대집행할 행위의 내용 및 범위는 반드시 대집행계고서에 의하여서만

정답 01 X 02 O 03 O 04 O

특정되어야 하는 것은 아니고 그 처분 전후에 송달된 문서나 기타 사정을 종합하여 이를 특정할 수 있으면 족하다(대판 1992.3.10. 91누4140).

01 행정청이 대집행에 대한 계고를 함에 있어서 의무자가 스스로 이행하지 아니하는 경우 대집행할 행위의 내용과 범위가 구체적으로 특정되어야 하지만, 그 내용 및 범위는 대집행계고서에 의해서만 특정되어야 하는 것은 아니고 그 처분 전후에 송달된 문서나 기타 사정을 종합하여 이를 특정할 수 있으면 족하다. (O | X) [21소방직]

　　ⓒ 상당한 기간
　　　행정청은 의무의 성질·내용을 고려하여 사회통념상 의무이행에 필요한 기간을 부여하여야 한다.

관련 판례

1. **철거명령(하명)과 계고를 동시에 하면서 상당한 기간을 부여한 경우 – 적법한 계고**
   (계고서라는 명칭의 1장의 문서로서 일정기간 내에 위법건축물의 자진철거를 명함과 동시에 그 소정기한 내에 자진철거를 하지 아니할 때에는 대집행할 뜻을 미리 계고한 경우) 철거명령에서 주어진 일정기간이 자진철거에 필요한 상당한 기간이라면 그 기간 속에는 계고시에 필요한 '상당한 이행기간'도 포함되어 있다고 보아야 할 것이다(대판 1992.6.12. 91누13564).
2. **계고시 상당한 기간을 부여하지 아니한 경우 대집행영장으로 그 의무이행기간을 늦춘 경우 – 위법한 계고**
   (상당한 의무이행기간을 부여하지 아니한 대집행계고처분 후에 대집행영장으로써 대집행의 시기를 늦춘 경우) 행정대집행법 제3조 제1항은 행정청이 의무자에게 대집행영장으로써 대집행할 시기 등을 통지하기 위하여는 그 전제로서 대집행계고처분을 함에 있어서 의무이행을 할 수 있는 상당한 기간을 부여할 것을 요구하고 있으므로, 행정청인 피고가 의무이행기한이 1988.5.24.까지로 된 이 사건 대집행계고서를 5.19. 원고에게 발송하여 원고가 그 이행종기인 5.24. 이를 수령하였다면, 설사 피고가 대집행영장으로써 대집행의 시기를 1988.5.27 15:00로 늦추었더라도 위 대집행계고처분은 상당한 이행기한을 정하여 한 것이 아니어서 대집행의 적법절차에 위배한 것으로 위법한 처분이라고 할 것이다(대판 1990.9.14. 90누2048).

02 계고서라는 명칭의 1장의 문서로서 일정기간 내에 위법건축물의 자진철거를 명함과 동시에 그 소정기한 내에 자진철거를 하지 아니할 때에는 대집행할 뜻을 미리 계고한 경우라도 건축법에 의한 철거명령과 행정대집행법에 의한 계고처분의 각 요건이 충족되었다고 볼 수 있다. (O | X) [19서울시7급]

　　ⓒ 계고는 문서로 하는 것이 원칙이고 문서에 의하지 아니한 계고는 무효이다(행정대집행법 제3조 제1항).

03 대집행의 계고는 문서에 의한 것이어야 하고, 구두에 의한 계고는 무효가 된다. (O | X) [12사회복지직9급]

정답 01 O 02 O 03 O

④ 계고의무가 면제되는 경우

대집행을 하기 위해서는 미리 계고를 하여야 하지만 일정한 경우에는 계고를 하지 않고 대집행을 할 수 있다.

> **행정대집행법 제3조(대집행의 절차)** ③ 비상시 또는 위험이 절박한 경우에 있어서 당해 행위의 급속한 실시를 요하여 전2항(편저자 주 : 제1항은 계고, 제2항은 대집행영장으로써 하는 통지)에 규정한 수속을 취할 여유가 없을 때에는 그 수속을 거치지 아니하고 대집행을 할 수 있다.

01 행정청은 비상시 또는 위험이 절박한 경우에 있어서 당해 행위의 급속한 실시를 요하여 계고절차를 취할 여유가 없더라도 계고절차를 생략할 수 없다. (O | X) [16경찰]

02 대집행의 계고는 대집행의 의무적 절차의 하나이므로 생략할 수 없지만, 철거명령과 계고처분을 1장의 문서로 동시에 행할 수는 있다. (O | X) [20국가직7급]

3) 대집행영장에 의한 통지

① 의의

의무자가 계고를 받고 그 지정 기한까지 그 의무를 이행하지 아니한 경우, 당해 행정청은 대집행실행 시기, 대집행 책임자의 성명, 대집행 비용의 계산액을 의무자에게 통지하는 행위를 말한다.

> **행정대집행법 제3조(대집행의 절차)** ② 의무자가 전항의 계고를 받고 지정기한까지 그 의무를 이행하지 아니할 때에는 당해 행정청은 대집행영장으로써 대집행을 할 시기, 대집행을 시키기 위하여 파견하는 집행책임자의 성명과 대집행에 요하는 비용의 개산에 의한 견적액을 의무자에게 통지하여야 한다.

② 대집행영장에 의한 통지의 법적성질

준법률행위적 행정행위로서 통지에 해당한다(수인의무와 대집행 실행권의 발생). 따라서 항고소송의 대상이 되는 처분에 해당한다.

03 대집행의 계고와 대집행영장에 의한 통지는 그 자체가 독립하여 취소소송의 대상이 된다. (O | X) [15지방직7급]

③ 대집행영장에 의한 통지가 면제되는 경우

대집행을 하기 위해서는 미리 대집행영장에 의한 통지를 하여야 하지만 일정한 경우에는 이것을 하지 않고 대집행을 할 수 있다.

> **행정대집행법 제3조(대집행의 절차)** ③ 비상시 또는 위험이 절박한 경우에 있어서 당해 행위의 급속한 실시를 요하여 전2항(편저자 주 : 제1항은 계고, 제2항은 대집행영장으로써 하는 통지)에 규정한 수속을 취할 여유가 없을 때에는 그 수속을 거치지 아니하고 대집행을 할 수 있다.

정답 01 X 02 X 03 O

PART 4 행정의 실효성 확보수단

01 비상시 또는 위험이 절박한 경우에 있어 당해 행위의 급속한 실시를 요하여 대집행영장에 의한 통지절차를 취할 여유가 없을 때에는 이 절차를 거치지 아니하고 대집행할 수 있다. (O | X) [21소방직]

02 구두에 의한 계고는 무효이며, 계고와 통지는 동시에 생략할 수 없다. (O | X) [20국회직8급]

4) 대집행의 실행

① **의의**
당해 행정청 스스로 의무자가 해야 할 행위를 하거나 제3자로 하여금 그 의무를 이행시키는 물리력의 행사를 의미한다.

② **법적성격**
수인의무와 철거행위가 결합된 권력적 사실행위로 본다.

③ **실행 절차**
㉠ 대집행의 실행은 원칙적으로 해가 뜨기 전이나 해가 진 후에는 할 수 없으나 일정한 경우에는 가능하다.

> **행정대집행법 제4조(대집행의 실행 등)** ① 행정청(제2조에 따라 대집행을 실행하는 제3자를 포함한다. 이하 이 조에서 같다)은 해가 뜨기 전이나 해가 진 후에는 대집행을 하여서는 아니 된다. 다만, 다음 각 호의 어느 하나에 해당하는 경우에는 그러하지 아니하다.
> 1. 의무자가 동의한 경우
> 2. 해가 지기 전에 대집행을 착수한 경우
> 3. 해가 뜬 후부터 해가 지기 전까지 대집행을 하는 경우에는 대집행의 목적 달성이 불가능한 경우
> 4. 그 밖에 비상시 또는 위험이 절박한 경우

03 행정청은 해가 지기 전에 대집행을 착수한 경우라도 해가 진 후에는 대집행을 할 수 없다. (O | X) [20지방직7급]

㉡ 행정청은 대집행을 할 때 대집행 과정에서의 안전 확보를 위하여 필요하다고 인정하는 경우 현장에 긴급 의료장비나 시설을 갖추는 등 필요한 조치를 하여야 한다(동법 제2항).

㉢ 대집행을 하기 위하여 현장에 파견되는 집행책임자는 그가 집행책임자라는 것을 표시한 증표를 휴대하여 대집행시에 이해관계인에게 제시하여야 한다(동법 제3항).

④ **대집행의 실행에 있어 명문의 규정이 없는 경우 실력행사의 가능성**
㉠ 학설

긍정설	명문의 근거가 없는 경우에도 대집행의 실행을 위하여 필요한 한도에서 실력행사가 가능하다는 견해
부정설	실력행사는 직접강제의 영역에 해당하므로 별도의 명문의 근거가 필요하다는 견해

정답 01 O 02 X 03 X

ⓛ 판례

> **관련 판례**
>
> [1] 관계 법령상 행정대집행의 절차가 인정되어 행정청이 행정대집행의 방법으로 건물의 철거 등 대체적 작위의무의 이행을 실현할 수 있는 경우에는 따로 민사소송의 방법으로 그 의무의 이행을 구할 수 없다. 한편 건물의 점유자가 철거의무자일 때에는 건물철거의무에 퇴거의무도 포함되어 있는 것이어서 별도로 퇴거를 명하는 집행권원이 필요하지 않다.
> [2] 행정청이 행정대집행의 방법으로 건물철거의무의 이행을 실현할 수 있는 경우에는 건물철거 대집행 과정에서 부수적으로 건물의 점유자들에 대한 퇴거 조치를 할 수 있고, 점유자들이 적법한 행정대집행을 위력을 행사하여 방해하는 경우 형법상 공무집행방해죄가 성립하므로, 필요한 경우에는 '경찰관 직무집행법'에 근거한 위험발생 방지조치 또는 형법상 공무집행방해죄의 범행방지 내지 현행범 체포의 차원에서 경찰의 도움을 받을 수도 있다(대판 2017.4.28. 2016다213916).

01 건물철거의무에 퇴거의무도 포함되어 있어 건물철거 대집행과정에서 부수적으로 건물의 점유자들에 대한 퇴거 조치를 할 수 있다. (O | X)　　　　　　　　　　　　　　　　　　　　　　　　　　　　　　　　　　　[20소방직]

02 철거대상 건물의 점유자들이 적법한 행정대집행을 위력을 행사하여 방해하는 경우, 행정청은 필요하다면 경찰관직무집행법에 근거한 위험발생 방지조치 차원에서 경찰의 도움을 받을 수 있다. (O | X)　　　　　　　　　[20국가직9급]

5) 비용징수

① 납부명령

> **행정대집행법 제5조(비용납부명령서)** 대집행에 요한 비용의 징수에 있어서는 실제에 요한 비용액과 그 납기일을 정하여 의무자에게 문서로써 그 납부를 명하여야 한다.

03 대집행비용의 납부명령은 독립하여 항고소송의 대상이 된다. (O | X)　　　　　　　　　　　　　　　[11국가직9급]

04 대집행비용은 원칙상 의무자가 부담하며 행정청은 그 비용액과 납기일을 정하여 의무자에게 문서로 납부를 명하여야 한다. (O | X)　　　　　　　　　　　　　　　　　　　　　　　　　　　　　　　　　　　　　　　[20지방직9급]

② 강제징수

> **행정대집행법 제6조(비용징수)** ① 대집행에 요한 비용은 국세징수법의 예에 의하여 징수할 수 있다.
> ② 대집행에 요한 비용에 대하여서는 행정청은 사무비의 소속에 따라 국세에 다음가는 순위의 선취득권을 가진다.
> ③ 대집행에 요한 비용을 징수하였을 때에는 그 징수금은 사무비의 소속에 따라 국고 또는 지방자치단체의 수입으로 한다.

> **관련 판례**
>
> [1] 대한주택공사가 구 대한주택공사법 및 구 대한주택공사법 시행령에 의하여 대집행권한을 위탁받아 공무인 대집행을 실시하기 위하여 지출한 비용은 행정대집행법 절차에 따라 국세징수법의 예에 의하여 징수할 수 있다.

정답 01 O 02 O 03 O 04 O

[2] 대한주택공사가 법령에 의하여 대집행권한을 위탁받아 공무인 대집행을 실시하기 위하여 지출한 비용을 행정대집행법 절차에 따라 징수할 수 있음에도 민사소송절차에 의하여 그 비용의 상환을 청구한 사안에서, 위 청구가 소의 이익이 없어 부적법하다(대판 2011.9.8. 2010다48240)

01 구 대한주택공사가 대집행권한을 위탁받아 공무인 대집행을 실시하기 위하여 지출한 비용을 행정대집행법 절차에 따라 국세징수법의 예에 의하여 징수할 수 있음에도 민사소송 절차에 의하여 그 비용의 상환을 구하는 청구는 소의 이익이 없어 부적법하다. (O | X) [19지방직9급]

6. 위법한 대집행에 대한 구제수단

1) 항고소송

① 대상적격

대집행의 절차인 계고, 대집행영장에 의한 통지, 대집행 실행, 비용징수(납부명령 및 강제징수) 모두가 항고소송의 대상인 처분에 해당한다.

② 입증책임

대집행의 요건을 갖추어 대집행이 적법하다는 사실의 입증책임은 행정청에 있다.

관련 판례

1. 건물 중 위법하게 구조변경을 한 건축물 부분은 제반 사정에 비추어 그 원상복구로 인한 불이익의 정도가 그로 인하여 유지하고자 하는 공익상의 필요 또는 제3자의 이익보호의 필요에 비하여 현저히 크므로, 그 건축물 부분에 대한 대집행계고처분은 재량권의 범위를 벗어난 위법한 처분이다(대판 1996.10.11. 96누8086).
2. 대집행계고처분 취소소송의 변론종결 전에 대집행영장에 의한 통지절차를 거쳐 사실행위로서 대집행의 실행이 완료된 경우에는 행위가 위법한 것이라는 이유로 손해배상이나 원상회복 등을 청구하는 것은 별론으로 하고 처분의 취소를 구할 법률상 이익은 없다(대판 1993.6.8. 93누6164).

02 대집행계고처분 취소소송의 변론이 종결되기 전에 대집행영장에 의한 통지절차를 거쳐 사실행위로서 대집행의 실행이 완료된 경우에는 계고처분의 취소를 구할 법률상 이익이 없다. (O | X) [19지방직9급]

03 대집행을 함에 있어 계고요건의 주장과 입증책임은 처분행정청에 있는 것이지, 의무불이행자에 있는 것이 아니다. (O | X) [20지방직9급]

04 대집행이 완료되어 취소소송을 제기할 수 없는 경우에도 국가배상청구는 가능하다. (O | X) [15국가직9급]

2) 행정심판

대집행의 절차인 계고, 대집행영장에 의한 통지, 대집행 실행, 비용징수(납부명령 및 강제징수) 모두가 행정심판의 대상인 처분에 해당한다.

3) 국가배상청구

국가배상청구의 요건을 구비한 경우, 국가배상청구가 인정될 수 있다.

Ⅲ 이행강제금(집행벌)

1. 의의

부작위의무 위반 또는 비대체적 작위의무 위반 또는 수인의무 불이행을 전제로 그 의무를 간접적으로 강제하는 것으로서, 일정한 기한 내에 의무의 이행이 없는 경우 이행강제금을 부과할 것을 계고하고 그 기간 안에 이행이 없는 때에는 이행강제금을 부과하는 것을 말한다.

01 이행강제금은 의무의 불이행시에 일정 액수의 금전납부의무가 부과될 것임을 의무자에게 미리 계고함으로써 의무의 이행을 확보하는 수단을 말한다. (O | X) [14경찰]

02 이행강제금은 작위의무 또는 부작위의무를 불이행한 경우에 그 의무를 간접적으로 강제이행시키는 수단으로서 집행벌이라고도 한다. (O | X) [15국가직7급]

2. 구별개념

1) 직접강제와 대집행의 경우 직접적 의무이행 확보수단이나 이행강제금은 의무자에 대한 심리적 압박을 주는 간접적 의무이행수단이다.

2) 행정벌의 경우, 과거 법 위반에 대한 제재를 주된 목적으로 하지만 이행강제금은 장래에 의무이행을 확보하기 위한 간접적 의무이행수단이다. 따라서 행정벌과 이행강제금은 병과가 가능하다.

03 건축법상 이행강제금은 의무자에게 심리적 압박을 주어 시정명령에 따른 의무이행을 간접적으로 강제하는 강제집행수단이 아니라 시정명령의 불이행이라는 과거의 위반행위에 대한 금전적 제재에 해당한다. (O | X) [19국회직8급]

> **관련 판례**
>
> 건축법 제78조에 의한 무허가 건축행위에 대한 형사처벌과 건축법 제83조 제1항에 의한 시정명령 위반에 대한 이행강제금의 부과는 그 처벌 내지 제재대상이 되는 기본적 사실관계로서의 행위를 달리하며, 또한 그 보호법익과 목적에서도 차이가 있으므로 헌법 제13조 제1항이 금지하는 이중처벌에 해당한다고 할 수 없다(헌재 2004.2.26. 2001헌바80).

04 개발제한구역 내의 건축물에 대하여 허가를 받지 않고 한 용도변경행위에 대한 형사처벌과 건축법 제83조 제1항에 의한 시정명령 위반에 대한 이행강제금 부과는 이중처벌에 해당하지 아니한다. (O | X) [21소방직]

05 건축법상 이행강제금은 형벌에 해당하므로 이중처벌금지의 원칙이 적용된다. (O | X) [20소방직]

정답 01 O 02 O 03 X 04 O 05 X

3. 이행강제금의 대상

부작위의무 위반에 대하여 이행강제금 부과는 가능하지만, 작위의무에 대해서는 비대체적 작위의무 이외에 대체적 작위의무의 경우에도 이행강제금 부과가 가능할 것인가에 관하여 견해의 대립이 존재하나 헌법재판소는 대체적 작위의무 위반에 대해서도 이행강제금의 부과를 인정한다.

> **관련 판례**
>
> 1. 전통적으로 행정대집행은 대체적 작위의무에 대한 강제집행수단으로, 이행강제금은 부작위의무나 비대체적 작위의무에 대한 강제집행수단으로 이해되어 왔으나, 이는 이행강제금제도의 본질에서 오는 제약은 아니며, 이행강제금은 대체적 작위의무의 위반에 대하여도 부과될 수 있다. 현행 건축법상 위법건축물에 대한 이행강제수단으로 대집행과 이행강제금(제83조 제1항)이 인정되고 있는데, 양 제도는 각각의 장·단점이 있으므로 행정청은 개별사건에 있어서 위반내용, 위반자의 시정의지 등을 감안하여 대집행과 이행강제금을 선택적으로 활용할 수 있으며, 이처럼 그 합리적인 재량에 의해 선택하여 활용하는 이상 중첩적인 제재에 해당한다고 볼 수 없다(헌재 2004.2.26. 2001헌바80).
> 2. **개발제한구역 내 건축물의 무단용도변경행위에 대해 이행강제금을 부과할 수 있다.**
>   개발제한구역 내에 위치한 건축물의 용도변경행위에 관하여는 특별조치법뿐만 아니라 건축법도 적용되어, 관할 행정청은 건축법 제69조 제1항에 의하여 시정명령을 할 수 있고, 그 시정명령에 위반한 경우에는 구 건축법 제83조에 의하여 이행강제금을 부과할 수 있다(대판 2008.6.26. 2007마629).

01 대체적 작위의무 위반에 대해서는 이행강제금이 부과될 수 없다. (O | X) [20지방직9급]

02 대집행과 이행강제금 중 어떠한 강제수단을 선택할 것인지에 대하여 행정청의 재량이 인정된다. (O | X) [20국가직9급]

03 행정청은 개별 사건에 있어서 위반내용, 위반자의 시정의지 등을 감안하여 대집행을 할 것인지 아니면 이행강제금을 부과할 것인지와 관련하여 양자의 선택에 있어서 재량을 갖는다. (O | X) [17국가직7급]

4. 이행강제금의 법적 근거

이행강제금 부과를 위해서는 의무를 과하는 근거 규정 외에 이행강제금을 부과할 수 있는 법적 근거가 따로 존재하여야 한다. 이행강제금에 관해서는 행정기본법에 일반법적 근거가 존재하고 개별법(건축법 제80조, 농지법 제65조 등, 부동산실권리자명의 등기에 관한 법률 제10조 등)에서 인정되고 있다.

> **행정기본법 제30조(행정상 강제)** ① 행정청은 행정목적을 달성하기 위하여 필요한 경우에는 법률로 정하는 바에 따라 필요한 최소한의 범위에서 다음 각 호의 어느 하나에 해당하는 조치를 할 수 있다.
> 2. 이행강제금의 부과: 의무자가 행정상 의무를 이행하지 아니하는 경우 행정청이 적절한 이행기간을 부여하고, 그 기한까지 행정상 의무를 이행하지 아니하면 금전급부의무를 부과하는 것

04 이행강제금은 침익적 강제수단이므로 법적근거를 요한다. (O | X) [20지방직9급]

정답 01 ✕ 02 O 03 O 04 O

5. 이행강제금의 부과 요건 및 절차(건축법)

1) 시정명령

허가권자는 건축법 또는 건축법에 따른 명령이나 처분에 위반되는 대지나 건축물에 대하여 건축법에 따른 허가 또는 승인을 취소하거나 그 건축물의 건축주·공사시공자·현장관리인·소유자·관리자 또는 점유자(이하 "건축주등"이라 한다)에게 공사의 중지를 명하거나 상당한 기간을 정하여 그 건축물의 철거·개축·증축·수선·용도변경·사용금지·사용제한, 그 밖에 **필요한 조치를** 명할 수 있다(건축법 제79조).

> **관련 판례**
>
> 공무원들이 위법건축물임을 알지 못하여 공사 도중에 시정명령이 내려지지 않아 위법건축물이 완공되었다 하더라도, 공공복리의 증진이라는 위 목적의 달성을 위해서는 완공 후에라도 위법건축물임을 알게 된 이상 시정명령을 할 수 있다고 보아야 할 것이다(대판 2002.8.16. 2002마1022).

01 공무원이 위법건축물임을 알지 못하여 공사 도중에 시정명령이 내려지지 않아 건축물이 완공되었다 하더라도 위법건축물 완공 후에도 시정명령을 할 수 있고 그 불이행에 대하여 이행강제금을 부과할 수 있다. (O | X)

[13국회직8급]

2) 시정명령의 불이행

허가권자가 부여한 상당한 기간 내에 시정명령의 불이행이 있을 것

3) 시정명령의 이행에 필요한 상당한 기한 정하여 다시 이행기한의 통지(2차 시정명령의 의미)

허가권자는 시정기간 내에 시정명령을 이행하지 아니한 건축주등에 대하여는 그 시정명령의 이행에 필요한 상당한 이행기한을 정하여 그 기한까지 시정명령을 이행하지 아니하면 건축법에서 정한 이행강제금을 부과한다(건축법 제80조).

> **관련 판례**
>
> 2006년에 철거명령을 부과하고 제2차의 시정명령을 하지 않던 상태에서 2011년에 들어서야 2차의 시정명령을 한 사건에서 2011년 기준 이행강제금 이외에 2008~2010년분 이행강제금에 해당하는 부분은 그 하자가 중대·명백하여 무효라고 한 사례
>
> 비록 건축주 등이 장기간 시정명령을 이행하지 아니하였더라도, 그 기간 중에는 시정명령의 이행 기회가 제공되지 아니하였다가 뒤늦게 시정명령의 이행 기회가 제공된 경우라면, 시정명령의 이행 기회 제공을 전제로 한 1회분의 이행강제금만을 부과할 수 있고, 시정명령의 이행 기회가 제공되지 아니한 과거의 기간에 대한 이행강제금까지 한꺼번에 부과할 수는 없다. 그리고 이를 위반하여 이루어진 이행강제금 부과처분은 과거의 위반행위에 대한 제재가 아니라 행정상의 간접강제 수단이라는 이행강제금의 본질에 반하여 구 건축법 제80조 제1항, 제4항 등 법규의 중요한 부분을 위반한 것으로서, 그러한 하자는 중대할 뿐만 아니라 객관적으로도 명백하다(대판 2016.7.14. 2015두46598).

정답 01 O

01 건축주 등이 장기간 시정명령을 이행하지 아니하였으나 그 기간 중에 시정명령의 이행 기회가 제공되지 아니하였다가 뒤늦게 이행 기회가 제공된 경우, 이행 기회가 제공되지 아니한 과거의 기간에 대한 이행강제금까지 한꺼번에 부과하였다면 그러한 이행강제금 부과처분은 하자가 중대·명백하여 당연무효이다. (O | X) [19국가직7급]

4) 이행강제금 부과

① 시정명령 불이행과 이행강제금 계고
2차의 시정명령에서 정한 기한 내에 시정명령의 불이행이 있는 경우, 계고처분을 할 수 있다(법 제80조 제2항).

② 이행강제금의 부과
이행강제금은 연 2회의 범위에서 시정명령이 이행될 때 까지 반복 부과될 수 있다. 다만, 의무이행기간이 지난 후에 시정명령의 이행이 있는 경우에는 이행강제금을 부과할 수 없다(대판 2016.6.23. 2015두36454). 또한 이행강제금은 불이익 처분이므로 행정절차법상 의견청취 절차를 거쳐야 하는 것이 원칙이다.

02 건축법상 이행강제금은 반복하여 부과·징수될 수 있다. (O | X) [20지방직9급]
03 건축법상 시정명령을 받은 의무자가 이행강제금이 부과되기 전에 그 의무를 이행한 경우에는 비록 시정명령에서 정한 기간을 지나서 이행한 경우라도 이행강제금을 부과할 수 없다. (O | X) [20국가직9급]
04 이행강제금의 부과는 의무불이행에 대한 집행벌로 가하는 것이기 때문에 행정절차상 의견청취를 거치지 않아도 된다. (O | X) [15국가직7급]

③ 이행강제금의 징수
시정명령을 받은 자가 시정명령을 이행하면 이행강제금의 부과를 중지하되 이미 부과된 이행강제금은 징수하여야 한다(법 제80조). 그리고 이행강제금의 징수 절차는 「지방행정제재·부과금의 징수 등에 관한 법률」상 절차를 따른다.

05 건축법 제80조 제6항에 따르면 시정명령을 받은 자가 시정명령을 이행한 경우에는 더 이상 이행강제금을 부과하지 않지만, 이미 부과된 이행강제금은 징수한다. (O | X) [20국회직8급]
06 건축법상 이행강제금 납부의 최초 독촉은 항고소송의 대상이 되는 행정처분에 해당한다는 것이 판례의 태도이다. (O | X) [20소방직]
07 건축법상 허가권자는 이행강제금 부과처분을 받은 자가 이행강제금을 납부기한까지 내지 아니하면 「지방행정제재·부과금의 징수 등에 관한 법률」에 따라 징수한다. (O | X) [10국가직9급]

관련 판례

1. 부동산 실권리자명의 등기에 관한 법률상 장기미등기자가 같은 법 제6조 제2항에 규정된 기간이 지나서 등기신청의무를 이행한 경우, 이행강제금을 부과할 수 없다.
    장기미등기자가 이행강제금 부과 전에 등기신청의무를 이행하였다면 이행강제금의 부과로써 이행을 확보하고자 하는 목적은 이미 실현된 것이므로 부동산실명법 제6조 제2항에 규정된 기간이 지나서 등기신청의무를 이행한 경우라 하더라도 이행강제금을 부과할 수 없다(대판 2016.6.23. 2015두36454).

정답 01 O 02 O 03 O 04 X 05 O 06 O 07 O

CHAPTER 1 행정상 강제집행

2. 이 이행명령을 받은 자가 그 명령을 이행하는 경우에 새로운 이행강제금의 부과를 즉시 중지하도록 규정한 것은 이행강제금의 본질상 이행강제금 부과로 이행을 확보하고자 한 목적이 이미 실현된 경우에는 그 이행강제금을 부과할 수 없다는 취지를 규정한 것으로서, 이에 의하여 부과가 중지되는 '새로운 이행강제금'에는 국토계획법 제124조의2 제3항의 규정에 의하여 반복 부과되는 이행강제금뿐만 아니라 이행명령 불이행에 따른 최초의 이행강제금도 포함된다. 따라서 이행명령을 받은 의무자가 그 명령을 이행한 경우에는 이행명령에서 정한 기간을 지나서 이행한 경우라도 최초의 이행강제금을 부과할 수 없다(대판 2014.12.11. 2013두15750).

3. [1] 독점규제 및 공정거래에 관한 법률('공정거래법')상 기업결합 제한 위반행위자에 대한 시정조치 및 이행강제금 부과는, 공정거래법 제17조의3은 같은 법 제16조에 따른 시정조치를 그 정한 기간 내에 이행하지 아니하는 자에 대하여 이행강제금을 부과할 수 있는 근거 규정이고, 시정조치가 공정거래법 제16조 제1항 제7호에 따른 부작위 의무를 명하는 내용이더라도 마찬가지로 보아야 한다 시정조치가 공정거래법 제16조 제1항 제7호에 따른 부작위 의무를 명하는 내용이더라도 마찬가지로 보아야 한다. 나아가 이러한 이행강제금이 부과되기 전에 시정조치를 이행하거나 부작위 의무를 명하는 시정조치 불이행을 중단한 경우 과거의 시정조치 불이행기간에 대하여 이행강제금을 부과할 수 있다고 봄이 타당하다.

[2] 회사합병이 있는 경우에는 피합병회사의 권리·의무는 사법상의 관계나 공법상의 관계를 불문하고 그의 성질상 이전을 허용하지 않는 것을 제외하고는 모두 합병으로 인하여 존속한 회사에 승계되는 것으로 보아야 한다(대판 2019.12.12. 2018두63563).

01 「부동산 실권리자명의 등기에 관한 법률」상 장기미등기자가 이행강제금 부과 전에 등기신청의무를 이행하였다면 이행강제금의 부과로써 이행을 확보하고자 하는 목적은 이미 실현된 것이므로 이 법상 규정된 기간이 지나서 등기신청의무를 이행한 경우라 하더라도 이행강제금을 부과할 수 없다. (O | X) [20군무원9급]

5) 관련문제(이행강제금 채무의 상속 가능성)

시정명령의 불이행으로 이행강제금이 부과된 경우, 그 의무자가 사망하게 되면 이행강제금은 간접강제의 성격을 가지고 있으므로 일신전속적 의무로 볼 수 있어 상속인에게 상속되지 않는다.

> **관련 판례**
>
> 사망한 자에 대한 이행강제금 부과처분은 무효, 이행강제금을 부과 받은 사람이 사망한 경우 상속되지 않음
> [1] 건축법상의 이행강제금은 간접강제의 일종으로서 그 이행강제금 납부의무는 상속인에게 승계될 수 없는 일신전속적인 성질의 것이므로 이미 사망한 사람에게 이행강제금을 부과하는 내용의 처분이나 결정은 당연무효이다.
> [2] 건축법상 이행강제금은 일신전속적인 성질의 것이므로 이행강제금을 부과받은 사람이 재판절차가 개시된 이후에 사망한 경우, 재판절차는 종료된다.
> [3] 구 건축법상 이행강제금을 부과받은 사람이 이행강제금사건의 제1심결정 후 항고심결정이 있기 전에 사망한 경우, 항고심결정은 당연무효이고, 이미 사망한 사람의 이름으로 제기된 재항고는 보정할 수 없는 흠결이 있는 것으로서 부적법하다(대판 2006.12.8. 2006마470).

정답 01 O

01 건축법상의 이행강제금은 간접강제의 일종으로서 그 이행강제금 납부의무는 일신전속적인 성질의 것이므로 이미 사망한 사람에게 이행강제금을 부과하는 내용의 처분은 당연무효이다. (O | X) [15군무원9급]

02 구 건축법상 이행강제금을 부과받은 자의 이의에 의해 비송사건절차법에 의한 재판절차가 개시된 후에 그 이의한 자가 사망했다면 그 재판절차는 종료된다. (O | X) [17사회복지직9급]

6) 이중처벌의 문제

이행강제금은 형사처벌이 아니므로 형사처벌과 병과할 수 있다.

6. 이행강제금와 행정기본법 규정

> **행정기본법 제31조(이행강제금의 부과)** ① 이행강제금 부과의 근거가 되는 법률에는 이행강제금에 관한 다음 각 호의 사항을 명확하게 규정하여야 한다. 다만, 제4호 또는 제5호를 규정할 경우 입법목적이나 입법취지를 훼손할 우려가 크다고 인정되는 경우로서 대통령령으로 정하는 경우는 제외한다.
> 1. 부과·징수 주체
> 2. 부과 요건
> 3. 부과 금액
> 4. 부과 금액 산정기준
> 5. 연간 부과 횟수나 횟수의 상한
>
> ② 행정청은 다음 각 호의 사항을 고려하여 이행강제금의 부과 금액을 가중하거나 감경할 수 있다.
> 1. 의무 불이행의 동기, 목적 및 결과
> 2. 의무 불이행의 정도 및 상습성
> 3. 그 밖에 행정목적을 달성하는 데 필요하다고 인정되는 사유
>
> ③ 행정청은 이행강제금을 부과하기 전에 미리 의무자에게 적절한 이행기간을 정하여 그 기한까지 행정상 의무를 이행하지 아니하면 이행강제금을 부과한다는 뜻을 문서로 계고(戒告)하여야 한다.
>
> ④ 행정청은 의무자가 제3항에 따른 계고에서 정한 기한까지 행정상 의무를 이행하지 아니한 경우 이행강제금의 부과 금액·사유·시기를 문서로 명확하게 적어 의무자에게 통지하여야 한다.
>
> ⑤ 행정청은 의무자가 행정상 의무를 이행할 때까지 이행강제금을 반복하여 부과할 수 있다. 다만, 의무자가 의무를 이행하면 새로운 이행강제금의 부과를 즉시 중지하되, 이미 부과한 이행강제금은 징수하여야 한다.
>
> ⑥ 행정청은 이행강제금을 부과받은 자가 납부기한까지 이행강제금을 내지 아니하면 국세강제징수의 예 또는 「지방행정제재·부과금의 징수 등에 관한 법률」에 따라 징수한다.

7. 위법한 이행강제금 부과의 경우 법적구제

① 항고소송

건축법상 이행강제금과 같이 불복 방법의 별도의 규정이 없는 경우에는 처분성이 인정되므로 항고소송의 대상이 된다. 그러나 농지법과 같이 이행강제금 부과에 관한 별도의 절차(이의제기에 의한 비송사건절차법의 절차)를 구비하고 있는 경우 항고소송의 대상이 되지 않는다.

CHAPTER 1 행정상 강제집행

01 이행강제금의 부과처분은 행정행위로서의 성질을 가진다. (O | X) [10지방직9급]

02 이행강제금 부과처분에 대해 비송사건절차법에 의한 특별한 불복절차가 마련되어 있는 경우 이행강제금 부과처분은 항고소송의 대상이 되는 행정처분이 아니다. (O | X) [20경찰]

03 건축법상 이행강제금의 부과에 대해서는 항고소송을 제기할 수 없고 비송사건절차법에 따라 재판을 청구할 수 있다. (O | X) [17지방직9급]

> **관련 판례**
>
> 농지법 제62조 제1항에 따른 이행강제금 부과처분에 불복하는 경우에는 비송사건절차법에 따른 재판절차가 적용되어야 하고, 행정소송법상 항고소송의 대상은 될 수 없다. 농지법 제62조 제6항, 제7항이 위와 같이 이행강제금 부과처분에 대한 불복절차를 분명하게 규정하고 있으므로, 이와 다른 불복절차를 허용할 수는 없다. 설령 관할청이 이행강제금 부과처분을 하면서 재결청에 행정심판을 청구하거나 관할 행정법원에 행정소송을 할 수 있다고 잘못 안내하거나 관할 행정심판위원회가 각하재결이 아닌 기각재결을 하면서 관할 법원에 행정소송을 할 수 있다고 잘못 안내하였다고 하더라도, 그러한 잘못된 안내로 행정법원의 항고소송 재판관할이 생긴다고 볼 수도 없다(대판 2019.4.11. 2018두42955).

② 행정심판

별도의 규정이 없는 한 처분성이 인정되므로 행정심판의 대상이 된다.

③ 국가배상

국가배상청구의 요건을 구비한 경우 국가배상청구를 할 수 있다.

Ⅳ 직접강제

1. 의의

행정상 의무의 불이행이 있는 경우에 의무자의 신체나 재산에 직접 실력을 가하여 의무의 이행이 있었던 것과 동일한 상태를 실현하는 작용을 의미한다.

04 직접강제는 행정법상의 의무불이행이 있는 경우에 직접 의무자의 신체나 재산에 실력을 가하여 의무의 이행이 있었던 것과 같은 상태를 실현하는 작용이다. (O | X) [09국가직9급]

2. 직접강제의 대상

직접강제는 일체의 의무위반에 대해서 가능하므로 비대체적의 의무 외에도 대체적 작위의무 위반의 경우도 가능하다. 다만, 대체적 작위의무 위반의 경우 대집행이 가능한 경우 비례의 원칙상 직접강제는 인정되지 않는다.

정답 01 O 02 O 03 X 04 O

3. 직접강제의 근거

> **행정기본법 제32조(직접강제)** ① 직접강제는 행정대집행이나 이행강제금 부과의 방법으로는 행정상 의무 이행을 확보할 수 없거나 그 실현이 불가능한 경우에 실시하여야 한다.
> ② 직접강제를 실시하기 위하여 현장에 파견되는 집행책임자는 그가 집행책임자임을 표시하는 증표를 보여 주어야 한다.
> ③ 직접강제의 계고 및 통지에 관하여는 제31조제3항(편주: 이행강제금 부과 계고) 및 제4항(편주: 이행강제금 부과 통지)을 준용한다.

> **공중위생관리법 제11조(공중위생영업소의 폐쇄등)** ① 시장·군수·구청장은 공중위생영업자가 다음 각 호의 어느 하나에 해당하면 6월 이내의 기간을 정하여 영업의 정지 또는 일부 시설의 사용중지를 명하거나 영업소폐쇄등을 명할 수 있다.
> 1. 제3조제1항 전단에 따른 영업신고를 하지 아니하거나 시설과 설비기준을 위반한 경우
> 2. 제3조제1항 후단에 따른 변경신고를 하지 아니한 경우
> ⑤ 시장·군수·구청장은 공중위생영업자가 제1항의 규정에 의한 영업소폐쇄명령을 받고도 계속하여 영업을 하는 때에는 관계공무원으로 하여금 해당 영업소를 폐쇄하기 위하여 다음 각호의 조치를 하게 할 수 있다.
> 1. 해당 영업소의 간판 기타 영업표지물의 제거
> 2. 해당 영업소가 위법한 영업소임을 알리는 게시물등의 부착
> 3. 영업을 위하여 필수불가결한 기구 또는 시설물을 사용할 수 없게 하는 봉인

직접강제는 국민의 기본권을 가장 크게 제한하는 수단이다. 즉, 국민의 권리를 침해할 여지가 매우 큰 행정상 강제집행에 해당한다. 따라서 원칙적으로 다른 행정상 강제집행으로 실효적인 목적을 달성할 수 없는 예외적인 경우에 인정되는 수단이다. 이러한 법리는 최근에 제정된 행정기본법에 직접강제에 관한 규정을 두면서 명시되기에 이르렀다. 또한 행정기본법에 따르면, 직접강제는 이행강제금 부과의 계고(행정기본법 제31조 제3항)와 통지규정(행정기본법 제31조 제4항)을 준용하므로 해당 절차를 거쳐야 한다(직접강제의 절차적 요건). 다만, 여전히 개별법적 근거가 중요하다(출입국관리법 제46조의 외국인 강제퇴거, 먹는 물 관리법 제38조 제1항의 영업장 폐쇄조치, 식품위생법상 영업소 폐쇄명령을 받은 자가 영업을 계속할 경우 강제폐쇄하는 조치 등).

---

01 식품위생법상 영업소 폐쇄명령을 받은 자가 영업을 계속할 경우 강제폐쇄하는 조치는 행정상 즉시강제에 해당한다. (O | X) [19소방직]
02 경찰관직무집행법은 직접강제에 관한 일반적 근거를 규정하고 있다. (O | X) [14국가직9급]
03 출입국관리법상의 외국인 등록의무를 위반한 사람에 대한 강제퇴거는 직접강제에 해당한다. (O | X) [13국가직9급]

4. 법적성격

권력적 사실행위의 성격을 가지고 있다.

정답 01 X 02 X 03 O

5. 권리구제

처분성이 인정되므로 항고소송, 행정심판이 인정된다. 인신구속에 관하여는 인신보호법상 구제가 가능하다.

Ⅴ 행정상 강제징수

1. 의의 및 법적 근거

1) 의의

행정법상 금전급부 의무자가 행정주체에 대해 부담하고 있는 행정법상의 금전급부 의무를 불이행하고 있는 경우에 행정청이 의무자의 재산에 실력을 가하여 의무의 이행이 있었던 것과 같은 상태를 실현하는 행정작용을 말한다.

> 01 행정상 강제징수란 국민이 국가 등 행정주체에 대하여 부담하고 있는 공법상의 금전급부의무를 이행하지 않은 경우 행정청이 의무자의 재산에 실력을 가하여 의무가 이행된 것과 동일한 상태를 실현하는 행정상 강제집행 수단을 말한다. (O | X) [20경찰]

2) 근거

- 행정에 관한 일반법인 행정기본법에 강제징수에 관한 규정이 존재한다.
- 다만, 개별법률에서 국세체납의 예 또는 지방세체납의 예에 따라 강제징수를 하도록 규정하고 있다. 따라서 국세징수법과 지방세기본법이 실질적인 일반법에 해당한다.
- 행정상 강제징수가 인정되는 경우에는 민사상 강제집행은 허용되지 아니한다.
- 행정법상 금전급부의무 불이행이 아닌 경우에는 원칙적으로 민사상 강제집행을 하여야 하지만 개별법상 강제집행의 근거가 있다면 사법상 권리관계에도 강제징수가 가능하다.

> **행정기본법 제30조(행정상 강제)** ① 행정청은 행정목적을 달성하기 위하여 필요한 경우에는 법률로 정하는 바에 따라 필요한 최소한의 범위에서 다음 각 호의 어느 하나에 해당하는 조치를 할 수 있다.
> 4. 강제징수: 의무자가 행정상 의무 중 금전급부의무를 이행하지 아니하는 경우 행정청이 의무자의 재산에 실력을 행사하여 그 행정상 의무가 실현된 것과 같은 상태를 실현하는 것

02 국세징수법은 행정상 강제징수에 관한 사실상 일반법의 지위를 갖는다. (O | X) [15사회복지직9급]

관련 판례

국유재산법은 위와 같은 제한 없이 모든 국유재산에 대하여 행정대집행법을 준용할 수 있도록 규정하였으므로, 행정청은 당해 재산이 행정재산 등 공용재산인 여부나 그 철거의무가 공법상의 의무인 여부에 관계없이 대집행을 할 수 있으며, 이는 같은 법 제25조 및 제38조가 사법상 권리관계인 국유재산의 사용료 또는 대부료 체납에 관하여도 국세징수법 중 체납처분에 관한 규정을 준용하여 징수할 수 있도록 규정한 것과도 그 궤를 같이하는 것이다(대판 1992.9.8. 91누13090).

정답 01 O 02 O

2. 절차

1) 강제징수의 절차
독촉 및 체납처분으로 나누어지며, 체납처분은 재산의 압류, 압류재산의 매각, 청산의 3단계로 진행된다.

2) 독촉

① **의의 및 성질**
독촉이란 상당한 이행기간을 정하여 의무의 이행을 최고하고, 그 의무가 이행되지 않을 경우에는 강제징수할 뜻을 알리는 것으로서 준법률행위적 행정행위인 통지의 성격을 가지고 있다. 따라서 행정쟁송의 대상이 되는 처분이다. 다만, 반복된 독촉의 경우, 최초의 독촉만이 항고소송의 대상이 되는 처분이라고 보는 것이 판례의 입장이다.

01 행정상 강제징수에 있어 독촉은 처분성이 인정되나 최초 독촉 후에 동일한 내용에 대해 반복한 독촉은 처분성이 인정되지 않는다. (O | X) [18경찰]

② **방식**
상당한 이행기한을 정하여 문서로 하여야 하며, 납부기간 경과 후 10일 내에 독촉장(납부최고서) 발부, 발부일로부터 20일 이내의 납부기한을 주어 독촉

③ **효과**
- 독촉이 있으면, 국세징수권의 소멸시효를 중단시킨다.
- 통설은 독촉 없이 한 압류를 무효로 본다. 그러나 판례는 취소사유로 본다.

02 독촉은 이후에 행해지는 압류의 적법요건이 되며 최고기간 동안 조세채권의 소멸시효를 중단시키는 법적 효과를 갖는다. (O | X) [18소방직]

> **관련 판례**
> 압류처분에 앞서 독촉절차를 거치지 아니하였다 하더라도 압류처분을 무효로 할 만큼 중대하고도 명백한 하자라고 볼 수 없다(대판 1992.3.10. 91누6030).

3) 체납처분
체납처분은 재산압류, 매각, 청산의 3단계로 행해진다.

① **압류의 의의**
체납자의 일정한 재산에 대하여 법률상·사실상 처분을 금지시켜 체납자의 재산을 보전하는 강제행위이며 권력적 사실행위로서 행정쟁송의 대상이 되는 처분에 해당한다.

CHAPTER 1 행정상 강제집행

01 체납자는 압류된 재산에 대하여 법률상의 처분을 할 수 있다. (O | X) [16교육행정직9급]

02 판례에 의하면, 압류는 체납국세의 징수를 실현하기 위하여 체납자의 재산을 보전하는 강제행위로서 항고소송의 대상이 되는 처분이다. (O | X) [15사회복지직9급]

② 대상

압류재산대상은 의무자의 소유로서 금전가치가 있고 양도가치가 있는 모든 재산이다. 다만, 국세징수법은 일정한 재산(의복, 침구 등)에 대해서는 압류를 금지하고 있다. 또한, 체납자가 사망한 후 체납자 명의의 재산에 대하여 한 압류는 그 재산을 상속한 상속인에 대하여 한 것으로 본다(국세징수법 제27조).

03 체납자가 사망한 후 체납자 명의의 재산에 대하여 한 압류는 그 재산을 상속한 상속인에 대하여 한 것으로 본다. (O | X) [10국가직7급]

관련 판례

1. 납세자가 아닌 제3자의 재산을 대상으로 한 압류처분은 그 처분의 내용이 법률상 실현될 수 없는 것이어서 당연무효이다(대판 2001.2.23. 2000다68924).
2. 세무공무원이 국세의 징수를 위해 납세자의 재산을 압류하는 경우 그 재산의 가액이 징수할 국세액을 초과한다 하여 위 압류가 당연무효의 것이라고 할 수 없다(대판 1986.11.11. 86누479).
3. 압류를 실행하지 못하고 수색조서를 작성하는 데 그친 경우에도 소멸시효 중단의 효력이 있다(대판 2001.8.21. 2000다12419).
4. 압류처분 후 고지된 세액이 납부된 경우에는 그 압류가 해제되어야 하나 그 납부의 사실이 있다고 하여 곧 그 압류처분이 당연무효가 되는 것은 아니다(대판 1982.7.13. 81누360).

04 납세자가 아닌 제3자의 재산을 대상으로 한 압류처분은 당연무효이다. (O | X) [18서울시7급]

③ 압류해제 사유

㉠ 필요적 해제

압류의 해제는 압류에 의한 처분금지의 효력을 장래에 향해서 상실시키는 처분으로서 납부, 충당, 공매의 중지, 부과의 취소, 근거법령이 위헌결정을 받은 경우 등 압류의 필요가 없게된 경우에는 반드시 압류를 해제하여야 한다. 필요적 해제사유가 있음에도 압류를 해제하지 아니한 경우, 해제신청을 할 수 있고 이에 대한 거부는 항고소송의 대상이 된다. 다만, 압류가 당초부터 효력이 없었던 것은 아니므로 압류를 필요적으로 해제할 사유가 생겼다고 해서 압류가 처음부터 무효가 되는 것은 아니다. 이와 달리 전혀 별개의 쟁점으로서, 근거 법률의 위헌결정으로 후속 집행절차를 진행할 수 없는 상황에서 행해진 압류처분은 처음부터 무효가 되는 것이지 해제사유가 있는 것이 아니다.

정답 01 X 02 O 03 O 04 O

01 국세징수법상 압류 후 부과처분의 근거법률이 위헌으로 결정된 경우에는 압류를 해제하여야 한다. (O | X) [20경찰]

ⓛ 임의적 해제

압류 후 재산가격이 변동하여 체납액 전액을 현저히 초과한 경우 등 일정한 경우, 압류재산의 전부 또는 일부를 해제할 수 있다.

④ 매각
- 압류재산의 매각은 체납자의 재산을 금전으로 바꾸는 것을 의미한다.
- 매각은 공매에 의하는 것이 원칙이나 예외적으로 수의계약에 의하는 경우도 있다.
- 공매는 공법상 대리로서 항고소송의 대상이 되는 행정처분이다. 세무서장은 한국자산관리공사로 하여금 공매를 대행하게 할 수 있으며, 이 경우 공매는 세무서장이 한 것으로 본다.
- 다만, 공매를 하기로 한 결정과 공매의 통지는 내부행위 또는 사실행위로서 처분이 아니라는 것이 학설과 판례의 태도이다.
- 공매의 통지는 공매처분의 절차적 요건이다.
- 판례에 따르면, 공매의 실시와 관련하여 공고 기간이 경과하지 아니한 공매는 위법하다.

02 과세관청이 체납처분으로서 행하는 공매는 우월한 공권력의 행사로서 행정소송의 대상이 되는 행정처분이다. (O | X) [15국가직9급]

> **관련 판례**
>
> 1. 한국자산공사가 당해 부동산을 인터넷을 통하여 재공매(입찰)하기로 한 결정 자체는 내부적인 의사결정에 불과하여 항고소송의 대상이 되는 행정처분이라고 볼 수 없고, 통지의 상대방의 법적 지위나 권리·의무에 직접 영향을 주는 것이 아니라고 할 것이므로 이것 역시 행정처분에 해당한다고 할 수 없다(대판 2007.7.27. 2006두8464).
> 2. 구 국세징수법 제68조는 세무서장이 압류된 재산의 공매를 공고한 때에는 즉시 그 내용을 체납자 등에게 통지하도록 정하고 있다. 이러한 체납자 등에 대한 공매통지는 국가의 강제력에 의하여 진행되는 공매절차에서 체납자 등의 권리 내지 재산상 이익을 보호하기 위하여 법률로 규정한 절차적 요건에 해당하지만, 그 통지를 하지 아니한 채 공매처분을 하였다 하여도 그 공매처분이 당연무효로 되는 것은 아니다(대판 2012.7.26. 2010다50625).
> 3. 국세징수 관계 법령상 공매예고 통지에 관한 규정이 없고 공매예고 통지는 공매사실 자체를 체납자에게 알려주는 것에 불과하므로 공매예고 통지가 없었다는 이유만으로 위 처분이 위법하게 되는 것은 아니다(대판 2013.6.28. 2011두18304).
> 4. 체납자등에 대한 공매통지는 국가의 강제력에 의하여 진행되는 공매에서 체납자 등의 권리 내지 재산상의 이익을 보호하기 위하여 법률로 규정한 절차적 요건이라고 보아야 하며, 공매처분을 하면서 체납자 등에게 공매통지를 하지 않았거나 공매통지를 하였더라도 그것이 적법하지 아니한 경우에는 절차상의 흠이 있어 그 공매처분은 위법하다(대판 2008.11.20. 2007두18154전합).

정답 01 O 02 O

CHAPTER 1 행정상 강제집행

01 국세징수법상 공매통지에 하자가 있는 경우, 다른 특별한 사정이 없는 한 체납자는 공매통지 자체를 항고소송의 대상으로 삼아 그 취소 등을 구할 수 있다. (O | X) [20국가직9급]

02 한국자산공사가 당해 부동산을 인터넷을 통하여 재공매(입찰)하기로 한 결정 자체는 내부적인 의사결정에 불과하여 항고소송의 대상이 아니다. (O | X) [18경찰]

03 국세징수법상 체납자 등에 대한 공매통지는 체납자 등의 법적 지위나 권리·의무에 직접적인 영향을 주는 행정처분에 해당하지 아니하므로 공매통지가 적법하지 아니한 경우에도 그에 따른 공매처분이 위법하게 되는 것은 아니다. (O | X) [18지방직9급]

⑤ 청산

압류금전, 체납자·제3채무자로부터 받은 금전, 매각대금 등으로 받은 금전을 국세체납처분비, 기타의 채권에 배분하는 것을 말한다. 배분 후 잔액이 있으면 체납자에게 반환한다. 다만, 청산 후에도 체납 금액이 남아 있는 경우에는 결손처분을 할 수 있는데 이러한 결손처분이나 결손처분의 취소는 항고소송의 대상이 되는 처분이 아니라 회계처리에 불과하다.

04 청산 후 배분하거나 충당하고 남은 금액이 있으면 이를 체납자에게 지급하여야 한다. (O | X) [16교육행정직9급]

3. 불복 및 구제

1) 행정쟁송(행정심판, 행정소송)

- 독촉, 압류, 매각은 행정소송의 대상이 되는 처분에 해당한다.
- 국세기본법에는 이의신청 절차(임의적 절차)에 대한 규정이 있으며, 행정소송을 제기하기 전에 국세청장에 의한 심사청구나 조세심판원장에 심판청구를 거쳐야 한다(필요적 절차).

05 국세징수법상의 독촉, 압류, 압류해제거부 및 공매처분에 대하여는 이의신청을 제기할 수 있고, 심사청구와 심판청구의 결정을 모두 거친 후에 행정소송을 제기할 수 있다. (O | X) [18소방직]

06 국세기본법에 의하면 강제징수 절차에 불복하는 당사자는 심사청구 또는 심판청구를 거친 후 행정소송을 제기하여야 한다. (O | X) [16교육행정직9급]

2) 부당이득반환청구

과세처분이 취소된 경우, 무효인 과세처분에 대해서는 부당이득반환청구가 가능하다.

3) 손해배상, 결과제거청구

국가배상청구의 요건을 구비한 경우 손해배상이 가능하고 위법한 압류에 대해서는 결과제거청구소송을 통해 구제가 가능하다.

정답 01 X 02 O 03 X 04 O 05 X 06 O

핵심 기출문제

01

다음은 행정의 실효성 확보수단에 관한 설명이다. 옳지 않은 것은? (다툼이 있는 경우 판례에 의함)

[19군무원(하)9급]

① 과징금은 의무위반행위로 인한 불법적인 이익을 박탈하기 위하여 부과하는 것으로서, 과징금 부과처분을 할 때 위반자의 고의 또는 과실을 요건으로 한다.
② 대집행은 타인이 대신하여 행할 수 있는 행위를 의무자가 이행하지 아니하는 경우 다른 수단으로써 그 이행을 확보하기 곤란하고 또한 그 불이행을 방치함이 심히 공익을 해할 것으로 인정될 때 실시할 수 있다.
③ 행정법규위반에 대하여 벌금 이외에 과징금을 부과하는 것은 이중처벌금지의 원칙에 반하지 않는다.
④ 이행강제금은 대체적 작위의무의 위반에 대하여도 부과될 수 있다.

02

「행정대집행법」상 대집행과 이행강제금에 대한 甲과 乙의 대화 중 乙의 답변이 옳지 않은 것은? (다툼이 있는 경우 판례에 의함)

[21국가직9급]

① 甲: 행정대집행의 절차가 인정되는 경우에도 행정청이 민사상 강제집행수단을 이용할 수 있나요?
  乙: 행정대집행의 절차가 인정되어 실현할 수 있는 경우에는 따로 민사소송의 방법을 이용할 수 없습니다.
② 甲: 대집행의 적용대상은 무엇인가요?
  乙: 대집행은 공법상 대체적 작위의무의 불이행이 있는 경우에 행할 수 있습니다.
③ 甲: 행정청은 대집행의 대상이 될 수 있는 것에 대하여 이행강제금을 부과할 수도 있나요?
  乙: 행정청은 개별사건에 있어서 위법건축물에 대하여 대집행과 이행강제금을 선택적으로 활용할 수 있습니다.
④ 甲: 만약 이행강제금을 부과받은 사람이 사망하였다면 이행강제금의 납부의무는 상속인에게 승계되나요?
  乙: 이행강제금의 납부의무는 상속의 대상이 되므로, 상속인이 납부의무를 승계합니다.

해설

01 | ① (×) 과징금부과처분에 있어서 고의·과실은 그 요건이 아니다.
② (○) 행정대집행법 제2조(대집행과 그 비용징수) 법률에 의하여 직접명령되었거나 또는 법률에 의거한 행정청의 명령에 의한 행위로서 타인이 대신하여 행할 수 있는 행위를 의무자가 이행하지 아니하는 경우 다른 수단으로써 그 이행을 확보하기 곤란하고 또한 그 불이행을 방치함이 심히 공익을 해할 것으로 인정될 때에는 당해 행정청은 스스로 의무자가 하여야 할 행위를 하거나 또는 제삼자로 하여금 이를 하게 하여 그 비용을 의무자로부터 징수할 수 있다.
③ (○) 공정거래법에서 형사처벌과 아울러 과징금의 병과를 예정하고 있더라도 이중처벌금지원칙에 위반된다고 볼 수 없으며, 이 과징금 부과처분에 대하여 공정력과 집행력을 인정한다고 하여 이를 확정판결 전의 형벌집행과 같은 것으로 보아 무죄추정의 원칙에 위반된다고도 할 수 없다(헌재 2003.7.24. 2001헌가25).
④ (○) 판례는 대체적 작위의무 불이행에 있어서 이행강제금과 대집행의 선택 가능성을 인정한다.
이행강제금은 대체적 작위의무의 위반에 대하여도 부과될 수 있다(헌재 2004.2.26. 2002헌바26).

02 | ① (○) 행정청은 행정상 강제집행이 가능한 경우에는 민사상 강제집행 수단을 이용할 수 없다는 것이 판례의 입장이다.
관리권자인 보령시장으로서는 행정대집행의 방법으로 이 사건 시설물을 철거할 수 있고, 이러한 행정대집행의 절차가 인정되는 경우에는 따로 민사소송의 방법으로 피고들에 대하여 이 사건 시설물의 철거를 구하는 것은 허용되지 않는다고 할 것이다(대판 2009.6.11. 2009다1122).
② (○) 대집행은 공법상 대체적 작위의무 위반의 경우에 동원할 수 있는 강제집행수단이다.
③ (○) 공법상 대체적 작위의무 위반의 경우에 대집행과 이행강제금을 선택적으로 활용할 수 있다는 것이 판례의 입장이다.
전통적으로 행정대집행은 대체적 작위의무에 대한 강제집행수단으로, 이행강제금은 부작위의무나 비대체적 작위의무에 대한 강제집행수단으로 이해되어 왔으나, 이는 이행강제금제도의 본질에서 오는 제약은 아니며, 이행강제금은 대체적 작위의무의 위반에 대하여도 부과될 수 있다. 현행 건축법상 위법건축물에 대한 이행강제수단으로 대집행과 이행강제금(제83조 제1항)이 인정되고 있는데, 양 제도는 각각의 장·단점이 있으므로 행정청은 개별사건에 있어서 위반내용, 위반자의 시정의지 등을 감안하여 대집행과 이행강제금을 선택적으로 활용할 수 있으며, 이처럼 그 합리적인 재량에 의해 선택하여 활용하는 이상 중첩적인 제재에 해당한다고 볼 수 없다(헌재 2004.2.26. 2001헌바80 등).
④ (×) 이행강제금 납부의무는 일신전속적 의무이므로 상속인이 납부의무를 승계할 수 없다는 것이 판례의 입장이다.
[1] 건축법상의 이행강제금은 간접강제의 일종으로서 그 이행강제금 납부의무는 상속인에게 승계될 수 없는 일신전속적인 성질의 것이므로 이미 사망한사람에게 이행강제금을 부과하는 내용의 처분이나 결정은 당연무효이다.
[2] 건축법상 이행강제금은 일신전속적인 성질의 것이므로 이행강제금을 부과받은 사람이 재판절차가 개시된 이후에 사망한 경우, 재판절차는 종료된다(대판 2006.12.8. 2006마470).

정답 01 ① 02 ④

CHAPTER 2 행정상 즉시강제와 행정조사

제1절 행정상 즉시강제

1. 의의

행정상 즉시강제란 현재의 급박한 행정상 장해를 제거할 필요가 있지만, 미리 의무를 명할 시간적 여유가 없거나 성질상 의무를 명해서는 목적달성이 곤란한 때에 즉시 국민의 신체나 재산에 실력을 가하여 행정상 필요한 상태를 실현하는 행정작용이다(행정기본법 제30조). 다만, 즉시강제는 법치국가의 요청인 예측가능성과 법적 안정성에 반하고 기본권침해의 소지가 큰 권력작용이라는 비판이 존재한다.

01 즉시강제란 법령 또는 행정처분에 의한 선행의 구체적 의무의 불이행으로 인한 목전의 급박한 장해를 제거할 필요가 있는 경우에 행정기관이 즉시 국민의 신체 또는 재산에 실력을 행사하여 행정상의 필요한 상태를 실현하는 작용을 말한다. (O | X) [19국가직9급]

2. 법적성질과 근거

- 즉시강제는 권력적 사실행위에 해당한다.
- 행정상 즉시강제를 위해서는 개별법상 별도의 근거가 필요하다. 즉시강제에 관한 개별법으로는, 「경찰관직무집행법」, 「감염병의 예방 및 관리에 관한 법률」, 「마약류 관리에 관한 법률」, 「식품위생법」, 「소방기본법」 등이 존재한다.
- 즉시강의 일반법은 존재하지 않지만 행정에 관한 일반법인 「행정기본법」에 즉시강제에 관한 규정이 존재한다.

> **경찰관 직무집행법 제6조(범죄의 예방과 제지)** 경찰관은 범죄행위가 목전(目前)에 행하여지려고 하고 있다고 인정될 때에는 이를 예방하기 위하여 관계인에게 필요한 경고를 하고, 그 행위로 인하여 <u>사람의 생명·신체에 위해를 끼치거나 재산에 중대한 손해를 끼칠 우려가 있는 긴급한 경우에는 그 행위를 제지</u>할 수 있다.
> **행정기본법 제30조(행정상 강제)** ① 행정청은 행정목적을 달성하기 위하여 필요한 경우에는 법률로 정하는 바에 따라 필요한 최소한의 범위에서 다음 각 호의 어느 하나에 해당하는 조치를 할 수 있다.
> 5. 즉시강제: 현재의 급박한 행정상의 장해를 제거하기 위한 경우로서 다음 각 목의 어느 하나에 해당하는 경우에 행정청이 곧바로 국민의 신체 또는 재산에 실력을 행사하여 행정목적을 달성하는 것
>   가. 행정청이 미리 행정상 의무 이행을 명할 시간적 여유가 없는 경우
>   나. 그 성질상 행정상 의무의 이행을 명하는 것만으로는 행정목적 달성이 곤란한 경우

정답 01 X

CHAPTER 2 행정상 즉시강제와 행정조사

> **관련 판례**
> 1. 구 경찰관 직무집행법(2014. 5. 20. 법률 제12600호로 개정되기 전의 것) 제6조 제1항의 경찰관의 제지에 관한 부분은 범죄의 예방을 위한 경찰 행정상 즉시강제, 즉 눈앞의 급박한 경찰상 장해를 제거해야 할 필요가 있고 의무를 명할 시간적 여유가 없거나 의무를 명하는 방법으로는 그 목적을 달성하기 어려운 상황에서 의무불이행을 전제로 하지 않고 경찰이 직접 실력을 행사하여 경찰상 필요한 상태를 실현하는 권력적 사실행위에 관한 근거조항이다(대판 2021.10.28. 2017다219218).
> 2. (집회 당시, 집회 장소 안에 있던 화단에 침범하여 이를 훼손하려 하거나 집회주최자의 통제를 따르지 않는 참가자는 없는 등 즉시강제의 필요가 없던 사안에서) 집회 장소 안에 질서유지선을 설치하여야 할 필요가 있을 정도로 급박한 경찰상의 장해가 있었다고 볼 수 없으므로, 집회 장소 안에 이 사건 질서유지선을 설치한 행위는 경찰관 직무집행법 제5조 제1항, 제6조에 기한 행정상 즉시강제로서 적법한 직무집행이라고 볼 수 없다(대판 2020.3.27. 2016도18713).

01 직접강제와 즉시강제는 권력적 사실행위로서의 성격을 가지고 있다. (O | X) [19사회복지직9급]

02 화재진압작업을 위해서 화재발생 현장에 불법주차차량을 제거하는 것은 급박성을 이유로 법적 근거가 없더라도 최후수단으로서 실행이 가능하다. (O | X) [20소방직]

3. 종류

1) 대인적 강제

신체에 실력을 가하여 행정상 필요한 상태를 실현하는 작용
예 불법체류 외국인의 보호조치, 소화활동 원조강제, 감염병 환자의 강제입원 등

03 신체에 대해서는 행정상 즉시강제가 허용되지 않는다. (O | X) [07군무원9급]

04 신체의 자유를 제한하는 즉시강제는 헌법상 기본권침해에 해당하여 법률의 규정에 의해서도 허용되지 아니한다. (O | X) [18교육행정직9급]

2) 대물적 강제

- 물건에 실력을 가하여 행정상 필요한 상태를 실현하는 작용
- 예 무기·흉기 등 물건에 대한 임시영치, 위해식품의 압류, 소방장애물의 파괴, 주차위반 차량 견인 등

05 감염병예방법에 따른 '일시적 폐쇄'는 의무의 불이행을 전제로 하지 않으므로 강학상 '직접강제'에 해당한다. (O | X) [18국회직8급]

3) 대가택 강제(최근에 대가택 강제는 행정조사로 파악하는 경향이 있다)

소유자나 관리자의 의사와 무관하게 그자의 가택·영업소 등을 출입·수색하는 작용
예 영업소의 검사 및 수색 등

정답 01 O   02 X   03 X   04 X   05 X

4. 즉시강제의 한계

행정상 즉시강제는 다른 수단으로는 행정목적을 달성할 수 없는 경우에만 가능하고 비례원칙을 준수하여야 한다. 또한 즉시강제의 집행책임자는 즉시강제의 현장에서 그 이유와 내용을 고지하여야 할 의무가 있다. 다만, 사후에 그 이유와 내용을 고지하거나 또는 그 사후 고지도 게시판이나 인터넷 등으로 고시 할 수 있는 예외가 있다.

> **행정기본법 제33조(즉시강제)** ① 즉시강제는 다른 수단으로는 행정목적을 달성할 수 없는 경우에만 허용되며, 이 경우에도 최소한으로만 실시하여야 한다.
> ② 즉시강제를 실시하기 위하여 현장에 파견되는 집행책임자는 그가 집행책임자임을 표시하는 증표를 보여 주어야 하며, 즉시강제의 이유와 내용을 고지하여야 한다.
> ③ 제2항에도 불구하고 집행책임자는 즉시강제를 하려는 재산의 소유자 또는 점유자를 알 수 없거나 현장에서 그 소재를 즉시 확인하기 어려운 경우에는 즉시강제를 실시한 후 집행책임자의 이름 및 그 이유와 내용을 고지할 수 있다. 다만, 다음 각 호에 해당하는 경우에는 게시판이나 인터넷 홈페이지에 게시하는 등 적절한 방법에 의한 공고로써 고지를 갈음할 수 있다.
> 1. 즉시강제를 실시한 후에도 재산의 소유자 또는 점유자를 알 수 없는 경우
> 2. 재산의 소유자 또는 점유자가 국외에 거주하거나 행방을 알 수 없는 경우
> 3. 그 밖에 대통령령으로 정하는 불가피한 사유로 고지할 수 없는 경우

1) 내용상 한계
① 즉시강제에 대한 법률을 제정함에 있어 매우 엄격한 요건을 두고 극히 제한적으로 인정하여야 한다.
② **급박성** : 행정상 위해가 현존하거나 목전에 급박한 경우에 행해져야 함
③ **소극성** : 즉시강제는 공공복리 증진 등 적극적 목적을 가지고 행해지면 안 됨
④ **보충성** : 즉시강제보다 덜 침익적 수단이 있는 경우 즉시강제는 불허, 즉 행정강제는 행정상 강제집행을 원칙으로 하고 행정상 즉시강제는 예외적으로 인정되어야 함
⑤ **비례성** : 즉시강제와 행정상의 필요 사이에는 합리적인 비례관계가 유지되어야 함

---
01 즉시강제의 목적과 침해되는 상대방의 권익 사이에는 비례관계가 유지되어야 한다. (O | X)

[19사회복지직9급]

2) 절차상 한계
즉시강제에 있어 영장주의가 적용되는지와 관련하여 견해가 대립한다.

> **관련 판례**
> 1. 지방의회에서의 사무감사·조사를 위한 증인의 동행명령장제도도 증인의 신체의 자유를 억압하여 일정 장소로 인치하는 것으로서 헌법 제12조 제3항의 "체포 또는 구속"에 준하는 사태로 보아야 하고, 거기에 현행범 체포와 같이 사후에 영장을 발부받지 아니하면 목적을 달성할 수 없는 긴박성이 있다고 인정할 수는 없으므로, 헌법 제12조 제3항에 의하여 법관이 발부한 영장의제시가 있어야 함에도

정답 **01** O

불구하고 동행명령장을 법관이 아닌 지방의회 의장이 발부하고 이에 기하여 증인의 신체의 자유를 침해하여 증인을 일정 장소에 인치하도록 규정된 조례안은 영장주의원칙을 규정한 헌법 제12조 제3항에 위반된 것이다(대판 1995.6.30. 93추83).
2. 구 사회안전법 소정의 동행보호규정은 재범의 위험성이 현저한 자를 상대로 긴급히 보호할 필요가 있는 경우에 한하여 단기간의 동행보호를 허용한 것으로서 그 요건을 엄격히 해석하는 한, 동 규정 자체가 사전영장주의를 규정한 헌법규정에 반한다고는 볼 수 없다(대판 1997.6.13. 96다56115).
3. 헌법재판소 : 불법게임물의 수거·폐기와 관련한 행정상 즉시강제와 관련하여 원칙적으로 영장주의가 적용되지 않는다는 판시
영장주의가 행정상 즉시강제에도 적용되는지에 관하여는 논란이 있으나, 행정상 즉시강제는 상대방의 임의이행을 기다릴 시간적 여유가 없을 때 하명 없이 바로 실력을 행사하는 것으로서, 그 본질상 급박성을 요건으로 하고 있어 법관의 영장을 기다려서는 그 목적을 달성할 수 없다고 할 것이므로, 원칙적으로 영장주의가 적용되지 않는다고 보아야 할 것이다(헌재 2002.10.31. 2000헌가12).

01 구 「음반·비디오물 및 게임물에 관한 법률」상 불법게임물에 대한 수거 및 폐기 조치는 행정상 즉시강제에 해당한다. (O | X) [21국가직9급]

02 행정상 즉시강제는 국민의 권리침해를 필연적으로 수반하므로, 이에 대해서는 항상 영장주의가 적용된다. (O | X) [21국가직9급]

03 구 「음반·비디오물 및 게임물에 관한 법률」상 등급분류를 받지 아니한 게임물을 발견한 경우 관계행정청이 관계공무원으로 하여금 이를 수거·폐기하게 할 수 있도록 한 규정은 헌법상 영장주의와 피해 최소성의 요건을 위배하는 과도한 입법으로 헌법에 위반된다. (O | X) [14지방직9급]

5. 즉시강제에 대한 구제

1) 손실보상

적법한 즉시강제와 관련하여 귀책사유 없는 특별희생을 입은 자는 손실보상을 청구할 수 있다.

> **경찰관직무집행법 제11조의2(손실보상)** ① 국가는 경찰관의 적법한 직무집행으로 인하여 다음 각 호의 어느 하나에 해당하는 손실을 입은 자에 대하여 정당한 보상을 하여야 한다.
> 1. 손실발생의 원인에 대하여 책임이 없는 자가 생명·신체 또는 재산상의 손실을 입은 경우

04 손실발생의 원인에 대하여 책임이 없는 자가 경찰관의 적법한 보호조치에 자발적으로 협조하여 재산상의 손실을 입은 경우, 국가는 손실을 입은 자에 대하여 정당한 보상을 하여야 한다. (O | X) [14지방직9급]

2) 손해배상·결과제거

- 위법한 즉시강제에 대하여 국가배상청구가 가능하다.
- 즉시강제의 결과로 위법한 권리침해가 계속되고 있는 경우 즉시강제의 상대방은 행정주체에 대해 위법한 결과를 제거할 것을 청구할 수 있다.

정답 01 O 02 X 03 X 04 O

3) 행정쟁송

즉시강제는 권력적 사실행위로서 처분에 해당하므로 행정심판 또는 항고소송의 대상이 된다. 다만, 이미 침해행위가 종료된 경우에는 소의 이익이 부정될 가능성이 크다. 다만, 행정상 즉시강제라도 감염병 환자의 강제입원과 같이 침해가 계속되고 있는 경우에는 항고소송·행정심판으로 다툴 소의 이익이 있다.

---

01 감염병예방법에 따른 '입원 또는 격리'가 항고소송의 대상이 된다고 하더라도 입원 또는 격리가 이미 종료된 경우에는 권리보호의 필요성이 부정될 수 있다. (O | X) [18국회직8급]

02 권력적 사실행위인 즉시강제는 그 조치가 계속 중인 상태에 있는 경우에도 취소소송의 대상이 될 수는 없다. (O | X) [18교육행정직9급]

제2절 행정조사

I 행정조사의 의의

1. 의의

1) 개념

행정조사는 행정기관이 사인으로부터 행정상 필요한 자료나 정보를 수집하기 위하여 행하는 일체의 작용으로서, 행정조사기본법은 행정조사에 대하여 "행정기관이 정책을 결정하거나 직무를 수행하는 데 필요한 정보나 자료를 수집하기 위하여 현장조사·문서열람·시료채취 등을 하거나 조사대상자에게 보고요구·자료제출요구 및 출석·진술요구를 행하는 활동"으로 정의하고 있다.

2) 법적 성질

행정조사는 사실행위에 불과하다고 보는 견해도 있으나 사실행위와 법적행위의 성격을 모두 가진다고 하는 유력설도 있다. 행정조사기본법은 행정조사와 관련하여 현장조사·문서열람·시료채취 등의 사실행위 형식의 행정조사와 보고요구·자료제출 요구 및 출석·진술요구 등의 행정행위 형식의 행정조사까지 모두 인정하고 있다.

---

03 행정조사는 사실행위의 형식으로만 가능하다. (O | X) [17서울시9급]

정답 01 O 02 X 03 X

3) 구별개념

	행정조사	행정상 즉시강제
성질	권력적 작용 또는 비권력적 작용	권력적 작용
목적	다른 행정활동에 필요한 자료나 정보 수집	행정상 필요한 상태를 직접 현실적으로 실현
급박성	요건 아님	요건
예	식품 등의 위해방지를 위한 영업소 출입·검사·수거	식품위생법 위반 식품의 폐기

4) 종류

① 권력적 조사와 비권력적 조사

행정조사의 수단에 따라 강제성을 가지는 권력적 조사와 상대방의 임의적 협력을 받아 행하는 비권력적 조사가 있다.

② 대인조사, 대물조사, 대가택조사

음주운전 여부에 대한 조사와 같은 대인 조사, 장부의 열람과 같은 대물 조사, 영업소에 대한 수색과 같은 대가택조사가 있다.

Ⅱ 행정조사의 근거

> **행정조사기본법 제5조(행정조사의 근거)** 행정기관은 법령등에서 행정조사를 규정하고 있는 경우에 한하여 행정조사를 실시할 수 있다. 다만, 조사대상자의 자발적인 협조를 얻어 실시하는 행정조사의 경우에는 그러하지 아니하다.

- 행정조사는 원칙적으로 법령 등에서 행정조사를 규정하고 있는 경우에 한하여 실시할 수 있다. 다만, 조사대상자의 자발적 협조를 얻어 실시하는 행정조사의 경우에는 법령 등에서 행정조사를 규정하고 있지 아니하여도 실시할 수 있다.
- 경찰관직무집행법, 식품위생법 등 행정조사에 관한 개별법이 존재하고 행정조사에 관한 일반법으로서 행정조사기본법이 존재한다.
- 개별 법령 등에서 행정조사를 규정하고 있는 경우, 행정기관이 행정조사기본법 제5조 단서에서 정한 '조사대상자의 자발적인 협조를 얻어 실시하는 행정조사'를 실시할 수 있다(대판 2016.10.27. 2016두41811).

01 행정조사기본법에 따르면, 행정기관은 법령 등에서 행정조사를 규정하고 있는 경우에 한하여 행정조사를 실시할 수 있지만 조사대상자가 자발적으로 협조하는 경우에는 법령 등에서 행정조사를 규정하고 있지 않더라도 행정조사를 실시할 수 있다. (O | X) [18국가직9급]

02 행정절차법은 행정조사에 관한 명문의 규정을 마련하고 있다. (O | X) [18소방직]

정답 01 O 02 X

2. 자발적 협조에 따라 실시하는 행정조사

> **행정조사기본법 제20조(자발적인 협조에 따라 실시하는 행정조사)** ① 행정기관의 장이 제5조 단서에 따라 조사대상자의 자발적인 협조를 얻어 행정조사를 실시하고자 하는 경우 <u>조사대상자는 문서·전화·구두 등의 방법으로 당해 행정조사를 거부할 수 있다.</u>
> ② 제1항에 따른 행정조사에 대하여 조사대상자가 <u>조사에 응할 것인지에 대한 응답을 하지 아니하는 경우에는 법령등에 특별한 규정이 없는 한 그 조사를 거부한 것으로 본다.</u>

01 「행정조사기본법」에 따르면 조사대상자의 자발적인 협조를 얻어 행정조사를 실시하고자 하는 경우 조사대상자는 문서·전화·구두 등의 방법으로 당해 행정조사를 거부할 수 있다. (O | X)   [23지방직9급]

02 행정조사기본법에 의하면 조사대상자의 자발적인 협조를 얻어 실시하는 행정조사의 경우에는 법령 등의 근거 없이도 행할 수 있으며, 이러한 행정조사에 대하여 조사대상자가 조사에 응할 것인지에 대한 응답을 하지 아니하는 경우에는 법령 등에 특별한 규정이 없는 한 그 조사를 거부한 것으로 본다. (O | X)   [19지방직7급]

Ⅲ 행정조사의 한계

1. 강제조사를 하면서 실력행사를 할 수 있는지 여부

이에 관한 행정조사기본법의 명문의 규정이 없어 견해가 대립하나, 다수설인 실력행사 부정설은 행정조사기본법의 벌칙규정이나 불이익 처분의 규정을 통한 제재가 가능하므로 상대방의 신체나 재산에 대한 직접적인 실력행사는 허용되지 아니한다고 본다.

03 행정조사의 상대방이 조사를 거부하는 경우에 공무원이 실력행사를 하여 강제로 조사할 수 있는지 여부에 대해서는 견해가 대립한다. (O | X)   [14국가직9급]

04 조사대상자가 행정조사의 실시를 거부하거나 방해하는 경우 조사원은 행정조사기본법상의 명문규정에 의하여 조사대상자의 신체와 재산에 대해 실력을 행사할 수 있다. (O | X)   [18국가직7급]

2. 영장주의 적용 여부

이에 대하여 즉시강제와 같이 견해가 대립한다.

> **관련 판례**
>
> 1. <u>우편물 통관검사절차에서 이루어지는 우편물의 개봉, 시료채취, 성분분석 등의 검사는 수출입물품에 대한 적정한 통관 등을 목적으로 한 행정조사의 성격을 가지는 것으로서 수사기관의 강제처분이라고 할 수 없으므로, 압수·수색영장 없이 우편물의 개봉, 시료채취, 성분분석 등 검사가 진행되었다 하더라도 특별한 사정이 없는 한 위법하다고 볼 수 없다</u>(대판 2013.9.26. 2013도7718).
> 2. 세관공무원이 밀수품을 싣고 왔다는 정보에 의하여 <u>정박중인 선박에 대하여 수색을 하려면 선박의 소유자 또는 점유자의 승낙을 얻거나 법관의 압수·수색영장을 발부 받거나 또는 관세법 제212조</u>

정답 01 O 02 O 03 O 04 X

> 제1항 후단에 의하여 긴급을 요하는 경우에 한하여 수색압수를 하고 사후에 영장의 교부를 받아야 할것이다(대판 1976.11.9. 76도2703).
> 3. 마약류 불법거래 방지에 관한 특례법 제4조 제1항에 따른 조치(수출입물품을 검사하는 과정에서 마약류가 감추어져 있다고 밝혀지거나 그러한 의심이 드는 경우, 검사의 요청으로 세관장이 행하는 조치)의 일환으로 특정한 수출입물품을 개봉하여 검사하고 그 내용물의 점유를 취득한 행위는 위에서 본 수출입물품에 대한 적정한 통관 등을 목적으로 조사를 하는 경우와는 달리, 범죄수사인 압수 또는 수색에 해당하여 사전 또는 사후에 영장을 받아야 한다(대판 2017.7.18. 2014도8719)

01 우편물 통관검사절차에서 이루어지는 우편물의 개봉, 시료채취, 성분분석 등의 검사는 수출입물품에 대한 적정한 통관 등을 목적으로 한 행정조사의 성격을 가지는 것으로서 수사기관의 강제처분이라고 할 수 없다. (O | X)

[18국가직7급]

3. 적법절차의 원칙

행정조사에도 적법절차의 원칙은 당연히 적용된다. 「행정조사기본법」에서 규정하는 조사자의 증표휴대에 대한 규정, 사전통지에 대한 규정 등이 바로 적법절차의 원칙이 반영된 규정이다. 또한 행정조사가 처분성을 가지는 경우에는 행정절차법도 적용될 수 있다.

4. 사실확인서의 증거가치

행정청이 현장조사를 실시하는 과정에서 조사상대방으로부터 구체적인 위반사실을 자인하는 내용의 확인서를 작성받았다면, 그 확인서가 작성자의 의사에 반하여 강제로 작성되었거나 또는 그 내용의 미비 등으로 인하여 구체적인 사실에 대한 증명자료로 삼기 어렵다는 등의 특별한 사정이 없는 한 그 확인서의 증거가치를 쉽게 부정할 수 없다(대판 2017.7.11. 2015두2864)

5. 행정조사와 진술거부

형사책임과 관련된 행정조사의 경우에는 헌법상 인정되는 형사책임과 관련된 진술거부권을 행사할 수 있다. 판례는 교통사고를 일으킨 운전자에게 신고의무를 부담시키고 있는 도로교통법 제50조 제2항 등은 교통사고의 객관적 신고의무만 부담시키고 있으므로 헌법상 진술거부권 규정에 위반되지 아니한다고 판시한 바 있다.

정답 01 O

Ⅳ 행정조사기본법

1. 행정조사기본법(이하 법) 제2조 – 정의

1) 행정조사
"행정조사"란 행정기관이 정책을 결정하거나 직무를 수행하는 데 필요한 정보나 자료를 수집하기 위하여 현장조사·문서열람·시료채취 등을 하거나 조사대상자에게 보고요구·자료제출요구 및 출석·진술요구를 행하는 활동을 말한다{행정조사기본법(이하 법) 제2조}.

2) 조사원
"조사원"이란 행정조사업무를 수행하는 행정기관의 공무원·직원 또는 개인을 말한다.

3) 조사대상자
"조사대상자"란 행정조사의 대상이 되는 법인·단체 또는 그 기관이나 개인을 말한다.

2. 적용범위 및 적용제외

행정조사기본법 제3조(적용범위) ① 행정조사에 관하여 다른 법률에 특별한 규정이 있는 경우를 제외하고는 이 법으로 정하는 바에 따른다.
② 다음 각 호의 어느 하나에 해당하는 사항에 대하여는 이 법을 적용하지 아니한다.
1. 행정조사를 한다는 사실이나 조사내용이 공개될 경우 국가의 존립을 위태롭게 하거나 국가의 중대한 이익을 현저히 해칠 우려가 있는 국가안전보장·통일 및 외교에 관한 사항
2. 국방 및 안전에 관한 사항 중 다음 각 목의 어느 하나에 해당하는 사항
   가. 군사시설·군사기밀보호 또는 방위사업에 관한 사항
   나. 「병역법」·「예비군법」·「민방위기본법」·「비상대비자원 관리법」에 따른 징집·소집·동원 및 훈련에 관한 사항
3. 「공공기관의 정보공개에 관한 법률」 제4조 제3항의 정보에 관한 사항
4. 「근로기준법」 제101조에 따른 근로감독관의 직무에 관한 사항
5. 조세·형사·행형 및 보안처분에 관한 사항
6. 금융감독기관의 감독·검사·조사 및 감리에 관한 사항
7. 「독점규제 및 공정거래에 관한 법률」, 「표시·광고의 공정화에 관한 법률」, 「하도급거래 공정화에 관한 법률」, 「가맹사업거래의 공정화에 관한 법률」, 「방문판매 등에 관한 법률」, 「전자상거래 등에서의 소비자보호에 관한 법률」, 「약관의 규제에 관한 법률」 및 「할부거래에 관한 법률」에 따른 공정거래위원회의 법률위반행위 조사에 관한 사항
③ 제2항에도 불구하고 제4조(행정조사의 기본원칙), 제5조(행정조사의 근거) 및 제28조(정보통신수단을 통한 행정조사)는 제2항 각 호의 사항에 대하여 적용한다.

3. 행정조사의 기본원칙

> **행정조사기본법 제4조(행정조사의 기본원칙)** ① 행정조사는 조사목적을 달성하는데 필요한 최소한의 범위 안에서 실시하여야 하며, 다른 목적 등을 위하여 조사권을 남용하여서는 아니 된다.
> ② 행정기관은 조사목적에 적합하도록 조사대상자를 선정하여 행정조사를 실시하여야 한다.
> ③ 행정기관은 유사하거나 동일한 사안에 대하여는 공동조사 등을 실시함으로써 행정조사가 중복되지 아니하도록 하여야 한다.
> ④ 행정조사는 법령등의 위반에 대한 처벌보다는 법령등을 준수하도록 유도하는 데 중점을 두어야 한다.
> ⑤ 다른 법률에 따르지 아니하고는 행정조사의 대상자 또는 행정조사의 내용을 공표하거나 직무상 알게 된 비밀을 누설하여서는 아니된다.
> ⑥ 행정기관은 행정조사를 통하여 알게 된 정보를 다른 법률에 따라 내부에서 이용하거나 다른 기관에 제공하는 경우를 제외하고는 원래의 조사목적 이외의 용도로 이용하거나 타인에게 제공하여서는 아니 된다.

01 행정조사는 조사목적을 달성하는데 필요한 최소한의 범위 안에서 실시하여야 하며, 다른 목적 등을 위하여 조사권을 남용하여서는 아니 된다. (O | X)
[21군무원9급]

02 행정조사는 법령 등의 준수를 유도하기보다는 법령 등의 위반에 대한 처벌에 중점을 두어야 한다. (O | X)
[20소방직]

03 행정조사기본법에 의하면 행정기관은 행정조사를 통하여 알게 된 정보를 다른 법률에 따라 내부에서 이용하거나 다른 기관에 제공하는 경우를 제외하고는 원래의 조사목적 이외의 용도로 이용하거나 타인에게 제공하여서는 아니 된다. (O | X)
[19지방직7급]

4. 조사

1) 조사의 주기

행정조사는 법령등 또는 행정조사운영계획으로 정하는 바에 따라 정기적으로 실시함을 원칙으로 한다. 다만, 일정한 경우에는 수시조사가 가능하다.

> **행정조사기본법 제7조(조사의 주기)** 행정조사는 법령등 또는 행정조사운영계획으로 정하는 바에 따라 정기적으로 실시함을 원칙으로 한다. 다만, 다음 각 호 중 어느 하나에 해당하는 경우에는 수시조사를 할 수 있다.
> 1. 법률에서 수시조사를 규정하고 있는 경우
> 2. 법령등의 위반에 대하여 혐의가 있는 경우
> 3. 다른 행정기관으로부터 법령등의 위반에 관한 혐의를 통보 또는 이첩받은 경우
> 4. 법령등의 위반에 대한 신고를 받거나 민원이 접수된 경우
> 5. 그 밖에 행정조사의 필요성이 인정되는 사항으로서 대통령령으로 정하는 경우

04 행정조사는 그 실효성 확보를 위해 수시조사를 원칙으로 한다. (O | X)
[21소방직]

정답 01 O 02 X 03 O 04 X

2) 조사대상의 선정(제8조)

> **행정조사기본법 제8조(조사대상의 선정)** ① 행정기관의 장은 행정조사의 목적, 법령준수의 실적, 자율적인 준수를 위한 노력, 규모와 업종 등을 고려하여 명백하고 객관적인 기준에 따라 행정조사의 대상을 선정하여야 한다.
> ② 조사대상자는 조사대상 선정기준에 대한 열람을 행정기관의 장에게 신청할 수 있다.
> ③ 행정기관의 장이 제2항에 따라 열람신청을 받은 때에는 다음 각 호의 어느 하나에 해당하는 경우를 제외하고 신청인이 조사대상 선정기준을 열람할 수 있도록 하여야 한다.
> 1. 행정기관이 당해 행정조사업무를 수행할 수 없을 정도로 조사활동에 지장을 초래하는 경우
> 2. 내부고발자 등 제3자에 대한 보호가 필요한 경우

① 행정기관의 장은 행정조사의 목적, 법령준수의 실적, 자율적인 준수를 위한 노력, 규모와 업종 등을 고려하여 명백하고 객관적인 기준에 따라 행정조사의 대상을 선정하여야 한다.

② 조사대상자는 조사대상 선정기준에 대한 열람을 행정기관의 장에게 신청할 수 있다.

---

01 행정기관은 조사목적에 적합하도록 조사대상자를 선정하여 행정조사를 실시하여야 한다. (O | X)
[14서울시9급]

02 조사대상자가 조사대상 선정기준에 대한 열람을 신청한 경우에 행정기관은 그 열람이 당해 행정조사업무를 수행할 수 없을 정도로 조사활동에 지장을 초래한다는 이유로 열람을 거부할 수 없다. (O | X)
[18지방직9급]

3) 조사의 방법

① 출석·진술 요구(제9조)
행정기관의 장이 조사대상자의 출석·진술을 요구하는 때에는 일정한 사항이 기재된 출석요구서를 발송하여야 한다.

② 보고요구와 자료제출의 요구(제10조)
행정기관의 장은 조사대상자에게 조사사항에 대하여 보고를 요구하는 때에는 일정한 사항이 포함된 보고요구서를 발송하여야 한다.

③ 현장조사

> **행정조사기본법 제11조(현장조사)** ① 조사원이 가택·사무실 또는 사업장 등에 출입하여 현장조사를 실시하는 경우에는 행정기관의 장은 다음 각 호의 사항이 기재된 현장출입조사서 또는 법령등에서 현장조사시 제시하도록 규정하고 있는 문서를 조사대상자에게 발송하여야 한다.
> 1. 조사목적
> 2. 조사기간과 장소
> 3. 조사원의 성명과 직위
> 4. 조사범위와 내용

정답 01 O 02 X

5. 제출자료
6. 조사거부에 대한 제재(근거 법령 및 조항 포함)
7. 그 밖에 당해 행정조사와 관련하여 필요한 사항

② 제1항에 따른 현장조사는 해가 뜨기 전이나 해가 진 뒤에는 할 수 없다. 다만, 다음 각 호의 어느 하나에 해당하는 경우에는 그러하지 아니하다.
1. 조사대상자(대리인 및 관리책임이 있는 자를 포함한다)가 동의한 경우
2. 사무실 또는 사업장 등의 업무시간에 행정조사를 실시하는 경우
3. 해가 뜬 후부터 해가 지기 전까지 행정조사를 실시하는 경우에는 조사목적의 달성이 불가능하거나 증거인멸로 인하여 조사대상자의 법령등의 위반 여부를 확인할 수 없는 경우

③ 제1항 및 제2항에 따라 현장조사를 하는 조사원은 그 권한을 나타내는 증표를 지니고 이를 조사대상자에게 내보여야 한다.

④ **시료채취(제12조)**
  ㉠ 조사원이 조사목적의 달성을 위하여 시료채취를 하는 경우에는 그 시료의 소유자 및 관리자의 정상적인 경제활동을 방해하지 아니하는 범위 안에서 최소한도로 하여야 한다.
  ㉡ 행정기관의 장은 제1항에 따른 시료채취로 조사대상자에게 손실을 입힌 때에는 대통령령으로 정하는 절차와 방법에 따라 그 손실을 보상하여야 한다.

관련 판례

행정규칙에 정한 절차 위반의 시료채취가 위법하다고 단정할 수 없으므로 그에 따른 처분도 위법하다고 단정할 수 없다는 취지의 판시

시료채취의 방법 등이 위 고시에서 정한 절차에 위반된다고 하여 그러한 사정만으로 곧바로 그에 기초하여 내려진 행정처분이 위법하다고 볼 수는 없고, 관계 법령의 규정 내용과 취지 등에 비추어 절차상 하자가 채취된 시료를 객관적인 자료로 활용할 수 없을 정도로 중대한지에 따라 판단되어야 한다(대판 2022.9.16. 2021두58912).

01 시료채취로 조사대상자에게 손실을 입힌 경우 그 손실보상에 관한 명문규정이 있다. (O | X) [18소방직]

⑤ **자료등의 영치(제13조)**
  ㉠ 조사원이 현장조사 중에 자료·서류·물건 등(이하 이 조에서 "자료등"이라 한다)을 영치하는 때에는 조사대상자 또는 그 대리인을 입회시켜야 한다.
  ㉡ 조사원이 제1항에 따라 자료등을 영치하는 경우에 조사대상자의 생활이나 영업이 사실상 불가능하게 될 우려가 있는 때에는 조사원은 자료등을 사진으로 촬영하거나 사본을 작성하는 등의 방법으로 영치에 갈음할 수 있다. 다만, 증거인멸의 우려가 있는 자료등을 영치하는 경우에는 그러하지 아니하다.

정답 01 O

⑥ 공동조사

> **행정조사기본법 제14조(공동조사)** ① 행정기관의 장은 다음 각 호의 어느 하나에 해당하는 행정조사를 하는 경우에는 공동조사를 하여야 한다.
> 1. 당해 행정기관 내의 2 이상의 부서가 동일하거나 유사한 업무분야에 대하여 동일한 조사대상자에게 행정조사를 실시하는 경우
> 2. 서로 다른 행정기관이 대통령령으로 정하는 분야에 대하여 동일한 조사대상자에게 행정조사를 실시하는 경우

01 당해 행정기관 내의 2 이상의 부서가 동일하거나 유사한 업무분야에 대하여 동일한 조사대상자에게 행정조사를 실시하는 경우에는 공동조사를 할 수 있다. (O | X) [21국회직8급]

02 행정기관의 장은 당해 행정기관 내의 2 이상의 부서가 동일하거나 유사한 업무분야에 대하여 동일한 조사대상자에게 행정조사를 실시하는 경우에는 공동조사를 하여야 한다. (O | X) [23국가직9급]

⑦ 중복조사의 제한

> **행정조사기본법 제15조(중복조사의 제한)** ① 제7조에 따라 정기조사 또는 수시조사를 실시한 행정기관의 장은 동일한 사안에 대하여 동일한 조사대상자를 재조사 하여서는 아니 된다. 다만, 당해 행정기관이 이미 조사를 받은 조사대상자에 대하여 위법행위가 의심되는 새로운 증거를 확보한 경우에는 그러하지 아니하다.

03 정기조사 또는 수시조사를 실시한 행정기관의 장은 조사대상자의 자발적인 협조를 얻어 실시하는 경우가 아닌 한, 동일한 사안에 대하여 동일한 조사대상자를 재조사하여서는 아니 된다. (O | X) [18지방직9급]

⑧ 자율신고제도와 정보통신망을 통한 행정조사

> **행정조사기본법 제25조(자율신고제도)** ① 행정기관의 장은 법령등에서 규정하고 있는 조사사항을 조사대상자로 하여금 스스로 신고하도록 하는 제도를 운영할 수 있다.
> **동법 제28조(정보통신수단을 통한 행정조사)** ① 행정기관의 장은 인터넷 등 정보통신망을 통하여 조사대상자로 하여금 자료의 제출 등을 하게 할 수 있다.

04 행정기관의 장은 법령 등에서 규정하고 있는 조사사항을 조사대상자로 하여금 스스로 신고하도록 하는 자율신고제도를 운영할 수 있다. (O | X) [20소방직]

05 행정기관의 장은 조사대상자의 신상이나 사업비밀 등이 유출될 우려가 있으므로 인터넷 등 정보통신망을 통하여 조사대상자로 하여금 자료의 제출 등을 하게 할 수 없다. (O | X) [23지방직9급]

4) 조사대상자의 권익보호

① 사전통지

> **행정조사기본법 제17조(조사의 사전통지)** ① 행정조사를 실시하고자 하는 행정기관의 장은 제9조에 따른 출석요구서, 제10조에 따른 보고요구서·자료제출요구서 및 제11조에 따른 현장출입조사서(이하 "출석요구서등"이라 한다)를 조사개시 7일 전까지 조사대상자에게 서면으로 통지하여야 한다. 다만, 다음 각 호의 어느 하나에 해당하는 경우에는 행정조사의 개시와 동시에 출석요구서등을 조사대상자에게 제시하거나 행정조사의 목적 등을 조사대상자에게 구두로 통지할 수 있다.
> 1. 행정조사를 실시하기 전에 관련 사항을 미리 통지하는 때에는 증거인멸 등으로 행정조사의 목적을 달성할 수 없다고 판단되는 경우
> 2. 「통계법」 제3조 제2호에 따른 지정통계의 작성을 위하여 조사하는 경우
> 3. 제5조 단서에 따라 조사대상자의 자발적인 협조를 얻어 실시하는 행정조사의 경우
> ② 행정기관의 장이 출석요구서등을 조사대상자에게 발송하는 경우 출석요구서등의 내용이 외부에 공개되지 아니하도록 필요한 조치를 하여야 한다.

01 행정조사를 실시하고자 하는 행정기관의 장은 출석요구서, 보고요구서·자료제출요구서 및 현장출입조사서를 조사개시 7일 전까지 조사대상자에게 구두로 통지하여야 한다. (O | X) [20경찰]

02 행정기관은 조사대상자의 자발적인 협조를 얻어 실시하는 행정조사인 경우 행정조사기본법 제17조 제1항 본문에 따른 사전통지를 하지 않을 수 있다. (O | X) [21국회직8급]

② 조사권 행사의 제한

㉠ 조사사항의 제한

> **행정조사기본법 제23조(조사권 행사의 제한)** ① 조사원은 제9조부터 제11조까지에 따라 사전에 발송된 사항에 한하여 조사대상자를 조사하되, 사전통지한 사항과 관련된 추가적인 행정조사가 필요할 경우에는 조사대상자에게 추가조사의 필요성과 조사내용 등에 관한 사항을 서면이나 구두로 통보한 후 추가조사를 실시할 수 있다.
> ② 조사대상자는 법률·회계 등에 대하여 전문지식이 있는 관계 전문가로 하여금 행정조사를 받는 과정에 입회하게 하거나 의견을 진술하게 할 수 있다.
> ③ 조사대상자와 조사원은 조사과정을 방해하지 아니하는 범위 안에서 행정조사의 과정을 녹음하거나 녹화할 수 있다. 이 경우 녹음·녹화의 범위 등은 상호 협의하여 정하여야 한다.
> ④ 조사대상자와 조사원이 제3항에 따라 녹음이나 녹화를 하는 경우에는 사전에 이를 당해 행정기관의 장에게 통지하여야 한다.

03 조사대상자는 법률·회계 등에 대하여 전문지식이 있는 관계전문가로 하여금 행정조사를 받는 과정에 입회하게 하거나 의견을 진술하게 할 수 있다. (O | X) [15서울시7급]

04 조사대상자와 조사원은 조사과정을 방해하지 아니하는 범위 안에서 행정의 과정을 녹음하거나 녹화할 수 있다. (O | X) [15서울시7급]

정답 01 X 02 O 03 O 04 O

ⓛ 조사의 통지

> **행정조사기본법 제24조(조사결과의 통지)** 행정기관의 장은 법령등에 특별한 규정이 있는 경우를 제외하고는 행정조사의 결과를 확정한 날부터 7일 이내에 그 결과를 조사대상자에게 통지하여야 한다.

01 행정기관의 장은 법령 등에 특별한 규정이 있는 경우를 제외하고는 행정조사의 결과를 확정한 날부터 7일 이내에 그 결과를 조사대상자에게 통지하여야 한다. (O | X) [21국회직8급]

ⓒ 위법한 행정조사의 문제

수집된 자료 자체는 정확하지만 행정조사가 위법한 경우, 위법한 행정조사에 기초하여 이루어진 처분도 위법한지 여부

관련 판례

1. 납세자에 대한 부가가치세부과처분이, 종전의 부가가치세 경정조사와 같은 세목 및 같은 과세기간에 대하여 중복하여 실시된 위법한 세무조사에 기초하여 이루어진 것이어서 위법하다(대판 2006.6.2. 2004두12070).
2. 음주운전 여부에 대한 조사 과정에서 운전자 본인의 동의를 받지 아니하고 또한 법원의 영장도 없이 채혈조사를 한 결과를 근거로 한 운전면허 정지·취소 처분은 도로교통법 제44조 제3항을 위반한 것으로서 특별한 사정이 없는 한 위법한 처분으로 볼 수밖에 없다(대판 2016.12.27. 2014두46850).

02 위법한 세무조사를 통하여 수집된 과세자료에 기초하여 과세처분을 하였더라도 그러한 사정만으로 그 과세처분이 위법하게 되는 것은 아니다. (O | X) [16국가직9급]

5. 위법한 행정조사의 구제

1) 행정쟁송

권력적 행정조사로서 처분성을 가지는 경우에는 행정소송의 대상이 된다.

관련 판례

부과처분을 위한 과세관청의 질문조사권이 행해지는 세무조사결정이 있는 경우 납세의무자는 세무공무원의 과세자료 수집을 위한 질문에 대답하고 검사를 수인하여야 할 법적 의무를 부담하게 되는 점, 세무조사는 기본적으로 적정하고 공평한 과세의 실현을 위하여 필요한 최소한의 범위 안에서 행하여져야 하고, 납세의무자로 하여금 개개의 과태료 처분에 대하여 불복하거나 조사 종료 후의 과세처분에 대하여만 다툴 수 있도록 하는 것보다는 그에 앞서 세무조사결정에 대하여 다툼으로써 분쟁을 조기에 근본적으로 해결할 수 있는 점 등을 종합하면, 세무조사결정은 납세의무자의 권리·의무에 직접 영향을 미치는 공권력의 행사에 따른 행정작용으로서 항고소송의 대상이 된다(대판 2011.3.10. 2009두23617,23624).

정답 01 O 02 X

2) 손해배상청구 · 결과제거 청구 가능

01 위법한 행정조사로 손해를 입은 국민은 국가배상법에 따른 손해배상을 청구할 수 있다. (O | X)

[16국가직9급]

3) 헌법소원

권력적 행정조사의 경우에도 소의 이익이 없어 행정소송의 대상이 될 수 없는 경우에는 보충적으로 헌법소원의 대상이 될 수 있다.

정답 01 O

핵심 기출문제

01

「행정조사기본법」상 행정조사의 기본원칙에 대한 설명으로 옳지 않은 것은? (단, 다툼이 있는 경우 판례에 의함) [21군무원9급]

① 행정조사는 조사목적을 달성하는데 필요한 최소한의 범위 안에서 실시하여야 하며, 다른 목적 등을 위하여 조사권을 남용하여서는 아니 된다.
② 행정기관은 유사하거나 동일한 사안에 대하여는 공동조사 등을 실시함으로써 행정조사가 중복되지 아니하도록 하여야 한다.
③ 행정조사는 법령등의 위반에 대한 처벌에 중점을 두되 법령등을 준수하도록 유도하여야 한다.
④ 행정기관은 행정조사를 통하여 알게 된 정보를 다른 법률에 따라 내부에서 이용하거나 다른 기관에 제공하는 경우를 제외하고는 원래의 조사목적 이외의 용도로 이용하거나 타인에게 제공하여서는 아니 된다.

01 | ① (○), ② (○), ③ (×), ④ (○)

> 행정조사기본법제4조(행정조사의 기본원칙) ① 행정조사는 조사목적을 달성하는데 필요한 최소한의 범위 안에서 실시하여야 하며, 다른 목적 등을 위하여 조사권을 남용하여서는 아니 된다.
> ② 행정기관은 조사목적에 적합하도록 조사대상자를 선정하여 행정조사를 실시하여야 한다.
> ③ 행정기관은 유사하거나 동일한 사안에 대하여는 공동조사 등을 실시함으로써 행정조사가 중복되지 아니하도록 하여야 한다.
> ④ 행정조사는 법령등의 위반에 대한 처벌보다는 법령등을 준수하도록 유도하는 데 중점을 두어야 한다.
> ⑤ 다른 법률에 따르지 아니하고는 행정조사의 대상자 또는 행정조사의 내용을 공표하거나 직무상 알게 된 비밀을 누설하여서는 아니된다.
> ⑥ 행정기관은 행정조사를 통하여 알게 된 정보를 다른 법률에 따라 내부에서 이용하거나 다른 기관에 제공하는 경우를 제외하고는 원래의 조사목적 이외의 용도로 이용하거나 타인에게 제공하여서는 아니 된다.

정답 **01** ③

CHAPTER 3 행정벌

Ⅰ 의의

- 행정벌은 행정법상 의무를 위반한 자에 대하여 과하는 제재에 해당한다. 행정벌은 과해지는 제재가 형사처벌인 경우에는 행정형벌, 과태료인 경우에는 행정질서벌로 나눌 수 있다.
- 행정법규 위반자에 대해서는 행정형벌이 과해지며 행정범으로 부르고, 형법법규 위반자에 대해서는 형사벌이 과해지며 형사범으로 부른다.

> 01 행정벌과 이행강제금은 장래에 의무의 이행을 강제하기 위한 제재로서 직접적으로 행정작용의 실효성을 확보하기 위한 수단이라는 점에서는 동일하다. (O | X) [17국가직9급]

Ⅱ 행정벌의 종류

1. 행정형벌

- 행정법상 의무위반에 대한 제재로서 형법에 규정된 처벌을 받는 경우를 말한다.
- 형법은 형사처벌의 내용으로 사형, 징역, 금고, 자격상실, 자격정지, 벌금, 구류, 과료, 몰수를 규정하고 있다.
- 행정형벌에 관한 일반법은 없으며, 다만 개별법률에서 일정한 행위에 관해 행정형벌에 대한 규정을 두고 있다.
- 형법총칙과 죄형법정주의가 적용되고 검사의 기소와 형사법원의 판결을 통하여 과벌절차가 진행된다. 다만, 통고처분과 즉결심판 절차와 같은 예외가 있다.

> 02 형사벌의 경우와는 달리 행정형벌에 대해서는 죄형법정주의의 원칙이 적용되지 아니한다. (O | X) [11사회복지직9급]

2. 행정질서벌 - 과태료

- 행정법상의 의무위반에 대하여 과태료가 과해지는 행정벌을 말한다.
- 형벌을 과하는 것이 아니므로 형법총칙과 죄형법정주의가 적용되지 않고 형사소송절차에 의하는 것도 아니다.

정답 01 × 02 ×

PART 4 행정의 실효성 확보수단

01 과태료는 행정상의 질서유지를 위한 행정질서벌에 해당할 뿐 형벌이라 할 수 없어 죄형법정주의의 규율 대상에 해당하지 않는다. (O | X)　　[21소방직]

3. 행정형벌과 행정질서벌의 차이

행정법규 위반행위가 직접적으로 공익을 침해하는 경우에는 행정형벌의 대상이고 간접적으로 장애를 주는 경우에는 행정질서벌의 대상이 되는 것이나 이에 대한 판단은 입법자가 재량으로서 결정할 문제이다.

> **관련 판례**
>
> 어떤 행정법규위반의 행위에 대하여 이를 단지 간접적으로 행정상의 질서에 장애를 줄 위험성이 있음에 불과한 경우로 보아 <u>행정질서벌인 과태료를 과할 것인지 아니면 직접적으로 행정목적과 공익을 침해한 행위로 보아 행정형벌을 과할 것인지는</u> 기본적으로 입법권자가 제반사정을 고려하여 <u>결정할 입법재량에 속하는 문제이다.</u> 그런데 부동산투기를 막기 위하여 부동산소유권이전등기신청을 의무화하고 이에 대한 제재방법으로 행정형벌보다 그 정도가 약한 행정질서벌인 과태료를 선택한 것은 적절하다(헌재 1998.5.28. 96헌바83).

02 어떤 행정법규 위반행위에 대해 과태료를 과할 것인지 행정형벌을 과할 것인지는 기본적으로 입법재량에 속한다. (O | X)　　[14지방직9급]

정답 01 O　02 O

CHAPTER 3 행정벌

제1절 행정형벌

1. 행정형벌의 특수성

1) 근거

행정형벌에는 형법총칙과 죄형법정주의가 적용되어 행정형벌의 부과에는 법률의 근거를 요하며, 법률에서 일정한 요건을 갖추어 위임한 경우 법규명령으로 행정형벌을 규정할 수 있다.

> **관련 판례**
>
> 식품위생법 제11조 제2항이 과대광고 등의 범위 및 기타 필요한 사항을 보건복지부령에 위임하고 있는 것은 과대광고 등으로 인한 형사처벌에 관련된 법규의 내용을 빠짐없이 형식적 의미의 법률에 의하여 규정한다는 것은 사실상 불가능하다는 고려에서 비롯된 것으로 죄형법정주의에 위배되지 아니한다는 취지의 판시 사회현상의 복잡다기화와 국회의 전문적·기술적 능력의 한계 및 시간적 적응능력의 한계로 인하여 형사처벌에 관련된 모든 법규를 예외 없이 형식적 의미의 법률에 의하여 규정한다는 것은 사실상 불가능할 뿐만 아니라 실제에 적합하지도 아니하기 때문에, 특히 긴급한 필요가 있거나 미리 법률로써 자세히 정할 수 없는 부득이한 사정이 있는 경우에 한하여 수권법률(위임법률)이 구성요건의 점에서는 처벌대상인 행위가 어떠한 것인지 이를 예측할 수 있을 정도로 구체적으로 정하고, 형벌의 점에서는 형벌의 종류 및 그 상한과 폭을 명확히 규정하는 것을 전제로 위임입법이 허용되며, 이러한 위임입법은 죄형법정주의에 반하지 않는다(대판 2002.11.26. 2002도2998).

01 죄형법정주의 원칙 등 형벌 법규의 해석 원리는 행정형벌에 관한 규정을 해석할 때에도 적용되어야 한다. (O | X) [19서울시9급]

2) 고의범의 원칙, 과실범 예외

행정범의 성립에는 형법총칙이 적용되므로 고의범이 원칙이다. 다만, 형사범은 과실범을 처벌하기 위하여 반드시 명문의 규정이 필요하지만, 행정범은 과실범 처벌의 명문 규정이 없다고 하더라도 근거 법규의 해석상 과실범도 처벌하는 취지로 해석될 수 있다면, 과실범도 처벌할 수 있다고 보는 것이 판례의 입장이다.

> **관련 판례**
>
> 1. 행정상의 단속을 주안으로 하는 법규라 하더라도 명문규정이 있거나 해석상 과실범도 벌할 뜻이 명확한 경우를 제외하고는 형법의 원칙에 따라 고의가 있어야 벌할 수 있다(대판 1986.7.22. 85도108).
> 2. 고의범, 자동차의 운행자가 그 자동차에서 배출되는 배출가스가 소정의 운행 자동차 배출허용기준을 초과한다는 점을 실제로 인식하면서 운행한 경우는 물론이고, 과실범 즉, 운행자의 과실로 인하여 그러한 내용을 인식하지 못한 경우도 함께 처벌하는 규정이라고 해석함이 상당하다 취지의 판시

정답 01 O

PART 4 행정의 실효성 확보수단

> 구 대기환경보전법의 입법목적이나 관계규정의 취지 등을 고려하면 구 대기환경보전법에 따라 배출 허용기준을 초과하는 배출가스를 배출하는 자동차를 운행하는 행위를 처벌하는 규정은 과실범의 경우에도 적용한다(대판 1993.9.10. 92도1136).

01 과실범을 처벌한다는 명문의 규정이 없더라도 행정형벌 법규의 해석에 의하여 과실행위도 처벌한다는 뜻이 도출되는 경우에는 과실범도 처벌될 수 있다. (O | X) [19국가직9급]

02 구 대기환경보전법에 따라 배출허용기준을 초과하는 배출가스를 배출하는 자동차를 운행하는 행위를 처벌하는 규정은 과실범의 경우에 적용하지 아니한다. (O | X) [14국가직9급]

3) 위법성의 착오

형법 제16조는 "자신의 행위가 법령에 의하여 죄가 되지 않는다고 오인한 행위는 오인에 정당한 이유가 있는 때에 한하여 벌하지 아니한다"고 규정하고 있으며, 형사범 뿐만 아니라 행정범도 이와 같은 법리가 적용된다.

관련 판례

산림훼손행위에 대한 허가가 없었더라도 담당 공무원이 잘못 알려준 경우 착오의 정당한 이유가 있다는 취지의 판시
행정청의 허가가 있어야 함에도 불구하고 허가를 받지 아니하여 처벌대상의 행위를 한 경우라도, 허가를 담당하는 공무원이 허가를 요하지 않는 것으로 잘못 알려주어 이를 믿었기 때문에 허가를 받지 아니한 것이라면 허가를 받지 않더라도 죄가 되지 않는 것으로 착오를 일으킨 데 대하여 정당한 이유가 있는 경우에 해당하여 처벌할 수 없다(대판 1992.5.22. 91도2525).

03 행정청의 허가가 있어야 함에도 불구하고 허가를 받지 아니하여 처벌대상의 행위를 한 경우라도, 허가를 담당하는 공무원이 허가를 요하지 아니하는 것으로 잘못 알려주어 이를 믿었기 때문에 허가를 받지 아니하는 것이라면 허가를 받지 않더라도 죄가 되지 않는 것으로 착오를 일으킨데 대하여 정당한 이유가 있는 경우에 해당하여 처벌할 수 없다. (O | X) [11국회직9급]

4) 책임능력

심신상실자는 형을 면제한다. 심신미약자는 형을 감경할 수 있다. 청각 및 언어 장애인의 경우는 형은 감경한다. 만 14세 미만의 자의 행위는 벌하지 아니한다.

5) 양벌규정

① 범죄행위자와 함께 행위자 이외의 자를 함께 처벌하는 법규정을 양벌규정이라고 한다. 통상 법인의 범죄능력은 부인하는 것이 일반적이지만 양벌규정에는 법인에 대한 형사처벌에 대한 규정이 존재하므로 법인의 형벌능력은 인정된다(형사범에서는 통상 법인의 범죄능력과 형벌능력을 모두 부정한다).

정답 01 O 02 X 03 O

② 행위자 이외의 자(법인 또는 개인)도 행위자(대리인, 사용인, 그 밖의 종업원)에 대한 선임·감독상의 과실을 이유로 처벌받는 것이므로 책임주의에 위반되지 아니한다.

③ 행위자 이외의 자는 행위자가 처벌받지 아니하는 경우에도 독자적으로 책임을 지는 자이다.

> **식품위생법 제100조(양벌규정)** 법인의 대표자나 법인 또는 개인의 대리인, 사용인, 그 밖의 종업원이 그 법인 또는 개인의 업무에 관하여 제93조제3항 또는 제94조부터 제97조까지의 어느 하나에 해당하는 위반행위를 하면 <u>그 행위자를 벌하는 외에 그 법인 또는 개인에게도 해당 조문의 벌금형을 과(科)하고</u>, 제93조제1항의 위반행위를 하면 그 법인 또는 개인에 대하여도 1억5천만원 이하의 벌금에 처하며, 제93조제2항의 위반행위를 하면 그 법인 또는 개인에 대하여도 5천만원 이하의 벌금에 처한다. <u>다만, 법인 또는 개인이 그 위반행위를 방지하기 위하여 해당 업무에 관하여 상당한 주의와 감독을 게을리하지 아니한 경우에는 그러하지 아니하다</u>.

관련 판례

1. 양벌규정에 의한 영업주의 처벌은 금지위반 행위자인 종업원의 처벌에 종속하는 것이 아니라 독립하여 그 자신의 종업원에 대한 선임·감독상의 과실로 인하여 처벌되는 것이므로 종업원의 범죄성립이나 처벌이 영업주 처벌의 전제조건이 될 필요는 없다(대판 2006.2.24. 2005도7673).
2. 이 사건 법률조항들은 법인이 고용한 종업원 등의 범죄행위에 관하여 비난할 근거가 되는 법인의 의사결정 및 행위구조, 즉 종업원 등이 저지른 행위의 결과에 대한 법인의 독자적인 책임에 관하여 전혀 규정하지 않은 채, <u>단순히 법인이 고용한 종업원 등이 업무에 관하여 범죄행위를 하였다는 이유만으로 법인에 대하여 형사처벌을 과하고 있는바, 이는 다른 사람의 범죄에 대하여 그 책임 유무를 묻지 않고 형벌을 부과함으로써 법치국가의 원리 및 죄형법정주의로부터 도출되는 책임주의 원칙에 반하여 헌법에 위반된다</u>(헌재 2010.9.30. 2010헌가10).

01 양벌규정에 의한 영업주의 처벌은 금지위반행위자인 종업원의 처벌에 종속하는 것이므로 종업원의 범죄성립이나 처벌이 영업주 처벌의 전제조건이 된다. (O | X) [20지방직7급]

02 행정형벌은 행정법상 의무위반에 대한 제재로 과하는 처벌로 법인이 법인으로서 행정법상 의무자인 경우 그 의무위반에 대하여 형벌의 성질이 허용하는 한도 내에서 그 법인을 처벌하는 것은 당연하며, 행정범에 관한 법인의 범죄능력을 인정함이 일반적이나, 지방자치단체와 같은 공법인의 경우는 범죄능력 및 형벌능력 모두 부정된다. (O | X) [21소방직]

④ 지방자치단체도 자치사무의 처리와 관련하여 양벌규정에 따라 처벌 대상이 되는 법인에 해당한다. 다만, 국가사무에 대한 기관위임사무의 처리와 관련하여 지방자치단체장은 국가의 기관의 지위에서 사무를 처리하는 것이어서 해당 사무는 국가에 귀속되는 사무가 된다. 따라서 양벌규정의 적용대상이 아니다.

정답 01 X 02 X

PART 4 행정의 실효성 확보수단

> **관련 판례**
>
> 1. 지방자치단체 소속 공무원이 지정항만순찰 등의 업무를 위해 관할관청의 승인 없이 개조한 승합차를 운행함으로써 구 자동차관리법을 위반한 사안에서, 지방자치법, 구 항만법, 구 항만법 시행령 등에 비추어 위 항만순찰 등의 업무가 지방자치단체의 장이 국가로부터 위임받은 기관위임사무에 해당하여, 해당 지방자치단체가 구 자동차관리법 제83조의 양벌규정에 따른 처벌대상이 될 수 없다(대판 2009.6.11. 2008도6530).
> 2. 지방자치단체가 그 고유의 자치사무를 처리하는 경우에는 지방자치단체는 국가기관의 일부가 아니라 국가기관과는 별도의 독립한 공법인이므로, 지방자치단체 소속 공무원이 지방자치단체 고유의 자치사무를 수행하던 중 도로법 제81조 내지 제85조의 규정에 의한 위반행위를 한 경우에는 지방자치단체는 도로법 제86조의 양벌규정에 따라 처벌대상이 되는 법인에 해당한다(대판 2005.11.10. 2004도2657).

01 지방자치단체 소속 공무원이 지방자치단체 고유의 자치사무를 수행하던 중 「도로법」 규정에 의한 위반행위를 한 경우 지방자치단체는 「도로법」 소정의 양벌규정에 따라 처벌대상이 되는 법인에 해당하지 않는다. (O | X)
[24국가직9급]

02 종업원등의 범죄에 대해 법인에게 어떠한 잘못이 있는지를 전혀 묻지 않고, 곧바로 그 종업원 등을 고용한 법인에게도 종업원 등에 대한 처벌조항에 규정된 벌금형을 과하도록 규정하는 것은 책임주의에 반한다. (O | X)
[17국가직9급]

03 국가가 본래 그의 사무 일부를 지방자치단체의 장에게 위임하여 처리하게 하는 기관위임사무의 경우 지방자치단체는 양벌규정에 의해 처벌대상이 되는 법인에 해당한다. (O | X)
[14경찰]

2. 행정형벌의 과벌절차

1) 원칙

행정형벌은 형사소송법이 정하는 절차에 따라 검사의 공소제기와 법원(형사법원)의 판결로서 과하는 것이다.

2) 예외

① 통고처분

㉠ 의의

통고처분이란 형사재판에 갈음하여 행정청이 벌금 또는 과료에 상당하는 금액(범칙금)의 납부를 통고하는 형사절차의 예외적·사전적 과벌절차를 말한다.

㉡ 행정청의 통고처분

통고처분은 국세청장, 세무서장, 관세청장, 경찰서장 등 관계 행정청에 의하여 이루어진다. 즉, 검사나 법원이 통고처분을 하는 것이 아니다.

㉢ 통고처분의 위헌성

통고처분에 이의가 있는 경우 통고의 내용을 이행하지 않으면 되고 그로써 고발되어

정답 01 X 02 O 03 X

CHAPTER 3 행정벌

형사재판절차에서 통고처분의 위법성을 다툴 수 있으므로 통고처분이 재판받을 권리나 적법절차의 원칙에 저촉된다고 볼 수 없다는 것이 판례의 입장이다.

> **관련 판례**
>
> 1. 통고처분은 법원에 의하여 자유형 또는 재산형에 처하는 형사절차에 갈음하여 과세관청이 조세범칙자에 대하여 금전적 제재를 통고하고 이를 이행한 조세범칙자에 대하여는 고발하지 아니하고 조세범칙사건을 신속 간이하게 처리하는 절차로서, 형사절차의 사전절차로서의 성격을 가진다(대판 2016.9.28. 2014도10748).
> 2. 통고처분은 상대방의 임의의 승복을 그 발효요건으로 하기 때문에 그 자체만으로는 통고이행을 강제하거나 상대방에게 아무런 권리의무를 형성하지 않으므로 행정심판이나 행정소송의 대상으로서의 처분성을 부여할 수 없고, 통고처분에 대하여 이의가 있으면 통고내용을 이행하지 않음으로써 고발되어 형사재판절차에서 통고처분의 위법·부당함을 얼마든지 다툴 수 있기 때문에 관세법 제38조 제3항 제2호가 법관에 의한 재판받을 권리를 침해한다든가 적법절차의 원칙에 저촉된다고 볼 수 없다(헌재 1998.5.28. 96헌바4).

01 통고처분은 행정질서벌에도 인정된다. (O | X) [11지방직7급]
02 통고처분은 현행법상 조세범, 관세범, 출입국관리사범, 교통사범 등에 대하여 인정되고 있다. (O | X) [18소방직]
03 통고처분은 상대방의 임의의 승복을 그 발효요건으로 하는 것으로서 상대방의 재판받을 권리를 침해하는 것으로 인정되지 않는다. (O | X) [20군무원9급]

㉣ 대상·성질
- 통고처분은 사전적·예외적 형사절차이므로 개별법상 근거가 있어야 한다. 즉 개별법상 범칙행위로 규정된 행위의 경우에만 행정청은 통고처분을 과할 수 있다. 또한 통고처분은 행정청이 과하는 것이지만 행정처분은 아니다. 통고처분의 미이행이 있으면 형사소송 절차를 통해 통고처분의 위법성을 다툴 수 있기 때문이다.
- 통고처분을 할 수 있는 경우에도 통고처분을 할 것인지 여부는 원칙적으로 행정청의 재량에 해당한다.

> **관련 판례**
>
> 1. 관세청장 또는 세관장이 관세범에 대하여 통고처분을 하지 아니한 채 고발하였다는 것만으로 그 고발 및 이에 기한 공소의 제기가 부적법하게 되는 것은 아니다(대판 2007.5.11. 2006도1993).
> 2. 도로교통법 제118조에서 규정하는 경찰서장의 통고처분은 행정소송의 대상이 되는 행정처분이 아니므로 그 처분의 취소를 구하는 소송은 부적법하고, 도로교통법상의 통고처분을 받은 자가 그 처분에 대하여 이의가 있는 경우에는 통고처분에 따른 범칙금의 납부를 이행하지 아니함으로써 경찰서장의 즉결심판청구에 의하여 법원의 심판을 받을 수 있게 될 뿐이다(대판 1995.6.29. 95누4674).
> 3. 통고처분은 조세범칙자에게 벌금 또는 과료에 해당하는 금액 등을 납부할 것을 통고하는 처분일 뿐 벌금 또는 과료의 면제를 통고하는 처분이 아니며, 통고서는 범칙자별로 작성된다(대판 2014.10.15. 2013도5650).

정답 01 X 02 O 03 O

PART 4 행정의 실효성 확보수단

01 통고처분은 실체법상 행정행위이므로 행정쟁송법상의 처분이 되고 취소소송의 대상이 된다. (O | X) [17서울시7급]

02 「관세법」상 통고처분을 할 것인지의 여부는 관세청장 또는 세관장의 재량에 맡겨져 있고, 따라서 관세청장 또는 세관장이 관세범에 대하여 통고처분을 하지 아니한 채 고발하였다는 것만으로는 그 고발 및 이에 기한 공소의 제기가 부적법하게 되는 것은 아니다. (O | X) [20군무원9급]

03 도로교통법상 범칙금 통고처분은 항고소송의 대상이 되는 행정처분에 해당하지 않는다. (O | X) [20지방직9급]

ⓑ 통고처분의 효과
- 통고처분이 있는 경우 공소시효는 중단된다.
- 통고처분을 받은 자가 통고처분을 이행한 경우 일사부재리 원칙이 적용되어 통고 이유에 기재된 사실과 기본적 사실관계가 동일한 사유를 이유로 다시 형사처벌을 하는 경우 이중처벌에 해당한다. 즉, 통고처분의 이행이 있으면 범칙금 통고의 이유에 기재된 당해 범칙행위 자체 및 그 범칙행위와 동일성이 인정되는 범칙행위에 대하여 확정판결을 받은 것과 같은 효력이 발생하는 것이다.
- 따라서 통고처분 이행의 효과는 통고의 이유에 기재된 당해 범칙행위 자체 및 그 범칙행위와 동일성이 인정되는 범칙행위에 대하여만 미치는 것이고 범칙행위와 같은 일시, 장소에서 이루어진 행위라도 범칙행위의 동일성을 벗어난 형사범죄행위에 미치지 아니한다.
- 행정청이 고발을 한 이후에는 통고처분을 할 수 없으므로 통고처분의 이행이 있다고 하더라도 형사절차는 진행된다.

04 통고처분에 의해 범칙금을 납부한 경우, 그 납부의 효력에 따라 다시 벌 받지 아니하게 되는 행위사실은 범칙금통고의 이유에 기재된 당해 범칙행위 자체에 한정될 뿐, 그 범칙행위와 동일성이 인정되는 범칙행위에는 미치지 않는다. (O | X) [17국가직7급]

05 통고처분에 따른 범칙금을 납부한 후에 동일한 사건에 대하여 다시 형사처벌을 하는 것이 일사부재리의 원칙에 반하는 것은 아니다. (O | X) [19국가직9급]

> **관련 판례**
> 1. 통고처분을 거치지 아니하고 즉시 고발하였다면 이로써 조세범칙사건에 대한 조사 및 처분 절차는 종료되고 형사사건 절차로 이행되어 지방국세청장 또는 세무서장으로서는 동일한 조세범칙행위에 대하여 더 이상 통고처분을 할 권한이 없다. 따라서 지방국세청장 또는 세무서장이 조세범칙행위에 대하여 고발을 한 후에 동일한 조세범칙행위에 대하여 통고처분을 하였더라도, 이는 법적 권한 소멸 후에 이루어진 것으로서 특별한 사정이 없는 한 효력이 없고, 조세범칙행위자가 이러한 통고처분을 이행하였더라도 조세범 처벌절차법 제15조 제3항에서 정한 일사부재리의 원칙이 적용될 수 없다(대판 2016.9.28. 2014도10748).
> 2. 경찰서장이 범칙행위에 대하여 통고처분을 한 이상, 범칙자의 위와 같은 절차적 지위를 보장하기 위하여 통고처분에서 정한 범칙금 납부기간까지는 원칙적으로 경찰서장은 즉결심판을 청구할 수 없고, 검사도 동일한 범칙행위에 대하여 공소를 제기할 수 없다고 보아야 한다(대판 2020.4.29. 2017도13409).

정답 01 X 02 O 03 O 04 X 05 X

CHAPTER 3 행정벌

> 3. 인근소란등의 범칙행위와 흉기인 야채 손질용 칼 2자루를 휴대하여 피해자의 신체를 상해하였다는 폭력행위 등 처벌에 관한 법률 위반(집단·흉기등상해)의 공소사실은 동일성이 인정되지 아니한다. 범칙금의 납부에 따라 확정판결에 준하는 효력이 인정되는 범위는 범칙금 통고의 이유에 기재된 당해 범칙행위 자체 및 그 범칙행위와 동일성이 인정되는 범칙행위에 한정된다. 따라서 범칙행위와 같은 시간과 장소에서 이루어진 행위라 하더라도 범칙행위의 동일성을 벗어난 형사범죄행위에 대하여는 범칙금의 납부에 따라 확정판결에 준하는 일사부재리의 효력이 미치지 아니한다(대판 2011.4.28. 2009도12249).

01 지방국세청장이 조세범칙행위에 대하여 고발을 한 후에 동일한 조세범칙행위에 대하여 통고처분을 하여 조세범칙행위자가 이를 이행하였다면 고발에 따른 형사절차의 이행은 일사부재리의 원칙에 반하여 위법하다. (O | X) [20군무원9급]

02 지방국세청장이 조세범칙행위에 대하여 형사고발을 한 후에 동일한 조세범칙행위에 대하여 한 통고처분은 특별한 사정이 없는 한 위법하지만 무효는 아니다. (O | X) [18지방직7급]

03 경찰서장이 범칙행위에 대하여 통고처분을 한 이상, 통고처분에서 정한 범칙금 납부 기간까지는 원칙적으로 경찰서장은 즉결심판을 청구할 수 없고, 검사도 동일한 범칙행위에 대하여 공소를 제기할 수 없다. (O | X) [21지방직9급]

ⓢ 통고처분을 이행하지 아니한 경우
  ⓐ 일반적인 형사소송절차
   • 통고처분의 법정 이행기간이 지나도록 통고처분에 대하여 미이행한다면 통고처분은 당연히 효력을 상실한다. 즉, 통고처분의 미이행이 있다고 하여 행정상 강제집행을 할 수는 없다.
   • 통고처분의 미이행이 있는 경우, 관계 행정청은 통고처분 미이행자를 고발하게 되고 검사는 공소를 제기할 수 있다.
  ⓑ 즉결심판절차
   • 도로교통법은 경찰서장 또는 제주특별자치도지사는 범칙금을 납부하지 않은 사람에 대하여 지체없이 즉결심판을 청구하여야 한다고 규정하고 있다.
   • 즉결심판절차법에 따라 지방법원이나 지방법원지원 또는 시·군법원의 판사에 의한 즉결심판이 과하여 지고, 그 형은 경찰서장이 집행한다.
   • 즉결심판에 대해 불복하는 자는 '즉결심판에 대한 절차법'에 따라 즉결심판의 선고 고지를 받은 날로부터 7일 이내에 정식재판을 청구할 수 있다.

04 도로교통법에 의한 경찰서장의 통고처분에 대한 항고소송은 부적법하고 이에 대하여 이의가 있는 경우에는 통고처분에 따른 범칙금을 이행하지 아니함으로써 경찰서장의 즉결심판 청구에 의하여 법원의 심판을 받을 수 있게 된다. (O | X) [19국회직8급]

정답 01 × 02 × 03 O 04 O

PART 4 행정의 실효성 확보수단

제2절 행정질서벌(과태료)

1. 의의

"질서위반행위"란 법률(지방자치단체의 조례를 포함한다. 이하 같다)상의 의무를 위반하여 과태료를 부과하는 행위를 말한다. 다만, 대통령령으로 정하는 사법(私法)상·소송법상 의무를 위반하여 과태료를 부과하는 행위와 대통령령으로 정하는 법률에 따른 징계사유에 해당하여 과태료를 부과하는 행위는 제외된다.

01 민법상의 의무를 위반하여 과태료를 부과하는 행위는 질서위반행위규제법상 질서위반행위에 해당한다. (O | X) [19서울시9급]

2. 행정질서벌의 법적 근거

> 질서위반행위규제법 제5조(다른 법률과의 관계) 과태료의 부과·징수, 재판 및 집행 등의 절차에 관한 다른 법률의 규정 중 이 법의 규정에 저촉되는 것은 이 법으로 정하는 바에 따른다.
> 질서위반행위규제법 제6조(질서위반행위 법정주의) 법률에 따르지 아니하고는 어떤 행위도 질서위반행위로 과태료를 부과하지 아니한다.

- 질서위반행위규제법 제6조는 법률(지방자치단체의 조례를 포함)에 따르지 아니하고는 어떤 행위도 질서위반행위로 과태료를 부과하지 아니한다고 규정하여 질서위반행위 법정주의를 규정하고 있다.
- 질서위반행위규제법 제5조는 과태료의 부과·징수, 재판 및 집행 등의 절차에 관한 다른 법률의 규정 중 이 법의 규정에 저촉되는 것은 질서위반행위규제법으로 정하는 바에 따른다고 규정하고 있다.
- 즉, 질서위반행위규제법은 과태료의 부과·징수 절차의 총칙적 성격을 가지고 있는 법이다.

02 지방자치단체의 조례상의 의무를 위반하여 과태료를 부과하는 행위는 질서위반행위에 해당되지 않는다. (O | X) [19지방직9급]

3. 질서위반행위의 성립

1) 고의 또는 과실

고의 또는 과실이 없는 질서위반행위는 과태료를 부과하지 아니한다(법 제7조).

> 질서위반행위규제법 제7조(고의 또는 과실) 고의 또는 과실이 없는 질서위반행위는 과태료를 부과하지 아니한다.

정답 01 X 02 X

CHAPTER 3 행정벌

> 관련 판례
> 질서위반행위규제법은 과태료의 부과대상인 질서위반행위에 대하여도 책임주의 원칙을 채택하여 제7조에서 "고의 또는 과실이 없는 질서위반행위는 과태료를 부과하지 아니한다."고 규정하고 있으므로, 질서위반행위를 한 자가 자신의 책임 없는 사유로 위반행위에 이르렀다고 주장하는 경우 법원으로서는 그 내용을 살펴 행위자에게 고의나 과실이 있는지를 따져보아야 한다(대결 2011.7.14. 2011마364).

01 고의 또는 과실이 없는 질서위반행위라고 하더라도 과태료를 부과할 수 있다. (O | X) [18소방직]

2) 위법성 착오

자신의 행위가 위법하지 아니한 것으로 오인하고 행한 질서위반행위는 그 오인에 정당한 이유가 있는 때에 한하여 과태료를 부과하지 아니한다(법 제8조).

02 타인에게 고용되어 근무하던 종업원 甲이 영업행위 중 행정법규를 위반한 경우, 甲의 위반행위가 과태료 부과대상인 경우에 甲이 자신의 행위가 위법하지 아니한 것으로 오인하였다면 甲에 대해서 과태료를 부과할 수 없다. (O | X) [18지방직9급]

3) 책임연령

14세가 되지 아니한 자의 질서위반행위는 과태료를 부과하지 아니한다. 다만, 다른 법률에 특별한 규정이 있는 경우에는 그러하지 아니하다(법 제9조).

03 다른 법률에 특별한 규정이 없는 경우, 14세가 되지 아니한 자의 질서위반행위는 과태료를 부과하지 아니한다. (O | X) [20국가직9급]

4) 심신장애

> **질서위반행위규제법 제10조(심신장애)** ① 심신(心神)장애로 인하여 행위의 옳고 그름을 판단할 능력이 없거나 그 판단에 따른 행위를 할 능력이 없는 자의 질서위반행위는 과태료를 부과하지 아니한다.
> ② 심신장애로 인하여 제1항에 따른 능력이 미약한 자의 질서위반행위는 과태료를 감경한다.
> ③ 스스로 심신장애 상태를 일으켜 질서위반행위를 한 자에 대하여는 제1항 및 제2항을 적용하지 아니한다.

04 스스로 심신장애 상태를 일으켜 질서위반행위를 한 자에 대하여는 과태료를 감경한다. (O | X) [19국가직7급]

5) 법인의 처리 등

> **질서위반행위규제법 제11조(법인의 처리 등)** ① 법인의 대표자, 법인 또는 개인의 대리인·사용인 및 그 밖의 종업원이 업무에 관하여 법인 또는 그 개인에게 부과된 법률상의 의무를 위반한 때에는 법인 또는 그 개인에게 과태료를 부과한다.

정답 01 X 02 X 03 O 04 X

PART 4 행정의 실효성 확보수단

01 질서위반행위규제법상 개인의 대리인이 업무에 관하여 그 개인에게 부과된 법률상의 의무를 위반한 때에는 행위자인 대리인에게 과태료를 부과한다. (O | X) [17국가직9급]

6) 다수인의 질서위반 행위(법 제12조)

① 원칙

2인 이상이 질서위반행위에 가담한 때에는 각자가 질서위반행위를 한 것으로 본다.

② 신분이 없는 자의 질서위반행위 성립의 문제

신분에 의하여 성립하는 질서위반행위에 신분이 없는 자가 가담한 때에는 신분이 없는 자에 대하여도 질서위반행위가 성립한다.

③ 신분이 없는 자의 과태료 가중·감경문제

신분에 의하여 과태료를 감경 또는 가중하거나 과태료를 부과하지 아니하는 때에는 그 신분의 효과는 신분이 없는 자에게는 미치지 아니한다.

02 2인 이상이 질서위반행위에 가담한 때에는 각자가 질서위반행위를 한 것으로 본다. (O | X) [17교육행정직9급]

03 신분에 의하여 성립하는 질서위반행위에 신분이 없는 자가 가담한 때에는 신분이 없는 자에 대하여는 질서위반행위가 성립하지 않는다. (O | X) [18소방직]

04 신분에 의하여 과태료를 감경 또는 가중하거나 과태료를 부과하지 아니하는 때에는, 그 신분의 효과는 신분이 없는 자에게는 미치지 아니한다. (O | X) [18소방직]

7) 수개의 질서위반행위의 처리

> **질서위반행위규제법 제13조(수개의 질서위반행위의 처리)** ① 하나의 행위가 2 이상의 질서위반행위에 해당하는 경우에는 각 질서위반행위에 대하여 정한 과태료 중 가장 중한 과태료를 부과한다.
> ② 제1항의 경우를 제외하고 2 이상의 질서위반행위가 경합하는 경우에는 각 질서위반행위에 대하여 정한 과태료를 각각 부과한다. 다만, 다른 법령(지방자치단체의 조례를 포함한다. 이하 같다)에 특별한 규정이 있는 경우에는 그 법령으로 정하는 바에 따른다.

05 하나의 행위가 2 이상의 질서위반행위에 해당하는 경우에는 각 질서위반행위에 대하여 정한 과태료를 합산하여 부과한다. (O | X) [19서울시9급]

8) 과태료의 산정

> **질서위반행위규제법 제14조(과태료의 산정)** 행정청 및 법원은 과태료를 정함에 있어서 다음 각 호의 사항을 고려하여야 한다.
> 1. 질서위반행위의 동기·목적·방법·결과
> 2. 질서위반행위 이후의 당사자의 태도와 정황
> 3. 질서위반행위자의 연령·재산상태·환경
> 4. 그 밖에 과태료의 산정에 필요하다고 인정되는 사유

정답 01 X 02 O 03 X 04 O 05 X

9) 과태료의 시효

질서위반행위규제법 제15조(과태료의 시효) ① 과태료는 행정청의 과태료 부과처분이나 법원의 과태료 재판이 확정된 후 5년간 징수하지 아니하거나 집행하지 아니하면 시효로 인하여 소멸한다.
② 제1항에 따른 소멸시효의 중단·정지 등에 관하여는 「국세기본법」 제28조를 준용한다.

01 과태료는 행정청의 과태료 부과처분이나 법원의 과태료 재판이 확정된 후 3년간 징수하지 아니하거나 집행하지 아니하면 시효로 인하여 소멸한다. (O | X) [17군무원9급]

10) 과태료와 행정형벌의 병과 가능성

과태료부과처분과 행정형벌의 병과 가능성에 대해서는 긍정하는 견해와 부정하는 견해가 대립하고 대법원과 헌법재판소는 과태료의 부과처분과 형사처벌은 그 성질이나 목적을 달리하는 별개의 것이므로 병과가능성을 긍정한다. 다만, 헌법재판소의 결정에 따르면 행정질서벌과 행정형벌을 병과하면 이중처벌금지의 기본정신에 배치될 여지가 있다고 한다.

> **관련 판례**
>
> 1. 행정법상의 질서벌인 과태료의 부과처분과 형사처벌은 그 성질이나 목적을 달리하는 별개의 것이므로 행정법상의 질서벌인 과태료를 납부한 후에 형사처벌을 한다고 하여 이를 일사부재리의 원칙에 반하는 것이라고 할 수는 없으며, 만일 임시운행허가기간을 넘어 운행한 자가 등록된 차량에 관하여 그러한 행위를 한 경우라면 과태료의 제재만을 받게 되겠지만, 무등록 차량에 관하여 그러한 행위를 한 경우라면 과태료와 별도로 형사처벌의 대상이 된다(대판 1996.4.12. 96도158).
> 2. 구 건축법에 의한 무허가건축행위에 대한 형사처벌과 동법에 의한 과태료의 부과는 헌법 제13조 제1항이 금지하는 이중처벌에 해당한다고 할 수 없다. 다만, 행정질서벌로서의 과태료는 행정상 의무의 위반에 대하여 국가가 일반통치권에 기하여 과하는 제재로서 형벌(특히 행정형벌)과 목적·기능이 중복되는 면이 없지 않으므로, <u>동일한 행위를 대상으로 하여 형벌을 부과하면서 아울러 행정질서벌로서의 과태료까지 부과한다면 그것은 이중처벌금지의 기본정신에 배치되어 국가 입법권의 남용으로 인정될 여지가 있음을 부정할 수 없다</u>(헌재 1994.6.30. 92헌바38).

02 과태료처분을 받고 이를 납부한 후에 형사처벌을 한다고 하여 일사부재리원칙에 반하지 않는다는 것이 대법원의 입장이다. (O | X) [15사회복지직9급]

03 신규등록신청을 위한 임시운행허가를 받고 그 기간이 끝났음에도 자동차등록원부에 등록하지 않은 채 허가기간의 범위를 넘어 운행한 차량소유자가 관련 법조항에 의한 과태료를 부과받아 납부하였다 하더라도 그 차량소유자에 대해 형사처벌을 하는 것은 일사부재리원칙에 위반하는 것이 아니다. (O | X) [18경찰]

04 헌법재판소의 결정에 따르면 행정질서벌과 행정형벌을 병과하면 이중처벌금지의 기본정신에 배치될 여지가 있다고 설시하고 있다. (O | X) [09국회직9급]

정답 01 X 02 O 03 O 04 O

4. 질서위반행위규제법의 적용

> **질서위반행위규제법 제3조(법 적용의 시간적 범위)** ① 질서위반행위의 성립과 과태료 처분은 행위 시의 법률에 따른다.
> ② 질서위반행위 후 법률이 변경되어 그 행위가 질서위반행위에 해당하지 아니하게 되거나 과태료가 변경되기 전의 법률보다 가볍게 된 때에는 법률에 특별한 규정이 없는 한 변경된 법률을 적용한다.
> ③ 행정청의 과태료 처분이나 법원의 과태료 재판이 확정된 후 법률이 변경되어 그 행위가 질서위반행위에 해당하지 아니하게 된 때에는 변경된 법률에 특별한 규정이 없는 한 과태료의 징수 또는 집행을 면제한다.

01 질서위반행위 후 법률이 변경되어 그 행위가 질서위반행위에 해당하지 아니하게 된 때에는 법률에 특별한 규정이 없는 한 변경되기 전의 법률을 적용한다. (O | X) [19국가직7급]

02 질서위반행위의 성립은 행위시의 법률을 따르고 과태료처분은 판결시의 법률에 따른다. (O | X) [20소방직]

> **질서위반행위규제법 제4조(법 적용의 장소적 범위)** ① 이 법은 대한민국 영역 안에서 질서위반행위를 한 자에게 적용한다.
> ② 이 법은 대한민국 영역 밖에서 질서위반행위를 한 대한민국의 국민에게 적용한다.
> ③ 이 법은 대한민국 영역 밖에 있는 대한민국의 선박 또는 항공기 안에서 질서위반행위를 한 외국인에게 적용한다.

03 질서위반행위규제법은 대한민국 영역 밖에서 질서위반행위를 한 대한민국의 국민에게 적용한다. (O | X) [15경찰]

5. 과태료 부과의 절차

1) 과태료 부과 절차 정리

> 1. 행정청의 과태료 부과 전 사전통지, 10일 이상의 기간을 정하여 의견 제출의 기회를 줌
> 2. 행정청은 당사자가 의견 제출 기한 이내에 과태료를 자진하여 납부하고자 하는 경우에는 대통령령(20프로 범위)으로 정하는 바에 따라 과태료를 감경할 수 있다.
> 3. 의견 제출 절차를 마친 후 행정청은 과태료 서면으로 부과 통지
> 4. 행정청의 과태료 부과에 불복하는 당사자는 과태료 부과 통지를 받은 날부터 60일 이내에 해당 행정청에 서면으로 이의제기를 할 수 있다.
> 5. 이의제기가 있는 경우에는 행정청의 과태료 부과처분은 그 효력을 상실한다.
> 6. 이의제기를 받은 행정청은 이의제기를 받은 날부터 14일 이내에 이에 대한 의견 및 증빙서류를 첨부하여 관할 법원에 통보하여야 한다(편주 : 과태료재판의 개시, 행정소송 아님).

04 행정청이 질서위반행위에 대하여 과태료를 부과하고자 하는 때에는 미리 당사자에게 과태료 부과의 원인이 되는 사실, 과태료 금액 및 적용법령 등을 통지하고 10일 이상의 기간을 정하여 의견을 제출할 기회를 주어야 한다. (O | X) [21소방직]

정답 01 X 02 X 03 O 04 O

3 행정벌

2) 과태료 부과의 제척기간

> **질서위반행위규제법 제19조(과태료 부과의 제척기간)** ① 행정청은 질서위반행위가 종료된 날(다수인이 질서위반행위에 가담한 경우에는 최종행위가 종료된 날을 말한다)부터 5년이 경과한 경우에는 해당 질서위반행위에 대하여 과태료를 부과할 수 없다.

01 행정청에 의해 부과된 과태료는 질서위반행위가 종료된 날(다수인이 질서위반행위에 가담한 경우에는 최종행위가 종료된 날을 말한다)부터 5년간 징수하지 아니하거나 집행하지 아니하면 시효로 인하여 소멸한다. (O | X)
[20국가직9급]

3) 법원의 과태료 재판

- 행정청의 과태료 부과에 불복하는 당사자는 행정청에 이의제기를 할 수 있고, 이의제기가 있는 경우에는 과태료 부과처분은 그 효력을 잃게 된다. 행정청은 이의제기를 받은 날부터 14일 이내에 의견과 증빙서류를 첨부하여 관할 법원에 통보한다(과태료 재판의 개시).
- 다른 법령의 특별한 규정이 없는 한 과태료 재판의 관할법원은 당사자 주소지의 지방법원 또는 그 지원으로 한다.
- 법원은 직권으로 사실의 탐지와 필요하다고 인정하는 증거의 조사를 하여야 한다.
- 법원은 심문기일을 열어 당사자의 의견진술을 들어야 한다. 다만, 법원은 상당하다고 인정하는 때에는 심문 없이 과태료 재판을 할 수 있다(약식재판). 당사자와 검사는 약식재판의 고지를 받은 날부터 7일 이내에 이의신청을 할 수 있다.
- 과태료 재판은 이유를 붙인 결정으로 한다. 결정은 당사자와 검사에게 고지함으로써 효력이 생긴다.
- 과태료 재판에 대해서는 즉시항고를 할 수 있으며, 즉시항고는 집행정지의 효력이 있다.

관련 판례

구 조세범 처벌법 제15조 제1항에 따른 과태료 사건의 관할 법원이 같은 조 제2항에서 정한 감경사유에 해당하지 않는 경우에도 제1항의 과태료 부과기준율과 다른 부과기준율을 적용하거나 과태료 금액을 감경할 수 있는 재량이 없다(대판 2020.11.3. 2020마5594).

02 행정청의 과태료 부과에 불복하는 자는 서면으로 이의제기를 할 수 있으나, 이의제기가 있더라도 과태료 부과처분은 그 효력을 유지한다. (O | X)
[20지방직9급]

03 행정청으로부터 과태료 부과처분을 받은 자가 행정소송을 제기하면 과태료 부과처분의 집행이 정지된다. (O | X)
[12국가직7급]

04 과태료사건은 다른 법령에 특별한 규정이 있는 경우를 제외하고는 과태료 부과관청의 소재지의 지방법원 또는 그 지원의 관할로 한다. (O | X)
[20국가직9급]

05 과태료재판은 이유를 붙인 결정으로써 하며, 결정은 당사자와 검사에게 고지함으로써 효력이 발생하고, 당사자와 검사는 과태료재판에 대하여 즉시항고할 수 있으며 이 경우 항고는 집행정지의 효력이 있다. (O | X) [21소방직]

06 법원이 심문 없이 과태료 재판을 하고자 하는 때에는 당사자와 검사는 특별한 사정이 없는 한 약식재판의 고지를 받은 날부터 7일 이내에 이의신청을 할 수 있다. (O | X)
[23지방직9급]

정답 01 × 02 × 03 × 04 × 05 O 06 O

PART 4 행정의 실효성 확보수단

4) 검사의 집행

과태료 재판은 검사의 명령으로써 집행한다. 검사의 명령은 집행권원과 동일 효력이 있으며 집행절차는 민사집행법 또는 국세·지방세 체납처분의 예에 따른다.

01 과태료의 재판은 판사의 명령으로 집행하며, 이 경우 그 명령은 집행력 있는 집행권원과 동일한 효력이 있다. (O | X) [12지방직9급]

6. 행정쟁송의 대상성

과태료 부과처분은 처분으로 볼 수 없다. 따라서 행정쟁송의 대상이 될 수 없다.

관련 판례

수도조례 및 하수도사용조례에 기한 과태료의 부과 여부 및 그 당부는 최종적으로 질서위반행위규제법에 의한 절차에 의하여 판단되어야 한다고 할 것이므로, 그 과태료 부과처분은 행정청을 피고로 하는 행정소송의 대상이 되는 행정처분이라고 볼 수 없다(대판 2012.10.11. 2011두19369).

정답 01 X

핵심 기출문제

01

다음 중 질서위반행위규제법에 대한 설명으로 옳지 않은 것은? [19군무원9급]

① 행정청이 질서위반행위에 대하여 과태료를 부과하고자 하는 때에는 미리 당사자에게 대통령령으로 정하는 사항을 통지하고, 10일 이상의 기간을 정하여 의견을 제출할 기회를 주어야 한다.
② 질서위반행위를 한 자가 자신의 책임 없는 사유로 위반행위에 이르렀다고 주장하는 경우 법원으로서는 그 내용을 살펴 행위자에게 고의나 과실이 있는지를 따져 보아야 하는 것은 아니다.
③ 행정청의 과태료 부과에 불복하는 당사자는 과태료 부과 통지를 받은 날부터 60일 이내에 해당 행정청에 서면으로 이의제기를 할 수 있다.
④ 행정청의 과태료 처분이나 법원의 과태료 재판이 확정된 후 법률이 변경되어 그 행위가 질서위반행위에 해당하지 아니하게 된 때에는 변경된 법률에 특별한 규정이 없는 한 과태료의 징수 또는 집행을 면제한다.

02

행정벌에 대한 설명으로 옳지 않은 것은? (다툼이 있는 경우 판례에 의함) [21소방직]

① 과태료는 행정상의 질서유지를 위한 행정질서벌에 해당할 뿐 형벌이라 할 수 없어 죄형법정주의의 규율대상에 해당하지 않는다.
② 행정형벌은 행정법상 의무위반에 대한 제재로 과하는 처벌로 법인이 법인으로서 행정법상 의무자인 경우 그 의무위반에 대하여 형벌의 성질이 허용하는 한도 내에서 그 법인을 처벌하는 것은 당연하며, 행정범에 관한 한 법인의 범죄능력을 인정함이 일반적이나, 지방자치단체와 같은 공법인의 경우는 범죄능력 및 형벌능력 모두 부정된다.
③ 과태료 재판은 이유를 붙인 결정으로써 하며, 결정은 당사자와 검사에게 고지함으로써 효력이 발생하고, 당사자와 검사는 과태료 재판에 대하여 즉시항고할 수 있으며 이 경우 항고는 집행정지의 효력이 있다.
④ 행정청이 질서위반행위에 대하여 과태료를 부과하고자하는 때에는 미리 당사자에게 과태료 부과의 원인이 되는 사실, 과태료 금액 및 적용법령 등을 통지하고 10일 이상의 기간을 정하여 의견을 제출할 기회를 주어야 한다.

03

행정벌에 대한 설명으로 옳지 않은 것은? (다툼이 있는 경우 판례에 의함) [21지방직9급]

① 법률에 따르지 아니하고는 어떤 행위도 질서위반행위로 과태료를 부과하지 아니한다.
② 경찰서장이 범칙행위에 대하여 통고처분을 한 이상, 통고처분에서 정한 범칙금 납부 기간까지는 원칙적으로 경찰서장은 즉결심판을 청구할 수 없고, 검사도 동일한 범칙행위에 대하여 공소를 제기할 수 없다.
③ 행정청의 과태료 부과에 대해 이의가 제기된 경우에는 행정청의 과태료 부과처분은 그 효력을 상실한다.
④ 신분에 의하여 성립하는 질서위반행위에 신분이 없는 자가 가담한 경우 신분이 없는 자에 대하여는 질서위반행위가 성립하지 않는다.

해설

01 | ① (○)
> 질서위반행위규제법 제16조(사전통지 및 의견 제출 등) ① 행정청이 질서위반행위에 대하여 과태료를 부과하고자 하는 때에는 미리 당사자(제11조제2항에 따른 고용주등을 포함한다. 이하 같다)에게 대통령령으로 정하는 사항을 통지하고, 10일 이상의 기간을 정하여 의견을 제출할 기회를 주어야 한다. 이 경우 지정된 기일까지 의견 제출이 없는 경우에는 의견이 없는 것으로 본다.

② (×) 질서위반행위규제법은 제7조에서 "고의 또는 과실이 없는 질서위반행위는 과태료를 부과하지 아니한다."고 규정하고 있으므로, 질서위반행위를 한 자가 자신의 책임 없는 사유로 위반행위에 이르렀다고 주장하는 경우 법원으로서는 그 내용을 살펴 행위자에게 고의나 과실이 있는지를 따져보아야 한다(대결 2011.7.14. 2011아364).

③ (○)
> 제20조(이의제기) ① 행정청의 과태료 부과에 불복하는 당사자는 제17조 제1항에 따른 과태료 부과 통지를 받은 날부터 60일 이내에 해당 행정청에 서면으로 이의제기를 할 수 있다.
> ② 제1항에 따른 이의제기가 있는 경우에는 행정청의 과태료 부과처분은 그 효력을 상실한다.

④ (○)
> 제3조(법 적용의 시간적 범위) ① 질서위반행위의 성립과 과태료 처분은 행위 시의 법률에 따른다.
> ② 질서위반행위 후 법률이 변경되어 그 행위가 질서위반행위에 해당하지 아니하게 되거나 과태료가 변경되기 전의 법률보다 가볍게 된 때에는 법률에 특별한 규정이 없는 한 변경된 법률을 적용한다.
> ③ 행정청의 과태료 처분이나 법원의 과태료 재판이 확정된 후 법률이 변경되어 그 행위가 질서위반행위에 해당하지 아니하게 된 때에는 변경된 법률에 특별한 규정이 없는 한 과태료의 징수 또는 집행을 면제한다.

정답 01 ②

해설

02 ① (○) 과태료에는 질서위반행위규제법이 적용되므로 형법상 원칙인 죄형법정주의가 적용되지 않는다.
② (×) 지방자치단체가 그 고유의 자치사무를 처리하는 경우에는 지방자치단체는 국가기관의 일부가 아니라 국가기관과는 별도의 독립한 공법인이므로, 지방자치단체 소속 공무원이 지방자치단체 고유의 자치사무를 수행하던 중 도로법 제81조 내지 제85조의 규정에 의한 위반행위를 한 경우에는 지방자치단체는 도로법 제86조의 양벌규정에 따라 처벌대상이 되는 법인에 해당한다(대판 2005.11.10. 2004도2657).
③ (○) 과태료 재판에 대해서는 즉시항고를 할 수 있으며, 즉시항고는 집행정지의 효력이 있다.
④ (○)

> **질서위반행위규제법 제16조(사전통지 및 의견 제출 등)** ① 행정청이 질서위반행위에 대하여 과태료를 부과하고자 하는 때에는 미리 당사자(제11조제2항에 따른 고용주등을 포함한다. 이하 같다)에게 대통령령으로 정하는 사항을 통지하고, 10일 이상의 기간을 정하여 의견을 제출할 기회를 주어야 한다. 이 경우 지정된 기일까지 의견 제출이 없는 경우에는 의견이 없는 것으로 본다.

03 ① (○)

> **질서위반행위규제법 제6조(질서위반행위 법정주의)** 법률에 따르지 아니하고는 어떤 행위도 질서위반행위로 과태료를 부과하지 아니한다.

② (○) 경찰서장이 범칙행위에 대하여 통고처분을 한 이상, 범칙자의 위와 같은 절차적 지위를 보장하기 위하여 통고처분에서 정한 범칙금 납부기간까지는 원칙적으로 경찰서장은 즉결심판을 청구할 수 없고, 검사도 동일한 범칙행위에 대하여 공소를 제기할 수 없다고 보아야 한다(대판 2020.4.29. 2017도13409).
③ (○)

> **질서위반행위규제법 제20조(이의제기)** ① 행정청의 과태료 부과에 불복하는 당사자는 제17조제1항에 따른 과태료 부과 통지를 받은 날부터 60일 이내에 해당 행정청에 서면으로 이의제기를 할 수 있다.
> ② 제1항에 따른 이의제기가 있는 경우에는 행정청의 과태료 부과처분은 그 효력을 상실한다.

④ (×)

> **질서위반행위규제법 제12조(다수인의 질서위반행위 가담)**
> ② 신분에 의하여 성립하는 질서위반행위에 신분이 없는 자가 가담한 때에는 신분이 없는 자에 대하여도 질서위반행위가 성립한다.

정답 02 ② 03 ④

새로운 실효성 확보수단

Ⅰ 과징금

> **행정기본법 제28조(과징금의 기준)** ① 행정청은 법령등에 따른 의무를 위반한 자에 대하여 법률로 정하는 바에 따라 그 위반행위에 대한 제재로서 과징금을 부과할 수 있다.
> ② 과징금의 근거가 되는 법률에는 과징금에 관한 다음 각 호의 사항을 명확하게 규정하여야 한다.
> 1. 부과·징수 주체
> 2. 부과 사유
> 3. 상한액
> 4. 가산금을 징수하려는 경우 그 사항
> 5. 과징금 또는 가산금 체납 시 강제징수를 하려는 경우 그 사항
>
> **행정기본법 제29조(과징금의 납부기한 연기 및 분할 납부)** 과징금은 한꺼번에 납부하는 것을 원칙으로 한다. 다만, 행정청은 과징금을 부과받은 자가 다음 각 호의 어느 하나에 해당하는 사유로 과징금 전액을 한꺼번에 내기 어렵다고 인정될 때에는 그 납부기한을 연기하거나 분할 납부하게 할 수 있으며, 이 경우 필요하다고 인정하면 담보를 제공하게 할 수 있다.
> 1. 재해 등으로 재산에 현저한 손실을 입은 경우
> 2. 사업 여건의 악화로 사업이 중대한 위기에 처한 경우
> 3. 과징금을 한꺼번에 내면 자금 사정에 현저한 어려움이 예상되는 경우
> 4. 그 밖에 제1호부터 제3호까지에 준하는 경우로서 대통령령으로 정하는 사유가 있는 경우
>
> **「독점규제 및 공정거래에 관한 법률」 제8조(과징금)** 공정거래위원회는 시장지배적사업자가 남용행위를 한 경우에는 그 사업자에게 대통령령으로 정하는 매출액(대통령령으로 정하는 사업자의 경우에는 영업수익을 말한다. 이하 같다)에 100분의 6을 곱한 금액을 초과하지 아니하는 범위에서 과징금을 부과할 수 있다. 다만, 매출액이 없거나 매출액의 산정이 곤란한 경우로서 대통령령으로 정하는 경우(이하 "매출액이 없는 경우등"이라 한다)에는 20억원을 초과하지 아니하는 범위에서 과징금을 부과할 수 있다.

1. 개설

1) 의의

행정법상의 의무위반행위에 대해 행정청이 부과하는 금전적 제재를 말한다. 이러한 과징금에는 불법적인 경제적 이익을 박탈하기 위한 본래적 과징금과, 영업정지 등에 갈음하여 부과되는 변형적 과징금이 있다.

2) 유용성

과징금은 공중에 불편을 초래하지 않고서도 행정법상 의무위반자에 대한 제재가 가능하고 벌금의 형식을 취하지 아니함으로써 전과자 양산을 막을 수 있는 장점이 있다.

3) 근거

과징금은 재산권의 직접적인 침해를 가져오는 것이므로 법률의 구체적 근거가 있는 경우에만 부과할 수 있다. 종래에 과징금은 「독점규제 및 공정거래에 관한 법률」, 「여객자동차 운수사업법」, 「부동산 실권리자명의 등기에 관한 법률」등 개별법상 근거만 존재하여 다양한 형태로 도입되어 있으나 그 규정 방식이 통일되어 있지 않았다. 이러한 문제를 시정하고자, 과징금의 법적 성격 및 법률유보 등 과징금과 관련된 일반원칙을 행정기본법에 입법화하였다. 즉, 행정에 관한 일반법인 행정기본법에 과징금 부과에 대한 일반법적 근거 규정을 마련하였다.

> **관련 판례**
>
> 1. 구 독점규제및공정거래에관한법률 제24조의2 제1항에 의한 과징금을 부과하면서 추후 부과금 산정 기준인 새로운 자료가 나올 경우 과징금액을 변경할 수 있다고 유보하거나 실제로 새로운 자료가 나왔다는 이유로 새로운 부과처분을 할 수 없다는 취지의 판시
>   <u>부과관청이 과징금을 부과하면서 추후에 부과금 산정 기준이 되는 새로운 자료가 나올 경우에는 과징금액이 변경될 수도 있다고 유보한다든지, 실제로 추후에 새로운 자료가 나왔다고 하여 새로운 부과처분을 할 수는 없다</u> 할 것인바, 왜냐하면 과징금의 부과와 같이 <u>재산권의 직접적인 침해를 가져오는 처분을 변경하려면 법령에 그 요건 및 절차가 명백히 규정되어 있어야 할 것인데, 위와 같은 변경처분에 대한 법령상의 근거규정이 없고, 이를 인정하여야 할 합리적인 이유 또한 찾아볼 수 없기 때문이다</u>(대판 1999.5.28. 99두1571).
>
> 2. 관할 행정청이 여객자동차운송사업자가 범한 여러 가지 위반행위 중 일부만 인지하여 과징금 부과처분을 하였는데 그 후 그 과징금 부과처분 시점 이전에 이루어진 다른 위반행위를 인지하여 이에 대하여 별도의 과징금 부과처분을 하게 되는 경우에도 종전 과징금 부과처분의 대상이 된 위반행위와 추가 과징금 부과처분의 대상이 된 위반행위에 대하여 일괄하여 하나의 과징금 부과처분을 하는 경우와의 형평을 고려하여 추가 과징금 부과처분의 처분양정이 이루어져야 한다. 다시 말해, 행정청이 전체 위반행위에 대하여 하나의 과징금 부과처분을 할 경우에 산정되었을 정당한 과징금액에서 이미 부과된 과징금액을 뺀 나머지 금액을 한도로 하여서만 추가 과징금 부과처분을 할 수 있다고 보아야 한다(대판 2021.2.4. 2020두48390).
>
> 3. 관할 행정청이 여객자동차운송사업자의 여러 가지 위반행위를 인지하였다면 전부에 대하여 일괄하여 5,000만 원의 최고한도 내에서 하나의 과징금 부과처분을 하는 것이 원칙이고, 인지한 여러 가지 위반행위 중 일부에 대해서만 우선 과징금 부과처분을 하고 나머지에 대해서는 차후에 별도의 과징금 부과처분을 하는 것은 다른 특별한 사정이 없는 한 허용되지 않는다. <u>만약 행정청이 여러 가지 위반행위를 인지하여 그 전부에 대하여 일괄하여 하나의 과징금 부과처분을 하는 것이 가능하였음에도 임의로 몇 가지로 구분하여 각각 별도의 과징금 부과처분을 할 수 있다고 보게 되면</u>, 행정청이 여러 가지 위반행위에 대하여 부과할 수 있는 과징금의 최고한도액을 정한 구 여객자동차 운수사업법 시행령(2018. 4. 10. 대통령령 제28793호로 개정되기 전의 것) 제46조 제2항의 적용을 회피하는 수단으로 악용될 수 있기 때문이다(대판 2021.2.4. 2020두48390).

01 부과관청이 추후에 부과금 산정기준이 되는 새로운 자료가 나올 경우 과징금액이 변경될 수도 있다고 유보하며 과징금을 부과했다면, 새로운 자료가 나온 것을 이유로 새로이 부과처분을 할 수 있다. (O | X) [18지방직9급]

정답 01 ×

2. 유형

1) 본래적 의미의 과징금

- 과징금은 경제법인 「독점규제 및 공정거래에 관한 법률」에서 가장 먼저 도입
- 따라서 경제법상 의무위반행위로 얻은 불법적 이익을 박탈하기 위한 성격을 가지고 있는 제재금을 말한다.
- 과징금은 보통 불법적인 이익박탈을 목적으로 하는 것이므로 보통 매출액의 일정 범위 내에서 부과한다. 다만, 매출액을 산정하기 곤란한 경우에는 일정 액수 이하(20억원을 초과 하지 않는 범위)의 범위 안에서 과징금을 부과하기도 한다.

> **관련 판례**
>
> 구 독점규제및공정거래에관한법률 제24조의2에 의한 부당내부거래에 대한 과징금은 그 취지와 기능, 부과의 주체와 절차 등을 종합할 때 부당내부거래 억지라는 행정목적을 실현하기 위하여 그 위반행위에 대하여 제재를 가하는 행정상의 제재금으로서의 기본적 성격에 부당이득환수적 요소도 부가되어 있는 것이라 할 것이고, 이를 두고 헌법 제13조 제1항에서 금지하는 국가형벌권 행사로서의 '처벌'에 해당한 다고는 할 수 없다(헌재 2003.7.24. 2001헌가25).

01 전형적 과징금은 원칙적으로 행정법상의 의무를 위반한 자에 대하여 당해 위반행위로 얻게 된 경제적 이익을 박탈하기 위한 목적으로 부과하는 금전적인 제재이다. (O | X) [14국회직8급]

02 이행강제금이란 행정법상 의무를 불이행하였거나 위반한 자에 대하여 당해 위반행위로 얻은 경제적 이익을 박탈하기 위하여 부과하거나 또는 사업의 취소·정지에 갈음하여 부과되는 금전상의 제재를 말한다. (O | X) [15지방직7급]

2) 변형적 과징금

인허가 사업을 시행하는 자가 행정법규를 위반한 경우, 그 위반자의 사업의 취소나 정지에 갈음하여 부과되는 제재금이다. 사업의 취소나 정지를 할 것인지 과징금을 부과할 것인지는 행정청의 재량에 속한다.

> **관련 판례**
>
> 구 화물자동차 운수사업법 시행령 제7조 제1항 [별표 2] '과징금을 부과하는 위반행위의 종류와 과징금 의 금액'에 열거되지 않은 위반행위의 종류에 대해서 사업정지처분을 갈음하여 과징금을 부과하는 것은 허용되지 않는다고 보아야 한다(대판 2020.5.28. 2017두73693).

03 변형된 과징금은 인·허가사업에 관한 법률상의 의무위반이 있음에도 불구하고 공익상 필요하여 그 인·허가사업을 취소·정지시키지 않고 사업을 계속하되, 이에 갈음하여 사업을 계속함으로써 얻은 이익을 박탈하는 행정제재금이다. (O | X) [14국회직8급]

04 과징금은 어떤 경우에도 영업정지에 갈음하여 부과할 수 없다. (O | X) [20서울시·지방직7급]

05 「여객자동차 운수사업법」에 따라, 사업정지처분을 내릴 것인지 과징금을 부과할 것인지는 통상 행정청 의 재량에 속한다. (O | X) [19서울시9급]

정답 01 O 02 X 03 O 04 X 05 O

3. 구별 개념

1) 행정벌과 과징금

행정벌과 과징금은 모두 행정법상 의무위반자에 대한 금전상 제재라는 점은 공통되나 ① 과징금은 고의·과실을 요하지 않고, ② 제재의 내용이 형벌이나 과태료가 아니라는 점 등 차이가 있다. 따라서 행정형벌과 과징금을 병과하더라도 이중처벌이 아니다.

> **관련 판례**
>
> **과징금과 형벌을 병과하더라도 이중처벌에 해당하지 아니한다.**
> 공정거래법에서 형사처벌과 아울러 과징금의 병과를 예정하고 있더라도 이중처벌금지원칙에 위반된다고 볼 수 없으며, 이 과징금 부과처분에 대하여 공정력과 집행력을 인정한다고 하여 이를 확정판결 전의 형벌집행과 같은 것으로 보아 무죄추정의 원칙에 위반된다고도 할 수 없다(헌재 2003.7.24. 2001헌가25).

2) 부과금과 과징금

부과금(예 대기환경보전법상 배출부과금 등)은 어떤 사업을 수행하는 데 필요한 경비를 관계자 다수로부터 징수하는 금전적 부담이다. 부과금은 행정법상의 의무이행을 전체적으로 확보하기 위한 것으로 사용목적이 제한된다. 과징금은 국고에 귀속된다.

4. 법적 성질

1) 처분성

과징금부과처분은 침익적 행정행위이다. 따라서 행정소송의 대상이 되는 처분이다. 그러므로 행정절차법이 적용되는 것이 원칙이다.

---

01 과징금 부과·징수에 하자가 있는 경우, 납부의무자는 행정쟁송 절차에 따라 다툴 수 있다. (O | X)

[12국가직9급]

2) 재량성

공정거래위원회의 과징금 처분과 같이 행정청의 재량이 인정되는 경우가 일반적이나 부동산실명법상 명의신탁자에 대한 과징금과 같이 규정 형식상 기속행위로 해석하여야 하는 경우가 있다.

> **독점규제 및 공정거래에 관한 법률 제8조(과징금)** 공정거래위원회는 시장지배적사업자가 남용행위를 한 경우에는 그 사업자에게 대통령령으로 정하는 매출액(대통령령으로 정하는 사업자의 경우에는 영업수익을 말한다. 이하 같다)에 100분의 6을 곱한 금액을 초과하지 아니하는 범위에서 과징금을 부과할 수 있다. 다만, 매출액이 없거나 매출액의 산정이 곤란한 경우로서 대통령령으로 정하는 경우(이하 "매출액이 없는 경우등"이라 한다)에는 20억원을 초과하지 아니하는 범위에서 과징금을 부과할 수 있다.

정답 01 O

> **부동산 실권리자명의 등기에 관한 법률 제5조(과징금)** ① 다음 각 호의 어느 하나에 해당하는 자에게는 해당 부동산 가액(價額)의 100분의 30에 해당하는 금액의 범위에서 과징금을 부과한다.
> 1. 제3조 제1항을 위반한 명의신탁자

01 「부동산 실권리자명의 등기에 관한 법률」 및 시행령상 명의신탁자에 대한 과징금 부과처분은 기속행위의 성질을 갖는다. (O | X) [09국가직7급]

관련 판례

부동산 실권리자명의 등기에 관한 법률 제3조 제1항, 제5조 제1항, 같은 법 시행령 제3조 제1항의 규정을 종합하면, 명의신탁자에 대하여 과징금을 부과할 것인지 여부는 기속행위에 해당하므로, 명의신탁이 조세를 포탈하거나 법령에 의한 제한을 회피할 목적이 아닌 경우에 한하여 그 과징금을 일정한 범위 내에서 감경할 수 있을 뿐이지 그에 대하여 과징금 부과처분을 하지 않거나 과징금을 전액 감면할 수 있는 것은 아니다(대판 2007.7.12. 2005두17287).

5. 과징금에 대한 불복

- 과징금은 행정행위로서 처분에 해당한다. 따라서 행정쟁송의 대상이 된다.
- 재량행위인 과징금 부과처분이 법이 정한 한도액을 초과하여 위법한 경우, 법원은 초과한 부분에 대해서만 취소할 수 없고 전부를 취소할 수밖에 없다.

관련 판례

1. 구 청소년보호법 제49조 제1항, 제2항에 따른 같은법시행령제40조 [별표 6]의 위반행위의종별에 따른 과징금처분기준은 법규명령이기는 하나 모법의 위임규정의 내용과 취지 및 헌법상의 과잉금지의 원칙과 평등의 원칙 등에 비추어 같은 유형의 위반행위라 하더라도 그 규모나 기간·사회적 비난 정도·위반행위로 인하여 다른 법률에 의하여 처벌받은 다른 사정·행위자의 개인적 사정 및 위반행위로 얻은 불법이익의 규모 등 여러 요소를 종합적으로 고려하여 사안에 따라 적정한 과징금의 액수를 정하여야 할 것이므로 그 수액은 정액이 아니라 최고한도액이다(대판 2001.3.9. 99두5207).
2. 금 1,000,000원을 부과한 당해 처분 중 금 100,000원을 초과하는 부분은 재량권 일탈·남용으로 위법하다며 그 일부분만을 취소한 원심판결을 파기한 사례
자동차운수사업면허조건 등을 위반한 사업자에 대하여 행정청이 행정제재수단으로 사업 정지를 명할 것인지, 과징금을 부과할 것인지, 과징금을 부과키로 한다면 그 금액은 얼마로 할 것인지에 관하여 재량권이 부여되었다 할 것이므로 과징금부과처분이 법이 정한 한도액을 초과하여 위법할 경우 법원으로서는 그 전부를 취소할 수밖에 없고, 그 한도액을 초과한 부분이나 법원이 적정하다고 인정되는 부분을 초과한 부분만을 취소할 수 없다(대판 1998.4.10. 98두2270).
3. 과징금 채무는 대체적 급부가 가능한 의무이므로 위 과징금을 부과받은 자가 사망한 경우 그 상속인에게 포괄승계된다(대판 1999.5.14. 99두35).

정답 01 O

CHAPTER 4 새로운 실효성 확보수단

01 「부동산 실권리자명의 등기에 관한 법률」상 실권리자명의 등기의무에 위반하여 부과된 과징금납부의무는 대체적 급부가 가능한 의무이므로 과징금을 부과받은 자가 사망한 경우 그 상속인에게 포괄승계된다. (O | X)
[14사회복지직9급]

02 행정법규위반에 대하여 벌금 이외에 과징금을 함께 부과하는 것은 이중처벌금지원칙에 위반된다. (O | X)
[18교육행정직9급]

03 처분을 할 것인지 여부와 처분의 정도에 관하여 재량이 인정되는 과징금납부명령에 대하여 그 명령이 재량권을 일탈하였을 경우, 법원은 재량권의 범위 내에서 어느 정도가 적정한 것인지에 관하여 판단할 수 있고 그 일부를 취소할 수 있다. (O | X)
[20지방직9급]

6. 회사 분할 시 과징금 부과

관련 판례

1. **제재사유의 승계와 명문규정이 없는 경우**
   회사 분할 시 신설회사 또는 존속회사가 승계하는 것은 분할하는 회사의 권리와 의무이고, 분할하는 회사의 분할 전 법 위반행위를 이유로 과징금이 부과되기 전까지는 단순한 사실행위만 존재할 뿐 과징금과 관련하여 분할하는 회사에 승계 대상이 되는 어떠한 의무가 있다고 할 수 없으므로, <u>특별한 규정이 없는 한 신설회사에 대하여 분할하는 회사의 분할 전 법 위반행위를 이유로 과징금을 부과하는 것은 허용되지 않는다</u>(대판 2011.5.26. 2008두18335).

2. **제재사유의 승계와 명문규정이 있는 영역(과징금)과 없는 영역(시정조치)의 구별**
   <u>현행 공정거래법은 분할하는 회사의 분할 전 공정거래법 위반행위를 이유로 신설회사에 과징금 부과 또는 시정조치를 할 수 있도록 규정을 신설하였다. 현행 하도급법은 과징금 부과처분에 관하여는 신설회사에 제재사유를 승계시키는 공정거래법 규정을 준용하고 있으나 시정조치에 관하여는 이러한 규정을 두고 있지 않다.</u> 이와 같이 공정거래법과 하도급법이 회사분할 전 법 위반행위에 관하여 신설회사에 과징금 부과 또는 시정조치의 제재사유를 승계시킬 수 있는 경우를 따로 규정하고 있는 이상, <u>그와 같은 규정을 두고 있지 아니하는 사안, 즉 회사분할 전 법 위반행위에 관하여 신설회사에 시정조치의 제재사유가 승계되는지가 쟁점이 되는 사안에서는 이를 소극적으로 보는 것이 자연스럽다</u>(대판 2023.6.15. 2021두55159).

04 회사분할시 분할 전 회사에 대한 제재사유가 신설회사에 대하여 승계되지 않으므로 회사의 분할 전 법위반행위를 이유로 과징금을 부과하는 것은 허용되지 않는다. (O | X)
[19서울시9급]

정답 01 O 02 X 03 X 04 O

Ⅱ 가산세

1. 의의
가산세는 세법상 의무의 성실한 이행을 확보하기 위하여 그 세법에 의하여 산출된 세액에 가산하여 징수되는 세금이다(국세기본법 제2조 제4호). 가산세는 형사처벌이 아니므로 행정벌, 형사벌과 병과될 수 있다.

2. 과거 제도
2020년 1월 1일부터 가산금·중가산금 제도는 폐지되었다. 종래에 국세를 납부기한 까지 납부하지 아니한 경우에 지연이자로 가산금·중가산금을 부과하였다. 현재는, 가산세 납부고지 전과 후를 나누어 납부고지 전에는 국세기본법상 납부불성실가산세를, 납부고지 후에는 국세징수법상 납부지연가산세를 부과함으로써 가산세 제도로 일원화하였다.

> **관련 판례**
> 국세징수법 제21조, 제22조가 규정하는 가산금 또는 중가산금은 국세를 납부기한까지 납부하지 아니하면 과세청의 확정절차 없이도 법률 규정에 의하여 당연히 발생하는 것이므로 가산금 또는 중가산금의 고지가 항고소송의 대상이 되는 처분이라고 볼 수 없다(대판 2005.6.10. 2005다15482).

01 구 「국세징수법」상 가산금 또는 중가산금의 고지는 항고소송의 대상이 되는 처분이 아니다. (O | X)

[23지방직9급]

3. 예
소득세법상으로 납세자가 정당한 사유 없이 세법상 규정된 법정신고기간 내에 신고하지 아니하였거나 과소신고를 한 경우 일정 비율의 가산세를 부과하도록 하는 것 등

4. 고의·과실 등
고의·과실은 가산세의 부과 요건이 아니다. 다만, 납세의무자의 의무해태를 탓할 수 없는 정당한 사유가 있는 경우에는 가산세를 부과할 수 없다.

정답 01 O

CHAPTER 4 새로운 실효성 확보수단

> **관련 판례**
>
> 1. 세법상 가산세는 과세권의 행사 및 조세채권의 실현을 용이하게 하기 위하여 납세자가 정당한 이유 없이 법에 규정된 신고, 납세 등 각종 의무를 위반한 경우에 개별세법이 정하는 바에 따라 부과되는 행정상의 제재로서 <u>납세자의 고의, 과실은 고려되지 않는 반면</u>, 이와 같은 제재는 납세의무자가 그 의무를 알지 못한 것이 무리가 아니었다고 할 수 있어서 그를 정당시할 수 있는 사정이 있거나 그 의무의 이행을 당사자에게 기대하는 것이 무리라고 하는 사정이 있을 때 등 그 의무해태를 탓할 수 없는 정당한 사유가 있는 경우에는 이를 과할 수 없다(대판 2005.1.27. 2003두13632).
> 2. 출연자가 세무당국에 비공식적으로 자문을 하여 증여세 과세대상이 아니라는 응답을 받고, 이에 따라 출연재산에 관하여 증여세 신고를 하지 아니함과 아울러 이를 전제로 세무당국에 출연재산명세서와 출연재산사용계획서를 제출하였으며, 세무당국도 감사원의 시정요구가 있기 전까지 위 출연재산에 대한 증여세부과처분을 하지 아니하였다고 하더라도 그러한 사정만으로는 증여세 신고의무 해태를 탓할 수 없는 정당한 사유가 있다고 볼 수 없다.
>   <u>납세의무자가 세무공무원의 잘못된 설명을 믿고 그 신고납부의무를 이행하지 아니하였다 하더라도 그것이 관계 법령에 어긋나는 것임이 명백한 때에는 그러한 사유만으로 정당한 사유가 있다고 볼 수 없다</u>(대판 2003.1.10. 2001두7886).
> 3. 가산세는 행정상의 제재이므로 행위자의 고의나 과실·책임능력·책임조건 등을 고려하지 아니하고 과세요건의 충족 여부만을 확인하여 과징되는 것이 원칙이고, 다만 천재·지변 등의 사유가 있거나(국세기본법 제48조) 당사자에게 그 의무이행을 기대하는 것이 무리라고 할 만한 사정이 있는 등의 경우에는 이를 부과할 수 없다(대판 2006.11.10. 2004두4451).

01 세법상 가산세를 부과할 때 납세자에게 조세납부를 거부 또는 지연하는데 고의 또는 과실이 있었는지는 원칙적으로 고려하지 않지만, 납세의무자의 의무해태를 탓할 수 없는 정당한 사유가 있는 경우에는 가산세를 부과할 수 없다. (O | X) [18국가직9급]

02 납세의무자가 세무공무원의 잘못된 설명을 믿고 신고 납부의무를 이행하지 아니하였다 하더라도 그것이 관계 법령에 어긋나는 것임이 명백한 때에는 그러한 사유만으로는 가산세를 부과할 수 없는 정당한 사유가 있는 경우에 해당한다고 할 수 없다. (O | X) [18지방직7급]

03 구 법인세법 제76조 제9항에 근거하여 부과하는 가산세는 형벌이 아니므로 행위자의 고의 또는 과실·책임능력·책임조건 등을 고려하지 아니하며, 조세의 부과 절차에 따라 과징할 수 있다. (O | X) [20지방직7급]

정답 01 O 02 O 03 O

PART 4 행정의 실효성 확보수단

Ⅲ 공급거부

1. 의의
행정법상 의무위반자에 대해 일정한 행정상의 역무나 재화의 공급을 거부함으로써 의무이행을 확보하는 수단을 말한다.

2. 법적 근거
대단히 실효적인 수단이지만 공급거부는 침익적 효과가 매우 커서 법적 근거가 필요하다. 과거에는 건축법에 위법 건축물에 대하여 전기·전화·수도·도시가스 등의 설치 또는 공급의 중지를 요청할 수 있다는 규정이 존재하였으나 현재는 모두 삭제되었다.

3. 공급거부의 한계
부당결부금지의 원칙이나 비례원칙에 반한 공급거부는 위헌·위법의 국가 작용이다.

4. 구제
공법적 형식의 공급거부는 행정소송의 대상이 되고 사법적 형식의 공급거부는 민사소송의 대상이 된다.

> **관련 판례**
> 1. 단수처분은 항고소송의 대상이 되는 행정처분이다(대판 1979.12.28. 79누218).
> 2. 건축법 제69조 제2항, 제3항의 규정에 비추어 보면, 행정청이 위법 건축물에 대한 시정명령을 하고 나서 위반자가 이를 이행하지 아니하여 전기·전화의 공급자에게 그 위법 건축물에 대한 전기·전화공급을 하지 말아 줄 것을 요청한 행위는 권고적 성격의 행위에 불과한 것으로서 전기·전화공급자나 특정인의 법률상 지위에 직접적인 변동을 가져오는 것은 아니므로 이를 항고소송의 대상이 되는 행정처분이라고 볼 수 없다(대판 1996.3.22. 96누433).

---

01 행정상 공급거부에 대한 권리구제에 있어 단수처분은 항고소송의 대상이 되는 행정처분이므로 위법한 단수처분에 대해서는 행정소송을 제기하여 그 취소를 구할 수 있다. (O | X) [18경찰]

정답 01 O

Ⅳ 공표

> **행정절차법 제3조(적용 범위)** ① 처분, 신고, 확약, 위반사실 등의 공표, 행정계획, 행정상 입법예고, 행정예고 및 행정지도의 절차(이하 "행정절차"라 한다)에 관하여 다른 법률에 특별한 규정이 있는 경우를 제외하고는 이 법에서 정하는 바에 따른다.
> **동법 제40조의3(위반사실 등의 공표)** ① 행정청은 법령에 따른 의무를 위반한 자의 성명·법인명, 위반사실, 의무 위반을 이유로 한 처분사실 등(이하 "위반사실등"이라 한다)을 법률로 정하는 바에 따라 일반에게 공표할 수 있다.
> ② 행정청은 위반사실등의 공표를 하기 전에 사실과 다른 공표로 인하여 당사자의 명예·신용 등이 훼손되지 아니하도록 객관적이고 타당한 증거와 근거가 있는지를 확인하여야 한다.
> ③ 행정청은 위반사실등의 공표를 할 때에는 미리 당사자에게 그 사실을 통지하고 의견제출의 기회를 주어야 한다. 다만, 다음 각 호의 어느 하나에 해당하는 경우에는 그러하지 아니하다.
> 1. 공공의 안전 또는 복리를 위하여 긴급히 공표를 할 필요가 있는 경우
> 2. 해당 공표의 성질상 의견청취가 현저히 곤란하거나 명백히 불필요하다고 인정될 만한 타당한 이유가 있는 경우
> 3. 당사자가 의견진술의 기회를 포기한다는 뜻을 명백히 밝힌 경우
> ④ 제3항에 따라 의견제출의 기회를 받은 당사자는 공표 전에 관할 행정청에 서면이나 말 또는 정보통신망을 이용하여 의견을 제출할 수 있다.
> ⑤ 제4항에 따른 의견제출의 방법과 제출 의견의 반영 등에 관하여는 제27조 및 제27조의2를 준용한다. 이 경우 "처분"은 "위반사실등의 공표"로 본다.
> ⑥ 위반사실등의 공표는 관보, 공보 또는 인터넷 홈페이지 등을 통하여 한다.
> ⑦ 행정청은 위반사실등의 공표를 하기 전에 당사자가 공표와 관련된 의무의 이행, 원상회복, 손해배상 등의 조치를 마친 경우에는 위반사실등의 공표를 하지 아니할 수 있다.
> ⑧ 행정청은 공표된 내용이 사실과 다른 것으로 밝혀지거나 공표에 포함된 처분이 취소된 경우에는 그 내용을 정정하여, 정정한 내용을 지체 없이 해당 공표와 같은 방법으로 공표된 기간 이상 공표하여야 한다. 다만, 당사자가 원하지 아니하면 공표하지 아니할 수 있다.

1. 의의

행정법상의 의무위반사실을 일반인에게 공표하여 사회적 비난이라는 심리적 압박을 가해 의무이행을 간접적으로 확보하려는 수단을 말한다.

---

01 행정상 공표는 의무위반자의 명예나 신용의 침해를 위협함으로써 직접적으로 행정법상 의무이행을 확보하는 수단이다. (O | X) [10지방직9급]

2. 법적 성질

원칙적으로 비권력적 사실행위에 해당한다(다수설). 다만, 그 자체로 공권력 행사의 실질을 가지는 경우에는 처분성을 가진다.

3. 알권리와 프라이버시권의 충돌

알권리와 프라이버시권의 이익형량 후 문제되는 사안에서 알권리가 더 중요한 법익이라고 평가되는 경우 공표를 하게 된다.

4. 법적 근거

명단 공표를 위해서는 원칙적으로 법적 근거가 필요하다고 본다. 명단의 공표에 관한 일반적 규정이 행정절차법에 도입되었으며, 「국세기본법」, 「식품위생법」, 「아동·청소년의 성보호에 관한 법률」 등 개별법상의 근거가 존재한다.

01 행정법상 의무위반자에 대한 명단의 공표는 법적인 근거가 없더라도 허용된다. (O | X) [15사회복지직9급]

5. 구제

1) 행정쟁송

공표는 비권력적 사실행위로서 처분성을 부정하는 것이 일반적이다(다수설). 다만, 공표의 내용이 공권력 행사의 성질을 가지는 경우에는 처분성을 인정하는 것이 판례의 입장이다.

> **관련 판례**
>
> 병무청장이 병역법 제81조의2 제1항에 따라 병역의무 기피자의 인적사항 등을 인터넷 홈페이지에 게시하는 등의 방법으로 공개한 경우 병무청장의 공개결정을 항고소송의 대상이 되는 행정처분으로 보아야 한다. ① 병무청장이 하는 병역의무 기피자의 인적사항 등 공개는, 특정인을 병역의무 기피자로 판단하여 그 사실을 일반 대중에게 공표함으로써 그의 명예를 훼손하고 그에게 수치심을 느끼게 하여 병역의무 이행을 간접적으로 강제하려는 조치로서 병역법에 근거하여 이루어지는 공권력의 행사에 해당한다. ② 병무청장이 그러한 행정결정을 공개 대상자에게 미리 통보하지 않았다거나 처분서를 작성·교부하지 않았다는 점만으로 항고소송의 대상적격을 부정하여서는 아니 된다. ③ 만약 병무청장의 공개결정을 항고소송의 대상이 되는 처분으로 보지 않는다면 국가배상청구 외에는 침해된 권리 또는 법률상 이익을 구제받을 적절한 방법이 없다(대판 2019.6.27. 2018두49130).

02 병무청장의 병역의무 기피자의 인적사항 공개 결정은 취소소송의 대상이 되는 처분에 해당한다. (O | X) [20군무원7급]

2) 국가배상청구 · 결과제거청구

- 정정보도청구권, 반론보도청구권, 결과제거청구권 행사 가능
- 위법한 공무원의 직무집행으로 인하여 손해를 입은 자는 국가배상청구 가능

03 판례에 따르면, 위법한 공표에 의하여 명예·신용 등이 침해된 경우에는 행정상 손해배상청구소송을 제기하여 그 손해배상을 구할 수 없다. (O | X) [10국회직9급]

정답 01 X 02 O 03 X

Ⅴ 관허사업의 제한

1) 행정법상 의무를 위반한 자에 대하여 관허사업의 인허가를 거부하거나 이미 행해진 인허가를 철회함으로써 그 의무 이행을 확보하려는 수단을 말한다.

2) 관허사업의 제한에 관한 일반법은 없으며 개별법이 존재한다. 예를 들면, 관할 세무서장은 납세자가 허가·인가·면허 및 등록 등을 받은 사업과 관련된 소득세, 법인세 및 부가가치세를 체납한 경우 해당 사업의 주무관청에 그 납세자에 대하여 허가등의 갱신과 그 허가등의 근거 법률에 따른 신규 허가등을 하지 아니할 것을 요구할 수 있다(국세징수법 제112조).

Ⅵ 제재처분

1. 의의

> **행정기본법 제2조(정의)** 이 법에서 사용하는 용어의 뜻은 다음과 같다.
> 5. "제재처분"이란 법령등에 따른 의무를 위반하거나 이행하지 아니하였음을 이유로 당사자에게 의무를 부과하거나 권익을 제한하는 처분을 말한다. 다만, 제30조제1항 각 호에 따른 행정상 강제는 제외한다.

"제재처분"이란 법령등에 따른 의무를 위반하거나 이행하지 아니하였음을 이유로 당사자에게 의무를 부과하거나 권익을 제한하는 처분을 말한다. 다만, 행정상 강제(대집행, 이행강제금, 직접강제, 강제징수, 즉시강제)는 제외한다(행정기본법 제2조 제5호).

2. 제재처분의 기준

제재처분을 위해서는 법률상 근거가 필요하고 위반행위의 동기, 목적 및 방법 등의 사유를 고려하여야 하여야 한다.

> **행정기본법 제22조(제재처분의 기준)** ① 제재처분의 근거가 되는 법률에는 제재처분의 주체, 사유, 유형 및 상한을 명확하게 규정하여야 한다. 이 경우 제재처분의 유형 및 상한을 정할 때에는 해당 위반행위의 특수성 및 유사한 위반행위와의 형평성 등을 종합적으로 고려하여야 한다.
> ② 행정청은 재량이 있는 제재처분을 할 때에는 다음 각 호의 사항을 고려하여야 한다.
> 1. 위반행위의 동기, 목적 및 방법
> 2. 위반행위의 결과
> 3. 위반행위의 횟수
> 4. 그 밖에 제1호부터 제3호까지에 준하는 사항으로서 대통령령으로 정하는 사항

3. 제재처분의 제척기간

「행정기본법」 제2조 제5호의 제재처분(법령등에 따른 의무를 위반하거나 이행하지 아니하였음을 이유로 당사자에게 의무를 부과하거나 권익을 제한하는 처분) 모두에 「행정기본법」 제23조의 제척기간이 적용되는 것이 아니고, '인허가의 정지·취소·철회, 등록 말소, 영업소 폐쇄와 정지를 갈음하는 과징금 부과'에 한정하여 제재처분의 제척기간이 적용된다.

> **행정기본법 제23조(제재처분의 제척기간)** ① ① 행정청은 법령등의 위반행위가 종료된 날부터 5년이 지나면 해당 위반행위에 대하여 제재처분(인허가의 정지·취소·철회, 등록 말소, 영업소 폐쇄와 정지를 갈음하는 과징금 부과를 말한다. 이하 이 조에서 같다)을 할 수 없다.
> ② 다음 각 호의 어느 하나에 해당하는 경우에는 제1항을 적용하지 아니한다.
> 1. 거짓이나 그 밖의 부정한 방법으로 인허가를 받거나 신고를 한 경우
> 2. 당사자가 인허가나 신고의 위법성을 알고 있었거나 중대한 과실로 알지 못한 경우
> 3. 정당한 사유 없이 행정청의 조사·출입·검사를 기피·방해·거부하여 제척기간이 지난 경우
> 4. 제재처분을 하지 아니하면 국민의 안전·생명 또는 환경을 심각하게 해치거나 해칠 우려가 있는 경우
> ③ 행정청은 제1항에도 불구하고 행정심판의 재결이나 법원의 판결에 따라 제재처분이 취소·철회된 경우에는 재결이나 판결이 확정된 날부터 1년(합의제행정기관은 2년)이 지나기 전까지는 그 취지에 따른 새로운 제재처분을 할 수 있다.
> ④ 다른 법률에서 제1항 및 제3항의 기간보다 짧거나 긴 기간을 규정하고 있으면 그 법률에서 정하는 바에 따른다.

4. 법령상 의무자에 대한 제재처분

행정법규 위반행위에 대한 제재처분은 현실적인 위반행위자가 아닌 법령상 의무자에게 부과한다.

5. 고의·과실, 정당한 사유

제재처분은 법령위반자의 고의·과실이 없다고 하여도 부과할 수 있으나 위반자의 의무 해태를 탓할 수 없는 정당한 사유가 인정되는 경우에는 이를 부과할 수 없다.

> **관련 판례**
>
> 구 여객자동차 운수사업법 제88조 제1항의 과징금부과처분은 제재적 행정처분으로서 여객자동차 운수사업에 관한 질서를 확립하고 여객의 원활한 운송과 여객자동차 운수사업의 종합적인 발달을 도모하여 공공복리를 증진한다는 행정목적의 달성을 위하여 행정법규 위반이라는 객관적 사실에 착안하여 가하는 제재이므로 반드시 현실적인 행위자가 아니라도 법령상 책임자로 규정된 자에게 부과되고 원칙적으로 위반자의 고의·과실을 요하지 아니하나, 위반자의 의무 해태를 탓할 수 없는 정당한 사유가 있는 등의 특별한 사정이 있는 경우에는 이를 부과할 수 없다(대판 2014.10.15. 2013두5005).

CHAPTER 새로운 실효성 확보수단 **4**

01 구「여객자동차 운수사업법」상 과징금 부과처분은 원칙적으로 위반자의 고의·과실을 요하지 아니하나, 위반자의 의무해태를 탓할 수 없는 정당한 사유가 있는 등의 특별한 사정이 있는 경우에는 이를 부과할 수 없다. (O | X)
[20국가직7급]

02 행정법규 위반에 대하여 가하는 영업정지처분은 반드시 현실적인 행위자가 아니라도 법령상 책임자로 규정된 자에게 부과되고, 특별한 사정이 없는 한 위반자에게 고의나 과실이 없더라도 부과할 수 있다. (O | X)
[18지방직7급]

6. 제재처분과 행정형벌과의 관계

법령 위반자에 대하여 제재처분과 함께 행정형벌을 과한다고 하여도 이중처벌금지 원칙에 위반되는 것이 아니다.

7. 시정명령

- 시정명령이란 행정법령의 위반행위로 초래된 위법상태의 제거 내지 시정을 명하는 행정행위를 말하는 것이다.
- 행정법령 위반행위의 결과가 더는 존재하지 않는다면 시정명령을 할 수 없다.

관련 판례

독점규제및공정거래에관한법률에 의한 시정명령이 지나치게 구체적인 경우 매일 매일 다소간의 변형을 거치면서 행해지는 수많은 거래에서 정합성이 떨어져 결국 무의미한 시정명령이 되므로 그 본질적인 속성상 다소간의 포괄성·추상성을 띨 수밖에 없다 할 것이고, 한편 시정명령 제도를 둔 취지에 비추어 시정명령의 내용은 과거의 위반행위에 대한 중지는 물론 가까운 장래에 반복될 우려가 있는 동일한 유형의 행위의 반복금지까지 명할 수는 있는 것으로 해석함이 상당하다(대판 2003.2.20. 2001두5347 전합).

03 행정청은 시정명령으로 과거의 위반행위에 대한 중지는 물론 가까운 장래에 반복될 우려가 있는 동일한 유형의 행위의 반복금지까지 명할 수 있다. (O | X)
[18교육행정직9급]

8. 집행정지 결정 후 이중처분의 문제

관련 판례

효력기간이 정해져 있는 제재적 행정처분의 효력이 발생한 이후에도 행정청은 특별한 사정이 없는 한 상대방에 대한 별도의 처분으로써 효력기간의 시기와 종기를 다시 정할 수 있다. 이는 당초의 제재적 행정처분이 유효함을 전제로 그 구체적인 집행시기만을 변경하는 후속 변경처분이다. 이러한 후속 변경처분도 특별한 규정이 없는 한 의사표시에 관한 일반법리에 따라 상대방에게 고지되어야 효력이 발생한다. 위와 같은 후속 변경처분서에 효력기간의 시기와 종기를 다시 특정하는 대신 당초 제재적 행정처분의 집행을 특정 소송사건의 판결 시까지 유예한다고 기재되어 있다면, 처분의 효력기간은 원칙적으로

정답 01 O 02 O 03 O

그 사건의 판결 선고 시까지 진행이 정지되었다가 판결이 선고되면 다시 진행된다. 다만 이러한 후속 변경처분 권한은 특별한 사정이 없는 한 당초의 제재적 행정처분의 효력이 유지되는 동안에만 인정된다. 당초의 제재적 행정처분에서 정한 효력기간이 경과하면 그로써 처분의 집행은 종료되어 처분의 효력이 소멸하는 것이므로(행정소송법 제12조 후문 참조), 그 후 동일한 사유로 다시 제재적 행정처분을 하는 것은 위법한 이중처분에 해당한다(대판 2022.2.11. 선고 2021두40720).

한세훈 행정법총론

PART 5

행정구제법

chapter 1 행정상 손해배상
chapter 2 행정상 손실보상
chapter 3 행정소송
chapter 4 행정심판

PART 4 행정의 실효성 확보수단

I 행정구제의 의의

행정작용의 상대방 입장에서는 행정작용으로 인하여 자신의 권리나 이익이 침해될 우려가 있거나 침해가 된 경우 이것을 행정기관 또는 법원에 주장할 수 있다. 그러므로 행정작용의 상대방은 그 행정작용의 취소·변경 또는 원상회복·손해전보를 청구하거나, 기타 피해의 구제 또는 예방을 청구할 수 있고, 이에 대하여 행정기관 또는 법원은 심리하여 권리·이익의 보호에 관하여 판정을 내리는 일련의 절차를 구비하고 하고 있다. 이러한 일련의 절차가 행정구제법이고 실질적 법치국가의 실현에 있어서 필수적인 전제 조건이 된다.

II 사전적 권리구제제도

사전적 권리구제제도란 행정작용으로 인하여 개인의 권리나 이익의 침해가 발생되기 전에 이를 방지하는 제도적 장치를 의미한다. 행정절차가 그 주된 기능을 수행하며 청원제도, 국민고충민원처리제도, 외국의 옴부즈만제도가 행정절차가 그 주된 기능을 수행한다.

III 사후적 권리구제제도

사후적 구제제도란 행정작용으로 인하여 개인의 권리나 이익이 이미 침해된 경우에 이를 시정하거나, 그 손해나 손실을 보전하여 주는 제도를 의미하며, 일반적으로 행정구제제도를 좁은 의미로 사용하는 경우 사후적 권리구제제도를 의미한다.

1. 행정쟁송

1) 행정심판
행정청의 처분 등에 대하여 행정심판위원회가 일정한 절차에 따라 재결을 하는 제도

2) 행정소송
행정청의 처분 등에 대하여 법원에 소를 제기하여 소송절차에 따라 판결을 하는 제도

2. 행정상 손해전보

국가 또는 공공단체의 작용에 의하여 개인에게 손해 또는 손실이 발생한 경우에 전보하여 주는 것을 행정상 손해전보라고 한다. 행정상 손해전보에는 손해배상과 손실보상이 있다.

	손해배상	손실보상
개념	위법한 행정작용에 의하여 발생된 손해에 대한 구제제도	적법한 행정작용에 의하여 발생한 손실에 대한 구제제도
연혁·발전	민법상 불법행위 책임에서 발전	사유재산의 절대성을 침해하는 것에 대한 평등의 견지에서 공평부담

1) 행정상 손해배상

공무원의 위법한 직무집행 행위에 대한 손해배상청구와 공공의 영조물의 설치·관리의 하자로 인한 손해배상청구

2) 행정상 손실보상

적법한 행정작용으로부터 발생한 손실을 보상하는 제도.

---

01 행정상 손실보상은 원칙적으로 적법한 공권력행사로 인한 손해의 전보제도로서 위법한 공권력행사로 인한 침해에 대한 보상인 국가배상제도와는 다르다. (O | X) [14서울시7급]

정답 01 O

CHAPTER 1 행정상 손해배상

제1절 행정상 손해배상

Ⅰ 개설

1. 의의

행정상 손해배상제도란 공무원의 직무행위 또는 영조물의 설치나 관리의 하자로 인하여 국민 등에게 손해가 발생한 경우 국가 또는 지방자치단체 등이 책임을 지는 제도이다.

2. 근거

1) 헌법상 기본권

국가배상청구권을 헌법상 기본권으로 규정하여 직접 국민에게 널리 청구권을 인정하고 있다. 이에 따라 법은 행정상 손해배상에 관한 일반법인 국가배상법과 기타 개별법 규정(우편법 등)을 두고 있다.

> **헌법 제29조** ① 공무원의 직무상 불법행위로 손해를 받은 국민은 법률이 정하는 바에 의하여 국가 또는 공공단체에 정당한 배상을 청구할 수 있다. 이 경우 공무원 자신의 책임은 면제되지 아니한다.

2) 행정상 손해배상에 관한 일반법으로서 국가배상법

- 헌법은 공무원의 직무상 불법행위에 관한 손해배상을 규정하는 데 그쳤지만 국가배상법은 이에 더 나아가 공공의 영조물의 설치·관리상의 하자에 관한 손해에 대해서도 규정하고 있다. 다만, 손해배상책임의 주체를 국가나 공공단체로 규정하고 있는 헌법과 달리 국가나 지방자치단체로 한정하고 있다. 이것은 헌법에서 인정하고 있는 범위를 축소한 것으로서 위헌성에 관한 논의가 있다.
- 국가배상법 제2조의 책임은 과실책임이나 국가배상법 제5조의 책임은 무과실 책임이다.

> **국가배상법 제2조(배상책임)** ① 국가나 지방자치단체는 공무원 또는 공무를 위탁받은 사인(이하 "공무원"이라 한다)이 직무를 집행하면서 고의 또는 과실로 법령을 위반하여 타인에게 손해를 입히거나, 「자동차손해배상 보장법」에 따라 손해배상의 책임이 있을 때에는 이 법에 따라 그 손해를 배상하여야 한다.

CHAPTER 1 행정상 손해배상

> **국가배상법 제5조(공공시설 등의 하자로 인한 책임)** ① 도로·하천, 그 밖의 공공의 영조물의 설치나 관리에 하자가 있기 때문에 타인에게 손해를 발생하게 하였을 때에는 국가나 지방자치단체는 그 손해를 배상하여야 한다.

01 헌법은 배상책임자를 '국가 또는 지방자치단체'로 규정하고 있으나, 국가배상법은 배상책임자를 '국가 또는 공공단체'로 규정하고 있다. (O | X) [07국가직7급]

02 영조물의 설치·관리상 하자로 인한 국가배상에 관하여는 명문상 헌법의 근거가 없다. (O | X) [16교육행정직9급]

03 국가배상법 제5조의 손해배상책임은 동법 제2조의 책임과 같이 과실 책임주의로 규정되어 있다. (O | X) [09국가직7급]

3) 적용순서

행정상 손해배상에 관하여는 개별법, 행정상 손해배상에 관한 일반법인 국가배상법, 민법 순서로 적용된다. 예를 들면, 자동차와 관련된 손해의 배상에 대해서는 자동차손해배상보장법이 국가배상법 보다 우선 적용된다.

04 행정상 손해배상에 관하여는 국가배상법이 일반법적 지위를 갖는다고 본다. (O | X) [15서울시9급]

3. 국가배상법 규정과 민법규정의 차이

민법에는 면책규정이 있으나 국가배상법에는 면책 규정이 없다(국가배상법 제2조, 제5조). 국가배상책임의 영조물책임은 공물을 의미하므로 자연공물과 같은 자연물도 포함되지만 민법상 공작물은 인공적인 물건에 한정된다.

> **민법 제756조(사용자의 배상책임)** ① 타인을 사용하여 어느 사무에 종사하게 한 자는 피용자가 그 사무집행에 관하여 제삼자에게 가한 손해를 배상할 책임이 있다. 그러나 사용자가 피용자의 선임 및 그 사무감독에 상당한 주의를 한 때 또는 상당한 주의를 하여도 손해가 있을 경우에는 그러하지 아니하다.

> **민법 제758조(공작물등의 점유자, 소유자의 책임)** ① 공작물의 설치 또는 보존의 하자로 인하여 타인에게 손해를 가한 때에는 공작물점유자가 손해를 배상할 책임이 있다. 그러나 점유자가 손해의 방지에 필요한 주의를 해태하지 아니한 때에는 그 소유자가 손해를 배상할 책임이 있다.

관련 판례

국가배상법 제2조 제1항 본문 및 제2항의 입법 취지는 공무원이 직무를 수행함에 있어 경과실로 타인에게 손해를 입힌 경우에는 그 직무수행상 통상 예기할 수 있는 흠이 있는 것에 불과하므로, 이러한 공무원의 행위는 여전히 국가 등의 기관의 행위로 보아 그로 인하여 발생한 손해에 대한 배상책임도 전적으로 국가 등에만 귀속시키고 공무원 개인에게는 그로 인한 책임을 부담시키지 아니하여 공무원의 공무집행의 안정성을 확보하고, 반면에 공무원의 위법행위가 고의·중과실에 기한 경우에는 비록 그 행위가 그의 직무와 관련된 것이라고 하더라도 그와 같은 행위는 그 본질에 있어서 기관행위로서의 품격을 상실하여

정답 01 X 02 O 03 X 04 O

PART 5 행정구제법

> 국가 등에게 그 책임을 귀속시킬 수 없으므로 공무원 개인에게 불법행위로 인한 손해배상책임을 부담시키되, 다만 이러한 경우에도 그 행위의 외관을 객관적으로 관찰하여 공무원의 직무집행으로 보여질 때에는 피해자인 국민을 두텁게 보호하기 위하여 국가 등이 <u>공무원 개인과 중첩적으로 배상책임을 부담하되 국가 등이 배상책임을 지는 경우에는 공무원 개인에게 구상할 수 있도록 함으로써 궁극적으로 그 책임이 공무원 개인에게 귀속되도록</u> 하려는 것이라고 봄이 합당하다(대판 1996.2.15. 95다38677전합).

01 국가나 지방자치단체는 공무원이 직무를 집행하면서 고의 또는 과실로 위법하게 타인에게 손해를 가한때에 국가배상법상 배상책임을 지고, 공무원의 선임 및 감독에 상당한 주의를 한 경우에도 그 배상책임을 면할 수 없다. (O | X) [18국가직9급]

4. 국가배상청구권의 법적성격

통설은 국가배상청구권을 공행정작용으로 인한 손해배상이라는 점을 들어 공법상 권리로 본다. 따라서 국가배상의 청구는 공법상 당사자소송의 방식에 의하여야 한다고 본다(공권설). 판례는 이와 달리 일반적 불법행위의 한 종류에 불과하다고 보아 사법상 권리로 본다. 따라서 국가배상의 청구는 민사소송의 방식에 의하여야 한다고 본다(사권설).

관련 판례

> 공무원의 직무상 불법행위로 손해를 받은 국민이 국가 또는 공공단체에 배상을 청구하는 경우 국가 또는 공공단체에 대하여 그의 불법행위를 이유로 손해배상을 구함은 국가배상법이 정한 바에 따른다하여도 이 역시 민사상의 손해배상책임을 특별법인 국가배상법이 정한 데 불과하며…(대판 1972.10.10. 69다701)

02 국가배상은 공행정작용을 대상으로 하므로 국가배상청구소송은 당사자소송이다. (O | X) [16서울시9급]

Ⅱ 공무원의 직무행위로 인한 손해배상

1. 개설

1) 국가배상법 제2조

> **국가배상법 제2조(배상책임)** ① 국가나 지방자치단체는 공무원 또는 공무를 위탁받은 사인(이하 "공무원"이라 한다)이 직무를 집행하면서 고의 또는 과실로 법령을 위반하여 타인에게 손해를 입히거나, 「자동차손해배상 보장법」에 따라 손해배상의 책임이 있을 때에는 이 법에 따라 그 손해를 배상하여야 한다. 다만, 군인·군무원·경찰공무원 또는 예비군대원이 전투·훈련 등 직무 집행과 관련하여 전사(戰死)·순직(殉職)하거나 공상(公傷)을 입은 경우에 본인이나 그 유족이 다른 법령에 따라 재해보상금·유족연금·상이연금 등의 보상을 지급받을 수 있을 때에는 이 법 및 「민법」에 따른 손해배상을 청구할 수 없다.

정답 01 O 02 X

2) 법적성질

자기책임설	국가 등이 지는 배상책임은 공무원을 대신하여 지는 배상 책임이 아니고 실질적으로 자신의 행위에 대한 직접책임이라는 견해
대위책임설	원래는 공무원 개인의 책임이나 국가가 대신 책임을 진다는 견해이다. 이 견해의 전제는 위법한 직무행위는 국가의 행위로 볼 수 없음을 든다.

2. 국가배상법 제2조의 요건

공무원의 직무상 불법행위에 대하여 국가 또는 지방자치단체의 손해배상책임이 성립하기 위해서는 ① 공무원이 ② 직무를 집행하면서 ③ 고의·과실을 가지고 ④ 법령을 위반한 행위로서 ⑤ 타인에게 손해를 입히고 ⑥ 인과관계가 있을 것을 요건으로 한다.

1) 공무원

① 공무원의 범위

조직법상 공무원만을 의미하는 것이 아니라 기능적 의미의 공무원을 가리킨다. 즉 공무원의 신분을 가진 자 외에도 공무를 위탁받아 그에 종사하는 모든 자를 포함한다. 공무를 위탁받아 종사하는 자에는 공무수탁사인에만 한정되는 것이 아니며 공무를 실질적으로 수행하는 자면 족하다. 그리고 공무원은 자연인에만 한정되는 것이 아니다. 예를 들어, 사법인(私法人)이 대집행 권한을 위탁받은 경우에는 그 사법인 자체가 공무수탁사인이 되는 것이다. 또한 가해 공무원이 특정될 필요도 없다.

01 공무원에는 조직법상 의미의 공무원뿐만 아니라 기능적 의미의 공무원이 포함된다. (O | X)
[19사회복지직9급]

02 공무를 위탁받아 실질적으로 공무에 종사하고 있더라도 그 위탁이 일시적이고 한정적인 경우에는 국가배상법 제2조의 공무원에 해당하지 않는다. (O | X)
[17서울시7급]

② 공무원의 지위를 인정한 판례

관련 판례

1. **교통할아버지는 국가배상법상 공무원**
   지방자치단체가 '교통할아버지 봉사활동 계획'을 수립한 후 관할 동장으로 하여금 '교통할아버지'를 선정하게 하여 어린이 보호, 교통안내, 거리질서 확립 등의 공무를 위탁하여 집행하게 하던 중 '교통할아버지'로 선정된 노인이 위탁받은 업무 범위를 넘어 교차로 중앙에서 교통정리를 하다가 교통사고를 발생시킨 경우, 지방자치단체가 국가배상법 제2조 소정의 배상책임을 부담한다(대판 2001.1.5. 98다39060).

2. **구청소속의 청소차량 운전원은 공무원**
   서울시 산하 구청소속의 청소차량 운전원이 지방잡급직원규정에 의하여 단순노무제공만을 행하는 기능직 잡급직원이라면 이는 지방공무원법 제2조 제2항 제7호 소정의 단순한 노무에 종사하는 별정직 공무원이다(대판 1980.9.24. 80다1051).

정답 01 O 02 X

3. 육군 병기기계공작창 내규에 의하여 채용되어 군무수행을 위하여 채용되었으며 그는 소속부대 차량의 운전업무에 종사하였고 일정한 급료를 지급받았다는 자는 공무원
  널리 공무를 위탁받아 실질적으로 공무에 종사하고 있는 자도 본조에서 말하는 공무원이다(대판 1970.11.24. 70다2253).
4. 전입신고서에 확인인을 찍는 행위를 하는 통장은 공무원(대판 1991.7.9. 91다5570).
5. 국가나 지방자치단체에 근무하는 청원경찰은 공무원
  다른 청원경찰과는 달리 그 임용권자가 행정기관의 장이고, 국가나 지방자치단체로부터 보수를 받으며, 산업재해보상보험법이나 근로기준법이 아닌 공무원연금법에 따른 재해보상과 퇴직급여를 지급받고, 직무상의 불법행위에 대하여도 민법이 아닌 국가배상법이 적용되는 등의 특질이 있으며 그외 임용자격, 직무, 복무의무 내용 등을 종합하여 볼때, 그 근무관계를 사법상의 고용계약관계로 보기는 어렵다(대판 1993.7.13. 92다47564).
6. 집달리는 공무원
  집달리가 재판의 집행서류의 송달 기타 법령에 의한 사무에 종사하는 경우에 있어서는 집달리는 실질적 의미에서의 국가공무원에 속한다고 할 것이다(대판 1968.5.7. 68다326).
7. 소집 중인 향토예비군은 공무원(대판 1970.5.26. 70다471)
8. 구 수산청장으로부터 뱀장어에 대한 수출추천 업무를 위탁받은 수산업협동조합이 수출제한조치를 취할 당시 국내 뱀장어 양식용 종묘의 부족으로 종묘확보에 지장을 초래할 우려가 있다고 판단하여 추천업무를 행하지 않은 것이 공무원으로서 타인에게 손해를 가한 때에 해당한다(대판 2003.11.14. 2002다55304).
9. 대한변협회장은 공무수탁사인으로서 공무원이므로 경과실에 불과한 경우 면책된다는 취지의 판시
  대한변호사협회는 이들이 속한 행정주체의 지위에서 배상책임을 부담하여야 하고, 갑에게 변호사등록이 위법하게 지연됨으로 인하여 얻지 못한 수입 상당액의 손해를 배상할 의무가 있는 반면, 을은 대한변호사협회의 장으로서 국가로부터 위탁받은 공행정사무인 '변호사등록에 관한 사무'를 수행하는 범위 내에서 국가배상법 제2조에서 정한 공무원에 해당하므로 경과실 공무원의 면책 법리에 따라 갑에 대한 배상책임을 부담하지 않는다(대판 2021.1.28. 2019다260197).
10. 우체국 공무원
  피고 대한민국 소속 공무원으로서 우편집배업무를 수행하는 피고 2는 2017. 10. 31. 서울 서대문구 (주소 생략)에 있는 ○○○○에 방문하였는데, 당시 우편물을 수취할 사람이 없었다. 이러한 경우 우편역무종사자로서는 송달 주소지에 다시 방문하여 우편물을 전달해야 하는데도 피고 2는 이 사건 우편물을 문틈에 끼워둔 채 마치 ○○○○의 직원 소외 2가 이 사건 우편물을 수령한 것처럼 배달증의 수령인란에 소외 2의 이름을 허위로 기재하여 보고하였다(대판 2022.7.28. 2019다230721).

---

01 국가공무원법 및 지방공무원법상 공무원뿐만 아니라 공무를 위탁받은 사인의 직무행위도 국가배상청구의 대상이 된다. (O | X) [19국회직8급]
02 구청소속 청소차량 운전원과 지방자치단체에 근무하는 청원경찰은 국가배상법 제2조의 공무원에 해당한다. (O | X) [19소방직 변형]

③ 공무원의 지위를 부정한 판례

관련 판례

1. 의용소방대는 공무원이 아니다
   의용소방대는 국가기관이라 할 수 없음은 물론이고 군에 예속된 기관이라고 할 수도 없으니 의용소방대원이 소방호수를 교환받기 위하여 소방대장의 승인을 받고 위 의용소방대가 보관 사용하는 차량을 운전하고 가다가 운전사고가 발생하였다면 이를 군의 사무집행에 즈음한 행위라고 볼 수 없다(대판 1975.11.25. 73다1896).
2. 한국토지공사는 행정주체이지 공무원이 아니다(실제로 업무를 수행한 한국토지공사의 직원 등이 공무원)
   한국토지공사는 이러한 법령의 위탁에 의하여 대집행을 수권받은 자로서 공무인 대집행을 실시함에 따르는 권리·의무 및 책임이 귀속되는 행정주체의 지위에 있다고 볼 것이지, 지방자치단체 등의 기관으로서 국가배상법 제2조 소정의 공무원에 해당한다고 볼 것은 아니다(대판 2010.1.28. 2007다82950·82967).

01 지방자치단체로부터 어린이 보호 등의 공무를 위탁 받아 집행하는 교통할아버지는 국가배상법 제2조에서 규정하는 '공무원'이다. (O | X) [19소방직]

02 구 소방법 제63조의 규정에 의하여 시, 읍, 면이 소방서장의 소방업무를 보조하게 하기 위하여 설치한 의용소방대는 국가기관이라고 할 수 있다. (O | X) [16경찰]

03 법령의 위탁에 의해 지방자치단체로부터 대집행을 수권받은 구 한국토지공사는 지방자치단체의 기관으로서 국가배상법 제2조 소정의 공무원에 해당한다. (O | X) [19지방직9급]

2) 직무행위

① 직무행위

직무행위는 권력적 행정작용 외에도 행정지도와 같은 비권력작용(관리작용)을 포함한 모든 공행정 작용과 입법작용과 사법작용을 포함한다. 다만, 국가 또는 지방자치단체가 사경제주체로서(국고관계) 활동하였을 경우에는 국가배상법의 '직무'에 해당하지 않는다(민법이 적용된다).

04 국가배상법 제2조의 직무행위에는 국가나 지방자치단체의 권력적 작용만이 포함되며 비권력적 작용은 포함되지 않는다. (O | X) [19서울시7급]

05 국가 또는 공공단체라 할지라도 사경제의 주체로 활동하였을 경우에는 그 손해배상의 책임에 국가배상법의 규정이 적용될 수 없고 민법이 적용된다. (O | X) [12지방직9급]

정답 01 O 02 X 03 X 04 X 05 O

> 관련 판례

1. **시영버스 운행 중의 사고는 사경제주체로서의 활동 - 민법적용**
   국가 또는 공공단체라 할지라도 공권력의 행사가 아니고 순전히 대등한 지위에서 사경제의 주체로 활동하였을 경우에는 그 손해배상의 책임에 국가배상법의 규정이 적용될 수 없다(대판 1969.4.22. 68다2225).

2. **철도운행사업은 사경제 주체로서의 활동 - 민법적용, 철도시설물의 하자 - 국가배상법 제5조의 책임 성립**
   [1] 철도운행사업은 사경제적 작용이므로 이로 인한 사고에 공무원이 관여하였다고 하더라도 국가배상법이 아닌 민법이 적용된다.
   [2] 영조물의 철도시설물의 설치 또는 관리의 하자로 인한 불법행위에는 국가배상법이 적용된다(대판 1999.6.22. 99다7008).

3. **시영아파트 분양권 부여 및 세입자에 대한 지원대책은 공행정작용 - 국가배상법 적용**
   도로개설 등 공사로 인한 무허가건물의 강제철거와 관련하여 이루어지는 시나 구 등 지방자치단체의 철거건물 소유자에 대한 시영아파트 분양권 부여 및 세입자에 대한 지원대책 등의 업무는 지방자치단체의 공권력행사 기타 공행정작용과 관련된 활동으로 볼 것이지 단순한 사경제주체로서 하는 활동이라고는 볼 수 없다(대판 1991.7.26. 91다14819).

4. **행정지도로서 공탁 - 국가배상법 적용**
   국가배상법이 정한 배상청구의 요건인 공무원의 직무에는 권력적 작용만이 아니라 행정지도와 같은 비권력적 작용도 포함되며, 단지 행정주체가 사경제주체로서 하는 활동만이 제외된다(대판 1998.7.10. 96다38971).

5. **협의취득은 사법관계이다. - 민법 적용**
   구 「공공용지의 취득 및 손실보상에 관한특례법」에 의하여 공공용지를 협의취득한 사업시행자가 그 양도인과 사이에 체결한 도봉차량건설사업부지 예정토지 매매계약은 공공기관이 사경제주체로서 행한 사법상 매매이므로 이와 관련한 손해에 대하여는 국가배상법이 적용되기 어렵다(대판 1999.11.26. 98다47245).

6. **기부채납된 일반재산의 대부계약의 해지는 사법관계 - 민법적용**
   지방자치단체에 기부채납된 호텔의 대부계약해지에 따른 정산금 지급과 관련된 업무는 사경제주체로서의 작용에 해당한다(대판 2004.4.9. 2002다10691).

---

01 국가배상법이 정한 손해배상청구의 요건인 '공무원의 직무'에는 국가나 지방자치단체의 권력적 작용뿐만 아니라 비권력적 작용도 포함되지만 단순한 사경제의 주체로서 하는 작용은 포함되지 않는다. (O | X) [19서울시7급]

02 도로개설등 공사로 인한 무허가건물의 강제철거와 관련하여 이루어지는 지방자치단체의 그 철거건물 소유자에 대한 시영아파트 분양권 부여 등의 업무는, 사경제주체로서의 활동이므로 지방자치단체의 공권력행사로 보기 어렵다고 할 것이다. (O | X) [16지방직7급]

03 국가의 철도운행사업은 사경제적 작용이라 할지라도 공공의 영조물인 철도시설물의 설치 또는 관리의 하자로 인한 불법행위를 원인으로 하여 국가에 대하여 손해배상청구를 하는 경우에는 국가배상법이 적용된다. (O | X) [21국회직8급]

정답 01 O 02 X 03 O

CHAPTER 1 행정상 손해배상

② 입법작용과 '직무'행위

입법작용도 원칙적으로 '직무'행위에 해당한다. 다만, 입법기관은 국민에 대하여 법적 책임이 아닌 정치적 책임을 지는 것이 원칙이다. 따라서 국회가 만든 법률이 헌법재판소에 의해 위헌결정을 받은 경우라도 국회는 그에 대해 국가배상책임을 지는 것은 아니다.

> **관련 판례**
>
> 국회의원의 입법행위는 그 입법 내용이 헌법의 문언에 명백히 위배됨에도 불구하고 국회가 굳이 당해 입법을 한 것과 같은 특수한 경우가 아닌 한 국가배상법 제2조 제1항 소정의 위법행위에 해당한다고 볼 수 없고, 같은 맥락에서 국가가 일정한 사항에 관하여 헌법에 의하여 부과되는 구체적인 입법의무를 부담하고 있음에도 불구하고 그 입법에 필요한 상당한 기간이 경과하도록 고의 또는 과실로 이러한 입법의무를 이행하지 아니하는 등 극히 예외적인 사정이 인정되는 사안에 한정하여 국가배상법 소정의 배상책임이 인정될 수 있으며, 위와 같은 구체적인 입법의무 자체가 인정되지 않는 경우에는 애당초 부작위로 인한 불법행위가 성립할 여지가 없다(대판 2008.5.29. 2004다33469).

01 고시가 위법하게 제정된 경우라도 고시의 제정행위는 일반·추상적인 규범의 정립행위이므로 국가배상책임의 대상이 되는 직무행위에 해당한다고 볼 수 없다. (O | X) [21국회직8급]

02 판례는 입법내용이 헌법의 문언에 명백히 위배됨에도 불구하고 국회가 굳이 당해 입법을 한 것과 같은 특수한 경우에 한하여 위법 및 과실을 인정하고 있다. (O | X) [18소방직]

03 국가가 일정한 사항에 관하여 헌법에 의하여 부과되는 구체적인 입법의무를 부담하고 있음에도 불구하고 그 입법에 필요한 상당한 기간이 경과하도록 고의·과실로 입법의무를 이행하지 아니하는 경우, 국가배상책임이 인정될 수 있다. (O | X) [19국가직9급]

③ 사법작용과 '직무' 행위

사법작용도 원칙적으로 '직무'행위에 해당한다. 다만, 재판과 관련한 위법은 판결자체의 위법이 아니라 법관의 재판과 관련한 직무수행과 관련한 것이고 재판에 대해 불복절차가 마련되어 있는 경우에는 특별한 사정이 없는 한 불복절차를 통해 재판의 잘못을 시정할 수 있으므로 국가배상청구권이 부정된다.

> **관련 판례** 법관의 재판과 관련한 직무수행에 국가배상이 인정되기 위한 요건
>
> [1] 법관의 재판에 법령의 규정을 따르지 아니한 잘못이 있다 하더라도 이로써 바로 그 재판상 직무행위가 국가배상법 제2조 제1항에서 말하는 위법한 행위로 되어 국가의 손해배상책임이 발생하는 것은 아니고, 그 국가배상책임이 인정되려면 당해 법관이 위법 또는 부당한 목적을 가지고 재판을 하였다거나 법이 법관의 직무수행상 준수할 것을 요구하고 있는 기준을 현저하게 위반하는 등 법관이 그에게 부여된 권한의 취지에 명백히 어긋나게 이를 행사하였다고 인정할 만한 특별한 사정이 있어야 한다.
> [2] 재판에 대하여 따로 불복절차 또는 시정절차가 마련되어 있는 경우에는 재판의 결과로 불이익 내지 손해를 입었다고 여기는 사람은 그 절차에 따라 자신의 권리 내지 이익을 회복하도록 함이 법이

정답 01 X 02 O 03 O

예정하는 바이므로, 불복에 의한 시정을 구할 수 없었던 것 자체가 법관이나 다른 공무원의 귀책사유로 인한 것이라거나 그와 같은 시정을 구할 수 없었던 부득이한 사정이 있었다는 등의 특별한 사정이 없는 한, 스스로 그와 같은 시정을 구하지 아니한 결과 권리 내지 이익을 회복하지 못한 사람은 원칙적으로 국가배상에 의한 권리구제를 받을 수 없다고 봄이 상당하다고 하겠으나, 재판에 대하여 불복절차 내지 시정절차 자체가 없는 경우에는 부당한 재판으로 인하여 불이익 내지 손해를 입은 사람은 국가배상 이외의 방법으로는 자신의 권리 내지 이익을 회복할 방법이 없으므로, 이와 같은 경우에는 배상책임의 요건이 충족되는 한 국가배상책임을 인정하지 않을 수 없다.

[3] 헌법재판소 재판관이 청구기간 내에 제기된 헌법소원심판청구 사건에서 청구기간을 오인하여 각하결정을 한 경우, 이에 대한 불복절차 내지 시정절차가 없는 때에는 국가배상책임(위법성)을 인정할 수 있다고 한 사례

[4] 헌법소원심판을 청구한 자로서는 헌법재판소 재판관이 일자 계산을 정확하게 하여 본안판단을 할 것으로 기대하는 것이 당연하고, 따라서 헌법재판소 재판관의 위법한 직무집행의 결과 잘못된 각하결정을 함으로써 청구인으로 하여금 본안판단을 받을 기회를 상실하게 한 이상, 설령 본안판단을 하였더라도 어차피 청구가 기각되었을 것이라는 사정이 있다고 하더라도 잘못된 판단으로 인하여 헌법소원심판 청구인의 위와 같은 합리적인 기대를 침해한 것이고 이러한 기대는 인격적 이익으로서 보호할 가치가 있다고 할 것이므로 그 침해로 인한 정신상 고통에 대하여는 위자료를 지급할 의무가 있다.

[5] 불법행위로 입은 정신적 고통에 대한 위자료 액수에 관하여는 사실심 법원이 제반 사정을 참작하여 그 직권에 속하는 재량에 의하여 이를 확정할 수 있다(대판 2003.7.11. 99다24218).

---

01 법관의 재판행위가 위법행위로서 국가배상책임이 인정되려면 당해 법관이 위법 또는 부당한 목적을 가지고 재판하는 등 법관에게 부여된 권한의 취지에 명백히 어긋나게 이를 행사하였다고 인정할 특별한 사정이 있어야 한다. (O | X) [17국가직7급]

02 헌법재판소재판관이 잘못된 각하결정을 하여 청구인으로 하여금 본안판단을 받을 기회를 상실하게 하였더라도, 본안판단에서 어차피 청구가 기각되었을 것이라는 사정이 있다면 국가배상책임이 인정되지 않는다. (O | X) [18지방직7급]

03 재판에 대하여 불복절차 내지 시정절차 자체가 없는 경우, 부당한 재판으로 인하여 불이익 내지 손해를 입은 사람에게는 배상책임의 요건이 충족되는 한 국가배상책임이 인정될 수 있다. (O | X) [19국가직9급]

④ 기타

공무원의 행위가 직무행위의 범위에 속한다면 권력적·비권력적행위, 사실행위, 작위, 부작위를 가리지 않는다. 준법률행위적 행정행위에 해당하는 공증도 국가배상법상 직무행위에 해당한다. 그리고 수사기관의 직무집행 행위도 '직무'에 포함된다. 또한, 최근 대법원은 통치행위에 해당하는 대통령의 긴급조치권 행사에 대하여 국가배상책임을 인정한 판시를 하였다.

정답 01 O 02 X 03 O

CHAPTER 1 행정상 손해배상

관련 판례

1. **법률이 입법의무를 부과하고 있음에도 시행령 제정을 부작위 한 경우 – 국가배상청구 가능**
   구 군법무관임용법 제5조 제3항과 군법무관임용 등에 관한 법률 제6조가 군법무관의 보수를 법관 및 검사의 예에 준하도록 규정하면서 그 구체적 내용을 시행령에 위임하고 있는 이상, 위 법률의 규정들은 군법무관의 보수의 내용을 법률로써 일차적으로 형성한 것이고, 위 법률들에 의해 상당한 수준의 보수청구권이 인정되는 것이므로, 위 보수청구권은 단순한 기대이익을 넘어서는 것으로서 법률의 규정에 의해 인정된 재산권의 한 내용이 되는 것으로 봄이 상당하고, 따라서 행정부가 정당한 이유 없이 시행령을 제정하지 않은 것은 위 보수청구권을 침해하는 불법행위에 해당한다(대판 2007.11.29. 2006다3561).

2. **긴급조치 제9호의 발령부터 적용·집행에 이르는 일련의 국가작용도 국가배상청구 가능**
   [1] 긴급조치 제9호의 발령부터 적용·집행에 이르는 일련의 국가작용은, 전체적으로 보아 공무원이 직무를 집행하면서 객관적 주의의무를 소홀히 하여 그 직무행위가 객관적 정당성을 상실한 것으로서 위법하다고 평가되고, 긴급조치 제9호의 적용·집행으로 강제수사를 받거나 유죄판결을 선고받고 복역함으로써 개별 국민이 입은 손해에 대해서는 국가배상책임이 인정될 수 있다.
   [2] 다수 공무원의 집단적이고 조직적인 행위에 대하여 국가배상책임을 묻는 경우에는 개별 공무원의 고의 또는 과실을 특정하여 증명하지 않았다고 하더라도 국가배상책임이 성립한다고 보아야 한다(대판 2022.8.30. 2018다212610전합).

3. 공무원의 직무상 과실로 허위의 주민등록표와 인감대장이 비치된 결과 허위의 인감증명서가 발급됨으로써 불실의 근저당권설정등기를 마친 저당권자가 그 저당권의 불성립으로 손해를 입은 경우 지방자치단체의 국가배상책임이 인정된다(대판 1991.7.9. 91다5570).

4. **무죄입증의 결정적 증거를 검사가 은폐한 경우 국가배상책임을 진다.**
   형사재판 과정에서 범죄사실의 존재를 증명함에 충분한 증거가 없다는 이유로 무죄판결이 확정되었다고 하더라도 그러한 사정만으로 바로 검사의 구속 및 공소제기가 위법하다고 할 수 없고, 그 구속 및 공소제기에 관한 검사의 판단이 그 당시의 자료에 비추어 경험칙이나 논리칙상 도저히 합리성을 긍정할 수 없는 정도에 이른 경우에만 그 위법성을 인정할 수 있다. 강도강간의 피해자가 제출한 팬티에 대한 국립과학수사연구소의 유전자검사결과 그 팬티에서 범인으로 지목되어 기소된 원고나 피해자의 남편과 다른 남자의 유전자형이 검출되었다는 감정결과를 검사가 공판과정에서 입수한 경우 그 감정서는 원고의 무죄를 입증할 수 있는 결정적인 증거에 해당하는데도 검사가 그 감정서를 법원에 제출하지 아니하고 은폐하였다면 검사의 그와 같은 행위는 위법하다고 보아 국가배상책임을 인정한 사례(대판 2002.2.22. 2001다23447).

---

01 검사가 공판과정에서 피고인의 무죄를 입증할 수 있는 결정적인 증거를 입수하였으나 이를 법원에 제출하지 아니하여 유죄판결을 받았다면 국가배상이 인정된다. (O | X) [08국회직8급]

정답 01 O

3) 직무를 집행하면서

① 외형설

통설과 판례는 직무 집행행위의 외관을 관찰하여 실질적으로 직무집행행위가 아니거나 주관적으로 직무집행의 의사가 없더라도 행위자체의 외관을 객관적으로 관찰하여 직무집행행위 여부를 판단한다. 따라서 피해자가 당해 행위가 실질적으로 공무집행행위가 아니라는 사실을 알았는지 여부는 문제되지 않고 현실적으로 정당한 권한 범위 내에서 발령된 것인지 여부도 문제되지 않는다.

② 직무집행 행위에 관한 판례

> **관련 판례**
>
> 1. **인사업무담당 공무원이 다른 공무원의 공무원증 등을 위조한 행위에 대하여 실질적으로는 직무행위에 속하지 아니한다 할지라도 외관상으로 국가배상법 제2조 제1항의 직무집행관련성을 인정**
>   국가배상법 제2조 제1항의 '직무를 집행함에 당하여'라 함은 직접 공무원의 직무집행행위이거나 그와 밀접한 관련이 있는 행위를 포함하고, 이를 판단함에 있어서는 행위 자체의 외관을 객관적으로 관찰하여 공무원의 직무행위로 보여질 때에는 비록 그것이 실질적으로 직무행위가 아니거나 또는 행위자로서는 주관적으로 공무집행의 의사가 없었다고 하더라도 그 행위는 공무원이 '직무를 집행함에 당하여' 한 것으로 보아야 한다(대판 2005.1.14. 2004다26805).
> 2. **세무과 소속 공무원의 시영아파트 입주권 매매행위는 직무집행행위로 볼 수 없다.**
>   구청 공무원 갑이 주택정비계장으로 부임하기 이전에 그의 처 등과 공모하여 을에게 무허가건물철거 세입자들에 대한 시영아파트 입주권 매매행위를 한 경우 이는 갑이 개인적으로 저지른 행위에 불과하고 당시 근무하던 세무과에서 수행하던 지방세 부과, 징수 등 본래의 직무와는 관련이 없는 행위로서 외형상으로도 직무범위 내에 속하는 행위라고 볼 수 없다(대판 1993.1.15. 92다8514).
> 3. **교육·훈계 중에 한 폭행도 그 직무집행과 밀접한 관련이 있는 것이므로 결국 그 폭행은 국가배상법 제2조 제1항 소정의 공무원이 직무집행행위로 볼 수 있다.**
>   전입신병에 대한 보호조인 상급자가 같은 소대에 새로 전입한 하급자에 대하여 암기사항에 관한 교육을 실시하던 중 암기상태가 불량하다는 이유로 그 하급자를 훈계하다가 도가 지나쳐 폭행을 하기에 이른 경우, 그 상급자의 교육·훈계행위는 적어도 외관상으로는 직무집행행위이다(대판 1995.4.21. 93다14240).
> 4. 국가배상법 제2조 소정의 "공무원이 그 직무를 집행함에 당하여"라고 함은 직무의 범위 내에 속한 행위이거나 직무수행의 수단으로써 또는 직무행위에 부수하여 행하여지는 행위로서 직무와 밀접한 관련이 있는 것도 포함되는바, 육군중사가 자신의 개인소유 오토바이 뒷좌석에 같은 부대 소속 군인을 태우고 다음날부터 실시예정인 훈련에 대비하여 사전정찰차 훈련지역 일대를 살피고 귀대하던 중 교통사고가 일어났다면, <u>그가 비록 개인소유의 오토바이를 운전한 경우라 하더라도 실질적, 객관적으로 위 운전행위는 그에게 부여된 훈련지역의 사전정찰임무를 수행하기 위한 직무와 밀접한 관련이 있다고 보아야 한다</u>(대판 1994.5.27. 94다6741).

01 국가배상법상 공무원의 직무행위는 객관적으로 직무행위로서의 외형을 갖추고 있어야 할 뿐만 아니라 주관적 공무집행의 의사도 있어야 한다. (O | X) [18국가직9급]

정답 01 ×

CHAPTER 1 행정상 손해배상

01 인사업무담당 공무원이 다른 공무원의 공무원증 등을 위조한 행위는 실질적으로 직무행위에 속하지 아니한다 할지라도 외관상으로는 국가배상법상의 직무집행에 해당한다. (O | X) [18지방직7급]

02 상급자가 전입사병인 하급자에게 암기사항에 관하여 교육하던 중 훈계하다가 도가 지나쳐 폭행한 경우에 그 폭행은 국가배상법상의 직무집행에 해당한다. (O | X) [11국회직8급]

03 행위 자체의 외관이 객관적으로 관찰하여 공무원의 직무행위로 보일 때에는 그것이 실질적으로 직무행위가 아니거나 또는 행위자에게 주관적으로 공무집행의 의사가 없었다고 하더라도 그 행위는 직무행위에 해당한다. (O | X) [14국가직7급]

04 육군중사 甲이 다음날 실시예정인 독수리훈련에 대비하여 사전 정찰차 훈련지역 일대를 살피고 귀대하던 중 교통사고가 일어났다면, 甲이 비록 개인소유의 오토바이를 운전하였다 하더라도 실질적·객관적으로 위 甲의 운전행위는 그에게 부여된 훈련지역의 사전 정찰임무를 수행하기 위한 직무와 밀접한 관련이 있다고 보아야 한다. (O | X) [16지방직7급]

4) 고의 또는 과실이 존재할 것

① 의의

고의는 위법행위의 결과에 대한 인식과 인용을 의미한다. 과실은 손해 발생의 예견가능성과 회피가능성이 있었음에도 통상적으로 갖추어야 할 주의의무를 게을리한 것을 의미한다.

② 판단기준

국가의 공무원에 대한 선임·감독상의 과실이 아닌 당해 직무를 행하는 공무원의 직무집행과 관련한 과실을 의미한다.

③ 과실의 객관화 경향

공무원의 직무집행상 과실이라 함은 공무원이 그 직무를 수행함에 있어 당해 직무를 담당한 평균이 보통(통상) 갖추어야 할 주의의무를 게을리한 것을 말한다(대판 1987.9.22. 87다카1164).

관련 판례

공무원의 중과실이란 공무원에게 통상 요구되는 정도의 상당한 주의를 하지 않더라도 약간의 주의를 한다면 손쉽게 위법·유해한 결과를 예견할 수 있는 경우임에도 만연히 이를 간과한 경우와 같이, <u>거의 고의에 가까운 현저한 주의를 결여한 상태를 의미한다</u>(대판 2021.11.11. 2018다288631).

05 과실개념을 객관화하려는 태도는 국가배상책임의 성립을 용이하게 하려는 의도를 지니고 있다. (O | X) [19사회복지직9급]

06 과실개념의 주관화(主觀化)경향이 나타나고 있다. (O | X) [14서울시9급]

07 국가배상법상 공무원의 과실은 당해 직무를 담당하는 평균적 공무원의 주의능력을 기준으로 판단한다. (O | X) [15서울시9급]

정답 01 O 02 O 03 O 04 O 05 O 06 X 07 O

④ 가해 공무원의 특정 불필요

가해공무원의 특정은 불필요하다는 것이 다수설의 입장이고 판례도 같은 취지에서, 가해 공무원인 전투경찰공무원을 특정하지 않더라도 손해배상책임을 인정한 바 있다(대판 1995.11.10. 95다23897).

01 국가배상법상 손해배상책임을 묻기 위해서는 가해공무원을 특정하여야 한다. (O | X) [21국가직9급]

⑤ 부작위의 경우 입증책임의 완화

판례는, 어린이가 '미니컵 젤리'를 먹다가 질식하여 사망한 사안에서, 식품의약품안전청장(현 식품의약품안전처장) 등에게 그러한 권한(규제권한)을 부여한 취지와 목적에 비추어 볼 때 구체적인 상황 아래에서 식품의약품안전청장 등이 그 권한을 행사하지 아니한 것이 현저하게 합리성을 잃어 사회적 타당성이 없다면, 직무상 의무를 위반한 것이 되어 위법한 부작위가 된다고 보았다(실제 사안에서는 식품의약품안전처장의 권한 불행사가 현저하게 합리성을 잃었다고 볼 수 없다고 하여, 위법한 부작위가 아니라고 보았다). 그리고 위와 같이 식약청장 등이 그 권한을 행사하지 아니한 것이 직무상 의무를 위반하여 위법한 것으로 되는 경우에는 특별한 사정이 없는 한 과실도 인정된다(대판 2010.9.9. 2008다77795)고 판시하여 위법한 부작위의 경우 과실이 추정된다는 판시를 하였다. 즉, 위법한 부작위가 인정된다면 과실도 추정되지만, 실제 '미니컵 젤리'사건은 위법한 부작위가 인정되지 아니하였으므로 과실도 추정되지 아니하였다.

02 판례에 의하면 규제권한을 행사하지 아니한 것이 직무상 의무를 위반하여 위법한 것으로 되는 경우에는 특별한 사정이 없는 한 과실도 인정된다. (O | X) [11국가직7급]

⑥ 입증책임

고의·과실도 다른 요건과 마찬가지로 국가배상청구권을 행사하는 원고가 입증하여야 하는 것이 원칙이다. 다만, 국세징수법상 보전압류와 관련하여, 피고의 고의·과실이 사실상 추정된다고 판시한 판례가 있다.

03 가해공무원의 과실 여부에 대한 입증책임은 원고에게 있다. (O | X) [14지방직7급]

> **관련 판례**
> 구 국세징수법(2011.4.4. 법률 제10527호로 개정되기 전의 것) 제24조 제2항과 같이 국세가 확정되기 전에 보전압류를 한 후 보전압류에 의하여 징수하려는 국세의 전부 또는 일부가 확정되지 못하였다면 보전압류로 인하여 납세자가 입은 손해에 대하여 특별한 반증이 없는 한 과세관청의 담당공무원에게 고의 또는 과실이 있다고 사실상 추정되므로 국가는 부당한 보전압류로 인한 손해를 배상할 책임이 있다(대판 2015.10.29. 2013다209534).

행정상 손해배상

⑦ 구체적 검토

㉠ 공무원의 법령해석과 과실

행정처분이 위법하다고 할지라도 그 자체만으로 곧바로 그 행정처분이 공무원의 고의 또는 과실로 인한 불법행위를 구성한다고 단정할 수는 없고, 공무원의 고의 또는 과실의 유무에 대하여는 별도의 판단을 요한다.

ⓐ 원칙적인 경우

공무원은 법률전문가가 아니지만 자신의 사무영역에 있어서는 필요한 법적 지식을 숙지하고 있어야 한다. 따라서 공무원이 과실로 법령을 알지 못한 경우, 원칙적으로 과실이 있다.

> **관련 판례**
>
> 1. 일반적으로 공무원이 관계법규를 알지 못하거나 필요한 지식을 갖추지 못하고 법규의 해석을 그르쳐 행정처분을 하였다면 그가 법률전문가가 아닌 행정직 공무원이라도 과실이 있다(대판 1981.8.25. 80다1598).
> 2. 국·공립대학 교원에 대한 재임용거부처분이 재량권을 일탈·남용한 것으로 평가되어 그것이 불법행위가 됨을 이유로 국·공립대학 교원 임용권자에게 손해배상책임을 묻기 위해서는 당해 재임용거부가 국·공립대학 교원 임용권자의 고의 또는 과실로 인한 것이라는 점이 인정되어야 한다. 그리고 위와 같은 고의·과실이 인정되려면 국·공립대학 교원 임용권자가 객관적 주의의무를 결하여 그 재임용거부처분이 객관적 정당성을 상실하였다고 인정될 정도에 이르러야 한다(대판 2011.1.27. 2009다30946).

01 일반적으로 공무원이 필요한 지식을 갖추지 못하고 법규의 해석을 그르쳐 행정처분을 하였다면 그가 법률전문가가 아닌 행정직 공무원이라고 하여 과실이 없다고는 할 수 없다. (O | X) [21국가직9급]

02 국·공립대학 교원에 대한 재임용거부처분이 재량권을 일탈·남용한 것으로 평가되어 그것이 불법행위가 됨을 이유로 국·공립대학 교원 임용권자에게 손해배상책임을 묻기 위해서는 당해 재임용거부가 국·공립대학 교원 임용권자의 고의 또는 과실로 인한 것이라는 점이 인정되어야 한다. (O | X) [20군무원9급]

ⓑ 예외적인 경우

행정청이 관계 법령의 해석이 확립되기 전에 어느 한 설을 취하여 업무를 처리한 것이 결과적으로 위법하게 되어 그 법령의 부당집행이라는 결과를 빚었다고 하더라도 처분 당시 그와 같은 처리방법 이상의 것을 성실한 평균적 공무원에게 기대하기 어려웠던 경우라면 특별한 사정이 없는 한 이를 두고 공무원의 과실로 인한 것이라고 볼 수는 없다(대판 2004.6.11. 2002다31018). 다만, 법원의 확립된 법령해석에 반하는 해석을 행정청이 고집한 경우에는 손해배상책임을 지는 것은 당연하다.

정답 01 O 02 O

PART 5 행정구제법

> **관련 판례**
> 1. 법령의 해석이 복잡 미묘하여 어렵고 학설·판례가 통일되지 않을 때에 공무원이 신중을 기해 그중 어느 한 설을 취하여 처리한 경우에는 그 해석이 결과적으로 위법한 것이었다 하더라도 국가배상법상 공무원의 과실을 인정할 수 없다(대판 1973.10.10. 72다2583).
> 2. 행정청이 확립된 법령의 해석에 어긋나는 견해를 고집하여 계속하여 위법한 행정처분을 하거나 이에 준하는 행위로 평가될 수 있는 불이익을 처분상대방에게 주는 경우, 손해배상책임이 있다(대판 2007.5.10. 2005다31828).
> 3. 법원이 형사소송법 등 관련 법령에 근거하여 검사에게 어떠한 조치를 이행할 것을 명하였고, 관련법령의 해석상 법원의 결정에 따르는 것이 당연하고 그와 달리 해석될 여지가 없는데도 검사가 관련법령의 해석에 관하여 대법원 판례 등의 선례가 없다는 이유 등으로 법원의 결정에 어긋나는 행위를 한 경우, 당해 검사에게 직무상 의무를 위반한 과실이 있다(대판 2012.11.15. 2011다48452).

01 행정청이 대법원의 법령해석과 어긋나는 견해를 고집하여 계속 위법한 행정처분을 해서 처분 상대방에게 불이익을 주었다면 국가배상책임이 인정된다. (O | X) [08국회직8급]

02 공무원이 재량준칙에 따라 행정처분을 하였는데 결과적으로 그 처분이 재량을 일탈·남용하여 위법하게 된 때에는 그에게 직무집행상의 과실이 인정된다. (O | X) [18경찰]

ⓒ 행정규칙에 따른 처분과 관련된 과실

행정규칙은 내부적 구속력이 있다. 따라서 판례는 재량준칙에 따른 처분이 결과적으로 재량권을 일탈·남용한 위법이 존재한다고 하더라도 과실을 부정한다.

> **관련 판례**
> 영업허가취소처분이 나중에 행정심판에 의하여 재량권을 일탈한 위법한 처분임이 판명되어 취소되었다고 하더라도 그 처분이 당시 시행되던 공중위생법 시행규칙에 정하여진 행정처분의 기준에 따른 것인 이상 그 영업허가 취소처분을 한 행정청 공무원에게 그와 같은 위법한 처분을 한 데 있어 어떤 직무집행상의 과실이 있다고 할 수는 없다(대판 1994.11.8. 94다26141).

03 영업허가취소처분이 행정심판에 의하여 재량권의 일탈을 이유로 취소되었다고 하더라도 그 처분이 당시 시행되던 공중위생법 시행규칙에 정해진 행정처분의 기준에 따른 것인 이상 그 영업허가취소처분을 한 행정청 공무원에게 그와 같은 위법한 처분을 한데 있어 직무집행상의 과실이 있다고 할 수는 없다. (O | X) [16지방직9급]

ⓒ 항고소송에서 처분의 취소와 공무원의 과실

국가배상법의 위법성 판단과 고의·과실의 문제는 별개의 문제이다. 따라서 판례는 어떠한 처분이 취소소송에서 취소되었다면 그 판결의 기판력은 처분이 위법하다는 점에 미치는 것일 뿐이지 그것만으로 고의 또는 과실을 인정할 수 없다고 본다.

정답 01 O 02 X 03 O

CHAPTER 1 행정상 손해배상

> **관련 판례**
>
> 어떠한 행정처분이 후에 항고소송에서 취소되었다고 할지라도 그 기판력에 의하여 당해 행정처분이 곧바로 공무원의 고의 또는 과실로 인한 것으로서 불법행위를 구성한다고 단정할 수는 없는 것이다(대판 2000.5.12. 99다70600).

01 어떠한 행정처분이 항고소송에서 취소되었을지라도 그 기판력에 의하여 당해 행정처분이 곧바로 공무원의 고의 또는 과실로 인한 것으로서 국가배상책임이 성립한다고 단정할 수는 없다. (O | X) [19국가직7급]

ⓐ 행정입법과 공무원의 과실

> **관련 판례**
>
> 행정입법에 관여한 공무원이 나름대로 합리적 근거를 찾아 어느 하나의 견해에 따라 경과규정을 두는 등의 조치 없이 새 법령을 그대로 시행 또는 적용하였으나 그 판단이 나중에 대법원이 내린 판단과 달라 결과적으로 신뢰보호원칙 등을 위반하게 된 경우, 국가배상책임의 성립요건인 공무원의 과실이 있다고 볼 수 없다(대판 2013.4.26. 2011다14428).

02 법령해석에 여러 견해가 있어 관계공무원이 신중한 태도로 어느 일설을 취하여 처분한 경우, 위법한 것으로 판명되었다고 하더라도 그것만으로 배상책임을 인정할 수 없다. (O | X) [12국가직9급]

ⓜ 공무원의 처리지연

처분을 구하는 신청에 대하여 상당한 기간 처분여부에 대한 결정이 지체되었다고 하여 곧바로 고의 또는 과실을 인정할 수 없고 보통 일반의 공무원을 표준으로 볼 때 객관적 주의의무를 결하여 객관적 정당성을 상실하였다고 인정될 정도에 이른 경우에 국가배상법 제2조가 정한 국가배상책임의 요건을 충족한다(대판 2015.11.27. 2013다6759).

ⓗ 처분의 근거법률이 위헌선언 된 경우 근거법률에 따른 공무원의 직무집행상 과실

공무원에게는 법령에 대한 심사권이 없어 명백히 무효가 아니한 공무원은 그 법률을 집행할 의무가 있다. 따라서 직무집행행위의 근거가 된 법률에 대하여 나중에 헌법재판소가 위헌 결정을 하였다는 점을 들어 그 행위 과정에서 행위자의 고의 또는 과실이 있었다고 인정할 수 없다(헌재 2011.11.24. 2010헌바353).

> **관련 판례**
>
> 형벌에 관한 법령이 헌법재판소의 위헌결정으로 소급하여 효력을 상실하였거나 법원에서 위헌·무효로 선언된 경우, 그 법령이 위헌으로 선언되기 전에 그 법령에 기초하여 수사가 개시되어 공소가 제기되고 유죄판결이 선고되었더라도, 그러한 사정만으로 수사기관의 직무행위나 법관의 재판상 직무행위가 국가배상법 제2조 제1항에서 말하는 공무원의 고의 또는 과실에 의한 불법행위에 해당하여 국가의 손해배상책임이 발생한다고 볼 수는 없다(대판 2014.10.27. 2013다217962).

정답 01 O 02 O

PART 5 행정구제법

01 형벌에 관한 법령이 헌법재판소의 위헌결정으로 소급하여 효력을 상실한 경우, 위헌 선언 전 그 법령에 기초하여 수사가 개시되어 공소가 제기되고 유죄판결이 선고되었더라도, 그러한 사정만으로 국가의 손해배상책임이 발생한다고 볼 수 없다. (O | X)

[19지방직9급]

ⓢ 기타과실과 관련된 판례

> **관련 판례**
> 1. 등기신청의 첨부 서면으로 제출한 판결서가 위조된 것으로서 그 기재 사항 및 기재 형식이 일반적인 판결서의 작성 방식과 다르다는 점만을 근거로 판결서의 진정성립에 관하여 자세한 확인절차를 하지 않은 등기관의 직무상의 주의의무위반을 인정할 수 없다는 판시
>   등기업무를 담당하는 평균적 등기관이 보통 갖추어야 할 통상의 주의의무만 기울였어도 제출 서면이 위조되었다는 것을 쉽게 알 수 있었음에도 이를 간과한 채 적법한 것으로 심사하여 등기신청을 각하하지 못한 경우에 그 과실을 인정할 수 있다(대판 2005.2.25. 2003다13048).
> 2. 경매 담당 공무원이 이해관계인에 대한 기일통지를 잘못한 것이 원인이 되어 경락허가결정이 취소된 사안에서, 그 사이 경락대금을 완납하고 소유권이전등기를 마친 경락인에 대하여 국가배상책임을 인정한 사례
>   경매법원의 담당공무원이 구 민사소송법 제617조 제2항 소정의 이해관계인에 대한 경매기일 및 경락기일 통지를 제대로 하지 않는 등 적법한 경매절차 진행에 관한 직무상 의무를 위반하였다(대판 2008.7.10. 2006다23664).
> 3. 위조인장에 의하여 타인 명의의 인감증명서가 발급된 것과 관련하여 발급업무 담당 공무원의 직무집행상의 과실을 인정한 사례
>   인감증명은 인감 자체의 동일성과 거래행위자의 의사에 의한 것임을 확인하는 자료로서 일반인의 거래상 극히 중요한 기능을 갖고 있는 것이므로 인감증명사무를 처리하는 공무원으로서는 그것이 타인과의 권리의무에 관계되는 일에 사용되어 지는 것을 예상하여 그 발급된 인감으로 인한 부정행위의 발생을 방지할 직무상의 의무가 있다(대판 2004.3.26. 2003다54490).

02 경매 담당공무원이 이해관계인에게 기일통지를 잘못한 것이 원인이 되어 경락허가결정이 취소된 사안에서, 그 사이 경락대금을 완납하고 소유권이전등기를 마친 경락인에 대하여 국가는 배상책임을 진다. (O | X)

[09국회직8급]

5) 위법성

① 법의 의미

위법의 의미는 '법'에 위반을 의미한다. 통설과 판례는 여기서 '법'의 의미를 성문법과 불문법 외에 인권존중, 공서양속 등을 포함하여 직무행위가 객관적으로 정당성을 상실한 경우까지를 의미한다고 본다(광의설). 또한 절차상의 위법도 국가배상법상 법령위반에 해당하는 것은 당연하다.

정답 01 O 02 O

CHAPTER 1 행정상 손해배상

> **관련 판례**
>
> 1-1. 강간 사건의 피의자 41명을 한꺼번에 세워 놓고 피해자인 원고 1, 원고 2로 하여금 범행일시와 장소별로 범인을 지목하게 한 사례 – 국가배상책임 인정
> 1-2. 감식실에서의 모욕, 비하 발언 부분에 관하여 – 직무집행행위로 봄
> 1-3. 성폭력범죄의 수사를 담당하거나 수사에 관여하는 경찰관이 피해자의 인적사항 등을 공개 또는 누설함으로써 – 정신적 손해배상 인정
> 국가배상책임에 있어 <u>공무원의 가해행위는 법령을 위반한 것이어야 하고, 법령을 위반하였다 함은 엄격한 의미의 법령 위반뿐 아니라 인권존중, 권력남용금지, 신의성실과 같이 공무원으로서 마땅히 지켜야 할 준칙이나 규범을 지키지 아니하고 위반한 경우를 포함하여 널리 그 행위가 객관적인 정당성을 결여하고 있음</u>을 뜻하는 것이므로, 경찰관이 범죄수사를 함에 있어 경찰관으로서 의당 지켜야 할 법규상 또는 조리상의 한계를 위반하였다면 이는 법령을 위반한 경우에 해당한다(대판 2008.6.12. 2007다64365).

01 「국가배상법」 제2조 제1항의 '법령을 위반하여'라고 함은 엄격하게 형식적 의미의 법령에 명시적으로 공무원의 행위의무가 정하여져 있음에도 이를 위반하는 경우만을 의미하는 것은 아니고, 인권존중·권력남용금지·신의성실과 같이 공무원으로서 마땅히 지켜야 할 준칙이나 규범을 지키지 아니하고 위반한 경우를 비롯하여 널리 그 행위가 객관적인 정당성을 결여하고 있는 경우도 포함한다. (O | X) [20군무원9급]

02 국가배상책임에서 '법령을 위반하여'라고 함은 엄격하게 형식적 의미의 법령에서 명시적으로 공무원의 행위의무가 정하여져 있음에도 이를 위반하는 경우만을 의미한다. (O | X) [17국가직7급]

② 위법의 의미에 대한 학설 대립

행위위법설	행위가 법규범에 위반되는 것을 의미한다는 견해
결과위법설	받아들일 수 없는 손해(가해행위의 결과물)가 불법임을 의미
상대적위법성설	직무행위 자체의 위법·적법뿐만 아니라 피침해행위의 성격과 침해의 정도, 가해행위의 태양(모습)등을 종합적으로 고려하여 판단하여야 한다는 견해

③ 위법의 의미에 대한 판례

  ㉠ 원칙적 입장

  판례는 주류적으로 행위위법설과 같은 입장을 취하고 있지만 상대적위법성설과 비슷한 취지의 판례도 존재한다. 즉, 행위위법을 기본으로 침해의 정도나 가해행위의 태양을 고려한다고 이해하면 족하다.

> **관련 판례**
>
> 1. 공무원의 직무집행행위가 법령에 위반된 것이어야 하고 개인의 권리가 침해되었다는 사실만으로 그 법령에 위반된 행위로 볼 수 없다는 취지의 판례
> 국가배상책임은 <u>공무원의 직무집행이 법령에 위반한 것임을 요건으로 하는 것</u>으로서, 공무원의 직무집행이 법령이 정한 요건과 절차에 따라 이루어진 것이라면 특별한 사정이 없는 한 이는 법령에 적합한

정답 01 O 02 X

것이고 그 과정에서 개인의 권리가 침해되는 일이 생긴다고 하여 그 법령 적합성이 곧바로 부정되는 것은 아니라고 할 것인바, 불법시위를 진압하는 경찰관들의 직무집행이 법령에 위반한 것이라고 하기 위하여는 그 시위진압이 불필요하거나 또는 불법시위의 태양 및 시위 장소의 상황 등에서 예측되는 피해 발생의 구체적 위험성의 내용에 비추어 시위진압의 계속 수행 내지 그 방법 등이 현저히 합리성을 결하여 이를 위법하다고 평가할 수 있는 경우이어야 한다(대판 1997.7.25. 94다2480).

2. **경찰관이 도주차량을 순찰차로 추적한 직무집행행위가 위법하지 않다고 평가되는 경우 - 위법성 부정**
경찰관이 교통법규 등을 위반하고 도주하는 차량을 순찰차로 추적하는 직무를 집행하는 중에 그 도주차량의 주행에 의하여 제3자가 손해를 입었다고 하더라도 그 추적이 당해 직무 목적을 수행하는 데에 불필요하다거나 또는 도주차량의 도주의 태양 및 도로교통상황 등으로부터 예측되는 피해발생의 구체적 위험성의 유무 및 내용에 비추어 추적의 개시·계속 혹은 추적의 방법이 상당하지 않다는 등의 특별한 사정이 없는 한 그 추적행위를 위법하다고 할 수는 없다(대판 2000.11.10. 2000다26807, 26814).

3. **교육부장관이 갑 등을 비롯한 국·공립학교 기간제 교원을 구 공무원수당 등에 관한 규정에 따른 성과 상여금 지급대상에서 제외하는 내용의 '교육공무원 성과상여금 지급 지침'을 발표한 사안에서, 국가가 갑 등에 대하여 불법행위로 인한 손해배상책임을 진다고 볼 수 없다.**
갑 등을 포함한 기간제교원을 성과상여금 지급대상에서 제외한 것은 구 공무원수당 등에 관한 규정 제7조의2 제1항의 해석에 관한 법리에 따른 것이므로, 국가가 갑 등에 대하여 불법행위로 인한 손해배상책임을 진다고 볼 수 없다(대판 2017.2.9. 2013다205778).

4. **시청 소속 공무원이 시장을 부패방지위원회에 부패혐의자로 신고한 후 동사무소로 하향 전보된 사안에서, 그 전보인사 조치는 해당 공무원에 대한 다면평가 결과, 원활한 업무 수행의 필요성 등을 고려하여 이루어진 것으로 볼 여지도 있으므로, 사회통념상 용인될 수 없을 정도로 객관적 상당성을 결여하였다고 단정할 수 없어 불법행위를 구성하지 않는다.**
공무원에 대한 전보인사가 법령이 정한 기준과 원칙에 위배되거나 인사권을 다소 부적절하게 행사한 것으로 볼 여지가 있다 하더라도 그러한 사유만으로 그 전보인사가 당연히 불법행위를 구성한다고 볼 수는 없고, 인사권자가 당해 공무원에 대한 보복감정 등 다른 의도를 가지고 인사재량권을 일탈·남용하여 객관적 정당성을 상실하였음이 명백한 경우 등 전보인사가 우리의 건전한 사회통념이나 사회상규상 도저히 용인될 수 없음이 분명한 경우에, 그 전보인사는 위법하게 상대방에게 정신적 고통을 가하는 것이 되어 당해 공무원에 대한 관계에서 불법행위를 구성한다(대판 2009.5.28. 2006다16215).

---

01 공무원의 직무집행이 법령이 정한 요건과 절차에 따라 이루어진 것이라면 특별한 사정이 없는 한 이는 법령에 적합한 것이고, 그 과정에서 개인의 권리가 침해되는 일이 생긴다고 하여 그 법령적합성이 곧바로 부정되는 것은 아니다. (O | X) [18서울시7급]

02 경찰관이 교통법규 등을 위반하고 도주하는 차량을 순찰차로 추적하는 직무를 집행하는 중에 그 도주차량의 주행에 의하여 제3자가 손해를 입었다고 하더라도 그 추적이 당해 직무목적을 수행하는 데에 불필요하다거나 추적의 개시 계속 혹은 추적의 방법이 상당하지 않다는 등의 특별한 사정이 없는 한 그 추적행위를 위법하다고 할 수는 없다. (O | X) [18국가직7급]

03 시청 소속 공무원이 시장을 구 부패방지위원회에 부패혐의자로 신고한 후 동사무소로 전보된 경우, 사회통념상 용인될 수 없을 정도로 객관적 상당성을 결여하였으므로 불법행위를 구성한다. (O | X) [11경찰]

정답 01 O 02 O 03 X

ⓛ 공무원의 부작위와 국가배상

ⓐ 위법한 부작위의 의미

공무원의 부작위로 인한 국가배상책임을 인정하기 위하여는 공무원의 작위로 인한 국가배상책임을 인정하는 경우와 마찬가지로 국가배상법 제2조 제1항의 요건이 충족되어야 한다. 특히 위법성 요건과 관련하여 공무원의 부작위가 위법하기 위해서는 법령상 작위의무가 존재하여야 한다. 다만, 공무원의 작위의무를 인정하는 명문의 근거 규정이 없는 경우에도 헌법상 기본원리나 행정법의 일반원칙, 조리 등을 근거로 작위의무를 인정할 수 있다고 보는 것이 판례의 입장이다. 또한 재량행위의 경우에도 재량권이 0으로 수축 되는 경우에도 부작위를 한 경우에는 위법성이 인정된다. 여기서 재량권이 0으로 수축하는지와 관련하여 판례는, 경찰관이 구체적 상황 하에서 그 인적·물적 능력의 범위 내의 적절한 조치라는 판단에 따라 범죄수사직무를 수행한 경우, 그것이 객관적 정당성을 상실하여 현저하게 불합리하다고 인정되지 않는다면 그와 다른 조치를 취하지 아니한 부작위는 국가배상책임의 요건인 법령위반에 해당하지 않는다고 하였다.

> **관련 판례** 부작위와 관련하여 국가배상책임이 문제된 사례

1. 에이즈 검사 결과 양성으로 판정된 후 자의로 보건당국의 관리를 벗어난 특수업태부에 대하여 그 후 국가 산하 검사기관이 실시한 일련의 정기검진 결과 중에서 일부가 음성으로 판정된 적이 있음에도 불구하고 위 검사기관이 이를 본인에게 통보하지 않고 그에 따른 후속조치도 없었던 사안에서, 국가의 위자료 지급의무를 인정한 원심판결을 파기한 사례
여기서 '법령에 위반하여'라고 하는 것이 엄격하게 형식적 의미의 법령에 명시적으로 공무원의 작위의무가 규정되어 있는데도 이를 위반하는 경우만을 의미하는 것은 아니고, 국민의 생명, 신체, 재산 등에 대하여 절박하고 중대한 위험상태가 발생하였거나 발생할 우려가 있어서 국민의 생명, 신체, 재산 등을 보호하는 것을 본래적 사명으로 하는 국가가 초법규적, 일차적으로 그 위험 배제에 나서지 아니하면 국민의 생명, 신체, 재산 등을 보호할 수 없는 경우에는 형식적 의미의 법령에 근거가 없더라도 국가나 관련 공무원에 대하여 그러한 위험을 배제할 작위의무를 인정할 수 있을 것이다(대판 1998.10.13. 98다18520).

2. 갑이 경주보훈지청에 국가유공자에 대한 주택구입대부제도에 관하여 전화로 문의하고 대부신청서까지 제출하였으나, 담당 공무원에게서 지급보증서제도에 관한 안내를 받지 못하여 대부제도 이용을 포기하고 시중은행에서 대출을 받아 주택을 구입함으로써 정신상손해배상을 구한 사건 – 고의과실로 법령을 위반하였다고 볼 수 없다.
원칙적으로 공무원이 관련 법령에서 정하여진 대로 직무를 수행하였다면 그와 같은 공무원의 부작위를 가지고 '고의 또는 과실로 법령에 위반'하였다고 할 수는 없다. 따라서 공무원의 부작위로 인한 국가배상책임을 인정할 것인지 여부가 문제되는 경우에 관련 공무원에 대하여 작위의무를 명하는 법령의 규정이 없는 때라면 공무원의 부작위로 인하여 침해되는 국민의 법익 또는 국민에게 발생하는 손해가 어느 정도 심각하고 절박한 것인지, 관련 공무원이 그와 같은 결과를 예견하여 그 결과를 회피하기 위한 조치를 취할 수 있는 가능성이 있는지 등을 종합적으로 고려하여 판단하여야 한다(대판 2012.7.26. 2010다95666).

PART 5 행정구제법

01 절박하고 중대한 위험 상태가 발생하였거나 발생할 우려가 있는 경우가 아닌 한, 원칙적으로 공무원이 관련 법령대로만 직무를 수행하였다면 그와 같은 공무원의 부작위를 가지고 '고의 또는 과실로 법령에 위반'하였다고 할 수는 없다. (O | X) [13지방직7급]

02 담당공무원이 주택구입대부 제도와 관련하여 지급보증서제도에 관해 알려주지 않은 조치는 법령위반에 해당하지 않는다. (O | X) [18서울시9급]

> **관련 판례** 부작위와 관련하여 국가배상책임이 인정된 사례
>
> 1. 군산 윤락업소 화재 사건으로 사망한 윤락녀의 유족들이 국가를 상대로 제기한 손해배상청구 사건에서, 경찰관의 직무상 의무위반행위를 이유로 국가에게 위자료의 지급책임을 인정한 사례
>   일반적으로 경찰관의 전문적 판단에 기한 합리적인 재량에 위임되어 있는 것이나, 경찰관에게 권한을 부여한 취지와 목적에 비추어 볼 때 구체적인 사정에 따라 경찰관이 그 권한을 행사하여 필요한 조치를 취하지 아니하는 것이 현저하게 불합리하다고 인정되는 경우에는 그러한 권한의 불행사는 직무상의 의무를 위반한 것이 되어 위법하게 된다(대판 2004.9.23. 2003다49009).
>
> 2. 토석채취공사 도중 경사지를 굴러 내린 암석이 가스저장시설을 충격하여 화재가 발생한 사안 – 위법한 부작위를 인정한 사례
>   허가를 받은 자가 위 규칙에 기하여 부가된 허가조건을 위배한 경우 시장 등이 공사중지를 명하거나 허가를 취소할 수 있는 등 형식상 허가권자에게 재량에 의한 직무수행권한을 부여한 것처럼 되어 있더라도 시장 등에게 그러한 권한을 부여한 취지와 목적에 비추어 볼 때 구체적인 사정에 따라 시장 등이 그 권한을 행사하여 필요한 조치를 취하지 아니하는 것이 현저하게 불합리하다고 인정되는 경우에는 그러한 권한의 불행사는 직무상의 의무를 위반하는 것이 되어 위법하게 된다(대판 2001.3.9. 99다64278).
>
> 3. 당뇨병 환자인 교도소 수용자가 당뇨병의 합병증인 당뇨병성 망막병증으로 인한 시력저하를 호소하였으나 교도소 의무관이 적절한 치료와 조치를 취하지 아니하여 수용자의 양안이 실명상태에 이르게 된 데 대하여 교도소 의무관의 주의의무위반을 인정한 사례
>   교도소의 의무관은 교도소 수용자에 대한 진찰·치료 등의 의료행위를 하는 경우 수용자의 생명·신체·건강을 관리하는 업무의 성질에 비추어 환자의 구체적인 증상이나 상황에 따라 위험을 방지하기 위하여 요구되는 최선의 조치를 행하여야 할 주의의무가 있다(대판 2005.3.10. 2004다65121).
>
> 4. 경찰관의 트랙터 방치 사건
>   [1] 경찰관직무집행법 제5조는 경찰관은 인명 또는 신체에 위해를 미치거나 재산에 중대한 손해를 끼칠 우려가 있는 위험한 사태가 있을 때에는 그 각 호의 조치를 취할 수 있다고 규정하여 형식상 경찰관에게 재량에 의한 직무수행권한을 부여한 것처럼 되어 있으나, 경찰관에게 그러한 권한을 부여한 취지와 목적에 비추어 볼 때 구체적인 사정에 따라 경찰관이 그 권한을 행사하여 필요한 조치를 취하지 아니하는 것이 현저하게 불합리하다고 인정되는 경우에는 그러한 권한의 불행사는 직무상의 의무를 위반한 것이 되어 위법하게 된다.
>   [2] 경찰관이 농민들의 시위를 진압하고 시위과정에 도로 상에 방치된 트랙터 1대에 대하여 이를 도로 밖으로 옮기거나 후방에 안전표지판을 설치하는 것과 같은 위험발생방지조치를 취하지 아니한 채 그대로 방치하고 철수하여 버린 결과, 야간에 그 도로를 진행하던 운전자가 위 방치된

정답 01 O 02 O

트랙터를 피하려다가 다른 트랙터에 부딪혀 상해를 입은 사안에서 국가배상책임을 인정하였다(대판 1998.8.25. 98다16890).

5. 위조인장에 의하여 타인 명의의 인감증명서가 발급되고 이를 토대로 소유권이전등기가 경료된 부동산을 담보로 금전을 대여한 자가 손해를 입게 된 경우, 인감증명 발급업무 담당 공무원의 직무집행상의 작위의무를 인정하고 과실을 인정한 사례

   인감증명은 인감 자체의 동일성과 거래행위자의 의사에 의한 것임을 확인하는 자료로서 일반인의 거래상 극히 중요한 기능을 갖고 있는 것이므로 인감증명사무를 처리하는 공무원으로서는 그것이 타인과의 권리의무에 관계되는 일에 사용되어 지는 것을 예상하여 그 발급된 인감으로 인한 부정행위의 발생을 방지할 직무상의 의무가 있다(대판 2004.3.26. 2003다54490).

6. 등기신청의 첨부 서면으로 제출한 판결서가 위조된 것으로서 그 기재 사항 및 기재 형식이 일반적인 판결서의 작성 방식과 다르다는 점만을 근거로 판결서의 진정성립에 관하여 자세한 확인절차를 하지 않은 등기관의 직무상의 주의의무위반을 이유로 국가배상책임을 인정한 원심판결을 파기환송한 사례

   등기관은 등기신청에 대하여 부동산등기법상 그 등기신청에 필요한 서면이 제출되었는지 여부 및 제출된 서면이 형식적으로 진정한 것인지 여부를 심사할 권한을 갖고 있으나 그 등기신청이 실체법상의 권리관계와 일치하는지 여부를 심사할 실질적인 심사권한은 없으므로, 등기관으로서는 ····· 제출된 서면이 위조된 것임을 간과하고 등기신청을 수리한 모든 경우에 등기관의 과실이 있다고는 할 수 없고, 위와 같은 방법의 심사 과정에서 등기업무를 담당하는 평균적 등기관이 보통 갖추어야 할 통상의 주의의무만 기울였어도 제출 서면이 위조되었다는 것을 쉽게 알 수 있었음에도 이를 간과한 채 적법한 것으로 심사하여 등기신청을 각하하지 못한 경우에 그 과실을 인정할 수 있다(대판 2005.2.25. 2003다13048).

---

01 토석채취공사 도중 경사지를 굴러 내린 암석이 가스저장시설을 충격하여 화재가 발생한 경우, 토지형질변경허가권자에게 허가당시 사업자로 하여금 위해방지시설을 설치하게 할 의무는 없다. (O | X) [12국가직7급]

02 인감증명사무를 처리하는 공무원은 인감증명이 타인과의 권리·의무에 관계되는 일에 사용되는 것을 예상하여 그 발급된 인감증명으로 인한 부정행위의 발생을 방지할 직무상의 의무가 있다. (O | X) [15경찰]

④ **사익보호성**

국가배상청구권도 사익보호성이 필요하다고 보는 것이 통설과 판례의 입장이다.

관련 판례

공무원에게 부과된 직무상 의무의 내용이 단순히 공공 일반의 이익을 위한 것이거나 행정기관 내부의 질서를 규율하기 위한 것이 아니고 전적으로 또는 부수적으로 사회구성원 개인의 안전과 이익을 보호하기 위하여 설정된 것이라면, 공무원이 그와 같은 직무상 의무를 위반함으로 인하여 피해자가 입은 손해에 대하여는 상당인과관계가 인정되는 범위 내에서 국가가 배상책임을 지는 것이고, 이 때 상당인과관계의 유무를 판단함에 있어서는 일반적인 결과발생의 개연성은 물론 직무상 의무를 부과하는 법령 기타 행동규범의 목적, 그 수행하는 직무의 목적 내지 기능으로부터 예견가능한 행위 후의 사정, 가해행위의 태양 및 피해의 정도 등을 종합적으로 고려하여야 한다(대판 2003.4.25. 2001다59842).

정답 01 X 02 O

6) 타인에게 손해를 입힐 것

① 타인
가해자와 그의 위법한 직무집행에 가담한 자 이외의 모든 사람을 가리키는 것으로서 자연인, 법인을 불문한다. 공무원 역시 다른 공무원의 불법행위로 피해를 입은 때에는 타인에 포함될 수 있다. 다만, 타인이 군인, 경찰, 군무원 등인 경우에는 국가배상청구권이 제한되는 경우가 있다.

② 손해
손해는 가해행위로부터 발생한 일체의 손해를 말한다. 재산상 손해로서 적극적 손해(치료비 등)와 소극적 손해(월급 등 일실이익), 비재산상 손해로서 정신상 손해(위자료)가 포함한다. 다만, 언제나 이 모든 손해의 배상이 인정되는 것은 아니고 재산권에 대한 침해가 인정되는 경우 특별한 사정이 없는 한 재산상 손해 배상이 인정되는 것이다.

> **관련 판례**
> 1. 재산권침해로 인하여도 정신상 손해가 인정될 수 있는 경우에는 위자료 청구가 인정되지만 특별한 사정이 존재하여야 한다.
>   재산상의 손해로 인하여 받는 정신적 고통은 그로 인하여 재산상 손해의 배상만으로는 전보될 수 없을 정도의 심대한 것이라고 볼 만한 특별한 사정이 없는 한 재산상 손해배상으로써 위자된다(대판 1998.7.10. 96다38971).
> 2. 국가배상법 제4조 제5항에 생명, 신체에 대한 침해로 인한 위자료의 지급을 규정하였을 뿐이고 재산권 침해에 대한 위자료의 지급에 관하여 명시한 규정을 두지 아니하였음은 소론과 같으나 같은 법조 제4항의 규정이 재산권 침해로 인한 위자료의 지급의무를 배제하는 것이라고 볼 수는 없다(대판 1990.12.21. 90다6033, 6040(병합), 6057(병합)).
> 3. 형사상 범죄행위를 구성하지 않는 침해행위도 민사상 불법행위를 구성할 수 있다(대판 2008.2.1. 2006다6713).

01 사인이 받은 손해란 생명·신체·재산상의 손해는 인정하지만, 정신상의 손해는 인정하지 않는다. (O | X) [17사회복지직9급]

02 판례는 국가배상법 제5조의 영조물의 설치·관리상의 하자로 인한 손해가 발생한 경우, 피해자의 위자료 청구권이 배제되지 아니한다고 판시하였다. (O | X) [21소방직]

7) 인과관계
- 민법은 불법행위와 손해발생 사이에 상당인과관계를 요구한다. 같은 취지에서 국가배상에서도 직무집행과 손해발생 사이에 상당인과관계가 요구된다. 상당인과관계의 유무는 일반적인 결과 발생의 개연성은 물론 직무상 의무를 부과하는 법령을 비롯한 행동규범의 목적이나 가해행위의 태양 및 피해의 정도 등을 종합적으로 고려하여야 한다.

정답 01 X 02 O

- 또한 인과관계는 관계법령의 해석상 사익보호성이 도출될 수 있는 법규를 위반한 공무원의 행위와 손해사이에서 인정할 수 있는 것이다. 따라서 단순히 법령을 위반한 공무원의 행위로 손해가 발생하였다는 사실만으로는 인과관계를 인정할 수 없다.

> 관련 판례

1. 부산2저축은행의 금융상품에 대하여 손해를 받은 국민이 대한민국을 상대로 손해배상을 구한 사례 – 상당인과관계 부정

   공무원이 법령에서 부과된 직무상 의무를 위반한 것을 계기로 제3자가 손해를 입은 경우에 제3자에게 손해배상청구권이 인정되기 위하여는 공무원의 직무상 의무 위반행위와 제3자의 손해 사이에 상당인과관계가 있어야 하고, 상당인과관계의 유무를 판단함에 있어서는 일반적인 결과발생의 개연성은 물론 직무상 의무를 부과한 법령 기타 행동규범의 목적이나 가해행위의 태양 및 피해의 정도 등을 종합적으로 고려하여야 할 것인바, 공무원에게 직무상 의무를 부과한 법령의 목적이 사회 구성원 개인의 이익과 안전을 보호하기 위한 것이 아니고 단순히 공공일반의 이익이나 행정기관 내부의 질서를 규율하기 위한 것이라면, 설령 공무원이 그 직무상 의무를 위반한 것을 계기로 하여 제3자가 손해를 입었다고 하더라도 공무원이 직무상 의무를 위반한 행위와 제3자가 입은 손해 사이에 상당인과관계가 있다고 할 수 없다(대판 2015.12.23. 2015다210194).

2. 주점에서 발생한 화재로 사망한 갑 등의 유족들이 을 광역시를 상대로 손해배상을 구한 사안 – 위법성(부작위)과 상당인과관계 모두 인정

   [1] 형식상 소방공무원의 재량에 맡겨져 있더라도 소방공무원에게 그러한 권한을 부여한 취지와 목적에 비추어 볼 때 구체적인 상황 아래에서 소방공무원이 권한을 행사하지 아니한 것이 현저하게 합리성을 잃어 사회적 타당성이 없는 경우에는 소방공무원의 직무상 의무를 위반한 것으로서 위법하게 된다.

   [2] 소방공무원들이 다중이용업소인 주점의 비상구와 피난시설 등에 대한 점검을 소홀히 함으로써 주점의 피난통로 등에 중대한 피난 장애요인이 있음을 발견하지 못하여 업주들에 대한 적절한 지도 감독을 하지 아니한 경우 직무상 의무위반과 주점 손님들의 사망 사이에 상당인과관계가 인정된다(대판 2016.8.25. 2014다225083).

3. 유흥주점에 감금된 채 윤락을 강요받으며 생활하던 여종업원들이 유흥주점에 화재가 났을 때 미처 피신하지 못하고 유독가스에 질식해 사망한 사안에서, 지방자치단체의 담당 공무원이 위 유흥주점의 용도변경, 무허가 영업 및 시설기준에 위배된 개축에 대하여 시정명령 등 식품위생법상 취하여야 할 조치를 게을리 한 직무상 의무위반행위와 위 종업원들의 사망 사이에 상당인과관계가 존재하지 않는다(대판 2008.4.10. 2005다48994).

4. 우편집배원이 압류 및 전부명령 결정 정본을 특별송달하는 과정에서 민사소송법을 위반하여 부적법한 송달을 하고도 적법한 송달을 한 것처럼 우편송달보고서를 작성하여 압류 및 전부의 효력이 발생한 것과 같은 외관을 형성시켰으나, 실제로는 압류 및 전부의 효력이 발생하지 아니하여 집행채권자로 하여금 피압류채권을 전부받지 못하게 함으로써 손해를 입게 한 경우에는, 우편집배원의 위와 같은 직무상 의무위반과 집행채권자의 손해 사이에는 상당인과관계가 있다고 봄이 상당하고, 국가는 국가배상법에 의하여 그 손해에 대하여 배상할 책임이 있다(대판 2009.7.23. 2006다87798).

PART 5 행정구제법

01 공무원이 직무를 수행하면서 그 근거법령에 따라 구체적으로 의무를 부여받았어도 그것이 국민 개개인의 이익을 위한 것이 아니라 전체적으로 공공일반의 이익을 도모하기 위한 것이라면 그 의무에 위반하여 국민에게 손해를 가하여도 국가 또는 지방자치단체는 배상책임을 지지 않는다. (O | X) [19국가직7급]

02 공무원에게 부과된 직무상 의무는 전적으로 또는 부수적으로 사회 구성원 개인의 안전과 이익을 보호하기 위해 설정된 것이어야 국가배상책임이 인정된다. (O | X) [20지방직9급]

03 공무원에게 부과된 직무상 의무의 내용이 공공일반의 이익을 위한 것이거나 행정기관의 내부질서를 규율하기 위한 경우에도 공무원이 그 직무상 의무를 위반하여 피해자가 입은 손해에 대하여서는 상당인과관계가 인정되는 범위 내에서 국가가 배상책임을 진다. (O | X) [19국회직8급]

04 소방공무원들이 다중이용업소인 주점의 비상구와 피난시설 등에 대한 점검을 소홀히 함으로써 주점의 피난통로 등에 중대한 피난 장애요인이 있음을 발견하지 못하여 업주들에 대한 적절한 지도·감독을 하지 아니한 경우 직무상 의무위반과 주점 손님들의 사망 사이에 상당인과관계가 인정된다. (O | X) [19서울시9급]

05 우편집배원이 압류 및 전부명령 결정정본을 특별 송달함에 있어 부적법한 송달을 하고도 적법한 송달을 한 것처럼 보고서를 작성하여 압류 및 전부의 효력이 발생하지 않아 집행채권자가 피압류채권을 전부받지 못한 경우 우편집배원의 직무상 의무위반과 집행채권자의 손해 사이에는 상당인과관계가 있다. (O | X) [19국회직8급]

3. 국가배상청구 기준 등

1) 기준

국가배상법 제3조는 타인을 사망하게 한 경우 상속인에 대한 배상 기준(일실이익+장례비), 타인의 신체에 해를 입힌 경우 배상기준(요양비+휴업배상+장해가 있는 경우 장해배상) 등을 규정하고 있다. 이 규정의 성질에 관하여 배상액의 상한선을 규정하였다고 보는 한정액설과 구체적인 경우 배상금액은 증감이 가능하며 단순한 기준에 불과하다는 기준액설이 대립하지만 기준액설이 통설과 판례의 입장이다. 그리고 중간이자의 공제와 손익상계를 규정하고 있으며 생명·신체의 침해로 인한 국가배상을 받을 권리는 양도나 압류를 할 수 없다고 규정하고 있다.

> **국가배상법 제3조의2(공제액)** ① 제2조 제1항을 적용할 때 피해자가 손해를 입은 동시에 이익을 얻은 경우에는 손해배상액에서 그 이익에 상당하는 금액을 빼야 한다.
> ② 제3조제1항의 유족배상과 같은 조 제2항의 장해배상 및 장래에 필요한 요양비 등을 한꺼번에 신청하는 경우에는 중간이자를 빼야 한다.

> **동법 제4조(양도 등 금지)** 생명·신체의 침해로 인한 국가배상을 받을 권리는 양도하거나 압류하지 못한다.

관련 판례

1. 국가배상법 제3조 제1·3항 규정의 손해배상기준은 배상심의회의 배상금 지급기준을 정함에 있어 하나의 기준을 정한 것에 불과하다(대판 1970.3.10. 69다1772).

정답 01 O 02 O 03 X 04 O 05 O

행정상 손해배상

2. 공무원 연금관리공단등으로부터 공무원연금법 소정의 유족보상금을 지급받았다면 국가 또는 지방자치단체는 그 유족들에게 사망한 공무원의 소극적 손해액에서 유족들이 지급받은 유족보상금 상당액을 공제한 잔액만을 지급하면 된다(대판 1998.11.19. 97다36873전합).
3. 보훈보상대상자 지원에 관한 법률과 달리, 군인연금법 제41조 제1항은 "다른 법령에 따라 국가나 지방자치단체의 부담으로 이 법에 따른 급여와 같은 종류의 급여를 받은 사람에게는 그 급여금에 상당하는 금액에 대하여는 이 법에 따른 급여를 지급하지 아니한다."라고 명시적으로 규정하고 있다. 나아가 군인연금법이 정하고 있는 급여 중 사망보상금(군인연금법 제31조)은 일실손해의 보전을 위한 것으로 불법행위로 인한 소극적 손해배상과 같은 종류의 급여라고 봄이 타당하다. 따라서 피고에게 군인연금법 제41조 제1항에 따라 원고가 받은 손해배상금 상당 금액에 대하여는 사망보상금을 지급할 의무가 존재하지 아니한다(대판 2018.7.20. 2018두36691).
4. 군 복무 중 사망한 망인의 유족이 국가배상을 받은 경우, 국가가 사망보상금에서 정신적 손해배상금 상당액까지 공제할 수 있는지 문제 된 사안에서, 사망보상금에서 소극적 손해배상금 상당액을 공제할 수 있을 뿐 이를 넘어 정신적 손해배상금 상당액까지 공제할 수 없다(대판 2022.3.31. 2019두36711).

01 판례는 구 국가배상법 제3조의 배상액 기준은 배상심의회 배상액 결정의 기준이 될 뿐 배상범위를 법적으로 제한하는 규정이 아니므로 법원을 기속하지 않는다고 보았다. (O | X)   [20지방직9급]
02 국가배상법 제2조 제1항을 적용할 때 피해자가 손해를 입은 동시에 이익을 얻은 경우에는 손해배상액에서 그 이익에 상당하는 금액을 빼야 한다. (O | X)   [18경찰]
03 군 복무 중 사망한 군인 등의 유족이 「국가배상법」에 따른 손해배상금을 지급받은 경우 그 손해배상금 상당 금액에 대해서는 「군인연금법」에서 정한 사망보상금을 지급받을 수 없다. (O | X)   [23지방직9급]
04 군 복무 중 사망한 사람의 유족이 국가배상을 받은 경우, 관할 행정청 등은 「군인연금법」상 사망보상금에서 소극적 손해배상금 상당액을 공제할 수 있을 뿐, 이를 넘어 정신적 손해배상금까지 공제할 수는 없다. (O | X)   [24지방직9급]

2) 배상책임자

국가배상법 제2조의 규정에 따라 국가 또는 지방자치단체가 배상책임자이다.

3) 임의적 전치

임의적 절차로서 배상심의회의 결정절차가 있으나 종국적인 효력이 없다. 판례도 국가배상법에 의한 배상심의회의 결정은 행정처분이 아니라고 판시하였다(대판 1981.2.10. 80누317).

4) 민사소송

국가배상청구권을 사권으로 보는 판례에 따르면 민사소송의 대상이 된다. 공권으로 보는 통설에 따르면 당사자소송의 대상이 된다.

5) 외국인에 대한 책임(상호보증)

국가배상법 제7조(외국인에 대한 책임) 이 법은 외국인이 피해자인 경우에는 해당 국가와 상호 보증이 있을 때에만 적용한다.

정답 01 O 02 O 03 O 04 O

> **관련 판례**
>
> 1. 상호보증은 외국의 법령, 판례 및 관례에 의하여 발생요건을 비교하여 인정되면 충분하고 반드시 당사국과의 조약이 체결되어 있을 필요는 없으며, 당해 외국에서 구체적으로 우리나라 국민에 국가배상청구를 인정한 사례가 없더라도 실제로 인정될 것이라고 기대할 수 있는 상태면 충분하다(대판 2015. 6. 11. 2013다208388).
> 2. 대한민국과아메리카합중국간의상호방위조약제4조에의한시설과구역및대한민국에서의합중국군대의 지위에관한협정(이하 '한미행정협정'이라고 한다) 제23조 제5항은 공무집행중인 미합중국 군대의 구성원이나 고용원의 작위나 부작위 또는 미합중국 군대가 법률상 책임을 지는 기타의 작위나 부작위 또는 사고로서 대한민국 안에서 대한민국 정부 이외의 제3자에게 손해를 가한 것으로부터 발생하는 청구권은 대한민국이 이를 처리하도록 규정하고 있으므로 위 청구권의 실현을 위한 소송은 대한민국을 상대로 제기하는 것이 원칙이다(대판 1997. 12. 12. 95다29895).

6) 배상청구권자

① 원칙

공무원의 직무상 불법행위로 인하여 손해를 입은 자는 누구나 국가 또는 지방자치단체에 대하여 배상금 지급을 청구할 수 있다.

② 예외(이중배상금지의 원칙)

- 손해를 입은 자가 군인·경찰공무원·군무원·예비군대원이라는 일정 신분을 가진 자인 경우, 공무원의 직무집행과 관련하여 전사·순직·공상의 손해를 입고 본인이나 유족이 다른 법령에 따라 재해보상금·유족연금·상이연금 등의 보상을 지급받을 수 있다면 국가배상을 받을 수 없다.
- 전투·훈련 또는 이에 준하는 직무집행 외에도 일반 직무집행에 관하여도 이중배상금지는 적용된다.

> **국가배상법** 제2조(배상책임) ① 국가나 지방자치단체는 공무원 또는 공무를 위탁받은 사인(이하 "공무원"이라 한다)이 직무를 집행하면서 고의 또는 과실로 법령을 위반하여 타인에게 손해를 입히거나, 「자동차손해배상 보장법」에 따라 손해배상의 책임이 있을 때에는 이 법에 따라 그 손해를 배상하여야 한다. 다만, 군인·군무원·경찰공무원 또는 예비군대원이 전투·훈련 등 직무 집행과 관련하여 전사(戰死)·순직(殉職)하거나 공상(公傷)을 입은 경우에 본인이나 그 유족이 다른 법령에 따라 재해보상금·유족연금·상이연금 등의 보상을 지급받을 수 있을 때에는 이 법 및 「민법」에 따른 손해배상을 청구할 수 없다.

CHAPTER 1 행정상 손해배상

> 관련 판례

1. **경비교도는 군인에 해당하지 않는다. – 국가배상청구 가능**
   현역병으로 입영하여 소정의 군사교육을 마치고 병역법 제25조의 규정에 의하여 전임되어 구 교정시설경비교도대설치법(1997.1.13. 법률 제5291호로 개정되기 전의 것) 제3조에 의하여 경비교도로 임용된 자는, 군인의 신분을 상실하고 군인과는 다른 경비교도로서의 신분을 취득하게 되었다고 할 것이어서 국가배상법 제2조 제1항 단서가 정하는 군인 등에 해당하지 아니한다(대판 1998.2.10. 97다45914).

2. 전투경찰순경은 이중배상금지가 적용되는 경찰공무원에 해당한다(헌재 1996.6.13. 94헌마118·95헌바39).

3. 공익근무요원이 국가배상법 제2조 제1항 단서의 규정에 의하여 국가배상법상 손해배상청구가 제한되는 군인·군무원·경찰공무원 또는 향토예비군대원에 해당한다고 할 수 없다(대판 1997.3.28. 97다4036).

4. 군인, 군무원 등 국가배상법 제2조 제1항 단서에 열거된 자가 전투·훈련 기타 직무집행과 관련하는 등으로 공상을 입은 경우라고 하더라도 군인연금법 또는 국가유공자예우등에관한법률에 의하여 재해보상금, 유족연금, 상이연금 등 별도의 보상을 받을 수 없는 경우에는 국가배상법 제2조 제1항 단서의 적용 대상에서 제외된다(대판 1996.12.20. 96다42178).

5. 전투·훈련 등 직무집행과 관련하여 공상을 입은 군인 등이 먼저 국가배상법에 따라 손해배상금을 지급받은 다음 구 국가유공자법이 정한 보상금 등 보훈급여금의 지급을 청구하는 경우 피고로서는 다음과 같은 사정에 비추어 국가배상법에 따라 손해배상을 받았다는 사정을 들어 보상금 등 보훈급여금의 지급을 거부할 수 없다고 보아야 한다(대판 2017.2.3. 2014두40012).

6. <u>구 공무원연금법(2018. 3. 20. 법률 제15523호로 전부 개정되기 전의 것, 이하 '구 공무원연금법'이라고 한다)에 따라 각종 급여를 지급하는 제도는 공무원의 생활안정과 복리향상에 이바지하기 위한 것이라는 점에서 국가배상법 제2조 제1항 단서에 따라 손해배상금을 지급하는 제도와 그 취지 및 목적을 달리하므로, 경찰공무원인 피해자가 구 공무원연금법의 규정에 따라 공무상 요양비를 지급받는 것은 국가배상법 제2조 제1항 단서에서 정한 '다른 법령의 규정'에 따라 보상을 지급받는 것에 해당하지 않는다.</u> 다만 경찰공무원인 피해자가 구 공무원연금법에 따라 공무상 요양비를 지급받은 후 추가로 국가배상법에 따라 치료비의 지급을 구하는 경우나 반대로 국가배상법에 따라 치료비를 지급받은 후 추가로 구 공무원연금법에 따라 공무상 요양비의 지급을 구하는 경우, 공무상 요양비와 치료비는 실제 치료에 소요된 비용에 대하여 지급되는 것으로서 같은 종류의 급여라고 할 것이므로, 치료비나 공무상 요양비가 추가로 지급될 때 구 공무원연금법 제33조 등을 근거로 먼저 지급된 공무상 요양비나 치료비 상당액이 공제될 수 있을 뿐이다. 한편 군인연금법과 구 공무원연금법은 취지나 목적에서 유사한 면이 있으나, 별도의 규정체계를 통해 서로 다른 적용대상을 규율하고 있는 만큼 서로 상이한 내용들로 규정되어 있기도 하므로, <u>군인연금법이 국가배상법 제2조 제1항 단서에서 정한 '다른 법령'에 해당한다고 하여, 구 공무원연금법도 군인연금법과 동일하게 취급되어야 하는 것은 아니다</u>(대판 2019.5.30. 2017다16174).

7. 국가배상법 제2조 제1항 단서 규정은 다른 법령에 보상제도가 규정되어 있고, 그 법령에 규정된 상이등급 또는 장애등급 등의 요건에 해당되어 그 권리가 발생한 이상, 실제로 그 권리를 행사하였는지 또는 그 권리를 행사하고 있는지 여부에 관계없이 적용된다고 보아야 하고, 그 각 법률에 의한 보상금청구권이 시효로 소멸되었다 하여 적용되지 않는다고 할 수는 없다(대판 2002.5.10. 2000다39735).

8. 공동불법행위자 등이 부진정연대채무자로서 각자 피해자의 손해 전부를 배상할 의무를 부담하는 공동불법행위의 일반적인 경우와 달리 민간인과 직무집행중인 군인 등의 공동불법행위로 인하여 직무집행중인 다른 군인 등이 피해를 입은 경우, 민간인의 피해 군인 등에 대한 손해배상의 범위 및 민간인이 피해 군인 등에게 자신의 귀책부분을 넘어서 배상한 경우 국가 등에게 구상권을 행사할 수 없다(대판 2001.2.15. 96다42420 전합).

9. **국가배상법 제2조 제1항 단서에 대한 헌법재판소의 한정위헌결정**
국가배상법 제2조 제1항 단서 중 군인에 관련되는 부분을, 일반국민이 직무집행 중인 군인과의 공동불법행위로 직무집행 중인 다른 군인에게 공상을 입혀 그 피해자에게 공동의 불법행위로 인한 손해를 배상한 다음 공동불법행위자인 군인의 부담부분에 관하여 국가에 대하여 구상권을 행사하는 것을 허용하지 않는다고 해석한다면, 위와 같은 해석은 헌법 제37조 제2항에 의하여 기본권을 제한할 때 요구되는 비례의 원칙에 위배하여 일반국민의 재산권을 과잉제한하는 경우에 해당하여 헌법 제23조 제1항 및 제37조 제2항에도 위반된다(헌재 1994.12.29. 93헌바21).

---

01 경찰공무원인 피해자가 「공무원연금법」에 따라 공무상 요양비를 지급받는 것은 「국가배상법」제2조 제1항 단서에서 정한 '다른 법령의 규정'에 따라 보상을 지급받는 것에 해당하지 않는다. (O | X) [23국가직9급]

02 훈련으로 공상을 입은 군인이 「국가배상법」에 따라 손해배상금을 지급받은 다음 「보훈보상대상자 지원에 관한 법률」이 정한 보훈급여금의 지급을 청구하는 경우, 국가는 「국가배상법」 제2조제1항 단서에 따라 그 지급을 거부할 수 있다. [23국가직9급]

7) 소멸시효

- 국가재정법에는 국민의 국가에 대한 금전급부청구권의 소멸시효는 5년으로 규정한다. 다만, 특별한 규정이 있는 경우에는 특별규정을 따른다. 여기서 특별한 규정의 의미는 국가재정법보다 짧은 기간이어야 한다. 따라서 민법상 손해배상청구에 관한 손해 및 가해자를 안 날로부터 3년(민법 제766조 제1항)은 특별한 규정에 해당하지만 불법행위를 한 날로부터 10년이 경과한 날(민법 제766조 제2항)의 규정은 특별한 규정에 해당하지 않는다.
- 판례에 따르면 '거창 사건'의 희생자와 그 유족들이 국가를 상대로 제기한 손해배상청구 소송에서, 국가가 소멸시효완성의 항변을 하는 것은 신의칙에 반하지 않는다고 하였다(대판 2008.5.29. 2004다33469).

관련 판례

1. 예산회계법 제96조에서 '다른 법률의 규정'이라 함은 다른 법률에 예산회계법 제96조에서 규정한 5년의 소멸시효기간보다 짧은 기간의 소멸시효의 규정이 있는 경우를 가리키는 것이고, 이보다 긴 10년의 소멸시효를 규정한 민법 제766조 제2항은 예산회계법 제96조에서 말하는 '다른 법률의 규정'에 해당하지 아니한다(대판 2001.4.24. 2000다57856).
2. 헌법재판소는 2018. 8. 30. 민법 제166조 제1항, 제766조 제2항 중 '진실·화해를 위한 과거사정리 기본법'(이하 '과거사정리법'이라 한다) 제2조 제1항 제3호의 '민간인 집단 희생사건', 같은 항 제4호

정답 01 O 02 X

CHAPTER 1 행정상 손해배상

의 '중대한 인권침해사건·조작의혹사건'에 적용되는 부분은 헌법에 위반된다는 결정을 선고하였다. 따라서 과거사정리법상 '민간인 집단 희생사건', '중대한 인권침해사건·조작의혹사건'에서 공무원의 위법한 직무집행으로 입은 손해에 대한 국가배상청구권에 대해서는 민법 제766조 제2항에 따른 장기소멸시효가 적용되지 않는다(대법원 2023.1.12. 2021다201184).

3. 국가배상청구권에 관한 3년의 단기시효기간 기산에는 민법 제766조 제1항 외에 소멸시효의 기산점에 관한 일반규정인 민법 제166조 제1항이 적용된다. 따라서 3년의 단기시효기간은 그 '손해 및 가해자를 안 날'에 더하여 그 '권리를 행사할 수 있는 때'가 도래하여야 비로소 시효가 진행한다. 따라서 긴급조치 제1호, 제4호에 대한 위헌·무효 판단 이후에도 불법행위에 대한 국가배상청구를 원칙적으로 부정했던 대법원 판례의 존재, 민주화운동과 관련한 보상금 등 지급결정 동의에 재판상 화해의 효력을 인정하던 구 민주화보상법 제18조 제2항과 이에 대한 헌법재판소의 위헌 결정 등 제반 사정을 종합하면, 소 제기 당시까지도 갑이 국가를 상대로 긴급조치 제1호, 제4호에 기한 일련의 국가작용으로 인한 불법행위로 발생한 권리를 행사할 수 없는 장애사유가 있어 소멸시효가 완성되지 않았다고 보는 것이 타당하다(대판 2023.1.12. 2021다201184).

4. 수사기관의 위법한 폐기처분으로 인한 피압수자의 손해는 형사재판 결과가 확정되기 전까지는 관념적이고 부동적인 상태에서 잠재적으로만 존재하고 있을 뿐 아직 현실화되었다고 볼 수 없으므로, 수사기관의 위법한 폐기처분으로 인한 손해배상청구권에 관한 장기 소멸시효의 기산점은 위법한 폐기처분이 이루어진 시점이 아니라 무죄의 형사판결이 확정되었을 때로 봄이 타당하다(대판 2022.1.14. 2019다282197).

8) 가해 공무원의 책임(피해자의 가해공무원 또는 국가나 지방자치단체에 대한 선택적 배상청구 가능성)

> **헌법 제29조** ① 공무원의 직무상 불법행위로 손해를 받은 국민은 법률이 정하는 바에 의하여 국가 또는 공공단체에 정당한 배상을 청구할 수 있다. 이 경우 공무원 자신의 책임은 면제되지 아니한다.

> **국가배상법 제2조(배상책임)** ② 제1항 본문의 경우에 공무원에게 고의 또는 중대한 과실이 있으면 국가나 지방자치단체는 그 공무원에게 구상(求償)할 수 있다.

- 공무원의 책임에 대한 규정인 헌법 제29조 제1항 단서는 선택적 배상청구에 관한 명시적 정함이 없다. 또한 그 규정 자체만으로 가해공무원 개인의 구체적인 손해배상 책임의 범위까지 규정한 것으로 보기는 어렵다. 따라서 구체적인 내용은 학설과 판례에 맡겨져 있다. 다만, 구상권행사에 관한 명문 규정은 두고 있다.

01 공무원책임에 대한 규정인 헌법 제29조 제1항 단서는 그 조항 자체로 공무원 개인의 구체적인 손해배상 책임의 범위까지 규정한 것으로 보기는 어렵다. (O | X)   [18서울시7급]

02 국가배상법에서는 공무원 개인의 피해자에 대한 배상책임을 인정하는 명시적인 규정을 두고 있지 않다. (O | X)   [21소방직]

정답 01 O 02 O

- 자기책임설은 가해공무원과 국가나 지방자치단체가 동시에 책임을 지는 것으로 본다. 대위책임설은 국가나 지방자치단체가 책임을 지는 것으로 본다.

> 01 국가 또는 지방자치단체가 공무원의 위법한 직무집행으로 발생한 손해에 대해 국가배상법에 따라 배상한 경우에 당해 공무원에게 구상권을 행사할 수 있는지에 대해 국가배상법은 규정을 두고 있지 않으나, 판례에 따르면 당해 공무원에게 고의 또는 중과실이 인정될 경우 국가 또는 지방자치단체는 그 공무원에게 구상권을 행사할 수 있다. (O | X) [18국가직9급]

① 가해공무원의 과실 내용(판례 법리)

가해공무원이 경과실인 경우, 국가배상책임만 성립하고 개인적으로 민사책임이 성립하는 것이 아니다. 다만, 가해공무원이 고의 또는 중과실인 경우 국가배상책임 외에도 개인적으로 민사책임이 성립하고 피해자는 국가배상청구권과 공무원 개인에 대한 손해배상청구권을 선택적으로 행사할 수 있다.

② 경과실인 가해공무원이 피해자에게 배상한 경우(판례 법리)

경과실인 가해공무원은 채무 없이 타인(국가)의 책임을 대신 배상한 것이므로 국가에 대하여 구상권을 행사할 수 있다.

③ 고의 또는 중과실인 공무원의 직무집행으로 국가 또는 지방자치단체가 피해자에게 배상한 경우(판례 법리)

피해를 배상한 국가 또는 지방자치단체는 가해 공무원에 대하여 구상권을 행사할 수 있으나 적절한 한도에서 구상권의 범위가 제한될 수 있다.

관련 판례

1. 공중보건의인 갑에게 치료를 받던 을이 사망하자 을의 유족들이 갑 등을 상대로 손해배상청구의 소를 제기하였고, 갑의 의료과실이 인정된다는 이유로 갑 등의 손해배상책임을 인정한 판결이 확정되어 갑이 을의 유족들에게 판결금 채무를 지급한 사안에서, 갑은 공무원으로서 직무 수행 중 경과실로 타인에게 손해를 입힌 것이어서 을과 유족들에 대하여 손해배상책임을 부담하지 아니함에도 을의 유족들에 대한 패소판결에 따라 그들에게 손해를 배상한 것이고, 이는 민법 제744조의 도의관념에 적합한 비채변제에 해당하여 을과 유족들의 국가에 대한 손해배상청구권은 소멸하고 국가는 자신의 출연 없이 채무를 면하였으므로, 갑은 국가에 대하여 변제금액에 관하여 구상권을 취득한다(대판 2014.8.20. 2012다54478).

2. 헌법 제29조 제1항 본문과 단서 및 국가배상법 제2조를 그 입법취지에 조화되도록 해석하면 공무원이 직무 수행중 불법행위로 타인에게 손해를 입힌 경우에 국가나 지방자치단체가 국가배상책임을 부담하는 외에 공무원 개인도 고의 또는 중과실이 있는 경우에는 불법행위로 인한 손해배상책임을 진다(대판 2003.12.26. 2003다13307).

3. (군인의 의문사를 사고사로 은폐한 중대장 사건, 국가 주도) 고의에 의한 불법행위가 국가의 주도로 이루어 진 경우 / 피해자가 국가배상을 청구함에 있어 국가의 소멸시효 완성 항변은 신의칙 위반 / 국가가 고의로 사건을 은폐한 중대장에게 구상권을 행사하는 것도 신의칙 위반

[1] 국가배상법 제2조는, 국가 등이 그 책임을 이행한 경우에 해당 공무원에게 고의 또는 중대한 과실이 있으면 그 공무원에게 구상할 수 있다(제2항)고 규정하고 있다. 이 경우 국가나 지방자치단체는 해당 공무원의 직무내용, 불법행위의 상황과 손해발생에 대한 해당 공무원의 기여 정도, 평소 근무태도, 불법행위의 예방이나 손실분산에 관한 국가 또는 지방자치단체의 배려의 정도 등 제반 사정을 참작하여 손해의 공평한 분담이라는 견지에서 신의칙상 상당하다고 인정되는 한도 내에서 구상권을 행사할 수 있다.

[2] 공무원의 불법행위로 손해를 입은 피해자의 국가배상청구권의 소멸시효 기간이 지났으나 국가가 소멸시효 완성을 주장하는 것이 신의성실의 원칙에 반하는 권리남용으로 허용될 수 없어 배상책임을 이행한 경우에는, 그 소멸시효 완성 주장이 권리남용에 해당하게 된 원인행위와 관련하여 해당 공무원이 그 원인이 되는 행위를 적극적으로 주도하였다는 등의 특별한 사정이 없는 한, 국가가 해당 공무원에게 구상권을 행사하는 것은 신의칙상 허용되지 않는다고 봄이 상당하다(대판 2016.6.9. 2015다200258).

4. 수사과정에서 불법구금이나 고문을 당한 사람이 공판절차에서 유죄 확정판결을 받고 수사관들을 직권남용, 감금 등 혐의로 고소하였으나 검찰에서 '혐의 없음' 결정을 받은 경우, 재심절차에서 무죄판결이 확정될 때까지는 국가를 상대로 불법구금이나 고문을 원인으로 한 손해배상청구를 할 것을 기대할 수 없는 장애사유가 있었다고 보아야 한다(대판 2019.1.31. 2016다258148).

01 공무원이 직무수행 중 불법행위로 타인에게 손해를 입힌 경우에 국가 등이 국가배상책임을 부담하는 것 외에 공무원 개인도 고의 또는 중과실이 있는 경우에는 불법행위로 인한 손해배상 책임을 진다. (O | X)

02 가해공무원에게 경과실이 있는 경우 공무원 개인은 손해배상책임을 부담한다. (O | X)

03 국가배상법에 따르면, 국가가 가해공무원에 대하여 구상권을 행사하는 경우 국가가 배상한 배상액 전액에 대하여 구상권을 행사하여야 한다. (O | X)

04 경과실이 있는 공무원이 피해자에게 직접 손해를 배상하였다면 그것은 채무자 아닌 사람이 타인의 채무를 변제한 경우에 해당한다. (O | X)

05 피해자에게 손해를 직접 배상한 경과실이 있는 공무원은 특별한 사정이 없는 한, 국가의 피해자에 대한 손해배상책임의 범위 내에서 자신이 변제한 금액에 관하여 국가에 대한 구상권을 취득한다. (O | X)

9) 공무원의 자동차운행으로 인한 배상책임

① 자동차손해배상 보장법
- 자배법상의 운행자성을 검토하여 국가 또는 지방자치단체에게 운행자성(운행지배와 운행이익)이 인정되는 경우에는 국가배상책임이 성립할 수 있다. 다만, 개인이 운행자인 경우에는 개인의 민사책임이 성립할 수 있을 뿐이다.
- 공무원이 차량 운행 중 사고를 발생시킨 경우, 국가 또는 지자체의 운행자성이 인정되지 않는 경우 국가배상책임의 성부는 일반적인 국가배상의 문제가 된다. 즉, 직무관련성 여부를 검토한다.

정답 01 O 02 X 03 X 04 O 05 O

PART 5 행정구제법

② 적용 순서
㉠ 자동차손해배상 보장법 → ㉡ 국가배상법 → ㉢ 민법

관련 판례

[1] 공무원이 통상적으로 근무하는 근무지로 출근하기 위하여 자기 소유의 자동차를 운행하다가 자신의 과실로 교통사고를 일으킨 경우에는 특별한 사정이 없는 한 국가배상법 제2조 제1항 소정의 공무원이 '직무를 집행함에 당하여' 타인에게 불법행위를 한 것이라고 할 수 없으므로 그 공무원이 소속된 국가나 지방공공단체가 국가배상법상의 손해배상책임을 부담하지 않는다.

[2] 헌법 제29조 제1항과 국가배상법 제2조의 해석상 일반적으로 공무원이 공무수행 중 불법행위를 한 경우에, 고의·중과실에 의한 경우에는 공무원 개인이 손해배상책임을 부담하고 경과실의 경우에는 개인책임은 면책되며, 한편 공무원이 자기 소유의 자동차로 공무수행 중 사고를 일으킨 경우에는 그 손해배상책임은 자동차손해배상보장법이 정한 바에 의하게 되어, 그 사고가 자동차를 운전한 공무원의 경과실에 의한 것인지 중과실 또는 고의에 의한 것인지를 가리지 않고 그 공무원이 자동차 손해배상보장법 제3조 소정의 '자기를 위하여 자동차를 운행하는 자'에 해당하는 한 손해배상책임을 부담한다(대판 1996.5.31. 94다15271).

01 「자동차손해배상보장법」은 배상책임의 성립요건에 관하여 국가배상법에 우선하여 적용된다. (O | X) [15지방직9급]

02 공무원이 통상의 근무지로 자기소유 차량을 운전하여 출근하던 중 교통사고를 일으킨 경우, 특별한 사정이 없는 한 국가배상법 제2조 제1항에 따른 직무집행 관련성이 부정된다. (O | X) [18경찰]

03 공무원이 자기소유 차량으로 공무수행 중 사고를 일으킨 경우 공무원 개인은 경과실에 의한 것인지 또는 고의 또는 중과실에 의한 것인지를 가리지 않고 「자동차손해배상보장법」상의 운행자성이 인정되는 한 배상책임을 부담한다. (O | X) [15국회직8급]

Ⅲ 국가배상법 제5조의 책임

1. 국가배상법 제5조

국가배상법 제5조(공공시설 등의 하자로 인한 책임) ① 도로·하천, 그 밖의 공공의 영조물(營造物)의 설치나 관리에 하자(瑕疵)가 있기 때문에 타인에게 손해를 발생하게 하였을 때에는 국가나 지방자치단체는 그 손해를 배상하여야 한다.

1) 헌법상 근거

국가배상법 제5조의 책임은 헌법에 근거 규정이 없다. 국가배상법에 추가적으로 규정된 사항이다.

2) 무과실 책임

국가배상법 제5조의 책임은 제2조의 책임과 달리 무과실 책임이다.

정답 01 O 02 O 03 O

행정상 손해배상 **1**

3) 면책규정의 존재 여부

국가배상법 제5조의 책임의 제2조의 책임과 같이 면책규정이 없다.

> **관련 판례**
>
> 국가 또는 지방자치단체는 영조물의 설치 관리상의 하자로 인하여 타인에게 손해를 가한 경우에 그 손해의 방지에 필요한 주의를 해태하지 아니하였다 하여 면책을 주장할 수 없다(대판 1994.11.22. 94다32924).

4) 민법상 공작물 책임과의 차이

공작물 책임에는 면책규정이 있다. 공작물은 인공적 물건을 의미하므로 인공적 물건 이외에도 자연물도 포함하는 영조물의 개념이 더 넓다.

01 국가배상법 제5조의 영조물은 민법 제758조의 공작물의 개념보다 넓다. (O | X) [14서울시7급]

2. 국가배상책임 제5조의 요건

1) 공공의 영조물

① 강학상 공물

공공의 영조물이란 국가 또는 지방자치단체에 의하여 특정 공공목적에 공여된 유체물 내지는 물적 설비를 의미하는 것으로 강학상 공물에 해당한다.

② 공물의 종류와 요건

㉠ 공물에는 공용물·공공용물·보존공물이 있다. 공용물은 행정주체가 사용하는 재산(예 시청 청사)이고 공공용물은 일반공중의 사용에 제공된 재산이다. 공공용물에는 자연공물(자연공공용물)과 인공공물(인공공공용물)이 있다.

㉡ 판례에 따르면, 자연공물의 경우 형태적 요건을 갖추면 공물이 되고 인공공물의 경우에는 형태적 요건과 공용지정행위가 필요하다고 본다. 따라서 인공공물의 경우, 아직 일반공중의 이용에 제공되지 않은 물건은 공물의 요건(형태적 요건+공용지정행위)을 갖추지 아니하였으므로 영조물이 아니다.

> **관련 판례**
>
> 사고 당시 설치하고 있던 옹벽은 소외 회사가 공사를 도급받아 공사 중에 있었을 뿐만 아니라 아직 완성도 되지 아니하여 일반 공중의 이용에 제공되지 않고 있었던 이상 국가배상법 제5조 제1항 소정의 영조물에 해당한다고 할 수 없다(대판 1998.10.23. 98다17381).

정답 01 O

PART 5 행정구제법

01 지방자치단체가 옹벽시설공사를 업체에게 주어 공사를 시행하다가 사고가 일어난 경우, 옹벽이 공사 중이고 아직 완성되지 아니하여 일반 공중의 이용에 제공되지 않았다면 국가배상법 제5조 소정의 영조물에 해당한다고 할 수 없다. (O | X) [21소방직]

ⓒ 국가 등이 공물을 소유할 필요는 없으며(사유공물도 공물이다), 국가나 지방자치단체가 소유권·임차권 그 밖의 권한에 기하여 관리하고 있는 경우뿐만 아니라 사실상 관리하는 경우도 포함된다(대판 1998.10.23. 98다17381). 다만, 일반재산은 공물이 아니므로 영조물 책임의 대상이 아니다.

02 국가 또는 지방자치단체가 관리하지만 사인의 소유에 속하는 공물에 대하여는 국가배상법 제5조가 적용되지 아니 한다. (O | X) [14국가직7급]

③ 공물은 동산과 부동산을 가리지 않는다. 따라서 동산인 공물(경찰차, 소방차, 경찰견 등)과 부동산을 가리지 않고 영조물 책임의 대상이 된다.

영조물 인정례	영조물 부정례
① 제방과 하천 ② 저수지 ③ 맨홀 ④ 여의도광장 ⑤ 철도시설물인 대합실과 승강장 및 도로상에 설치된 보행자 신호기와 차량 신호기 ⑥ 도로 지하에 매설되어 있는 상수도관(94다32924)	① 공용개시 없이 사실상 군민의 통행에 제공되고 있는 도로 ② 아직 완성되지 않아 일반공중의 이용에 제공되지 않은 옹벽 ③ 시 명의 종합운동장예정부지 ④ 국유임야

03 일반공중이 사용하는 공공용물 외에 행정주체가 직접 사용하는 공용물이나 하천과 같은 자연공물도 국가배상법 제5조의 '공공의 영조물'에 포함된다. (O | X) [17지방직9급]

04 국가배상법 제5조의 영조물에 해당되지 않는 것은? [13서울시9급]
① 현금 ② 도로 ③ 수도 ④ 서울시 청사 ⑤ 관용자동차

05 국유임야, 관공서 청사, 소방자동차, 경찰 권총은 모두 국가배상법상 영조물에 해당한다. (O | X) [07군무원9급]

> **관련 판례**
>
> 1. 국유재산법상의 행정재산이란 국가가 소유하는 재산으로서 직접 공용, 공공용, 또는 기업용으로 사용하거나 사용하기로 결정한 재산을 말하는 것이고, 그 중 도로와 같은 인공적 공공용 재산은 법령에 의하여 지정되거나 행정처분으로써 공공용으로 사용하기로 결정한 경우, 또는 행정재산으로 실제로 사용하는 경우의 어느 하나에 해당하여야 비로소 행정재산이 되는 것인데, 특히 도로는 도로로서의 형태를 갖추고, 도로법에 따른 노선의 지정 또는 인정의 공고 및 도로구역 결정·고시를 한 때 또는 도시계획법 또는 도시재개발법 소정의 절차를 거쳐 도로를 설치하였을 때에 공공용물로서 공용개시

정답 01 O 02 X 03 O 04 ① 05 X

CHAPTER 1 행정상 손해배상

행위가 있다고 할 것이므로, 토지의 지목이 도로이고 국유재산대장에 등재되어 있다는 사정만으로 바로 그 토지가 도로로서 행정재산에 해당한다고 할 수는 없다(대판 2000.2.25. 99다54332).

2. 국가배상법 제5조 소정의 공공의 영조물이란 공유나 사유임을 불문하고 행정주체에 의하여 특정공공의 목적에 공여된 유체물 또는 물적 설비를 의미하므로 사실상 군민의 통행에 제공되고 있던 도로 옆의 암벽으로부터 떨어진 낙석에 맞아 소외인이 사망하는 사고가 발생하였다고 하여도 동 사고지점 도로가 피고 군에 의하여 노선인정 기타 공용개시가 없었으면 이를 영조물이라 할 수 없다(대판 1981.7.7. 80다2478).

01 사실상 군민(郡民)의 통행에 제공되고 있던 도로라고 하여도 군(郡)에 의하여 노선인정 기타 공용개시가 없었던 이상 이 도로를 '공공의 영조물'이라 할 수 없다. (O | X) [20국가직7급]

3. 설치나 관리의 하자

1) 의의

① 설치는 영조물의 설계에서 건조까지를 의미하고 관리란 영조물의 건조 후의 유지관리를 의미한다.

② 하자의 의미에 대해서는 학설이 대립한다. 판례는 원칙적으로, 영조물의 설치 및 관리에 불완전한 점이 있어 이 때문에 영조물 자체가 통상 갖추어야 할 안전성을 갖추지 못한 상태로 이해한다.

02 도로의 설치·관리상의 하자가 있는지 여부는 위 도로가 그 용도에 따라 통상 갖추어야 할 안전성을 갖추었는지 여부에 따라 결정된다. (O | X) [20국가직9급]

2) 하자의 판단기준

① 학설

객관설	공물 자체의 객관적인 안전성의 결여(피해자 구제에 유리)
주관설	공물의 설치·관리 주체의 설치·관리상의 귀책사유(주의의무 위반) 존재
절충설	공물 자체의 객관적 안전성 결여와 설치·관리상의 귀책사유 존재 모두를 포함

② 판례

판례는 기본적으로는 객관설의 입장과 가깝다고 볼 수 있으나 최근에는 사안에 따라 주관적 요소를 고려하는 판시를 하는 경우가 있다. 주관적 요소를 고려하는 경우, 영조물에 결함이 있지만 그 결함이 객관적으로 보아 영조물의 설치·관리자의 관리행위가 미칠 수 없는 상황 아래에 있는 경우에는 영조물의 설치·관리상의 하자를 인정할 수 없다.

정답 01 O 02 O

관련 판례

1. **하자 - 통상 갖추어야 할 안전성을 갖추지 못한 상태**

    국가배상법 제5조 소정의 영조물의 설치·관리상의 하자라 함은 영조물의 설치 및 관리에 불완전한 점이 있어 이 때문에 영조물 자체가 통상 갖추어야 할 안전성을 갖추지 못한 상태에 있는 것을 말하는 것이다(대판 1994.11.22. 94다32924).

2. **주관적 요소를 고려한 판례**

    [1] 국가배상법 제5조 제1항 소정의 '영조물 설치 관리상의 하자'라 함은 공공의 목적에 공여된 영조물이 그 용도에 따라 통상 갖추어야 할 안전성을 갖추지 못한 상태에 있음을 말하고, 영조물의 설치 및 관리에 있어서 항상 완전무결한 상태를 유지할 정도의 고도의 안전성을 갖추지 아니하였다고 하여 영조물의 설치 또는 관리에 하자가 있는 것으로는 할 수 없는 것으로서 영조물의 설치자 또는 관리자에게 부과되는 방호조치의무의 정도는 영조물의 위험성에 비례하여 사회통념상 일반적으로 요구되는 정도의 것을 말하므로, 영조물인 도로의 경우도 다른 생활필수시설과의 관계나 그것을 설치하고 관리하는 주체의 재정적, 인적, 물적 제약 등을 고려하여 그것을 이용하는 자의 상식적이고 질서 있는 이용 방법을 기대한 상대적인 안전성을 갖추는 것으로 족하다.

    [2] 도로의 설치·관리상의 하자 여부에 관한 판단 기준 및 적설지대가 아닌 지역의 도로 또는 고속도로 등 특수 목적의 도로가 아닌 일반 도로에서 강설로 인하여 발생한 도로통행상의 위험을 즉시 배제하여 그 안전성을 확보할 의무가 도로의 설치·관리자에게 없다(대판 2000.4.25. 99다54998).

3. **주관적 요소를 고려한 판시**

    [1] 안전성의 구비 여부를 판단함에 있어서는 당해 영조물의 용도, 그 설치장소의 현황 및 이용 상황 등 제반 사정을 종합적으로 고려하여 설치·관리자가 그 영조물의 위험성에 비례하여 사회통념상 일반적으로 요구되는 정도의 방호조치의무를 다하였는지 여부를 그 기준으로 삼아야 하며, 만일 객관적으로 보아 시간적·장소적으로 영조물의 기능상 결함으로 인한 손해발생의 예견가능성과 회피가능성이 없는 경우 즉 그 영조물의 결함이 영조물의 설치·관리자의 관리행위가 미칠 수 없는 상황 아래에 있는 경우임이 입증되는 경우라면 영조물의 설치·관리상의 하자를 인정할 수 없다.

    [2] 가변차로에 설치된 신호등의 용도와 오작동시에 발생하는 사고의 위험성과 심각성을 감안할 때, 만일 가변차로에 설치된 두 개의 신호기에서 서로 모순되는 신호가 들어오는 고장을 예방할 방법이 없음에도 그와 같은 신호기를 설치하여 그와 같은 고장을 발생하게 한 것이라면, 그 고장이 자연재해 등 외부요인에 의한 불가항력에 기인한 것이 아닌 한 그 자체로 설치·관리자의 방호조치의무를 다하지 못한 것으로서 신호등이 그 용도에 따라 통상 갖추어야 할 안전성을 갖추지 못한 상태에 있었다고 할 것이다(대판 2001.7.27. 2000다56822).

4. **고속도로 폭설 사건 - 하자존재 인정(주관적 사정 고려)**

    [1] 강설에 대처하기 위하여 완벽한 방법으로 도로 자체에 융설 설비를 갖추는 것이 현대의 과학기술 수준이나 재정사정에 비추어 사실상 불가능하다고 하더라도, 최저 속도의 제한이 있는 고속도로의 경우에 있어서는 도로관리자가 도로의 구조, 기상예보 등을 고려하여 사전에 충분한 인적·물적 설비를 갖추어 강설시 신속한 제설작업을 하고 나아가 필요한 경우 제때에 교통통제 조치를 취함으로써 고속도로로서의 기본적인 기능을 유지하거나 신속히 회복할 수 있도록 하는 관리의무가 있다.

[2] 폭설로 차량 운전자 등이 고속도로에서 장시간 고립된 사안에서, 고속도로의 관리자가 고립구간의 교통정체를 충분히 예견할 수 있었음에도 교통제한 및 운행정지 등 필요한 조치를 충실히 이행하지 아니하였으므로 고속도로의 관리상 하자가 있다고 한 사례(대판 2008.3.13. 2007다29287,29294).

5. 물적하자 외에 기능적 하자도 인정

타인에게 위해를 끼칠 위험성이 있는 상태라 함은 당해 영조물을 구성하는 물적 시설 그 자체에 있는 물리적 외형적 흠결이나 불비로 인하여 그 이용자에게 위해를 끼칠 위험성이 있는 경우뿐만 아니라, 그 영조물이 공공의 목적에 이용됨에 있어 그 이용상태 및 정도가 일정한 한도를 초과하여 제3자에게 사회통념상 수인할 것이 기대되는 한도를 넘는 피해를 입히는 경우까지 포함된다고 보아야 한다(대판 2005.1.27. 2003다49566).

6. 다른 자연적 사실이나 제3자의 행위 또는 피해자의 행위와 경합하여 손해가 발생된 경우에도 하자 인정 가능

영조물의 설치 또는 관리상의 하자로 인한 사고라 함은 영조물의 설치 또는 관리상의 하자만이 손해발생의 원인이 되는 경우만을 말하는 것이 아니고, 다른 자연적 사실이나 제3자의 행위 또는 피해자의 행위와 경합하여 손해가 발생하더라도 영조물의 설치 또는 관리상의 하자가 공동원인의 하나가 되는 이상 그 손해는 영조물의 설치 또는 관리상의 하자에 의하여 발생한 것이라고 해석함이 상당하다(대판 1994.11.22. 94다32924).

7. 제3자의 행위 개입 판례(주관적 사정도 고려)

[1] 도로의 설치 후 제3자의 행위에 의하여 그 본래의 목적인 통행상의 안전에 결함이 발생된 경우 제반 사정을 종합하여 그와 같은 결함을 제거하여 원상으로 복구할 수 있는데도 이를 방치한 것인지여부를 개별적·구체적으로 심리하여 하자의 유무를 판단하여야 할 것이다.

[2] 트럭 앞바퀴가 고속도로상에 떨어져 있는 자동차 타이어에 걸려 중앙분리대를 넘어가 사고가 발생한 경우에 있어서 타이어가 사고지점 고속도로상에 떨어진 것은 사고가 발생하기 10분 내지 15분 전이었다면 손해배상책임을 물을 수는 없다(대판 1992.9.14. 92다3243).

8. 하천 제방 – 계획홍수위 기준

관리청이 하천법 등 관련 규정에 의해 책정한 하천정비기본계획 등에 따라 개수를 완료한 하천 또는 아직 개수 중이라 하더라도 개수를 완료한 부분에 있어서는, 위 하천정비기본계획 등에서 정한계획홍수량 및 계획홍수위를 충족하여 하천이 관리되고 있다면 당초부터 계획홍수량 및 계획홍수위를 잘못 책정하였다거나 그 후 이를 시급히 변경해야 할 사정이 생겼음에도 불구하고 이를 해태하였다는 등의 특별한 사정이 없는 한 그 하천은 용도에 따라 통상 갖추어야 할 안전성을 갖추고 있다고 봄이 상당하다(대판 2007.9.21. 2005다65678).

9. 여유고를 확보하지 못하고 있다는 사정만으로 바로 안전성이 결여된 하자가 있다고 볼 수 없다.

하천의 관리청이 관계 규정에 따라 설정한 계획홍수위를 변경시켜야 할 사정이 생기는 등 특별한 사정이 없는 한, 이미 존재하는 하천의 제방이 계획홍수위를 넘고 있다면 그 하천은 용도에 따라 통상 갖추어야 할 안전성을 갖추고 있다고 보아야 하고, 그와 같은 하천이 그 후 새로운 하천시설을 설치할 때 기준으로 삼기 위하여 제정한 '하천시설기준'이 정한 여유고를 확보하지 못하고 있다는 사정만으로 바로 안전성이 결여된 하자가 있다고 볼 수는 없다(대판 2003.10.23. 2001다48057).

PART 5 행정구제법

01 영조물의 설치 및 관리에 있어서 항상 완전무결한 상태를 유지할 정도의 고도의 안전성을 갖추지 아니하였다고 하여 영조물의 설치 또는 관리에 하자가 있다고 단정할 수 없다. (O | X) [17국가직9급]

02 가변차로에 설치된 두 개의 신호기에서 서로 모순되는 신호가 들어오는 고장으로 인하여 사고가 발생한 경우, 그 고장이 현재의 기술수준상 부득이한 것으로 예방할 방법이 없는 것이라면 손해발생의 예견가능성이나 회피가능성이 없어 영조물의 하자를 인정할 수 없다. (O | X) [21소방직]

03 강설에 대처하기 위하여 완벽한 방법으로 도로 자체에 융설설비를 갖추는 것은 현대의 과학기술 수준이나 재정 사정에 비추어 사실상 불가능하다고 할 것이므로, 고속도로의 관리자에게 도로의 구조, 기상예보 등을 고려하여 사전에 충분한 인적·물적 설비를 갖추어 강설시 신속한 제설작업을 하고 필요한 경우 제때에 교통통제 조치를 취할 관리의무가 있다고 할 수 없다. (O | X) [14국가직7급]

04 하자의 의미에 관한 학설 중 객관설에 의할 때, 영조물에 결함이 있지만 그 결함이 객관적으로 보아 영조물의 설치·관리자의 관리행위가 미칠 수 없는 상황 아래에 있는 경우에는 영조물의 설치·관리상의 하자를 인정할 수 없다. (O | X) [21국회직8급]

05 객관적으로 보아 시간적·장소적으로 영조물의 기능상 결함으로 인한 손해발생의 예견가능성과 회피가능성이 없는 경우에는 영조물의 설치·관리상의 하자를 인정할 수 없다. (O | X) [18국회직8급]

06 하천의 제방이 계획홍수위를 넘고 있더라도, 하천이 그 후 새로운 하천시설을 설치할 때 '하천시설기준'으로 정한 여유고(餘格高)를 확보하지 못하고 있다면 그 사정만으로 안전성이 결여된 하자가 있다고 보아야 한다. (O | X) [20국가직7급]

3) 손해의 발생과 인과관계의 존재

① 손해

국가배상법 제2조의 손해 개념과 같다. 적극적 손해, 소극적 손해, 재산적 손해, 비재산적 손해(위자료) 모두 포함된다.

② 인과관계

영조물의 하자로 인하여 손해가 발생 사이에 상당인과관계가 있어야 한다.

4. 면책사유 - 불가항력

불가항력은 천재지변과 같이 예견가능하지 않고 회피할 수 없는 힘에 의한 손해를 의미한다. 국가배상법 제5조에서 불가항력을 고려하는 것이 통설적인 입장이다. 불가항력 등 영조물책임의 감면사유가 있는 경우에도 공무원의 과실로 피해가 확대된 경우에는 그 한도 내에서 국가배상법 제2조의 배상책임이 인정된다.

> **관련 판례**
>
> 1. 계획홍수위를 현저히 초과하는 경우(600년 또는 1,000년 빈도) - 불가항력 인정
>   100년 발생빈도의 강우량을 기준으로 책정된 계획홍수위를 초과하여 600년 또는 1,000년 발생빈도의 강우량에 의한 하천의 범람은 예측가능성 및 회피가능성이 없는 불가항력적인 재해로서 그 영조물의 관리청에 책임을 물을 수 없다(대판 2003.10.23. 2001다48057).

정답 01 O 02 X 03 X 04 X 05 O 06 X

행정상 손해배상

2. 50년 빈도의 강우 - 불가항력 부정
집중호우로 제방도로가 유실되면서 그곳을 걸어가던 보행자가 강물에 휩쓸려 익사한 경우, 사고 당일의 집중호우가 50년 빈도의 최대강우량에 해당한다는 사실만으로 불가항력에 기인한 것으로 볼 수 없다는 이유로 제방도로의 설치·관리상의 하자를 인정한다(대판 2000.5.26. 99다53247).

3. 재정사정 어렵다는 사정은 하자 여부 판단의 참작사유 정도에 불과하다는 취지의 판시
재정사정은 안전성을 요구하는 데 대한 정도의 문제로서 참작사유에는 해당할지언정 안전성을 결정지을 절대적 요건에는 해당하지 아니한다(대판 1967.2.21. 66다1723).

---

01 집중호우로 제방도로가 유실되면서 그곳을 걸어가던 보행자가 강물에 휩쓸려 익사한 경우, 사고 당일의 집중호우가 50년 빈도의 최대 강우량에 해당한다는 사실만으로도 국가배상법 제5조상의 영조물의 설치 또는 관리의 하자로 인한 손해배상책임에서의 면책사유인 불가항력에 해당한다. (O | X) [15사회복지직9급]

02 영조물설치자의 재정 사정이나 영조물의 사용목적에 의한 사정은, 안전성을 요구하는 데 대한 참작사유는 될지언정 안전성을 결정지을 절대적 요건은 아니다. (O | X) [21소방직]

5. 입증책임
하자의 존재에 관한 입증책임은 피해자(원고)에게 입증책임이 존재하고 불가항력이나 하자 인정에 관한 주관적 요건에 대한 입증책임은 관리주체(피고)에게 있다.

> **관련 판례**
>
> **하자가 불가항력에 의한 것이거나 손해의 방지에 필요한 주의를 해태하지 아니하였다는 점에 대한 입증책임 - 관리주체**
> 고속도로의 관리상 하자가 인정되는 이상 고속도로의 점유관리자는 그 하자가 불가항력에 의한 것이거나 손해의 방지에 필요한 주의를 해태하지 아니하였다는 점을 주장·입증하여야 비로소 그 책임을 면할 수 있다(대판 2008.3.13. 2007다29287,29294).

---

03 국가배상청구소송에서 공공의 영조물에 하자가 있다는 입증책임은 피해자가 지지만, 관리주체에게 손해발생의 예견가능성과 회피가능성이 없다는 입증책임은 관리주체가 진다. (O | X) [17국가직9급]

6. 피해자의 과실 문제
손해배상책임에 있어서 가해자 외에 피해자에게도 과실이 있는 경우 과실상계의 법리에 따라 피해자의 과실은 고려된다. 예를 들어, 1,000만원의 손해가 피해자에 발생하였는데 피해자에게도 과실이 30%가 있다면 피해자는 가해자에게 700만원의 손해의 배상을 구할 수 있다. 국가배상책임에도 과실상계의 법리는 적용된다. 또한 다른 자연적 사실이나 제3자의 행위가 경합하여 손해가 발생하였더라도 영조물의 설치·관리상의 하자가 공동원인의 하나가 된 이상 그 손해는 영조물의 설치·관리상의 하자에 의하여 발생한 것이라고 보아야 한다.

정답 01 X 02 O 03 O

> **관련 판례** 공군사격장 주변으로 자발적으로 이주한 주민의 과실을 고려한 판시
>
> [1] 공군사격장 주변지역에서 발생하는 소음 등으로 피해를 입은 주민들이 국가를 상대로 손해배상을 청구한 사안에서, 사격장의 소음피해를 인식하거나 과실로 인식하지 못하고 이주한 일부 주민들의 경우, 비록 소음으로 인한 피해를 용인하고 이용하기 위하여 이주하였다는 등의 사정이 인정되지 않아 국가의 손해배상책임을 완전히 면제할 수는 없다고 하더라도, 손해배상액을 산정함에 있어 그와 같은 사정을 전혀 참작하지 아니하여 감경조차 아니 한 것은 형평의 원칙에 비추어 현저히 불합리하다.
> [2] <u>소음 등을 포함한 공해 등의 위험지역으로 이주하여 들어가 거주하는 경우와 같이 위험의 존재를 인식하거나 과실로 인식하지 못하고 이주한 경우에는 손해배상액의 산정에 있어 형평의 원칙상 과실상계에 준하여 감경 또는 면제사유로 고려하여야 한다</u>(대판 2010.11.11. 2008다57975).

01 소음 등의 공해로 인한 법적 쟁송이 제기되거나 그 피해에 대한 보상이 실시되는 등 피해지역임이 구체적으로 드러나고 이러한 사실이 그 지역에 널리 알려진 이후에 이주하여 오는 경우에는 위와 같은 위험에의 접근에 따른 가해자의 면책여부를 보다 적극적으로 인정할 여지가 있다. (O | X) [17지방직9급]

7. 배상책임자

1) 국가배상법 제5조

도로의 설치나 관리 주체는 사무의 귀속주체로서 국가배상법 제5조의 책임을 진다.

> **국가배상법 제5조(공공시설 등의 하자로 인한 책임)** ① 도로·하천, 그 밖의 공공의 영조물(營造物)의 설치나 관리에 하자(瑕疵)가 있기 때문에 타인에게 손해를 발생하게 하였을 때에는 국가나 지방자치단체는 그 손해를 배상하여야 한다.

2) 국가배상법 제6조

① 비용부담자 등의 책임
- 영조물의 설치·관리 비용을 부담하는 자는 비용부담자로서 국가배상법 제6조의 책임을 진다.
- 비용부담자의 의미에 관해서는 견해가 대립하나 기관위임사무에 대하여 형식적 비용부담자인 지방자치단체에게 비용부담자로서 책임을 진다고 판시하였다.

> **국가배상법 제6조(비용부담자 등의 책임)** ① 제2조·제3조 및 제5조에 따라 국가나 지방자치단체가 손해를 배상할 책임이 있는 경우에 공무원의 선임·감독 또는 영조물의 설치·관리를 맡은 자와 공무원의 봉급·급여, 그 밖의 비용 또는 영조물의 설치·관리 비용을 부담하는 자가 동일하지 아니하면 그 비용을 부담하는 자도 손해를 배상하여야 한다.

02 국가나 지방자치단체가 손해를 배상할 책임이 있는 경우에 영조물의 설치·관리를 맡은 자와 영조물의 설치·관리비용을 부담하는 자가 동일하지 아니하면 그 비용을 부담하는 자도 손해를 배상하여야 한다. (O | X) [20국가직7급]

정답 01 O 02 O

CHAPTER 1 행정상 손해배상

> **관련 판례**
>
> 1. **기관위임 사무의 비용부담자인 영등포구 – 국가배상법 제6조의 책임을 짐**
>   여의도광장의 관리청이 본래 서울특별시장이라 하더라도 그 관리사무의 일부가 영등포구청장에게 위임되었다면, 그 위임뒤 관리사무에 관한 한 여의도광장의관리청은 영등포구청장이 되고, 같은 법 제56조에 의하면 도로에 관한 비용은 건설부(현 국토교통부)장관이 관리하는 도로 이외의 도로에 관한 것은 관리청이 속하는 지방자치단체의 부담으로 하도록 되어 있어 여의도광장의 관리비용부담자는 그 위임된 관리사무에 관한 한 관리를 위임받은 영등포구청장이 속한 영등포구가 되므로, 영등포구는 여의도광장에서 차량진입으로 일어난 인신사고에 관하여 국가배상법 제6조 소정의 비용부담자로서 손해배상책임이있다(대판 1995.2.24. 94다57671).
>
> 2. **지방자치단체장이 교통신호기를 설치한 뒤 그 관리 권한을 관련법에 의해 관할 지방경찰청장에 위임한 경우, 지방자치단체는 사무의 귀속주체로서 책임을 지고 대한민국은 비용부담자로서 책임을 진다.**
>   지방자치단체장이 교통신호기를 설치하여 그 관리권한이 도로교통법 제71조의2 제1항의 규정에 의하여 관할 지방경찰청장에게 위임되어 …… 위 신호기가 고장난 채 방치되어 교통사고가 발생한 경우, 국가배상법 제2조 또는 제5조에 의한 배상책임을 부담하는 것은 지방경찰청장이 소속 된 국가가 아니라, 그 권한을 위임한 지방자치단체장이 소속 된 지방자치단체라고 할 것이나, 한편 국가배상법 제6조 제1항은 같은법 제2조, 제3조 및 제5조의 규정에 의하여 국가 또는 지방자치단체가 손해를 배상할 책임이 있는 경우에 공무원의 선임·감독 또는 영조물의 설치·관리를 맡은 자와 공무원의 봉급·급여 기타의 비용 또는 영조물의 설치·관리의 비용을 부담하는 자가 동일하지 아니한 경우에는 그 비용을 부담하는 자도 손해를 배상하여야 한다고 규정하고 있으므로 교통신호기를 관리하는 지방경찰청장 산하 경찰관들에 대한 봉급을 부담하는 국가도 국가배상법 제6조 제1항에 의한 배상책임을 부담한다(대판 1999.6.25. 99다11120).
>
> 3. **기관위임의 경우 위임받은 하위 지방자치단체장은 상위 지방자치단체 산하 행정기관의 지위에서 그 사무를 처리하는 것이므로 사무귀속의 주체가 달라진다고 할 수 없다. 따라서 하위 지방자치단체장을 보조하는 그 지방자치단체 소속 공무원이 위임사무를 처리하면서 고의 또는 과실로 타인에게 손해를 가하거나 위임사무로 설치·관리하는 영조물의 하자로 타인에게 손해를 발생하게 한 경우에는 권한을 위임한 상위 지방자치단체가 그 손해배상책임을 진다**(대판 2017.9.21. 2017다223538).

01 공무원의 선임·감독을 맡은 자와 봉급·급여 기타의 비용을 부담하는 자가 동일하지 아니할 때에는 그 비용을 부담하는 자도 당해 공무원의 불법행위에 대하여 배상책임을 진다. (O | X) [14사회복지직9급]

02 판례는 지방자치단체장 간의 기관위임이 있을 때 위임받은 하위 지방자치단체 소속 공무원이 위임사무를 처리하면서 고의로 타인에게 손해를 가한 경우에는 상위 지방자치단체는 손해배상책임을 지지 않는다고 본다. (O | X) [11국가직7급]

03 지방자치단체장이 설치하여 관할 지방경찰청장(현 시·도경찰청장)에게 관리권한이 위임된 교통신호기의 고장으로 인하여 교통사고가 발생한 경우, 지방자치단체뿐만 아니라 국가도 손해배상책임을 부담한다는 것이 판례의 태도이다. (O | X) [20소방직]

04 상위 지방자치단체가 하위 지방자치단체장에게 영조물의 설치·관리 권한을 기관위임한 경우(단, 비용은 상위 지방자치단체가 부담하기로 함), 하위 지방자치단체장이 기관위임사무로 설치·관리하는 영조물의 하자로 타인에게 손해를 발생하게 한 경우에는 권한을 위임한 상위 지방자치단체가 그 손해배상책임을 진다. (O | X) [24소방직]

05 시·도경찰청장 또는 경찰서장이 지방자치단체의 장으로부터 권한을 위탁받아 설치·관리하는 신호기의 하자로 인해 손해가 발생한 경우 「국가배상법」제5조 소정의 배상책임의 귀속 주체는 국가뿐이다. (O | X) [23지방직9급]

정답 01 O 02 X 03 O 04 O 05 X

3) 내부적 구상

사무의 귀속주체 또는 비용부담자 중 누구에게 최종적인 책임을 물어야 하는 가에 관한 문제로 통설은 사무귀속주체(관리자설)에게 최종적 책임을 물어야 한다고 본다(기타 비용부담자가 책임을 진다는 비용부담자설과 손해발생에 기여한 기여도에 따라 책임을 진다는 기여도설이 있다). 판례는 어떤 학설과 관련된 것인지 논란이 있는 판례와 기여도설과 비슷한 취지의 판시가 있다.

> **관련 판례**
>
> 이와 같이 광역시와 국가 모두가 도로의 점유자 및 관리자, 비용부담자로서의 책임을 중첩적으로 지는 경우에는, 광역시와 국가 모두가 국가배상법 제6조 제2항 소정의 궁극적으로 손해를 배상할 책임이 있는 자라고 할 것이고, 결국 광역시와 국가의 내부적인 부담 부분은, 그 도로의 인계·인수 경위, 사고의 발생 경위, 광역시와 국가의 그 도로에 관한 분담비용 등 제반 사정을 종합하여 결정함이 상당하다(대판 1998.7.10. 96다42819).

01 국가와 지방자치단체 모두가 도로의 점유자 및 관리자, 비용부담자로서의 책임을 중첩적으로 지는 경우에는 모두가 국가배상법 제6조 제2항에 따라 궁극적으로 손해를 배상할 책임이 있는 자이고 그 내부적인 부담 부분은 분담비용 등 제반사정을 종합하여 결정한다. (O | X)   [19경찰]

4) 원인책임자에 대한 구상

> **국가배상법 제6조(비용부담자 등의 책임)** ② 제1항의 경우에 손해를 배상한 자는 내부관계에서 그 손해를 배상할 책임이 있는 자에게 구상할 수 있다.

02 영조물의 설치·관리상의 하자로 인한 손해의 원인에 대하여 책임을 질 사람이 따로 있는 경우에는 국가·지방자치단체는 그 사람에게 구상할 수 있다. (O | X)   [17지방직7급]

핵심 기출문제

01

「국가배상법」상 공무원의 위법한 직무행위로 인한 손해배상에 대한 설명으로 옳은 것은? (다툼이 있는 경우 판례에 의함) [21국가직9급]

① 일반적으로 공무원이 필요한 지식을 갖추지 못하고 법규의 해석을 그르쳐 행정처분을 하였다면 그가 법률전문가가 아닌 행정직공무원이라고 하여 과실이 없다고는 할 수 없다.
② 국가배상의 요건인 '공무원의 직무'에는 국가나 지방자치단체의 비권력적 작용과 사경제 주체로서 하는 작용이 포함된다.
③ 손해배상책임을 묻기 위해서는 가해 공무원을 특정하여야 한다.
④ 국가가 가해 공무원에 대하여 구상권을 행사하는 경우 국가가 배상한 배상액 전액에 대하여 구상권을 행사하여야 한다.

02

국가배상책임에 관한 설명으로 옳지 않은 것은? (다툼이 있는 경우 판례에 의함) [21소방직]

① 「국가배상법」에서는 공무원 개인의 피해자에 대한 배상책임을 인정하는 명시적인 규정을 두고 있지 않다.
② 공무원증 발급업무를 담당하는 공무원이 대출을 받을 목적으로 다른 공무원의 공무원증을 위조하는 행위는 「국가배상법」 제2조 제1항의 직무집행관련성이 인정되지 않는다.
③ 군교도소 수용자들이 탈주하여 일반 국민에게 손해를 입혔다면 국가는 그로 인하여 피해자들이 입은 손해를 배상할 책임이 있다.
④ 「국가배상법」 제2조 제1항 단서에 의해 군인 등의 국가배상청구권이 제한되는 경우, 공동불법행위자인 민간인은 피해를 입은 군인 등에게 그 손해 전부에 대하여 배상하여야 하는 것은 아니며 자신의 부담부분에 한하여 손해배상의무를 부담한다.

03

「국가배상법」의 내용에 대한 설명으로 옳지 않은 것은? (단, 다툼이 있는 경우 판례에 의함)

[21군무원9급]

① 국가나 지방자치단체는 공무를 위탁받은 사인이 직무를 집행하면서 고의 또는 과실로 법령을 위반하여 타인에게 손해를 입힌 때에는 국가배상법에 따라 그 손해를 배상하여야 한다.
② 도로·하천, 그 밖의 공공의 영조물(營造物)의 설치나 관리에 하자(瑕疵)가 있기 때문에 타인에게 손해를 발생하게 하였을 때에는 국가나 지방자치단체는 그 손해를 배상하여야 한다. 이 경우 군인·군무원의 2중배상금지에 관한 규정은 적용되지 않는다.
③ 직무를 집행하는 공무원에게 고의 또는 중대한 과실이 있으면 국가나 지방자치단체는 그 공무원에게 구상(求償)할 수 있다.
④ 군인·군무원이 전투·훈련 등 직무 집행과 관련하여 전사(戰死)·순직(殉職)하거나 공상(公傷)을 입은 경우에 본인이나 그 유족이 다른 법령에 따라 재해보상금·유족연금·상이연금 등의 보상을 지급 받을 수 있을 때에는 「국가배상법」 및 「민법」에 따른 손해배상을 청구할 수 없다.

해설

01 | ① (○) 일반적으로 공무원이 관계법규를 알지 못하거나 필요한 지식을 갖추지 못하고 법규의 해석을 그르쳐 행정처분을 하였다면 그가 법률전문가가 아닌 행정직 공무원이라도 과실이 있다(대판 1981.8.25. 80다1598).
② (×) 사경제주체로서의 활동은 포함되지 아니한다.
국가 또는 공공단체라 할지라도 공권력의 행사가 아니고 순전히 대등한 지위에서 사경제의 주체로 활동하였을 경우에는 그 손해배상의 책임에 국가배상법의 규정이 적용될 수 없다(대판 1969.4.22. 68다2225).
③ (×) 가해공무원의 특정은 불필요하다는 것이 다수설의 입장이고 판례도 같은 취지에서, 가해 공무원인 전투경찰공무원을 특정하지 않더라도 손해배상책임을 인정한 바 있다(대판 1995.11.10. 95다23897).
④ (×) 공동불법행위자 등이 부진정연대채무자로서 각자 피해자의 손해 전부를 배상할 의무를 부담하는 공동불법행위의 일반적인 경우와 달리 예외적으로 민간인은 피해 군인 등에 대하여 그 손해 중 국가 등이 민간인에 대한 구상의무를 부담한다면 그 내부적인 관계에서 부담하여야 할 부분을 제외한 나머지 자신의 부담부분에 한하여 손해배상의무를 부담하고, 한편 국가 등에 대하여는 그 귀책부분의 구상을 청구할 수 없다고 해석함이 상당하다 할 것이고, 이러한 해석이 손해의 공평·타당한 부담을 그 지도원리로 하는 손해배상제도의 이상에도 맞는다 할 것이다(대판 2001.2.15. 96다42420).

정답 01 ①

해설

02 ① (○) 국가배상법은 공무원의 피해자에 대한 배상책임을 인정하는 명시적인 규정을 두고 있지 않다.

② (×) **인사업무담당 공무원이 다른 공무원의 공무원증 등을 위조한 행위에 대하여 실질적으로는 직무행위에 속하지 아니한다** 할지라도 외관상으로 국가배상법 제2조 제1항의 직무집행관련성을 인정

> 국가배상법 제2조 제1항의 '직무를 집행함에 당하여'라 함은 직접 공무원의 직무집행행위이거나 그와 밀접한 관련이 있는 행위를 포함하고, 이를 판단함에 있어서는 행위 자체의 외관을 객관적으로 관찰하여 공무원의 직무행위로 보여질 때에는 비록 그것이 실질적으로 직무행위가 아니거나 또는 행위자로서는 주관적으로 공무집행의 의사가 없었다고 하더라도 그 행위는 공무원이 '직무를 집행함에 당하여' 한 것으로 보아야 한다(대판 2005.1.14. 2004다26805).

③ (○) 사건 영창에 근무하는 군인들의 그 수용자들에 대한 경계 감호와 탈창 후의 조치 등에 관한 직무상의 의무위반과 탈창병들이 탈창 후 도주자금을 마련하고 신고를 막기 위한 과정에서 저지른 이 사건 범죄행위 사이에는 상당인과관계가 있다고 할 것이다(대판 2003.2.14. 2002다62678).

④ (○) 공동불법행위자 등이 부진정연대채무자로서 각자 피해자의 손해 전부를 배상할 의무를 부담하는 공동불법행위의 일반적인 경우와 달리 예외적으로 민간인은 피해 군인 등에 대하여 그 손해 중 국가 등이 민간인에 대한 구상의무를 부담한다면 그 내부적인 관계에서 부담하여야 할 부분을 제외한 나머지 자신의 부담부분에 한하여 손해배상의무를 부담하고, 한편 국가 등에 대하여는 그 귀책부분의 구상을 청구할 수 없다고 해석함이 상당하다 할 것이고, 이러한 해석이 손해의 공평·타당한 부담을 그 지도원리로 하는 손해배상제도의 이상에도 맞는다 할 것이다(대판 2001.2.15. 96다42420).

03 ① (○) 공무수탁사인은 국가배상법상 공무원에 해당한다. 따라서 공무수탁사인의 위법한 직무집행에 대해서는 국가나 지방자치단체가 국가배상책임을 진다.

> 국가배상법 제2조(배상책임) ① 국가나 지방자치단체는 공무원 또는 공무를 위탁받은 사인(이하 "공무원"이라 한다)이 직무를 집행하면서 고의 또는 과실로 법령을 위반하여 타인에게 손해를 입히거나, 「자동차손해배상 보장법」에 따라 손해배상의 책임이 있을 때에는 이 법에 따라 그 손해를 배상하여야 한다.

② (×), ④ (○) 국가배상법 제2조에 이중배상금지에 관한 규정이 있지만 국가배상법 제5조에서는 준용규정을 두고 있다.

> 국가배상법 제2조(배상책임) ① 국가나 지방자치단체는 공무원 또는 공무를 위탁받은 사인(이하 "공무원"이라 한다)이 직무를 집행하면서 고의 또는 과실로 법령을 위반하여 타인에게 손해를 입히거나, 「자동차손해배상 보장법」에 따라 손해배상의 책임이 있을 때에는 이 법에 따라 그 손해를 배상하여야 한다. 다만, 군인·군무원·경찰공무원 또는 예비군대원이 전투·훈련 등 직무 집행과 관련하여 전사(戰死)·순직(殉職)하거나 공상(公傷)을 입은 경우에 본인이나 그 유족이 다른 법령에 따라 재해보상금·유족연금·상이연금 등의 보상을 지급받을 수 있을 때에는 이 법 및 「민법」에 따른 손해배상을 청구할 수 없다.

> 제5조(공공시설 등의 하자로 인한 책임) ① 도로·하천, 그 밖의 공공의 영조물(營造物)의 설치나 관리에 하자(瑕疵)가 있기 때문에 타인에게 손해를 발생하게 하였을 때에는 국가나 지방자치단체는 그 손해를 배상하여야 한다. 이 경우 제2조제1항 단서, 제3조 및 제3조의2를 준용한다.

③ (○) 공무원이 직무수행 중 불법행위로 타인에게 손해를 입힌 경우에 국가 등이 국가배상책임을 부담하는 외에 공무원 개인도 고의 또는 중과실이 있는 경우에는 불법행위로 인한 손해배상책임을 지고, 공무원에게 경과실이 있을 뿐인 경우에는 공무원 개인은 손해배상책임을 부담하지 아니한다(대판 2014.8.20. 2012다54478).

정답 02 ② 03 ②

CHAPTER 2 행정상 손실보상

제1절 개설

I 행정상 손실보상의 개설

1. 의의

적법한 공권력 행사에 의하여 국민의 재산권에 대한 직접적 침해가 가해져 특정 국민에게 특별한 희생이 발생한 경우에, 행정주체가 사유재산권의 보장과 공적 부담 앞의 평등이라는 측면에서 그 손실을 보상하여 주는 것을 의미한다.

01 손실보상청구권을 발생시키는 침해는 재산권이나 신체에 대한 것이어야 한다. (O | X) [14서울시7급]

2. 손실보상의 근거

1) 실정법적 근거

① 헌법적 근거

헌법은 보상청구권의 근거뿐만 아니라 보상의 기준과 방법에 관해서도 법률에 유보하고 있다.

> **헌법 제23조** ① 모든 국민의 재산권은 보장된다. 그 내용과 한계는 법률로 정한다.
> ② 재산권의 행사는 공공복리에 적합하도록 하여야 한다.
> ③ 공공필요에 의한 재산권의 수용·사용 또는 제한 및 그에 대한 보상은 법률로써 하되, 정당한 보상을 지급하여야 한다.

02 헌법 제23조 제3항에서 보상은 법률로써 하되 정당한 보상을 지급하여야 한다고 하여 구체적인 보상액의 산출 기준은 법률에 유보하고 있다. (O | X) [18교육행정직9급]

② 법률상 근거

손실보상에 관한 일반법은 존재하지 아니한다. 다만, 손실보상에 관한 개별법률로 토지보상에 관하여 「공익사업을 위한 토지 등의 취득 및 보상에 관한 법률」(토지보상법)이 대표적이다.

정답 01 X 02 O

2) 이론적 근거

특별한 희생은 평등원칙으로부터 파생된 '공적 부담 앞의 평등'의 측면에서 국민 전체의 부담으로 보상되어야 한다는 특별희생설이 통설적 입장이다.

01 부담평등의 원칙은 손실보상제도와 관계있는 원칙이다. (O | X) [07군무원9급]

3. 존속보장과 가치보장

1) 존속보장

① 의의

재산권자가 재산권을 보유하고 향유(사용·수익·처분)하는 것을 보장하는 것이다.

② 한계

재산권은 무제한 적인 것은 아니며 재산권의 행사는 공공복리에 적합하여야 한다. 또한 사회적 제약을 받을 수 있으므로 그 내용과 한계에 대하여 법률로 정한다.

③ 중요성

재산권은 국민생활의 기초가 된다는 점에서 존속보장은 특히 중요하다.

④ 실현제도

공용침해에서 공공필요성에 대한 요건, 분리이론, 환매제도 등이 있다.

2) 가치보장

① 의의

공공필요에 의하여 재산권에 대한 공권적 침해가 행하여지는 경우에 재산권의 가치를 보장하여 주는 것이다.

② 실현제도

손실보상, 경계이론, 매수청구제도 등이 있다.

정답 01 O

Ⅱ 분리이론과 경계이론

> **헌법 제23조** ① 모든 국민의 재산권은 보장된다. 그 내용과 한계는 법률로 정한다.
> ② 재산권의 행사는 공공복리에 적합하도록 하여야 한다.
> ③ 공공필요에 의한 재산권의 수용·사용 또는 제한 및 그에 대한 보상은 법률로써 하되, 정당한 보상을 지급하여야 한다.

분리이론과 경계이론은 재산권의 내용·한계설정과 공용침해를 보다 합리적으로 구분하려는 이론이다.

1) 분리이론

① 의의

재산권의 제한문제를 입법자의 의사에 따라 재산권의 내용과 한계문제(헌법 제23조 제1·2항)와 공용침해·손실보상(헌법 제23조 제3항) 문제로 구별된다. 분리이론은 재산권의 존속보장을 강화하려는 입장에서 접근하는 견해이다. 독일연방헌법재판소와 우리나라의 헌법재판소의 입장에 해당한다.

② 구별방법

재산권의 제한이 일반적인 공익을 위하여 일반적·추상적으로 새롭게 정의 내리는 경우에는 재산권의 내용과 한계로 이해하고 재산권의 제한이 특정공익을 위하여 개별적·구체적으로 기존의 재산권을 박탈·축소하는 경우에는 공용침해와 손실보상의 문제로 본다.

2) 경계이론

① 의의

재산권의 공용침해와 재산권의 내용 및 한계(사회적 제약)의 문제는 재산권의 침해 정도에 따라 구별되는 것으로 본다. 독일연방최고법원과 우리나라의 대법원의 입장에 속한다.

② 경계설정

재산권에 대한 제한이 사회적 제약인가 특별한 희생인가를 나누어 특별한 희생의 경우 보상의 문제가 발생한다.

---

01 재산권의 사회적 제약과 공용침해는 별개의 제도가 아니라 재산권 규제의 강도에 따라서 상대적으로 구분되는 것으로, 사회적 제약의 경계를 벗어나면 보상의무가 있는 공용침해로 전환된다고 보는 경계이론은 독일의 연방헌법재판소의 판결에서 유래한다. (O | X)   [08국가직7급]

02 사회적 제약을 벗어나는 무보상의 공용침해에 대하여, 분리이론은 당해 침해행위의 폐지를 주장함으로써 위헌적 침해의 억제에 중점을 두고 있음에 비하여 경계이론은 보상을 통한 가치의 보장에 중점을 두고 있다. (O | X)   [08국가직7급]

정답 01 X 02 O

Ⅲ 손실보상규정의 흠결시의 문제

1) 문제점
특별한 희생이 발생하여 손실보상을 하여야 하는 경우에 손실보상에 관한 근거 규정이 없을 때의 해결 방법 모색이 필요하다.

2) 학설
① 위헌무효설
  ㉠ 내용
    특별한 희생이 발생한 경우에 보상규정이 없는 것은 위헌이라는 견해이다. 위헌무효설은 헌법 제23조 제3항을 불가분 조항으로 이해한다.
  ㉡ 권리구제
    ⓐ 국가배상청구
      국가배상법에서 공무원의 과실은 주관적 과실이므로 법률에 근거하여 공용침해 행위를 한 것에 대하여 과실이 있다고 볼 수 없어 국가배상청구는 인정되지 않는다.
    ⓑ 취소소송
      위법한 공용침해 행위에 대한 취소소송이 가능하다.
② 직접효력설
  헌법 제23조 제3항을 국민에 대하여 직접 효력이 있는 규정으로 이해한다. 직접효력설은 헌법 제23조 제3항을 불가분 조항으로 보지 않는다.
③ 유추적용설(독일의 수용유사침해이론의 입장)
  헌법 규정(헌법 제11조, 헌법 제23조 제1항)을 유추적용하여 수용에 준하여 보상을 하도록 하는 견해이다.
④ 보상입법부작위위헌설
  보상입법부작위로서 입법부작위 헌법소원을 제기하여야 한다고 본다. 헌법재판소는 이에 대해 부정적인 입장이다.

> **관련 판례** 부진정입법부작위에 해당하여 입법부작위에 대한 헌법소원을 부정한 판시
>
> 구 도시계획법 제21조에 의하여 개발제한구역이 지정됨으로 인하여 재산권이 제한된 자에 대하여 정당한 보상을 지급하는 법률을 제정하지 아니한 것이 위헌이라는 헌법소원 심판청구는 이른바 부진정입법부작위에 해당하는 것이므로, 헌법소원의 대상으로 할 수 없는 입법부작위를 그 대상으로 한 것으로서 부적법하다(헌재 1999.1.28. 97헌마9).

3) 판례

① 대법원은 공용침해로 인한 특별한 손해에 대한 보상청구권이 없는 경우에 관련보상법령의 규정을 유추적용하여 보상하려는 경향이 있다.
② 헌법재판소는 보상규정이 없는 경우 분리이론에 입각하여 사회제약의 문제로 보는 경향이 있다.

> **관련 판례**
>
> 1. **관련보상규정의 유추를 통하여 해결하는 대법원의 입장**
>   적법한 어업허가를 받고 허가어업에 종사하던 중 공유수면매립사업의 시행으로 피해를 입게되는 어민들이 있는 경우 그 공유수면매립사업의 시행자로서는 위 구 공공용지의취득및손실보상에관한특례법시행규칙 제25조의2의 규정을 유추적용하여 위와 같은 어민들에게 손실보상을 하여 줄 의무가 있다(대판 1999.11.23. 98다11529).
> 2. 지장물인 건물의 일부가 수용된 경우 잔여건물부분의 교환가치하락으로 인한 감가보상을 잔여지의 감가보상을 규정한 공공용지의취득및손실보상에관한특례법시행규칙 제26조 제2항을 유추적용하여 인정할 수 있다(대판 2001.9.25. 2000두2426).
> 3. **개발제한구역 설정은 사회적제약으로 보고 비례원칙에 따른 보상이 필요하다고 보는 헌법재판소의 입장 – 헌법불합치 결정**
>   [1] 도시계획법 제21조에 의한 재산권의 제한은 개발제한구역으로 지정된 토지를 원칙적으로 지정 당시의 지목과 토지현황에 의한 이용방법에 따라 사용할 수 있는 한, 재산권에 내재하는 사회적 제약을 비례의 원칙에 합치하게 합헌적으로 구체화한 것이라고 할 것이나, 종래의 지목과 토지현황에 의한 이용방법에 따른 토지의 사용도 할 수 없거나 실질적으로 사용·수익을 전혀 할 수 없는 예외적인 경우에도 아무런 보상없이 이를 감수하도록 하고 있는 한, 비례의 원칙에 위반되어 당해 토지소유자의 재산권을 과도하게 침해하는 것으로서 헌법에 위반된다.
>   [2] 입법자는 되도록 빠른 시일내에 보상입법을 하여 위헌적 상태를 제거할 의무가 있고, 행정청은 보상입법이 마련되기 전에는 새로 개발제한구역을 지정하여서는 아니되며, 토지소유자는 보상입법을 기다려 그에 따른 권리행사를 할 수 있을 뿐 개발제한구역의 지정이나 그에 따른 토지재산권의 제한 그 자체의 효력을 다투거나 위 조항에 위반하여 행한 자신들의 행위의 정당성을 주장할 수는 없다(헌재 1998.12.24. 89헌마214).

---

01 헌법 제23조 제3항을 입법자에 대한 구속규정으로 보는 위헌무효설에 따르면, 보상규정이 없는 공용침해 법률은 위헌법률이 되며 이러한 위헌법률에 근거한 공용침해는 위법한 공용침해에 해당하기 때문에 그러한 공용침해에 대해서는 다른 법률의 유추해석을 통하여 보상이 주어져야 한다고 본다. (O | X) [08국가직7급]

02 헌법 제23조 제3항을 국민에 대한 직접적인 효력이 있는 규정으로 보는 견해는 동 조항의 재산권의 수용·사용·제한규정과 보상규정을 불가분조항으로 본다. (O | X) [17국가직9급]

03 대법원의 판례이론에 의할 경우 법률에 손실보상에 관한 규정이 없는 때에도 관련 법률의 유추해석 등을 통하여 甲에게 손실보상이 주어질 수 있다. (O | X) [13서울시7급]

정답 01 X 02 X 03 O

Ⅳ 손실보상청구권의 성격

1. 학설

손실보상청구권의 법적 성질에 대해서는 공권설과 사권설의 대립이 있다.

공권설 (통설)	손실보상의 원인행위가 공법적인 것이므로 손실보상의무는 공법관계에서 발생한 것이고 손실보상청구권은 공권이라는 견해이다. 손실보상청구소송은 공법상 당사자소송의 대상으로 본다.
사권설	손실보상은 사법상 채권·채무 관계로서 사권이라는 견해이다. 손실보상청구소송은 민사소송의 대상으로 본다.

2. 판례

종래의 판례는 원인행위가 비록 공법적이라고 하여도 손실의 내용이 사권이므로 손실보상청구권은 사권이라는 입장이었다. 최근의 전원합의체 판결에서, 하천법상 하천구역 편입토지에 대한 손실보상청구를 공법상 권리로 보아 행정소송법상 당사자소송의 대상이 된다고 판시한 이후로 공권설에 입각한 판례가 나오고 있다. 하지만 종래의 판례를 명시적으로 폐기한 것은 아니므로 사권설에 입각한 판례와 공권설에 입각한 판례를 나누어 정리하여야 한다.

> **관련 판례**
>
> 1. 사권설에 입각한 판례 - 수산업법상 손실보상청구 - 민사소송
>   수산업법(1995.12.30. 법률 제5131호로 개정되기 전의 것, 이하 법이라 한다. 이하 같다) 제81조 제1항 제1호는 법 제34조 제1호 내지 제5호와 제35조 제8호(제34조 제1항 제1호 내지 제5호에 해당하는 경우에 한한다)의 규정에 해당되는 사유로 인하여 허가어업을 제한하는 등의 처분을 받았거나 어업면허 유효기간의 연장이 허가되지 아니함으로써 <u>손실을 입은 자는 행정관청에 대하여 보상을 청구할 수 있다고 규정하고 있는바</u>, 이러한 어업면허에 대한 처분 등이 행정처분에 해당된다 하여도 이로 인한 손실은 사법상의 권리인 어업권에 대한 손실을 본질적 내용으로 하고 있는 것으로서 그 <u>보상청구권은 공법상의 권리가 아니라 사법상의 권리이고</u>, 따라서 법 제81조 제1항 제1호 소정의 요건에 해당한다고 하여 보상을 청구하려는 자는 행정관청이 그 보상청구를 거부하거나 보상금액을 결정한 경우라도 이에 대한 행정소송을 제기할 것이 아니라 면허어업에 대한 처분을 한 행정관청(또는 그 처분을 요청한 행정관청)이 속한 권리주체인 지방자치단체(또는 국가)를 상대로 <u>민사소송으로 직접 손실보상금지급청구를 하여야 할 것이다</u>(대판 1998.2.27. 97다46450).
>
> 2. 공권설에 입각한 판례 - 하천구역 편입토지 보상에 관한 특별조치법에 관한 손실보상청구
>   [1] 보상청구권이 시효로 소멸되어 보상을 받지 못한 토지들에 대하여, 국가가 반성적 고려와 국민의 권리구제 차원에서 그 손실을 보상하기 위하여 규정한 것으로서, 그 법적 성질은 하천법 본칙(본칙)이 원래부터 규정하고 있던 하천구역에의 편입에 의한 손실보상청구권과 하등 다를 바가 없는 것이어서 공법상의 권리임이 분명하므로 그에 관한 쟁송도 행정소송절차에 의하여야 한다.

> [2] 위 규정들에 의한 손실보상금의 지급을 구하거나 손실보상청구권의 확인을 구하는 소송은 행정소송법 제3조 제2호 소정의 당사자소송에 의하여야 한다(대판 2006.5.18. 2004다6207).
>
> 3. 공권설에 입각한 판례 – 구 토지수용법에 따른 농업손실보상청구
>
> 구 공익사업을 위한 토지 등의 취득 및 보상에 관한 법률 제77조 제2항에서 정한 농업손실보상청구권에 관한 쟁송은 행정소송절차에 의하여야 한다(대법 2011.10.13. 2009다43461).

01 손실보상청구권의 성질에 관하여 대법원은 전통적으로 사권설의 입장에서 민사소송으로 다루어 왔으나, 최근에는 당사자소송으로 보는 판례도 나타나고 있다. (O | X) [11국가직9급]

02 판례에 따르면, 손실보상청구권이 공법상 권리인 경우 손실보상금의 지급을 구하거나 손실보상청구권의 확인을 구하는 손실보상관계소송은 당사자소송이다. (O | X) [14국회직8급]

03 농업손실에 대한 보상청구권은 행정소송법상 당사자소송에 의해야 한다. (O | X) [17사회복지직9급]

제2절 손실보상청구권의 요건

I 공공필요에 의한 재산권침해

1. 공공필요

1) 의의

공공필요는 일정한 공익사업을 시행하는 등에 있어 재산권의 제한이 불가피한 경우를 의미하며, 공용침해의 정당화 사유가 된다. 또한 공공필요성이 있는 경우라면, 사인(私人)을 위한 수용도 가능하다.

> **관련 판례**
>
> 재산권 수용의 주체를 한정하지 않고 있다. 위 헌법조항의 핵심은 당해 수용이 공공필요에 부합하는가, 정당한 보상이 지급되고 있는가 여부 등에 있는 것이지, 그 수용의 주체가 국가인지 민간기업인지 여부에 달려 있다고 볼 수 없다. 또한 국가 등의 공적 기관이 직접 수용의 주체가 되는 것이든 그러한 공적 기관의 최종적인 허부판단과 승인결정하에 민간기업이 수용의 주체가 되는 것이든, 양자 사이에 공공필요에 대한 판단과 수용의 범위에 있어서 본질적인 차이를 가져올 것으로 보이지 않는다. 따라서 위 수용 등의 주체를 국가 등의 공적 기관에 한정하여 해석할 이유가 없다(헌재 2009.9.24. 2007헌바114).

정답 01 O 02 O 03 O

2) 헌법 제37조 제2항의 '공공복리'와의 관계

공공필요의 공익성은 추상적인 공익 일반 또는 국가의 이익 이상의 중대한 공익을 요구한다. 따라서 기본권 일반의 제한사유인 '공공복리'보다 좁은 개념으로 보는 것이 판례의 입장이다(헌재 2014.10.30. 2011헌바172).

01 헌법재판소는 헌법 제23조 제3항의 '공공필요'는 '국민의 재산권을 그 의사에 반하여 강제적으로라도 취득해야 할 공익적 필요성'을 의미하고, 이 요건 중 공익성은 기본권 일반의 제한 사유인 '공공복리'보다 좁은 것으로 보고 있다. (O | X) [17국가직9급]

3) 공공필요의 판단

- 공공필요의 판단은 비례의 원칙에 의하여 행해진다. 공용침해로 인하여 달성할 수 있는 공익과 침해되는 사익을 비교형량하여 침해되는 사익보다 공익이 더 커야 한다. 공공필요에 대한 입증책임은 사업시행자에게 있다.
- 재정적 목적이나 국고 목적은 공공필요에 해당하지 아니한다.

> **관련 판례**
>
> 헌법 제23조 제3항에서 규정하고 있는 '공공필요'는 "국민의 재산권을 그 의사에 반하여 강제적으로라도 취득해야 할 공익적 필요성"으로서, '공공필요'의 개념은 '공익성'과 '필요성'이라는 요소로 구성되어 있는바, <u>'공익성'의 정도를 판단함에 있어서는 공용수용을 허용하고 있는 개별법의 입법목적, 사업내용, 사업이 입법목적에 이바지 하는 정도는 물론, 특히 그 사업이 대중을 상대로 하는 영업인 경우에는 그 사업 시설에 대한 대중의 이용·접근가능성도 아울러 고려하여야 한다. 그리고 '필요성'이 인정되기 위해서는 공용수용을 통하여 달성하려는 공익과 그로 인하여 재산권을 침해당하는 사인의 이익 사이의 형량에서 사인의 재산권침해를 정당화할 정도의 공익의 우월성이 인정되어야 하며, 사업시행자가 사인인 경우에는 그 사업 시행으로 획득할 수 있는 공익이 현저히 해태되지 않도록 보장하는 제도적 규율도 갖추어져 있어야 한다</u>(헌재 2014.10.30. 2011헌바172).

02 국가 등의 공적 기관이 직접 수용의 주체가 되는 것이든 그러한 공적 기관의 최종적인 허부판단과 승인 결정 하에 민간기업이 수용의 주체가 되는 것이든, 양자 사이에 공공필요에 대한 판단과 수용의 범위에 있어서 본질적인 차이가 있는 것은 아니다. (O | X) [20국가직7급]

03 사업시행자가 사인인 경우에는 공익의 우월성이 인정되는 것 외에 그 사업시행으로 획득할 수 있는 공익이 현저히 해태되지 아니하도록 보장하는 제도적 규율도 갖추어져 있어야 한다. (O | X) [17국회식8급]

정답 01 O 02 O 03 O

2. 재산의 수용·사용·제한

1) 재산권

① 의의

재산권은 법에 의하여 보호되는 일체의 재산적 가치(어업허가를 받은 자의 지위, 광업권, 특허권 등)를 의미한다. 따라서 물권과 채권을 가리지 않고 사법상의 권리 외에도 공법상의 권리도 포함된다. 재산권의 수용·사용·제한 등을 공용침해라고 한다.

② 위법 건출물의 경우

위법의 정도가 커서 거래의 객체가 되지 않는 경우를 제외하고는 원칙적으로 손실보상의 대상이 된다.

> **관련 판례**
>
> 위법건축물은 원칙적으로 손실보상의 대상이 되나 여러 사항을 종합적으로 고려하여 사회통념상 용인될 수 없는 위법건축물의 경우에는 예외적으로 수용보상의 대상이 되지 않는다.
> 토지수용법상의 사업인정 고시 이전에 건축되고 공공사업용지 내의 토지에 정착한 지장물인 건물은 통상 적법한 건축허가를 받았는지 여부에 관계없이 손실보상의 대상이 되나, 주거용 건물이 아닌 위법건축물의 경우에는 관계 법령의 입법 취지와 그 법령에 위반된 행위에 대한 비난가능성과 위법성의 정도, 합법화될 가능성, 사회통념상 거래 객체가 되는지 여부 등을 종합하여 구체적·개별적으로 판단한 결과 그 위법의 정도가 관계 법령의 규정이나 사회통념상 용인할 수 없을 정도로 크고 객관적으로도 합법화될 가능성이 거의 없어 거래의 객체도 되지 아니하는 경우에는 예외적으로 수용보상 대상이 되지 아니한다고 본 사례(대판 2001.4.13. 2000두6411).

01 손실보상청구권을 공권으로 보게 되면 손실보상청구권을 발생시키는 침해의 대상이 되는 재산권에는 공법상의 권리만이 포함될 뿐 사법상의 권리는 포함되지 않는다. (O | X) [17국가직9급]

③ 구체적 재산적 가치일 것

문화적·학술적 가치는 특별한 사정이 없는 한 손실보상의 대상이 될 수 없다.

Ⅱ 적법한 의도적 침해

법률에 근거한 적법한 의도적 침해행위가 있어야 한다. 법률은 형식적 의미의 법률을 의미한다.

> **관련 판례**
>
> 구 소하천정비법에 의하여 소하천구역으로 적법하게 편입된 경우 그로 인하여 그 토지의 소유자가 사용·수익에 관한 권리행사에 제한을 받아 손해를 입고 있다고 하더라도 구 소하천정비법 제24조에서 정한 절차에 따라 손실보상을 청구할 수 있음은 별론으로 하고, 관리청의 제방 부지에 대한 점유를 권원 없는 점유와 같이 보아 손해배상이나 부당이득의 반환을 청구할 수 없다(대판 2021.12.30. 2018다284608).

정답 01 ×

Ⅲ 특별한 희생

1. 의의
사회공동체의 이익을 위해 당연히 수인해야 하는 사회적 제약의 한계를 넘는 희생을 의미한다.

2. 판단기준에 대한 학설 대립

1) 형식적 기준설
침해행위를 기준으로 일반적인 경우 사회적제약으로, 개별적인 경우 특별희생이라고 한다.

2) 실질적 기준설
침해의 본질성과 강도를 고려하는 견해를 실질적 기준설이라고 한다.

① 보호가치설

재산권을 보호가치가 있는 것과 없는 것으로 구분하고 전자에 대한 침해를 특별희생이라고 한다.

② 수인한도설

보상없이 수인가능한 것이라면 사회적 제약, 보상 없이 수인할 수 없는 경우에는 특별한 희생이라고 한다.

③ 사적효용설

사적인 이용이 유지되는 경우에는 사회적 제약, 사적 이용을 본질적으로 침해하는 경우에는 특별한 희생이라고 한다.

④ 목적위배설

재산권의 침해가 종래 인정되어 온 재산권의 이용목적 내지 기능에 위배되는 경우 특별희생, 그렇지 않은 경우 사회적 제약으로 본다.

⑤ 상황구속설

재산권이 처한 특수한 상황(토지재산권의 공공성)에 비추어 재산권 주체가 이미 예상할 수 있는 제한은 사회적 제약으로 그렇지 않은 경우 특별한 희생으로 본다.

3) 통설
형식적 기준과 실질적 기준설을 종합적으로 고려하여 특별한 희생과 사회적 제약을 구별한다.

3. 구체적 검토

> **관련 판례**
>
> 1. 해상사격으로 인하여 어업면허를 받은 자의 어로 활동이 제한되는 경우 손실보상의 대상이 아니다.
>   구 수산업법 제34조 제1항이 어업제한사유로 제5호에서 '공익사업을 위한 토지 등의 취득 및 보상에 관한 법률 제4조의 공익사업상 필요한 때'를 정하여 '국방 및 군사에 관한 사업'에 관한 포괄적인 규정을 마련하였음에도, 이와 별도로 제3호에서 '국방상 필요하다고 인정하여 국방부장관으로부터 요청이 있을 때'를 정하여 손실보상 여부에 관하여 달리 취급하는 취지에 비추어 보면(편저자 주: 손실보상 없이 제한하도록 한 것이 재산권자 수인하여야 하는 사회적제약을 벗어난 경우로 볼 수 없다는 취지), 구 수산업법 제34조 제1항에 따른 어업제한사유가 제3호의 요건을 충족하는 이상 제5호에서 정한 공익사업의 하나인 '국방·군사에 관한 사업'의 요건을 동시에 충족할 수 있더라도, 특별한 사정이 없는 한 제3호가 우선 적용되어 손실보상청구권이 발생하지 아니한다(대판 2016.5.12. 2013다62261).
>
> 2. 공공용물에 대한 일반사용이 적법한 개발행위로 제한됨으로 인한 불이익이 손실보상의 대상이 되는 특별한 손실이 아니다.
>   일반 공중의 이용에 제공되는 공공용물에 대하여 특허 또는 허가를 받지 않고 하는 일반사용은 다른 개인의 자유이용과 국가 또는 지방자치단체 등의 공공목적을 위한 개발 또는 관리·보존행위를 방해하지 않는 범위 내에서만 허용된다 할 것이므로, 공공용물에 관하여 적법한 개발행위 등이 이루어짐으로 말미암아 이에 대한 일정범위의 사람들의 일반사용이 종전에 비하여 제한받게 되었다 하더라도 특별한 사정이 없는 한 그로 인한 불이익은 손실보상의 대상이 되는 특별한 손실에 해당한다고 할 수 없다(대판 2002.2.26. 99다35300).
>
> 3. 국립공원구역지정은 사회적 제약이라고 전제하고 비례원칙에 따른 보상의무를 인정할 수 있다는 취지의 판시
>   국립공원구역지정 후 토지를 종래의 목적으로 사용할 수 있는 원칙적인 경우의 토지소유자에게 부과하는 현상태의 유지의무나 변경금지의무는, 토지재산권의 제한을 통하여 실현하고자 하는 공익의 비중과 토지재산권의 침해의 정도를 비교해 볼 때, 토지소유자가 자신의 토지를 원칙적으로 종래 용도대로 사용할 수 있는 한 재산권의 내용과 한계를 비례의 원칙에 부합하게 합헌적으로 규율한 규정이라고 보아야 한다. 그러나 입법자가, 국립공원구역지정 후 토지를 종래의 목적으로도 사용할 수 없거나 토지를 사적으로 사용할 수 있는 방법이 없어 공원구역내 일부 토지소유자에 대하여 가혹한 부담을 부과하면서 아무런 보상규정을 두지 않은 경우에는 비례의 원칙에 위반되어 당해 토지소유자의 재산권을 과도하게 침해하는 것이라고 할 수 있다(헌재 2003.4.24. 99헌바110 등).
>
> 4. 개발제한구역의 지정을 사회적 제약의 한계를 넘는 경우 비례원칙 위반으로 보아 헌법불합치 결정을 한 사례
>   [1] 토지재산권의 강한 사회성 내지는 공공성으로 말미암아 이에 대하여는 다른 재산권에 비하여 보다 강한 제한과 의무가 부과될 수 있다.
>   [2] 다른 기본권을 제한하는 입법과 마찬가지로 비례성원칙을 준수하여야 하고, 재산권의 본질적 내용인 사용·수익권과 처분권을 부인하여서는 아니된다.
>   [3] 개발제한구역 지정으로 인하여 토지를 종래의 목적으로도 사용할 수 없거나 또는 더 이상 법적으로 허용된 토지이용의 방법이 없기 때문에 실질적으로 토지의 사용·수익의 길이 없는 경우에는 토지소유자가 수인해야 하는 사회적 제약의 한계를 넘는 것으로 보아야 한다.

[4] 개발제한구역의 지정으로 인한 개발가능성의 소멸과 그에 따른 지가의 하락이나 지가상승률의 상대적 감소는 토지소유자가 감수해야 하는 사회적 제약의 범주에 속하는 것으로 보아야 한다.

[5] 지정 당시의 지목과 토지현황에 의한 이용방법에 따라 사용할 수 있는 한, 재산권에 내재하는 사회적 제약을 비례의 원칙에 합치하게 합헌적으로 구체화한 것이라고 할 것이나, 종래의 지목과 토지현황에 의한 이용방법에 따른 토지의 사용도 할 수 없거나 실질적으로 사용·수익을 전혀 할 수 없는 예외적인 경우에도 아무런 보상없이 이를 감수하도록 하고 있는 한, 비례의 원칙에 위반되어 당해 토지소유자의 재산권을 과도하게 침해하는 것으로서 헌법에 위반된다.

[6] 개발제한구역제도 그 자체는 원칙적으로 합헌적인 규정인데, 다만 개발제한구역의 지정으로 말미암아 일부 토지소유자에게 사회적 제약의 범위를 넘는 가혹한 부담이 발생하는 예외적인 경우에 대하여 보상규정을 두지 않은 것에 위헌성이 있는 것이고, 보상의 구체적 기준과 방법은 헌법재판소가 결정할 성질의 것이 아니라 광범위한 입법형성권을 가진 입법자가 입법정책적으로 정할 사항이므로, 입법자가 보상입법을 마련함으로써 위헌적인 상태를 제거할 때까지 위 조항을 형식적으로 존속케 하기 위하여 헌법불합치결정을 하는 것인바, 입법자는 되도록 빠른 시일내에 보상입법을 하여 위헌적 상태를 제거할 의무가 있고, 행정청은 보상입법이 마련되기 전에는 새로 개발제한구역을 지정하여서는 아니되며, 토지소유자는 보상입법을 기다려 그에 따른 권리행사를 할 수 있을 뿐 개발제한구역의 지정이나 그에 따른 토지재산권의 제한 그 자체의 효력을 다투거나 위 조항에 위반하여 행한 자신들의 행위의 정당성을 주장할 수는 없다.

[7] 재산권의 침해와 공익간의 비례성을 다시 회복하기 위한 방법은 헌법상 반드시 금전보상만을 해야 하는 것은 아니다. 입법자는 지정의 해제 또는 토지매수청구권 제도와 같이 금전보상에 갈음하거나 기타 손실을 완화할 수 있는 제도를 보완하는 등 여러 가지 다른 방법을 사용할 수 있다(헌재 1998.12.24. 89헌마214 등).

5. 중대한 공익상의 필요가 있는 공익사업이 시행되어 토석채취허가를 연장받지 못하게 되었다고 하더라도 토석채취허가가 연장되지 않게 됨으로 인한 손실과 공익사업 사이에 상당인과관계가 있다고 할 수 없을 뿐 아니라, 특별한 사정이 없는 한 그러한 손실이 적법한 공권력의 행사로 가하여진 재산상의 특별한 희생으로서 손실보상의 대상이 된다고 볼 수도 없다(대판 2009.6.23. 2009두2672).

6. 수산업법의 규정에 해당되는 사유로 인하여 허가어업을 제한하는 등의 처분을 받았거나 어업면허 유효기간의 연장이 허가되지 아니함으로써 손실을 입은 자는 행정관청에 대하여 보상을 청구할 수 있다고 규정하고 있는바 이러한 어업면허에 대한 처분 등이 행정처분에 해당된다 하여도 이로 인한 손실은 사법상의 권리인 어업권에 대한 손실을 본질적 내용으로 하고 있는 것으로서 그 보상청구권은 공법상의 권리가 아니라 사법상의 권리이고, 따라서 법 제81조제1항 제1호 소정의 요건에 해당한다고 하여 보상을 청구하려는 자는 행정관청이 그 보상청구를 거부하거나 보상금액을 결정한 경우라도 이에 대한 행정소송을 제기할 것이 아니라 면허어업에 대한 처분을 한 행정관청(또는 그 처분을 요청한 행정관청)이 속한 권리주체인 지방자치단체(또는 국가)를 상대로 민사소송으로 직접 손실보상금지급청구를 하여야 할 것이다(대판 1998.2.27. 97다46450).

---

01 공공용물에 관하여 적법한 개발행위 등이 이루어져 일정 범위의 사람들의 일반사용이 종전에 비하여 제한받게 되었다 하더라도 특별한 사정이 없는 한 이는 특별한 손실에 해당한다고 할 수 없다. (O | X)   [18서울시9급]

02 헌법재판소는 구 도시계획법상 개발제한구역의 지정으로 일부 토지소유자에게 사회적 제약의 범위를 넘는 가혹한 부담이 발생하는 경우에 보상규정을 두지 않은 것은 위헌성이 있는 것이고, 보상의 구체적 기준과 방법은 입법자가 입법정책적으로 정할 사항이라고 결정하였다. (O | X)   [14지방직9급]

정답 01 O 02 O

PART 5 행정구제법

01 헌법재판소는 구 도시계획법 제21조의 개발제한구역제도에 대하여 그 자체는 합헌이지만 보상규정을 결한 것에 위헌성이 있어 입법권자는 이를 시정할 의무가 있다고 보았다. (O | X) [14국회직8급]

02 개발제한구역 지정으로 인한 지가의 하락은 원칙적으로 토지소유자가 감수해야 하는 사회적 제약의 범주에 속하나, 지가의 하락이 20% 이상으로 과도한 경우에는 특별한 희생에 해당한다. (O | X) [18서울시9급]

제3절 손실보상의 기준과 내용

I 정당보상의 원칙

1. 학설

1) 완전보상설

공용침해로 인하여 발생한 객관적 손실을 전부 보상하여야 한다는 견해이다. 그리고 정신적 손해와 개발이익은 완전보상의 범위에 포함되지 않는다고 보는 것이 일반적이다.

2) 상당보상설

사회통념에 비추어 객관적으로 타당하다고 여기지는 보상을 의미한다는 견해이다.

2. 판례

대법원과 헌법재판소는 헌법 제23조 제3항에서 규정하고 있는 정당한 보상은 원칙적으로 피수용재산의 객관적인 가치를 완전하게 보상하는 완전보상을 의미한다고 본다.

> **관련 판례**
>
> 1. 구 토지수용법 제46조 제2항 및 지가공시및토지등의평가에관한법률 제10조 제1항 제1호가 토지수용으로 인한 손실보상액의 산정을 공시지가를 기준으로 하되 개발이익을 배제하는 것은 헌법상의 정당보상의 원칙에 위배되는 것이 아니다
>   헌법 제23조 제3항이 규정하는 정당한 보상이란 원칙적으로 피수용재산의 객관적인 재산가치를 완전하게 보상하는 것이어야 한다는 완전보상을 의미한다(헌재 1995.4.20. 93헌바20 등).
> 2. 이 사건 토지보상조항이 '부동산 가격공시 및 감정평가에 관한 법률'에 의한 공시지가를 기준으로 토지수용으로 인한 손실보상액을 산정하되, 개발이익을 배제하고 공시기준일부터 재결 시까지의 시점보정을 인근 토지의 가격변동률과 생산자물가상승률에 의하도록 한 것은 공시기준일의 표준지의 객관적 가치를 정당하게 반영하는 것이고 표준지의 선정과 시점보정의 방법이 적정하므로, 이 사건 토지보상조항은 헌법 제23조 제3항이 규정한 정당보상의 원칙에 위배되지 않는다(헌재 2013.12.26. 2011헌바162).

정답 01 O 02 X

CHAPTER 2 행정상 손실보상

01 손실보상에서 개발이익을 배제하기 위한 방법으로 표준공시지가를 기준으로 보상하는 것은 헌법위반이 아니다. (O | X) [12군무원9급]

02 헌법 제23조 제3항에서 규정한 '정당한 보상'이란 원칙적으로 피수용재산의 객관적인 재산가치를 완전하게 보상하여야 한다는 완전보상을 뜻하는 것이지만, 공익사업의 시행으로 인한 개발이익은 완전보상의 범위에 포함되는 피수용토지의 객관적 가치 내지 피수용자의 손실이라고는 볼 수 없다. (O | X) [17경찰]

Ⅱ 「공익사업을 위한 토지 등의 취득 및 보상에 관한 법률」(약칭: 토지보상법)의 내용

1. 보상대상자

토지소유자 및 관계인(지상권·임차권·전세권·임대차 등 토지에 관한 소유권 외의 권리를 가진 자나 토지에 있는 물건에 관하여 소유권 그 밖에 권리를 가진자)

관련 판례

공익사업을 위한 토지 등의 취득 및 보상에 관한 법률상 보상 대상이 되는 '기타 토지에 정착한 물건에 대한 소유권 그 밖의 권리를 가진 관계인'에는 수거·철거권 등 실질적 처분권을 가진 자도 포함된다(대판 2019.4.11. 2018다277419).

2. 보상주체

사업시행자

3. 보상의 구체적 내용

1) 객관적 가치보상

① 취득재산의 객관적 가치보상

공익사업을 위하여 취득하는 재산의 협의 또는 수용재결 당시의 시장가격에 의하여 보상하는 완전보상을 의미한다. 객관적 가치보상은 침해되는 재산 그 자체 보상과 부대손실(영업손실보상, 지상물 이전비 보상 등) 보상을 포함한다.

② 기준

부동산가격공시에 관한 법률에 의한 표준지공시지가를 기준으로 토지의 상황을 고려하여 수정하고 기준이 되는 공시기준일과 가격시점 사이의 지가변동률 및 물가상승률을 고려한다.

정답 01 O 02 O

③ 공시지가 기준일(공시기준일)
　㉠ 사업인정 전
　　협의취득의 기준이 되는 공시지가는 협의성립 시와 가장 가까운 시점에 공시된 공시지가를 의미한다.
　㉡ 사업 인정 후
　　사업인정고시일 전의 시점을 공시기준으로 하는 공시지가로서 개발이익 보상에 포함되는 것을 배제하기 위하여 당해 토지에 관한 협의 성립 또는 재결 당시에 공시된 공시지가 중 사업인정고시일에 가장 가까운 시점에 공시된 공시지가를 기준으로 한다.

④ 개발이익 배제
　㉠ 가격시점
　　보상액 산정의 기준시점에 대하여 협의에 의한 경우에는 협의 성립 당시의 가격을 재결에 의한 경우에는 수용 또는 사용의 재결 당시의 가격을 기준으로 한다.

---

01 「공익사업을 위한 토지 등의 취득 및 보상에 관한 법률」상 보상액의 산정은 협의에 의한 경우에는 협의의 성립 당시의 가격을, 재결에 의한 경우에는 수용 또는 사용의 재결 당시의 가격을 기준으로 한다. (O | X)　　　　[18경찰]

　㉡ 개발이익 배제 등
　　• 보상액을 산정하는 경우에 해당 공익사업으로 인하여 토지 등의 가격이 변동되었을 때는 이를 고려하지 아니한다. 따라서 당해 사업으로 인한 개발이익은 피수용자의 객관적 재산가치에 포함되지 아니하므로 개발이익을 배제하는것은 정당하다(대판 92누11084).
　　• 그러나 손실보상액산정에 있어 '당해 공공사업'과는 상관없는 '다른 사업(수용대상 토지의 인근 도로가 당해 공공사업과 별개의 사업으로 개설된 경우)'의 시행으로 인한 개발이익을 배제하여서는 안 된다는 것이 판례의 입장이다(대판 98두8896).

> **관련 판례**
>
> 1. 문화재보호구역의 확대 지정이 당해 공공사업인 택지개발사업의 시행을 직접 목적으로 하여 가하여진 것이 아님이 명백하므로 토지의 수용보상액은 그러한 공법상 제한을 받는 상태대로 평가하여야 한다. 공법상의 제한을 받는 토지의 수용보상액을 산정함에 있어서는 그 공법상의 제한이 당해 공공사업의 시행을 직접 목적으로 하여 가하여진 경우에는 그 제한을 받지 아니하는 상태대로 평가하여야 할 것이지만, 공법상 제한이 당해 공공사업의 시행을 직접 목적으로 하여 가하여진 경우가 아니라면 그러한 제한을 받는 상태 그대로 평가하여야 하고, 그와 같은 제한이 당해 공공사업의 시행 이후에 가하여진 경우라고 하여 달리 볼 것은 아니다(대판 2005.2.18. 2003두14222).

정답 01 O

2. 공원조성사업의 시행을 직접 목적으로 일반주거지역에서 자연녹지지역으로 변경된 토지에 대한 수용보상액을 산정하는 경우, 그 대상 토지의 용도지역을 일반주거지역으로 하여 평가하여야 한다(대판 2007.7.12. 2006두11507).

01 보상액을 산정할 경우에 해당 공익사업으로 인하여 토지 등의 가격이 변동되었을 때에는 이를 고려하여야 한다. (O | X) [17서울시9급]

02 토지수용으로 인한 보상액을 산정함에 있어서 당해 공공사업과 관계없는 다른 사업의 시행으로 인한 개발이익은 이를 배제하지 아니한 가격으로 평가하여야 한다. (O | X) [19소방직]

03 문화재보호구역의 확대 지정이 당해 공공사업인 택지개발사업의 시행을 직접 목적으로 하여 가하여진 것이 아님이 명백하므로 토지의 수용보상액은 그러한 공법상 제한을 받는 상태대로 평가하여야 한다. (O | X) [20경찰]

4. 사업시행자가 손실보상 의무를 이행하지 않고 타인의 토지를 점유·사용하는 경우
(부당이득 혹은 불법행위의 문제)

관련 판례

1. 농지개량사업 시행지역 내의 토지 등 소유자가 토지사용에 관한 승낙을 하였더라도 그에 대한 정당한 보상을 받은 바가 없다면 농지개량사업 시행자는 토지 소유자 및 승계인에 대하여 보상할 의무가 있고, 그러한 보상 없이 타인의 토지를 점유·사용하는 것은 법률상 원인 없이 이득을 얻은 때에 해당한다(대판 2016.6.23. 2016다206369).

2. 토지수용법상 기업자는 토지수용으로 인하여 토지소유자 또는 관계인이 입게 되는 손실을 수용의 시기까지 보상할 의무가 있고 그 보상금의 지급 또는 공탁을 조건으로 수용의 시기에 그 수용목적물에 대한 권리를 취득하게 되는 것이므로 이러한 보상을 함이 없이 수용목적물에 대한 공사를 시행하여 토지소유자 또는 관계인에게 손해를 입혔다면 이는 불법행위를 구성하는 것으로서 이와 같은 불법행위를 주장하여 손해금의 지급을 구하는 소는 손실보상이라는 용어를 사용하였다고 하여도 민사상의 손해배상청구로 보아야 한다(대판 1988.11.3. 88마850).

3. 정당한 어업허가를 받고 공유수면매립사업지구 내에서 허가어업에 종사하고 있던 어민들에 대하여 손실보상을 할 의무가 있는 사업시행자가 손실보상의무를 이행하지 아니한 채 공유수면매립공사를 시행함으로써 실질적이고 현실적인 침해를 가한 때에는 불법행위를 구성하는 것이고, 이 경우 허가어업자들이 입게 되는 손해는 그 손실보상금 상당액이다(대판 1999.11.23. 98다11529).

04 농지개량사업 시행지역 내의 토지 등 소유자가 토지사용에 관한 승낙을 한 경우, 그에 대한 정당한 보상을 받지 않았더라도 농지개량사업 시행자는 토지소유자 및 그 승계인에 대하여 보상할 의무가 없다. (O | X) [17지방직9급]

정답 01 × 02 O 03 O 04 ×

5. 토지 이외의 재산권

공익사업을 위한 토지 등의 취득 및 보상에 관한 법률 제75조(건축물등 물건에 대한 보상) ① 건축물·입목·공작물과 그 밖에 토지에 정착한 물건(이하 "건축물등"이라 한다)에 대하여는 이전에 필요한 비용(이하 "이전비"라 한다)으로 보상하여야 한다. 다만, 다음 각 호의 어느 하나에 해당하는 경우에는 해당 물건의 가격으로 보상하여야 한다.
1. 건축물등을 이전하기 어렵거나 그 이전으로 인하여 건축물등을 종래의 목적대로 사용할 수 없게 된 경우
2. 건축물등의 이전비가 그 물건의 가격을 넘는 경우
3. 사업시행자가 공익사업에 직접 사용할 목적으로 취득하는 경우

② 농작물에 대한 손실은 그 종류와 성장의 정도 등을 종합적으로 고려하여 보상하여야 한다.
③ 토지에 속한 흙·돌·모래 또는 자갈(흙·돌·모래 또는 자갈이 해당 토지와 별도로 취득 또는 사용의 대상이 되는 경우만 해당한다)에 대하여는 거래가격 등을 고려하여 평가한 적정가격으로 보상하여야 한다.
④ 분묘에 대하여는 이장(移葬)에 드는 비용 등을 산정하여 보상하여야 한다.
⑤ 사업시행자는 사업예정지에 있는 건축물등이 제1항제1호 또는 제2호에 해당하는 경우에는 관할 토지수용위원회에 그 물건의 수용 재결을 신청할 수 있다.

제76조(권리의 보상) ① 광업권·어업권·양식업권 및 물(용수시설을 포함한다) 등의 사용에 관한 권리에 대하여는 투자비용, 예상 수익 및 거래가격 등을 고려하여 평가한 적정가격으로 보상하여야 한다.

제77조(영업의 손실 등에 대한 보상) ① 영업을 폐업하거나 휴업함에 따른 영업손실에 대하여는 영업이익과 시설의 이전비용 등을 고려하여 보상하여야 한다.
② 농업의 손실에 대하여는 농지의 단위면적당 소득 등을 고려하여 실제 경작자에게 보상하여야 한다. 다만, 농지소유자가 해당 지역에 거주하는 농민인 경우에는 농지소유자와 실제 경작자가 협의하는 바에 따라 보상할 수 있다.
③ 휴직하거나 실직하는 근로자의 임금손실에 대하여는 「근로기준법」에 따른 평균임금 등을 고려하여 보상하여야 한다.

관련 판례

1. 사업시행자가 동일한 토지소유자에 속하는 일단의 토지 일부를 취득함으로 인하여 잔여지의 가격이 감소하거나 그 밖의 손실이 있을 때 등에는 잔여지를 종래의 목적으로 사용하는 것이 가능한 경우라도 잔여지 손실보상의 대상이 되며, 잔여지를 종래의 목적에 사용하는 것이 불가능하거나 현저히 곤란한 경우이어야만 잔여지 손실보상청구를 할 수 있는 것이 아니다. 마찬가지로 잔여 영업시설 손실보상의 요건인 "공익사업에 영업시설의 일부가 편입됨으로 인하여 잔여시설에 그 시설을 새로이 설치하거나 잔여시설을 보수하지 아니하고는 그 영업을 계속할 수 없는 경우"란 잔여 영업시설에 시설을 새로이 설치하거나 잔여 영업시설을 보수하지 아니하고는 그 영업이 전부 불가능하거나 곤란하게 되는 경우만을 의미하는 것이 아니라, 공익사업에 영업시설 일부가 편입됨으로써 잔여 영업시설의 운영에 일정한 지장이 초래되고, 이에 따라 종전처럼 정상적인 영업을 계속하기 위해서는 잔여 영업시설에 시설을 새로 설치하거나 잔여 영업시설을 보수할 필요가 있는 경우도 포함된다고 해석함이 타당하다(대판 2018.7.20. 2015두4044).
2. 영업의 폐지로 볼 것인지 아니면 영업의 휴업으로 볼 것인지를 구별하는 기준은 당해 영업을 그 영업소 소재지나 인접 시·군 또는 구 지역 안의 다른 장소로 이전하는 것이 가능한지의 여부에 달려

> 있다 할 것이고, 이러한 이전가능 여부는 법령상의 이전장애사유 유무와 당해 영업의 종류와 특성, 영업시설의 규모, 인접 지역의 현황과 특성, 그 이전을 위하여 당사자가 들인 노력 등과 인근 주민들의 이전 반대 등과 같은 사실상의 이전장애사유 유무 등을 종합하여 판단함이 상당하다(대판 2001.11.13. 2000두1003).

01 농업의 손실에 대하여는 농지의 단위면적당 소득 등을 고려하여 실제 경작자에게 보상하여야 하지만, 농지소유자가 해당 지역에 거주하는 농민인 경우에는 농지소유자와 실제 경작자가 협의하는 바에 따라 보상할 수 있다. (O | X) [11지방직7급]

02 동일한 토지소유자에 속하는 일단의 토지의 일부가 취득됨으로써 잔여지의 가격이 감소할 때에는 잔여지를 종래의 목적으로 사용하는 것이 가능한 경우라도 그 잔여지는 손실보상의 대상이 된다. (O | X) [19지방직7급]

03 영업을 폐지하거나 휴업함에 따라 휴직하거나 실직하는 근로자의 임금손실에 대하여는 근로기준법에 따른 평균임금 등을 고려하여 보상하여야 한다. (O | X) [20국회직8급]

04 영업손실에 관한 보상에 있어서 영업의 휴업과 폐지를 구별하는 기준은 당해 영업을 다른 장소로 실제로 이전하였는지의 여부에 달려 있다. (O | X) [08지방직7급]

05 공익사업에 영업시설 일부가 편입됨으로 인하여 잔여영업시설에 손실을 입은 자는 재결절차를 거치지 않은 채 곧바로 사업시행자를 상대로 잔여영업시설의 손실에 대한 보상을 청구할 수 있다. (O | X) [20국가직7급]

6. 공용제한의 경우

토지보상법은 공용제한의 경우 손실보상에 대해서는 규정하고 있지 않다.

Ⅲ 손실보상의 방법

1. 사업자 보상의 원칙

공익사업에 필요한 토지 등의 취득 또는 사용으로 토지소유자나 관계인이 입은 손실은 사업시행자가 보상하여야 한다.

2. 현금보상의 원칙

다른 법률의 규정이 없는 한 현금으로 지급하여야 한다. 다만, 채권보상이 가능한 경우(토지소유자나 관계인이 원하는 경우 등)나 의무적으로 채권보상을 하여야 하는 경우(토지투기가 우려되는 지역에서 일정 요건이 성취된 경우)가 있다. 또한 현물보상(다른 토지 제공), 매수보상(매수청구권 부여)이 가능한 경우가 있다.

06 손실보상은 현금보상이 원칙이나 현행법은 일정한 경우에 채권보상 및 현물보상을 할 수 있다. (O | X) [12군무원9급]

07 「공익사업을 위한 토지 등의 취득 및 보상에 관한 법률」상 손실보상은 원칙적으로 토지 등의 현물로 보상하여야 하고, 현금으로 지급하는 것은 다른 법률에 특별한 규정이 있는 경우에 예외적으로 허용된다. (O | X) [17국가직9급]

정답 01 O 02 O 03 O 04 X 05 X 06 O 07 X

3. 사전보상의 원칙

원칙적으로 공사에 착수하기 이전에 보상금액 전액을 지급하여야 한다. 다만, 천재지변과 시급한 경우 등 후불 지급이 가능하다. 후불 지급을 하는 경우에는 수용의 시기에 지급되지 아니한 지연손해금(이자)이 발생하는 것은 당연하다(대판 91누308).

> 01 공익사업을 시행하는 경우에는 사전보상이 원칙이나, 천재지변 시의 토지사용의 경우에는 사업시행자가 후급할 수 있고 이때의 지연이자는 부담하지 않는다. (O | X) [08지방직9급]

4. 개인별 보상의 원칙

물건별로 보상하는 것이 아닌 개인별 보상을 하여야 한다.

> 02 손실보상은 토지소유자나 관계인에게 개인별로 하여야 한다. 다만, 개인별로 보상액을 산정할 수 없을 때에는 그러하지 아니하다. (O | X) [20국회직8급]

5. 일시불 원칙

보상금은 전액을 일시불로 보상해주는 것이 원칙이다.

6. 일괄보상

토지소유자 또는 관계인의 토지 여러 개가 보상의 시기를 달리하여 수용되는 경우, 토지소유자 등이 요구하는 때에는, 일괄하여 보상하여야 한다.

> 03 동일한 사업지역에 보상시기를 달리하는 동일인 소유의 토지 등이 여러 개 있는 경우 토지소유자나 관계인이 요구할 때에는 한꺼번에 보상금을 지급하도록 하여야 한다. (O | X) [17서울시9급]

7. 사업시행의 이익과 상계금지

공익사업의 대상이 된 토지 외에 잔여지의 가격이 상승하였다고 하여 이러한 이익을 보상액에서 상계할 수 없다.

> 04 사업시행자는 동일한 소유자에게 속하는 일단의 토지의 일부를 취득하거나 사용하는 경우, 해당 공익사업의 시행으로 인하여 잔여지의 가격이 증가하거나 그 밖의 이익이 발생한 경우에도 그 이익을 취득 또는 사용으로 인한 손실과 상계할 수 없다. (O | X) [20국회직8급]

정답 01 × 02 ○ 03 ○ 04 ○

Ⅳ 보상액의 결정 및 불복

> 사업인정 고시 → 토지·물건 조서의 작성, 보상계획의 공고·통지·열람 → 협의 → 수용재결

1. 공익사업을 위한 토지 등의 취득 및 보상에 관한 법률상 보상금지급절차

1) 사업인정

> **토지보상법 제20조(사업인정)** ① 사업시행자는 제19조에 따라 토지등을 수용하거나 사용하려면 대통령령으로 정하는 바에 따라 국토교통부장관의 사업인정을 받아야 한다.
> **토지보상법 제22조(사업인정의 고시)** ① 국토교통부장관은 제20조에 따른 사업인정을 하였을 때에는 지체 없이 그 뜻을 사업시행자, 토지소유자 및 관계인, 관계 시·도지사에게 통지하고 사업시행자의 성명이나 명칭, 사업의 종류, 사업지역 및 수용하거나 사용할 토지의 세목을 관보에 고시하여야 한다.
> ③ 사업인정은 제1항에 따라 고시한 날부터 그 효력이 발생한다.
> **토지보상법 제23조(사업인정의 실효)** ① 사업시행자가 제22조제1항에 따른 사업인정의 고시(이하 "사업인정고시"라 한다)가 된 날부터 1년 이내에 제28조제1항에 따른 재결신청을 하지 아니한 경우에는 사업인정고시가 된 날부터 1년이 되는 날의 다음 날에 사업인정은 그 효력을 상실한다.
> ② 사업시행자는 제1항에 따라 사업인정이 실효됨으로 인하여 토지소유자나 관계인이 입은 손실을 보상하여야 한다.

관련 판례

사업인정이란 공익사업을 토지 등을 수용 또는 사용할 사업으로 결정하는 것으로서 공익사업의 시행자에게 그 후 일정한 절차를 거칠 것을 조건으로 일정한 내용의 수용권을 설정하여 주는 형성행위이므로 해당 공익사업을 수행하여 공익을 실현할 의사나 능력이 없는 자에게 타인의 재산권을 공권력적·강제적으로 박탈할 수 있는 수용권을 설정하여 줄 수는 없다. 따라서 사업시행자에게 해당 공익사업을 수행할 의사와 능력이 있어야 한다는 것도 사업인정의 한 요건이라고 보아야 한다(대판 2011.1.27. 2009두1051).

2) 당사자의 협의

- 협의취득의 법적 성질에 대해서 판례는 사법상 계약으로 본다. 사업시행자는 토지 등에 대한 보상에 관하여 토지소유자 및 관계인과 성실하게 협의를 하여야 한다.
- 다만, 협의를 거치지 아니하고 바로 수용재결이 이루어졌다고 하더라도 당연무효나 부존재한 처분이라고 볼 수 없다는 것이 판례의 입장이다(대판 93누18594).
- 법률이 보상에 대한 협의·재결절차를 규정하고 있는 경우에는 토지수용위원회의 재결을 거치지 않고는 보상금지급청구소송을 제기할 수 없다.
- 법률이 재산권의 침해 및 보상에 관하여 규정하고 있지만 협의·재결 절차를 규정하고 있지 아니한 경우에는 처음부터 법원에 보상금청구소송을 민사소송으로 제기할 수 있다.

PART 5 행정구제법

> **관련 판례**
>
> 1. 사업인정이란 공익사업을 토지 등을 수용 또는 사용할 사업으로 결정하는 것으로서 공익사업의 시행자에게 그 후 일정한 절차를 거칠 것을 조건으로 일정한 내용의 수용권을 설정하여 주는 형성행위이므로, 해당 사업이 외형상 토지 등을 수용 또는 사용할 수 있는 사업에 해당한다고 하더라도 사업인정기관으로서는 그 사업이 공용수용을 할 만한 공익성이 있는지의 여부와 공익성이 있는 경우에도 그 사업의 내용과 방법에 관하여 사업인정에 관련된 자들의 이익을 공익과 사익 사이에서는 물론, 공익 상호간 및 사익 상호간에도 정당하게 비교·교량하여야 하고, 그 비교·교량은 비례의 원칙에 적합하도록 하여야 한다. 그뿐만 아니라 해당 공익사업을 수행하여 공익을 실현할 의사나 능력이 없는 자에게 타인의 재산권을 공권력적·강제적으로 박탈할 수 있는 수용권을 설정하여 줄 수는 없으므로, 사업시행자에게 해당 공익사업을 수행할 의사와 능력이 있어야 한다는 것도 사업인정의 한 요건이라고 보아야 한다(대판 2011.1.27. 2009두1051).
> 2. 농어촌진흥공사가 농업을 목적으로 하는 매립 또는 간척사업을 시행함으로 인하여 수산업법 제41조의 규정에 의한 어업의 신고를 한 자가 더 이상 신고어업에 종사하지 못하게 되어 손실을 입은 경우의 구제 방법(=민사소송)(대판 2000.5.26. 99다37382)

01 사업인정은 공익사업의 시행자에게 그 후 일정한 절차를 거칠 것을 조건으로 일정한 내용의 수용권을 설정하여 주는 형성행위이다. (O | X) [23지방직9급]

02 「공익사업을 위한 토지 등의 취득 및 보상에 관한 법률」에 의한 보상합의는 공공기관이 사경제주체로서 행하는 사법상 계약의 실질을 가진다. (O | X) [19지방직9급]

2) 재결의 신청

협의가 성립되지 아니하거나 협의를 할 수 없을 때에는 사업시행자는 사업인정고시가 된 날부터 1년 이내에 관할 토지수용위원회에 재결을 신청할 수 있다(토지소유자나 관계인은 직접 수용재결을 신청할 수 없고 사업시행자에게 재결 신청을 청구할 수 있을 뿐이다. 그리고 토지소유자의 재결신청 청구에 대한 사업시행자의 수용재결신청의 거부는 항고소송의 대상인 행정처분이라는 것이 판례의 입장이다).

> **관련 판례**
>
> [1] 공익사업을 위한 토지 등의 취득 및 보상에 관한 법률 제30조 제1항에서 정한 '협의가 성립되지 아니한 때'에, 토지소유자 등이 손실보상대상에 해당한다고 주장하며 보상을 요구하는데도 사업시행자가 손실보상대상에 해당하지 않는다며 보상대상에서 이를 제외한 채 협의를 하지 않아 결국 협의가 성립하지 않은 경우도 포함된다.
> [2] 도로건설 사업구역에 포함된 토지의 소유자가 토지상의 지장물에 대하여 재결신청을 청구하였으나, 그 중 일부에 대해서는 사업시행자가 손실보상대상에 해당하지 않아 재결신청대상이 아니라는 이유로 수용재결 신청을 거부하면서 보상협의를 하지 않은 사안에서, 위 처분이 위법하다(대판 2011.7.14. 2011두2309).

03 토지보상법상 사업인정고시가 된 후 협의가 성립되지 아니하였을 때에는 토지소유자와 관계인은 대통령령으로 정하는 바에 따라 서면으로 사업시행자에게 재결을 신청할 것을 청구 할 수 있다. (O | X) [19국회직8급]

정답 01 O 02 O 03 O

2. 토지수용법상 토지수용위원회의 수용재결과 이의신청

1) 수용재결에 대한 불복
- 협의취득과 수용재결의 절차가 규정된 법에 따른 수용을 하는 경우 수용재결을 대상으로 항고소송을 제기할 수 있다.
- 「하천법」에는 협의와 재결절차가 규정되어 수용재결이 있어야 그 재결을 대상으로 행정소송을 제기할 수 있을 뿐이고 직접 하천관리청을 상대로 협의나 재결도 없이 손실보상금을 청구할 수 없다는 것이 판례의 입장이다(대판 92누5058).

2) 재결에 대한 이의신청
- 지방토지수용위원회의 재결에 이의가 있는 자는 당해 지방토지수용위원회를 거쳐 중앙토지수용위원회에 이의를 신청할 수 있고, 중앙토지수용위원회의 재결에 이의가 있는 자는 중앙토지수용위원회에 이의를 신청할 수 있다(임의적 행정심판전치주의). 이의신청은 수용재결의 재결서 정본을 송달 받은 날로부터 30일 이내에 하여야 한다.
- 이의신청에 대한 재결은 이의재결로서 그 법적 성질은 행정심판의 재결에 해당한다. 따라서 이의재결을 다투기 위해서는 재결자체의 고유한 위법이 존재하는 경우에 한정된다.

---

01 중앙토지수용위원회의 재결에 이의가 있는 자는 중앙토지수용위원회에, 지방토지수용위원회의 재결에 이의가 있는 자는 해당 지방토지수용위원회를 거쳐 중앙토지수용위원회에 이의를 신청할 수 있다. (O | X) [15국회직8급]

02 수용재결에 대해 항고소송으로 다투려면 우선적으로 이의재결을 거쳐야만 한다. (O | X) [16서울시7급]

3. 잔여지매수청구권, 잔여지수용청구권 / 사용토지 매수청구권, 사용토지 수용청구권

> 공익사업을 위한 토지 등의 취득 및 보상에 관한 법률 제74조(잔여지 등의 매수 및 수용 청구) ① 동일한 소유자에게 속하는 일단의 토지의 일부가 협의에 의하여 매수되거나 수용됨으로 인하여 잔여지를 종래의 목적에 사용하는 것이 현저히 곤란할 때에는 해당 토지소유자는 사업시행자에게 잔여지를 매수하여 줄 것을 청구할 수 있으며, 사업인정 이후에는 관할 토지수용위원회에 수용을 청구할 수 있다. 이 경우 수용의 청구는 매수에 관한 협의가 성립되지 아니한 경우에만 할 수 있으며, 사업완료일까지 하여야 한다.
> ② 제1항에 따라 매수 또는 수용의 청구가 있는 잔여지 및 잔여지에 있는 물건에 관하여 권리를 가진 자는 사업시행자나 관할 토지수용위원회에 그 권리의 존속을 청구할 수 있다.

- 동일한 소유자에게 속하는 일단의 토지의 일부가 협의에 의하여 매수되거나 수용됨으로 인하여 잔여지를 종래의 목적에 사용하는 것이 현저히 곤란할 때(예를 들어, 잔여지가 이용은 가능하지만 그 이용에 많은 비용이 소요되는 경우 등). 에는 해당 토지소유자는 사업시행자에게 잔여지를 매수하여 줄 것을 청구할 수 있으며, 사업인정 이후에는 관할 토지수용위원회에 수용을 청구할 수 있다. 이 경우 수용의 청구는 매수에 관한 협의가 성립되지 아니한 경우에만 할 수 있으며, 사업완료일까지 하여야 한다(공익사업을 위한 토지 등의

정답 01 O 02 X

취득 및 보상에 관한 법률 제74조). 또한 잔여지수용청구권의 행사기간은 제척기간에 해당하므로 그 안에 권리를 행사하지 아니하면 소멸한다는 것이 판례의 입장이다.

> **공익사업을 위한 토지 등의 취득 및 보상에 관한 법률 제72조(사용하는 토지의 매수청구 등)** 사업인정고시가 된 후 다음 각 호의 어느 하나에 해당할 때에는 해당 토지소유자는 사업시행자에게 해당 토지의 매수를 청구하거나 관할 토지수용위원회에 그 토지의 수용을 청구할 수 있다. 이 경우 관계인은 사업시행자나 관할 토지수용위원회에 그 권리의 존속(存續)을 청구할 수 있다.
> 1. 토지를 사용하는 기간이 3년 이상인 경우
> 2. 토지의 사용으로 인하여 토지의 형질이 변경되는 경우
> 3. 사용하려는 토지에 그 토지소유자의 건축물이 있는 경우

- 사업인정고시가 된 후, 토지를 사용하는 기간이 3년 이상인 경우 등에 해당할 때에는 해당 토지소유자는 사업시행자에게 해당 토지의 매수를 청구하거나 관할 토지수용위원회에 그 토지의 수용을 청구할 수 있다. 이 경우 관계인은 사업시행자나 관할 토지수용위원회에 그 권리의 존속(存續)을 청구할 수 있다(공익사업을 위한 토지 등의 취득 및 보상에 관한 법률 제72조).

01 「공익사업을 위한 토지 등의 취득 및 보상에 관한 법률」에 따라 사업인정고시가 된 후 토지의 사용으로 인하여 토지의 형질이 변경되는 경우에 토지소유자는 중앙토지수용위원회에 그 토지의 매수청구권을 행사할 수 있다. (O | X) [23국가직9급]

> **관련 판례**
> 잔여지 수용청구의 의사표시는 관할 토지수용위원회에 하여야 하는 것으로서, 관할 토지수용위원회가 사업시행자에게 잔여지 수용청구의 의사표시를 수령할 권한을 부여하였다고 인정할 만한 사정이 없는 한, 사업시행자에게 한 잔여지 매수청구의 의사표시를 관할 토지수용위원회에 한 잔여지 수용청구의 의사표시로 볼 수는 없다(대판 2010.8.19. 2008두822).

02 「공익사업을 위한 토지 등의 취득 및 보상에 관한 법률」상의 잔여지수용청구는 매수에 관한 협의가 성립되지 아니한 경우에만 할 수 있으며, 그 사업의 공사완료일까지 하여야 한다. (O | X) [19소방직]
03 잔여지수용청구는 당해 공익사업의 공사완료일까지 해야 하지만, 토지소유자가 그 기간 내에 잔여지수용청구권을 행사하지 않았더라도 그 권리가 소멸하는 것은 아니다. (O | X) [19지방직7급]
04 토지소유자가 사업시행자에게 잔여지 매수청구의 의사표시를 하였다면, 그 의사표시는 특별한 사정이 없는 한 관할 토지수용위원회에 한 잔여지수용청구의 의사표시로 볼 수 있다. (O | X) [19지방직7급]

정답 01 X 02 O 03 X 04 X

4. 토지수용위원회의 재결에 대한 행정소송

1) 개설

재결은 '보상액 이외의 재결', '보상액에 대한 재결'로 분리할 수 있다. 또한 이의신청을 통한 이의재결을 거치지 않고도 행정소송을 제기할 수 있다(임의적 행정심판전치주의). 그리고 수용재결이나 이의신청에 대한 재결에 불복하는 행정소송의 제기는 사업의 진행 및 토지수용 또는 사용을 정지시키지 아니한다(토지보상법 제88조).

2) '보상액 이외의 재결'에 불복

사업시행자 또는 토지소유자 및 관계인은 토지수용위원회의 재결에 불복이 있는 경우에는 재결서를 송달받은 날부터 90일 이내에, 이의신청을 거친 경우에는 이의신청에 대한 재결서를 송달받은 날로부터 60일 이내에 수용재결을 한 토지수용위원회를 상대로 항고소송을 제기할 수 있다. 다만, 이의신청을 거친 경우에 이의재결에 고유한 위법이 존재하는 경우에는 중앙토지수용위원회를 상대로 항고소송을 제기할 수 있다.

01 토지보상법상 수용재결에 대해 취소소송으로 다투는 경우에 행정소송법 제20조의 제소기간 규정이 적용되지 않는다. (O | X) [13국회직8급]

3) '보상금에 대한 재결'에 불복

- 보상금의 증액 또는 감액을 청구하는 소송은, 토지소유자 또는 관계인이 사업시행자를 상대로, 사업시행자는 토지소유자 또는 관계인을 상대로 형식적 당사자소송으로 제기할 수 있다.
- 잔여지수용청구권은 형성권이므로 토지수용위원회는 보상금액의 증감에 관하여 결정하는 것이다. 따라서 잔여지수용청구에 관한 토지수용위원회의 결정에 대해서는 항고소송이 아니라 형식적 당사자 소송으로 다투어야 한다.
- 잔여지에 대하여 현실적 이용 상황 변경 또는 사용가치 및 교환가치의 하락 등이 발생하였더라도, 그 손실이 토지의 일부가 공익사업에 취득되거나 사용됨으로 인하여 발생하는 것이 아니라면 특별한 사정이 없는 한 잔여지 손실보상의 대상이 되지 않는다.

> **관련 판례** 보상금증감청구소송에 대한 판시
>
> 1. 잔여지에 대하여 현실적 이용상황 변경 또는 사용가치 및 교환가치의 하락 등이 발생하였더라도, 그 손실이 토지의 일부가 공익사업에 취득되거나 사용됨으로 인하여 발생하는 것이 아니라면 특별한 사정이 없는 한 토지보상법 제73조 제1항 본문에 따른 잔여지 손실보상 대상에 해당한다고 볼 수 없다(대판 2017.7.11. 2017두40860).
> 2. 어떤 보상항목이 공익사업을 위한 토지 등의 취득 및 보상에 관한 법령상 손실보상대상에 해당함에도 관할 토지수용위원회가 사실을 오인하거나 법리를 오해함으로써 손실보상대상에 해당하지 않는다고 잘못된 내용의 재결을 한 경우에는, 피보상자는 관할 토지수용위원회를 상대로 그 재결에 대한 취소소송을 제기할 것이 아니라, 사업시행자를 상대로 구 공익사업을 위한 토지 등의 취득 및 보상에 관한 법률 제85조 제2항에 따른 보상금증감소송을 제기하여야 한다(대판 2018.7.20. 2015두4044).

정답 01 O

3. 구 '공익사업을 위한 토지 등의 취득 및 보상에 관한 법률'(2007. 10. 17. 법률 제8665호로 개정되기 전의 것) 제74조 제1항에 규정되어 있는 잔여지 수용청구권은 손실보상의 일환으로 토지소유자에게 부여되는 권리로서 그 요건을 구비한 때에는 잔여지를 수용하는 토지수용위원회의 재결이 없더라도 그 청구에 의하여 수용의 효과가 발생하는 형성권적 성질을 가지므로, 잔여지 수용청구를 받아들이지 않은 토지수용위원회의 재결에 대하여 토지소유자가 불복하여 제기하는 소송은 위 법 제85조 제2항에 규정되어 있는 '보상금의 증감에 관한 소송'에 해당하여 사업시행자를 피고로 하여야 한다(대판 2010.8.19. 2008두822).

4. 공익사업을 위하여 사용되고 있는 토지소유자의 사용토지 수용청구권은 잔여지 수용청구권과 같이 형성권이고 이에 불복하는 소송은 보상금 증감에 관한 소송이다.

공익사업을 위한 토지 등의 취득 및 보상에 관한 법률(이하 '토지보상법'이라고 한다) 제72조의 문언, 연혁 및 취지 등에 비추어 보면, 위 규정이 정한 수용청구권은 토지보상법 제74조 제1항이 정한 잔여지 수용청구권과 같이 손실보상의 일환으로 토지소유자에게 부여되는 권리로서 그 청구에 의하여 수용효과가 생기는 형성권의 성질을 지니므로, 토지소유자의 토지수용청구를 받아들이지 아니한 토지수용위원회의 재결에 대하여 토지소유자가 불복하여 제기하는 소송은 토지보상법 제85조 제2항에 규정되어 있는 '보상금의 증감에 관한 소송'에 해당하고, 피고는 토지수용위원회가 아니라 사업시행자로 하여야 한다(대판 2015.4.9. 2014두46669).

01 잔여지 수용청구권은 그 요건을 구비한 때에는 잔여지를 수용하는 토지수용위원회의 재결이 없더라도 그 청구에 의하여 수용의 효과가 발생하는 형성권적 성질을 가진다. (O | X) [20국가직7급]

02 「공익사업을 위한 토지 등의 취득 및 보상에 관한 법률」에 의한 잔여지수용청구를 받아들이지 않은 토지수용위원회의 재결에 대하여 토지소유자가 불복하여 제기하는 소송은 항고소송에 해당한다. (O | X) [19지방직9급]

03 「공익사업을 위한 토지 등의 취득 및 보상에 관한 법률」상 잔여지수용청구권은 형성권적 성질을 가지므로, 잔여지수용청구를 받아들이지 않은 재결에 대하여 토지소유자가 불복하여 제기하는 소송은 보상금 증감청구소송에 해당한다. (O | X) [17지방직9급]

제4절 생활보상

종래의 손실보상은 토지소유권의 상실과 그에 따른 경제적 손실을 보상하는 것을 내용으로 하였다. 그러나 현재는 댐 건설로 인한 수몰지역 발생 등 토지소유권을 넘어서는 삶의 기본 터전이 상실되는 경우가 발생하였다. 이와 관련하여, 공용침해 이전의 생활상태를 회복하기 위해 필요한 모든 조치를 강구하는 것으로서 생활보상의 개념이 발전하게 되었다.

1) 이주대책

① 의의

이주대책이란 사업시행자가 지방자치단체장과 협의하여 도로·급수·배수 시설 등 생활기본시설이 포함된 이주정착지를 조성하여 이주자들에게 분양하여 주는 것이다.

② 사업시행자의 이주대책 등 실시 의무

토지보상법에는 사업시행자의 공익사업의 시행으로 인하여 주거용 건축물을 제공함에 따라 생활의 근거를 상실하게 되는 자를 위하여 대통령령으로 정하는 바에 따라 이주대책을 수립·실시하거나 이주정착금을 지원하게 되어 있다. 토지보상법으로 인하여 사업시행자는 대통령령으로 정하는 바에 따라 반드시 이주대책 또는 이주정착금을 지원하게 된 것이다.

③ 사업시행자의 이주대책 실시 범위에 대하여 입법자에게 재량권이 인정되는지 여부

헌법재판소는, 이주대책은 공익사업의 시행에 필요한 토지 등을 제공함으로 인하여 생활의 근거를 상실하게 되는 이주대책 대상자들에게 종전 생활 상태를 원상으로 회복시키면서 동시에 인간다운 생활을 보장하여 주기 위하여 마련된 제도이자 생활보상의 일환으로서 국가의 정책적 배려로서 정당한 보상에 포함되는 것이 아니라고 전제한 뒤, 이주대책의 대상자에서 소유자와 달리 세입자를 제외하고 있는 것이 세입자의 재산권을 침해하는 것이라고 볼 수 없다고 판시하였다(헌재 2004헌마19).

④ 주거용 건축물의 세입자에 대한 주거이전비와 이사비의 법적 성격

사회보장적 차원에서 지급하는 금원의 성격을 갖는다(대판 2006두2435). 「공익사업을 위한 토지 등의 취득 및 보상에 관한 법률」상 주거용 건축물 세입자의 주거이전비 보상청구권은 공법상의 권리이고, 주거이전비 보상청구소송은 행정소송에 의해야 한다는 것이 판례의 입장이다(대판 2007다8129). 위 행정소송에 대해서 구체적으로 살펴보면, 구 공익사업을 위한 토지 등의 취득 및 보상에 관한 법률 제2조, 제50조, 제78조, 제85조 등의 각 조문을 종합하여 보면, 세입자의 주거이전비 보상에 관하여 재결이 이루어진 다음 세입자가 보상금의 증감 부분을 다투는 경우에는 같은 법 제85조 제2항에 규정된 행정소송(형식적 당사자소송)에 따라, 보상금의 증감 이외의 부분을 다투는 경우에는 같은 조 제1항에 규정된 행정소송(항고소송)에 따라 권리구제를 받을 수 있다.

PART 5 행정구제법

01 「공익사업을 위한 토지 등의 취득 및 보상에 관한 법률」상 적법하게 시행된 공익사업으로 인하여 이주하게 된 주거용 건축물 세입자의 주거이전비 보상청구권은 공법상의 권리이고, 주거이전비 보상청구소송은 공법상의 법률관계를 대상으로 하는 행정소송에 의하여야 한다. (O | X) [25지방직9급]

관련 판례

1. 이주대책은 헌법 제23조 제3항에 규정된 정당한 보상에 포함되는 것이라기보다는 이에 부가하여 이주자들에게 종전의 생활상태를 회복시키기 위한 생활보상의 일환으로서 국가의 정책적인 배려에 의하여 마련된 제도라고 볼 것이다. 따라서 이주대책의 실시 여부는 입법자의 입법정책적 재량의 영역에 속하므로 공익사업을위한토지등의취득및보상에관한법률시행령 제40조 제3항 제3호(이하 '이 사건 조항'이라 한다)가 이주대책의 대상자에서 세입자를 제외하고 있는 것이 세입자의 재산권을 침해하는 것이라 볼 수 없다(헌재 2006.2.23. 2004헌마19).

2. 이주대책은 공익사업의 시행에 필요한 토지 등을 제공함으로 인하여 생활의 근거를 상실하게 되는 이주대책대상자들에게 종전 생활상태를 원상으로 회복시키면서 동시에 인간다운 생활을 보장하여 주기 위하여 마련된 제도이므로, 사업시행자의 이주대책 수립 실시의무를 정하고 있는 구 공익사업법 제78조 제1항은 물론 이주대책의 내용에 관하여 규정하고 있는 같은 조 제4항 본문 역시 당사자의 합의 또는 사업시행자의 재량에 의하여 적용을 배제할 수 없는 강행법규이다(대판 2011.6.23. 2007다63089 63096전합).

3. 사업시행자는 법이 정한 이주대책대상자를 법령이 예정하고 있는 이주대책 수립 등의 대상에서 임의로 제외해서는 아니 된다. 그렇지만 규정 취지가 사업시행자가 시행하는 이주대책 수립 등의 대상자를 법이 정한 이주대책대상자로 한정하는 것은 아니므로, 사업시행자는 해당 공익사업의 성격, 구체적인 경위나 내용, 원만한 시행을 위한 필요 등 제반 사정을 고려하여 법이 정한 이주대책대상자를 포함하여 그 밖의 이해관계인에게까지 넓혀 이주대책 수립 등을 시행할 수 있다(대판 2015.7.23. 2012두22911).

4. 사업시행자의 이주대책대상자 확인·결정은 행정처분이다.
   사업시행자가 이주대책에 관한 구체적인 계획을 수립하여 이를 해당자에게 통지 내지 공고한 후, 이주자가 수분양권을 취득하기를 희망하여 이주대책에 정한 절차에 따라 사업시행자에게 이주대책대상자 선정신청을 하고 사업시행자가 이를 받아들여 이주대책대상자로 확인·결정하여야만 비로소 구체적인 수분양권이 발생하게 된다(대판 1994.5.24. 92다35783 전합).

5. 공익사업을 위한 토지 등의 취득 및 보상에 관한 법률 제78조 제1항, 공익사업을 위한 토지 등의 취득 및 보상에 관한 법률 시행령 제40조 제3항 제2호 규정의 문언, 내용 및 입법 취지 등을 종합하여 보면, 위 법 제78조 제1항에 정한 이주대책의 대상이 되는 주거용 건축물이란 위 시행령 제40조 제3항 제2호의 '공익사업을 위한 관계 법령에 의한 고시 등이 있은 날' 당시 건축물의 용도가 주거용인 건물을 의미한다고 해석되므로, 그 당시 주거용 건물이 아니었던 건물이 그 이후에 주거용으로 용도 변경된 경우에는 건축 허가를 받았는지 여부에 상관없이 수용재결 내지 협의계약 체결 당시 주거용으로 사용된 건물이라 할지라도 이주대책대상이 되는 주거용 건축물이 될 수 없다(대판 2009.2.26. 2007두13340).

정답 01 O

CHAPTER 2
행정상 손실보상

01 이주대책은 생활보상의 일환으로 국가의 적극적이고 정책적인 배려에 의하여 마련된 제도이다. (O | X)
[20국회직8급]

02 이주대책의 수립의무자는 사업시행자이며, 법령에서 정한 일정한 경우 이주대책을 수립할 의무가 있다. (O | X)
[20국회직8급]

03 이주대책은 이주자들에게 종전의 생활상태를 회복시키기 위한 생활보상의 일환으로서 국가의 정책적인 배려에 의하여 마련된 제도이므로, 이주대책의 실시 여부는 입법자의 입법정책적 재량의 영역에 속한다. (O | X)
[17국가직9급]

04 '공익사업을 위한 관계 법령에 의한 고시 등이 있은 날' 당시 주거용 건물이 아니었던 건물이 그 이후에 주거용으로 불법 용도변경된 경우에도 이주대책대상이 되는 주거용 건축물이 될 수 있다. (O | X) [11사회복지직9급]

2) 생활대책

① 의의

생활대책용지의 공급이나 상가 분양과 같이 공익사업 시행 이전과 같은 경제수준을 유지할 수 있도록 하는 생활보상이다.

② 헌법재판소의 입장

헌법재판소는 생활대책은 헌법 제23조 제3항에 규정된 정당한 보상에 포함되는 것이라기보다는 생활 보상의 일환으로서 국가의 정책적인 배려에 의하여 마련된 제도로 보고 있다(헌재 2012헌바71).

③ 대법원의 입장

생활대책에 관한 분명한 근거 규정을 두고있지는 않으나, 사업시행자 스스로 공익사업의 원활한 시행을 위하여 필요하다고 인정함으로써 생활대책을 수립·실시할 수 있도록 하는 내부규정을 두고 있고 내부규정에 따라 생활대책대상자 선정기준을 마련하여 생활대책을 수립·실시할 때는, 이러한 생활대책 역시 "공공필요에 의한 재산권의 수용·사용 또는 제한 및 그에 대한 보상은 법률로써 하되, 정당한 보상을 지급하여야 한다."라고 규정하고 있는 헌법 제23조 제3항에 따른 정당한 보상에 포함되는 것으로 보아야 한다고 판시하고 있다(대판 2008두17905).

> **관련 판례**
>
> 뉴타운개발 사업시행자가 사업시행으로 생활근거 등을 상실하는 주민들을 위한 주거대책 및 생활대책을 공고함에 따라 화훼도매업을 하던 갑이 사업시행자에게 생활대책신청을 하였으나 사업시행자가 이를 거부한 사안에서, 위 거부행위가 행정처분에 해당한다(대판 2011.10.13. 2008두17905).

정답 01 O 02 O 03 O 04 X

제5절 간접손실 보상

1. 의의
간접손실은 공공사업의 시행 또는 완성 후의 시설이 간접적으로 기업지 밖의 타인의 재산권에 가하는 손실을 의미한다.

2. 판례
판례는 기본적으로 간접손실도 손실보상의 대상이 된다고 보고 있다. 명문의 규정이 없는 경우에는 관련 규정을 유추적용하여 보상한다.

> **관련 판례**
>
> 공공사업의 시행 결과 공공사업의 기업지 밖에서 발생한 간접손실에 대하여 사업시행자와 협의가 이루어지지 아니하고, 그 보상에 관한 명문의 법령이 없는 경우, 피해자는 「공공용지의 취득 및 손실 보상에 관한 특례법 시행규칙」상의 손실보상에 관한 규정을 유추적용하여 사업시행자에게 보상을 청구할 수 있다(대판 1999.10.8. 99다27231).

핵심 기출문제

01

행정상 손실보상에 대한 설명으로 가장 옳지 않은 것은?(다툼이 있는 경우 판례에 의함)

[21국가직9급]

① 잔여지에 대하여 현실적 이용 상황 변경 또는 사용가치 및 교환가치의 하락 등이 발생하였더라도, 그 손실이 토지의 일부가 공익사업에 취득되거나 사용됨으로 인하여 발생하는 것이 아니라면 특별한 사정이 없는 한 잔여지 손실보상의 대상이 되지 않는다.
② 구「공익사업을 위한 토지 등의 취득 및 보상에 관한 법률」상 사업시행자의 이주대책 수립 의무는 임의적 의무이므로, 사업시행자는 이주대책 수립 여부에 대한 재량권을 갖는다.
③ 공익사업의 시행으로 토석채취허가를 연장받지 못한 경우 그로 인한 손실은 적법한 공권력의 행사로 가하여진 재산상의 특별한 희생으로 볼 수 없어 손실보상의 대상이 되지 않는다.
④ 사업시행자의 이주대책 수립 실시의무를 정하고 있는 구 공익사업법 제78조 제1항은 물론 이주대책의 내용에 관하여 규정하고 있는 같은 조 제4항 본문 역시 당사자의 합의 또는 사업시행자의 재량에 의하여 적용을 배제할 수 없다.

> 해설

01 | ① (○) 잔여지에 대하여 현실적 이용상황 변경 또는 사용가치 및 교환가치의 하락 등이 발생하였더라도, 그 손실이 토지의 일부가 공익사업에 취득되거나 사용됨으로 인하여 발생하는 것이 아니라면 특별한 사정이 없는 한 토지보상법 제73조 제1항 본문에 따른 잔여지 손실보상 대상에 해당한다고 볼 수 없다(대판 2017.7.11.2017두40860).

② (×) 이주대책은 공익사업의 시행에 필요한 토지 등을 제공함으로 인하여 생활의 근거를 상실하게 되는 이주대책대상자들에게 종전 생활상태를 원상으로 회복시키면서 동시에 인간다운 생활을 보장하여 주기 위하여 마련된 제도이므로, <U>사업시행자의 이주대책 수립 실시의무를 정하고 있는 구 공익사업법 제78조 제1항은 물론 이주대책의 내용에 관하여 규정하고 있는 같은 조 제4항 본문 역시 당사자의 합의 또는 사업시행자의 재량에 의하여 적용을 배제할 수 없는 강행법규이다</U>(대판 2011.6.23. 2007다63089 63096전합).

③ (○) 중대한 공익상의 필요가 있는 공익사업이 시행되어 토석채취허가를 연장받지 못하게 되었다고 하더라도 <U>토석채취허가가 연장되지 않게 됨으로 인한 손실과 공익사업 사이에 상당인과관계가 있다고 할 수 없을 뿐 아니라</U>, 특별한 사정이 없는 한 그러한 손실이 적법한 공권력의 행사로 가하여진 재산상의 특별한 희생으로서 손실보상의 대상이 된다고 볼 수도 없다(대판 2009.6.23. 2009두2672).

[참고판례]
수산업법상 어업면허 유효기간 연장 불허가는 손실보상의 대상이 된다고 인정한 판례
수산업법의 규정에 해당되는 사유로 인하여 허가어업을 제한하는 등의 처분을 받았거나 어업면허 유효기간의 연장이 허가되지 아니함으로써 손실을 입은 자는 행정관청에 대하여 보상을 청구할 수 있다고 규정하고 있는 바이러한 어업면허에 대한 처분 등이 행정처분에 해당된다 하여도 이로 인한 손실은 사법상의 권리인 어업권에 대한 손실을 본질적 내용으로 하고 있는 것으로서 그 보상청구권은 공법상의 권리가 아니라 사법상의 권리이고, 따라서 법 제81조제1항 제1호 소정의 요건에 해당한다고 하여 보상을 청구하려는 자는 행정관청이 그 보상청구를 거부하거나 보상금액을 결정한 경우라도 이에 대한 행정소송을 제기할 것이 아니라 면허어업에 대한 처분을 한 행정관청(또는 그 처분을 요청한 행정관청)이 속한 권리주체인 지방자치단체(또는 국가)를 상대로 민사소송으로 직접 손실보상금지급청구를 하여야 할 것이다(대판 1998.2.27. 97다46450)

④ (○) 이주대책은 공익사업의 시행에 필요한 토지 등을 제공함으로 인하여 생활의 근거를 상실하게 되는 이주대책대상자들에게 종전 생활상태를 원상으로 회복시키면서 동시에 인간다운 생활을 보장하여 주기 위하여 마련된 제도이므로, 사업시행자의 이주대책 수립 실시의무를 정하고 있는 구 공익사업법 제78조 제1항은 물론 이주대책의 내용에 관하여 규정하고 있는 같은 조 제4항 본문 역시 당사자의 합의 또는 사업시행자의 재량에 의하여 적용을 배제할 수 없는 강행법규이다(대판 2011.6.23. 2007다63089 63096전합).

정답 **01** ②

제6절 기타 손해전보제도

I 수용유사침해 이론

위법한 공용침해(수용의 근거규정은 존재하지만 보상규정이 존재하지 아니하는 경우)이지만 무책한 경우 국가배상청구권이 성립하기 어렵다. 이의 경우에 독일은 수용유사침해 법리를 이용하여 손실보상으로 해결한다. 이와 관련하여 우리 판례는 명시적으로 수용유사침해 법리를 인정한 바 없다.

II 수용적 침해 이론

적법한 행정작용이 비의도적 침해로서 재산권 침해를 발생한 경우에 수용적 침해이론이 논의되고 있다.

III 희생보상

적법한·의도적 침해로서 비재산적 법익에 침해가 발생한 경우를 해결하기 위한 이론이다. 우리 법에는 개별법에 희생보상의 법리가 녹아든 규정이 존재한다.

> **감염병예방법 제71조(예방접종 등에 따른 피해의 국가보상)** ① 국가는 제24조 및 제25조에 따라 예방접종을 받은 사람 또는 제40조 제2항에 따라 생산된 예방·치료 의약품을 투여받은 사람이 그 예방접종 또는 예방·치료 의약품으로 인하여 질병에 걸리거나 장애인이 되거나 사망하였을 때에는 대통령령으로 정하는 기준과 절차에 따라 다음 각 호의 구분에 따른 보상을 하여야 한다.
> 1. 질병으로 진료를 받은 사람 : 진료비 전액 및 정액 간병비
> 2. 장애인이 된 사람 : 일시보상금
> 3. 사망한 사람 : 대통령령으로 정하는 유족에 대한 일시보상금 및 장제비

01 화재현장에 있던 사람이 진화작업에 동원되어 불을 끄던 중 사망한 사례에서는 독일법상 희생보상청구권이 논해질 수 있다. (O | X)   [07군무원9급]

정답 01 O

Ⅳ 행정상 결과제거청구

- 공행정작용의 결과로 남아 있는 위법한 상태로 법률상 이익(사실상 이익 침해의 경우에는 인정하지 않는다)을 침해 받고 있는 자가 그 위법 상태를 제거할 것을 행정주체에게 청구하는 권리를 말한다.
- 처음부터 위법할 필요가 없으며, 결과적으로 위법하면 족하다(가해행위의 위법이 아님).
- 가해자의 고의·과실은 필요하지 않다. 다만, 피해자의 과실이 위법상태의 발생에 기여한 경우에는 그 과실에 비례하여 결과제거청구권이 제한되거나 상실된다.
- 결과제거 청구권은 행정주체에 의한 원상회복이 기대가능한 것이어야 하고 공행정작용으로 초래된 직접적인 결과만이 제거의 대상이다. 또한 공행정작용이면 족하므로 권력작용뿐만 아니라 관리 작용에 의한 결과의 제거도 그 대상이 된다.
- 통설은 행정상 결과제거청구를 공권으로 보아 공법상 당사자소송으로서 다툴 수 있다고 보지만 판례는 인정하지 않는다.

---

01 공법상 결과제거청구에 있어서 위법한 상태는 적법한 행정작용의 효력의 상실에 의해 사후적으로 발생할 수도 있다. (O | X)   [10지방직7급]

02 공법상 결과제거청구권의 대상은 가해행위와 상당인과관계가 있는 손해이다. (O | X)   [21군무원9급]

정답 01 O 02 X

핵심 기출문제

01

행정상 손실보상에 관한 설명으로 옳지 않은 것은? [18서울시7급]

① 분리이론과 경계이론은 재산권의 내용·한계설정과 공용침해를 보다 합리적으로 구분하려는 이론이다.
②「헌법」제23조 제3항에서 보상은 법률로써 하되 정당한 보상을 지급하여야 한다고 하여 구체적인 보상액의 산출기준은 법률에 유보하고 있다.
③ 중앙토지수용위원회의 이의재결에 대한 행정소송은 재결서를 받은 날 부터 60일 이내에 제기해야 한다.
④ 헌법재판소는「헌법」제23조 제3항의 정당한 보상에 세입자의 이주대책까지 포함된다고 본다.

02

공법상 결과제거청구권에 대한 설명으로 옳지 않은 것은? [21군무원9급]

① 공법상 결과제거청구권의 대상은 가해행위와 상당인과관계가 있는 손해이다.
② 결과제거청구는 권력작용뿐만 아니라 관리 작용에 의한 침해의 경우에도 인정된다.
③ 원상회복이 행정주체에게 기대가능한 것이어야 한다.
④ 피해자의 과실이 위법상태의 발생에 기여한 경우에는 그 과실에 비례하여 결과제거청구권이 제한되거나 상실된다.

해설

01 ① (○) 헌법 제23조 제1항과 제2항의 재산권의 사회적 제약과 제3항의 공용침해가 일정한 경계선을 확정하는 문제로 사회적 제약도 특별한 희생이라는 경계선을 넘으면 보상이 필요한 공용침해의 문제가 될 수 있다는 경계이론과 사회적 제약과 공용침해는 별개의 문제로 보는 분리이론이 있다. 따라서 옳은 설명이다.

② (○) 헌법 제23조 제3항은 공용침해의 근거에 관한 규정과 보상에 관한 규정을 법률로써 정하도록 하고 있다. 따라서 옳은 설명이다.

> **헌법 제23조** ① 모든 국민의 재산권은 보장된다. 그 내용과 한계는 법률로 정한다.
> ② 재산권의 행사는 공공복리에 적합하도록 하여야 한다.
> ③ 공공필요에 의한 재산권의 수용·사용 또는 제한 및 그에 대한 보상은 법률로써 하되, 정당한 보상을 지급하여야 한다.

③ (○)

> **토지보상법 제85조(행정소송의 제기)** ① 사업시행자, 토지소유자 또는 관계인은 제34조에 따른 재결에 불복할 때에는 재결서를 받은 날부터 90일 이내에, 이의신청을 거쳤을 때에는 이의신청에 대한 재결서를 받은 날부터 60일 이내에 각각 행정소송을 제기할 수 있다.

④ (×) 헌법재판소는, 이주대책은 공익사업의 시행에 필요한 토지 등을 제공함으로 인하여 생활의 근거를 상실하게 되는 이주대책 대상자들에게 종전 생활 상태를 원상으로 회복시키면서 동시에 인간다운 생활을 보장하여 주기 위하여 마련된 제도이자 생활보상의 일환으로서 국가의 정책적 배려로서 정당한 보상에 포함되는 것이 아니라고 전제한 뒤, 이주대책의 대상자에서 소유자와 달리 세입자를 제외하고 있는 것이 세입자의 재산권을 침해하는 것이라고 볼 수 없다고 판시하였다(헌재 2004헌마19).

02 ① (×) 공법상 결과제거청구권은 공행정작용의 결과로 남아 있는 위법한 상태로 법률상 이익을 침해 받고 있는 자가 그 위법 상태를 제거할 것을 행정주체에게 청구하는 권리를 말한다. 위법한 직무집행으로 인한 인과관계 있는 손해를 배상 받을 수 있는 권리는 국가배상청구권이다.

② (○) 결과제거청구권은 공법작용을 전제로 하고 오늘날에는 권력작용 외에도 비권력작용 결과의 제거도 포함한다.

③ (○) 위법한 결과의 제거를 행정주체가 제거할 수 있는 경우에 인정되는 권리이다.

④ (○) 결과제거청구권은 침해된 법적지위의 보호가 필요한 경우에 인정되는 것이므로 보호가치가 없는 경우 그 권리가 제한되거나 상실될 수 있다.

정답 01 ④ 02 ①

CHAPTER 3 행정소송

제1절 개설

I 행정소송의 의의

1. 의의

행정소송이란 ① 행정법상 법률관계의 분쟁에 대하여 ② 법원이 ③ 정식소송(대심구조, 공개심리주의, 구술변론의 보장, 법정의 증거조사절차 등) 절차에 의하여 행하는 재판이다.

2. 기능

1) **행정구제기능(주된 기능)**

   위법한 행정작용의 시정을 통하여 개인의 자유와 권리를 보장

2) **행정통제기능(부수적 기능)**

   행정작용의 적법성을 심사하는 행정통제 기능을 수행한다.

3. 민사소송과의 차이

1) **판단대상**

   민사소송은 사법상 법률관계에 대한 분쟁을, 행정소송은 공법상 법률관계에 대한 분쟁을 해결한다.

2) **관할법원**

   민사소송은 민사법원에서 관할하고 행정소송은 행정법원에서 관할한다.

3) **행정소송의 특수성**

   ① 특수성의 내용

   행정소송도 정식재판절차에 의한 심리·판단 작용이므로 행정소송법에 여러 특수성을 인정한다. ㉠ 관할법원, ㉡ 피고적격, ㉢ 제소기간의 제한, ㉣ 관련청구소송의 병합 등.

② 민사소송법의 준용

행정소송법 역시 정식의 재판절차라는 점에서 행정소송법에 특별히 규정한 경우를 제외하고는 민사소송법과 민사집행법을 준용한다.

4. 행정소송의 한계

1) 사법 본질상 한계(구체적 규범통제)

- 행정소송은 사법(司法)작용이므로 법률상 쟁송을 대상으로 하고 단순한 사실관계의 존재·부존재 문제는 그 대상이 아니다.
- 일반적·추상적 성격을 가지는 법령의 효력과 해석에 관한 분쟁은 행정소송의 대상이 아닌 것이 원칙이다. 다만, 법령의 형식이라고 내용적으로 개별적·구체적 규율의 성질을 가지는 처분적 법규명령의 경우 구체적 사건성이 인정되어 행정소송의 대상이 된다.

관련 판례

1. 피고 국가보훈처장이 발행·보급한 독립운동사, 피고 문교부장관이 저작하여 보급한 국사교과서 등의 각종 책자와 피고 문화부장관이 관리하고 있는 독립기념관에서의 각종 해설문·전시물의 배치 및 전시 등에 있어서, 일제치하에서의 국내외의 각종 독립운동에 참가한 단체와 독립운동가의 활동상을 잘못 기술하거나, 전시·배치함으로써 그 역사적 의의가 그릇 평가되게 하였다는 이유로 그 사실관계의 확인을 구하고, 또 피고 국가보훈처장은 이들 독립운동가들의 활동상황을 잘못 알고 국가보훈상의 서훈추천권을 행사함으로써 서훈추천권의 행사가 적정하지 아니하였다는 이유로 이러한 서훈추천권의 행사, 불행사가 당연무효임의 확인, 또는 그 부작위가 위법함의 확인을 구하는 청구는 과거의 역사적 사실관계의 존부나 공법상의 구체적인 법률관계가 아닌 사실관계에 관한 것들을 확인의 대상으로 하는 것이거나 행정청의 단순한 부작위를 대상으로 하는 것으로서 항고소송의 대상이 되지 아니하는 것이다(대판 1990.11.23. 90누3553).
2. 조례가 집행행위의 개입 없이도 그 자체로 직접 국민의 구체적인 권리의무나 법적 이익에 영향을 미치는 등의 법률상 효과를 발생하는 경우에는 그 조례는 항고소송의 대상이 되는 행정처분에 해당한다(대판 1996.9.20. 95누8003).

01 판례는 국가보훈처장 등이 발행한 책자 등에서 독립운동가 등의 활동상을 잘못 기술하였다는 등의 이유로 그 사실관계의 확인을 구하는 것은 항고소송의 대상이 되지 않는다고 한다. (O | X) [09세무사]

02 판례에 따르면, 경기도 두밀분교폐지에 관한 조례는 처분이다. (O | X) [15군무원9급]

2) 권력분립상 한계

① 통치행위

고도의 정치적 성격을 가지는 국가의 행위로서 사법심사의 대상이 되기 곤란한 경우가 있다.

② 재량과 판단여지

재량영역에 대한 사법심사는 재량권의 일탈·남용여부를 심사하고 판단여지가 인정되는 분야에 있어서는 사법심사를 자제하는 경우가 있다.

③ 무명항고소송

㉠ 의무이행소송

행정청에 대하여 일정한 내용의 신청을 구한 경우 거부처분이나 부작위가 있는 경우 그 이행을 청구하는 소송을 의미한다. 학설의 대립이 있으나 판례는 의무이행소송을 인정하지 않는다.

관련 판례 의무이행소송 부정 판례

현행 행정소송법상 행정청으로 하여금 일정한 행정처분을 하도록 명하는 이행판결을 구하는 소송이나 법원으로 하여금 행정청이 일정한 행정처분을 행한 것과 같은 효과가 있는 행정처분을 직접 행하도록 하는 형성판결을 구하는 소송은 허용되지 아니한다(대판 1997.9.30. 97누3200).

01 행정심판법에서는 의무이행심판제도를 두고 있지만, 행정소송법에서는 의무이행소송제도를 두고 있지 않다. (O | X)　　　　　　　　　　　　　　　　　　　　　　　　　　　　　　　　　　　　　　　[21국회직8급]

㉡ 예방적 부작위소송(예방적 금지 소송)

행정청의 처분으로 장래에 개인의 법률상 이익 침해가 예상되는 경우 사전에 행정청에 그러한 처분을 못 하도록 청구하는 소송을 의미한다. 판례는 예방적 부작위소송을 인정하지 않는다.

관련 판례

건축건물의 준공처분을 하여서는 아니 된다는 내용의 부작위를 구하는 청구는 행정소송에서 허용되지 아니하는 것이므로 부적법하다(대판 1987.3.24. 86누182).

02 신축건물의 준공처분을 하여서는 아니 된다는 내용의 부작위를 청구하는 행정소송은 예외적으로 허용된다. (O | X)　　[18교육행정직9급]

03 행정소송법상 행정청이 일정한 처분을 하지 못하도록 그 부작위를 구하는 청구는 허용되지 않는 부적법한 소송이다. (O | X)　　　　　　　　　　　　　　　　　　　　　　　　　　　　　　　　　　　　　　　[15지방직9급]

㉢ 작위의무확인소송

행정청에 일정한 작위의무가 있음을 확인하여줄 것을 청구하는 소송을 의미한다. 판례는 작위의무확인소송을 인정하지 않는다.

정답　01 O　02 X　03 O

PART 5 행정구제법

> **관련 판례**
> 국가보훈처장 등에게 독립운동가들에 대한 서훈추천을 다시해야할 의무가 있음을 확인을 구하는 청구는 작위의무확인소송으로서 인정되지 아니한다(대판 1990.11.23. 90누3553).

01 판례는 행정소송법상 행정청의 부작위에 대하여 부작위위법확인소송과 작위의무이행소송을 인정하고 있다. (O | X) [21소방직]

5. 행정소송의 종류

1) 성질상 분류

① 형성의 소
행정법상의 법률관계를 발생·변경·소멸시키는 소송을 의미한다. 항고소송에서 취소소송이 이에 속한다.

② 이행의 소
행정청에게 특정한 행위를 구할 수 있는 이행명령을 구하는 소를 의미한다. 우리 행정소송법상 항고소송에는 위와 같은 소송이 없다. 당사자소송에는 이행명령을 구하는 소가 가능하다.

③ 확인의 소
특정한 권리 또는 법률관계의 존부를 주장하여 확인하는 판결을 구하는 소송이다. 항고소송으로는 부작위위법확인소송, 무효등확인소송이 인정되고 공법상 법률관계의 존부를 확인하는 당사자 소송이 가능하다.

2) 내용에 따른 분류

① 주관소송

㉠ 항고소송
행정청의 위법한 처분 등에 대하여 이를 취소하는 취소소송, 위법한 처분의 등의 효력 유무·존재유무·실효확인을 구하는 무효등확인소송, 신청권이 있는 자의 신청에 대한 위법한 부작위를 확인하는 부작위위법확인소송이 있다.

> **행정소송법 제4조(항고소송)** 항고소송은 다음과 같이 구분한다.
> 1. 취소소송 : 행정청의 위법한 처분등을 취소 또는 변경하는 소송
> 2. 무효등 확인소송 : 행정청의 처분등의 효력 유무 또는 존재여부를 확인하는 소송
> 3. 부작위위법확인소송 : 행정청의 부작위가 위법하다는 것을 확인하는 소송

02 행정소송법상 항고소송은 취소소송·무효등확인소송·부작위위법확인소송·당사자소송으로 구분한다. (O | X) [21소방직]

정답 01 X 02 X

ⓛ 당사자소송

행정청의 처분 등을 원인으로 하는 법률관계에 관한 소송 그 밖에 공법상 법률관계에 관한 소송으로서 그 법률관계의 한쪽 당사자를 피고로 하는 소송을 의미한다(법 제3조).

② 객관소송

객관소송은 특별히 법률의 규정이 있을 때에 한하여 예외적으로 인정된다. 객관소송에 적용될 법규는 개별법에서 정하는 것이 일반적이지만 특별한 규정이 없는 경우 성질에 반하지 않는 한, 취소소송, 무효등확인소송, 부작위위법확인소송, 당사자소송에 관한 규정을 준용한다.

01 민중소송은 특별히 법률의 규정이 있을 때에 한하여 예외적으로 인정된다. (O | X) [16국회직8급]

02 행정소송법에서는 민중소송으로써 처분 등의 취소를 구하는 소송에는 그 성질에 반하지 아니하는 한 취소소송에 관한 규정을 준용한다. (O | X) [18교육행정직9급]

㉠ 민중소송

ⓐ 의의

국가나 공공단체의 기관이 법률에 위배되는 행위를 한 때에, 개인이 직접 자기의 법률상 이익과 관련이 없이 그 시정을 구하기 위한 소송을 의미한다.

03 국가 또는 공공단체의 기관이 법률에 위반되는 행위를 한 때에 직접 자기의 법률상 이익과 관계없이 그 시정을 구하기 위하여 제기하는 소송을 기관소송이라 한다. (O | X) [21소방직]

ⓑ 민중소송의 예

- 대통령선거 및 국회의원선거에 있어서 선거의 효력에 관하여 이의가 있는 선거인·정당 또는 후보자는 선거일부터 30일 이내에 당해 선거구선거관리위원회위원장을 피고로 하여 대법원에 소를 제기할 수 있다(공직선거법상 선거소송).
- 공금의 지출에 관한 사항, 재산의 취득·관리·처분에 관한 사항, 해당 지방자치단체를 당사자로 하는 매매·임차·도급 계약이나 그 밖의 계약의 체결·이행에 관한 사항 또는 지방세·사용료·수수료·과태료 등 공금의 부과·징수를 게을리한 사항을 감사청구한 주민은 지방자치법 제22조 제1항 각 호(주무부장관이나 시·도지사가 감사 청구를 수리한 날부터 60일이 지나도록 감사를 끝내지 않는 경우 등)에 해당하는 경우에 그 감사청구한 사항과 관련이 있는 위법한 행위나 업무를 게을리 한 사실에 대하여 해당 지방자치단체의 장을 상대방으로 하여 소송을 제기할 수 있다(지방자치법 제22조의 주민소송).
- 객관소송이므로 법률이 정한 자에 한하여 소를 제기할 수 있다.

04 주민소송은 행정소송법 제3조에서 규정하고 있는 민중소송에 해당한다. (O | X) [13국가직7급]

정답 01 O 02 O 03 X 04 O

ⓛ 기관소송
    ⓐ 의의
        - 국가나 공공단체의 기관 상호간에 있어서의 권한 존부 또는 그 행사에 관한 다툼이 있을 때에 이에 대하여 제기하는 소송을 말한다. 다만, 헌법재판소의 권한쟁의 심판의 대상이 되는 소송은 제외된다.
        - 객관소송이므로 법률이 정한 자에 한하여 소를 제기할 수 있으며, 별도로 소송을 제기하는 자의 법률상 이익 침해 여부는 문제되지 않는다.

        01 헌법재판소법에 따라 헌법재판소의 관장사항으로 되는 소송은 기관소송에서 제외한다. (O | X) [19경찰]
        02 민중소송 및 기관소송은 법률이 정한 자에 한하여 제기할 수 있다. (O | X) [21소방직]
        03 기관소송은 헌법 또는 법률에 의하여 부여받은 권한이 침해되었거나 침해될 현저한 위험이 있는 자가 제기할 수 있다. (O | X) [19경찰]

    ⓑ 권한쟁의 심판의 대상

> **헌법재판소법 제62조(권한쟁의심판의 종류)** ① 권한쟁의심판의 종류는 다음 각 호와 같다.
> 1. 국가기관 상호간의 권한쟁의심판
>   국회, 정부, 법원 및 중앙선거관리위원회 상호간의 권한쟁의심판
> 2. 국가기관과 지방자치단체 간의 권한쟁의심판
>   가. 정부와 특별시·광역시·특별자치시·도 또는 특별자치도 간의 권한쟁의심판
>   나. 정부와 시·군 또는 지방자치단체인 구(이하 "자치구"라 한다) 간의 권한쟁의심판
> 3. 지방자치단체 상호간의 권한쟁의심판
>   가. 특별시·광역시·특별자치시·도 또는 특별자치도 상호간의 권한쟁의심판
>   나. 시·군 또는 자치구 상호간의 권한쟁의심판
>   다. 특별시·광역시·특별자치시·도 또는 특별자치도와 시·군 또는 자치구 간의 권한쟁의심판

    ⓒ 기관소송의 예
        - 지방자치단체의 구역을 행정안전부장관이 정한 경우 지방자치단체장의 소제기

> **지방자치법 제4조** ⑧ 관계 지방자치단체의 장은 제3항부터 제7항까지의 규정(「공유수면 관리 및 매립에 관한 법률」에 따른 매립지가 속할 지방자치단체를 정하는 등)에 따른 행정안전부장관의 결정에 이의가 있으면 그 결과를 통보받은 날부터 15일 이내에 대법원에 소송을 제기할 수 있다.

        - 지방의회의 조례에 대한 지방자치단체장의 소제기

> **지방자치법 제107조(지방의회의 의결에 대한 재의요구와 제소)** ① 지방자치단체의 장은 지방의회의 의결이 월권이거나 법령에 위반되거나 공익을 현저히 해친다고 인정되면 그 의결사항을 이송받은 날부터 20일 이내에 이유를 붙여 재의를 요구할 수 있다.

정답 01 O 02 O 03 X

> ② 제1항의 요구에 대하여 재의한 결과 재적의원 과반수의 출석과 출석의원 3분의 2 이상의 찬성으로 전과 같은 의결을 하면 그 의결사항은 확정된다.
> ③ 지방자치단체의 장은 제2항에 따라 재의결된 사항이 법령에 위반된다고 인정되면 대법원에 소(訴)를 제기할 수 있다. 이 경우에는 제172조 제3항을 준용한다.
> 지방자치단체의 장은 지방의회가 만든 조례에 대하여 재의결된 사항이 법령에 위반된다고 인정되면 대법원에 소(訴)를 제기할 수 있다.

01 지방자치단체의 장의 재의요구에도 불구하고 지방의회가 조례안을 재의결한 경우 단체장이 지방의회를 상대로 제기하는 소송은 기관소송이다. (O | X) [18교육행정직9급]

정답 01 O

핵심 기출문제

01

행정소송법에서 규정하고 있는 항고소송은? [14국가직9급]

① 기관소송
② 당사자소송
③ 예방적 금지소송
④ 부작위위법확인소송

해설

01 | 행정소송법은 항고소송의 종류로서 취소소송, 무효등확인소송, 부작위위법확인소송에 대하여 규정하고 있다.

정답 01 ④

제2절 취소소송 개설

1. 의의

- 취소소송이란 행정청의 위법한 처분 등을 취소 또는 변경하는 소송을 의미한다. 행정심판의 재결의 취소·변경은 재결 자체에 고유한 위법이 있는 경우에만 인정된다. 행정소송법은 취소소송에 관한 규정을 두고 다른 행정소송에서 이를 준용하는 형태를 가지고 있다(취소소송 중심주의). 그리고 법적용에 있어서는 행정소송법에 특별한 규정이 없는 사항에 대해서는 법원조직법과 민사소송법 및 민사집행법을 준용하도록 하고 있다.

> **행정소송법 제8조(법적용예)** ① 행정소송에 대하여는 다른 법률에 특별한 규정이 있는 경우를 제외하고는 이 법이 정하는 바에 의한다.
> ② 행정소송에 관하여 이 법에 특별한 규정이 없는 사항에 대하여는 법원조직법과 민사소송법 및 민사집행법의 규정을 준용한다.

- 처분 등이라고 함은 처분과 재결을 의미한다. 다만, 개별법에서 재결주의를 취하거나 재결 자체의 고유한 위법이 없는 한 처분이 행정소송의 대상이 된다.

2. 성질

학설의 대립은 있으나 통설과 판례는 형성소송으로 본다.

관련 판례

조세의 부과처분을 취소하는 행정판결이 확정된 경우 부과처분의 효력은 처분 시에 소급하여 효력을 잃게 된다(대판 2015.10.29. 2013도14716).

3. 소송물

1) 의의

소송법상 기초개념으로서 심판대상이 되는 단위를 의미한다.

2) 취소소송의 소송물에 대한 학설의 대립

처분의 위법성 일반을 소송물로 보는 견해	모든 위법사유가 하나의 소송물을 이룬다는 견해이다.
개개의 위법사유 마다 소송물로 보는 견해	예를 들어, 절차법상 위법사유와 실체법상 위법사유는 소송물이 다르다고 보는 견해이다.

3) 판례
판례는 처분의 위법성 일반을 취소소송의 소송물로 본다.

> **관련 판례**
>
> 과세처분 취소소송의 소송물은 그 취소원인이 되는 위법성 일반이다(대판 1990.3.23. 89누5386).

01 항고소송은 주관소송으로 보는 것이 통설이며, 취소소송의 소송물은 당해 처분의 개개의 위법사유이다. (O | X)

[16국회직8급]

4. 취소소송의 관할

1) 재판관할

① **사물관할**

법원의 단독판사와 합의부 사이의 소송사건 분담을 정하는 것으로서 행정사건은 원칙적으로 합의부의 관할에 속한다. 다만, 합의부에서 단독판사가 심판할 것으로 결정할 수 있다.

② **심급관할**

지방법원급인 행정법원이 제1심 법원, 그 항소심을 고등법원, 상고심을 대법원이 담당한다. 다만, 행정법원은 서울에만 설치되어 있으므로 나머지 지역은 지방법원 본원에서 행정사건을 담당한다.

③ **토지관할**

> **행정소송법 제9조(재판관할)** ① 취소소송의 제1심 관할법원은 피고의 소재지를 관할하는 행정법원으로 한다.
> ② 제1항에도 불구하고 다음 각 호의 어느 하나에 해당하는 피고에 대하여 취소소송을 제기하는 경우에는 대법원소재지를 관할하는 행정법원에 제기할 수 있다.
> 1. 중앙행정기관, 중앙행정기관의 부속기관과 합의제행정기관 또는 그 장
> 2. 국가의 사무를 위임 또는 위탁받은 공공단체 또는 그 장
> ③ 토지의 수용 기타 부동산 또는 특정의 장소에 관계되는 처분등에 대한 취소소송은 그 부동산 또는 장소의 소재지를 관할하는 행정법원에 이를 제기할 수 있다.

- 취소소송의 토지관할은 피고 소재지의 관할법원이다(법 제9조 제1항).(예 서울시장이 내린 지방세부과에 대하여 취소소송으로 다투기 위해서는 피고(서울시장)의 소재지인 서울행정법원에 소를 제기하는 것이 원칙이다.)
- 피고 소재지의 관할법원 외에 대법원소재지를 관할하는 행정법원(서울행정법원)에 소를 제기할 수 있는 경우(법 제9조 제2항 1·2호)(예 세종시에 소재하고 있는 국토교

정답 01 ×

통부장관의 처분에 대하여 피고의 소재지인 대전지방법원에 소를 제기하거나 서울행정법원에 소를 제기할 수 있다.)
- 피고 소재지의 관할법원 외에 부동산소재지를 관할하는 행정법원에 소를 제기할 수 있는 경우(법 제9조 제3항)(예 세종시에 소재하는 국토교통부장관의 부산시 소재 토지에 대한 처분에 대하여는 대전지방법원에 소를 제기하거나 부산지방법원에 소를 제기할 수 있다.)
- 토지관할은 전속관할이 아니라 변론관할이나 합의관할이 인정되는 임의관할이다.

01 취소소송의 제1심 관할법원은 원고의 소재지를 관할하는 행정법원으로 한다. (O | X) [15서울시7급]
02 중앙행정기관의 부속기관과 합의제 행정기관 또는 그 장에 대하여 취소소송을 제기하는 경우에는 대법원 소재지를 관할하는 행정법원에 제기할 수 있다. (O | X) [15서울시7급]
03 토지의 수용 기타 부동산 또는 특정의 장소에 관계되는 처분 등에 대한 취소소송은 그 부동산 또는 장소의 소재지를 관할하는 행정법원에 이를 제기할 수 있다. (O | X) [15서울시7급]
04 토지의 수용 및 기타 부동산 또는 특정의 장소에 관계되는 처분 등에 대한 취소소송은 그 부동산 또는 장소의 소재지를 관할하는 행정법원에 제기해야 하므로, 민사소송법상의 합의관할 및 변론관할에 관한 규정은 적용하지 않는다. (O | X) [10국가직7급]

2) 관할 위반을 이유로 한 이송

민사소송법 제34조(관할위반 또는 재량에 따른 이송) ① 법원은 소송의 전부 또는 일부에 대하여 관할권이 없다고 인정하는 경우에는 결정으로 이를 관할법원에 이송한다.
행정소송법 제7조(사건의 이송) 민사소송법 제34조제1항의 규정은 원고의 고의 또는 중대한 과실없이 행정소송이 심급을 달리하는 법원에 잘못 제기된 경우에도 적용한다.

법원은 소송의 관할권이 없다고 인정하는 경우 직권으로 이송을 결정한다. 또한 심급위반의 소제기는 원고가 고의 또는 중과실이 없다면 법원이 직권으로 이송을 결정한다.

관련 판례

수소법원의 재판관할권 유무는 법원의 직권조사사항으로서 법원이 그 관할에 속하지 아니함을 인정한 때에는 민사소송법 제34조 제1항에 의하여 직권으로 이송결정을 하는 것이고, 소송당사자에게 관할위반을 이유로 하는 이송신청권이 있는 것은 아니다. 따라서 당사자가 관할위반을 이유로 한 이송신청을 한 경우에도 이는 단지 법원의 직권발동을 촉구하는 의미밖에 없다(대판 2018.1.19. 2017마1332).

05 수소법원의 재판관할권 유무는 법원의 직권조사사항이며, 소송당사자에게도 관할위반을 이유로 하는 이송신청권이 인정된다. (O | X) [25지방직9급]

정답 01 X 02 O 03 O 04 X 05 X

5. 관련청구의 이송과 병합

> **행정소송법 제10조(관련청구소송의 이송 및 병합)** ① 취소소송과 다음 각호의 1에 해당하는 소송(이하 "관련청구소송"이라 한다)이 각각 다른 법원에 계속되고 있는 경우에 관련청구소송이 계속된 법원이 상당하다고 인정하는 때에는 당사자의 신청 또는 직권에 의하여 이를 취소소송이 계속된 법원으로 이송할 수 있다.
> 1. 당해 처분등과 관련되는 손해배상·부당이득반환·원상회복등 청구소송
> 2. 당해 처분등과 관련되는 취소소송
> ② 취소소송에는 사실심의 변론종결시까지 관련청구소송을 병합하거나 피고외의 자를 상대로 한 관련청구소송을 취소소송이 계속된 법원에 병합하여 제기할 수 있다.

1) 개설

취소소송이 계속된 법원에 관련청구소송을 이송하거나 병합할 수 있다. 이것을 통하여 수개의 청구를 하나의 소송절차에서 심리·판단하여 효율적인 재판과 재판의 모순·저촉을 피할 수 있고 법원의 부담을 경감시킬 수 있다.

2) 관련청구소송의 범위

① 당해 처분등과 관련되는 손해배상·부당이득반환·원상회복등 청구소송

처분 등이 원인이 되어 발생한 청구나 처분 등의 취소나 변경을 선결문제로 하는 청구를 의미한다.

> **관련 판례**
> 손해배상청구 등의 민사소송이 관련청구로 병합되기 위해서는 그 청구의 내용 또는 발생원인이 행정소송의 대상인 처분 등과 법률상 또는 사실상 공통되거나, 그 처분의 효력이나 존부 유무가 선결문제로 되는 등의 관계가 있어야 함이 원칙이다(대판 2000.10.27. 99두561).

---

01 甲이 국가배상청구소송을 제기한 이후에 영업허가취소처분에 대한 취소소송을 제기한 경우 그 취소소송은 국가배상청구소송에 병합할 수 있다. (O | X)　　　　　　　　　　　　　　　　　　　　　　　　[17국회직8급]

② 당해 처분 등과 관련되는 소송

㉠ 당해 처분과 함께 하나의 절차를 구성하거나(계고와 통지사이), ㉡ 당해 처분의 취소를 구하는 다른 사람의 취소소송 등을 들 수 있다.

정답 01 X

3) 관련청구소송의 이송

- 취소소송과 관련청구소송이 계속되고 있는 경우, 관련청구소송이 계속된 법원이 상당하다고 인정하는 때에는 당사자의 신청 또는 직권에 의하여 이를 취소소송이 계속된 법원으로 이송할 수 있다.
- 이송결정은 이송받은 법원을 기속하며, 당해 법원은 그 사건을 다른 법원에 이송하지 못 한다(민사소송법 제38조).
- 이송결정이 확정된 때에는 그 관련청구소송은 처음부터 이송 받은 법원에 계속된 것으로 본다.
- 관련청구소송의 이송은 행정소송에 준용된다(항고소송, 당사자소송, 민중소송, 기관소송).

---

01 관련청구소송의 이송은 그 소송이 계속되어 있는 법원이 당해 소송을 취소소송이 계속되어 있는 법원에 이송하는 것이 상당하다고 인정하는 때에 당사자의 신청 또는 직권에 의하여 할 수 있다. (O | X) [09국가직7급]

4) 관련청구소송의 병합

- 취소소송에는 사실심의 변론종결시까지 관련청구소송을 병합하거나 피고외의 자를 상대로 한 관련청구소송을 취소소송이 계속된 법원에 병합하여 제기할 수 있다.

관련 판례

1. 행정처분에 대한 무효확인과 취소청구는 서로 양립할 수 없는 청구로서 주위적·예비적 청구로서만 병합이 가능하고 선택적 청구로서의 병합이나 단순 병합은 허용되지 아니한다(대법원 1999.8.20. 97누6889).
2. 행정소송법 제10조 제2항의 관련청구의 병합은 그것이 관련청구에 해당하기만 하면 당연히 병합청구를 할 수 있으므로 법원의 피고경정결정을 받을 필요가 없다(대판 1989.10.27. 89두1).
3. 수용재결 취소소송과 사업인정 전 사업시행으로 인한 재산권 침해에 대한 국가배상청구소송 병합 인정(대판 2000.10. 27. 99두561)
4. 주위적으로 국가유공자 비해당결정처분의 취소를 구하고 예비적으로 보훈보상대상자(지원대상자) 비해당결정취소를 구하는 청구
   국가유공자법과 보훈보상자법은 사망 또는 상이의 주된 원인이 된 직무수행 또는 교육훈련이 국가의 수호·안전보장 또는 국민의 생명·재산 보호와 직접적인 관련이 있는지에 따라 국가유공자와 보훈보상대상자를 구분하고 있으므로, 국가유공자 요건 또는 보훈보상대상자 요건에 해당함을 이유로 국가유공자 비해당결정처분과 보훈보상대상자 비해당결정처분의 취소를 청구하는 것은 동시에 인정될 수 없는 양립불가능한 관계에 있고, 이러한 두 처분의 취소청구는 원칙적으로 국가유공자 비해당결정처분 취소청구를 주위적 청구로 하는 주위적·예비적 관계에 있다.(대법원 2016.7.27. 2015두46994 판결 [국가유공자요건비해당결정취소])
5. 주위적으로 거부처분 취소소송 예비적으로 부작위위법확인소송, 주위적으로 부작위위법확인소송 예비적으로 거부처분취소소송 가능(대판 89누4758)

정답 01 O

PART 5 행정구제법

6. 고용·산재보험료 납부의무 부존재확인소(당사자소송, 사업주가 법에 따라 당연 가입자가 되기때문)과 이미 납부한 보험료에 대한 부당이득반환청구소송(민사소송) 병합 가능

   갑이 국민건강보험공단을 상대로 이미 납부한 보험료는 부당이득으로서 반환을 구하고 국민건강보험공단이 납부를 독촉하는 보험료채무는 부존재확인을 구하는 소를 제기한 사안에서, 이는 행정소송인 공법상 당사자소송과 행정소송법 제10조 제2항, 제44조 제2항에 규정된 관련청구소송으로서 부당이득반환을 구하는 민사소송이 병합하여 제기된 경우에 해당한다(대판 2016.10.13. 2016다221658).

7. 원인자 부담금부과처분 또는 압류처분 무효확인소송(항고소송)과 압류처분말소등기청구소송(민사소송) 병합 가능(대판 2001.11.27. 2000두697).

---

01 행정처분에 대한 무효확인과 취소청구는 서로 양립할 수 없는 청구로서 선택적 청구로서의 병합만이 가능하고 단순병합은 허용되지 아니한다. (O | X) [19서울시7급]

- 취소소송과 관련청구소송은 모두 소송요건을 갖추어야 한다.

관련 판례

1. 본래의 항고소송이 부적법하여 각하되면 그에 병합된 관련청구도 소송요건을 흠결한 부적법한 것으로 각하되어야 한다(대판 2001.11.27. 2000두697).
2. [1] 본래의 당사자소송이 부적법하여 각하되면 그에 병합된 관련청구소송도 소송요건을 흠결하여 부적합하므로 각하되어야 한다.
   [2] 택지개발사업지구 내 비닐하우스에서 화훼소매업을 하던 갑과 을이 재결절차를 거치지 않고 사업시행자를 상대로 주된 청구인 영업손실보상금 청구(편주 : 형식적 당사자소송)에 생활대책대상자 선정 관련청구소송(편주 : 항고소송)을 병합하여 제기한 사안에서, 영업손실보상금청구의 소가 재결절차를 거치지 않아 부적법하여 각하되는 이상, 이에 병합된 생활대책대상자 선정 관련청구소송 역시 소송요건을 흠결하여 부적법하므로 각하되어야 한다(대법원 2011.9.29. 2009두10963).

- 행정처분의 취소를 구하는 취소소송에 당해 처분의 취소를 선결문제로 하는 부당이득반환청구가 병합된 경우, 그 청구가 인용되려면 소송절차에서 당해 처분의 취소가 확정되어야 할 필요는 없다.

관련 판례

행정소송법 제10조는 처분의 취소를 구하는 취소소송에 당해 처분과 관련되는 부당이득반환소송을 관련청구로 병합할 수 있다고 규정하고 있는바, 이 조항을 둔 취지에 비추어 보면, 취소소송에 병합할 수 있는 당해 처분과 관련되는 부당이득반환소송에는 당해 처분의 취소를 선결문제로 하는 부당이득반환청구가 포함되고, 이러한 부당이득반환청구가 인용되기 위해서는 그 소송절차에서 판결에 의해 당해 처분이 취소되면 충분하고 그 처분의 취소가 확정되어야 하는 것은 아니라고 보아야 한다(대판 2009.4.9. 2008두23153).

정답 **01** X

CHAPTER 3 행정소송

01 취소소송에 병합할 수 있는 당해 처분과 관련된 부당이득반환소송은 당해 처분의 취소를 선결문제로 하는 부당이득반환청구가 포함된다. (O | X)   [14국회직8급]

02 취소소송에 당해 처분과 관련되는 부당이득반환청구소송이 병합되어 제기된 경우, 부당이득반환청구가 인용되기 위해서는 그 소송절차에서 판결에 의해 당해 처분이 취소되면 충분하고 그 처분의 취소가 확정되어야 하는 것은 아니다. (O | X)   [18국가직7급]

Ⅱ 취소소송의 당사자

1) 당사자
취소소송에서 원고와 피고를 의미한다.

2) 당사자능력
원고가 될 수 있는 일반적 능력을 의미한다.

> **관련 판례**
>
> 도롱뇽은 천성산 일원에 서식하고 있는 도롱뇽목 도롱뇽과에 속하는 양서류로서 자연물인 도롱뇽 또는 그를 포함한 자연 그 자체로서는 소송을 수행할 당사자능력을 인정할 수 없다(대판 2006.6.2. 2004마1148,1149).

03 자연물인 도롱뇽 또는 그를 포함한 자연 그 자체로서는 소송을 수행할 당사자능력을 인정할 수 없다. (O | X)   [15국가직9급]

3) 당사자적격
구체적인 소송사건에서 당사자로서 소송을 수행하고 본안 판결을 받기에 적합한 자격을 의미한다.

4) 국가 또는 국가기관의 당사자능력과 적격의 문제
원칙적으로 국가 또는 국가기관은 취소소송의 당사자 능력과 적격이 없다. 다만, 다른 국가기관이 내린 처분에 의하여 당해 국가기관에게 항고소송 외에 별다른 구제수단이 없는 경우에는 해당 국가기관은 당사자 능력과 당사자 적격을 가진다.

정답 01 O 02 O 03 O

PART 5 행정구제법

관련 판례

1. **국민권익위원회 Vs 시도선거관리위원회 위원장**
   갑이 국민권익위원회에 부패방지 및 국민권익위원회의 설치와 운영에 관한 법률에 따른 신고와 신분보장조치를 요구하였고, 국민권익위원회가 을 시·도선거관리위원회 위원장에게 '갑에 대한 중징계요구를 취소하고 향후 신고로 인한 신분상 불이익처분 및 근무조건상의 차별을 하지 말 것을 요구'하는 내용의 조치요구를 한 사안에서, 국가기관인 을에게 위 조치요구의 취소를 구하는 소를 제기할 당사자능력, 원고적격 및 법률상 이익을 인정한 원심판단을 정당하다고 한 사례(대판 2013.7.25. 2011두1214).

2. **국민권익위원회 Vs 소방청장**
   국민권익위원회가 소방청장에게 인사와 관련하여 부당한 지시를 한 사실이 인정된다며 이를 취소할 것을 요구하기로 의결하고 그 내용을 통지하자 소방청장이 국민권익위원회 조치요구의 취소를 구하는 소송을 제기한 사안에서, 처분성이 인정되는 국민권익위원회의 조치요구에 불복하고자 하는 소방청장으로서는 조치요구의 취소를 구하는 항고소송을 제기하는 것이 유효·적절한 수단으로 볼 수 있으므로 <u>소방청장이 예외적으로 당사자능력과 원고적격을 가진다</u>(대판 2018.8.1. 2014두35379).

3. **국가가 국토이용계획과 관련한 기관위임사무의 처리에 관하여 지방자치단체의 장을 상대로 취소소송을 제기할 수 없다.**
   [1] 건설교통부장관은 지방자치단체의 장이 기관위임사무인 국토이용계획 사무를 처리함에 있어 자신과 의견이 다를 경우 <u>행정협의조정위원회에 협의·조정 신청을 하여 그 협의·조정 결정에 따라 의견불일치를 해소할 수 있고, 법원에 의한 판결을 받지 않고서도 행정권한의 위임 및 위탁에 관한 규정이나 구 지방자치법에서 정하고 있는 지도·감독을 통하여 직접 지방자치단체의 장의 사무처리에 대하여 시정명령을 발하고 그 사무처리를 취소 또는 정지할 수 있으며</u>, 지방자치단체의 장에게 기간을 정하여 <u>직무이행명령</u>을 하고 지방자치단체의 장이 이를 이행하지 아니할 때에는 직접 필요한 조치를 할 수도 있으므로, 국가가 국토이용계획과 관련한 지방자치단체의 장의 기관위임사무의 처리에 관하여 지방자치단체의 장을 상대로 취소소송을 제기하는 것은 허용되지 않는다.
   [2] 주위적 원고 대한민국의 소는 위에서 본 바와 같은 이유로 부적법하고, 예비적 원고 충북대학교 총장의 소는, 원고 충북대학교 총장이 원고 대한민국이 설치한 충북대학교의 대표자일 뿐 항고소송의 원고가 될 수 있는 당사자능력이 없어 부적법하다(대판 2007.9.20. 2005두6935).

---

01 국민권익위원회가 「부패방지 및 국민권익위원회의 설치 및 운영에 관한 법률」 소정의 조치를 요구한 경우에 그 요구에 불응하면 제재를 받을 수 있는데도 불구하고 기관소송을 제기할 수 없는 시·도 선거관리위원회 위원장으로서는 그 요구에 대해 항고소송을 제기할 수 있다. (O | X) [19경찰]

02 소방청장이 처분성이 인정되는 국민권익위원회의 조치요구에 불복하여 조치요구의 취소를 구하는 경우에 취소소송의 원고적격이 인정된다. (O | X) [21국가직9급]

03 국가가 국토이용계획과 관련한 지방자치단체의 장의 기관위임사무의 처리에 관하여 지방자치단체의 장을 상대로 취소소송을 제기하는 것은 허용되지 않는다. (O | X) [24지방직9급]

정답 01 O 02 O 03 O

5) 국가나 지방자치단체의 원고적격

- 국가나 지방자치단체도 행정처분의 상대방이 되는 경우가 있으므로 원고적격이 인정될 수 있다.

> **관련 판례**
>
> 1. 지방자치단체 등이 건축물 소재지 관할 허가권자인 지방자치단체의 장을 상대로 건축협의 취소의 취소를 구할 수 있다(대판 2014.2.27. 2012두22980).
> 2. 원고 - 대한민국, 피고 - 한국전력공사, 대상적격 - 수신료부과처분
>   행정절차법 제2조 제4호에 의하면, '당사자 등'이란 행정청의 처분에 대하여 직접 그 상대가 되는 당사자와 행정청이 직권 또는 신청에 의하여 행정절차에 참여하게 한 이해관계인을 의미하는데, 같은 법 제9조에서는 자연인, 법인, 법인 아닌 사단 또는 재단 외에 '다른 법령 등에 따라 권리·의무의 주체가 될 수 있는 자' 역시 '당사자 등'이 될 수 있다고 규정하고 있을 뿐, 국가를 '당사자 등'에서 제외하지 않고 있다. 또한 행정절차법 제3조 제2항에서 행정절차법이 적용되지 않는 사항을 열거하고 있는데, '국가를 상대로 하는 행정행위'는 그 예외사유에 해당하지 않는다. 위와 같은 행정절차법의 규정과 행정의 공정성·투명성 및 신뢰성 확보라는 행정절차법의 입법 취지 등을 고려해 보면, 행정기관의 처분에 의하여 불이익을 입게 되는 국가를 일반 국민과 달리 취급할 이유가 없다. 따라서 국가에 대해 행정처분을 할 때에도 사전 통지, 의견청취, 이유 제시와 관련한 행정절차법이 그대로 적용된다고 보아야 한다(대판 2023.9.21. 2023두39724).

---

01 지방자치단체가 건축물 소재지 관할 허가권자인 지방자치단체의 장을 상대로 건축협의 취소의 취소를 구하는 사안에서의 지방자치단체는 원고적격을 가진다. (O | X) [19국회직8급]

정답 01 O

제3절 소송요건

- 본안판단을 받기 위한 전제요건이 소송요건이다. 소송요건을 구비하지 못한 경우, 소는 부적법 각하 판결(소 각하 판결)을 받게 된다.
- 소송요건으로는 ① 원고적격이 있는 자에게 ② 협의의 소익이 있고, ③ 처분 등을 대상으로 하여, ④ 피고적격이 있는 행정청을 상대로, ⑤ 제소기간을 준수하여, ⑥ 관할법원에, ⑦ 소장의 형식으로 소를 제기하여야 한다. 만일 행정심판을 반드시 거쳐야 하는 경우(예외적 행정심판 전치주의)에는 행정심판을 거친 후에 제기한다.
- 소송의 대상에 대하여 기판력이 있는 확정판결이 있는 등의 중복제소가 아니어야 한다.

I 원고적격

1. 의의

구체적인 취소소송에서 당사자로서 소송을 수행하고 본안 판결을 받기에 적합한 자격을 의미한다. 행정소송법은 처분 등의 취소를 구할 법률상 이익이 있는 자가 원고적격을 가진다고 규정한다.

> **행정소송법 제12조(원고적격)** 취소소송은 처분등의 취소를 구할 법률상 이익이 있는 자가 제기할 수 있다. 처분등의 효과가 기간의 경과, 처분등의 집행 그 밖의 사유로 인하여 소멸된 뒤에도 그 처분등의 취소로 인하여 회복되는 법률상 이익이 있는 자의 경우에는 또한 같다.

2. "법률상 이익"의 의미

1) 학설대립

① **권리구제설** : 권리가 침해된 자를 의미한다는 견해이다.
② **법률상 이익구제설** : 권리가 침해된 자 이외에도 법률이 보호하고 있는 이익을 침해받은 자를 의미한다는 견해로 다수설과 판례의 입장이다.
③ **이익구제설** : 법적 이익과 사실상 이익을 구별하지 않고 재판상 보호할 가치가 있다면 원고적격을 인정하는 견해이다.
④ **적법성보장설** : 취소소송의 목적을 적법성 확보로 보고 적법성을 다툴 이익이 있는자가 원고적격이 있다는 견해이다.

---

01 행정소송법 제12조 전단의 '법률상 이익'의 개념과 관련하여서는 권리구제설, 법률상 보호된 이익구제설, 보호가치있는 이익구제설, 적법성 보장설 등으로 나누어지며, 이 중에서 보호가치 있는 이익구제설이 통설·판례의 입장이다. (O | X)   [17국회직8급]

정답 01 ×

2) 판례

> **관련 판례** 법률상 보호이익의 판단기준에 관한 판례
>
> 1. [1] 법률상 보호되는 이익은 당해 처분의 근거 법규 및 관련 법규에 의하여 보호되는 개별적·직접적·구체적 이익이 있는 경우를 말하고, 공익보호의 결과로 국민 일반이 공통적으로 가지는 일반적·간접적·추상적 이익과 같이 사실적·경제적 이해관계를 갖는 데 불과한 경우는 여기에 포함되지 아니한다.
>   [2] 또 당해 처분의 근거 법규 및 관련 법규에 의하여 보호되는 법률상 이익은 당해 처분의 근거 법규의 명문 규정에 의하여 보호받는 법률상 이익, 당해 처분의 근거 법규에 의하여 보호되지는 아니하나 당해 처분의 행정목적을 달성하기 위한 일련의 단계적인 관련 처분들의 근거 법규에 의하여 명시적으로 보호받는 법률상 이익, 당해 처분의 근거 법규 또는 관련 법규에서 명시적으로 당해 이익을 보호하는 명문의 규정이 없더라도 근거 법규 및 관련 법규의 합리적 해석상 그 법규에서 행정청을 제약하는 이유가 순수한 공익의 보호만이 아닌 개별적·직접적·구체적 이익을 보호하는 취지가 포함되어 있다고 해석되는 경우까지를 말한다(대판 2013.9.12. 2011두33044).
> 2. 환경부장관이 집단시설지구 내 시설물기본설계 변경승인처분 등을 함에 있어서는 반드시 자연공원법령 및 환경영향평가법령 소정의 환경영향평가를 거쳐서 그 환경영향평가의 협의내용을 사업계획에 반영시키도록 하여야 하므로 자연공원법령뿐 아니라, 환경영향평가법령도 위 변경승인처분 등에 직접적인 영향을 미치는 근거 법령이 된다고 볼 수밖에 없고, 환경영향평가에 관한 위 자연공원법령 및 환경영향평가법령상의 관련 규정의 취지는 집단시설지구개발사업으로 인하여 직접적이고 중대한 환경피해를 입으리라고 예상되는 환경영향평가대상지역 안의 주민들이 개발 전과 비교하여 수인한도를 넘는 환경침해를 받지 아니하고 쾌적한 환경에서 생활할 수 있는 개별적 이익까지도 이를 보호하려는 데에 있다(대판 2001.7.27. 99두2970).

01 판례는 행정소송법 제12조의 법률상 이익은 직접적이고 구체적·개인적 이익을 말하고 간접적이거나 사실적·경제적 이해관계를 가지는데 불과한 경우 및 공익은 포함되지 않는다고 보고 있다. (O | X)   [13국회직9급]

02 대법원은 속리산국립공원 용화집단시설지구의 개발을 위한 공원사업시행허가에 대한 취소소송 사건에서 자연공원법령뿐만 아니라 허가와 불가분적으로 관계가 있는 환경영향평가 법령도 공원사업시행허가처분의 근거법령이 된다고 판시하여 근거법률의 범위를 확대하였다. (O | X)   [11국가직9급]

3) 구체적인 판례 사안 검토

① 일반적·간접적·추상적 이익과 같이 사실적·경제적 이해관계를 가지는 데 불과한 경우

> **관련 판례**
>
> 1. 환경부장관이 생태·자연도 1등급으로 지정되었던 지역을 2등급 또는 3등급으로 변경하는 내용의 생태·자연도 수정·보완을 고시하자, 인근 주민 갑이 생태·자연도 등급변경처분의 무효 확인을 청구한 사안에서, 갑은 무효 확인을 구할 원고적격이 없다(대판 2014.2.21. 2011두29052).

정답 01 O 02 O

PART 5 행정구제법

2. 국방부 민·군 복합형 관광미항(제주해군기지) 사업시행을 위한 해군본부의 요청에 따라 제주특별자치도지사가 절대보존지역이던 서귀포시 강정동 해안변지역에 관하여 절대보존지역을 변경(축소)하고 고시한 사안
절대보존지역의 유지로 지역주민회와 주민들이 가지는 주거 및 생활환경상 이익은 지역의 경관 등이 보호됨으로써 반사적으로 누리는 것일 뿐 근거 법규 또는 관련 법규에 의하여 보호되는 개별적·직접적·구체적 이익이라고 할 수 없다는 이유로, 지역주민회 등은 위 처분을 다툴 원고적격이 없다(대판 2012.7.5. 2011두13187, 13194).

01 절대보전지역 변경처분에 대해 지역주민회와 주민들이 항고소송을 제기한 경우에는 절대보전지역 유지로 지역주민회·주민들이 가지는 주거 및 생활환경상 이익은 지역의 경관 등이 보호됨으로써 누리는 법률상 이익이다. (O | X) [17서울시7급]

② 수익 처분의 상대방인 경우

관련 판례
행정처분이 수익적인 처분이거나 신청에 의하여 신청 내용대로 이루어진 처분인 경우에는 처분 상대방의 권리나 법률상 보호되는 이익이 침해되었다고 볼 수 없으므로 달리 특별한 사정이 없는 한 처분의 상대방은 그 취소를 구할 이익이 없다고 할 것이다(대판 1995.5.26. 94누7324).

02 행정처분에 있어서 불이익처분의 상대방은 직접 개인적 이익의 침해를 받은 자로서 취소소송의 원고적격이 인정되지만 수익처분의 상대방은 그의 권리나 법률상 보호되는 이익이 침해되었다고 볼 수 없으므로 달리 특별한 사정이 없는 한 취소를 구할 이익이 없다. (O | X) [17국가직9급]

③ 처분의 상대방이 아닌 제3자의 경우
처분의 상대방이 아니라도 법률상 이익을 침해받았거나 받을 것이 예상되는 경우에는 취소소송을 제기할 수 있다.

관련 판례
채석허가를 받은 자에 대한 관할 행정청의 채석허가 취소처분에 대하여 수허가자의 지위를 양수한 양수인에게 그 취소처분의 취소를 구할 법률상 이익이 있다.
양수인의 지위는 단순한 반사적 이익이나 사실상의 이익이 아니라 산림법령에 의하여 보호되는 직접적이고 구체적인 이익으로서 법률상 이익이라고 할 것이다(대판 2003.7.11. 2001두6289).

03 채석허가를 받은 자로부터 영업양수 후 명의변경신고 이전에 양도인의 법위반사유를 이유로 채석허가가 취소된 경우, 양수인은 수허가자의 지위를 사실상 양수받았다고 하더라도 그 처분의 취소를 구할 법률상 이익을 가지지 않는다. (O | X) [17국가직7급]

정답 01 X 02 O 03 X

④ 복효적 행정행위의 경우

㉠ 경업자소송(새로운 경쟁자에 대하여 신규허가를 발급한 것과 관련하여 기존업자가 다투는 소송)에 관한 판례

일반적으로 면허나 인·허가 등의 수익적 행정처분의 근거가 되는 법률이 해당 업자들 사이의 과당경쟁으로 인한 경영의 불합리를 방지하는 것도 그 목적으로 하고 있는 경우에는 법률상 이익을 인정하는 것이 판례의 입장이다.

> **관련 판례**
>
> 1. 기존의 시내버스운송사업자와 시외버스운송사업자들은 경업관계에 있는 것으로 봄이 상당하다 할 것이어서 기존의 시내버스운송사업자에게 시외버스운송사업계획변경인가처분의 취소를 구할 법률상의 이익이 있다(대판 2002.10.25. 2001두4450).
> 2. 숙박업구조변경허가처분을 받은 건물의 인근에서 여관을 경영하는 자들에게 그 처분의 무효확인 또는 취소를 구할 소익이 있다고 볼 수 없다는 취지의 판시(대판 1990.8.14. 89누7900).
> 3. 담배 일반소매인의 지정기준으로서 일반소매인의 영업소 간에 일정한 거리제한을 두고 있는 것은 담배유통구조의 확립을 통하여 국민의 건강과 관련되고 국가 등의 주요 세원이 되는 담배산업 전반의 건전한 발전 도모 및 국민경제에의 이바지라는 공익목적을 달성하고자 함과 동시에 일반소매인 간의 과당경쟁으로 인한 불합리한 경영을 방지함으로써 일반소매인의 경영상 이익을 보호하는 데에도 그 목적이 있다고 보이므로, 일반소매인으로 지정되어 영업을 하고 있는 기존업자의 신규 일반소매인에 대한 이익은 단순한 사실상의 반사적 이익이 아니라 법률상 보호되는 이익이라고 해석함이 상당하다(대판 2008.3.27. 2007두23811).
> 4. 일반소매인으로 지정되어 영업을 하고 있는 기존업자의 신규 구내소매인에 대한 이익은 법률상 보호되는 이익이 아니라 단순한 사실상의 반사적 이익이라고 해석함이 상당하므로, 기존 일반소매인은 신규 구내소매인 지정처분의 취소를 구할 원고적격이 없다(대판 2008.4.10. 2008두402).
> 5. 석탄수급조정에 관한 임시조치법 소정의 석탄가공업에 관한 허가는 사업경영의 권리를 설정하는 형성적 행정행위가 아니라 질서유지와 공공복리를 위한 금지를 해제하는 명령적 행정행위여서 그 허가를 받은 자는 영업자유를 회복하는데 불과하고 독점적 영업권을 부여받은 것이 아니기 때문에 기존허가를 받은 원고들이 신규허가로 인하여 영업상 이익이 감소된다 하더라도 이는 원고들의 반사적 이익을 침해하는 것에 지나지 아니하므로 원고들은 신규허가 처분에 대하여 행정소송을 제기할 법률상 이익이 없다(대판 1980.7.22. 80누33,34).

01 기존의 고속형 시외버스운송사업자 A는 경업관계에 있는 직행형 시외버스운송사업자에 대한 사업계획변경인가처분의 취소를 구할 법률상 이익이 있다. (O | X) [16지방직9급]

02 기존업자가 특허기업인 경우에는 그 특허로 인하여 받는 영업상 이익은 반사적 이익 내지 사실상 이익에 불과한 것으로 보는 것이 일반적이나, 허가기업인 경우에는 기존업자가 그 허가로 인하여 받은 영업상 이익은 법률상 이익으로 본다. (O | X) [17국회직8급]

03 구「석탄수급조정에 관한 임시조치법」소정의 석탄가공업에 관한 허가는 사업경영의 권리를 설정하는 형성적 행정행위이므로 기존에 허가를 받은 원고들이 신규허가로 인하여 영업상 이익이 감소될 수 있다는 이유로 기존의 업자에 대해 처분의 취소를 구할 법률상 이익이 있다. (O | X) [13국회직8급]

정답 01 O 02 X 03 X

ⓛ 경원자소송(수익적 행정처분을 신청한 수인이 서로 경쟁관계에 있는 경우, 허가를 받지 못한자가 타방이 받은 허가에 대하여 제기하는 소송)에 관한 판례

> **관련 판례** 항만공사 시행허가 신청과 관련된 경원자소송에서 원고적격에 대한 판단기준에 대한 판례
>
> 1. 인·허가 등의 수익적 행정처분을 신청한 여러 사람이 서로 경쟁관계에 있어 일방에 대한 허가 등의 처분이 타방에 대한 불허가 등으로 될 수밖에 없는 때에는 허가 등의 처분을 받지 못한 사람은 처분의 상대방이 아니라 하더라도 당해 처분의 취소를 구할 당사자적격이 있고, 다만 구체적인 경우에 있어서 그 처분이 취소된다 하더라도 허가 등의 처분을 받지 못한 불이익이 회복된다고 볼 수 없을 때에는 당해 처분의 취소를 구할 정당한 이익이 없다(대판 1998.9.8. 98두6272).
> 2. 노선버스 한정면허 기준에 관한 구 자동차운수사업법시행규칙의 규정상 기존의 농어촌버스운송사업 계획변경신청을 인가하면 신규의 마을버스운송사업면허를 할 수 없게 되는 경우, 마을버스운송사업 면허신청자에게 농어촌버스운송사업계획변경인가처분의 취소를 구할 당사자 적격이 있다(대판 1999.10.12. 99두6026).

01 경원자소송(競願者訴訟)에서는 법적 자격의 흠결로 신청이 인용될 가능성이 없는 경우를 제외하고는 경원관계의 존재만으로 거부된 처분의 취소를 구할 법률상 이익이 있다. (O | X)   [08국회직8급]

ⓒ 인인소송(주민소송)에 관한 판례

> **관련 판례** 제3자의 원고적격 인정 여부에 관한 판례
>
> 1. 주거지역 안에서 제한면적을 초과한 연탄공장건축허가 처분으로 불이익을 받고 있는 제3거주자가 제기한 인인소송
>   주거지역 안에서는 도시계획법 제19조 제1항과 개정 전 건축법 제32조 제1항에 의하여 공익상 부득이하다고 인정될 경우를 제외하고는 거주의 안녕과 건전한 생활환경의 보호를 해치는 모든 건축이 금지되고 있을 뿐 아니라 주거지역 내에 거주하는 사람이 받는 위와 같은 보호이익은 법률에 의하여 보호되는 이익이다(대판 1975.5.13. 73누96, 97).
> 2. 상수원보호구역변경처분에 대하여 상수원에서 급수를 받고 있는 지역주민이 제기한 소송
>   상수원보호구역 설정의 근거가 되는 수도법 제5조 제1항 및 동 시행령 제7조 제1항이 보호하고자 하는 것은 상수원의 확보와 수질보전일 뿐이고, 그 상수원에서 급수를 받고 있는 지역주민들이 가지는 상수원의 오염을 막아 양질의 급수를 받을 이익은 직접적이고 구체적으로는 보호하고 있지 않음이 명백하여 위 지역주민들이 가지는 이익은 상수원의 확보와 수질보호라는 공공의 이익이 달성됨에 따라 반사적으로 얻게 되는 이익에 불과하므로 지역주민들에 불과한 원고들에게는 위 상수원보호구역변경처분의 취소를 구할 법률상의 이익이 없다(대판 1995.9.26. 선고 94누14544).
> 3. 납골당 설치장소에서 500m 내에 20호 이상의 인가가 밀집한 지역에 거주하는 주민들의 경우, 납골당이 누구에 의하여 설치되는지와 관계없이 납골당 설치에 대하여 환경이익침해 또는 침해우려가 있는 것으로 사실상 추정되어 원고적격이 인정된다(대판 2011.9.8. 2009두6766).
> 4. 김해시장이 낙동강에 합류하는 하천수 주변의 토지에 구 산업집적활성화 및 공장설립에 관한 법률 제13조에 따라 공장설립을 승인하는 처분을 한 사안에서, 공장설립으로 수질오염 등이 발생할 우려가

정답 01 O

있는 취수장에서 물을 공급받는 부산광역시 또는 양산시에 거주하는 주민들도 위 처분의 근거 법규 및 관련 법규에 의하여 법률상 보호되는 이익이 침해되거나 침해될 우려가 있는 주민으로서 원고적격이 인정된다(대판 2010.4.15. 2007두16127).

01 상수원보호구역 설정의 근거가 되는 규정이 보호하고자 하는 것은 상수원의 확보와 수질보전일 뿐이고, 그 상수원에서 급수를 받고 있는 지역주민들이 가지는 상수원의 오염을 막아 양질의 급수를 받을 이익은 상수원의 확보와 수질보호라는 공공의 이익이 달성됨에 따라 반사적으로 얻게 되는 이익에 불과하다. (O | X) [18경찰]

02 납골당 설치장소로부터 500m 내에 20호 이상의 인가가 밀집한 지역에 거주하는 주민들의 경우, 납골당이 누구에 의하여 설치되는지와 관계없이 납골당 설치에 대하여 환경이익 침해 또는 침해우려가 있는 것으로 사실상 추정되어 원고적격이 인정된다. (O | X) [12지방직7급]

ⓔ 환경영향평가 관련 판례
ⓐ 영향권 범위 내의 주민은 법률상 이익이 있는 것으로 사실상 추정된다. '사실상 추정'을 받는 자는 관련하여 영향권 내의 주민 외에도 영향권 내에서 농작물 경작자와 같이 환경상 이익을 향유하는 자는 포함되나 건물·토지를 소유하거나 환경상 이익을 일시적으로 향유하는 데 그치는 사람은 포함되지 않는다.

관련 판례

[1] 그 행정처분의 근거 법규 또는 관련 법규에 그 처분으로써 이루어지는 행위 등 사업으로 인하여 환경상 침해를 받으리라고 예상되는 영향권의 범위가 구체적으로 규정되어 있는 경우에는, 그 영향권 내의 주민들에 대하여는 당해 처분으로 인하여 직접적이고 중대한 환경피해를 입으리라고 예상할 수 있고, 이와 같은 환경상의 이익은 주민 개개인에 대하여 개별적으로 보호되는 직접적·구체적 이익으로서 그들에 대하여는 특단의 사정이 없는 한 환경상 이익에 대한 침해 또는 침해 우려가 있는 것으로 사실상 추정된다.
[2] 환경상 이익에 대한 침해 또는 침해 우려가 있는 것으로 사실상 추정되어 원고적격이 인정되는 사람에는 환경상 침해를 받으리라고 예상되는 영향권 내의 주민들을 비롯하여 그 영향권 내에서 농작물을 경작하는 등 현실적으로 환경상 이익을 향유하는 사람도 포함된다. 그러나 단지 그 영향권 내의 건물·토지를 소유하거나 환경상 이익을 일시적으로 향유하는 데 그치는 사람은 포함되지 않는다(대판 2009.9.24. 2009두2825).

03 환경상 이익에 대한 침해 또는 침해 우려가 있는 것으로 사실상 추정되어 원고적격이 인정되는 사람에게는 환경상 침해를 받으리라고 예상되는 영향권 내의 주민들을 비롯하여 단지 그 영향권 내의 건물·토지를 소유하거나 환경상 이익을 일시적으로 향유하는 데 그치는 사람도 포함된다. (O | X) [12지방직9급]

ⓑ 사전환경성검토협의 대상지역 내에 포함될 개연성이 충분하다고 보이는 주민도 원고적격이 인정된다.

정답 01 O 02 O 03 X

> **관련 판례**
>
> 환경정책기본법령상 사전환경성검토협의 대상지역 내에 포함될 개연성이 충분하다고 보이는 주민들에게 그 협의대상에 해당하는 창업사업계획승인처분과 공장설립승인처분의 취소를 구할 원고적격이 인정된다(대판 2006.12.22. 2006두14001).

ⓒ 영향권 밖의 주민들은 당해 처분으로 인하여 그 처분 전과 비교하여 수인한도를 넘는 환경피해를 받거나 받을 우려가 있다는 자신의 환경상 이익에 대한 침해 또는 침해 우려가 있음을 입증하여야만 법률상 보호되는 이익으로 인정되어 원고적격이 인정된다(대판 2009.9.24. 2009두2825).

ⓓ 헌법 제35조 제1항에서 정하고 있는 환경권에 관한 규정만으로는 그 권리의 주체·대상·내용·행사방법 등이 구체적으로 정립되어 있다고 볼 수 없고, 환경정책기본법 제6조도 그 규정 내용 등에 비추어 국민에게 구체적인 권리를 부여한 것으로 볼 수 없다는 이유로, 환경영향평가 대상지역 밖에 거주하는 주민에게 헌법상의 환경권 또는 환경정책기본법에 근거하여 공유수면매립면허처분과 농지개량사업 시행인가처분의 무효확인을 구할 원고적격이 없다(대판 2006.3.16. 2006두330전합).

01 환경영향평가대상지역 밖의 주민들은 공유수면 매립면허처분으로 인하여 그 처분 전과 비교하여 수인한도를 넘는 환경피해를 받거나 받을 우려가 있다는 점을 입증할 경우 법률상 보호되는 이익이 인정된다. (O | X) [17국회직8급]

ⓔ 기타 원고적격과 관련된 판례

> **관련 판례**
>
> 1. 제약회사가 자신이 공급하는 약제에 관하여 국민건강보험법, 같은 법 시행령, 국민건강보험 요양급여의 기준에 관한 규칙(2001.12.31. 보건복지부령 제207호) 등 약제상한금액고시의 근거 법령에 의하여 보호되는 직접적이고 구체적인 이익을 향유하는데, 보건복지부 고시인 약제급여·비급여목록 및 급여상한금액표(보건복지부 고시 제2002-46호로 개정된 것)로 인하여 자신이 제조·공급하는 약제의 상한금액이 인하됨에 따라 위와 같이 보호되는 법률상 이익이 침해당할 경우, 제약회사는 위 고시의 취소를 구할 원고적격이 있다(대판 2006.9.22. 2005두2506).
> 2. 사단법인 대한의사협회는 의료법에 의하여 의사들을 회원으로 하여 설립된 사단법인으로서, 국민건강보험법상 요양급여행위, 요양급여비용의 청구 및 지급과 관련하여 직접적인 법률관계를 갖지 않고 있으므로, 보건복지부 고시인 '건강보험요양급여행위 및 그 상대가치점수 개정'으로 인하여 자신의 법률상 이익을 침해당하였다고 할 수 없다는 이유로 위 고시의 취소를 구할 원고적격이 없다(대판 2006.5.25. 2003두11988).
> 3. 주택건설사업의 양수인이 사업주체의 변경승인신청을 한 이후에 행정청이 양도인에 대하여 그 사업계획변경승인의 전제로 되는 사업계획승인을 취소하는 처분을 한 경우, 양수인은 위 처분의 취소를 구할 법률상의 이익을 가진다(대판 2000.9.26. 99두646).

정답 01 O

4. 공매 등의 절차에 따라 문화체육관광부령으로 정하는 주요한 유원시설업 시설의 전부 또는 체육시설업의시설기준에 따른 필수시설을 인수함으로써 그 유원시설업자 또는 체육시설업자의 지위를 승계한 자가 관계행정청에 이를 신고하여 행정청이 이를 수리하는 경우에는 종전의 유원시설업자에 대한 허가는 그 효력을 잃고, 종전의 체육시설업자는 적법한 신고를 마친 체육시설업자로서의 지위를 부인당할 불안정한 상태에 놓이게 되므로 수리처분의 취소를 구할 법률상 이익이 있다(대판 2012.12.13. 2011두29144).

5. 「도시 및 주거환경정비법」상 조합설립추진위원회의 구성에 동의하지 아니한 정비구역 내의 토지 등 소유자에게 조합설립추진위원회 설립승인처분의 취소를 구할 원고적격이 인정된다(대판 2007.1.25. 2006두12289).

6. 예탁금회원제 골프장의 기존회원은 골프장 운영자가 사업계획의 승인을 받을 때 정한 예정인원을 초과하여 회원을 모집하는 내용의 회원모집계획서에 대한 시·도지사의 검토결과 통보의 취소를 구할 법률상의 이익이 있다고 보아야 한다(대판 2009.2.26. 2006두16243).

7. 운전기사의 합승행위를 이유로 소속 운수회사에 대하여 과징금부과처분이 있는 경우 당해 운전기사는 그 과징금부과처분의 취소를 구할 이익이 없다(대판 1994.4.12. 93누24247).

8. 면허받은 장의자동차운송사업구역에 위반하였음을 이유로 한 행정청의 과징금부과처분에 의하여 동종업자의 영업이 보호되는 결과는 사업구역제도의 반사적 이익에 불과하기 때문에 그 과징금부과처분을 취소한 재결에 대하여 처분의 상대방 아닌 제3자는 그 취소를 구할 법률상 이익이 없다(대판 1992.12.8. 91누13700).

9. 개발제한구역 중 일부취락을 개발제한구역에서 해제하는 내용의 도시관리계획변경결정에 대하여, 개발제한구역 해제대상에서 누락된 토지의 소유자는 위 결정의 취소를 구할 법률상 이익이 없다(대판 2008.7.10. 2007두10242).

10. 일반적으로 법인의 주주는 당해 법인에 대한 행정처분에 관하여 사실상이나 간접적인 이해관계를 가질 뿐이어서 스스로 그 처분의 취소를 구할 원고적격이 없는 것이 원칙이라고 할 것이지만, 그 처분으로 인하여 궁극적으로 주식이 소각되거나 주주의 법인에 대한 권리가 소멸하는 등 주주의 지위에 중대한 영향을 초래하게 되는데도 그 처분의 성질상 당해 법인이 이를 다툴 것을 기대할 수 없고 달리 주주의 지위를 보전할 구제방법이 없는 경우에는 주주도 그 처분에 관하여 직접적이고 구체적인 법률상 이해관계를 가진다고 보이므로 그 취소를 구할 원고적격이 있다(대판 2004.12.23. 2000두2648).

11. 지방법무사회가 법무사의 사무원 채용승인 신청을 거부하거나 채용승인을 얻어 채용 중인 사람에 대한 채용승인을 취소하면, 상대방인 법무사로서도 그 사람을 사무원으로 채용할 수 없게 되는 불이익을 입게 될 뿐만 아니라, 그 사람도 법무사 사무원으로 채용되어 근무할 수 없게 되는 불이익을 입게 된다. 법무사규칙 제37조 제4항이 이의신청 절차를 규정한 것은 채용승인을 신청한 법무사뿐만 아니라 사무원이 되려는 사람의 이익도 보호하려는 취지로 볼 수 있다. 따라서 지방법무사회의 사무원 채용승인 거부처분 또는 채용승인 취소처분에 대해서는 처분 상대방인 법무사뿐만 아니라 그 때문에 사무원이 될 수 없게 된 사람도 이를 다툴 원고적격이 인정되어야 한다(대판 2020.4.9. 2015다34444).

12. 행정처분의 상대방이 아닌 제3자도 그 행정처분의 취소에 관하여 법률상 구체적 이익이 있으면 행정소송법 제12조에 의하여 그 처분의 취소를 구하는 행정소송을 제기할 수 있는바, 구속된 피고인은 형사소송법 제89조의 규정에 따라 타인과 접견할 권리를 가지며 행형법 제62조, 제18조 제1항의

규정에 의하면 교도소에 미결수용된 자는 소장의 허가를 받아 타인과 접견할 수 있으므로(이와 같은 접견권은 헌법상 기본권의 범주에 속하는 것이다) 구속된 피고인이 사전에 접견신청한 자와의 접견을 원하지 않는다는 의사표시를 하였다는 등의 특별한 사정이 없는 한 구속된 피고인은 교도소장의 접견허가거부처분으로 인하여 자신의 접견권이 침해되었음을 주장하여 위 거부처분의 취소를 구할 원고적격을 가진다(대판 1992.5.8. 91누7552).

13. 개발제한구역 안에서의 공장설립을 승인한 처분이 위법하다는 이유로 쟁송취소되었다고 하더라도 그 승인처분에 기초한 공장건축허가처분이 잔존하는 이상, 공장설립승인처분이 취소되었다는 사정만으로 인근 주민들의 환경상 이익이 침해되는 상태나 침해될 위험이 종료되었다거나 이를 시정할 수 있는 단계가 지나버렸다고 단정할 수는 없고, 인근 주민들은 여전히 공장건축허가처분의 취소를 구할 법률상 이익이 있다고 보아야 한다(대판 2018.7.12. 2015두3485).

14. (미국국적의 스티브 유가 입국을 위한 사증발급을 신청한 사건에서 스티브 유는) 대한민국에서 출생하여 오랜 기간 대한민국 국적을 보유하면서 거주한 사람이므로 이미 대한민국과 실질적 관련성이 있거나 대한민국에서 법적으로 보호가치 있는 이해관계를 형성하였다고 볼 수 있다. 또한 재외동포의 대한민국 출입국과 대한민국 안에서의 법적 지위를 보장함을 목적으로「재외동포의 출입국과 법적 지위에 관한 법률」이 특별히 제정되어 시행 중이다. 따라서 원고는 이 사건 사증발급 거부처분의 취소를 구할 법률상 이익이 인정되므로, 원고적격 또는 소의 이익이 없어 이 사건 소가 부적법하다는 피고의 주장은 이유 없다(대판 2019.7.11. 2017두38874).

15. 사증발급 거부처분을 다투는 외국인은, 아직 대한민국에 입국하지 않은 상태에서 대한민국에 입국하게 해달라고 주장하는 것으로, 대한민국과의 실질적 관련성 내지 대한민국에서 법적으로 보호가치 있는 이해관계를 형성한 경우는 아니어서, 해당 처분의 취소를 구할 법률상 이익을 인정하여야 할 법정책적 필요성도 크지 않다. 반면, 국적법상 귀화불허가처분이나 출입국관리법상 체류자격변경 불허가처분, 강제퇴거명령 등을 다투는 외국인은 대한민국에 적법하게 입국하여 상당한 기간을 체류한 사람이므로, 이미 대한민국과의 실질적 관련성 내지 대한민국에서 법적으로 보호가치 있는 이해관계를 형성한 경우이어서, 해당 처분의 취소를 구할 법률상 이익이 인정된다고 보아야 한다(대판 2018.5.15. 2014두42506).

16. 대학생들이 전공이 다른 교수를 임용함으로써 학습권을 침해당하였다는 이유를 들어 교수임용처분의 취소를 구할 소의 이익이 없다(대판 1993.7.27. 93누8139).

17. 재단법인 갑 수녀원이, 매립목적을 택지조성에서 조선시설용지로 변경하는 내용의 공유수면매립목적 변경 승인처분으로 인하여 법률상 보호되는 환경상 이익을 침해받았다면서 행정청을 상대로 처분의 무효 확인을 구하는 소송을 제기한 사안에서, 공유수면매립목적 변경 승인처분으로 갑 수녀원에 소속된 수녀 등이 쾌적한 환경에서 생활할 수 있는 환경상 이익을 침해받는다고 하더라도 이를 가리켜 곧바로 갑 수녀원의 법률상 이익이 침해된다고 볼 수 없고, 자연인이 아닌 갑 수녀원은 쾌적한 환경에서 생활할 수 있는 이익을 향수할 수 있는 주체가 아니므로 …… 갑 수녀원에 처분의 무효 확인을 구할 원고적격이 없다(대판 2012.6.28. 2010두2005).

18. 주택재개발사업에 대한 사업시행계획에 당연무효의 하자가 있는 경우, 분양신청기간 내에 분양신청을 하지 않거나 분양신청을 철회하여 구 도시 및 주거환경정비법 제47조 등에 의하여 조합원 지위를 상실한 토지 등 소유자에게 사업시행계획의 무효확인 또는 취소를 구할 법률상 이익이 있다(대판 2014.2.27. 2011두25173).

CHAPTER 3 행정소송

01 약제를 제조·공급하는 제약회사는 보건복지부 고시인 「약제급여·비급여목록 및 급여상한금액표」 중 약제의 상한금액 인하 부분에 대하여 그 취소를 구할 원고적격이 있다. (O | X) [19지방직9급]

02 「도시 및 주거환경정비법」상 조합설립추진위원회의 구성에 동의하지 아니한 정비구역 내의 토지등소유자는 조합설립추진위원회 설립승인처분의 취소를 구할 원고적격이 있다. (O | X) [11국가직7급]

03 법인의 주주가 그 처분으로 인하여 궁극적으로 주식이 소각되거나 주주의 법인에 대한 권리가 소멸하는 등 주주의 지위에 중대한 영향을 초래하게 되는데도 그 처분의 성질상 당해 법인이 이를 다툴 것을 기대할 수 없고 달리 주주의 지위를 보전할 구제방법이 없는 경우에는 주주도 그 처분에 관하여 직접적이고 구체적인 법률상 이해관계를 가진다고 보이므로 그 취소를 구할 원고적격이 있다. (O | X) [21군무원9급]

04 대법원은 대한의사협회는 국민건강보험법상 요양급여행위, 요양급여비용의 청구 및 지급과 관련하여 직접적인 법률관계를 갖지 않고 있으므로, 보건복지부 고시인 「건강보험요양급여행위 및 그 상대가치점수」 개정으로 인하여 자신의 법률상 이익을 침해당하였다고 할 수 없다는 이유로 위 고시의 취소를 구할 원고적격이 없다고 보고 있다. (O | X) [13국직8급]

05 지방법무사회가 법무사의 사무원 채용승인신청을 거부하거나 채용승인을 얻어 채용 중인 사람에 대한 채용승인을 취소하는 것은 처분에 해당하고, 이러한 처분에 대해서는 처분 상대방인 법무사뿐 아니라 그 때문에 사무원이 될 수 없게 된 사람도 이를 다툴 원고적격이 인정된다. (O | X) [21회직8급]

06 교도소장의 접견허가 거부처분에 대하여 그 접견신청의 대상자였던 미결수에 대해 판례는 취소소송의 원고적격을 부정하였다. (O | X) [18소방직]

07 운수회사에 대한 과징금 부과처분에 대한 취소소송에서 그 부과처분이 자신의 잘못으로 인한 것으로 사후 사실상 변상하여 줄 관계에 있는 운전기사는 원고적격이 있다. (O | X) [12국직8급]

08 재단법인인 수녀원 D는 소속된 수녀 등이 쾌적한 환경에서 생활할 수 있는 환경상 이익을 침해받는다면 매립목적을 택지조성에서 조선시설용지로 변경하는 내용의 공유수면매립목적 변경승인처분의 무효확인을 구할 원고적격이 있다. (O | X) [16지방직9급]

09 외국인이라고 하더라도 대한민국과의 실질적 관련성 내지 법적으로 보호가치가 있는 이해관계를 형성한 경우에는 사증발급 거부처분의 취소를 구할 원고적격이 인정된다. (O | X) [21국회직8급]

정답 01 O 02 O 03 O 04 O 05 O 06 X 07 X 08 X 09 O

Ⅱ 협의의 소익

1. 의의

원고의 청구가 소송을 통하여 분쟁을 해결할 만한 현실적인 필요성이 있는 것을 의미한다. 소의 이익은 상고심 계속 중에도 존속하여야 한다.

01 협의의 소익은 상고심 계속 중에도 존속해야 한다. (O | X) [14서울시7급]

2. 소의 이익에서 "법률상 이익"

> **행정소송법 제12조(원고적격)** 취소소송은 처분등의 취소를 구할 법률상 이익이 있는 자가 제기할 수 있다. 처분등의 효과가 기간의 경과, 처분등의 집행 그 밖의 사유로 인하여 소멸된 뒤에도 그 처분등의 취소로 인하여 회복되는 법률상 이익이 있는 자의 경우에는 또한 같다.

전통적인 견해는 원고적격의 법률상 이익과 동일하게 보았다. 판례도 마찬가지였다. 그러나 최근에는 위법확인의 정당한 이익을 고려하는 듯한 취지의 판시가 나오고 있다.

3. 판례

> **관련 판례** 원칙적인 판례
>
> 1. 행정처분에 그 효력기간이 정하여져 있는 경우, 그 처분의 효력 또는 집행이 정지된 바 없다면 위 기간의 경과로 그 행정처분의 효력은 상실되므로 그 기간 경과 후에는 그 처분이 외형상 잔존함으로 인하여 어떠한 법률상 이익이 침해되고 있다고 볼 만한 별다른 사정이 없는 한 그 처분의 취소를 구할 법률상의 이익이 없다(대판 2002.7.26. 2000두7254).
> 2. 사실심 변론종결일 현재 토석채취 허가기간이 경과하였다면 그 허가는 이미 실효되었다고 할 것이어서 새로 토석채취허가를 받지 아니하고는 채석을 계속할 수 없고, 나아가 토석채취허가 취소처분이 외형상 잔존함으로 말미암아 어떠한 법률상 불이익이 있다고 볼 만한 특별한 사정도 없다면 위 취소처분의 취소를 구하는 소는 소의 이익이 없다(대판 1993.7.27. 93누3899).

02 행정처분의 효력기간이 경과한 후에는 그 처분이 외형상 잔존함으로 인하여 어떠한 법률상 이익이 침해되고 있다고 볼 사정이 없는 한 그 처분의 취소를 구할 법률상 이익이 없다. (O | X) [14사회복지직9급]

> **관련 판례** 종래의 입장보다 소의 이익을 확대한 판시
>
> 1. 학교법인 임원취임승인의 취소처분 후 그 임원의 임기가 만료되고 구 사립학교법 제22조 제2호 소정의 임원결격사유기간마저 경과한 경우 또는 위 취소처분에 대한 취소소송 제기 후 임시이사가 교체되어 새로운 임시이사가 선임된 경우, 위 취임승인취소처분 및 당초의 임시이사선임처분의 취소를 구할 소의 이익이 인정된다(대판 2007.7.19. 2006두19297).

정답 01 O 02 O

2. 제재적 행정처분이 그 처분에서 정한 제재기간의 경과로 인하여 그 효과가 소멸되었으나, 부령인 시행규칙 또는 지방자치단체의 규칙의 형식으로 정한 처분기준에서 제재적 행정처분을 받은 것을 가중사유나 전제요건으로 삼아 장래의 제재적 행정처분을 하도록 정하고 있는 경우, 선행처분인 제재적 행정처분을 받은 상대방이 그 처분에서 정한 제재기간이 경과하였다 하더라도 그 처분의 취소를 구할 법률상 이익이 있다(대판 2006.6.22. 2003두1684).

01 시행규칙에 법위반횟수에 따라 가중처분하게 되어 있는 제재적 처분기준이 규정되어 있다 하더라도, 기간의 경과로 효력이 소멸한 제재적 처분을 취소소송으로 다툴 법률상 이익은 없다. (O | X) [17사회복지직9급]

02 제재적 행정처분의 가중사유나 전제요건에 관한 규정이 법령이 아닌 행정규칙의 형식으로 되어있다면 이는 행정청 내부의 재량준칙을 규정한 것에 불과하므로 관할행정청이나 담당공무원은 이를 준수할 의무가 없다. (O | X) [16국가직7급]

관련 판례 소의 이익 인정 판례

1. 고등학교졸업이 대학입학자격이나 학력인정으로서의 의미밖에 없다고 할 수 없으므로 고등학교졸업학력검정고시에 합격하였다 하여 고등학교 학생으로서의 신분과 명예가 회복될 수 없는 것이니 퇴학처분을 받은 자로서는 퇴학처분의 위법을 주장하여 그 취소를 구할 소송상의 이익이 있다(대판 1992.7.14. 91누4737).
2. 지방의회 의원에 대한 제명의결 취소소송 계속 중 의원의 임기가 만료된 사안에서, 제명의결의 취소로 의원의 지위를 회복할 수는 없다 하더라도 제명의결 시부터 임기만료일까지의 기간에 대한 월정수당의 지급을 구할 수 있는 등 여전히 그 제명의결의 취소를 구할 법률상 이익이 있다(대판 2009.1.30. 2007두13487).
3. 파면처분취소소송의 사실심변론종결전에 동원고가 허위공문서등작성 죄로 징역 8월에 2년간 집행유예의 형을 선고받아 확정되었다면 원고는 지방공무원법 제61조의 규정에 따라 위 판결이 확정된 날 당연퇴직되어 그 공무원의 신문을 상실하고, 당연퇴직이나 파면이 퇴직급여에 관한 불이익의 점에 있어 동일하다 하더라도 최소한도 이 사건 파면처분이 있은 때부터 위 법규정에 의한 당연퇴직일자까지의 기간에 있어서는 파면처분의 취소를 구하여 그로 인해 박탈당한 이익의 회복을 구할 소의 이익이 있다 할 것이다(대판 1985.6.25. 85누39).
4. 국립대학교 대학입학고사 불합격처분의 취소를 구하는 소송계속 중 당해연도의 입학시기가 지나고 입학정원에 못들어가게 된 경우 소의 이익이 있다(대판 1990.8.28. 89누8255).

03 지방의회의원에 대한 제명의결 취소소송 계속 중 의원의 임기가 만료된 경우에도 여전히 제명의결의 취소를 구할 법률상 이익이 인정된다. (O | X) [19국가직9급]

04 서울대학교 불합격처분의 취소를 구하는 소송 계속 중 당해연도의 입학시기가 지난 경우에도 불합격처분의 취소를 구할 법률상의 이익이 있다. (O | X) [14지방직7급]

05 지방의회의원에 대한 지방의회의 제명징계의결에 대하여 항고소송을 제기하는 경우 지방의회가 피고가 된다. (O | X) [06국회직8급]

정답 01 X 02 X 03 O 04 O 05 O

PART 5 행정구제법

> **관련 판례**

1. 환지처분이 일단 공고되어 효력을 발생하게 되면 환지예정지지정처분은 그 효력이 소멸되는 것이므로, 환지처분이 공고된 후에는 환지예정지지정처분에 대하여 그 취소를 구할 법률상 이익은 없다(대판 1999.10.8. 99두6873).

2. 분양처분이 효력을 발생한 이후에는 조합원은 관리처분계획의 변경 또는 분양거부처분의 취소를 구할 수 없고 재개발조합으로서도 분양처분의 내용을 일부 변경하는 취지로 관리처분계획을 변경할 수 없다(대판 1999.10.8. 97누12105).

3. 처분청이 당초의 운전면허 취소처분을 신뢰보호의 원칙과 형평의 원칙에 반하는 너무 무거운 처분으로 보아 이를 철회하고 새로이 265일간의 운전면허 정지처분을 하였다면, 당초의 처분인 운전면허 취소처분은 철회로 인하여 그 효력이 상실되어 더 이상 존재하지 않는 것이고 그 후의 운전면허 정지처분만이 남아 있는 것이라 할 것이며, 한편 존재하지 않는 행정처분을 대상으로 한 취소소송은 소의 이익이 없어 부적법하다(대판 1997.9.26. 96누1931).

4. 건물철거대집행계고처분취소 소송이 상고심 계속 중 대상건물의 철거로 소의 이익이 없게 되었다는 이유로 원심판결을 파기, 자판하여 소각하한 사례(대판 1995.11.21. 94누11293).

5. 주택건설사업계획 사전결정반려처분 취소청구소송의 계속중 구 주택건설촉진법의 개정으로 주택건설사업계획 사전결정제도가 폐지된 경우, 소의 이익이 없다(대판 1999.6.11. 97누379).

6. 현역병입영대상자로 병역처분을 받은 자가 그 취소소송 중 모병에 응하여 현역병으로 자진 입대한 경우, 그 처분의 위법을 다툴 실제적 효용 내지 이익이 없다는 이유로 소의 이익이 없다(대판 1998.9.8. 98두9165).

7. 공익근무요원 소집해제신청을 거부한 후에 원고가 계속하여 공익근무요원으로 복무함에 따라 복무기간 만료를 이유로 소집해제처분을 한 경우, 원고가 입게 되는 권리와 이익의 침해는 소집해제처분으로 해소되었으므로 위 거부처분의 취소를 구할 소의 이익이 없다(대판 2005.5.13. 2004두4369).

8. 현역입영대상자로서는 현실적으로 입영을 하였다고 하더라도, 입영 이후의 법률관계에 영향을 미치고 있는 현역병입영통지처분 등을 한 관할지방병무청장을 상대로 위법을 주장하여 그 취소를 구할 소송상의 이익이 있다(대판 2003.12.26. 2003두1875).

9. 행정청이 공무원에 대하여 새로운 직위해제사유에 기한 직위해제처분을 한 경우 그 이전에 한 직위해제처분은 이를 묵시적으로 철회하였다고 봄이 상당하므로, 그 이전처분의 취소를 구하는 부분은 존재하지 않는 행정처분을 대상으로 한 것으로서 그 소의 이익이 없어 부적법하다(대판 2003.10.10. 2003두5945).

10. 상등병에서 병장으로의 진급요건을 갖춘 자에 대하여 그 진급처분을 행하지 아니한 상태에서 예비역으로 편입하는 처분을 한 경우, 진급처분부작위위법을 이유로 예비역편입처분취소를 구할 소의 이익이 없다(대판 2000.5.16. 99두7111).

11. 행정청이 당초의 분뇨 등 관련 영업허가신청 반려처분의 취소를 구하는 소의 계속 중, 사정변경을 이유로 위 반려처분을 직권취소 함과 동시에 위 신청을 재반려하는 내용의 재처분을 한 경우, 당초의 반려처분의 취소를 구하는 소는 더 이상 소의 이익이 없다(대판 2006.9.28. 2004두5317).

12. 처분청의 직권취소에도 불구하고 완전한 원상회복이 이루어지지 않아 무효확인 또는 취소로써 회복할 수 있는 다른 권리나 이익이 남아 있거나 또는 동일한 소송 당사자 사이에서 그 행정처분과 동일한 사유로 위법한 처분이 반복될 위험성이 있어 행정처분의 위법성 확인 내지 불분명한 법률문제에

대한 해명이 필요한 경우 행정의 적법성 확보와 그에 대한 사법통제, 국민의 권리구제의 확대 등의 측면에서 예외적으로 그 처분의 취소를 구할 소의 이익을 인정할 수 있을 뿐이다(대판 2019.6.27. 2018두49130).

13. 도시 및 주거환경정비법상 이전고시가 효력을 발생한 후 조합원 등이 관리처분계획에 대한 인가처분의 취소 또는 무효확인을 구할 법률상 이익이 없다.
    이전고시의 효력 발생으로 이미 대다수 조합원 등에 대하여 획일적·일률적으로 처리된 권리귀속 관계를 모두 무효화하고 다시 처음부터 관리처분계획을 수립하여 이전고시 절차를 거치도록 하는 것은 정비사업의 공익적·단체법적 성격에 배치되므로, 이전고시가 효력을 발생한 후에는 조합원 등이 관리처분계획의 취소 또는 무효확인을 구할 법률상 이익이 없다고 보는 것이 타당하고, 이는 관리처분계획에 대한 인가처분의 취소 또는 무효확인을 구하는 경우에도 마찬가지이다(대판 2012.5.24. 2009두22140).

14. 도시개발사업의 시행에 따른 도시계획변경결정처분과 도시개발구역지정처분 및 도시개발사업실시계획인가처분은 도시개발사업의 시행자에게 단순히 도시개발에 관련된 공사의 시공권한을 부여하는 데 그치지 않고 당해 도시개발사업을 시행할 수 있는 권한을 설정하여 주는 처분으로서 위 각 처분 자체로 그 처분의 목적이 종료되는 것이 아니고 위 각 처분이 유효하게 존재하는 것을 전제로 하여 당해 도시개발사업에 따른 일련의 절차 및 처분이 행해지기 때문에 위 각 처분이 취소된다면 그것이 유효하게 존재하는 것을 전제로 하여 이루어진 토지수용이나 환지 등에 따른 각종의 처분이나 공공시설의 귀속 등에 관한 법적 효력은 영향을 받게 되므로, 도시개발사업의 공사 등이 완료되고 원상회복이 사회통념상 불가능하게 되었더라도 위 각 처분의 취소를 구할 법률상 이익은 소멸한다고 할 수 없다(대판 2005.9.9. 2003두5402,5419).

15. 소음·진동배출시설에 대한 설치허가가 취소된 후 그 배출시설이 어떠한 경위로든 철거되어 다시 복구 등을 통하여 배출시설을 가동할 수 없는 상태라면 이는 배출시설 설치허가의 대상이 되지 아니하므로 외형상 설치허가취소행위가 잔존하고 있다고 하여도 특단의 사정이 없는 한 이제 와서 굳이 위 처분의 취소를 구할 법률상의 이익이 없다(대판 2002.1.11. 2000두2457).

16. 원자로 및 관계 시설의 부지사전승인처분은 그 자체로서 건설부지를 확정하고 사전공사를 허용하는 법률효과를 지닌 독립한 행정처분이기는 하지만, 건설허가 전에 신청자의 편의를 위하여 미리 그 건설허가의 일부 요건을 심사하여 행하는 사전적 부분 건설허가처분의 성격을 갖고 있는 것이어서 나중에 건설허가처분이 있게 되면 그 건설허가처분에 흡수되어 독립된 존재가치를 상실함으로써 그 건설허가처분만이 쟁송의 대상이 되는 것이므로, 부지사전승인처분의 취소를 구하는 소는 소의 이익을 잃게 되고, 따라서 부지사전승인처분의 위법성은 나중에 내려진 건설허가처분의 취소를 구하는 소송에서 이를 다투면 된다(대판 1998.9.4. 97누19588).

17. 법인세 과세표준과 관련하여 과세관청이 법인의 소득처분 상대방에 대한 소득처분을 경정하면서 증액과 감액을 동시에 한 결과 전체로서 소득처분금액이 감소된 경우, 법인이 소득금액변동통지의 취소를 구할 소의 이익이 없다(대판 2012.4.13. 2009두5510).

18. 구 「도시 및 주거환경정비법」상 조합설립추진위원회 구성승인처분을 다투는 소송계속 중 조합설립인가처분이 이루어진 경우 조합설립추진위원회 구성승인처분에 대하여 취소 또는 무효 확인을 구할 법률상 이익은 없다(대판 2013.1.31. 2011두11112).

19. 건축사 업무정지처분을 받은 후 새로운 업무정지처분을 받음이 없이 1년이 경과하여 실제로 가중된 제재처분을 받을 우려가 없게 된 경우, 업무정지처분에서 정한 정지기간이 경과한 후에 업무정지처분의 취소를 구할 법률상 이익은 없다(대판 2000.4.21. 98두10080).

PART 5 행정구제법

20. 신축한 건물이 무단증평, 이격거리위반, 베란다돌출, 무단구조변경 등 건축법에 위반하여 시공됨으로써 인접주택 소유자인 원고 및 선정자 1의 사생활과 일조권을 침해하고 있다고 하더라도, 인접건물 소유자들로서는 위 준공처분의 무효확인이나 취소를 구할 법률상 이익이 없다고 할 것이다(대판 1993.11.9. 93누13988).

21. 인사규정 등에서 직위해제처분에 따른 효과로 승진·승급에 제한을 가하는 등의 법률상 불이익을 규정하고 있는 경우에는 직위해제처분을 받은 근로자는 이러한 법률상 불이익을 제거하기 위하여 그 실효된 직위해제처분에 대한 구제를 신청할 이익이 있다(대판 2010.7.29. 2007두18406).

22. 공장등록이 취소된 후 그 공장시설물이 철거되었다 하더라도 대도시 안의 공장을 지방으로 이전할 경우 조세특례제한법상의 세액공제 및 소득세 등의 감면혜택이 있고, 공업배치및공장설립에관한법률상의 간이한 이전절차 및 우선 입주의 혜택이 있는 경우, 그 공장등록취소처분의 취소를 구할 법률상의 이익이 있다(대판 2002.1.11. 2000두3306).

23. 사법시험 제2차 시험 불합격처분 이후에 새로이 실시된 제2차와 제3차 시험에 합격한 사람이 불합격처분의 취소를 구할 법률상 이익을 가지는 것은 아니다(대판 2007.9.21. 2007두12057).

01 현역입영대상자로서는 현실적으로 입영을 하였다고 하더라도, 입영 이후의 법률관계에 영향을 미치고 있는 현역병입영통지처분 등을 한 관할지방병무청장을 상대로 위법을 주장하여 그 취소를 구할 소송상의 이익이 있다. (O | X) [20군무원9급]

02 소음·진동배출시설에 대한 설치허가가 취소된 후 그 배출시설이 어떠한 경위로든 철거되어 다시 복구 등을 통하여 배출시설을 가동할 수 없는 상태라면 이는 배출시설 설치허가의 대상이 되지 아니하므로 외형상 설치허가 취소행위가 잔존하고 있다고 하여도 특단의 사정이 없는 한 이제 와서 굳이 위 처분의 취소를 구할 법률상의 이익이 없다. (O | X) [20군무원9급]

03 원자로 및 관계 시설의 부지사전승인처분은 나중에 건설허가처분이 있게 되더라도 그 건설허가처분에 흡수되어 독립된 존재가치를 상실하는 것이 아니므로, 부지사전승인 처분의 취소를 구할 이익이 있다. (O | X) [20군무원9급]

04 건축사업무 정지처분을 받은 후 새로운 업무정지처분을 받음이 없이 1년이 경과하여 실제로 가중된 제재처분을 받을 우려가 없게 된 경우, 그 처분에서 정한 정지기간이 경과한 이상 특별한 사정이 없는 한 업무정지처분의 취소를 구할 법률상 이익이 없다. (O | X) [17지방직9급]

05 건축공사 완료 후에는 건물준공처분의 취소를 구할 협의의 소익이 없다. (O | X) [14서울시7급]

06 도시개발사업의 공사 등이 완료되고 원상회복이 사회통념상 불가능하게 된 경우 도시개발사업의 시행에 따른 도시계획변경 결정처분과 도시개발구역 지정처분 및 도시개발사업 실시계획인가처분의 취소를 구하는 경우에는 협의의 소의 이익이 인정된다는 것이 판례의 입장이다. (O | X) [17서울시9급]

07 인사규정 등에서 직위해제처분에 따른 효과로 승진·승급에 제한을 가하는 등의 법률상 불이익을 규정하고 있는 경우에는 직위해제처분을 받은 근로자는 이러한 법률상 불이익을 제거하기 위하여 그 실효된 직위해제처분에 대한 구제를 신청할 이익이 있다. (O | X) [15지방직7급]

08 공장등록이 취소된 후 그 공장시설물이 철거되었고 다시 복구를 통하여 공장을 운영할 수 없는 상태라 하더라도 대도시 안의 공장을 지방으로 이전할 경우 조세감면 및 우선입주 등의 혜택이 관계법률에 보장되어 있다면, 공장등록취소처분의 취소를 구할 법률상 이익이 인정된다. (O | X) [19국가직9급]

정답 01 O 02 O 03 X 04 O 05 O 06 O 07 O 08 O

Ⅲ 피고적격

1. 의의

취소소송은 다른 법률의 특별한 규정이 없는 한 그 처분 등을 행한 행정청을 피고로 한다. 행정소송법이 처분 등의 효력이 귀속되는 국가나 지방자치단체가 아닌 행정청을 피고로 정한 이유는 소송수행의 편의성에 있다.

> **행정소송법 제13조(피고적격)** ① 취소소송은 다른 법률에 특별한 규정이 없는 한 그 처분등을 행한 행정청을 피고로 한다. 다만, 처분등이 있은 뒤에 그 처분등에 관계되는 권한이 다른 행정청에 승계된 때에는 이를 승계한 행정청을 피고로 한다.
> ② 제1항의 규정에 의한 행정청이 없게 된 때에는 그 처분등에 관한 사무가 귀속되는 국가 또는 공공단체를 피고로 한다.

2. 행정청의 의미

- 행정청은 강학상으로는 행정주체의 의사를 내부적으로 결정하고 이를 외부적으로 표시할 수 있는 기관을 의미하지만, 행정소송법 제13조의 '행정청'은 기능적 의미를 가지고 있다. 따라서 법원행정처장이나 국회사무총장, 지방의회도 행정청의 기능을 수행한 경우에는 행정청으로 볼 수 있다.
- 합의제 행정기관의 경우 그 합의제 행정기관이 피고가 된다(예 토지수용위원회, 공정거래위원회, 행정심판위원회, 감사원 등). 다만, 노동위원회법은 별도의 규정으로 중앙노동위원회의 처분에 대한 소송의 피고를 중앙노동위원회위원장으로 규정한다.
- 특별규정
국가공무원법상 공무원에 대한 징계나 불이익 처분의 처분청이 대통령인 경우에는 특별한 규정을 두어 소속장관이 피고적격을 가진다. 그밖에, 대법원장의 처분에 대해서는 법원행정처장(법원조직법 제70조), 헌법재판소장의 처분에는 헌법재판소사무처장(헌법재판소법 제17조), 국회의장의 처분에는 국회사무총장(국회사무처법 제4조), 중앙선거관리위원회위원장의 처분에는 중앙선거관리위원회 사무총장(국가공무원법 제16조)이 피고가 된다.
- 권한 승계나 기관 폐지
권한의 승계가 있는 경우 이를 승계한 행정청이 피고가 되고 행정청이 없게 된 경우에는 그 사무가 귀속되는 국가 또는 공공단체가 피고가 된다. 이러한 경우 법원은 당사자의 신청 또는 직권에 의하여 피고경정을 하여야 한다.

01 취소소송에서 피고가 될 수 있는 행정청에는 대외적으로 의사를 표시할 수 있는 기관이 아니더라도 국가나 공공단체의 의사를 실질적으로 결정하는 기관이 포함된다. (O | X) [20국가직9급]

02 국가공무원법에 따른 처분, 그밖에 본인의 의사에 반한 불리한 처분이나 부작위에 관한 행정소송을 제기할 때에 대통령의 처분 또는 부작위의 경우에는 소속 장관을 피고로 한다. (O | X) [19지방직9급]

03 대법원장이 한 처분에 대한 행정소송의 피고는 대법원장이다. (O | X) [17경찰]

정답 01 X 02 O 03 X

PART 5 행정구제법

01 처분 등이 있은 뒤에 그 처분 등에 관계되는 권한이 다른 행정청에 승계된 때에는 이를 승계한 행정청을 피고로 한다. (O | X)　　[15국가직9급]

관련 판례

1. 갑 지방자치단체에 대한 근로복지공단의 고용보험료 부과처분이 있은 후, 근로복지공권의 보험료 부과·고지의 권한이 국민건강보험공단으로 승계된 사안에서, 갑 지방자치단체가 국민건강보험공단을 상대로 적법하게 소 제기한 것을 두고, 오히려 원심법원이 피고는 여전히 근로복지공단이라고 한 것은, 피고적격의 법리를 오해한 것이라는 대법원의 판시

   근로복지공단이 갑 지방자치단체에 고용보험료 부과처분을 하자, 갑 지방자치단체가 구 고용보험 및 산업재해보상보험의 보험료징수 등에 관한 법률 제4조 등에 따라 국민건강보험공단을 상대로 위 처분의 무효확인 및 취소를 구한 사안에서, 위 처분의 무효확인 및 취소소송의 피고는 국민건강보험공단이 되어야 함에도 이와 달리 위 처분의 주체는 여전히 근로복지공단이라고 본 원심판결에 고용보험료 부과고지권자와 항고소송의 피고적격에 관한 법리를 오해한 위법이 있다고 한 사례(대판 2013.2.28. 2012두22904).

2. 노동위원회법 제19조의2 제1항의 규정은 행정처분의 성질을 가지는 지방노동위원회의 처분에 대하여 중앙노동위원장을 상대로 행정소송을 제기할 경우의 전치요건에 관한 규정이라 할 것이므로 당사자가 지방노동위원회의 처분에 대하여 불복하기 위하여는 처분 송달일로부터 10일 이내에 중앙노동위원회에 재심을 신청하고 중앙노동위원회의 재심판정서 송달일로부터 15일 이내에 중앙노동위원장을 피고로 하여 재심판정취소의 소를 제기하여야 할 것이다(대판 1995.9.15. 95누6724).

02 당사자가 지방노동위원회의 처분에 대하여 불복하기 위해서는 처분 송달일로부터 10일 이내에 중앙노동위원회에 재심을 신청하고 중앙노동위원회의 재심판정서 송달일로부터 15일 이내에 고용노동부 장관을 피고로 하여 재심판정취소의 소를 제기하여야 할 것이다. (O | X)　　[20군무원9급]

3. 권한의 위임·위탁·대리

- 권한의 위임이 있는 경우에는 위임·위탁을 받은 행정기관, 공공단체 및 그 기관 또는 사인이 행정청이 되고 피고가 된다.

관련 판례

성업공사가 체납압류된 재산을 공매하는 것은 세무서장의 공매권한 위임에 의한 것으로 보아야 할 것이므로, 성업공사가 한 그 공매처분에 대한 취소 등의 항고소송을 제기함에 있어서는 수임청으로서 실제로 공매를 행한 성업공사를 피고로 하여야 하고, 위임청인 세무서장은 피고적격이 없다(대판 1997.2.28. 96누1757).

- 권한의 내부위임이 있는 경우에는 권한이 실질적인 이전이 없으므로 위임기관이 피고가 된다. 다만, 내부위임을 받은 것에 불과한 수임기관이 자신의 이름으로 처분을 한 경우에는 수임기관이 피고가 된다.

정답 01 O　02 X

> **관련 판례**
>
> 행정처분의 취소 또는 무효확인을 구하는 행정소송은 다른 법률에 특별한 규정이 없는 한 그 처분을 행한 행정청을 피고로 하여야 하며, 행정처분을 행할 적법한 권한 있는 상급행정청으로부터 내부위임을 받은 데 불과한 하급행정청이 권한 없이 행정처분을 한 경우에도 실제로 그 처분을 행한 하급행정청을 피고로 하여야 할 것이지 그 처분을 행할 적법한 권한 있는 상급행정청을 피고로 할 것은 아니다(대판 1994.8.12. 94누2763).

01 항고소송의 경우 권한을 내부위임한 경우로서 위임청의 명의로 처분을 발하면 위임청이 피고가 된다. (O | X)
[13서울시9급]

- 권한의 대리의 경우에는, 권한의 이전은 없지만 대리청은 자신의 명의로 처분을 할 수 있다. 다만, 피대리청과의 대리관계를 밝히고(현명) 처분을 하여야 하며, 피대리청이 피고가 된다. 만일, 대리기관이 대리관계를 밝히지 않고(현명 없이) 자신의 명의로 처분을 한 경우에는 대리기관이 피고가 된다. 그러나 대리관계를 밝히지 아니한 경우라도 대리기관이 대리의 의사로 처분을 한 것이고 처분의 상대방도 이것을 알고서 받아들인 예외적인 경우에는 피대리청이 피고가 된다(대결 2006.2.23. 2005부4).

02 대리권을 수여받은 데 불과하여 원행정청과 대리관계를 밝히지 아니하고는 그의 명의로 처분 등을 할 권한이 없는 행정청이 권한 없이 그의 명의로 한 처분에서 그 취소소송 시 피고는 본 처분 권한이 있는 행정청이 된다. (O | X)
[21군무원7급]

4. 처분적 조례 등

1) 처분적 조례의 경우 지방자치단체 장이 피고적격을 가진다.

> **관련 판례**
>
> 조례가 항고소송의 대상이 되는 행정처분에 해당하는 경우 피고적격은 공포권자인 지방자치단체 장에게 있으며, 특히 그 조례가 교육·학예에 관한 조례인 경우 공포권자인 교육감이 피고가 된다(대판 1996.9.20. 95누8003)

2) 처분청과 통지한 자가 다른 경우에는 처분청이 피고적격을 가진다.

> **관련 판례**
>
> 국무회의에서 건국훈장 독립장이 수여된 망인에 대한 서훈취소를 의결하고 대통령이 결재함으로써 서훈취소가 결정된 후 국가보훈처장이 망인의 유족 갑에게 '독립유공자 서훈취소결정 통보'를 하자 갑이 국가보훈처장을 상대로 서훈취소결정의 무효 확인 등의 소를 제기한 사안에서, 위 소는 피고를 잘못 지정하였다고 본 사례

정답 01 O 02 X

PART 5 행정구제법

> 서훈취소 처분의 통지가 처분권한자인 대통령이 아니라 그 보좌기관인 피고에 의하여 이루어졌다고 하더라도, 그 처분이 대통령의 인식과 의사에 기초하여 이루어졌고, 앞서 보았듯이 그 통지로 이 사건 서훈취소 처분의 주체(대통령)와 내용을 알 수 있으므로, 이 사건 서훈취소 처분의 외부적 표시의 방법으로서 위 통지의 주체나 형식에 어떤 하자가 있다고 보기도 어렵다(대판 2014.9.26. 2013두2518).

01 대법원은 처분청과 통지한 자가 다른 경우에는 통지한 자가 피고가 된다고 보았다. (O | X) [03국가직9급]
02 독립유공자 甲의 서훈이 취소되고 이를 국가보훈처장이 甲의 유족에게 서훈취소 결정통지를 한 것은 통지의 주체나 형식에 하자가 있다고 보기는 어렵다. (O | X) [21군무원7급]

5. 기타 판례

관련 판례

1. 공법인인 사업시행자가 행한 이주대책은 항고소송의 대상이 되는 처분이며 이 경우 항고소송의 피고는 공법인인 사업시행자가 된다(대판 1994.5.24. 92다35783전합).
2. 조례가 집행행위의 개입 없이도 그 자체로서 직접 국민의 구체적인 권리 의무나 법적 이익에 영향을 미치는 등의 법률상 효과를 발생하는 경우 그 조례는 항고소송의 대상이 되는 행정처분에 해당하고, 이러한 조례에 대한 무효확인소송을 제기함에 있어서 행정소송법 제38조 제1항, 제13조에 의하여 피고적격이 있는 처분 등을 행한 행정청은 지방자치단체의 집행기관으로서 조례의 효력을 발생시키는 공포권이 있는 지방자치단체의 장이다...... 교육에 관한 조례의 무효확인소송을 제기함에 있어서는 그 집행기관인 시·도 교육감을 피고로 하여야 한다(대판 1996.9.20. 95누8003).

03 조례가 항고소송의 대상이 되는 경우 피고는 지방자치단체의 의결기관으로서 조례를 제정한 지방의회이다. (O | X) [18서울시9급]

6. 피고경정

1) 의의
- 소송계속 중에 피고로 지정된 자를 다른 자로 변경하는 것을 의미한다.
- 피고경정은 사실심변론종결시까지 가능하다.

행정소송법 제14조(피고경정) ① 원고가 피고를 잘못 지정한 때에는 법원은 원고의 신청에 의하여 결정으로써 피고의 경정을 허가할 수 있다.
⑥ 취소소송이 제기된 후에 제13조제1항 단서(편주: 권한의 승계) 또는 제13조제2항(편주: 행정청이 없게 된 때)에 해당하는 사유가 생긴 때에는 법원은 당사자의 신청 또는 직권에 의하여 피고를 경정한다.

> **관련 판례**
> 원고가 피고를 잘못 지정하였다면 법원으로서는 당연히 석명권을 행사하여 원고로 하여금 피고를 경정하게 하여 소송을 진행하게 하였어야 할 것임에도 불구하고 이러한 조치를 취하지 아니한 채 피고의 지정이 잘못되었다는 이유로 소를 각하한 것은 위법하다(대판 2004.7.8. 2002두7852).

01 취소소송에서 원고가 처분청 아닌 행정관청을 피고로 잘못 지정한 경우, 법원은 석명권의 행사 없이 소송 요건의 불비를 이유로 소를 각하할 수 있다. (O | X) [20국가직9급]

2) 요건과 절차
① 피고를 잘못 지정한 경우(고의·과실 불문)에 원고의 신청에 의한다.
② 행정청의 권한의 승계, 권한을 가지는 행정청이 없게 된 때 원고의 신청 또는 직권에 의한다.
③ 원고의 신청에 의한 소의 변경을 허가를 하는 경우 피고를 달리하게 될 때에는 법원은 새로이 피고로 될 자의 의견을 들어야 한다.
④ 피고경정의 요건 해당여부는 직권조사사항에 해당하고 결정의 형식으로 허가한다. 원고의 경정 신청을 각하하는 경우 원고는 즉시항고를 할 수 있다.

3) 효과
피고경정에 대한 허가결정이 있는 경우, 새로운 피고에 대한 소송은 처음에 소를 제기한 때 제기된 것으로 본다.

02 취소소송이 제기된 후에 피고를 경정하는 경우 제소기간의 준수 여부는 피고를 경정한 때를 기준으로 판단한다. (O | X) [17지방직9급]

4) 소 변경의 경우
행정소송법은 소 변경으로 인하여 피고가 바뀌게 되는 경우에도 피고경정을 인정한다.

7. 공동소송
관련청구소송을 인정하고 있다.

> **제15조(공동소송)** 수인의 청구 또는 수인에 대한 청구가 처분등의 취소청구와 관련되는 청구인 경우에 한하여 그 수인은 공동소송인이 될 수 있다.

8. 소송참가
취소소송의 계속 중에 소송의 결과에 따라 법률상 지위에 영향을 받게 될 제3자나 행정청이 자기의 이익을 위하여 그 소송절차에 참가하는 것을 말한다.

정답 01 X 02 X

1) 제3자의 소송참가

① 의의

> **제16조(제3자의 소송참가)** ① 법원은 소송의 결과에 따라 권리 또는 이익의 침해를 받을 제3자가 있는 경우에는 당사자 또는 제3자의 신청 또는 직권에 의하여 결정으로써 그 제3자를 소송에 참가시킬 수 있다.

② 요건
㉠ 타인의 취소소송이 적법하게 계속되어야 하고 심급은 불문한다.
㉡ 소송의 결과에 따라 권리 또는 이익의 침해를 받을 자이어야 한다. 즉, 판결의 효력을 받는 자를 의미한다. 판결의 효력은 판결의 형성력 이외에 기속력에 의해 권리 또는 이익의 침해를 받는 경우도 포함된다.

---

01 제3자에 의해 항고소송이 제기된 경우에 제3자효 행정행위의 상대방은 소송참가를 할 수 있다. (O | X) [14국가직7급]

02 법원은 소송의 결과에 따라 권리 또는 이익을 침해받을 제3자가 있는 경우에는 당사자 또는 제3자의 신청 또는 직권에 의하여 결정으로써 제3자를 소송에 참가시킬 수 있다. (O | X) [15국회직8급]

03 제3자는 판결의 형성력에 의해 권리 또는 이익의 침해를 받을 자를 말하며, 판결의 기속력에 의해 권리 또는 이익의 침해를 받는 경우는 포함되지 않는다. (O | X) [12국가직9급]

③ 절차
당사자 또는 제3자의 신청 또는 법원의 직권에 의하여 결정으로써 행하여 진다. 법원이 참가결정을 하고자 하는 경우 미리 당사자 및 제3자의 의견을 들어야 한다.

④ 참가인의 지위
공동소송적 보조참가(당사자 ×, 판결의 효력을 받음 O)와 비슷한 지위의 성격을 가진다고 보는 것이 일반적인 견해이다. 따라서 피참가인의 소송행위와 저촉되는 행위도 가능하다.

⑤ 민사소송법상 소송참가
제3자의 경우, 민사소송법의 보조참가가 가능하다는 것이 판례의 입장이다.

> **관련 판례**
> 1. 행정소송 사건에서 참가인이 한 보조참가가 행정소송법 제16조가 규정한 제3자의 소송참가에 해당하지 않는 경우에도, 판결의 효력이 참가인에게까지 미치는 점 등 행정소송의 성질에 비추어 보면 그 참가는 민사소송법 제78조에 규정된 공동소송적 보조참가이다(대판 2013.3.28. 2011두13729).
> 2. 행정소송 사건에서 참가인이 한 보조참가가 행정소송법 제16조가 규정한 제3자의 소송참가에 해당하지 않는 경우에도, 판결의 효력이 참가인에게까지 미치는 점 등 행정소송의 성질에 비추어 보면

정답 01 O 02 O 03 X

CHAPTER 3 행정소송

> 그 참가는 민사소송법 제78조에 규정된 공동소송적 보조참가라고 볼 수 있다. 민사소송법 제78조의 공동소송적 보조참가에는 필수적 공동소송에 관한 민사소송법 제67조 제1항, 즉 "소송목적이 공동소송인 모두에게 합일적으로 확정되어야 할 공동소송의 경우에 공동소송인 가운데 한 사람의 소송행위는 모두의 이익을 위하여서만 효력을 가진다."라고 한 규정이 준용되므로, 피참가인의 소송행위는 모두의 이익을 위하여서만 효력을 가지고, 공동소송적 보조참가인에게 불이익이 되는 것은 효력이 없으므로, 참가인이 상소를 할 경우에 피참가인이 상소취하나 상소포기를 할 수는 없다(대판 2017.10.12. 2015두36836).

01 행정소송사건에서 민사소송법상 보조참가가 허용된다. (O | X) [17사회복지직9급]

02 행정소송법상 제3자 소송참가의 경우 참가인이 상소를 하였더라도, 소송당사자 본인인 피참가인은 참가인의 의사에 반하여 상소취하나 상소포기를 할 수 있다. (O | X) [20지방직9급]

2) 행정청의 소송참가

① 의의

> 제17조(행정청의 소송참가) ① 법원은 다른 행정청을 소송에 참가시킬 필요가 있다고 인정할 때에는 당사자 또는 당해 행정청의 신청 또는 직권에 의하여 결정으로써 그 행정청을 소송에 참가시킬 수 있다.

② 요건
  ㉠ 타인의 취소소송이 적법하게 계속되어야 하고 심급은 불문한다.
  ㉡ 처분 등과 관계가 있는 행정청일 것
  ㉢ 참가의 필요성이 있을 것

③ 절차

당사자 또는 당해 행정청의 신청 또는 직권에 의한 결정에 의한다. 법원이 참가결정을 하고자 할 때에는 당사자 및 당해 행정청의 의견을 들어야 한다.

④ 참가행정청의 지위

보조참가인에 준한다. 즉 소송정도에 따라서 공격·방어 방법의 제출, 이의 신청, 상소도 가능하지만 피참가인의 행위와 모순되는 소송행위를 할 수 없다.

03 법원은 다른 행정청을 취소소송에 참가시킬 필요가 있다고 인정할 때에는 당사자 또는 당해 행정청의 신청 또는 직권에 의하여 결정으로써 그 행정청을 소송에 참가시킬 수 있다. (O | X) [18국가직7급]

정답 01 O 02 X 03 O

PART 5 행정구제법

Ⅳ 처분 등의 존재

> **행정소송법 제2조(정의)** ① 이 법에서 사용하는 용어의 정의는 다음과 같다.
> 1. "처분 등"이라 함은 행정청이 행하는 구체적 사실에 관한 법집행으로서의 공권력의 행사 또는 그 거부와 그 밖에 이에 준하는 행정작용(이하 "처분"이라 한다) 및 행정심판에 대한 재결을 말한다.

1. 처분 등

행정청이 행하는 구체적 사실에 관한 법집행으로서의 공권력의 행사 또는 그 거부와 그 밖에 이에 준하는 행정작용(이하 "처분"이라 한다) 및 행정심판에 대한 재결을 말한다.

01 취소소송의 대상은 행정청의 '처분 등', 즉 처분과 재결이다. (O | X)   [13국회직9급]

> **관련 판례**
> 1. 일반적으로 항고소송의 대상이 되는 행정처분이라 함은 행정청의 공법상의 행위로서 특정 사항에 대하여 법규에 의한 권리의 설정 또는 의무의 부담을 명하고 기타 법률상의 효과를 발생케 하는 등 국민의 권리의무에 직접적 변동을 초래하는 행위를 가리키는 것이고 행정권 내부에서의 행위나 사실상의 통지 등과 같이 상대방 또는 기타 관계자들의 법률상 지위에 직접적인 법률적 변동을 일으키지 아니하는 행위는 항고소송의 대상이 될 수 없다(대판 2000.9.8. 99두1113).
> 2. 광업법 제47조 제3항에 의한 채광계획변경명령의 권한은 가지고 있으나 작업중지를 명할 권한은 가지고 있지 아니한 도지사가 위 채광계획변경명령과 함께 행한 작업중지명령이 행정소송의 대상이 되는 행정처분에 해당한다고 보고 법적 근거 없이 한 것이어서 당연 무효라고 한 사례
> 행정청의 어떤 행위를 행정처분으로 볼 것이냐의 문제는 추상적, 일반적으로 결정할 수 없고, 구체적인 경우 행정처분은 행정청이 공권력의 주체로서 행하는 구체적 사실에 관한 법집행으로서 국민의 권리의무에 직접 영향을 미치는 행위라는 점을 고려하고 행정처분이 그 주체, 내용, 형식, 절차에 있어서 어느 정도 성립 내지 효력요건을 충족하느냐에 따라 개별적으로 결정하여야 할 것이며, 행정청의 어떤 행위가 법적 근거도 없이 객관적으로 국민에게 불이익을 주는 행정처분과 같은 외형을 갖추고 있고, 그 행위의 상대방이 이를 행정처분으로 인식할 정도라면 그로 인하여 파생되는 국민의 불이익 내지 불안감을 제거시켜 주기 위한 구제수단이 필요한 점에 비추어 볼 때 행정청의 행위로 인하여 그 상대방이 입는 불이익 내지 불안이 있는지 여부도 그 당시에 있어서의 법치행정의 원리와 국민의 권리의식 수준 등은 물론 행위에 관련한 당해 행정청의 태도도 고려하여 판단하여야 한다(대판 1992.1.17. 91누1714).
> 3. 피고 해양수산부장관의 이 사건 항만 명칭결정으로 인하여 원고들이 속한 지방자치단체의 관할구역이 변경되는 것이 아닐 뿐만 아니라, 원고들의 권리의무나 법률상 지위에 직접적인 법률적 변동이 생기지도 아니하므로, 피고 해양수산부장관의 이 사건 항만 명칭결정을 항고소송의 대상이 되는 행정처분이라 할 수는 없다(대판 2008.5.29. 2007두23873).

정답 **01** O

2. 처분의 요건

1) 행정청의 행위일 것

① 개념

행정주체의 의사를 내부적으로 결정하고, 이를 외부적으로 표시할 수 있는 기관을 의미한다. 이는 조직법상의 개념이 아니라 기능적 의미로 사용되고 있다(예 법원의 기관인 법원행정처장도 경우에 따라서는 행정청이 될 수 있으며 공무수탁사인도 행정청이 될 수 있다).

② 권한의 위임이 있는 경우에는 위임·위탁을 받은 행정기관, 공공단체 및 그 기관 또는 사인이 행정청이 되고 피고가 된다.

01 공무수탁사인의 공무를 수행하는 공권력 행사도 처분에 해당한다. (O | X) [18소방직]

관련 판례

1. **지방의회를 행정청으로 본 사례**(의장선임, 의원제명에서도 지방의회가 행정청이다)
   지방의회 의장에 대한 불신임의결은 의장으로서의 권한을 박탈하는 행정처분의 일종으로서 항고소송의 대상이 된다(대판 1994.10.11. 94두23).

2. **공법인인 특수행정조직에 해당하는 대한주택공사를 행정청으로 본 사례**
   대한주택공사의 설립목적, 취급업무의 성질, 권한과 의무 및 택지개발사업의 성질과 내용 등에 비추어 같은 공사가 관계법령에 따른 사업을 시행하는 경우 법률상 부여받은 행정작용권한을 행사하는 것으로 보아야 할 것이므로 같은 공사가 시행한 택지개발사업 및 이에 따른 이주대책에 관한 처분은 항고소송의 대상이 된다(대판 1992.11.27. 92누3618).

3. **성업공사를 행정청으로 본 사례**
   세무서장이 성업공사에 공매권한을 위임하여 성업공사가 한 공매처분은 취소소송의 대상이 되는 처분이다(대판 1997.2.28. 96누1757)

02 지방의회의장에 대한 불신임의결은 행정처분으로 볼 수 없으므로 항고소송의 대상이 되지 아니한다. (O | X) [18경찰]

03 어떤 행위가 상대방의 권리를 제한하는 행위라 하더라도 행정청 또는 그 소속기관이나 권한을 위임받은 공공단체 등의 행위가 아닌 한 이를 행정처분이라고 할 수 없다. (O | X) [17서울시7급]

2) 구체적 사실에 대한 법집행행위일 것

- 구체적 사실이란 일반적·추상적 규율인 행정입법과 달리, 개별적·구체적 성질을 가지고 있어야 함이 원칙이다. 그리고 일반적·구체적 규율행위(일반처분)도 구체적 사실에 대한 행위에 해당한다.

정답 01 O 02 X 03 O

PART 5 행정구제법

> **관련 판례**
>
> 1. 어떠한 고시가 일반적·추상적 성격을 가질 때에는 법규명령 또는 행정규칙에 해당할 것이지만, 다른 집행행위의 매개 없이 그 자체로서 직접 국민의 구체적인 권리의무나 법률관계를 규율하는 성격을 가질 때에는 행정처분에 해당한다.
>   보건복지부 고시인 약제급여·비급여목록 및 급여상한금액표는 다른 집행행위의 매개 없이 그 자체로서 국민건강보험가입자, 국민건강보험공단, 요양기관 등의 법률관계를 직접 규율하는 성격을 가지므로 항고소송의 대상이 되는 행정처분에 해당한다(대판 2006.9.22. 2005두2506).
> 2. 의료기관의 명칭표시판에 진료과목을 함께 표시하는 경우 글자 크기를 제한하고 있는 구 의료법 시행규칙 제31조가 그 자체로서 국민의 구체적인 권리의무나 법률관계에 직접적인 변동을 초래하지 아니하므로 항고소송의 대상이 되는 행정처분이라고 할 수 없다(대판 2007.4.12. 2005두15168).

01 취소소송의 대상인 처분은 행정청이 행하는 구체적 사실에 관한 법 집행행위이므로 불특정 다수인을 대상으로 하여 반복적으로 적용되는 일반적·추상적 규율은 원칙적으로 처분이 아니다. (O | X) [17국가직7급]

02 보건복지부고시인 구「약제급여·비급여목록 및 급여상한금액표」는 그 자체로서 국민건강보험가입자, 국민건강보험공단, 요양기관 등의 법률관계를 직접 규율하는 성격을 가지므로 항고소송의 대상이 되는 행정처분에 해당한다. (O | X) [18국가직9급]

03 의료기관의 명칭표시판에 진료과목을 함께 표시하는 경우 글자크기를 제한하고 있는 구 의료법 시행규칙 제31조는 그 자체로 국민의 구체적 권리·의무나 법률관계에 직접적 변동을 초래하므로 항고소송의 대상이 될 수 있다. (O | X) [20지방직7급]

- 법집행행위는 행정기관은 내부적 행위가 아닌 외부적 행위를 의미한다.

> **관련 판례**
>
> 1. 교육부장관이 내신성적 산정기준의 통일을 기하기 위해 대학입시기본계획의 내용에서 내신성적 산정기준에 관한 시행지침을 마련하여 시·도 교육감에서 통보한 것은 행정조직 내부에서 내신성적 평가에 관한 내부적 심사기준을 시달한 것에 불과하며 … 내신성적 산정지침을 항고소송의 대상이 되는 행정처분으로 볼 수 없다(대판 1994.9.10. 94두33).
> 2. 시험승진후보자명부에 등재되어 있던 자가 그 명부에서 삭제됨으로써 승진임용의 대상에서 제외되었다 하더라도, 그와 같은 시험승진후보자명부에서의 삭제행위는 결국 그 명부에 등재된 자에 대한 승진 여부를 결정하기 위한 행정청 내부의 준비과정에 불과하고, 그 자체가 어떠한 권리나 의무를 설정하거나 법률상 이익에 직접적인 변동을 초래하는 별도의 행정처분이 된다고 할 수 없다(대판 1997.11.14. 97누7325).
> 3. 항고소송의 대상이 되는 행정처분은 행정청의 공법상의 행위로서 특정 사항에 대하여 법규에 의한 권리의 설정 또는 의무의 부담을 명하거나 기타 법률상의 효과를 직접 발생케 하는 등 국민의 구체적인 권리 의무에 직접 관계가 있는 행위를 말하는바, 상급행정기관의 하급행정기관에 대한 승인·동의·지시 등은 행정기관 상호간의 내부행위로서 국민의 권리 의무에 직접 영향을 미치는 것이 아니므로 항고소송의 대상이 되는 행정처분에 해당한다고 볼 수 없다(대판 1997.9.26. 97누8540).

정답 01 O 02 O 03 X

4. 항고소송은 원칙적으로 소송의 대상인 행정처분 등을 외부적으로 그의 명의로 행한 행정청을 피고로 하여야 하는 것으로서, 그 행정처분을 하게 된 연유가 상급행정청이나 타행정청의 지시나 통보에 의한 것이라 하여 다르지 않고, 권한의 위임이나 위탁을 받아 수임행정청이 자신의 명의로 한 처분에 관하여도 마찬가지이다. 그리고 <u>위와 같은 지시나 통보, 권한의 위임이나 위탁은 행정기관 내부의 문제일 뿐 국민의 권리의무에 직접 영향을 미치는 것이 아니어서 항고소송의 대상이 되는 행정처분에 해당하지 않는다</u>(대판 2013.2.28. 2012두22904).

01 교육부장관이 대학입시 기본계획의 내용에서 내신성적 산정기준에 관한 시행지침을 정한 경우, 각 고등학교는 이에 따라 내신성적을 산정할 수밖에 없어 이는 행정처분에 해당된다. (O | X) [19국가직9급]

02 상급행정기관의 하급행정기관에 대한 승인·동의·지시 등은 행정기관 상호 간의 내부행위로서 항고소송의 대상이 되는 행정처분이라 볼 수 없다. (O | X) [17사회복지직9급]

03 공무원시험승진후보자 명부에 등재된 자에 대하여 이전의 징계처분을 이유로 시험승진후보자명부에서 삭제하는 행위는 행정처분에 해당한다는 것이 판례의 입장이다. (O | X) [17국가직9급]

3) 공권력의 행사·거부

① 공권력의 행사
- 행정청이 우월한 지위에서 일방적으로 행하는 일체의 행정작용을 의미한다. 따라서 개인과의 의사표시의 합치에 의하여 성립하는 공법상 계약과 행정주체가 재산권의 귀속주체로서 체결하는 사법상 계약, 행정지도와 같은 사실행위 등은 처분이 아니다.
- 입찰참가자격제한에 관한 판례 법리
  ㉠ 국가가 「국가를 당사자로 하는 계약에 관한 법률(구 예산회계법)」이나 지방자치단체가 「지방자치단체를 당사자로 하는 계약에 관한 법률(구 지방재정법)」을 근거로 하는 입찰참가자격제한은 처분에 해당한다(대판 83누127).
  ㉡ 상위법의 위임없이 정부투자기관회계규정에 근거한 한국전력공사, 한국토지주택공사의 입찰참가자격제한 조치는 사법상 통지행위에 불과하다고 보면서 처분성을 부정한다(대판 99부3).
  ㉢ 하지만 최근에는 한국전력공사의 「공공기관의 운영에 관한 법률」 제39조에 근거한 공기업·준정부기관이 행하는 입찰참가자격 제한처분의 처분성을 인정하였다(대판 2013두18964).

> **참고**
> ㉠~㉢의 법리를 종합하면 입찰참가자격제한의 법적 근거를 중요시하는 것으로 판단된다. 즉, ㉡의 경우 상위법의 근거가 없는 공공기관의 입찰참가자격제한은 처분성을 부정하고, ㉢의 경우 「공공기관의 운영에 관한 법률」에 법률에 법적근거를 가지고 있으므로 처분성을 인정한다. 따라서 아래의 ㉣과 같은 판시가 가능하다고 본다(편저자 주).

정답 01 X 02 O 03 X

㉣ 공기업·준정부기관이 법령 또는 계약에 근거하여 선택적으로 입찰참가자격 제한 조치를 할 수 있는 경우, 계약상대방에 대한 입찰참가자격 제한 조치가 법령에 근거한 행정처분인지 아니면 계약에 근거한 권리행사인지는 원칙적으로 의사표시의 해석 문제이다. 피고(한국수력원자력 주식회사)는 입찰참가자격 제한 조치를 하기 전 원고에게 "처분사전통지서(청문절차통지)"라는 제목으로 "공공기관의 운영에 관한 법률 제39조 등에 의하여 우리 기관이 하고자 하는 처분의 내용을 통지하오니 청문에 출석하여 주시기 바랍니다."라고 기재한 문서를 교부하고, 행정절차법에 따른 관련 절차 등을 진행하였다. 위와 같은 사정들을 앞서 본 법리에 비추어 살펴보면, 피고가 한 입찰참가자격 제한 조치는 계약에 근거한 권리행사가 아니라 공공기관운영법 제39조 제2항에 근거한 행정처분으로 봄이 타당하다(대판 2019.2.14. 2016두33223).

㉤ 「공공기관의 운영에 관한 법률」의 공기업·준정부기관이 아닌 기타 공공기관의 경우에는 입찰참가자격제한의 법적근거가 없다고 전제한 뒤 기타 공공기관의 위임을 받은 조달청장이 하는 입찰참가자격제한처분은 행정처분이 아니라고 하고, 반대로 공기업·준정부기관의 위임을 받은 조달청장이 하는 입찰참가자격제한처분은 행정처분으로 보는 것이 판례의 입장이다. 또한 아무리 공기업·준정부기관이라도 계약에 근거한 입찰참가자격제한 조치를 한 것으로 해석될 수 있을 때에는 역시 행정처분으로 볼 수 없다는 것이 판례의 입장이다(대판 2016두33537, 2017두39433).

> **관련 판례**
>
> 1. 「공공기관 운영에 관한 법률」상 공기업이나 준정부기관이 아닌 기타 공공기관에 해당하는 수도권매립지관리공사의 입찰참가자격 제한은 사법상 통지에 불과하다(대판 2010.11.26. 2010무137).
> 2. [1] 조달청장이 조달사업에 관한 법률 제5조의2 제1항 또는 제2항에 따라 수요기관으로부터 계약체결을 요청받아 그에 따라 체결하는 계약은, 국가가 당사자가 되고 수요기관은 수익자에 불과한 '제3자를 위한 계약'에 해당한다.
>   [2] 요청조달계약에는 다른 법률에 특별한 규정이 없는 한 당연히 국가계약법이 적용된다. 그러나 고권적 지위에서 국민에게 침익적 효과를 발생시키는 행정처분에 관한 규정까지 당연히 적용된다고 할 수 없다. 따라서 수요기관이 기타공공기관인 요청조달계약의 경우에 관하여는 입찰참가자격 제한 처분의 수권 등에 관한 법령상 근거가 없으므로, 조달청장이 국가계약법 제27조 제1항에 의하여서는 계약상대방에 대하여 입찰참가자격 제한 처분을 할 수는 없고, 그 밖에 그러한 처분을 할 수 있는 별도의 법적 근거도 없다(대판 2017.6.29. 2014두14389).
> 3. 준정부기관으로부터 공공기관운영법 제44조 제2항에 따라 계약 체결 업무를 위탁받은 조달청장은 국가계약법 제27조 제1항에 따라 입찰참가자격 제한 처분을 할 수 있는 권한이 있다고 봄이 타당하다(대판 2017.12.28. 2017두39433).

01 「국가를 당사자로 하는 계약에 관한 법률」에 의하여 국가기관이 특정기업의 입찰참가자격을 제한하는 경우 이것은 사법관계이므로 이에 대해 다투기 위하여서는 민사소송을 제기하여야 한다. (O | X)   [16국회직8급]

정답 01 X

01 대법원은 지방자치단체가 공공조달계약입찰을 일정기간 동안 제한하는 부정당업자제재는 사법상의 통지행위에 불과하다고 본다. (O | X) [17국회직8급]

> **관련 판례**
>
> 공기업·준정부기관이 입찰을 거쳐 계약을 체결한 상대방에 대해 위 규정들에 따라 계약조건 위반을 이유로 입찰참가자격제한처분을 하기 위해서는 입찰공고와 계약서에 미리 계약조건과 그 계약조건을 위반할 경우 입찰참가자격 제한을 받을 수 있다는 사실을 모두 명시해야 한다. 계약상대방이 입찰공고와 계약서에 기재되어 있는 계약조건을 위반한 경우에도 공기업·준정부기관이 입찰공고와 계약서에 미리 그 계약조건을 위반할 경우 입찰참가자격이 제한될 수 있음을 명시해 두지 않았다면, 위 규정들을 근거로 입찰참가자격제한처분을 할 수 없다(대판 2021.11.11. 2021두43491).

② 공권력 행사의 거부(거부처분)

㉠ 의의

신청권이 있는 자의 신청에 대하여 처분의 발급을 거부하는 것이어야 한다. 또한, 그 거부행위가 신청인의 법률관계에 어떤 변동을 일으키는 것이어야 한다.

> **관련 판례**
>
> 1. 거부행위가 행정처분이 되기 위해서는 국민에게 법규상 조리상 신청권이 있어야 한다는 판시
>   행정청이 국민의 신청에 대하여 한 거부행위가 항고소송의 대상이 되는 행정처분에 해당하려면, 행정청의 행위를 요구할 법규상 또는 조리상의 신청권이 그 국민에게 있어야 한다(대판 2005.2.25. 2004두4031).
> 2. 잠수기어업허가 신청에 대한 거부는 취소소송의 대상적격이 인정된다는 취지의 판시
>   [1] 거부처분의 처분성을 인정하기 위한 전제요건이 되는 신청권의 존부는 구체적 사건에서 신청인이 누구인가를 고려하지 않고 관계 법규의 해석에 의하여 일반 국민에게 그러한 신청권을 인정하고 있는가를 살펴 추상적으로 결정되는 것이고, 신청인이 그 신청에 따른 단순한 응답을 받을 권리를 넘어서 신청의 인용이라는 만족적 결과를 얻을 권리를 의미하는 것은 아니다. 따라서 국민이 어떤 신청을 한 경우에 그 신청의 근거가 된 조항의 해석상 행정발동에 대한 개인의 신청권을 인정하고 있다고 보여지면 그 거부행위는 항고소송의 대상이 되는 처분으로 보아야 할 것이고, 구체적으로 그 신청이 인용될 수 있는가 하는 점은 본안에서 판단하여야 할 사항인 것이다.
>   [2] 수산업법의 각 규정은 잠수기어업을 어선마다 도지사의 허가를 받아야 하는 근해어업의 일종으로 규정하고 있으므로, 잠수기어업허가신청에 대한 거부행위는 정처분이라고 할 것이다. 따라서 원고에게 신청의 인용이라는 만족적 결과를 얻을 권리가 없다는 이유만을 들어 피고가 한 이 사건 거부행위의 처분성을 부인한 원심판결에는 항고소송의 대상이 되는 거부처분에 관한 법리를 오해한 위법이 있다(대판 1996.6.11. 95누12460).
> 3. 신청인의 법률관계에 어떤 변동을 일으키는 것의 의미
>   신청인의 실체상 권리관계에 직접적인 변동을 일으키는 것은 물론, 그렇지 않다 하더라도 신청인이

정답 01 ×

PART 5 행정구제법

실체상의 권리자로 권리를 행사함에 중대한 지장을 초래하는 경우도 포함된다(대판 2007.10.11. 2007두1316).

4. **산업재해보상보험상 사업주 변경신청권은 인정되지 아니한다는 취지**(산업재해 발생 당시 자신의 근로자가 아니라고 주장하는 사업주의 사업주 변경신청권은 없음)

   산업재해보상보험에서 보험가입자인 사업주와 보험급여를 받을 근로자에 해당하는지는 해당 사실의 실질에 의하여 결정되는 것일 뿐이고 근로복지공단의 결정에 따라 보험가입자(당연가입자) 지위가 발생하는 것은 아닌 점 등을 종합하면, 사업주 변경신청과 같은 내용의 조리상 신청권이 인정된다고 볼 수도 없으므로, 근로복지공단이 신청을 거부하였더라도 을 회사의 권리나 법적 이익에 어떤 영향을 미치는 것은 아니어서, 위 통지는 항고소송의 대상이 되는 행정처분이 되지 않는다(대판 2016.7.14. 2014두47426).

5. **산업재해보상보험상 사업종류 변경신청권은 인정된다는 취지의 판시**(사업종류에 따른 보험료율이 다르기 때문)

   산업재해보상보험 가입자인 사업주의 사업종류변경신청에 대한 근로복지공단의 반려행위가 항고소송의 대상이 되는 행정처분에 해당한다(대판 2008.5.8. 2007두10488).

6. 국방전력발전업무훈령 제113조의5 제1항에 의한 연구개발확인서 발급은 사업관리기관이 개발업체에게 해당 품목의 양산과 관련하여 경쟁입찰에 부치지 않고 수의계약의 방식으로 국방조달계약을 체결할 수 있는 지위(경쟁입찰의 예외사유)가 있음을 인정해 주는 '확인적 행정행위'로서 공권력의 행사인 '처분'에 해당하고, 연구개발확인서 발급 거부는 신청에 따른 처분 발급을 거부하는 '거부처분'에 해당한다(대판 2020.1.16. 2019다264700).

7. 수익적 행정처분을 구하는 신청에 대한 거부처분은 당사자의 신청에 대하여 관할 행정청이 이를 거절하는 의사를 대외적으로 명백히 표시함으로써 성립된다. 거부처분이 있은 후 당사자가 다시 신청을 한 경우에는 신청의 제목 여하에 불구하고 그 내용이 새로운 신청을 하는 취지라면 관할 행정청이 이를 다시 거절하는 것은 새로운 거부처분이라고 보아야 한다. 관계 법령이나 행정청이 사전에 공표한 처분기준에 신청기간을 제한하는 특별한 규정이 없는 이상 재신청을 불허할 법적 근거가 없으며, 설령 신청기간을 제한하는 특별한 규정이 있더라도 재신청이 신청기간을 도과하였는지는 본안에서 재신청에 대한 거부처분이 적법한가를 판단하는 단계에서 고려할 요소이지, 소송요건 심사 단계에서 고려할 요소가 아니다(대판 2021.1.14. 선고 2020두50324).

8. **행정기관에 특정한 행위를 요구한 사안에서 이에 대한 신청권이 없으므로 거부행위는 처분이 아니라는 취지의 판시**

   구 행정규제및민원사무기본법 제2조 제3호의 규정등이 민원사항의 신청에 대한 행정기관의 절차적인 접수의무를 규정하고 있다고 하더라도 그로써 바로 민원인에게 그 민원에서 요구하는 행정기관의 행위에 대한 실체적인 신청권까지 인정되는 것이라고 볼 수는 없다(대판 1999.8.24. 97누7004).

---

01 거부행위의 처분성을 인정하기 위한 전제요건이 되는 신청권의 존부는 구체적 사건에서 신청인이 누구인가를 고려하지 말고 관계법규에서 일반국민에게 그러한 신청권을 인정하고 있는가를 살펴 추상적으로 결정하여야 한다. (O | X)   [19사회복지직9급]

02 신청권은 그 신청에 따른 단순한 응답을 받을 권리를 넘어서 신청의 인용이라는 만족적 결과를 얻을 권리를 의미한다. (O | X)   [25지방직9급]

정답 01 O 02 X

ⓒ 구체적 검토

> **관련 판례** 신청권 인정 판례
>
> 1. 임용권자가 임용기간이 만료된 조교수에 대하여 재임용을 거부하는 취지로 한 임용기간만료의 통지는 위와 같은 대학교원의 법률관계에 영향을 주는 것으로서 행정소송의 대상이 되는 처분에 해당한다(대판 2004.4.22. 2000두7735).
> 2. 유일한 면접심사 대상자에 대한 교원신규채용업무를 중단하는 조치는 임용에 관한 법률상 이익(신청권이 있음)을 가지는 임용지원자에 대한 신규임용을 사실상 거부하는 종국적인 조치(거부처분)
> 대학교원의 신규채용에 있어서 유일한 면접심사 대상자로 선정된 임용지원자에 대한 교원신규채용 중단조치가 항고소송의 대상이 되는 행정처분에 해당한다(대판 2004.6.11. 2001두7053).
> 3. 교육부장관이 대학에서 추천한 복수의 총장 후보자들 전부 또는 일부를 임용제청에서 제외하는 행위는 제외된 후보자들에 대한 불이익처분으로서 항고소송의 대상이 되는 처분에 해당한다고 보아야 한다(대판 2018.6.15. 2016두57564).
> 4. 교육공무원법상 승진후보자 명부에 의한 승진심사 방식으로 행해지는 승진임용에서 승진후보자 명부에 포함되어 있던 후보자를 승진임용인사발령에서 제외하는 행위는 불이익처분으로서 항고소송의 대상인 처분에 해당한다고 보아야 한다(대판 2018.3.27. 2015두47492).
> 5. 자동차운송사업 양도양수인가신청에 대하여 행정청이 내인가를 한후 그 본인가신청이 있음에도 내인가를 취소함으로써 다시 본인가에 대하여 따로이 인가여부의 처분을 한다는 사정이 보이지 않는 경우 위 내인가취소를 인가신청거부처분으로 볼 수 있다(대판 1991.6.28. 90누4402).

01 기간제로 임용되어 임용기간이 만료된 공립대학의 교원은 재임용 여부에 관하여 심사를 요구할 법규상 또는 조리상의 신청권을 가진다. (O | X) [14서울시7급]

4) 공권력의 행사 또는 그 거부에 준하는 행정작용

① 처분적 법규명령

일반적으로 조례는 일반적·추상적 규율이므로 행정처분이라고 볼 수 없으나 조례가 집행행위의 개입 없이도 그 자체로서 직접 국민의 구체적인 권리의무나 법적 이익에 영향을 미치는 등의 법률상 효과를 발생하는 경우 그 조례는 항고소송의 대상이 되는 행정처분에 해당한다.

> **관련 판례**
>
> 경기 가평군 가평읍 상색초등학교 두밀분교를 폐지하는 내용의 이 사건 조례는 … 특정의 초등학교를 구체적으로 이용할 이익을 직접적으로 상실하게 하는 것이므로 항고소송의 대상이 되는 행정처분이다(대판 1996.9.20. 선고 95누8003).

02 조례는 처분성을 가지고 있더라도 항고소송의 대상이 되지 않는다. (O | X) [13군무원9급]
03 거부처분에 대한 취소소송이 가능하기 위해서는 그 거부가 신청인의 법률관계에 영향을 줄 것이 요구된다. (O | X) [13군무원9급]

정답 01 O 02 X 03 O

② 행정계획

행정계획도 구속적 성격을 가지고 있어서 처분성이 인정되는 경우에는 항고소송의 대상이 된다.

> **관련 판례**
>
> 도시계획법 제12조 소정의 고시된 도시계획결정은 특정 개인의 권리 내지 법률상의 이익을 개별적이고 구체적으로 규제하는 효과를 가져오게 하는 행정청의 처분이라 할 것이고, 이는 행정소송의 대상이 된다(대판 1982.3.9. 80누105).

③ 경고

경고가 직접 권리·의무에 영향을 미치는 경우 처분성이 있고 직접영향이 없는 경우 처분성이 없다.

> **관련 판례** 경고의 처분성을 인정한 판시
>
> 1. 함양군 지방공무원징계양정규칙은 행정규칙이지만 이에 근거한 불문경고의 처분성을 인정한 사례
>   행정규칙에 의한 '불문경고조치'가 비록 법률상의 징계처분은 아니지만 위 처분을 받지 아니하였다면 차후 다른 징계처분이나 경고를 받게 될 경우 징계감경사유로 사용될 수 있었던 표창공적의 사용가능성을 소멸시키는 효과와 1년 동안 인사기록카드에 등재됨으로써 그 동안은 장관표창이나 도지사표창 대상자에서 제외시키는 효과 등이 있다는 이유로 항고소송의 대상이 되는 행정처분에 해당한다(대판 2002.7.26. 2001두3532).
> 2. 금융기관의 임원에 대한 금융감독원장의 문책경고는 그 상대방에 대한 직업선택의 자유를 직접 제한하는 효과를 발생하게 하는 등 상대방의 권리의무에 직접 영향을 미치는 행위로서 항고소송의 대상이 되는 행정처분에 해당한다(대판 2005.2.17. 2003두14765).

> **관련 판례** 경고의 처분성을 부정한 판시
>
> 1. 구 서울특별시교육·학예에관한감사규칙 제11조, '서울특별시교육청감사결과지적사항및법률위반공무원처분기준'에 정해진 경고는, … 포상추천 제한사유 및 교육공무원징계양정등에관한규칙 제4조 제1항 단서에 정해진 징계감경사유 제외대상에 해당하는 불문(경고)과는 달리, 항고소송의 대상이 되는 행정처분에 해당하지 않는다고 할 것이다(대판 2004.4.23. 2003두13687).
> 2. 공무원이 소속 장관으로부터 받은 "직상급자와 다투고 폭언하는 행위 등에 대하여 엄중 경고하니 차후 이러한 사례가 없도록 각별히 유념하기 바람"이라는 내용의 서면에 의한 경고가 공무원의 신분에 영향을 미치는 국가공무원법상의 징계의 종류에 해당하지 아니하고, 근무충실에 관한 권고행위 내지 지도행위로서 그 때문에 공무원으로서의 신분에 불이익을 초래하는 법률상의 효과가 발생하는 것도 아니다(대판 1991.11.12. 91누2700).
> 3. 금융감독원장이 종합금융주식회사의 전 대표이사에게 재직 중 위법·부당행위 사례를 첨부하여 금융관련 법규를 위반하고 신용질서를 심히 문란하게 한 사실이 있다는 내용으로 '문책경고장(상당)'을 보낸 행위가 항고소송의 대상이 되는 행정처분에 해당하지 아니한다(대판 2005.2.17. 2003두10312).

④ 입찰참가자격 제한과 관련된 판시

> **관련 판례** 입찰참가자격 제한과 관련된 판시

[1] 공공기관의 운영에 관한 법률(이하 '공공기관운영법'이라 한다)이나 그 하위법령은 공기업이 거래상대방 업체에 대하여 공공기관운영법 제39조 제2항 및 공기업·준정부기관 계약사무규칙 제15조에서 정한 범위를 뛰어넘어 추가적인 제재조치를 취할 수 있도록 위임한 바 없다. 따라서 한국수력원자력 주식회사가 조달하는 기자재, 용역 및 정비공사, 기기수리의 공급자에 대한 관리업무 절차를 규정함을 목적으로 제정·운용하고 있는 '공급자관리지침' 중 등록취소 및 그에 따른 일정 기간의 거래제한조치에 관한 규정들은 공공기관으로서 행정청에 해당하는 한국수력원자력 주식회사가 상위법령의 구체적 위임 없이 정한 것이어서 대외적 구속력이 없는 행정규칙이다.

[2] 한국수력원자력 주식회사는 공공기관운영법에 따른 '공기업'으로 지정됨으로써 공공기관운영업 제39조 제2항에 따라 입찰참가자격제한처분을 할 수 있는 권한을 부여받았으므로 '법령에 따라 행정처분권한을 위임받은 공공기관'으로서 행정청에 해당한다.

[3] 한국수력원자력 주식회사가 자신의 '공급자관리지침'에 근거하여 등록된 공급업체에 대하여 하는 '등록취소 및 그에 따른 일정 기간의 거래제한조치'는 행정청이 행하는 구체적 사실에 관한 법집행으로의 공권력의 행사인 '처분'에 해당한다(대판 2020.5.28. 2017두66541).

⑤ 이의신청의 결과통지에 대한 판시

> **관련 판례**

1. 신청과 거부처분이 있던 경우, 거부처분에 대한 이의신청에 이유가 있다면 인용처분, 이의신청에 이유가 없는 경우 거부취지의 결과 통지, 여기서 이의신청에 대한 거부취지의 결과 통지는 처분이 아니다. 민원 이의신청을 받아들이는 경우에는 이의신청 대상인 거부처분을 취소하지 않고 바로 최초의 신청을 받아들이는 새로운 처분을 하여야 하지만, 이의신청을 받아들이지 않는 경우에는 다시 거부처분을 하지 않고 그 결과를 통지함에 그칠 뿐이다. 따라서 이의신청을 받아들이지 않는 취지의 기각결정 내지는 그 취지의 통지는, 종전의 거부처분을 유지함을 전제로 한 것에 불과하고 또한 거부처분에 대한 행정심판이나 행정소송의 제기에도 영향을 주지 못하므로, 결국 민원 이의신청인의 권리·의무에 새로운 변동을 가져오는 공권력의 행사나 이에 준하는 행정작용이라고 할 수 없어, 독자적인 항고소송의 대상이 된다고 볼 수 없다고 봄이 타당하다(대판 2012.11.15. 2010두8676).

2. 이의신청 제도가 없고 새로운 신청으로 볼 수 있는 경우에 해당하여 제2차 거부통보를 처분으로 본 사안
감염병예방법령에는 이의신청에 관한 명문의 규정이 없고, 소멸시효 또는 권리 행사기간의 제한에 관한 규정도 없으므로, 원고는 언제든지 재신청을 할 수 있다. 원고의 이의신청은 민원 처리에 관한 법률상 이의신청 기간이 도과된 후에야 제기되었다. 피고는 원고의 이의신청에 따라 추가로 제출된 자료 등을 예방접종피해보상 전문위원회에서 새로 심의하도록 하여 그 의견을 들은 후 제2차 거부통보를 하였다. 수익적 행정행위 신청에 대한 거부처분은 당사자의 신청에 대하여 관할 행정청이 거절하는 의사를 대외적으로 명백히 표시함으로써 성립되고, 거부처분이 있은 후 당사자가 다시 신청을 한 경우에는 신청의 제목 여하에 불구하고 그 내용이 새로운 신청을 하는 취지라면 관할 행정청이 이를 다시 거절하는 것은 새로운 거부처분으로 봄이 원칙이다(대판 2019.4.3. 2017두52764)

3. 3년간 기술혁신 촉진 사업 참여 제한 처분 및 정부출연금 전부 환수 처분(1차 통지) 이에 대한 이의신청과 이의신청에 대한 통지(2차 통지— 처분 상대방의 인식가능성을 고려하여 처분성을 인정한 판시, 즉 참여제한기간이 '2019. 7. 19.부터 2022. 7. 18.까지'에서 '2019. 11. 8.부터 2022. 11. 7.까지'로, 환수금 납부기한이 '2019. 8. 2.까지'에서 '2019. 11. 18.까지'로 각 변경)

   [1] 행정청의 행위가 '처분'에 해당하는지가 불분명한 경우에는 그에 대한 불복방법 선택에 중대한 이해관계를 가지는 상대방의 인식가능성과 예측가능성을 중요하게 고려하여 규범적으로 판단하여야 한다.

   [2] 선행처분의 내용 중 일부만을 소폭 변경하는 후행처분이 있는 경우 선행처분도 후행처분에 의하여 변경되지 아니한 범위 내에서 존속하고, 후행처분은 선행처분의 내용 중 일부를 변경하는 범위 내에서 효력을 가지지만, 선행처분의 주요 부분을 실질적으로 변경하는 내용으로 후행처분을 한 경우에는 선행처분은 특별한 사정이 없는 한 그 효력을 상실한다.

   [3] 행정상 법률관계에서의 신뢰보호의 원칙에 비추어 보더라도 이 사건 2차 통지는 항고소송의 대상이 되는 처분이라고 봄이 상당하다(대판 2022.7.28. 2021두60748).

4. 한국토지주택공사가 택지개발사업의 시행자로서 일정 기준을 충족하는 손실보상대상자들에 대하여 생활대책을 수립·시행하였는데, 직권으로 갑 등이 생활대책대상자에 해당하지 않는다는 결정을 하고, 갑 등의 이의신청에 대하여 재심사 결과로도 생활대책 대상자로 선정되지 않았다는 통보를 한 사안에서, 재심사 결과 통보가 독립한 행정처분으로서 항고소송의 대상이 된다(대판 2016.7.14. 2015두58645).

5) 처분성에 관한 판례의 구체적 검토

반복된 행위	1. 반복된 거부처분의 경우 거부처분은 관할 행정청이 국민의 처분신청에 대하여 거절의 의사표시를 함으로써 성립되고, 그 이후 동일한 내용의 새로운 신청에 대하여 다시 거절의 의사표시를 한 경우에는 새로운 거부처분이 있는 것으로 본다(대판 2000.3.29. 2000두6084).	1. 반복된 침익적 처분의 후행처분은 처분성이 없다. 반복된 2차, 3차 계고처분, 공익근무요원 소집통지 후 기일을 연기하여 다시 공익근무요원 소집통지, 국세징수법상 제2차 독촉 등.
증액경정, 감액경정 처분	1. 증액경정처분이 항고소송의 대상이 된다. 국세기본법 제22조의2의 시행 이후에도 증액경정처분이 있는 경우, 당초 신고나 결정은 증액경정처분에 흡수됨으로써 독립한 존재가치를 잃게 된다고 보아야 하므로, 원칙적으로는 당초 신고나 결정에 대한 불복기간의 경과 여부 등에 관계없이 증액경정처분만이 항고소송의 심판대상이 되고, 납세의무자는 그 항고소송에서 당초 신고나 결정에 대한 위법사유도 함께 주장할 수 있다고 해석함이 타당하다(대판 2009.5.14. 2006두17390). 2. 감액경정처분(당초 처분의 변경, 세액의 일부취소)의 경우, 당초의 부과처분 중 경정결정에 의하여 취소되고 있지 않고 남은 부분이 항고소송의 대상이 된다 할 것이고, 경정결정이 항고소송의 대상이 되는 것이 아니므로 제소기간의 준수여부는 당초 처분을 기준으로 판단한다(대판 1991.9.13. 91누391).	

	3. 행정청이 산업재해보상보험법에 의한 보험급여 수급자에 대하여 부당이득 징수결정을 한 후 징수결정의 하자를 이유로 징수금 액수를 감액하는 경우에 감액처분은 감액된 징수금 부분에 관해서만 법적 효과가 미치는 것으로서 당초 징수결정과 별개 독립의 징수금 결정처분이 아니라 그 실질은 처음 징수결정의 변경이고, 그에 의하여 징수금의 일부취소라는 징수의무자에게 유리한 결과를 가져오는 처분이므로 징수의무자에게는 그 취소를 구할 소의 이익이 없다. 이에 따라 감액처분으로도 아직 취소되지 않고 남아 있는 부분이 위법하다 하여 다투고자 하는 경우, 감액처분을 항고소송의 대상으로 할 수는 없고, 당초 징수결정 중 감액처분에 의하여 취소되지 않고 남은 부분을 항고소송의 대상으로 할 수 있을 뿐이며, 그 결과 제소기간의 준수 여부도 감액처분이 아닌 당초 처분을 기준으로 판단해야 한다(대판 2012.9.27. 2011두27247).
특별행정법관계	1. 국립교육대학교 학생에 대한 퇴학처분은 행정처분으로서 행정소송의 대상이라는 판시(대판 1991.11.22. 91누2144). 2. 교도소장의 수형자에 대한 서신검열행위는 이른바 권력적 사실행위로서 행정처분(헌재 1998.8.27. 96헌마398).
처분성 인정 판례	1. 소득금액변동통지는 원천징수의무자인 법인의 납세의무에 직접 영향을 미치는 과세관청의 행위로서, 항고소송의 대상이 되는 조세행정처분이라고 봄이 상당하다(대판 2006.4.20. 2002두1878). 2. 국가인권위원회의 성희롱결정과 이에 따른 시정조치의 권고는 불가분의 일체로 행하여지는 것인데 국가인권위원회의 이러한 결정과 시정조치의 권고는 성희롱 행위자로 결정된 자의 인격권에 영향을 미침과 동시에 공공기관의 장 또는 사용자에게 일정한 법률상의 의무를 부담시키는 것이므로 국가인권위원회의 성희롱결정 및 시정조치권고는 행정소송의 대상이 되는 행정처분에 해당한다(대판 2005.7.8. 2005두487). 3. 방산물자 지정이 취소되는 경우 당해 물자에 대한 방산업체 지정도 취소될 수밖에 없다고 보아야 하므로 방산물자 지정취소가 항고소송의 대상이 되는 행정처분에 해당한다(대판 2009.12.24. 2009두12853). 4. 공정거래위원회의 '표준약관 사용권장행위'는 그 통지를 받은 해당 사업자 등에게 표준약관과 다른 약관을 사용할 경우 표준약관과 다르게 정한 주요내용을 고객이 알기 쉽게 표시하여야 할 의무를 부과하고, 그 불이행에 대해서는 과태료에 처하도록 되어 있으므로, 이는 사업자 등의 권리·의무에 직접 영향을 미치는 행정처분으로서 항고소송의 대상이 된다(대판 2010.10.14. 2008두23184). 5. 부과처분을 위한 과세관청의 질문조사권이 행해지는 세무조사결정이 있는 경우 납세의무자는 세무공무원의 과세자료 수집을 위한 질문에 대답하고 검사를 수인하여야 할 법적 의무를 부담하게 되는 점 등, 세무조사결정은 납세의무자의 권리·의무에 직접 영향을 미치는 공권력의 행사에 따른 행정작용으로서 항고소송의 대상이 된다(대판 2011.3.10. 2009두23617,23624). 6. 정부 간 항공노선의 개설에 관한 잠정협정 및 비밀양해각서와 건설교통부 내부지침에 의한 항공노선에 대한 운수권배분처분이 항고소송의 대상이 되는 행정처분에 해당한다(대판 2004.11.26. 2003두10251,10268).

7. 과학기술기본법령상 사업 협약의 해지 통보는 단순히 대등 당사자의 지위에서 형성된 공법상계약을 계약당사자의 지위에서 종료시키는 의사표시에 불과한 것이 아니라 행정청이 우월적 지위에서 연구개발비의 회수 및 관련자에 대한 국가연구개발사업 참여제한 등의 법률상 효과를 발생시키는 행정처분에 해당한다(대판 2014.12.11. 2012두28704).

8. 구 문화재관리법하의 지방문화재에 대한 보호구역 지정처분도 보호구역 내에 있는 토지소유자에 대하여 권리행사의 제한 또는 의무부담을 주는 행정처분에 해당한다(대판 1993.6.29. 91누6986).

9. 산업단지관리공단이 구 산업집적활성화 및 공장설립에 관한 법률 제38조 제2항에 따른 변경계약의 취소가 항고소송의 대상이 되는 행정처분에 해당하는지 여부(적극)
산업단지관리공단의 지위, 입주계약 및 변경계약의 효과, 입주계약 및 변경계약 체결 의무와 그 의무를 불이행한 경우의 형사적 내지 행정적 제재, 입주계약해지의 절차, 해지통보에 수반되는 법적 의무 및 그 의무를 불이행한 경우의 형사적 내지 행정적 제재 등을 종합적으로 고려하면, 입주변경계약 취소는 행정청인 관리권자로부터 관리업무를 위탁받은 산업단지관리공단이 우월적 지위에서 입주기업체들에게 일정한 법률상 효과를 발생하게 하는 것으로서 항고소송의 대상이 되는 행정처분에 해당한다(대판 2017.6.15. 2014두46843).

10. 甲 도지사가 도에서 설치·운영하는 乙 지방의료원을 폐업하겠다는 결정을 발표하고 그에 따라 폐업을 위한 일련의 조치가 이루어진 후 乙 지방의료원을 해산한다는 내용의 조례를 공포하고 乙 지방의료원의 청산절차가 마쳐진 사안에서, 甲 도지사의 폐업결정은 항고소송의 대상에 해당하지만 취소를 구할 소의 이익을 인정하기 어렵다(대판 2016.8.30. 2015두60617).

11. 행정절차법 제15조 제1항, 제24조 제1항, 공무원임용령 제6조 제3항, 공무원 인사기록·통계 및 인사사무 처리 규정 제26조 제1항의 규정에 따르면, 명예전역 선발을 취소하는 처분은 당사자의 의사에 반하여 예정되어 있던 전역을 취소하고 명예전역수당의 지급 결정 역시 취소하는 것으로서 임용에 준하는 처분으로 볼 수 있으므로, 행정절차법 제24조 제1항에 따라 문서로 해야 한다(대판 2019.5.30. 2016두49808).

12. 구 하도급거래 공정화에 관한 법률 제26조 제2항에 따른 공정거래위원회의 입찰참가자격제한 등 요청 결정이 항고소송의 대상이 되는 처분
구 하도급거래 공정화에 관한 법률(2022. 1. 11. 법률 제18757호로 개정되기 전의 것, 이하 '구 하도급법'이라 한다) 제26조 제2항은 입찰참가자격제한 등 요청의 요건을 시행령으로 정한 기준에 따라 부과한 벌점의 누산점수가 일정 기준을 초과하는 경우로 구체화하고, 위 요건을 충족하는 경우 공정거래위원회는 구 하도급법 제26조 제2항 후단에 따라 관계 행정기관의 장에게 해당 사업자에 대한 입찰참가자격제한 등 요청 결정을 하게 되며, 이를 요청받은 관계 행정기관의 장은 특별한 사정이 없는 한 그 사업자에 대하여 입찰참가자격제한 등의 처분을 해야 하므로, 사업자로서는 입찰참가자격제한 등 요청 결정이 있으면 장차 후속 처분으로 입찰참가자격이 제한되고 영업이 정지될 수 있는 등의 법률상 불이익이 존재한다. 이때 입찰참가자격제한 등 요청 결정이 있음을 알고 있는 사업자로 하여금 입찰참가자격제한처분 등에 대하여만 다툴 수 있도록 하는 것보다는 그에 앞서 직접 입찰참가자격제한 등 요청

결정의 적법성을 다툴 수 있도록 함으로써 분쟁을 조기에 근본적으로 해결하도록 하는 것이 법치행정의 원리에도 부합하므로, 공정거래위원회의 입찰참가자격제한 등 요청 결정은 항고소송의 대상이 되는 처분에 해당한다(대판 2023.4.27. 2020두47892).

13. 근로복지공단이 고용산재보험료징수법령 등에서 위임된 사항과 그 시행을 위하여 필요한 사항을 규정할 목적으로 제정한 '적용 및 부과업무 처리 규정' 등 관련 규정들의 내용과 체계 등을 살펴보면, 근로복지공단이 사업주에 대하여 하는 '개별 사업장의 사업종류 변경결정'은 행정청이 행하는 구체적 사실에 관한 법집행으로서의 공권력의 행사인 '처분'에 해당한다(대판 2020.4.9. 2019두61137).

14. 금강수계 중 상수원 수질보전을 위하여 필요한 지역의 토지 등의 소유자가 국가에 그 토지 등을 매도하기 위하여 매수신청을 하였으나 유역환경청장이 이를 거절한 사안에서, 그 매수 거부행위가 항고소송의 대상이 되는 행정처분에 해당한다(대판 2009.9.10. 2007두20638).

15. (민간투자사업기본계획 등에서 정한 제안비용보상금 지급대상자에 해당하는지 여부)와 관련하여 제안비용보상금 지급 신청에 대한 주무관청의 결정은 '민간투자법령을 집행하는 행위로서의 공권력의 행사 또는 그 거부'에 해당하므로 항고소송의 대상인 '처분'이라고 보아야 한다(대판 2020.10.15. 2020다222382).

16. 지방노동위원회가 노동쟁의에 대하여 한 중재회부결정은, 중재에 회부된 날로부터 15일 간 쟁의행위를 금지시키고, 이를 위반하여 쟁의행위를 한 자에 대한 형사처벌을 할 수 있으며, 그 금지기간 중의 쟁의행위를 부당한 쟁의행위로 보는 결과 그로 인하여 발생한 사용자의 손해에 대하여 노동조합 또는 조합원에게 배상책임을 부담시키는등의 법률상 효과를 발생하게 하는 행정처분이다(대판 1995.9.15. 95누6724).

17. 구 표시·광고의 공정화에 관한 법률 위반을 이유로 한 공정거래위원회의 경고의결은 당해 표시·광고의 위법을 확인하되 구체적인 조치까지는 명하지 않는 것으로 사업자가 장래 다시 표시·광고의 공정화에 관한 법률 위반행위를 할 경우 과징금 부과 여부나 그 정도에 영향을 주는 고려사항이 되어 사업자의 자유와 권리를 제한하는 행정처분에 해당한다(대판 2013.12.26. 2011두4930).

18. 부당한 공동행위 자진신고자 등의 시정조치 또는 과징금 감면신청에 대한 감면불인정 통지는 항고소송의 대상이 되는 행정처분에 해당한다고 보아야 한다(대판 2012.9.27. 2010두3541).

19. 동대문구청장이 롯데쇼핑 주식회사가 운영하는 대형마트의 영업제한 시간을 오전 0시부터 오전 8시까지로하는 선행처분을 발한 뒤 후속처분에서 '오전 0시부터 오전 10시'까지로 변경하되, 선행처분과 후행처분의 의무휴업일은 종전과 동일하게 유지한 사안(종전처분 유지 일부 변경에 불과하여 여전히 종전처분이 항고소송의 대상이 된다는 취지의 판시).

기존의 행정처분을 변경하는 내용의 행정처분이 뒤따르는 경우, 후속처분이 종전처분을 완전히 대체하는 것이거나 주요 부분을 실질적으로 변경하는 내용인 경우에는 특별한 사정이 없는 한 종전처분은 효력을 상실하고 후속처분만이 항고소송의 대상이 되지만, 후속처분의 내용이 종전처분의 유효를 전제로 내용 중 일부만을 추가·철회·변경하는 것이고 추가·철회·변경된 부분이 내용과 성질상 나머지 부분과 불가분적인 것이 아닌 경우에는, 후속처분에도 불구하고 종전처분이 여전히 항고소송의 대상이 된다.(대판 2015.11.19. 2015두295)

20. 개발사업시행자가 납부한 개발부담금 중 부과처분 후에 납부한 학교용지부담금에 해당하는 금액에 대하여는 조리상 개발부담금 부과처분의 취소나 변경 등 개발부담금의 환급에 필요한 처분을 신청할 권리를 인정함이 타당하다(대판 2016.1.28. 2013두2938).

21. **기반시설부담금 환급신청에 대한 거부는 취소소송의 대상인 행정처분이다.**
   납부의무자가 적법하게 부과된 기반시설부담금을 납부한 후에 법 제8조 제4항, 제5항, 제17조 제1항에서 정한 환급사유가 발생한 경우에는 증명자료를 첨부하여 행정청에 환급신청을 할 수 있고, 이에 대하여 행정청이 전부 또는 일부 환급을 거부하는 경우에, 납부의무자가 환급액에 관하여 불복이 있으면 환급 거부결정에 대하여 취소소송을 제기하여 권리구제를 받을 수 있게 하는 것이 행정소송법 및 기반시설부담금 환급 제도의 입법 취지에도 부합한다(대판 2018.6.28. 2016두50990).

22. **국립공주대학교 학칙 [별표2] 모집단위별 입학정원을 개정한 학칙개정 – 처분**
   국립대학교는 국가가 설립·운영하는 공법상의 영조물이므로 공권력행사의 주체가 될 수 있고, 국립대학교의 학칙이 일반적·추상적인 학교 운영에 관한 원칙과 계획 또는 구성원들에 대한 규율을 규정한 것에 불과한 경우라면 이는 행정처분이라고 볼 수 없지만, 그 학칙에 기초한 별도의 집행행위의 개입 없이도 그 자체로 구성원의 구체적인 권리나 법적 이익에 영향을 미치는 등 법률상의 효과를 발생시키는 경우라면 이는 항고소송의 대상이 되는 행정처분에 해당한다(대전지법 2008.3.26. 2007구합4683,4850).

23. **요양급여의 적정성 평가 결과 전체 하위 20% 이하에 해당하는 요양기관이 건강보험심사평가원으로부터 받은 입원료 가산 및 별도 보상 적용 제외 통보가 항고소송의 대상이 되는 행정처분인지 여부(적극)**
   요양급여의 적정성 평가 결과 전체 하위 20% 이하에 해당하는 요양기관이 평가결과와 함께 그로 인한 입원료 가산 및 별도 보상 제외 통보를 받게 되면, 해당 요양기관은 평가결과 발표 직후 2분기 동안 요양급여비용 청구 시 입원료 가산 및 별도 보상 규정을 적용받지 못하게 되므로, 결국 위 통보는 해당 요양기관의 권리 또는 법률상 이익에 직접적인 영향을 미치는 공권력의 행사이고, 해당 요양기관으로 하여금 개개의 요양급여비용 감액 처분에 대하여만 다툴 수 있도록 하는 것보다는 그에 앞서 직접 위 통보의 적법성을 다툴 수 있도록 함으로써 분쟁을 조기에 근본적으로 해결하도록 하는 것이 법치행정의 원리에도 부합한다(대판 2013.11.14. 2013두13631).

CHAPTER 3 행정소송

처분성 부인 판례	1. 정부의 수도권 소재 공공기관의 지방 이전 시책을 추진하는 과정에서 도지사가 도내 특정시를 공공기관이 이전할 혁신도시 최종입지로 선정한 행위는 항고소송의 대상이 되는 행정처분이 아니다(대판 2007.11.15. 2007두10198). 2. 구 국세기본법 제51조의 오납액과 초과납부액은 조세채무가 처음부터 존재하지 않거나 그 후 소멸되었음에도 불구하고 국가가 법률상 원인 없이 수령하거나 보유하고 있는 부당이득에 해당하고, 그 국세환급금결정에 관한 규정은 이미 납세의무자의 환급청구권이 확정된 국세환급금에 대하여 내부적 사무처리절차로서 과세관청의 환급절차를 규정한 것에 지나지 않고 위 규정에 의한 국세환급금결정에 의하여 비로소 환급청구권이 확정되는 것은 아니므로, 위 국세환급금결정이나 이 결정을 구하는 신청에 대한 환급거부결정은 납세의무자가 갖는 환급청구권의 존부나 범위에 구체적이고 직접적인 영향을 미치는 처분이 아니어서 항고소송의 대상이 되는 처분이라고 볼 수 없다(대판 2009.11.26. 2007두4018). 3. 법인세 과세표준 결정이나 손금불산입 처분은 법인세 과세처분에 앞선 결정으로서 그로 인하여 바로 과세처분의 효력이 발생하는 것이 아니고 또 후일에 이에 의한 법인세 과세처분이 있을 때에 그 부과처분을 다툴 수 있는 방법이 없는 것도 아니므로, 법인세 과세표준 결정이나 손금불산입 처분은 항고소송의 대상이 되는 행정처분이라고는 할 수 없다(대판 1996.9.24. 95누12842). 4. 한국마사회의 조교사 및 기수 면허 부여 또는 취소가 행정처분인지 여부(소극) 한국마사회가 조교사 또는 기수의 면허를 부여하거나 취소하는 것은 경마를 독점적으로 개최할 수 있는 지위에서 우수한 능력을 갖추었다고 인정되는 사람에게 경마에서의 일정한 기능과 역할을 수행할 수 있는 자격을 부여하거나 이를 박탈하는 것에 지나지 아니하므로, 이는 국가 기타 행정기관으로부터 위탁받은 행정권한의 행사가 아니라 일반 사법상의 법률관계에서 이루어지는 단체 내부에서의 징계 내지 제재처분이다(대판 2008.1.31. 2005두8269). 5. 주택건설사업계획승인 신청을 거부하는 이 사건 거부처분을 하면서 민원사무처리에 관한 법률 제18조 제1항에서 정한 '거부처분에 대한 이의신청'을 받아들이지 않는 취지의 기각 결정 또는 그 취지의 통지는 항고소송의 대상이 아니다(대판 2012.11.15. 2010두8676). 6. 신고사항이 아닌 사항을 신고한 것에 대해 행정청이 신고를 수리하였다 하더라도 그러한 수리는 항고소송의 대상이 되는 행정처분이 아니다(대판 2005.2.25. 2004두4031). 7. 인감증명행위는 인감증명청이 적법한 신청이 있는 경우에 인감대장에 이미 신고된 인감을 기준으로 출원자의 현재 사용하는 인감을 증명하는 것으로서 구체적인 사실을 증명하는 것일 뿐, 나아가 출원자에게 어떠한 권리가 부여되거나 변동 또는 상실되는 효력을 발생하는 것이 아니고, 인감증명의 무효확인을 받아들인다 하더라도 이로써 이미 침해된 당사자의 권리가 회복되거나 또는 곧바로 이와 관련된 새로운 권리가 발생하는 것도 아니므로 무효확인을 구할 법률상 이익이 없어 부적법하다(대판 2001.7.10. 2000두2136). 8. 법무법인의 공정증서 작성행위가 항고소송의 대상이 되는 행정처분인지 여부(소극) 행정소송 제도의 목적 및 기능 등에 비추어 볼 때, 행정청이 한 행위가 단지 사인 간 법률관계의 존부를 공적으로 증명하는 공증행위에 불과하여 그 효력을 둘러싼

분쟁의 해결이 사법원리에 맡겨져 있거나 행위의 근거 법률에서 행정소송 이외의 다른 절차에 의하여 불복할 것을 예정하고 있는 경우에는 항고소송의 대상이 될 수 없다고 보는 것이 타당하다(대판 2012.6.14. 2010두19720).

9. 사업계획승인취소처분 등의 사유가 있는지의 여부와 취소사유가 있다고 하여 행하는 취소처분은 피승인자인 양도인을 기준으로 판단하여 그 양도인에 대하여 행하여져야 할 것이므로 행정청이 주택건설사업의 양수인에 대하여 양도인에 대한 사업계획승인을 취소하였다는 사실을 통지한 것만으로는 양수인의 법률상 지위에 어떠한 변동을 일으키는 것은 아니므로 위 통지는 항고소송의 대상이 되는 행정처분이라고 할 수는 없다(대판 2000.9.26. 99두646).

10. 소득의 귀속자에 대한 소득금액변동통지는 원천납세의무자인 소득귀속자의 법률상 지위에 직접적인 법률적 변동을 가져오는 것이 아니므로, 항고소송의 대상이 되는 행정처분이라고 볼 수 없다(대판 2015.3.26. 2013두9267).

11. 재단법인 한국연구재단이 갑 대학교 총장에게 연구개발비의 부당집행을 이유로 '해양생물유래 고부가식품·향장·한약 기초소재 개발 인력양성사업에 대한 2단계 두뇌한국(BK)21 사업' 협약을 해지하고 연구팀장 을에 대한 대학자체 징계 요구 등을 통보한 사안에서, 을에 대한 대학자체 징계 요구는 항고소송의 대상이 되는 행정처분에 해당하지 않는다(대판 2014.12.11. 2012두28704).

12. 병역법상 신체등위판정은 행정청이라고 볼 수 없는 군의관이 하도록 되어 있으며, 그 자체만으로 바로 병역법상의 권리의무가 정하여지는 것이 아니라 그에 따라 지방병무청장이 병역처분을 함으로써 비로소 병역의무의 종류가 정하여지는 것이므로 항고소송의 대상이 되는 행정처분이라 보기 어렵다(대판 1993.8.27. 93누3356).

13. 구 민원사무처리법이 규정하는 사전심사결과 통보는 항고소송의 대상이 되는 행정처분에 해당하지 아니한다(대판 2014. 4. 24. 2013두7834).

14. 검사의 불기소결정에 대해서는 검찰청법에 의한 항고와 재항고, 형사소송법에 의한 재정신청에 의해서만 불복할 수 있는 것이므로, 이에 대해서는 행정소송법상 항고소송을 제기할 수 없다(대판 2018.9.28. 2017두47465).

15. 부당한 공동행위 자진신고자 등의 시정조치 또는 과징금 감면신청에 대한 감면불인정 통지는 항고소송의 대상이 되는 행정처분에 해당한다고 보아야 한다(대판 2012.9.27. 2010두3541).

16. 상표권 설정등록이 말소된 경우에도 등록령 제27조에 따른 회복등록의 신청이 가능하고, 회복신청이 거부된 경우에는 거부처분에 대한 항고소송이 가능하다. 이러한 점들을 종합하면, 상표권자인 법인에 대한 청산종결등기가 되었음을 이유로 한 상표권의 말소등록행위는 항고소송의 대상이 될 수 없다(대판 2015.10.29. 2014두2362).

17. 국세환급금결정이나 그 결정을 구하는 신청에 대한 환급거부결정 등은 항고소송의 대상이 되는 처분이라고 볼 수 없다(대판 1994.12.2. 92누14250).

18. 공업배치및공장설립에관한법률 제9조에 의한 공장입지기준확인이 항고소송의 대상이 되는 행정처분에 해당하는지 여부(소극)
공업배치및공장설립에관한법률 제9조에 따라 시장·군수 또는 구청장이 토지 소유자 기타 이해관계인의 신청이 있는 경우에 그 관할구역 안의 토지에 대하여 지번별로 공장설립이 가능한지 여부를 확인하여 통지하는 공장입지기준확인은, 공장을 설립하고자 하는 사람이 공장설립승인신청 등 공장설립에 필요한 각종 절차를 밟기 전에 어느 토지 위에 공장설립이 가능한지 여부를 손쉽게 확인할 수 있도록 편의를 도모하기 위하여 마련된 절차로서 그 확인으로 인하여 신청인 등 이해관계인의 지위에 영향을 주는 법률상의 효과가 발생하지 아니하므로, 공장입지기준확인 그 자체는 항고소송의 대상이 될 수 없다(대판 2003.2.11. 2002두10735).

20. 한국철도시설공단이 갑 주식회사에 대하여 시설공사 입찰참가 당시 허위 실적증명서를 제출하였다는 이유로 향후 2년간 공사낙찰적격심사 시 종합취득점수의 10/100을 감점한다는 내용의 통보를 한 사안에서, 위 통보는 행정소송의 대상이 되는 행정처분이라고 할 수 없다(대판 2014.12.24. 2010두6700).

21. 산림훼손허가를 얻은 자에게는 법규상 또는 조리상 산림훼손 용도변경신청권이 없고, 따라서 산림훼손 용도변경신청을 반려한 것은 항고소송의 대상이 되는 처분에 해당하지 아니한다(대판 1998.10.13. 97누13764).

23. **경기민요보유자추가인정신청에 대한 거부는 취소소송의 대상적격이 없다.**
중요무형문화재 보유자의 추가인정에 관한 구 문화재보호법의 내용에 의하면, 중요무형문화재 보유자의 추가인정 여부는 문화재청장의 재량에 속하고, 특정 개인이 자신을 보유자로 인정해 달라고 신청할 수 있다는 근거 규정을 별도로 두고 있지 아니하므로 법규상으로 개인에게 신청권이 있다고 할 수 없다(대판 2015.12.10. 2013두20585).

24. 등록체육시설업에 대한 사업계획의 승인을 얻은 자는 규정된 기한 내에 사업시설의 착공계획서를 제출하고 그 수리 여부에 상관없이 설치공사에 착수하면 되는 것이므로, 행정청이 사업계획의 승인을 얻은 자의 착공계획서를 수리하고 이를 통보한 행위는 그 착공계획서 제출사실을 확인하는 행정행위에 불과하고 그를 항고소송이나 행정심판의 대상이 되는 행정처분으로 볼 수 없다(대판 2001.5.29. 99두10292).

25. 여객자동차 운송사업자 갑 주식회사가 시내버스 노선을 운행하면서 환승요금할인 및 청소년요금할인을 시행한 데에 따른 손실을 보전해 달라며 경기도지사와 광명시장에게 보조금 지급신청을 하였으나, 경기도지사가 갑 회사와 광명시장에게 '갑 회사의 보조금 지급신청을 받아들일 수 없음은 기존에 회신한 바와 같고, 광명시에서는 적의 조치하여 주기 바란다.'는 취지로 통보한 사안에서, 경기도 여객자동차 운수사업 관리 조례 제15조에 따른 보조금 지급사무는 광명시장에게 위임되었으므로 위 신청에 대한 응답은 광명시장이 해야 하고, 경기도지사는 갑 회사의 보조금 지급신청에 대한 처분권한자가 아니며, 위 통보는 경기도지사가 갑 회사의 보조금 신청에 대한 최종적인 결정을 통보하는 것이라기보다는 광명시장의 사무에 대한 지도·감독권자로서 갑 회사에 대하여는 보조금 지급신청에 대한 의견을 표명함과 아울러 광명시장에 대하여는 경기도지사의 의견에 따라 갑 회사의 보조금 신청을 받아들일지를 심사하여 갑 회사에 통지할 것을 촉구하는 내용으로 보는 것이 타당하므로, 경기도지사의 위 통보는 갑 회사의 권리·의무에 직접적인 영향을 주는 것이라고 할 수 없어 항고소송의 대상이 되는 처분으로 볼 수 없다(대판 2023.2.23. 2021두44548).

PART 5 행정구제법

26. 소방서장의 건축 부동의는 처분이 아니다.
건축허가권자가 건축불허가처분을 하면서 그 처분사유로 건축불허가 사유뿐만 아니라 구 소방법 제8조 제1항에 따른 소방서장의 건축부동의 사유를 들고 있다고 하여 그 건축불허가처분 외에 별개로 건축부동의처분이 존재하는 것이 아니므로, 그 건축불허가처분을 받은 사람은 그 건축불허가처분에 관한 쟁송에서 건축법상의 건축불허가 사유뿐만 아니라 소방서장의 부동의 사유에 관하여도 다툴 수 있다(대판 2004.10.15. 2003두6573).

27. 징계요구 - 처분 X, 재심의결정 - 처분 X, 기관소송 규정도 없음
갑 시장이 감사원으로부터 감사원법 제32조에 따라 을에 대하여 징계의 종류를 정직으로 정한 징계 요구를 받게 되자 감사원법 제36조 제2항에 따라 감사원에 징계 요구에 대한 재심의를 청구하였고, 감사원이 재심의청구를 기각하자 을이 감사원의 징계 요구와 그에 대한 재심의결정의 취소를 구하고 갑 시장이 감사원의 재심의결정 취소를 구하는 소를 제기한 사안에서, 징계 요구 자체만으로는 징계 요구 대상 공무원의 권리·의무에 직접적인 변동을 초래하지도 아니하므로, 감사원의 징계 요구와 재심의결정이 항고소송의 대상이 되는 행정처분이라고 할 수 없고, 감사원법, 행정소송법을 비롯한 어떠한 법률에도 갑 시장에게 '감사원의 재심의 판결'에 대하여 기관소송을 허용하는 규정을 두고 있지 않으므로, 갑 시장이 제기한 소송이 기관소송으로서 감사원법 제40조 제2항에 따라 허용된다고 볼 수 없다(대판 2016.12.27. 2014두5637).

28. 사업자등록 - 처분 X / 등록 말소 - 처분 X / 정정 - 처분 X
부가가치세법상의 사업자등록은 과세관청으로 하여금 부가가치세의 납세의무자를 파악하고 그 과세자료를 확보하게 하려는 데 제도의 취지가 있는바, 이는 단순한 사업사실의 신고로서 사업자가 관할세무서장에게 소정의 사업자등록신청서를 제출함으로써 성립하는 것이고, 사업자등록증의 교부는 이와 같은 등록사실을 증명하는 증서의 교부행위에 불과한 것이다. 나아가 구 부가가치세법 제5조 제5항에 의한 과세관청의 사업자등록 직권말소행위도 폐업사실의 기재일 뿐 그에 의하여 사업자로서의 지위에 변동을 가져오는 것이 아니라는 점에서 항고소송의 대상이 되는 행정처분으로 볼 수 없다. 이러한 점에 비추어 볼 때, 과세관청이 사업자등록을 관리하는 과정에서 위장사업자의 사업자명의를 직권으로 실사업자의 명의로 정정하는 행위 또한 당해 사업사실 중 주체에 관한 정정기재일 뿐 그에 의하여 사업자로서의 지위에 변동을 가져오는 것이 아니므로 항고소송의 대상이 되는 행정처분으로 볼 수 없다(대판 2011.1.27. 2008두2200).

---

01 병역법상 신체등위판정은 항고소송의 대상이 된다. (O | X) [19소방직]

02 행정청이 금전부과처분을 한 후 감액처분을 한 경우에 감액되고 남은 부분이 위법하다고 다투고자 할 때에는 감액처분 자체를 항고소송의 대상으로 삼아야 한다. (O | X) [17국가직7급]

03 감액경정처분이 있는 경우, 항고소송의 대상은 당초의 부과처분 중 경정처분에 의하여 아직 취소되지 않고 남은 부분이고, 적법한 전심절차를 거쳤는지 여부도 당초처분을 기준으로 판단하여야 한다. (O | X) [19지방직7급]

04 산업재해보상보험법상 보험급여의 부당이득징수결정의 하자를 이유로 징수금을 감액하는 경우 감액처분으로도 아직 취소되지 않고 남아있는 부분이 위법하다 하여 다툴 때에는, 제소기간의 준수 여부는 감액처분을 기준으로 판단해야 한다. (O | X) [17지방직9급]

정답 01 X 02 X 03 O 04 X

CHAPTER 3 행정소송

01 증액경정처분이 있는 경우, 당초처분은 증액경정처분에 흡수되어 소멸하고, 소멸한 당초처분의 절차적 하자는 존속하는 증액경정처분에 승계되지 아니한다. (O | X)   [19지방직7급]

02 부가가치세 증액경정처분의 취소를 구하는 항고소송에서 납세의무자는 과세관청의 증액경정사유만 다툴 수 있을 뿐이지 당초 신고에 관한 과다신고사유는 함께 주장하여 다툴 수 없다. (O | X)   [18지방직9급]

3. 재결

1) 행정심판의 재결

재결이란 행정심판 청구에 의하여 행정심판위원회가 행하는 판단을 의미한다(행정심판법 제2조). 다만, 행정소송법상 재결은 행정심판법상 재결 뿐만 아니라 널리 이의신청에 의한 재결 등도 포함한다.

2) 원처분주의

행정소송법은 취소소송의 대상을 처분 등이라고 규정하여 원처분과 재결의 취소가능성을 인정한다. 여기서 원처분주의를 취할 것인지 재결주의 취할 것인지는 입법정책의 문제이다. 우리 행정소송법은 원칙적으로 취소소송의 대상을 원처분으로 하고 재결은 재결자체에 고유한 위법이 있는 경우에 취소소송의 대상이 된다고 한다.

03 취소소송은 처분 등을 대상으로 하나, 재결취소소송은 처분 및 재결 자체에 고유한 위법이 있음을 이유로 하는 경우에 한한다. (O | X)   [20소방직]

> **참고**
>
> 1. 사립학교 교원에 대한 해임
>   가. 사립학교 교원은 학교법인 또는 사립학교 경영자에 의하여 임면되는 것으로서 사립학교 교원과 학교법인의 관계를 공법상의 권력관계라고는 볼 수 없으므로 <u>사립학교 교원에 대한 학교법인의 해임처분을 취소소송의 대상이 되는 행정청의 처분으로 볼 수 없고, 따라서 학교법인을 상대로 한 불복은 행정소송에 의할 수 없고 민사소송절차에 의할 것이다.</u>
>   나. 사립학교 교원에 대한 해임처분에 대한 구제방법으로 학교법인을 상대로한 민사소송 이외 교원지위향상을위한특별법 제7조 내지 제10조에 따라 <u>교육부 내에 설치된 교원징계재심위원회에 재심청구를 하고 교원징계재심위원회의 결정에 불복하여 행정소송을 제기하는 방법도 있으나, 이 경우에도 행정소송의 대상이 되는 행정처분은 교원징계재심위원회의 결정이지 학교법인의 해임처분이 행정처분으로 의제되는 것이 아니며 또한 교원징계재심위원회의 결정을 이에 대한 행정심판으로서의 재결에 해당되는 것으로 볼 수는 없다</u>(대판 1993.2.12. 92누13707).
>
> 2. 국·공립학교 교원에 대한 해임
>   국공립학교교원에 대한 징계 등 불리한 처분은 행정처분이므로 국공립학교교원이 징계 등 불리한 처분에 대하여 불복이 있으면 교원징계재심위원회에 재심청구를 하고 위 재심위원회의 재심결정에 불복이 있으면 항고소송으로 이를 다투어야 할 것인데, 이 경우 그 소송의 대상이 되는 처분은 원칙적으로 원처분청의 처분이다(대판 1994.2.8. 93누17874).

정답 01 O 02 X 03 X

01 공립학교교원에 대한 징계에 있어 교원소청심사위원회의 결정에 불복이 있는 경우에 취소소송을 할 수 있고, 이때 원처분을 소송의 대상으로, 원처분청을 상대로 하는 것이 원칙이다. (O | X) [12국회직8급]

3) 재결 자체의 고유한 위법

① 개념
재결자체에 주체·절차·형식·내용의 위법이 있는 경우를 의미한다.

② 주체상 위법
권한이 없는 행정심판위원회의 재결, 행정심판위원회의 구성상 하자의 존재가 있는 경우를 의미한다.

③ 절차상 위법
행정심판법의 심판절차를 준수하지 않은 경우 등을 의미한다.

④ 형식상 위법
문서에 의한 재결이 아닌 구두에 의한 재결 등을 의미한다.

02 서면에 의하지 않은 재결의 경우 형식상 하자가 있으므로 재결에 대해서 항고소송을 제기할 수 있다. (O | X) [15서울시7급]

⑤ 내용상 위법

㉠ 각하재결
행정심판청구가 부적법하지 않음에도 각하한 재결은 심판청구인의 실체심리를 받을 권리를 박탈한 것으로서 원처분에는 없는 고유한 하자가 있는 경우에 해당한다(대판 2001.7.27. 99두2970).

03 행정심판청구가 부적법하지 않음에도 각하한 재결은 원처분주의에 의해서 취소소송의 대상이 되지 않는다. (O | X) [15지방직9급]

㉡ 기각재결
기각재결은 원처분이 정당하다는 재결이므로 원처분을 다투는 것이 원칙이다.

04 기각재결에 대해서는 원칙적으로 재결 자체의 위법을 이유로 항고소송을 제기해야 한다. (O | X) [15서울시7급]

㉢ 인용재결
제3자효 행정행위에서 행정심판의 인용재결로 법률상 이익을 침해받은 제3자는 재결취소를 구할 수 있다. 여기서 제3자는 원처분 당시에는 아무런 법률상 이익의 침해가 없다가 인용재결로 인하여 비로소 권리를 침해받는 자를 의미한다.

정답 01 O 02 O 03 X 04 X

CHAPTER 3 행정소송

> **관련 판례**
> 1. 행정소송법 제19조에서 말하는 '재결 자체에 고유한 위법'이란 원처분에는 없고 재결에만 있는 재결청의 권한 또는 구성의 위법, 재결의 절차나 형식의 위법, 내용의 위법 등을 뜻하고, 그 중 내용의 위법에는 위법·부당하게 인용재결을 한 경우가 해당한다(대판 1997.9.12. 96누14661).
> 2. 이른바 복효적 행정행위, 특히 제3자효를 수반하는 행정행위에 대한 행정심판청구에 있어서 그 청구를 인용하는 내용의 재결로 인하여 비로소 권리이익을 침해받게 되는 자는 그 인용재결에 대하여 다툴 필요가 있고, 그 인용재결은 원처분과 내용을 달리하는 것이므로 그 인용재결의 취소를 구하는 것은 원처분에는 없는 재결에 고유한 하자를 주장하는 셈이어서 당연히 항고소송의 대상이 된다(대판 2001.5.29. 99두10292).

01 재결취소소송에 있어서 재결 자체의 고유한 위법은 재결의 주체, 절차 및 형식상의 위법만을 의미하고, 내용상의 위법은 이에 포함되지 않는다. (O | X) [16지방직9급]

02 제3자효를 수반하는 행정행위에 대한 행정심판청구의 인용재결은 원처분과 내용을 달리하는 것이므로 그 인용재결의 취소를 구하는 것은 원처분에는 없는 재결에 고유한 하자를 주장하는 것이라고 하더라도 당연히 항고소송의 대상이 되는 것은 아니다. (O | X) [20군무원9급]

03 재결취소소송에 있어서 재결 자체의 고유한 위법은 재결의 주체, 절차 및 형식상의 위법만을 의미하고, 내용상의 위법은 이에 포함되지 않는다. (O | X) [16지방직9급]

04 원처분의 위법을 이유로 행정심판 재결에 대한 취소소송을 제기할 수 없다. (O | X) [13국가직9급]

4) 관련문제(변경재결, 변경명령재결 등)

변경된 내용의 당초처분이 행정소송의 대상이 된다.

> **관련 판례** 변경명령재결의 행정소송의 대상 – 변경된 내용의 당초처분
> 행정청이 식품위생법령에 따라 영업자에게 행정제재처분을 한 후 그 처분을 영업자에게 유리하게 변경하는 처분을 한 경우, 변경처분에 의하여 당초 처분은 소멸하는 것이 아니고 당초부터 유리하게 변경된 내용의 처분으로 존재하는 것이므로, 변경처분에 의하여 유리하게 변경된 내용의 행정제재가 위법하다 하여 그 취소를 구하는 경우 그 취소소송의 대상은 변경된 내용의 당초 처분이지 변경처분은 아니고, 제소기간의 준수 여부도 변경처분이 아닌 변경된 내용의 당초 처분을 기준으로 판단하여야 한다(대판 2007.4.27. 2004두9302).

05 변경처분에 의하여 유리하게 변경된 내용의 행정제재가 위법하다는 이유로 그 취소를 구하는 경우 취소소송의 대상은 변경된 내용의 당초처분이지 변경처분은 아니고, 제소기간의 준수 여부도 변경처분이 아닌 변경된 내용의 당초처분을 기준으로 판단하여야 한다. (O | X) [19경찰]

5) 재결자체의 고유한 위법이 없는 경우에 재결에 대한 재결취소소송

재결자체에 고유한 위법이 없음에도 재결에 대해 제기된 재결취소소송은 기각되어야 한다(대판 1994.1.25. 93누16901).

정답 01 X 02 X 03 X 04 O 05 O

> **관련 판례**
>
> 1. 행정처분에 대한 행정심판의 재결에 이유모순의 위법이 있다는 사유는 재결처분 자체에 고유한 하자로서 재결처분의 취소를 구하는 소송에서는 그 위법사유로서 주장할 수 있으나, 원처분의 취소를 구하는 소송에서는 그 취소를 구할 위법사유로서 주장할 수 없다(대판 1996.2.13. 95누8027).
> 2. 행정처분에 대한 행정심판의 재결절차에서 행정심판법 소정의 절차규정을 위반하였다는 등의 사유는 재결처분 자체에 고유한 하자로서 재결처분의 취소를 구하는 소송에서는 그 위법사유로서 주장할 수 있으나, 원처분의 취소를 구하는 소송에서는 그 취소를 구할 위법사유로서 주장할 수 없다(대판 1993.5.27. 92누19477).
> 3. 항고소송은 원칙적으로 당해 처분을 대상으로 하나, 당해 처분에 대한 재결 자체에 고유한 주체, 절차, 형식 또는 내용상의 위법이 있는 경우에 한하여 그 재결을 대상으로 할 수 있다고 해석되므로, 징계혐의자에 대한 감봉 1월의 징계처분을 견책으로 변경한 소청결정 중 그를 견책에 처한 조치는 재량권의 남용 또는 일탈로서 위법하다는 사유는 소청결정 자체에 고유한 위법을 주장하는 것으로 볼 수 없어 소청결정의 취소사유가 될 수 없다(대판 1993.8.24. 93누5673).
> 4. 행정청이 골프장 사업계획승인을 얻은 자의 사업시설 착공계획서를 수리한 것에 대하여 인근 주민들이 그 수리처분의 취소를 구하는 행정심판을 청구하자 재결청이 그 청구를 인용하여 수리처분을 취소하는 형성적 재결을 한 경우, 그 수리처분 취소 심판청구는 행정심판의 대상이 되지 아니하여 부적법 각하하여야 함에도 위 재결은 그 청구를 인용하여 수리처분을 취소하였으므로 재결 자체에 고유한 하자가 있다(대판 2001.5.29. 99두10292).

01 행정심판을 청구하여 기각재결을 받은 후 재결 자체에 고유한 위법이 있음을 주장하며 그 기각재결에 대하여 취소소송을 제기한 경우, 수소법원은 심리 결과 재결 자체에 고유한 위법이 없다면 각하판결을 하여야 한다. (O | X) [19국가직9급]

02 소청심사위원회가 해임처분을 정직 2월로 변경한 경우 처분의 상대방은 소청심사위원회를 피고로 하여 정직 2월의 재결에 대한 취소소송을 제기할 수 있다. (O | X) [19국회직8급]

6) 재결주의(원처분주의의 예외)

- 개별법에 재결만을 취소소송의 대상으로 규정한 경우가 있다(재결주의). 개별법률에서 재결주의를 정한 경우, 재결에 대해서만 제소하는 것이 허용되므로 그 논리적인 전제로서 취소소송을 제기하기 전에는 행정심판을 필요적으로 경유할 것이 요구된다. 다만, 재결주의를 취하는 경우에도 원처분에 무효사유가 있는 경우에는 원처분에 대한 무효확인소송을 제기하는 것은 가능하다.
- 재결을 다투는 항고소송에서는 원처분의 위법사유와 재결의 위법사유 모두 주장할 수 있다는 것이 판례의 입장이다(대판 1991.2.12. 90누288).
- 재결주의에 대한 대표적인 규정으로 감사원법, 노동위원회법, 특허법 등이 있다.
- 감사원법은, 감사원의 변상판정처분에 대해서는 항고소송을 제기할 수 없고 재결에 해당하는 재심의 판정에 대해서만 감사원을 피고로 항고소송을 제기할 수 있다고 규정하고 있다(감사원법 제40조 제2항).

정답 01 × 02 ×

- 노동위원회법은, 재결주의에 대한 규정을 두고 있으므로 지방노동위원회의 처분에 대하여 다툴 수는 없고 중앙노동위원회의 재심판정에 대하여 항고소송을 제기하여야 한다. 다만, 피고적격에 관하여는 특별 규정이 있으므로 중앙노동위원회가 아니라 중앙노동위원회 위원장을 상대로 항고소송을 제기하도록 하고 있다(노동위원회법 제27조).
- 특허법은, 특허출원에 대한 심사관의 거절결정에 대해서는 행정소송을 제기할 수 없고, 특허심판원에 심판청구를 한 후 그 심결(재결)을 항고소송으로 다투어야 한다고 규정하고 있다.

01 감사원의 변상판정처분에 대하여 위법 또는 부당하다고 인정하는 본인 등은 이 처분에 대하여 행정소송을 제기할 수 없고, 재결에 해당하는 재심의 판정에 대하여서만 감사원을 피고로 행정소송을 제기할 수 있다. (O | X) [20지방직7급]

02 특허출원에 대한 심사관의 거절사정에 대하여 행정소송을 제기할 수 없고, 특허심판원에 심판청구를 한 후 그 심결을 소송대상으로 하여 특허법원에 심결취소를 요구하는 소를 제기하여야 한다. (O | X) [13서울시7급]

Ⅴ 예외적 행정심판전치주의

1. 행정심판임의주의 – 원칙

취소소송을 제기하기 위해서는 원칙적으로 행정심판을 경유할 필요가 없다는 것을 의미한다.

> 행정소송법 제18조(행정심판과의 관계) ① 취소소송은 법령의 규정에 의하여 당해 처분에 대한 행정심판을 제기할 수 있는 경우에도 이를 거치지 아니하고 제기할 수 있다. 다만, 다른 법률에 당해 처분에 대한 행정심판의 재결을 거치지 아니하면 취소소송을 제기할 수 없다는 규정이 있는 때에는 그러하지 아니하다.

2. 필요적 행정심판전치주의 – 예외

1) 의의

- 다른 법률에 해당 처분에 대한 행정심판의 재결을 거치지 아니하면 행정소송을 제기할 수 없다는 규정이 있는 때에는 행정심판을 거쳐야만 행정소송을 제기할 수 있다.
- 필요적 행정심판전치주의에 해당하는 경우에는 적법한 행정심판을 거쳐야 소송을 제기할 수 있으므로 소송요건으로서 직권조사사항이다.

03 필요적 행정심판전치주의가 적용되는 경우 그 요건을 구비하였는지 여부는 법원의 직권조사사항이다. (O | X) [15국회직8급]

정답 01 O 02 O 03 O

2) 다른 법률

과세관청의 처분에 대해서는 심사청구 또는 심판청구를 거쳐야만 행정소송을 제기할 수 있다고 규정하는 국세기본법이 대표적이며, 같은 취지의 규정이 국가공무원법, 지방공무원법, 교육공무원법, 관세법, 도로교통법 등에도 존재한다.

> **국가공무원법 제16조(행정소송과의 관계)** ① 제75조(편주: 공무원에 대하여 징계처분등을 할 때나 강임·휴직·직위해제 또는 면직처분을 할 때)에 따른 처분, 그 밖에 본인의 의사에 반한 불리한 처분이나 부작위(不作爲)에 관한 행정소송은 소청심사위원회의 심사·결정을 거치지 아니하면 제기할 수 없다.
>
> **국세기본법**
> ② 제55조(편주: 이 법 또는 세법에 따른 처분)에 규정된 위법한 처분에 대한 행정소송은 「행정소송법」 제18조제1항 본문, 제2항 및 제3항에도 불구하고 이 법에 따른 심사청구 또는 심판청구와 그에 대한 결정을 거치지 아니하면 제기할 수 없다.

01 과세관청의 압류처분에 대해서는 심사청구 또는 심판청구 중 하나에 대한 결정을 거친 후 행정소송을 제기하여야 한다. (O | X) [15국가직9급]

3) 적법한 행정심판의 청구

① 제기기간을 도과한 행정심판청구의 부적법을 간과한 채 행정청이 실질적 재결을 한 경우, 행정 소송의 전치요건은 충족된 것으로 볼 수 없다는 것이 판례의 입장이다(대판 1990.10.12. 90누2383).
② 적법한 심판청구를 부적법한 것으로 각하한 경우 행정심판전치의 요건을 충족하였다고 본다.
③ 행정심판위원회의 담당 공무원이 행정심판청구가 필요한 경우가 아니라고 잘 못 알린 경우에도 행정심판을 제기함이 없이 행정소송을 제기할 수 있다.

4) 재결을 거치지 아니하거나 행정심판을 제기하지 아니하여도 되는 예외적인 경우

①과 ②의 ㉠~㉣ 사유를 소명하여 재결을 거치지 아니하거나 행정심판을 제기하지 아니하고 행정소송을 제기할 수 있다.

① 행정심판의 재결을 거치지 아니하고 취소소송을 제기할 수 있는 경우
  ㉠ 행정심판청구가 있은 날로부터 60일이 지나도 재결이 없는 때
  ㉡ 처분의 집행 또는 절차의 속행으로 생길 중대한 손해를 예방하여야 할 긴급한 필요가 있는 때
  ㉢ 법령의 규정에 의한 행정심판기관이 의결 또는 재결을 하지 못할 사유가 있는 때
  ㉣ 그 밖의 정당한 사유가 있는 때

02 행정심판전치주의가 적용되는 경우에 행정심판을 제기하고 행정심판의 재결을 거치지 않아도 되는 경우는 현행법상 규정되어 있지 않다. (O | X) [14국회직8급]

정답 01 O 02 X

② 행정심판을 제기함이 없이 취소소송을 제기할 수 있다
  ㉠ 동종사건에 관하여 이미 행정심판의 기각재결이 있은 때
  ㉡ 서로 내용상 관련되는 처분 또는 같은 목적을 위하여 단계적으로 진행되는 처분 중 어느 하나가 이미 행정심판의 재결을 거친 때
  ㉢ 행정청이 사실심의 변론종결 후 소송의 대상인 처분을 변경하여 당해 변경된 처분에 관하여 소를 제기하는 때
  ㉣ 처분을 행한 행정청이 행정심판을 거칠 필요가 없다고 잘못 알린 때

5) 행정심판을 거치지 않은 하자치유 가능 시점

행정심판전치주의가 적용되는 경우에 행정심판을 거치지 않고 소제기를 하였더라도 사실심 변론종결 전까지 행정심판을 거친 경우 하자는 치유된 것으로 볼 수 있다(대판 1987.4.28. 86누29).

01 행정심판전치주의가 적용되는 경우에 행정심판을 거치지 않고 소제기를 하였더라도 사실심변론종결 전까지 행정심판을 거친 경우 하자는 치유된 것으로 볼 수 있다. (O | X)   [15국회직8급]

6) 원고가 전심절차에서 주장하지 아니한 처분의 위법사유를 소송절차에서 새롭게 주장할 수 있는지 여부

항고소송에 있어서 원고는 전심절차에서 주장하지 아니한 공격방어방법을 소송절차에서 주장할 수 있고 법원은 이를 심리하여 행정처분의 적법 여부를 판단할 수 있는 것이므로, 원고가 전심절차에서 주장하지 아니한 처분의 위법사유를 소송절차에서 새롭게 주장하였다고 하여 다시 그 처분에 대하여 별도의 전심절차를 거쳐야 하는 것은 아니다(대판 1996.6.14. 96누754).

02 원고가 전심절차에서 주장하지 아니한 처분의 위법사유를 소송절차에서 새로이 주장한 경우 다시 그 처분에 대하여 별도의 전심절차를 거쳐야한다. (O | X)   [13국가직9급]

7) 예외적 행정심판전치주의 적용범위

- 무효확인소송에는 적용되지 아니한다.
- 무효선언을 구하는 취소소송에는 적용된다.
- 부작위위법확인소송에는 적용된다.
- 제3자효 행정행위에서 제3자에게도 적용된다.

03 행정심판전치주의는 무효선언을 구하는 취소소송과 무효확인소송 모두에 적용되지 않는다. (O | X)   [20군무원9급]

정답 01 O 02 X 03 X

Ⅵ 소변경, 처분변경으로 인한 소변경

1. 소변경

1) 의의
소의 변경(청구의 변경)이란 소송의 계속 중에 원고가 소송으로써 구한 사항을 변경하는 것을 말한다.

2) 종류
교환적 변경은 종전의 청구를 철회하고 새로운 청구를 하는 것이고, 추가적 변경은 종전의 청구는 그대로 두고 새로운 청구를 추가하는 것이다. 행정소송법상 소변경은 교환적 변경에 한정되고 추가적 변경은 관련청구소송의 병합으로 해결한다.

> **관련 판례**
>
> 소위 주관적, 예비적 병합은 행정소송법 제28조 제3항과 같은 예외적 규정이 있는 경우를 제외하고는 원칙적으로 허용되지 않는 것이고, 또 행정소송법상 소의 종류의 변경에 따른 당사자(피고)의 변경은 교환적 변경에 한 한다고 봄이 상당하므로 예비적 청구만이 있는 피고의 추가경정신청은 허용되지 않는다. 행정소송법 제10조 제2항의 관련청구의 병합은 그것이 관련청구에 해당하기만 하면 당연히 병합청구를 할 수 있으므로 법원의 피고경정결정을 받을 필요가 없다(대판 1989.10.27. 89두1).

3) 효과
소의 변경으로 당초의 소송자료가 승계되는 등 이미 개시된 소송절차가 유지된다.

2. 행정소송법상 소변경

1) 소의 종류 변경

> **행정소송법 제21조(소의 변경)** ① 법원은 취소소송을 당해 처분등에 관계되는 사무가 귀속하는 국가 또는 공공단체에 대한 당사자소송 또는 취소소송외의 항고소송으로 변경하는 것이 상당하다고 인정할 때에는 청구의 기초에 변경이 없는 한 사실심의 변론종결시까지 원고의 신청에 의하여 결정으로써 소의 변경을 허가할 수 있다.

① 취소소송을 당사자 소송, 취소소송외의 항고소송으로 변경

㉠ 요건
ⓐ 취소소송이 계속되고 있을 것
ⓑ 원고의 신청이 있을 것
ⓒ 사실심변론종결시까지 일 것
ⓓ 청구의 기초에 변경이 없을 것
ⓔ 법원의 허가가 있을 것

ⓛ 절차

법원은 소변경 신청에 대한 허가를 하는 경우 피고를 달리하게 될 때에는 법원은 새로이 피고로 될 자의 의견을 들어야 한다(소의 종류의 변경은 피고의 변경을 수반하는 경우에도 가능하다는 점에서 민사소송법과 구별).

ⓒ 효과

소의 변경을 허가하는 결정이 있게 되면 새로운 소는 변경시가 아닌 변경된 구소를 제기한 때에 제기된 것으로 보며, 변경된 구소는 취하된 것으로 본다.

② 준용

무효등확인소송, 부작위위법확인소송을 당사자 소송이나 다른 항고소송으로 변경하거나 당사자 소송을 항고소송으로 변경하는 경우에도 준용된다.

01 당사자소송 계속 중 법원의 허가를 얻어도 취소소송으로 변경할 수 없다. (O | X) [17교육행정직9급]

③ 항고소송으로 제기하여야 할 사건을 민사소송으로 잘못 제기한 경우

관련 판례

1. 행정소송법상 항고소송으로 제기하여야 할 사건을 민사소송으로 잘못 제기한 경우에 수소법원이 그 항고소송에 대한 관할도 동시에 가지고 있다면, 전심절차를 거치지 않았거나 제소기간을 도과하는 등 항고소송으로서의 소송요건을 갖추지 못했음이 명백하여 항고소송으로 제기되었더라도 어차피 부적법하게 되는 경우가 아닌 이상, 원고로 하여금 항고소송으로 소 변경을 하도록 석명권을 행사하여 행정소송법이 정하는 절차에 따라 심리·판단하여야 한다(대판 2020.1.16. 2019다264700).
2. 원고가 행정소송법상 항고소송으로 제기해야 할 사건을 민사소송으로 잘못 제기한 경우에 수소법원이 그 항고소송에 대한 관할을 가지고 있지 아니하여 관할법원에 이송하는 결정을 하였고, 그 이송결정이 확정된 후 원고가 항고소송으로 소 변경을 하였다면, 그 항고소송에 대한 제소기간의 준수 여부는 원칙적으로 처음에 소를 제기한 때를 기준으로 판단하여야 한다(대법원 2022.11.17. 2021두44425).

④ 당사자소송으로 제기하여야 할 사건을 민사소송으로 잘못 제기한 경우

관련 판례

[1] 국책사업인 '한국형 헬기 개발사업'(Korean Helicopter Program)에 개발주관사업자 중 하나로 참여하여 국가 산하 중앙행정기관인 방위사업청과 '한국형헬기 민군겸용 핵심구성품 개발협약'을 체결한 갑 주식회사가 협약을 이행하는 과정에서 환율변동 및 물가상승 등 외부적 요인 때문에 협약금액을 초과하는 비용이 발생하였다고 주장하면서 국가를 상대로 초과비용의 지급을 구하는 민사소송을 제기한 사안에서, 위 협약의 법률관계는 공법관계에 해당하므로 이에 관한 분쟁은 행정소송으로 제기하여야 한다.

정답 01 X

[2] 원고가 고의 또는 중대한 과실 없이 행정소송으로 제기하여야 할 사건을 민사소송으로 잘못 제기한 경우, 수소법원으로서는 만약 행정소송에 대한 관할도 동시에 가지고 있다면 이를 행정소송으로 심리·판단하여야 하고, 행정소송에 대한 관할을 가지고 있지 아니하다면 당해 소송이 이미 행정소송으로서의 전심절차 및 제소기간을 도과하였거나 행정소송의 대상이 되는 처분 등이 존재하지도 아니한 상태에 있는 등 행정소송으로서의 소송요건을 결하고 있음이 명백하여 행정소송으로 제기되었더라도 어차피 부적법하게 되는 경우가 아닌 이상 이를 부적법한 소라고 하여 각하할 것이 아니라 관할법원에 이송하여야 한다(대판 2017.11.9. 2015다215526).

01 원고가 고의 또는 중대한 과실 없이 행정소송으로 제기하여야 할 사건을 민사소송으로 잘못 제기한 경우, 수소법원으로서는 만약 그 행정소송에 대한 관할도 동시에 가지고 있다면 이를 행정소송으로 심리·판단하여야 하고, 그 행정소송에 대한 관할을 가지고 있지 아니하다면 관할법원에 이송하여야 한다. (O | X) [21군무원9급]

⑤ 민사소송으로 제기할 것을 당사자소송으로 제기한 경우

관련 판례

1. 지방자치단체가 구 지방자치단체를 당사자로 하는 계약에 관한 법률에 따라 체결한 공공계약은 사법상 계약/ 행정사건은 행법법원의 전속관할로써 행정법원에서 심리·판단하여야 하지만 민사사건을 행정법원(당사자소송의 수소법원)에서 판단하더라도 문제 없다는 판시
행정사건의 심리절차는 행정소송의 특수성을 감안하여 행정소송법이 정하고 있는 특칙이 적용될 수 있는 점을 제외하면 심리절차 면에서 민사소송 절차와 큰 차이가 없으므로, 특별한 사정이 없는 한 민사사건을 행정소송 절차로 진행한 것 자체가 위법하다고 볼 수 없다(대판 2018.2.13. 2014두11328).
2. 공법상 당사자소송을 민사소송으로 변경할 수 있는지에 관하여 명문의 규정을 두고 있지 않다. 그러나 공법상 당사자소송에서 민사소송으로의 소 변경이 금지된다고 볼 수 없다(대판 2023.6.29. 2022두44262).

2) 처분변경으로 인한 소변경

행정소송법 제22조(처분변경으로 인한 소의 변경) ① 법원은 행정청이 소송의 대상인 처분을 소가 제기된 후 변경한 때에는 원고의 신청에 의하여 결정으로써 청구의 취지 또는 원인의 변경을 허가할 수 있다.

① 요건
㉠ 처분의 변경이 있을 것
㉡ 처분의 변경이 있음을 안 날로부터 60일 이내에 신청할 것
㉢ 사실심 변론종결 전일 것

정답 01 O

② 행정심판전치주의와 관계

변경 전의 처분에 대하여 예외적 행정심판전치의 요건을 구비하였다면, 새로운 처분에 대하여 별도의 행정심판을 거치지 않아도 된다.

③ 효과

처분변경으로 인한 소변경의 허가결정이 있으면 새로운 소는 구소가 제기된 때에 제기된 것으로 보며, 구소는 취하된 것으로 본다.

④ 준용

무효등확인소송과 당사자소송의 경우는 준용이 되나 부작위위법확인소송의 경우에는 준용되지 않는다.

3. 민사소송법에 의한 소의 변경(민사소송법상 청구 취지 변경)

행정소송법 제8조 제2항의 규정에 의해 민사소송법의 규정이 준용되므로 행정소송법에 규정되지 아니한 형태의 소변경에 대해서는 민사소송법상 소변경이 가능하다. 다만, 민사소송법상 소의 변경에 해당하는 경우에 구소 취하 신소 제기의 효과는 신소 제기를 기준으로 발생한다.

관련 판례

1. 행정소송법 제21조와 제22조가 정하는 소의 변경은 그 법조에 의하여 특별히 인정되는 것으로서 민사소송법상의 소의 변경을 배척하는 것이 아니므로, 행정소송의 원고는 행정소송법 제8조 제2항에 의하여 준용되는 민사소송법 제235조에 따라 청구의 기초에 변경이 없는 한도에서 청구의 취지 또는 원인을 변경할 수 있다(대판 1999.11.26. 99두9407).
2. (편주 : 제2처분에 대한 취소를 구하는 소를 제기하는 소에서 제1처분의 취소를 구하는 취지로 변경하고, 다시 제2처분으로 변경한 사안 – 민사소송법상 청구취지 변경의 법리) 취소소송에 있어서 소의 변경이 있는 경우, 새로운 소에 대한 소 제기기간 준수 여부의 기준시점은 소 변경 시이다(대판 2004.11.25. 2004두7023).

PART 5 행정구제법

VII 제소기간

1. 제소기간

- 행정소송을 제기하기 위해서는 제소기간을 준수하여야 한다. 제소기간의 준수 여부는 법원의 직권조사사항이다. 제소기간이 경과한 후의 소제기에 대해서 법원은 소를 각하하여야 한다.
- 제소기간의 요건은 처분의 상대방이 소송을 제기한 경우와 제3자가 소를 제기한 경우에도 적용되지만 무효등확인소송의 경우에는 제소기간의 제한이 없다. 다만, 무효를 선언하는 의미에서 취소소송을 구하는 경우에는 제소기간은 준수되어야 한다.

> **행정소송법 제20조(제소기간)** ① 취소소송은 처분등이 있음을 안 날부터 90일 이내에 제기하여야 한다. 다만, 제18조 제1항 단서에 규정한 경우와 그 밖에 행정심판청구를 할 수 있는 경우 또는 행정청이 행정심판청구를 할 수 있다고 잘못 알린 경우에 행정심판청구가 있은 때의 기간은 재결서의 정본을 송달받은 날부터 기산한다.
> ② 취소소송은 처분등이 있은 날부터 1년(제1항 단서의 경우는 재결이 있은 날부터 1년)을 경과하면 이를 제기하지 못한다. 다만, 정당한 사유가 있는 때에는 그러하지 아니하다.
> ③ 제1항의 규정에 의한 기간은 불변기간으로 한다.
> **행정소송법 제8조(법적용례)** ① 행정소송에 대하여는 다른 법률에 특별한 규정이 있는 경우를 제외하고는 이 법이 정하는 바에 의한다.
> ② 행정소송에 관하여 이 법에 특별한 규정이 없는 사항에 대하여는 법원조직법과 민사소송법 및 민사집행법의 규정을 준용한다.

관련 판례

1. 행정소송법 제20조 제1항에 의하면 취소소송은 원칙적으로 처분 등이 있음을 안 날부터 90일 이내에 제기하여야 하나, 행정청이 행정심판청구를 할 수 있다고 잘못 알려 행정심판의 청구를 한 경우에는 그 제소기간은 행정심판 재결서의 정본을 송달받은 날부터 기산하여야 한다(대판 2006.9.8. 2004두947).
2. 행정심판법 제18조 제6항에 의하면 행정청이 심판청구기간을 알리지 아니한 때에는 같은 조 제3항의 기간, 즉 처분이 있은 날로부터 180일 이내에 심판청구를 할 수 있다고 규정되어 있지만, 이러한 규정은 행정심판 제기에 관하여 적용되는 규정이지, 행정소송의 제기에도 당연히 유추적용되는 규정이라고 할 수는 없다(대판 2008.6.12. 2007두16875).
3. 처분이 있음을 안 날부터 90일 이내에 행정심판을 청구하지도 않고 취소소송을 제기하지도 않은 경우에는 그 후 제기된 취소소송은 제소기간을 경과한 것으로서 부적법하고, 처분이 있음을 안 날부터 90일을 넘겨 청구한 부적법한 행정심판청구에 대한 재결이 있은 후 재결서를 송달받은 날부터 90일 이내에 원래의 처분에 대하여 취소소송을 제기하였다고 하여 취소소송이 다시 제소기간을 준수한 것으로 되는 것은 아니다(대판 2011.11.24. 2011두18786).

01 행정청이 행정심판청구를 할 수 있다고 잘못 알려 행정심판을 청구한 경우에는 재결서 정본을 송달받은 날이 아닌 처분이 있음을 안 날로부터 제소기간이 기산된다. (O | X) [21국가직9급]

정답 01 ×

CHAPTER 3 행정소송

01 행정심판을 청구하였으나 심판청구기간을 도과하여 각하된 후 제기하는 취소소송은 재결서를 송달받은 날부터 90일 이내에 제기하면 된다. (O | X)   [21국가직9급]

- 행정소송법 제20조 제1항의 제소기간은 불변기간이다. 다만, 제2항의 기간은 불변기간이 아니다.
- 행정소송법 제8조에 의해 준용되는 민사소송법 제172조와 제173조에 따르면 주소 또는 거소가 멀리 떨어진 곳에 있는 사람을 위하여 부가기간을 정할 수 있고, 당사자가 그 책임을 질 수 없는 사유(당사자가 그 소송행위를 하기 위하여 일반적으로 하여야 할 주의를 다하였음에도 불구하고 그 기간을 준수할 수 없었던 사유)로 말미암아 불변기간을 지킬 수 없었던 경우에는 그 사유가 없어진 날부터 2주 이내에 게을리한 소송행위를 추후 보완할 수 있다.
- 행정소송법에는 불고지·오고지에 관한 규정이 없다.

> **관련 판례**
> 1. 행정처분시나 그 이후 행정청으로부터 행정심판 제기기간에 관하여 법정 심판청구기간보다 긴 기간으로 잘못 통지받은 경우에 보호할 신뢰 이익은 그 통지받은 기간 내에 행정심판을 제기한 경우에 한하는 것이지 행정소송을 제기한 경우에까지 확대된다고 할 수 없으므로, 당사자가 행정처분시나 그 이후 행정청으로부터 행정심판 제기기간에 관하여 법정 심판청구기간보다 긴 기간으로 잘못 통지받아 행정소송법상 법정 제소기간을 도과하였다고 하더라도, 그것이 당사자가 책임질 수 없는 사유로 인한 것이라고 할 수는 없다(대판 2001.5.8. 2000두6916).
> 2. 행정심판법 제18조 제6항에 의하면 행정청이 심판청구기간을 알리지 아니한 때에는 같은 조 제3항의 기간, 즉 처분이 있은 날로부터 180일 이내에 심판청구를 할 수 있다고 규정되어 있지만, 이러한 규정은 행정심판 제기에 관하여 적용되는 규정이지, 행정소송의 제기에도 당연히 유추적용되는 규정이라고 할 수는 없다(대판 2008.6.12. 2007두16875).

02 취소소송은 처분 등이 있음을 안 날부터 90일 이내에, 처분 등이 있은 날부터 1년 이내에 제기할 수 있고, 다만 처분 등이 있은 날부터 1년이 경과하여도 정당한 사유가 있다면 취소소송을 제기할 수 있다. (O | X)   [20소방직]

03 행정심판에서는 행정청이 상대방에게 심판청구기간을 법정심판청구기간보다 긴 기간으로 잘못 알린 경우에 그 잘못 알린 기간 내에 심판청구가 있으면 그 심판청구는 법정심판청구기간 내에 제기된 것으로 보나 행정소송에서는 그렇지 않다. (O | X)   [18국가직9급]

2. 제소기간의 종류

1) 안 날로부터 90일

① 처분이 있음을 안 날로부터 90일(재결을 거치지 않은 경우)

처분 등이 있음을 안 날로부터 90일 이내에 소를 제기하여야 한다. 처분 등이 있음을 안 날이란 처분이 있음을 현실적으로 안 날을 의미한다.

정답 01 × 02 O 03 O

PART 5 행정구제법

> **관련 판례**
> 1. 행정소송법 제20조 제1항이 정한 제소기간의 기산점인 '처분 등이 있음을 안 날'이란 통지, 공고 기타의 방법에 의하여 당해 처분 등이 있었다는 사실을 현실적으로 안 날을 의미하므로, 행정처분이 상대방에게 고지되어 상대방이 이러한 사실을 인식함으로써 행정처분이 있다는 사실을 현실적으로 알았을 때 행정소송법 제20조 제1항이 정한 제소기간이 진행한다고 보아야 한다(대판 2017.3.9. 2016두60577).
> 2. 처분서를 송달받은 날 처분이 있음을 알았다고 볼 것이지 일체의 서류를 교부받은 날부터 제소기간이 진행되는 것이 아니다.
> 지방보훈청장이 허혈성심장질환이 있는 갑에게 재심 서면판정 신체검사를 실시한 다음 종전과 동일하게 전(공)상군경 7급 국가유공자로 판정하는 '고엽제후유증전환 재심신체검사 무변동처분' 통보서를 송달하자 갑이 위 처분의 취소를 구한 사안에서, 위 처분이 갑에게 고지되어 처분이 있다는 사실을 현실적으로 알았을 때 행정소송법 제20조 제1항에서 정한 제소기간이 진행한다고 보아야 함에도, 갑이 통보서를 송달받기 전에 자신의 의무기록에 관한 정보공개를 청구하여 위 처분을 하는 내용의 통보서를 비롯한 일체의 서류를 교부받은 날부터 제소기간을 기산하여 위 소는 90일이 지난 후 제기한 것으로서 부적법하다고 본 원심판결에 법리를 오해한 위법이 있다(대판 2014.9.25. 2014두8254).

01 제소기간의 적용에 있어 '처분이 있음을 안 날'이란 처분의 존재를 현실적으로 안 날을 의미하는 것이 아니라 처분의 위법 여부를 인식한 날을 말한다. (O | X) [15사회복지직9급]

02 '처분이 있음을 안 날'은 처분이 있었다는 사실을 현실적으로 안 날을 의미하므로, 처분서를 송달받기 전 정보공개청구를 통하여 처분을 하는 내용의 일체의 서류를 교부받았다면 그 서류를 교부받은 날부터 제소기간이 기산된다. (O | X) [21국가직9급]

② 재결을 거친 경우 - 재결서의 정본을 송달받은 날로부터 90일
예외적 행정심판전치주의가 적용되는 사안으로서 행정심판을 거친 경우, 원고가 행정심판을 임의로 거치고 온 경우, 행정청이 행정심판을 청구할 수 있다고 하여 행정심판청구가 있는 경우에는 재결서의 정본을 송달받은 날부터 90일 이내에 행정소송을 제기하여야 한다.

> **관련 판례**
> 1. 감염병예방법령은 예방접종 피해보상 기각결정에 대한 이의신청에 관하여 아무런 규정을 두고 있지 않으므로 피고가 원고의 이의신청에 대하여 스스로 다시 심사하였다고 하여 행정심판을 거친 경우에 대한 제소기간의 특례가 적용된다고 볼 수 없다(대판 2019.4.3. 2017두52764).
> 2. 행정소송법 제20조 제1항에 따르면, 취소소송은 처분 등이 있음을 안 날부터 90일 이내에 제기하여야 하는데, 행정심판청구를 할 수 있는 경우에 행정심판청구가 있은 때의 기간은 재결서의 정본을 송달받은 날부터 기산한다. 이처럼 취소소송의 제소기간을 제한함으로써 처분 등을 둘러싼 법률관계의 안정과 신속한 확정을 도모하려는 입법 취지에 비추어 볼 때, 여기서 말하는 '행정심판'은 행정심판법에 따른 일반행정심판과 이에 대한 특례로서 다른 법률에서 사안의 전문성과 특수성을 살리기 위하여 특히 필요하여 일반행정심판을 갈음하는 특별한 행정불복절차를 정한 경우의 특별행정심판

정답 01 X 02 X

(행정심판법 제4조)을 뜻한다(대판 2014.4.24. 2013두10809).

3. 공공기관의 정보공개에 관한 법률 제18조 제1항, 제3항, 제4항, 제20조 제1항, 행정소송법 제20조 제1항의 규정 내용과 그 취지 등을 종합하여 보면, <u>청구인이 공공기관의 비공개 결정 또는 부분 공개 결정에 대한 이의신청</u>을 하여 공공기관으로부터 이의신청에 대한 결과를 통지받은 후 취소소송을 제기하는 경우 그 제소기간은 <u>이의신청에 대한 결과를 통지받은 날부터 기산</u>한다고 봄이 타당하다(대판 2023.7.27. 2022두52980).

4. 재결청의 재조사결정에 따른 심사청구기간이나 심판청구기간 또는 행정소송의 제소기간의 기산점(=후속 처분의 통지를 받은 날)
재조사결정은 처분청의 후속 처분에 의하여 그 내용이 보완됨으로써 이의신청 등에 대한 결정으로서의 효력이 발생한다고 할 것이므로, 재조사결정에 따른 심사청구기간이나 심판청구기간 또는 행정소송의 제소기간은 이의신청인 등이 후속 처분의 통지를 받은 날부터 기산된다고 봄이 타당하다(대판 2010.6.25. 2007두12514전합).

---

01 취소소송은 처분 등이 있음을 안 날부터 90일 이내에 제기하여야 하는데, 행정심판청구를 할 수 있는 경우에 행정심판청구가 있은 때의 기간은 재결서의 정본을 송달받은 날부터 기산하며, 여기서 말하는 '행정심판'은 행정심판법에 따른 일반행정심판만을 의미한다. (O | X)   [20경찰]

02 납세자의 이의신청에 의한 재조사결정에 따른 행정소송의 제소기간은 이의신청인 등이 재결청으로부터 재조사결정의 통지를 받은 날부터 기산한다. (O | X)   [17지방직9급]

> **행정기본법 제36조(처분에 대한 이의신청)** ① 행정청의 처분에 이의가 있는 당사자는 <u>처분을 받은 날부터 30일 이내</u>에 해당 행정청에 이의신청을 할 수 있다.
> ④ 이의신청에 대한 결과를 통지받은 후 행정심판 또는 행정소송을 제기하려는 자는 그 <u>결과를 통지받은 날부터 90일 이내</u>에 <u>행정심판 또는 행정소송</u>을 제기할 수 있다.

③ 이의신청을 거친 경우
이의신청에 대한 결과통지일이 기산일이 아니라 원고가 이 사건 처분이 있음을 알았다고 인정되는 날부터 제소기간을 기산하여야 한다.

관련 판례

갑 광역시 교육감이 공공감사에 관한 법률(이하 '공공감사법'이라 한다) 등에 따라 을 학교법인이 운영하는 병 고등학교에 대한 특정감사를 실시한 후 병 학교의 학교장과 직원에 대하여 징계(해임)를 요구하는 처분을 하였는데, <u>을 법인이 위 처분에 대한 이의신청을 하였다가 기각되자 위 처분의 취소를 구하는 소를 제기한 사안</u>에서, 공공감사법상의 재심의신청 및 구 갑 광역시교육청 행정감사규정상의 이의신청은 자체감사를 실시한 중앙행정기관 등의 장으로 하여금 감사결과나 그에 따른 요구사항의 적법·타당 여부를 스스로 다시 심사하도록 한 절차로서 행정심판을 거친 경우의 제소기간의 특례가 적용될 수 없다고 보고, <u>이의신청에 대한 결과통지일이 아니라 을 법인이 위 처분이 있음을 알았다고 인정되는 날부터 제소기간을 기산하여 위 소가 제소기간의 도과로 부적법하다고 본 원심판단을 정당하다</u>(대판 2014.4.24. 2013두10809).

정답 01 X 02 X

2) 있은 날로부터 1년

① **처분이 있은 날로부터 1년(재결을 거치지 않은 경우)**
처분이 상대방에게 도달되어 효력을 발생한 날을 의미한다.

② **재결이 있은 날로부터 1년(재결을 거친 경우)**
예외적 행정심판전치주의가 적용되는 사안으로서 행정심판을 거친 경우, 원고가 행정심판을 임의로 거치고 온 경우, 행정청이 행정심판을 청구할 수 있다고 하여 행정심판청구가 있는 경우에는 재결이 있은 날로부터 1년 이내에 행정소송을 제기하여야 한다.

3) 90일과 1년의 관계

둘 중 어느 하나의 기간이 경과하면 제소기간은 종료되고 불가쟁력이 발생한다.

01 행정심판을 청구하였으나 심판청구기간을 도과하여 각하된 후 제기하는 취소소송은 재결서를 송달받은 날부터 90일 이내에 제기하면 된다. (O | X) [21국가직9급]

3. 정당한 사유

민사소송법에 규정된 당사자가 책임질 수 없는 사유나 천재·지변·전쟁·사변 보다 넓은 개념으로 풀이되고 제소기간 도과의 원인 등 여러 사정을 종합하여 지연된 제소를 허용하는 것이 사회통념상 상당하다고 할 수 있는가에 의하여 판단하여야 한다(대판 1991.6.28. 90누6521).

4. 구체적 판단

1) 처분이 고시 또는 공고된 경우

- 일반처분의 경우, 개별법령에 정한 고시 또는 공고의 효력발생일이 기준이 되나 특별한 정함이 없는 경우에는 「행정 효율과 협업 촉진에 관한 규정」 제6조에 따라 고시 또는 공고가 있은 후 5일이 경과한 날이 기준이 된다.

관련 판례

구 청소년보호법(2001. 5. 24. 법률 제6479호로 개정되기 전의 것)에 따른 청소년유해매체물 결정 및 고시처분은 당해 유해매체물의 소유자 등 특정인만을 대상으로 한 행정처분이 아니라 일반 불특정 다수인을 상대방으로 하여 일률적으로 표시의무, 포장의무, 청소년에 대한 판매·대여 등의 금지의무 등 각종 의무를 발생시키는 행정처분으로서, 정보통신윤리위원회가 특정 인터넷 웹사이트를 청소년유해매체물로 결정하고 청소년보호위원회가 효력발생시기를 명시하여 고시함으로써 그 명시된 시점에 효력이 발생하였다고 봄이 상당하고, 정보통신윤리위원회와 청소년보호위원회가 위 처분이 있었음을 위 웹사이트 운영자에게 제대로 통지하지 아니하였다고 하여 그 효력 자체가 발생하지 아니한 것으로 볼 수는 없다(대판 2007.6.14. 2004두619).

정답 01 ×

CHAPTER 3 행정소송

- 행정절차법상 공고의 경우

> **행정절차법 제14조** ④ 다음 각 호의 어느 하나에 해당하는 경우에는 송달받을 자가 알기 쉽도록 관보, 공보, 게시판, 일간신문 중 하나 이상에 공고하고 인터넷에도 공고하여야 한다.
> 1. 송달받을 자의 주소등을 통상적인 방법으로 확인할 수 없는 경우
> 2. 송달이 불가능한 경우

관련 판례

행정소송법 제20조 제1항 소정의 제소기간 기산점인 '처분이 있음을 안 날'이라 함은 당사자가 통지, 공고 기타의 방법에 의하여 당해 처분이 있었다는 사실을 현실적으로 안 날을 의미하는바, 특정인에 대한 행정처분을 주소불명 등의 이유로 송달할 수 없어 관보·공보·게시판·일간신문 등에 공고한 경우에는, 공고가 효력을 발생하는 날에 상대방이 그 행정처분이 있음을 알았다고 볼 수는 없고, 상대방이 당해 처분이 있었다는 사실을 현실적으로 안 날에 그 처분이 있음을 알았다고 보아야 한다(대판 2006.4.28. 2005두14851).

01 고시 또는 공고에 의하여 행정처분을 하는 경우 그 행정처분에 이해관계를 갖는 사람이 고시 또는 공고가 있었다는 사실을 현실적으로 알았는지 여부에 관계없이 고시 또는 공고가 효력을 발생한 날에 행정처분이 있음을 알았다고 보아야 한다. (O | X) [20지방직9급]

2) 취소소송의 제기를 법제상 허용하지 아니하는 규정이 위헌으로 결정된 경우

처분 당시에는 취소소송의 제기가 법제상 허용되지 않아 소송을 제기할 수 없다가 위헌결정으로 인하여 비로소 취소소송을 제기할 수 있게 된 경우 객관적으로는 '위헌결정이 있은 날(1년)', 주관적으로는 '위헌결정이 있음을 안 날(90일)' 비로소 취소소송을 제기할 수 있게 되어 이때를 제소기간의 기산점으로 삼아야 한다(대판 2008.2.1. 2007두20997).

02 처분 당시에는 취소소송의 제기가 법제상 허용되지 않아 소송을 제기할 수 없다가 위헌결정으로 인하여 비로소 취소소송을 제기할 수 있게 된 경우에는 객관적으로는 '위헌결정이 있은 날', 주관적으로는 '위헌결정이 있음을 안 날' 비로소 취소소송을 제기할 수 있게 되어 이때를 제소기간의 기산점으로 삼아야 한다. (O | X) [20경찰]

3) 무효확인의 소와 취소소송의 병합, 무효확인의 소에서 취소소송으로 변경

- 무효확인의 소에 취소를 구하는 소를 추가적으로 병합한 경우, 판례는 주된 청구인 무효확인의 소가 취소소송의 적법한 제소기간 내에 제기되었다면 추가로 병합된 취소청구의 소도 적법하게 제기된 것으로 봄이 상당하다고 하였다(대판 2005.12.23. 2005두3554).
- 무효확인의 소를 취소소송으로 변경하는 소 변경 신청에 대한 법원의 허가 결정이 있는 경우, 구소를 제기한 때 새로운 소를 제기한 것으로 보므로, 무효확인의 소 제기 당시에 취소소송의 적법한 제소기간 내에 제기되었어야 한다.

정답 01 O 02 O

01 동일한 처분에 대하여 무효확인의 소를 제기하였다가 그 처분의 취소를 구하는 소를 추가적으로 병합한 경우, 주된 청구인 무효확인의 소가 적법한 제소기간 내에 제기되었다면 추가로 병합된 취소청구의 소도 적법하게 제기된 것으로 볼 수 있다. (O | X)   [21국가직9급]

4) 제3자의 경우

제3자효 행정행위의 경우에도 제3자는 제소기간을 준수하여야 한다.

02 제3자효 행정행위의 경우, 제3자가 어떠한 방법에 의하든지 행정처분이 있었음을 안 경우에는 안 날로부터 90일 이내에 행정심판이나 행정소송을 제기하여야 한다. (O | X)   [19서울시9급]

Ⅷ 소 제기의 효과와 가구제

1. 소 제기의 효과

소송이 제기되면 법원은 판결을 할 의무가 있다. 다만, 당사자는 소송을 제기한 후 제소된 사건에 대하여 다시 소를 제기할 수 없다(중복제소금지).

2. 행정소송법상 가구제로서 집행정지

1) 집행부정지의 원칙

행정소송이 제기되었다고 하더라도 처분의 효력은 정지되지 아니한다.

> **행정소송법 제23조(집행정지)** ① 취소소송의 제기는 처분등의 효력이나 그 집행 또는 절차의 속행에 영향을 주지 아니한다.

03 취소소송이 제기되면 처분의 효력이나 그 집행은 정지되지 않으나 절차의 속행은 정지된다. (O | X)   [19사회복지직9급]

2) 집행정지

> **행정소송법 제23조(집행정지)** ② 취소소송이 제기된 경우에 처분등이나 그 집행 또는 절차의 속행으로 인하여 생길 회복하기 어려운 손해를 예방하기 위하여 긴급한 필요가 있다고 인정할 때에는 본안이 계속되고 있는 법원은 당사자의 신청 또는 직권에 의하여 처분등의 효력이나 그 집행 또는 절차의 속행의 전부 또는 일부의 정지(이하 "執行停止"라 한다)를 결정할 수 있다. 다만, 처분의 효력정지는 처분등의 집행 또는 절차의 속행을 정지함으로써 목적을 달성할 수 있는 경우에는 허용되지 아니한다.

04 행정소송법은 처분의 일부에 대한 집행정지도 가능하다고 규정하고 있다. (O | X)   [12국가직9급]

정답 01 O 02 O 03 X 04 O

CHAPTER 3 행정소송

01 집행정지는 본안이 계속되어 있는 법원이 당사자의 신청에 의하여 한다. 처분권주의가 적용되므로 당사자의 신청 없이 직권으로 하지 못한다. (O | X) [18서울시7급]

① 적극적 요건

㉠ 적법한 본안소송이 계속될 것

본안소송이 법원에 제기되어 계속 중임을 요한다. 또한 본안소송의 제기와 동시에 집행정지를 신청하는 것도 허용된다. 다만, 집행정지신청은 어디까지나 본안소송을 전제로 하므로 민사소송상 가처분과 달리 본안소송과 별도로 독립하여 신청할 수는 없다.

> **관련 판례**
>
> 1. 집행정지 결정을 하려면 이에 대한 본안소송이 법원에 제기되어 계속 중임을 요건으로 하는 것이므로 집행정지 결정을 한 후에라도 본안소송이 취하되어 소송이 계속하지 아니한 것으로 되면 집행정지 결정은 당연히 그 효력이 소멸되는 것이고 별도의 취소조치를 필요로 하는 것이 아니다(대판 1975.11.11. 75누97).
> 2. 행정처분의 효력정지나 집행정지를 구하는 신청사건에 있어서는 행정처분 자체의 적법 여부는 궁극적으로 본안재판에서 심리를 거쳐 판단할 성질의 것이므로 원칙적으로 판단할 것이 아니고, 그 행정처분의 효력이나 집행을 정지할 것인가에 관한 행정소송법 제23조 제2항 소정의 요건의 존부만이 판단의 대상이 된다(대판 1999.11.26. 99부3).

02 적법한 본안소송이 법원에 계속되어 있을 것을 요하지만, 본안소송의 제기와 집행정지신청이 동시에 행하여지는 경우도 허용된다. (O | X) [15사회복지직9급]

03 본안문제인 행정처분 자체의 적법 여부는 집행정지신청의 요건이 되지 아니하는 것이 원칙이지만, 본안소송의 제기 자체는 적법한 것이어야 한다. (O | X) [14국가직9급]

04 집행정지결정 후 본안소송이 취하되어 소송이 계속되지 아니하더라도 집행정지결정의 효력이 당연히 소멸되는 것은 아니고 별도의 취소조치를 필요로 한다. (O | X) [25지방직9급]

㉡ 처분 등의 존재

부작위의 경우에는 집행정지가 허용되지 않으며, 무효인 처분도 집행정지의 대상이 된다.

㉢ 회복하기 어려운 손해를 예방하기 위하여 긴급한 필요가 있을 것

"회복하기 어려운 손해"라 함은 특별한 사정이 없는 한 금전으로 보상할 수 없는 손해로서, 이는 금전보상이 불능인 경우뿐만 아니라 금전보상으로는 사회관념상 행정처분을 받은 당사자가 참고 견딜 수 없거나 또는 참고 견디기가 현저히 곤란한 경우의 유형, 무형의 손해를 일컫는다고 할 것이다.

정답 01 X 02 O 03 O 04 X

01 행정소송법이 집행정지의 요건 중 하나로 '중대한 손해'가 생기는 것을 예방할 필요성에 관하여 규정하고 있는 반면, 행정심판법은 집행정지의 요건 중 하나로 '회복하기 어려운 손해'를 예방할 필요성에 관하여 규정하고 있다. (O | X) [17국회직8급]

02 행정소송법 제23조 제2항 소정의 행정처분 등의 효력이나 집행을 정지하기 위한 요건으로서의 '회복하기 어려운 손해'라 함은 특별한 사정이 없는 한 금전적 보상을 과도하게 요하는 경우, 금전보상이 불가능한 경우, 그밖에 금전보상으로는 사회관념상 행정처분을 받은 당사자가 참고 견딜 수 없거나 또는 참고 견디기가 현저히 곤란한 경우의 유형, 무형의 손해를 일컫는다. (O | X) [20소방직]

> **관련 판례**
>
> 1. 유흥접객영업허가의 취소처분으로 5,000여만원의 시설비를 회수하지 못하게 된다면 생계까지 위협받게 되는 결과가 초래될 수 있다는 등의 사정이 행정처분의 효력이나 집행을 정지하기 위한 요건인 "회복하기 어려운 손해"가 생길 우려가 있는 경우에 해당하지 아니한다(대판 1991.3.2. 91두1).
> 2. 과징금납부명령의 처분이 사업자의 자금사정이나 경영전반에 미치는 파급효과가 매우 중대하다는 이유로 그로 인한 손해는 효력정지 내지 집행정지의 적극적 요건인 '회복하기 어려운 손해'에 해당한다고 본 사례
>   사업여건의 악화 및 막대한 부채비율로 인하여 외부자금의 신규차입이 사실상 중단된 상황에서 285억 원 규모의 과징금을 납부하기 위하여 무리하게 외부자금을 신규차입하게 되면 주거래은행과의 재무구조개선약정을 지키지 못하게 되어 사업자가 중대한 경영상의 위기를 맞게 될 것으로 보이는 경우, 그 과징금납부명령의 처분으로 인한 손해는 효력정지 내지 집행정지의 적극적 요건인 '회복하기 어려운 손해'에 해당한다(대결 2001.10.10. 2001무29).
> 3. 상고심에 계속중인 형사피고인을 안양교도소로부터 진주교도소로 이송결정(편주: 행정처분)은 집행정지의 요건인 "회복하기 어려운 손해"가 발생할 염려가 있는 경우에 해당한다는 취지의 판시
>   상고심에 계속중인 형사피고인을 안양교도소로부터 진주교도소로 이송함으로써 위 "나"항의 "회복하기 어려운 손해"가 발생할 염려가 있다(대결 1992.8.7. 92두30).
> 4. 현역병입영처분의 효력이 정지되지 아니한 채 본안소송이 진행된다면 특례보충역으로 방위산업체에 종사하던 신청인은 입영하여 다시 현역병으로 복무하지 않을 수 없는 결과 병역의무를 중복하여 이행하는 셈이 되어 불이익을 입게 되고 상당한 정신적 고통을 받게 될 것이므로 이는 사회관념상 위 '가'항의 '회복하기 어려운 손해'에 해당된다(대결 1992.4.29. 92두7).
> 5. '처분 등이나 그 집행 또는 절차의 속행으로 인하여 생길 회복하기 어려운손해를 예방하기 위하여 긴급한필요'가 있는지 여부는 처분의 성질과 태양 및 내용, 처분 상대방이 입는 손해의 성질 내용 및 정도, 원상회복 금전배상의 방법 및 난이 등은 물론 본안청구의 승소가능성의 정도 등을 종합적으로 고려하여 구체적·개별적으로 판단하여야 한다(대결 2010.5.14. 2010무48).
> 6. 행정처분의 효력정지나 집행정지제도는 신청인이 본안 소송에서 승소판결을 받을 때까지 그 지위를 보호함과 동시에 후에 받을 승소판결을 무의미하게 하는 것을 방지하려는 것이어서 본안 소송에서 처분의 취소가능성이 없음에도 처분의 효력이나 집행의 정지를 인정한다는 것은 제도의 취지에 반하므로 효력정지나 집행정지사건 자체에 의하여도 신청인의 본안 청구가 이유 없음이 명백하지 않아야 한다는 것도 효력정지나 집행정지의 요건에 포함시켜야 한다(대판 2004.5.17. 2004무6).

정답 01 × 02 ×

CHAPTER 3 행정소송

7. 처분상대방이 집행정지결정을 받지 못했으나 본안소송에서 해당 제재처분이 위법하다는 것이 확인되어 취소하는 판결이 확정되면, <u>처분청은 그 제재처분으로 처분상대방에게 초래된 불이익한 결과를 제거하기 위하여 필요한 조치를 취하여야</u> 한다(대판 2020.9.3. 2020두34070).

01 유흥접객영업허가의 취소처분으로 5,000여 만원의 시설비를 회수하지 못하게 된다면 생계까지 위협받을 수 있다는 등의 사정이 집행정지를 인정하기 위한 회복하기 어려운 손해가 생길 우려가 있는 경우에 해당하지 아니한다. (O | X) [14국가직9급]

02 본안청구의 이유 없음이 명백한 때에는 집행정지를 하지 못한다. (O | X) [13서울시7급]

② 소극적 요건
집행정지는 공공복리에 중대한 영향을 미칠 우려가 있을 때에는 허용되지 아니한다.

03 집행정지는 공공복리에 중대한 영향을 미칠 우려가 있을 때에는 허용되지 아니한다. (O | X) [19사회복지직9급]

③ 절차
㉠ 항고소송의 원고적격을 가질 수 있는 법률상 이익이 있는 자의 신청 또는 법원의 직권
㉡ 집행정지의 결정을 신청하는 신청인은 집행정지의 적극적 요건에 대한 소명이 있어야 한다. 소극적 요건은 행정청에게 소명책임이 있다.
㉢ 집행정지의 관할법원은 본안이 계속된 법원이며, 상고심도 포함된다.

04 집행정지의 소극적 요건으로서 '공공복리'는 그 처분의 집행과 관련된 구체적이고 개별적인 공익으로서 이러한 소극적 요건에 대한 주장·소명책임은 행정청에게 있다. (O | X) [12국가직9급]

④ 제3자효 행정행위의 제3자의 집행정지 신청
원고적격이 인정되는 제3자의 경우에는 집행정지 신청이 가능하다고 보는 것이 다수설의 입장이다.

3) 내용
- 처분의 효력정지는 처분 등의 집행 또는 절차의 속행을 정지함으로써 목적을 달성할 수 있는 경우에는 허용되지 아니한다.
- 집행정지 결정에는 형성력과 기속력이 존재하므로 집행정지 결정에 위배되는 내용의 처분은 무효이다.
- 집행정지는 결정 시점부터 장래에 향하여 효력을 발생한다. 따라서 집행정지 결정 전에 이미 집행된 부분에 대해서는 아무런 영향을 미치지 아니한다.

05 집행정지의 대상은 처분 등의 효력, 그 집행 또는 절차의 속행이다. (O | X) [15사회복지직9급]

06 처분의 효력정지는 처분 등의 집행 또는 절차의 속행을 정지함으로써 목적을 달성할 수 있는 경우에는 허용되지 아니한다. (O | X) [19사회복지직9급]

정답 01 O 02 O 03 O 04 O 05 O 06 O

01 집행정지결정 중 효력정지결정은 효력 그 자체를 잠정적으로 정지시키는 것이므로 행정처분이 없었던 원래 상태와 같은 상태를 가져오지만 장래에 향하여 효력을 발생하는 것이 원칙이다. (O | X)
[11국가직9급]

4) 거부처분과 집행정지

거부처분에 대해서는 집행정지가 인정되지 아니한다.

> **관련 판례** 교도소장의 접견허가신청에 대한 거부처분과 효력정지의 필요성 유무(소극)
>
> 허가신청에 대한 거부처분은 그 효력이 정지되더라도 그 처분이 없었던 것과 같은 상태를 만드는 것에 지나지 아니하는 것이고 그 이상으로 행정청에 대하여 어떠한 처분을 명하는 등 적극적인 상태를 만들어 내는 경우를 포함하지 아니하는 것이므로, 교도소장이 접견을 불허한 처분에 대하여 효력정지를 한다 하여도 이로 인하여 위 교도소장에게 접견의 허가를 명하는 것이 되는 것도 아니고 또 당연히 접견이 되는 것도 아니어서 접견허가거부처분에 의하여 생길 회복할 수 없는 손해를 피하는 데 아무런 보탬도 되지 아니하니 접견허가거부처분의 효력을 정지할 필요성이 없다(대판 1991.5.2. 91두15).

5) 처분의 무효확인의소송과 집행정지

무효확인의소송에서도 집행정지는 인정된다.

02 무효확인소송에서는 집행정지가 인정되지 않는다. (O | X) [21군무원7급]
03 무효등확인소송에서는 집행정지가 준용되지 않으므로 민사집행법의 가처분이 적용된다. (O | X) [18서울시7급]

6) 집행정지 결정의 취소

집행정지 결정이 확정된 후 집행정지가 공공복리에 중대한 영향을 미치거나 그 정지사유가 없어진 때에는, 당해 집행정지 결정을 한 법원은 당사자의 신청 또는 직권에 의하여 결정으로써 집행정지의 결정을 취소할 수 있다.

04 집행정지결정은 판결이 아니므로 기속력은 인정되지 않는다. (O | X) [16국가직9급]

7) 집행정지 결정에 대한 불복

① 집행정지의 결정 또는 기각의 결정에 대하여는 즉시항고 할 수 있다. 이 경우 집행정지의 결정에 대한 즉시항고에는 결정의 집행을 정지하는 효력이 없다.
② 집행정지의 취소 결정도 ①의 내용이 준용된다.

8) 민사집행법상 가처분의 가부

민사소송법상 가처분은 준용되지 아니한다.

정답 01 O 02 X 03 X 04 X

CHAPTER 3 행정소송

01 행정처분의 효력이나 집행 혹은 절차속행 등의 정지를 구하는 신청은 「행정소송법」상 집행정지신청의 방법으로서만 가능할 뿐 「민사소송법」상 가처분의 방법으로는 허용될 수 없다. (O | X) [24지방직9급]

9) 기각판결이 확정된 경우

기각판결이 확정된 경우, 집행정지의 효력은 당연히 장래효로서 실효(소급효 X)되어 정지되었던 처분을 다시 집행할 수 있다. 즉, 집행정지된 처분이 당연히 되살아나거나 혹은 행정청은 필요한 조치를 취할 수 있게 된다.

관련 판례

1. [1] 항고소송을 제기한 원고가 본안소송에서 패소확정판결을 받았더라도 집행정지결정의 효력이 소급하여 소멸하지 않는다.
   [2] 제재처분에 대한 행정쟁송절차에서 처분에 대해 집행정지결정이 이루어졌더라도 본안에서 해당 처분이 최종적으로 적법한 것으로 확정되어 집행정지결정이 실효되고 제재처분을 다시 집행할 수 있게 되면, 처분청으로서는 당초 집행정지결정이 없었던 경우와 동등한 수준으로 해당 제재처분이 집행되도록 필요한 조치를 취하여야 한다. 집행정지는 행정쟁송절차에서 실효적 권리구제를 확보하기 위한 잠정적 조치일 뿐이므로, 본안 확정판결로 해당 제재처분이 적법하다는 점이 확인되었다면 제재처분의 상대방이 잠정적 집행정지를 통해 집행정지가 이루어지지 않은 경우와 비교하여 제재를 덜 받게 되는 결과가 초래되도록 해서는 안 된다. 반대로, 처분상대방이 집행정지결정을 받지 못했으나 본안소송에서 해당 제재처분이 위법하다는 것이 확인되어 취소하는 판결이 확정되면, 처분청은 그 제재처분으로 처분상대방에게 초래된 불이익한 결과를 제거하기 위하여 필요한 조치를 취하여야 한다(대판 2020.9.3. 2020두34070).

2. 보조금 교부결정의 일부를 취소한 행정청의 처분에 대한 효력정지결정의 효력이 소멸하여 보조금 교부결정 취소처분의 효력이 되살아난 경우, 행정청은 구 보조금의 예산 및 관리에 관한 법률 제31조 제1항에 따라 취소처분에 의하여 취소된 부분의 보조사업에 대하여 효력정지기간 동안 교부된 보조금의 반환을 명하여야 한다(대판 2017.7.11. 2013두25498).

3. 행정소송법 제23조에 따른 집행정지결정의 효력은 결정 주문에서 정한 종기까지 존속하고, 그 종기가 도래하면 당연히 소멸한다. 따라서 효력기간이 정해져 있는 제재적 행정처분에 대한 취소소송에서 법원이 본안소송의 판결 선고 시까지 집행정지결정을 하면, 처분에서 정해 둔 효력기간(집행정지결정 당시 이미 일부 집행되었다면 그 나머지 기간)은 판결 선고 시까지 진행하지 않다가 판결이 선고되면 그때 집행정지결정의 효력이 소멸함과 동시에 처분의 효력이 당연히 부활하여 처분에서 정한 효력기간이 다시 진행한다. 이는 처분에서 효력기간의 시기와 종기를 정해 두었는데, 그 시기와 종기가 집행정지기간 중에 모두 경과한 경우에도 특별한 사정이 없는 한 마찬가지이다. 이러한 법리는 행정심판위원회가 행정심판법 제30조에 따라 집행정지결정을 한 경우에도 그대로 적용된다. 행정심판위원회가 행정심판 청구 사건의 재결이 있을 때까지 처분의 집행을 정지한다고 결정한 경우에는, 재결서 정본이 청구인에게 송달된 때 재결의 효력이 발생하므로(행정심판법 제48조 제2항, 제1항 참조) 그때 집행정지결정의 효력이 소멸함과 동시에 처분의 효력이 부활한다(대판 2022.2.11. 2021두40720).

정답 01 O

핵심 기출문제

01

취소소송의 제소기간에 대한 설명으로 옳은 것(○)과 옳지 않은 것(×)을 바르게 연결한 것은? (다툼이 있는 경우 판례에 의함) [21국가직9급]

ㄱ. 행정청이 행정심판청구를 할 수 있다고 잘못 알려 행정심판을 청구한 경우에는 재결서 정본을 송달받은 날이 아닌 처분이 있음을 안 날로부터 제소기간이 기산된다.
ㄴ. 행정심판을 청구하였으나 심판청구기간을 도과하여 각하된 후 제기하는 취소소송은 재결서를 송달받은 날부터 90일 이내에 제기하면 된다.
ㄷ. '처분이 있음을 안 날'은 처분이 있었다는 사실을 현실적으로 안 날을 의미하므로, 처분서를 송달받기 전 정보공개청구를 통하여 처분을 하는 내용의 일체의 서류를 교부받았다면 그 서류를 교부받은 날부터 제소기간이 기산된다.
ㄹ. 동일한 처분에 대하여 무효확인의 소를 제기하였다가 그 처분의 취소를 구하는 소를 추가적으로 병합한 경우, 주된 청구인 무효확인의 소가 적법한 제소기간 내에 제기되었다면 추가로 병합된 취소청구의 소도 적법하게 제기된 것으로 볼 수 있다.

	ㄱ	ㄴ	ㄷ	ㄹ
①	×	×	○	×
②	○	○	×	○
③	○	×	○	×
④	×	×	×	○

02

판례상 항고소송의 원고적격이 인정되는 경우만을 모두 고르면? [21국가직9급]

> ㄱ. 중국 국적자인 외국인이 사증발급 거부처분의 취소를 구하는 경우
> ㄴ. 소방청장이 처분성이 인정되는 국민권익위원회의 조치요구에 불복하여 조치요구의 취소를 구하는 경우
> ㄷ. 지방법무사회가 법무사의 사무원 채용승인 신청을 거부하여 사무원이 될 수 없게 된 자가 지방법무사회를 상대로 거부처분의 취소를 구하는 경우
> ㄹ. 개발제한구역 중 일부 취락을 개발제한구역에서 해제하는 내용의 도시관리계획변경결정에 대하여 개발제한구역 해제대상에서 누락된 토지의 소유자가 위 결정의 취소를 구하는 경우

① ㄱ, ㄴ   ② ㄴ, ㄷ   ③ ㄷ, ㄹ   ④ ㄱ, ㄷ, ㄹ

03

행정소송상 협의의 소익에 대한 설명으로 옳은 것만을 모두 고르면? (다툼이 있는 경우 판례에 의함) [21지방직9급]

> ㄱ. 월정수당을 받는 지방의회 의원에 대한 제명의결 취소소송 계속중 의원의 임기가 만료된 경우 지방의회 의원은 그 제명의결의 취소를 구할 법률상 이익이 있다.
> ㄴ. 파면처분 취소소송의 사실심 변론종결 전에 금고 이상의 형을 선고받아 당연퇴직된 경우에도 해당 공무원은 파면처분의 취소를 구할 이익이 있다.
> ㄷ. 공익근무요원 소집해제신청을 거부한 후에 원고가 계속하여 공익근무요원으로 복무함에 따라 복무기간 만료를 이유로 소집해제처분을 한 경우, 원고는 거부처분의 취소를 구할 소의 이익이 있다.

① ㄱ   ② ㄴ   ③ ㄱ, ㄴ   ④ ㄴ, ㄷ

> 해설

01 | ㉠ (×) 행정소송법 제20조 제1항에 의하면 취소소송은 원칙적으로 처분 등이 있음을 안 날부터 90일 이내에 제기하여야 하나, **행정청이 행정심판청구를 할 수 있다고 잘못 알려 행정심판의 청구를 한 경우에는 그 제소기간은 행정심판 재결서의 정본을 송달받은 날부터 기산하여야 한다**(대판 2006.9.8. 2004두947).

[비교판례]
행정처분이나 그 이후 행정청으로부터 행정심판 제기기간에 관하여 법정 **심판청구기간보다 긴 기간으로 잘못 통지받은 경우에 보호할 신뢰 이익은 그 통지받은 기간 내에 행정심판을 제기한 경우에 한하는 것이지 행정소송을 제기한 경우에까지 확대된다고 할 수 없으므로**, 당사자가 행정처분이나 그 이후 행정청으로부터 행정심판 제기기간에 관하여 **법정 심판청구기간보다 긴 기간으로 잘못 통지받아 행정소송법상 법정 제소기간을 도과하였다고 하더라도, 그것이 당사자가 책임질 수 없는 사유로 인한 것이라고 할 수는 없다**(대판 2001.5.8. 2000두6916).

㉡ (×) 처분이 있음을 안 날부터 90일 이내에 행정심판을 청구하지도 않고 취소소송을 제기하지도 않은 경우에는 그 후 제기된 취소소송은 제소기간을 경과한 것으로서 부적법하고, 처분이 있음을 안 날부터 90일을 넘겨 청구한 부적법한 행정심판청구에 대한 재결이 있은 후 재결서를 송달받은 날부터 90일 이내에 원래의 처분에 대하여 취소소송을 제기하였다고 하여 취소소송이 다시 제소기간을 준수한 것으로 되는 것은 아니다(대판 2011.11.24. 2011두18786).

㉢ (×) 처분서를 송달받은 날 처분이 있음을 알았다고 볼 것이지 일체의 서류를 교부받은 날부터 제소기간이 진행되는 것이 아니다.

지방보훈청장이 허혈성심장질환이 있는 갑에게 재심 서면판정 신체검사를 실시한 다음 종전과 동일하게 전(공)상군경 7급 국가유공자로 판정하는 '고엽제후유증전환 재심신체검사 무변동처분' 통보서를 송달하자 갑이 위 처분의 취소를 구한 사안에서, 위 처분이 갑에게 고지되어 처분이 있다는 사실을 현실적으로 알았을 때 행정소송법 제20조 제1항에서 정한 제소기간이 진행한다고 보아야 함에도, 갑이 통보서를 송달받기 전에 자신의 의무기록에 관한 정보공개를 청구하여 위 처분을 하는 내용의 통보서를 비롯한 일체의 서류를 교부받은 날부터 제소기간을 기산하여 위 소는 90일이 지난 후 제기한 것으로서 부적법하다고 본 원심판결에 법리를 오해한 위법이 있다(대판 2014.9.25. 2014두8254).

㉣ (○) 동일한 행정처분에 대하여 무효확인의 소를 제기하였다가 그 후 그 처분의 취소를 구하는 소를 추가적으로 병합한 경우, 주된 청구인 무효확인의 소가 적법한 제소기간 내에 제기되었다면 추가로 병합된 취소청구의 소도 적법하게 제기된 것으로 볼 수 있다(2005두3554).

정답 01 ④

해설

02 | ㉠ (×) 사증발급거부처분을 다투는 외국인은, 아직 대한민국에 입국하지 않은 상태에서 대한민국에 입국하게 해달라고 주장하는 것으로, 대한민국과의 실질적 관련성 내지 대한민국에서 법적으로 보호가치 있는 이해관계를 형성한 경우는 아니어서, 해당 처분의 취소를 구할 법률상 이익을 인정하여야 할 법정책적 필요성도 크지 않다. 반면, 국적법상 귀화불허가처분이나 출입국관리법상 체류자격 변경 불허가처분, 강제퇴거 명령 등을 다투는 외국인은 대한민국에 적법하게 입국하여 상당한 기간을 체류한 사람이므로, 이미 대한민국과의 실질적 관련성 내지 대한민국에서 법적으로 보호 가치있는 이해관계를 형성한 경우이어서, 해당 처분의 취소를 구할 법률상 이익이 인정된다고 보아야 한다(대판 2018.5.15. 2014두42506).

㉡ (○) 소방청장이 국민권익위원회를 상대로 한 경우와 시·도선거관리위원회위원장이 국민권익위원회를 상대로 하는 항고소송의 원고적격을 인정하였다.

> 법령이 특정한 행정기관 등으로 하여금 다른 행정기관을 상대로 제재적 조치를 취할 수 있도록 하면서, 그에 따르지 않으면 그 행정기관에 대하여 과태료를 부과하거나 형사처벌을 할 수 있도록 정하는 경우가 있다. 이러한 경우에는 단순히 국가기관이나 행정기관의 내부적 문제라거나 권한 분장에 관한 분쟁으로만 볼 수 없다. 행정기관의 제재적 조치의 내용에 따라 '구체적 사실에 대한 법집행으로서 공권력의 행사'에 해당할 수 있고, 그러한 조치의 상대방인 행정기관이 입게 될 불이익도 명확하다. 그런데도 그러한 제재적 조치를 기관소송이나 권한쟁의심판을 통하여 다툴 수 없다면, 제재적 조치는 그 성격상 단순히 행정기관 등 내부의 권한 행사에 머무는 것이 아니라 상대방에 대한 공권력 행사로서 항고소송을 통한 주관적 구제대상이 될 수 있다고 보아야 한다(대판 2018.8.1. 2014두35379).

㉢ (○) 법무사의 사무원 채용승인 신청에 대하여 소속 지방법무사회가 '채용승인을 거부'하는 조치 또는 일단 채용승인을 하였으나 법무사규칙 제37조 제6항을 근거로 '채용승인을 취소'하는 조치는 공법인인 지방법무사회가 행하는 구체적 사실에 관한 법집행으로서 공권력의 행사 또는 그 거부에 해당하므로 항고소송의 대상인 '처분'이라고 보아야 한다. 구체적인 이유는 다음과 같다(대판 2020.4.9. 2015다34444).

㉣ (×) 개발제한구역 중 일부 취락을 개발제한구역에서 해제하는 내용의 도시관리계획변경 결정에 대하여, 개발제한 구역 해제대상에서 누락된 토지의 소유자는 위 결정의 취소를 구할 법률상 이익이 없다(대판 2008.7.10. 2007두10242).

03 | ㄱ. (○) 지방의회 의원에 대한 제명의결 취소소송 계속중 의원의 임기가 만료된 사안에서, 제명의결의 취소로 의원의 지위를 회복할 수는 없다 하더라도 제명의결시부터 임기만료일까지의 기간에 대한 월정수당의 지급을 구할 수 있는 등 여전히 그 제명의결의 취소를 구할 법률상 이익이 있다(대판 2009.1.30. 2007두13487).

ㄴ. (○) 파면처분취소소송의 사실심변론종결전에 동원고가 허위공문서등작성 죄로 징역 8월에 2년간 집행유예의 형을 선고받아 확정되었다면 원고는 지방공무원법 제61조의 규정에 따라 위 판결이 확정된 날 당연퇴직되어 그 공무원의 신문을 상실하고, 당연퇴직이나 파면이 퇴직급여에 관한 불이익의 점에 있어 동일하다 하더라도 최소한도 이 사건 파면처분이 있은 때부터 위 법규정에 의한 당연퇴직일자까지의 기간에 있어서는 파면처분의 취소를 구하여 그로 인해 박탈당한 이익의 회복을 구할 소의 이익이 있다 할 것이다(대판 1985.6.25. 85누39).

ㄷ. (×) 공익근무요원 소집해제신청을 거부한 후에 원고가 계속하여 공익근무요원으로 복무함에 따라 복무기간 만료를 이유로 소집해제처분을 한 경우, 원고가 입게 되는 권리와 이익의 침해는 소집해제처분으로 해소되었으므로 위 거부처분의 취소를 구할 소의 이익이 없다(대판 2005.5.13. 2004두4369).

정답 02 ② 03 ③

제4절 심리

심리란 판결을 하기 위하여 그 기초가 되는 소송자료를 수집하는 절차를 말한다.

1. 심리의 원칙

1) **당사자주의**
   ① **처분권주의** : 소송의 개시, 심판대상의 특정 및 절차의 종결에 대하여 당사자에게 주도권을 인정하고 그 처분을 맡기는 소송원칙
   ② **변론주의** : 재판의 기초가 되는 자료(사실 및 증거)의 수집·제출을 당사자의 권능과 책임으로 하는 소송원칙

   > 01 소송에 있어서 처분권주의는 사적 자치에 근거를 둔 법질서에 뿌리를 두고 있으므로 취소소송에는 적용되지 않는다. (O | X)   [18지방직9급]

2) **직권주의**
   변론주의에 대응하는 원칙으로서, 소송의 심리에 있어서 당사자의 사실상의 주장에 구속되지 않고 사실의 탐지(직권탐지) 또는 직권증거조사를 행하는 소송원칙을 말한다.

3) **기타 심리에 관한 원칙**
   ① **구두변론주의**
      당사자와 법원의 소송행위는 모두 구술로 하고 구술에 의한 자료만을 판결의 기초로 삼는 원칙
   ② **공개주의**
      재판에 이해관계 없는 자에게도 참관이 허용되는 원칙. 판결의 객관성을 강화

2. 심리의 내용

1) **요건심리**
   - 원고에 의하여 제기된 소가 소송요건 구비 여부를 판단하는 것.
   - 원고적격, 소의 이익, 당사자능력·적격, 예외적 행정심판전치주의, 제소기간 등이 소송요건
   - 소송요건의 존재는 직권조사사항이므로 당사자의 주장에 구애되지 않는다(자백의 대상이 아님). 소송요건을 구비하지 않은 소 제기는 부적법하므로 각하판결
   - 소송요건의 존부는 사실심 변론종결시를 기준으로 판단하므로 제소당시에 소송요건을 갖추지 않아도 사실심 변론종결시까지 갖추면 족하다.

정답 01 ×

- 소송요건은 사실심 변론종결시뿐만 아니라 상고심에도 존속하여야 함은 물론이다(대판 2007.4.12. 2004두7924).

> **관련 판례**
>
> 1. 행정소송에서 쟁송의 대상이 되는 행정처분의 존부는 소송요건으로서 직권조사사항이고, 자백의 대상이 될 수 없는 것이므로, 설사 그 존재를 당사자들이 다투지 아니한다 하더라도 그 존부에 관하여 의심이 있는 경우에는 이를 직권으로 밝혀 보아야 할 것이고, 사실심에서 변론종결시까지 당사자가 주장하지 않던 직권조사사항에 해당하는 사항을 상고심에서 비로소 주장하는 경우 그 직권조사사항에 해당하는 사항은 상고심의 심판범위에 해당한다(대판 2004.12.24. 2003두15195).
> 2. 전소 확정판결의 존부는 당사자 주장이 없더라도 법원이 직권으로 조사하여 판단하지 않으면 안 되고, 더 나아가 당사자가 확정판결의 존재를 사실심 변론종결 시까지 주장하지 아니하였더라도 상고심에서 새로이 주장·증명할 수 있다(대판 2011.5.13. 2009다94384,94391,94407).

01 행정소송에서 쟁송의 대상이 되는 행정처분의 존재를 당사자들이 다투지 아니한다 하더라도 그 존부에 관하여 의심이 있는 경우에 법원은 이를 직권으로 밝혀야 한다. (O | X) [19서울시7급]

02 당사자가 확정된 취소판결의 존재를 사실심 변론종결시까지 주장하지 아니하였다고 하더라도 상고심에서 새로이 이를 주장·입증할 수 있다. (O | X) [21군무원7급]

2) 본안요건

- 소송요건 심리의 결과, 소송요건을 구비하고 있는 것으로 인정되는 경우에 본안에 대하여 실체적 심사를 하는 것을 말한다.
- 청구가 이유 있는 경우에는 인용판결, 이유 없는 경우에는 기각판결
- 행정소송법 제26조는 직권심리에 대하여 규정하고 있다. 이에 대하여 판례는 행정소송에서 당사자주의와 변론주의를 원칙으로 보고 직권증거조사는 소송기록에 현출되어 있는 사항에 관하여만 인정한다.

> **행정소송법 제26조(직권심리)** 법원은 필요하다고 인정할 때에는 직권으로 증거조사를 할 수 있고, 당사자가 주장하지 아니한 사실에 대하여도 판단할 수 있다.

> **관련 판례**
>
> 1. 행정소송법 제26조가 법원은 필요하다고 인정할 때에는 직권으로 증거조사를 할 수 있고, 당사자가 주장하지 아니한 사실에 대하여도 판단할 수 있다고 규정하고 있지만, 이는 행정소송의 특수성에 연유하는 당사자주의, 변론주의에 대한 일부 예외 규정일 뿐 법원이 아무런 제한 없이 당사자가 주장하지 아니한 사실을 판단할 수 있는 것은 아니고, 일건 기록에 현출되어 있는 사항에 관하여서만 직권으로 증거조사를 하고 이를 기초로 하여 판단할 수 있을 따름이고, 그것도 법원이 필요하다고 인정할 때에 한하여 청구의 범위내에서 증거조사를 하고 판단할 수 있을 뿐이다(대판 1994.10.11. 94누4820).

정답 01 O 02 O

PART 5 행정구제법

> 2. 행정소송법 제26조는 "법원은 필요하다고 인정할 때에는 직권으로 증거조사를 할 수 있고, 당사자가 주장하지 아니한 사실에 대하여도 판단할 수 있다"고 하여, 행정소송에서는 직권심리주의가 적용되도록 하고 있으므로, 법원으로서는 기록상 현출되어 있는 사항에 관하여 직권으로 증거조사를 하고 이를 기초로 하여 판단할 수 있다. 다만, 행정소송에서도 당사자주의나 변론주의의 기본 구도는 여전히 유지된다고 할 것이므로, 새로운 사유를 인정하여 행정처분의 정당성 여부를 판단하는 것은 당초의 처분사유와 기본적 사실관계에 있어서 동일성이 인정되는 한도 내에서만 허용된다 할 것이다(대판 2009.5.28. 2008두6394).

01 취소소송의 직권심리주의를 규정하고 있는 행정소송법 제26조의 규정을 고려할 때, 행정소송에 있어서 법원은 원고의 청구범위를 초월하여 그 이상의 청구를 인용할 수 있다. (O | X) [15지방직7급]

02 행정소송법 제26조는 행정소송에서 직권심리주의가 적용되도록 하고 있지만, 행정소송에서도 당사자주의나 변론주의의 기본구도는 여전히 유지된다. (O | X) [17국가직9급]

3) 심리의 범위

① 불고불리의 원칙

법원은 소 제기가 없으면 재판할 수 없고, 소 제기가 있는 경우에도 당사자가 신청한 범위 내에서 심리·판단하여야 한다는 원칙

관련 판례

원고가 종합소득세부과처분의 위법을 들어 그 취소를 구하고 있다면 법원은 위 과세처분에 의하여 인정된 종합소득의 과세표준과 종합소득세액의 객관적인 존부를 그 심리대상으로 삼아 그 부과처분의 위법여부만을 심리하여야 할 것임에도 원심이 위 과세처분의 위법을 인정하면서 과세관청의 납세고지통지가 없어 아직 유효한 과세처분이 있었다고도 볼 수 없고 또 당사자가 구하지도 아니하여 심리의 대상이 될 수 없는 양도소득의 과세표준과 양도소득세액을 산출하고 위 종합소득세과세처분중 위와 같이 산출한 양도소득세액의 범위내의 것은 적법하다고 판시한 것은 처분권주의에 위배된 것이다(대판 1987.11.10. 86누491).

② 법률문제·사실문제

소송의 대상이 된 처분 등이 행정의 법률적합성원칙에 부합하는가의 문제와 사실의 인정문제·특정 사실이 법률요건에 해당하는가의 판단은 법원의 심리대상이 된다.

③ 재량문제

- 재량의 영역은 본래 법원의 심리 밖에 있었으나 재량권의 일탈·남용은 위법하므로 심리·판단할 수 있다. 따라서 재량행위에 대하여 취소소송이 제기된 경우에 각하할 것이 아니라 본안 심리를 하여 재량권의 일탈·남용이 인정되면 인용판결, 그렇지 않으면 기각판결을 하여야 한다.

- 재량권행사가 위법하지 않고 부당함에 그친 경우에는 기각판결을 하여야 한다.

> **행정소송법 제27조(재량처분의 취소)** 행정청의 재량에 속하는 처분이라도 재량권의 한계를 넘거나 그 남용이 있는 때에는 법원은 이를 취소할 수 있다.

4) 심리의 방법

① 행정심판기록의 제출명령

> **행정소송법 제25조(행정심판기록의 제출명령)** ① 법원은 당사자의 신청이 있는 때에는 결정으로써 재결을 행한 행정청에 대하여 행정심판에 관한 기록의 제출을 명할 수 있다.
> ② 제1항의 규정에 의한 제출명령을 받은 행정청은 지체없이 당해 행정심판에 관한 기록을 법원에 제출하여야 한다.

01 「행정소송법」에 따르면 법원은 당사자의 신청이 있는 때에는 결정으로써 재결을 행한 행정청에 대하여 행정심판에 관한 기록의 제출을 명할 수 있고, 제출명령을 받은 행정청은 지체없이 당해 행정심판에 관한 기록을 법원에 제출하여야 한다. (O | X) [23지방직9급]

② 주장책임
- 분쟁의 중요 사실을 주장하지 않음으로 인하여 일방 당사자가 받는 불이익 부담을 의미한다.
- 주장책임은 변론주의에서만 문제된다.
- 행정소송법은 직권탐지주의를 보충적으로 인정하고 있으므로 그러한 한도 안에서 주장책임의 의미는 완화되고 있다.

02 취소소송의 심리에 있어서 주장책임은 직권탐지주의를 보충적으로 인정하고 있는 한도 내에서 그 의미가 완화된다. (O | X) [18지방직9급]

③ 입증책임
- 어떠한 사실관계에 대한 명백한 입증이 없는 경우 당사자가 받는 불이익 부담을 의미한다.

관련 판례

1. 민사소송법 규정이 준용되는 행정소송에서 증명책임은 원칙적으로 민사소송 일반원칙에 따라 당사자 간에 분배되고, 항고소송의 경우에는 그 특성에 따라 처분의 적법성을 주장하는 피고에게 그 적법사유에 대한 증명책임이 있다. 피고가 주장하는 일정한 처분의 적법성에 관하여 합리적으로 수긍할 만한 증명이 있는 경우에는 그 처분은 정당하다고 볼 수 있고, 이와 상반되는 예외적인 사정에 대한 주장과 증명은 그 상대방인 원고에게 그 책임이 있다(대판 2017.7.11. 2015두2864).

정답 01 O 02 O

PART 5 행정구제법

2. [결혼이민[F-6 (다)목] 체류자격 거부처분 취소소송에서도 그 처분사유에 관한 증명책임은 피고 행정청에 있다. 일반적으로 혼인파탄의 귀책사유에 관한 사정들이 혼인관계 당사자의 지배영역에 있는 것이어서 피고 행정청이 구체적으로 파악하기 곤란한 반면, 혼인관계의 당사자인 원고는 상대적으로 쉽게 증명할 수 있는 측면이 있음을 고려하더라도 달리 볼 것은 아니다(대판 2019.7.4. 2018두66869).

---

01 민사소송법 규정이 준용되는 행정소송에서 증명책임은 원칙적으로 민사소송 일반원칙에 따라 당사자 사이에 분배되고, 항고소송의 경우에는 그 특성에 따라 처분의 적법성을 주장하는 피고에게 그 적법사유에 대한 증명책임이 있다. (O | X) [18지방직7급]

- 입증책임에 관한 구체적 검토
  - ㉠ 소송요건사실에 대한 입증책임
    소송요건은 직권조사사항이지만 그 존부가 불분명한 때에는 이를 결한 소는 부적법하게 되므로 원고의 불이익에 해당한다. 따라서 소송요건 존부 불명시에 입증책임은 원고에게 있다는 것이 통설적인 입장이다.
  - ㉡ 본안에 관한 입증책임
    - 처분의 적법성은 피고 행정청이 입증책임을 지고 처분의 위법성은 원고가 입증책임을 진다.

> **관련 판례**
>
> 국가유공자 인정 요건, 즉 공무수행으로 상이를 입었다는 점이나 그로 인한 신체장애의 정도가 법령에 정한 등급 이상에 해당한다는 점은 국가유공자 등록신청인이 증명할 책임이 있지만, 그 상이가 '불가피한 사유 없이 본인의 과실이나 본인의 과실이 경합된 사유로 입은 것'이라는 사정, 즉 지원대상자 요건에 해당한다는 사정은 국가유공자 등록신청에 대하여 지원대상자로 등록하는 처분을 하는 처분청이 증명책임을 진다고 보아야 한다(대판 2013.8.22. 2011두26589).

- 처분의 근거가 존재하여 적법하다는 점은 피고의 입증책임

> **관련 판례**
>
> 1. 항고소송에 있어서 당해 행정처분의 적법성에 대한 증명책임은 원칙적으로 그 행정처분의 적법을 주장하는 처분청에 있지만, 행정청이 주장하는 당해 행정처분의 적법성에 관하여 합리적으로 수긍할 수 있는 정도로 증명이 된 경우에는 그와 상반되는 예외적인 사정에 대한 주장과 증명은 상대방이 증명할 책임을 진다고 봄이 타당하다(대판 2013.1.10. 2011두7854).
> 2. 일정한 행정처분으로 국민이 일정한 이익과 권리를 취득하였을 경우에 종전 행정처분을 취소하는 행정처분은 이미 취득한 국민의 기존 이익과 권리를 박탈하는 별개의 행정처분으로 취소될 행정처분에 하자 또는 취소해야 할 공공의 필요가 있어야 하고, 나아가 행정처분에 하자 등이 있다고 하더라

정답 01 O

CHAPTER 3 행정소송

도 취소해야 할 공익상 필요와 취소로 당사자가 입게 될 기득권과 신뢰보호 및 법률생활안정의 침해 등 불이익을 비교·교량한 후 공익상 필요가 당사자가 입을 불이익을 정당화할 만큼 강한 경우에 한하여 취소할 수 있는 것이며, 하자나 취소해야 할 필요성에 관한 증명책임은 기존 이익과 권리를 침해하는 처분을 한 행정청에 있다(대판 2012.3.29. 2011두23375).

01 수익적 행정처분의 경우 상대방의 신뢰보호와 관련하여 직권취소가 제한되나 그 필요성에 대한 입증책임은 기존 이익과 권리를 침해하는 처분을 한 행정청에 있다. (O | X) [18서울시7급]

- 취소소송에서 처분의 위법성에 대해서는 원고가 입증책임을 지고 처분의 적법성에 대해서는 피고가 입증책임을 진다. 무효확인소송이나 무효를 선언하는 의미에서 취소소송에서는 원고가 무효사유의 입증책임을 진다.

> **관련 판례**
>
> 1. 자유재량에 의한 행정처분이 그 재량권의 한계를 벗어난 것이어서 위법하다는 점은 그 행정처분의 효력을 다투는 자가 이를 주장·입증하여야 하고 처분청이 그 재량권의 행사가 정당한 것이었다는 점까지 주장.입증할 필요는 없다(대판 1987.12.8. 87누861).
> 2. 행정처분의 당연무효를 주장하여 그 무효확인을 구하는 원고에게 그 행정처분이 무효인 사유를 증명할 책임이 있다(대판 2012.12.13. 2010두20782,20799).
> 3. 행정처분의 당연무효를 주장하여 무효 확인을 구하는 행정소송에서는 원고에게 행정처분이 무효인 사유를 주장·증명할 책임이 있고, 이는 무효 확인을 구하는 뜻에서 행정처분의 취소를 구하는 소송에 있어서도 마찬가지이다(대판 2023.6.29. 2020두46073).

④ 증거제출시한

- 당사자는 사실심변론종결시까지 증거를 제출할 수 있다.

> **관련 판례**
>
> 과세처분의 위법을 다투는 행정소송에 있어서 그 처분의 적법여부는 과세액이 정당한 세액을 초과하느냐의 여부에 따라 판단되는 것으로서 당사자는 소송변론종결시까지 객관적인 조세채무액을 뒷받침하는 주장과 증거를 제출할 수 있다(대판 1989.6.27. 87누448).

- 원고는 전심절차(행정심판절차)에서 주장하지 아니한 공격방어방법을 항고소송에서 주장할 수 있다(대판 1996.6.14. 96누754).

⑤ 석명권의 한계

석명권은 당사자의 진술에 불명, 모순 등이 있는 경우 이를 지적하여 정정 보충할 기회를 주고 증거제출을 촉구하는 것을 의미한다. 따라서 당사자가 주장하지도 않은 공격방어방법을 시사하여 그 제출을 권유하는 행위는 변론주의에 위배되어 석명권의 한계를 넘는다는 것이 판례의 입장이다.

정답 01 O

5) 위법판단의 기준시점(처분시설)

처분의 위법성을 판단하기 위해서는 처분당시의 행정처분이 있을 때의 법령과 사실상태를 기준으로 하여 위법 여부를 판단하여야 하고 처분 후 법령의 개폐나 사실상태의 변동에 영향을 받지 않는다는 뜻이다. 다만, 처분 당시 존재하였던 자료나 행정청에 제출되었던 자료만으로 위법여부를 판단한다는 의미는 아니므로 사실심변론종결 당시까지 제출된 모든 자료를 근거로 위법여부를 판단한다.

> **관련 판례**
>
> 1. 행정처분의 위법 여부를 판단하는 기준 시점에 대하여 판결시가 아니라 처분시라고 하는 의미는 행정처분이 있을 때의 법령과 사실상태를 기준으로 하여 위법 여부를 판단할 것이며 처분 후 법령의 개폐나 사실상태의 변동에 영향을 받지 않는다는 뜻이고 처분 당시 존재하였던 자료나 행정청에 제출되었던 자료만으로 위법 여부를 판단한다는 의미는 아니므로, 처분 당시의 사실상태 등에 대한 입증은 사실심 변론종결 당시까지 할 수 있고, 법원은 행정처분 당시 행정청이 알고 있었던 자료뿐만 아니라 사실심 변론종결 당시까지 제출된 모든 자료를 종합하여 처분 당시 존재하였던 객관적 사실을 확정하고 그 사실에 기초하여 처분의 위법 여부를 판단할 수 있다(대판 1993.5.27. 92누19033).
> 2. 교원소청심사위원회가 한 결정의 취소를 구하는 소송에서 그 결정의 적부는 결정이 이루어진 시점을 기준으로 판단하여야 하지만, 그렇다고 하여 소청심사 단계에서 이미 주장된 사유만을 행정소송의 판단대상으로 삼을 것은 아니다. 따라서 소청심사 결정 후에 생긴 사유가 아닌 이상 소청심사 단계에서 주장하지 아니한 사유도 행정소송에서 주장할 수 있고, 법원도 이에 대하여 심리·판단할 수 있다(대판 2018.7.12. 2017두65821).
> 3. 행정청이 수익적 행정처분을 하면서 사전에 상대방과 체결한 협약상의 의무를 부담으로 부가하였는데 부담의 전제가 된 주된 행정처분의 근거법령이 개정되어 부관을 붙일 수 없게 된 경우, 위 협약의 효력이 소멸하는 것은 아니다(대판 2009.2.12. 2005다65500).

---

01 행정소송에서 행정처분의 위법 여부는 행정처분이 있을 때의 법령과 사실상태를 기준으로 하여 판단하여야 하고 처분 후 법령의 개폐나 사실상태의 변동이 있다면 그러한 법령의 개폐나 사실상태의 변동에 의하여 처분의 위법성이 치유될 수 있다. (O | X) [20소방직]

6) 처분사유의 추가·변경

① 의의

처분사유는 처분의 적법성을 유지하기 위하여 처분청이 주장하는 처분의 사실적·법적 근거를 말한다. 이것에 대하여 처분시에 제시한 사유와 다른 사유를 행정소송절차에서 추가 또는 변경하는 것을 의미한다.

② 처분사유의 추가·변경의 논의의 전제

처분사유의 추가·변경은 위법판단의 기준시에 대한 처분시설을 취할 경우에 문제된다. 만일, 위법판단의 기준시점을 판결시(사실심변론종결시)로 보는 판결시설을 취하는

정답 01 X

경우에는 사실심변론종결시점까지의 모든 사유를 고려하여 위법성을 따지므로 따로 처분사유의 추가·변경을 논할 실익이 없다.

01 위법판단의 기준시점을 처분시로 볼 경우, 처분 이후에 발생한 새로운 사실적·법적 사유를 추가·변경하고자 하는 것은 허용될 수 없고 이러한 경우에는 계쟁처분을 직권취소하고 이를 대체하는 새로운 처분을 할 수 있다. (O | X)   [17국가직7급]

③ 구별개념
- 처분사유의 추가·변경은 처분의 실체법상 적법성을 확보하는 것과 관련된 것이고 처분이유의 사후 제시는 절차법상 하자를 보완하는 것이다.
- 처분사유의 추가변경은 처분시에 존재하였던 사실상 그리고 법상황의 고려이므로, 처분 후에 발생한 새로운 사유와 구별된다(후자는 행정행위 철회의 문제).

④ 허용범위 및 한계
㉠ 기본적 사실관계가 동일할 것
- 판례는 재량행위와 기속행위를 나누지 않고 당초의 처분사유와 기본적 사실관계에서 동일성이 인정되는 한도 내에서만 새로운 처분사유의 추가 변경을 허용한다.
- '기본적 사실관계의 동일성'이란 처분사유를 법률적으로 평가하기 이전의 구체적인 사실에 착안하여 그 기초가 되는 사회적 사실관계가 기본적인 점에서 동일한지 여부에 따라 판단한다.
- 추가 또는 변경된 사유가 당초의 처분시 그 사유를 명기하지 않았을 뿐 처분시에 이미 존재하고 있었고 당사자도 그 사실을 알고 있었다고 하여 당초의 처분사유와 동일성이 있는 것이라고 할 수 없다(대판 2003.12.11. 2001두8827).
- 당초 처분의 근거로 제시한 사유가 실질적인 내용이 없다고 본다면, 추가사유는 그와 기본적 사실관계가 동일한지 여부를 판단할 대상조차 없는 것이므로, 결국 소송단계에서 처분사유를 추가하여 주장할 수 없다(대판 2017.8.29. 2016두44186).
- 처분청이 처분 당시 적시한 구체적 사실을 변경하지 아니하는 범위에서 처분의 근거법령만을 추가·변경하는 것은 원칙적으로 허용된다. 다만, 처분의 근거법령을 변경하는 것이 종전 처분과동일성을 인정할 수 없는 별개의 처분을 하는 것과 다름없는 경우에는 허용되지 않는다.

정답 01 O

PART 5 행정구제법

> **관련 판례**
>
> 1. 행정청이 점용허가를 받지 않고 도로를 점용한 사람에 대하여 도로법 제94조에 의한 변상금 부과처분을 하였다가, 처분에 대한 취소소송이 제기된 후 해당 도로가 도로법 적용을 받는 도로에 해당하지 않을 경우를 대비하여 처분의 근거 법령을 구 국유재산법 제51조와 그 시행령 등으로 변경하여 주장한 사안에서, 위와 같이 근거 법령을 변경하는 것은 종전 도로법 제94조에 의한 변상금 부과처분과 동일성을 인정할 수 없는 별개의 처분을 하는 것과 다름 없어 허용될 수 없다(대판 2011.5.26. 2010두28106).
> 2. 행정처분의 취소를 구하는 항고소송에서 처분청이 처분 당시에 적시한 구체적 사실을 변경하지 아니하는 범위 내에서 단지 그 처분의 근거법령만을 추가·변경하거나 당초의 처분사유를 구체적으로 표시하는 것에 불과한 경우, 새로운 처분사유의 추가·변경이 아니다(대판 2007.2.8. 2006두4899).

01 처분청이 처분 당시에 적시한 구체적 사실을 변경하지 아니하는 범위 내에서 단지 그 처분의 근거법령만을 추가·변경하거나 당초의 처분사유를 구체적으로 표시하는 것에 불과한 경우에는 새로운 처분사유를 추가하거나 변경하는 것이라고 볼 수 없다. (O | X) [20군무원9급]

● 기본적 사실관계의 동일성을 인정한 판례

> **관련 판례**
>
> 1. 주택신축을 위한 산림형질변경허가신청에 대하여 행정청이 거부처분을 하면서 당초 거부처분의 근거로 삼은 준농림지역에서의 행위제한이라는 사유와 나중에 거부처분의 근거로 추가한 자연경관 및 생태계의 교란, 국토 및 자연의 유지와 환경보전 등 중대한 공익상의 필요라는 사유는 기본적 사실관계에 있어서 동일성이 인정된다(대판 2004.11.26. 2004두4482).
> 2. 주유소 영업허가의 불허가사유로 처음에 내세운 "행정청의 허가기준에 맞지 않는다."라는 사유를 후에 '이격 거리에 관한 허가기준 위배'라는 사유로 변경한 경우(대판 1989.7.25. 88누11926)
> 3. 토지형질변경 불허가처분의 당초의 처분사유인 "국립공원에 인접한 미개발지의 합리적인 이용대책 수립시까지 그 허가를 유보한다."라는 사유와 '국립공원 주변의 환경·풍치·미관 등을 크게 손상시킬 우려가 있으므로 공공목적상 원형유지의 필요가 있는 곳으로서 형질변경허가금지대상'은 기본적 사실관계가 동일하다고 본다(대판 2001.9.28. 2000두8684).
> 4. 건축법상 '도로에 해당하여 건축을 허용할 수 없다'는 사유로 건축신고수리 거부처분을 하자 갑이 처분에 대한 취소를 구하는 소송을 제기하였는데, 구청장이 '위 토지가 인근 주민들의 통행에 제공된 사실상의 도로인데, 주택을 건축하여 주민들의 통행을 막는 것은 사회공동체와 인근 주민들의 이익에 반하므로 갑의 주택 건축을 허용할 수 없다'는 주장을 추가한 사안에서, 모두 토지의 이용현황이 '도로'이므로 거기에 주택을 신축하는 것은 허용될 수 없다는 것이므로 기본적 사실관계의 동일성이 인정된다(대판 2019.10.31. 2017두74320).
> 5. 어떤 처분 내용의 적법성을 뒷받침하기 위하여 당초 처분사유와 기본적 사실관계의 동일성이 인정되는 다른 사유가 있다면 처분청은 그 처분에 대한 취소소송의 사실심 변론종결 시까지 그 사유를 적극적으로 주장·증명하여 법원으로부터 그 처분이 적법하다는 판단을 받아야 한다. 만약 소송에서 추가·변경할 수 있는 다른 사유가 있었음에도 처분청이 이를 적절하게 주장·증명하지 못하여 법원

정답 01 O 02 X

이 그 처분을 위법하다고 판단하여 취소하는 판결이 확정되면, 처분청이 그 다른 사유를 근거로 다시 종전과 같은 내용의 처분을 하는 것은 허용되지 않는다(대판 2020.12.24. 2019두55675).
6. 사회적 사실관계의 기본적 동일성이 인정되는 경우라고 하더라도 그에 대한 규범적 평가와 처분의 근거 법령의 변경으로, 예를 들어 기속행위가 재량행위로 변경되는 경우와 같이, 당초 처분의 내용을 변경할 필요성이 제기되는 경우에는 해당 처분을 취소한 후 처분청으로 하여금 다시 처분절차를 거쳐 새로운 처분을 하도록 하여야 할 것이지 당초 처분의 내용을 그대로 유지한 채 근거 법령만 추가·변경하는 것은 허용될 수 없다(대판 2024.11.28. 2023두61349).

02 주택신축을 위한 산림형질 변경허가신청에 대한 거부처분의 근거로 제시된 준농림지역에서의 행위제한이라는 사유와 나중에 거부처분의 근거로 추가한 자연경관 및 생태계의 교란, 국토 및 자연의 유지와 환경보전 등 중대한 공익상의 필요라는 사유는 기본적 사실관계의 동일성이 없다. (O | X) [13국가직7급]

• 기본적 사실관계의 동일성을 부정한 판례

관련 판례

1. 의료보험요양기관 지정취소처분의 당초 사유인 본인부담금 수납대장을 비치하지 아니한 사실과 처분청이 항고소송 중 새로 주장한 관계서류 제출명령 위반사실은 기본적 사실관계의 동일성이 없다(대판 2001.3.23. 99두6392).
2. "무자료주류판매 및 위장거래금액이 부가가치세 과세기간별 총주류판매액의 100분의 20 이상에 해당하다."라는 사유와 "무면허판매업자에게 주류를 판매하였다"라는 사유(대판 1996.9.6. 96누7427).
3. '기존 공동사업장의 거리제한 규정에 저촉된다'는 사유와 '최소 주차용지에 미달한다'는 사유(대판 1995.11.21. 95누10952).
4. 토지가 군사보호시설구역 내에 위치하고 있는 관할 군부대장의 동의를 얻지 못하였다는 사유와 탄약창에 근접한 지점에 위치하고 있어 공공의 안전과 군사시설의 보호라는 공익적 측면이라는 사유(대판 1991.11.8. 91누70).
5. 당초의 처분사유인 중기취득세의 체납과 그 후 추가된 처분사유인 자동차세의 체납은 각 세목, 과세년도, 납세의무자의 지위(연대납세의무자와 직접의 납세의무자) 및 체납액 등을 달리하고 있어 기본적 사실관계가 동일하다고 볼 수 없고, 중기취득세의 체납이나 자동차세의 체납이 다같이 지방세의 체납이고 그 과세대상도 다같은 지입중기에 대한 것이라는 점만으로는 기본적 사실관계의 동일성을 인정하기에 미흡하다(대판 1989.6.27. 88누6160).
6. 시외버스(공항버스) 운송사업을 하는 갑 주식회사가 청소년요금 할인에 따른 결손 보조금의 지원 대상이 아님에도 청소년 할인 보조금을 지급받음으로써 '부정한 방법으로 보조금을 지급받은 경우'에 해당한다는 이유로, 관할 시장이 보조금을 환수하고 구 경기도 여객자동차 운수사업 관리 조례 제18조 제4항[편주: 기속행위]을 근거로 보조금 지원 대상 제외처분을 하였다가 처분에 대한 취소소송에서 구 지방재정법 제32조의8 제7항[편주: 재량행위]을 처분사유로 추가한 사안에서, 시장이 위 처분의 근거 법령을 추가한 것은 기본적 사실관계의 동일성이 인정되지 않는 별개의 사실을 들어 주장하는 것으로서 처분사유 추가·변경이 허용되지 않는데도, 이와 달리 본 원심판단에 법리오해의 잘못이 있다고 한 사례 근거 법령의 추가를 통하여 위 제외처분의 성질이 기속행위에서 재량행위로 변경되고, 그로 인하여 위법사유와 당사자들의 공격방어방법 내용, 법원의 사법심사방식 등이 달라지며, 특히 종래의 법

위반 사실뿐만 아니라 처분의 적정성을 확보하기 위한 양정사실까지 새로 고려되어야 하는 경우 처분사유의 추가·변경이 허용되지 아니한다(대판 2023.11.30. 2019두38465).

7. 당초 처분사유인 '건축법 제11조 위반(편주 : 허가 대상 건축물)'과 추가한 추가사유인 '건축법 제20조 제3항 위반(편주: 신고 대상 건축물)'은 위반행위의 내용이 다르고 위법상태를 해소하기 위하여 거쳐야 하는 절차, 건축기준 및 허용가능성이 달라지므로 그 기초인 사회적 사실관계가 동일하다고 볼 수 없어 처분사유의 추가·변경이 허용되지 않는다(대판 2021.7.29. 2021두34756).

8. 피고가 이 사건 사업승인계획에 대한 거부처분을 하면서 처음 제시하였던 사유는 '원고의 사업계획이 건설폐기물법상 허가기준을 충족하지 못한다.'는 것이었던 반면, 원심 소송절차에서 추가로 주장한 거부처분사유는 '원고의 사업계획이 국토계획법상 개발행위허가기준을 충족하지 못한다.'는 것인 경우
- 기본적 사실관계의 동일성은 없지만 원고의 의사를 고려하여 처분사유추가·변경이 가능하다는 취지의 판시

[1] 사회적 사실관계의 기본적 동일성이 인정되는 경우라고 하더라도 그에 대한 규범적 평가와 처분의 근거 법령의 변경으로, 예를 들어 기속행위가 재량행위로 변경되는 경우와 같이, 당초 처분의 내용을 변경할 필요성이 제기되는 경우에는 해당 처분을 취소한 후 처분청으로 하여금 다시 처분절차를 거쳐 새로운 처분을 하도록 하여야 할 것이지 당초 처분의 내용을 그대로 유지한 채 근거 법령만 추가·변경하는 것은 허용될 수 없다.

[2] 처분청이 기본적 사실관계의 동일성이 인정되지 않는 별개의 사실을 들어 처분사유로 주장하는 것이 허용되지 않는다고 해석하는 이유는 행정처분의 상대방의 방어권을 보장함으로써 실질적 법치주의를 구현하고 행정처분의 상대방에 대한 신뢰를 보호하고자 하는 데에 취지가 있음을 고려하면, 처분청이 거부처분에 대한 항고소송에서 기존의 처분사유와 기본적 사실관계가 동일하지 않은 사유를 처분사유로 추가·변경한 것에 대하여 처분상대방이 추가·변경된 처분사유의 실체적 당부에 관하여 해당 소송 과정에서 심리·판단하는 것에 명시적으로 동의하는 경우에는, 법원으로서는 그 처분사유가 기존의 처분사유와 기본적 사실관계가 동일한지와 무관하게 예외적으로 이를 허용할 수 있다. 처분상대방으로서는 처분청이 별개의 사실을 바탕으로 새롭게 주장하는 처분사유까지 동일 소송절차 내에서 판단을 받음으로써 분쟁을 한꺼번에 해결하는 것을 유효·적절한 수단으로서 선택할 수도 있으므로, 처분상대방의 그러한 절차적 선택을 존중하는 것이 처분사유 추가·변경 제한 법리의 기본취지와도 부합하기 때문이다. 그렇다면 법원은, 처분상대방의 명시적 동의에 따라 처분사유의 추가·변경을 허용할 경우, 추가·변경된 거부처분사유가 당초 거부처분사유와 기본적 사실관계의 동일성이 인정되지 않더라도 처분사유 추가·변경 제한 법리에 따라 처분청의 주장을 형식적으로 배척할 것이 아니라 추가·변경된 거부처분사유의 실체적 당부에 관하여 심리·판단해야 한다. 그 결과 추가·변경된 거부처분사유도 실체적으로 위법하여 처분을 취소하는 판결이 선고·확정되는 경우 추가·변경된 거부처분사유에 관한 법원의 판단에 대해서까지 취소판결의 기속력이 미친다고 보아야 한다. 이와 달리 처분상대방의 명시적인 동의가 없다면, 법원으로서는 처분사유 추가·변경 제한 법리의 원칙으로 돌아가 처분청의 거부처분사유 추가·변경을 허용해서는 안 된다. 따라서 처분청이 거부처분에 대한 항고소송에서 당초 거부처분사유와 기본적 사실관계의 동일성이 인정되지 않는 다른 거부처분사유를 주장한 것에 대하여 처분상대방이 아무런 의견을 밝히지 않고 있다면 법원은 적절하게 석명권을 행사하여 처분상대방에게 처분사유 추가·변경 제한 법리의 원칙이 그대로 적용될 것을 주장하는지, 아니면 추가·변경된 거부처분사유의 실체적 당부에 관한 법원의 판단을 구하는지에 관하여 의견을

진술할 수 있도록 기회를 주어야 한다. 그리고 법원이 기본적 사실관계가 동일하지 않은 사유의 실체적 당부에 관한 처분상대방의 명시적인 동의 없이 추가·변경된 거부처분사유를 심리·판단하여 이를 근거로 거부처분이 적법하다고 판단하는 것은 행정소송법상 직권심리주의의 한계를 벗어난 것으로 허용될 수 없다(대판 2024.11.28. 2023두61349).

01 군사시설보호구역 밖의 토지에 주유소를 설치·경영하도록 하기 위한 석유판매업 허가를 함에 있어서 관할 부대장의 동의를 얻어야 할 법령상의 근거가 없음에도 그 동의가 없다는 이유로 한 불허가처분에 대한 소송에서, 당해 토지가 탄약창에 근접한 지점에 위치하고 있다는 사실을 불허가사유로 추가하는 것은 허용되지 않는다. (O | X) [13국가직7급]

02 당초의 처분사유인 중기취득세의 체납과 그 후 추가된 처분사유인 자동차세의 체납은 기본적 사실관계의 동일성이 부정된다. (O | X) [17서울시9급]

- 처분사유의 추가변경은 행정소송의 제기 이후부터 문제가 되며 사실심변론종결시까지 허용된다.
- 처분 이후에 발생한 새로운 사실적·법적 사유를 추가·변경할 수 없다. 즉 처분 당시의 사유에 대해서만 인정된다.
- 동일한 소송물 범위 내의 것이어야 한다.
- 기속행위든 재량행위든 처분사유의 추가·변경을 할 수 있다.

03 처분사유의 추가·변경은 원칙적으로 행정소송의 제기 이후부터 사실심변론종결시 이전 사이에 문제된다. (O | X) [13국가직7급]

제5절 판결

판결은 소송판결과 본안판결이 있다. 소송판결은 소송요건이 적법요건을 구비하지 못하였다는 판단으로서 각하판결을 말한다. 본안판결은 원고의 청구에 대한 당부를 심사하여 이유가 있는 경우 인용판결, 이유가 없는 경우 기각판결을 한다.

I 소송판결

소송요건을 구비하지 못하였다는 이유로 하는 소각하 판결을 말한다. 소각하 판결로 인하여 소송대상이 된 처분이 적법한 것으로 확정된 것은 아니므로 동일처분에 대해서 다시 소송요건을 갖춘 소가 제기되면 법원은 이를 심리·판결하여야 한다.

Ⅱ 본안판결

1. 기각판결과 사정판결

1) 기각판결
원고의 청구가 이유가 없다는 이유로 배척하는 판결을 말한다. 즉, 처분이 적법할 때 내리는 판결이다. 다만, 처분이 위법함에도 원고의 청구를 인용하지 아니하고 기각판결을 내리는 경우가 있는데 사정판결이라고 한다.

2) 사정판결

> **행정소송법 제28조(사정판결)** ① 원고의 청구가 이유있다고 인정하는 경우에도 처분등을 취소하는 것이 현저히 공공복리에 적합하지 아니하다고 인정하는 때에는 법원은 원고의 청구를 기각할 수 있다. 이 경우 법원은 그 판결의 주문에서 그 처분등이 위법함을 명시하여야 한다.

① 의의
- 원고의 청구가 이유있다고 인정하는 경우에도 처분등을 취소하는 것이 현저히 공공복리에 적합하지 아니하다고 인정하는 때에는 법원은 원고의 청구를 기각하는 판결을 말한다.
- 사정판결제도는 위헌으로 볼 수 없다는 것이 판례의 입장이다.
- 위법한 행정처분을 취소·변경하여야 할 필요와 취소·변경으로 발생할 수 있는 공공복리에 반하는 사태 등을 비교·교량하여 엄격하게 판단하여야 한다.
- 사정판결이 있다고 하여도 판결의 대상인 행정처분의 위법성이 치유되는 것은 아니고, 오히려 판결의 주문에 해당 행정처분의 위법함을 명시하여야 한다. 그리고 사정판결은 원고의 청구가 기각된 경우지만 해당 처분의 위법성에 대하여 기판력이 발생한다.
- 소송비용은 패소자가 부담하는 것이 원칙이다. 다만, 취소청구가 사정판결 규정에 의하여 기각되거나 행정청이 처분등을 취소 또는 변경함으로 인하여 청구가 각하 또는 기각된 경우에는 소송비용은 피고의 부담으로 한다(행정소송법 제32조).

---

01 원고의 청구가 이유가 있다고 인정하는 경우에도 처분 등을 취소하는 것이 현저히 공공복리에 적합하지 아니하다고 인정하는 때에는 법원은 원고의 청구를 각하할 수 있다. (O | X) [17경찰]

02 사정판결을 하는 경우 법원은 처분의 위법함을 판결의 주문에 표기할 수 없으므로 판결의 내용에서 그 처분 등이 위법함을 명시함으로써 원고에 대한 실질적 구제가 이루어지도록 하여야 한다. (O | X) [20소방직]

03 사정판결의 경우에는 처분의 적법성이 아닌 처분의 위법성에 대하여 기판력이 발생한다. (O | X) [19서울시9급]

04 행정청이 처분 등을 취소 또는 변경함으로 인하여 취소청구가 각하 또는 기각된 경우, 소송비용은 피고의 부담이 된다. (O | X) [13국가직7급]

정답 01 X 02 X 03 O 04 O

② 요건
  ㉠ 청구가 이유 있다고 인정될 것
  ㉡ 처분 등의 취소가 현저히 공공복리에 적합하지 아니할 것

> **관련 판례**
>
> 재개발조합설립 및 사업시행인가처분이 처분 당시 법정요건인 토지 및 건축물 소유자 총수의 각 3분의 2 이상의 동의를 얻지 못하여 위법하나, 그 후 90% 이상의 소유자가 재개발사업의 속행을 바라고 있어 재개발사업의 공익목적에 비추어 그 처분을 취소하는 것은 현저히 공공복리에 적합하지 아니하다고 인정하여 사정판결을 한 사례(대판 1995.7.28. 95누4629)

01 법원이 사정판결을 하기 위해서는 청구의 인용판결이 현저히 공공복리에 적합하지 아니하여야 한다. (O | X)
[15국가직9급]

③ 입증책임·사정판결의 기준시점
  • 피고에게 입증책임이 있다.
  • 사정판결의 필요성 판단은 판결시를 기준으로 하여야 한다.

④ 법원의 직권으로 사정판결을 할 수 있는지 여부
  판례는 당사자의 명백한 주장이 없는 경우에도 일건 기록에 나타난 사실을 기초로 하여 직권으로 사정판결을 할 수 있다고 보았다(대판 95누4629).

⑤ 법원의 의무

> **행정소송법 제28조(사정판결)** ② 법원이 제1항의 규정에 의한 판결을 함에 있어서는 <u>미리 원고가 그로 인하여 입게 될 손해의 정도와 배상방법 그 밖의 사정을 조사하여야 한다.</u>
> ③ 원고는 피고인 행정청이 속하는 국가 또는 공공단체를 상대로 손해배상, 제해시설의 설치 그 밖에 적당한 구제방법의 청구를 당해 취소소송등이 계속된 법원에 병합하여 제기할 수 있다.

02 법원은 사정판결을 하기 전에 원고가 그로 인하여 입게 될 손해의 정도와 배상방법, 그 밖의 사정을 조사하여야 한다. (O | X)
[20소방직]

03 사정판결이 있는 경우 원고는 피고인 행정청이 속하는 국가 또는 공공단체를 상대로 손해배상청구를 당해 취소소송 등이 계속된 법원에 병합하여 제기할 수 없다. (O | X)
[16서울시9급]

> **관련 판례**
>
> 원고는 행정소송법 제28조 제3항에 따라 손해배상, 제해시설의 설치 그 밖에 적당한 구제방법의 청구를 병합하여 제기할 수 있으므로, 당사자가 이를 간과하였음이 분명하다면 적절하게 석명권을 행사하여 그에 관한 의견을 진술할 수 있는 기회를 주어야 한다(대판 2016.7.14. 2015두4167).

정답 01 O 02 O 03 X

⑥ 준용 여부

무효확인소송과 부작위위법확인소송에는 사정판결이 허용되지 않는다. 또한 당사자소송에도 사정판결이 허용되지 않는다.

01 무효인 행정행위에 대해서 사정판결을 할 수 있다. (O | X) [20국가직7급]

2. 인용판결

1) 의의
- 처분의 취소청구가 이유 있다고 인정하여 그 청구의 전부 또는 일부를 인용하는 형성판결이다.
- 행정소송법 제4조의 "변경"은 적극적 변경을 의미하는 것이 아니라 일부취소를 의미한다.

> **행정소송법 제4조(항고소송)** 항고소송은 다음과 같이 구분한다.
> 1. 취소소송 : 행정청의 위법한 처분등을 취소 또는 변경하는 소송

2) 일부취소판결(일부인용판결)
- ① 청구의 일부를 특정할 수 있고, ② 일부인용되고 남은 부분만으로도 의미가 있고, ③ 처분청의 의사에 반하지 않아야 한다. 즉 외형상 하나의 행정처분이라 하더라도 가분성이 있거나 그 처분대상의 일부가 특정될 수 있다면 그 일부만의 취소도 가능하고 그 일부의 취소는 당해 취소부분에 관하여 효력이 생긴다.
- 재량행위의 경우 원칙적으로 일부취소판결을 할 수 없다. 기속행위의 경우에는 일부 취소가 가능하다. 정보공개청구의 경우 비공개대상정보와 공개가 가능한 정보가 구별되고 분리할 수 있는 경우, 일부취소판결이 가능하다.

관련 판례

1. 법원이 행정청의 정보공개거부처분의 위법 여부를 심리한 결과 공개를 거부한 정보에 비공개대상정보에 해당하는 부분과 공개가 가능한 부분이 혼합되어 있고 공개청구의 취지에 어긋나지 아니하는 범위 안에서 두 부분을 분리할 수 있음을 인정할 수 있을 때에는, 위 정보 중 공개가 가능한 부분을 특정하고 판결의 주문에 행정청의 위 거부처분 중 공개가 가능한 정보에 관한 부분만을 취소한다고 표시하여야 한다(대판 2003.3.11. 2001두6425).
2. 과세처분취소소송의 처분의 적법 여부는 과세액이 정당한 세액을 초과하느냐의 여부에 따라 판단되는 것으로서 당사자는 사실심변론종결시까지 객관적인 조세채무액을 뒷받침하는 주장과 자료를 제출할 수 있고 이러한 자료에 의하여 적법하게 부과될 정당한 세액이 산출되는 때에는 그 정당한 세액을 초과하는 부분만 취소하여야 할 것이고, 전부를 취소할 것이 아니다(대판 2000.6.13. 98두5811).
3. 일반적으로 금전 부과처분 취소소송에서 부과금액 산출과정의 잘못 때문에 부과처분이 위법한 것으

로 판단되더라도 사실심 변론종결 시까지 제출된 자료에 의하여 적법하게 부과될 정당한 부과금액이 산출되는 때에는 부과처분 전부를 취소할 것이 아니라 정당한 부과금액을 초과하는 부분만 취소하여야 하지만, 처분청이 처분 시를 기준으로 정당한 부과금액이 얼마인지 주장·증명하지 않고 있는 경우에도 법원이 적극적으로 직권증거조사를 하거나 처분청에게 증명을 촉구하는 등의 방법으로 정당한 부과금액을 산출할 의무까지 부담하는 것은 아니다(대판 2016.7.14. 2015두4167).

4. 자동차운수사업면허조건 등을 위반한 사업자에 대하여 행정청이 행정제재수단으로 사업정지를 명할 것인지, 과징금을 부과할 것인지, 과징금을 부과하기로 한다면 그 금액은 얼마로 할 것인지에 관하여 재량권이 부여되었다 할 것이므로 과징금부과처분이 법이 정한 한도액을 초과하여 위법할 경우 법원으로서는 그 전부를 취소할 수밖에 없고, 그 한도액을 초과한 부분이나 법원이 적정하다고 인정되는 부분을 초과한 부분만을 취소할 수 없다(대판 2017.1.12. 2015두2352).

5. 법원으로서는 영업정지처분이 재량권남용이라고 판단될 때에는 위법한 처분으로서 그 처분의 취소를 명할 수 있을 뿐이고, 재량권의 한계 내에서 어느 정도가 적정한 영업정지 기간인지를 가리는 일은 사법심사의 범위를 벗어난다(대판 1982.9.28. 82누2).

6. 여러 개의 상이에 대한 국가유공자요건비해당처분에 대한 취소소송에서 그 중 일부 상이가 국가유공자 요건이 인정되는 상이에 해당하고 나머지 상이는 해당하지 않는 경우, 비해당처분 전부를 취소해야 하는지 여부(소극)
   여러 개의 상이에 대한 국가유공자요건비해당처분에 대한 취소소송에서 그 중 일부 상이가 국가유공자요건이 인정되는 상이에 해당하더라도 나머지 상이에 대하여 위 요건이 인정되지 아니하는 경우에는 국가유공자요건비해당처분 중 위 요건이 인정되는 상이에 대한 부분만을 취소하여야 할 것이고, 그 비해당처분 전부를 취소할 수는 없다고 할 것이다(대판 2012.3.29. 2011두9263).

7. 외형상 하나의 행정처분이라 하더라도 가분성이 있거나 그 처분대상의 일부가 특정될 수 있다면 일부만의 취소도 가능하고 그 일부의 취소는 당해 취소부분에 관하여만 효력이 생기는 것인바, 공정거래위원회가 사업자에 대하여 행한 법위반사실공표명령은 비록 하나의 조항으로 이루어진 것이라고 하여도 그 대상이 된 사업자의 광고행위와 표시행위로 인한 각 법위반사실은 별개로 특정될 수 있어 위 각 법위반사실에 대한 독립적인 공표명령이 경합된 것으로 보아야 할 것이므로, 이 중 표시행위에 대한 법위반사실이 인정되지 아니하는 경우에 그 부분에 대한 공표명령의 효력만을 취소할 수 있을 뿐, 공표명령 전부를 취소할 수 있는 것은 아니다(대판 2000.12.12. 99두1224).

8. 공정거래위원회가 위반행위에 대한 과징금을 부과하면서 여러 개의 위반행위에 대하여 외형상 하나의 과징금 납부명령을 하였으나 여러 개의 위반행위 중 일부의 위반행위에 대한 과징금 부과만이 위법하고 소송상 그 일부의 위반행위를 기초로 한 과징금액을 산정할 수 있는 자료가 있는 경우에는, 하나의 과징금 납부명령일지라도 그 일부의 위반행위에 대한 과징금액에 해당하는 부분만을 취소하여야 한다(대판 2019.1.31. 2013두14726).

---

01 공개를 거부한 정보에 비공개사유에 해당하는 부분과 그렇지 않은 부분이 혼합되어 있고, 공개청구의 취지에 어긋나지 않는 범위 안에서 두 부분을 분리할 수 있는 경우에는 법원은 공개가 가능한 정보에 한하여 일부취소를 명할 수 있다. (O | X) [19서울시7급]

02 개발부담금 부과처분에 대한 취소소송에서 당사자가 제출한 자료에 의하여 정당한 부과금액을 산출할 수 없는 경우에도 법원은 증거조사를 통하여 정당한 부과금액을 산출한 후 정당한 부과금액을 초과하는 부분만을 취소하여야 한다. (O | X) [19서울시9급]

정답 01 O 02 X

PART 5 행정구제법

01 「독점규제 및 공정거래에 관한 법률」을 위반한 광고행위와 표시행위를 하였다는 이유로 공정거래위원회가 사업자에 대하여 법위반사실 공표명령을 행한 경우, 표시행위에 대한 법위반사실이 인정되지 아니한다면 법원으로서는 그 부분에 대한 공표명령의 효력만을 취소할 수 있을 뿐, 공표명령 전부를 취소할 수 있는 것은 아니다. (O | X) [19서울시9급]

Ⅲ 판결의 효력

1. 자박력(불가변력)

선고법원에 대한 효력으로서 판결이 일단 확정되면 법원 자신도 이를 취소·변경할 수 없는 기속을 받는다.

2. 형식적 확정력(불가쟁력)

소송당사자에 대한 효력으로서 상소 포기, 상소제기 기간 경과, 최종심급을 거친 경우와 같이 더 이상 판결을 다툴 수 없게 되는 효력이다.

3. 기판력

1) 의의

재판이 확정된 때에는 소송당사자는 동일한 소송물에 대하여는 다시 소를 제기할 수 없고 (중복제소금지) 후소법원도 일사부재리의 원칙상 확정판결의 내용과 모순되는 판단을 할 수 없는 효력을 의미한다. 행정소송법의 명문의 규정은 없으나 행정소송법은 제8조 제2항으로 민사소송법의 기판력 규정을 준용하므로 인정되는 효력이다.

02 행정소송법은 기판력에 관한 명문의 규정을 두고 있다는 것이 통설·판례의 입장이다. (O | X) [11지방직9급]

> **관련 판례**
> 과세처분 취소청구를 기각하는 판결이 확정되면 그 처분이 적법하다는 점에 관하여 기판력이 생기고 그 후 원고가 다시 이를 무효라 하여 그 무효확인을 소구할 수는 없는 것이어서, 과세처분의 취소소송에서 청구가 기각된 확정판결의 기판력은 그 과세처분의 무효확인을 구하는 소송에도 미친다(대판 1996.6.25. 95누1880).

03 처분의 취소소송에서 청구를 기각하는 확정판결의 기판력은 다시 그 처분에 대해 무효확인을 구하는 소송에 대해서는 미치지 않는다. (O | X) [21국회직8급]

정답 01 O 02 X 03 X

2) 기판력의 범위

① 주관적 범위

기판력은 당사자 및 이와 동일시 할 수 있는자에게 미친다. 소송은 본래 주체와 주체의 대립이나 편의상 처분청이 피고가 되었을 뿐이다. 따라서 기판력은, 당해 처분이 귀속되는 국가 또는 공공단체에 미친다(92누6891). 다만, 제3자에게는 미치지 않는다.

> 01 취소소송의 피고는 처분청이므로 행정청을 피고로 하는 취소소송에 있어서의 기판력은 당해 처분이 귀속하는 국가 또는 공공단체에 미친다. (O | X) [10국가직9급]

② 객관적 범위

- 기판력은 판결의 주문에 포함된 것에 한하여 인정된다. 주문은 소송물에 대한 판단의 결론이 적시된다. 취소소송의 소송물은 다수설에 의하면 처분의 위법성 일반이므로 취소소송의 인용판결의 기판력은 처분이 위법하다는 점에, 기각판결의 기판력은 처분이 적법하다는 점에 미친다.
- 무효확인판결의 인용판결의 경우에는 처분이 위법하다는 점과 무효라는 점에 미친다. 무효확인판결의 기각판결의 경우에는 처분이 무효가 아니라는 점에 미친다. 따라서 무효확인판결의 기각판결이 있는 경우에는 취소소송을 제기할 수 있다.

관련 판례

기판력의 객관적 범위는 그 판결의 주문에 포함된 것, 즉 소송물로 주장된 법률관계의 존부에, 즉 위법성 존부에 관한 판단 그 자체에만 미치는 것이고, 판결이유에 설시된 그 전제가되는 법률관계의 존부에까지 미치는 것은 아니다(대판 1987.6.9. 86다카2756).

> 02 취소소송의 소송물을 처분의 위법성 일반으로 보게 되면, 어떠한 처분에 대한 청구기각의 확정판결이 있는 경우에도 후에 제기되는 취소소송에서 그 처분의 위법성을 주장할 수 있다. (O | X) [18지방직9급]
>
> 03 판례는 기판력의 객관적 범위가 판결의 주문 이외에 판결이유에 설시된 그 전제가 되는 법률관계의 존부에도 미친다고 판시하고 있다. (O | X) [11지방직9급]

③ 시간적 범위

기판력은 사실심 변론종결시를 기준으로 발생한다.

3) 기판력의 적용

기판력은 ① 후소의 소송물이 전소의 소송물과 동일하거나, ② 후소가 전소와 모순되는 반대관계를 소송물로 하거나(전소 취소소송 기각, 후소 무효확인의 소 제기 등) ③ 전소의 소송물이 후소의 선결문제가 되는 경우(전소 무효확인소송 기각, 후소 부당이득반환청구소송 등)에 적용된다.

관련 판례

행정청이 관련 법령에 근거하여 행한 공사중지명령의 상대방이 명령의 취소를 구한 소송에서 패소함으로써 그 명령이 적법한 것으로 이미 확정되었다면, 이후 이러한 공사중지명령의 상대방은 그 명령의 해제신청을 거부한 처분의 취소를 구하는 소송에서 그 명령의 적법성을 다툴 수 없다(대판 2014.11.27. 2014두37665).

4) 확정판결의 존재가 직권조사 사항인지 여부와 상고심에서의 주장, 입증가부

확정판결의 존재는 직권조사 사항이므로 상고심에서도 주장, 입증할 수 있다.

관련 판례

소송에서 다투어지고 있는 권리 또는 법률관계의 존부가 동일한 당사자 사이의 전소에서 이미 다루어져 이에 관한 확정판결이 있는 경우에 당사자는 이에 저촉되는 주장을 할 수 없고, 법원도 이에 저촉되는 판단을 할 수 없음은 물론, 위와 같은 확정판결의 존부는 당사자의 주장이 없더라도 법원이 이를 직권으로 조사하여 판단하지 않으면 안되고, 더 나아가 당사자가 확정판결의 존재를 사실심변론종결시까지 주장하지 아니하였더라도 상고심에서 새로이 이를 주장, 입증할 수 있는 것이다(대판 1989.10.10. 89누1308).

01 당사자가 확정된 취소판결의 존재를 사실심변론종결시까지 주장하지 아니하였다고 하더라도 상고심에서 새로이 이를 주장·입증할 수 있다. (O | X) [21군무원7급]

4. 형성력

1) 의의
- 판결의 취지에 따라 법률관계의 발생·변경·소멸을 가져오는 효력을 말한다.
- 형성효, 소급효, 대세효가 형성력의 내용이다.
  형성력은 청구인용판결의 경우에만 인정된다. 즉, 행정처분을 취소한다는 확정판결이 있으면 그 취소판결의 형성력에 의하여 당해 행정처분의 취소나 취소통지 등의 별도의 절차를 요하지 아니하고 당연히 취소의 효과가 발생한다고 할 것이고 별도로 취소의 절차를 취할 필요는 없다(대판 90누5443).

02 취소판결에는 기판력은 발생하지만 형성력은 발생하지 않는다. (O | X) [16국회직8급]
03 행정처분을 취소한다는 확정판결이 있으면 그 취소판결의 형성력에 의하여 당해 행정처분의 취소나 취소통지 등의 별도의 절차를 요하지 아니하고 당연히 취소의 효과가 발생한다. (O | X) [15경찰]

정답 01 O 02 X 03 O

CHAPTER 3 행정소송

> **관련 판례**
>
> 과세처분을 취소하는 판결이 확정되면 그 과세처분은 처분시에 소급하여 소멸하므로 그 뒤에 과세관청에서 그 과세처분을 경정하는 경정처분을 하였다면 이는 존재하지 않는 과세처분을 경정한 것으로서 그 하자가 중대하고 명백한 당연무효의 처분이다(대판 1989.5.9. 88다카16096).

01 취소판결이 확정된 과세처분을 과세관청이 경정하는 처분을 하였다면 당연무효의 처분이라고 할 수 없고 단순 위법인 취소사유를 가진 처분이 될 뿐이다. (O | X) [21군무원7급]

2) 소급효와 대세효

> 행정소송법 제29조(취소판결등의 효력) ① 처분등을 취소하는 확정판결은 제3자에 대하여도 효력이 있다.

> **관련 판례**
>
> 1. 소급효에 관한 판례
>   「도시 및 주거환경정비법」상 주택재개발사업조합의 조합설립인가처분이 법원의 재판에 의하여 취소된 경우, 주택재개발사업조합이 조합설립인가처분 취소 전에 「도시 및 주거환경정비법」상 적법한 행정주체 또는 사업시행자로서 한 결의 등 처분은 소급하여 효력을 상실한다(대판 2012.3.29. 2008다95885).
> 2. 대세효에 관한 판례
>   행정처분의 무효확인판결은 비록 형식상은 확인판결이라 하여도 그 효력은 취소판결의 경우와 같이 소송의 당사자는 물론 제3자에게도 미친다(대판 1982.7.27. 82다173).

02 「도시 및 주거환경정비법」상 주택재개발사업조합의 조합설립 인가처분이 법원의 재판에 의하여 취소된 경우 그 조합설립인가처분은 소급하여 효력을 상실한다. (O | X) [15국회직8급]

03 제3자효 행정행위를 취소하거나 무효를 확인하는 확정판결은 제3자에 대해서 효력을 미치지 않는다. (O | X) [14국가직7급]

5. 기속력

1) 의의

- 행정청에 대하여 판결의 취지에 따라 행동하도록 당사자인 행정청과 관계행정청을 구속하는 효력을 말한다.
- 기속력은 주문 및 이유인 위법사유에 미치고 인용판결에 대해서만 인정된다는 점에서 기판력과 다르다.

> 행정소송법 제30조(취소판결등의 기속력) ① 처분등을 취소하는 확정판결은 그 사건에 관하여 당사자인 행정청과 그 밖의 관계행정청을 기속한다.
> ② 판결에 의하여 취소되는 처분이 당사자의 신청을 거부하는 것을 내용으로 하는 경우에는 그 처분을 행한 행정청은 판결의 취지에 따라 다시 이전의 신청에 대한 처분을 하여야 한다.
> ③ 제2항의 규정은 신청에 따른 처분이 절차의 위법을 이유로 취소되는 경우에 준용한다.

정답 01 X 02 O 03 X

PART 5 행정구제법

01 처분을 취소하는 판결은 그 사건에 관하여 당사자인 행정청과 그 밖의 관계행정청을 기속한다. (O | X)
[15서울시7급]

02 취소소송의 기각판결이 확정되면 기판력은 발생하나 기속력은 발생하지 않는다. (O | X)
[16국가직9급]

03 기속력의 주관적 범위는 그 사건에 관하여 당사자인 행정청과 그 밖의 관계행정청에 미친다. (O | X)
[20국회직8급]

04 취소판결의 기속력은 주로 판결의 실효성 확보를 위하여 인정되는 효력으로서 판결의 주문 뿐만 아니라 그 전제가 되는 처분 등의 구체적 위법사유에 관한 이유 중의 판단에 대하여도 인정된다. (O | X)
[20국가직9급]

2) 내용

① 소극적 효력(반복금지효)
- 판결이 확정되면 처분청 및 관계행정청은 판결의 취지에 저촉되는 내용의 취소된 처분과 동일한 처분을 하여서는 아니된다. 즉, 동일 사실관계에서 동일 당사자에게 동일한 내용의 처분을 하여서는 안 된다.
- 따라서 기본적 사실관계에 있어 동일성이 없으면, 취소된 종전 처분과 같은 내용의 처분이어도 기속력에 위반되지 아니한다.
- 처분이 절차나 형식의 하자를 이유로 취소된 경우에 처분청 스스로 판결에 의하여 적시된 위법사유를 보완한 후 동일 내용의 처분을 하는 것은 기속력에 반하지 않는다.

② 재처분의무
- 신청을 거부하는 처분의 무효확인 또는 취소된 경우 종전의 신청에 따른 재처분을 하여야 한다.
- 거부처분이 형식상 위법을 이유로 취소된 경우, 행정청은 다시 적법한 절차를 거쳐 재처분을 할 수 있고 다시 거부처분이 나갈 수 있다.
- 거부처분이 실체상 위법을 이유로 취소된 경우, 종전의 거부처분 이후의 새로운 사유를 이유로 다시 거부처분 할 수 있다.
- 거부처분 당시 존재하였던 다른 사유를 근거로 다시 거부처분을 할 수 있다.

> **관련 판례**
>
> 1. [1] 행정소송법 제30조 제1항은 "처분 등을 취소하는 확정판결은 그 사건에 관하여 당사자인 행정청과 그 밖의 관계행정청을 기속한다."라고 규정하고 있다. <u>이러한 취소 확정판결의 '기속력'은 취소청구가 인용된 판결에서 인정되는 것으로서 당사자인 행정청과 그 밖의 관계행정청에게 확정판결의 취지에 따라 행동하여야 할 의무를 지우는 작용을 한다.</u> 이에 비하여 행정소송법 제8조 제2항에 의하여 행정소송에 준용되는 민사소송법 제216조, 제218조가 규정하고 있는 '기판력'이란 기판력 있는 전소 판결의 소송물과 동일한 후소를 허용하지 않음과 동시에, 후소의 소송물이 전소의 소송물과 동일하지는 않더라도 전소의 소송물에 관한 판단이 후소의 선결문제가 되거나 모순관계에 있을 때에는 후소에서 전소 판결의 판단과 다른 주장을 하는 것을 허용하지 않는 작용을 한다.

정답 01 O 02 O 03 O 04 O

[2] 취소 확정판결의 기속력은 판결의 주문 및 전제가 되는 처분 등의 구체적 위법사유에 관한 판단에도 미치나, <u>종전 처분이 판결에 의하여 취소되었더라도 종전 처분과 다른 사유를 들어서 새로이 처분을 하는 것은 기속력에 저촉되지 않는다. 여기에서 동일 사유인지 다른 사유인지는 확정판결에서 위법한 것으로 판단된 종전 처분사유와 기본적 사실관계에서 동일성이 인정되는지 여부에 따라 판단되어야 하고, 기본적 사실관계의 동일성 유무는 처분사유를 법률적으로 평가하기 이전의 구체적인 사실에 착안하여 그 기초인 사회적 사실관계가 기본적인 점에서 동일한지에 따라 결정</u>된다. 또한 행정처분의 위법 여부는 행정처분이 행하여진 때의 법령과 사실을 기준으로 판단하므로, 확정판결의 당사자인 처분 행정청은 종전 처분 후에 발생한 새로운 사유를 내세워 다시 처분을 할 수 있고, <u>새로운 처분의 처분사유가 종전 처분의 처분사유와 기본적 사실관계에서 동일하지 않은 다른 사유에 해당하는 이상, 처분사유가 종전 처분 당시 이미 존재하고 있었고 당사자가 이를 알고 있었더라도 이를 내세워 새로이 처분을 하는 것은 확정판결의 기속력에 저촉되지 않는다</u>(대판 2016.3.24. 2015두48235).

2. 확정판결의 당사자인 처분행정청이 그 행정소송의 사실심변론종결 이전의 사유를 내세워 다시 확정판결과 저촉되는 행정처분을 하는 것은 허용되지 않는 것으로서 이러한 행정처분은 그 하자가 중대하고도 명백한 것이어서 당연무효라 할 것이다(대판 1990.12.11. 90누3560).

3. 과세처분시 납세고지서에 절차 내지 형식의 위법을 이유로 과세처분을 취소하는 판결이 확정된 경우에 그 확정판결의 기판력(편주: 기속력)은 확정판결에 적시된 절차 내지 형식의 위법 사유에 한하여 미친다고 할 것이므로 과세처분취소소송의 확정판결에 적시된 위법사유를 보완하여 새로 이행한 과세처분은 종전의 과세처분과는 별개의 처분으로서 확정판결의 기판력(편주: 기속력)에 저촉되지 않는다(대판 1986.11.11. 85누231).

4. 거부처분취소의 확정판결을 받은 행정청이 사실심변론종결 이후 발생한 새로운 사유를 내세워 다시 이전의 신청에 대해서 거부처분을 한 경우 이러한 처분은 행정소송법 제30조 제2항에 규정된 재처분에 해당한다(대판 1999.12.28. 98두1895).

5. 사실심변론종결 이후에 발생한 새로운 사유를 근거로 다시 이전의 신청에 대한 거부처분을 할 수 있다(대판 1999.12.28. 98두1895).

6. 징계처분의 취소를 구하는 소에서 징계사유가 될 수 없다고 판결한 사유와 동일한 사유를 내세워 행정청이 다시 징계처분을 한 것은 확정판결에 저촉되는 행정처분을 한 것으로서, 위 취소판결의 기속력이나 확정판결의 기판력에 저촉되어 허용될 수 없다(대판 1992.7.14. 92누2912).

7. 종전 확정판결의 행정소송 과정에서 한 주장 중 처분사유가 되지 아니하여 판결의 판단대상에서 제외된 부분을 행정청이 그 후 새로이 행한 처분의 적법성과 관련하여 새로운 소송에서 다시 주장하는 것이 위 확정판결의 기판력에 저촉되지 아니한다(대판 1991.8.9. 90누7326).

PART 5 행정구제법

> **참고**
>
> ### 스티브 승준 유 판례 총정리
>
> [1] 일반적으로 처분이 주체·내용·절차와 형식의 요건을 모두 갖추고 <u>외부에 표시된 경우에는 처분의 존재가 인정</u>된다. 행정의사가 외부에 표시되어 행정청이 자유롭게 취소·철회할 수 없는 구속을 받게 되는 시점에 처분이 성립하고, 그 성립 여부는 행정청이 행정의사를 공식적인 방법으로 외부에 표시하였는지를 기준으로 판단해야 한다.
>
> [2] <u>병무청장이 법무부장관에게</u> '가수 갑이 공연을 위하여 국외여행허가를 받고 출국한 후 미국 시민권을 취득함으로써 사실상 병역의무를 면탈하였으므로 재외동포 자격으로 재입국하고자 하는 경우 국내에서 취업, 가수활동 등 영리활동을 할 수 없도록 하고, <u>불가능할 경우 입국 자체를 금지해 달라</u>'고 요청함에 따라 법무부장관이 갑의 입국을 금지하는 결정을 하고, 그 정보를 <u>내부전산망인 '출입국관리정보시스템'</u>에 입력하였으나, <u>갑에게는 통보하지 않은 사안</u>에서, 행정청이 행정의사를 외부에 표시하여 행정청이 자유롭게 취소·철회할 수 없는 구속을 받기 전에는 '처분'이 성립하지 않으므로 법무부장관이 출입국관리법 제11조 제1항 제3호 또는 제4호, 출입국관리법 시행령 제14조 제1항, 제2항에 따라 위 입국금지결정을 했다고 해서 '처분'이 성립한다고 볼 수는 없고, 위 입국금지결정은 법무부장관의 의사가 공식적인 방법으로 외부에 표시된 것이 아니라 단지 그 정보를 내부전산망인 '출입국관리정보시스템'에 입력하여 관리한 것에 지나지 않으므로, <u>위 입국금지결정은 항고소송의 대상이 될 수 있는 '처분'에 해당하지 않는데도</u>, 위 입국금지결정이 처분에 해당하여 공정력과 불가쟁력이 있다고 본 원심판단에 법리를 오해한 잘못이 있다고 한 사례.
>
> [3] 상급행정기관이 소속 공무원이나 하급행정기관에 대하여 업무처리지침이나 법령의 해석·적용 기준을 정해 주는 '<u>행정규칙</u>'은 일반적으로 행정조직 내부에서만 효력을 가질 뿐 대외적으로 국민이나 법원을 구속하는 효력이 없다. 처분이 <u>행정규칙을 위반하였다고 해서 그러한 사정만으로 곧바로 위법하게 되는 것은 아니고</u>, 처분이 행정규칙을 따른 것이라고 해서 적법성이 보장되는 것도 아니다. 처분이 적법한지는 행정규칙에 적합한지 여부가 아니라 상위법령의 규정과 입법 목적 등에 적합한지 여부에 따라 판단해야 한다.
> 상급행정기관이 소속 공무원이나 하급행정기관에 하는 <u>개별·구체적인 지시</u>도 마찬가지이다. 상급행정기관의 지시는 일반적으로 <u>행정조직 내부에서만 효력을 가질 뿐 대외적으로 국민이나 법원을 구속하는 효력이 없다</u>. 대외적으로 처분 권한이 있는 처분청이 상급행정기관의 지시를 위반하는 처분을 하였다고 해서 그러한 사정만으로 처분이 곧바로 위법하게 되는 것은 아니고, <u>처분이 상급행정기관의 지시를 따른 것이라고 해서 적법성이 보장되는 것도 아니다</u>. 처분이 적법한지는 상급행정기관의 지시를 따른 것인지 여부가 아니라, 헌법과 법률, 대외적으로 구속력 있는 법령의 규정과 입법 목적, 비례·평등원칙과 같은 법의 일반원칙에 적합한지 여부에 따라 판단해야 한다.
>
> [4] 행정절차에 관한 일반법인 <u>행정절차법은 제24조 제1항</u>에서 "행정청이 처분을 할 때에는 다른 법령 등에 특별한 규정이 있는 경우를 제외하고는 <u>문서로 하여야 하며</u>, 전자문서로 하는 경우에는 당사자 등의 동의가 있어야 한다. 다만 신속히 처리할 필요가 있거나 사안이 경미한 경우에는 말 또는 그 밖의 방법으로 할 수 있다."라고 정하고 있다. 이 규정은 <u>처분내용의 명확성을 확보하고 처분의 존부에 관한 다툼을 방지하여 처분상대방의 권익을 보호하기 위한 것이므로, 이를 위반한 처분은 하자가 중대·명백하여 무효</u>이다.
>
> [5] 행정절차법 제3조 제2항 제9호, 행정절차법 시행령 제2조 제2호 등 관련 규정들의 내용을 행정의 공정성, 투명성, 신뢰성을 확보하고 처분상대방의 권익보호를 목적으로 하는 행정절차법의 입법

목적에 비추어 보면, 행정절차법의 적용이 제외되는 '외국인의 출입국에 관한 사항'이란 해당 행정작용의 성질상 행정절차를 거치기 곤란하거나 거칠 필요가 없다고 인정되는 사항이나 행정절차에 준하는 절차를 거친 사항으로서 행정절차법 시행령으로 정하는 사항만을 가리킨다. '외국인의 출입국에 관한 사항'이라고 하여 행정절차를 거칠 필요가 당연히 부정되는 것은 아니다.

외국인의 사증발급 신청에 대한 거부처분은 당사자에게 의무를 부과하거나 적극적으로 권익을 제한하는 처분이 아니므로, 행정절차법 제21조 제1항에서 정한 '처분의 사전통지'와 제22조 제3항에서 정한 '의견제출 기회 부여'의 대상은 아니다. 그러나 사증발급 신청에 대한 거부처분이 성질상 행정절차법 제24조에서 정한 '처분서 작성·교부'를 할 필요가 없거나 곤란하다고 일률적으로 단정하기 어렵다. 또한 출입국관리법령에 사증발급 거부처분서 작성에 관한 규정을 따로 두고 있지 않으므로, 외국인의 사증발급 신청에 대한 거부처분을 하면서 행정절차법 제24조에 정한 절차를 따르지 않고 '행정절차에 준하는 절차'로 대체할 수도 없다.

[6] 출입국관리법 제7조 제1항, 제8조 제2항, 제3항, 제10조, 제10조의2, 제11조 제1항 제3호, 제4호, 출입국관리법 시행규칙 제9조의2 제2호, 재외동포의 출입국과 법적 지위에 관한 법률(이하 '재외동포법'이라 한다) 제5조 제1항, 제2항과 체계, 입법 연혁과 목적을 종합하면 다음과 같은 결론을 도출할 수 있다. 재외동포에 대한 사증발급은 행정청의 재량행위에 속하는 것으로서, 재외동포가 사증발급을 신청한 경우에 출입국관리법 시행령 [별표 1의2]에서 정한 재외동포체류자격의 요건을 갖추었다고 해서 무조건 사증을 발급해야 하는 것은 아니다. 재외동포에게 출입국관리법 제11조 제1항 각호에서 정한 입국금지사유 또는 재외동포법 제5조 제2항에서 정한 재외동포체류자격 부여 제외사유(예컨대 '대한민국 남자가 병역을 기피할 목적으로 외국국적을 취득하고 대한민국 국적을 상실하여 외국인이 된 경우')가 있어 그의 국내 체류를 허용하지 않음으로써 달성하고자 하는 공익이 그로 말미암아 발생하는 불이익보다 큰 경우에는 행정청이 재외동포체류자격의 사증을 발급하지 않을 재량을 가진다.

[7] 처분의 근거 법령이 행정청에 처분의 요건과 효과 판단에 일정한 재량을 부여하였는데도, 행정청이 자신에게 재량권이 없다고 오인한 나머지 처분으로 달성하려는 공익과 그로써 처분상대방이 입게 되는 불이익의 내용과 정도를 전혀 비교형량 하지 않은 채 처분을 하였다면, 이는 재량권 불행사로서 그 자체로 재량권 일탈·남용으로 해당 처분을 취소하여야 할 위법사유가 된다.

[8] 비례의 원칙은 법치국가 원리에서 당연히 파생되는 헌법상의 기본원리로서, 모든 국가작용에 적용된다. 행정목적을 달성하기 위한 수단은 목적달성에 유효·적절하고, 가능한 한 최소침해를 가져오는 것이어야 하며, 아울러 그 수단의 도입에 따른 침해가 의도하는 공익을 능가하여서는 안 된다.

[9] 처분상대방의 의무위반을 이유로 한 제재처분의 경우 의무위반 내용과 제재처분의 양정(양정) 사이에 엄밀하게는 아니더라도 어느 정도는 비례 관계가 있어야 한다. 제재처분이 의무위반의 내용에 비하여 과중하여 사회통념상 현저하게 타당성을 잃은 경우에는 재량권 일탈·남용에 해당하여 위법하다고 보아야 한다.

[10] 병무청장이 법무부장관에게 '가수 갑이 공연을 위하여 국외여행허가를 받고 출국한 후 미국 시민권을 취득함으로써 사실상 병역의무를 면탈하였다'는 이유로 입국 금지를 요청함에 따라 법무부장관이 갑의 입국금지결정을 하였는데, 갑이 재외공관의 장에게 재외동포(F-4) 체류자격의 사증발급을 신청하자 재외공관장이 처분이유를 기재한 사증발급 거부처분서를 작성해 주지 않은 채 갑의 아버지에게 전화로 사증발급이 불허되었다고 통보한 사안에서, 갑의 재외동포(F-4) 체류자격 사증발급 신청에 대하여 재외공관장이 6일 만에 한 사증발급 거부처분이 문서에 의한 처분 방식의 예외로

PART 5 행정구제법

> 행정절차법 제24조 제1항 단서에서 정한 '신속히 처리할 필요가 있거나 사안이 경미한 경우'에 해당한다고 볼 수도 없으므로 사증발급 거부처분에는 행정절차법 제24조 제1항을 위반한 하자가 있음에도, 외국인의 사증발급 신청에 대한 거부처분이 성질상 행정절차를 거치기 곤란하거나 불필요하다고 인정되는 처분에 해당하여 행정절차법의 적용이 배제된다고 판단하고, 재외공관장이 자신에게 주어진 재량권을 전혀 행사하지 않고 오로지 13년 7개월 전에 입국금지결정이 있었다는 이유만으로 그에 구속되어 사증발급 거부처분을 한 것이 비례의 원칙에 반하는 것인지 판단했어야 함에도, 입국금지결정에 따라 사증발급 거부처분을 한 것이 적법하다고 본 원심판단에 법리를 오해한 잘못이 있다(대판 2019.7.11. 2017두38874).

01 행정처분이 판결에 의해 취소된 경우, 취소된 처분의 사유와 기본적 사실관계에서 동일성이 인정되지 않는 다른 사유를 들어 새로이 처분을 하는 것은 기속력에 반한다. (O | X) [20국가직9급]

02 법규위반을 이유로 내린 영업허가취소처분이 비례의 원칙 위반으로 취소된 경우에 동일한 법규위반을 이유로 영업정지처분을 내리는 것은 기속력에 반하지 않는다. (O | X) [17서울시9급]

03 기속력을 위반한 행정청의 행위는 당연무효이다. (O | X) [20국회직8급]

04 판결의 기속력과 관련하여, 행정청의 재처분내용은 판결의 취지를 존중하는 것이면 되고 반드시 원고가 신청한 내용대로 처분해야 하는 것은 아니다. (O | X) [19사회복지직9급]

05 거부처분의 취소판결이 확정된 경우에 그 처분을 행한 행정청은 종전 처분 후에 발생한 새로운 사유를 내세워 다시 거부처분을 할 수 있다. (O | X) [16국가직7급]

06 종전 확정판결의 행정소송 과정에서 한 주장 중 처분사유가 되지 아니하여 판결의 판단대상에서 제외된 부분을 행정청이 그 후 새로이 행한 처분의 적법성과 관련하여 새로운 소송에서 다시 주장하는 것은 확정판결의 기판력에 저촉된다. (O | X) [17서울시9급]

2) 직권취소와의 관계

기판력은 쟁송취소와 관련된 것이므로 처분이 적법하다고 하여 기각판결이 확정되더라도 처분청은 직권취소할 수 있다.

Ⅳ 간접강제

> **행정소송법 제34조(거부처분취소판결의 간접강제)** ① 행정청이 제30조 제2항의 규정에 의한 처분을 하지 아니하는 때에는 제1심수소법원은 당사자의 신청에 의하여 결정으로써 상당한 기간을 정하고 행정청이 그 기간내에 이행하지 아니하는 때에는 그 지연기간에 따라 일정한 배상을 할 것을 명하거나 즉시 손해배상을 할 것을 명할 수 있다.

정답 01 X 02 O 03 O 04 O 05 O 06 X

CHAPTER 3 행정소송

1. 의의
행정청이 행정소송법 제30조 제2항의 재처분의무를 다하지 아니하는 경우, 간접강제를 할 수 있다.

2. 취소소송과 무효등확인소송
신청에 대한 취소소송과 무효등확인소송에서 승소한 원고에 대하여 행정청은 재처분의무를 진다. 그러나 취소소송의 간접강제에 관한 행정소송법 제34조를 무효등확인소송이 준용하지 않아 무효등확인소송의 경우에는 간접강제를 할 수 없다. 이는 입법의 실수(불비)로 보는 것이 일반적이다.

01 거부처분 취소소송에서 재처분의무의 실효성을 확보하기 위한 간접강제제도는 부작위법확인소송에도 준용된다. (O | X) [20국회직8급]

02 무효확인판결에 간접강제가 인정되지 않는 것은 입법의 불비라는 비판이 있다. (O | X) [20군무원9급]

3. 성질
간접강제결정에 기한 배상금의 성질은 확정판결의 취지에 따른 재처분의 지연에 대한 제재나 손해배상이 아니고 재처분의 이행에 관한 심리적 강제수단에 불과한 것이다.

> **관련 판례**
> 1. 거부처분에 대한 취소의 확정판결이 있음에도 행정청이 아무런 재처분을 하지 아니하거나, 재처분을 하였다 하더라도 그것이 종전 거부처분에 대한 취소의 확정판결의 기속력에 반하는 등 당연무효라면 이는 아무런 재처분을 하지 아니한 때와 마찬가지이므로, 이러한 경우에는 행정소송법 제30조 제2항, 제34조 제1항 등에 의한 간접강제신청에 필요한 요건을 갖춘 것으로 보아야 한다(대결 2002.12.11. 2002무22).
> 2. 확정판결의 취지에 따른 재처분이 간접강제결정에서 정한 의무이행기한이 경과한 후에 이루어진 경우, 간접강제결정에 기한 배상금의 추심은 허용되지 않는다(대판 2004.1.15. 2002두2444).

03 주택건설사업 승인신청 거부처분에 대한 취소의 확정판결이 있은 후 행정청이 재처분을 하였다 하더라도 그 재처분이 종전 거부처분에 대한 취소의 확정판결의 기속력에 반하는 경우, 행정소송법상 간접강제신청에 필요한 요건을 갖춘 것으로 보아야 한다. (O | X) [18지방직9급]

04 간접강제결정에 기한 배상금은 확정판결에 따른 재처분의 지연에 대한 제재 또는 손해배상이라는 것이 판례의 입장이다. (O | X) [13국가직7급]

05 취소판결의 기속력에 반하는 처분은 그 하자가 중대하지만 명백하다고 볼 수는 없다. (O | X) [25지방직9급]

정답 01 O 02 O 03 O 04 X 05 X

Ⅴ 취소소송의 종료

1. 판결의 확정

2. 소의 취하

원고가 법원에 대해 소에 의한 심판청구의 전부 또는 일부를 철회하는 일방적 의사표시를 말한다.

3. 당사자의 소멸

원고가 사망하고 소송물인 권리관계의 성질상 이를 승계할 자가 없을 때에는 소송은 종료된다. 다만, 피고인 행정청이 없게 된 때에는 그 처분 등에 관한 사무가 귀속되는 국가 또는 공공단체가 피고가 되므로 소송은 종료되지 않는다.

4. 재심

> **행정소송법 제31조(제3자에 의한 재심청구)** ① 처분등을 취소하는 판결에 의하여 권리 또는 이익의 침해를 받은 제3자는 자기에게 책임없는 사유로 소송에 참가하지 못함으로써 판결의 결과에 영향을 미칠 공격 또는 방어방법을 제출하지 못한 때에는 이를 이유로 확정된 종국판결에 대하여 재심의 청구를 할 수 있다.
> ② 제1항의 규정에 의한 청구는 확정판결이 있음을 안 날로부터 30일 이내, 판결이 확정된 날로부터 1년 이내에 제기하여야 한다.
> ③ 제2항의 규정에 의한 기간은 불변기간으로 한다.

01 처분을 취소하는 판결에 의하여 권리의 침해를 받은 제3자는 자기에게 책임 없는 사유로 인하여 소송에 참가하지 못함으로써 판결의 결과에 영향을 미칠 공격 또는 방어방법을 제출하지 못한 때에는 이를 이유로 확정된 종국판결에 대하여 재심의 청구를 할 수 있다. (O | X) [18지방직9급]

정답 01 O

핵심 기출문제

01
다음 사례에 대한 설명으로 옳은 것만을 모두 고르면? [25지방직9급]

> 1976. 12. 15. 대한민국에서 출생한 甲은 2002. 1. 18. 미국 시민권을 취득하여 대한민국 국적을 상실한 재외동포이다. 법무부장관은 '甲이 공연을 위하여 병무청장의 국외여행허가를 받고 출국한 후 미국 시민권을 취득하여 사실상 병역의무를 면탈하였으므로 甲의 입국 자체를 금지해 달라'는 병무청장의 요청에 응하여 「출입국관리법」에 따라 2002. 2. 1. 甲의 입국을 금지하는 결정을 하였다. 법무부장관은 그 정보를 내부전산망인 '출입국관리정보시스템'에 입력하였으나, 甲에게 통보하지는 않았다(이하 '이 사건 입국금지결정'). 이후 2015. 8. 27. 甲은 자신의 거주 지역을 관할하는 재외공관장 乙에게 재외동포(F-4) 체류자격의 사증발급을 신청하였다. 乙은 甲의 아버지에게 전화로 '이 사건 입국금지결정으로 사증발급이 불허되었다.'고 통보하면서 처분이유를 기재한 사증발급 거부처분서를 작성해 주지는 않았다(이하 '이 사건 사증발급 거부처분').

> ㄱ. 이 사건 입국금지결정은 항고소송의 대상인 처분에 해당한다.
> ㄴ. 이 사건 사증발급 거부처분은 문서로 처분을 하도록 한 「행정절차법」 제24조제1항을 위반한 하자가 있다.
> ㄷ. 乙은 이 사건 입국금지결정의 공정력과 불가쟁력으로 인해 甲에게 사증을 발급할 수 없다.
> ㄹ. 재외동포에 대한 사증발급은 행정청의 재량행위에 속하는 것으로서, 재외동포가 사증발급을 신청한 경우 재외동포체류자격의 요건을 갖추었다고 해서 무조건 사증을 발급해야 하는 것은 아니다.

① ㄱ, ㄷ
② ㄱ, ㄹ
③ ㄴ, ㄷ
④ ㄴ, ㄹ

02

처분사유의 추가·변경에 대한 설명으로 옳지 않은 것은? [25지방직9급]

① 항고소송에서 처분청은 당초 처분의 근거로 삼은 사유와 기본적 사실관계가 동일성이 있다고 인정되는 한도 내에서만 다른 사유를 추가·변경할 수 있다.
② 당초 처분의 근거로 삼은 사유와 사회적 사실관계의 기본적 동일성이 인정된다면 그에 대한 규범적 평가와 처분의 근거 법령 변경으로 당초 처분의 내용을 변경할 필요성이 제기되는 경우라도, 처분청은 당초 처분의 내용을 그대로 유지한 채 근거 법령만 추가·변경할 수 있다.
③ 처분청이 처분 당시에 적시한 구체적 사실을 변경하지 아니하는 범위 내에서 단지 그 처분의 근거 법령만을 추가·변경하는 것에 불과한 경우에는 새로운 처분사유의 추가라고 볼 수 없다.
④ 어떤 처분 내용의 적법성을 뒷받침하기 위하여 당초 처분사유와 기본적 사실관계의 동일성이 인정되는 다른 사유가 처분 당시에 이미 존재하고 있다면 처분청은 그 처분에 대한 취소소송의 사실심 변론종결 시까지 그 사유를 적극적으로 주장·증명하여 법원으로부터 그 처분이 적법하다는 판단을 받아야 한다.

 해설

01 | ㉠ (×) 내부 전산망인 출입국관리정보시스템에 입력되어 있을 뿐 법무부장관의 의사가 공식화되어 있지 아니하여 처분이 아니라고 보는 것이 판례의 입장이다(대판 2019. 7. 11. 2017두38874).
㉡ (○) 행정절차법의 적용제외에 해당하지 않아(일정한 사항에 속하나 행정절차법에 준하는 절차보장이 없음, **일성준** ×) 행정절차법의 문서주의에 관한 규정이 적용된다(대판 2019. 7. 11. 2017두38874).
㉢ (×) 내부 전산망인 출입국관리정보시스템에 입력되어 있을 뿐 법무부장관의 의사가 공식화되어 있지 아니하여 처분이 아니어서 공정력과 불가쟁력은 없다(대판 2019. 7. 11. 2017두38874).
㉣ (○) 인용판결의 기속력에 따라 판결 이유를 존중해서 행정청은 재처분 하면 될 일이다. 실제로도 스티브유에게는 또다시 거부처분이 발하여 졌다(대판 2019. 7. 11. 2017두38874).

02 | ② (×) 기속행위가 재량행위로 변경되는 경우와 같이, 당초 처분의 내용을 변경할 필요성이 제기되는 경우에는 <u>해당 처분을 취소한 후 처분청으로 하여금 다시 처분절차를 거쳐 새로운 처분을 하도록 하여야 할 것이지 당초 처분의 내용을 그대로 유지한 채 근거 법령만 추가·변경하는 것은 허용될 수 없다</u>(대판 2024. 11. 28. 2023두61349).

정답 01 ④ 02 ②

제6절 무효등확인소송

1. 의의
무효등확인소송이란 행정청의 처분 등의 효력 유무 또는 존재 여부를 확인하는 소송을 말한다.

2. 종류
무효확인소송, 유효확인소송, 존재확인소송, 부존재확인소송, 실효확인소송

3. 성질
처분의 효력을 다툰다는 점에서 항고소송이고, 확인소송에 해당한다.

4. 준용규정
1) 취소소송의 규정 중 대부분의 규정을 준용한다. 다만, 원고적격에 관해서는 별도의 규정을 두고 있다.

> **행정소송법 제35조(무효등 확인소송의 원고적격)** 무효등 확인소송은 처분등의 효력 유무 또는 존재 여부의 확인을 구할 법률상 이익이 있는 자가 제기할 수 있다.

2) 준용제외 규정

① **예**외적 행정심판전치주의, ② **제**소기간, ③ **사**정판결, ④ **간**접강제에 관한 규정은 준용하지 아니한다.

01 사정판결은 항고소송 중 취소소송 및 무효등확인소송에서 인정되는 판결의 종류이다. (O | X) [21소방직]
02 거부처분에 대하여 무효확인판결이 확정된 경우, 행정청에 대해 판결의 취지에 따른 재처분의무가 인정될 뿐 그에 대하여 간접강제까지 허용되는 것은 아니다. (O | X) [19지방직9급]

5. 심리

1) 소의 이익

무효등확인소송은 확인소송의 성질을 가지므로 확인의 소의 보충성이 필요한지에 관하여 견해가 대립하나 판례는 확인의 소의 보충성을 요구하지 아니한다.

정답 01 × 02 O

> **관련 판례**
>
> 1. 행정처분의 근거 법률에 의하여 보호되는 직접적이고 구체적인 이익이 있는 경우에는 행정소송법 제35조에 규정된 '무효확인을 구할 법률상 이익'이 있다고 보아야 하고, 이와 별도로 무효확인소송의 보충성이 요구되는 것은 아니므로 행정처분의 무효를 전제로 한 이행소송 등과 같은 직접적인 구제수단이 있는지 여부를 따질 필요가 없다고 해석함이 상당하다(대판 2008.3.20. 2007두6342전합).
> 2. 사업양도·양수에 따른 허가관청의 지위승계신고의 수리는 적법한 사업의 양도·양수가 있었음을 전제로 하는 것이므로 그 수리대상인 사업양도·양수가 존재하지 아니하거나 무효인 때에는 수리를 하였다 하더라도 그 수리는 유효한 대상이 없는 것으로서 당연히 무효라 할 것이고, 사업의 양도행위가 무효라고 주장하는 양도자는 민사쟁송으로 양도·양수행위의 무효를 구함이 없이 막바로 허가관청을 상대로 하여 행정소송으로 위 신고수리처분의 무효확인을 구할 법률상 이익이 있다(대판 2005.12.23. 2005두3554).
> 3. 체납처분에 기한 압류처분은 행정처분으로서 이에 기하여 이루어진 집행방법인 압류등기와는 구별되므로 압류등기의 말소를 구하는 것을 압류처분 자체의 무효를 구하는 것으로 볼 수 없고, 또한 압류등기가 말소된다고 하여도 압류처분이 외형적으로 효력이 있는 것처럼 존재하는 이상 그 불안과 위험을 제거할 필요가 있다고 할 것이므로, 압류처분에 기한 압류등기가 경료되어 있는 경우에도 압류처분의 무효확인을 구할 이익이 있다(대판 2003.5.16. 2002두3669).

01 대법원은 종래 무효확인소송에서 요구해 왔던 보충성을 더 이상 요구하지 않는 것으로 판례태도를 변경하였다. (O | X) [18교육행정직9급]

02 무효인 과세처분에 근거하여 세금을 납부한 경우 부당이득반환청구의 소로써 직접 위법상태의 제거를 구할 수 있는지 여부와 관계없이 행정소송법 제35조에 규정된 '무효확인을 구할 법률상 이익'을 가진다. (O | X) [20지방직9급]

03 사업의 양도행위가 무효임을 주장하는 양도자는 양도·양수행위의 무효를 구함이 없이 사업양도·양수에 따른 허가관청의 지위승계 신고수리처분의 무효확인을 구할 법률상 이익은 없다. (O | X) [20국회직8급]

2) 제소기간과 관련된 문제

동일한 행정처분에 대하여 무효확인의 소를 제기하였다가 그 후 그 처분의 취소를 구하는 소를 추가적으로 병합한 경우, 주된 청구인 무효확인의 소가 적법한 제소기간 내에 제기되었다면 추가로 병합된 취소청구의 소도 적법하게 제기된 것으로 볼 수 있다(대판 2005두3554).

3) 입증책임

행정처분의 당연무효를 구하는 소송에 있어서는 그 무효를 구하는 사람에게 그 행정처분에 존재하는 하자가 중대하고 명백하다는 것을 주장·입증할 책임이 있다(대판 82누154).

04 행정처분의 당연무효를 주장하여 그 무효확인을 구하는 행정소송에 있어서는 원고에게 그 행정처분이 무효인 사유를 주장·입증할 책임이 있다. (O | X) [17지방직7급]

정답 01 O 02 O 03 X 04 O

CHAPTER 3 행정소송

6. 기타

1) 무효사유에 해당하는 처분에 대하여 취소소송을 제기한 경우

무효인 행정행위라도 당연무효를 선언하는 의미에서 그 취소를 구하는 형식의 소를 제기할 수 있으며, 이때 판례는 무효를 선언하는 의미의 취소판결을 할 수 있다는 입장이다. 다만, 취소소송이므로 소송요건을 구비하여야 함은 당연하다.

01 무효인 행정행위는 당연무효를 선언하는 의미에서 그 취소를 구하는 형식의 소를 제기할 수 없다. (O | X)
[18교육행정직9급]

02 행정심판전치주의가 적용되도록 하는 규정이 있는 경우일지라도 처분의 무효를 구하는 소송에는 행정심판전치주의가 적용되지 않으므로 무효사유의 하자를 취소소송으로 다투는 경우에도 행정심판을 거칠 필요가 없다. (O | X)
[14국회직8급]

03 甲이 취소소송을 제기하였더라도 A 처분에 중대·명백한 하자가 있다면 법원은 무효확인판결을 하여야 한다. (O | X)
[21국회직8급]

2) 취소사유에 해당하는 처분에 대하여 무효확인소송을 제기한 경우

판례는 취소소송의 소송요건을 구비한 경우에 당연무효가 아니라면 그 취소를 구하는 취지도 포함된 것으로 보아야 하므로 취소의 인용판결을 할 수 있다(대판 94누447).

04 행정처분의 무효확인을 구하는 소에는 특단의 사정이 없는 한 그 취소를 구하는 취지도 포함되어 있다고 보아야 한다. (O | X)
[19서울시7급]

3) 근거법령이 위헌으로 선언된 이후, 해당 법령에 근거한 처분에 대하여 무효확인의 소가 제기된 경우(일반사건)

해당 처분의 상대방이 근거법률이 위헌이라는 이유로 항고소송으로 무효확인의 소를 구하는 경우 그 법률이 위헌임을 판단할 필요 없이 기각판결을 한다.

정답 01 X 02 X 03 X 04 O

핵심 기출문제

01

무효등확인소송에 대한 설명으로 옳은 것은? [24지방직9급]

① 무효확인판결에는 취소판결의 기속력에 관한 규정이 준용되지 않는다.
② 무효등확인소송의 제기 당시에 원고적격을 갖추었다면 상고심 계속중에 원고적격을 상실하더라도 그 소는 적법하다.
③ 행정처분의 무효란 행정처분이 처음부터 아무런 효력도 발생하지 아니한다는 의미이므로 무효등 확인소송에 대해서는 집행정지가 인정되지 아니한다.
④ 행정처분의 당연무효를 주장하여 그 무효확인을 구하는 행정소에 있어서는 원고에게 그 행정처분이 무효인 사유를 주장·입증할 책임이 있다.

해설

01 │ ① (×) 예제사간 이외에는 준용한다.
　　　예외적 행정심판전치주의, 제소기간, 사정판결, 간접강제에 들어가지 않는 기속력 규정은 준용한다.
② (×) 소송요건은 대법원에서도 재판에서도 유지되어야 하는 것은 당연한 이치이고 판례의 입장이다.
③ (×) 예제사간 집행정지는 예제사간에 들어가지 아니하므로 집행정지가 가능하다.
④ (○) 법률요건분류설에 따라 당사자는 자신에게 유리한 요건을 입증할 책임이 있다. 따라서 무효사유 입증책임은 원고에게 있다. 판례의 태도도 이와 같다.
　　　행정처분의 당연무효를 주장하여 그 무효확인을 구하는 원고에게 그 행정처분이 무효인 사유를 증명할 책임이 있다(대판 2012.12.13. 2010두20782,20799).

정답 01 ④

제7절 부작위위법확인소송

1. 의의
부작위위법확인소송은 행정청의 부작위가 위법하다는 것을 확인하는 소송을 말한다.

2. 성질
항고소송이자 확인소송에 해당한다.

3. 적용규정

- 부작위위법확인소송은 취소소송에 관한 규정을 대부분 준용한다. 따라서 재판관할, 관련청구의 이송에 관한 규정, 소변경에 관한 규정 등 준용된다. 다만, ① **처**분변경으로 인한 소변경, ② **집**행정지, ③ **사**정판결에 관한 규정은 준용하지 아니한다.

01 집행정지결정은 부작위위법확인소송에 준용되지 않는다. (O | X) [16서울시7급]

- 부작위위법확인소송의 원고적격에 관해서는 별도의 규정이 존재한다.

> **행정소송법 제36조(부작위위법확인소송의 원고적격)** 부작위위법확인소송은 처분의 신청을 한 자로서 부작위의 위법의 확인을 구할 법률상 이익이 있는 자만이 제기할 수 있다.

02 부작위의 직접 상대방이 아닌 제3자라도 당해 행정처분의 부작위위법확인을 구할 법률상의 이익이 있는 경우 원고적격이 인정된다. (O | X) [13국회직8급]

4. 제소기간
부작위위법확인의 소는 취소소송에 관한 제소기간에 관한 규정을 준용한다. 원칙적으로 부작위 상태가 계속되고 있는 경우에는 제소기간은 특별히 문제되지 아니한다. 다만, 의무이행심판을 거친 경우에는 제소기간은 재결서의 정본을 송달받은 날부터 90일 이내에, 재결이 있은 날로부터 1년 이내에 부작위위법확인 소송을 제기하여야 한다.

> **관련 판례**
> 부작위위법확인의 소는 부작위상태가 계속되는 한 그 위법의 확인을 구할 이익이 있다고 보아야 하므로 원칙적으로 제소기간의 제한을 받지 않는다. 그러나 행정소송법 제38조 제2항이 제소기간을 규정한 같은 법 제20조를 부작위위법확인소송에 준용하고 있는 점에 비추어 보면, 행정심판 등 전심절차를 거친 경우에는 행정소송법 제20조가 정한 제소기간 내에 부작위위법확인의 소를 제기하여야 한다(대판 2009.7.23. 2008두10560).

정답 01 O 02 O

PART 5 행정구제법

01 행정청의 부작위에 대하여 행정심판을 거치지 않고 부작위법확인소송을 제기하는 경우에는 제소기간의 제한을 받지 않는다. (O | X) [19지방직9급]

02 취소소송의 제소기간에 관한 규정은 부작위위법확인소송에 준용되지 않으므로 행정심판 등 전심절차를 거친 경우에도 부작위위법확인소송에 있어서는 제소기간의 제한을 받지 않는다. (O | X) [20국가직9급]

5. 위법한 부작위가 되기 위한 요건

부작위라 함은 행정청이 당사자의 신청에 대하여 상당한 기간 내에 일정한 처분을 하여야 할 법률상 의무가 있음에도 불구하고 이를 하지 아니하는 것을 말한다. 즉, ① 신청권이 있는 자의 신청이 있을 것, ② 상당기간이 경과하였을 것, ③ 처분을 하여야 할 법률상 의무가 있을 것, ④ 처분이 부존재 할 것이 요구된다.

> **관련 판례**
>
> 1. 부작위위법확인소송은 처분의 신청을 한 자로서 부작위의 위법의 확인을 구할 법률상의 이익이 있는 자만이 제기할 수 있다 할 것이며, 이를 통하여 구하는 행정청의 응답행위는 행정소송법 제2조 제1항 제1호 소정의 처분에 관한 것이라야 하므로, 당사자가 행정청에 대하여 어떠한 행정행위를 하여 줄 것을 신청하지 아니하거나 그러한 신청을 하였더라도 당사자가 행정청에 대하여 그러한 행정행위를 하여 줄 것을 요구할 수 있는 법규상 또는 조리상의 권리를 갖고 있지 아니하든지 또는 행정청이 당사자의 신청에 대하여 거부처분을 한 경우에는 원고적격이 없거나 항고소송의 대상인 위법한 부작위가 있다고 볼 수 없어 그 부작위위법확인의 소는 부적법하다(대판 1995.9.15. 95누7345).
> 2. 행정청이 당사자의 신청에 대하여 거부처분을 한 경우에는 항고소송의 대상인 위법한 부작위가 있다고 볼 수 없어 그 부작위위법확인의 소는 부적법하다(대판 1998.1.23. 96누12641).
> 3. 당사자의 신청이 있은 이후 당사자에게 생긴 사정의 변화로 인하여 위 부작위가 위법하다는 확인을 받는다고 하더라도 종국적으로 침해되거나 방해받은 권리와 이익을 보호·구제받는 것이 불가능하게 되었다면 그 부작위가 위법하다는 확인을 구할 이익은 없다(대판 2002.6.28. 2000두4750).

03 어떠한 행정처분에 대한 법규상 또는 조리상의 신청권이 인정되지 않는 경우, 그 처분의 신청에 대한 행정청의 무응답이 위법하다고 하여 제기된 부작위위법확인소송은 적법하지 않다. (O | X) [20국가직9급]

04 당사자의 신청에 대한 행정청의 거부처분이 있는 경우에는 행정청이 당사자의 신청에 대하여 일정한 처분을 이행하지 아니함으로써 위법상태가 야기된 것이므로 이를 제거하기 위하여 부작위위법확인소송도 허용된다. (O | X) [16서울시7급]

05 허가처분신청에 대한 부작위를 다투는 부작위위법확인소송을 제기하여 제1심에서 승소판결을 받았는데 제2심 단계에서 피고 행정청이 허가처분을 한 경우, 제2심 수소법원은 각하판결을 하여야 한다. (O | X) [19국가직9급]

06 처분의 신청 후에 원고에게 생긴 사정의 변화로 인하여, 그 처분에 대한 부작위가 위법하다는 확인을 받아도 종국적으로 침해되거나 방해받은 원고의 권리·이익을 보호·구제받는 것이 불가능하게 되었다면, 법원은 각하판결을 내려야 한다. (O | X) [20국가직9급]

6. 심리의 범위

실체적 심리설과 절차적 심리설이 대립하나 판례는 절차적 심리설과 가까운 입장이다. 실체적 심리설에 따르면 특정 처분의 의무가 있는지까지 심사를 하겠으나, 절차적 심리설에 따르면, 응답의무가 있는지만을 심사하게 된다.

> **관련 판례**
>
> 부작위위법확인의 소는 행정청이 당사자의 법규상 또는 조리상의 권리에 기한 신청에 대하여 상당한 기간 내에 그 신청을 인용하는 적극적 처분을 하거나 각하 또는 기각하는 등의 소극적 처분을 하여야 할 법률상의 응답의무가 있음에도 불구하고 이를 하지 아니하는 경우, <u>그 부작위의 위법을 확인함으로써 행정청의 응답을 신속하게 하여 부작위 내지 무응답이라고 하는 소극적인 위법상태를 제거하는 것을 목적으로 하는 것이고</u>, 나아가 그 인용 판결의 기속력에 의하여 행정청으로 하여금 적극적이든 소극적이든 어떤 처분을 하도록 강제한 다음, 그에 대하여 불복이 있을 경우 그 처분을 다투게 함으로써 최종적으로는 당사자의 권리와 이익을 보호하려는 제도(대판 2002.6.28. 2000두4750).

핵심 기출문제

01

부작위위법확인소송에 대한 설명으로 가장 옳지 않은 것은? [16서울시7급]

① 집행정지결정은 부작위위법확인소송에 준용되지 않는다.
② 부작위위법확인소송에서 예외적으로 행정심판전치가 인정될 경우 그 전치되는 행정심판은 의무이행심판이다.
③ 당사자의 신청에 대한 행정청의 거부처분이 있는 경우에는 행정청이 당사자의 신청에 대하여 일정한 처분을 이행하지 아니함으로써 위법상태가 야기된 것이므로 이를 제거하기 위하여 부작위위법확인소송도 허용된다.
④ 부작위위법확인소송은 부작위의 위법함을 확인함으로써 행정청의 응답을 신속하게 하여 부작위 내지 무응답이라고 하는 소극적인 위법상태를 제거하는 것을 목적으로 한다.

01 | ① (○) 처집사, 집행정지
② (○) 부작위위법확인소송의 경우, 신청권이 있는자의 신청에 대하여 부작위 하는 것이 이러한 부작위에 대해서 다툴 수 있는 행정심판의 형태는 의무이행심판에 해당하므로 옳은 설명이다.
③ (×) 거부처분에 대해서는 취소소송이나 무효등확인소송으로 다투어야지 부작위위법확인소송으로 다툴 수 없다.
④ (○) 응답을 요구하는 소송에 해당한다.

정답 01 ③

제8절 당사자소송

1. 의의
행정청의 처분등을 원인으로 하는 법률관계에 관한 소송 그 밖에 공법상의 법률관계에 관한 소송으로서 그 법률관계의 한쪽 당사자를 피고로 하는 소송을 말한다.

2. 대상
① 처분등을 원인으로 하는 법률관계, ② 그 밖에 공법상의 법률관계를 대상으로 한다.

> **관련 판례** 당사자소송의 대상이 긍정된 판시
>
> 1. 지방전문직공무원(공중보건의사) 채용계약해지의 의사표시에 대하여는 대등한 당사자간의 소송형식인 공법상 당사자소송으로 그 의사표시의 무효확인을 청구할 수 있다(대판 1993.9.14. 92누4611).
> 2. 단원에 대하여는 지방공무원의 보수에 관한 규정을 준용하는 이외에는 지방공무원법 기타 관계 법령상의 지방공무원의 자격, 임용, 복무, 신분보장, 권익의 보장, 징계 기타 불이익처분에 대한 행정심판 등의 불복절차에 관한 규정이 준용되지도 아니하는 점 등을 종합하여 보면, 광주광역시문화예술회관장의 단원 위촉은 광주광역시문화예술회관장이 행정청으로서 공권력을 행사하여 행하는 행정처분이 아니라 공법상의 근무관계의 설정을 목적으로 하여 광주광역시와 단원이 되고자 하는 자 사이에 대등한 지위에서 의사가 합치되어 성립하는 공법상 근로계약에 해당한다고 보아야 할 것이므로, 광주광역시립합창단원으로서 위촉기간이 만료되는 자들의 재위촉 신청에 대하여 광주광역시문화예술회관장이 실기와 근무성적에 대한 평정을 실시하여 재위촉을 하지 아니한 것을 항고소송의 대상이 되는 불합격처분이라고 할 수는 없다(대판 2001.12.11. 2001두7794).
> 3. 광주민주화운동관련자보상심의위원회의 보상금지급신청에 대한 결정이 취소소송의 대상이 되는 행정처분인지 여부(소극)
>   보상심의위원회의 결정을 거치는 것은 보상금 지급에 관한 소송을 제기하기 위한 전치요건에 불과하다고 할 것이므로 위 보상심의위원회의 결정은 항고소송의 대상이 되는 행정처분이라고 할 수 없다(대판 1992.12.24. 92누3335).
> 4. 공무원연금관리공단이 퇴직연금 중 일부 금액에 대하여 지급거부의 의사표시를 한 경우, 그 의사표시가 항고소송의 대상이 되는 행정처분인지 여부(소극) 및 이 경우 미지급퇴직연금의 지급을 구하는 소송의 성격(= 공법상 당사자소송)
>   공무원연금관리공단이 위와 같은 법령의 개정사실과 퇴직연금 수급자가 퇴직연금 중 일부 금액의 지급정지대상자가 되었다는 사실을 통보한 것은 단지 위와 같이 법령에서 정한 사유의 발생으로 퇴직연금 중 일부 금액의 지급이 정지된다는 점을 알려주는 관념의 통지에 불과하고, 그로 인하여 비로소 지급이 정지되는 것은 아니므로 항고소송의 대상이 되는 행정처분으로 볼 수 없다. 이 경우 미지급퇴직연금에 대한 지급청구권은 공법상 권리로서 그의 지급을 구하는 소송은 공법상의 법률관계에 관한 소송인 공법상 당사자소송에 해당한다(대판 2004.7.8. 2004두244).

5. 법관이 이미 수령한 명예퇴직수당액이 구 법관 및 법원공무원 명예퇴직수당 등 지급규칙 제4조 [별표 1]에서 정한 정당한 수당액에 미치지 못한다고 주장하며 차액의 지급을 신청한 것에 대하여 법원행정처장이 거부하는 의사를 표시한 경우, 위 의사표시를 행정처분으로 볼 수 있는지 여부(소극) / 명예퇴직한 법관이 미지급 명예퇴직수당액의 지급을 구하는 경우, 소송 형태(=행정소송법의 당사자소송)(대판 2016.5.24. 2013두14863).
6. 지방소방공무원의 초과근무수당 지급청구권은 법령의 규정에 의하여 직접 그 존부나 범위가 정하여지고 법령에 규정된 수당의 지급요건에 해당하는 경우에는 곧바로 발생한다고 할 것이므로, 지방소방공무원이 자신이 소속된 지방자치단체를 상대로 초과근무수당의 지급을 구하는 청구에 관한소송은 행정소송법 제3조 제2호에 규정된 당사자소송의 절차에 따라야 한다(대판 2013.3.28. 2012다102629).
7. **석탄산업법시행령 제41조 제4항 제5호 소정의 재해위로금의 법적 성질 및 그 재해위로금 지급청구소송의 성질(당사자소송)**
석탄광산을 폐광함에 있어서 그 광산에서 입은 재해로 인하여 전업 등에 특별한 어려움을 겪게 될 퇴직근로자를 대상으로 사회보장적인 차원에서 통상적인 재해보상금에 추가하여 지급하는 위로금의 성격을 갖는 것이고, 이러한 재해위로금에 대한 지급청구권은 공법상의 권리로서 그 지급을 구하는 소송은 공법상의 법률관계에 관한 소송인 공법상 당사자소송에 해당한다(대판 1999.1.26. 98두12598).
8. 납세의무자에 대한 국가의 부가가치세 환급세액 지급의무에 대응하는 국가에 대한 납세의무자의 부가가치세 환급세액 지급청구는 민사소송이 아니라 행정소송법 제3조 제2호에 규정된 당사자소송의 절차에 따라야 한다(대판 2013.3.21. 2011다95564전합).
9. **구 도시재개발법에 의한 재개발조합에 대하여 조합원 자격 확인을 구하는 소송의 성질(당사자소송)**
조합을 상대로 한 쟁송에 있어서 강제가입제를 특색으로 한 조합원의 자격 인정 여부에 관하여 다툼이 있는 경우에는 그 단계에서는 아직 조합의 어떠한 처분 등이 개입될 여지는 없으므로 공법상의 당사자소송에 의하여 그 조합원 자격의 확인을 구할 수 있다(대판 1996.2.15. 94다31235전합).
10. 한국전력공사가 TV방송수신료를 징수할 권한이 있는지 여부를 다투는 소송은 당사자소송에 의하여야 한다(대판 2008.7.24. 2007다25261).
11. 지방자치단체가 보조금 지급결정을 하면서 일정 기한 내에 보조금을 반환하도록 하는 교부조건을 부가한 사안에서, 보조사업자의 지방자치단체에 대한 보조금 반환의무는 행정처분인 위 보조금 지급결정에 부가된 부관상 의무이고, 이러한 부관상 의무는 보조사업자가 지방자치단체에 부담하는 공법상 의무이므로, 보조사업자에 대한 지방자치단체의 보조금반환청구는 공법상 권리관계의 일방 당사자를 상대로 하여 공법상 의무이행을 구하는 청구로서 행정소송법 제3조 제2호에 규정한 당사자소송의 대상이다(대판 2011.6.9. 2011다2951).
12. 도시 및 주거환경정비법상 행정주체인 주택재건축정비사업조합을 상대로 관리처분계획안에 대한 조합 총회결의의 효력 등을 다투는 소송은 행정처분에 이르는 절차적 요건의 존부나 효력 유무에 관한 소송으로서 그 소송결과에 따라 행정처분의 위법 여부에 직접 영향을 미치는 공법상 법률관계에 관한 것이므로, 이는 행정소송법상의 당사자소송에 해당한다(대판 2009.9.17. 2007다2428전합).
13. 지방자치단체와 그 소속 경력직 공무원인 지방소방공무원 사이의 관계, 즉 지방소방공무원의 근무관계는 사법상의 근로계약관계가 아닌 공법상의 근무관계에 해당하고, 그 근무관계의 주요한 내용 중 하나인 지방소방공무원의 보수에 관한 법률관계는 공법상의 법률관계라고 보아야 한다(대판 2013.3.28. 2012다102629).

14. 국가공무원법 제67조, 구 공무원복무규정(1996. 12. 14. 대통령령 제14825호로 개정되기 전의 것) 제15조, 제16조 제5항, 제17조 등의 각 규정에 비추어 보면, 공무원의 연가보상비청구권은 공무원이 연가를 실시하지 아니하는 등 법령상 정해진 요건이 충족되면 그 자체만으로 지급기준일 또는 보수지급기관의 장이 정한 지급일에 구체적으로 발생하고 행정청의 지급결정에 의하여 비로소 발생하는 것은 아니라고 할 것이므로, 행정청이 공무원에게 연가보상비를 지급하지 아니한 행위로 인하여 공무원의 연가보상비청구권 등 법률상 지위에 아무런 영향을 미친다고 할 수는 없으므로 행정청의 연가보상비 부지급 행위는 항고소송의 대상이 되는 처분이라고 볼 수 없다(대판 1999. 7. 23. 97누10857).

15. 조합설립변경 인가 또는 사업시행계획안에 대한 인가가 이루어지기 전에 행정주체인 재건축조합을 상대로 그 조합설립변경 결의 또는 사업시행계획 결의의 효력 등을 다투는 소송은 행정처분에 이르는 절차적 요건의 존부나 효력 유무에 관한 소송으로서 그 소송결과에 따라 행정처분의 위법 여부에 직접 영향을 미치는 공법상 법률관계에 관한 것이므로 이는 행정소송법상의 당사자소송에 해당한다(대판 2010. 7. 29. 2008다6328).

16. 갑 주식회사 등으로 구성된 컨소시엄과 한국에너지기술평가원은 산업기술혁신 촉진법 제11조 제4항에 따라 산업기술개발사업에 관한 협약을 체결하고, 위 협약에 따라 정부출연금이 지급되었는데, 한국에너지기술평가원이 갑 회사가 외부 인력에 대한 인건비를 위 협약에 위반하여 집행하였다며 갑 회사에 정산금 납부 통보를 하자, 갑 회사는 한국에너지기술평가원 등을 상대로 정산금 반환채무가 존재하지 아니한다는 확인을 구하는 소를 민사소송으로 제기한 사안에서, 위 협약은 공적 목적을 위하여 산업기술혁신법에 따라 추진하는 산업기술개발사업을 갑 회사 등 컨소시엄으로 하여금 수행하도록 하기 위하여 체결된 점, 산업기술혁신법 및 산업기술혁신 촉진법 시행령은 위 협약의 체결 과정부터 이행 및 종료 단계에 이르기까지 산업통상자원부장관이 이를 주도하도록 규정하고, 전담기관인 한국에너지기술평가원에는 위 협약에서 정한 권리 외에도 위 법령에 의하여 계약 상대방인 갑 회사 등 컨소시엄을 상대로 행사할 수 있는 권한 등이 인정되는바, 이렇게 관계 법령에 의한 한국에너지기술평가원의 권한 행사 등을 배제하지 않는다는 면에서 위 협약은 사법상 계약과 다른 점, 한국에너지기술평가원은 공적인 목적이나 사유가 있는 경우 갑 회사 등 컨소시엄의 귀책사유가 없어도 그 동의나 승낙 없이 위 협약의 내용을 변경하거나 해약할 수 있는 점, 위 협약에 일반 사법상 계약에서 당사자의 의무 불이행과 관련하여 사용되는 이행보증금, 하자보증금, 지체상금 규정 등이 있다는 자료는 제출되지 않은 점 등에 비추어, 위 협약은 공법상 계약에 해당하고 그에 따른 계약상 정산의무의 존부·범위에 관한 갑 회사와 한국에너지기술평가원의 분쟁은 공법상 당사자소송의 대상이다(대판 2023. 6. 29. 2021다250025).

17. 공법상 당사자소송의 소 변경에 관하여 행정소송법은, 공법상 당사자소송을 항고소송으로 변경하는 경우(행정소송법 제42조, 제21조) 또는 처분변경으로 인하여 소를 변경하는 경우(행정소송법 제44조 제1항, 제22조)에 관하여만 규정하고 있을 뿐, 공법상 당사자소송을 민사소송으로 변경할 수 있는지에 관하여 명문의 규정을 두고 있지 않다. 그러나 공법상 당사자소송에서 민사소송으로의 소 변경이 금지된다고 볼 수 없다(대법원 2023. 6. 29. 2022두44262).

18. 헌법재판소의 정당해산심판으로 국회의원의 지위를 상실한 자는 당사자소송으로 국회의원지위확인의 소를 구할 수 있고, 확인의 이익도 인정한 사례
원래 확인의 소는 현재의 권리 또는 법률상 지위에 관한 위험이나 불안을 제거하기 위하여 허용되는 것이고, 다만 과거의 법률관계라 할지라도 현재의 권리 또는 법률상 지위에 영향을 미치고 있고 현재의 권리 또는 법률상 지위에 대한 위험이나 불안을 제거하기 위하여 그 법률관계에 관한 확인판결을 받는 것이 유효적절한 수단이라고 인정될 때에는 확인의 이익이 있다(대판 2021. 4. 29. 2016두39856).

PART 5 행정구제법

01 공중보건의사의 채용계약해지의 의사표시는 징계처분과 마찬가지로 항고소송으로 다투어야 한다. (O | X)
[13지방직9급]

02 구 공무원연금법상 공무원 연금관리공단이 퇴직연금수급자에게 공무원 연금법령이 개정되어 퇴직연금 중 일부 금액의 지급정지 대상자가 되었다는 사실을 통보하는 행위는 항고소송의 대상이 되지 않는다. (O | X)
[20국가직7급]

03 명예퇴직한 법관이 미지급 명예퇴직 수당액의 지급을 구하는 소송은 당사자소송에 해당한다. (O | X)
[17지방직9급]

04 2020년 4월 1일부터 시행되는 전부개정 「소방공무원법」 이전의 경우, 지방소방공무원의 보수에 관한 법률관계는 사법상의 법률관계이므로 지방소방공무원이 소속 지방자치단체를 상대로 초과근무수당의 지급을 구하는 소송은 행정소송상 당사자소송이 아닌 민사소송절차에 따라야 했다. (O | X)
[21소방직]

> **관련 판례** 당사자소송의 대상이 부정된 판시
>
> 1. '민주화운동관련자 명예회복 및 보상 심의위원회'의 보상금 등의 지급 대상자에 관한 결정이 행정처분인지 여부(적극) 및 '민주화운동관련자 명예회복 및 보상 등에 관한 법률'에 따른 보상금 등의 지급을 구하는 소송의 형태(=취소소송)
>   '민주화운동관련자 명예회복 및 보상 심의위원회'에서 심의·결정을 받아야만 비로소 보상금 등의 지급 대상자로 확정될 수 있다. 따라서 그와 같은 심의위원회의 결정은 국민의 권리의무에 직접 영향을 미치는 행정처분에 해당한다(대판 2008.4.17. 2005두16185전합).
> 2. 공무원연금법령상 급여를 받으려고 하는 자는 우선 관계 법령에 따라 공무원연금공단에 급여지급을 신청하여 공무원연금공단이 이를 거부하거나 일부 금액만 인정하는 급여지급결정을 하는 경우 그 결정을 대상으로 항고소송을 제기하는 등으로 구체적 권리를 인정받아야 하고, 구체적인 권리가 발생하지 않은 상태에서 곧바로 공무원연금공단을 상대로 한 당사자소송으로 권리의 확인이나 급여의 지급을 소구하는 것은 허용되지 아니한다(대판 2017.2.9. 2014두43264).
> 3. 구 공익사업을 위한 토지 등의 취득 및 보상에 관한 법률 제91조에 규정된 환매권의 존부에 관한 확인을 구하는 소송 및 같은 조 제4항에 따라 환매금액의 증감을 구하는 소송이 민사소송에 해당한다(대판 2013.2.28. 2010두22368).
> 4. 국세환급금에 관한 국세기본법 및 구 국세기본법(2007. 12. 31. 법률 제8830호로 개정되기 전의 것) 제51조 제1항은 이미 부당이득으로서 존재와 범위가 확정되어 있는 과오납부액이 있는 때에는 국가가 납세자의 환급신청을 기다리지 않고 즉시 반환하는 것이 정의와 공평에 합당하다는 법리를 선언하고 있는 것이므로, 이미 존재와 범위가 확정되어 있는 과오납부액은 납세자가 부당이득의 반환을 구하는 민사소송으로 환급을 청구할 수 있다(대판 2015.8.27. 2013다212639).
> 5. 도시 및 주거환경정비법상 주택재건축정비사업조합이 같은 법 제48조에 따라 수립한 관리처분계획에 대하여 관할 행정청의 인가·고시까지 있게 되면 관리처분계획은 행정처분으로서 효력이 발생하게 되므로, 총회결의의 하자를 이유로 하여 행정처분의 효력을 다투는 항고소송의 방법으로 관리처분계획의 취소 또는 무효확인을 구하여야 하고, 그와 별도로 행정처분에 이르는 절차적 요건 중 하나에 불과한 총회결의 부분만을 따로 떼어내어 효력 유무를 다투는 확인의 소를 제기하는 것은 특별한 사정이 없는 한 허용되지 않는다(대판 2009.9.17. 2007다2428전합).

정답 01 X 02 O 03 O 04 X

CHAPTER 3 행정소송

01 공무원연금법령상 급여를 받으려고 하는 자는 구체적 권리가 발생하지 않은 상태에서 곧바로 공무원연금공단을 상대로 한 당사자소송을 제기할 수 없다. (O | X) [18서울시7급]

02 사업시행자가 환매권의 존부에 관한 확인을 구하는 소송은 민사소송이다. (O | X) [18서울시7급]

3. 피고적격

- 당사자소송의 피고적격은 통상 행정주체에게 있다. 행정주체가 국가인 경우, 법무부장관이 국가를 대표하고 행정주체가 지방자치단체인 경우에는 지방자치단체장이 소송을 대표한다. 다만, 통상적으로 그러하다는 것이지 반드시 피고적격이 행정주체에게만 있는 것은 아니다. 당사자소송의 원고적격을 행정주체가 가지고 사인이 피고인 경우도 얼마든지 있을 수 있다.
- 당사자소송에도 취소소송에 관한 피고경정에 관한 규정이 적용되므로 원고의 신청에 의한 법원의 결정으로 피고의 경정을 허가할 수 있고 제3자 소송참가와 행정청의 소송참가에 관한 규정도 준용된다.

> **행정소송법 제39조(피고적격)** 당사자소송은 국가·공공단체 그 밖의 권리주체를 피고로 한다.

관련 판례

공법상의 법률관계를 다투는 당사자소송은 행정소송법 제3조 제2호, 제39조에 의하여 그 법률관계의 한쪽 당사자인 국가·공공단체 그 밖의 권리주체가 피고적격을 가진다(대판 2001.12.11. 2001두7794).

4. 재판관할 - 토지관할

> **행정소송법 제40조(재판관할)** 제9조의 규정은 당사자소송의 경우에 준용한다. 다만, 국가 또는 공공단체가 피고인 경우에는 관계행정청의 소재지를 피고의 소재지로 본다.

> **행정소송법 제9조(재판관할)** ① 취소소송의 제1심관할법원은 피고의 소재지를 관할하는 행정법원으로 한다.
> ② 제1항에도 불구하고 다음 각 호의 어느 하나에 해당하는 피고에 대하여 취소소송을 제기하는 경우에는 대법원소재지를 관할하는 행정법원에 제기할 수 있다.
> 1. 중앙행정기관, 중앙행정기관의 부속기관과 합의제행정기관 또는 그 장
> 2. 국가의 사무를 위임 또는 위탁받은 공공단체 또는 그 장
> ③ 토지의 수용 기타 부동산 또는 특정의 장소에 관계되는 처분등에 대한 취소소송은 그 부동산 또는 장소의 소재지를 관할하는 행정법원에 이를 제기할 수 있다.

정답 01 O 02 O

5. 취소소송에 대한 규정이 당사자소송에 적용 또는 준용되는지 여부

- 당사자소송에 대해서는 취소소송의 제소기간에 관한 규정이 적용되지 아니하며 예외적 행정심판전치주의에 관한 규정도 준용되지 아니한다. 다만, 당사자소송에 관하여 개별 법령에 제소기간이 정해져 있는 경우 그 기간은 불변기간이다.
- 소 변경
소 변경에 관한 규정은 준용되므로 당사자소송으로 제기하여야 할 것을 항고소송으로 제기한 경우에 법원으로서는 원고가 당사자소송으로 소 변경을 하도록 하여 심리·판단하여야 한다(대판 2013두14863).
- 당사자소송도 판결이 확정되면 기판력이 발생한다. 취소판결에서 인정되는 효력 중 취소판결의 제3자효, 예외적 행정심판전치주의, 재처분의무, 간접강제는 성질상 당사자소송에는 준용되지 않는다.
- 당사자소송도 취소소송의 피고경정(피고적격은 준용되지 않는다는 점에 주의), 공동소송, 제3자 소송참가, 행정청 소송참가, 처분변경으로 인한 소의 변경, 행정심판기록의 제출명령, 직권심리, 취소판결의 기속력, 소송비용, 관련청구소송의 이송과 병합의 규정을 준용한다.

> **행정소송법 제44조(준용규정)** ① 제14조 내지 제17조(피고경정, 공동소송, 제3자 소송참가), 제22조(처분변경으로 인한 소의 변경), 제25조(행정심판기록의 제출명령), 제26조(직권심리), 제30조제1항(취소판결의 기속력), 제32조(소송비용의 부담) 및 제33조(소송비용에 관한 재판의 효력)의 규정은 당사자소송의 경우에 준용한다.
> ② 제10조(관련청구소송의 이송과 병합)의 규정은 당사자소송과 관련청구소송이 각각 다른 법원에 계속되고 있는 경우의 이송과 이들 소송의 병합의 경우에 준용한다.

01 당사자소송에 관하여 법령에 제소기간이 정하여져 있는 경우 그 기간은 불변기간으로 한다. (O | X) [19소방직]
02 당사자소송에도 제3자의 소송참가가 허용된다. (O | X) [13지방직9급]
03 당사자소송에는 취소소송과 달리 사정판결의 제도가 없다. (O | X) [19국가직7급]
04 취소소송에는 대세효(제3자효)가 있으나 당사자소송에는 인정되지 않는다. (O | X) [17교육행정직9급]

6. 가구제 관련

1) 가집행

당사자소송의 경우에도 가집행을 하는 것이 가능하다. 종래 국민이 국가를 상대로 하는 당사자소송에서는 법원은 가집행선고를 할 수 없었으나 현재는 행정소송법 제43조의 규정이 헌법재판소에서 위헌으로 결정되어, 국민이 국가를 상대로 하는 당사자소송에서도 법원은 가집행선고를 할 수 있다. 즉, 법원은, 국가가 국민을 상대로 하는 당사자소송, 국민이 국가를 상대로 당사자소송 모두 가집행선고를 할 수 있다. 또한 지방자치단체가 주민을 상대로 하는 당사자소송과 주민이 지방자치단체를 상대로 하는 당사자소송에서도 가집행선고를 할 수 있다.

정답 01 O 02 O 03 O 04 O

> 행정소송법 제43조(가집행선고의 제한) 국가를 상대로 하는 당사자소송의 경우에는 가집행선고를 할 수 없다. [위헌결정으로 인한 효력 상실]

관련 판례

행정소송법 제8조 제2항에 의하면 행정소송에도 민사소송법의 규정이 일반적으로 준용되므로 법원으로서는 공법상 당사자소송에서 재산권의 청구를 인용하는 판결을 하는 경우 가집행선고를 할 수 있다(대판 2000.11.28. 99두3416).

2) 가처분

당사자 소송의 경우 민사집행법 소정의 가처분이 가능하다. 다만, 집행정지에 관한 취소소송의 규정은 준용하지 아니한다.

관련 판례

당사자소송에 대하여는 행정소송법 제23조 제2항의 집행정지에 관한 규정이 준용되지 아니하므로(행정소송법 제44조 제1항 참조), 이를 본안으로 하는 가처분에 대하여는 행정소송법 제8조 제2항에 따라 민사집행법상 가처분에 관한 규정이 준용되어야 한다(대판 2015.8.21. 2015무26).

01 당사자소송에 대하여는 행정소송법 제23조 제2항의 집행정지에 관한 규정이 준용되지 아니하므로, 이를 본안으로 하는 가처분에 대하여는 민사집행법상의 가처분에 관한 규정이 준용되어야 한다. (O | X) [19경찰]

7. 형식적 당사자소송

「공익사업을 위한 토지 등의 취득 및 보상에 관한 법률」등의 개별법령은 실질적으로 처분을 다투는 소송이지만 그 형식을 당사자소송으로 하여 주체와 주체끼리 해결하도록 하는 경우가 있다. 보상금증감청구소송이 대표적이다.

관련 판례

구 '공익사업을 위한 토지 등의 취득 및 보상에 관한 법률'(2007. 10. 17. 법률 제8665호로 개정되기 전의 것) 제74조 제1항에 규정되어 있는 잔여지 수용청구권은 손실보상의 일환으로 토지소유자에게 부여되는 권리로서 그 요건을 구비한 때에는 잔여지를 수용하는 토지수용위원회의 재결이 없더라도 그 청구에 의하여 수용의 효과가 발생하는 형성권적 성질을 가지므로, 잔여지 수용청구를 받아들이지 않은 토지수용위원회의 재결에 대하여 토지소유자가 불복하여 제기하는 소송은 위 법 제85조 제2항에 규정되어 있는 '보상금의 증감에 관한 소송'에 해당하여 사업시행자를 피고로 하여야 한다(대판 2010.8.19. 2008두822).

정답 01 O

핵심 기출문제

01

당사자소송에 해당하지 않는 것은? (다툼이 있는 경우 판례에 의함) [15국가직9급]

① 국가를 상대로 하는 납세의무자의 부가가치세환급세액 지급청구소송
② 「국가를 당사자로 하는 계약에 관한 법률」에 따른 입찰보증금 국고귀속 조치의 취소를 구하는 소송
③ 공무원 퇴직자가 미지급 퇴직 연금에 대한지급을 구하는 소송
④ 지방자치단체가 보조금 지급결정을 하면서 일정 기한 내에 보조금을 반환하도록 하는 교부조건을 부가한 경우, 보조금을 교부받은 사업자에 대한 지방자치단체의 보조금반환청구소송

02

「행정소송법」상 당사자소송에 대한 설명으로 옳지 않은 것은? [23지방직9급]

① 당사자소송이란 행정청의 처분등을 원인으로 하는 법률관계에 관한 소송, 그 밖에 공법상의 법률관계에 관한 소송으로서 그 법률관계의 한쪽 당사자를 피고로 하는 소송을 의미한다.
② 공법상 계약의 한쪽 당사자가 다른 당사자를 상대로 효력을 다투거나 이행을 청구하는 소송은 공법상의 법률관계에 관한 분쟁이므로 분쟁의 실질이 공법상 권리·의무의 존부·범위에 관한 다툼이 아니라 손해배상액의 구체적인 산정방법·금액에 국한되는 등의 특별한 사정이 없는 한 당사자소송으로 제기하여야 한다.
③ 명예퇴직한 법관이 미지급 명예퇴직수당액에 대하여 가지는 권리는 명예퇴직수당 지급대상자 결정 절차를 거쳐 명예퇴직수당규칙에 의하여 확정된 공법상 법률관계에 관한 권리로서, 그 지급을 구하는 소송은 당사자소송에 해당하며, 그 법률관계의 당사자인 국가를 상대로 제기하여야 한다.
④ 당사자소송은 공법상 법률관계에 관한 소송이므로 이를 본안으로 하는 가처분에 대하여는 「민사집행법」상 가처분에 관한 규정이 준용되지 않는다.

> 해설

01 | ① (○) 당사자소송
② (×) 민사소송
③ (○) 당사자소송
④ (○) 당사자소송

02 | ④ (×) 당사자소송
당사자소송에 대하여는 행정소송법 제23조 제2항의 집행정지에 관한 규정이 준용되지 아니하므로(행정소송법 제44조 제1항 참조), 이를 본안으로 하는 가처분에 대하여는 행정소송법 제8조 제2항에 따라 민사집행법상 가처분에 관한 규정이 준용되어야 한다(대판 2015.8.21. 2015무26).

정답 01 ② 02 ④

CHAPTER 4 행정심판

Ⅰ 개설

1. 의의

- 행정심판 절차를 통하여 행정청의 위법 또는 부당한 처분(處分)이나 부작위(不作為)로 침해된 국민의 권리 또는 이익을 구제하고, 아울러 행정의 적정한 운영을 꾀함을 목적으로 하는 절차를 말한다. 헌법은 행정심판에 사법절차가 준용되어야 한다고 규정하고 있다(헌법 제107조 제3항).
- 따라서 행정심판에서 판단기관의 독립성과 공정성, 대심적 심리구조, 당사자의 절차적 권리보장 등의 면에서 사법절차의 본질적 요소를 현저히 결여하고 있다면 "준용"의 요청에 위반된다(헌재 2000헌바30).
- 행정심판 절차에 대한 일반법은 행정심판법이다.

> **헌법 제107조(행정심판의 대상)** ③ 재판의 전심절차로서 행정심판을 할 수 있다. 행정심판의 절차는 법률로 정하되, 사법절차가 준용되어야 한다.
> **행정심판법 제3조(행정심판의 대상)** ① 행정청의 처분 또는 부작위에 대하여는 다른 법률에 특별한 규정이 있는 경우 외에는 이 법에 따라 행정심판을 청구할 수 있다.

01 행정청의 처분 또는 부작위에 대하여는 다른 법률에 특별한 규정이 있는 경우 외에는 행정심판법에 따라 행정심판을 청구할 수 있다. (O | X) [20군무원9급]

2. 특별행정심판 절차

- 특히 필요한 경우로서 미리 중앙행정심판위원회와 협의한 경우를 제외하고는 특별행정심판절차를 정할 수 없다.
- 특별행정심판 절차를 정한 경우에도 그 법에서 정하지 아니한 사항에 대해서는 행정심판법이 적용된다.

> **행정심판법 제4조(특별행정심판 등)** ① 사안(事案)의 전문성과 특수성을 살리기 위하여 특히 필요한 경우 외에는 이 법에 따른 행정심판을 갈음하는 특별한 행정불복절차(이하 "특별행정심판"이라 한다)나 이 법에 따른 행정심판 절차에 대한 특례를 다른 법률로 정할 수 없다.
> ② 다른 법률에서 특별행정심판이나 이 법에 따른 행정심판 절차에 대한 특례를 정한 경우에도 그 법률에서 규정하지 아니한 사항에 관하여는 이 법에서 정하는 바에 따른다.

정답 01 O

CHAPTER 4 행정심판

> ③ 관계 행정기관의 장이 특별행정심판 또는 이 법에 따른 행정심판 절차에 대한 특례를 신설하거나 변경하는 법령을 제정·개정할 때에는 미리 중앙행정심판위원회와 협의하여야 한다.

01 관계행정기관의 장이 특별행정심판 또는 행정심판법에 따른 행정심판절차에 대한 특례를 신설하거나 변경하는 법령을 제정·개정할 때에는 미리 법무부장관과 협의하여야 한다. (O | X) [20군무원9급]

3. 행정심판과 다른 불복 절차와의 구별

1) 이의신청
- 이의신청은 통상 '처분청'에 대한 불복절차를 의미한다(개별법에서 이의신청이라는 용어를 쓰는 경우도 있고 심사청구라는 용어를 쓰기도 한다).
- 행정기본법이 제정되기 전에는 이의신청은 개별법상 근거가 있는 경우에만 가능했다. 현재는 처분에 대하여, 개별법에 이의신청에 대한 규정이 없더라도 이의신청이 가능하다(행정기본법 제36조).

2) 개별상 이의신청

① 이의신청과 행정심판의 관계
- 개별법에서 이의신청과 행정심판과의 관계 규정을 두는 경우, 해당 법규의 해석을 통해 해결한다. 예를 들면, 정보공개법에서는 이의신청을 거친 경우에도 행정심판과 행정소송의 제기가 가능하다고 규정하고 있다. 또한, 출입국관리법상 난민신청에 대한 법무부장관의 거부처분을 받은 자는 이의신청을 제기한 경우 행정심판을 제기할 수 없다고 규정하고 있다.
- 개별법에서 이의신청과 행정심판에 대한 관계 규정을 두고 있지 아니한 경우, 행정기본법에 따라 이의신청과 상관없이 행정심판 또는 행정소송을 제기할 수 있다고 규정하고 있다.

② 이의신청과 행정심판의 구별 기준(판례 법리)
- 통상 처분청에 불복하는 경우 이의신청으로 상급 행정청에 불복하는 경우에는 행정심판으로 본다.
- 사법절차에 준하는 심의 구조(준사법적 절차)를 가지고 있는 경우에는 행정심판으로 본다.
- 불복하는 자가 제출한 서면의 제목에 행정심판청구서라고 되어 있는 경우에도 이의신청에 요건에 맞는 불복취지와 사유가 충분히 기재되어 있다면 규정되어 있다면 이의신청으로 판단한다.
- 위와 같은 사정을 고려하여, 판례는 민원사무처리법에 따른 이의신청은 행정심판이 아니라고 보지만, 지방토지수용위원회나 중앙토지수용위원회의 수용재결에 대한 이의신청에 대하여 중앙토지수용위원회의 이의재결은 행정심판청구로 본다.

정답 01 ×

③ 이의신청과 행정심판의 구별 실익
- 이의신청이 행정심판인 경우, 이의신청을 거친 경우에 행정심판을 제기할 수 없다. 반면에, 이의신청이라면 그 절차를 거쳤다고 해도 행정심판을 청구할 수 있다.
- 이의신청에 대한 기각결정은 독자적으로 처분성을 가지지 않는 것이 원칙이다.

> **관련 판례**
>
> 3년간 기술혁신 촉진 사업 참여 제한 처분 및 정부출연금 전부 환수 처분(1차 통지) 이에 대한 이의신청과 이의신청에 대한 통지(2차 통지를 처분 상대방의 인식가능성을 고려하여 처분성을 인정한 판시)
> 이 사건 1차 통지와 이 사건 2차 통지 각각에 대하여 행정소송 등 불복방법에 관한 고지를 받은 당사자로서는 당초의 이 사건 1차 통지에 대해서는 이의신청을 하여 재심의를 받거나 곧바로 행정소송 등을 제기하는 방법 중에서 선택할 수 있다고 이해하게 될 것이고, 그중 이의신청을 한 당사자가 그에 따른 재심의 결과에 대하여 따로 행정소송 등을 제기하여 다툴 수 있을 것으로 기대한다고 하여 이를 잘못이라고 할 수는 없다. 그러므로 피고가 이 사건 2차 통지를 하면서 그에 대한 행정소송 등을 처분이 있음을 알게 된 날부터 90일 내에 제기할 수 있다고 명시적으로 안내한 것은 그 상대가 된 원고들에 대하여 신뢰의 대상이 되는 공적인 견해를 표명한 것에 해당한다 할 것인데, 원고들이 그 안내를 신뢰하고 90일의 기간 내에 이 사건 행정소송을 제기하였음에도 이 사건 2차 통지가 행정소송의 대상으로서의 처분성이 없다고 한다면, 원고들로서는 피고의 견해표명을 신뢰한 데 따른 이익을 침해받게 될 것임이 명백하다. 그러므로 행정상 법률관계에서의 신뢰보호의 원칙에 비추어 보더라도 이 사건 2차 통지는 항고소송의 대상이 되는 처분이라고 봄이 상당하다(대판 2022.7.28. 2021두60748).

- 행정기본법상 이의신청은 처분에 대해서만 인정되는 것이지만 개별법상 이의신청은 처분에 한정되지 않는다.

3) 행정기본법상 이의신청

① 의의 및 근거
- 행정기본법은 이의신청에 대한 일반법으로 기능한다. 즉 이의신청에 대하여 다른 개별법의 정함이 없는 부분에 대해서는 행정기본법이 적용된다.
- 이의신청은 행정심판법의 처분에 해당하는 행정처분이라면 가능하다.

> **행정기본법 제36조(처분에 대한 이의신청)** ① 행정청의 처분(「행정심판법」 제3조에 따라 같은 법에 따른 행정심판의 대상이 되는 처분을 말한다. 이하 이 조에서 같다)에 이의가 있는 당사자는 처분을 받은 날부터 30일 이내에 해당 행정청에 이의신청을 할 수 있다.
> ② 행정청은 제1항에 따른 이의신청을 받으면 그 신청을 받은 날부터 14일 이내에 그 이의신청에 대한 결과를 신청인에게 통지하여야 한다. 다만, 부득이한 사유로 14일 이내에 통지할 수 없는 경우에는 그 기간을 만료일 다음 날부터 기산하여 10일의 범위에서 한 차례 연장할 수 있으며, 연장 사유를 신청인에게 통지하여야 한다.
> ③ 제1항에 따라 이의신청을 한 경우에도 그 이의신청과 관계없이 「행정심판법」에 따른 행정심판 또는 「행정소송법」에 따른 행정소송을 제기할 수 있다.

④ 이의신청에 대한 결과를 통지받은 후 행정심판 또는 행정소송을 제기하려는 자는 그 결과를 통지받은 날(제2항에 따른 통지기간 내에 결과를 통지받지 못한 경우에는 같은 항에 따른 통지기간이 만료되는 날의 다음 날을 말한다)부터 90일 이내에 제1항의 처분(이의신청 결과 처분이 변경된 경우에는 변경된 처분으로 한다)에 대하여 행정심판 또는 행정소송을 제기할 수 있다.

⑤ 행정청은 제2항 또는 다른 법률에 따라 이의신청에 대한 결과를 통지할 때에는 대통령령으로 정하는 바에 따라 제4항에 따른 행정심판 또는 행정소송을 제기할 수 있는 기간 등 행정심판 또는 행정소송의 제기에 관한 사항을 함께 안내하여야 한다. 다만, 이의신청에 대한 결과를 통지하기 전에 이미 신청인이 행정심판 또는 행정소송을 제기한 경우에는 안내하지 아니할 수 있다.

⑥ 다른 법률에서 이의신청과 이에 준하는 절차에 대하여 정하고 있는 경우에도 그 법률에서 규정하지 아니한 사항에 관하여는 이 조에서 정하는 바에 따른다.

⑦ 제1항부터 제6항까지에서 규정한 사항 외에 이의신청의 방법 및 절차 등에 관한 사항은 대통령령으로 정한다.

⑧ 다음 각 호의 어느 하나에 해당하는 사항에 관하여는 이 조를 적용하지 아니한다.
1. 공무원 인사 관계 법령에 따른 징계 등 처분에 관한 사항
2. 「국가인권위원회법」 제30조에 따른 진정에 대한 국가인권위원회의 결정
3. 「노동위원회법」 제2조의2에 따라 노동위원회의 의결을 거쳐 행하는 사항
4. 형사, 행형 및 보안처분 관계 법령에 따라 행하는 사항
5. 외국인의 출입국·난민인정·귀화·국적회복에 관한 사항
6. 과태료 부과 및 징수에 관한 사항

③ 이의신청의 제기기간과 처리기간
- 처분에 이의가 있는 당사자는 처분을 받은 날부터 30일 이내에 해당 행정청에 이의신청을 할 수 있다.
- 이의신청을 받은 행정청은 신청을 받은 날부터 14일 이내에 그 이의신청의 결과를 신청인에게 통지하여야 한다. 다만, 부득이한 경우 이의신청은 10일의 범위에서 한 차례 연장할 수 있으며, 그 사유를 신청인에게 통지할 의무가 있다.
- 이의신청에 대한 결과를 통지 받은 후 행정심판 또는 행정소송을 제기하려는 자는 그 결과를 통지받은 날부터 90일 이내에 행정심판 또는 행정소송을 제기할 수 있다.

> 관련 판례
>
> 1. 부동산 가격공시 및 감정평가에 관한 법률 제12조, 행정소송법 제20조 제1항, 행정심판법 제3조 제1항의 규정 내용 및 취지와 아울러 부동산 가격공시 및 감정평가에 관한 법률에 행정심판의 제기를 배제하는 명시적인 규정이 없고 부동산 가격공시 및 감정평가에 관한 법률에 따른 이의신청과 행정심판은 그 절차 및 담당 기관에 차이가 있는 점을 종합하면, 부동산 가격공시 및 감정평가에 관한 법률이 이의신청에 관하여 규정하고 있다고 하여 이를 행정심판법 제3조 제1항에서 행정심판의 제기를 배제하는 '다른 법률에 특별한 규정이 있는 경우'에 해당한다고 볼 수 없다(대판 2010.1.28. 2008두19987).
> 2. 지방자치법 제140조 제3항에서 정한 이의신청은 행정청의 위법·부당한 처분에 대하여 행정기관이 심판하는 행정심판과는 구별되는 별개의 제도이나, 이의신청과 행정심판은 모두 본질에 있어 행정처분으로 인하여 권리나 이익을 침해당한 상대방의 권리구제에 목적이 있고, 행정소송에 앞서 먼저

행정기관의 판단을 받는 데에 목적을 둔 엄격한 형식을 요하지 않는 서면행위이므로, 이의신청을 제기해야 할 사람이 처분청에 표제를 '행정심판청구서'로 한 서류를 제출한 경우라 할지라도 서류의 내용에 이의신청 요건에 맞는 불복취지와 사유가 충분히 기재되어 있다면 표제에도 불구하고 이를 처분에 대한 이의신청으로 볼 수 있다(대판 2012.3.29. 2011두26886).

3. 토지소유자 및 이해관계인이 개별토지가격결정에 대하여 재조사청구를 하지 않고 바로 행정심판법 소정의 행정심판을 제기하거나 또는 재조사청구를 하여 결과통지를 받은 후 다시 행정심판법 소정의 행정심판을 제기하여 그 재결을 거쳐 행정소송을 제기하는 것이 가능하고, 개별토지가격결정에 대하여 재조사청구를 하여 재조사 결과통지를 받은 자는 별도의 행정심판절차를 거치지 않더라도 곧바로 행정소송을 제기할 수 있다(대판 1993.12.24. 92누17204).

4. 구 공무원연금법(2018. 3. 20. 법률 제15523호로 전부 개정되기 전의 것, 이하 같다) 제80조에 의하면, 급여에 관한 결정 등에 관하여 이의가 있는 자는 급여에 관한 결정 등이 있었던 날부터 180일, 그 사실을 안 날부터 90일 이내에 '공무원연금급여 재심위원회'에 심사를 청구할 수 있을 뿐이고(제1항, 제2항), 행정심판법에 따른 행정심판을 청구할 수는 없다(제4항). 이와 같은 공무원연금급여 재심위원회에 대한 심사청구 제도의 입법 취지와 심사청구기간, 행정심판법에 따른 일반행정심판의 적용 배제, 구 공무원연금법 제80조 제3항의 위임에 따라 구 공무원연금법 시행령 제84조 내지 제95조의2에서 정한 공무원연금급여 재심위원회의 조직, 운영, 심사절차에 관한 사항 등을 종합하면, 구 공무원연금법상 공무원연금급여 재심위원회에 대한 심사청구 제도는 사안의 전문성과 특수성을 살리기 위하여 특히 필요하여 행정심판법에 따른 일반행정심판을 갈음하는 특별한 행정불복절차(행정심판법 제4조 제1항), 즉 특별행정심판에 해당한다(대판 2019.8.9. 2019두38656).

5. 과세처분에 관한 불복절차과정에서 불복사유가 옳다고 인정하여 이에 따라 필요한 처분을 하였을 경우에는, 불복제도와 이에 따른 시정방법을 인정하고 있는 국세기본법 취지에 비추어 볼 때 동일 사항에 관하여 특별한 사유 없이 이를 번복하고 종전과 동일한 처분을 하는 것은 허용될 수 없다. 따라서 과세관청이 과세처분에 대한 이의신청절차에서 납세자의 이의신청 사유가 옳다고 인정하여 과세처분을 직권으로 취소한 경우, 납세자가 허위의 자료를 제출하는 등 부정한 방법에 기초하여 직권취소되었다는 등의 특별한 사유가 없는데도 이를 번복하고 종전과 동일한 과세처분을 하는 것은 위법하다(대판 2017.3.9. 2016두56790).

6. 토지수용위원회의 수용재결에 대한 이의절차는 실질적으로 행정심판의 성질을 갖는 것이므로 토지수용법에 특별한 규정이 있는 것을 제외하고는 행정심판법의 규정이 적용된다고 할 것이다(대판 1992.6.9. 92누565).

---

01 과세처분에 대해 이의신청을 하고 이에 따라 직권취소가 이루어졌다면 특별한 사정이 없는 한 불가변력이 발생한다. (O | X)   [20국회직8급]

02 이의신청은 그것이 준사법적 절차의 성격을 띠어 실질적으로 행정심판의 성질을 가지더라도 이를 행정심판으로 볼 수 없다. (O | X)   [16국직8급]

03 「공익사업을 위한 토지 등의 취득 및 보상에 관한 법률」상 토지수용위원회의 수용재결에 대한 이의절차는 실질적으로 행정심판의 성질을 갖는 것이므로 동법에 특별한 규정이 있는 것을 제외하고는 행정심판법의 규정이 적용된다. (O | X)   [17지방직9급]

정답 01 O   02 X   03 O

4) 국민고충처리와의 관계

국무총리 소속의 국민권익위원회가 행정과 관련된 국민의 고충민원에 대하여 상담 조사 및 처리하는 제도이므로 원칙적으로 행정심판으로 볼 수 없다. 다만, 행정기관의 처분에 대하여 시정을 구하는 취지임이 내용상 분명한 것으로서 국민고충처리위원회가 이를 당해 처분청 등에 송부한 경우에 한해 예외적으로 행정심판청구로 볼 수 있다(대판 95누5332).

5) 행정기본법상 처분의 재심사

행정기본법 제37조(처분의 재심사) ① 당사자는 처분(제재처분 및 행정상 강제는 제외한다. 이하 이 조에서 같다)이 행정심판, 행정소송 및 그 밖의 쟁송을 통하여 다툴 수 없게 된 경우(법원의 확정판결이 있는 경우는 제외한다)라도 다음 각 호의 어느 하나에 해당하는 경우에는 해당 처분을 한 행정청에 처분을 취소·철회하거나 변경하여 줄 것을 신청할 수 있다.
1. 처분의 근거가 된 사실관계 또는 법률관계가 추후에 당사자에게 유리하게 바뀐 경우
2. 당사자에게 유리한 결정을 가져다주었을 새로운 증거가 있는 경우
3. 「민사소송법」 제451조에 따른 재심사유에 준하는 사유가 발생한 경우 등 대통령령으로 정하는 경우

② 제1항에 따른 신청은 해당 처분의 절차, 행정심판, 행정소송 및 그 밖의 쟁송에서 당사자가 중대한 과실 없이 제1항 각 호의 사유를 주장하지 못한 경우에만 할 수 있다.
③ 제1항에 따른 신청은 당사자가 제1항 각 호의 사유를 안 날부터 60일 이내에 하여야 한다. 다만, 처분이 있은 날부터 5년이 지나면 신청할 수 없다.
④ 제1항에 따른 신청을 받은 행정청은 특별한 사정이 없으면 신청을 받은 날부터 90일(합의제행정기관은 180일) 이내에 처분의 재심사 결과(재심사 여부와 처분의 유지·취소·철회·변경 등에 대한 결정을 포함한다)를 신청인에게 통지하여야 한다. 다만, 부득이한 사유로 90일(합의제행정기관은 180일) 이내에 통지할 수 없는 경우에는 그 기간을 만료일 다음 날부터 기산하여 90일(합의제행정기관은 180일)의 범위에서 한 차례 연장할 수 있으며, 연장 사유를 신청인에게 통지하여야 한다.
⑤ 제4항에 따른 처분의 재심사 결과 중 처분을 유지하는 결과에 대해서는 행정심판, 행정소송 및 그 밖의 쟁송수단을 통하여 불복할 수 없다.
⑥ 행정청의 제18조에 따른 취소와 제19조에 따른 철회는 처분의 재심사에 의하여 영향을 받지 아니한다.
⑦ 제1항부터 제6항까지에서 규정한 사항 외에 처분의 재심사의 방법 및 절차 등에 관한 사항은 대통령령으로 정한다.
⑧ 다음 각 호의 어느 하나에 해당하는 사항에 관하여는 이 조를 적용하지 아니한다.
1. 공무원 인사 관계 법령에 따른 징계 등 처분에 관한 사항
2. 「노동위원회법」 제2조의2에 따라 노동위원회의 의결을 거쳐 행하는 사항
3. 형사, 행형 및 보안처분 관계 법령에 따라 행하는 사항
4. 외국인의 출입국·난민인정·귀화·국적회복에 관한 사항
5. 과태료 부과 및 징수에 관한 사항
6. 개별 법률에서 그 적용을 배제하고 있는 경우

4. 행정심판의 제외

> **행정심판법 제3조(행정심판의 대상)** ② 대통령의 처분 또는 부작위에 대하여는 다른 법률에서 행정심판을 청구할 수 있도록 정한 경우 외에는 행정심판을 청구할 수 없다.

5. 재청구의 금지

> **행정심판법 제51조(행정심판 재청구의 금지)** 심판청구에 대한 재결이 있으면 그 재결 및 같은 처분 또는 부작위에 대하여 다시 행정심판을 청구할 수 없다.

6. 행정심판의 종류

행정심판은 취소심판, 무효등확인심판, 의무이행심판이 있다. 모두 항고심판에 해당하고 당사자 심판에 대한 규정은 존재하지 않는다.

01 행정심판법은 당사자심판을 규정하여 당사자소송과 연동시키고 있다. (O | X)   [20지방직7급]

> **행정심판법 제5조(행정심판의 종류)** 행정심판의 종류는 다음 각 호와 같다.
> 1. 취소심판 : 행정청의 위법 또는 부당한 처분을 취소하거나 변경하는 행정심판
> 2. 무효등확인심판 : 행정청의 처분의 효력 유무 또는 존재 여부를 확인하는 행정심판
> 3. 의무이행심판 : 당사자의 신청에 대한 행정청의 위법 또는 부당한 거부처분이나 부작위에 대하여 일정한 처분을 하도록 하는 행정심판

1) 취소심판

① 의의

행정청의 위법 또는 부당한 처분, 거부처분, 그 밖에 이에 준하는 행정작용 때문에 권익을 침해당한 자가 그 취소 또는 변경을 구하는 행정심판을 말한다.

02 당사자의 신청에 대한 행정청의 부당한 거부처분을 취소하는 행정심판은 현행법상 허용되지 않는다. (O | X)   [20지방직9급]

03 거부처분에 대하여서는 의무이행심판을 제기하여야 하며, 취소심판을 제기할 수 없다. (O | X)   [17국회직8급]

② 성질

형성적 쟁송의 성격을 가진다고 보는 것이 통설의 입장이다.

③ 청구기간

㉠ 행정심판은 처분이 있음을 알게된 날부터 90일 이내에 청구하여야 한다(불변기간). 만일 천재지변, 전쟁, 사변(事變), 그 밖의 불가항력으로 인하여 제1항에서 정한 기

정답 01 × 02 × 03 ×

간(90일)에 심판 청구를 할 수 없었을 때에는 그 사유가 소멸한 날부터 14일 이내에 행정심판을 청구할 수 있다. 다만, 국외에서 행정심판을 청구하는 경우에는 그 기간을 30일로 한다(불변기간).
ⓒ 행정심판은 처분이 있었던 날부터 180일이 지나면 청구하지 못한다. 다만, 해당 기간은 불변기간이 아니므로 정당한 사유가 있는 경우 기간은 연장될 수 있다(제3자효 행정행위에서 제3자가 대표적).

> **행정심판법 제27조(심판청구의 기간)** ① 행정심판은 처분이 있음을 알게 된 날부터 90일 이내에 청구하여야 한다.
> ② 청구인이 천재지변, 전쟁, 사변(事變), 그 밖의 불가항력으로 인하여 제1항에서 정한 기간에 심판청구를 할 수 없었을 때에는 그 사유가 소멸한 날부터 14일 이내에 행정심판을 청구할 수 있다. 다만, 국외에서 행정심판을 청구하는 경우에는 그 기간을 30일로 한다.
> ③ 행정심판은 처분이 있었던 날부터 180일이 지나면 청구하지 못한다. 다만, 정당한 사유가 있는 경우에는 그러하지 아니하다.
> ④ 제1항과 제2항의 기간은 불변기간(不變期間)으로 한다.
> ⑤ 행정청이 심판청구 기간을 제1항에 규정된 기간보다 긴 기간으로 잘못 알린 경우 그 잘못 알린 기간에 심판청구가 있으면 그 행정심판은 제1항에 규정된 기간에 청구된 것으로 본다.
> ⑥ 행정청이 심판청구 기간을 알리지 아니한 경우에는 제3항에 규정된 기간에 심판청구를 할 수 있다.
> ⑦ 제1항부터 제6항까지의 규정은 무효등확인심판청구와 부작위에 대한 의무이행심판청구에는 적용하지 아니한다.

01 부작위에 대한 의무이행심판청구에 있어서는 심판청구기간의 제한이 없다. (O | X) [19소방직]
02 거부처분에 대한 의무이행심판에는 심판청구에 기간상의 제한이 없다. (O | X) [13서울시7급]

관련 판례

1. [1] 국세기본법의 적용을 받는 처분과 달리 행정심판법의 적용을 받는 처분인 과징금부과처분에 대한 심판청구기간의 기산점인 행정심판법 제18조 제1항 소정의 '처분이 있음을 안 날'이라 함은 당사자가 통지·공고 기타의 방법에 의하여 당해 처분이 있었다는 사실을 현실적으로 안 날을 의미하고, 추상적으로 알 수 있었던 날을 의미하는 것은 아니라 할 것이며, 다만 처분을 기재한 서류가 당사자의 주소에 송달되는 등으로 사회통념상 처분이 있음을 당사자가 알 수 있는 상태에 놓여진 때에는 반증이 없는 한 그 처분이 있음을 알았다고 추정할 수는 있다.
   [2] 아파트 경비원이 관례에 따라 부재중인 납부의무자에게 배달되는 과징금부과처분의 납부고지서를 수령한 경우, 납부의무자가 아파트 경비원에게 우편물 등의 수령권한을 위임한 것으로 볼 수는 있을지언정, 과징금부과처분의 대상으로 된 사항에 관하여 납부의무자를 대신하여 처리할 권한까지 위임한 것으로 볼 수는 없고, 설사 위 경비원이 위 납부고지서를 수령한 때에 위 부과처분이 있음을 알았다고 하더라도 이로써 납부의무자 자신이 그 부과처분이 있음을 안 것과 동일하게 볼 수는 없다(대판 2002.8.27. 2002두3850).
2. 처분상대방의 주소지에서 아르바이트 직원이 납부고지서를 수령한 경우 처분이 있음을 알았다고 추정할 수 있음(대판 1999.12.28. 99두9742).

정답 01 O 02 X

3. 통상 고시 또는 공고에 의하여 행정처분을 하는 경우에는 그 처분의 상대방이 불특정 다수인이고 그 처분의 효력이 불특정 다수인에게 일률적으로 적용되는 것이므로, 그 행정처분에 이해관계를 갖는 자가 고시 또는 공고가 있었다는 사실을 현실적으로 알았는지 여부에 관계없이 고시가 효력을 발생하는 날 행정처분이 있음을 알았다고 보아야 한다(대판 2007.6.14. 2004두619).
4. 취소소송의 제소기간 기산점으로 행정소송법 제20조 제1항이 정한 '처분 등이 있음을 안 날'은 유효한 행정처분이 있음을 안 날을, 같은 조 제2항이 정한 '처분 등이 있은 날'은 그 행정처분의 효력이 발생한 날을 각 의미한다. 이러한 법리는 행정심판의 청구기간에 관해서도 마찬가지로 적용된다(대판 2019.8.9. 2019두38656).

관련 판례

제3자효 행정행위의 경우 – 제3자효 행정행위의 경우에도 행정심판 청구기간의 규정이 적용된다.
1. 행정처분의 직접 상대방이 아닌 제3자는 처분이 있은 날로부터 180일이 지나더라도 특별한 사정이 없는 한 정당한 사유가 있는 것으로 보아 행정심판청구가 가능함(대판 2002.5.24. 2000두3641).
2. 제3자가 어떤 경위로든 처분이 있음을 알았거나 알 수 있는 등의 사정이 있으면 그 때로부터 60일(편주 : 현행 90일) 내에 행정심판을 청구해야 한다(대판 1996.9.6. 95누16233).

ㄹ) 고지

고지는 처분의 상대방에게 하는 것을 원칙으로 한다. 제3자 등 이해관계인의 경우, 행정청에 고지를 요구할 수 있고, 행정청은 그때 지체 없이 일정한 사항을 고지할 의무가 생긴다.

제58조(행정심판의 고지) ① 행정청이 처분을 할 때에는 처분의 상대방에게 다음 각 호의 사항을 알려야 한다.
1. 해당 처분에 대하여 행정심판을 청구할 수 있는지
2. 행정심판을 청구하는 경우의 심판청구 절차 및 심판청구 기간
② 행정청은 이해관계인이 요구하면 다음 각 호의 사항을 지체 없이 알려 주어야 한다. 이 경우 서면으로 알려 줄 것을 요구받으면 서면으로 알려 주어야 한다.
1. 해당 처분이 행정심판의 대상이 되는 처분인지
2. 행정심판의 대상이 되는 경우 소관 위원회 및 심판청구 기간

ㅁ) 불고지와 오고지
- 불고지 : 행정청이 심판청구 기간을 알리지 아니한 경우에는 처분이 있었던 날부터 180일 이내에 행정심판을 청구할 수 있다.
- 오고지 : 처분이 있음을 안 날로부터 90일 이내보다 더 긴 기간으로 잘못 알린 경우 그 잘못 알린 기간에 심판청구가 있으면 그 행정심판은 제1항에 규정된 기간에 청구된 것으로 본다.

> **관련 판례**
> 1. 다른 법률에서 행정심판청구기간을 행정심판법보다 짧게 정한 경우에도 행정청이 처분시에 행정심판청구기간을 알리지 아니한 때에는 당사자는 그 처분이 있은 날로부터 180일 이내에 행정심판을 제기할 수 있다고 보아야 할 것이다(대판 1990.7.10. 89누6839).
> 2. 고지절차에 관한 규정은 행정처분의 상대방이 그 처분에 대한 행정심판의 절차를 밟는데 있어 편의를 제공하려는데 있으며 처분청이 위 규정에 따른 <u>고지의무를 이행하지 아니하였다고 하더라도 경우에 따라서는 행정심판의 제기기간이 연장될 수 있는 것에 그치고 이로 인하여 심판의 대상이 되는 행정처분에 어떤 하자가 수반된다고 할 수 없다</u>(대판 1987.11.24. 87누529).

④ 인용재결의 형식

취소심판에서는 인용재결로서 처분취소재결(형성재결), 변경재결(형성재결), 처분변경명령재결(이행재결)이 가능하지만 처분취소명령재결은 가능하지 않다.

01 취소심판의 재결로서 처분취소재결, 처분변경재결, 처분변경명령재결을 할 수 있으며, 처분취소명령재결은 할 수 없다. (O | X) [19서울시7급]
02 행정심판에서는 변경재결과 같이 원처분을 적극적으로 변경하는 것도 가능하다. (O | X) [15서울시9급]

⑤ 재결의 기속력 확보수단
- 거부처분에 대한 취소재결, 절차위반에 대한 취소재결의 경우, 간접강제가 가능하다. 그러나 변경명령재결에 대해서는 간접강제에 대한 근거 규정이 존재하지 아니한다.
- 직접처분은 의무이행심판의 이행재결의 경우에 가능한 것이므로 취소심판에서는 불가하다.

2) 무효등확인심판

① 의의

행정청의 처분의 효력 유무 또는 존부, 실효를 확인하는 행정심판을 말한다. 거부처분도 그 대상이 된다.

② 성질

준형성재결(확인적 쟁송과 형성적 쟁송의 성격을 모두 가진다)로 보는 견해가 다수설이다.

③ 인용재결의 형식

무효확인재결, 유효확인재결, 존재확인재결, 부존재확인재결, 실효확인재결

④ 청구기간

청구기간의 제한이 없으며, 사정재결도 불가하다.

정답 01 O 02 O

> **행정심판법 제27조(심판청구의 기간)** ⑦ 제1항부터 제6항까지의 규정은 무효등확인심판청구와 부작위에 대한 의무이행심판청구에는 적용하지 아니한다.
> **행정심판법 제44조(사정재결)** ① 위원회는 심판청구가 이유가 있다고 인정하는 경우에도 이를 인용(認容)하는 것이 공공복리에 크게 위배된다고 인정하면 그 심판청구를 기각하는 재결을 할 수 있다. 이 경우 위원회는 재결의 주문(主文)에서 그 처분 또는 부작위가 위법하거나 부당하다는 것을 구체적으로 밝혀야 한다.
> ② 위원회는 제1항에 따른 재결을 할 때에는 청구인에 대하여 상당한 구제방법을 취하거나 상당한 구제방법을 취할 것을 피청구인에게 명할 수 있다.
> ③ 제1항과 제2항은 무효등확인심판에는 적용하지 아니한다.

01 무효등확인심판에서는 사정재결이 허용되지 아니한다. (O | X) [19서울시9급]

02 행정청의 부작위에 대한 의무이행심판은 심판청구기간 규정의 적용을 받지 않고, 사정재결이 인정되지 아니한다. (O | X) [20지방직9급]

⑤ 재결의 기속력 확보수단
- 거부처분에 대한 무효확인재결, 부존재확인재결에 대해서는 간접강제가 가능하다.
- 직접처분은 의무이행심판의 이행재결의 경우에 가능한 것이므로 무효등확인심판에서는 불가하다.

3) 의무이행심판

① 의의
당사자의 신청에 대한 행정청의 위법 또는 부당한 거부처분이나 부작위에 대하여 일정한 처분을 하도록 하는 행정심판을 말한다.

② 성질
이행쟁송의 성격을 가지는 것이 원칙이다.

③ 인용재결의 형식
처분재결(형성재결), 처분명령재결(이행재결)

④ 청구기간
거부처분의 경우에는 심판청구기간의 제한이 있으나 부작위의 경우 심판청구기간의 제한이 없다. 사정재결도 가능하다.

⑤ 재결의 기속력 확보수단
거부처분이나 부작위에 대한 처분명령재결이 있는 경우, 직접처분과 간접강제 모두 가능하다. 다만, 정보공개청구에 대한 처분명령재결의 경우와 같이 성질상 직접처분을 할 수 없는 경우도 있다.

03 당사자의 신청에 대한 행정청의 위법한 부작위에 대하여 행정청의 부작위가 위법하다는 것을 확인하는 행정심판은 현행법상 허용되지 않는다. (O | X) [20지방직9급]

CHAPTER 4 행정심판

7. 행정심판의 당사자

1) 청구인 적격

행정심판은 법률상 이익이 있는 자가 제기할 수 있다. 따라서 처분의 직접 상대방 외에도 제3자도 가능하고 대표자 또는 관리인이 있는 경우 법인 이름으로 행정심판을 청구할 수 있다.

> **행정심판법 제13조(청구인 적격)** ① 취소심판은 처분의 취소 또는 변경을 구할 법률상 이익이 있는 자가 청구할 수 있다. 처분의 효과가 기간의 경과, 처분의 집행, 그 밖의 사유로 소멸된 뒤에도 그 처분의 취소로 회복되는 법률상 이익이 있는 자의 경우에도 또한 같다.
> ② 무효등확인심판은 처분의 효력 유무 또는 존재 여부의 확인을 구할 법률상 이익이 있는 자가 청구할 수 있다.
> ③ 의무이행심판은 처분을 신청한 자로서 행정청의 거부처분 또는 부작위에 대하여 일정한 처분을 구할 법률상 이익이 있는 자가 청구할 수 있다.

> **행정심판법 제14조(법인이 아닌 사단 또는 재단의 청구인 능력)** 법인이 아닌 사단 또는 재단으로서 대표자나 관리인이 정하여져 있는 경우에는 그 사단이나 재단의 이름으로 심판청구를 할 수 있다.

01 종중이나 교회와 같은 비법인사단은 사단 자체의 명의로 행정심판을 청구할 수 없고 대표자가 청구인이 되어 행정심판을 청구하여야 한다. (O | X)   [18국가직9급]

2) 선정대표자 - 청구인 관련

> **행정심판법 제15조(선정대표자)** ① 여러 명의 청구인이 공동으로 심판청구를 할 때에는 청구인들 중에서 3명 이하의 선정대표자를 선정할 수 있다.
> ② 청구인들이 제1항에 따라 선정대표자를 선정하지 아니한 경우에 위원회는 필요하다고 인정하면 청구인들에게 선정대표자를 선정할 것을 권고할 수 있다.
> ③ 선정대표자는 다른 청구인들을 위하여 그 사건에 관한 모든 행위를 할 수 있다. 다만, 심판청구를 취하하려면 다른 청구인들의 동의를 받아야 하며, 이 경우 동의받은 사실을 서면으로 소명하여야 한다.
> ④ 선정대표자가 선정되면 다른 청구인들은 그 선정대표자를 통해서만 그 사건에 관한 행위를 할 수 있다.
> ⑤ 선정대표자를 선정한 청구인들은 필요하다고 인정하면 선정대표자를 해임하거나 변경할 수 있다. 이 경우 청구인들은 그 사실을 지체 없이 위원회에 서면으로 알려야 한다.

02 여러 명의 청구인이 공동으로 심판청구를 할 때에는 청구인들 중에서 5명 이하의 선정대표자를 선정할 수 있다. (O | X)   [19군무원9급]

03 행정심판절차에서 청구인들이 '당사자 아닌 자'를 선정대표자로 선정한 행위는 무효이다. (O | X)   [08국회직8급]

정답 01 × 02 × 03 O

3) 대리인 - 청구인, 피청구인 모두 관련

청구인은 제18조 제1항 1호에서 5호까지의 자를 대리인으로 선임할 수 있다. 피청구인은 제18조 제1항 제3호에서 5호까지의 자를 대리인으로 선임할 수 있다.

> **행정심판법 제18조(대리인의 선임)** ① 청구인은 법정대리인 외에 다음 각 호의 어느 하나에 해당하는 자를 대리인으로 선임할 수 있다.
> 1. 청구인의 배우자, 청구인 또는 배우자의 사촌 이내의 혈족
> 2. 청구인이 법인이거나 제14조에 따른 청구인 능력이 있는 법인이 아닌 사단 또는 재단인 경우 그 소속 임직원
> 3. 변호사
> 4. 다른 법률에 따라 심판청구를 대리할 수 있는 자
> 5. 그 밖에 위원회의 허가를 받은 자
> ② 피청구인은 그 소속 직원 또는 제1항제3호부터 제5호까지의 어느 하나에 해당하는 자를 대리인으로 선임할 수 있다.

4) 국선대리인 - 청구인 관련

> **행정심판법 제18조의2(국선대리인)** ① 청구인이 경제적 능력으로 인해 대리인을 선임할 수 없는 경우에는 위원회에 국선대리인을 선임하여 줄 것을 신청할 수 있다.
> ② 위원회는 제1항의 신청에 따른 국선대리인 선정 여부에 대한 결정을 하고, 지체 없이 청구인에게 그 결과를 통지하여야 한다. 이 경우 위원회는 심판청구가 명백히 부적법하거나 이유 없는 경우 또는 권리의 남용이라고 인정되는 경우에는 국선대리인을 선정하지 아니할 수 있다.

01 행정심판의 경우에도 국선대리인 제도가 인정되므로, 청구인은 경제적 능력으로 대리인을 선임할 수 없는 경우에는 행정심판위원회에 국선대리인을 선임하여 줄 것을 신청할 수 있다. (O | X) [19군무원(하)9급]

5) 청구인의 지위 승계

당연승계와 허가승계가 있다.

> **제16조(청구인의 지위 승계)** ① 청구인이 사망한 경우에는 상속인이나 그 밖에 법령에 따라 심판청구의 대상에 관계되는 권리나 이익을 승계한 자가 청구인의 지위를 승계한다.
> ② 법인인 청구인이 합병(合倂)에 따라 소멸하였을 때에는 합병 후 존속하는 법인이나 합병에 따라 설립된 법인이 청구인의 지위를 승계한다.
> ③ 제1항과 제2항에 따라 청구인의 지위를 승계한 자는 위원회에 서면으로 그 사유를 신고하여야 한다. 이 경우 신고서에는 사망 등에 의한 권리·이익의 승계 또는 합병 사실을 증명하는 서면을 함께 제출하여야 한다.
> ④ 제1항 또는 제2항의 경우에 제3항에 따른 신고가 있을 때까지 사망자나 합병 전의 법인에 대하여 한 통지 또는 그 밖의 행위가 청구인의 지위를 승계한 자에게 도달하면 지위를 승계한 자에 대한 통지 또는 그 밖의 행위로서의 효력이 있다.
> ⑤ 심판청구의 대상과 관계되는 권리나 이익을 양수한 자는 위원회의 허가를 받아 청구인의 지위를 승계할 수 있다.

정답 01 O

CHAPTER 4 행정심판

01 행정심판의 대상과 관련되는 권리나 이익을 양수한 특정 승계인은 행정심판위원회의 허가를 받아 청구인의 지위를 승계할 수 있다. (O | X) [18국가직9급]

6) 피청구인

> **행정심판법 제17조(피청구인의 적격 및 경정)** ① 행정심판은 처분을 한 행정청(의무이행심판의 경우에는 청구인의 신청을 받은 행정청)을 피청구인으로 하여 청구하여야 한다. 다만, 심판청구의 대상과 관계되는 권한이 다른 행정청에 승계된 경우에는 권한을 승계한 행정청을 피청구인으로 하여야 한다.
> ② 청구인이 피청구인을 잘못 지정한 경우에는 위원회는 직권으로 또는 당사자의 신청에 의하여 결정으로써 피청구인을 경정(更正)할 수 있다.
> ③ 위원회는 제2항에 따라 피청구인을 경정하는 결정을 하면 결정서 정본을 당사자(종전의 피청구인과 새로운 피청구인을 포함한다. 이하 제6항에서 같다)에게 송달하여야 한다.
> ④ 제2항에 따른 결정이 있으면 종전의 피청구인에 대한 심판청구는 취하되고 종전의 피청구인에 대한 행정심판이 청구된 때에 새로운 피청구인에 대한 행정심판이 청구된 것으로 본다.
> ⑤ 위원회는 행정심판이 청구된 후에 제1항 단서의 사유가 발생하면 직권으로 또는 당사자의 신청에 의하여 결정으로써 피청구인을 경정한다. 이 경우에는 제3항과 제4항을 준용한다.
> ⑥ 당사자는 제2항 또는 제5항에 따른 위원회의 결정에 대하여 결정서 정본을 받은 날부터 7일 이내에 위원회에 이의신청을 할 수 있다.

02 청구인이 피청구인을 잘못 지정한 경우에는 위원회는 직권으로 또는 당사자의 신청에 의하여 결정으로써 피청구인을 경정할 수 있다. (O | X) [18국회직8급]

03 심판청구의 대상과 관계되는 권한이 다른 행정청에 승계된 경우에는 권한을 승계한 행정청을 피청구인으로 하여야 한다. (O | X) [15경찰]

04 피청구인의 경정이 있으면 심판청구는 피청구인의 경정 시에 제기된 것으로 본다. (O | X) [18서울시7급]

7) 심판참가

> **행정심판법 제20조(심판참가)** ① 행정심판의 결과에 이해관계가 있는 제3자나 행정청은 해당 심판청구에 대한 제7조 제6항 또는 제8조 제7항에 따른 위원회나 소위원회의 의결이 있기 전까지 그 사건에 대하여 심판참가를 할 수 있다.
> ② 제1항에 따른 심판참가를 하려는 자는 참가의 취지와 이유를 적은 참가신청서를 위원회에 제출하여야 한다. 이 경우 당사자의 수만큼 참가신청서 부본을 함께 제출하여야 한다.
> ⑤ 위원회는 제2항에 따라 참가신청을 받으면 허가 여부를 결정하고, 지체 없이 신청인에게는 결정서 정본을, 당사자와 다른 참가인에게는 결정서 등본을 송달하여야 한다.

05 행정심판의 결과에 이해관계가 있는 제3자 또는 행정청은 행정심판위원회의 허가를 받아 그 사건에 참가할 수 있다. (O | X) [15사회복지직9급]

정답 01 O 02 O 03 O 04 X 05 O

PART 5 행정구제법

> **행정심판법 제21조(심판참가의 요구)** ① 위원회는 필요하다고 인정하면 그 행정심판 결과에 이해관계가 있는 제3자나 행정청에 그 사건 심판에 참가할 것을 요구할 수 있다.
> ② 제1항의 요구를 받은 제3자나 행정청은 지체 없이 그 사건 심판에 참가할 것인지 여부를 위원회에 통지하여야 한다.

> **행정심판법 제22조(참가인의 지위)** ① 참가인은 행정심판 절차에서 당사자가 할 수 있는 심판절차상의 행위를 할 수 있다.
> ② 이 법에 따라 당사자가 위원회에 서류를 제출할 때에는 참가인의 수만큼 부본을 제출하여야 하고, 위원회가 당사자에게 통지를 하거나 서류를 송달할 때에는 참가인에게도 통지하거나 송달하여야 한다.

01 행정심판 결과에 이해관계가 있는 제3자나 행정청은 신청에 의하여 행정심판에 참가할 수 있으나, 행정심판위원회가 직권으로 심판에 참가할 것을 요구할 수는 없다. (O | X) [18국회직8급]

02 행정심판위원회는 필요하다고 인정하면 그 심판결과에 이해관계가 있는 제3자에게 그 사건 심판에 참가할 것을 요구할 수 있으며, 이 요구를 받은 제3자는 지체 없이 참가 여부를 위원회에 통지하여야 한다. (O | X) [15국회직8급]

8) 청구의 변경

> **행정심판법 제29조(청구의 변경)** ① 청구인은 청구의 기초에 변경이 없는 범위에서 청구의 취지나 이유를 변경할 수 있다.
> ② 행정심판이 청구된 후에 피청구인이 새로운 처분을 하거나 심판청구의 대상인 처분을 변경한 경우에는 청구인은 새로운 처분이나 변경된 처분에 맞추어 청구의 취지나 이유를 변경할 수 있다.
> ③ 제1항 또는 제2항에 따른 청구의 변경은 서면으로 신청하여야 한다. 이 경우 피청구인과 참가인의 수만큼 청구변경신청서 부본을 함께 제출하여야 한다.
> ⑥ 위원회는 제1항 또는 제2항의 청구변경 신청에 대하여 허가할 것인지 여부를 결정하고, 지체 없이 신청인에게는 결정서 정본을, 당사자 및 참가인에게는 결정서 등본을 송달하여야 한다.
> ⑦ 신청인은 제6항에 따라 송달을 받은 날부터 7일 이내에 위원회에 이의신청을 할 수 있다.
> ⑧ 청구의 변경결정이 있으면 처음 행정심판이 청구되었을 때부터 변경된 청구의 취지나 이유로 행정심판이 청구된 것으로 본다.

03 참가인은 행정심판절차에서 당사자가 할 수 있는 심판절차상의 행위를 할 수 있다. (O | X) [18국회직8급]

정답 01 X 02 O 03 O

CHAPTER 4 행정심판

Ⅱ 행정심판위원회

1. 행정심판위원회의 종류

1) 독립기관에 행정심판위원회를 두고 있는 경우

① 감사원의 처분에 대해서는 감사원 행정심판위원회, 국가정보원장의 처분에 대해서는 국가정보원 행정심판위원회, ② 국회사무총장의 처분에 대해서는 국회사무처 행정심판위원회, 법원행정처장의 처분에 대해서는 법원행정처 행정심판위원회, 헌법재판소사무처장의 처분에 대해서는 헌법재판소사무처 행정심판위원회, 중앙선거관리위원회사무총장의 처분에 대해서는 중앙선거관리위원회사무처 행정심판위원회, ③ 국가인권위원회의 처분에 대해서는 국가인권위원회 행정심판위원회에서 심리 재결한다.

01 법원행정처장의 부당한 처분에 대해서는 중앙행정심판위원회에 행정심판을 제기할 수 있다. (O | X)　　[15서울시7급]

02 국가인권위원회의 처분 또는 부작위에 대한 행정심판의 청구는 국민권익위원회에 두는 중앙행정심판위원회에서 심리·재결한다. (O | X)　　[18국회직8급]

2) 중앙행정심판위원회

① 국가행정기관의 장 또는 그 소속 행정청, ② 특별시장(교육감) 등 또는 특별시·광역시·특별자치시·도·특별자치도의 의회 ③ 국가·지방자치단체·공공법인 등이 공동으로 설립한 행정청의 처분 또는 부작위에 대한 심리·재결

03 서울특별시장의 처분에 대한 행정심판은 중앙행정심판위원회에서 심리·재결한다. (O | X)　　[15서울시7급]

3) 시 · 도지사소속 행정심판위원회

① 시·도 소속 행정청, ② 시·도의 관할구역에 있는 시·군·자치구의 장, 소속 행정청 또는 시·군 자치구의 의회 ③ 시·도의 관할구역에 있는 둘 이상의 지방자치단체, 공공법인 등이 공동으로 설립한 행정청의 처분 또는 부작위에 대한 심리·재결

04 시·도의 관할구역에 있는 둘 이상의 시·군·자치구 등이 공동으로 설립한 행정청의 처분에 대하여는 시·도지사 소속 행정심판위원회에서 심리·재결한다. (O | X)　　[15지방직9급]

05 시·도행정심판위원회와 중앙행정심판위원회는 모두 행정심판의 심리권한과 재결권한을 가진다. (O | X)　　[18교육행정직9급]

정답　01 X　02 X　03 O　04 O　05 O

2. 행정심판위원회의 구성

> **행정심판법 제8조(중앙행정심판위원회의 구성)** ① <u>중앙행정심판위원회는 위원장 1명을 포함하여 70명 이내의 위원으로 구성하되, 위원 중 상임위원은 4명 이내로 한다.</u>
> ② 중앙행정심판위원회의 위원장은 국민권익위원회의 부위원장 중 1명이 되며, 위원장이 없거나 부득이한 사유로 직무를 수행할 수 없거나 위원장이 필요하다고 인정하는 경우에는 상임위원(상임으로 재직한 기간이 긴 위원 순서로, 재직기간이 같은 경우에는 연장자 순서로 한다)이 위원장의 직무를 대행한다.
> ③ 중앙행정심판위원회의 상임위원은 일반직공무원으로서「국가공무원법」제26조의5에 따른 임기제공무원으로 임명하되, 3급 이상 공무원 또는 고위공무원단에 속하는 일반직공무원으로 3년 이상 근무한 사람이나 그 밖에 행정심판에 관한 지식과 경험이 풍부한 사람 중에서 중앙행정심판위원회 위원장의 제청으로 국무총리를 거쳐 대통령이 임명한다.
> ④ <u>중앙행정심판위원회의 비상임위원은 제7조제4항 각 호의 어느 하나에 해당하는 사람 중에서 중앙행정심판위원회 위원장의 제청으로 국무총리가 성별을 고려하여 위촉한다.</u>
> ⑤ <u>중앙행정심판위원회의 회의(제6항에 따른 소위원회 회의는 제외한다)는 위원장, 상임위원 및 위원장이 회의마다 지정하는 비상임위원을 포함하여 총 9명으로 구성한다.</u>
>
> **행정심판법 제7조(행정심판위원회의 구성)** ① 행정심판위원회(중앙행정심판위원회는 제외한다. 이하 이 조에서 같다)는 위원장 1명을 포함하여 50명 이내의 위원으로 구성한다.
> ② 행정심판위원회의 위원장은 그 행정심판위원회가 소속된 행정청이 되며, 위원장이 없거나 부득이한 사유로 직무를 수행할 수 없거나 위원장이 필요하다고 인정하는 경우에는 다음 각 호의 순서에 따라 위원이 위원장의 직무를 대행한다.
> ④ 행정심판위원회의 위원은 해당 행정심판위원회가 소속된 행정청이 다음 각 호의 어느 하나에 해당하는 사람 중에서 성별을 고려하여 위촉하거나 그 소속 공무원 중에서 지명한다.

01 중앙행정심판위원회의 비상임위원은 일정한 요건을 갖춘 사람 중에서 중앙행정심판위원회 위원장의 제청으로 국무총리가 성별을 고려하여 위촉한다. (O | X) [21소방직]

02 중앙행정심판위원회의 회의는 위원장, 상임위원 및 위원장이 회의마다 지정하는 비상임위원을 포함하여 총 15명으로 구성한다. (O | X) [21소방직]

03 중앙행정심판위원회의 위원장은 법제처장이 되고 유고시에는 법제처 차장이 그 직무를 대행한다. (O | X) [18교육행정직9급]

3. 위원의 제척·기피·회피

> **행정심판법 제10조(위원의 제척·기피·회피)** ① 위원회의 위원은 다음 각 호의 어느 하나에 해당하는 경우에는 그 사건의 심리·의결에서 제척(除斥)된다. 이 경우 제척결정은 위원회의 위원장(이하 "위원장"이라 한다)이 직권으로 또는 당사자의 신청에 의하여 한다.
> 1. 위원 또는 그 배우자나 배우자이었던 사람이 사건의 당사자이거나 사건에 관하여 공동 권리자 또는 의무자인 경우
> 2. 위원이 사건의 당사자와 친족이거나 친족이었던 경우
> 3. 위원이 사건에 관하여 증언이나 감정(鑑定)을 한 경우
> 4. 위원이 당사자의 대리인으로서 사건에 관여하거나 관여하였던 경우

정답 01 O 02 X 03 X

5. 위원이 사건의 대상이 된 처분 또는 부작위에 관여한 경우
② 당사자는 위원에게 공정한 심리·의결을 기대하기 어려운 사정이 있으면 위원장에게 기피신청을 할 수 있다.
③ 위원에 대한 제척신청이나 기피신청은 그 사유를 소명(疏明)한 문서로 하여야 한다. 다만, 불가피한 경우에는 신청한 날부터 3일 이내에 신청 사유를 소명할 수 있는 자료를 제출하여야 한다.
④ 제척신청이나 기피신청이 제3항을 위반하였을 때에는 위원장은 결정으로 이를 각하한다.
⑤ 위원장은 제척신청이나 기피신청의 대상이 된 위원에게서 그에 대한 의견을 받을 수 있다.
⑥ <U>위원장은 제척신청이나 기피신청을 받으면 제척 또는 기피 여부에 대한 결정을 하고, 지체 없이 신청인에게 결정서 정본(正本)을 송달하여야 한다.</U>

01 행정심판법 제10조에 의하면, 위원장은 제척신청이나 기피신청을 받으면 제척 또는 기피 여부에 대한 결정을 한다. (O | X) [21소방직]

Ⅲ 행정심판절차

1. 서면주의

행정심판청구는 서면에 의하여야 한다.

관련 판례

비록 제목이 '진정서'로 되어 있고, 재결청의 표시, 심판청구의 취지 및 이유, 처분을 한 행정청의 고지의 유무 및 그 내용 등 행정심판법 제19조 제2항 소정의 사항들을 구분하여 기재하고 있지 아니하여 <U>행정심판청구서로서의 형식을 다 갖추고 있다고 볼 수는 없으나</U>, 피청구인인 처분청과 청구인의 이름과 주소가 기재되어 있고, 청구인의 기명이 되어 있으며, 문서의 기재 내용에 의하여 심판청구의 대상이 되는 행정처분의 내용과 심판청구의 취지 및 이유, 처분이 있은 것을 안 날을 알 수 있는 경우, 위 문서에 기재되어 있지 않은 재결청, 처분을 한 행정청의 고지의 유무 등의 내용과 날인 등의 불비한 점은 <U>보정이 가능하므로 위 문서를 행정처분에 대한 행정심판청구로 보는 것이 옳다</U>(대판 2000.6.9. 98두2621).

02 행정심판청구는 엄격한 형식을 요하지 않는 서면행위로 해석된다. (O | X) [18서울시9급]

2. 제출

행정심판청구는 처분청 또는 행정심판위원회에 심판청구서를 제출할 수 있다.

PART 5 행정구제법

> **행정심판법 제23조(심판청구서의 제출)** ① 행정심판을 청구하려는 자는 제28조에 따라 심판청구서를 작성하여 피청구인이나 위원회에 제출하여야 한다. 이 경우 피청구인의 수만큼 심판청구서 부본을 함께 제출하여야 한다.
> ② 행정청이 제58조에 따른 고지를 하지 아니하거나 잘못 고지하여 청구인이 심판청구서를 다른 행정기관에 제출한 경우에는 그 행정기관은 그 심판청구서를 지체 없이 정당한 권한이 있는 피청구인에게 보내야 한다.
> ③ 제2항에 따라 심판청구서를 보낸 행정기관은 지체 없이 그 사실을 청구인에게 알려야 한다.

01 행정심판을 청구하려는 자는 심판청구서를 작성하여 피청구인이나 위원회에 제출하여야 하며 피청구인의 수만큼 심판청구서 부본을 함께 제출하여야 한다. (O | X)　　　[15서울시9급]

02 행정심판을 청구하려는 자는 행정심판위원회뿐만 아니라 피청구인인 행정청에도 행정심판청구서를 제출할 수 있으나 행정소송을 제기하려는 자는 법원에 소장을 제출하여야 한다. (O | X)　　　[18국가직9급]

3. 행정심판청구의 효과

행정심판의 청구가 있어도 처분의 집행은 정지되지 아니한다.

1) 집행정지

처분의 집행 또는 절차의 속행정지가 원칙이다. 효력정지는 처분의 집행 또는 절차의 속행을 정지함으로써 목적을 달성할 수 없을 때 허용된다.

> **행정심판법 제30조(집행정지)** ① 심판청구는 처분의 효력이나 그 집행 또는 절차의 속행(續行)에 영향을 주지 아니한다.
> ② 위원회는 처분, 처분의 집행 또는 절차의 속행 때문에 중대한 손해가 생기는 것을 예방할 필요성이 긴급하다고 인정할 때에는 직권으로 또는 당사자의 신청에 의하여 처분의 효력, 처분의 집행 또는 절차의 속행의 전부 또는 일부의 정지(이하 "집행정지"라 한다)를 결정할 수 있다. 다만, 처분의 효력정지는 처분의 집행 또는 절차의 속행을 정지함으로써 그 목적을 달성할 수 있을 때에는 허용되지 아니한다.
> ③ 집행정지는 공공복리에 중대한 영향을 미칠 우려가 있을 때에는 허용되지 아니한다.
> ④ 위원회는 집행정지를 결정한 후에 집행정지가 공공복리에 중대한 영향을 미치거나 그 정지사유가 없어진 경우에는 직권으로 또는 당사자의 신청에 의하여 집행정지 결정을 취소할 수 있다.

03 행정심판청구는 처분의 효력이나 그 집행 또는 절차의 속행에 영향을 주지 않는다. (O | X)　　　[17국가직9급]

04 행정심판법과 행정소송법은 모두 집행정지의 적극적 요건으로 '회복하기 어려운 손해를 예방하기 위하여 긴급한 필요가 있다고 인정할 때'를 요구하고 있다. (O | X)　　　[16사회복지직9급]

2) 임시처분

집행정지로 실효적인 가구제 효과를 낼 수 없는 경우에 위원회는 직권 또는 신청에 따라 보충적으로 임시처분을 결정할 수 있다.

정답　01 O　02 O　03 O　04 X

CHAPTER 4 행정심판

> **행정심판법 제31조(임시처분)** ① 위원회는 처분 또는 부작위가 위법·부당하다고 상당히 의심되는 경우로서 처분 또는 부작위 때문에 당사자가 받을 우려가 있는 중대한 불이익이나 당사자에게 생길 급박한 위험을 막기 위하여 임시지위를 정하여야 할 필요가 있는 경우에는 직권으로 또는 당사자의 신청에 의하여 임시처분을 결정할 수 있다.

01 행정심판의 가구제제도에는 집행정지제도와 임시처분제도가 있다. (O | X) [18서울시9급]
02 행정심판위원회의 임시처분 결정은 당사자의 신청이 있어야 하며 직권으로 할 수는 없다. (O | X) [21국회직8급]
03 임시처분은 집행정지로 목적을 달성할 수 있는 경우에는 허용되지 않는다. (O | X) [17교육행정직9급]

Ⅳ 행정심판의 심리·재결

1. 재결의 범위

불고불리의 원칙 및 불이익변경금지의 원칙이 명문화되어 있다.

> **행정심판법 제47조(재결의 범위)** ① 위원회는 심판청구의 대상이 되는 처분 또는 부작위 외의 사항에 대하여는 재결하지 못한다.
> ② 위원회는 심판청구의 대상이 되는 처분보다 청구인에게 불리한 재결을 하지 못한다.

04 행정심판위원회는 심판청구의 대상이 되는 처분 외의 다른 처분 또는 부작위에 대하여도 재결할 수 있다. (O | X) [16교육행정직9급]
05 행정심판위원회는 필요하다고 판단하는 경우에는 심판청구의 대상이 되는 처분보다 청구인에게 불리한 재결을 할 수 있다. (O | X) [18교육행정직9급]

2. 심리

1) 당사자주의적 구조와 직권심리주의의 가미

절차의 개시 및 대상의 설정, 절차의 종결을 당사자에게 맡기고, 공격과 방어 방법을 당사자가 제출하고, 이를 근거로 심리·재결함이 원칙이다. 다만, 위원회는 필요하면 당사자가 주장하지 아니한 사실에 대하여도 심리할 수 있다(직권주의 가미).

06 행정소송은 철저한 대심주의를 관철하여 당사자가 제출한 공격·방어방법에 한정하여서만 심리·판단하지만, 행정심판에서는 직권탐지주의를 원칙으로 한다. (O | X) [15서울시9급]

2) 구술심리와 서면심리

구술심리와 서면심리 모두를 원칙적인 심리 방식으로 규정한 것을 보아 비공개주의를 채택한 것으로 본다.

정답 01 O 02 X 03 O 04 X 05 X 06 X

> **행정심판법 제40조(심리의 방식)** ① 행정심판의 심리는 구술심리나 서면심리로 한다. 다만, 당사자가 구술심리를 신청한 경우에는 서면심리만으로 결정할 수 있다고 인정되는 경우 외에는 구술심리를 하여야 한다.

01 행정심판의 심리는 당사자가 구술심리를 신청한 경우를 제외하고는 서면심리주의를 원칙으로 하고 있다. (O | X)
[16서울시7급]

3) 위법판단의 기준시점, 처분 사유의 추가·변경

행정심판도 행정소송과 마찬가지로 위법판단의 기준시점은 처분 당시로 보는 것이 원칙이고 처분 사유의 추가·변경에 관한 법리도 그대로 적용된다.

> **관련 판례**
> 1. 행정심판에 있어서 행정처분의 위법·부당 여부는 원칙적으로 처분시를 기준으로 판단하여야 할 것이나, 재결청은 처분 당시 존재하였거나 행정청에 제출되었던 자료뿐만 아니라, 재결 당시까지 제출된 모든 자료를 종합하여 처분 당시 존재하였던 객관적 사실을 확정하고 그 사실에 기초하여 처분의 위법·부당 여부를 판단할 수 있다(대판 2001.7.27. 99두5092).
> 2. 행정처분의 취소를 구하는 항고소송에서 <u>처분청은 당초 처분의 근거로 삼은 사유와 기본적 사실관계가 동일성이 있다고 인정되는 한도 내에서만 다른 사유를 추가 또는 변경할 수 있고</u>, 이러한 기본적 사실관계의 동일성 유무는 처분사유를 법률적으로 평가하기 이전의 구체적 사실에 착안하여 그 기초인 사회적 사실관계가 기본적인 점에서 동일한지에 따라 결정되므로, 추가 또는 변경된 사유가 처분 당시에 이미 존재하고 있었다거나 당사자가 그 사실을 알고 있었다고 하여 당초의 처분사유와 동일성이 있다고 할 수 없다. 그리고 <u>이러한 법리는 행정심판 단계에서도 그대로 적용된다</u>(대판 2014.5.16. 2013두26118).

02 행정심판에 있어서 행정처분의 위법·부당 여부는 원칙적으로 처분시를 기준으로 판단하여야 할 것이나, 재결 당시까지 제출된 모든 자료를 종합하여 처분 당시 존재하였던 객관적 사실을 확정하고 그 사실에 기초하여 처분의 위법·부당 여부를 판단할 수 있다. (O | X)
[15지방직9급]

03 행정심판에서는 항고소송에서와 달리 처분청이 당초처분의 근거로 삼은 사유와 기본적 사실관계가 동일성이 인정되지 않는 다른 사유를 처분사유로 추가하거나 변경할 수 있다. (O | X)
[18국가직9급]

3. 재결의 효력

1) 기판력

기판력은 재결에는 인정되지 아니한다.

정답 01 X 02 O 03 X

CHAPTER 4 행정심판

> **관련 판례**
>
> 행정심판의 재결은 피청구인인 행정청을 기속하는 효력을 가지므로 재결청이 취소심판의 청구가 이유 있다고 인정하여 처분청에 처분을 취소할 것을 명하면 처분청으로서는 재결의 취지에 따라 처분을 취소하여야 하지만, 나아가 재결에 판결에서와 같은 기판력이 인정되는 것은 아니어서 재결이 확정된 경우에도 처분의 기초가 된 사실관계나 법률적 판단이 확정되고 당사자들이나 법원이 이에 기속되어 모순되는 주장이나 판단을 할 수 없게 되는 것은 아니다(대판 2015.11.27. 2013다6759).

2) 불가쟁력과 불가변력

재결에 대해서 다시 행정심판을 청구할 수 없고, 재결이 있고 재결청 스스로 재결의 내용을 취소하거나 바꿀 수 없다.

3) 형성력

- 형성재결에 대해서는 형성력이 인정된다. 즉, 처분취소재결, 처분변경재결, 처분재결, 무효확인재결 등의 경우에 형성력이 인정되는 것이고 처분변경명령재결이나 처분명령재결과 같은 이행재결에는 기속력이 인정된다.
- 인용재결에 인정되는 효력이다.
- 형성재결의 결과 통보는 항고소송의 대상이 되는 처분이 아니다.
- 형성효, 대세효, 소급효가 인정된다.

> **관련 판례**
>
> 행정심판법 제32조 제3항에 의하면 재결청은 취소심판의 청구가 이유 있다고 인정할 때에는 처분을 취소·변경하거나 처분청에게 취소·변경할 것을 명한다고 규정하고 있으므로, 행정심판 재결의 내용이 처분청에게 처분의 취소를 명하는 것이 아니라 재결청이 스스로 처분을 취소하는 것일 때에는 그 재결의 형성력에 의하여 당해 처분은 별도의 행정처분을 기다릴 것 없이 당연히 취소되어 소멸되는 것이다(대판 1998.4.24. 97누17131).

01 행정심판재결의 기속력은 인용재결 뿐만 아니라 각하재결과 기각재결에도 인정되는 효력이다. (O | X)
[18서울시9급]

02 재결의 형성력은 행정심판위원회가 직접처분의 취소·변경 등을 하지 않은 처분의 변경명령재결 또는 의무이행명령재결의 경우에 발생한다. (O | X)
[12국회직8급]

03 행정심판위원회가 처분을 취소하거나 변경하는 재결을 하면, 행정청은 재결의 기속력에 따라 처분을 취소 또는 변경하는 처분을 하여야 하고, 이를 통하여 당해 처분은 처분시에 소급하여 소멸되거나 변경된다. (O | X)
[17서울시9급]

정답 01 X 02 X 03 X

4) 기속력

① 의의
- 이행재결이 있는 경우에는 피청구인인 행정청이나 관계행정청으로 하여금 재결의 취지에 따라 행동할 의무를 발생시키는 효력이다.
- 인용재결에 인정되는 효력이다.

> **관련 판례**
>
> 인용재결이 있는 경우 처분청은 그러한 재결에 기속되므로 이에 불복하여 취소소송을 제기할 수 없다(대판 1998.5.8. 97누15432).

② 내용
- ㉠ 반복금지의무(소극적의무)
  동일한 사정 하에서 동일인에게 재결의 내용에 모순되는 동일 내용의 처분을 할 수 없는 의무
- ㉡ 재처분의무
- ㉢ 결과제거의무(원상회복의무)

> **관련 판례**
>
> 1. 당사자의 신청을 거부하는 처분을 취소하는 재결이 있는 경우에는 행정청은 그 재결의 취지에 따라 이전의 신청에 대한 처분을 하여야 한다(대판 1988.12.13. 88누7880).
> 2. <u>당사자의 신청을 받아들이지 않은 거부처분이 재결에서 취소된 경우에 행정청은 종전 거부처분 또는 재결 후에 발생한 새로운 사유를 내세워 다시 거부처분을 할 수 있다. 그 재결의 취지에 따라 이전의 신청에 대하여 다시 어떠한 처분을 하여야 할지는 처분을 할 때의 법령과 사실을 기준으로 판단하여야 하기 때문이다. 또한 행정청이 재결에 따라 이전의 신청을 받아들이는 후속처분을 하였더라도 후속처분이 위법한 경우에는 재결에 대한 취소소송을 제기하지 않고도 곧바로 후속처분에 대한 항고소송을 제기하여 다툴 수 있다.</u> 나아가 거부처분을 취소하는 재결이 있더라도 그에 따른 후속처분이 있기까지는 제3자의 권리나 이익에 변동이 있다고 볼 수 없고 후속처분 시에 비로소 제3자의 권리나 이익에 변동이 발생하며, 재결에 대한 항고소송을 제기하여 재결을 취소하는 판결이 확정되더라도 그와 별도로 후속처분이 취소되지 않는 이상 후속처분으로 인한 제3자의 권리나 이익에 대한 침해상태는 여전히 유지된다. 이러한 점들을 종합하면, <u>거부처분이 재결에서 취소된 경우 재결에 따른 후속처분이 아니라 그 재결의 취소를 구하는 것은 실효적이고 직접적인 권리구제수단이 될 수 없어 분쟁해결의 유효적절한 수단이라고 할 수 없으므로 법률상 이익이 없다</u>(대판 2017.10.31. 2015두45045).

---

01 판례에 따르면, 처분의 절차적 위법사유로 인용재결이 있었으나 행정청이 절차적 위법사유를 시정한 후 행정청이 종전과 같은 처분을 하는 것은 재결의 기속력에 반한다. (O | X) [17사회복지직9급]

정답 01 ×

③ 범위

행정청과 모든 관계행정청은 재결의 주문과 이유를 존중하여야 한다.

> **관련 판례**
>
> 재결의 기속력은 재결의 주문 및 그 전제가 된 요건사실의 인정과 판단, 즉 처분 등의 구체적 위법사유에 관한 판단에만 미치는 것이다(대판 2005.12.9. 2003두7705).

④ 기속력의 확보 수단

㉠ 직접처분

직접처분은 취소심판이나 무효등확인심판에서 인용재결이 있는 경우에는 불가하다. 즉, 의무이행심판의 인용재결이 있어야 하고 또 그 인용재결 중 처분명령재결(이행재결)이 있는 경우에만 가능하다. 처분명령재결은 거부처분에 대한 처분명령재결, 부작위에 대한 처분명령재결의 경우를 의미한다. 다만, 처분의 성질상 행정심판위원회가 직접처분을 할 수 없는 때도 있는데, 바로 정보공개명령재결이 대표적이다.

> **행정심판법 제50조(위원회의 직접 처분)** ① 위원회는 피청구인이 제49조 제3항(당사자의 신청을 거부하거나 부작위로 방치한 처분의 이행을 명하는 재결이 있으면 행정청은 지체 없이 이전의 신청에 대하여 재결의 취지에 따라 처분을 하여야 한다.)에도 불구하고 처분을 하지 아니하는 경우에는 당사자가 신청하면 기간을 정하여 서면으로 시정을 명하고 그 기간에 이행하지 아니하면 직접 처분을 할 수 있다. 다만, 그 처분의 성질이나 그 밖의 불가피한 사유로 위원회가 직접 처분을 할 수 없는 경우에는 그러하지 아니하다.
> ② 위원회는 제1항 본문에 따라 직접 처분을 하였을 때에는 그 사실을 해당 행정청에 통보하여야 하며, 그 통보를 받은 행정청은 위원회가 한 처분을 자기가 한 처분으로 보아 관계 법령에 따라 관리·감독 등 필요한 조치를 하여야 한다.

> **관련 판례**
>
> 행정심판위원회가 직접처분을 하기 위해서는 당해 행정청이 아무런 처분을 하지 않는 경우이어야 하므로 당해 행정청이 처분을 한 이상 재결청이 직접처분을 할 수는 없다(대판 2002.7.23. 2000두9151).

---

01 행정심판위원회는 처분이행명령재결이 있음에도 피청구인이 처분을 하지 않은 경우 당사자의 신청에 의해 기간을 정하여 서면으로 시정을 명하고 그 기간 안에 이행하지 않으면 원칙적으로 직접 처분을 할 수 있다. (O | X)

[17교육행정직9급]

02 행정심판위원회는 직접 처분을 하였을 때에는 그 사실을 해당 행정청에 통보하여야 하며, 그 통보를 받은 행정청은 행정심판위원회가 한 처분을 자기가 한 처분으로 보아 관계법령에 따라 관리·감독 등 필요한 조치를 하여야 한다. (O | X)

[14지방직9급]

정답 01 O 02 O

ⓛ 간접강제

거부처분이나 절차위반에 대한 취소재결(취소심판), 거부처분에 대한 무효확인재결(무효등확인심판), 거부처분부존재확인재결(무효등확인심판), 거부처분이나 부작위에 대한 처분명령재결(의무이행심판)의 경우 간접강제가 가능하다.

> **행정심판법 제50조의2(위원회의 간접강제)** ① 위원회는 피청구인이 제49조 제2항(제49조 제4항에서 준용하는 경우를 포함한다) 또는 제3항에 따른 처분을 하지 아니하면 청구인의 신청에 의하여 결정으로 상당한 기간을 정하고 피청구인이 그 기간 내에 이행하지 아니하는 경우에는 그 지연기간에 따라 일정한 배상을 하도록 명하거나 즉시 배상을 할 것을 명할 수 있다.
> ② 위원회는 사정의 변경이 있는 경우에는 당사자의 신청에 의하여 제1항에 따른 결정의 내용을 변경할 수 있다.
> ③ 위원회는 제1항 또는 제2항에 따른 결정을 하기 전에 신청 상대방의 의견을 들어야 한다.
> ④ 청구인은 제1항 또는 제2항에 따른 결정에 불복하는 경우 그 결정에 대하여 행정소송을 제기할 수 있다.

4. 조정

> **행정심판법 제43조의2(조정)** ① 위원회는 당사자의 권리 및 권한의 범위에서 당사자의 동의를 받아 심판청구의 신속하고 공정한 해결을 위하여 조정을 할 수 있다. 다만, 그 조정이 공공복리에 적합하지 아니하거나 해당 처분의 성질에 반하는 경우에는 그러하지 아니하다.
> ② 위원회는 제1항의 조정을 함에 있어서 심판청구된 사건의 법적·사실적 상태와 당사자 및 이해관계자의 이익 등 모든 사정을 참작하고, 조정의 이유와 취지를 설명하여야 한다.
> ③ 조정은 당사자가 합의한 사항을 조정서에 기재한 후 당사자가 서명 또는 날인하고 위원회가 이를 확인함으로써 성립한다.

5. 재결기간

재결기간은 강행규정이 아닌 훈시규정이다. 따라서 재결기간이 경과한 뒤에 나온 재결은 효력이 있다.

> **행정심판법 제45조(재결 기간)** ① 재결은 제23조에 따라 피청구인 또는 위원회가 심판청구서를 받은 날부터 60일 이내에 하여야 한다. 다만, 부득이한 사정이 있는 경우에는 위원장이 직권으로 30일을 연장할 수 있다.

---

01 행정심판의 재결기간은 강행규정이다. (O | X)   [21군무원9급]

정답 01 X

6. 사정재결

> **행정심판법 제44조(사정재결)** ① 위원회는 심판청구가 이유가 있다고 인정하는 경우에도 이를 인용(認容)하는 것이 공공복리에 크게 위배된다고 인정하면 그 심판청구를 기각하는 재결을 할 수 있다. 이 경우 위원회는 재결의 주문(主文)에서 그 처분 또는 부작위가 위법하거나 부당하다는 것을 구체적으로 밝혀야 한다.
> ② 위원회는 제1항에 따른 재결을 할 때에는 청구인에 대하여 상당한 구제방법을 취하거나 상당한 구제방법을 취할 것을 피청구인에게 명할 수 있다.
> ③ 제1항과 제2항은 무효등확인심판에는 적용하지 아니한다.

01 행정심판위원회는 취소·심판청구가 이유 있다고 인정하는 경우에도 이를 인용하는 것이 공공복리에 크게 위배된다고 인정하면 그 심판청구를 기각하는 재결을 할 수 있다. (O | X)　　　　　[17국가직9급]

02 취소심판 및 의무이행심판에 대해서는 사정재결을 할 수 없다. (O | X)　　　　　[19소방직]

7. 송달

> **행정심판법 제57조(서류의 송달)** 이 법에 따른 서류의 송달에 관하여는 「민사소송법」 중 송달에 관한 규정을 준용한다.

정답 01 O 02 X

핵심 기출문제

01
다음 중 행정심판법에 대한 설명으로 옳은 것은? [19군무원9급]

① "부작위"란 행정청이 당사자의 신청에 대하여 상당한 기간 내에 일정한 처분을 하여야 할 법령상 의무가 있는데도 처분을 하지 아니하는 것을 말한다.
② 여러 명의 청구인이 공동으로 심판청구를 할 때에는 청구인들 중에서 5명 이하의 선정대표자를 선정할 수 있다.
③ 재결은 피청구인 또는 위원회가 심판청구서를 받은 날부터 90일 이내에 하여야 한다.
④ 행정심판청구의 변경은 서면으로 신청하여야 한다.

02
「행정심판법」상 행정심판위원회가 취소심판의 청구가 이유가 있다고 인정하는 경우에 행할 수 있는 재결에 해당하지 않는 것은? [21국가직9급]

① 처분을 취소하는 재결
② 처분을 할 것을 명하는 재결
③ 처분을 다른 처분으로 변경하는 재결
④ 처분을 다른 처분으로 변경할 것을 명하는 재결

해설

01 | ① (×) 법령상 의무가 아니라 법률상 의무가 옳은 표현이다.
　　② (×) 선정당사자는 5인 5명 이하가 아니라 3명 이하이다.
　　③ (×) 90일이 아니라 60일이 옳은 표현이다. 다만, 부득이한 사정이 있는 경우에는 위원장이 직권으로 30일을 연장할 수 있다.
　　④ (○) 행정심판에서 청구의 변경은 서면으로 신청하여야 한다(행정심판법 제29조 제3항).
02 | ② (×) 취소심판의 인용재결은 취소재결, 변경재결, 변경명령재결이 인정되고 처분명령재결은 의무이행심판의 인용재결 형태이다. 기본강의에서도 계속 판서를 통해 반복 정리한 사안입니다.

정답　01 ④　02 ②

에듀콕스(educox)는 책에 관한 소재와 원고를 설레는 마음으로 기다리고 있습니다.
책으로 만들고 싶은 좋은 소재와 기획이 있으신 분은 이메일(educox@hanmail.net)로 간단한 개요와 취지, 연락처 등을 보내주시면 됩니다.

2026
한세훈 행정법총론

초판 발행 2025년 7월 7일
편 저 자 한세훈
발 행 인 이상옥
발 행 처 에듀콕스(educox)
출판등록번호 제25100-2018-000073호
주　　소 서울시 관악구 신림로23길 16 일성트루엘 907호
팩　　스 02)6499-2839
홈페이지 www.educox.co.kr
이 메 일 educox@hanmail.net

저자와의
협의하에
인지생략

이 책에 실린 내용에 대한 저작권은 에듀콕스(educox)에 있으므로 함부로 복사·복제할 수 없습니다.

정가 47,000원
ISBN 979-11-93666-34-0